中華古籍保護計劃

ZHONG HUA GU JI BAO HU JI HUA CHENG GUO

·成 果·

哈佛燕京圖書館書目叢刊第十八種
Harvard-Yenching Library Bibliographical Series, No.18

美國哈佛大學哈佛燕京圖書館藏
善本方志書志

Annotated Catalogue of the Rare Chinese Local Gazetteers in the Harvard-Yenching Library, Harvard University

李堅　劉波　編著
Li Jian, Liu Bo

國家圖書館出版社
National Library of China Publishing House

圖書在版編目（CIP）數據

美國哈佛大學哈佛燕京圖書館藏善本方志書志/ 李堅，劉波編著 . -- 北京：國家圖書館出版社，2015.12

（哈佛燕京圖書館書目叢刊）

ISBN 978-7-5013-5740-6

Ⅰ . ①美… Ⅱ . ①李… ②劉… Ⅲ . ①地方志—善本—圖書館目録—中國 Ⅳ . ① Z88：K29

中國版本圖書館 CIP 數據核字（2015）第 284536 號

書　　名	美國哈佛大學哈佛燕京圖書館藏善本方志書志	
著　　者	李堅　劉波　編著	
責任編輯	苗文葉	
封面設計	九雅工作室	

出　　版	國家圖書館出版社（100034 北京市西城區文津街 7 號） （原書目文獻出版社　北京圖書館出版社）	
發　　行	010-66114536　66126153　66151313　66175620 66121706（傳真），66126156（門市部）	
E-mail	nlcpress@nlc.cn（郵購）	
Website	www.nlcpress.com →投稿中心	
經　　銷	新華書店	
印　　裝	河北三河弘翰印務有限公司	
版　　次	2015 年 12 月第 1 版　2015 年 12 月第 1 次印刷	

開　　本	787×1092 毫米　1/16	
印　　張	53	
字　　數	784 千字	

書　　號	ISBN 978-7-5013-5740-6	
定　　價	240.00 圓	

清康熙刻本《通州志》

清康熙刻本《南宮縣志》

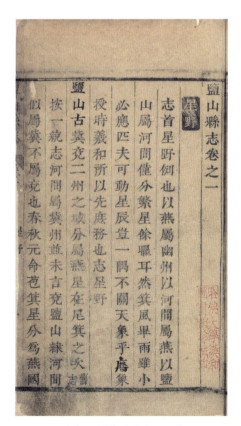

清康熙刻本《鹽山縣志》

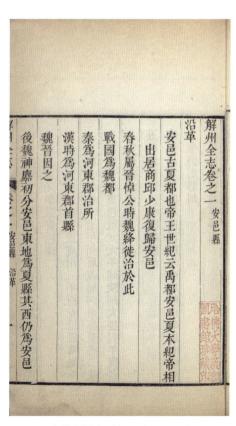

清乾隆刻本《解州安邑縣志》

鼎修霍州志卷之一

平陽府霍州知州楚黃岡黃復生雪蕉前纂補

地與志

自盤古開闢天地肇盤古另居天地外以行開闢邪
古亦天地中人其云開闢者以天居乎上地居乎下
上下安位開闢各為若倒置穿鑿則上下不不
安即非開闢也或月天積氣而上浮地積形而下實故
言地不言天懼墜隤幻滅也宜就其有形而實者以言之
即起盤古於今日稱開闢於斯時亦必言地不言天也

張銓　任平山縣訓導陞教授

李端　任吏目

張緒　任寧晉訓導陞單縣教諭改魏縣致仕

宋靖　任雞澤縣訓導

魏旺　任陝西延長縣訓導轉龍德縣學公姓至七
親老不能之任攝剛分俸家養焉

弘治年貢

郝杞

劉澤　任真定府訓導

清康熙刻本《鼎修霍州志》

嘉定縣圖考

昔李蕭公節度西川聚全蜀山川城邑廣狹險易
悉繪于屏朝夕觀之以施修備推之一邑亦猶是
也嘉定東枕大海襟江帶河舉六百里之壤賈區
基布村落星羅誠壯縣也按圖而觀可以占形勝
考原隰為政之張弛寬猛具焉至縣治學宮政敎
所基也吳淞寶山保障所係也悉列諸圖亦足以
資廣覽而寄遠畧矣若闔邑水道民命以之分圖
各繪詳諸水利此不復贅云

清康熙刻本《嘉定縣志》

嘉禾志卷第一

沿革

嘉興路九域志曰上秀州古揚州之境也周時為吳
國釋名曰吳虞也即太伯避歷應之地吳伐越子
壻之檇李檇李即今嘉興郡也舊有檇李城魯定公十
四年春秋書越敗吳於檇李至哀公元年吳王夫差
敗越于夫椒報檇李也按此則知檇李者吳越之戰
地也周顯王四十六年楚威王伐越破之盡取其地
至于浙江之北故此地亦名曰楚杜佑通典云吳滅
屬越越滅屬楚是也又吳錄地理曰吳王時此地本

清鈔本［至元］《嘉禾志》

清鈔本《寧志餘聞》

清康熙刻本《紹興府志》

清康熙刻本《具區志》

清康熙刻本《徽州府志》

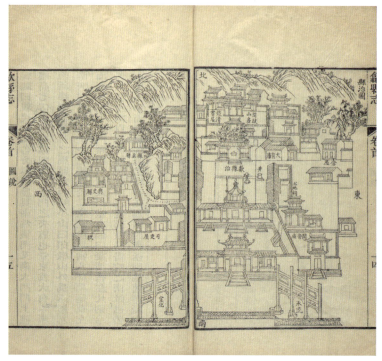

歙縣志卷之一

輿地志

張佩芳曰古之聖人一視同仁未嘗有分疆絕界之心也
而此疆爾界要有不能不分之勢蓋各君其國而後不獨
君其國各子其民而後不獨子其民尺寸而析之正所以
合并而公之也齊極之對楚使曰東至於海西至於河南
至於穆陵北至於無棣此言輿地之始也自黃帝以來堯
分天下為九舜分為十二至秦廢封建而天下遂分為三
十六郡自是以降分為十三部分為十九州分為十道其

清乾隆刻本《歙縣志》

歷代田賦　兼丁糧職役　鹽課詳蠲政門
　　　　　附商稅雜課　戶口詳版籍門

晉

晉武帝平吳之後制戶調之式　時建安郡承吳之後戶三十四千四
太寺立於太康三年戶二十八百　口一萬七千六百八十六晉安
四十三萬二千口一萬九千八百三十八丁男之戶歲輸絹三疋綿三斤
女及次丁男為戶者半輸其諸邊郡或三分之二遠者三分之一
成帝咸和五年始度百姓田取十分之一率畝稅米三升帝即
位乃歙收二升　宋書州郡志

南朝

宋孝武帝大明五年割天下民戶歲輸布四疋⼋年詔江海田池

清稿本《福建通志政事略》

甌寧縣志卷之一

知縣事寶水鄧其文修

圖攷

列圖

粵襄一畫文字肇興方之圓之先後天呈或位
東南或位西北式是封疆犁然不貳有方者城
有漉者池容民畜眾濟濟神祇克蒙養正向離
居敬曰宮日堂凜天明命於緝熙敬之哉披是
圖者尚其式懷紀圖攷第一

清康熙刻本《甌寧縣志》

清乾隆刻本《婺源縣志》

清康熙刻本《平陰縣志》

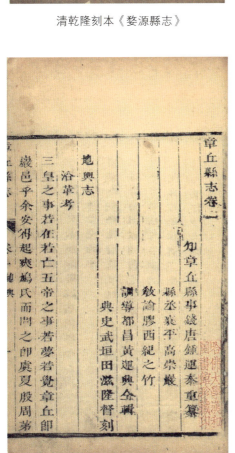

清康熙刻本《章丘縣志》

清順治刻本《河南通志》

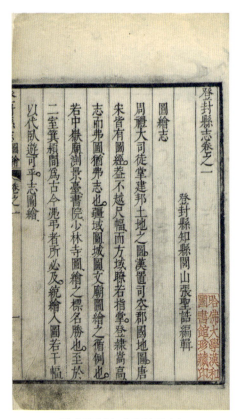

清康熙刻本《登封縣志》

清順治刻本《睢州志》

清乾隆刻本《重修固始縣志》

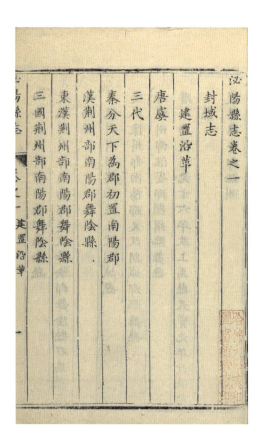

清康熙刻乾隆剜修本《泌陽縣志》

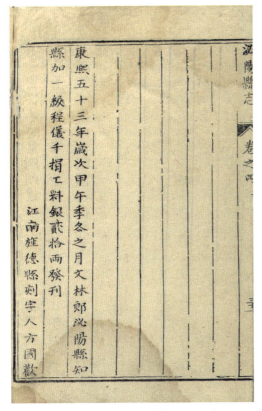

康熙五十三年歲次甲午季冬之月文林郎泌陽縣知
縣加一級程儀千捐己料銀貳拾兩發刊
江南旌德縣刻字人方國歡

泌陽縣志　卷之四

潼川府志卷一

土地部

疆域志

粵稽禹貢甸男侯衛各異其地而適均其制周禮夏官卿
之屬有曰掌疆掌固司險諸官凡礪山帶河千百甲折
有疆界以限之
聖天子陶馭海宇化澤涵濡無遠弗屆潼為川北奧區□
改州為祀領縣八其間道路之遠近綺交脈注亦輻軒者
所必采焉按輿地圖一統志潼川去

清康熙刻乾隆剜修本《泌陽縣志》　　　　清乾隆刻本《潼川府志》

雲龍州志卷一

大理府雲龍州知州王　游纂修

星野　附氣候

以宇宙之大而有滇以滇之全而有雲龍彈丸
之區耳然猶是章亥所履也則猶是南正所司
也益州占使者之求朗陵奏賢人之聚以天驄
人雄乎不爽登以邂逅而忽諸至若冬夏之候
亦有與箕畢之好相徵應者不可不察也志星
野

清乾隆刻本《潼川府志》　　　　清康熙刻本《雲龍州志》

清乾隆刻本《郃陽縣全志》

清乾嘉間覆刻剜修本［正德］《朝邑縣志》

清光緒稿本《鎮安縣志》

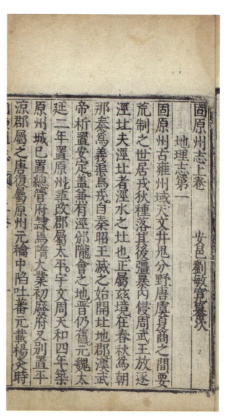

明萬曆刻本《固原州志》

古籍回歸故里　功德澤被千秋（代序）

　　"史在他邦，文歸海外"，這是鄭振鐸先生面對中華古籍流失海外時的慨歎。流傳海外的珍貴典籍，無論是文化交流、贈送、交換、販售，還是被掠奪、偷運，抑或是遭非法交易、走私等，都因其具備極高的文物價值和文獻價值，而爲海外所看重。因此，其中多珍善版本，甚而還有不少是孤本秘笈。據估算，海外中文古籍收藏數量超過三百萬册件，北美、歐洲、亞洲等許多大型圖書館、博物館和私人機構、寺廟等都收藏有中文古籍。甲骨、竹木簡、敦煌西域遺書、宋元明清善本、拓本輿圖和中國少數民族古籍等，在海外都有珍稀孤罕的藏品。

　　中華文化綿延五千年，是全世界唯一沒有中斷的古老文明，其重要載體就是留存於世的浩瀚典籍。存藏於海外的典籍，同樣是中華燦爛輝煌文化的重要見證，是釐清中華文明發展脈絡不可或缺的組成部分。要促成中華民族最重要的智慧成果歸於完璧、傳承中華文化優秀成果，就必須高度重視海外古籍回歸工作。

　　新中國成立以來，黨中央、國務院始終高度重視海外中華古籍的回歸與保護工作。一九八一年，中共中央在《關於整理我國古籍的指示》中，明確指出"通過各種辦法爭取弄回來，或者複製回來，同時要有系統地翻印一批珍本、善本"。二〇〇七年，國務院辦公廳頒佈《關於進一步加强古籍保護工作的意見》，指出要"加强與國際文化組織和海外圖書館、博物館的合作，對海外收藏的中華古籍進行登記、建檔"。同年"中華古籍保護計劃"正式啓動，中國國家圖書館加掛"國家古籍保護中心"牌子，負責牽頭與海外藏書機構合作，制訂計劃，有步驟地開展海外古籍調查工作，摸清各國藏書情況，建立《國家珍貴古籍名録》（海外卷）。二〇一一年，文化部頒佈《關於進一步加强古籍保護工作的通知》，指出"要繼續積極開展國際合作，調查中華古籍在世界各地的存藏情況，促進海外中華古籍以數字化方式回歸"。

　　按照黨中央、國務院的要求，半個世紀以來，海外中華古籍的回歸工作一直在不斷推進，並取得了一系列的重要成果。一九五五年和一九六五年，在周恩來總理親切關懷和支持下，中國國家圖書館兩度從香港購藏陳清華舊藏珍籍；二〇〇四年，又實現了第三批陳清華海外遺珍的回歸。二〇一〇年，在國際學者和學術機構的幫助下，中國國家圖書館在館網上建立了海外中文古籍專題網站，發佈了"哈佛燕京圖書館藏中文善本特藏資源庫"。二〇一三年，北京大學中國古文獻研究中心團隊所承擔的《日本宮內廳書陵部所藏宋元本漢籍叢刊》由上海古籍出版社出版；二〇一三年五月、二〇一四年七月，中國國家圖書館出版社分別影印出版了《哈佛燕京圖書館藏〈永樂大典〉》《普林斯頓大學東亞圖書館藏〈永樂大典〉》；二〇一四年日本大倉汲古館藏書整體入藏北京大學圖書館。這些不同形式的海外古籍回歸，均有利於學術研究，促進了中外文化交流。但總體説來，這些僅係海外古籍中的極少部分，絕大多數仍沉眠於海外藏書機構或藏家手中，國人無緣得見。

在海外中華古籍實物回歸、數字化回歸、影印出版等幾種方式中，採取以影印出版的方式永久保存承載華夏文明的中華古籍特藏，是古籍再生性保護的重要手段，是繼絶存真、保存典籍的有效方式，也是傳本揚學、惠及士林的最佳方式，它不僅有利於珍本文獻原件的保存和保護，更有利於文獻的利用和學術研究，而且也有效地解決了古籍保護與利用之間的矛盾。與實物回歸相比較，影印出版的方式更爲快捷，規模也更大。

爲進一步做好海外中華古籍的回歸工作，二〇一四年國家古籍保護中心（中國國家圖書館）彙集相關領域專家、國外出版機構、出版工作者等多方力量，在已有工作的基礎上，整合資源、有序推進，策劃啓動了"海外中華古籍書志書目叢刊""海外中華古籍珍本叢刊"兩大海外中華古籍回歸項目。"海外中華古籍書志書目叢刊"編纂出版海外圖書館、博物館、書店等單位或個人所藏中華古籍新編書目、歷史目錄、專題書目、研究書志書目、藏書志、圖錄等；"海外中華古籍珍本叢刊"則以影印的方式，按專題或收藏機構系統整理出版海外圖書館或個人存藏的善本文獻、書籍檔案，對具有典型性、文物性、資料性和藝術性的古籍則採用仿真影印的形式出版；希望通過"海外中華古籍書志書目叢刊""海外中華古籍珍本叢刊"的持續出版，促進海外古籍的影印回歸。

"海外中華古籍書志書目叢刊""海外中華古籍珍本叢刊"編纂出版項目作爲"中華古籍保護計劃"的一部分，它的實施對保存保護中華傳統典籍、推進海外散藏文獻爲學界利用、促進學術研究深入開展均具有重要意義，也必將極大促進中外文化交流的實質性拓展。

是爲序。

國家古籍保護中心（中國國家圖書館）

二〇一五年三月

編　　例

1. 本書收録範圍爲哈佛燕京圖書館藏中國善本方志，刻本一般以乾隆六十年（1795）爲時代下限，稿本與稀見刻本、鈔本不在此限。

2. 已收入沈津先生主編《美國哈佛大學哈佛燕京圖書館藏中文善本書志》（2011）者，本書不再重複收録；曾收入《美國哈佛大學哈佛燕京圖書館中文善本書志》（1999）者，本書僅著録其基本信息；常見且版印不佳的志書，有的也僅著録其基本信息。

3. 本書體例參照《美國哈佛大學哈佛燕京圖書館藏中文善本書志》擬定。

4. 每則書志主要包括以下十個方面的內容：①基本著録（書名卷數、著者、版本、行款、尺寸、前後序跋等），②地名歷史沿革，③修纂者簡介，④志書內容，⑤纂修與成書經過，⑥判斷版本的依據，⑦遞藏，⑧需要説明的其他情況，⑨該地區修志簡史（截止於清末），⑩全球藏存情況。

5.《中國古籍善本書目》和《四庫全書總目》著録者，書志中加以説明；《中國地方志聯合目録》《中國地方志總目提要》未著録者略加説明，已著録者則不再提示。

6. 因每部書均鈐有哈佛燕京圖書館收藏印，故本書不再著録該館鈐印，以避繁瑣；其他收藏家及藏書機構藏印，則全部予以著録，以見遞藏源流。

7. 引文中無法辨識的字，用"□"代替；因剜修空缺的字符經查證後補出，與根據行文需要補充的字符，以"〈　〉"標記。

8. 排序以《最新縣及縣以上行政區劃代碼（截至 2014 年 11 月 1 日）》爲主要參照，府志置於屬縣（一般爲附郭縣）縣志之前，內容涉及多個行政區的，繫於排序在前者之末，山水志置於所在省份之末。

目　　録

1. 清雍正刻乾隆印本畿輔通志　T3128/82

　　[雍正]《畿輔通志》一百二十卷，清唐執玉、李衛等修，陳儀等纂。清雍正十三年（1735）刻乾隆印本。四十八册。半葉十行二十字，小字雙行同，白口，四周雙邊，單魚尾。框高 18.3 釐米，寬 14.7 釐米。首有雍正十一年唐執玉序，雍正十三年李衛序，雍正十二年王蓍序，原序［康熙二十一年（1682）格爾古德序、董秉忠序、康熙二十二年李玠序、康熙二十年吳元萊序］，凡例，原修姓氏，纂修職名，圖，目録。

　　畿輔，清代直隸省的別稱。清初以京師所轄府、州爲直隸省，轄境相當於今北京、天津二市，河北大部和河南、山東的小部分地區。雍正、乾隆以後轄境擴大，包括今北京、天津二市，河北全境，内蒙古西拉木倫河以南，遼寧大凌河上中游及山東、河南部分地區。治所在保定府（今河北保定）。

　　唐執玉，字益功，號薊門，江蘇武進人，康熙四十二年進士。雍正九年署直隸總督、兵部尚書。

　　李衛，字又玠，江蘇徐州人，貢監，歷任右副都御史、兵部尚書、浙江總督等職，雍正十年署理直隸總督。

　　陳儀，字子翽，一字一吾，直隸文安人，康熙五十四年進士。歷官翰林院庶吉士、編修等，官至侍讀學士。

　　卷一至六詔諭；卷七至十宸章；卷十一京師；卷十二星野；卷十三至十四建置沿革；卷十五至十六形勝疆域；卷十七至二十四山川；卷二十五城池；卷二十六至二十七公署；卷二十八至二十九學校；卷三十至至三十一户口；卷三十二至三十三田賦；卷三十四至三十五倉廒；卷三十六至三十七鹽政；卷三十八至三十九兵制；卷四十至四十二關津；卷四十三至四十四驛站；卷四十五河渠；卷四十六至四十七水利營田；卷四十八陵墓；卷四十九至五十祠祀；卷五十一至五十二寺觀；卷五十三至

五十四古跡；卷五十五風俗；卷五十六至五十七物產；卷五十八封爵；卷五十九至六十職官；卷六十一至六十六選舉；卷六十七至七十名宦；卷七十一至九十人物（先哲、名臣、政事、忠節、儒學、文翰、卓行、高逸、藝術、流寓、仙釋、列女）；卷九十一至一百二十藝文。

唐執玉序曰："維皇帝嗣大歷服之三年，百度具張，以一統志歷久未成，特簡重臣敦就功役。七年春詔直省重修通志，録上史館以備採擇。而臣執玉適承乏總督畿內文武事，乃發舊通志，檄取各郡州縣志而營度焉。舊志則簡而不當，其根源於經史子集者每缺焉，或取諸類書，而與本文訛舛，其他則稗官小説爲多。郡州縣志則蕪而不雅，蓋雜出於近世人之紀録，或野人所傅會，甚者因緣請托，事跡僞搆，賢不肖混淆，未可以爲據也。竊惟舊志作於康熙十九年，成於二十一年，前此制度文爲多仍明舊，至此則……數十年來章程之更定者多矣，我皇上御極，勵精圖治……是猶文武造邦而官禮具完，乃在成周之世，將著爲典册，傳之無窮，而可仍舊志之疏略乎？乃就嗜古承學明於義法者論定體例，別爲三十類……爰聘耆儒，廣延才俊，次第編纂，草創甫就，以負疴蒙恩內召，養疾都下，臣劉於義、臣李衛相繼，暨布政使臣王謩董其事，而臣執玉復蒙聖恩領故職，乃重加討論。"

李衛序曰："雍正七年春，詔天下重修通志，上之史館，以備大一統之採擇。畿輔爲首善之地，經畫區置，萬方皆取受焉。受命以後，督臣唐執玉、劉於義遞董其事，設局於保定府之蓮花池，延博學洽聞、明習典故之士，搜羅纂輯。方是時，臣適秉節兩浙，亦集越之多士修明錄梓，十年秋復奉總督直隸之命，考詢斯志，繕稿者已什有其七八。其敘山川、疆域、城郭、關津，以及貢賦、風俗、禮樂、刑政，英才之挺秀、物產之異，靡不臚悉具舉……臣於職官、兵制諸篇，詳慎考訂，具載新制，又逾年而書始成。"

選舉紀事"進士"至雍正十一年。"弘""曆"避諱。此書刊刻時間應該是雍正十三年，書中乾隆避諱字當係乾隆繼位之後挖補而成。

清于成龍修、郭棻纂《畿輔通志》四十六卷，康熙二十二年刻本，係河北纂修最早之省志。後同治十年（1871）修成《畿輔通志》三百卷首一卷，清李鴻章等修，黃彭年等纂，有光緒十年（1884）刻本和宣統二年（1910）石印本。

《四庫全書總目》著録。中國國家圖書館、中國科學院文獻情報中心、中國文化遺産研究院、北京大學圖書館、上海圖書館等近四十館與臺北故宮博物院及日本國會圖書館、東洋文庫、美國國會圖書館、英國國家圖書館、劍橋大學圖書館、牛津大學鮑得利圖書館、荷蘭萊頓大學漢學研究所等有藏。

2. 清康熙刻本宛平縣志　T3134/3110.81

　　［康熙］《宛平縣志》六卷，清王養濂修，李開泰等纂。清康熙刻本（卷一至五、部分卷六配挹芬樓補鈔本）。十冊。半葉九行二十字，小字雙行同，白口，四周雙邊，單魚尾。框高20.8釐米，寬14.9釐米。首有凡例、修志姓氏，每卷前有本卷目錄。

　　宛平縣，秦至隋，與大興同爲薊縣地，唐析薊之西界置幽都縣，遼開泰元年（1012）改爲宛平縣，與析津縣同爲南京析津府治所。金爲中都大興府治，元爲大都路治。明、清皆爲京師順天府治。

　　王養濂，順天籍，陝西漢中人。康熙二十二年（1683）任宛平知縣。

　　李開泰，順天府舉人。

　　卷一地理（分野、沿革、疆域、形勝、風俗、山川、古跡、墳墓）；卷二營建（城池、壇壝、學校、公署、里社、郵舍、寺觀、津梁）；卷三食貨（戶口、徭役、田賦、經費、物產）；卷四政事（歷官、名宦、武備）；卷五人物（進士、舉人、貢生、鄉賢、人才、貤封、孝子、節婦、隱逸、流寓、仙釋）；卷六藝文（綸音、奏議、古文、今文、詩章）。

　　凡例曰：“縣無舊志，統之於府志中，以其附郭也。邇者邑侯王公念其缺典，慨然謀創造之以備稽考。會兩張公尹京兆檄修邑志，王公乃禮聘泰等分任其事，且敦請右中允兼翰林院編修紫來米先生以董其成。創始於康熙二十二年十二月中浣之吉，告成於康熙二十三年五月上浣之吉。”“志雖外史而體例須嚴，必總以提綱，詳以條目，隨事附入條目，而以提綱貫之。其綱有六，曰地理，曰營建，曰食貨，曰政事，曰人物，曰藝文，一遵庚戌年重修府志時所定體例焉。”

　　本書無序跋，凡例曰：“國史每類例皆有序，郡邑之志亦然，今仍之。但茲志也，採輯未廣，聞見未周，語既猥鄙，事或闕遺，如有增益其事，潤色其文者，敬俟之博雅君子。”

　　選舉紀事至康熙二十四年。

　　該志係清代宛平縣唯一志書。

　　中國國家圖書館、中國科學院文獻情報中心、北京師範大學圖書館、大連市圖書館與臺北故宮博物院等有藏。

3. 清康熙刻本房山縣志　T3134/3227.81

　　［康熙］《房山縣志》十卷續志一卷，清佟有年修，齊推等纂，羅在公續修。清

康熙三至四年（1664—1665）刻，康熙增刻本。八册。半葉八行二十字，小字雙行同，白口，左右雙邊，單魚尾。框高 19.2 釐米，寬 14.2 釐米。首有康熙四年佟彭年序，康熙三年佟有年序，目錄，凡例。末有康熙三年齊推跋。卷端題："順天府涿州房山縣知縣三韓佟有年校梓。"

房山，秦漢時房邑無考，魏改古涿邑爲范陽。晉仍之。唐爲涿之附庸，或曰即古萬安縣。金建邑於廣陽之西，以奉祀金太祖、世宗等陵，命名奉先。至元時以邑西有大房山，乃更名房山，明因之。

佟有年，遼東寧遠（今遼寧興城）人。拔貢。房山縣知縣。

齊推，房山縣人。歲貢。

羅在公，四川營山人，清順治十四年（1657）年舉人。康熙三十年任房山知縣。

卷一凡例、沿革、形勝、繪圖、分野、風俗、疆域、山川；卷二城池、里甲、鄉村、户口、鹽法、荒政、土產；卷三公署、學校、壇壝、廟祠、古跡、寺觀、陵墓、關梁；卷四建官、科貢、人物；卷五詔記；卷六至八碑記；卷九紀略；卷十詩集。

佟有年序曰："予自受命以來……既而考舊章於邑乘，僅從廢簏中得睹殘帙，字畫模糊，不可句讀，且闕略未修者近八十餘載，失此不講，房將無志……予不敏，集邑中文獻之士踵事增華，正訛補遺，兩閱月而書告成。房於是乎有志。"

凡例云："房山舊未有志，至明萬曆庚辰馬公龍川來令房，肇修縣志，俾廣文黃公一洲偕邑諸生鄭鳳瞻等分類纂著，一時創舉，或有未詳，迄今八十餘載，板敝且缺。康熙癸卯秋三叨涖兹土，懼文獻之失傳也，亟命庠友齊君等飾略補遺，具有次第，共成十卷二十八類，庶幾可備採風，然踵事增華，尚有望於後之君子。"

凡例又云："書已告成，而僻邑苦無剞劂工，適延陵年友莊行可至，屬之校訂，並使攜往吳門梓寫精核，幸成於家兄壽民之手，追憶愚兄弟昔日留臺炎片席，正爲此日志書緣起也。"

齊推跋曰："房志自明萬曆癸未秋邑侯馬公永亨偕廣文黃公榜纂輯成編，迄今世易代更，版刻毀殘，多魚魯亥豕之訛。清興廿載，來載是土者往往以民貧費繁置之。癸卯秋三韓佟侯膺簡命令房，甫下車，首興學校，既而修公廨，繕城池，革羨耗，捕逃亡……嘗公暇進邑紳衿謀修縣志，侯不及時修後□□□□□〈俸金治楮穎〉□□□□□□□孟夏命余小子輩周諸彙補訂疑，編爲成書……兹編其卷十，其目三十，屬草於仲夏庚午，成書於季夏丙辰。五旬未逾告成於侯。"

續志記"官宦"內容已至康熙四十六年。

版印模糊，字跡漫漶，有斷板。有鈔補。

《中國地方志總目提要》曰："有康熙四年蘇州刻本。"

續志一卷訂在卷七之後，雜詩附在卷十之末，《中國地方志總目提要》云"雜詩七葉附在佟志卷十之末"，誤，雜詩實爲十葉。

房山縣志始於明萬曆馬永亨修，黃榜纂八卷本，現存殘帙。清代最早有康熙三年佟有年修，齊推纂十卷本，之後是此羅在公續修增刻本。另有乾隆四十一年（1776）張世法纂修《房山縣志》一卷，僅鈔本存世。

中國國家圖書館、中國文化遺産研究院、北京大學圖書館等七館與臺北故宮博物院及日本內閣文庫、東洋文庫、美國國會圖書館等藏康熙三至四年刻本。

4. 清康熙刻乾隆印本良鄉縣志　T3134/3322.81

[康熙]《良鄉縣志》八卷，清楊嗣奇修，見聖等纂。清康熙四十年（1701）刻乾隆印本。六冊。半葉八行二十字，小字雙行同，白口，四周單邊，單魚尾。框高19.5釐米，寬13.8釐米。首有修志姓氏，舊序（郭秉聰序、李□□序、楊序、李維漢序、張珽序），康熙四十年見聖序，凡例，圖，目録。

良鄉縣，西漢置，治今北京市房山區東南竇店西側，屬涿郡。三國魏黃初七年（226）後改屬范陽郡，北魏屬燕郡。北齊天保七年（556）省入薊縣，武平六年（575）復置，仍屬燕郡。隋屬涿郡。唐屬幽州，曾改爲固節縣，後復舊名。五代後唐長興三年（932）移治今房山區東北良鄉鎮。遼屬析津府，金屬大興府。元屬大都路。明、清屬順天府。

楊嗣奇，康熙三十九年任良鄉知縣。

見聖，良鄉人。貢生。

卷一輿地志（地圖、星圖、疆域、沿革、山川、風俗、城池、里屯、村店、市集、古跡）；卷二建置志（縣署、學校、魁樓、倉場、行署、館驛、橋梁、坊表）；卷三賦役志（戶口、田土、賦額、徭役、郵政）；卷四官師志（名宦、宰職、學職、倅職、雜職）；卷五人物志（鄉賢、孝義、流寓、選舉、武功、封贈、恩蔭、成均、吏掾、貞烈）；卷六紀幽志（壇壝、祠廟、招提、丘壟），物產志（穀類、藥類、蔬類、貨類、木類、菓類、瓜類、花類、獸類、禽類、鱗類、蟲類、介類）；卷七武備志，機祥志（災異）；卷八藝文志。

版印模糊，字跡漫漶，有斷板。"弘""曆"二字避諱，當是乾隆以後印本。

良鄉縣志始於明嘉靖三十九年（1560）安守魯修，楊守正纂六卷本，已佚。清代凡三修，一爲康熙十二年李慶祖修，張璟纂八卷本，中國國家圖書館藏有殘帙。二即此康熙四十年修八卷本。三即光緒七年（1881）陳嵋、范履福修，黃儒荃等纂八卷本。

《中國古籍善本書目》著録此本。中國國家圖書館、故宮博物院圖書館、北京大學圖書館與臺北故宮博物院有藏。

5. 清康熙刻本通州志　T3134/332.81

［康熙］《通州志》十二卷，清吴存禮修，陸茂騰纂。清康熙三十六年（1697）刻本。八册。半葉九行二十字，小字雙行同，白口，四周雙邊，單魚尾。框高 20 釐米，寬 14.7 釐米。首有韓菼序，石文桂序，沈朝聘序，康熙三十六年于準序，康熙三十六年許兆麟序，康熙三十六年沈志達序，康熙三十六年吴存禮序，康熙三十六年尹澍跋，康熙三十六年戴璿跋，修志姓氏，凡例，目録，圖。

通州，古冀州地，春秋以後屬燕國。秦屬漁陽郡，西漢始置路縣，東漢更名爲潞。遼太平中，於今通州區南境置漷陰縣。金天德三年（1151），於潞縣治設通州。元漷陰縣升爲漷州。明洪武初年撤潞縣入州，降漷州爲縣。清屬順天府，順治十六年（1659）裁漷縣入通州。

吴存禮，字謙之，號立庵。奉天錦州貢士。康熙三十五年任通州知州。

陸茂騰，字震則，江南長洲（今江蘇蘇州）人，貢生。

卷一封域志（星野、沿革、郡名、疆界、山川、形勝、街巷、井泉、鄉屯、市集、八景、古跡、塚墓、物産、風俗）；卷二建置志（舊城、新城、城池、敵臺、張家灣城、公署、倉驛郵鋪、學校、社學、試院、坊表、關隘橋梁、壇社、祠廟、樓閣、寺觀庵堂、義塚、馬房）；卷三漕運志（通惠河始末、河功、漕渠、壩閘、船隻、設淺、倉廠、糧額、輕賚、設官、置役、關支）；卷四田賦志（人丁、地畝額徵、額外錢糧、各衛歸併、起運、存留、驛傳裁增、牙税、務關剥船、鹽法）；卷十人物志（后妃、戚里、鄉賢祠祀、鄉彦、殉難、孝行、義行、流寓、列女、仙釋、藝術）；卷十一祲祥雜志（災祲、祥瑞、逸事）；卷十二藝文志。漷邑附各條下。

尹澍跋曰："通州舊無志，明萬曆間楊潞橋先生始輯志略，本朝康熙甲寅歲，前守閻公遂增修至十餘卷，雖較前稍備，而摭飾太過，不免詞多意晦，且僅有鈔本，未付梨棗，勢將久而復湮。"

吴存禮序曰："康熙三十五年冬，奉命簡守通州……索志披覽，掾史以舊稿十有三本進，辭涉汎濫，義未謹嚴，雅俗雜陳，瑕瑜互見，且亦見有遺漏，詢之則曰明初無志，嘉靖中葉始刻志略，兹稿乃二十年前纂輯，未付剞劂。……乃諮於僚屬及鄉之薦紳，敦請吴門陸震則先生，延之上舍，屬其删煩就簡，與廣文尹君、戴君詳加商確，不三月告成。"

陸茂騰撰凡例曰："通州舊無志，明嘉靖間州人楊家宰行中創輯志略，迨今一百五十六年，剥落幾盡。本朝康熙初衡陽周子士儀應聘修輯，廣爲搜採，存稿十有三本，可謂博矣。特以辭藻冗長未付剞劂。今州大夫吳公政暇披閱，頗慮繁縟，乃屬茂騰刪繁就簡，僅存舊稿三分之一，增入三十年來循良鄉彥節孝事跡，合之得四百餘葉。余復於吳公曰：‘志體貴明潔簡要。’公然之，乃登梨棗焉。”“是役始於丁丑六月下旬，至九月下旬告竣，提綱十有二條，目一百有二，每卷首閱以韻語以避汙漫，卷末發揮數言以見大義。凡棄瑕錄瑜，辭簡事增，悉遵吳公之教。而勘詳明確、參酌典故則學博尹君霖生、戴君玉齊之功居多。至於博採兼收，則昔年楚士周子士儀之功，收藏卷帙則州士胡子其偉、王子溥之功均不可沒也。余特藉手告成，良愧筆墨，蕪陋不足以仰替纂修盛典云爾。”

鈐印：“欣賞”。

通州最早有志，始於明嘉靖二十八年（1549）刻本《通州志略》十三卷圖一卷，（明汪有執修，楊行中纂），僅存日本尊經閣文庫。清代是志凡四修，一是此康熙三十六年刻本。二爲雍正二年（1724）刻黃成章纂修《通州新志》九卷。其三爲乾隆四十八年（1783）刻十卷本（清高天鳳修、金梅等纂）及道光十八年（1838）李宣範補訂本。四是光緒五年（1879）刻九年、十五年遞增刻本十卷首一卷末一卷，清高建勳等修，王維珍等纂。

該本紙墨精良，係康熙時初印本，又是現存較早的通州志，版本和文獻價值可見一斑。《中國古籍善本書目》著錄此本，僅中國國家圖書館、首都圖書館與臺北故宮博物院有藏。

6. 清乾隆刻本通州志　T3134/332.83

〔乾隆〕《通州志》十卷首一卷末一卷，清高天鳳修，金梅等纂。清乾隆四十八年（1783）刻本。八冊。半葉十行二十二字，小字雙行同，白口，四周雙邊，單魚尾。框高 19.9 釐米，寬 14.8 釐米。首有英廉序，乾隆四十八年金士松序，乾隆四十八年蔣賜啓序，乾隆四十八年虞鳴球序，郎若伊序，乾隆四十七年李調元序，乾隆四十八年李汝琬序，乾隆四十八年李宏照序，乾隆四十六年高天鳳序，舊志序跋（嘉靖二十八年〔1549〕楊行中序、康熙三十六年〔1697〕韓菼序、康熙三十六年石文桂序、康熙三十六年沈朝聘序、康熙三十六年于準序、康熙三十六年許兆麟序、康熙三十六年沈志達序、康熙三十六年吳存禮序、康熙三十六年尹澍跋、康熙三十六年戴璿跋、萬曆三十八年〔1610〕聶啓元《潞縣舊志序》），歷修姓氏，新修姓氏，凡例，目錄，圖。

高天鳳，江南長洲（今江蘇蘇州）人，監生，乾隆四十三年任通州知州。

金梅，江南吳縣（今江蘇蘇州）人，乾隆四十二年舉人，乾隆五十四年進士。

揀選知縣。

卷首恩澤、宸章；卷一封域志（星野、沿革、疆界、山川、鄉屯、關廂井巷、村莊、旗莊、市集、古跡）；卷二建置志（城池、倉庫獄房、衙署、營衛、試院、教場、驛站、鋪遞、墩撥、道途、關梁、壇廟祠宇、寺觀庵堂、樓臺亭閣、坊表、局所、塚墓、義塚）；卷三漕運志（漕渠、修濬、設官、置役、壩閘、倉廠號房、剥船）；卷四賦役志（戶口、人丁、田賦、起運、留支、驛額、鹽課、各稅）；卷五學校志（祀位、祀典、學宮、書院、義學、書籍、學田、學額、一切典禮）；卷六官師志；卷七選舉志；卷八人物志；卷九風土志（風俗、土產）；卷十藝文志；卷末雜識、逸事。

高天鳳序曰："余自乾隆戊戌冬由榆關奉命兹土，下車後，才疏地劇，奉職不遑。暇則披覽州乘，知創稿在明弘治間，嘉靖中始刊志略，國朝康熙初重輯未梓，三十六年立庵吳公以向所輯者斟酌損益，勒爲一編，即今舊志。其間往跡成規，敷陳略具，而竊計後此八十餘年珥筆爲未備也。……庚子夏陳請上官允舉斯役，延吾鄉金花洲孝廉，先取舊志校讎而訂正之，間有舛訛，金君搜討不遺餘力，越半年餘，釐易稍備。今夏閏五月，偕僚友紳士啓局於學宮之西隅文昌祠中，其典故則考之載籍，其事跡則採諸薦紳，其案牘則徵諸吏掾。而金君同編纂者，復有沈君藝圃、王君勉齊、楊君杏村，互相商訂，反覆稽敷，每卷成輒以示余，并僚友諸君共證之。總歸於不濫不遺，以期無憾。五閱月書成，州次部居，目張綱舉。州紳士樂捐資而付諸梓。"

鈐印："武昌柯逢時收藏圖記"。

中國國家圖書館、中國科學院文獻情報中心、中國文化遺產研究院、北京大學圖書館等十館與臺北故宮博物院及美國國會圖書館、法國亞洲學會等有藏。

7. 清康熙刻本昌平州志　　T3134/6634.81

〔康熙〕《昌平州志》二十六卷，清吳都梁修，潘問奇等纂。清康熙十二年（1673）澹然堂刻本。十冊。半葉九行二十字，小字雙行同，白口，四周單邊。框高20.1釐米，寬14.7釐米。首有第一冊目錄，康熙十二年徐化成序，凡例，修志姓氏。版心鐫"澹然堂"。

昌平州，位於今北京市昌平區。西漢置軍都縣和昌平縣，屬上谷郡。東漢屬廣陽郡，北魏廢昌平入軍都縣，東魏改置昌平縣。隋屬涿郡，唐屬幽州。遼屬析津府。金屬大興府，元屬大都路。明屬順天府，正德元年（1506）升爲昌平州，清因之。

吳都梁，字宮璧，奉天（今遼寧瀋陽）人。康熙十年任昌平州知州。

潘問奇，字雲客，浙江錢塘（今浙江杭州）人。河南開封府新鄭縣廩生。

8

卷一繪圖志；卷二沿革志；卷三建置志；卷四山川志；卷五風俗志；卷六賦役志；卷七學校志；卷八祀典志；卷九官師志；卷十名宦志；卷十一人物志；卷十二列女志；卷十三科貢志；卷十四武備志；卷十五署館志；卷十六物産志；卷十七陵墓志（古跡附）；卷十八雜志；卷十九至二十五藝文志；卷二十六補遺詩、紀事。

潘問奇撰凡例曰："昌平州舊志係前朝鄉紳崔公所輯，垂今百有餘年，世代遷移，幾不可考。幸蒐訪殘編，復窺全豹，猶覺典型未遠，但重修頗多損益，其有仍存原本者則於本條下書舊志二字以別之，懼攘厥美，且以示不忘也。""予以錢塘後學謬來茲土膺教命……本邑友人曹子心簡暨諸同學皆在吳公冰鑒中，延致一堂，共襄厥務。搜羅纂訂，商榷校讎，恒矻矻無寧晷，以故觀成甚速。登諸梨棗，心細工良，閱之不覺色喜。"

徐化成序曰："考諸舊典，故明隆慶朝尚寶卿崔公曾撰輯州志八卷，頗稱簡括有體裁，歲月既久，版帙散亡。……州伯吳公爰請於僉憲耿公，出清政之餘閒，力追明備，選才庀事，數月告成，將以授梓。"

科貢紀事至康熙十一年。

昌平州志，明隆慶元年（1567）崔學履創修八卷本，中國國家圖書館藏有全帙。清代最早纂修即此康熙十二年刻本，後有清吳履福等修、繆荃孫等纂光緒十二年（1886）十八卷本。光緒十八年還有麻兆慶纂修《昌平外志》六卷本。

中國國家圖書館、上海圖書館、南京圖書館等七館與日本東洋文庫及美國國會圖書館有藏，其中三館所藏爲殘本。哈佛燕京圖書館藏此本除卷首稍有蟲眼，幾爲完帙，猶顯珍貴。

8. 清康熙刻乾隆印本大興縣志　T3134/4370.81

［康熙］《大興縣志》六卷，清張茂節修，李開泰等纂。清康熙二十四年（1685）刻乾隆印本（大部分配補鈔本）。十冊。半葉九行二十字，小字雙行同，白口，四周雙邊，單魚尾。框高 21.4 釐米，寬 14.7 釐米。首有張茂節序，凡例，目録，圖。

大興，秦置薊縣，治薊城。遼初改薊北縣，開泰元年（1012）改析津縣，爲析津府治。金貞元元年（1153）海陵王都於此，建爲中都。貞元二年改析津府爲大興府，改縣名爲大興縣。元初屬中都路，至元二十一年（1284）爲大都路治。明初爲北平府治。永樂元年（1403）爲順天府治，清因之。

張茂節，江南沭陽（今江蘇溧陽）人，拔貢。康熙十二年至十五任大興知縣，康熙十九年復任。

李開泰，康熙五年順天鄉試解元。

卷一興地（分野考、沿革考、形勝考、山川考、風俗考、古跡考）；卷二營建（城池考、壇壝考、學校考、公署考、里社考、郵舍考、寺觀考、津梁考）；卷三食貨（戶口考、徭役考、田賦考、經費考、物產考）；卷四政事（名宦考、職官考、武備考）；卷五人物（鄉賢考、人材考、節義考、科目考、隱逸考、僑寓考、仙釋考）；卷六藝文（文集考、詩集考）

張茂節序曰："茂節猥承茲責……自有大興以來，遠不具論，即由明迄今，令茲土邑者不下數十百人，皆未聞有志。……顧敢以弇陋樸僿謝厥責耶？用是禮聘順天孝廉李君開泰、貢生郝君尚禮、徐君兆斗，實始編輯，生員張君采、陳君國銳同校正，而參閱則順天府學教授邢君吉士、訓導張君調蕭與有力焉。閱歲二載有奇，為綱有六，為目三十有二，大抵規模悉本府志而增損之，校讎訂正，茂節於風塵況瘁中實不敢不殫厥心。"

凡例云："縣舊無志，邑令張公慨然創始。復值兩大京兆張公奉命新修，乃屬泰等分任其事，始於康熙二十二年十二月，成於二十三年五月，但僅能屬草而已。至於刪削潤色，討論校正，則邑令張公實殫厥心，至二十四年十二月始竣厥事。""每卷前有小序，慮或有未盡之義則後為按以申明其說。"

該書原刻多缺，各卷大部分均為鈔補。原刻字跡模糊處有朱筆描補。

選舉紀事至康熙二十四年。"玄"字避諱，"弘"字未避諱，"曆"字有避諱，有未避諱。

該志為大興唯一志書。

中國國家圖書館、南京圖書館、中國科學院文獻情報中心等六館與臺北故宮博物院及日本東洋文庫藏乾隆三年（1738）補刊本。另有十餘館藏鈔本。

9. 清乾隆刻後印本平谷縣志　T3134/1486.83

［乾隆］《平谷縣志》三卷，清任在陛修，李柱明纂，項景倩續纂修，朱克閎再續纂修。清乾隆四十二年（1777）刻後印本。三冊。半葉九行二十一字，小字雙行同，白口，四周單邊，雙魚尾。框高 18.6 釐米，寬 13.8 釐米。首有康熙六年（1667）李柱明序，雍正六年（1728）項景倩序，乾隆四十二年朱克閎《續補平谷縣志紀略》，目錄，圖。

平谷，漢高祖十二年（前 195）始置平谷縣，屬漁陽郡。北魏併入潞縣，後唐廢為大王鎮。金復置平谷縣，又置平峪縣，治大王鎮（今平谷鎮），屬薊州。元初併入漁陽，尋復置平谷縣，隸薊州，明因之。清屬順天府。

任在陛，字鼎鉉，甘肅安定（今定西）人，清順治五年（1648）副榜。康熙五年任直隸平谷知縣，修康熙《平谷縣志》，卒年九十。

項景倩，浙江錢塘（今杭州）人，雍正六年任平谷知縣。

朱克閎，河南嵩縣人，乾隆十七年恩科舉人，歷任蘇州府總捕同知、灤州知州，乾隆三十七年十月任平谷知縣。

卷上地里志（山川地理圖、城廓屯社圖、縣治公署圖、景致圖、分野、沿革、邑名、疆域、山川、形勝、風俗、城池、公署、郵驛、鄉社、學校、壇廟、寺觀、橋梁、古跡、坊市），國賦志（戶口、田賦、土產、力差、惠政）；卷中秩官志（職官、名宦），選舉志（科第、封爵、貢蔭）；卷下人物志（人物、善人、列女、仙釋），藝文志（文、詩）。

李柱明序曰："平志起於明隆慶之六年，重修於萬曆之二十年，迄今蓋七十於載。……幸邑侯任公……毅然以修志爲己任，適奉有諸上台纂輯之命，公喜而言曰：'吾愿可籍此以成矣。'因以採集屬之紳衿，謬以校勘責諸不慧，而訂其簡蔓，正其得失，易鄙俚爲雅馴，悉出公手。"

項景倩序曰："屈指康熙丁未令博諸公踵事補修，至雍正戊申前後六十餘年之久，事實既未採録，行懼其湮没而不彰也。微邑紳衿請，吾亦將整殘續缺，謀之剞劂，以備一代之徵，釗紳衿頻以補修爲請乎？余越疆末士也，僻處東南偏境，素慕燕趙雷封……爰出囊俸，裒集衆捐，總六十餘年中事實，備爲採録付梓，以期毫髮無遺，余之志也。計向來罅漏，一時未能補綴，姑舉其可考者，俾後之人見美而法，見不善而懲……"

朱克閎《續補平谷縣志紀略》："我國朝典重史館，官隆總裁，欽定明史，御纂《一統志》暨《四庫全書》，典墳邱索，無以尚之。近奉諭旨，考證《日下舊聞》，核實纂輯，使天下萬世知皇都閎麗，信而有徵。凡畿輔州縣星羅棋佈，無不各因志乘追尋往跡，遥溯前徽，以煥文治之光華。蕞爾平邑，舊志殘缺，未經釐訂。康熙六年歲次丁未，邑令金公在陛敷陳軼事，命工剞劂；雍正六年歲在戊申，邑令項公景倩復爲採録，付之梓人，皆因前明隆慶遺文踵而續之，迄今五十年矣。愚以中州鄉薦，才識謭陋，承乏兹邑，於課耕課讀勸紡勸織之暇，集諸紳士廣爲採擇，奈簡斷編殘，文獻不足，僅即數十年之文武職官，恩拔歲貢，籍貫姓名，任事考授年月補而增之，至於闕則仍闕，以俟後之宰是邑者，具經天緯地之才，著立海垂云之概，遐稽近考，舉元明諸公之餘文，本朝諸公之著述，重爲鉅章鴻裁，以副我皇上稽古右文之至意。是則愚之所厚望也夫。"

修版後印，多處字跡漫漶，模糊不清處均有朱筆描清或標注。

平谷縣志，始於明隆慶六年（1572），再修於萬曆二十年（1592），皆佚。現存最早的平谷縣志爲康熙五年任在陛修、李柱明纂三卷本，雍正六年項景倩再續修，乾隆四十二年再次重修刊刻。

中國國家圖書館、故宮博物院圖書館、上海圖書館、天津圖書館、清華大學圖書館與臺北故宮博物院及日本東洋文庫有藏。《中國地方志聯合目錄》著錄北京大學圖書館藏有乾隆四十二年刻本，誤。該館僅藏其民國鈔本。

10. 清乾隆刻本延慶州志　T3269/1004.83

〔乾隆〕《延慶州志》十卷首一卷，清李鍾偉修，穆元肇、方世熙纂。清乾隆七年（1742）刻本。二函十册。半葉十行二十字，小字雙行同，白口，左右雙邊，單魚尾。框高 21.4 釐米，寬 14.2 釐米。首有乾隆七年金志章序，乾隆七年李鍾偉序，舊序（成化十一年〔1475〕李鼏序、嘉靖間蘇乾序、萬曆四十六年〔1616〕宋雲霄序、順治十年〔1653〕遲日豫序），重修州志姓氏，圖，凡例，目録。

延慶州地處燕山西段、延慶盆地及周邊。西漢置居庸縣。北齊廢。唐末置縉山縣。元延祐三年（1316）升爲龍慶州。明永樂十二年（1414）改爲隆慶州，隆慶元年（1567）改名延慶州，領永寧一縣。清順治六年（1649）永寧縣省入延慶州。1913 年改爲延慶縣。1928 年屬察哈爾省。1958 年至今屬北京市。

李鍾偉，字世萬，號謹齋，福建安溪人。雍正五年（1727）進士。雍正十三年任延慶知州，後歷任祁州、涿州知州。

穆元肇，順天府大興縣人。雍正十一年任延慶州學學正。

方世熙，安徽桐城人。乾隆二年任延慶訓導。

卷首有州城、州署、學宮、諸溝、四海冶、州境等圖，計十一幅，多與邊防有關。正文十卷，平列二十八門：卷一建置，疆域（形勝附），星野（災祥附），山川（古跡、墳墓附），水利；卷二城池（街坊、橋梁附），公署（養濟院、漏澤園附），學校（社學、義學附）；卷三户口，田賦（鹽課、雜税、支銷附），物産，風俗；卷四封建、職官、選舉（例貢監附）；卷五名宦、貤封、鄉賢；卷六忠節、孝友、忠烈（賢母）；卷七隱逸、流寓、仙釋、壇壝（祠廟附）；卷八邊防（扼塞、兵事、法令附），紀事；卷九、卷十藝文。

李鍾偉序："余自乙卯夏承乏兹土，即博考三關兩鎮及圖説諸志，顧與邑之老成人從容商榷，筆之於書，以備省覽。緣自壬子至乙卯，三年之中，官凡五易，積案累累，又連歲偏災，民人貧困，有志焉而未暇也。數年來百務漸舉，庚申之秋，天長王郡憲復下令諸邑增修志乘，余不敢辭固陋，爰集邑紳士，詳加採輯。經始於辛酉之春，閲一歲有奇，乃告成事。"

"弘"剜改作"宏"，"虜""夷""狄"之類文字剜改作"敵""邊"等，此本當爲乾隆中後期剜修本。

延慶州，明成化、嘉靖、萬曆間均曾修志，今存者僅［萬曆］《隆慶志》一種，係明謝庭桂纂、蘇乾續纂，全書十卷，列六十一門，孤本存寧波天一閣博物館。清代凡四修州志。首部爲遲日豫修、程光祖纂《延慶州志》九卷，分二十七門，順治十年（1653）刊行，部分書版係以嘉靖舊版重印。該志又有清袁逮、于嘉楨續補本，於康熙十九年（1680）增刻印行。其次即此乾隆志。其三爲清何道增等修、張惇德纂《延慶州志》十二卷，分四十七門，光緒七年（1881）刊刻。其四爲佚名編《延慶州鄉土志》，紀事至光緒三十二年（1906），有清末鈔本存世。

金鑲玉裝。

偶有零星鈔配葉。藝文門有朱筆圈點，有題識一則：“同治元年三月九日閱識。”

中國國家圖書館、首都圖書館、中國科學院文獻情報中心、故宮博物院圖書館、中國國家博物館等二十六館與“中央研究院”歷史語言研究所傅斯年圖書館、臺北故宮博物院及日本東京大學東洋文化研究所、京都大學人文科學研究所、美國國會圖書館、法國國家圖書館亦有入藏。

11. 清乾隆刻本天津府志　T3133/1335.83

　　［乾隆］《天津府志》四十卷，清李梅賓、程鳳文修，吳廷華、汪沆纂。清乾隆四年（1739）刻本。十六册。半葉十行二十一字，小字雙行同，白口，四周雙邊，單鱼尾。框高 19.3 釐米，寬 14.5 釐米。首有乾隆四年陳弘謀序，乾隆四年程鳳文序，乾隆四年吳廷華後序，劉君成撰《殷烈婦傳》，纂修職名，凡例，目錄，輿地全圖。

　　天津府，漢章武縣及泉州縣地。元爲静海縣地，置海濱鎮。明永樂三年（1405）置天津及其左、右衛於此，屬直隸，清初因之。順治九年（1652）裁天津左、右衛，并入天津衛。雍正三年（1725）改衛爲州，雍正九年再改爲府，治所在天津縣（今天津市），轄境相當於今天津市及所轄静海縣，河北滄縣，青縣及南皮縣以東、山東慶雲縣以北地。1913 年廢。

　　李梅賓，廣西臨桂（今桂林）人，康熙六十年（1721）進士。雍正九年任天津府知府。

　　程鳳文，江南儀徵人，歲貢。乾隆元年任天津府知府。

　　吳廷華，字中林，浙江錢塘（今杭州）人，康熙四十一年舉人。官福建興化府同知。乾隆二年來津居水西莊，受府尹程鳳文、縣令朱奎揚之聘，與汪沆同纂天津府縣二志，四年應徵入都。著有《漂榆集》。

　　汪沆，字西灝，一字師李，號槐堂，浙江錢塘（今杭州）人。諸生，少從厲鶚學，博極群書。遊天津，客查氏水西莊。

　　卷一天章（兼紀天恩）；卷二地輿；卷三星土；卷四形勝、疆域；卷五風俗、物產；卷六山川；卷七城池、公署；卷八鄉都、户口；卷九學校；卷十壇壝；卷十一古跡（附塚墓）；卷十二田賦（附關税、屯田）；卷十三鹽法；卷十四驛遞（附津梁）；卷十五兵志；卷十六至十七河渠；卷十八祥異；卷十九封爵；卷二十名宦；卷二十一至二十四職官；卷二十五至二十六選舉；卷二十七至二十九人物；卷三十至三十二列女；卷三十三至三十九藝文；卷四十雜記。

陳弘謀序曰："天津拱輔神京，水陸交會，又東臨大海……雍正間由衛而州，遞升爲府，分河間所屬縣隸之，一切規模制度俱曩時所未備。……津郡建置未久，舊志荒陋，文獻渺徵，操筆者比於無源之澧，無根之芝，簡略宜所不免，然第就見聞可及之事，稽之往籍，考之興論，覈實徵信，挈要提綱，即求治者之龜鑒於是乎在，又何必以徵引未當、文藻闕如爲病哉？夫事非稱名之難而責實之難，非創始之難而紹承恢大之難。有疆域、城池、海防、營制則設險不可無備矣，有田賦、戶口則生聚不可無方矣，有學校則益思所以振興而推廣之，有選舉、人物則益思所以鼓舞而培養之，有河渠鹽法則益思所以修舉而整飭之，事圖其本務而業規其久遠，由是以漸觀厥成，臻於美備，使後之續爲此志者無復有簡略之嘆。"

鈐印："嫏嬛妙境藏書圖記""長白完顏氏半畝園珍藏留記""高珍藏"。

天津方志始於明正德和萬曆兩次修纂的《天津三衛志》，已佚。清薛柱斗修，高必大纂的康熙《天津衛志》四卷首一卷康熙十四年（1675）刻本，係現存最早的版本。後有清沈家本、榮銓修，徐宗亮、蔡啓盛纂的光緒二十五年（1899）刻本《重修天津府志》五十四卷首一卷。

中國國家圖書館、北京大學圖書館、上海圖書館等十九館與日本東洋文庫、美國國會圖書館、英國劍橋大學圖書館、法國國家圖書館、德國柏林德意志國家圖書館亦有入藏。

12. 清乾隆刻本天津縣志　T3134/1335.83

［乾隆］《天津縣志》二十四卷，清朱奎揚等修，吳廷華纂。清乾隆四年（1739）刻本。八冊。半葉十行二十一字，小字雙行同，白口，四周雙邊，單魚尾。框高 19 釐米，寬 14.7 釐米。首有乾隆四年陳弘謀序，乾隆四年程鳳文序，乾隆四年張文炳序，乾隆四年朱奎揚序，凡例，纂修職名，目錄，圖。末有乾隆四年吳廷華後序。

13. 清乾隆刻後印本武清縣志　T3134/1432.83

［乾隆］《武清縣志》十二卷首一卷末一卷，清吳翀修，曹涵等纂。清乾隆七年（1742）刻後印本。八冊。半葉九行二十字，小字雙行同，白口，四周雙邊，單魚尾。框高 19.5 釐米，寬 13.8 釐米。首有乾隆七年吳翀序，修志姓氏，凡例，圖，目錄。

武清，春秋時爲燕國，秦屬上谷郡，漢置泉州、雍奴二縣，屬幽州之漁陽郡。北魏屬范陽郡，晉歸燕國，後魏仍屬幽州，太平真君七年（446）廢泉州入雍奴縣。

隋初屬幽州，後改歸涿郡。唐屬幽州，貞觀時屬河北道，開元間屬幽州節度使，天寶元年（742）改屬范陽節度使，更雍奴縣名爲武清縣。遼屬析津府，金屬大興府，元屬潞州，明屬通州。清屬順天府。

吳翀，江蘇如皋人，拔貢。鑲黃旗教習，乾隆四年任武清知縣。

曹涵，天津武清人，康熙六十年（1795）進士。官翰林院檢討。

卷首諭旨、宸章、巡幸；卷一星土、建置沿革、形勝、疆域、城池、公署、學校、里社、集市；卷二田賦、戶口、起運、存留、課程、剥船、撥補；卷三河渠、武備、秩祀、郵傳；卷四古跡、寺觀、風俗、物産、機祥；卷五職官；卷六選舉；卷七名宦、褒封、流寓、仙釋；卷八人物；卷九列女；卷十至十二藝文；卷末原序、跋。

吳翀序曰："余承乏是邑……然舊纂垂四十年，漫滅多不可識，考諸獻既如彼，徵諸文又如此，誰歟司兹土者不可謂非其責也。劉君德園邃於往籍，多所見聞，予爰謀諸邦之士夫，請董其事。而開局於三義廟廨，重合前文，糾其散謬，蒐羅補輯，爲之定次以傳信，蓋八閱月而成書。"

選舉紀事至乾隆七年。

武清縣志始於清康熙十四年，由鄧欽楨修、耿錫胤纂。乾隆志之後，又光緒武清縣志十卷首一卷末一卷，蔡壽臻修、錢錫采等纂，有光緒七年（1881）稿本存世。又有蔡壽臻輯《武清志括》六卷，記事至光緒七年，係松竹齋紅絲欄鈔本。

中國國家圖書館、中國科學院文獻情報中心、中國文化遺産研究院、上海圖書館、南京圖書館、遼寧省圖書館等三十餘館與臺北故宮博物院及日本東洋文庫、美國國會圖書館等有藏。

14. 清乾隆刻本寶坻縣志　T3134/384.83

［乾隆］《寶坻縣志》十八卷，清洪肇楙修，蔡寅斗纂。乾隆十年（1745）刻本。八冊。半葉九行二十字，小字雙行同，白口，四周雙邊，單魚尾。框高19.5釐米，寬13.9釐米。首有乾隆十年汪由敦序，乾隆十年洪科那蘇圖序，乾隆十年錢陳群序，乾隆十年沈德潛序，乾隆十嚴瑞龍序，乾隆十年蔣炳序，乾隆十年方觀承序，乾隆十年洪肇楙序，原序（明弘治莊襗序、明嘉靖四十五年〔1566〕劉思聰序、賈元序、牛一象序、杜立德序、伍澤榮序），洪肇楙"答邑紳士書"、"再與邑紳士書"。新修職銜姓氏，凡例，目錄。卷端題："古歙桂林洪肇楙東閭甫手輯，男烜、煦同校字。"

寶坻，古幽州、冀州地。漢屬漁陽郡，唐爲武清縣地，五代唐置榷鹽院於此，謂之新倉。遼置新倉鎮，屬香河縣。金大定十二年（1172）析香河縣東部置縣。元屬大都路。明洪武十年（1377）改屬通州，清屬順天府。

洪肇楙，江蘇儀徵籍，安徽歙縣人。雍正元年（1723）進士。

蔡寅斗，字芳三，江蘇江陰人。乾隆十二年舉人。官國子助教。

卷一職方（星野、星占、沿革）；卷二形勝（山川、疆域、八景）；卷三建置（城池、學宮、縣治）；卷四祀典（文廟、壇壝、廟祠）；卷五賦役（戶口、田壤、鹽課、驛站）；卷六鄉閭（里甲、村莊、市集、橋渡、巡邏、董勸）；卷七風物（風俗、歲時、物產）；卷八職官（縣令、佐貳、師儒、武備、駐防）；卷九選舉（甲科、鄉舉、貢薦、徵辟、武科、武辟舉、封蔭、鄉飲）；卷十封表（冢墓、坊表、祠堂）；卷十一至十二人物（名宦、鄉賢、文學、政績、耆英、孝義、廉寓、流寓）；卷十三列女；卷十四拾遺（古籍、機祥）；卷十五別録（寺觀、仙釋、勝語、義冢）；卷十六集説（河堤、營田、鹽桑、剥船、里役、圈給）；卷十七至十八藝文。

洪肇楙序曰：“其時邑志之有無不可考。有之自明弘治時始，祇上下二卷，草創焉耳。語云：作始也簡，其將卒也必鉅。豈不重有待於後來者哉？惜嘉靖中一修後，遂無有議及者，迨聖祖仁皇帝開設明史館，詔天下郡縣以志上，於時邑之續志出焉，顧志出而明史究未有所採……夫金以前所傳若滅若没，既以世遠年湮，姑弗深考矣。明中葉至國初，蒐羅似猶易爲力者，而亦復簡略若此，則志雖修猶未修。……楙自攝篆時即懷此意，及奉調再來，亟與邑紳士議。有以前任伍公志稿進者，視之第如前，乃姑寢。數年來念兹在兹，廣搜前代之藏書，博購名流之別集，以及四鄉殘碑斷碣，莫不剔刮於苔封蘚蝕間，又巡歷所至，輒過遺墟而訪，召故老而諮，覺數千年陳跡亦有約略可尋者，而益嘆有明三百年中其事非盡瑣瑣，其人非盡平平也。積日既久，劄記漸多，於是毅然有修志之役。會同學蔡子芳三，今博雅君子也，延之至，時以鄙見相質，芳三輒以爲然，且多方以證佐之，由春及秋，閱八月而竣……每竣一卷，必集邑縉紳耆舊傳示之，皆曰信善哉。”

書中夾一紙：“余纂修邑志，既刊刻成書，作木櫃四韞板於内，復按各卷次第塊數分記蓋面，重加鎖鑰以圖經久，事甫畢而余遂膺磁州之命。因念此板藏貯雖密而安置苟非其地，典守或非其人，恐將來仍有散軼遺缺之虞，兹與首事諸公議，存於北王舜輔家之青箱樓内，而典守即於是托焉。凡欲刷印，務集百部内外，同首事諸公依次啓櫃，就於青箱樓宅内刷印畢，仍即收入鈐封，慎毋任其搬移渙散。是安置得其地，而典守亦專，斯爲久遠無弊之道。此固余一片苦心，而諸公亦大費經理，諒能同爲珍護，必不至諉爲異人任也。丙寅上元日洪肇楙謹囑。”

現存最早的寶坻縣志爲康熙十二年（1673）牛一象修、范育蕃纂八卷本，其餘即此乾隆刻本。

中國國家圖書館、中國科學院文獻情報中心、天津圖書館等十餘館、與“中央研究院"歷史語言研究所傅斯年圖書館、臺北故宮博物院、臺灣大學圖書館、及日本東洋文庫、美國國會圖書館、法蘭西學院漢學研究所等有藏。

15. 清乾隆刻本寧河縣志　T3134/323.83

[乾隆]《寧河縣志》十六卷，清關廷牧修，清徐以觀等纂。清乾隆四十四年（1779）刻本。六冊。半葉九行二十二字，小字雙行同，白口，四周雙邊，單魚尾。框高 19.4 釐米，寬 13.8 釐米。首有乾隆四十四年楊景素序，沈承業序，關廷牧自序，乾隆四十四年徐以觀後序，圖，纂輯寧河縣志銜名姓氏，寧河縣志總目。

寧河縣，寶坻分邑，漢泉州雍奴地，屬漁陽郡。魏屬范陽郡，晉屬燕國，後魏仍屬幽州。太平真君七年（446）廢泉州入雍奴，北齊屬東北道行臺，隋開皇時屬幽州總營，大業三年（607）改屬涿州郡，唐武德初改郡爲州，屬幽州總管府，貞觀時分十道，屬河北道，開元間屬幽州節度使，天寶元年（742）改爲范陽節度使，更名武清，泉州併其內。後唐屬盧龍節度使，因於此地設鹽場，立新倉。遼於新倉置榷鹽院，分武清、香河、潞三縣地置香河，隸南京道。金大定十二年（1172），復分爲寶坻縣，承安三年（1198）升置盈州，以香河、武清隸焉，尋廢州，屬中都路。元太祖時屬燕京路大興府，至元間改燕京爲中都路，又改爲大都路，明改爲順天府通州，清因之。雍正九年（1731）以寶坻之梁城所爲寧河縣，後以四路廳分隸順天府。

關廷牧，廣東南海人，乾隆二十八年進士，榜姓陳。乾隆三十九年九月任寧河知縣。《中國地方志總目提要》云乾隆三十八年關廷牧任寧河知縣，誤。四十二年改復原姓。

徐以觀，浙江仁和（今杭州）人，舉人。曾任儀徵知縣。

卷一採訪告示、凡例、圖形；卷二職方志（星野、沿革、疆域、山川、里保、市集、勝景）；卷三建置志（城池、縣治、學宮、壇廟、書院、倉儲、庫廨、養濟院、留養局、演武場、鋪遞、塾房、河渠、堤堰）；卷四建置志（橋渡、祠墓、坊表），祀典志（文廟、壇壝、廟祠）；卷五賦役志（戶口、田賦、場竈、課引）；卷六職官志（縣令、師儒、佐貳、場員、武備）；卷七選舉志（科甲、鄉舉、貢薦、徵辟、武科、封蔭、鄉飲）；卷八至十人物志（名宦、鄉賢、文學、卓行、耆英、流寓、貞節）；卷十一至十四藝文志；卷十五風物志（風俗、歲時、方音、物產、營田、鹽桑）；卷十六雜識志（古跡、廟觀、機祥、紀聞）。

楊景素序曰："縣之有志始於宋，自唐以前但有地理志、郡國志而已，然考宋志多在南郡，至北地之志始創前明。入我朝而文教光於前代，世宗憲皇帝敕修《畿輔通志》，北地無不志之縣矣。顧其間或有分縣，因有舊志可尋，承乏者不復創爲新志，此則疆域之混淆，戶口之隱匿，賦役之規避，弊竇滋生，非先王申畫郊圻，慎固封守之意也。東路聽屬寧河縣，爲寶坻之分縣，自雍正九年建設，閱今幾五十年，尚無專志。今邑關令始分而志之，己亥孟秋志克告成。……綱凡有十，目至六十有五，正疆域，清戶口，定賦役，凡諸大政，釐然劃然，不至與寶坻溷淆，自此可以免浸漏、息爭訟矣，而條目中至土俗方音亦爲致審。”

關廷牧自序曰：“寧河東輔邑爲天子甸服，雍正九年分自寶坻，以寶坻之志爲志。然邑既分，則志不得復合。今寶坻已別爲志，而寧河闕如也。因循散佚，漸且文殘獻缺，守土之謂何是？豈朝廷建邑之意哉？且自分建以來，閱今幾五十年，愈久將愈湮，則志之作不容少緩。牧承乏於茲五年矣，勞心撫字猶懼不克稱職，無以仰副聖天子軫念元元至意，詎敢以謭陋之才，妄希信今垂後，備一隅之紀載，而以道揚至治者登風俗之書乎？……寧邑蓋漢漁陽郡也，爲泉州，爲雍奴，至唐天寶而更名武清，至遼而置香河，至金大定而復分寶坻，稱名屢異，封域常沿。……牧幸得以公務餘閒，進邑之文獻搜羅而諮訪焉，退而與徐君舍亭輩博稽而詳訂之，則是志之成，雖一隅之紀載乎，而實聖世太平風俗之書也。遂忘其謭陋而不自知其才之不達也，後之踵而增焉，其亦可諒予之意也夫。”

寧河縣始建於清雍正九年，此爲該縣最早之縣志。其後有丁符九修、談松林纂光緒寧河縣志十六卷，係光緒六年（1880）刻本。

中國國家圖書館、中國文化遺產研究院、北京大學圖書館等二十餘館與“中央研究院”歷史語言研究所傅斯年圖書館及日本國會圖書館、東洋文庫有藏。

16. 清康熙刻本薊州志　T3134/4230.81

［康熙］《薊州志》八卷，清張朝琮修，鄔棠等纂。清康熙四十三年（1704）刻本。四冊。半葉九行二十四字，小字雙行同，白口，四周雙邊，單魚尾。框高 19.6 釐米，寬 15.3 釐米。首有康熙四十三年張朝琮序，原序（康熙十七年〔1678〕董廷恩序），凡例，目錄。卷端題：“順天府薊州知州加七級湘水張朝琮重修，儒學學正瘦陶李宗枏、訓導直沽馮笤同參訂，吏目古越潘錫榮較梓，漁陽驛驛丞樵李鄔棠編次，候選縣丞郡人崔顔同輯，候推營守備加一級郡人王家福採訪。”

17. 清乾隆刻本正定府志　T3133/1138.83

〔乾隆〕《正定府志》五十卷首一卷，清鄭大進纂修。清乾隆二十七年（1762）刻本。三十二册。半葉十行二十二字，小字雙行同，白口，左右雙邊。框高 19.0 釐米，寬 13.5 釐米。

正定府，春秋時晉地，戰國屬趙，秦爲鉅鹿郡地，漢高祖置恒山郡，後改曰常山郡，又分置真定國。北周置恒州，唐改鎮州，五代後建北都爲真定府，契丹號爲中京，元置真定路，明改真定府。清雍正元年（1723）避世宗胤禛諱，改爲正定府，屬直隸。治所在正定縣，轄境相當於今河北大沙河以南，晉州、欒城、贊皇以北地區。1913 年廢。

鄭大進，廣東揭陽人，乾隆元年進士。乾隆二十二年出任正定知府。

首一卷方觀承序，乾隆二十七年張泰開序，乾隆二十七年鄭大進序，原序（李仁序、嘉靖二十七年〔1548〕劉瑶序、嘉靖二十八年項廷吉序、嘉靖二十八年商大節序、嘉靖二十八年王汝楫序），凡例，修志姓氏，目録，諸圖，年表。卷一恩紀（詔諭、巡幸、御製、蠲賚）；卷二地理上（沿革、星野、疆域、形勝、古跡）；卷三地理中（山川）；卷四地理下（河渠、水利）；卷五至六事紀；卷七災祥；卷八建置上（城池、壇廟、公署、學校、義學書院附）；卷九建置下（官舍、津梁、坊表、邱墓、寺觀）；卷十賦役（户口、田賦、雜税鹽政附）；卷十一風物上（風俗）；卷十二風物下（物產）；卷十三惠政上（倉儲、種植）；卷十四惠政下（賑卹、養濟院、漏澤園、留養局）；卷十五典禮上（秩祀）；卷十六典禮中（釋奠）；卷十七典禮下（禮制）；卷十八武備上（將弁、兵制）；卷十九武備中（關隘、郵政、墩汛、附鋪司）；卷二十武備下（兵事）；卷二十一選舉上（徵辟、文武舉人、文武進士）；卷二十二選舉下（貢生）；卷二十三職官一（列代宦籍、府師官）；卷二十四職官二（正定、獲鹿、井陘、阜平、欒城五縣官師）；卷二十五職官三（行唐、靈壽、平山、元氏、贊皇五縣官師）；卷二十六職官四（晉州、無極、稿城、新樂四州縣官師）；卷二十七世系上（帝王、后妃）；卷二十八世系下（封爵、藩鎮）；卷二十九至三十名宦上下；卷三十一至四十二人物一至十二（名臣、武功、文苑、仕跡、忠烈、孝友、義行、隱逸、方技、流寓、仙釋、列女）；卷四十三人物外志（鑒戒、宦者）；卷四十四至四十九藝文一至六（詔令、奏疏、記、序、跋、碑、狀、書、啓、考、辯、説文、贊、賦、詩）；卷五十雜紀（稽古、摘粹、訂誤、闕疑、述異、拾遺、補編）。

張泰開序曰：“先是，辛未余膺命駐節常山，見舊志係前明嘉靖二十六年所刊，字已漫漶，書亦不全，因思志爲一郡實録，其義有予奪、有勸誡、有補闕訂訛，名雖志，實則史也，事關典要。乃自嘉靖迄我朝二百二十餘年，竟無當事者起而修明之，以致沿革代更而不改，文獻湮没而無徵，良可嘆已。辛巳之夏，余再銜命復來兹郡，時粵東鄭君以名進士刺史於此，一見如舊相識，余無暇出別語，首以修志一事相詢，鄭君語余以志已輯成，需次付梓矣。余聞之躍然起曰：‘有是哉？君之先得我心也。’鄭君遂以鈔本見示，校士之暇篝燈讀之，見其考據詳確，繁簡得宜，具兼良史三長，毫無遺憾，二百餘年缺事得有完書，展卷而燦然在目，賢刺史苦心搜討厥功甚鉅，非特可以信，今且使後之覽者亦可以慨然而興矣。”

鄭大進序曰：“輿地者，修志之權輿也，楚材晉用，則千百無非化身穿鑿附會何所不至，余故於地理一編難之、慎之，其餘博採群書，網羅散失，正訛十之二三，補亡十之四五，擴充十之六七，名實固殊，體裁亦別。昔明嘉靖修志時云百八十年不備之典，一朝得睹其全，今竊謂過之矣。後之覽者亦知其地之嚴且垂而鑒余修輯之苦心也夫。”

正定府志凡二修，明唐臣修、雷禮纂的嘉靖二十八年（1549）刻本《真定府志》三十三卷爲正定府最古之志，萬曆崇禎間有增刻本。次即此乾隆年間修五十卷本。

中國國家圖書館、中國文化遺產研究院、上海圖書館、北京大學圖書館等二十四館與日本東洋文庫、美國國會圖書館、法國巴黎 M.R. 赫杜圖書館等均有收藏。

18. 清雍正刻本井陘縣志　T3134/5571.82

［雍正］《井陘縣志》八卷，清鍾文英纂修。清雍正八年（1730）刻本。四册。半葉九行二十三字，小字雙行同，白口，四周雙邊，單魚尾。框高 21.5 釐米，寬 14.7 釐米。首有扉頁，雍正八年鍾文英序，凡例，修志姓氏，圖，目録。扉頁題：“雍正庚戌年鐫。井陘縣志。本衙藏板。”

井陘縣，位於今河北省西部偏南。秦置井陘縣，屬恒山郡，西漢屬常山郡。北齊省入石邑縣，更名井陘縣。隋開皇六年（586）復改爲石邑縣，又分設井陘縣，十六年於井陘縣治置井州。唐貞觀十七年（643）廢井州，屬恒州。金爲威州治。元屬廣平路，明屬真定府，清屬正定府。

鍾文英，廣東增城人，舉人。雍正元年至八年任井陘知縣。

卷一地里志（星野、沿革、疆域、形勝、山川、古跡、風俗、事紀）；卷二建置志（城池、公署、學宫、壇廟、官舍、坊表、里社、鄉村、集市、關隘、橋梁、舖舍、坵墓、漏澤園附）；卷三祀典志（秩祀、群祀）、祥異志、物産志；卷四政事志（田賦、營田、馬政、驛站、鹽引、雜税、兵防、保甲、講約、義學、學田）；卷五官師志；卷六人物志（名臣、仕跡、孝義、列女、仙釋、方伎）；卷七選舉志；卷八藝文志。

鍾文英序曰："予宰兹邑八年矣，見邑無志書，凡事無所考證，心甚歉然。兹奉部檄徵縣志，敢不唯命？聞故處士劉俶家中藏有前令周君文煊邑志稿六本，取而觀之。見其義例雖備，然太傷冗泛。因與二三子裒而論之，詞雖簡，取其精；言雖質，取其實，不過存什一於千百焉。餘則訪諸故老，得之舊聞，必真確有益實用者方敢筆之於書。閲三月書成。由是天文、地理、民風、物産，罔不綱舉目張，條分縷晰，爲政者可坐而稽矣。"

凡例云："井陘舊志修於明令苟文奎者不可見已，至周君文煊所著兹編，特取十之二三，求當乎理，非敢余前賢背也。"

"禎""弘""曆"字均未避諱。

此爲現存井陘縣最早之志書，其次是光緒元年（1875）刻常善修、趙文濂纂《續修井陘縣志》三十六卷。

中國國家圖書館、上海圖書館等三十餘館與"中央研究院"歷史語言研究所傅斯年圖書館、臺北故宫博物院及日本國會圖書館、美國國會圖書館、法蘭西學院漢學研究所有藏，其中間有光緒元年重印本。

19. 清乾隆刻本行唐縣新志　T3134/2206.83

［乾隆］《行唐縣新志》十六卷，清吴高增纂修，文有試增補。清乾隆二十八年（1763）刻三十七年增補刊本。四册。半葉八行二十一字，小字雙行同，白口，四周雙邊，單魚尾。框高 19.1 釐米，寬 14.1 釐米。首有乾隆三十七年文有試序，乾隆二十八年吴高增序，目録，修志姓氏，凡例。

20. 清康熙刻乾隆印本靈壽縣志　T3134/1144.81

［康熙］《靈壽縣志》十卷末一卷，清陸隴其修，傅維橒纂。清康熙二十五年

（1686）刻乾隆印本。四册。半葉十行二十三字，小字雙行同，白口，四周雙邊，單魚尾。框高 20.1 釐米，寬 13.7 釐米。首有康熙二十四年陸隴其序，凡例，目録，歷修縣志姓氏，圖。

21. 清雍正刻乾隆增刊本深澤縣志　T3134/3934.82

　　〔雍正〕《深澤縣志》十二卷首一卷，清趙憲修，王植纂。清雍正十三年（1735）刻乾隆增刊本。四册。半葉九行二十字，小字雙行同，白口，左右雙邊，單魚尾。框高 19.8 釐米，寬 14.0 釐米。首有雍正十三年趙憲序，雍正十三年王植序，目録。末有乾隆九年（1744）王植跋。

　　深澤縣，古冀州、并州地，西漢置深澤縣，屬中山郡，又置南深澤縣，屬涿郡。東漢廢深澤縣。北魏改南深澤縣爲深澤縣，屬博陵郡。北齊省。隋開皇六年（586）於今址復置，屬定州。唐屬祁州。後幾經變更，清雍正十二年復屬定州。

　　趙憲，字無愆，山東博山人，雍正八年進士。雍正十一年任深澤知縣。

　　王植，字懷三，直隸深澤人，康熙六十年（1721）進士。歷任廣東和平、陽江二縣知縣及羅定直隸州知州。

　　卷首凡例、繪圖。卷一編年志（邑事）；卷二輿地志（星野、沿革、疆域、山川、河防、古跡、十景）；卷三建置志（城池、公署、學校、壇廟、閭里、坊表、橋梁、鋪遞、兵防）；卷四職官志（縣尹、縣丞、主簿、典史、教職、宦跡）；卷五禮儀志（儀志、祀典、風俗、歲時、俗禮）；卷六食貨志（田賦、丁匠、解支、奉裁、鹽課、倉儲、遞馬、物産）；卷七選舉志（進士、舉人、貢士、例監、武職、武科、封贈、椽吏）；卷八人物志（賢品、孝子、節烈）；卷九至十一藝文志；卷十二附餘志（尚義、壽考、佚事、寺廟）。

　　趙憲序曰：“雍正癸丑夏，余承乏兹土，下車後檢閱縣志，知未經採輯者已六十餘年於兹，慨然有續修之志，念必得一薦紳先生，平日父老所傳述聞見極爲親切，而又素行夙推於鄉里者，相與考訂而去取之，□不致蹈前二者之病。而東粵羅定刺史王公實來，公即嘉興太守之姪孫也。甲寅冬以入覲歸省，把晤間談修志一事，獨力任而不辭。旋粵僅及數月，即以其所參補訂正者録以寄余，且欲遍質邑人士之乃心邑事者，相爲校訂。”

　　王植序曰：“吾澤邑有志，自前任許仁峰始，歷今七十餘年間缺未備。家會巖伯父自永寧告致歸，謀與同志續修，而以疾不果。因余自粵入覲，便道歸省，舉以屬之……翻全史，參之邑志所紀，乃於晉志考星野之誣，於各志詳沿革之實，於列傳訂官跡、人物之真，於諸史載及邑事者彙編年之紀。復念邑人己事有嘖嘖衆口者不可遂湮無聞，復爲佚事一篇，用附餘志，蓋朝目手孜孜兩閱月而後粗具其略也。暨南旋粵，舟次從容，遂參補訂正，以竣其事。"

選舉紀事至乾隆二十七年。"弘"字避諱。

深澤有志，始於清康熙十四年許來音纂修十卷首一卷本，其後即此雍正十三年刻本，該本於乾隆年間有增刊。咸豐十年（1860）張衍壽修、王肇晉纂十卷本，於同治元年（1862）刊刻，此本又有民國二十五年（1936）鉛印本。

中國國家圖書館、中國科學院文獻情報中心、中國文化遺産研究院、北京大學圖書館等二十餘館與美國國會圖書館藏雍正十三年刻本，間有乾隆年增刻本。臺北故宮博物院、日本東洋文庫藏乾隆九年增刊本。

22. 清乾隆刻本贊皇縣志　T3134/2821.83

［乾隆］《贊皇縣志》十卷首一卷末一卷，清黃崗竹纂修。清乾隆十六年（1751）刻本。四册。半葉八行二十一字，小字雙行同，白口，左右雙邊，單魚尾。框高19.2釐米，寬13.8釐米。首有乾隆十六年黃崗竹序，凡例，歷代修縣志姓氏，目錄。末有乾隆十六年鹿承祖跋。

贊皇縣，古冀州地。春秋屬晉，戰國屬趙，漢隸恒山郡，晉隸趙國。隋開皇十六年（596）置贊皇縣，屬欒州，大業中屬趙郡，唐屬趙州。北宋併入高邑縣，後復置，屬慶源府。金屬沃州，蒙古至元二年（1265）併入高邑縣，七年復置，屬趙州。清屬正定府。

黃崗竹，江西盧陵（今吉安）人，乾隆元年進士。乾隆八年任贊皇知縣。

卷首圖經；卷一地里志（沿革、疆域、分野、山川、里社、市集、古跡、風俗、方音）；卷二建置志（城池、公署、學宮、壇廟、官舍、關梁、坵墓）；卷三田賦志（正額、額外、起運、存留）；卷四物産志；卷五禮儀志（朝賀、祀典、迎春、鄉飲、鄉射）；卷六官師志（縣令、教諭、訓導、縣尉、武職）；卷七選舉志（薦辟、進士、舉人、貢士、例監、三考）；卷八人物志（名臣、仕跡、孝子、義士、節婦、烈女）；卷九藝文志；卷十事紀志；卷末附録志。

黃崗竹序曰："本朝康熙壬子，奉部徵志而李令同清竟忙無以應也。既幸爨下焦桐出之中郎，遍訪得萬曆遺稿於劉生石室，乃以授張文東、白鶴標兩貢生及諸生白孔教等從事，而檄催既迫，稿成於旁午，中頗多殘缺失次，後雖經陳令廷光續編，而承訛襲舛以迄於今。非有邑孝廉安代參考於家，贊皇志終有留憾。惜稿未竟，而孝廉作古。余下車來，即以志之修商諸紳士，既得此稿於歲貢生張璟，喜其與余見多合，乃假公餘，出以管見論次，分爲十卷，再加首末，或證之古而例宜從删，或採之今而例宜有補，要惟憑耳目所能及，非敢稍有附會遺漏。其或夏五郭公，疑所必闕，魚魯豕亥，誤難盡正，姑俟後有博雅。此編之成，在蒞任之二年，既苦費弗能就，又歲修書院、城門，綿力獨支，迤邐五載，乃得復以節縮所餘，問之梨棗。”

鹿承祖跋曰：“邑侯廬陵黃公以名進士來蒞茲土，甫下車即購得遺稿，壹志釐定，嗣因賑災累賠，幾及兩載，既奉恩免，益多捐修，次第新城南及東西三門，而復初書院之建，又補有縣以來所未備。吾猶難其心勞力竭，尚能手自丹鉛，歷經寒暑，取邑乘參互考訂。業有成書，從絜掌拮据中百端那貸，以付剞劂。於是知公之精神有獨勝，其興廢修墜，嘉惠地方，誠心懇懇未艾也。”

現存最早的贊皇縣志爲清康熙十一年（1672）李同清修、張文東等纂的九卷附錄一卷本，之後爲該乾隆十六年刻本，光緒二年（1876）又有周晉塿等修、趙萬泰等纂的《續修贊皇縣志》二十九卷首一卷。

中國國家圖書館、中國科學院文獻情報中心、北京大學圖書館、南京圖書館等十餘館與臺北故宮博物院及日本國會圖書館、美國國會圖書館等有藏。《中國地方志聯合目錄》著錄“中國人民大學圖書館、復旦大學圖書館有藏”，誤。

23. 清乾隆刻本束鹿縣志　T3134/5901.83

[乾隆]《束鹿縣志》十二卷，清李文耀修，張鍾秀等撰。清乾隆二十七年（1762）刻本。四册。半葉十行二十字，小字雙行同，白口，左右雙邊，單魚尾。框高 18.8 釐米，寬 14.3 釐米。首有乾隆二十七年覺羅勒爾森序，乾隆二十七年李文耀序，凡例，目錄，修志姓氏。

束鹿縣，隋開皇十八年（598）改安定縣置鹿城縣，屬信都郡，唐至德元年（756）改名束鹿縣，屬深州。蒙古至元三年（1266）改屬祁州。明天啓二年（1622）移治今辛集市新城鎮。清改屬保定府。

李文耀，字金章，號芝裳，福建清流人，拔貢。乾隆二十二年任束鹿縣知縣。

張鍾秀，束鹿縣人，乾隆十七年舉人。

卷一輿圖志；卷二地理志（星野、沿革、疆域、河道、莊疃、市集、古跡、十景）；卷三建置志（城池、壇廟、衙署、學校、橋梁、舖舍、養濟院）；卷四田賦志（賦役、積貯）；卷五典禮志（朝賀、祀典、風俗）；卷六官師志（知縣、縣丞、典史、教諭、訓導）；卷七武備志（駐汛、紀事附）；卷八人物志（忠烈、勳爵、仕跡、武功、文苑、孝子、列女、壽耆、義行）；卷九選舉志（進士、舉人、貢生、貤封、恩蔭）；卷十物産志；卷十一災祥志；卷十二藝文志。

覺羅勒爾森序曰：“聞君公退之餘，留心掌故，時以遺籍缺略爲憾……鹿城……

卓然爲保屬二十城冠，乃邑乘獨闕將屆百年，宜李君之慨然興毅然任也，爰蒐斷簡於藝琳，採遺文於墳老，參以畿輔通志，保定郡志，復倣稼書靈壽志體，間益己見以補所未備，閱五月而成書。”

李文耀序：“自西來劉公以來將屆百年，記載缺如……於是取舊志訛者訂之，蕪者芟之，缺者補之，新者增之。”

選舉紀事至乾隆二十七年。《中國地方志總目提要》云：“記事止於乾隆二十六年”，誤。該書選舉記錄乾隆二十七年恩貢張炳，乾隆二十七年歲貢王宏受。

清康熙十年（1671）劉崑創修束鹿縣志十卷，現存中國國家圖書館等館。乾隆二十七年李文耀此志還有民國二十六年（1937）《束鹿五志合刊》本，之後嘉慶年間李符清再修十卷本，有嘉慶四年（1799）刻本。以及同治七年（1868）刻宋陳壽纂修續修束鹿縣志八卷。另有光緒三十二年（1906）鉛印本張鳳臺修《束鹿鄉土志》十二卷。

中國國家圖書館、中國科學院文獻情報中心、南京圖書館等八館與“中央研究院”歷史語言研究所傅斯年圖書館、臺北故宮博物院有藏。

24. 清乾隆刻本獲鹿縣志　T3134/4401.83

［康熙］《獲鹿縣志》十二卷，清韓國瓚修，石光璽纂。清乾隆刻本。六冊。半葉十行二十字，小字雙行同，白口，四周雙邊，單魚尾。框高 18.7 釐米，寬 14.7 釐米。首有韓國瓚《議修獲鹿縣志序》，乾隆元年（1736）韓國瓚《重修獲鹿縣志序》，乾隆元年陳浩序，目錄。

獲鹿縣，隋開皇十六年（596）析石邑縣西境置鹿泉縣，屬井州，唐天寶十五年（756）改名獲鹿，屬恒州，元和末屬鎮州。宋、金屬真定府，元屬真定路。明屬正定府，清屬真定府。

韓國瓚，山西廣靈人，雍正元年（1723）舉人。雍正十一年任獲鹿知縣。

石光璽，獲鹿縣人，康熙五十年（1711）舉人。康熙五十七年進士，任山西大同府陽高縣知縣。

卷一原序（明嘉靖三十五年〔1556〕愈憲序）、凡例、姓氏、圖考；卷二地理（分野、沿革、疆域、市集、鄉社、山川、形勝、風俗、古跡、陵墓）；卷三建置（城池、公署、驛遞、郵舍、橋梁、義塚）；卷四祀典（壇壝、祀宇、寺觀）；卷五籍賦（戶口、貢賦、課程、徭役、物產、鹽課）；卷六學校（廟廡、儒學、義學、學田）；卷七兵防（墩堡、馬政）；卷八官師（宦跡、職官、列傳）；卷九事紀、災祥；卷十選舉；卷十一人物（列傳、流寓、孝義、貞節、戊寅殉難姓氏）；卷十二藝文。

　　韓國瓚序曰："雍正癸丑之冬，余奉朝命調任獲鹿，下車之初，除清釐及交代刑名鈔穀諸事宜外，首檢縣志，而縣志缺如。詢其故，曰自明嘉靖年間曾一修縣志，而後迄今且二百年并無纂修之舉，舊板已毀，一二鈔本十存二三焉。余聞之愀然不安。……乾隆元年丙辰春，始克與諸紳士大夫議其事，紳士大夫咸首肯。至夏初開館於栢林道院，主裁者爲某，纂輯者爲某，採訪繕録者爲某爲某。"

　　凡例云："舊志毀於戊寅城陷，僅存草本一二。今僅依舊本而加損之。不故爲沿襲，亦不意爲更新，但求當可而已。""舊志斷自嘉靖三十五年，至我國朝幾二百載。其中如事紀、選舉等類渺茫無據，極力採補，尚多缺略。今於搜求所得者編次成書，其缺略處則注以無考。"

　　紀事至乾隆三年。"弘""曆"二字挖改避諱。該本係雍正末開雕，乾隆改元之後挖改"弘""曆"二字，最終刻成當在乾隆三年之後（乾隆三年後又有所增補）。多家收藏單位的著録及《中國地方志聯合目録》《中國地方志總目提要》將該本定爲乾隆元年刻本，當是以乾隆元年序爲依據。

　　獲鹿有志，始於明嘉靖趙惟勤纂修十二卷本（嘉靖三十五年刻本），存天一閣博物館。清代凡三修，一是此乾隆初年刻本，二是乾隆四十六年刻周榮纂修九卷首一卷本，三即光緒七年（1881）刻俞錫綱修、曹鑠纂十四卷首一卷末一卷本。

　　中國國家圖書館、北京大學圖書館、中國科學院文獻情報中心等近二十館與"中央研究院"歷史語言研究所傅斯年圖書館、臺北故宮博物院及日本東洋文庫、美國國會圖書館、法國國家圖書館等有藏。

25. 清乾隆刻本豐潤縣志　T3134/213.83

　　［乾隆］《豐潤縣志》八卷，清吳慎纂修。清乾隆二十年（1755）刻本。四册。半葉十行二十字，小字雙行同，白口，四周雙邊，單魚尾。框高 17.6 釐米，寬 14.8 釐米。首有圖，乾隆二十年吳慎序，原序（明隆慶四年〔1570〕楊錦序、隆慶四年谷嶠序、清康熙十二年〔1673〕張如騫序、康熙十二年谷元調序、康熙三十一年羅景泗序、曹鼎望序），凡例，纂修姓氏，目録。卷端題："知縣吳慎簡夫甫纂輯。"

　　豐潤，古幽州之地，西漢置土垠縣，兼有俊靡、徐無二縣地，屬幽州右北平郡，北齊省土垠縣爲永濟務（今豐潤鎮），屬漁陽郡無終縣。唐改無終爲玉田縣，豐潤仍爲永濟務，屬薊州漁陽郡。金改永濟務爲永濟縣，泰和初更名爲豐潤縣，屬薊州，後改豐閏，蒙古至元二年（1265）併入玉田縣，明洪武初復置。清乾隆八年改屬遵化州。

　　吳慎，四川夾江人，乾隆元年進士。乾隆十八年十月任豐潤知縣。

卷一星土，建置沿革，疆域，山川（水利、河防附），城池，官署（驛站附）、學校（書院、義學附）；卷二壇廟（寺觀附）、古跡（墳墓附）、田賦（鹽政附）、倉儲（村莊附）、武備；卷三職官（宦跡附）、封贈；卷四選舉、風俗、物產；卷五忠義、政事、文學、武功、高行、孝友、淑德；卷六流寓、貞節、雜記（補遺附）；卷七至八文苑。

吳慎序曰："予受事之始，百廢未興，即籌茲役，乃博考群籍，表諸正史，參之傳記，與父老之博聞、鄉先生之淹雅疏通者，下至諺語卮言，有彝必録，曾未及期，哀然成帙，乃稿甫脱而頓遭吏議。"

豐潤有志，始於明隆慶四年（1570）王納言、石邦政纂本。清代凡三修志書，一爲康熙三十一年羅景泐修、曹鼎望纂八卷本，二爲該乾隆二十年刻本，三爲光緒十七年（1891）刻郝增祜等纂修、周晉埏續纂修十二卷本。

中國國家圖書館、中國科學院文獻情報中心、上海圖書館、北京大學圖書館、南京圖書館等十餘館與臺北故宮博物院及日本東洋文庫等有藏。

26. 清康熙刻本續灤志補　T3134/3969.81

［康熙］《續灤志補》一卷《灤志補列傳》二卷續編一卷，清侯紹岐修，高士麟纂，馬如龍補修。清康熙八至十九年（1669—1680）刻。二冊。半葉九行二十字，小字雙行同，白口，四周單邊。框高 22.4 釐米，寬 14.8 釐米。

灤州，遼天贊二年（923）契丹析平州地置，治義豐縣（今河北灤縣），轄境相當於今河北省灤縣、灤南、樂亭等地。明清屬京師永平府。

侯紹岐，陝西三原人，貢生。康熙八年任灤州知州。

高士麟，灤州人。

馬如龍，字見五，陝西綏德人，康熙十一年舉人。灤州知州。

《續灤志補》："灤之有志，始於先達康衢許公私著，其後郡大夫□城陳公初刪正，定爲官志。凡分類有四，曰世編、曰疆理、曰壤則、曰建制，是爲之綱，而爲之目者凡二十有六。越七十年而大夫蜀都周公續之，迄於戊午。今輯世編，起於天命四年己未之春，至康熙八年己酉之冬暫停，以俟按期增續另報。又按前志宦跡、先達、貞夫、烈女、詩文著述悉注世編本名之下，或諸門類附見，多有遺失，未能盡書者。今世編之外，每條皆仍舊□□無可附紀，謹別立列傳一條，内分各類，附於世編之後，似爲前志例之所無，然於補編之義，不無一得云。"

《灤志補》卷端題："灤州知州即升加一級馬如龍監訂，郡人候補教官高士麟續編，原任知縣馮運皞、增廣生員雷躍龍全校。"

《灤志補》目錄列：編年、名臣、循吏、忠義、隱逸、貞節、藝文。

《續補灤志世編》目錄列：名臣、忠義、孝行、清節、純德、文學、隱逸、耆壽、貞節、循吏。

卷端題："□□督順天等府學政内弘文院修撰加一級蔣超删定，灤州知州侯紹岐監訂，儒學學正王麟圖督纂，廩膳生員高士麟述輯，增廣生員高士麟述輯，增廣生員馮顯庸，附學生員高士鄂、高檜仝校。"

二册合訂一册。

明嘉靖年間陳士元纂修《灤州志》五卷本，中國國家圖書館和天一閣博物館存有殘帙，北京大學圖書館藏有康熙十八年刻本。萬曆四十六年（1618）周宇纂修《灤志》六卷，現存多爲清康熙後印本（如國家圖書館和北京大學圖書館藏本）。康熙八年侯紹岐修、高士麟纂《續灤志補》一卷，康熙十八年馬如龍修、高士麟纂《灤志補》一卷。康熙十二年孫宗元修、劉元煇纂《灤志》八卷，僅鈔本存世。吳士鴻、孫學恒纂嘉慶《灤州志》八卷首一卷末一卷，嘉慶十五年（1810）刻本，光緒二十二年（1896）楊文鼎修、王大本等纂《灤州志》十八卷首一卷，有光緒二十四年刻本。

《續灤志補》僅藏中國國家圖書館，《灤志補列傳》存中國國家圖書館和北京大學圖書館。

27. 清乾隆刻本樂亭縣志　T3134/2902.83

［乾隆］《樂亭縣志》十四卷首一卷，清陳金駿纂修。清乾隆二十年（1755）刻本。六册。半葉九行二十字，小字雙行同，白口，四周雙邊，單魚尾。框高 18.2 釐米，寬 13.9 釐米。首有乾隆二十年七十四序，原序（明萬曆二十一年〔1593〕陳鳴華序、明萬曆二十一年潘敦復序、明天啓二年〔1623〕劉松序），目錄，凡例，圖。卷端題："温陵陳金駿學坡甫輯。"

原序、目錄有補鈔。

28. 清乾隆刻本玉田縣志　T3134/1160.83

［乾隆］《玉田縣志》十卷，清謝客纂修。清乾隆二十一年（1756）刻本（卷八配補鈔本）。四册。半葉九行二十字，小字雙行同，白口，四周雙邊，單魚尾。框高 17.3 釐米，寬 14.5 釐米。首有乾隆二十一年謝客序，舊序（康熙二十年〔1681〕王光謨序、萬曆三十九年〔1611〕繆思啓序、康熙十三年王時泰序），凡例，目錄，修志姓氏，圖。卷端題："玉田縣知縣謝客寄亭甫編輯。"

29. 清乾隆刻本直隸遵化州志　T3133/3021.83

　　[乾隆]《直隸遵化州志》二十卷,清傅修等纂修。清乾隆五十九年（1794）刻本。八冊。半葉十行二十字,小字雙行同,白口,四周雙邊,單魚尾。框高16.8釐米,寬14.7釐米。首有乾隆五十九年李騰蛟序,乾隆五十八年傅修序,舊序（萬曆四十六年〔1618〕劉曰梧序、萬曆四十六年張杰序、周體觀序、鄭僑生序、乾隆二十一年劉埥序）,凡例,纂修姓氏,目錄,卷端題："前遵化州知州臣劉埥原纂,遵化州知州臣傅修續纂。"

30. 清乾隆刻本遷安縣志　T3134/3334.83

　　[乾隆]《遷安縣志》三十卷,清燕臣仁纂修。清乾隆二十二年（1757）刻本。六冊。半葉十行二十字,小字雙行同,白口,四周雙邊,單魚尾。框高18.5釐米,寬14.8釐米。首有乾隆二十二年七十四序,乾隆二十二年燕臣仁序,原序（康熙十八年〔1679〕劉鴻儒序）,宸翰,凡例,目錄,重修遷安縣志姓氏。末有重修遷安縣志贊襄姓氏。

　　遷安縣,春秋時爲山戎令支國,秦置令支縣,屬遼西郡。北魏太平真君七年（446）令支國併入陽樂縣,屬遼西郡。北齊陽樂縣省入新昌縣,屬北平郡。遼置安喜縣,屬南京道平州。金大定七年（1167）安喜縣改遷安縣,屬中都路平州。蒙古至元二年（1265）省入盧龍縣,後復置,屬永平路。明洪武元年（1368）惠州省入遷安縣,屬永平府,清因之。

　　燕臣仁,河南陝州（今陝縣）人,雍正八年（1730）進士。乾隆二十年由清豐縣調任遷安知縣,歷任九縣一州。

　　卷一輿圖;卷二星野;卷三疆域（附邊防）;卷四沿革;卷五山川;卷六城池;卷七官署;卷八倉庫（附口外村莊）;卷九里市（附牌坊）;卷十戶口;卷十一賦役;卷十二郵政;卷十三學校;卷十四名宦;卷十五鄉賢;卷十六典禮;卷十七壇廟;卷十八官師;卷十九營制;卷二十選舉;卷二十一封蔭;卷二十二人物;卷二十三節烈;卷二十四風俗;卷二十五物產;卷二十六古跡（附景墓）;卷二十七祥異;卷二十八記事;卷二十九至三十文苑。

　　燕臣仁序曰："余於乙亥承乏茲土,即謀諸邑之學博紳士,卜地爲館,分門記載,比事屬辭。余於治事之暇,亦間至其地,薈萃前聞,徵據時事,窺陳編而汰冗煩,著新書而剗其浮冒,曾不敢少留姑息,致干清議。如是者十閱月而脫稿,爰購梨棗以付剞劂。除尊宸翰爲首卷，不敢與諸篇序次外，體例一準於通志，爲門若干，爲卷若干，首記輿圖，昭聖朝經制之周詳；迄於文苑，見太平潤色之景象。"

現存最早遷安縣志爲清康熙十二年王永命纂修二卷本，鈔本傳世。其後有康熙十八年張一諤纂修八卷本，僅存中國國家圖書館，以及此乾隆二十年纂修三十卷本；又有同治十二年（1873）刻十八卷首一卷末一卷，韓耀光修，史夢蘭纂。

中國國家圖書館、中國科學院文獻情報中心等十館與臺北故宫博物院有藏。

31. 清乾隆刻本臨榆縣志　T3134/7642.83

　　［乾隆］《臨榆縣志》十四卷首一卷，清鍾和梅纂修。乾隆二十一年（1756）刻本。六册。半葉九行二十字，小字雙行同，白口，四周雙邊，單魚尾。框高19.1釐米，寬14.1釐米。首有乾隆二十一年常亮序，乾隆二十一年七十四序，乾隆二十一年鍾和梅序。原序（康熙八年〔1669〕錢世清序、康熙八年陳天植序、康熙八年陳名遠序、康熙九年佘□元序），目録，圖。

32. 清康熙刻本永平府志　T3133/3314.81

　　［康熙］《永平府志》二十四卷首一卷，清張朝琮修，徐香、胡仁濟重纂。清康熙五十年（1711）刻本。十二册。半葉九行二十二字，小字雙行同，白口，四周單邊，單魚尾。框高20.8釐米，寬15.3釐米。首有康熙五十年張朝琮序，舊序（萬曆二十七年〔1599〕徐準序、萬曆二十七年白瑜序、韓應庚序、崇禎十五年〔1642〕姚恭序、康熙九年蔡士英序、康熙十八年常文魁序），歷考修志姓氏，目録。卷端題："萊陽宋琬撰次，府學訓導徐香參訂，蕭山張朝琮續纂，盧龍縣教諭胡仁濟校輯。"

　　永平府，殷商時爲孤竹國地，春秋時屬北燕，秦漢至晉均屬幽州遼西郡。北魏置新昌縣，爲北平郡治。隋開皇十八年（598）始設盧龍縣，屬平州。唐至遼、金時期屬平州，蒙古太祖十年（1215）改興平府，元升爲平灤路，明初改置永平府，治所在盧龍縣（今河北盧龍縣），屬京師，清屬直隸省。轄境相當於今河北省陡河流域以東，長城以南地區。

　　張朝琮，浙江蕭山人，監生。康熙三十三年任薊州知州，曾纂修《薊州志》八卷，康熙四十六年任永平府知府。

　　徐香，順天府宛平（今北京市）人，貢生。康熙三十六年起任永平府學訓導。

　　胡仁濟，順天府大興（今北京市）人，貢生，康熙四十九年任盧龍縣儒學教諭。

卷首圖；卷一世紀；卷二沿革；卷三星野、災祥；卷四疆域、山川；卷五里市、風俗、物産；卷六城池、公廨、學宮、祀典、惠政；卷七戶口、賦役；卷八漕運、鹽法；卷九邊防、軍衛；卷十古跡、丘墓、寺觀；卷十一大寧考、斥候；卷十二先聖、先賢；卷十二后妃、封爵、叚田二傳；卷十四職官；卷十五宦績；卷十六科貢；卷十七武勳、封蔭；卷十八至二十人物；卷二十一列女、流寓、方技、仙釋、逆閹（缺）；卷二十二至二十三藝文；卷二十四雜志。

張朝琮序曰："永平志自萊陽宋觀察刊訂以來，終今五十餘年未經修輯，採風者憂之。……予承乏永平，五年於此矣。……考前事之得失，刺民間之利弊，稽於官，謀於野，諮諏於士大夫家，凡所謂五十年未經補綴者悉書於策，苟完一郡之章程，留俟後賢之鑒定，內備職方之採取，外資通志之集成。……是志之成也，學博徐香、胡仁濟實相與討論之，宜著其勤爲來者勸。"

永平有志，始於明弘治十四年（1501）吳傑修、張廷綱、吳祺纂《永平府志》十卷本，存天一閣博物館。後萬曆間徐準修，涂國柱纂《永平府志》十卷，萬曆二十七年刻本。清康熙間永平三修志書，康熙十二年年唐敬一纂修《續補永平志》一卷，僅有鈔本存世。康熙十八年《永平府志》二十四卷首一卷，路邁修，宋琬纂；康熙五十年張朝琮在宋琬志的基礎上再次重修。該志之後，又有乾隆三十九年（1774）李奉翰等修，王金英等纂《永平府志》二四卷首一卷末一卷，以及游志開修、史夢蘭纂光緒《永平府志》七十二卷首一卷末一卷，光緒五年敬勝書院刻本。

職官紀事至康熙五十一年，"禎""弘""曆"字未避諱。

《四庫全書總目》卷七四《史部地理類存目三》著錄："《永平府志》二十四卷，國朝宋琬撰。……卷端題永平知府蕭山張朝琮重修。其竄亂失真歟。"《四庫全書存目叢書》收錄。

《中國古籍善本書目》著錄。中國國家圖書館、北京大學圖書館、南京大學圖書館與日本內閣文庫、東洋文庫藏康熙五十年刻本。

33. 清乾隆刻本永平府志　T3133/3314.83

［乾隆］《永平府志》二十四卷首一卷末一卷，清李奉翰等修，王金英等纂。清乾隆三十九年（1774）刻本。十二册。半葉十行二十二字，小字雙行同，白口，四周雙邊，單魚尾。框高 20.2 釐米，寬 14.9 釐米。首有李奉翰序，末有乾隆三十九年王金英跋、顧學灝跋。

李奉翰（？—1799），字香林。奉天（今遼寧沈陽）正藍旗漢人，監生。乾隆三十七年任永平府知府，官至兩江總督。

王金英（1723—？），字澹人，號菊莊居士，江南江寧（今南京）人，乾隆二十七年舉人。官江西教諭。著有《冷香山館未定稿》附《冷香詞》二卷。纂修該志時任敬勝書院山長候選知縣。

首一卷舊序（萬曆二十七年〔1599〕徐準序、萬曆二十七年白瑜序、康熙九年〔1670〕蔡士英序、康熙十八年常文魁序、康熙五十年張朝琮序），歷代修志姓氏，新修永平府志職名，例言，目録，圖，巡幸恩賚、天章；卷一至三封域志；卷四至六建置志；卷七賦役志；卷八學校志；卷九至十二官師志；卷十三至十四選舉志；卷十五至二十人物志；卷二十一至二十四藝文志。

李奉翰序曰："舊志自康熙辛卯年郡守張公重修后，距今已六十年矣。……山長菊莊王君，江左積學士也，請董其事，取舊志釐爲八門，條目各以類附，凡正其訛，刪其謬，補其遺亡，析其糾紛者，説俱詳於例言。甫脱稿付樣，翰適仰荷聖恩，擢授松太監司，未及詳加校正，而幸其章程已定，大局可成，全賴賢太守之克竣其事也。"

王金英跋："永平……而金元以前缺焉無聞，明初始有志乘，其後陸續修補，迨嘉靖見有閩人郭建初者，博學多聞，大有纂述，然筆頗艱澀，今亦未見其全編，所傳者則康熙間張太守因宋觀察荔裳之書而續之者也，考據訛陋，體裁乖舛，不無遺憾焉。李香林使君守是郡，慨然太息，思爲完書，且念由張公至今已逾周甲，歲月既久，故老無存，於此不修，將更靡所考訂。適余主北平講習，乃以編摩之役相囑，開局於癸巳初夏，迄於歲杪，與諸君子旁蒐博採，從容討論，共成是編。其間可得而稽者似已無歉，然永郡地處邊僻，構書無多，而各縣志又皆不獲美備，其爲郭公夏五者知不免也。刊刻未竟，李公以遷擢去，余亦他往，遂以校訂付之家蓮溪學博及蔡夢堂。大端已具凡例中，兹贅數語姑識顛末，以見其難有出於末學識之外者。甚矣，志之未易作也。"

"禎""弘""曆"字避諱。

中國國家圖書館、北京大學圖書館、上海圖書館、南京圖書館等十餘館與臺北故宫博物院圖書館、日本東洋文庫、京都大學人文科學研究所、美國國會圖書館、荷蘭萊頓大學漢學研究院等有藏。

34. 清康熙刻補版印本增補盧龍縣志　T3134/2101.81

〔康熙〕《增補盧龍縣志》六卷首一卷，清李士模原纂，衛立鼎續補纂修，清康熙十九年（1680）刻乾隆增補印本。八册。半葉九行二十二字，小字雙行同，白口，四周單邊，單魚尾。框高 20.5 釐米，寬 15.5 釐米。卷端題："高密李士模採輯，太行衛立鼎續補。"首有康熙十九年衛立鼎序，順治十七年（1660）李士模序，目錄，圖。末有盧龍縣志跋。

盧龍縣，古屬冀州之域，西漢設肥如縣，王莽時期更名肥，東漢復肥如，爲遼西郡治，魏晉因之，北朝析置新昌縣，屬北平府。隋開皇六年（586）肥如縣併入新昌縣，開皇十八年改新昌縣爲盧龍縣，大業初爲北平郡治。隋末改爲肥如縣，唐武德二年（619）復名盧龍縣，爲平州治。元爲永平路治，明爲永平府治，清因之，屬直隸省。

李士模，山東高密人，順治九年進士。順治十四年任盧龍知縣，康熙四年升任大理寺評事。

衛立鼎，字慎之，山西陽城人，舉人。康熙十九年任盧龍知縣。

卷一星野、沿革、疆域、形勝、山川、里社、風俗、物産、祠廟、寺觀、古跡；卷二城池、公署、學校、官室、牌坊、驛傳、津梁、市集、丘墓、祀典、卹政、災祥、戶口、賦役、鹽政、邊關；卷三后妃、封爵、官師、名宦、科目、貢士、武科、勳宦、封蔭、武衛；卷四先聖、人物；卷五烈士、孝子、義士、列女、流寓、仙釋；卷六藝文。

衛立鼎序曰："國朝順治十肆年丁酉孟秋，萊陽宋公整飭永平，念文獻無徵，一方缺典，乃集永之學博紳士共謀修舉，而盧之紳士亦謀分修盧龍專志，盧龍志始於此。今又閱二十春秋矣……余蒞任初，即逢憲檄催補邑乘，乃進郡博及原造前志之紳士虛公修補，余亦稍出所見，親爲指點，近兩旬迺竣厥事，其造志紙筆供給及梓人刊刻工價俱出自捐。乃爲之備述其事，以爲盧志弁首，以記之云爾。"

李士模序曰："永平府志成，盧龍附郭從無專志。余令於是邑也，蒐訪遺編，博詢故老，考校歷代史書，旁參稗官諸乘。凡邑之山川形勢、疆場、沿革……皆所必書。……志分六卷，而其類列則四十有六，將登之梨棗，藏之庫舍，爲記載傳信之書也。"

卷三宦績志紀事至康熙二十七年，卷五節婦已涉及雍正年和乾隆十九年內容。"玄""弘""曆"三字均未避諱。

有鈔補。

盧龍有志，始於清順治李士模修本，康熙十九年衛立鼎增補，茂堂纂光緒《盧龍縣志採訪稿》，僅有光緒二年（1876）稿本存世。

中國國家圖書館、北京大學圖書館、上海圖書館、南京圖書館、浙江圖書館等九館與臺北故宮博物院及日本內閣文庫、東洋文庫藏康熙十九年刻本。

35. 清乾隆刻本邯鄲縣志　　T3134/4262.83

〔乾隆〕《邯鄲縣志》十二卷首一卷，清王光燮修，王炯纂。清乾隆二十一年（1756）刻本。六冊。半葉八行二十字，小字雙行同，白口，四周雙邊，單魚尾。框高19.8釐米，寬14.0釐米。首一卷有乾隆二十一年劉叔枚序，圖，目録，乾隆二十年王炯《書意》，舊序（萬曆元年〔1573〕張成教序、萬曆十三年盧龍雲文、順治三年〔1646〕張濩序、康熙十二年〔1673〕□□泰序、雍正八年〔1730〕鄭方坤序、張洮文），王炯撰凡例。

36. 清康熙刻乾隆印本成安縣志　　T3134/5030.81

〔康熙〕《成安縣志》十二卷，清王公楷修，張橺等纂。清康熙十二年（1673）刻乾隆印本。半葉八行二十一字，小字雙行同，白口，四周雙邊，單魚尾。框高19.6釐米，寬14.0釐米。首有康熙十二年王公楷序，圖，修志姓氏，院檄，目録，凡例。末有康熙十二年要胤昌跋。

37. 清康熙刻乾隆印本元城縣志　　T3134/4326.81

〔康熙〕《元城縣志》六卷首一卷，清陳偉、郭景儀纂修。清康熙十五年（1676）刻二十一年補刊乾隆印本。四冊。半葉九行二十字，小字雙行同，白口，四周雙邊，單魚尾。框高20.6釐米，寬14.3釐米。首有康熙十五年錢綎序，康熙十五年潘□□序，康熙十五年顧耿臣序，康熙十五年何英序，康熙十四年陳偉序，目録，徵修志啓，續修縣志示，凡例，新編元城縣志姓氏，圖。末有康熙二十一年陳偉紀略。卷端題："文林郎知元城縣事閩中陳偉編纂。"

元城縣，西漢置，屬魏郡。三國魏屬陽平郡，西晉爲陽平郡治。東魏天平初改屬魏尹。北齊廢，隋開皇六年（586）復置，移治今山東省莘縣朝城東北，屬魏州，大業初年屬武陽郡。唐貞觀十七年（643）併入貴鄉縣，後復置。移治今大名縣，與貴鄉縣同爲魏州治。五代後唐改爲興唐縣，後晉復舊名。宋、金與大名縣同爲大名府、大名路治。蒙古至元二年（1265）併入大名縣，後復置，爲大名路治。明洪武三十一年（1398）移治今大名縣，爲大名府治。清乾隆二十三年（1758）後與大名縣同爲大名府治。

陳偉，字宏子，號蘭涯，福建閩縣籍，莆田人，順治十四年（1657）舉人，康熙十一年任元城知縣。

郭景儀，宣府（今河北張家口）人，舉人，康熙十二年任元城縣教諭。

卷首徵啓（附告示）、凡例、姓氏、圖式；卷一輿地志（沿革、年紀、星野、名勝、故跡、疆域、風俗）；卷二建置志（城池、署舍、學校、坊表、寺觀）；卷三田賦志（田賦、秩祀、兵防、方物、鹽政、馬政）；卷四宦業志（宦業、知縣、縣丞、主簿、典史、教諭、訓導）；卷五人物志（名宦、忠節、懿行、經術、文苑、帝后、貞烈、人物外志、科甲、歲貢、徵辟、贈封、恩蔭、武功、武科、監生）；卷六藝文志。

陳偉序曰："不佞承乏元城，車下問俗，索邑乘曰無有。適奉功令徵修一統全志……因搜郡志，摭拾成言，曰質之簡編也；詢搢衿，網羅缺失，曰補之讜論也；採耆舊，探討遐廣，曰得之四隅也。圖度極意，忻慨當心，自公退食之餘，則以管城子從事。裒之、易之、芟之、存之，咸以適於用者爲大，不敢以緣飾過情狥名，久實□□□□兹幸彙訂成編。"

卷末陳偉紀略云："余向念元城爲天雄首邑，不可缺志。書固採舊□□□□（共五字）大率本郡志折衷之間，或廣諮博取，以補未備，罔敢略也，彙集成書。凡梨棗側理刊刷之資，悉捐微俸，不資民銖。……正謀增定，值丁巳夏□□□□匍匐旋閭，經管窀穸桑梓……獨是數百年未有之志書，引爲己任，旁搜遠紹，其難其慎，竭精神於鉛槧，自可獲修補於同心，故復紀厥略，併將志板繳藏縣庫。"

卷三田賦紀事至康熙二十二年。"弘""曆"二字缺字避諱。該書當是康熙十五年初刻，康熙二十一、二十二年增刻，乾隆之後印本。

"縣境圖"有地名貼紅色小條，如"西店集""楊家橋""萬家堤""儒家寨""北門口""王家疃""順道店""苑家灣"等約四十處。經與中國國家圖書館藏本比對，蓋在原印本地名上重新貼紅條標誌，個别地名有改動，如"西付集"與"付村集"位置互換。

清康熙十五年陳偉創修元城縣志，至同治年間，吳大鏞修，王仲牲纂《續修元城縣志》六卷首一卷，有同治十一年（1872）刻本。

中國國家圖書館、北京大學圖書館、中國科學院文獻情報中心等八館與臺北故宫博物院及日本内閣文庫、東京大學圖書館、東洋文庫、美國國會圖書館等有藏。其中有著録爲康熙二十一年刻本的，應是此康熙十五年刻增刊本。

38. 清乾隆刻本大名縣志　T3134/4326.83

［乾隆］《大名縣志》四十卷首一卷，清張維祺修，李棠等撰。清乾隆五十四年（1789）刻本。十二册。半葉九行二十一字，小字雙行同，白口，四周雙邊，單魚尾。

框高 19.6 釐米，寬 13.9 釐米。首有扉頁，乾隆五十四年鄭製錦序，乾隆五十五年丁淮鑒序，乾隆五十四年方受疇序，乾隆五十四年李棠序，乾隆五十年張維祺序，纂修姓氏，凡例，目錄。

39. 清康熙刻本廣平府志　T3133/0814.81

［康熙］《廣平府志》二十卷，清沈奕琛修，申涵盼纂。清康熙十五年（1676）刻本。十二冊。半葉十行二十字，白口，四周雙邊。框高 22.8 釐米，寬 16.7 釐米。首有魏裔介序，冀如錫序，潘世晉序，寧爾講序和申涵盼總論，以及修志姓氏，凡例，目錄，郡縣圖，名跡圖。卷端題："高郵沈奕琛重修，郡人申涵盼編纂。"末有康熙十五年沈奕琛跋。

廣平府，西漢置廣平縣，東漢屬鉅鹿郡，西晉後廢，北魏復置，屬廣平郡，北齊廢。隋開皇初復置，後改雞澤縣。元至元十五年（1278）置廣平路。明洪武元年（1368）改爲廣平府，屬北平布政使司，永樂後直隸京師，治所在永年縣，轄境相當今河北雞澤、永年、磁縣、曲周、武安、肥鄉、廣平、邯鄲等市縣地。清因之。

沈奕琛，字石友，號寄庵，高郵人。明崇禎九年（1636）舉人，爲文敏麗，書法工妙。與弟奕瑋有"沈氏雙珠"之稱，著有《湖舫詩》。清順治中升廣平府知府。

申涵盼，字隨叔，號鷗盟，永年人。順治十八年（1661）進士。授翰林院檢討，充國史館纂修。後稱病歸家，致力於經史和收集整理地方文獻。

卷一星野；卷二沿革；卷三疆域；卷四建置；卷五山川；卷六古跡；卷七學校；卷八壇祠；卷九田賦；卷十河渠；卷十一風土；卷十二兵紀；卷十三封爵；卷十四秩官；卷十五宦跡；卷十六選舉；卷十七人物；卷十八藝文；卷十九災祥；卷二十雜誌。

魏裔介序："廣平，名郡也。……洺河朔間一都會哉，乃舊志相沿一百三十年未經再修，缺有間矣，維太守石友沈公師帥敷化大雅……（申太史）於是掩關卻掃，與乃兄鷗盟筆削補敘。始於乙卯之冬，迄於乙卯之冬，迄於丙辰之春，未百日而畢厥役，其相與參酌則冀司空公冶、寧柱史元著、王方伯襄璞……"

沈奕琛跋："大清一統志奉命檄天下有司次第編輯，廣平爲股肱郡，督成猶速。余以乙卯夏移守茲土，爰請於太史隨叔申公、柱史元著寧公，達於大司空公冶冀公，將舉舊志而一新之，太史氏遂慨任其事，上下千百年間以纂修鉅筆進退古今，手編授梓，不三月竣厥事，如余渺識，即參義類，佐去取，於全志無裨也，因詮上諸大夫序而讀之……"

現存最早的《廣平府志》係嘉靖二十九年（1550）刻十六卷本，翁相修，陳棐纂，藏寧波天一閣博物館，《中國古籍善本書目》著錄爲藍印本。其後有乾隆二年

（1737）年吳穀纂修、乾隆十年刻二十四卷本，光緒二十年（1894）吳中彥修、胡景桂纂六十三卷首一卷《廣平府志》。

卷十七人物第七十三葉有鈔配。

《中國古籍善本書目》著録。僅中國國家圖書館、上海圖書館有藏。《中國古籍善本書目》未著録上海圖書館所藏係殘本，據《上海圖書館地方志目録》，上海圖書館藏本僅存卷六至十三、十八至二十。

40. 清乾隆刻後印本廣平府志　T3133/0814.83

〔乾隆〕《廣平府志》二十四卷，清吳穀纂修，清乾隆十年（1745）刻後印本。十冊。半葉十行二十三字，小字雙行同，白口，左右雙邊，單魚尾。框高 17.8 釐米，寬 14.7 釐米。首有扉頁，乾隆十年沈世楓序，呂熾序，乾隆十年吳穀序，乾隆二年吳穀序，舊序（嘉靖二十七年〔1548〕商大節序、嘉靖二十八年項廷吉序、康熙十五年〔1676〕魏裔介序、冀如錫序），凡例，廣平府志協修姓氏，輿地圖和目録。末有姜士崟後序。扉頁題："乾隆十年新鐫。廣平府志。府署藏板。"卷端題："烏程吳穀輯。"

吳穀，浙江歸安（今湖州）人，烏程籍，康熙六十年進士。曾任武昌府和貴州思南府、直隸宣化府、廣平府知府。

卷一星野、建置；卷二建置；卷三疆域、山川；卷四學校；卷五學校、武備；卷六賦役、驛遞；卷七水利；卷八壇祠；卷九寺觀；卷十陵墓；卷十一古跡、風俗、物產；卷十二封爵、職官；卷十三至十四職官；卷十五選舉；卷十六選舉、封蔭；卷十七至十八名宦；卷十九至二十人物；卷二十一至二十二列女；卷二十三寓賢、藝術、仙釋、祥異、著述；卷二十四雜事。

呂熾序曰："廣平有志始於陳給諫棐，歷百有三十年，郡守沈君奕琛修之，今又七十年矣。太守吳君以浙西名宿來蒞茲土，政行民樂，綱舉目張，環地千餘里，視之一如几席之下。郡故轄九縣，自世宗憲皇帝軫念民隱，興修水利，將引滏河水溉廣郡田，而滏源在磁，遂以磁州改隸廣郡，郡界與前志迥異。今天子惠養元元，又特命閣部大臣相視規畫，蓋自漳徙而南，民受滏之益，不受漳之害，川澮交通，溝塍綺錯。農田之利上關國計，下切民生，而舊志於水利事闕焉不詳，吳君於聽政之暇，覃思殫慮，博考舊聞，增其門類，粲然如視諸掌。幾二年而書成，適余視學於此，遂以序請。"

沈世楓序曰："郡志舊本荒略，又歷數十載闕焉不修，文獻淪失，此典是邦者之責也。今太守吾鄉吳君朔占蒞茲三載，庶政具舉，慨然披舊志而手自補輯，分卷二十有四，鳌類則浮其四於卷之數。閱歲而書告成。”

吳毅序曰：“七十年中人材之登進，田畝之開闢，祠壇之增設，河渠堤堰之改築，驛遞倉儲兵戎之裁制，即如磁州向隸於豫，今歸郡轄，皆前志所未嘗有者，爰偕同志翻閱鱗次，闕者補之，合者分之，無益者汰之，鳌二十門爲二十八門，非好異求多也。七十年中之實跡，宣上德，達下情胥，於是乎在也。且夫官斯地者，豈及身兢兢奉法，一去即視若秦閱，謂嗣後非吾事哉？余之爲是書也，凡有關於國計民生、興廢激勸者，臚列靡遺，以示後人炯鑒。”

吳毅例云：“是集起乾隆甲子春，迄乙丑秋竣事，征實取材悉本史乘，參以《畿輔通志》暨郡邑各舊志，所未載者，宦跡則旁採輿誦，人物則博稽鄉評，纂輯幾二載之勞，校對資眾賢之力，公聽並觀其難其慎，冀此邦人士共諒焉。”

中國國家圖書館、中國文化遺産研究院、北京大學圖書館、上海圖書館等十六館與“中央研究院”歷史語言研究所傅斯年圖書館、臺北故宮博物院及日本國會圖書館、東洋文庫、美國國會圖書館等均有收藏。

41. 清乾隆刻本永年縣志　T3134/3385.83

［乾隆］《永年縣志》四十四卷首一卷，清孔廣棣纂修。清乾隆二十三年（1758）刻本。六册。半葉十行二十二字，小字雙行同，白口，四周雙邊，單魚尾。框高18.6釐米，寬14.3釐米。卷端題：“知永年縣事闕里孔廣棣纂修。”首有乾隆二十三年劉叔枚序，乾隆二十二年孔廣棣序，目錄，凡例，圖像。

永年，古冀州地。春秋時爲晉曲梁邑，西漢置曲梁侯國，屬廣平國。東漢建安十七年（212）始屬魏郡，三國魏黃初二年（221）改屬廣平郡，曲梁爲郡治。北齊天保七年（556）曲梁縣省入廣年縣，并徙治曲梁故城，屬廣平郡。隋開皇三年（583）廣年縣屬洺州，仁壽元年（601）避隋煬帝諱改廣年縣爲永年縣，大業二年（606）雞澤縣省入永年縣，屬武安郡，永年爲郡治。唐武德四年（621）永年爲洺州治。北宋熙寧六年（1073）臨洺縣省入永年縣爲鎮。元屬中書省廣平路。明、清屬廣平府。

孔廣棣，山東曲阜人，乾隆十九年任永年知縣。

卷一星野；卷二沿革；卷三疆域；卷四田賦；卷五户口；卷六驛站；卷七建置；卷八山川；卷九水利；卷十古跡；卷十一塚墓；卷十二風俗；卷十三土産；卷十四學校；卷十五秩祀；卷十六俗祀；卷十七祥異；卷十八雜稽；卷十九封爵世表；卷二十職官年表；卷二十一師儒年表；卷二十二選舉年表；卷二十三封蔭年表（例監附）；卷二十四武功紀傳；卷二十五宦跡列傳；卷二十六人物列傳；卷二十七政事列傳；卷二十八忠義列傳；卷二十九孝友列傳；卷三十儒學列傳；卷三十一文苑列傳；卷

三十二耆儒列傳；卷三十三隱逸列傳；卷三十四義行列傳；卷三十五方伎列傳；卷三十六釋老列傳；卷三十七列女列傳；卷三十八至四十四藝文。

凡例云："永志始創於申端愍，再修於朱固陵，補葺於盧黃安，嗣後侯君可大、王君玲亦嘗增刊，各仍其舊，似乎繁簡未盡合宜，體例不無鮮當。用是徵文考獻，殫心纂輯，卷帙視昔較多，總期信今傳後，詎敢好異求新。"又云："是集成於簿書之暇，閱六月而告竣。徵實取材，悉本史乘，又復博採鄉評，正之遺老，以期傳信。何敢自忘固陋，漫曰更新，竊恐時迫類繁，不無舛漏，後有作者尚其鑒諸。"

《中國地方志聯合目錄》和《中國地方志總目提要》著錄爲"乾隆二十二年刻本"。

永年縣志，始修於明崇禎十三年（1640）宋祖乙修，申佳胤纂七卷本，中國國家圖書館藏有殘帙。之後有康熙十一年（1672）清朱世緯纂修十九卷首一卷本，該本後經雍正十一年（1733）侯可大增補，又經乾隆十年王玲增補。該乾隆二十二年孔廣棣纂修四十四卷本之後，還有光緒三年（1877）夏詒鈺纂修四十卷首一卷本。

中國國家圖書館、北京大學圖書館、上海圖書館等十餘館與臺北故宮博物院及日本東洋文庫、法蘭西學院漢學研究所等亦有收藏。

42. 清乾隆刻本邱縣志　T3140/7269.83

［乾隆］《邱縣志》八卷，清黃景曾修，靳淵然纂。清乾隆四十七年（1782）刻本。四冊。半葉九行二十二字，小字雙行同，白口，四周單邊，單魚尾。框高20.3釐米，寬15.8釐米。首有乾隆四十七年盛百二序，乾隆四十七年黃景曾序，修志姓氏，目錄，凡例。

邱縣，位於今河北省南部。秦屬邯鄲郡，西漢置平恩侯國（縣），屬魏郡，東漢爲平恩縣。三國屬廣平郡。隋屬武安郡。唐宋時期先後屬洺州、廣平郡和洺州。元初置丘縣，治今邱城鎮。明屬東昌府臨清州。清更名邱縣，屬山東省臨清直隸州。

黃景曾，江西信豐人，拔貢，乾隆四十六年任邱縣知縣。

靳淵然，邱縣人，貢士。

卷一地里志（沿革、分野、疆域、山川、風俗、古跡、物產）；卷二建置志（城池、公署、學校、坊表、倉廠、里甲、集市、兵衛）；卷三祀典志（壇壝、廟祠〔寺觀附〕）；卷四田賦志（戶口、地畝、貢賦、鹽課）；卷五職官志（縣令〔丞簿尉附〕、學博、名宦傳）；卷六人物志（謁拜、薦辟、選舉、貤封、鄉賢傳、孝義、節烈）；卷七雜志（災祥、紀事、錄異）；卷八藝文志。

黃景曾序曰："皇帝四十年乙未，以東昌之臨清爲直隸州，邱縣屬焉。邱之志，肇修於康熙四年乙未，繼修於雍正六年戊申，計閱六十餘年而一修。自戊申迄今又五十餘年矣。……余承乏茲土將及一載，深爲屬意，適奉上憲檄催修輯，乃聚邑人士共商而成之。……明其疆域，晰其田賦，紀其官師，表著其人物，藝文仍乎舊册。訛者考正之，冗者删訂之，更變增益者審詳而接續之，雖無山川名勝，往哲遺蹤，足資觀者博覽，亦庶幾哉。方諸列國之史較爲質，實可以附輶軒而備採擇也夫。”

職官紀事至乾隆四十六年。“弘”“曆”避諱。

現存最早邱縣志爲明萬曆四年（1576）刻侯國安修、楊時中纂《丘縣志》二卷。清代凡三修，首爲康熙間刻張珽修、劉爾浩纂《丘縣志》八卷，次爲雍正六年（1728）刻王輅修、韓思聖纂《邱縣志》八卷，三即此乾隆志八卷，該志另有民國二十二年（1933）鉛印本。

中國科學院文獻情報中心、南京圖書館、山東省圖書館等八館與日本東洋文庫、法國巴黎 M.R. 赫杜圖書館等有藏。

43. 清康熙刻乾隆印本廣平縣志　T3134/0810.81

〔康熙〕《廣平縣志》五卷，清夏顯煜修，王俞巽纂。清康熙十五年（1676）刻乾隆印本。五册。半葉八行二十一字，小字雙行同，白口，四周雙邊，單魚尾。框高 19.3 釐米，寬 14.2 釐米。首有康熙十五年夏顯煜序，另有幾頁其他殘序，舊序（萬曆十七年〔1589〕陳鑒序），凡例，修志姓氏，圖，目録，辯疑總論，解疑總論。卷端題：“邑令淮濱夏顯煜重修。”

44. 清乾隆刻增補刊本曲周縣志　T3134/5072.83

〔乾隆〕《曲周縣志》十九卷，清勞宗發修，王今遠纂。清乾隆十二年（1747）刻乾隆三十一年增補刊本。五册。半葉九行二十二字，小字雙行同，白口，左右雙邊，單魚尾。框高 18.7 釐米，寬 14.0 釐米。首有扉頁，朱叔權序，張體中序，乾隆十二年勞宗發序，舊志序（順治十三年〔1656〕李時茂序），凡例，原修姓氏，重修姓氏，目録總説，圖，目録。末有秦鑄跋。扉頁題：“乾隆十二年新鐫。曲周縣志。縣署藏板。”各卷首題：“錢塘勞宗發錫山甫重修，邑人王今遠用晦甫編輯。”卷十九首題：“湖南寧鄉周治輅木軒甫著。”

曲周縣，戰國屬趙國，秦屬邯鄲郡，漢初爲曲周侯國，武帝建元四年（前137）置曲周縣，屬廣平國，後屢經省併。唐武德四年（621）復置曲周縣，屬洺州，天寶元年（742）改屬廣平郡。北宋熙寧三年（1070）省入雞澤縣，元祐二年（1087）復置，屬洺州。元屬廣平路。明清屬廣平府。

勞宗發，字錫山，浙江錢塘（今杭州）人，乾隆十年進士，乾隆十一年任曲周縣知縣。

王今遠，字用晦，曲周縣人，乾隆元年進士，曾任山西垣曲知縣。

卷一星野；卷二疆域；卷三建置；卷四田賦（鹽務、馬政附）；卷五學校；卷六武備；卷七河渠；卷八壇祠（寺觀附）；卷九古跡；卷十風俗（物產附）；卷十一封爵；卷十二職官；卷十三選舉（封蔭、武功附）；卷十四宦跡；卷十五人物；卷十六列女；卷十七雜事；卷十八藝文；卷十九藝文續。

勞宗發序曰："先是，今上之十一年，不佞余奉簡來蒞曲，至則索志觀之，披未及竟，輒復惆然不可終日。蓋志修於國初順治間，沿今且百許……蓋志之宜修久矣，失今不爲，後將奚考？……余之拙既已安，而邑人士樂贊其成，乃開局於書院前楹，延進士王君主其事，進士秦君、孝廉王君、明經王君考正編摩，以期至當。而余亦以公餘時相商榷而論定之，義取其該，辭歸諸簡，芟繁綴闕，稽疑傳信，無幾何，遂克告成。"

王今遠撰凡例云："著工本棗梨汗青，良非易辦。故貲難鬼運，事每眾擎，茲則一無旁助，令公獨覽其全。劄素雕鐫之用，皆冰廚杞菊之分，不容泯也。而輸捐板頁，則衛子步青實任之，固宜附見云。"

卷十九藝文續，係勞宗發的後一任知縣周治輅增補。卷十九藝文末，附有"留養局續記"，其中落款"東橋鎮李萬鎰等於乾隆二十一年十二月十二日捐輸置買契約存卷"。另有一版："乾隆丙戌仲秋。閩汀劉登題。升此堂也難言政簡刑清自愧無地。幸斯邑分庶免旱乾水溢咸仰有天。"乾隆丙戌，即乾隆三十一年，可見該本係乾隆三十一年以後增補刊本。

曲周有志，始於清順治李時茂修，趙永吉纂四卷本，順治十三年刻本。此乾隆十九卷本之後，還有同治年間存祿修、劉自立纂二十卷《曲周縣志》，同治八年（1869）刻本。

中國國家圖書館、北京大學圖書館、南京圖書館等九館與臺北故宮博物院及日本東洋文庫、美國國會圖書館有藏。

45. 清乾隆刻本武安縣志　T3145/1434.83

［乾隆］《武安縣志》二十卷，清蔣光祖修，夏兆豐纂。清乾隆四年（1739）刻本。二函八冊。半葉九行二十字，小字雙行同，白口，四周雙邊，單魚尾。框高 19.6 釐米，寬 13.4 釐米。前有乾隆三年尹會一序，乾隆三年范璨序，乾隆三年張受長序，

乾隆三年滿雲鶼序，乾隆四年蔣光祖序，圖，修志姓氏。書後有舊志序六則（順治十六年〔1659〕王國璉序、順治十六年白芬序、康熙三十二年〔1693〕陳灝序、康熙三十二年王可大序、康熙五十年黃之孝序、康熙四十九年李喆序），舊志跋二則（順治十七年郭之屏跋、順治十七年賈國鉉跋）。

武安縣地處太行山東麓。戰國爲趙武安邑。秦置武安縣，屬邯鄲郡。西漢屬魏郡。三國魏屬廣平郡。北齊屬司州。北周屬洺州。隋屬武安郡。唐先後屬洺州、磁州。宋、元、明屬磁州。明洪武二年（1369）磁州改屬河南彰德府。清屬河南彰德府。1949年劃歸河北省邯鄲專區，1988年改設武安市（縣級）。今屬河北省邯鄲市。

蔣光祖，字振裘，號南邨，江蘇泰興人。拔貢。乾隆元年任武安知縣，後歷任虞城知縣、鄧州知州。著有《南邨文集》等。另修有《鄧州志》。

夏兆豐，字大田，號雨笠，浙江會稽人。雍正二年（1724）舉人。著有《雨笠集》等。

書前圖收《治境山川總圖》《外城圖》《內城圖》《縣署圖》《學宮圖》及山圖十幅，計十五幅。正文二十卷，列十八門：卷一星野；卷二沿革；卷三疆域（抵界、里社、集鎮〔附形勝〕）；卷四山川（附古跡、陵墓）；卷五城池；卷六建置（署舍、倉廠、郵鋪、橋梁、義井、坊表）；卷七學校（學宮、祭儀、學租、會田、鄉飲〔附義學〕）；卷八祠祀（壇壝、祠廟〔附寺觀〕）；卷九賦役（戶口、地畝、稅糧、鹽課、雜稅）；卷十風俗；卷十一土產；卷十二職官（知縣、縣丞、主簿、典史、巡檢、教諭、訓導、防汛）；卷十三選舉（進士、舉人、貢生、武科、薦辟、例監、封贈、恩蔭、將材、胥材）；卷十四宦跡；卷十五人物（列傳、忠節、孝行、義行、流寓、烈女）；卷十六至十八藝文（制誥、奏議、碑記，序跋、墓碣、雜文，賦詠）；卷十九祥異；卷二十雜記（拾遺、辨誤、備考）。

蔣光祖序："光祖履任兩載，刻以纂修爲念。歲之初夏，合謀紳士，遴其有學行者以採訪任之。會稽夏君雨笠，蓋舊識也，夙抱史才，以禮延致，館於城南，得於簿書之隙，相與過從，商榷而筆削之。閱三月書成，凡二十卷。鈔呈上憲，裁鑒既定，乃鳩工剞刻，於春月告竣。"

武安縣現知最早的志書，爲唐交修、陳瑋纂《武安縣志》四卷，列九志，嘉靖二十六年（1547）付梓。其次爲黃之孝修、李喆纂《武安縣志》十八卷，列十八門，康熙五十年刊刻。其三即此乾隆志。此後至清末未再續修。

輿圖首葉下刊繪工姓名："邑人胡祥謹繪。"繪製尚佳。

此本版印不佳，當爲後印本。

中國國家圖書館、中國科學院文獻情報中心、中國第一歷史檔案館、中國國家博物館、中國文化遺產研究院等三十二館與"中央研究院"歷史語言研究所傅斯年圖書館、臺北故宮博物院、孫逸仙博士紀念圖書館及日本東洋文庫、京都大學人文科學研究所、美國國會圖書館、法國亞洲學會、法蘭西學院漢學研究所亦有入藏。

46. 清乾隆刻本邢臺縣志　T3134/1241.83

[乾隆]《邢臺縣志》十八卷首一卷，清劉蒸雯修，李嶒等纂。清乾隆六年（1741）刻本。八冊。半葉九行二十字，小字雙行同，白口，四周雙邊，單魚尾。框高 18.3 釐米，寬 14.1 釐米。首有申奇猷序，乾隆六年劉蒸雯序，原序（朱誥序、高顯序、李京序、姚繼崇跋），凡例，修志姓氏，目錄。

邢臺，戰國屬趙，秦置信都縣，屬鉅鹿郡。漢置襄國縣，屬鉅鹿郡，又改隸廣平郡。十六國後趙石勒稱帝於此。北魏復置襄國縣。隸廣平郡。隋開皇九年（589）更名龍崗縣，屬襄國郡，開皇十六年置邢州，治龍崗縣，唐因之。五代梁置保義軍，後唐置安國軍，北宋復爲龍崗縣，隸信德府，宣和年間更名邢臺縣。金復爲龍崗縣。元再更名邢臺，爲順德路治。明清爲順德府治。

劉蒸雯，山西洪洞人，廩貢。乾隆四年任邢臺知縣，乾隆八年升任滄州知府，參與修纂乾隆《滄州志》。

李嶒，邢臺人，康熙五十二年（1713）舉人。雍正十三年（1735）考取山西己酉科鄉試內簾官，修纂該志時任湖廣興山知縣。

卷一輿地志；卷二城池志；卷三祀典志；卷四學校志；卷五壇廟志；卷六建置志；卷七山川志；卷八災祥志；卷九營田志；卷十賦役志；卷十一名宦列傳；卷十二鄉賢列傳；卷十三職官表；卷十四選舉表；卷十五仕宦表；卷十六殊恩志；卷十七人物列傳；卷十八藝文志。

劉蒸雯序曰："邢邑爲畿南名區……舊有志乘修自先明南陽朱公，肇爲一書，前令杞國高公續修之，亦極記載之詳備矣。然迄今七十餘年……余履任之初，睹其歷久遺載，輒欲重加修葺，顧以簿書鞅掌，未暇及此。庚申秋，郡憲王公來守斯邦，首以修舉廢墜、振興教化爲勸勉。余敬而志之，因周爰諮諏，敦請諸縉紳及子衿謀焉，衆論僉同。隨延博雅高明者六人開館於縣治西關帝廟，分釐校核，闕者補之，略者詳之，一事必索其原，一行必求其實。……自辛酉孟夏起，歷五月而告竣。"

卷五及其之前多殘葉，補鈔。避諱不嚴格，多處"弘""曆"二字未避諱。

明萬曆十七年（1589）朱誥創修縣志，已佚。康熙十一年高顯、李京纂修《邢臺縣志》十二卷，存中國國家圖書館。乾隆六年劉蒸雯重修邢臺縣志後，又有嘉慶十四年（1809）竇景燕纂修、沈蓮生續修嘉慶《邢臺縣志》十卷首一卷，有道光七年（1827）續修刻本，同治十一年（1872）重印本。光緒年間戚朝卿重修光緒《邢臺縣志》八卷首一卷，有光緒三十一年（1905）刻本。

中國國家圖書館、中國科學院文獻情報中心、北京大學圖書館、南京圖書館等十館與臺北故宮博物院及美國國會圖書館等亦有收藏。

47. 清乾隆刻本柏鄉縣志　T3134/4022.83

［乾隆］《柏鄉縣志》十卷首一卷，清鍾廣華纂修。清乾隆三十一年（1766）刻本。六冊。半葉九行二十字，小字雙行同，白口，四周雙邊，單魚尾。框高 17.1 釐米，寬 14.2 釐米。首有乾隆三十二年德保序，乾隆三十一年鍾廣華序，原序（魏謙吉序、宋范序、萬曆四年（1576）張延庭序、順治七年（1650）彭述古序、康熙三年（1664）魏裔介序、康熙十九年謝廷瑞序、康熙十九年魏裔介序），目錄，修志姓氏。卷端題："特授文林郎知柏（原文為栢）鄉縣事長興鍾廣華輯。"

48. 清康熙刻乾隆印本寧晉縣志　T3134/3216.81

［康熙］《寧晉縣志》十卷，清萬任修，張坦、羅弘銓等纂。清康熙十八年（1679）刻乾隆印本。八冊。半葉十行二十二字，小字雙行同，白口，四周雙邊，單魚尾。框高 20.1 釐米，寬 14.3 釐米。首有魏裔介序，康熙十八年張坦跋，舊序（嘉靖四十年〔1561〕陳九德序），康熙十八年萬任序，纂修姓氏，督修姓氏，康熙十八年馮垣跋，康熙十八年高去伐跋，目錄、凡例、圖。目錄首題："寧晉縣知縣萬任纂修，儒學教諭張坦儒學訓導羅弘銓輯校。"

寧晉縣，古冀州地。春秋時屬晉，戰國趙地，秦屬邯鄲和鉅鹿二郡。西漢置楊氏縣，兼置癭陶，屬鉅鹿郡。晉省楊氏縣入癭陶縣。隋初屬欒州，後屬趙郡。唐天寶元年（742）改為寧晉縣，屬趙州。宋屬慶源府，金屬沃州，明清屬真定府趙州。

萬任，江西新建人，康熙六年進士。康熙十六年任寧晉知縣。

張坦，直隸清苑人，貢士。任寧晉縣儒學教諭。

羅弘銓，順天府通州人，貢士。任寧晉縣儒學訓導。

卷一封域志（星野、沿革、形勝、疆界、川澤、古跡、里社、村莊、市集、橋梁、墳墓、風俗、歲時、坊表、物產、災祥）；卷二建置志（城池、公署、坊廂、鋪司、學校、壇壝、祠廟、附祀典）；卷三賦役志（田土、貢賦、戶口、丁徭、起運定額、存留經費、鹽法）；卷四名賢志（官師、名宦、鄉賢）；卷五人物志（仕籍、歲貢、恩蔭、國子監、武科、武宦、戚里）；卷六人物志（貤封）；卷七人物志（隱逸、孝子、義民、世家隱德、鄉賢賓、節死、節婦、烈婦、方技、仙釋）；卷八至十藝文志。

張坦跋曰："邑志闕焉弗修歷百二十餘年，所蓋職斯土者傳舍視之，故因循置之耳。……丁巳孟秋，會邑侯萬公以江右名宿來尹茲土，興賢育士，喜以文章飾吏治。余即以是請……而侯方以勵精不暇。閱二年己未，政治大成，訟庭無事，侯因莞爾顧余而笑曰：'今可以從事矣。'集邑薦紳孝廉茂才諸君子，館穀於芹宮。遐稽博採，一一受裁於侯，爲之訂證而附以論斷焉。不三月而告竣，不漏不繁，不嚴不恕，體裁允協，可以補通志之缺。是舉也，前任張侯有志而未逮，邑進士高君草已就，而未梓而卒，賴我侯以光復百有餘年之曠舉。豈事之廢興固有時乎？抑繫乎其人也。"

萬任序曰："予……甫下車即首諏邑志，以求悉難易情形，見自明侍御蔡汶濱先生修後，缺焉弗載者百二十餘年矣。先是，歲被兵，人異意，既不克續，邑侯張奉檄議修，以秩滿罷役，稿存邑進士高君敬雅笥，而高君又以是秋攜置霍邱，任予屢書索示，竟未果。既戊午，余奉命分闈，解馬鞅掌勞瘁，究無暇此。今夏旱蝗各屬見告，寧邀天幸，猶爲有秋，余乃於病間謀於縉紳先生孝廉茂才，諸君子慨然以斯事共荷，定局纂輯，而學博張君瑤滄、羅君彥超，皆以英年宿學負良史才，董領斯役，遂告成書。"

內容已涉及康熙十九年。"弘""曆"字挖改避諱。

此爲現存最早的寧晉縣志，另有佚名編光緒《寧晉縣鄉土志》。

中國國家圖書館、中國科學院文獻情報中心、中國文化遺產研究院、北京大學圖書館、上海圖書館等二十館藏康熙十八年刻本，臺北故宮博物院存有殘帙，日本國會圖書館、東洋文庫等亦有收藏。

49. 清康熙刻乾隆增補印本清河縣志　　T3134/3231.81

[乾隆]《清河縣志》十八卷，清盧士傑纂修，錢啟文續增。清康熙十七年（1678）刻五十七年補刊乾隆增補印本。六冊。半葉八行二十一字，白口，四周雙邊，單魚尾。框高 19.7 釐米，寬 14.0 釐米。首有康熙五十七年錢啟文序，康熙十七年殷之輅序，康熙十七年孫煥、李之易序，康熙十六年史欽命序，圖，纂修姓氏，凡例，目錄；末有康熙十七年李之易跋。卷端題："邑令三韓盧士傑重修。"

清河，古兖、冀二州之地。春秋齊地，後屬晉。戰國爲趙地。秦爲厝縣，屬鉅鹿郡。西漢高祖四年（前 203）置清河郡，東漢改爲清河國，後曾改甘陵國，晉以後雖其爲國、爲郡、爲州、縣，改徙無常，而清河之名歷經晉、魏、隋、唐、宋、金、元、明、清未嘗易也。

盧士傑，奉天錦縣人，清康熙二年舉人。

錢啟文，浙江會稽（今紹興）人，清河縣知縣。

卷一星野；卷二疆域；卷三沿革；卷四山川；卷五建置；卷六田賦；卷七風俗；卷八學校；卷九壇祠；卷十古跡；卷十一秩官；卷十二宦跡；卷十三選舉；卷十四人物；卷十五外傳；卷十六兵紀；卷十七災祥；卷十八藝文。

凡例曰："縣志舊本初編五卷增訂一十二卷，相沿百有餘年，頗多殘缺，詳考廣搜，新分爲一十八卷。""考舊志創自嘉靖三十年邑令孟公仲遴，更定於萬曆八年向公日紅，擇焉而不精，語焉而未詳，前令夏公琮……"

錢啓文序曰："清河，僻壤也。其建置始秦漢云，其後列於郡國軍州千數百年而始復爲縣，又百數十年而志始成。蓋始前明嘉靖邑令孟君仲遴云，於是官其地者若向君日紅、夏君琮皆嘗有所刪補，最後爲盧君士傑重輯於今上戊午，亦且四十年矣，而爲志未嘗有加也。……余續爲是志，亦竊取曩者史氏之義例云。"

卷十四尾另增乾隆二年顧姓四節婦事實一葉。"弘""曆"字避諱。

現存最早清河縣志爲明嘉靖三十年（1551）孟仲遴纂修四卷本，萬曆九年（1581）向日紅纂修十二卷本僅存殘帙，此康熙十七年刻增補刊本之後，還有同治十一年（1872）刻王鏞修、郭兆藩等纂十八卷本，以及黃汝香纂修光緒九年（1883）刻四卷本。

中國國家圖書館、上海圖書館、北京大學圖書館等六館與臺北故宮博物院及日本東洋文庫、美國國會圖書館等有藏。

50. 清康熙刻本南宮縣志　T3134/4236.81

［康熙］《南宮縣志》十二卷，清胡胤銓纂修。清康熙十二年（1673）刻本。六冊。半葉十行二十字，小字雙行同，白口，四周雙邊，單魚尾。框高21.2釐米，寬15.4釐米。首有康熙十二年魏裔介序，康熙十二年胡胤銓序，凡例，修志姓氏，圖，目錄。卷端題："知縣楚孝感胡胤銓重輯。"

南宮縣，西漢置，屬信都國。三國屬安平郡，晉屬安平國。北魏屬長樂郡。北齊廢，隋開皇六年（586）復置，屬冀州。唐初屬宗州，貞觀元年（627）改屬冀州。五代至清，屬冀州。

胡胤銓，號遜齋，湖廣孝感人，順治八年（1651）舉人。康熙十年任南宮縣知縣。

卷一封域志（星野、沿革、山川、里社、物產、風俗）；卷二營建志（城池、公署、學校、壇壝、廟寺、坊表）；卷三賦役志（田賦、丁瑤、起運、存留、額外雜賦）；卷四禮儀志（聖誕元旦冬至節、詔赦至、日食月食、鞭春、鄉飲酒禮、閱武、文廟祀典、壇壝祀典）；卷五事異志（事異、災異、蠲賑）；卷六官師表（歷代官制、知縣、教諭訓導）；卷七選舉表（歷代貢舉、進士、舉人、貢士、武進士舉人）；卷八錫命表（封建、封贈、卹典、恩蔭）；卷九循良傳（縣令〔附縣丞典史〕、教職）；卷十人物傳（宦業、方正、理學、文苑、武功、忠節、孝子、高義）；卷十一列女傳；卷十二藝文志。

胡胤銓序曰：“志歷數十年弗修，殘缺失次。……胤銓不敏，承乏茲土，錢穀刑名日以不給是懼，而能堪修明之責乎？……銓於是弗敢辭，復惴惴焉弗敢自任，乃進鄉先生而諮之，有教我者曰：‘是志也，一修於葉令諱恒嵩者年遠矣，書弗獲存矣。再修於邢令諱侗者亦百年遠矣，書雖存，存而弗備，猶弗存也。’銓聽之……益復惴惴焉，廣耳目，竭心思，搜故家之藏，集鴻儒之秘。審定風謠，綜核佚事。凡一邑之所見異辭，所聞異辭，所傳聞異辭謠皆一一而考證之。其間有不逮者，則式賢達之盧而藉爲指南，登著作之堂共爲參稽。雖才拙無狀，而幸奏成書。將百年已墜之典章蔚然明備，於以鼓吹休和，奉揚文教。”

鈐印：“南宮毛氏金石書畫”“小汲古閣”。

明嘉靖年間葉恒嵩所修《南宮縣志》五卷，僅存臺北“國家圖書館”，萬曆時期邢侗又纂修縣志十三卷，有清鈔本存世。清代凡三修縣志，一即此胡胤銓纂修本；二是周杖修、陳桂纂十六卷本，道光十一年（1831）刻本；三即戴世文修、喬國楨等纂十八卷本，光緒三十年（1904）刻本。

該書僅中國國家圖書館、天津圖書館、湖北省圖書館、中國第一歷史檔案館、中國科學院南京地理與湖泊研究所圖書館與臺北故宮博物院及美國國會圖書館等少量圖書館有藏，其中間有雍正年間增刻本，每卷第二行署名及其他署名避世宗諱改“胤”字爲“景”字。中國國家圖書館藏本係康熙原刻，惜“胤”字亦以墨筆塗改爲“景”字。該本紙墨精良，墨黑如漆，“玄”字避諱，“胤”“弘”“曆”均未避諱，官師志至康熙十二年。當係康熙年間印本，更顯彌足珍貴。

《中國地方志總目提要》“康熙南宮縣志十二卷”條，著録該書著者爲“胡景銓”，誤。“胡景銓”應作“胡胤銓”，蓋作者所見當係雍正年間增刻本，避世宗諱改“胤”字爲“景”字。

51. 清乾隆刻補刊本沙河縣志　T3134/3232.83

[乾隆]《沙河縣志》十卷首一卷末一卷，清杜灝纂修。清乾隆二十二年（1757）刻，二十四年補刊本。四册。半葉十行二十四字，小字雙行同，白口，左右雙邊，單魚尾。框高 19.0 釐米，寬 14.0 釐米。首有聖製詩文，乾隆二十二年杜灝序，乾隆二十三年顧棟高序，捐刊者姓氏，凡例，目録、圖考。卷端題：“邑令古吳杜灝拙初氏手輯，子玉林、姪文瀛參校。”各卷末署“乾隆丁丑年刊”，卷末尾署“乾隆己卯年刊”。

沙河縣，古冀州地，春秋時屬晉，戰國時屬趙，秦屬邯鄲郡。漢爲易陽、襄國二縣地，屬趙國。西晉屬廣平郡。隋開皇十六年（596）置沙河縣，屬邢州。大業初屬襄國郡，唐屬邢州，北宋屬信德府，金屬邢州。元屬順德路，明屬順德府，清因之。

杜灝，江蘇金匱（今無錫）人，乾隆八年舉人。乾隆十九年任沙河知縣。

卷一興地（沿革、星野、祥異、疆域、形勝、山水、古跡）；卷二建置（城池、廨署、學校、兵防、郵遞、里社、村莊、街巷、市集、祠祀、碑坊、塚墓）；卷三風土（習尚、藝術、食貨、俗禮、歲時、種植、物產）；卷四田賦（戶口、丁徭、地畝、額糧、起運、存留、耗羨、雜徵、鹽課、倉儲）；卷五秩官（令宰、佐貳、師儒、守將）；卷六選舉（薦辟、進士、舉人、貢生、例監、掾吏、武科、封贈）；卷七人物上（宦望、鄉型）；卷八人物下（孝友、義烈、列女）；卷九藝文上（碑記）；卷十藝文下（雜著、詩）；卷末上（舊紀）；卷末下（續述）。

杜灝序曰："沙邑自前明姬令創有專志，迄我本朝康熙二十六年談令復續修之，即今之舊志是也，其中間有修於谷、馮、徐三令者則不可考。乃今披檢原書，其援據之疏，採摭之雜，敘次之紊，體例之乖，種種紛紜錯出，溷耳目而淆簡編。余始來沙，見之輒恝然於心，顧慾重爲釐訂。"

凡例曰："舊志雖重修於康熙戊辰，實即前朝原刻略爲增益，苟簡荒蕪，紕繆百出，且歷年既久，字跡多已模糊。灝蒞任以來，留心採輯者已屆三載，茲雖幸有成書，恐掛漏之譏仍復不免。然欲再加蒐討，其又如文獻之無徵何，覽者鑒其寡陋幸矣。""是編之輯，搜採悉係躬親，凡履涉所至，自邑之紳士以逮山僧野老與隸販夫之屬，靡不周諮博訪。間有一二未歷處，輒屬族子文瀛以往。且渠頗工繪事，故圖亦即出其手筆。至於參訂古書，邑中舊志之外，僅有《通鑒綱目》《明史》、郡志及旁邑志數種，十七史則借於永年冀氏，宋、遼、金、元四史，《文獻通考》則借於衛輝李氏，其他難購之書，多自仲兒玉林京師摘錄郵寄，以資考證。書成，捐廉剞劂，校讎之役，亦惟二子是與焉。載筆既愧不文，集益亦殊未廣，并附識之以俟正於博雅君子。"

紅色書衣。

沙河縣志創修於明萬曆十七年（1589）姬自修，現存最早的縣志係萬曆三十七年谷師顏重修八卷本。清代沙河縣志凡三修，一爲康熙二十七年刻談九乾纂修八卷本，二爲此乾隆志，三係魯傑纂修《續增沙河縣志》二卷，道光二十五年（1845）刻本。

中國國家圖書館、北京大學圖書館、上海圖書館等二十餘館與"中央研究院"歷史語言研究所傅斯年圖書館、臺北故宮博物院及日本東洋文庫等藏乾隆二十二年刻本。

52. 清康熙刻本保定府志　T3133/2930.81

〔康熙〕《保定府志》二十九卷，清紀弘謨等修，清郭棻纂。清康熙十九年（1680）刻本。三十二册。半葉十行二十字，小字雙行同，白口，四周雙邊，單魚尾。框高21.8釐米，寬17.5釐米。首有康熙十九年紀弘謨序，康熙十九年李蔚序，康熙十九年高景序，康熙十九年何可化序，康熙十九年紀弘謨序，張鼎彝序，師若琪序，康熙十九年楊爾淑序，韓雄岱序，舊序（隆慶五年〔1571〕馮惟敏序、萬曆三十五年〔1607〕孫承宗序），郭棻《纂修郡志記》，凡例，圖，修志姓氏，目録。卷端題："蘇門紀弘謨重修，郡人郭棻纂輯。"

保定府，春秋戰國時爲燕、中山國地，北魏置新城縣，後分置清苑縣。五代後唐置泰州，治清苑縣。北宋置保塞軍，後改保州，政和間賜名清苑郡。元升順天路，後改保定路，明洪武元年（1368）置保定府。清爲直隸省治。轄境相當於今河北太行山以東，潴龍河、唐河、拒馬河之間及高碑店、雄縣、深澤、深縣、辛集等縣市。民國廢。

紀弘謨，號伯禹，河南輝縣人，籍貫遼東。蔭生。康熙十九年任保定知府。

郭棻，字快圃，清苑人，順治九年（1652）進士。翰林院侍讀。

卷一星野；卷二沿革；卷三建置；卷四疆域（形勢、邊隘附）；卷五山川；卷六古跡（關梁、陵墓附）；卷七祠祀（寺觀附）；卷八經制（學政、田賦、户役、俸食、驛遞、鹽政、馬政、倉廒、屯政）；卷九兵制；卷十風俗（物産附）；卷十一封爵；卷十二職官；卷十三選舉（薦辟、封蔭、武科附）；卷十四名宦；卷十五人物；卷十六仕跡；卷十七忠烈；卷十八正直；卷十九孝友；卷二十文學；卷二十一武勇；卷二十二隱逸；卷二十三義行；卷二十四寓賢；卷二十五列女；卷二十六祥異；卷二十七紀事；卷二十八藝文；卷二十九雜志。

紀弘謨序曰："余之輯郡志也，有餘能已。會郡太史快圃郭公以讀禮終篇來晤余於署，因舉以諮。公曰：'余曩蓄有志略，客歲已略加删潤，出以佐前守劉公，所不逮搜而輯之，當不誤乃公事。'余於是拜手而托重焉，公曰諾。諏日啓館，萃郡諸生之績學濯行者若而人，四旬而成帙，余受焉，卒業其志。"

郭棻《纂修郡志記》曰："吾郡之受檄修志蓋自壬子年始也。時余以典試中州過里門，郡守沈公國望知余蓄有志略，謬而下詢。猝未及應，無何滇黔逆作，六師奮伐，郡日辦供億不遑，事且寢。戊午余以素冠里居，郡守毗陵劉公旋九稍稍議及，屬余纂輯郡故事，三閲月而報命。苫塊悒鬱中荒略不文，公猶以爲繁也，芟什之二。旋又以爲簡也，增什之五，更三手，市一歲，書不成而公去官，事再寢。庚申夏五，蘇門紀公以天雄郡丞擢守吾郡，受事浹旬，上官檄徵郡志嚴且急，浸尋十年，責成一旦，公戛戛乎其難之，時余讀禮終篇，循例報闕，公輒舉以相屬，余謝不敏，且慮如囊者之芟而增，增而復芟之搰搰也。公意良苦，再三屬，辭之不獲，乃於五月十有六日言適之館，言授之餐，集二十邑之志書於几案，幾千余卷，翻閱卒業，稍稍得其要領。於是延郡名夙英俊劉子可書、王子鼏、陶子國奇、師子恒是、賈子如璧、李子琮、管子企寧，或採輯、或編次、或較訂，而考核質問一委之兒子桀焉。盛夏嚴歊，人歌霊漢，恨不獲赤脚踏層冰，而乃毫並筆揮，墨供蠅嘬，翰汗林淋已。館啓於大司寇高公之日涉園，亭軒敞朗，竹木陰森，樓之側有臺，臺之外有池，池之央有榭，廻廊曲檻，幽且邃也。余坐匡床於亭中，袒而凴一几，卷軸丹墨圖畫箋疏羅列如屏，余得染翰而操平章焉。三州十七邑之山嵐水色可當卧遊，關隘津梁可指諸掌，梵宮仙觀可放眼空際，古閣荒臺可題詩上頭，致足豪已。且銓敘千年之流品，月旦百世之人倫，尚友可樂，有褒無譏，矧矣婆娑藝文之苑，觸目雕龍，甲乙騷雅之壇，怡情吐鳳，更足欣賞耶。諸子者衣絺躧靸，安雅通脱，雖分曹授簡而所見略同。晨起一揖，選地據勝，脱寇解襪，或坐或卧，或執一編吟諷庭除，或攜楮毫校讐牖下，不斷髭亦不乂手。展簟竹叢，疊茵松影，草之香習習隱流，鳥之語嚶嚶細絮，花胭點鸜鵒之睛，蝶粉下珊瑚之架，皆足助乃文瀾，恣其藻思也。日之夕矣，團坐亭階，析疑考異，崇雅黜浮，斐然有裁。爰命館童陳肴核，泛醽醁，劇談啓敘。俯仰七十二代，周旋千八百國，蓋亦極揮塵驚座之盛乎？乃斤斤焉戒不及時政，不臧否時賢。如是者浹月，得志若干卷，裒而質於郡公。公慰勞不已，曰：‘作志之難難於簡，尤難於簡而不遺；難於文，尤難於文而不縟；難於典，尤難於典而不訛。其難之尤難者，則公而不刻，厚而無私也。斯志也，吾一言以敝之曰雅’余曰：‘公洵一字之褒乎！’因鳩工剞劂，必莊必緻。於戲！文字之樂，編摩之苦胥在乎是。是歷月有七日，得以告厥成功者，喜無囊者之芟而增，增而復芟之搰搰也。援筆作記，式告來覽云。康熙歲次庚申仲秋上浣郡人郭棻識。”

職官紀事至康熙十九年，“玄”字避諱，“禎”“弘”“曆”字未避諱。

卷首紀弘謨序、卷二第十一葉，卷八第十五葉，卷十二職官中第五、六葉，職官下第三十五葉，卷十三第九、十、二十四、三十一、七十葉，卷十三下第九、五十九葉，卷二十九第七至十一葉係鈔配。

明人章律修、張才纂、徐珪重編的明弘治七年（1494）年刻本《重修保定府志》二十五卷，係現存最早的保定地區方志，收入《天一閣藏明代地方志選刊》，之後有明隆慶五年（1751）馮惟敏等纂修，王國禎續修、王政熙續纂的萬曆三十五年（1607）刻本《保定府志》四十卷。光緒五年（1879）鄭士蕙纂修光緒《保定府志稿》未加刊行，僅存稿本。光緒十二年刊刻的《保定府志》七十九卷首一卷，係光緒七年李培祜、朱靖旬修，張豫塏等纂。

中國國家圖書館、中國文化遺產研究院、北京大學圖書館、上海圖書館等二十餘館與臺北故宮博物院及日本國會圖書館、東洋文庫、德國柏林德意志國家圖書館、法國國家圖書館等有藏。

53. 清康熙刻乾隆印本保定縣志　　T3134/2930.81

[康熙]《保定縣志》四卷首一卷，清成其範修，柴經國纂。清康熙十二年（1673）刻乾隆印本（有補鈔）。四冊。半葉九行二十字，小字雙行同，四周雙邊。框高 21.1 釐米，寬 13.6 釐米。首有康熙十二年成其範序，凡例，目録。末有王鼎臣跋。

54. 清康熙刻乾隆增補刊本滿城縣志　　T3134/3245.83

[康熙]《滿城縣志》十二卷，清張煥等纂修，賈永宗增修，皮殿選再增修。清康熙五十二年（1713）刻乾隆十六年（1751）增刻二十三年增補刊本。六冊。半葉九行十九字，小字雙行同，白口，四周單邊，單魚尾。框高 20.7 釐米，寬 14.4 釐米。首有康熙五十二年張煥序，乾隆十六年賈永宗序，舊序（萬曆四十二年〔1614〕冀懋中序、萬曆四十二年張邦政序、趙完璧序、辛奇科序、劉範序、康熙十九年裴國禎序），三次修纂姓氏，凡例，三次修纂目録。

滿城，古冀州之地。春秋屬燕國，戰國屬趙，秦屬上谷郡，漢高祖時始名北平縣，後更名滿城，屬中山國。東魏興和二年（540）析置永樂縣，北齊時北平縣省入永樂縣。隋屬易州。唐天寶元年（742）改今名。宋省入保塞縣。金大定二十八年（1188）復置，屬保州，後屬順天路。元至元十二年（1275）屬保定路，明洪武十年（1377）省入慶都縣，十三年復置，屬保定府。清屬保定府。

張煥，字寄園，浙江山陰（今紹興）人，由貢生選授。康熙四十三年六月任滿城知縣，五十二年升真定、順德、河間三府漳河同知。

賈永宗，字士可，號亦久，山西山陰人，雍正元年（1723）貢生。歷任趙州直隸州州判，山東范縣知縣，海豐縣知縣，懷來縣知縣，乾隆十二年始任滿城縣知縣。

皮殿選，湖廣善化（今湖南長沙縣）人，乾隆七年進士。乾隆十七年始任滿城知縣。

卷一圖、縣治沿革志、星野志；卷二疆域圖、形勝志、山川志；卷三城池志、里社志、風俗志、土產志、橋梁志；卷四建置志、學校志、祀典志；卷五戶口田賦志、稅課志、驛遞志；卷六職官志、選舉志、名宦志、鄉賢志；卷七貞節志、流寓志、仙釋志；卷八災祥志、寺觀志、陵墓志；卷九誥封、誌銘志；卷十至十二藝文志。

賈永宗序曰："滿城邑隸保定，近在畿輔，舊已有志。考其歲月，一修於康熙十九年前令裴君，再修於康熙五十二年前令張君。大率準三十年一世之例，今則閱三十八春秋矣。余奉簡命來令茲土，寒暑四易，未克重修。……今歲公務少暇，乃集諸紳士與商纂輯。"

刻工：楊一儒、李之恭。書口下有"傑二百一十""恭三百一十""敬二百五十二""恭三百〇五""俸三百""儒二百六十五""敬二百八十九""恭二百七十九""恭二百七十四""敬二百五十""敬二百四十五""工二一八""儒二百五一""傑二百三十""儒一百八十三""敬二百二一五""敬二百五五""俸二百十五""宦一百七十五""曉三百""法三百一十""宦二百八十"。數字爲整版字數。參與刻工應該還有敬、曉、宦等人。

舊序張邦政序後夾有一葉明萬曆年間知縣冀懋中修志姓氏。

有鈔補。

內容記載至乾隆二十三年止。"弘""曆"二字避諱。是志幾經增補，不同時間版片同印，版印模糊，字跡漫漶。

滿城縣志始於康熙十九年裴國楨修、劉之源纂十卷本，今存殘帙。康熙五十二年張煥重修縣志十二卷，至乾隆十六年賈永宗再次增修付印，乾隆二十三年又經皮殿選增補刊刻。《中國地方志聯合目錄》《中國地方志總目提要》未著錄此乾隆二十三年皮殿選增補刊本。

據《中國地方志聯合目錄》，中國國家圖書館、北京大學圖書館等九館藏有康熙五十二年刻乾隆十六年增刻本，故宮博物院圖書館、上海圖書館等六館與臺北故宮博物院等藏乾隆、道光間遞增刻本。該本選舉、職官等紀事至乾隆二十三年，未出現道光時期的內容。日本東洋文庫本亦著錄皮殿選增刊。

55. 清康熙刻乾隆印本清苑縣志　T3134/3245.83

[康熙]《清苑縣志》十二卷首一卷，清時來敏修，郭棻等纂。清康熙十六年（1677）刻乾隆印本。四冊。半葉九行二十二字，小字雙行同，白口，四周雙邊，單魚尾。框高 21.7 釐米，寬 14.9 釐米。首有康熙十六年時來敏序，舊序（萬曆十七年〔1589〕高燿序），圖經志，凡例，目錄，重修舊志姓氏，續修清苑縣志姓氏。

清苑，北魏太和元年（477）析新城縣南境置清苑縣，屬高陽郡。北齊廢，隋開皇十八年（598）復置，屬河間郡。唐屬莫州。五代後唐爲泰州治。北宋初爲保塞軍治，太平興國六年（981）改名保塞縣，爲保州治。金大定十六年（1166）復爲清苑縣。

元爲保定路治。明爲保定府治，清因之。

時來敏，字開遠，江南廬江人，恩蔭特簡，康熙十三年始任清苑知縣。

郭棻，字芝仙，清苑人，順治九年（1652）進士。翰林院侍講學士。

卷首繪圖；卷一輿地（星野、沿革、疆域、川澤、形勝、鄉社、市集、古跡、八景）；卷二建置（城池、公署、祠祀、驛遞、舖舍、橋梁、堤閘、樓亭、坊表）；卷三學校（學宮、諡號、丁祭、祭品、禮器、樂器、禮生、教法、生童、額數、學田）；卷四秩官（知縣、縣丞、主簿、典史、教官）；卷五禮制（朝賀、祀典、諸禮）；卷六食貨（戶口、田賦、鹽政、土產）；卷七選舉（進士、舉人、貢士、封蔭、薦辟）；卷八名宦（循良、廉能、幹略、賢鐸）；卷九人物（德行、仕跡、文學、隱逸、孝子、義行、貞節、忠烈）；卷十風俗（記載、習尚、歲時、俗禮）；卷十一藝文；卷十二雜志（紀事、封爵、陵墓、寺觀）。

時來敏序曰："清邑舊有志，不自余昉也，明嘉靖中邑令澮溪李公創爲之，自德與王公重修以來，迄今絕筆者八十餘年，世遠人□，加以兵燹之餘，典章散失，文獻無徵。前令陳公集諸生開館分局，卒以發謀盈庭，終成筑舍而止。余以甲寅冬承乏茲土，知志書闕狀……夫時方用兵，未遑校讎於筆研間。越二年，荷諸上臺一意與民休息，政日益簡，訟日益清。敏得優遊於簿書之暇，取舊志而增修之，定公論於學校，取月旦於鄉評……校訂獨出於親裁。自丁巳暮春削稿，秋初告成，提綱十有二，列目七十有九，廣舊志四卷爲十二卷。拔學校於建置，尊聖教也；附災祥於星野，謹天變也；增朝賀祀典諸儀，崇禮制也。"

凡例云："是書自出手輯，不煩徵聘以糜廩供。至於紙筆剖剞之資皆自捐俸薪，不與民間。"

有斷板、白葉、鈔補等情況。"弘""曆"二字避諱。

清苑有志，始於明嘉靖十七年（1538）李廷寶纂修十二卷本，續修於萬曆十七年王政、劉堯卿。清代志書二修，此康熙志之後，還有同治清苑縣志十八卷首一卷，李逢源修、諸崇儉纂，同治十二年（1873）刻本。

中國國家圖書館、北京大學圖書館、上海圖書館等二十餘館與臺北故宮博物院及日本東洋文庫、內閣文庫、京都大學人文科學研究所、美國國會圖書館、法國國家圖書館等藏康熙十六年刻本。

56. 清乾隆刻本淶水縣志　T3134/3913.83

［乾隆］《淶水縣志》八卷首一卷末一卷，清方立經纂修。清乾隆二十七年（1762）刻本。三冊。半葉十行二十二字，小字雙行同，白口，四周雙邊，單魚尾。框高

19.5 釐米，寬 14.3 釐米。首有乾隆二十七年方立經序，黃可潤序，舊序（楊芊序、王治序、陸宸箴序），修志姓氏，目錄，凡例。

57. 清乾隆刻本定興縣志　T3134/3878.83

[乾隆]《定興縣志》十二卷，清王錫瑰纂修。清乾隆四十四年（1779）刻本。五冊。半葉十行二十二字，小字雙行同，白口，四周雙邊，單魚尾。框高 19.5 釐米，寬 14.3 釐米。首有薛田玉序，原序（康熙十二年〔1673〕王澤宏序、康熙十二年丁思孔序、康熙十一年沈喬生序、何玉如序），凡例，乾隆四十四年王錫瑰序，乾隆四十四年丁超序，目錄。末有乾隆四十四年李霄翺跋。

定興縣，秦置范陽縣，治今縣西南固城，屬廣陽郡。北齊徙治伏圖城，屬幽州范陽郡。隋改名遒縣，大業十三年（617）省入易縣。金大定六年（1166）始置定興縣，屬涿州。元屬保定路易州。明洪武六年（1373）改屬保定府。清因之。

王錫瑰，山東黃縣人，舉人。乾隆四十三年任定興知縣（《中國地方志總目提要》著錄"乾隆四十年任定興縣知縣"）。

卷一繪圖；卷二星野、疆域；卷三建置、祀典；卷四田賦（戶口、丁糧支銷、旗租、倉糧、課稅、鹽政），郵政（宣化驛、鋪司），兵制（墩鋪、兵數、馬數、兵器、兵餉）；卷五封爵（贈蔭附）、職官；卷六循良；卷七選舉、仕跡；卷八人物；卷九列女；卷十古跡（廟宇附）、風俗、物產；卷十一藝文；卷十二祥異、雜志。

王錫瑰序曰："定興設縣自金大定八年始，越四百餘年洛陽張君來令是邑，始創修縣志。……及今又百有七年矣。……余以戌春來視邑篆，下車索志書披閱，即思續輯，案牘倥傯，姑未暇及。越十月，諸務稍清，進都人士共謀之，咸踴躍從事。遂與分路採摭，細核輿論，即舊志所存，分綱別目，略加芟汰，以新收者依類編入，共成十二卷。事增於舊十之二，文省於舊十之一，蓋存幹不存枝也。"

定興有志，始於清康熙十二年張其珍修、尚新民纂十卷本，僅存中國國家圖書館。此乾隆四十四年王錫瑰纂修本之後，還有光緒十六年（1890）刻張主敬等修、楊晨纂二十六卷首一卷本，該本另有光緒十九年校定本，間有民國二十一年重印本。

中國國家圖書館、上海圖書館、天津圖書館等十餘館與日本東洋文庫、美國國會圖書館等有藏。

58. 清康熙刻後印本唐縣志　T3134/0669.81

[康熙]《唐縣志》十八卷，清王政修，張珽等纂，清康熙十二年（1673）刻，

後印本。四册。半葉九行二十二字，小字雙行同，白口，四周雙邊，單魚尾。框高20.3釐米，寬13.7釐米。首有康熙十二年吳紹琯序，康熙十一年王政序，舊序（嘉靖十七年〔1538〕孫廷臣序、萬曆三十五年〔1607〕楊一桂序、萬曆三十六年黃巍序），舊修志姓氏，重修志姓氏，新修志姓氏，凡例，目錄。末有康熙十一年張斑、陳瑞跋。

唐縣，春秋爲鮮虞地，後爲中山國，北齊入安喜縣，隋唐復爲唐縣，五代分別爲中山縣、博陵縣、唐縣，宋金復唐縣，屬定州。元初屬保定路，後改屬中山府，明清屬保定府。

王政，字心仁，山東陽信人，順治十六年（1659）進士。康熙六年任唐縣知縣。

張斑，唐縣人，吏部候選歲貢監生。

卷一圖經志；卷二星野志；卷三疆域志；卷四山川志；卷五古跡志；卷六建置志；卷七學校志；卷八風俗志；卷九秩祀志；卷十土産志；卷十一田户志；卷十二賦役志；卷十三職官志；卷十四治績志；卷十五科目志；卷十六人物志；卷十七藝文志；卷十八雜志。

吳紹琯序曰："自明時默齋孫公延劉仲坤先生創之於始，繼而楊黃二公相繼考訂，唐志全矣。年來時事更遷，歲序闕失，輒欲循舊跡而問新章，恐以篆署爲傳舍，不暇爲纂述計。暵旭王令奉有輯志之檄，同邑諸君子爲之詳稽而備載之……余協理上谷，攝纂中山，日與諸君子交，傾領久矣。因而以縣志是求，乃爲梓人誤剞，再求馬函輝、張君揩、陳潤生諸名公細加較正，又爲裁補於纂修之後，更自精詳。"

張斑、陳瑞《唐縣志跋》曰："粵稽縣志始於明嘉靖之十七年，越五紀而後闕略凋敝，端緒百出，至萬曆間安邑寒質楊公釐定之，而志又一修，嗣是經明季之兵燹，值皇朝之鼎革，其間時異事殊，法久弊生，又六十餘年於茲矣，恭遇王夫子來令吾唐……會今歲仰奉綸音纂輯，而命斑、瑞等分其事……"

《中國地方志總目提要》著錄題名爲"唐縣新志"。該書僅目錄首題"唐縣新志"，卷端無題名，書口題"唐縣志"。

《中國地方志總目提要》著錄"記事止於康熙十年"。該書科目記至康熙十一年。書中部份"弘"字避諱，"曆"字挖改，卷十四《治跡》有康熙三十三年、四十七年內容，但刻字風格與其他部份迥異，因疑該書係乾隆之後刷印，後印時挖改了部份諱字。

唐縣有志始於明孫廷臣纂修嘉靖十七年唐縣志，萬曆三十五年黃巍、楊一桂再修，此二志均已佚。此康熙志之後，又有雍正十二年刻王恪纂修《續唐縣志略十類》，以及光緒四年（1878）刻《唐縣志》十二卷首一卷，陳詠修、張惇德纂。

中國國家圖書館、中國科學院文獻情報中心、上海圖書館、浙江圖書館等七館與臺北故宮博物院及美國國會圖書館等亦有收藏。

59. 清雍正刻後印本高陽縣志　　T3134/0272.82

〔雍正〕《高陽縣志》六卷，清嚴宗嘉修，李其旋纂。清雍正八年（1730）刻後印本。四册。半葉九行二十字，小字雙行同，白口，四周雙邊，單魚尾。框高19釐米，寬14.3釐米。首有雍正八年嚴宗嘉序，雍正八年吕守曾序，舊序（天啓四年〔1624〕錢春序、天啓四年孫承宗序、康熙八年〔1669〕李霨序、康熙九年翁周鼎序、康熙八年廖玉序），雍正八年李其旋跋，修志姓氏，例義，圖，目録。

高陽，戰國為燕高陽邑，秦置高陽縣，以高河之陽得名。漢隸涿郡，後改隸河間國，三國魏以高陽郡隸幽州，晉屬高陽國。北魏為高陽郡治。隋屬河間郡，唐屬瀛州，北宋曾改順安軍治，金屬安州，明洪武三年（1370）移治豐家口，即今高陽縣。清屬保定府。

嚴宗嘉，字二猷，號孚亭，江西分宜人，清康熙五十三年舉人。雍正七年任高陽縣知縣。

李其旋，字顧齋，高陽人，康熙時保和殿大學士兼户部尚書李霨之子，曾官兵部武選清吏司員外郎。

卷一輿地志（星野、方域、山川、河渠考、城池、鄉社、古跡、陵墓、堤堰、橋梁、市鎮、風俗）；卷二建置志、兵政志、食貨志、職官志；卷三名宦志、選舉志；卷四人物志、侯籍志；卷五藝文志；卷六藝文志、雜志。

嚴宗嘉序曰："……余自己酉秋奉命承乏斯邑，首先問邑志，乃係前少師孫文正公所修，至本朝康熙八年有進士韓篤臣偕文學孫紫淵復加纂輯，經宫保李文勤公所總裁而鑒定者。迄今歲且周甲，所謂職官、選舉、建置、祥異、忠義、節孝、人物等類，炳炳燐燐，所當執簡而記者尚缺焉未補。今奉上諭令郡州邑志，再加輯訂。……因廉訪得李文勤公子兵部選司副郎顧齋公解組閑居，稽古博通，品望素著，遂造廬而托重焉，時方閉門謝軌，固辭弗許，强而後可。余用分薄俸，諏日啓館，集邑諸生之積學勵行者若而人分任參校、採訪諸事，以邱西兩廣文先生佐之，而王先生贊勸之力爲猶多。未半載而哀然成帙……余不禁踴躍藉手以告厥成功焉。此蓋顧齋公之家學淵源，留心典籍，向有手編藏笥，是以出其舊輯，稽考精詳，校訂無訛，删繁就簡，斟酌盡善。又得士大夫捐棄襄工，增補續刊，剋期告竣，頓成巨觀。"

李其旋跋："邑志之典故始於前少師文正孫公纂輯成編，天啓四年邑侯唐公加意民社，志切表揚，因即少師公所輯原編潤色盡善，付梓以傳。……歷年既久，考據爲難，後學寡聞遺誤是懼。前署縣事完邑吕公奉文修志，雅意採訪，遴選未定，事不果行。邑侯嚴公詩體名家，躬膺簡用，歷任繁劇，卓績足稱，蒞任弊邑，潔己愛民，勤勞公事，端和敬慎，士民悦服。聞志奉檄修，即捐俸舉行，與儒學邱、王兩先生約集邑人在明倫堂再四商榷，具文報明，擇人分任，二月初二日適館授餐。命意以文貴簡潔，無取冗長，事宜直書，無須論斷，較訂採録皆仰奉鴻裁，然後登載於名宦、人物、孝子、節婦，猶兢兢致慎焉。儒學王先生急公好義，經理勞心，久而弗懈，樂觀厥成，同里復梓誼共敦解囊事……或輯訂，或校録，或採訪，同人敬其事，歷五月如一日，志成六卷，以請鑒定，視舊志卷帙從簡，博採約收，義固各有在也。閉戶卒業以壽梓，敕邑士民慶洽曷極抑……"

義例：縣志前修於天啓四年甲子，續修於康熙八年己酉，迄今庚戌歲月既久，故老耆宿無憑遍究，循良賢哲多有缺憾，所賴詳悉確查，慎重採録，以成全書，愿與同事者共勉之。

多處"弘""曆"字被挖去，蓋印刷時間已經進入乾隆以後。

高陽有志，始於天啓孫承宗纂修《高陽縣志》十四卷，現存民國間鈔本。康熙八年李霨、翁周鼎等重修《高陽縣志》十四卷，已佚。該志舊序中保留了康熙八年李霨序、康熙九年翁周鼎序、康熙八年廖謹序。此雍正志之後，有光緒王逢吉編《高陽縣鄉土志》。

中國國家圖書館、中國文化遺産研究院、北京大學圖書館等二十餘館與臺北故宮博物院及日本國會圖書館、東洋文庫、美國國會圖書館有藏。

60. 清康熙刻乾隆印本慶都縣志　T3134/0042.81

[康熙]《慶都縣志》六卷，清李天璣纂修，清康熙十七年（1678）刻乾隆印本。六冊。半葉八行二十字，小字雙行同，白口，四周雙邊，單魚尾。框高 19.8 釐米，寬 13.3 釐米。首有康熙十七年李天璣序，凡例，目録。序、凡例、目録標題之"慶"字均被挖。

慶都，秦置慶都縣，屬鉅鹿郡，漢屬冀州，後更名爲望都，屬中山郡國。金改名慶都縣，屬中山府。治所在今河北望都縣，元屬保定路，明屬保定府，清乾隆十一年（1746）復名望都縣。

李天璣，奉天鐵嶺人，鑲黃旗，官生。曾任慶都知縣。

卷一分野圖志（分野、星圖），方輿圖志（城池、沿革、建置、里至、公署、行署、廟學、邨堡、墩鋪、山川、堤堰、橋梁、古跡、八景、壇廟、形勝）；卷二賦役志（田賦、人丁、徵解、里社、鹽政、集稅、土産）；卷三職官政事志（職官、封爵、祭祀、學務、鄉飲、驛所、政跡、循吏）；卷之四藝文志（記、引、識、詩、歌、傳、聯、考）；卷五選舉志（闕舉、進士、舉人、準貢、選貢、恩貢、歲貢、例貢、吏員、武職、武進士、武舉、義官、鄉耆、封贈）；卷六人物志（神聖、人物、孝友、烈士、隱逸、節婦、烈婦、孝婦、旅寓、風俗、祥異）。

李天機序曰："今上御極之十七年，方制萬里，環四海之外爲帶，幅員最廣，爰命纂修一統志，檄下郡邑雜志之以備採輯……因析類分門，編年係事，蓋歷三月而書成。計卷六而定篇，庶展帙徵實，按圖有據。……共事者司諭秦君、司訓劉君、縣尉楊君，邑人傅子、周子、王子、麻子，例得并書。"

凡例曰："是書自始事以及告竣凡三閱月，一切材用俱璣捐貲資成，與民間全無干涉。"

版印模糊，字跡漫漶，有斷板。有挖改"弘"爲"宏"字，也有不避諱者。該書印刷已進乾隆年間。

該志係本地區現存最早之志書。乾隆十一年更名望都，有乾隆《望都縣新志》八卷，清陳洪書修、王錫侯、陳啓光纂，乾隆三十六年刻本；至光緒二十九年（1903）李兆珍、陸保善重修新志，刊行於光緒三十年。

中國國家圖書館、故宮博物院圖書館、上海圖書館、中國科學院南京地理與湖泊研究所圖書館等六館與臺北故宮博物院等有藏。

61. 清乾隆刻本直隸易州志　T3134/622.83

［乾隆］《直隸易州志》十八卷首一卷，清楊芊纂修，張登高等續纂修。清乾隆十二年（1747）刻本。八册。半葉九行二十字，小字雙行同，白口，四周雙邊，單魚尾。框高 18.4 釐米，寬 14.4 釐米。首有修志姓氏，乾隆十二年公元序，乾隆十二年張登高序，王治序，王化南序，胡作柄序，吳慎序，王元燨序，舊序（謝遷序、劉瑞序、戴銑序、戴敏序、陳瀛序、劉斯潔序、順治二年〔1645〕朱懋文序），凡例，目錄，泰陵圖。

62. 清康熙刻道光增補刊本曲陽縣新志　T3134/5672.81

［康熙］《曲陽縣新志》十一卷，清劉師峻纂修。清康熙十一年（1672）刻，康熙、道光年間增補刊本。四册。半葉八行二十一字，小字雙行同，白口，四周雙邊，單魚尾。框高 20.2 釐米，寬 13.8 釐米。首有康熙十一年魏裔介序，目錄，圖考，康熙十一年劉師峻自序，凡例。

曲陽縣，戰國時爲曲陽邑，秦置曲陽縣，屬恒山郡；西漢更名上曲陽縣，治今縣西。北魏徙今治，太平真君七年（446）省入新市縣，景明元年（500）復置，屬中山郡。北齊改名曲陽縣。隋開皇六年（586）更名石邑縣，七年更名恒陽縣。唐元和年間復名曲陽縣，屬定州。宋屬中山府，元初升爲恒州，後復爲縣，屬保定路。明、清屬定州。

劉師峻，江南江都籍，蘭州人，順治三年（1646）舉人，康熙十年任曲陽知縣。

卷一圖考（縣治圖、城池圖、縣署圖、學宮圖、嶽廟圖）；卷二方域志（星分、疆界、山川、鄉社）；卷三建置志（城池、公署、學宮、社學、壇廟、寺觀、橋梁、舖舍、倉獄）；卷四賦役志（户口、地糧、雜項、鹽法）；卷五官職志（知縣、縣丞、典史、教職）；卷六禮儀志（朝賀、祀典、鄉飲）；卷七選舉志（進士、舉人、貢士、薦舉、武科、例監、貤封、恩蔭）；卷八人物（忠節、名賢、宦跡、文學、材略、孝子、節烈）；卷九風俗志（好尚、歲時、市集、土産）；卷十藝文志；卷十一災祥、佚事。

魏裔介序曰：“曲陽舊志荒略不備，且自兵燹以來未加修輯録，邑侯峻度劉老父母，以廣陵才子胸有治譜來宰是邑……志書殘闕，無以應諮詢，備興革……爰是捃摭遺文，網羅近事，變其義例，加以新裁，爲書十有一卷，且使善繪者爲之圖。”

凡例云：“是書草創於壬子夏五，增删考正，凡四閱月而志乃定。至於紙筆剞劂之貲，皆自損俸薪，毫不假於資助，惜民力也。”

卷五至八爲鈔補。“弘”“曆”二字有避諱、有不避諱者。卷五《官職志》知縣“劉師峻”之後有“康熙十九年續志，潘可大，康熙十五年七月任”，卷十《藝文志》有道光二十五年（1845）王蘭廣《本朝重修北嶽廟碑記》《重建先農壇廟碑記》《重修文昌宮碑記》。該本當是包含了康熙十九年續志、道光年間的增補内容。

此志爲現存最早的曲陽縣志，之後還有光緒三十年（1904）周斯億等修、董濤纂《重修曲陽縣志》二十卷本。

中國國家圖書館、北京大學圖書館、上海圖書館等近二十館與臺北故宫博物院及日本東洋文庫、美國國會圖書館有藏。

63. 清康熙刻本蠡縣續志　T3134/2713.81

[康熙]《蠡縣續志》不分卷，清耿文岱纂修。清康熙十九年（1680）刻本。一册。半葉九行十八字，小字雙行同，白口，四周雙邊，單魚尾。框高21.1釐米，寬14.1釐米。首有康熙十九年耿文岱《蠡縣續志小引》、目録。

蠡縣，西漢爲陸成縣，屬中山郡。東漢併入蠡吾縣，後析置博陵縣，屬博陵郡。三國魏更名博陸縣，屬河間郡，北魏更名博野縣，屬高陽郡。唐武德五年（622）於博野縣置蠡州，幾經變更，北宋在博野縣置寧邊軍，後改永寧軍，金升爲寧州，又更名蠡州，蒙古至元三年（1266）省博野縣入蠡州、蒲陰縣。明洪武八年（1375）改蠡州爲蠡縣，屬保定府，清因之。

耿文岱，三韓（今内蒙古赤峰市東北）人，康熙年間任蠡縣知縣。

該志不分卷，僅記録續補及新增内容，涉及道署、縣署、文廟、書院、學田地段、忠義祠、烈女祠、營房、亭臺、墻濠、坊表、户田、賦役、憲司設裁、戎政、營兵、名宦、侯籍、治績、孝行、貞婦、祥異、寺觀。

耿文岱小引曰："蠡志修於有明道憲錢公天錫，再修於國朝邑令祖公建明。其間山川流峙，疆域繡錯，固自若也。唯是户口之有登耗，賦役之有繁簡，人才之有消長，吏治之有得失……與夫創建沿革之異宜，忠孝節廉之殊致，代有不同。文岱備員一方，恭承上檄悉索各縣志書以備纂修通志，謹延集邑中耆碩，廣蒐博稽，補舊增新，分類纂録數十款列，仰備憲臺參考，若夫綜古酌今，芟繁去蕪，彙成一帙，岱固竊有志焉而未逮也。"

蠡縣有志，始於明嘉靖十三年（1534）李復初纂修五卷本，現藏天一閣博物館，又有明錢天錫纂修、清祖建明續修，崇禎十四年（1641）刻清順治八年（1651）增刻《蠡縣志》十卷續志四卷。此康熙志之後，還有光緒蠡縣志十卷，韓志超等修，張瑢等纂。

中國國家圖書館、上海圖書館、故宮博物院圖書館、天津圖書館與臺北故宮博物院及日本東洋文庫、美國國家圖書館有藏。

64. 清乾隆刻本博野縣志　T3134/4462.83

［乾隆］《博野縣志》八卷首一卷末一卷，清吳鼇纂修。清乾隆三十二年（1767）刻本。六册。半葉九行二十字，小字雙行同，白口，左右雙邊，單魚尾。框高 17.1 釐米，寬 13.3 釐米。首有扉頁，乾隆三十二年方觀承序，目録，凡例，乾隆三十年知縣吳鼇批詳，輿圖，乾隆三十一年德保序。卷末有乾隆三十一年尹嘉銓跋，纂修職名。扉頁題："督學使者閲定。博野縣志。"

65. 清康熙刻後印本雄縣志　T3134/4169.81

［康熙］《雄縣志》三卷，清姚文燮纂修。清康熙十年（1671）刻後印本。三册。半葉十行二十字，小字雙行同，白口，四周雙邊，單魚尾。框高 21.4 釐米，寬 16.2 釐米。首有康熙九年姚文燮序，順天府各級官員批示《雄縣志》語，康熙十年胡簡

敬序，康熙十年董秉忠序，康熙十年丁思孔序，重修雄志姓氏，凡例，目録。卷端題"雄乘"，版心鐫："《雄縣志》。"

雄縣，戰國爲燕易邑地。秦置易縣，治今古賢村，屬廣陽郡。三國魏更名易城縣，屬河間郡。北魏復名易縣，治今縣北，屬高陽郡。北齊省入鄚縣。唐武德年間析置歸義縣，治今容城縣東。五代後周顯德六年（959）析南境另置歸義縣，並取威烈之義置雄州，治今雄縣城。北宋太平興國元年（976）歸義縣更名歸信縣。宣和七年（1125）歸義、歸信二縣均入金境，後省歸義縣。元歸信縣屬保定路雄州，明洪武二年（1369）歸信縣省入雄州，七年降州爲縣，縣以州名，屬保定府。清屬直隸省保定府。

姚文燮，字經三，號羨湖，江南桐城人，清順治十六年（1659）進士。曾任福建建寧府推官，康熙八年始任雄縣知縣。

全書分上、中、下三卷，内容共十二大類。卷上七類：第一輿圖，第二疆域（分野、沿革、封土、山河、形勝、故跡、村店），第三風土（俗尚、時序、土產），第四賦役（社甲、户口、地畝、賦税、圈佔、投充人丁、投充地畝、退出地畝、撥補、受補），第五建置（城池、縣治、公署、學校、屬坊、倉庫、舖舍、街、市、堤橋），第六禮制（公儀、祀典、鄉儀、卹政），第七戎務（防禦、器械、團練、驛傳）；卷中五類：第八官師（撫臣、守將、刺史、同知、判官、吏目、知縣、縣丞、典史、教諭、訓導），第九選舉（進士、舉人、貢士、例貢、武科），第十士籍（賢績、封贈、恩蔭、太監），第十一人物（武功、報效、孝子、義士、節婦），第十二祥異；卷下僅藝文一類。

姚文燮曰："直隸保定府雄縣知縣姚文燮爲重修縣志事，按雄邑志書修於明朝嘉靖年間，至今百有餘載。事跡久淹，板籍蕩廢，卑職於簿書旁午之中，多方搜輯，手自成書，傳紀總未假人，剞劂悉捐己橐。"

姚文燮序曰："爰考舊志，斷絶處若繭絲、若鶉衣，一一抽繹而補綴之。所循於舊志者十之四，芟其繁雜而不倫於今制者又四之半。板籍朽缺，無一可存。悉舉而重授之剞劂氏焉。因思天下事成於無待而不能成於有待。……兹萊蕪之甑分餉梓人，棄梨之材罄諸微俸，未遑假大手於燕許，誇曼辭於談遷。亟據所見所傳聞之歷歷者，遇事直書，無繁文，無疑旨，不敢以己之少待者更以待於人也。或負弩倥匆，數日未得親几席，或放衙琴静，一日疾草數十百言，凡三閱月而卒業。亦以事之本末見而是非具也，亦第就雄言雄也，謹以俟太史氏之採擇焉爾。"

紀事至康熙十年。版印模糊，字跡漫漶，有斷板，"弘""曆"二字缺字避諱，該書應是乾隆以後印本。

雄縣有志，始於明嘉靖年間王齊纂修《雄乘》二卷，嘉靖十六年（1537）刻本，存天一閣博物館。萬曆時王元修等纂修《雄乘》二卷本，萬曆十四年（1586）刻本。清代纂修《雄縣志》僅此一舉，有康熙十年刻本和康熙二十年補刻本。

中國國家圖書館、北京大學圖書館、南京圖書館等六館與臺北故宮博物院及日本東洋文庫亦有收藏。

66. 清乾隆刻本涿州志　T3134/3369.83

〔乾隆〕《涿州志》二十二卷首一卷，清吳山鳳纂修。清乾隆三十年（1765）刻本。十二冊。半葉十行二十字，小字雙行同，白口，四周單邊，單魚尾。框高 17.4 釐米，寬 13.5 釐米。首有乾隆三十年沈初序，乾隆三十年吳山鳳序，凡例，目錄，重修涿州志職名。

涿州，戰國爲燕之涿邑地，秦爲涿縣，治今涿州，屬廣陽郡。三國魏爲范陽郡治。北齊、北周有其他三縣併入，隋開皇初析置范陽縣，後改置永陽縣。唐武德七年（624）涿縣改名范陽縣，大曆四年（769）始爲涿州治。明初省入涿州。清屬順天府。

吳山鳳，字燾堂，湖北漢陽（今屬武漢市）人。乾隆二十八年自河間升任涿州知州，乾隆三十年升南路同知。

卷首御製詩；卷一輿地志（星野、沿革、形勝、山川、古跡）；卷二輿地志（溝洫、鄉閭、風俗）；卷三建置志（城池、學校、行宮、公署、祠廟）；卷四建置志（倉庾、驛傳、防汛、橋梁、坊表、碑記、冢墓、恤典）；卷五事跡志（正紀）；卷六事跡志（雜紀）；卷七食貨志（戶口、田賦〔雜稅鹽引附〕、經費〔養廉附〕）；卷八食貨志（物產）；卷九選舉志（徵士、科目、貢士、武科、雜選、封蔭）；卷十職官志（藩封、守牧、鎮將）；卷十一職官志（宦跡）；卷十二至十七人物志（帝王、后妃、名臣、儒林、文苑、忠節、孝義、隱逸、術藝、流寓、仙釋、列女、宦官）；卷十八至二十二藝文志。

凡例曰："涿志昉於明成化乙巳知州事張君遜，至正德間知州事劉君坦增輯之，州人史觀察直臣復有撰著，訪求俱未有得見。茲所據舊志則康熙丁巳知州事劉君德弘所編，州人馮司成源濟爲之序者也，缺略既多，謬疵益甚。補殘訂誤所不敢辭，既集是書，分爲八志，曰輿地，曰建置，曰事跡，曰食貨，曰選舉，曰職官，曰人物，曰藝文，爲卷二十有二。事跡創自今志，其餘採舊志者十之二三，續增者一二，更定者過半矣。"

明正德九年（1514）劉坦修、鄭恢纂十二卷本，天一閣博物館存有殘帙；又有嘉靖年間史直臣纂修十二卷本，僅中國國家圖書館存殘本。清代涿州志凡三修，康熙十六年劉德弘修、楊如璋撰十二卷本，乾隆三十年吳山鳳纂修二十二卷本，此本還有光緒元年（1875）重印本，另有石衡等修，盧端衡纂同治涿州志十八卷，光緒元年刻本。

中國國家圖書館、中國文化遺産研究院、北京大學圖書館等十餘館與臺北故宮博物院及日本國會圖書館、美國國會圖書館等有藏。北京大學圖書館等館著録其著者爲“章全節”，蓋以志書的鑒定者爲修纂者。

67. 清乾隆刻本定州志　T3133/3832.82

［雍正］《定州志》十卷，清王大年修，清魏權等纂。清乾隆刻本。十一册。半葉十行二十字，小字雙行同，白口，四周雙邊，單魚尾。框高18.3釐米，寬14.8釐米。首有雍正十一年（1733）王大年序，乾隆元年（1736）李衛序，雍正十一年吳應棻序，乾隆元年多綸序，乾隆元年張鳴鈞序，原序（康熙十一年〔1672〕黃開運序、郝浴序、康熙十一年魏裔介序、康熙十四年許來音序），凡例，修志姓氏，纂修直隸定州志姓氏，定州志原修姓氏，目録。

定州，战國至魏晉爲中山國，中山郡，又置安州。北魏天興三年（400）始名定州，隋大業三年（607）改爲博陵郡，後改高陽郡，唐復爲定州，北宋升爲中山府，金復爲定州，又改中山府，明洪武初改爲定州，屬真定府。清雍正二年升爲直隸州，屬直隸省。轄境相當於今河北定州市及曲陽、深澤二縣。

王大年，字拙山，江西廬陵（今吉安）人，康熙五十四年進士。雍正五年任定州知州。

魏權，字星渠，河北廣昌（今淶源）人，康熙四十四年舉人。原任江西豐城縣教諭。

卷一圖經、星野、建置沿革、疆域、城池、山川、古跡；卷二禮儀（公儀、祀典、壇祠、寺觀）；卷三學校（名宦、鄉賢）；卷四賦役（户口、田賦、營田、代徵、積貯、風俗、物産、祥異）；卷五職官，兵防（馬政、將材、武科）；卷六人物（選舉、薦辟）；卷七人物（忠、孝、義、節、后妃、例監、掾階、封爵、宗室、封蔭、智略、文學、隱逸、人瑞、神童、方技、流寓、仙釋），鑒戒（佞幸、險詐、貪黷、刻暴、罪逆、縱佚、怯懦）；卷八紀事、歷紀、軼事；卷九至十藝文。

吳應棻序曰：“癸丑夏由瀛海歷保陽按試正郡，復經定州而南。余同年好友盧陵王君牧兹土，相見於驛亭，敘公事外揖余而言曰：‘州志之不修，於今六十年矣，某懼文獻之久而漸湮，爰殫力從事焉，敢以序請。’逮余抵衡陽，復走書來請益力，并疏其大略以告曰：‘定本中山國，春秋鮮虞故域，漢景帝封子勝爲中山王，即其地也。唐建中時改義武軍，宋太平興國初更其軍曰定武。政和三年升爲府，元仍之，明復爲州，隸正定。今上御極之二年，升爲直隸州，此建置沿革之大略也。'……此名勝流傳之大略也，餘如疆域、户口、賦税、人物之類，載在志中頗詳，覽者當自得之。"

王大年序："蓋自初菪定時即有志定志，乃披閲壬子舊志，多舛錯遺佚，猶弗志也。漢代劉先主、隋室文帝皆嘗尹兹土，事跡不見於志，其他可知。夫均此天下國家之事，合則史，散則志，史職要，志職詳，果何以使職要罔缺，職詳罔濫也？積歲採訪，或得之披覽，或得之傳述，已六年於兹，缺者補，濫者芟，即詳即慎，而後乃今得毅然合所隸二邑而成斯志也。……定志創自弘治癸丑，以予數載心力嘗萃於斯志，乃其成。亦以癸丑，中間修輯倪志則以嘉靖壬午，黄志則以康熙壬子，前後符契，一似有數焉存其間，余又幾莫能名之時。"

《中國地方志聯合目録》著録爲"清雍正十一年刻本"，似不妥。職官、選舉已至乾隆元年，該書刊刻應進入乾隆年。"弘""曆"字未避諱。

定州有志，始於明嘉靖元年（1522）倪瀌修、劉堪纂《定州志》四卷，今僅存二卷殘帙於天一閣博物館，至清有康熙十一年黄開運纂修之十卷本，該雍正《定州志》凡例曰："定州志修於康熙十一年，州守黄君開運踵散逸之後，搜輯討論，原未詳確，頃者深新兩邑改歸更屬，不無闕訛，編次尤難，兹廣爲稽考，訂誤補遺，若云詳備，猶未敢信。"雍正志之後，又有道光三十年（1850）刻《直隸定州志》二十二卷首一卷，寶琳、勞沅恩纂修，和咸豐十年（1860）刻王榕吉修、張樸纂的《直隸定州續志》四卷。

中國國家圖書館、中國科學院文獻情報中心、北京大學圖書館、南京圖書館等十一館與"中央研究院"歷史語言研究所傅斯年圖書館及日本東洋文庫、美國國會圖書館、法國國家圖書館等亦有收藏。

68. 明嘉靖刻隆慶增補刊本宣府鎮志　T3269/3104.7

［嘉靖］《宣府鎮志》四十二卷，明孫世芳修、欒尚約纂。明嘉靖刻隆慶增補刊本。二十四册。半葉九行二十字，小字雙行同，白口，四周單邊，雙魚尾。框高20.8釐米，寬14.5釐米。卷端題："翰林院國史修撰上谷孫世芳修，巡按直隸監察御史膠東欒尚約輯，巡按直隸監察御史薊門王汝正校。"首有嘉靖四十年（1561）孫世芳序，凡例，目録，圖。

卷二十七職官表第二十二葉下"巡撫憲臣"一欄有"隆慶二年，王遴，霸州人，號繼津，副都御史，隆慶四年升兵部大司馬"。卷二十八職官表第四十三葉下"鎮守總兵"一欄有"隆慶四年，趙岢，陝西人，中軍都督府都督，□征西前將軍印。隆慶四年二月，調鎮朔將軍"等等。

69. 清乾隆刻本宣化府志　　T3269/3021.83

[乾隆]《宣化府志》四十二卷首一卷，清王者輔等修，吳廷華纂。清乾隆八年（1743）刻本。四函十六冊。半葉十行二十二字，小字雙行同，白口，左右雙邊，單魚尾。框高 18.6 釐米，寬 14.9 釐米。首有乾隆八年王畹序，凡例，姓氏，圖，目錄。書後有乾隆癸亥（八年）吳廷華後敘。

宣化府地處華北平原與内蒙古高原過渡地帶。明設宣府鎮，爲明代九邊重鎮之一，轄延慶、保安二州及萬全都司所屬衛所。清康熙三十二年（1693）改設宣化府，轄延慶、保安、蔚三州與宣化、赤城、萬全、龍門、懷來、蔚縣、西寧、懷安八縣。1913 年廢。

王者輔，字覲顔，號惺齋，安徽天長人。廩生。曾任海豐知縣、順天府北路同知，乾隆五年任宣化知府，後歷官廣東惠州知府、欽州知州、嘉應知州。

吳廷華（1682—1755），字中林，號東壁，浙江錢塘（今杭州）人。康熙五十三年舉人。歷官内閣中書舍人、福州府海防同知、三禮館纂修。著有《三禮疑義》《儀禮章句》《東壁書莊集》等，另修有《蔚州志補》。

卷首有《宣化府全境圖》、各州縣四境圖、《塞垣圖》，其中《塞垣圖》二十五葉首尾相連，繪長城及沿綫鎮堡隘口頗詳。正文四十二卷，列二十五門：卷一紀恩（天章、巡幸）；卷二地理志；卷三星土志（災祥附）；卷四形勢疆域志；卷五至六山川志（水利附）；卷七古跡志；卷八城堡志（關隘、橋梁、坊表、墩汛附）；卷九公署志（倉庫及養濟院等附）；卷十鄉都户口志；卷十一田賦志；卷十二學校志（書院、義學附）；卷十三典祀志（寺觀附）；卷十四塞垣志；卷十五至十六兵志；卷十七驛遞軍站志（鋪司附）；卷十八至二十二封建職官志；卷二十三至二十四宦跡志；卷二十五至二十六選舉志；卷二十七至二十九人物志（寓賢、遷謫附）；卷三十至三十一列女志（宮閫附）；卷三十二風俗物産志；卷三十三至三十四世紀志，即大事記；卷三十五至四十藝文（表、疏、書、記、序、論、議、説、考、辯、傳、狀、碑、誌銘、箴、銘、贊、賦、詩）；卷四十一雜志；卷四十二訂誤。

凡例謂："郡自有明改衛後，志乘所傳，據《明史·藝文志》惟馬中錫《宣府志》十卷而已。其劉昌《兩鎮邊關説》、翁萬達《宣大山西諸邊圖》、許論《九邊圖論》、魏煥《九邊通考》、霍冀《九邊圖説》及《寰宇通志》《一統志》諸書所載宣府事，不過億萬之十一，然其書不可見者已多矣。今宣人所奉爲文獻者有尹耕《兩鎮三關志》、孫世芳《宣鎮志》及胡以温《宣鎮續志》三書，各州縣志俱取材於此，然每與正史互有異同，不若專據正史之可信也。但邊鄙荒陋，求書頗難，惟以二十二史爲經，《統志》及《畿輔通志》爲緯，與三書互加參定，疑者闕之，蓋志爲外史，不敢不慎也。"

宣化府現存最早志書爲正德間王崇獻纂修《宣府鎮志》十卷，平列二十八門，孤本存南京圖書館。其次爲孫世芳修、欒尚約纂《宣府鎮志》四十二卷，有二十六考，嘉靖四十年（1561）付梓。其三爲康熙間姜際龍纂修《新續宣府誌》，有考、表二體，各設子目若干，有康熙鈔本存中國國家圖書館。其四即此乾隆八年志。至乾隆二十二年，張志奇續修、黃可潤續纂《宣化府志》四十二卷，以乾隆八年志爲基礎分門續補，增刻印行，爲宣化府最後一部府志。

《美國哈佛大學哈佛燕京圖書館藏中國舊方志目録》著録此本爲乾隆二十二年補刻本，不確。

中國國家圖書館、北京大學圖書館、中央民族大學圖書館等十五館與日本東洋文庫、東京大學東洋文化研究所、京都大學人文科學研究所、美國國會圖書館亦有入藏。

70. 清乾隆刻本口北三廳志　T3270/6011.83

［乾隆］《口北三廳志》十六卷首一卷，清黃可潤纂修。清乾隆二十三年（1758）刻本。六冊。半葉十行二十二字，小字雙行同，白口，左右雙邊，單魚尾。框高17.5 釐米，寬 14.9 釐米。首有乾隆二十三年黃可潤序，圖，目録。

口北三廳，指直隸口北道所屬張家口、獨石口、多倫諾爾三個廳，轄區多在長城以北。雍正二年（1724）置張家口廳，治張家口下堡（即今張家口市），光緒七年（1881）徙治興和城，1913 年改爲張北縣，今屬河北省張家口市。雍正十年析張家口廳北部設多倫諾爾廳，1913 年改爲多倫縣，今屬内蒙古自治區錫林郭勒盟。雍正十二年置獨石口廳，1913 年改爲獨石縣，1915 年改爲沽源縣，今屬河北省張家口市。

黃可潤，字澤夫，號壺溪，福建龍溪人，乾隆四年進士。歷任直隸滿城、無極、大城知縣，乾隆二十年任宣化知縣，乾隆二十八年升任易州知府。著有《畿輔見聞録》《壺溪詩文集》，另修纂有《無極縣志》《宣化府志》。

卷首有《口北三廳全圖》，三葉連續，繪製頗詳。全書十六卷卷首一卷，平列十九門：卷首制敕志；卷一地輿志（疆域附）；卷二山川志；卷三古跡志；卷四職官志（封建附），官署志（倉庫、營房附），壇廟志（寺觀附）；卷五經費志（官俸、役食附）、地粮志、村窯户口志、風俗物産志；卷六臺站志、考牧志；卷七蕃衛志；卷八人物志、列女志；卷九至十一世紀，即三廳大事紀年；卷十二至十五藝文志（册文、疏、奏、劄、書、議、論、説、序、記、傳、碑、誌銘、銘、頌、賦、詩）；卷十六雜志。

黄可潤序：“本朝受命，奄有北國，張家口、獨石口及開平之多倫諾尔，設理事廳三，以聽蒙古民人交涉之事。張家、獨石二口，壩内治其土田，職其糧賦。多倫諾尔商賈薈萃之所，平市價，榷物税。咸置兵設郵，立倉庫，固監獄，體制漸與内郡同。可潤來尹宣邑，適郡志燬於火，因續刊之。三廳毗於宣，其事通，宮保制府桐城方公發前口北道錢唐金副使所創三廳志，畀增校而梓以傳焉。”可知此志係以金志章所纂志稿爲基礎修成，金氏於乾隆四年至七年任分守口北道，志稿當纂輯於其任職期間。

此書爲口北三廳唯一一部合志。

中國國家圖書館、中國科學院文獻情報中心、中國社會科學院考古研究所圖書館、故宫博物院圖書館、中國第一歷史檔案館等四十一館與臺北“國家圖書館”、“中央研究院”歷史語言研究所傅斯年圖書館、臺北故宫博物院及日本東洋文庫、東京大學東洋文化研究所、京都大學人文科學研究所、美國國會圖書館、德國馬爾堡西德圖書館、英國牛津大學鮑得利圖書館、法國國家圖書館、法蘭西學院漢學研究所、法國亞洲學會亦有入藏。

71. 清康熙刻乾隆補刊本宣化縣志　　T3134/3121.81

［康熙］《宣化縣志》三十卷，清陳坦纂修。清康熙五十年（1711）刻乾隆補刊本。六册。半葉九行二十一字，小字雙行同，白口，四周雙邊，單魚尾。框高 22.1 釐米，寬 14.7 釐米。首有康熙五十年（1711）周起渭序，圖，凡例，目録。卷端題：“宣化縣知縣楚黄陳坦修。”

宣化縣，古冀州、幽州地，秦至漢初屬上谷郡，武帝元封元年（前 110）後始屬幽州，晉武帝時屬廣寧，隋屬涿郡，唐屬媯州懷戎縣，後置文德縣，屬武州。遼屬歸化州。金改宣德縣，爲宣德州治。元屬順寧府，明置宣府左、右、前三衛，屬萬全都指揮使司。清康熙三十二年置宣化縣，屬宣化府。

陳坦，字文度，湖廣黄陂人，舉人，康熙四十四年任宣化知縣。

卷一建革志（附街里建革）；卷二疆域志、山川志（附形勢、封爵、墳墓）；卷三至四詔命志；卷五巡幸志、象緯志、災祥志；卷六恩恤志（附撫賞、運賑、孤貧）；卷七城堡志（附橋梁、堤堰）；卷八營建志（附古跡）；卷九賦役志（附諸税）；卷十俸廩志（附歲給工料）；卷十一儲備志（附社倉、條約、朱子社倉記）；卷十二學校志（附社學、卧碑文、訓飭士子文）；卷十三祠祀志；卷十四物産志；卷十五風俗志（附續習土音）；卷十六法令志；卷十七武略志；卷十八至十九秩官志；卷二十至二十一選舉志；卷二十二名宦志；卷二十三鄉賢志；卷二十四至二十五人物志；卷二十六至三十藝文志。

凡例云："志難憑臆，惟恃前有摭拾，後有採訪而已。宣自葉與中、馬天禄、孫克承諸先生肇修鎮志外，近惟胡東甌留心文獻，著有續志，其成卷帙者郡人閭中丞持去，欲登梨棗，未就而失。今求得遺稿，祇吉光片羽耳，此摭拾之難慰也。至採訪雖勤，固陋難免，自知遺漏正多，博雅君子藉兹噶矢以加補輯。"

內容已經涉及乾隆年。"弘"字避諱。

此爲現存最早之宣化縣志。光緒三十三年（1907）謝愷編《宣化縣鄉土志》有鈔本存世。

《中國地方志總目提要》未著録此乾隆間增刻本，故宮博物院圖書館、中國文化遺産研究院、上海圖書館、四川省圖書館等八館與日本東京大學東洋文化研究所、東洋文庫、法蘭西學院漢學研究所藏此乾隆間增刻本。中國國家圖書館、北京大學圖書館等三十餘館與日本國會圖書館、東京大學東洋文化研究所、美國國會圖書館、法蘭西學院漢學研究所、法國巴黎 M.R. 赫杜圖書館藏康熙五十年刻本。

72. 清乾隆刻本蔚州志補　T3270/4432.83

［乾隆］《蔚州志補》十二卷，清楊世昌等修，吳廷華纂。清乾隆十年（1745）刻本。五册。半葉十行二十二字，小字雙行同，白口，四周雙邊，單魚尾。框高 19.6 釐米，寬 15.1 釐米。前有乾隆十年高斌序，乾隆九年王芥園序，乾隆九年王晼序，吳廷華後序，乾隆九年楊世昌序，乾隆十年王大猷跋，乾隆十年閭介年跋，目録，凡例，姓氏，圖。卷端題："知州事蒙自楊世昌補輯。"

蔚州地處冀西北山區。北魏永安年間以懷荒、禦夷二鎮置蔚州，北周移治靈丘縣。唐開元初移治安邊縣。清代僅轄蔚縣。乾隆二十二年蔚縣併入蔚州。1913 年改蔚州爲蔚縣。今屬河北省張家口市。

楊世昌，字燕及，雲南蒙自人。雍正元年（1723）舉人。歷任雲南鄧川學正、廣西昭平、藤縣知縣，乾隆七年任蔚州知州，後官至霸州知州。生平見［乾隆］《蒙自縣志》。

吳廷華，生平見清乾隆刻本《宣化府志》條。

書前有《河工堤式》一圖，附有圖説。全書十二卷，凡十二志七十三目：卷一方輿志（沿革、星野、災祥、疆域、形勢、鄉都、山川、古跡、物産）；卷二建置志（城池、官署、坊表、鋪遞、郵驛）；卷三秩官志（封建、職官、宦跡）；卷四政令志（鄉約、惠政）；卷五武備志（營制、餉需、軍器、防汛、塾汛、教場）；卷六祀典志（壇廟、名宦祠、鄉賢祠、忠義孝弟祠、節孝祠、塚墓）；卷七賦役志（户口、田賦、丁銀、經費、倉儲）；卷八學校志（文廟、殿廡陳設位次、陳設圖、儀注、樂位、樂譜、舞譜、祭器、書籍、入學出貢額、義學書院、鄉飲酒禮）；卷九選舉志（徵辟、甲第、鄉舉、貢生、監生、武科、武舉、封贈、恩蔭、恩榮、仕籍）；卷十人物志（鄉賢、忠義孝弟、節孝、採訪人物）；卷十一外志；卷十二藝文志（賦、詩、雜著、疏、書、狀、序、論、傳、誌銘）。

凡例謂："李公前志現存，是編特踵而輯之。乃不曰續而曰補者，蓋前志成於順治己亥，由己亥以前逆數之至於皇古，前志果盡載無遺，後之作者僅從己亥以後舉新增令典以益之，夫是之謂續。今前志自己亥以前凡列朝掌故及昭代憲章班班可考者所載不過千百之什一，則補闕拾遺與繼續之義不可同日語矣。又志中訂前志之愖者不一，乃僅曰補而不謂之訂愖者，蓋前志之愖，愖於遺正史而自爲之説耳，今據正史以訂之，則訂之即所以爲補，故概謂之補云。"

吳廷華後序謂："州志作於劉公生和，而來公臨繼之，李公英又繼之。李公舊志歷今八十餘載，州事之未載者已多，無以續之，不幾於獻邈文微耶？夫是編後之徵文考獻者，亦將惟新志是問，舊志之名雖存，亦任其蠹蝕漫滅已耳。疇復有摻紙和墨，出陳刻而鳩工者，惟謂之補，則州事必合二志而始詳，庶二公遺跡得以並行不没者。"可知此志命名爲"蔚州志補"，亦寓有保存前志之意。

蔚州現存最早志書爲明崇禎九年來臨纂修《蔚州志》四卷，分二十門，有鈔本存東洋文庫。清代所修首部志書爲李英纂修《蔚州志》二卷，列十二志，刊刻於順治十六年（1659）。此志即續補順治志之作，沿襲前志體例而内容有大幅增訂。至光緒初年，又有慶之金修、楊篤纂《蔚州志》二十卷，分二十二門，光緒三年（1877）刊行。

中國國家圖書館、中國科學院文獻情報中心、中國國家博物館、中國文化遺産研究院、中國水利水電科學研究院圖書館等二十一館與"中央研究院"歷史語言研究所傅斯年圖書館、臺北故宫博物院、臺北"内政部"圖書館及日本東洋文庫、京都大學人文科學研究所、美國國會圖書館、法國法蘭西學院漢學研究所亦有入藏。

73. 清乾隆刻本蔚縣志　　T3270/4432.82

［乾隆］《蔚縣志》三十一卷，清王育楱修，李舜臣等纂。清乾隆四年（1739）刻本。十二册。半葉十行二十二字，小字雙行同，白口，左右單邊，單魚尾。框高19.2釐米，寬15.0釐米。前有李衛序，乾隆三年張鳴鈞序，乾隆四年金志章序，鄂昌序，乾隆三年董怡序，乾隆己未（四年）王育楱序，凡例十五則，纂修姓氏，目録。

書後有柴柏齡跋，顧冠儒跋，李舜臣跋。卷端題："蔚縣知縣猗氏王育橭纂修。"

蔚縣地處冀西北山地。秦爲代縣地。唐開元十二年（724）置安邊縣，天寶元年（742）爲蔚州治，至德二載（757）改爲興唐縣。五代後晉改爲靈仙縣。明初改置蔚州衛。清康熙三十二年（1693）改設蔚縣，屬蔚州；乾隆二十二年併入蔚州。1913年改蔚州爲蔚縣。今屬河北省張家口市。

王育橭，字石圃，山西猗氏人。雍正五年（1727）進士。雍正九年九月任蔚縣知縣。

李舜臣，字向皋，直隸蔚縣人。蔭生。

全書三十一卷，卷各一門：卷一圖考，有《箕宿圖》《疆域圖》《城池圖》《學宮圖》《縣治圖》《八景圖》等，計十三幅；卷二建置沿革；卷三星野；卷四疆域；卷五山川；卷六形勝；卷七關隘；卷八城池；卷九公署；卷十學校；卷十一壇壝；卷十二武備；卷十三戶口；卷十四田賦；卷十五方產；卷十六職官；卷十七師儒；卷十八貢舉（武職、掾吏並附）；卷十九封蔭；卷二十人物（忠烈、孝義、文學、武功）；卷二十一列女；卷二十二故家；卷二十三遊寓；卷二十四鄉耆；卷二十五祠廟（寺觀附）；卷二十六風俗；卷二十七古跡；卷二十八墳墓；卷二十九祥異；卷三十藝文；卷三十一雜記。

王育橭序："蔚前爲衛時無志，即後爲縣時仍無志，間有附見州志中者，亦多缺略未備，嘗爲向皋李先生言之，未嘗不互相咨嗟也。戊午初秋，余以簿書餘暇，頗有事於纂輯，顧在州志前者既苦於參考之無籍，而後者更苦於傳述之莫據，即欲徵疑考信，勒爲成書，垂法戒於將來，其又奚所冀焉。久之，始從向皋先生得明《宣鎮志》一部，《兩鎮三關志》半部，至國朝所修《雲中志》則終不可得。乃即兩志所載，參以州志之僅存者，本其事跡，別爲義例，務期簡而能括，詳而有體，使小大各從其類，而赤白相比成文，部署既分，規模乃定。尋又以繼此者之難以稽也，謀諸向皋先生，爰進苗、賀、宋、董諸君子，委以採訪，庶幾旁搜遠覽之義。迨歲聿云暮，始後先各以籍來，蓋諸君子蒐羅既殷，持擇更審，雅不樂聊且以從事也。於是詳加考訂，互爲參稽，權衡務平，筆削唯謹，事必窮其本末，寧詳無略，人必覈其初終，寧嚴無寬，雖闡揚固屬夙心，亦予奪悉洽公論。至今歲春仲，前後閱八越月，乃獲告厥成事。"

此志爲清代蔚縣設縣後所修唯一一部志書。

金鑲玉裝。

中國國家圖書館、中國科學院文獻情報中心、中國文化遺產研究院、中共中央黨校圖書館、北京大學圖書館等二十一館與"中央研究院"歷史語言研究所傅斯年圖書館、臺北故宮博物院及日本東洋文庫、美國國會圖書館、法國國家圖書館、法蘭西學院漢學研究所亦有入藏。

74. 清康熙刻乾隆剜補本西寧縣志　　T3270/1632.81

[康熙]《西寧縣志》八卷首一卷，清張充國纂修。清康熙五十一年（1712）刻，乾隆間剜補本。四册。半葉八行十八字，小字雙行同，白口，左右雙邊，單魚尾。框高 19.8 釐米，寬 14.3 釐米。首有康熙五十一年張充國序，康熙四十六年何芬序，目錄，凡例，繪圖。書後有潘嘉猷跋。卷端題："三韓張充國定遠纂輯。"

西寧縣地處華北平原與内蒙古高原過渡地帶。西漢置陽原縣，屬代郡。東漢廢。遼置永寧縣，爲弘州治。金改爲襄陰縣。元併入弘州。明爲宣府左衛轄地。清康熙三十二年置西寧縣，屬宣化府。1914 年改爲陽原縣。今屬河北省張家口市。

張充國，字定遠，號亦侯，漢軍鑲白旗人。筆帖式。康熙四十七年任西寧知縣。

卷首繪圖有疆域、城郭、縣治及八景等圖，計十四幅。正文八卷，列十七門：卷一建革、象緯、災祥；卷二山川、城堡、疆域、形勢、坊宇；卷三武略、賦役、風土；卷四祠祀、學校、選舉；卷五秩官（附名宦）；卷六人物（附貞節、流寓、仙幻）；卷七至八藝文（記、辯、傳、疏、文、墓表、詩）。

潘嘉猷跋："邑侯定遠張公令茲五載，德化既已翔洽，民生既已綏和，念邑志未成，乃爲缺典，遂於簿書之暇，親加參考，博及典墳，去浮存實，因略致詳，自壬辰夏以迄秋杪，乃獲成帙。復屬余校其異同，訂其亥豕，然後付之剞劂。"

卷六貞節門後增刻一葉；何芬序末葉係補版；"弘""曆"剜改作"宏""歷"，可知爲乾隆間剜補本。

此志爲西寧縣創修志書。此後，又有同治十二年（1873）韓志超等修、楊篤纂《西寧新志》十卷，分十八門，光緒元年（1875）宏州書院刻。

縣治等圖下署繪工姓名："天雄栗果實寫。"文廟圖下署："天雄栗果實子堅氏製。"天雄即河北省大名縣。

中國國家圖書館、中國科學院文獻情報中心、故宮博物院圖書館等二十七館與臺北故宮博物院及日本東洋文庫、美國國會圖書館亦有入藏。

75. 清乾隆刻本懷安縣志　　T3270/9334.83

[乾隆]《懷安縣志》二十四卷，清楊大崑修，錢戢曾纂。清乾隆六年（1741）刻本。八册。半葉十行二十二字，小字雙行同，白口，四周雙邊，單魚尾。框高 19.1 釐米，寬 14.6 釐米。前有乾隆六年金志章序，楊公德政誌，乾隆六年楊大崑序，乾隆六年錢戢曾序，凡例，纂修姓氏，原稿姓氏，輿圖，目錄。卷端題："知懷安縣

事濟南楊大崑纂修。"

懷安縣地處洋河盆地西部。漢置夷輿縣。唐長慶二年（822）置懷安縣。明洪武二十六年（1393）改爲懷安衛。清康熙三十二年（1693）復改爲懷安縣，隸宣化府。今屬河北省張家口市。

楊大崑，字玉峰，山東濟南人。乾隆四年任懷安知縣。

錢戩曾，字集軒，浙江錢塘（今杭州）人。雍正十年（1732）舉人。

書前輿圖有《四境圖》《城池圖》《縣治圖》《文廟圖》、八景圖，共十二幅。正文二十四卷，卷各一門：卷一星野；卷二沿革；卷三形勝；卷四疆域；卷五山川；卷六城池；卷七公署；卷八學校；卷九田賦；卷十户口；卷十一武備；卷十二驛站；卷十三祠祀；卷十四古跡；卷十五風俗；卷十六方產；卷十七職官；卷十八選舉；卷十九名宦；卷二十人物；卷二十一列女；卷二十二災祥；卷二十三外記；卷二十四藝文。

楊大崑序謂："懷邑之志闕焉未詳。己未之歲，余自龍門量移兹邑，慨念是爲邑所當務，會政之未間，嘗與邑士夫咨嗟往復。久之，乃獲周生昇所藏前宰殷氏志稿於故牘中，又獲晉陽武氏續稿，後先展閱，亦約略有可表見，然皆惜以未訂梓去，其所遺稿日久漸且訛舛也。越歲辛酉，郡太守王公檄下州縣，纂修志乘。適余數以是請，既奉檄，欣然爲其所得爲。遂延聘錢塘孝廉集軒錢君，開局縣署西偏，發篋陳書，羅網放失舊聞，始就殷武二稿講去其非而求其是，又本之列代史，參諸鎮志，參諸通志，參諸鄰郡邑志，綜覈紛紜，務在徵儀考信，斷以義例，約爲二十四卷，凡四閱晦朔而書以成。"

凡例亦謂："懷邑故無志乘，康熙四十五年縣令三韓殷氏始爲創稿，晉陽武氏續之，二稿俱未付刊，日久漸軼。兹彙加參訂，考信補亡，殊費蒐討，覽者量其不逮焉。"殷氏即殷邦翰，武氏即武一韓。

此書爲懷安縣現存第一部志書。其後有蔭祿修、程燮奎纂《懷安縣志》八卷，分二十三門，光緒二年（1876）刊刻。

有缺葉，如卷一星野末葉、卷十五風俗末葉等，共五葉。

末册末葉鈐"法古之人"白文長方印（3.5×1.5 釐米）、"錫命王印"白文方印（3.2×3.2 釐米）。

中國國家圖書館、故宮博物院圖書館、北京大學圖書館等十館與臺北故宮博物院及美國國會圖書館亦有入藏。

76. 清乾隆刻本萬全縣志　　T3270/4281.83

［乾隆］《萬全縣志》十卷首一卷，清左承業纂修。清乾隆七年（1742）刻本。

四册。半葉十行二十一字，小字雙行同，白口，四周雙邊，單魚尾。框高 17.8 釐米，寬 14.4 釐米。首有乾隆六年王者輔序，乾隆七年左承業序，纂修姓氏，目錄，圖，凡例。卷端題："知萬全縣事郇州左承業纂修。"

萬全縣地處冀西北山地。西漢置寧縣。北魏太和中改爲小寧縣。北齊爲懷戎縣地。唐龍紀元年（889）置文德縣。金大定二十九年（1189）改爲宣德縣。明置萬全右衛。清康熙三十二年（1693）改爲萬全縣，屬宣化府。今屬河北省張家口市。

左承業，字繼先，陝西郇州人。監生。雍正十三年（1735）任萬全知縣，乾隆十年轉任懷來知縣。

卷首有《四境圖》《城池圖》《縣治圖》《文廟圖》《南教場圖》《北門園圃圖》《泰山圖》《張家口上堡圖》《張家口下堡圖》等，共九幅。正文十卷，列十門三十二目：卷一方輿志（星野、沿革、疆域〔形勝附〕、山川〔古跡附〕、風俗、災祥）；卷二建置志（城池〔屯堡、邊墻、關隘、橋梁、堤堰附〕，官署〔倉庫、郵驛、營房、卹政、坊表附〕，學校〔義學、學田、張家口聖廟附〕，壇祠〔張家口先農壇附〕，禮儀，寺觀）；卷三食貨志（戶口、田賦〔雜稅附〕、經費、物產）；卷四武備志（軍制、軍儲、馬政、軍器）；卷五秩官志（文職、武職〔僑治附〕）；卷六選舉志（甲科〔貢生、例貢、例監附〕，武科〔將材附〕）；卷七人物志（忠孝、賢達、耆德、壺行）；卷八藝文志（雜文、詩）；卷九事紀；卷十志餘。

左承業序謂："前府憲石梁王公來守宣化，甫下車，檄所屬以志乘有無未備，凡行部所過及吏束帶謁者，用諄諄焉。……承業唯唯，退而與鄉之賢士大夫謀，迺陳策發函，訂之經，考之史，參之往哲之紀述，與令甲之所宣示，民風之所謳詠，一稟於公之云而薈萃焉。稿未竟，公以他事去，瀕行諉諈，意彌有加。承業益懼無以副公之望，而不敢俾拳拳之心委諸空隙，乃更芟潤損益，又十月始成。"石梁王公，即王者輔。

凡例首條謂："萬全自改衛設縣後，未修志乘。在前朝時有《西路志》《上西路志》，久已湮沒，不存其事跡。可見者皆繇《畿輔通志》、蔚州尹氏《兩鎮三關志》、宣府孫氏《宣鎮志》中採錄。而本朝宣府胡氏作《續宣鎮志》，載嘉隆以後事至康熙二十二年止，微憾參稽未備。至近年掌故，則邑紳士劉銘彝、楊文灝等所訪輯，耳目未徧，勢不能周洽也。"

此志爲萬全設縣後首部志書。其後，施彥士以此志爲基礎續纂，依類增補，道光十四年（1834）增刻印行。

中國國家圖書館、中國科學院文獻情報中心、故宮博物院圖書館、中國國家博物館、北京大學圖書館等二十館與"中央研究院"歷史語言研究所傅斯年圖書館、臺北故宮博物院及日本東洋文庫、東京大學東洋文化研究所、京都大學人文科學研究所、美國國會圖書館亦有入藏。

77. 清康熙刻乾隆剜修本懷來縣志　　T3270/9349.81

[康熙]《懷來縣志》十八卷首一卷，清許隆遠纂修。清康熙五十一年（1712）刻，乾隆間剜修本。八冊。半葉九行二十字，小字雙行同，粗黑口，四周單邊，單魚尾。框高 18.6 釐米，寬 14.5 釐米。首有康熙五十一年許隆遠序，目錄，繪圖。第六冊後有徐元佐跋。卷端題：“邑令閩漳許隆遠耐園纂修。”

懷來縣地處冀西北山地東部、永定河上游。秦置沮陽縣。西漢置泉上縣。北齊爲懷戎縣地。遼改爲懷來縣。明洪武三十年（1397）改設懷來千户所，永樂十五年（1417）改爲懷來左衛，次年改爲懷來衛。清康熙三十二年改爲懷來縣，屬宣化府。今屬河北省張家口市。

許隆遠，字邇可，號耐園，福建南靖人。康熙十九年舉人。康熙四十五年任懷來知縣。

卷首繪圖有《懷來總圖》《縣城圖》《縣治圖》《學宮圖》八景圖等，計十二幅。全書十八卷，平列四十三門：卷一建置、疆域；卷二分野（附星占）、災異、祥瑞；卷三臨幸、封建、學校、祀典；卷四文官、武弁、賦税、土貢、關梁、惠政、墳墓、土産；卷五風俗、市集、寺觀、公署、壇壝、倉場；卷六扁額、山川、水利、古跡、景致；卷七名宦、職官；卷八忠孝、節義；卷九戰功；卷十仕籍、武科；卷十一鄉賢、寓公、謫遷、文學、仙釋、異術、兇德；卷十二至十八藝文（詩、敕諭、奏疏、詳文、序、論、跋、記、説、傳附）。

許隆遠序：“余承乏兹邑，懼弗勝任，兢兢且六載矣，其於山川固已習知其形勢，方面與人物相安於無事，至於政教則愧其未有合乎古，而風俗習尚亦默知其所以然。因思輯爲一書，而苦於無舊貫。前代惟嘉靖至萬曆數十年間有志，其後闕如也。因不揣固陋，廣搜軼事，博徵群書，經始於去冬，告成於今夏，釐爲一十八卷，而壽之梨。”

卷七職官門知縣項後補刻王童蔚一條，紀事至康熙五十七年；書後補刻《邑侯高密王公崇祀公呈》。“禎”“弘”“曆”分別剜改作“正”“宏”“歷”。卷十二藝文劉烜《出居庸關》一詩剜除，蓋因末句爲“一統華夷景大明”，後人以墨筆補出。可知此係乾隆間剜修本。

明弘治間何仲山、萬曆間詹州分別修有衛志，均未付梓，今已亡佚。此志爲懷來縣現存首部志書。其後有朱乃恭修、席之瓚纂《懷來縣志》十八卷，分二十八門四十二目，光緒八年（1882）刊刻。

金鑲玉裝。

有鈔配十餘葉，如卷十六第十八至第二十二葉等。有缺葉：卷首繪圖末二葉，卷四第十四葉，卷十第二十七、第二十八葉等。

中國國家圖書館、首都圖書館、中國科學院文獻情報中心、北京大學圖書館、上海圖書館等十七館與"中央研究院"歷史語言研究所傅斯年圖書館、臺北故宮博物院及日本東洋文庫、美國國會圖書館、法國法蘭西學院漢學研究所亦有入藏。

78. 清康熙刻本保安州志　　T3269/2930.81

［康熙］《保安州志》十二卷，清梁永祚修，張永曙纂。清康熙五十年（1711）刊本。八冊。半葉十行二十字，小字雙行同，白口，四周雙邊，單魚尾。框高 19.8 釐米，寬 14.0 釐米。前有康熙五十年梁永祚序，原序（康熙八年寧完福序，康熙己酉〔八年〕朱光序），重修姓氏，原纂姓氏，原修姓氏，目錄，圖。卷端題："保安州知州梁永祚重葺。"

保安州地處桑乾河下游。漢置涿鹿縣。唐置永興縣，爲新州治。遼改新州爲奉聖州。蒙古至元三年（1266）改爲保安州，仍治永興縣。明洪武初州縣俱廢。永樂十三年（1415）復置保安州，直隸京師。清康熙三十二年屬宣化府。1913 年降爲保安縣，次年改名涿鹿縣。今屬張家口市。

梁永祚，字堯山，漢軍正白旗安徽壽州人。曾任四川蒲江知縣，康熙四十七年升任保安知州。

張永曙，直隸霸州人。舉人。曾任內閣中書，修志時任保安州學正。

書前有《州域圖》《州城圖》《州南關東關圖》《州治圖》《學宮圖》、八景圖、《州星分野圖》等，計十五幅。全書十二卷，列十二志一百目：卷一輿地志（沿革、分野、疆域、城池、衢巷、堡砦、里屯、山川、名勝、古跡、氣候）；卷二建置志（公署、倉廒、壇壝、祠廟、養濟院、義塚、坊表、渠堰、橋梁、集市）；卷三食貨志（戶口、田賦、學田、積貯、解支、鹽引、課程、物產）；卷四風俗志（禮儀、習尚、歲時）；卷五職官志（州職、幕職、學職、武職）；卷六學校志（學宮、名宦、鄉賢、儒學、學政、書院、社學、射圃、訓斥獅子文）；卷七選舉志（甲科、鄉科、恩蔭、選貢、歲貢、例貢、例監、俊秀、武甲、武科、掾選）；卷八人物志（名臣、忠義、孝友、敦行、文學、耆碩、流寓、節婦、烈婦、烈女）；卷九典禮志（慶賀、接詔、讀法、壇廟、飲射、鞭春、護日、護月、賓興、上任、餞送、朔望）；卷十藝文志（奏疏、傳、碑記、記、序、賦、辭、銘、古詩、律詩、絕句、詩餘）；卷十一武備志（官屬、兵丁、軍器、戍墩、保甲、教場）；卷十二雜述志

（災祥、寺廟、約戒、溝壑）。

梁永祚序："前此成於康熙己酉之歲，距今四十有二年，其間人物迭興，時宜遞變，恐久而散軼，不無湮沒之虞，其何以繼往緒、詔來茲，且使我國家累葉重熙之盛治、朝廷淪肌浹髓之深仁，所以翔洽於畿甸者闕焉弗備，稽考無從，司土者何人，余滋懼焉。爰商諸二廣文，集州紳士，共分厥任，考所已編，續所未載，閱數月而書成，計卷十有二，計條以百，付之剞劂。"

保安州清代凡五修志書。首部爲寧完福修、朱光纂《保安州志》二卷，有三十八考，康熙十一年付梓。其次即此康熙五十年志。其三爲楊桂森纂修《保安州志》八卷，分天、地、人、物四部六十一目，刊刻於道光十五年（1835）。其四爲尋鑾晉、張毓生纂修《保安州續志》四卷，爲道光志之續作，所續凡三十二門，光緒三年（1877）刊行。其五爲光緒間成書的《保安州鄉土志》，纂修人不詳，有鈔本傳世。

第六至八册封面鈐"象臣"朱文方印（3.4×3.4 釐米）、"陳夢説印"白文方印（3.4×3.4 釐米）。陳夢説，又名夢月，字象臣，號曉巖，山西絳縣人。乾隆十三年（1748）進士。歷官刑部主事、員外郎、郎中，禮部郎中，浙江寧紹台道、糧儲道，署嘉興、嚴州、處州、湖州知府。著有《榮錫堂稿》。生平見［光緒］《絳縣志》。

卷七至九係鈔配，其他亦有零星鈔配數葉。

中國國家圖書館、故宮博物院圖書館、中國水利水電科學研究院圖書館等十三館與臺北故宮博物院及日本東洋文庫、美國國會圖書館亦有入藏。

79. 清乾隆刻本赤城縣志　　T3269/4345.83

［乾隆］《赤城縣志》八卷，清孟思誼修，張曾炳纂，黃紹七續補。清乾隆十三年（1748）刻，乾隆二十四年增刻本。四册。半葉十行二十二字，小字雙行同，白口，左右雙邊，單魚尾。框高 18.2 釐米，寬 14.9 釐米。前有乾隆十三年吳煒序，乾隆十三年吳穀序，乾隆十三年諸錦序，乾隆十二年孟思誼序，輿圖，纂修姓氏，目録，凡例。第二册前有乾隆二十四年黃紹七序。

赤城縣地處冀北山區。西漢爲女祁縣地。唐末爲龍門縣地。遼析置望雲縣。元升爲雲州。明廢州，置赤城堡，屬宣府鎮。清康熙三十二年（1693）改赤城堡置赤城縣，屬宣化府。1958 年併入龍關縣，1960 年龍關縣改名赤城縣。今屬河北省張家口市。

孟思誼，字舒先，安徽和州人。乾隆七年進士。乾隆八年任赤城知縣，後歷任宣化、棗強知縣。

張曾炳，字于丙，安徽含山人。乾隆二十六年進士。乾隆十一年受孟思誼聘主講義學。後曾任國子監監丞，預修《四庫全書》。

黄紹七，字晉仙，安徽桐城人。乾隆二十年任赤城知縣。

書前輿圖有《縣境全圖》《縣城全圖》《獨石圖》《温泉圖》《靈真觀圖》《滴水崖圖》等六幅。全書八卷，列八志三十六目：卷一地理志（沿革、疆域〔附形勢〕、山川、古跡〔附陵墓〕、鄉都、風俗、星野、災祥）；卷二建置志（城堡〔附橋梁、坊表、樓閣〕，公署〔附廢署〕，倉庫〔附廢倉庫〕，學校〔附舊學、義學、書院、學田〕，壇廟〔附寺觀〕，郵政）；卷三食貨志（賦税、經費、積貯、物産）；卷四武備志（軍制、塞垣、墩汛、驛鋪〔附煖鋪〕）；卷五職官志（文職、武職、宦跡）；卷六選舉志（文科、武科、武職、仕籍）；卷七人物志（勳略，忠節，行義，壼節〔附流寓、方外〕）；卷八藝文志（文、詩、紀事〔附雜志〕）。

凡例謂："赤邑故無崗志，李氏《北中三路志》載前明開平、龍門兩衛事，自元以前從略。本朝改縣後，前令張良標、廖三友先後成有志稿，草創而已，多所牴牾。近《宣化府志》成，參較諸史，辨正孫氏《宣鎮志》、胡氏《續宣鎮志》，多可援據，間亦不無疎漏，蓋採訪之未精，非秉筆者之過也。今志大半取材《北中三路志》《宣化府志》，更以列朝國史、《畿輔通志》、宣屬各邑志與夫名家文説諸集，參考成書。"孟思誼序亦謂："蓋以《三路志》《宣化府志》爲粉本，而證之諸史，參之名集，通之旁邑志，剔蘚剗苔，銜薑拾蠡，乃遲之又久，僅而成書也。"

凡例末條述修志始末："癸亥春，誼承乏此邑，即以是書不可緩。爲志購書未得，而工役頻繁，遂成延擱。丙寅年，書稍稍集，屬同年張主其事，甫聯緝成書，匆匆歸里，未遑討論也。丁卯仲冬，誼復爲部署删潤，加以論言，有異于初矣，然首庸實不可没云。"丙寅、丁卯即乾隆十二、十三年，"同年張"即張曾炳。

卷八後附續藝文志及捐修文廟姓氏。封面簽題："乾隆二十四年知赤城縣事黄重訂。"目錄後增刻三行："乾隆二十四年知縣黄紹七重訂補校正續載藝文七篇，有序並改建學宫一時官衙捐銀姓名共計二十一葉，附此卷之後。"可知係乾隆二十四年增刻。

此志爲赤城縣創修志書。此後，同治十一年（1872）林牟貽等纂修《赤城縣續志》十卷，有光緒七年（1881）、光緒九年刻本。

中國國家圖書館、中國第一歷史檔案館、中國國家博物館、中國文化遺産研究院、中共中央黨校圖書館等十七館與"中央研究院"歷史語言研究所傅斯年圖書館、臺北"内政部"圖書館及日本東洋文庫、美國國會圖書館、法國法蘭西學院漢學研究所亦藏有此乾隆二十四年增刻本。

80. 清康熙刻乾隆剜修本龍門縣志　T3270/0172.81

〔康熙〕《龍門縣志》十六卷，清章焞纂修。清康熙五十一年（1712）刻，乾隆間剜修本。五册。半葉九行二十字，小字雙行同，白口，四周單邊，單魚尾。框高20.2 釐米，寬 13.9 釐米。前有康熙五十一年章焞序，目録，凡例，圖。卷端題：“龍門縣知縣章焞輯。”

龍門縣地處冀北山地。西漢爲女祁縣地。唐長慶二年（822）置龍門縣。蒙古至元二年（1265）降爲鎮，至元二十八年（1291）置望雲縣。明初廢，宣德六年（1431）置龍門衛。清康熙三十二年改爲龍門縣，屬宣化府。1914 年改名龍關縣。1958 年赤城縣併入，1960 年龍關縣改名赤城縣，今屬河北省張家口市。

章焞，字子政，號芝石，浙江會稽人。康熙四十一年舉人。康熙四十五年任龍門知縣。

書前有疆域圖、八景圖，共九幅。正文十六卷，有十九志：卷一沿革志、疆域志、山川志（附邊外山川）；卷二象緯志、災祥志；卷三城堡志、邊垣志（附墩臺）、形勢志；卷四營構志（附壇廟、郵驛、墳墓、漏澤）；卷五賦役志（附稅課、風俗、聖諭十六條、物産）；卷六俸廩志（附孤貧、運賑、撫賞）；卷七學校志（附學制、訓士卧碑文、御製訓飭士子文、鄉飲酒禮）、祠祀志；卷八武略志；卷九秩官志；卷十名宦志；卷十一選舉志（附將帥、明世襲、鄉飲賓）；卷十二至十三人物志（武幹、忠烈、孝友、文學、雙壽、貞節、流寓、仙幻，附紀異）；卷十四至十六藝文志（記、引、墓誌、辯、論、奏疏、詩）。

章焞序謂：“余蒞龍門，適當編審人丁，見鳩形鵠面，鶉衣百結，哀此蒼赤，爲之捐除厄漏，寬疏法網，相與休養而安全之。幸際聖天子在上，佈德行仁，五風十雨，時和年豐，普天同慶，各憲安靖綏緝，相戒勿爲勞擾，蕞爾小邑生氣頓甦，積漸改觀，訟庭闃寂，俾得以其暇時輯纂邑志，以備參核。用是殫力搜羅，而文獻缺如，考訂既以未詳，訪求亦復不易，脱稿後，不敢遽信爲定本。壬辰春奉旨行取，念此區區，既經前下北路糧儲廳古營王治國、潼谷楊國士鈔本，而明經林盛、副榜鹿聖模、孝廉李思鄭暨邑貢生徐方杲先後整頓，不忍廢置弗完，姑付諸梓。”

此志爲龍門縣清代所修唯一一部志書。

“弘”“曆”剜改作“宏”“歷”，亦有剜改未盡者，可知爲乾隆間剜修本。

書前各圖及其後識語署繪工名“周松”。

中國國家圖書館、中國科學院文獻情報中心、中國社會科學院考古研究所圖書館、故宮博物院圖書館、中國第一歷史檔案館等二十七館與“中央研究院”歷史語言研究所傅斯年圖書館及日本東洋文庫、京都大學人文科學研究所亦有入藏。

81. 清乾隆刻本滄州志　T3134/3630.83

〔乾隆〕《滄州志》十六卷，清徐時作修，胡淦等纂。清乾隆八年（1743）刻本。六冊。半葉十行二十一字，小字雙行同，白口，四周雙邊，單魚尾。框高 18.1 釐米，寬 14.7 釐米。首有圖，乾隆八年徐時作序，乾隆八年饒佺序，乾隆八年劉蒸雯序，乾隆八年莊日榮序，李之嶭序，目録，纂修職名，凡例。卷端題："知州綏安徐時作重訂。"

82. 清康熙刻乾隆印本東光縣志　T3134/5991.81

〔康熙〕《東光縣志》八卷，清白爲璣修，馮樾等纂。清康熙三十二年（1693）刻乾隆印本。六冊。半葉九行二十字，小字雙行同，白口，四周雙邊，單魚尾。框高 20.7 釐米，寬 15.0 釐米。首有康熙十二年王九鼎序，舊序（正德十六年〔1521〕廖紀序、萬曆三十二年〔1604〕佘良弼序、崇禎八年〔1635〕邵建偉序），凡例，圖，目録，修志姓氏。末有康熙三十二年馮樾跋，康熙三十二年李澍春跋。

83. 清康熙刻本鹽山縣志　T3134/7127.81

〔康熙〕《鹽山縣志》十二卷，清朱鸞鷟修，錢國壽等纂。清康熙九至十年（1670—1671）刻本。八冊。半葉九行十九字，小字雙行同，白口左右雙邊，單魚尾。框高 20.4 釐米，寬 14.1 釐米。首有康熙十年朱鸞鷟序，舊序（嘉靖十二年〔1533〕時尚儒序、嘉靖十二年冷宗元序、嘉靖楊文卿跋、隆慶六年〔1572〕趙潤序、隆慶六年李蕚跋、隆慶六年霍焰跋），目録，圖。末有康熙十年錢國壽跋。

鹽山縣，位於河北省東南部，東鄰山東省。漢置高成縣，屬渤海郡，東漢更名高城縣，隋開皇十八年（598）改名鹽山，唐屬滄州，宋、金、元、明因之。清雍正九年（1731）改屬天津府。

朱鸞鷟，字翔子，號集岩，江南泰興人，貢監。康熙五年任鹽山知縣，後升廣西泗城府同知。

錢國壽，字子彭，順天府大興人，舉人。康熙七年任鹽山教諭。

卷一星野、疆域、山川、古跡；卷二沿革、建置；卷三里分、户口、地畝、賦役；卷四壇廟、寺觀、典禮；卷五職官、寓賢；卷六至八人物；卷九風俗、占候、災祥、物産；卷十至十二藝文。

朱鸞鷟序曰："……昔無志，創自嘉靖癸巳，續修於隆慶壬申，因陋就簡，殊多闕軼，迄今百年，未經纂輯。……庚戌修學稍有成局，課士之暇乃議修邑志，博採廣蒐，雖斷碣殘碑，亦所不遺。舊志之可者因之，否者革之，其簡略未備、固陋不文者從而增益潤色之。述者之事，體作者之心焉。若夫品騭褒揚，俱集同人之輿論，本吾心之懿好，市恩沽譽，非予小子之所敢也。……始事於庚戌五月，脫稿於辛亥六月。……是役也，學博錢君國壽、鄉前輩郡守劉公澤霖、郡丞傅公繼說、趙生廣鼓贊舉行，採訪事實則褚生爽、張生潤、劉生運祺、霍生璉也，商榷訂正而終其事者，褚、張兩生暨明經霍子恪之力居多，尉張君汝珍，諸生李鄂、高鎧、劉鵬起俱與有勞，例應並書。"

"玄""弘""曆"三字均不避諱。

有墨筆批注。偶有補鈔。

明代鹽山縣志均已亡佚。此爲現存最早鹽山志，中國國家圖書館還藏康熙十二年黃貞麟續修刻本。之後有王福謙、江毓秀修，潘震乙纂同治鹽山縣志十六卷首一卷末一卷，同治七年（1868）刻本。

《中國地方志總目提要》著錄其目錄內容，其中"界分"誤，應爲"里分"；又云是志"康熙十一年脫稿"，誤，是志脫稿時間是康熙十年，朱鸞鷟序中所言辛亥年，即康熙十年。

除哈佛燕京圖書館外，僅上海圖書館、美國國會圖書館藏此本。該本紙墨俱精，顯係康熙初印本，彌足珍貴。

84. 清乾隆刻本肅寧縣志　T3134/5232.83

［乾隆］《肅寧縣志》十卷，清尹侃等修，談有典纂。清乾隆二十一年（1756）刻本。五冊。半葉九行二十一字，小字雙行同，白口，四周雙邊，單魚尾。框高18.6釐米，寬13.9釐米。首有宋宗元序，乾隆十九年尹侃序，乾隆十九年朱闓序，舊序（萬曆二十六年〔1598〕成性序、康熙十一年王宏翼序），圖，凡例，修志姓氏，目錄。

85. 清乾隆刻本獻縣志　T3134/2369.83

［乾隆］《獻縣志》二十卷圖一卷表一卷，清萬廷蘭修，戈濤纂。清乾隆二十六年（1761）刻本。十二冊。半葉十行二十字，小字雙行同，白口，四周雙邊，單魚

尾。框高 16.6 釐米，寬 14.4 釐米。首有乾隆二十六年萬廷蘭序，萬廷蘭《徵修邑志榜文》，原序（萬曆十三年〔1585〕張汝蘊序、清康熙十二年〔1673〕劉徵廉序、乾隆十二年吳龍見序），歷修姓氏，凡例，目録。末有原跋（康熙十二年陳石麟跋），乾隆二十六年戈濤跋。

鈐印："嬭嬛妙境""嬭嬛妙境藏書圖記""長白完顔氏半畝園珍藏圖記""子孫永保""完顔氏""犢山過目"。

86. 清乾隆刻本任邱縣志　T3134/3172.83

〔康熙〕《任邱縣志》十二卷首一卷，清劉統修，劉炳等纂。清乾隆二十七年（1762）刻本。十册。半葉十行二十字，小字雙行同，白口，四周雙邊，單魚尾。框高 18.1 釐米，寬 14.4 釐米。首有乾隆二十八年達明序，乾隆二十七年劉統序，原序（康熙十九年〔1680〕姚原溈序），歷修《任邱縣志》姓氏，重修《任邱縣志》姓氏，凡例，目録。卷端題："武威劉統重修。"

任邱，古冀州、幽州之地，戰國爲燕趙之鄚邑，漢元始二年（2）巡海使中郎將任邱於此筑城，名任邱城。西漢置鄚縣，屬涿郡，東漢屬河間國，北齊於任邱城置任邱縣，與鄚縣同屬河間國。隋任邱縣曾兩度省入高陽縣，唐初復置。唐景雲二年（711）於鄚縣置鄚州，任邱縣屬之，開元十三年（725）改"鄚"爲"莫"，北宋莫縣省入任邱爲鎮，莫州遷治任邱。元莫州治莫亭縣，任邱縣屬之。明洪武七年（1374）廢莫州、莫亭縣，任邱縣改屬河間府。清因之。

劉統，字漢良，甘肅武威人，乾隆六年拔貢。歷任易州通判、雄縣知縣，乾隆二十四年始任任邱知縣。

劉炳，任邱人，乾隆七年進士。曾任翰林院編修，九江府知府。

卷首宸章、圖繪全覽；卷一地輿志（沿革、疆域、星野、形勝、山川、古跡、墓塚）；卷二建置志（城池、廨署、學校、武廟、壇壝、倉庾、驛傳、街市、坊表、里社、橋梁、邮政）；卷三食貨志（田賦、房屋、起運、存支、户口、課税、養廉、蠲賑、物産）；卷四禮樂志（慶典、迎春、耕耤、賓興、入學、祭典、祭儀、祭器、祭文、樂器、舞器、樂章、佾舞、鄉飲、風俗、鄉儀、節序）；卷五武備志（營制、軍器、墩臺、保甲）；卷六封建志（封爵、爵秩、恩命）；卷七官師志（州鎮、縣職、師儒、宦跡、戎秩）；卷八選舉志（徵辟、科名、武科）；卷九人物志（儒林、鄉獻、政事、文學、仕進、武功、孝友、善行、義烈、列女、耆壽、方技、仙釋、流寓）、卷十五行志；卷十一藝文志；卷十二緒言志（徵典、餘録）。

凡例云："任邱邑志初修於新蔡王公齊，繼修於武昌顧公問，至本朝重修者，爲江夏吴公琮、東萊胥公琬、古絳劉公日光、浙江姚公原澂。姚公之修在康熙庚申，去今已八十餘年。兹復博採舊文，旁搜遺事，編纂成書，爲綱十二，爲目八十一，凡以繼往開來，庶俾後人，有所承藉云爾。"

劉統序曰："舊故有志，然頗病於其簡略，無有起而更張之者，兼自劉姚二尹重修後，迄今積八十餘年所未經續輯。余自己卯下車後，爬梳剔抉，諸務稍就班部。明年冬，諸紳士以續修請，余念邑志所關至鉅，不敢視爲不急之務，遂延邑中名士之端方謹愻而達於文詞者數人，司纂修之任。於客夏六月開館，廣摭新聞，重搜掌故，每一卷脱稿，輒送衙齋，余於簿領之餘，篝燈披閱，親加校勘，暇則詣館與諸君子面加商榷，凡六閲月而其書告竣。鳩工庀材，有事剞劂，至今年七月而開雕之工亦竣，共二十七八萬言，裒爲十二卷。"

《中國地方志聯合目録》著録爲"任丘縣志"，誤。清雍正三年（1725），爲避孔子諱，任丘更名"任邱"。

現存最早的任邱縣志係明萬曆六年（1578）顧問纂修八卷本，清代最早係康熙十九年姚原澂修、邊之鑰纂的四卷本，該乾隆志之後又有道光十七年（1837）任邱縣志續編二卷，鮑承濤修，瞿光緯等纂。

中國國家圖書館、中國文化遺產研究院、北京大學圖書館、上海圖書館等四十餘館與臺北"國家圖書館"、"中央研究院"歷史語言研究所傅斯年圖書館、孫逸仙博士紀念圖書館及日本京都大學人文科學研究所、美國國會圖書館、法國國家圖書館等有藏。

87. 清康熙刻本河間府志　T3133/3276.81

［康熙］《河間府志》二十二卷，清徐可先等纂修。清康熙十七年（1678）刻本。十二册。半葉九行二十一字，小字雙行同，白口，四周雙邊，單魚尾。框高 19.2 釐米，寬 14.6 釐米。首有康熙十七年吴國對序，康熙十七年胡應麟重修河間府志序，康熙十六年徐可先序，康熙十六年周從謙後序，康熙十六年孫際昌序，舊序（嘉靖十九年〔1540〕張璧序、嘉靖十九年郤相序、樊深序），圖，目録，修志姓氏，凡例。末有康熙十六年河間縣知縣華秦沚跋。

河間府，戰國趙地，後屬秦。西漢置河間國，魏初爲河間郡，尋分置瀛州。隋廢郡存州，又改州爲河間郡，並置河間縣爲郡治。唐復曰瀛州，尋曰河間郡，後仍爲瀛州。元置河間路總管府。明曰河間府，清因之，屬直隸省。清轄地相當於今河北任丘市以南，肅寧、獻縣以東，故城以北，東光及山東寧津等縣以西地區。民國廢。

徐可先，字聲服，號梅溪，江蘇武進人，清順治四年（1647）進士。康熙十六年任河間知府。

卷一星野志（分野、星考）；卷二沿革志（名類附）；卷三疆域志（形勝、山川附）；卷四河道志（河渠、河議、運道、淺夫附）；卷五城池志（公署、學校、社學、書院附）；卷六景勝志（古跡、亭臺、寺觀、橋梁、墓田附）；卷七貢賦志（戶田、屯田、鹽政、鹽鈔、徭役、驛傳、課程、錢糧附）；卷八物產志；卷九風俗志（農占、時序、祥異、童謠附）；卷十典禮志（公式、祀典、賓興、鄉儀附）；卷十一封建志（后妃附）；卷十二仕籍志（政績）；卷十三侍籍志（職官）；卷十四人物志；卷十五選舉志（薦辟、科貢、鄉舉、歲貢、武科、武弁、報效、封贈、任子、優異附）；卷十六流寓志（公寓、流寓）；卷十七仙釋志；卷十八列女志；卷十九武備志（武職、兵制、兵變附）；卷二十邺政志；卷二十一藝文志（王言、文翰）；卷二十二藝文志（詩、詞）。

孫際昌序曰："河間府志修於明朝萬曆杜公，迄今八十年所矣。其間天道人事奇變奇聞不可殫述，然而時運既遠，文獻難徵，志之不可不亟修也，蓋久矣有識者之慮矣，況河間自三代來歷數千載以至我皇清……但野乘稗史無足重輕，烏可以垂不朽備將來採風之輶使，登之太史蘭臺也哉？茲經輔臣衛公特疏奏請，重修通志以紀。曩今寔錄天下文獻之徵將於是乎有厚幸矣。前此千峰王公祖特重星野，考較極詳。以升山東鹺政監司，遂於各項未及脫稿而去，然其將行也，蓋深以有志未逮為歉云。幸值梅溪徐公祖來蒞茲土，公蓋毗陵名宿，丁亥甲科，德被青齊，績垂比部，政成廉善，才擅史長。下車之始，際昌即以是為請，乃公首肯曰：是予之任也，是予之任也。遂持尺一方向千峰王公取前稿至，亟加考證，州縣新志亦相繼以集，刪蕪存信，即付剞劂，不兩月而告竣焉。際昌讀而喜曰：文章之興否豈不以人哉？人但知一時之舉特可當著述耳，豈知如聖旨所諭，山川、形勢、戶口、丁徭、地畝、錢糧、風俗、人物、疆圉、險要，以及所當載之沿革、分野、祠祀、學校、官職、選舉、文事、武備，燦然咸具，使後我而生者蒐稽有據，紹往開來，中間一大關頭也，功將在萬世矣，豈但著述之恒已耶？因敬敘於此，以慶其觀成云爾。"

"弘""曆"字未避諱。

卷七第四十八葉，卷八至十一，卷十二第八十一葉，卷十三，卷十四第一葉、第二十九至三十葉、第九十二葉，卷十六第一葉係鈔配。

河間府志始於明郜相修、樊深纂的嘉靖《河間府志》二十八卷，嘉靖十九年刻本；之後有萬曆四十三年刻萬曆《河間府志》十五卷，係杜應芳修、陳士彥纂。乾隆二十五年又刻有杜甲修，黃文蓮、胡天游纂的《河間府新志》二十卷首一卷。

中國國家圖書館、上海圖書館、天津圖書館、中國科學院南京地理與湖泊研究所圖書館等五館與日本內閣文庫等有藏。

88. 清乾隆刻本河間府新志　T3133/3276.83

　　［乾隆］《河間府新志》二十卷首一卷，清杜甲、周嘉露修，胡天游等纂。清乾隆二十五年（1760）刻本。十二冊。半葉十行二十字，小字雙行同，白口，四周雙邊，單魚尾。框高18.1釐米，寬14.3釐米。首一卷有宸章。首有乾隆二十五年杜甲序，乾隆二十五年周嘉露序，舊序（樊深序、嘉靖十九年〔1540〕郜相序、嘉靖十九年張璧序），原序（徐可先序、康熙十六年〔1677〕孫際昌序、康熙十七年吳國對序、康熙十七年胡應麟序、康熙十六年周從謹序），原跋（康熙十六年華秦沚跋），圖，凡例，目錄，歷修府志姓氏。

89. 清乾隆刻本河間縣志　T3134/3272.83

　　［康熙］《河間縣志》六卷，清吳山鳳修，黃文蓮、梁志恪纂。清乾隆二十五年（1760）刻本。六冊。半葉十行二十字，小字雙行同，白口，四周單邊，單魚尾。框高17.2釐米，寬13.6釐米。首有宸章，乾隆二十四年吳山鳳序，乾隆二十五年達明序，乾隆二十五年那親阿序，乾隆二十五年喬光烈序，乾隆二十五年三寶序，凡例，圖，目錄。

　　河間縣，戰國時趙地，西漢置河間郡，三國魏移武垣縣於此，屬河間郡，北魏太和年間置瀛洲，隋開皇三年（583）遷武垣縣至州治，十六年更名爲河間縣，屬瀛洲，北宋大觀二年（1108）瀛洲升爲河間府，河間縣爲府治，元爲河間路治，明清爲河間府治。

　　吳山鳳，號翥堂，湖北漢陽縣（今武漢）人，監生。曾任獲鹿縣知縣，乾隆二十一年任河間縣知縣。

　　黃文蓮，上海人，乾隆十五年舉人。候選知縣。

　　梁志恪，號敬修，順天府宛平人，雍正十年舉人。乾隆二十一年任河間縣儒學教諭。

　　卷一地輿志（分野、沿革、疆域、河渠、古跡、里甲、集市、紀事）；卷二建置志（城池、官署、學宮、義學、壇廟、倉庾、驛傳、武備、橋梁、坊表、義田），賦役志（丁、田、賦、經費），典禮志（公式、秩祀、鄉飲、賓興）；卷三風土志（風俗、時序、物產），官職志（藩封、縣職、教職、武職），宦跡志（歷代各官政跡、崇祀名宦）；卷四選舉志（薦辟、進士、舉人、貢生、武科、援納、封贈），人物志（鄉獻、寓賢、忠節、孝義）；卷五人物志（高行、文學、武功、藝術、列女、雜傳、補遺）；

卷六藝文志（撰著、文、詩）。

吳山鳳序曰："余以丙子自獲鹿移河間，檢邑志，見其缺略弗備，又書成在康熙癸丑之歲，歷今八十餘年矣。……今年春，上海黃孝廉芳亭來客於此，才美文鉅，爰以茲事相屬，又得學博士梁君敬修爲之佐。余不揣爾時參固陋與，五閱月脫稿，爲卷六、目五十有七，增省併分，於前志較備矣。"

河間縣志創修於明萬曆十九年（1591）知縣趙完璧，已佚。現存最早縣志是袁元修於康熙十三年十二卷本，此乾隆本爲第三次纂修，後有同治十一年（1872）游杏邨纂修《續修河間縣志稿》，僅稿本存世。

中國國家圖書館、北京大學圖書館、上海圖書館等二十餘館與臺北故宮博物院、"中央研究院"歷史語言研究所傅斯年圖書館及日本國會圖書館、東洋文庫、京都大學人文科學研究所、美國國會圖書館等均有收藏。

90. 清康熙刻乾隆印本固安縣志　T3134/6634.81

〔康熙〕《固安縣志》八卷首一卷末一卷，清鄭善述修，潘昌纂。清康熙五十三年（1714）刻乾隆印本。八冊。半葉九行二十字，小字雙行同，白口，四周雙邊，單魚尾。框高20.1釐米，寬15.1釐米。首有康熙五十三年鄭善述序，徐炯序，目錄，舊序（嘉靖八年〔1529〕蘇卓阜序、崇禎三年〔1630〕秦士奇序、崇禎五年黃奇遇序、楊文祈序、康熙十一年陳祝升序、康熙十一年沈子龍、李檉序），歷修縣志姓名，例言，圖。末有康熙五十三年潘昌序。卷端題："知縣事候官鄭善述蕉溪氏重修，山陰潘昌燕如氏參訂。"

固安縣，秦屬廣陽郡。西漢置方城縣，北齊省入涿縣。隋開皇九年（589）析置固安縣，先屬幽州，後隸涿郡。唐貞觀元年（627）遷今治，先後屬幽州、涿州。蒙古中統四年（1263）升爲固安州，屬大都路。明洪武元年（1368）降州爲縣，屬順天府。清因之。

鄭善述，福建候官人，康熙二十九年舉人。康熙四十六年任固安知縣。

卷首巡幸志；卷一封域志（星野、疆域、沿革、縣名、形勝、川瀆、風俗、祥異）；卷二建置志（城池、公署、正祀、學校、坊表、街巷、鄉里、集場、堡塞、堤堰、橋梁、古跡、墳墓、寺觀）；卷三賦役志（戶口、田賦、徭役、驛遞、器仗、物產）；卷四官師志（知縣、縣丞、主簿、典史、教諭、訓導、巡檢、武職、封建）；卷五選舉志（進士、舉人、貢生、監生、椽吏、武甲、武舉）；卷六人物志（文治、武功、戚畹、封贈、恩蔭、隱逸、仁厚、孝友、忠節、貞烈、仙釋）；卷七藝文志舊集；卷八藝文志新集；卷末拾遺。

例言曰："邑志始創於蘇公德明，渺無可稽，再修於秦侯公庸，初未經目，祇就康熙壬子間陳侯所定者採集增校，緣當時奉檄修一統志，分蒐郡邑，刻期成書，不無闕略。茲正脫稿，幸廣文范君萬斯搜出秦侯本，較爲詳晰，然序次亦多錯雜，復加參定。是編告成，兩經考訂矣。"又云："余以謭劣，謬膺劇疲，鞅掌風塵，偷工筆硯。其汲汲茲舉，實仗山陰潘子燕如，學古有獲，闡揚素志，力事贊成，凡目見耳聞，片字不遺，呵凍揮汗，四時無輟，余不逮者多矣。"

鄭善述序曰："（余）適今留滯八載，旁午之餘，次第舉行諸土木工程，俱幸告竣，特志書一事茫然無畔岸，屢進邑紳士，俾各採修，乃寥寥可稽者……爰取年來所偶見稗官，旁涉鄰志，時或馳驅荒村，適然觸目，邂逅野老，偶吐諺言，舊碑碣常留斷簡文章，老胥徒能道前官日月，留心載筆，積久成編，其在前闕所遺者并爲增補。業將付梓，忽得前明秦侯故本，人物亦多，不禁狂喜，因重慨人文表彰，實摻有數，惜前志之太簡，而中遭刪削者之尤覺無謂也。用是重酌訂增，經兩閱月，視前簡帙將倍。"

紀事至康熙五十三年。版印模糊，字跡漫漶。"弘""曆"二字有缺字避諱，亦有不避諱者，該書係後印本，後印時代應該已經進入乾隆之後。

鈐印"永定河道關防"（滿漢文）。

明萬曆四十四年（1616）蘇志皋創修固安縣志九卷，崇禎五年（1632）秦士奇再修縣志，以上二本僅存臺北"國家圖書館"。清代固安縣志凡四修，一是康熙間吳孟桂等纂修九卷本，鈔本存世，且爲殘帙。二爲此康熙五十三年刻本。三爲咸豐五年（1855）修八卷本，陳崇砥修，陳福嘉、吳三峰等纂，係咸豐九年刻本。四即劉崞纂修光緒固安縣志不分卷，紀事至光緒二十七年（1901），有民國年間鈔本。

中國國家圖書館、故宮博物院圖書館、溫州市圖書館與臺北故宮博物院有藏。

91. 清康熙刻本香河縣志　T3134/2032.81

［康熙］《香河縣志》十一卷，清劉深纂修。清康熙十七年（1678）刻本。八冊。半葉九行二十字，白口，四周雙邊，單魚尾。框高 20.5 釐米，寬 15.1 釐米。首有康熙十四年劉深序，康熙十七年黃良佐序，康熙十四年王愈序，凡例，修志姓氏，目錄，圖。卷端題："知縣事淄川劉深纂。"

香河，春秋戰國時爲燕國地，秦屬漁陽郡，漢屬幽州，爲泉州縣，隸屬漁陽郡，後改廣陽郡。三國時屬魏爲燕國。隋併入涿郡，唐屬幽州或范陽郡。遼屬析津府，首名香河。北宋改爲清化縣。金復名香河，屬大興府。元屬漷州。明隸順天府，清因之。

劉深，字源長，號慚蓼，山東淄川人，康熙三年進士。歷任順天府香河知縣，福建糧道。

卷一天文志（星野）；卷二地理志（疆域、封建、山川、勝景、河渠、堤岸、里社、村鎮、市集、屯所、風俗、古跡、丘墓、義塚、物產）；卷三建置志（城池、縣治、學校、衛署、壇廟、坊第、津梁、烽堡、郵鋪）；卷四田賦志（戶口、地糧、丁糧、徵收、解支、進宮、給爵、備邊、京營、馬房、鹽法、徭役、倉儲、學田）；卷五兵防志（軍器、馬政、草場、武衛）；卷六禮樂志（慶賀、祠祭、鄉飲、祭器）；卷七秩官志；卷八選舉志；卷九人物志（戚畹、名宦、鄉賢、德行、耆善、貞節）；卷十雜志（災祥、仙釋、廟寺、梵塔、紀異）；卷十一藝文志（宸翰、奏疏、碑亭、詩賦）。

黃良佐序曰："其有志也，則自明萬曆間沈令始，繼此闕如也。今上御極之十有四年，命天下郡國重加修輯，維時前尹劉公祇奉上檄，遂採故老遺聞，取舊志而校訂之，越三載書成。鄉先生銀臺袁公捐資壽梨以垂永久。會劉公遷去，余承乏其後，歷數月工竣。取而讀之，爲卷十有一，綱舉目備。"

選舉紀事至康熙十七年。

《美國國會圖書館藏中國方志目錄》著錄爲"康熙十四年刻本"。

香河縣志纂修始於明萬曆四十八年（1620）沈惟炳。自劉深修纂康熙香河縣志後，至民國方重修香河縣志。

中國國家圖書館、中國科學院文獻情報中心、北京大學圖書館、上海圖書館、南京圖書館等十一館與日本國會圖書館、東洋文庫、內閣文庫、美國國會圖書館有藏。

92. 清康熙刻後印本大城縣志　T3134/4345.81

［康熙］《大城縣志》八卷，清張象燦修，馬恂等纂。清康熙十二年（1673）刻後印本。四冊。半葉九行二十字，小字雙行同，白口，四周單邊，單魚尾。框高20.3釐米，寬14.7釐米。首有康熙十二年六月憲文，康熙十二年張象燦序，康熙三年劉漢儒序，凡例，重修大城縣志姓氏，目錄，圖。末有康熙十二年王嘉言跋，明萬曆十一年（1583）張宏文舊跋。

大城縣，古冀州、幽州地。秦屬鉅鹿郡，西漢置東平舒縣，屬幽州渤海郡。北魏改平舒縣，屬瀛洲章武郡，隋屬河間郡。唐屬河北道瀛洲。五代後周顯德六年（959）更名大城縣，屬霸州，宋、元、明因之。

張象燦，陝西咸寧（今西安市）人，舉人。康熙八年任大城縣知縣。

馬恂，大城人，邑庠廩生。

卷一輿地志（建置、星野、疆域、河堤、古跡、形勝、城池、斥堠、莊村、津梁、風俗、市集、墳墓）；卷二宮室志（縣治、大城營、學校、社學、醫學、陰陽學、僧會司、坊表、衢巷、舖舍、預備倉、壇壝、廟寺）；卷三賦役志（里甲、戶口、地畝、賦役、夏稅、秋糧、起運、存留、鹽法、物產）；卷四官師志（知縣、縣丞、主簿、典史、教諭、訓導、守備）；卷五選舉志（甲科、鄉科、明經、例貢、武職、貤封、恩蔭）；卷六人物志（名宦、鄉賢、僑寓、孝子、義士、烈女、節婦）；卷七藝文志；卷八災祥志（災異、恤政）。

張象燦序曰：“燦蒞兹土者五易草木，是歲癸丑，清問下頒，奉修志檄……久之，廼取舊志謀諸邑人士，筆削增删以副上命。居無何，邑縉紳名流起而曰：‘兹志也，修於故明萬曆癸未，邑令狄公所訂證而成帙者也。時移代更，經數十年矣，國朝龍飛甲辰，邑縉紳大中丞劉公慨然起重修盛舉，囑其郎君方伯公公愚、州牧湘箬公暨邑紳司李炤千王公爲之操觚，縣令徐公董輯成編，中丞劉公記之序。將發剞劂，中丞公長逝，炤千王公亦故矣。有稿藏之縣庫，曷取而檢閱之。’發函展披，敘述琳琅如貫珠璣，堪媲董狐筆也。但自甲辰至今，又經十載，再徵邑人士細加採訪，續詳增補，登之梨棗。”

王嘉言跋曰：“癸丑，上諭天下通行修志以備觀覽。邑父母張公奉令唯謹，增益體裁，以光一代之典籍，缺者續之，湮没者昭之，前志所未及者今皆載入。命工重梓，始於七月下浣，畢於九月上旬。董其事者馬子恂、鄧子日喆、馬子璉、鄧子日震、劉子憬，愚也學疏才謭……忝司舒鐸，聊附校訂之末云耳。”

選舉紀事至康熙十二年。“弘”“曆”二字挖改避諱，當係乾隆之後印本。

明萬曆十一年狄同煃創修《大城縣志》八卷，後經崇禎增補刊印，中國國家圖書館存有殘帙。清代凡二修縣志，此康熙志後，趙炳文等修，劉鐘英等纂十二卷首一卷本，光緒二十三年（1897）刻本。

中國國家圖書館、故宮博物院圖書館、天津圖書館等近十館與臺北故宮博物院及日本東洋文庫、美國國會圖書館等有藏。

93. 清康熙刻乾隆印本文安縣志　T3134/0434.81

［康熙］《文安縣志》八卷，清楊朝麟修，胡涍等纂。清康熙四十二年（1703）刻乾隆印本。八册。半葉九行二十字，小字雙行同，白口，四周雙邊，單魚尾。框高 18.7 釐米，寬 13.7 釐米。首有康熙四十二年楊朝麟序，圖，舊序（康熙十二年崔啓元序、□□序），凡例，修志姓氏，目錄。

94. 清乾隆刻本三河縣志　T3134/1132.83

[乾隆]《三河縣志》十六卷首一卷，清陳泉、王大信等纂修。清乾隆二十五年（1759）刻本。四册。半葉九行二十字，小字雙行同，白口，四周雙邊，單魚尾。框高18.7釐米，寬14.9釐米。首有乾隆二十五年方觀承序，圖考，乾隆二十五年陳泉序，原序（王自謹序、蕭九峰序、鄭富民序），目録，凡例。目録首題："三河縣知縣海昌泉輯。"

三河，漢置潞縣，屬漁陽郡，唐始分置臨泃，後再分置三河，因地近七渡、鮑丘、臨泃三水而得名，治所在今河北省三河市東三里，初屬幽州，後改屬薊州。五代初廢，後唐復置，移治今三河市。遼屬薊州，金屬通州，明清屬順天府。

陳泉，浙江海昌（今海寧）人，乾隆元年恩科舉人。乾隆二十一年任三河知縣，乾隆二十五年升貴州麻哈州知州。

王大信，江南人，舉孝廉。

卷首圖考；卷一職方；卷二形勝；卷三建置；卷四典禮；卷五賦役、卷六鄉閭、卷七風物；卷八職官；卷九薦辟；卷十兵防；卷十一水利；卷十二至十三人物；卷十四雜識；卷十五至十六藝文。

方觀承序曰："三河爲畿東要地……乃百餘年來竟未有志，即略具草稿，亦不醇不備，未付剞劂，按風土者有微憾焉。陳令泉宰泃四年，四民咸安之。庚辰冬既以選授麻哈州將去，馳謁余，以邑志適竣事，請余一言弁簡端……陳令於數年中輯成此書，不以去任易厥志，陳令可爲知本矣。"

陳泉序曰："乾隆丙子歲，余蒙制府題授泃邑。……因索舊志於椽吏，吏曰未有也。久而始獲康熙年間前令鄭公富民所輯志稿，略而未備。其序云邑固無志，志之者始於明季邑令王公自謹，修於國初邑令任公塾，而皆未鋟木。今相去又五十餘年矣，故老淪亡，遺書散佚，歷年愈久，陳跡愈湮……余時時默爲搜羅考訂，而未敢遽率爾也。歷三年己卯，略有成緒，是冬亟集邑紳士於明倫堂，謀於薛學博文儒、李司訓溥，作修志計，屬丁尉世榮專司提調，延請江南孝廉王大信、邑紳董炳偕子侄貢生植滋、舉人存矩等相與旁搜遐攬，各抒所學，互相考索，而以正史、經傳、會典、一統志、文集、雜著之書訂其得失，復採擇舊志之可存者，改删訛謬，仍列原序於卷首，以表前人披輯之意。又寒暑一周，五易稿而始成，然後送太史朱江東先生鑒定，呈請督憲錫之序文，以弁簡端，謹亟付梓，庶傳一邑之信焉。"

現存最早的三河縣志係康熙十二年陳伯嘉纂修康熙《三河縣志》二卷，僅有鈔本存世。此乾隆志之後，清代再未修志。

中國國家圖書館、中國科學院文獻情報中心、中國文化遺產研究院、北京大學圖書館、南京圖書館等三十餘館與臺北故宮博物院及日本東洋文庫、京都大學人文科學研究所、美國國會圖書館、德國慕尼黑巴伐利亞國家圖書館、法蘭西學院漢學研究所、法國巴黎 M.R. 赫杜圖書館等均有收藏。

95. 清乾隆刻本衡水縣志　T3134/2213.83

[乾隆]《衡水縣志》十四卷，清陶淑纂修。清乾隆三十二年（1767）刻本。五冊。半葉十行二十字，小字雙行同，白口，四周單邊，單魚尾。框高 16.3 釐米，寬 14.3 釐米。首有方觀承序，乾隆三十二年德保序，乾隆三十二年陶淑序，衡水縣志歷修姓名，凡例，目錄。

衡水，古冀州地，歷代紛更遞屬。隋開皇十六年（596）析信都、下博、武邑三縣地置衡水縣，治今桃城區舊城村，屬冀州。唐屬冀州，元屬深州。明永樂十三年（1415）徙今址，屬深州。清雍正二年（1724）起屬冀州。

陶淑，江西南城人，清乾隆二十二年二甲進士。乾隆二十八年任衡水知縣。

卷一圖考志；卷二地理志；卷三建置志；卷四田賦志；卷五典禮志；卷六學校志；卷七官師志；卷八選舉志；卷九至十人物志；卷十一至十四藝文志。

方觀承序曰：“衡水縣志亦肇始明萬曆間，雖遞加編輯而義例未立，漏略猶多，即其所分六門六十類之中，邑本無山而標以山川，仕者有爵而紀無封爵，冠選舉於人物，列禮俗於雜志，分併寡當，名實不符。今南城陶君淑乃慨然舉而修明之，凡舊志之闕遺盡爲補正，而自康熙庚申以後所增益者，則矜慎於去取，廣綱領爲十二，酌細目者百條，有要有詳，粲乎成一家之述作。”

陶淑凡例云：“邑志創修於明萬曆間，至國朝經四修，自康熙以迄於今未曾續纂。余甫到任，諸紳士輒以志書爲請，予唯唯者三，蓋有待也。今夏邑之人力請不已，爲是曉諭通邑，屬諸同人以採訪編摩之任，每乘公餘親加校正，舉前修之缺失，及今八九十年散佚之事，悉從而論定之，雖未敢信其完備，而及時補苴，亦後事之資也。其一切刊置經費，皆紳士理之，予嚴飭書役不得與聞。”

衡水有志，始於明萬曆周子文纂修志書，清代歷經順治二年（1645）張恒、順治十四年任宏孝、康熙七年（1668）王萬方幾次重修，均已佚。現存清代衡水縣志僅二，一是康熙十九年刻、蕭鳴鳳修、孫可憲纂六卷本，二即此乾隆三十二年刻本。

中國國家圖書館、中國文化遺產研究院、上海圖書館、南京圖書館等三十余館與臺北故宮博物院及日本國會圖書館、東洋文庫、京都大學人文科學研究所、美國哥倫比亞大學東方圖書館、法國國家圖書館等藏。

96. 清乾隆刻本饒陽縣志　T3134/8172.83

[乾隆]《饒陽縣志》二卷首一卷末一卷，清單作哲等修纂。清乾隆十四年（1749）刻本。四册。半葉十行二十字，小字雙行同，白口，四周雙邊，單魚尾。框高 18.1 釐米，寬 14.7 釐米。首有扉頁，目録。首一卷有圖。末一卷有原序（萬曆二十九年〔1601〕翟燿序、順治三年〔1646〕劉世祚序），修志姓氏，乾隆十四年單作哲序，乾隆十四年尹德備跋。扉頁題："乾隆己巳重修。饒陽縣志。"

97. 清康熙刻乾隆印本安平縣志　T3134/3414.81

[康熙]《安平縣志》十卷，清陳宗石纂修。清康熙刻乾隆印本。五册。半葉九行二十四字，小字雙行同，白口，左右雙邊。框高 19.1 釐米，寬 14.1 釐米。首有扉頁、康熙二十六年（1687）于成龍序，胡獻徵序，康熙二十七年李應鳶序，康熙二十六年陳宗石序，歷修安平縣姓氏，重修安平縣姓氏，原志凡例，重修凡例，目録。末有吳本植"重修安平縣志跋"。扉頁題："康熙二十六年重修。安平縣志。患立堂藏板。"版心下鐫"患立堂"。

安平縣，戰國爲趙安平邑。西漢置安平縣，屬涿郡。東漢屬安平國。西晉爲博陵國治。隋屬博陵郡。唐隸深州，後隸定州，再復屬深州。五代、宋、金因之。蒙古中統二年（1261）屬晉州，明因之。清雍正二年（1724）再屬深州。

陳宗石，字子萬，江南宜興人，歷任山西黎城縣丞，安平知縣等職。

卷一輿地志；卷二營建志（縣治、學校、雜署、倉廒、街市、坊牌、鋪舍、墩臺）；卷三古跡志；卷四賦役志（户口、地畝、科則、起運、本色、存留、貢賦、雜税、遞馬、鹽法、兵制、雜差；恩蠲）；卷五職官志；卷六選舉志；卷七人物志；卷八至九藝文志；卷十雜祀志（災祥、異聞、雜事、遺政）。

陳宗石序曰："……至閱其邑志，則重修於萬曆己丑，迄今百年……於是詳憲設局，敦請紳士分理綜覆，宗石又不揣固陋，考訂筆削，歲月幾周，成書十卷，較舊志多四卷，補前載之缺略，存一邑之信從，登之梨棗，用傳將來。"

陳宗石又識曰："邑志予於康熙二十六年，越四年而邑之丁地賦役有奉文增入者，營建、選舉有日新月盛者，間有當代諸君子訪予於講學亭中，不乏短韻長吟者。而予又披覽史帙，或人與事向有未曾採入者，或有訛而未經改正者。至於予之境遇慘酷日甚，間有歌詠，率皆天籟，或因境以見情，或因情以寓境，無非峽猿鵑血。簿書之暇，分類補入，以備後賢之考訂。嗟乎，風塵下吏，九年不調，兩鬢凝霜，巔毛欲脫，不禁穆然遐思，范純仁爲相日，一見趙擇仁輒嘆曰：不意簿領中乃有是人。一言知己，千古佳話。又不禁泫然自傷，因再書數語於志尾，并志予之蹉跎云爾。康熙三十年小春之廿有二日陳宗石識。”

賦役志有康熙三十年、三十一年內容。“弘”“曆”二字避諱。

《中國地方志聯合目録》著録爲“康熙二十六年刻本”，欠妥。中國國家圖書館藏康熙刻初印本，版印精良，其賦役志有康熙三十年、三十一年內容。“弘”“曆”二字未避諱。末有吳本植“重修安平縣志跋”，吳本植，直隸安平人，順治十五年進士。

明清時期安平縣志僅兩次修纂，一是明萬曆王訢修、王三餘纂，萬曆十七年（1589）刻本，中國國家圖書館存殘帙。二是此清康熙刻十卷本，有康熙三十年增刻及其後印本。

中國國家圖書館、上海圖書館、中國科學院文獻情報中心等近十館與“中央研究院”歷史語言研究所傅斯年圖書館及日本國會圖書館、東洋文庫、美國國會圖書館、法國國家圖書館等有藏。

98. 清雍正刻本故城縣志　T3134/4445.82

［雍正］《故城縣志》六卷，清蔡維義修，秦永清等纂。清雍正五年（1727）刻本（卷五配鈔本）。六冊。半葉九行十九字，小字雙行同，白口，四周單邊，單魚尾。框高 19.6 釐米，寬 14.2 釐米。首有雍正五年蔡維義序，康熙三十三年沈嘉珍序，康熙十九年宋爾祁序，康熙十一年吳友文序，康熙十一年柴應辰序，康熙三十三年孫爌序，康熙三十三年王錫綬跋，凡例，目録，圖，舊序（景泰六年〔1455〕馬偉序、景泰六年方貴序、嘉靖四年〔1525〕趙榮顯序、嘉靖四年孫緒序、萬曆二十二年〔1594〕周世選序、萬曆二十二年夏維藩序、萬曆四十二年李元忠序）。

99. 清乾隆刻本景州志　T3134/6069.83

［乾隆］《景州志》六卷首一卷，清屈成霖修，趙杉等纂。清乾隆十年（1745）刻本。八冊。半葉十一行二十一字，小字雙行同，黑口，四周雙邊，單魚尾。框高 18 釐米，寬 13.7 釐米。首有乾隆十年屈成霖敘，原敘（隆慶六年〔1572〕羅許敘、康熙十一年〔1672〕張一魁敘、康熙十九年張鳴珂敘），例言，目録。卷端題：“常

熟屈成霖纂輯，州人李基堉、趙栘、劉鵬振、仝較。”

景州，商周時期爲蓨氏國，春秋戰國時屬晉國和趙國。秦代屬鉅鹿郡。西漢時境内有蓨縣、蓨侯國等，東漢盡歸蓨縣，屬渤海郡。後幾經變更，蓨縣先後屬觀州、山東德州、冀州等，金貞元二年（1154）改屬景州（治在今河北東光）。元太宗八年（1236），觀州治所由東光移來蓨縣城，以蓨爲附郭，至元二年（1265）改觀州復爲景州，屬河間路。明洪武二年（1369），蓨縣省入景州，屬河間府。清雍正二年景州部分地區直屬河間府。民國二年（1912），景州改爲景縣，屬直隸省。今屬衡水市。

屈成霖，常熟人，乾隆元年進士。曾任盧龍縣知縣，乾隆五年任景州知州。

趙栘，字柯庭，號可亭，乾隆七年進士。

卷首宸章；卷一建置沿革、星野、疆域、城池（橋坊附）、官廨（倉驛附）、壇壝（祠廟附）、學校（書院義學附）、風俗、河防（水利）；卷二鄉屯、户口；卷三田賦（鹽政附）、兵防（武職附）、古跡（塚墓附）、物産；卷四封爵表、官師表、宦跡；卷五選舉表（椽仕附）、鄉獻、循吏、文學、武功、淑行（耆老附）、寓公、貞節；卷六封贈、文苑、雜著。

屈成霖序曰："霖甫視吏，即翻閲州志，頗怪其罣漏無徵，紛拏失次……乙丑春王始獲覩舊志，雖記載略爲清晰，而魯魚亥已莫可究詰矣。……從來文獻無徵，空言無補。……霖久抱斯愿，會江寧守張公華年暫蹶歸里，頗亦漏其從前所輯，相與造司空魏公之廬而請焉。公曰：'此大夫事，亦老夫事也。顧老夫耄矣，一知半解，不敢自閟，若分類纂編，則問諸吾州之富於學而盛於年者。'於是詢謀僉同，延進士趙君栘、孝廉李君基堉、明經劉君鵬振而咨之……諸君子幸廣諏博采，以匡所不逮。適吾鄉趙子貴樸公車道景，霖爲下徐孺之塌焉，相與芟除繁彷，斟酌義例。甫脱稿，去之燕臺。霖懼兩月之功，推敲未允，爰以退食寸晷，焚膏較訂。凡四易稿而書始成，付之剞劂氏。其發凡起例，業備列左方，而復嘵嘵簡端者，蓋霖反覆於志之始末而重有感也。"

選舉紀事至乾隆十年。"弘""曆"二字缺筆避諱。

每頁版心下鐫有字數。版刻精細。

景州志，最早始於隆慶羅許修、徐大佑纂六卷本，有隆慶六年（1572）刻本，日本尊經閣文庫藏有全帙。清代志書凡三修，康熙十一年有張一魁纂修四卷本，康熙十一年刻本；康熙十九年張鳴珂纂修《續補景州志》四卷，另即此屈成霖纂修乾隆十年本。

中國國家圖書館、中國科學院文獻情報中心、中國文化遺産研究院等三十七館與臺北故宫博物院、"中央研究院"歷史語言研究所傅斯年圖書館及日本國會圖書館、東洋文庫、美國國會圖書館有藏。

100. 清雍正刻嘉慶增補印本阜城縣志　T3134/2445.82

[雍正]《阜城縣志》二十二卷首一卷，清陸福宜修，多時珍等纂。清雍正十三年（1735）刻嘉慶增補印本。六冊。半葉十行二十字，白口，四周雙邊，單魚尾。框高 18.9 釐米，寬 14.6 釐米。首有張垣熊序、雍正十三年陳起唐序、雍正十二年陸福宜序、雍正十二年多時珍序、雍正十二年杜念先序、嘉慶年間黃元柱《節孝及孺人傳》、凡例、目錄。

阜城，古冀州地，春秋屬趙，秦屬鉅鹿郡，西漢始置阜城縣，屬渤海郡，東漢廢。西晉復置，仍屬渤海郡。北齊天保七年（556）移治今阜城縣。隋屬信都縣，唐屬冀州，天祐二年（905）改名漢阜縣，五代復名阜城縣，北宋屬永靖軍，金、元屬景州，明屬河間府，清因之。

陸福宜，江南泰興人，監生。雍正十一年由直隸布政司庫大使擢任阜城知縣。

多時珍，字玉巖，號鹿卿，阜城人，康熙二十六年（1687）解元。官內閣中書舍人。

卷首圖考；卷一星野；卷二沿革；卷三疆域；卷四城池；卷五公署；卷六學校；卷七典禮；卷八古跡；卷九壇祠；卷十物產；卷十一貢賦；卷十二風俗；卷十三郵傳、卷十四武備；卷十五封建；卷十六仕籍；卷十七選舉；卷十八貤封；卷十九人物；卷二十列女；卷二十一祥異；卷二十二藝文。

陸福宜序曰："歲在癸丑秋七月，福宜捧檄蒞宰阜城。到日吏循例以邑志進，發而視之，怪其卷帙之簡略，字跡之模糊。問之，則曰：'志修於前康熙壬子，距今六十餘年矣。'……諸紳士……於是各分厥職，搜羅抉剔，權輿於舊帙，而加以斟酌變通焉。其秉筆荷擔則中翰鹿翁多老先生，與明經杜子敬齋司訓於無極者也，福宜以風塵俗吏，愧乏班馬鴻才，竊慕南董直筆，亦間從諸君子後校讎增汰，以期徵信於傳聞，垂鑒於來者。始於五月之十日，竣於八月之二十日，集成未便授梓，將以獻之宗工哲匠，俯賜教削，錫以瓊章，用冠茲集，爰先敘其事之本末，以私志率土同文之慶云。"

書中"弘""曆"字經挖改。

因明隆慶年間纂修本已佚，現存最早阜城縣志係康熙十一年曹邦修、多弘馨纂二卷本，另一本即此雍正刻本。

中國國家圖書館、上海圖書館、河北省博物館、重慶市圖書館等五館與臺北故宮博物院及美國國會圖書館等藏。《中國地方志聯合目錄》著錄山東大學圖書館收藏此本，誤。

101. 清乾隆刻本冀州志　T3134/1869.83

　　〔乾隆〕《冀州志》二十卷續編一卷，清范清曠纂修。清乾隆十二年（1747）刻本。十册。半葉十行二十二字，小字雙行同，白口，左右雙邊，單魚尾。框高 18.6 釐米，寬 14.8 釐米。首有乾隆十二年周長發序，乾隆十二年朱一蜚序，乾隆十二年范清曠序，圖，舊序（成化二十二年〔1486〕曹安序、嘉靖二十七年〔1548〕王元亨序、康熙十四年〔1675〕李顯忠序），凡例，修志職名，目録。末有《社倉捐穀姓氏》。

102. 清雍正刻本直隸深州志　T3134/3930.82

　　〔雍正〕《直隸深州志》八卷，清徐綬纂修。清雍正十年（1732）刻本。六册。半葉八行二十二字，小字雙行同，白口，左右雙邊，單魚尾。框高 19.1 釐米，寬 12.8 釐米。首有雍正十年徐綬序，舊序（康熙三十六年〔1697〕李天培序），目録，續志凡例，舊志凡例，續志姓氏，舊志姓氏。卷端題："古隨劉應民原編，三韓李天培重輯，姑蘇徐綬續編。"

　　深州，古安平縣地，戰國趙邑。隋開皇十六年（596）於安平縣置深州。唐武德四年（621）分定州、瀛洲復置，仍治安平縣。北宋雍熙四年（987）徙州治於静安縣。金、元因之。明洪武二年（1369）静安縣省入深州，永樂十年（1412）徙州治於今深州鎮，屬真定府。清雍正二年深州升爲直隸州。

　　徐綬，江蘇吳縣（今蘇州）人，監生。雍正八年任深州知州。

　　卷一圖經，沿革，分野，建置（附街衢、坊額、關廂），城池（附集市），疆域，山川，古跡，丘隴（附漏澤園）；卷二籍賦、物産、兵防、舖舍（附遞馬）、倉場；卷三學校、壇祠、祀典、風俗、孝義（附烈士）、節烈（附賢孝）、學行（附老農）；卷四宦籍、儒籍；卷五科第、武科第；卷六仕宦（附閹臣）、綸綍；卷七事紀；卷八外紀、訂訛、後叙。

　　徐綬序曰："余以庚戌之春恭膺簡命，來刺是邦。適前有敕修直省通志之命，各憲羽檄督催邑乘，以備採輯，急取舊志反覆披覽……深之舊志閱今三十餘年，其中因革損益當復不一，人物繼起亦自不乏，而欲裒輯見聞以備採擇。……深自西漢而降分合不一，升降靡常，至明始建今治。其規畫經營，風土異宜，人物臧否，前志考訂加詳，此信之可傳者也。而庸德烈行或得天府之褒揚，抑或允協於國典，而里巷之傳，未敢擅登於紀載，此存以有待者也。其他如山川或名有而實無，風土因方言而互異，附會傳訛，參稽無據，則皆疑之可闕者也。慎審詳確，不敢苟亦不敢濫。

分卷成帙，集爲一書，庶上足以供史館之採擇，下足以備學士之稽考耳。然則是書也，豈徒藉以爲博覽之資哉。”

此係乾隆以後印本。“弘”“曆”字有挖改避諱者，也有不避諱者。有“玄”字不避諱者。

現存最早的深州志是清李天培修，段文華纂，康熙三十六年刻八卷本。其後有此雍正十年刻本，之後又有乾隆二十一年刻，伊侃修、鄒雲城纂直隸深州總志二十卷首一卷，以及道光七年（1827）刻張範東修、李廣滋纂深州直隸州志十卷首一卷末一卷本，和清吳汝綸纂同治十年（1871）修纂，光緒二十六年（1900）文瑞書院刻同治深州風土記二十二卷附表五卷本。

《中國古籍善本書目》著錄。中國國家圖書館、故宮博物院圖書館、上海圖書館與臺北故宮博物院有藏。

103. 清乾隆刻本直隸深州總志　T3134/3930.83

［乾隆］《直隸深州總志》二十卷，清尹侃、鄒雲城纂修，清乾隆二十一年（1756）年刻本。十二册。半葉九行二十二字，小字雙行同，白口，四周雙邊，單魚尾。框高 20 釐米，寬 14.0 釐米。首有乾隆二十一年尹侃序，舊志序（康熙三十六年〔1697〕李天培深州志序、雍正十年〔1732〕徐綬深州志序、康熙三十三年張星法武強縣志序、康熙三十三年許兆麟武強縣志序、萬曆二十九年〔1601〕翟燿饒陽縣志序、順治三年〔1646〕劉世祚饒陽縣志序、乾隆十四年單作哲饒陽縣志序、萬曆十七年王三餘安平縣志序、萬曆二十四年何翌安平縣志序、康熙二十六年陳宗石安平縣志序），凡例，纂修姓名，深州輿地總圖，目錄。

尹侃，湖北嘉魚人，乾隆七年進士。乾隆十六年任深州知州，乾隆二十一年升保定府知府。

鄒雲城，江蘇無錫縣舉人。乾隆二十一年任深州知州。

卷一方輿（沿革、疆域、星野、山川、古跡、風俗、物產）；卷二建置志（城池、公署、壇廟、村社、義倉、養局、市集、舖舍、坊表、塚墓）；卷三賦役志（戶口、地畝、科徵、起運、存留、倉糧、鹽課、雜稅）；卷四典禮志（朝賀、迎詔、讀法、迎春、薄蝕、祭祀、鄉飲、賓興、較閱）；卷五學校志（廟學、崇祀、祭器、書籍、學額、學田、義學、義學田）；卷六至七職官志；卷八名宦志（循良、幹濟、捍衛、忠義、祠祀）；卷九至十選舉志（徵辟、制科、進士、舉人、貢士、仕籍、例仕、武甲、武舉、武弁、封蔭、恩榮）；卷十一至十二人物志；卷十三列女志；卷十四雜稽志（戚畹、閹宦、機祥、戎行、考信、傳疑、示戒）；卷十五至二十藝文志。

　　尹侃序曰："昔人云：省志要，郡志簡，邑志詳。此言彙邑成郡，列郡成省，而郡外無省，邑外無郡也。直隸州之爲志不然，風土民物官制人文，於屬邑兼有之，更於本郡專有之。兼有之志提其要，匪要則冗，專有之志載其詳，匪詳則遺。竊覽博陵郡邑各舊志，州與饒續修之年，距今稍遠。武安修後，屆茲逾甲，廢軼良多。且自有明嘉靖時眞定府志後，深、武、饒、安州縣各紀。今者州人士暨三邑令以直隸故，請合爲編，侃不容辭也。第各志之舊鉛槧殊人，歲月殊時，繁簡殊地，舉廢殊事。其間條項之有無，詳略綱目之先後，重輕致不齊矣。以州領縣，體務畫一，筆削間能無難且愼哉？……侃伏蒙簡命，承乏深州五載以來……折敢謬爲編纂，立綱一十有五，列目百有幾，彙卷二十。因直隸故以州領縣，稱總志云。"

　　有墨筆批注。

　　南京大學圖書館有藏。

104. 清康熙刻本山西通志　　T3148/0.81

[康熙]《山西通志》三十二卷，清穆爾賽修，劉梅纂。清康熙二十一年（1682）
刻本。四函三十六册。半葉九行二十二字，小字雙行同，白口，四周單邊，單魚尾。
框高 22.1 釐米，寬 15.4 釐米。前有康熙二十一年穆爾賽序，康熙二十一年那鼎序，
康熙二十一年庫爾康序，康熙二十一年焦榮序，康熙壬戌（二十一年）劉梅序，康
熙十一年禮部纂輯省志條議，舊序五則（楊宗氣序、王好問序、熊迥序、周斯盛序、
祝徽序），纂修姓氏，凡例，目録。書後有康熙二十一年戴夢熊《建藏通志版籍齋
小記》。

山西省位於黃土高原東端，太行山與黃河中游峽谷之間，得名於地處太行山之
西。戰國爲韓、趙、魏三國地。西漢爲河東、雁門、太原、西河、上黨、代等六郡地。
北魏置泰、恒、肆、并、汾、建、晉、東雍、南汾等州。唐屬河東道。北宋屬河東
路，北部屬遼西京道。元設河東山西道宣慰司，屬中書省，領大同、冀寧、晉寧三路，
此爲山西作爲政區名稱之始。明洪武二年（1369）設山西等處行中書省，九年（1376）
改爲山西布政使司，領大同、太原、汾州、潞安、平陽等五府。清代轄大同、朔平、
寧武、太原、汾州、潞安、澤州、平陽、蒲州等九府與保德、代、平定、忻、遼、隰、
霍、沁、解、絳等十州。民國初至今爲山西省。

穆爾賽，字文如，滿洲人。康熙十九年由山西布政使升山西巡撫，康熙二十四
年因貪污被革職懲辦。

劉梅，字訓夫，直隸故城人。順治十五年（1658）進士。康熙十八年由山西僉
事升任山西提督學政。

此志三十二卷，卷各一門：卷一圖考，自爲一册，收天文諸圖、《古冀州疆界
圖》《堯舜禹建都圖》、山河諸圖、宮祠諸圖、《山西全省圖》、各府州疆域及屬縣圖、
《山西邊關圖》等，各圖均附説；卷二星野；卷三建置沿革；卷四疆域（關隘附）；卷

五山川（河梁附）；卷六城池；卷七公署；卷八學校（書院、考場附）；卷九祠祀；卷十貢賦；卷十一屯田；卷十二水利；卷十三鹽法（錢法附）；卷十四兵防；卷十五馬政（驛遞附）；卷十六帝王（后妃、封建、竊據附）；卷十七職官；卷十八名宦；卷十九選舉；卷二十人物；卷二十一孝義；卷二十二列女；卷二十三隱逸；卷二十四流寓；卷二十五仙釋（方技附）；卷二十六風俗（土產附）；卷二十七古跡；卷二十八陵墓；卷二十九寺觀；卷三十雜志；卷三十一祥異；卷三十二藝文（御製、歷代御製、賦、詩、箴、銘、頌、贊、議、論、問、說、解、辯、考、釋疑、書、檄、序、跋、疏、表、記、傳、行狀、墓、表、志銘、祭文、雜著）。

穆爾賽序：“我國家治運伏隆，車書咸會，聖天子允閣臣請，纂輯一統志，命直省郡邑各修紀乘，以昭盛軌，以備採覽。……余奉簡命，於康熙十九年秋由晉藩填撫，夙夜冰兢，每以振舉廢墜為首務。因念晉志遂前此已屬楮筆於諸紳衿，迄今猶未告竣，維時學使劉君梅禪心學政，人文視昔改觀，爰檄尚督厥事。劉君亦肆力經營，又越一載而帙成。”可知此志係應修一統志徵求省志而纂輯。纂修時搜羅舊志，所得甚少，凡例謂：“兵燹後版章殘缺，舊籍散亡，祇於榆社王氏得嘉靖間四序，前後俱無考。”

陽曲知縣戴夢熊《建藏通志版籍齋小記》述此志書版保存情況：“晉之有乘，由來舊矣。宜其陳陳相因，經久而弗失者也。何每經纂輯，文獻無徵，甚至購覓民間，僅存四序。雖兵燹之後，散失恒多，亦由庋貯慢藏而重其朽蠹也。……夢熊於是乎滋懼，謹就頮宮之偏，捐資鬻材，搆屋數楹，惟務期其堅固燥潔，而不貴於華飾，識其墨板之甲乙而存貯者焉。苟有同心，慎其啓閉，勤其補葺，則續此纂修者又奚漫漶之足慮邪。”

版心下記刊工及字數。刊工有李應禎、樊彥、盧貞、郭自成、甯鼎、郭茂、王元祚、田英、山、今、澄、明、劉、光、呂、時、見、太、文、云、盛、茂、盧、靳、李、張、元、馬、高、甯、亨、任、在、元、旺、樊、自、作、才、賀、彥、英、姚、禎、立、林、希、安、造、可、新、星、永、丕、田、華、秀、翟、賈、盧、金、有、計、丁、唐、末、浸、中、久等，共約六十人。

此本“胤”字缺末筆，並非剜修，可見康熙間已避諱“胤”字，為避太子諱之實例。

明清間山西八次纂修省志。首部為李侃修、胡謐纂《山西通志》十七卷，分四十一門，成化十一年（1475）付梓。其二為楊宗氣修、周斯盛纂《山西通志》三十二卷，仿《大明一統志》體例，分二十門，嘉靖四十三年（1564）付梓。其三為萬曆間李維禎纂修《山西通志》三十卷，體例沿襲嘉靖志，分二十門，崇禎二年（1629）付梓。其四即此康熙志。其五為覺羅石麟修、儲大文纂《山西通志》

二百三十卷，雍正十二年（1734）刊刻。其六爲雅德修、汪本直纂《山西志輯要》，體例仿《大清一統志》，首列省志，次列各府州，乾隆四十五年（1780）刊刻。其七爲曾國荃、張煦修，王軒、楊篤等纂《山西通志》一百八十四卷，分圖、譜、考、略、記、錄六體三十七門，光緒十八年（1892）刻。其八爲秋航編《山西鄉土志》，宣統二年（1910）始修，民國五六年間修成，列二十九門，未刊刻，僅有鈔本傳世。

此本第十三至十八冊（卷十八至二十）鈔配。

中國國家圖書館、天津圖書館、南京圖書館、南京大學圖書館、上海辭書出版社等九館與臺北故宮博物院及日本東洋文庫、內閣文庫、美國國會圖書館亦有入藏。

105. 清雍正刻本山西通志　T3148/0.82

［雍正］《山西通志》二百三十卷，清覺羅石麟修，儲大文纂。清雍正十二年（1734）刻本。十四函一百冊。半葉十二行二十三字，小字雙行同，白口，四周雙邊，單魚尾。框高 20.6 釐米，寬 14.5 釐米。前有雍正十二年覺羅石麟序，纂修職名，凡例十八則，目錄。卷端題：“山西巡撫都察院右副都御史臣覺羅石麟奉旨修輯。”

覺羅石麟，滿洲正紅旗人。監生。雍正六年由安徽布政使升任山西巡撫，乾隆五年（1740）去職。另修有《河東鹽法志》十二卷、《山西賦役全書》一百二十五卷等。

儲大文（1665—1743），字六雅，號畫山，江蘇宜興人。康熙六十年（1721）進士，官翰林院編修。著有《存硯樓集》。

此志二百三十卷，分四十門：卷一圖考，收《山西全省圖》《會城圖》、各府州治圖、山河圖、《鹽池圖》《偏頭關圖》《邊關圖》，計四十幅；卷二星野；卷三至五沿革；卷六、卷七疆域（鋪遞附）；卷八城池；卷九至十六關隘；卷十七至二十八山川；卷二十九至三十四水利（津梁附）；卷三十五至三十六學校；卷三十七至三十八公署；卷三十九至四十四田賦；卷四十五鹽法；卷四十六風俗；卷四十七物產，內石炭條簡要記載煤炭種類、優劣、產地及歷代開採、徵稅事；卷四十八至四十九兵制；卷五十至五十五武事；卷五十六驛站；卷五十七至六十古跡；卷六十一帝王（分據、后妃附）；卷六十二至六十三封爵；卷六十四氏族；卷六十五至七十二科目；卷七十三至八十二職官；卷八十三至一百名宦；卷一百一至一百四十人物（文苑附）；卷一百四十一至一百四十五孝義；卷一百四十六隱逸；卷一百四十七至一百四十八寓賢；卷一百四十九至一百五十八列女；卷一百五十九至一百六十仙釋；卷一百六十一藝術；卷一百六十二至一百六十三祥異；卷一百六十四至一百六十七祠廟；卷一百六十八至一百七十一寺觀；卷一百七十二至一百七十四陵墓；卷一百七十五經籍；卷一百七十六至一百七十九辨證；卷一百八十至一百八十一遺事；卷一百八十二至二百二十七藝文（御製、詔敕制誥、表牋、劄子、奏疏、狀、議、碑碣、記、書、啓、説、論、序、題跋、銘、箴、疏、引、辯、贊、頌、傳、文、策、祭誄、哀辭、賦辭、詩〔詩餘附末〕、雜著）；卷二百二十八至二百三十雜志。瞿宣穎《方志考稿甲集》謂："所補舊志之遺闕，如邊隘、武事之類，皆犁然有當於人心，乃至經籍、氏族諸門，亦深具卓識，非苟而已，視雍正間他省所修諸志遠勝也。"

覺羅石麟序："欽惟我皇上……命儒臣修直省通志，俾一統志館臣採擇，諄諭制府，務歸詳明，用以釐職方，廣史乘，甚盛典也。……臣石麟智識短淺，蒙聖恩巡撫兹地，又兼理提督軍務，襄斯大典，敢不怵共將事。乃偕布政使臣洞暨按察司臣筠、提督學政臣曙孫敦延耆儁，蒐訂經籍，晰夕編纂，以仰副詳明之旨。會臣洞與臣筠後先遷秩去，臣復飭署布政司臣而遜、署按察司臣永椿分理之。計閱三載，獲底成編，凡爲類得四十，益前志數倍有奇。"可知此志亦係應修一統志徵求省府志書而纂輯。

《四庫全書總目》入史部地理類都會郡縣之屬。《總目提要》謂此志"發凡起例者爲原任庶吉士儲大文，大文於地理之學頗能研究，所著《存硯樓集》，訂正輿記者爲多，故此志山川形勢率得其要領。其特立經籍一門，乃用施宿《會稽志》、袁桷《四明志》之例，亦有資考据云"。

中國國家圖書館、中國科學院文獻情報中心、中國民族圖書館、中共中央黨校圖書館、中國人民大學圖書館等三十三館與日本東洋文庫、東京大學東洋文化研究所、日本內閣文庫、美國國會圖書館、英國倫敦大學亞非學院、德國巴伐利亞國家圖書館、荷蘭萊頓大學漢學研究所、法國吉美博物館、法國國家圖書館、法國亞洲學會、比利時魯汶大學圖書館亦有入藏。

106. 清乾隆刻本山西志輯要、清涼山志輯要　　T3151/83

〔乾隆〕《山西志輯要》十卷首一卷《清涼山志輯要》二卷，清雅德修，汪本直纂。清乾隆四十五年（1780）刻本。十二冊。《山西志輯要》半葉九行二十一字，小字雙行同，白口，四周雙邊，單魚尾。框高 12.7 釐米，寬 9.3 釐米。《清涼山志輯要》半葉九行二十字，小字雙行同，白口，四周雙邊，單魚尾。框高 12.9 釐米，寬 9.2 釐米。前有乾隆庚子（四十五年）百齡序，乾隆四十五年雅德序，凡例十五條。

雅德，瓜爾佳氏，滿洲正紅旗人。監生。歷任內閣中書、侍讀學士、正白旗蒙古副都統、盛京工部侍郎、葉爾羌辦事大臣、喀什噶爾辦事大臣、工部右侍郎。乾隆四十四年任山西巡撫。後官至閩浙總督。

汪本直，字讓庭，江蘇常州人，貢生。歷任介休知縣、忻州知州、絳州州判。

此志爲〔雍正〕《山西通志》之節錄本。卷首爲省志，有分野、沿革、疆域、職官、户口、田賦、宦跡諸目。正文十卷，爲各府州志：卷一太原府；卷二平陽府；卷三潞安府；卷四汾州府；卷五大同府；卷六朔平府、寧武府，歸化城載於朔平府後；卷七澤州府、蒲州府；卷八直隸遼州、沁州、平定州、忻州；卷九直隸代州、保德州、解州；卷十直隸絳州、霍州、隰州。各府州先列分野、沿革、疆域、風俗、城池、學校、田賦、宦跡等目，總述府州概況；其次分述各縣，每縣列分野、沿革、疆域、城池、學校、田賦、關津、古跡、祠廟陵墓、宦跡、人物、列女、寓賢、仙釋、物產等目，各縣類目並不劃一，隨宜而定。省志及各府州之前，均有疆域圖。無藝文目。此志在史料方面較雍正志略有增補，如霍州記乾隆三十七年升直隸州，又如五台縣載乾隆御賜匾額等。

雅德序述纂輯宗旨："既披圖籍，而郡邑之志詳略不一。前撫軍石公編纂通志，庶幾彙三晉之全，而卷帙浩繁，尚非便覽。於是刪繁就簡，釐爲十卷，較《統志》則加詳，視《通志》則加擇，名爲《山西志輯要》。"

《清涼山志輯要》前有《清涼山全圖》《文殊菩薩像》，分上下二卷，列八門：卷上宸翰、錫賚；卷下佛跡、名勝、伽藍、崇建、靈應、高僧、誌異。紀事至乾隆四十五年。

《清涼山志輯要》卷上裝於第一冊卷首之後，卷下爲第十二冊，裝訂次序有誤。

首葉鈐"華竹深"朱文方印（1.4×1.4 釐米）。

中國國家圖書館、中國科學院文獻情報中心、中國社會科學院考古研究所圖書館、故宮博物院圖書館、中國文化遺產研究院等六十七館與"中央研究院"歷史語言研究所傅斯年圖書館、臺北故宮博物院、東海大學圖書館及日本東洋文庫、美國國會圖書館、德國慕尼黑大學東亞研究所亦有入藏。

107. 明萬曆刻清順治印本太原府志、清順治刻本太原府志　T3149/4379.7

［萬曆］《太原府志》二十六卷，明關廷訪、張慎言纂修，明萬曆四十年（1612）刻，清順治印本，八冊。［順治］《太原府志》四卷，清邊大綬修纂，清順治刻本，四冊。半葉九行十八字，小字雙行同，白口，四周雙邊，單魚尾。框高 20.7 釐米，寬 15.3 釐米。［萬曆］《太原府志》首有萬曆四十年關廷訪序，目錄，凡例。［萬曆］《太原府志》首有續志說明，卷一至二目錄；卷三前有順治續志說明，卷三至四目錄。

108. 清雍正刻乾隆增刻本重修太原縣志　T3150/4379.82

［雍正］《重修太原縣志》十六卷，清龔新、沈繼賢修，高若岐等纂。清雍正九

年（1731）刻，乾隆二十年（1755）增刻本。八册。半葉九行二十字，小字雙行同，白口，四周雙邊，單魚尾。框高 19.8 釐米，寬 14.5 釐米。前有扉頁，雍正九年沈繼賢序，原序三則（嘉靖辛亥〔三十年，1551〕張祉序、天啓丙寅〔六年，1626〕屈鍾嶽序、天啓丙寅譚誠言序），纂輯姓氏，凡例，目錄，圖。

太原縣地處太原盆地北部。秦置晉陽縣，秦漢爲太原郡治。隋開皇十年（590）改晉陽縣爲太原縣，屬并州。唐屬太原府。五代末年爲北漢都城。宋太平興國四年（979）平北漢，改置平晉縣。明洪武八年（1375）改爲太原縣，屬太原府。清因之。1943 年改爲晉泉縣，1945 年改名晉源縣。1951 年改置太原市晉源區。

龔新，字屏山，浙江餘姚人。雍正六年任太原知縣。

沈繼賢，字鶴書，浙江海寧人。康熙五十四年（1715）進士。歷任直隸樂亭、山西嵐縣知縣。雍正八年任太原知縣。另修有《嵐縣志》。

高若岐，字天柱，山西太原人。

書前有圖四幅：《縣治圖》《縣城圖》《晉祠圖》《天龍山圖》。正文十六卷，卷各一門：卷一建置，述沿革；卷二山川，附河渠、洞、八景、陵墓；卷三田賦，載明洪武以來田畝、賦稅數，頗簡略；卷四户口，略載明洪武以來户口數；卷五城垣，附鎮店、堡寨、汛地、郵舍、橋梁等；卷六物産；卷七職官；卷八學校，附牌坊；卷九祀典，壇閣祠寺均入此；卷十名宦，附僑寓；卷十一選舉，附恩封、恩蔭、胥史、農官等；卷十二人物，附壼範、仙釋；卷十三藝文，獨佔兩册，篇幅爲各門之最，所錄均爲碑記；卷十四詩賦，有五言古、七言古、賦、五言排律、五言律、七言律、五言絶、七言絶、詩餘等目；卷十五災祥；卷十六雜志，所收《申明水利禁例公移》《晉水碑文》等，爲農業水利史資料。

沈繼賢序："既下車，急欲得志寓目焉，孰意熙朝成憲，猶然故國藏書，敘次舛錯，字跡摩挲。……余不敏，弗能載筆，幸案無累牘，每當退食之餘，時切續貂之念，所患殘篇斷簡，不足爲憑。適邑明經高子若岐，其先世大參公嘗惓惓於是者也，今文孫復紹前徽，備錄成編呈閲，則見一方文獻，今古犁然，採取獨富，實修舉之券印。……旁搜故載，近考傳聞，取高子一書而筆削之，質諸司鐸，校閲諸生，僉曰可，不數月而成帙，廣舊志十有六卷，遂付之梓。"可知此志是在高若岐所纂初稿基礎上修成，高若岐"先世大參公"即高汝行，明嘉靖太原志即出於其手。

藝文末增刻《重修城隍廟碑記》一種，題下小字注明"續刻"，末署"乾隆乙亥記"，乙亥即乾隆二十年。

扉頁刊："雍正九年重修海寧沈鶴書纂輯太原縣志。本署藏板。"

"萬曆"剜改爲"萬歷"。卷中有多處剜修。

太原縣明清志書現存五部：其一爲明高汝行纂修《太原縣志》六卷，列四十九目，嘉靖三十年（1551）刻。其二爲屈鍾嶽增修、石鼎亨增纂《太原縣志》六卷，以高汝行志爲基礎續增嘉靖至天啓間史事，天啓六年（1626）刻。其三即此雍正志。其四爲員佩蘭修、楊國泰纂《太原縣志》十八卷，列二十四門，道光六年（1826）付梓。其五爲薛元釗修、王效尊纂《續太原縣志》二卷，列十二門，續補道光志，光緒八年（1882）刊刻。

中國國家圖書館、中國科學院文獻情報中心、中國水利水電科學研究院圖書館、中國人民大學圖書館、北京師範大學圖書館等十七館與"中央研究院"歷史語言研究所傅斯年圖書館、臺北故宮博物院及日本東洋文庫、美國國會圖書館亦有入藏。

109. 清順治刻康熙增刻本清源縣志　T3150/3239.80

［順治］《清源縣志》二卷，清和羹修，王灝儒纂。清順治十八年（1661）刻，康熙十七年（1678）增刻本。二册。半葉九行二十一字，小字雙行同，白口，四周雙邊，單魚尾。框高 21.8 釐米，寬 14.6 釐米。前有順治十八年和羹敍，順治辛丑（十八年）王灝儒敍，目録。書後有順治辛丑劉復興跋。卷端題："邑人王灝儒纂修。"

清源縣地處晉中盆地西北部。春秋爲晉梗陽邑。秦漢至北朝爲晉陽縣地。隋開皇十六年（596）析置清源縣，因城西北平泉村清源水得名，屬并州。大業元年（605）併入晉陽縣。唐武德元年（618）復置，屬并州，開元十一年（723）屬太原府。金大定二十九年（1189）析置徐溝縣，亦屬太原府。元明因襲之。清乾隆二十八年（1763）降爲清源鄉，屬徐溝縣。1912 年復置清源縣。今屬山西省太原市。

和羹，字涵庵，直隸内丘人。貢生。順治十五年任清源知縣。

王灝儒，字心孩。順治四年進士。曾任山東兗州府曹州知州。

此志二卷，平列三十五門：卷上沿革、星野、疆域、形勢、山川、都分、風俗、景致、古跡、陵墓、城池、公署、學校、壇壝（附涌澤園）、舖堠、祠廟、寺觀、屯鎮、楯橹、街市、橋梁、渠堰、户口、丁役、田賦、物産、畜異、職官、宦跡；卷下選舉（附吏掾）、襃宗、鄉賢、孝義、貞烈、藝文，藝文門所録主要爲碑記及八景詩，搜羅欠廣。

和羹敍："余初剖符是邑，見吏人所投者，有城圖無志書，甚怪異之。泊蒞任後，詢之紳士，咸曰自昔及今未之有也。……欲纂輯之，苦無緒理可尋，每向文獻家咨訪世傳，幸有羅子名國善者，搜括祖考鈔本，出以相示，上自春秋，下至有明隆嘉而止。若羅氏者，真文獻家也。偶一得之，幾與玉檢金函、古碑斷碣同珍。嘉隆而後，又苦無所稽矣。幸有薦紳先生王心孩，自爲諸生時即究心於人物山川風土之盛，或採之曩喆之傳記，或得之父老之覩聞，始兼綜靡遺。若先生者，殆一方文獻也已。爰相商榷，佐以府志，核實而纂輯之，以付剞劂。"可知此志以邑人羅國善祖傳鈔本明嘉靖志書爲基礎纂成。

清源縣明代曾修志,今均已不存。此志爲清源縣唯一存世的清代縣志。光緒間,徐溝知縣王勳祥修《徐溝縣志》,時清源雖已併入該縣,但歷代獨立設縣,遂分局纂修,王效尊等據秦爲龍乾隆間所輯清源志稿,增補近事,纂成《清源鄉志》,附於《徐溝縣志》之後,光緒八年(1882)刊刻。

此本職官門知縣目後補刻張文韜、張汝瑚二條,任職時間分別爲康熙元年、五年。典史目後補刻王元錫一條,任職時間爲康熙元年。藝文門增刻《白龍廟記》《東湖記》二篇,撰者爲知縣儲方慶。考〔光緒〕《清源鄉志》,儲方慶任職時間爲康熙十四年至十七年,《白龍廟記》有"予將以朝命去官"語,《東湖記》有"遷延及於戊春,吏事稍暇,將伸本志,謀塞此湖,而朝命猝臨,亟去兹土,竟使三年中夙夜思慮將爲清土計者不得一開其端"語,"戊春"即指康熙十七年戊午之春,則補刻時間當在康熙十七年儲方慶離任之前。《中國地方志聯合目録》著録此志有康熙五年增補刻本,疑即此本,但未詳考藝文志增刻時間,而僅據職官門補刻者著録。《中國地方志總目提要》謂增刻部分紀事止康熙十六年,亦不確。

有缺葉:卷下第五十二葉。

中國國家圖書館、北京大學圖書館、天津圖書館、山西省圖書館、南京大學圖書館等七館與"中央研究院"歷史語言研究所傅斯年圖書館、臺北故宮博物院及日本東洋文庫、内閣文庫、美國國會圖書館亦有入藏。

110. 清康熙刻本徐溝縣志　　T3150/293.81

〔康熙〕《徐溝縣志》四卷,清王嘉謨纂修。清康熙五十一年(1712)刻本。四册。半葉九行二十二字,小字雙行同,白口,左右雙邊,單魚尾。框高 22.5 釐米,寬 14.3 釐米。前有康熙五十一年王嘉謨序,康熙五十一年閻開序,原序(萬曆三十五年〔1607〕楊國楨序、萬曆四十年王敷學敍),目録,纂修姓氏(原修、續修、新修),凡例。書後有閻鴻泰跋、劉弘輔後序。

徐溝縣地處晉中盆地西北部。秦漢爲晉陽縣地。唐宋爲清源縣地。金大定二十九年(1189),析清源縣徐溝鎮置徐溝縣,屬太原府。元屬冀寧路。明清屬太原府。清乾隆二十八年(1763)降清源縣爲鄉,併入徐溝縣。1912 年清源縣復析出。今屬山西省太原市。

王嘉謨,字慎齋,浙江會稽(今紹興)人。貢生。康熙四十八年任徐溝知縣。

此志四卷,列三十二目:卷一圖考、星野、建置、疆域(關隘附)、山川、城池、公署、學校;卷二祠祀、貢賦、屯田、水利、鹽法(錢法附)、兵防、馬政(驛遞附)、帝王、職官、名宦；卷三選舉、人物（鄉賢）、忠孝（尚義附）、貞節、隱逸、流寓、仙釋、風俗（土産附）、古跡、陵墓、寺觀、雜志、祥異；卷四藝文。

王嘉謨序："縣於宋紹興三十二年設，自金人至明萬曆三十五年隴西楊君守此土始立志，四十年劍州王君繼之，復重編焉。……自二公以至於今，不又已百餘年耶？若仍安固陋，不爲修明而表章之，不又使百餘年來之可傳者而竟不傳耶？予與邑之士大夫慨然念之，皆曰：是不可待。於秋七月立局，延邑之博學而能文者摻其筆，疑者删之，信者增之，務核其實，毋亂其真，凡例條目仍遵舊本，越一月而編成。舊志九十版，新增二百六十版，共計四卷，爲捐俸而付之梨棗。"

徐溝縣明清志書今存三部。首部爲明楊國楨纂修、王敷學續修《徐溝縣志》二卷，列七門三十九目，萬曆四十年刊刻。其次即爲此康熙志，以萬曆志爲底本重修。康熙五十一年刻本之外，另有乾隆二十四年（1759）增刻本。第三部爲王勳祥修、秦憲纂《補修徐溝縣志》六卷，列三十三門，係康熙志續補之作，光緒七年（1881）刻。

封面題簽以"元""亨""利""貞"標記册序。

纂修姓氏末記"剞劂氏汪浩（仁和）、郭起鳳（陽曲）"。仁和在今杭州市，陽曲今屬太原市，可知此本係杭州刻工與山西本地刻工合作刊刻。

中國國家圖書館、中國科學院文獻情報中心、故宮博物院圖書館、北京大學圖書館、中央民族大學圖書館等十四館與"中央研究院"歷史語言研究所傅斯年圖書館、臺北故宮博物院及日本東洋文庫、美國國會圖書館、法國巴黎 M.R. 赫杜圖書館亦有入藏。

111. 清康熙刻本陽曲縣志　　T3150/7256.81

［康熙］《陽曲縣志》十四卷首一卷，清戴夢熊修，李方藹、張爾質等纂。清康熙二十一年（1682）刻本。八册。半葉九行二十字，小字雙行同，白口，四周單邊，單魚尾。框高 20.4 釐米，寬 14.9 釐米。首有康熙壬戌（二十一年）陳廷敬序，康熙二十一年楊素蘊序，康熙二十一年戴夢熊序，康熙二十一年李芳藹序，張爾質序，修志姓氏，凡例一十八則，目録，舊序（李光輝序、李維楨序），圖考。書後有劉中式跋，康熙二十一年文耀斗跋。

陽曲縣地處忻定盆地與晉中盆地之間。西漢置陽曲縣，故治在今定襄縣北。西晉爲陽曲、狼孟、盂三縣地，同屬太原國。北魏廢狼孟、盂二縣。隋開皇六年（586）改陽曲縣爲陽直縣，十六年改名汾陽縣，大業中復改陽直縣。唐武德七年（624）再改名陽曲縣。北宋嘉祐四年（1059）爲太原府治。金爲河東北路太原府治。元爲冀寧路治。明清爲太原府治。民國時期前期爲山西省會。今屬山西省太原市。

戴夢熊，字汝兆，浙江江浦人。監生。康熙十五年任陽曲知縣。

李方蓁，字仙葉，陝西曲沃人。修志時任太原府儒學教諭。後曾任宣平知縣。

張爾質，字子文，山西陽城人。修志時任太原府儒學訓導。後曾任鄭州知州。

卷首圖考收《參宿圖》《疆域圖》《城池圖》《縣治圖》《文廟圖》及八景圖。正文十四卷，列十三志：卷一天文志（星野、躔度、麗屬、占候、祥異）；卷二方輿志（沿革、疆域、形勝、山川、古跡〔附八景〕、陵墓、園亭〔附樓閣〕、方産、風俗）；卷三建置志（城池、公署、坊表、卹典、街巷、村落、都里、鄉保、市鎮、橋梁、河渠）；卷四貢賦志（戶口、丁徭、田賦〔附優免〕、運支、鹽法、商稅、班匠、積貯）；卷五祀典志（禮祀、祠堂、廟宇、寺觀）；卷六學校志（學宮、祭器、書籍、臥碑、學政、鄉飲、鄉射、義學、作養、學田），對縣學規制、禮儀等記載頗詳；卷七政令志（鄉約、申詳），可略見地方施政之一斑；卷八武備志（教場、軍器、關隘、舖舍、堡寨、屯田、驛站）；卷九官秩志（知縣、縣丞、主簿、典史、教諭、訓導、巡檢、驛丞）；卷十名宦志（宦跡）；卷十一選舉志（進士、舉人、薦辟、恩拔、歲貢、例貢監、武進士、武舉、吏才〔附清初從王〕、貤封、恩蔭）；卷十二人物志（人物、孝友、節義、義行、列女、隱逸、僑寓、方技、仙釋）；卷十三雜述志（帝后、封建、叢紀）；卷十四藝文志（奏疏、詩歌、辭賦、碑記、列傳、序跋、雜著）。各志前有戴夢熊小序。

戴夢熊序略敘纂修經過："酒於今歲壬戌謀諸兩庠學博諸君，集邑之薦紳衿士，共議編輯，而纂修之志遂決。用是訪求博聞强識之士，佐學博諸君以效其採輯編摩之力，余因得而敘次論列之。昉於季夏，竣以季冬，凡七閱月而告成功焉。"

陽曲縣，明萬曆間修有志書，今已亡佚。此康熙志爲陽曲現存最早的一部縣志。此後，道光間李培謙等修、閻士驤等纂《陽曲縣志》十六卷，體例仿章學誠《永清縣志》，有圖、表、書、略、傳、文徵、志餘等類，道光二十三年（1843）刊刻。

各册内封鈐"文守静堂"白文長方印（3.5×1.2釐米），另鈐有"字明德，號静山，晉陽人，平順街"十二字，並墨書"張氏珍藏"四字。可知此本曾爲晉陽人張明德舊藏。

有缺葉：卷十二第二十五葉。

中國國家圖書館、中國第一歷史檔案館、中國民族圖書館、清華大學圖書館、天津圖書館等十一館與"中央研究院"歷史語言研究所傅斯年圖書館、臺北故宮博物院及日本東洋文庫、内閣文庫、美國國會圖書館亦有入藏。

112. 清順治刻康熙增刻本雲中郡志　T3149/1350.80

［順治］《雲中郡志》十四卷，清胡文燁等纂修。清順治九年（1652）刻，康熙

間增刻本。三函十六册。半葉十行二十一字，小字雙行同，白口，左右雙邊，單魚尾。框高 20.4 釐米，寬 14.9 釐米。前有順治壬辰（九年）劉國欽序，順治壬辰胡文燁序，目錄。書後有順治九年劉宏譽跋，順治壬辰徐化溥跋。

此志爲大同府府志。大同府位於今山西省北部。唐貞觀十四年（640）置雲州，治定襄縣。永淳元年（682）廢，開元二十年（732）復置。遼重熙十三年（1044）升爲大同府。宋宣和五年（1123）歸宋，改爲雲中府。不久入金，復爲大同府。元改爲大同路。明初改爲大同府。清仍之，隸山西省。清初大同府領應、渾源、蔚、朔四州與大同、懷仁、山陰、馬邑、靈丘、廣靈、廣昌等七縣及豐鎮廳。雍正年間領渾源、應二州及大同、懷仁、山陰、陽高、天鎮、廣靈、靈丘七縣。1912 年撤銷。

胡文燁，滿洲人。貢生。順治七年由昌平知州調任大同知府，順治九年升任平陽巡道。

此志十四卷，分乾、坎、艮、震、巽、離、坤、兌八集，列九志五十九門。卷一、卷二方輿志（沿革、疆域、星野、山川，風景、形勝、古跡、風俗、封建、巡幸），疆域門有《雲中郡總圖》《雲中郡圖》《雲中郡屬圖》等三幅；卷三建置志（城池、公署、坊表、學校、倉驛、橋梁、祀典、陵墓）；卷四食貨志（賦稅、丁役、物產）；卷五秩官志（總督、巡撫、巡按、餉司、監司、守令、幕僚、教職、協將、都司、守備）；卷六名宦志（忠烈、功業）；卷七武備志（兵籍、餉籍、守禦、征討、邊警、撫款、關塞、邊堡〔附民堡〕、烽墩）；卷八至九人物志（徵辟、甲第、鄉舉、里選、忠義、孝友、卓行）；卷十至十一人物志（事功、文學、貞節）；卷十二外志（僑寓、仙釋、逆變、災祥）；卷十三至十四藝文志（碑記、題詠）。

胡文燁序：“余於七年庚寅夏六月由昌刺奉命守茲，甫釋繻翰，事事同草昧，且日侍制府帷幄，凡所諮阨塞石口、士馬金穀之數，多不獲原册考究，每用是撫髀，府乘亟欲得前代典籍删潤之，以成一王體裁，此職守此夙志也。奈灰炮之餘，散帙淪軼，西河氏昔訂晉訛，今且安得三豕而辨之乎？禮失求野，久購得明守汪君承爵所纂《大同府志》，首尾二三册，與郡之學博子衿輩斤斤參稽，通牒報可，遂輯其事而纂修焉。”

藝文門後增刻四葉，錄有關甲辰年賑濟災民詩文多則。甲辰當指康熙三年（1664）。著者中，大同知府唐虞堯，據〔乾隆〕《大同府志》，其任職時間爲康熙十五年，懷仁知縣盧志遜，任職於康熙四十年。可知增刻重印時間當在康熙後期。

大同府最早的志書爲明代張欽纂修《大同府志》十八卷，列三十五門，明正德十年（1515）付梓，有嘉靖間補刻本。其後萬曆、天啓間都曾重修府志，但今均已亡佚。此《雲中郡志》爲大同府現存第二部府志。一百二十餘年之後，乾隆間清吳輔宏修、王飛藻纂有《大同府志》三十二卷，乾隆四十一年（1776）刊刻，其後文光又加以校訂，於乾隆四十七年（1782）就原版剜補，重印行世。

金鑲玉裝。

中國國家圖書館、中國科學院文獻情報中心、中國社會科學院考古研究所圖書館、北京大學圖書館、中國人民大學圖書館等十館與臺北故宮博物院及日本東洋文庫、美國國會圖書館亦有入藏。

113. 清乾隆刻本大同府志　　T3149/4372.83

[乾隆]《大同府志》三十二卷首一卷，清吳輔宏修，王飛藻纂，文光校訂。清乾隆四十一年（1776）刻，乾隆四十七年剜補本。二函十六冊。半葉十行二十二字，小字雙行同，白口，四周雙邊，單魚尾。框高 18.4 釐米，寬 14.8 釐米。首有乾隆四十七年劉種之序，重纂大同府志原槀，乾隆四十一年吳輔宏序，文光跋，目錄，重輯大同府志奉準原議，雲中郡志原序（順治壬辰〔九年，1652〕胡文燁序、佟養量序、薛陳偉序、順治壬辰劉國欽序），重纂銜名，例言十六則，圖。卷端題：“大同府知府吳輔宏纂輯。”

吳輔宏，安徽歙縣人。貢生。曾任遼州知州，乾隆三十五年任大同府知府。

王飛藻，江蘇新陽（今崑山）人。拔貢。

文光，字華亭，滿洲正白旗人。監生。乾隆四十六年任大同府知府。

卷首有《郡城全圖》《府治圖》《學宮圖》《總鎮署圖》《府境山川全圖》及所屬各州縣山川圖，計十五幅。正文三十二卷，列二十二門：卷一沿革；卷二星野；卷三疆域（道路、村堡附）；卷四山川（水利附）；卷五形勝；卷六古跡（塚墓附），瞿宣穎《方志考稿甲集》謂“記載翔確”；卷七風土（物產附）；卷八巡幸；卷九封爵；卷十、卷十一職官；卷十二建置；卷十三賦役；卷十四學校（書院、義學附）；卷十五祠祀（寺觀附）；卷十六兵防；卷十七至十八宦跡；卷十九至二十選舉（仕宦附）；卷二十一至二十三人物（孝義、藝術、遊寓附）；卷二十四列女；卷二十五祥異；卷二十六至三十一藝文；卷三十二雜志。

吳輔宏序：“府屬所貯志書，係國初順治九年壬辰前知府事胡公文燁所纂，閱百二十餘年。……乃因方伯朱公延婁江明經碉南王君開局郡城，經始於今春，次第排纂，閱十有一月而藏事。”

文光跋：“余於辛丑歲來守斯郡，閱志乘，自順治壬辰纂梓而後，經前守吳輔宏於乾隆丙申歲輯修，剖劂成編，較舊志自維詳審，而觸礙字面及空格之處猶多失檢。因稟請各憲，蒙允准釐覈重刊，爰將吳守所輯郡志悉心更訂，復事參徵，細加刪削，以期詞意胥歸醇正，行次無復闕殘，聿昭慎重，而字畫亦再四校讎，俾無訛舛。斯志之輯也，按籍臨池，歷週經歲，殆亦兢兢加之意云。工始於辛丑秋八月，竣於壬寅冬十有一月。”

據吳輔宏、文光序跋可知，此志乾隆四十一年已經刻版，文光上任之後加以修訂增補，利用原版剜改補刻，重印行世。職官等門，乾隆四十一年以後事往往以雙行小字排版，爲剜補原版之確證。

有缺葉：卷二十四第二十一、第二十二葉。有鈔配：卷四第二十一、第三十七葉，卷二十七第三、第十九、第二十葉，卷三十一第二十九、三十九葉。

中國國家圖書館、首都圖書館、中國科學院文獻情報中心、故宮博物院圖書館、中國文化遺産研究院等三十二館與“中央研究院”歷史語言研究所傅斯年圖書館、臺北故宮博物院及日本東洋文庫、京都大學人文科學研究所、美國國會圖書館、丹麥哥本哈根皇家圖書館、法蘭西學院漢學研究所亦有入藏。

114. 清雍正刻本陽高縣志　　T3150/7202.82

［雍正］《陽高縣志》六卷，清房裔蘭修，蘇之芬纂。清雍正七年（1729）刻，雍正八年補刻本。四册。半葉九行二十一字，小字雙行同，白口，四周單邊，單魚尾。框高 21.9 釐米，寬 14.9 釐米。前有雍正六年蘇之芬序，雍正七年房裔蘭序，錢再春敘，志例十則，纂修姓氏，目録。書後有雍正七年蘇之芬《書志林後》。

陽高縣地處桑乾河中上游。西漢置高柳縣、參合縣，均屬代郡。東漢先後廢。北魏復置高柳縣，後廢。唐貞元十五年（799）置清塞軍。遼置長青縣，屬大同府。金大定七年（1167）改爲白登縣。元屬大同路。明洪武初廢白登縣，二十六年（1393）置陽和衛。清順治三年（1646）陽和、高山二衛合併爲陽高衛，雍正三年（1725）改爲陽高縣，屬大同府。今屬山西省大同市。

房裔蘭，字漢芷，直隸欒城人。康熙四十一年（1702）舉人。雍正七年任陽高縣第二任知縣。

蘇之芬，號鐸庵，山西朔州人。康熙二十六年舉人。修志時任陽高縣儒學教授。

此志六卷：卷一星野（氣候、占驗附），輿圖（收《山川圖》《東路村堡圖》《西路村堡圖》《南路村堡圖》《城署圖》等），巡幸，沿革（建置附）；卷二山川（八景附）、土産、田賦、戶口、風俗、祠宇；卷三公署、職官、名宦、鄉賢，職官門房裔蘭條下列善政十二條，通篇諛辭，有乖志體；卷四學校，教法，選舉，人物（流寓、仙釋附）；卷五古跡（陵墓附）、祥異、武備；卷六藝文，載録碑記、傳、詩等，自爲一册。

此志爲雍正三年陽高建縣之後所纂修的首部縣志，也是清代陽高縣唯一一部志書。房裔蘭序："余自今年己酉春承乏茲土，下車之始，首以志書詢之里□，邑士咸曰無傳。因與學博蘇子言，蘇子慨爲己任，廣搜博採，信者存之，疑者闕之，不數月而草檢創成。"凡例謂："按山西省志式遵一統志，縣隸山西，則志當惟省志是式。……今志編門分類，取以爲楷，因舊章也。"是此志體例取法於《山西通志》。錢再春述及修志資料之來源："（蘇之芬）爰是課業之暇，或採郡志之遺編，或訪父老之傳聞，與夫一二生徒之記載，時復酌以特見，纂集成帙。"

卷三職官門之末，補刻雍正八年任典史金秉沛一人，補刻時間當即在雍正八年或稍晚。

第一册首葉版心墨書："陽高縣禮科徵點，第一卷，共六卷，共成四卷。"第二册首葉版心墨書："陽高縣禮科徵點，第二卷。"第三册首葉版心墨書："陽高縣禮科徵點，第三卷。"第四册蘇之芬《書志林後》首葉版心墨書："陽高縣禮科徵點，第四卷，共六卷，共合四卷。""共成四卷""共合四卷"當指此書四册而言。此本曾經陽高縣衙清點，原爲縣署存用之本。

有缺葉：卷六第三至七葉、第十九葉。

中國國家圖書館、中國科學院文獻情報中心、故宮博物院圖書館、中國文化遺產研究院、北京大學圖書館等十七館與臺北故宮博物院、臺北"内政部"圖書館及日本東洋文庫、美國國會圖書館亦有入藏。

115. 清康熙刻乾隆剜修本靈邱縣志　T3150/1172.81

〔康熙〕《靈邱縣志》四卷，清宋起鳳纂修，岳宏譽增訂。清康熙二十三年（1684）刻，乾隆間剜修本。四册。半葉九行二十字，小字雙行同，白口，左右雙邊，單魚尾。框高 19.1 釐米，寬 13.4 釐米。前有順治十七年（1660）宋起鳳序，康熙二十三年岳宏譽序，序次，目錄，圖。卷端題："靈邱縣知縣事蕙水宋起鳳紫庭編輯，靈邱縣知縣事毗陵岳宏譽聲國重訂，儒學教諭太原楊廷亮采公、訓導澤州吕大咸釣文全校。"

靈邱縣地處晉北高原東北邊緣、太行山西麓。西漢置靈丘縣，因境内有趙武靈王墓得名，屬代郡。北魏屬司州，太和年間改屬恒州。隋開皇初大昌縣併入。隋末廢。唐武德六年（623）復置，屬蔚州。金貞祐二年（1214）併入蔚州。元復設靈丘縣，屬蔚州。明屬大同府蔚州。清屬大同府。雍正三年（1725）詔令避孔丘諱，改爲靈邱。民國以來繼續採用靈丘爲縣名。今屬山西省大同市。

宋起鳳，字紫庭，河北滄州人。順治十一年任靈丘知縣，康熙元年升任羅定知州。

岳宏譽，字聲國，江蘇武進人。順治十八年進士。康熙十七年任靈丘知縣。

　　書前有《疆域圖》《城池圖》《縣治圖》《學宮圖》，計四幅。正文四卷，列八志五十八目：卷一方輿志（沿革、疆域、星野、山川、景物、形勝、古跡、風俗、歲時），建置志（城池、公署、坊表、學校、驛傳、舖舍、津梁、祀典、陵墓）；卷二食貨志（賦役、物產），秩官志（邑令、邑佐、學諭、學訓、參將、守備），名宦志（功業、治績），武備志（兵籍、餉籍、軍器、邊警、關塞、逆變、災祥），人物志（甲第、鄉舉、里選、准貢、國學、武科〔椽承附〕、忠義、鄉賢、仕宦、仙釋、流寓）；卷三至四藝文志（詔、記、引、議、傳、辯、文、啓、引、記、詩），篇幅爲各志之最，獨佔二册，但過半爲宋起鳳、岳宏譽二人之作。

　　宋起鳳序："歲甲午，銓任靈邑，輒從吏徵邑志以考風，咸謂邑自明季數罹兵火，鐫本散軼無存，今且廿有餘年矣。……因矢志欲纂輯其成，值吏事暇，常從故老生儒多所究論，遲之又久，終不得詳且盡也。爰購求郡志及尹朔野三關志、輿圖、水經、會典、全史諸書，復旁證於蔚、渾、昌邑三地舊志，衷遺言，採遺事，積歲而成書。"

　　岳宏譽序："古志散軼無存，宋令廣搜博採，哀集成編，付之剞劂，板復旋失，僅存李明經家鈔本上下兩帙，紀載間有差謬，文字率多亥豕，承訛襲舛，殆非一日。宏譽自受事茲土，下車即從吏徵邑志蔑有，輒慨焉欲圖修輯。轉瞬六載以來，未嘗須臾忘此也。邑故少鏤刻匠藝，走他處鳩工又苦力不贍，遷延久之。……甲子夏，適梓人陳奎甫與予有鄉里之舊，從長安來，遂留之。檢閱舊本，删其蕪雜十之一，增加訂正十之三，分別注明，以備參考，定爲四卷，詮次畢付梓，凡五閱月事竣。"甲子即康熙二十三年。

　　靈丘縣清代志書現存三部。首部爲宋起鳳纂修《靈丘縣志》四卷，列八門五十八目，順治十七年付梓，刻本今未見著錄，僅有鈔本傳世。其次即此康熙志，係岳宏譽在順治志基礎上增訂而成，體例完全沿襲前志。再次爲雷棟榮、嚴潤林修，陸泰元纂《靈邱縣補志》十卷，列九志四十九目，門目設置大體沿襲前志，爲前志續補之作，光緒七年（1881）刊刻。

　　此本序文"丘"剜改作"邱"，遵雍正三年詔令避孔丘諱，版心及卷中往往剜去不補。"貞""禎""弘"等字並剜除，"曆"剜去下部二筆。目錄及卷二"貞節"目，並剜去"貞節"二字。可知此本剜修印刷時間當在乾隆間。剜除各字往往以墨筆添改。

　　金鑲玉裝。

　　據岳宏譽序，此本係江蘇武進刻工陳奎甫所刻。

　　中國國家圖書館、中國科學院文獻情報中心、故宮博物院圖書館、中國第一歷史檔案館、北京大學圖書館等二十館與臺北故宮博物院及日本東洋文庫、內閣文庫、美國國會圖書館亦有入藏。

116. 清乾隆刻本渾源州志　　T3149/3539.83

　　〔乾隆〕《渾源州志》十卷，清桂敬順纂修。清乾隆二十八年（1763）刻本。五册。半葉九行二十字，小字雙行同，白口，左右單邊，單魚尾。框高 18.3 釐米，寬 14.5 釐米。前有扉頁，乾隆癸未（二十八年）花嘉祥序，乾隆癸未桂敬順序，原序五則（顏守賢序、閆鉦序、董錫序、李堯年序、張崇德序），凡例十一則，繪圖，目錄，分卷目。書後列志館董事、謄録志稿生員、捐修志書紳衿里民姓名。卷端題："渾源州知州泰興桂敬順纂修。"

　　渾源州地處太行山西麓，北嶽恒山在其境内。西漢爲崞縣地，屬雁門郡。北魏爲崞山縣地，屬繁時郡。北周廢。唐析雲中縣地置渾源縣，因地處渾河源頭得名，屬應州。金貞祐二年（1214）置渾源州於渾源縣。蒙古初年改渾源縣爲恒陰縣，得名於地處恒山之陰。至元四年（1267）恒陰縣併入渾源州，屬大同路。明、清屬大同府。1912 年改爲渾源縣。今屬山西省大同市。

　　桂敬順，字昭冀，號介軒，江蘇泰興人。生員。乾隆二十二年任渾源知州。

　　全書十卷，正文列二十七門：卷一序文、凡例、圖考、目錄，圖考有《州境全圖》《州城全圖》《州治圖》《學宮圖》及寺院、宮閣、八景圖等共十七幅，繪刻尚佳；卷二分野、沿革、城池、山川；卷三學校、鄉飲，學校門附所藏、遺失及備補典籍目錄，載録甚詳；卷四兵制、武事、公署、田賦；卷五名宦、科目、職官；卷六人物、文苑、孝義、列女；卷七寓賢、藝術、祥異、古跡、風俗；卷八祠廟、寺觀、墳墓；卷九藝文上；卷十藝文下、拾遺。桂敬順另撰有《恒山志》四卷，同時刊行，故此志對北嶽恒山未詳加記述。

　　凡例謂："州志修自順治十七年，歷今百餘歲，記載久佚，往事無徵，兹博搜遠採，取舊乘所誌，參合考校，是者存之，非者去之，殘者補之，缺者續之，精核謹嚴，要可傳信來兹，不以虛浮競勝。"可知桂敬順有鑑於州志百餘年未續，恐後文獻無徵，而加意纂修此志。

　　渾源明清志書現存五部。其一爲董錫修、楊大雍纂《渾源州志》五卷，弘治六年（1493）刊刻。其二爲趙之韓修、王濬初纂《渾源州志》二卷，列九門四十九目，萬曆四十年（1612）刻。其三爲張榮德纂修《渾源州志》二卷，分十門三十八目，順治十八年（1661）付梓。其四即此乾隆志。其五爲賀澍恩修、程續等纂《渾源州續志》十卷，在乾隆志基礎上續補，分二十九門，光緒七年（1881）刻。

　　扉頁刊："乾隆癸未重鎸渾源州志。州署藏板。"

　　各册封面鈐"滿城張氏藏書印"朱文方印（3.5×3.5 釐米）。首册凡例後及各册卷端鈐"廷霖之章"朱文方印（3.0×3.0釐米）、"哧古山房"朱文長方印（2.5×0.9釐米）。"哧"即"嗜"之異體字。

中國國家圖書館、首都圖書館、中國科學院文獻情報中心、中國社會科學院考古研究所圖書館、故宮博物院圖書館等四十二館與臺北故宮博物院及日本東洋文庫、京都大學人文科學研究所、美國國會圖書館、英國倫敦大學亞非學院、法蘭西學院漢學研究所、法國國家圖書館、法國亞洲學會亦有入藏。

117. 清乾隆刻本盂縣志　T3150/1069.83

〔乾隆〕《盂縣志》十卷首一卷末一卷，清胡予翼、馬廷俊修，吳森纂。清乾隆四十九年（1784）刻本。八册。半葉十行二十三字，小字雙行同，白口，四周雙邊，單魚尾。框高20.0釐米，寬14.5釐米。首有乾隆甲辰（四十九年）瑞亨序，乾隆四十九年何南英序，乾隆四十九年馬廷俊序，新修職名，例説，總目，舊序（嘉靖三十一年〔1552〕萬鑑序、康熙三十八年〔1699〕于漢翔序、康熙三十八年蔡璜序、康熙四十一年俞欽序、嘉靖二十九年張淑譽序），舊例一，舊例二。末有乾隆四十八年吳森後序，乾隆四十八年周永福後序，孫世德演連珠（三十八首），張道源詩（七言排律五十韻），乾隆四十八年于端駢儷。卷端題："知盂縣事通州馬廷俊依萱氏總輯，秀水山長南豐吳森雲衣氏纂修。"

盂縣地處太行山西麓。春秋爲仇猶國，後入於晉。戰國屬趙。西漢爲上艾縣地，屬太原郡。北魏改上艾縣爲石艾縣。隋開皇十六年（596）分石艾縣地置原仇縣，屬遼州。大業二年（606）改原仇縣爲盂縣，屬太原郡。唐初屬并州，開元間改屬太原府。金興定年間升爲盂州。明洪武二年（1369）降爲盂縣，屬太原府。清雍正二年（1724）改屬平定州。今屬山西省陽泉市。

胡予翼，字岱峰，山東章丘人。貢生。乾隆三十六年任盂縣知縣。

馬廷俊，字依萱，順天通州人。貢生。乾隆四十七年任盂縣知縣。

吳森，字奉章，號雲衣，江西南豐人。乾隆二十八年進士。曾任湖北建始、廣濟知縣。

此志正文十卷，列十志：卷一圖制志，有列宿圖、《縣境圖》《縣城圖》《縣治圖》《文廟圖》《書院圖》《城隍廟圖》《關帝廟圖》《藏山圖》《滹沱河圖》及名勝圖，計二十四幅；卷二天文志（圖説、分野、機祥）；卷三地輿志（沿革、疆域、山川、風俗）；卷四建置志（城池、官廨、學校、書院、兵防、驛遞、關寨〔附橋梁〕、鄉堡〔附市集〕、祀典、坊表、古跡、墳墓）；卷五食貨志（賦役、倉儲、鹽法、榷税、物產）；卷六官師志（因革、除授、營秩、名宦）；卷七選舉志（薦辟、進士、舉人、貢生、武科、任子、仕宦、封表〔附鄉賓、考授〕）；卷八人物志（忠孝、宦績、儒行、文苑、高行、耆善〔附俠義〕、列女、流寓、捐輸）；卷九藝文志（誥敕、奏疏、散文、韻語）；卷十雜説志（仙釋、靈跡、伎術、方言）。各目標題陰刻，頗爲醒目。

馬廷俊序：“盂之有志，自明邑茂才張淑譽始，其後蔡侯東巖踵修之。文獻可徵，二公之績也，然距今八十餘年矣。……前令胡公岱峰，慨然有志，請於上，聘名儒修輯，邑之俊彦分治之。始任其事，未幾以治繁調去。余於壬寅冬任兹土，接襄其事，大懼不克勝任，而感胡公之志，憤而生勉，越期年而稿成。適總修吳雲衣先生尊鑪之思孔殷，秋杪南旋，而全稿付予訂正。”

盂縣明清志書現存四部。其一爲萬鑑修、張淑譽纂《盂縣志》十三卷，列七門六十七目，嘉靖三十年付梓。其二爲蔡璜纂修《新修盂縣志》八卷，列八門六十四目，康熙四十一年刻。其三即此乾隆志。其四爲張嵐奇、劉鴻逵等修，武纘緒、劉懋功等纂《盂縣志》二十二卷，仿章學誠志例，分紀、表、考、略、傳、錄六類，列二十九目，光緒七年（1881）刊刻。

新修職名載“梓匠葛學禮”。

第二册天頭録《親目災異記》，記光緒三年事。第三册、第七册天頭各有筆記多則，或近小説家言，或記盂縣史事，記事至光緒二十七年，多涉及庚子事變及其善後事宜，頗有參考價值。

中國國家圖書館、中國科學院文獻情報中心、故宮博物院圖書館、北京大學圖書館、上海圖書館等十四館與“中央研究院”歷史語言研究所傅斯年圖書館、臺北故宮博物院及日本東洋文庫、美國國會圖書館亦有入藏。

118. 清順治刻本潞安府志　T3149/3634.80

〔順治〕《潞安府志》二十卷，清楊暄修，李中白、周再勳纂。清順治十七年（1660）刻本。二函十六册。半葉九行二十字，小字雙行同，白口，四周單邊，單魚尾。框高 21.0 釐米，寬 14.2 釐米。前有順治庚子（十七年）錢受祺序，順治（十六年）楊暄序，圖考，目録，凡例十七則。卷端題：“邑人繪先李中白、秀源周再勳纂著，纘烈程正緒、用九鮑奇校正。”

潞安府位於今山西省東南部。秦漢至北魏爲上黨郡地。北周宣政元年（578）置潞州，隋末廢。唐武德元年（618）復置。宋改爲隆德軍。金復爲潞州。元初爲隆德府，太宗三年（1231）復改爲潞州。明洪武九年（1376）升爲直隸州，嘉靖八年（1529）升爲潞安府。清沿襲不改，領長治、長子、屯留、襄垣、潞城、壺關、黎城等七縣。1912 年撤銷。

楊晙，字冬可，直隸曲周人。舉人。順治十二年任潞安知府，後升任河東分巡道。

李中白，字繪先，號五雲，山西長治人。順治四年進士。官至侍讀學士。

周再勳，字秀源，山西長治人。周一梧之子。崇禎九年（1636）舉人。官至浙江金華知府。

書前圖考收《上黨天下脊圖》《古上黨郡圖》《潞安府屬圖》《唐澤潞節度支郡圖》《昭義節度五州圖》《冀南道圖》《冀南道新圖》《飛龍宮圖》《古郡治圖》《今郡治圖》《潞安府圖》《府學圖》及各屬縣圖，計二十一幅。正文二十卷，列七門五十二目：卷一天文（星野、圖考），地理（疆域、山川、形勢、氣候、物產）；卷二至八建置（封建、節鎮、郡縣、學校、府衛、城池、宮殿、公署、廟學〔附書院〕、群祀、里甲鄉鎮、驛遞舖舍、橋梁〔附石牌河渠〕、關隘〔附寨垣〕、寺觀）；卷九政事（田賦、戶口徭役、課程、儲蓄〔附鹽法〕、鄉約保甲、風俗〔附歲時〕）；卷十至十四人物（徵薦、進士、舉人、歲貢〔附各貢〕、名賢、群材、封蔭、流寓〔附遷徙〕、孝義、列女、方伎、玄釋〔附仙跡〕、墳墓）；卷十五紀事（事跡、謀略、災祥、異聞〔附叛逆〕、辨疑）；卷十六至二十藝文（藝文一、藝文二、藝文三、藝文四、荒坵遺碣、著作目錄、金石目錄）。

楊晙序："爰是政治之暇，讀書懷古，而於舊志爲之三復而留連焉。稽舊志斷自前朝萬曆壬子，迄今閱五十年，連遭陽九，時值鼎新，兵革頻仍，災祲迭見，建置固多變更，政事亦復改革。……余於是以修志爲己任，謀諸紳士，衆議僉同，乃懇秀源周先生爲草創，繪先李先生爲裁定，其較閱則程、鮑兩孝廉，其採訪則郡庠馬廣文。凡途謠巷議、稗官野史、斷簡殘編、荒碑遺碣，罔不蒐羅，而又審時度勢、揆情察理，非確乎可據，足以昭勸懲而垂示後昆者，無所容其冒濫也。亦既明備有體，典則可式，余復從而考究訂正之。"

明清潞州、潞安府志書現存五部。其一爲馬暾纂修《潞州志》十二卷，列三十六門，第一至五及第十二卷記州事，其餘各卷爲屬縣志，明弘治八年（1495）付梓。其二爲周一梧等纂修《潞安府志》二十卷，列五十七門，萬曆四十年（1612）刊刻，爲潞安升府後首部志書。其三即此順治志，本於萬曆志，參稽各屬縣志書，並增輯明末清初史事而成。其四爲張淑渠、姚學瑛等修，姚學甲等纂《潞安府志》四十卷，列二十二目，乾隆三十五年（1770）刻，又有乾隆四十三年補刻本。其五爲山西黎城人靳榮藩所纂《潞郡舊聞》四卷，成書於乾隆三十九年，書成未付刻，遲至 1924 年始鉛印行世，存疆域、人物、軼事三卷，藝文卷已佚。

此志《中國地方志聯合目錄》《中國地方志總目提要》《美國哈佛大學哈佛燕京圖書館藏中國舊方志目錄》均著錄爲順治十六年刻本，但書前有順治十七年錢受祺序，則刻成當在是年。《山西文獻總目提要》著錄爲順治十七年刻本，不誤。

卷十五（第十一、十二冊）、卷十八至二十（第十五、十六冊）係鈔配，卷二十第六十八至七十一葉缺。

中國國家圖書館、北京大學圖書館、北京師範大學圖書館、天津圖書館、山西省圖書館等十館與臺北故宮博物院亦有入藏。

119. 清乾隆刻本潞安府志　　T3150/3630.83

［乾隆］《潞安府志》四十卷首一卷，清張淑渠、姚學瑛修，姚學甲纂。清乾隆三十五年（1770）刻，乾隆四十三年增刻本。三函二十四冊。半葉十行二十一字，小字雙行同，白口，四周雙邊，單魚尾。框高 18.7 釐米，寬 13.8 釐米。首有乾隆三十五年姚學瑛序，舊志序（錢受祺序、楊畯序），凡例，纂修職名，目次，繪圖。

張淑渠，山東濟寧人。乾隆十三年進士。乾隆二十九年任潞安府知府。

姚學瑛，字光珍，號梅園，山東鉅野人。貢生。乾隆三十一年任沁州知州，乾隆三十五年以沁州知州署潞安知府，乾隆三十六年升任貴州思州府知府。後官至陝西按察使、署布政使。

姚學甲，字聯芳，號半塘，山東鉅野人。姚學瑛之兄。乾隆三十一年進士。乾隆四十三年至嘉慶五年（1800）間六度擔任江蘇嘉定知縣。書畫家，善繪山水。

卷首繪圖，收《太行山圖》《府境圖》《潞安府城圖》《潞安府署圖》《潞安府學宮圖》《長治縣圖》《長子縣圖》《屯留縣圖》《襄垣縣圖》《潞城縣圖》《黎城縣圖》《壺關縣圖》，計十二幅。正文四十卷，列二十一門：卷一星野；卷二疆域（里鎮）；卷三沿革；卷四山川（水利、橋梁）；卷五城池（公署）；卷六形勢（關隘、驛遞）；卷七廟學（書院、群祀）；卷八風俗（物產）；卷九田賦（貢篚、倉儲、鹽法）；卷十古跡（陵墓、寺觀）；卷十一紀事（祥異）；卷十二封建；卷十三節鎮；卷十四至十六職官；卷十七名宦（政績）；卷十八至二十選舉（徵辟、封蔭、進士、舉人、貢士、仕進、例仕、武科）；卷二十一至二十四人物（名賢、忠烈、儒林、文苑、孝義、循良、材能、隱逸、僑寓、方技、仙釋）；卷二十五至二十六列女；卷二十七至三十八藝文（詔、制、表、疏、論、書、記、序、議、說、贊、墓誌、墓表、賦、銘、頌、詩、詩餘），搜羅頗富，其中王鼎《請撫恤機戶疏》、于公胤《條議潞紬詳》、呂坤《請停止砂鍋潞紬疏》及白樂真《條陳潞澤鹽引》、董文驥《議覆鹽引疏》、于公胤《條議鹽詳》等文，不失爲研究明清潞安府絲織業、鹽業的可貴史料；卷三十九雜記；卷四十辨訛。

姚學瑛序述纂修始末："閱今歲，復奉檄委署潞安府篆，而前任張太守亦以府舊志及採訪節略囑余釐訂，且曰：郡志修於順治庚子，百有餘年文獻寥落，尚其重加修輯，以昭來茲。余乃更爲蒐羅，遍訪故家舊集、金石遺文，與半塘家兄共襄厥事，而祝子厚臣適自永濟至潞，亦爲助理編次。計分二十類，合爲四十卷，益舊志數倍有奇。開館於又五月，迄十一月成編。"

卷十六職官門知府目"姚學瑛"條後，補刻金墉、德起、陳庭學三人，紀事止乾隆四十三年陳庭學升任甘肅驛傳道，當即該年所補刻。又，卷三十五第六十至六十四葉，增刻陳庭學撰《觀風告示》《祈雨文》《又祈雨文》《祈雪文》等四篇，亦係同時所增。

中國國家圖書館、中國科學院文獻情報中心、北京大學圖書館、中國人民大學圖書館、北京師範大學圖書館等二十三館與"中央研究院"歷史語言研究所傅斯年圖書館、臺北故宮博物院及美國國會圖書館、法國國家圖書館亦有入藏。

120. 清乾隆刻本長治縣志　　T3150/7336.83

〔乾隆〕《長治縣志》二十八卷首一卷末一卷，清吳九齡修，蔡履豫纂。清乾隆二十八年（1763）刻本。十册。半葉九行二十二字，小字雙行同，白口，四周雙邊，單魚尾。框高 19.5 釐米，寬 14.4 釐米。首有乾隆二十八年文綬序，乾隆癸未（二十八年）梁翯鴻序，乾隆二十八年佟琳序，乾隆二十八年吳九齡序，原序六篇（康熙十二年〔1673〕姜恒序、呂和鐘序、康熙十二年萬代尚序、康熙癸丑〔十二年〕衛周祚序、康熙六年于公允序、康熙七年白雲謙序、康熙戊申〔七年〕張道湜序），參訂舊志凡例十條，纂修邑志例言二十一條，纂修銜名，編目（即目錄）。卷末有乾隆二十八年蔡履豫書後，原跋（康熙癸丑王良弼跋）。卷端題："知縣事沭陽吳九齡景文甫修輯。"

長治縣地處長治盆地南緣、太行山西麓。漢至北魏爲上黨郡壺關縣地。隋開皇十六年（596）析壺關縣地置上黨縣，屬潞州。大業初年，壺關縣併入上黨縣。明洪武二年（1369）上黨縣廢入潞州，嘉靖八年（1529）升潞州爲潞安府，置長治縣爲府治。清仍之。今屬山西省長治市。

吳九齡（1718—1781），字景文，江蘇沭陽人。貢生。乾隆二十三年任長治知縣，二十八年升廣西梧州知府，後歷任廣東糧驛道、雷瓊兵備道、長蘆鹽運使。另修有《梧州府志》。

蔡履豫，字由安，湖北江夏人。舉人。

此志正文二十八卷，平列四十六門：卷一圖説、繪圖，收星圖十幅與《縣境圖》《城圖》《縣署圖》《文廟圖》《縣儒學圖》《上黨書院圖》及十六景圖；卷二星野；卷三沿革、地表；卷四疆域、城池、關隘、坊都、市集；卷五山川、古跡、津梁；卷六學校、書院、義學；卷七賦役、鹽法、貢筐；卷八風俗、物產；卷九封爵；卷十兵制、武事；卷十一職官、公署；卷十二名宦；卷十三選舉（辟召、薦舉、科目、明經、仕途、武科、武職、封典、襲蔭）；卷十四人物、忠烈、孝義、文苑、隱逸、群材；卷十五列女；卷十六寓賢、遷移；卷十七藝術；卷十八仙釋；卷十九壇廟、寺觀；卷二十陵墓；卷二十一祥異；卷二十二至二十六藝文（自周至元、明、清，韻語自周至明、清韻語）；卷二十七事跡；卷二十八雜志。各門前有小序。瞿宣穎《方志考稿甲集》贊其"蒐羅事實頗豐"，又謂"此書有一節最足法者，凡史傳人物必注明其爲上黨人、潞州人是也，惟明以後不再注明，蓋前代轄境有廣狹之不同，不得概以今縣境統之，而俗手撰志往往忽於此事，便使後人不知所引用之人竟爲何邑之人"。

吳九齡序："客歲冬，邑人又亟以修志爲請。……因於城內蓮花池梵宇開館，遠延名下士暨邑中搢紳者舊共襄厥事，或爲分修，或爲參校，或爲採訪集録，或繕寫編訂，或監理一切諸務，罔不同心協力。而九齡凡有見聞及意議所至，必公諸同志，一一斟酌損益焉。原其發凡起例，大率以通志爲宗，然後參以郡志、舊志，考諸正史而釐辨之，此言乎其舊存者也。至依前有之項而續入，因前未有之項而新增者，則先稽之於成案，復準之以碑文，或得之於訪聞，或得之於舉報者，尤必廣爲諮詢，以求其實。……是役也，實始於孟春之朔六日，脫稿於季夏之十五日。"

長治縣，明萬曆間修有志書，今未見著録。清代縣志凡三修，最早者爲姜愃修、于公胤纂《長治縣志》八卷，列四十五目，康熙十二年刻本。其次即此乾隆志，本於康熙志，續補近百年史事纂成。最晚者爲李楨、馬鑑修，楊篤纂《長治縣志》八卷，分表、志、傳、記四體，二十一門四十三目，義例仿康海《武功志》，光緒二十年（1894）刻成。

纂修銜名載刻工姓名："梓人李炳。"

中國國家圖書館、中國科學院文獻情報中心、中國社會科學院考古研究所圖書館、中國文化遺產研究院、北京大學圖書館等二十二館與"中央研究院"歷史語言研究所傅斯年圖書館、臺北故宮博物院及日本東洋文庫、京都大學人文科學研究所、美國國會圖書館、法國國家圖書館亦有入藏。

121. 清乾隆刻同治增刻光緒印本重修襄垣縣志　T3150/0341.83

［乾隆］《重修襄垣縣志》八卷，清李廷芳修，徐珏、陳于廷纂。清乾隆四十七年（1782）刻，同治二年（1863）增刻，光緒六年（1880）重印本。八冊。半葉十行二十一字，小字雙行同，白口，四周雙邊，單魚尾。框高 19.2 釐米，寬 13.7 釐米。前有乾隆四十七年費淳序，乾隆四十七年盧文弨序，乾隆四十七年李廷芳序，原志序五則（郝良臣序、姚九功序、賈天爵後序、康熙四十五年〔1706〕宋如辰序、康

熙四十五年袁良序），原志姓氏，重修舊志姓氏，凡例十則，重修襄垣縣志姓氏，目錄。卷端題："知縣李廷芳編輯。"

襄垣縣地處上黨盆地北部。戰國爲襄垣邑，因趙襄子築城於甘水之北得名。西漢置襄垣縣，屬上黨郡。北周建德七年（578）置潞州於襄垣縣。唐武德元年（618）置韓州於襄垣縣，貞觀十七年（643）廢韓州，襄垣縣屬潞州。北宋崇寧中屬隆德府。金、元屬潞州。明、清屬潞安府。今屬山西省長治市。

李廷芳，四川長壽（今屬重慶）人。乾隆三十一年進士。曾任江蘇川沙同知、贛榆知縣，乾隆四十四年任襄垣知縣。

徐珏，江西南豐人。乾隆二十六年進士。曾任汾陽知縣。

陳於廷，四川長壽（今屬重慶）人。生員。

全書八卷，分十六門：卷一輿圖志（《山川圖》《城池圖》《縣署圖》《文廟圖》《關帝廟圖》《城隍廟圖》《劉文安公祠圖》、四鄉圖、八景圖），星野志（星圖），疆域志（山川），沿革志（表圖）；卷二建置志（城池、縣署、公署、壇壝、里鎮、武備、鋪驛、街坊），職官志（官秩、縣令、縣丞、主薄、教諭、訓導、縣尉、典史、驛丞、武職）；卷三學校志（文廟、明倫堂、學署、弟子員、賜書、學規、學田、書院、社義學），禮樂志（祭祀、朝貢、宣讀、迎春、耕耤、救護、上官、賓興、鄉飲），風俗志（節序、鄉儀），附土産志（穀、菜、果、藥、花、草、木、貨、羽、毛、蟲）；卷四古跡志（城壘、寺觀、井泉、碑碣、陵墓、義塚、橋梁），賦税志（户口、田賦、鹽課、商税、積貯），恩錫志（貤封、恩蔭、養老、蠲免、壽官、義官）；卷五選舉志（徵辟、仕進、進士、舉人、貢士、例貢、議敘、例職、吏仕、吏職、賓介〔附鄉耆〕）；卷六人物志（鄉賢、忠臣、孝子、義士、德行、僑寓、方技、仙釋），列女志（烈女、烈婦、節婦、賢婦）；卷七至八藝文志（詔、諭、傳、記、賦、歌、贊、銘、詩），附祥異志、雜紀志，藝文志蒐羅頗廣，篇幅佔全書之半。

李廷芳序："襄志自前明嘉靖李令貴和創修，歷百數十載，袁令良再修之，距今又七十餘年矣。慨時會之遷移，憫軼事之湮没，一邑之内，凡有關政治風教而不可磨滅者，其孰從而求之。余己亥承乏兹邑，三載治具粗張，乃集紳士而告之曰……徵文考獻，將於志焉是賴，久缺弗修，誰職其咎？僉曰：唯唯，如命。於是衆樂捐輸，余縮俸以爲之倡，博採區畫，悉心研覈，分爲十六門。……是役也，開局於辛丑仲冬，蕆事於壬寅季夏。"

明嘉靖間，李貴和創修襄垣縣志書，今已不存。清代凡三次修志：首部爲袁良修，楊彬、劉潚纂《重修襄垣縣志》十卷，分十門七十目，康熙四十五年刻，又有康熙五十年增刻本。其次即此乾隆志。再次爲李汝霖纂修《襄垣縣續志》二卷，係乾隆志之續作，紀事起乾隆間迄光緒六年（1880），續補十門，光緒六年刊刻，卷次標爲卷九、卷十，附於乾隆志之後一起印刷行世。

此本卷七藝文上之末，增刻趙廷芝《敕封康惠昭澤王碑記》一篇，末署"同治二年歲次癸亥中秋月知縣事陳宗海附入志"。此本與光緒六年刻本李汝霖《襄垣縣續志》裝於同一函，紙墨無二，係當年所印無疑。

目錄葉鈐"湘鄉劉氏伯子晉生珍藏金石書畫印"朱文長方印（4.1×2.4釐米）。

中國國家圖書館、首都圖書館、中國文化遺產研究院、北京師範大學圖書館、中央民族大學圖書館等十三館與"中央研究院"歷史語言研究所傅斯年圖書館、臺北故宮博物院亦藏有此志光緒六年重印本。

122. 清康熙刻本平順縣志　T3150/1428.81

〔康熙〕《平順縣志》十卷，清杜之昂修，路躋垣、申昌先纂。清康熙三十二年（1693）刻本。四册。半葉九行二十字，小字雙行同，白口，四周雙邊，單魚尾。框高 20.6 釐米，寬 14.7 釐米。前有康熙三十二年杜之昂序，康熙壬戌（二十一年）劉徵序，舊序一則（萬曆乙巳〔三十三年，1605〕周一梧序），凡例六條，目錄，續修邑志姓氏。書後有康熙壬戌王升輦跋語，舊後序一則（萬曆丙午〔三十四年〕趙完璧後序）。

平順縣地處太行山南端、上黨盆地邊緣地帶。漢爲潞城、壺關二縣地。明嘉靖八年（1529），析潞城、壺關、黎城三縣地置平順縣，屬潞安府。清乾隆二十九年（1764）廢入潞城、壺關、黎城三縣。1912 年復設。今屬山西省長治市。

杜之昂，字坦如，河南扶溝人。順治十四年（1657）舉人。康熙二十七年任平順知縣。

路躋垣，字雲衢，山西平順人。康熙二十九年貢生。

申昌先，字耀祖，山西平順人。康熙二十一年貢生。

此志十卷：卷一輿圖志（縣境圖、舊城圖、新城圖、縣治圖、學宮圖）；卷二封域志（邑名、沿革、星野、疆域、城池、形勝、古跡、山川、鄉村、市鎮、風俗、土產）；卷三建置志（縣治、行署、學宮、壇壝、寺觀、塔墓、郵鋪、橋梁、關隘）；卷四官師志（職官、師儒、名宦）；卷五賦役志（田土、稅糧、戶口、丁徭、鹽法、器械）；卷六選舉志（進士、舉人、貢士、例監、雜職、武紳）；卷七人物志（鄉賢、孝義、俠烈、隱逸、貞烈、仙釋）；卷八祥災志（祥瑞、災荒、兵燹、紀異）；卷九、卷十藝文志（記、序，誥勑、贊銘、祭文、題詠、墓誌），藝文志蒐羅頗廣，裝爲二册，佔全書篇幅一半以上。

杜之昂序："志之修始於萬曆乙巳，距建邑之初歷七十二年，續修於今上龍飛之壬戌，距創修之初更歷七十八年。……由壬戌迄今，又十有二載矣，其宜紀載者不少。……乃紳若士有增修邑志之請，余亦嘉茲盛舉，因得從諸君子之後而觀厥成。是役也，舊者仍之，缺者補之，略者詳之，要必以信而有徵，使後之觀省者知所補救焉耳。"

平順縣，明萬曆間及清康熙二十一年均曾修志書，今未見著錄。此志爲平順縣明清兩朝現存唯一一部縣志，係以康熙二十一年知縣劉徵所修志書爲基礎增纂而成。乾隆間廢縣後，至光緒間佚名撰有《平順鄉志》，僅有鈔本流傳。民國七年復設平順縣後，段學先、石璜先後纂修《平順縣志》，均爲十二卷，未刊刻，僅有鈔本存於平順縣檔案館。

《中國古籍善本書目》史部地理類著錄。

中國國家圖書館、上海圖書館、山西省圖書館等三館與日本內閣文庫亦有入藏。

123. 清乾隆刻本壺關縣志　T3150/4177.83

［乾隆］《壺關縣志》十八卷，清楊宸等修，馮文止等纂。清乾隆三十五年（1770）刻本。四冊。半葉十行二十一字，小字雙行同，白口，四周雙邊，單魚尾。框高18.9釐米，寬14.0釐米。前有扉頁，嘉靖四十年（1561）張鐸序，順治十八年（1661）朱輔序，康熙二十年（1681）章經序，乾隆三十四年楊宸序，乾隆三十五年秦之柄序，凡例九則，目錄，圖。

壺關縣，地處太行山南段腹地。秦置壺關縣，屬上黨郡。漢至北朝因襲不改。隋大業初併入上黨縣。唐武德四年（621）復置，屬潞州。北宋崇寧間屬隆德府。金、元仍屬潞州。明嘉靖八年屬潞安府。清因之。今屬山西省長治市。

楊宸，江蘇武進人，舉人。乾隆三十年任壺關知縣，三十四年離任。

馮文止，字子靜，山西壺關人，乾隆二十八年進士。曾任平陸教諭、河東運學教授。著有《東山堂集》。

書前有圖四幅：《縣境圖》《縣城之圖》《衙署圖》《縣學圖》。正文十八卷，列二十五門：卷一沿革，疆域（形勝、鋪遞、關隘、堡寨附）；卷二山川（水利附）、風俗、物產；卷三城池（里甲、鎮集、橋梁、坊巷附），壇廟（寺觀附）；卷四公署，學校（社學、書院附），田賦（丁徭、雜課、鹽引附），戶口，倉儲，兵防；卷五職官、名宦；卷六至七選舉（貢生、例仕、武秩、封蔭、鄉飲附）；卷八至九人物（義民附）；卷十至十一列女；卷十二寓賢、仙釋（藝術附）、舊跡（古墓附）、祥異；卷十三至十六藝文，凡例謂"藝文間有刪潤"，有違志例；卷十七藝文補遺；卷十八遺事、辯證。

楊宸序："蒙郡憲潛齋張公念我壺志年代久遠，宜更修輯，且新汰平順，隸新興十里，亦宜編入，以昭信守。余因集邑之紳士，告以公意，聞者莫不踴躍從事，惟恐修之不亟而成之不早也。爰即據舊志及平順志，與夫新採事實，條分縷析，補缺略，刪繁複，存其實不增其華，始役於戊子孟冬，脱稿於己丑暮春，成書十八卷，爲目二十有三。”

秦之柄序：“己丑春，柄奉簡命承乏兹邑，抵任伊始，適楊君以所輯志稿見示，柄以初蒞事，未遑謀剞劂也。既越歲，以受楊君誶詬，且此舉所繫者大，亟欲藏其事。……長夏公餘，輒取其稿稍爲參訂，大抵語尚夫質，事取其覈，體例求其當。”

扉頁刊：“乾隆庚辰年鎸壺關縣志。官衙藏板。”

瞿宣穎《方志考稿甲集》評此志“雕印甚精而誤字極多”。

壺關縣明嘉靖、清順治間均曾修志，今未見著録。清代志書現存者有四部，其一爲章經纂修《壺關縣志》四卷，本順治志增修而成，列地理、官秩、藝文三門四十三目，付梓於康熙二十年。其二即此乾隆志，在前志及平順志基礎上增輯。其三爲茹金、申瑶等纂修《壺關縣志》十卷，參康熙、乾隆二志增修，列九門五十二目，道光十四年（1834）付梓。其四爲胡燕昌修、楊篤纂《壺關縣續志》二卷，上卷八門二十五目，記道光至光緒初年事，下卷爲補遺、糾誤、附録三門，校訂補充道光志，光緒七年（1881）刊刻。

此本有鈔配：卷五第四葉。

中國國家圖書館、中國科學院文獻情報中心、故宮博物院圖書館、中國文化遺産研究院、北京大學圖書館等十二館與“中央研究院”歷史語言研究所傅斯年圖書館亦有入藏。

124. 清乾隆刻本沁州志　　T3150/3310.83

［乾隆］《沁州志》十卷首一卷，清葉士寬、雷暢修，吳正纂；姚學瑛續修，姚學甲續纂。清乾隆六年（1741）刻，乾隆三十六年增刻本。二函八册。半葉九行二十一字，小字雙行同，白口，四周雙邊，單魚尾。框高20.3釐米，寬15.0釐米。首有乾隆六年雷暢序，乾隆辛卯（三十六年）姚學瑛續補沁州志叙，原序（萬曆三十年〔1602〕俞汝爲序、康熙甲寅〔十三年，1674〕汪宗魯序），重修姓氏，續修姓氏，目録，吳正撰發凡二十四條，圖考。卷端題：“郡守武陽雷暢燮和甫重修。”

沁州地處今長治市北部。秦漢爲上黨郡地。北魏建義元年（528）置義寧郡，屬晉州。隋開皇初廢。隋開皇十六年（596）置沁州，治沁源縣，大業初省，義寧元年（617）復置義寧郡。唐武德元年（618）改爲沁州。北宋太平興國六年（981）併入威勝軍。金天會六年（1128）改威勝軍爲沁州。元明清沿襲不改。清代領沁源、武鄉二縣。1912年降爲沁縣。沁源、武鄉、沁縣今均屬山西省長治市。

葉士寬，江蘇長洲人。舉人。雍正八年（1730）任沁州知州。

雷暢，字燮和，四川井研人。貢生。乾隆五年任沁州知州。

吳正，字聖功，山西沁州人。雍正十一年進士。

姚學瑛、姚學甲，生平均見《潞安府志》條。

卷首圖考收《沁州所屬疆域總圖》《州境山川圖》《州治圖》《州署圖》《州學宮圖》《沁源縣境圖》《武鄉縣境圖》，計七幅。正文十卷，列三十三門：卷一星野、建置沿革（疆域、里甲、鄉約、村鎮附）、形勝（關隘附）、山川（橋梁附）；卷二城池（街坊、堡寨附）、公署、學宮、祠祀；卷三貢賦、防禦、置郵；卷四封爵、職官；卷五選舉（元以前仕宦者、進士、舉人、貢生、例貢監、武科、武宦、吏員已仕者）、封蔭；卷六名宦、人物、孝義、忠烈、文苑、隱逸；卷七寓賢、仙釋、方技、列女；卷八古跡、塚墓、風俗、物產；卷九寺觀、災異、異錄；卷十藝文（御製、前代御製、疏、書、議、記、序、辯、傳、祭文、戒、賦、詩、詩餘）。

姚學甲續纂者標明"續記"，共十五門，附於原修各門之後，分別爲橋梁，城池（街坊附），公署，學宮，祠祀，貢賦，防禦，職官，選舉（進士、舉人、貢生、議敘、例貢、監生、武科），封蔭，人物，孝義，文苑，列女，藝文（記、詩）。又隱逸一門，列爲補遺。

吳正所撰發凡述纂修經過甚詳："康熙己丑，前守餘姚張公諱兆麟慨然欲重修之，禮延先嚴進士府君諱時謙、先叔父選拔府君諱時諫總裁其事，而一時紳士賢而有文者同心襄贊。……惜乎功甫及半，未經脫稿，會張公以事罷官，先進士亦奄捐館舍，遂爾中止。雍正辛亥，上憲遵奉諭旨，有重修山西通志之役，檄催省郡邑新志，前守姑蘇葉公諱士寬開館補修，爰集同人分任共訂，而小子正亦得濫廁編纂之列。雖執柯伐柯，敬守己丑軌轍，然因時乘除，踵事增補，以三長並乏之人，欲其筆削適宜，是非不謬，捫心自問，慚恧滋多，續貂之誚，諒不免焉。稿成未刻，迄今周十年矣。乾隆己未仲秋，前守彭城張公諱秉綸毅然思付梨棗，爰囑廣文楊公諱大華勸募紳士，共襄盛舉，乃召匠氏興工鏤板，又值西成歉薄，經費告匱，僅刊四卷有奇，半途自廢，仍復束之庋閣。客歲夏杪，我郡伯西蜀雷公以循卓奏最，自平邑升守是邦，下車之初，首詢及此，喟然興歎，謂一方掌故豈可竟同道旁之築。於是慨然捐貲，以供剞劂，今年夏四月至於秋七月告竣。"康熙己丑即四十八年（1709），雍正辛亥即九年，乾隆己未即四年，西蜀雷公即雷暢。

姚學瑛敘："今歲六月，蒙恩擢守黔省思府，紳士咸造余言曰：平志、潞志業已先後釐訂矣，沁志自乾隆辛酉重修以後，三十年來事跡缺略，拾遺汰訛，不可以後於二郡。……余見其意諄懇，不可辭，爰諾所請，即一州兩邑之亟宜補登者次第纂輯，續記於舊志各條後，而舊板一字未之或易。"

沁州明初曾經修志，嘉靖隆慶間楊大可、萬曆間俞汝爲又兩次纂修，今均不傳。今存清代志書三種。其一爲汪宗魯纂修《山西直隸沁州志》，以萬曆志爲藍本纂修，列八考五十六門，康熙十三年刻。其二即此雍正乾隆間所修《沁州志》十卷。其三爲吳承恩纂修《沁州復續志》，爲此志之續作，紀事起乾隆三十六年止於光緒六年（1880），列二十三門，光緒六年付梓。

"崇禎"下一字剜改作"正"或"貞"，"弘"剜改作"宏"，"曆"剜改爲"歷"。

各冊首葉及卷一卷端鈐"山西育才館圖書室印記"朱文方印（2.3×2.3 釐米）。

中國國家圖書館、首都圖書館、中國科學院文獻情報中心、故宮博物院圖書館、中國第一歷史檔案館等二十館與"中央研究院"歷史語言研究所傅斯年圖書館、臺北故宮博物院及日本東洋文庫、美國國會圖書館、法蘭西學院漢學研究所、法國亞洲學會亦有入藏。

125. 清雍正刻乾隆剜修本沁源縣志　T3150/3339.82

［雍正］《沁源縣志》十卷首一卷，清韓瑛纂修，王廷掄續纂修。清康熙五十二年（1713）修，雍正八年（1730）續修。清雍正九年刻，乾隆間剜修本。四冊。半葉九行行二十字，小字雙行同，白口，左右雙邊，單魚尾。框高 20.4 釐米，寬 15.0 釐米。前有雍正八年王廷掄序，康熙五十二年韓瑛序，李傑選序，舊志序（王純序、汪士鵬序）。第一冊後有郭鼎彝跋，雍正八年李其覺跋。卷端題："邑令通州韓瑛修五編次，邑令渝江王廷掄簡在續編。"

沁源縣地處太岳山東麓。西漢爲上黨郡谷遠縣地。西晉廢。北魏建義元年（528）置沁源縣，因沁水源出縣境二郎山而得名，爲義寧郡治。唐屬沁州。北宋屬威勝軍。元明清屬沁州。今屬山西省長治市。

韓瑛，字修五，順天府通州人。康熙三十九年進士。曾任貴州甕安知縣。康熙四十七年任沁源知縣。

王廷掄，字簡在，四川巴縣人。舉人。雍正二年任沁源知縣。

卷首有《縣境圖》《縣城圖》《縣治圖》《學宮圖》及八景圖，計十四幅。正文十卷，列十門六十一目：卷一封域（沿革、分野〔圖附〕、疆界、形勝、山川、關隘、堡寨、里甲、市集）；卷二建置（城池、縣治、學校、街坊）；卷三田賦（戶口、地畝、丁差、起運、存留、課程、物產）；卷四典禮（祭期、壇壝、祠廟、公儀、風俗、卹政、武備）；卷五職官（知縣、縣丞、主簿、典史、教諭、訓導、名宦）；卷六選舉（進士、舉人、貢生、武進士、武舉、行伍、例貢監生、吏員已任者、遺臣、貤封）；卷七人物（忠良、孝義、隱逸、流寓、列女）；卷八古跡（洞池、遺址、邱墓、樓閣、寺觀、八景）；

卷九別録（封爵、災異、仙釋、異術）；卷十藝文（文、詩）。

王廷掄序："沁源……舊無志也，自明萬曆戊申始。我朝康熙辛亥，前令汪公編輯補次，脱稿而未及梓。癸巳通州韓公博採續入，補偏救弊，辭約而該，既存捨之得宜，復門類之明晰，付諸棗梨，志始告竣。然抵今又一十七載矣。……特命直省各纂通志，檄取縣志，因慨然曰：是余之志也。……與邑中聞望素著、學行公正諸君子，博訪輿論，分門較類，共襄厥成。"

沁源縣明初及萬曆間均曾修志，今已亡佚。康熙十年，知縣汪士鵬輯補萬曆以來六十餘年史事，書已脱稿，但未付梓。至康熙五十一年，知縣韓瑛本於萬曆志、汪士鵬志重加纂輯，成書十卷。雍正八年知縣王廷掄奉命續纂，次年刊刻，即此雍正志。光緒六年（1880），知縣董餘三續加纂輯，成《沁源縣續志》四卷，列二十四目，光緒七年刊刻。

《中國地方志聯合目録》著録此志爲"雍正八年刻本"，有誤。按，此本選舉門紀事至雍正九年，其刻成當即在該年。

"崇禎"剜改作"崇征"，"弘"剜改作"宏"，"曆"剜改爲"歷"，當爲乾隆間剜修本。

中國國家圖書館、中國科學院文獻情報中心、故宫博物院圖書館、中國水利水電科學研究院圖書館、北京大學圖書館等二十館與"中央研究院"歷史語言研究所傅斯年圖書館、臺北故宫博物院及日本東洋文庫、美國國會圖書館亦有入藏。

126. 明萬曆刻天啓崇禎增修本潞城縣志　T3150/3645.7

［萬曆］《潞城縣志》八卷，明馮惟賢修，王溥增修。明萬曆十九年（1591）刻，天啓五年（1625）增修，崇禎再增修本（卷四至六配補鈔本）。六册。半葉八行二十字，小字雙行同，白口，四周單邊，單魚尾。框高 21.4 釐米，寬 14.1 釐米。卷端題："關中馮惟賢修"，卷一題："關中馮惟賢重修，古燕王溥增集"，卷七題："關中馮惟賢重修，渠陽王溥增修"。首有萬曆十九年姚九功序，萬曆十九年馮惟賢序，天啓五年王溥序，凡例，圖，目録，修志姓氏。末有馮惟賢後序，蘭一豸後序，天啓五年李和貴後序。

127. 清康熙刻本潞城縣志　T3150/3645.81

［康熙］《潞城縣志》八卷，清張士浩纂修。清康熙四十五年（1706）刻本。六册。半葉十行二十五字，小字雙行同，白口，左右雙邊，單魚尾。框高 20.3 釐米，

寬 14.3 釐米。前有康熙丙戌（四十五年）張士浩序，目錄，凡例十條，纂修名氏。書後有康熙丙戌王廷簡跋，康熙丙戌王錫爵後序。

潞城縣地處太行山西麓、上党盆地東北緣。西漢置潞縣，屬上黨郡。北魏太平真君十一年（450）廢爲刈陵縣。隋開皇十六年（596）析置潞城縣。唐屬潞州。北宋屬隆德府。金屬潞州。明、清屬潞安府。1994 年改爲潞城市。今屬山西省長治市。

張士浩，字配夫，陝西涇陽人。康熙四十六年升任四川瀘州知州。

正文八卷，列八志：卷一輿地志（圖考、沿革、疆域、星野、山川〔內附渠井〕、形勝、風俗、節序、古跡、墓），圖考收《縣境圖》《縣城圖》《縣治圖》《學宮圖》等；卷二建置志（城池、縣治、學宮、公署、壇廟、武備、鄉都、里甲〔附鎮村〕、市集、舖舍、橋梁、關隘、寺觀）；卷三食貨志（戶口、田賦、丁賦〔附綱銀〕、物產、課程）；卷四典禮志（公式、祀享、賓興、鄉儀、卹政）；卷五官政志（宦跡、職官、題名）；卷六人物志（名賢、選舉、封贈、遷徙、鄉舉、進士、歲貢〔附各貢〕、武舉、群材、忠烈、孝子、節婦、義士、隱逸）；卷七藝文志（書、贊、記、序〔附傳〕、詩）；卷八雜紀志（災祥、仙釋、異聞、叛逆）。

張士浩序：“甲戌歲，予叨簡命，得分符於潞。下車之始，風土未諳，因亟取縣志閱之，見其自明季以逮今兹上下八十餘年漫滅無考，而所載者亦屬斷簡殘編，與時不合。……乃因公餘掇拾遺文，編摩其梗概，遂與邑之紳士輩肆力蒐羅，凡輿論鄉校之評可爲淑人心而維世道者，斟酌參度，以備儆鑒，期無文獻不足之慨。”

中國國家圖書館、中國科學院文獻情報中心、故宮博物院圖書館、中國文化遺產研究院、北京大學圖書館等十三館與“中央研究院”歷史語言研究所傅斯年圖書館、臺北故宮博物院及日本東洋文庫、美國國會圖書館亦有入藏。

128. 清雍正刻本澤州府志　T3150/3432.82

〔雍正〕《澤州府志》五十二卷，清朱樟修，田嘉穀補輯。清雍正十三年（1735）刻本。三函十六册。半葉十二行二十三字，小字雙行同，白口，四周雙邊，單魚尾。框高 20.2 釐米，寬 14.5 釐米。前有雍正十三年朱樟序，纂修姓氏，舊志序八則（李維楨序、傅淑訓序、周盤序、陳廷敬序、陶自悦序、王玨序、許日熾序、陶宗正序），發凡十七條，姓氏，目錄。

澤州府位於今山西省東南部。秦漢爲上黨郡地，十六國西燕慕容永析上黨郡置建興郡。北魏永安年間改爲建州，北齊、北周因之。隋開皇初改爲澤州，大業初改爲長平郡。唐武德元年（618）改爲澤州。金天會六年（1128）改爲南澤州，天德三年（1151）再改爲澤州。元、明沿襲不改。清雍正六年升爲澤州府，置鳳臺縣爲府治，轄境大約相當於今山西省晉城市。1912 年廢。

朱樟，字鹿田，號慕巢，晚號灌畦叟，浙江錢塘（今杭州）人。康熙三十八年（1699）舉人。雍正十二年任澤州府知府。著有《白舫集》《一半句留集》。

田嘉穀，字樹滋，山西澤州府陽城縣人。康熙五十一年進士。曾任翰林院編修、雲南道監察御史。著有《易説》十卷、《春秋説》十二卷等。

正文五十二卷，列八志：卷一星野志（星野、星占、圖考、諸星占屬、總論）；卷二至十五方輿志（建置表、沿革始末略、五縣分置〔考同附〕、疆域道里記〔地表附〕、山川、關隘、津梁、驛堠〔墩臺、鋪遞、晉豫交界附〕、形勝、風俗〔風土歲時記附〕、物産、古跡考〔原證附〕、陵墓、圖考〔圖説附〕）；卷十六至二十一營建志（城池、學校、公署、兵制〔弁員附〕、壇廟、祠祀〔寺觀附〕）；卷二十二至二十五貢賦志（田賦〔丁徭、屯田、稅課、鹽法附〕、土貢、里甲、耕籍、老農、蠲免、賑卹、養老、囚糧、匠價均攤）；卷二十六至三十二選舉志（封爵、薦辟、科目、官階、鄉貢、武科〔武勳、戚畹附〕、誥錫、恩賚、任子、祭葬、鄉飲賓）；卷三十三至三十五秩官志（宦跡、守牧、倅貳、縣令、師儒、縣尉）；卷三十六至四十人物志（節行、孝義、文苑、隱逸、列女、寓賢、技術、方外）；卷四十一至五十二藝文志（御製、文告、經籍目、金石録、文、雜著、賦、詩〔詩餘附〕、紀事〔兵燹附〕、祥異、雜志、叢譚）。瞿宣穎《方志考稿甲集》評此志立目紛繁，“然亦終賴其矜奇炫博，猶能多存故實也”。

朱樟序：“樟於十二年春以工部屯田司員外郎命來澤知府事，澤既改府，凡官秩、典制、禮度、執事，允宜維新，以昭法守。且省志已告成功，則郡志一書自應速行纂修，以仰副盛治。在前守劉觀察毓㟬、許侍御日熾皆續而未竣，樟至蒞事，未敢稽延，謹考輯前聞，採述掌故，遵省志以爲成憲，合州志以爲舊章。”發凡末云：“是書之成，始事於首春，斷手於秋末。”

澤州方志最早者，爲蒙古時期李俊民所撰《澤州圖記》，見於李俊民《莊靖集》。明初及隆慶間顧顯仁均曾纂修，今已亡佚。萬曆三十五年（1607），傅淑訓修、閻期壽纂《澤州志》十八卷，三十九年鄭際明續纂，該志以隆慶顧志爲本纂修，列十八門八十二目，萬曆三十九年刻。康熙四十五年，陶自悦纂修《澤州志》三十卷，列三十門，同年刊刻，康熙五十八年佟國宏增補藝文等門，補版重印。此雍正志爲澤州升府之後所修唯一一部府志。

中國國家圖書館、中國科學院文獻情報中心、北京大學圖書館、清華大學圖書館、中央民族大學圖書館等二十二館與“中央研究院”歷史語言研究所傅斯年圖書館、臺北故宮博物院及日本東洋文庫、京都大學人文科學研究所、美國國會圖書館亦有入藏。

129. 清乾隆刻本鳳臺縣志　　T3150/7141.83

　　[乾隆]《鳳臺縣志》二十卷首一卷，清林荔修，姚學甲纂。清乾隆四十九年（1784）刻本。十冊。半葉九行二十二字，小字雙行同，白口，四周雙邊，單魚尾。框高18.0釐米，寬13.9釐米。前有姚學瑛序，乾隆甲辰（四十九年）署理知縣嚴鳴敘，乾隆癸卯（四十八年）知縣林荔序，鳳臺縣圖譜，修志姓氏，目錄，凡例二十一條。

　　鳳臺縣地處太行山南麓。西漢置高都縣，屬上黨郡。隋爲澤州治，開皇十八年（598）改爲丹川縣。唐武德三年（620）析丹川縣地置晉城縣，屬蓋州。武德九年廢丹川縣，天祐二年（905）改晉城縣爲丹川縣。五代後唐復名晉城縣。明洪武初併入澤州。清雍正六年（1728）升澤州爲澤州府，置鳳臺縣爲府治。1914年因與安徽省鳳臺縣重名，改名晉城縣。1983年改設晉城市（縣級）。1985年晉東南地區改爲晉城市（地級），原晉城市（縣級）分設城區和郊區，1996年晉城市郊區改設澤州縣。

　　林荔，福建莆田人。舉人。乾隆四十四年任鳳臺知縣，四十八年升任貴州麻哈知州。

　　姚學甲，生平見《潞安府志》條。

　　卷首《鳳臺縣圖譜》收《鳳臺縣山圖》《鳳臺縣水圖》《澤州府治圖》《澤州府公署》《鳳臺縣公署》《澤州府都司公署》《澤州府試院》《澤州府府縣學宮》等，計八幅，其中山、水二圖計里畫方。正文二十卷，平列四十六門：卷一沿革、星野、疆域；卷二山川；卷三城池、公署、倉廒、學校、壇壝、形勝、關隘、津梁、營汛、驛鋪、里甲、田賦、鹽法、土貢、物産、風俗、歲時、禮俗；卷四封建、職官、學職、武職，以表格形式列出；卷五宦跡；卷六選舉；卷七武科、封蔭；卷八人物；卷九文苑、孝義、隱逸、僑徙、方技、仙釋；卷十、卷十一列女；卷十二祠廟、寺觀、古跡、陵墓、紀事；卷十三至十八藝文；卷十九輯録；卷二十雜志。因鳳臺爲澤州府府治所載，志中文廟、公署等部分内容亦兼及澤州府。

　　林荔序："鳳臺設縣五十餘年而志乘未備，予於己亥歲承乏茲土，有志修舉，會以因循不果。今年春，簿書稍暇，進白於郡伯梅園先生，請受編纂事宜。乃敦延者儁，與紳士十餘人分以採訪、參校、繕寫，共任厥責。館設於夏之四月，越五月而稿脱，凡二十卷，計三十類，字約二十四萬有奇，擇剞劂之良者竣其工。"可知此志修成發刻於乾隆四十八年，但林荔離任尚未刊成，至乾隆四十九年署理知縣嚴鳴到任後方繳刻竣。

　　此志爲鳳臺設縣後所修首部志書。至光緒間，張貽琯修、郭維恒等纂《鳳臺縣續志》四卷，列二十九門，續補乾隆四十九年以後史事，門目設置遵循乾隆志，無可續補的門目不再列出，有可議者則加按語或補遺、糾誤，光緒八年（1882）刊刻。

卷一卷端、末葉及第二至十册各册首末葉均鈐"金陵大學藏書"朱文方印（3.4×3.4 釐米）。

《修志姓氏》繪圖項載"監生方松齡，江南泰州人"，督工項載"刻字梁毓棟"。

中國國家圖書館、首都圖書館、中國科學院文獻情報中心、中國社會科學院考古研究所圖書館、故宫博物院圖書館等四十館與"中央研究院"歷史語言研究所傅斯年圖書館、臺北故宫博物院及日本東洋文庫、京都大學人文科學研究所、美國國會圖書館、英國國家圖書館、法國國家圖書館、法國亞洲學會亦有入藏。

130. 清乾隆刻本陽城縣志　T3150/7245.83

［乾隆］《陽城縣志》十六卷，清楊善慶修，田懋纂。清乾隆二十年（1755）刻本。八册。半葉九行二十二字，小字雙行同，白口，四周雙邊，單魚尾。框高19.1釐米，寬14.4釐米。前有乾隆二十年楊善慶序，乾隆乙亥（二十年）田懋序，舊序（王國光序、白允謙序、陳國珍序），纂修姓氏，圖考，凡例二十三條。

陽城縣地處太行山、太岳山和中條山之間。西漢置濩澤縣，屬河東郡。西晉屬平陽郡，北魏屬安平郡。隋唐屬澤州。天寶元年（742）改爲陽城縣，天祐二年（905）復名濩澤縣，五代後唐同光元年（923）再改爲陽城縣。宋屬澤州。金元光二年（1223）升爲勳州。元復改陽城縣，屬澤州。明仍屬澤州。清雍正六年（1728）屬澤州府。今屬山西省晉城市。

楊善慶，字必餘，湖南巴陵（今岳陽縣）人。乾隆十七年任陽城知縣。

田懋，字退齋，山西陽城人。歷任禮科給事中、刑部侍郎等。著有《春秋考詳》《國朝漢名臣傳》等。

圖考收《縣境圖》《縣城圖》《縣署圖》《縣學宫圖》《析城山圖》《沁水圖》《濩澤水土》《湯廟圖》《龍泉寺圖》《千峰寺圖》等十幅。正文十六卷，列二十六門：卷一分野、建置（附疆域、形勝）；卷二山川（附關隘、津梁）；卷三城池、壇廟（附寺觀）、學校（附義學、書院）、官署（庫獄、倉庾、鋪司、營房、諸公所）、風俗；卷四田賦（附稅課、丁户、里甲）、物産、古跡（附塚墓）、兵祥、褒卹；卷五職官；卷六選舉（薦辟、進士、舉人、武科）；卷七選舉（貢士、例貢）、仕籍（附封蔭）；卷八宦跡；卷九人物；卷十忠節、孝友、文苑、義行、隱逸；卷十一列女；卷十二至十五藝文，先文後詩，載録碑記其多；卷十六志餘。

楊善慶序："比及三年，職事稍間，於是搜圖經而訪舊章，考縣史以驗岷俗，凡邑之事，得知大端。乃自康熙丁卯以來，簡罄帙荒，紀述無聞，書缺有間者久矣……

乙亥歲，少宰退齋田公方里居，念邑志久闕，一日以纂撰謂余。……乃不敢過讓而
強從事焉。徵文考獻，網羅散失，續其不備，整其未釐，類次門分，得十有六卷。
昉乎孟夏，訖乎孟秋，稿粗定。"

陽城明初永樂正統間及嘉靖、萬曆、天啓三朝均曾修志，今皆亡佚。清代凡六
修志書。其一爲陳國珍修、白象顥纂《陽城縣志》十卷，分九門六十目，搜羅頗廣，
順治十六年（1659）刻。其二爲項龍章修、田六善纂《陽城縣志》八卷，列八門
四十四目，藝文門篇幅約占全書一半，康熙二十六年（1687）刻。其三即此乾隆志，
體例較前志多有更改。其四爲賴昌期修，譚澐、盧廷菜纂《陽城縣志》十八卷，列
十四門三十三目，同治三年（1874）刻。其五爲光緒三十四年（1908）郭學謙纂修《續
陽城縣志》，爲同治志之續作，結構與前志同，未刊刻。其六爲光緒末年沈繼焱修、
楊念先纂《陽城縣鄉土志》，通篇駢體韻文，有氏族、宗教、商務等門，頗具時代
特徵，有 1935 年鉛印本。

纂修姓氏謄錄條列開福寺僧真淕一人，爲僧人預修方志之一例。

中國國家圖書館、首都圖書館、中國科學院文獻情報中心、故宮博物院圖書館、
北京大學圖書館等十九館與日本東洋文庫、美國國會圖書館、法國巴黎 M.R. 赫杜圖
書館亦有入藏。

131. 清乾隆刻本陵川縣志　　T3150/7422.83a

〔乾隆〕《陵川縣志》二十八卷，清雷正修，景象元等纂。清乾隆五年（1740）
刻本。六冊。半葉十行二十二字，小字雙行同，白口，左右雙邊，單魚尾。框高
18.8 釐米，寬 12.8 釐米。前有舊志序文五篇（弘治戊午〔十一年，1498〕都永思序、
嘉靖壬子〔三十一年，1552〕趙孟乾序、萬曆辛亥〔三十九年，1611〕許自嚴序、
順治戊戌〔十五年，1658〕黃國璨序、康熙十三年〔1674〕孫必振序、康熙十九年
張琦序），乾隆五年雷正序，發凡，陵川縣志姓氏。

陵川縣地處太行山南端。漢爲上党郡泫氏县地。北魏永安二年（529）分泫氏
縣地置平高縣，隸長平郡。北齊末，改平高縣爲高平縣，泫氏縣併入。隋開皇十六
年（596）析置陵川縣，屬澤州。唐武德初屬蓋州，貞觀元年（627）改屬澤州。北宋、
金仍屬澤州。蒙古至元三年（1266）併入晉城縣，後復置。明隸澤州。清雍正六年
（1728）澤州升爲澤州府，陵川縣仍屬之。今屬山西省晉城市。

雷正，字全人，號玉沙，湖北沔陽人。乾隆三年任陵川知縣。

景象元，浙江會稽人。

全書二十八卷：卷一星野志（星象、證述）；卷二至六方輿志（建置沿革、疆域，

山川，關隘，形勝、風俗、歲時記，物産、古跡、邱墓、圖考），附八景圖；卷七至十營建志（城池，學校，公署，壇廟）；卷十一至十三貢賦志（田賦、丁徭、稅課，土貢、里甲，耕耤、蠲免）；卷十四至十七選舉志（薦辟、科目，官階、鄉貢、武勳、武科，誥錫，鄉飲賓、遥授）；卷十八至二十官師志（宦跡，縣令，師儒、丞尉、弁員）；卷二十一至二十五人物志（節行傳，孝義傳，儒林傳，隱逸傳，列女傳、寓賢、技術、方外）；卷二十六藝文志（文、詩）；卷二十七祥異、兵燹，此卷不稱志，僅平列二門，與全書不同，可見其體例有粗疏處；卷二十八雜志。

雷正序："正於乾隆三年奉命來宰是邑，披閱舊志，知前賢原有未愜心之語，而按部就班中殊多未盡之處，兼之六十載頗有不可不增修者，因是用檢郡乘，載考陳編，與邑之老宿合謀而重修之。"

發凡謂："是志之修，緣郡伯鹿田先生以前年奉命改州爲府後重修郡志。有老友穆門周先生會同商榷，因招延荒署，共事昕夕，閱三月成書，而幕中賓客會稽景君象元、漢川姚君德亮咸與勞勤，應得並書。"可知此志實應澤州府徵求縣志而纂修。

陵川縣志創自明初，弘治、嘉靖、萬曆、順治歷朝皆有續修，今均已亡佚。清代所修縣志今存四部。第一部爲孫必振纂修《陵川縣志》八卷，列二十七門，康熙十九年（1680）知縣張琦刊刻。第二部即此乾隆五年志。第三部爲乾隆四十四年刻程德炯等纂修《陵川縣志》三十卷。第四部爲徐炑等修、梁寅纂《陵川縣志》三十卷，體例參照前志，藝文門搜羅較富，光緒八年（1882）刻。

纂修姓氏末行刊："江南刊刻人鄧德臣。"可知此本係江南刻工所刊，亦可見江南刻工行跡遠及華北一帶。

此本有缺葉：卷十一第二葉，卷十八第九葉，卷二十六第六十六葉，卷二十八第一葉及尾葉。

中國國家圖書館亦有入藏。

132. 清乾隆刻本陵川縣志　T3150/7422.83

〔乾隆〕《陵川縣志》三十卷首一卷，清程德炯等纂修。清乾隆四十四年（1779）刻本。二函十册。半葉九行二十字，小字雙行同，白口，四周雙邊，單魚尾。框高19.0釐米，寬12.8釐米。首有扉頁，乾隆四十三年百齡序，乾隆四十四年胡紹南序，乾隆四十三年費淳序，乾隆四十四年劉開熹序，乾隆四十三年程德炯序，目錄，舊序（弘治戊午〔十一年，1498〕都永思序、嘉靖壬子〔三十一年，1552〕趙孟乾序、萬曆辛亥〔三十九年，1611〕許自嚴序、順治戊戌〔十五年，1658〕黃國璨序、康熙甲寅〔十三年，1674〕孫必振序、康熙十九年張琦序、乾隆庚申〔五年〕雷正序），纂修姓氏，歷代纂修姓氏，凡例十條，圖譜。

程德炯，字素涵，安徽歙縣人。舉人。乾隆三十六年任陵川知縣。

卷首圖譜收《縣境全圖》《縣境山川圖》《縣境關廟圖》《縣治圖》《文廟圖》《縣署圖》及八景圖等十四幅，《縣境全圖》計里畫方。正文三十卷，平列二十四門：卷一星野；卷二沿革；卷三疆域；卷四山川；卷五關隘；卷六古跡；卷七壇廟；卷八城池；卷九衙署；卷十戶籍；卷十一至十二賦役；卷十三倉儲；卷十四學校；卷十五風俗；卷十六物產；卷十七官師；卷十八宦跡；卷十九選舉；卷二十武略；卷二十一至二十三人物；卷二十四列女；卷二十五至二十八藝文；卷二十九祥異；卷三十叢譚。人物、藝文二門搜羅較富。

程德炯序："又雷公重輯，時方開館而瓜期已迫，急於成書，事多缺略。……余下車即留心疆索，踰歲奉憲檄親查隘口，遍歷阨塞，聚米畫沙，胸括成竹，譜而圖之，令後之覽者得以鏡焉。且四十年來，戶口日增也，營建易置也，政事有張弛也，人物事跡、學校文章如良苗之懷新月異而歲不同，苟聽其疎略，前人已遠，傳聞失實，無徵不信，其何以垂後。因廣搜博採，朝搜夕訂，曠者補之，略者完之，訛者正之，疑者辨之，公論則出之，士民山川則得諸閱歷，庶乎信今傳後。"可知此志包含程德炯奉命實地探查關隘所得。

扉頁刊："乾隆己亥新修陵川縣志。本衙藏板。"

中國國家圖書館、中國科學院文獻情報中心、故宮博物院圖書館、中國文化遺產研究院、北京大學圖書館等十五館與臺北故宮博物院及日本東洋文庫、法國國家圖書館亦有入藏。

133. 清乾隆刻本高平縣志　　T3150/0214.83

〔乾隆〕《高平縣志》二十二卷末一卷，清傅德宜修，戴純纂。清乾隆三十九年（1774）刻本。八冊。半葉十行二十二字，小字雙行同，白口，四周雙邊，單魚尾。框高 20.2 釐米，寬 13.8 釐米。前有乾隆三十九年朱珪序，乾隆三十九年繆其吉序，乾隆三十九年劉開燾序，乾隆三十九年陳聖瑞序，乾隆三十九年傅德宜序，舊志序九則（萬曆四十三年〔1615〕李維楨序、萬曆四十三年馮養志序、順治十五年〔1658〕李棠馥序、順治十五年張汧序、順治十五年田逢吉序、順治十五年范繩祖序、順治十五年郭元佐序、順治十五年范繩祖修志紀事、順治十五年龐太樸目例卮言），凡例，修輯姓氏，目錄。卷末有傅公政略，乾隆三十九年戴純跋，司昌齡跋。

高平縣地處澤州盆地北端、太行山南部。戰國為泫氏邑，歷屬趙、魏。秦趙長平之戰發生於境內。西漢置泫氏縣。北魏改為玄氏縣，永安年間析置高平縣。北齊天保元年（550）玄氏縣併入高平縣。隋至清初屬澤州。雍正六年（1728）屬澤州府。1993 年改爲高平市。今屬山西省晉城市。

傅德宜，奉天開原人。舉人。乾隆三十七年任高平知縣。

戴純，字尃浦，江蘇鎮江人。舉人。

正文二十二卷，列六十三門：卷一星野；卷二圖譜，有《縣境全圖》《城圖》《縣治圖》《學宮圖》《學署圖》《崇正書院圖》《南書院圖》及八景圖，共十五幅，内《縣境全圖》以計里畫方法繪製；卷三沿革；卷四疆域、城池；卷五關隘、驛埭、鋪遞、里甲、市集；卷五山川、形勝、古跡、水利、橋梁、陵墓、坊表；卷六風俗、風土歲時記、物産；卷七公署（屬廨、倉獄附）、壇廟、祠祀、寺觀；卷八學校、書院、社學、鄉飲；卷九賦役（囚糧附）、稅課、鹽法、貢篚、倉庾、耕耤（老農附）、蠲免、養老；卷十兵制、武事；卷十一職官、名宦；卷十二選舉、薦辟、科目、鄉貢（恩拔歲副例貢附）、官階、掾階、封爵、誥錫、任子、祭葬、武科、武階；卷十三人物、文苑；卷十四孝義、隱逸、寓賢、藝術、仙釋；卷十五列女；卷十六祥異；卷十七雜志；卷十八至二十二藝文（詩〔詩餘附〕、雜著、續選附）。

傅德宜序："泫邑舊志自前令范氏於順治戊戌歲修輯之後，迄今百有餘年矣。其間因革損益，應事增删者頗多。辛卯春，余來知縣事，翻閱舊本，即思續加釐定。……爰稟請各憲，重謀編輯。既蒙批允，聞南徐孝廉戴君尃浦來遊三晉，延致邑中，托以考訂。自疆域、山水、營建、賦役以及良吏、名紳、忠孝、節義諸條，相與折衷商榷。自秋徂冬，勒有成書。"

高平縣明初及弘治、嘉靖、萬曆、天啓間五次修志，今均不存。清代所修志書現存五部。其一爲范繩祖修、龐太樸纂《高平縣志》十卷，以萬曆志爲基礎纂成，設十門七十九目，順治十五年（1658）付梓，又有康熙五年（1666）補刻本。其二爲司昌齡撰《泫志拾遺》八卷，該書係私纂，未刊刻，僅有鈔本行世，其内容多爲乾隆志及後此諸志採録。其三即此乾隆志。其四爲龍汝霖纂修《高平縣志》，分八門五十六目，同治六年（1867）刊刻。其五爲陳學富、慶鍾修，李廷一纂《續高平縣志》十六卷，爲同治志之續作，列四十五目，光緒六年（1880）刻。

此本天頭有批注十數則，或糾謬正訛，或考辨史事，對濫收附會之處多有批評，識見不凡。卷十七雜志篇中夾有一紙，爲司昌齡《辨石末宜孫》一文，該葉天頭有批注："齡按，《四州文獻》以石末宜孫爲吾縣人，朱公府志載入高平人物，傅公新志因之。余摘其傅會之失，遂删去宜孫不載，然又不明言所以不載宜孫之故，安知後來修志者不又以爲掛漏而復補入乎，今將余所作辨一篇録附志中。"全書批注與此條筆跡一致，均出於司昌齡之手無疑，地方名賢手澤，頗爲珍稀。司昌齡（1726—？），字静山，高平縣石末村人。貢生。家富藏書。究心地方文獻，輯《泫文備徵》《泫志拾遺》等，多爲此志及其後高平志書所採録，另撰有《十一史精華》《古學精華》《紫峰集》等。

各册卷端鈐"京硯草堂"白文方印（2.4×2.4釐米）或"長平祁氏"白文方印（1.8×1.8釐米）。長平即高平古稱，祁氏爲高平望族，族人聲望最著者爲祁𡓹（1777—1844），道光間官至兩廣總督。

此書前序文首葉之前半葉，卷五第十七、十八葉係鈔配。

修輯姓氏末載"鐫刻李炎光"。

中國國家圖書館、中國科學院文獻情報中心、中國社會科學院考古研究所圖書館、故宫博物院圖書館、北京大學圖書館等二十六館與"中央研究院"歷史語言研究所傅斯年圖書館、臺北故宫博物院及日本東洋文庫、京都大學人文科學研究所、美國國會圖書館、法蘭西學院漢學研究所、法國巴黎 M.R. 赫杜圖書館亦有入藏。

134. 清雍正刻乾隆剜補本朔平府志　T3149/8214.82

[雍正]《朔平府志》十二卷，清劉士銘修，王霈纂。清雍正十一年（1733）刻，乾隆間剜補本。二函十册。半葉九行二十二字，小字雙行同，白口，四周雙邊，單魚尾。框高 19.4 釐米，寬 14.4 釐米。前有雍正九年申慕德序，雍正十年蔣泂序，雍正十一年劉士銘序，雍正十一年塞克圖序，纂志姓氏，凡例十五則，目録。書後有雍正十年王霈跋，雍正十一年汪嗣聖跋。

朔平府位於今山西省北部。清雍正三年置，治右玉縣，轄朔州與右玉、左雲、平魯、馬邑四縣及歸化城。光緒間，北部分置寧遠、陶林二直隸廳，今屬内蒙古自治區。1912 年撤銷朔平府建置。

劉士銘，字鼎臣，順天府宛平縣（今北京市）人。康熙五十六年（1717）舉人。曾任聞喜知縣、大同府同知，雍正七年任朔平府知府。

王霈，號介庵，山西翼城人。康熙五十七年進士。曾任慈利知縣，雍正五年任平魯縣訓導。另纂有《朔州志》。

此志十二卷，列十二志：卷一圖考志，僅列圖目，圖則散入各志；卷二星野志（天文諸圖、天文象緯、地勢山河、二十八宿度、十二辰次、州郡躔次、四星分野、五星、諸星、支干、節氣）；卷三方輿志（疆域諸圖，沿革，疆域〔關塞、道路附〕，山川〔形勝、風景附〕，巡幸〔后妃、封建附〕，古跡，風俗）；卷四建置志（邊關諸圖，城池〔州縣、邊堡附〕，公署，學校，祠祀〔寺觀附〕，倉庫，郵政，驛站〔鋪遞附〕，坊表〔牌樓附〕，橋梁，陵墓）；卷五職官志（八旗駐防官員、舊制文職、新制文職、已裁文職、現設武職、原設武職）；卷六名宦志（方略、戰功、忠節、政績〔五屬名宦附〕）；卷七賦役志（戶口、田賦、稅課、物產）；卷八武備志（兵制〔糧餉附〕，馬政，教場〔草廠、神機庫附〕，汛防，邊防，款貢，征討，兵氛）；卷九選舉志（薦辟、進士、舉人、貢生、武科、武宦、封蔭、例監、農官、掾史）；卷十人物志（忠孝、事功、文行、散材、列女）；卷十一外志（流寓、仙釋〔藝術附〕、祥異）；卷十二藝文志（詔勅、奏議、文告、碑記、傳、文、序、墓誌銘、墓表、箴銘贊跋、賦、詩）。

此志爲朔平府唯一一部府志。劉士銘序詳述其纂修經過："廼者天子允輔臣之請，以當代名臣碩彥、忠孝節義宜加考核，增入一統志中，乃敕直省督撫各修本省通志，毋濫毋遺，以昭信史，而因檄所屬郡邑各纂修志乘，以備通志之採擇。余不敏，敢辭厥責？……爰爲禮請聞人，虛衷商確。又得平魯學博王君霱任編摩之責，更選博士弟子之敏達者分類校讎。於是上下數千百年，博綜二十一史，參酌通志、雲中志，旁及各郡志之義例，而余復爲之折衷焉。……是役也，始於庚戌仲冬，訖於辛亥季冬，歷十四晦朔而稿就。壬子夏命梓人鏤版，越癸丑春凡八閱月乃告竣。"癸丑即雍正十一年。

卷十二藝文志碑記目第一百七葉之後，補刻《重修兼管常豐倉官職記》，係將原第一百八葉割裂爲二，補刻該文後拼成二葉，該文紀事至乾隆三十七年（1772）。全書"弘""曆"剜改作"宏""歷"，"琰"字不避諱。據此可知，此本當爲乾隆間剜補本，剜補時間在乾隆朝後期。又卷二星野志第九、第十葉，卷十二藝文志下第五十六葉，均係補刻，可知乾隆間重印時書版已有部分損壞。《美國哈佛大學哈佛燕京圖書館藏中國舊方志目錄》著錄此志爲雍正九年刻本，不確。

封面書名簽以十天干標記册序。

有缺葉：卷十二藝文志下第五十二葉等。

中國國家圖書館、首都圖書館、中國科學院文獻情報中心、故宮博物院圖書館、中國文化遺産研究院等二十七館與"中央研究院"歷史語言研究所傅斯年圖書館、臺北故宮博物院及日本東洋文庫、京都大學人文科學研究所、美國國會圖書館亦有入藏。

135. 清雍正刻乾隆剜修本朔州志　T3150/8232.82

〔雍正〕《朔州志》十二卷，清汪嗣聖修，王霱纂。清雍正十三年（1735）刻，乾隆間剜修本。十册。半葉九行二十二字，小字雙行同，白口，四周雙邊，單魚尾。框高 19.1 釐米，寬 14.1 釐米。前有雍正十三年汪嗣聖序，纂志姓氏。

朔州秦漢爲馬邑縣地。北齊天保六年（555）置朔州，治新城縣，天保八年（557）移治招遠縣。唐治鄯陽縣。元屬大同路。明洪武二年（1369）併鄯陽縣入朔州，僅領馬邑一縣，屬大同府。清雍正三年朔州改屬朔平府，不領縣。1912 年降爲朔縣。

1989 年，由原雁北地區劃出朔縣、平魯縣、山陰縣，設立朔州市，朔縣改爲朔州市朔城區。

汪嗣聖，湖北江陵人。康熙五十七年（1718）進士，雍正三年任朔州知州。

王霨，生平見《朔平府志》條。

此志十二卷，列十二志：卷一圖考志，僅列圖目，有簡單説明，圖則附各志；卷二星野志，天文諸圖插入此卷，末附祥異；卷三方輿志（沿革、疆域、關塞、道路、山川、形勝、名景、巡幸、封建、古跡、風俗），前有《疆域山川名勝古跡全圖》《疆域邊關城堡墩舖道里全圖》二圖；卷四建置志（城池、堡寨、公署、學校、祠祀、壇壝、寺觀、倉庫、坊表、樓閣、郵政、里莊、驛遞、橋梁、冢墓），前有《州城全圖》《文廟全圖》《文昌祠圖》《關聖廟圖》《城隍廟圖》《林衙古刹圖》《廣福鐘樓圖》《文魁閣圖》《州治圖》《都司署圖》等十圖；卷五職官志（官制裁缺、官制見設）；卷六名宦志（名宦、宦績）；卷七賦役志（户口、田賦、税課、物產）；卷八武備志，分兵制裁缺（守備、衛官、軍旗、屯田、馬政、器械、庫局、教場、墩臺），兵制建設（將弁、兵馬、糧餉、器械、火器、教場、汛防），款貢，征討，兵氛等目，對朔州歷代邊政與軍事設施記載頗詳；卷九選舉志（薦辟、進士、舉人、貢監、武科、將弁、封蔭、賓耆、農官、掾史、四術）；卷十人物志（鄉賢、忠孝、事功、文行、豪强、列女）；卷十一外志（流寓、仙釋、方伎）；卷十二藝文志，分傳志（傳、碑、誌、銘、墓表），論著（論、議、説），詞章（贊、銘、祭文、賦），詩等目。

汪嗣聖序述成書經過頗詳："下車未及，取州志而披閱之。……歲久脱誤，幾於魯魚亥豕矣。余不敏，承乏兹土，適當改隸之初，徵文考獻，固司牧事也。……而平邑學博王介庵先生爲余齋年友，適有署州學之役，余因丐其編纂，而州人士群相引重，有同心焉。蓋府志之修，君從事爲多，而余昔在郡時，又與訂有成言故也。於是據紳士之請，申詳各憲，俱報可，乃具書幣，遣使者而禮聘焉。而復招集儒生，給筆札，資廩餼，以備校讎。於是旁搜博採，取古史及志並天文、輿圖、《文獻通考》諸書，詳加考訂，擇其有關於朔者筆而録之，而因以删緝舊志，博採時事，分類綜要，規以大體，盡其節目，準府志十二綱，目八十有六。……是役也，始於甲寅仲春，閲三月而稿成，以夏五月開雕，告竣於乙卯季春。"

朔州，明代數次修志，有正德四年（1509）李邦直、嘉靖十年（1531）畢鸞、萬曆三十六年（1608）許爾忠、崇禎六年（1633）翁應祥諸志，今均已亡佚。清代兩次修志。順治間侯樹屏纂修《朔州志》六卷，順治十七年（1660）年付梓；康熙間方叔裔續纂，康熙十二年增刻重印。該志據崇禎翁志增删成書，沿襲其體例，列二十門，所載以朔州爲限，不涉及馬邑縣。此雍正志爲清代朔州第二部志書，參照雍正《朔平府志》體例，内容較前志豐富。

"鉉""鎮""楨"等字均剜去末筆；"弘治""萬曆""崇禎"往往剜去，或剜去"弘""禎"二字；正文中"弘"字往往剜除不補。或將"曆"字剜去"日"旁，而補"止"旁，改爲"歷"字。比對中國國家圖書館藏雍正十三年初印本，均無此類挖改。此本爲乾隆間剜修本無疑。藝文志明人詩文中有關北方民族的詞句亦多被剜除，可見乾隆朝文網之密。

有缺葉：卷十二第三至十八葉，共計十六葉。

中國國家圖書館、中國科學院文獻情報中心、故宮博物院圖書館、中國第一歷史檔案館、北京大學圖書館等二十三館與"中央研究院"歷史語言研究所傅斯年圖書館、臺北故宮博物院、孫逸仙博士紀念圖書館等四館及日本東洋文庫、法國巴黎M.R. 赫杜圖書館、法國亞洲學會亦有入藏。

136. 明崇禎刻清乾隆剜補本山陰縣志　T3150/2773.7

[崇禎]《山陰縣志》六卷，明劉以守等纂修。明崇禎三年（1630）刻，清乾隆間剜補本。二册。半葉九行二十字，小字雙行同，白口，四周雙邊，單魚尾。框高22.7 釐米，寬 14.7 釐米。前有劉以守敘，崇禎庚午（三年）翁應祥序，目録。卷端題："山陰縣知縣劉以守纂修，生員劉應乾、梁蔚、王泳初全校。"

山陰縣地處大同盆地西南部。漢唐爲馬邑縣地。遼置河陰縣，先後屬朔州、應州。金大定七年（1167）改名山陰縣。明清均屬大同府應州。今屬山西省朔州市。

劉以守，浙江分水人。舉人。天啓七年（1627）任山陰知縣。

此志六卷：卷一輿圖、沿革、星野，輿圖收山川、城堡、縣城、縣治四圖；卷二山川、土産、田賦、户口、祠祀、風俗；卷三公署、職官；卷四學校、選舉、人物；卷五武備、祥異；卷六藝文。

劉以守敘："余初至山陰，候□□君未至，詢六曹掌故，無具□□以陳者，初疑匿不我陳，徐察之，從前無册籍可以視人者。……於是始謀剙定大略，以隱括其概。……乃進毛穎，創凡例，定體裁，再浹月而邑志殺青矣。"

此志爲山陰縣明清兩朝存世唯一一部志書，記載雖簡略，而頗具文獻價值。

此本序及星野、田賦、職官、人物、藝文等門有補刻，紀事至清初。"禎""曆"二字剜除，"弘"字剜去末筆或剜除，當爲乾隆間剜補本。

書前翁應祥序第一至四葉，卷六第四十二葉、四十四葉鈔配。

版印不佳，文字漫漶。

中國國家圖書館、中國科學院文獻情報中心、故宮博物院圖書館、北京大學圖書館、天津圖書館等十館與美國國會圖書館亦有入藏。

137. 清乾隆刻本應州續志　T3150/0332.83

〔乾隆〕《應州續志》十卷首一卷，清吳炳纂修。清乾隆三十五年（1770）刻，乾隆間剜修本。八冊。半葉九行二十一字，小字雙行同，白口，四周雙邊，單魚尾。框高 19.1 釐米，寬 14.5 釐米。首有乾隆三十四年鄂寶序，乾隆己丑（三十四年）吳巖序，乾隆三十四年朱珪序，乾隆三十四年徐浩序，乾隆己丑史奕璘序，纂修姓氏，目錄，凡例十則。書後有乾隆三十四年吳炳後序。卷端題：“應州知州南豐吳炳纂輯。”

應州地處大同盆地南緣、桑乾河中上游。漢爲劇陽縣、埒縣地，屬雁門郡。後二縣均廢。唐末置金城縣。五代後梁分雲州置應州，得名於雁門、龍首二山南北相應，治金城縣。唐天成元年（926）于應州置彰國軍節度使。遼屬西京道。金屬西京路。元屬大同路。明洪武初年，金城縣併入應州，屬大同府。清沿襲不改。1912 年改應州爲應縣。今屬山西省朔州市。

吳炳，江西南豐人，乾隆二年進士。乾隆十三年任宜川知縣，二十八年任隴州知州，三十一年任應州知州，三十四年升任平定直隸州知州。另纂有《宜川縣志》《隴州續志》。

全書十卷，分十志四十二目：卷一方輿志（沿革、形勝、山川、古跡、風俗、災祥），風俗門載應州人多習畫工，“凡歸化城、張家口、殺虎口、和林格爾、托克托諸處及陝西之榆林、寧夏邊緣一帶蒙古居人喜崇佛教，繪佛像，飾寺宇，皆應州工人爲之”，對於民間工藝美術史及地方經濟史之研究，頗具價值；卷二建置志（公署、城池、學宮、倉儲、驛鋪、橋梁、河渠）；卷三田賦志（地糧、戶役、屯衛、雜課）；卷四祠祀志（壇廟、寺觀、塚墓）；卷五官師志（封建、職官、名宦、兵防）；卷六帝系志（皇帝、皇后〔附公主〕、皇子、諸王）；卷七選舉志（甲科、貢選、封蔭、仕宦、武職）；卷八人物志（先賢、文苑、列女、流寓）；卷九藝文志（制敕、詳稟、文、詩、詩餘）；卷十雜紀。此志僅載州境史事，內容不涉及所轄山陰縣。此志爲雍正志之續編，主要載錄雍正四年至乾隆三十五年間事，雍正四年以前事僅就舊志失載者略加補充。

吳炳後序：“舊志體例未愜，尚不止沿革，其間田賦之率略，官師之脫漏，選舉之混淆，人物之訛誤，指不勝屈，沿襲已數百年，因循久之，將愈不可問，予滋懼焉。適奉前大中丞蘇公檄飭考正州乘，因於簿書餘隙蒐討廿二史暨子集諸家，證謬補逸，彙集成書，爲綱十，爲目四十有二，仍曰續志，蓋不敢沒前人之功，悉攘爲己有也。”

應州，明初及成化年間均曾修志，今未見著錄。現存明清志書四部：其一爲王有容修、田蕙纂《應州志》六卷，分六志四十五目，萬曆二十七年（1599）付梓。其二爲蕭綗修、高師孔纂《應州志》十卷，列十門六十目，雍正四年（1726）刊刻。其三即此乾隆志。其四即湯學治纂修《應州再續志》二卷，續補乾隆志，所補者凡五門十五目，光緒八年（1882）刻。

《中國地方志聯合目録》《中國地方志總目提要》《美國哈佛大學哈佛燕京圖書館藏中國舊方志目録》均著録此志爲乾隆三十四年刻本，係據前後序跋推定，不確。此志卷五職官目知州項載録最後一人爲劉允捷，任職時間爲乾隆三十五年，且無補刻跡象，故此本刻成當在乾隆三十五年。

卷九收金人元好問《三崗四鎮》詩："南北東西俱有名，三崗四鎮護金城。古來險阻邊陲地，威鎮羌胡萬里驚。"以"羌胡"觸犯清廷忌諱故，末句剜改爲"到處皇威頌編氓"。又收明人田蕙《邊耀夕照》詩："塞上層巒漸夕陽，漢人胡馬過沙場。誰知一抹天邊錦，枕甲尤堪醉百觴。"第二句剜改爲"漢唐争戰舊沙場"，第三句改爲"霞光一片天邊錦"。其他剜改之處甚多，兹不備録。由此可略見乾隆朝文網之密。所補諸字刻工甚拙。

有缺葉：卷四末葉，卷七末葉。

中國國家圖書館、中國科學院文獻情報中心、故宫博物院圖書館、中國第一歷史檔案館、北京大學圖書館等十五館與臺北故宫博物院及日本東洋文庫、美國國會圖書館、法國巴黎 M.R. 赫杜圖書館亦有入藏。

138. 清乾隆刻本榆次縣志　T3150/4238.83

［乾隆］《榆次縣志》十四卷首一卷，清錢之青修，張天澤、王系纂。清乾隆十三年（1748）思鳳堂刻，乾隆十五年增修本。五册。半葉九行十九字，小字雙行同，白口，四周雙邊，單魚尾。框高 19.7 釐米，寬 14.7 釐米。首有扉頁，乾隆十三年黄祐序，乾隆十三年周景柱敘，乾隆十三年錢之青敘，乾隆十五年齊達敘，舊志前序（褚鈇序），舊志後序（張國儒序），發凡十八條，舊志纂修姓氏，修志姓氏，修志執事吏書姓氏，繪圖，目録。

榆次縣位於晉中盆地。秦置榆次縣。北魏太平真君九年（448）併入中都縣，景明元年（500）復置。北齊再次併入中都縣。隋開皇十年（590）改中都縣爲榆次縣，屬并州。唐屬太原府。元屬冀寧路。明清屬太原府。1954 年析城區設榆次市，爲晉中行署駐地。1983 年榆次縣併入榆次市，1999 年晉中地區改設晉中市，榆次市改爲晉中市榆次區。

錢之青，字恭李，號數峰，江蘇震澤（今蘇州市吴江區）人。舉人。乾隆十二年由寧武知縣調任榆次知縣。

張天澤，山西榆次人，康熙五十九年（1720）舉人。曾任江蘇常州府通判。

王系，山西榆次人，雍正五年（1727）進士。曾任山東樂昌知縣、大同府學教授。

卷首繪圖有《縣境圖》《縣城圖》《舊縣治圖》《今縣治圖》《學宮圖》《洞渦圖》《澗河圖》《洞渦渠圖》《澗河渠圖》等九幅。正文十四卷，列二十門：卷一地理、山川；卷二城池、公署、學校；卷三職官；卷四選舉；卷五田賦、河渠；卷六風俗、壇廟；卷七古跡、物産、祥異、事考；卷八雜志；卷九、卷十藝文，載墓誌、碑記等甚豐；卷十一宦跡傳；卷十二人物傳上；卷十三人物傳下（孝友、義行、文學、隱逸、仙釋、僑寓附）；卷十四列女傳。

錢之青敘："榆次在明時縣故有志，本朝康熙中上谷劉君來爲令，起而續焉，斯有其繼矣，而劉君之去又已六十餘年。……於是謀諸邑士大夫，期修厥役，咸曰志繫吾榆實大且要，況多就廢脱，茲在今日誠宜急興。乃衆稽博蒐，旁摭而上討，尤喜其縉紳先生、文學之彦，多所聞識，好談故事，相與爲功。由此六十餘年未備者一朝悉具，且合明時舊志與劉君所續，統爲一書，加之損益，補其勿及而訂其是非，既而書成，列卷一十有四。"

凡例後錢之青識語記刊刻過程甚詳："書於乾隆十三年季秋之月纂修脱稿，會金川用兵，榆當孔道，有司日惟奔命，考核校對未遑也。邑紳士亟欲觀新纂之書，遽付剞劂，刻成爭購，計散數百本。殆公事稍暇，見聞所至，頗有採訪遺漏及未確實者，亦尚有前志疏訛相沿不察者，於是重加補訂，務歸詳核，並字畫之謬，一一校正，屬工改鐫，始爲定本，實成於乾隆十五年之冬。故城池、學校、職官、選舉、河渠、古跡、祥異中有續載十四、十五年事者，因其時也。"按，除錢之青識語所列諸門外，卷十四列女之後亦增刻一葉，内容爲乾隆十五年旌表貞婦殷氏、李氏二人。

扉頁刊："乾隆十三年修榆次縣志。思鳳堂藏板。"按，此志公署門縣治條載縣衙有思鳳樓，又名思鳳堂。又按，《中國地方志聯合目録》《美國哈佛大學哈佛燕京圖書館藏中國舊方志目録》均著録爲"思風堂刻本"，有誤。

榆次縣明清志書今存者有五部。其一爲張鶴騰修、褚鈇纂《榆次縣志》十卷，本於嘉靖間閻檏所編邑志八卷增修，列十門二十一目，明萬曆三十七年（1609）刻。其二爲劉星修、王介石纂《榆次縣續志》十四卷，續補萬曆志，列十四門一百零一目，清康熙二十三年刊刻，此後有康熙二十七年、二十九年補刻本。其三即此乾隆志，在萬曆、康熙二志基礎上修成。其四爲俞世銓、陶良駿修，王平格、王序賓纂《榆次縣志》十六卷，列二十門，同治二年（1863）年鳳鳴書院刻。其五爲吳師祁、張承熊修，黃汝梅、王傚纂《榆次縣續志》四卷，爲同治志之續作，紀事起同治二年迄光緒九年，列十一門三十一目，光緒十一年（1885）刻。

卷四第十八、第三十葉鈔配。卷中書葉有葉序錯亂：卷首齊達敘誤插入錢之青敘第二、第三葉之間。

中國國家圖書館、中國科學院文獻情報中心、北京大學圖書館、上海圖書館、天津圖書館等十三館與日本東洋文庫、美國國會圖書館亦有入藏。

139. 清乾隆刻本榆社縣志　　T3150/4231.83

〔乾隆〕《榆社縣志》十二卷，清費映奎修，孟濤等纂。清乾隆八年（1743）刻本。四冊。半葉九行二十字，小字雙行同，白口，四周雙邊，單魚尾。框高 20.7 釐米，寬 14.8 釐米。前有乾隆八年費映奎序，乾隆癸亥（八年）孟濤序，乾隆八年張廷試序，乾隆八年張克睿序，原敘（佟國宏序、王鳳翔序），目錄，康熙十三年修志姓氏，乾隆八年修志姓氏，雍正八年捐刻志書姓氏，凡例十則，榆社縣境諸圖。書後有張斗杓跋。

榆社縣地處太行山西麓、濁漳河上游。漢為涅氏縣地。晉為武鄉縣地，屬上黨郡。隋開皇十六年（596）析武鄉縣地置榆社縣，屬韓州。唐武德三年（620）為榆州治，六年（623）改屬遼州。北宋熙寧七年（1074）併入武鄉縣，元祐元年（1086）復置，屬遼州。金因之。蒙古至元三年（1266）併入遼山縣，六年（1269）復置，屬遼州。明清沿襲不改。今屬山西省晉中市。

費映奎，號朗山，浙江仁和（今杭州）人，雍正七年（1729）舉人。乾隆六年任榆社知縣。

孟濤，號悔餘，浙江會稽人，雍正二年舉人。

書前有《縣境圖》《城郭圖》《縣治圖》《文廟圖》等四幅，與康熙志同。正文十二卷，列十二志七十五門：卷一輿地志（分野、疆域、鄉鎮、山川、古跡、八景、陵墓、物產）；卷二建置志（沿革、城池、官署、驛鋪、坊表、橋梁、祠宇、養濟等）；卷三賦役志（田賦、丁徭、雜徵、支解、積貯、鹽法）；卷四學校志（廟制、學制、崇祀、書籍、師生）；卷五風俗志（四民、四禮、月令）；卷六職官（知縣、縣丞、主簿、典史、巡檢、教諭、訓導、外委、四屬、宦績）；卷七選舉志（徵辟、進士、舉人、歲貢、恩貢、選拔、副榜、捐貢、武科、吏掾、封贈）；卷八人才志（功烈、忠孝、義行、文苑、割據、方外、流寓）；卷九列女志（節孝、義烈）；卷十祀典志（廟祭、祠祭、壇祭）；卷十一藝文志（誥勅、世家、列傳、載記、銘、記、序、詩、賦、文告）；卷十二拾遺志（災祥、雜識）。瞿宣穎《方志考稿甲集》評此書"在山西諸志中頗稱詳慎"。

費映奎序謂，讀榆社舊志，於"其中事實淪夷、人文湮沒、不醇不備之處，又不禁掩卷而起，謀所以釐正之。於是延鄉先生、群弟子於庭，而告以修志之事，不以予言爲不然，助剞劂、任採訪者咸踴躍從事。其折衷去取，則唯予是問，誠恐寄之紳士，雖持心似水、秉筆如山，而榮辱之間嫌疑起焉、訾議叢焉，唯予於此邦無怨無德，可以徑直行之而不顧也。獨是意有餘而才不逮，方夏夏乎其難之，適我友孟悔餘先生，胸富蘭臺石室之學，名動承明金馬之間，點額南宮，策蹇過予。予喜上顔色，即以志書相屬，鍵户三月，傾腹笥，鑄偉詞"。

榆社縣明代志書早佚，清代凡三次修志。首部爲佟國弘修、王鳳翔纂《榆社縣志》十卷，列十門六十八目，康熙十三年（1674）刻。其次即此乾隆志，係據康熙志補輯成書。其三爲王家坊修、葛士達纂《榆社縣志》十卷，列十門八十三目，光緒七年（1881）付梓。

此本文字漫漶，版印不佳，當係後印本。

中國國家圖書館、中國科學院文獻情報中心、故宮博物院圖書館、上海圖書館、天津圖書館等十館與美國國會圖書館亦有入藏。

140. 清雍正刻乾隆剜修本遼州志　T3150/3430.82

〔雍正〕《遼州志》八卷，清徐三俊修，劉澐等纂。清雍正十一年（1733）刻，乾隆間剜修本。六册。半葉九行二十二字，小字雙行同，白口，四周雙邊，單魚尾。框高 21.2 釐米，寬 14.7 釐米。前有雍正十一年徐三俊序，舊序（萬曆三十一年〔1603〕孫毓英序、康熙十二年〔1673〕楊天錫序、康熙十二年侯維泰序），凡例六條，纂修姓氏，目録。

遼州地處今山西省中部。秦漢爲上黨郡地。隋開皇十六年（596）置遼州，治樂平縣。大業初廢。唐武德三年（620）復置，六年（623）移治遼山縣，八年（625）改爲箕州，先天元年（712）更名儀州，中和三年（883）復名遼州。宋熙寧七年（1074）廢，元豐八年（1085）復置。金天會六年（1128）改爲南遼州，天德三年（1151）復名遼州。元屬晉寧路。明初升爲直隷州，領榆社、和順二縣，清因之。1912 年改爲遼縣，1942 年更名左權縣。今屬山西省晉中市。

徐三俊，字純人，號逸庵，順天府大興縣人。監生。雍正九年任遼州知州。

劉澐，字江瀾，山西遼州人。康熙五十一年進士。曾任陽高衛教授、汾州府教授。

全書八卷，列二十九門：卷一圖考、建置沿革、星野、疆域（形勝附），圖考有《參觜二宿圖》《州境圖》《城郭圖》《州治圖》《學宮圖》《考院圖》及十景圖，計十六幅；卷二城池，山水，學校（學田、義學田附）；卷三公署、坊鄉、關梁、郵傳（鋪司附）；卷四祠祀、古跡、陵墓、寺觀；卷五户口、田賦（鹽法附）、兵防、物産、風俗、祥異；卷六職官、循績、選舉（貤封附）；卷七人物（忠孝、節義附），列女，方伎，仙釋；卷八藝文，輯録疏表、碑記、詩歌等甚豐，分上下，佔全書篇幅近一半。此志紀事未及屬縣。瞿宣穎《方志考稿甲集》評此志“簡率殊甚”。

徐三俊序：“今年春，乃得進鄉先生進士劉澐，孝廉馬永壽、張維榘、趙烋、劉師孔，諸生孫慶年、李文灝等共襄厥事，參互考訂，博採旁搜，不數月而告成。其義例一本舊志，而缺者補之，繁者汰之，語不雅馴者潤色之，人物、列女、科名、職官繼起者增入之。”

遼州明洪武間修有志書，分遼州、榆社、和順三部分，各設十三目，記録較簡，該志存於《永樂大典》，有點校本。明正德、萬曆所修諸志今已亡佚。清代凡三次修志。其一爲楊天錫修、侯維泰纂《遼州志》八卷，參萬曆志鈔本增纂，列十一門七十一目，康熙十二年刻。其二即此雍正志，體例大體沿襲前志。其三爲光緒十六年（1890）陳棟續纂修《遼州志》八卷，此志保留雍正志全文，將“續編”諸條按類附入雍正志之後，補刻行世，又有1929年補版本。

“弘”剜改作“宏”，“曆”剜改爲“歷”，當爲乾隆間剜修本。

金鑲玉裝。

卷八下第六至十二葉缺佚，補素紙，印有行格，版心並添寫書名、卷次、葉碼。徐三俊序第一葉之後半葉與第二葉之後半葉互倒，當爲修整重裝時之誤。

中國國家圖書館、中國科學院文獻情報中心、中國文化遺產研究院、中共中央黨校圖書館、北京大學圖書館等十九館與“中央研究院”歷史語言研究所傅斯年圖書館、臺北故宮博物院、臺北“內政部”圖書館及日本東洋文庫、美國國會圖書館亦有入藏。

141. 清乾隆刻本重修和順縣志　T3150/2628.83

〔乾隆〕《重修和順縣志》八卷首一卷，清黃玉衡修，賈訥等纂。清乾隆三十三年（1768）刻本。八冊。半葉九行二十二字，小字雙行同，白口，四周雙邊，單魚尾。框高19.4釐米，寬14.8釐米。首有乾隆三十三年驗文，乾隆戊子（三十三年）黃玉衡序，乾隆三十三年賈訥序，舊序三則（康熙十四年〔1675〕鄧憲璋序、康熙十四年胡淑寅序、康熙十三年曹文炳序），凡例十二則，重修和順縣志姓氏，目録，圖考。書後有舊跋（劉順昌跋、王協慶跋、藥延祚跋），乾隆三十三年荊孔正跋。

和順縣地處太行山西麓。漢爲沾縣地，屬上黨郡。北齊置梁榆縣，屬樂平郡。隋開皇十年（590）改爲和順縣，屬太原郡。唐武德三年（620）改屬遼州。北宋熙寧七年（1074）降爲鎮，併入遼山縣。元祐元年（1086）復置，仍屬遼州。金、元、明、清因襲不改。今屬山西省晉中市。

黃玉衡，號南亭，湖南善化（今長沙市）人。乾隆四年進士。曾任宜興知縣，乾隆三十一年任和順知縣。

賈訒，字吉人，山西平定州人。貢生。

卷首圖考，有《參觜圖》《縣境圖》《城郭圖》《縣治圖》《學宮圖》《汛署圖》及十景圖，計十六幅。正文八卷，列八志五十八目：卷一地理志（沿革、疆域、山川〔兵防附〕、古跡）；卷二建置志（城池、學宮、官署、倉廒、養濟院、漏澤園、教場、市集、鋪遞、坊表、橋梁、水利、墟墓）；卷三祠祀志（文廟、名宦、鄉賢、武廟、壇壝、祠宇、寺觀）；卷四田賦志（地畝、屯田、學田、編戶、起運、存留、鹽政、驛站、里甲、村疃、物產），載錄田賦數額、縣衙支出等頗詳；卷五官師志（縣令、訓導、典史、巡檢、把總）；卷六選舉志（進士、舉人、選貢、恩貢、歲貢、例貢、例監、吏員、武略、封蔭、人物、孝義、節烈、流寓、仙釋）；卷七風俗志（節序、祥異）；卷八藝文志（賦文、詩章）。

黃玉衡序："適披覽邑乘，則其書簡陋失次，且漫漶不可讀，蓋和順之志，自康熙十四年前令鄧君憲璋一加修輯，迄今又九十餘年矣。……戊子歲，上官諭各屬重新志乘，迺謀之學博晉陽茹公，開局纂修，延平定州明經賈君總其役。承邑中搢紳文學諸君子分任校讎，遠稽近訪，薈萃成書。雖體裁一仍舊貫，而少變其例。"

和順縣明初及萬曆間曾經修志，今已亡佚。清代凡四次修志，順治志今亦不見著錄，現存者有三部。首部爲鄧憲璋纂修《和順縣志》四卷，列三十目，康熙十四年刊刻。其次即此乾隆志。其三爲光緒五年（1879）陳守中纂修《和順縣志》十卷，列十門五十七目，光緒十一年（1885）刻。

此本版印不佳，文字漫漶，當爲後印本。

有缺葉：卷六第四十至四十二葉。

中國國家圖書館、中國科學院文獻情報中心、故宮博物院圖書館、上海圖書館、天津圖書館等十五館與臺北故宮博物院及日本東洋文庫、法國巴黎 M.R. 赫杜圖書館亦有入藏。

142. 清乾隆刻本平定州志　T3150/1433.83

〔乾隆〕《平定州志》十卷，清陶易、姚學瑛修，龔敬身、沈榮勳纂。清乾隆三十四年（1769）刻本。十冊。半葉九行二十一字，小字雙行同，白口，四周雙邊，單魚尾。框高 19.5 釐米，寬 14.3 釐米。前有扉頁，乾隆三十四年姚學瑛序，乾隆三十四年陶易序，舊序一則（德保序、王祖庚序、延論序），纂修職名，舊修姓氏，再修姓氏，凡例十則，目録。

平定州地處今山西省中東部。北宋太平興國四年（979）置平定軍，屬河東路。金大定二年（1162）改爲平定州，治平定縣。元屬冀寧路。明屬太原府。清雍正二年（1724）升爲直隸州，統轄樂平、盂縣、壽陽三縣。1912年廢。

陶易，山東文登人。舉人。乾隆二十九年任平定知州，乾隆三十四年升任江蘇淮安知府。

姚學瑛，生平見《潞安府志》條。

龔敬身（1735—1800），字屺懷，號匏伯，浙江仁和（今杭州）人。乾隆三十四年進士。歷任内閣中書、宗人府主事、吏部稽勳司員外郎、禮部精膳司郎中、雲南楚雄府知府等職。曾參與編纂《四庫全書》。著有《桂隱山房遺稿》。

沈榮勳，浙江仁和（今杭州）人，舉人。修志時任嘉山書院山長。後歷任江西湖口知縣、福建建寧府同知、臺灣府北路理番同知、興化知府、江西吉安知府、直隸宣化知府。

全書十卷，列二十一門：卷一圖考，收《平定州總圖》《州城圖》《學宫圖》《州治圖》《試院圖》《嘉山書院圖》《義學圖》《鄉都圖》及關山圖七幅，計十五幅；卷二星野，沿革，疆域（附形勢、鋪遞、驛站、都村、古跡），城池（附關隘、墩臺、綽楔），山川（附水利、橋梁），學校（附書院、社學），公署（附倉、場），祠廟（附寺觀、冢墓）；卷三田賦（附户口、兵制），風俗（附歲時土俗、物産），選舉（徵辟、進士、舉人、貢生、例貢、例仕、武科、武仕、貤封）；卷四職官（知州、州同、州判、吏目、學正、訓導、驛丞、武職），宦績；卷五人物（附孝友、忠義、文苑），寓賢，列女，仙釋（附方技），祥異（附兵氛）；卷六至十藝文（碑記、銘、頌、論、序、狀、傳、祭文、雜著、賦、詩、詞），雜志。此志紀事未及屬縣。

陶易序："舊志撰自前明延公，採摭過多，鮮所持擇。華亭王氏復加删訂，矜慎之至，轉得齟齬。余守是邦六載矣……爰就公暇餘閒，襞積見聞，泄筆以記，删繁補簡，日與龔友卯君共研究，雖不敢謂盡悉舊事，而於慎而不漏、該而不侈之意兢兢矣。書成將付剞劂氏，復荷天子恩命，擢守淮安，倉猝就道，僅鈔存而插諸架。"

姚學瑛序："……而悔軒陶刺史適以舊志未詳，重爲删訂，四閱月而稿脱，即已升任淮安，行將載書册以去矣。因手出一編，謂余曰：是州志也，是本延志、王志酌劑而損益者，盍爲我付梓人。余瀏覽周環，頗徵矜慎。……爰就前刺史之鈔而存者次第排纘，間以己意爲删訂，亟付剞劂。"

平定州明清志書現存六種。其一爲宋沛修、延論纂《平定州志》，明萬曆二十三年（1595）刻，僅中國國家圖書館存殘本，存卷十一至十二，内容爲藝文志。其二爲王祖庚纂修《平定州志》八卷，列八門五十七目，乾隆十四年刻。其三即此乾隆三十四年志，參酌前二志修成。其四爲金明源修，竇忻、張佩芳纂《平定州志》十卷，列十門三十七目，增入各屬縣史事，有乾隆五十五年湧雲樓刻本。其五爲賴昌期、張彬等纂修《平定州志》十六卷，列九門四十目，光緒八年（1882）刊刻。其六爲葛士達編《平定州志補》一卷，爲乾隆八年志之續補之作，所補者爲藝文門，列記、詩二目，光緒十八年刻。

扉頁刊："乾隆己丑秋重鐫平定州志。湧雲樓藏版。"湧雲樓在州署東北隅，祠祀鄉賢。

《中國古籍善本書目》史部地理類著錄。

北京大學圖書館、山西省圖書館、武漢大學圖書館與臺北故宮博物院及美國國會圖書館亦有入藏。

143. 清乾隆刻本平定州志　　T3150/1433.83B

　　［乾隆］《平定州志》十卷補遺一卷，清金明源修，竇忻、張佩芳纂。清乾隆五十五年（1790）刻本。二函十册。半葉九行二十一字，小字雙行同，白口，四周雙邊，單魚尾。框高 18.4 釐米，寬 13.4 釐米。前有扉頁，乾隆五十一年戴衢亨序，蔡廷彌敘，乾隆丁未（五十二年）金明源敘，纂修職名，圖，例言十六則，目録。書後有舊志序三則（延論序、王祖庚序、姚學瑛序）。

　　金明源，浙江山陰（今紹興）人。監生。乾隆五十年任平定知州。

　　竇忻，山西平定州人。拔貢。曾任江西贛州知府。

　　張佩芳（1732—1793），字蓀圃，號卜山，山西平定州人。張穆（1805—1849）之祖父。乾隆二十二年進士。曾任安徽歙縣知縣、壽州知州、泗州知州。撰輯有《陸宣萬翰苑集注》《公餘雜談》《平定州志考誤》等，另修纂有《重修歙縣志》《黄山志》。

　　書前有《平定州屬總圖》、州境及各屬縣山川圖、州境及各屬縣都邨圖、州城及各屬縣城圖、州及各屬縣學宮圖、州及各屬縣治圖，計二十一幅，都邨圖係計里畫方法繪製。正文十卷：卷一御製；卷二星野志；卷三輿地志（沿革、疆域、山川〔附水利〕、都邨）；卷四建置志（城池〔附關梁〕，公廨，學校〔附書院、義學〕，壇廟〔附寺觀〕，營制〔附兵事〕，驛鋪）；卷五食貨志（户口，賦役〔附稅課〕，倉儲〔附社倉、義倉〕，鹽法，物產，風土〔附歲時、禮儀〕，機祥）；卷六職官志（題名、政跡）；卷七選舉志（薦辟、科目〔附各貢〕、例仕、封蔭）；卷八人物志（忠烈、孝友〔附義行〕，宦績、儒林、隱逸、列女、流寓、方技〔附仙釋〕）；卷九藝文志（書目、藝苑）；卷十雜志（古跡、邱墓、坊表、拾遺）。後有續志，所續爲職官志、選舉志、人物志、藝文志、雜志。

金明源敘：“平定之爲直隸州，計六十餘年，志再修矣，所屬三縣不與焉。……始署州事，蔡君倡爲之，草創未就，余蒞任後，乃取州縣之志，分門別目，以州爲綱而縣從之，其事之同者詳於州而略於縣，其異者則各載於其下，刪其繁蕪，正其誤訛，成書十卷。”蔡君即蔡廷弼，乾隆四十九年任平定知州，此志始修於蔡廷弼任內。

書後續志引言謂：“志稿訖於乾隆五十一年冬，經院司核定，至五十四年秋開雕，中間有應登載及前所遺失，其原本既未便增添，又不可以無傳也，各因其目而續載於後。”

扉頁刊：“乾隆庚戌年鐫平定州志。湧雲樓藏板。”庚戌即乾隆五十五年。

中國國家圖書館、中國科學院文獻情報中心、中國文化遺產研究院、北京大學圖書館、北京師範大學圖書館等十九館與臺北故宮博物院及日本東洋文庫、京都大學人文科學研究所、美國國會圖書館亦有入藏。

144. 清乾隆刻本壽陽縣志　　T3150/4472.83

［乾隆］《壽陽縣志》十卷首一卷，清龔導江纂修。清乾隆三十六年（1771）刻本。四冊。半葉十行二十一字，小字雙行同，白口，四周雙邊，單魚尾。框高 18.8 釐米，寬 14.2 釐米。首有乾隆三十五年鄂寶序，乾隆三十六年吳巖序，朱珪序，王顯緒序，乾隆三十六年徐浩序，乾隆己丑（三十四年）陶易序，吳炳序，乾隆三十四年龔導江序，原序四篇（康熙壬子〔十一年，1672〕武全文序、康熙壬子趙弘化序、康熙壬子霍肖韜序、康熙壬子吳祚昌後序），凡例十二條，目錄，圖。卷端題：“知縣仁和龔導江纂輯。”

壽陽縣地處太行山西麓。漢爲榆次縣地。西晉太康初置受陽縣，屬樂平郡。永嘉年間併入中都縣。隋開皇十年（590）復置，屬并州。唐貞觀十一年（637）改爲壽陽縣，開元十一年（723）屬太原府。五代、北宋因之。金興定二年（1218）改屬平定州。元屬冀寧路。明屬太原府。清雍正二年（1724）改屬平定州。今屬山西省晉中市。

龔導江，字岷山，浙江仁和人，乾隆三十一年進士。乾隆三十二年任壽陽知縣。

卷首有圖三幅：《縣境山川圖》《縣屬村莊圖》《縣城圖》，村莊圖計里畫方。正文十卷，列二十六門：卷一沿革、疆域、村莊（市鎮附）、山川（橋梁附）、形勢；卷二城池（關隘附）、官署（倉廠附）、學校、鋪驛、兵防（塘汛附）；卷三田賦，戶口，徭役，起運（留支附、鹽法附）；卷四職官、題名、宦跡；卷五選舉；卷六鄉賢（文苑附）、孝義；卷七列女；卷八古跡（塚墓附）、壇廟（寺觀附）、風俗（物產附）、祥異（兵氛附）；卷九至十藝文。

龔導江序："爰於簿書之暇繙閱舊志，雖肇修於前令吳君，繼續於李君，而體例多所未符，記載亦近荒略，且相隔五十餘年事實，更懼湮沒。籌燈五夜，伸紙握槧，自沿革、疆域以至藝文，爲目二十有六，彙爲十卷。"陶易序謂："乾隆三十有四年春，壽陽令龔君岷山以撰縣志竣告。"是此志初稿修成於乾隆三十四年春。志中紀事至乾隆三十五年，可知初稿修成後又有所增補，至三十六年刻成。

壽陽縣明初及萬曆間均曾修志，惜均已亡佚。清代凡三修志書。首部爲吳祚昌纂修《壽陽縣志》八卷，參考舊志及邑人聶次井遺稿增刪而成，列八門四十三目，康熙十一年刊刻，至康熙五十六年，李敦續修四十餘年史事人物，並於當年補刻重印。其二即爲此乾隆志。其三爲馬家鼎、白昶修，張嘉言、祁世長纂《壽陽縣志》十三卷，依乾隆志重修，列十一門六十二目，光緒八年（1882）刊刻。

有缺葉：卷八第十九葉。

中國國家圖書館、首都圖書館、故宮博物院圖書館、北京大學圖書館、清華大學圖書館等十三館與臺北故宮博物院及日本東洋文庫、美國國會圖書館亦有入藏。

145. 清乾隆刻本太谷縣志　T3150/4386.82

［乾隆］《太谷縣志》八卷，清王廷贊修，武一韓纂，王澤沛增修。清雍正七年（1729）修，乾隆四年（1739）增修。清乾隆四年刻本。四冊。半葉九行二十字，小字雙行同，白口，四周單邊，單魚尾。框高 20.2 釐米，寬 13.8 釐米。前有乾隆四年王澤沛序，雍正七年王廷贊序，雍正七年武一韓序，凡例十條，總目，康熙十三年修邑志姓氏，雍正七年修邑志姓氏，乾隆四年增修邑志姓氏。書後有黃鑑跋，杜公寶跋，捐貲姓氏，志館辦事姓名。

太谷縣地處晉中盆地中部、太岳山北麓。春秋時爲晉大夫陽處父食邑。漢置陽邑縣，屬太原郡。北魏太平真君九年（448）廢，景明二年（501）復置。隋開皇十八年（598）改爲太谷縣，屬并州。唐武德三年（620）置太州，治太谷縣；六年廢州，太谷縣仍屬并州。開元十一年（723）屬太原府。北宋、金沿襲不改。元屬冀寧路。明清屬太原府。1958 年祁縣併入。今屬山西省晉中市。

王廷贊，字又襄，漢軍正藍旗人。康熙五十年（1711）舉人。雍正七年任太谷知縣，後升任解州知州。

武一韓，山西太谷人。雍正五年進士。曾任懷安知縣。

王澤沛，字作霖，直隸通州（今北京市通州區）人。監生。雍正九年任太谷知縣。

此志八卷，列三十門：卷一圖、星野、疆域（關隘附）、山川（津梁附）、建置沿革、城池、公署、學校，圖收《天文圖》《山河圖》《鳳凰山》《鳳景山》《鳳翼山》《大塔山》《疆域圖》《城郭圖》《縣治圖》《學宮圖》及八景圖並詩，計十八幅；卷二祠祀、貢賦（人丁附）；卷三屯田、水利、鹽法、兵防、馬政（驛傳附）、職官、名宦，職官僅列名氏，不錄任職年；卷四選舉、人物、孝義、隱逸；卷五貞烈、仙釋、風俗（土產附）、古跡、陵墓、寺觀、祥異；卷六藝文（封誥、序、碑記、詳文）；卷七藝文（傳、墓誌、祭文）；卷八藝文（詩）、補編。

王廷贊序：“歲己酉，余膺簡命，來蒞茲土，甫及半載，恭遇皇上命儒臣纂一統志，大中丞石公、藩憲蔣公纂山西通志，徵各屬郡邑志以備採擇，爰有重修縣志之役。予不敢以固陋辭，因敦請鄉縉紳先生進士武君一韓等，共襄厥事，披覽舊章，詳加考證。……爰分門別類，編次成帙，凡爲卷八，爲目三十，錄呈上憲，用副鉅典，復命剞劂。”是此志乃應纂修《一統志》及《山西通志》徵求各地方志而纂修。

王澤沛序：“因索邑乘觀之，適前任蒞茲土者爲吾族兄又襄公，於己酉歲奉檄重修縣志，已編次成帙。披閱數過，所謂地理天星、山川形勝、戶口丁徭、田畝賦役及風景、人物、疆圉、關隘等項，俱分門別類，編輯周至，成一完書，余亦何敢復贊一辭。第當時僅繕寫稿本，而又襄公旋以才能調往西陲，正所謂無爲之後、雖善不傳者。且自己酉迄今十有餘年未經編輯之事跡，例應增入者不少。爰是參舊校新，酌古准今。……亟命梓人鍥之鐫之，未幾而剞劂告竣。”可知王廷贊修成全書後未及刊刻，至王澤沛接任知縣後略加增輯並付梓。

凡例謂：“志爲傳信之書，累千百年故實著之於篇，非後人得以臆爲去取。是編紀載一主舊刻，至國朝事，人徵始末，事核有無，各以其類附入。”可知此志內容大多因襲前志。

太谷縣明清志書現存七種。其一爲喬允升修、寇嘉會纂《太谷縣志》十卷，列九門六十三目，明萬曆二十四年（1596）刻，清順治九年（1652）戴可進大加刪修並重刻。其二爲郝應第纂修《太谷縣續志》二卷，上卷十五目，載萬曆二十四年至崇禎十七年（1644）事，下卷九門二十二目，載順治元年至十二年事，順治十二年刊刻。其三即此乾隆四年志。其四爲高繼允修，姚孔碩、涂逢豫纂《太谷縣志》六卷，列二十門，乾隆三十年付梓。其五爲郭晉修，管粵秀纂《太谷縣志》八卷，在乾隆四年志基礎上重修，列二十門，乾隆六十年刻。其六爲章青選、汪和修，章嗣衡纂《太谷縣志》八卷，據乾隆六十年志增輯而成，列二十二門，咸豐五年（1855）刊行。其七爲恩浚、趙冠卿修，王效尊等纂《太谷縣志》八卷，門目設置沿襲咸豐志而略有修改，實即續補咸豐志之作，光緒十二年（1886）刊刻。

中國國家圖書館亦有入藏。

146. 清乾隆刻本太谷縣志　　T3150/4386.83

［乾隆］《太谷縣志》八卷，清郭晉修，管粵秀纂。清乾隆六十年（1795）刻本。八冊。半葉九行二十字，小字雙行同，白口，四周雙邊，單魚尾。框高 19.1 釐米，寬 14.8 釐米。前有扉頁，乾隆乙卯（六十年）張曾誼序，乾隆乙卯鄧希曾敘，乾隆六十年郭晉序，舊序（乾隆三十年高繼允序、乾隆四年王澤沛序、雍正七年〔1729〕王廷贊序、雍正七年武一韓序），纂修職名，凡例十三則，總目。書後有捐貲姓氏。

郭晉，雲南河陽（今澄江）人。乾隆四十二年舉人。乾隆五十六年任太谷知縣，後升任太原知府。

管粵秀，江蘇甘泉（今揚州）人。乾隆五十七年舉人。

全書八卷，平列二十門：卷一圖考，星野，疆域（附關隘、津梁），圖考收《參宿圖》《井宿圖》《疆域圖》《山河圖》《城池圖》《縣治圖》《分防廳圖》《學宮圖》《鳳山書院圖》及十景圖，計十九幅，繪刻尚佳；卷二沿革，山川，城池（附村堡、砦墩、營房），公署（附坊表），學校，壇廟（附寺觀）；卷三古跡（附碑碣、塚墓），水利，田賦（附鹽法），風俗（附土產），職官，名宦，職官沿襲前志之弊，未載任職年；卷四科目（附鄉飲）、仕籍（附封典）；卷五人物（分封、功勳、忠烈、宦跡、儒林、篤行、耆善、仙釋），列女；卷六至八藝文（御製〔附明勅諭〕、疏、檄、序、記，傳、墓誌，墓表〔附祭文〕、賦、詩）。

郭晉序："太谷志修自乾隆乙酉，屆今三十年。歲甲寅，邑人來言於余，請重輯。洪維我國家文物聲明，覃敷中外，雖方隅弌區，而科第文章以及忠義節烈之事，播在人口者多有，茲舉其未可緩。爰以仲冬開局，四閱月而竣事。"

扉頁刊："乾隆六十年重修太谷縣志。本衙藏版。"

卷八藝文末葉末行下刊："稷山縣葛大年鐫刻。"按，稷山縣在山西省西南部。

職官、科目等門夾有補紙數張，記康熙至道光間官吏及科考姓名，紀事至道光十七年（1837），行間亦有墨筆批注，補充人物字號等信息。

中國國家圖書館、中國科學院文獻情報中心、中國社會科學院考古研究所圖書館、中國第一歷史檔案館、中國文化遺產研究院等三十五館與臺北故宮博物院及日本東洋文庫、美國國會圖書館、德國巴伐利亞國家圖書館、法國國家圖書館、法國巴黎 M.R. 赫杜圖書館、法國亞洲學會亦有入藏。

147. 清乾隆刻本祁縣志　T3150/32.83

　　［乾隆］《祁縣志》十六卷，清陳時纂修。乾隆四十五年（1780）刻本。八册。半葉九行二十一字，小字雙行同，白口，四周雙邊，單魚尾。框高 19.6 釐米，寬 14.0 釐米。前有扉頁，原序七則（康熙四年〔1665〕郭霶序、康熙甲辰〔三年〕周繼芳序、康熙六年王帷籌序、康熙乙巳〔四年〕李而洵序、康熙乙巳戴廷栻重修祁志後序、康熙四十五年朱珵序、雍正七年〔1729〕羅著藻序），陳時序，目録，姓氏，例言十則。卷端題：“祁縣知縣陳時編輯。”

　　祁縣地處晉中盆地中部、太岳山北麓、汾水東岸。春秋時爲晉大夫祁奚邑。西漢置祁縣，屬太原郡。北齊天保七年（556）併入平遥縣，隋開皇十年（590）復置，屬并州。唐開元十一年（723）屬太原府。五代、北宋及金沿襲不改。元屬冀寧路。明、清屬太原府。今屬山西省晉中市。

　　陳時，湖南清泉（今衡陽）人。乾隆二十六年進士。乾隆四十三年任祁縣知縣。

　　此志十六卷，列二十四門：卷一輿圖（《祁縣全圖》《縣城圖》《縣治圖》《學宫圖》、八景圖），星野，沿革；卷二疆域（坊村、市集附），山川（形勢、水利附），城池（堡寨、武備附），關梁（驛遞附）；卷三縣治（行署、倉場附），學校，田賦（丁賦、稅課附）；卷四風俗，物産（鹽法附），古跡（墳墓、坊表附），祠廟（寺觀附），封爵（誥贈附）；卷五職官、名宦；卷六選舉（科目、徵辟、恩貢、拔貢、副貢、歲貢、例貢、生監、例仕、職員、武秩、鄉耆附）；卷七鄉賢；卷八至九人物（孝友、文苑、尚義、飭行、仙釋、方伎）；卷十至十五列女，藝文（制、詔、勅、表、序、考、世家、傳、記、神道碑、墓表、墓誌、詩、詞、賦）；卷十六祥異、雜紀。

　　陳時序：“……然舊無志，至明景泰，僅有録本；萬曆中邑人戴仲升、李龍山編纂成帙。垂九十年，國朝康熙乙巳，郭令公悦授之梓。逮後山左朱令、滇南羅令續加修葺。年歷二百，傳寫鋟鏤，久失其舊。……今年春，爰集邑紳士而謀所以新之。……余因舊志，遠覽旁搜，芟繁補缺，別類二十有四，分卷一十有六。”

　　祁縣明代修有志書，未付刻。清代所修志書凡四部：首部爲郭霶修、周繼芳纂《祁縣志》八卷，列八門五十二目，康熙六年刻。其次爲朱珵以康熙六年志爲基礎續修《祁縣志》八卷，體例沿襲前志，康熙四十五年增刻付印。其三即此乾隆志。其四爲劉發岐修、李芬纂《祁縣志》十六卷，依乾隆志續纂，體例與前志同，光緒八年（1882）刊印，所用大多爲乾隆志舊版，增輯部分則重新刻版附於各門之後。

　　扉頁刊：“乾隆四十六年重修祁縣志。”

　　中國國家圖書館、中國科學院文獻情報中心、中國社會科學院考古研究所圖書館、故宮博物院圖書館、中國文化遺產研究院等二十一館與臺北故宮博物院亦有入藏。

148. 清乾隆刻本康熙重修平遥縣志　　T3150/1433.81

[康熙]《重修平遥縣志》八卷，清王綬修，康乃心纂。清康熙四十五年（1706）修，清乾隆間刻本。四册。半葉九行二十字，小字雙行同，白口，左右雙邊，單魚尾。框高 19.4 釐米，寬 15.0 釐米。前有康熙丁亥（四十六年）沈寧序，康熙丁亥（四十六年）沈寧序，康熙四十五年王綬序，姓氏，圖考，康熙四十五年康乃心序，目録，康熙丁亥臧燦如跋。卷端題：“平遥縣令蘭山王綬纂修，飛浮山人莘野康乃心編次。”

平遥縣地處晉中盆地西南部、太岳山北麓。漢置京陵縣，屬太原郡。北魏併入平陶縣，同時因避太武帝拓跋燾諱，改縣名爲平遥，仍屬太原郡。唐武德元年（618）屬介州，貞觀元年（627）改屬汾州。明萬曆二十三年（1595）屬汾州府。清仍之。今屬山西省晉中市。

王綬，字誠亭，甘肅蘭州人。舉人。康熙三十九年至五十一年任平遥知縣。

康乃心，字太乙，一字孟謀，別號飛浮山人，陝西部陽人。

書前圖考有《縣城圖》《縣治圖》《文廟圖》《五堡二寨圖》《十二景圖》及名勝圖十幅，計十五幅。正文八卷，列八志：卷一星地志（天文、沿革、疆域、山川、古跡、墳墓、十二景）；卷二建置志（城池、公署、廟學、祭器、學田、社學、義學、書院、舖舍、堤堰、橋梁、坊牌、城市、鎮集、坊里、村落、武備、堡寨、養濟院、義塚、風尚）；卷三田賦志（户口、地畝、賦税、農桑、屯田、存留、雜差、土貢、額外、監課、土產）；卷四官師志（知縣、縣丞、主簿、典史、教諭、訓導、訓檢、驛丞）；卷五人物志（人物、忠節、孝子、理學、隱逸、義行、流寓、列女、選舉表、贈封、儀賓、異路、生員、例貢監、雜職、方外）；卷六祠祀志（正祀、樂器、舞器、廟制、里祀、寺觀附）；卷七藝文志（記、墓碑、墓誌銘、碣銘、塔銘、文、議、疏、序、書、賦、跋、詞、誥命、詩五言古、七言古、五言律、五言排律、七言律、七言絶句、詩餘）；卷八雜志，有四禮、俗節、小人悍愚、賢令尹、災異地震、水災、旱災、年歲、兵劫、習俗、氣候等内容。

王綬序：“庚辰春自太原奉命來尹兹邑，至則按圖志考其傳記，欲以周知一邑之山川田賦，自上世以迄於今兹文物之盛衰、風俗之醇疵，而舊志簡略，僅盈二册，宏綱雖舉，節目未詳。……及西河書院既建，適友人部陽康孟謀公車過我，慨然操筆，日夜編次，凡七閱月而書始成。……凡舊志之所無者一皆增之，以故事廣舊志之半，而文亦倍矣。”

平遥縣明初及嘉靖、萬曆間均曾修志，今皆不存。清代所修志書現存四種：其一爲陳以恂修、梁雉翔纂《重修平遥縣志》二卷，以萬曆志爲藍本增輯，列十二門六十二目，康熙十二年刊刻。其二即此康熙四十五年志，較康熙十二年志有大幅增補。其三爲清德貴修、雷仁育纂《平遥縣志》六卷，乾隆三十五年（1770）刻本。其四爲恩端修，武達材、王舒蕚纂《平遥縣志》十二卷，列十一門七十四目，光緒八年（1882）刻。

此本“崇禎”作“崇貞”，“萬曆”作“萬歷”，且無剜改痕跡，“琰”字不避，可知爲乾隆間刻本。

《中國地方志聯合目録》《中國地方志總目提要》僅著録此志有康熙四十五年刻本，僅據王綏、康乃心序所署時間著録，有誤。比勘中國國家圖書館藏本，版刻面貌及諱字與此本一致，亦爲乾隆間刻本，由此可知《中國地方志聯合目録》所著録二十五家藏本中必有乾隆刻本無疑，至他館藏本，因未寓目，兹不詳論。《美國哈佛大學哈佛燕京圖書館藏中國舊方志目録》著録此本爲康熙四十六年刻本，則係據沈寧序所署時間著録，亦不確。

此本書前康熙四十六年沈寧序重複，其一爲宋體大字刻，其二爲宋體小字且行款與正文一致。

封面題簽以“元”“亨”“利”“貞”四字標記冊序。

姓氏之末，載“江寧剞劂氏邵春題、張國馭，訂裁田錦彪，刷印趙明輔、紹榮宗”。可知此志亦江南刻工之作。

中國國家圖書館、中國科學院文獻情報中心、故宮博物院圖書館、中國民族圖書館、中共中央黨校圖書館等二十四館與臺北故宮博物院及日本東洋文庫、東京大學東洋文化研究所、美國國會圖書館、法國國家圖書館亦有入藏。

149. 清康熙刻本靈石縣志　T3150/1116.81

[康熙]《靈石縣志》四卷，清侯榮圭纂修。清康熙十一年（1672）刻，康熙三十一年補刻本。四冊。半葉十行二十字，小字雙行同，白口，四周雙邊，單魚尾。框高22.7釐米，寬14.3釐米。前有編纂姓氏，萬曆辛丑（二十九年，1601）路一麟序，圖。卷端題：“濟源侯榮圭東陽父編次。”

靈石縣地處呂梁山東麓、太岳山西麓，太原盆地、臨汾盆地之間。隋初爲平昌縣地，開皇十年（590）析平昌縣地置靈石縣，得名於隋文帝楊堅巡幸時獲一瑞石。唐武德元年（618）屬呂州，貞觀十七年（643）改屬汾州。金貞祐三年（1215）改屬霍州，次年復屬汾州。明萬曆二十三年（1595）屬汾州府，四十三年改屬平陽府。

清乾隆三十七年（1772）改屬霍州。今屬山西省晉中市。

侯榮圭，字東陽，河南濟源人。順治舉人。康熙年間任靈石知縣。

書前有縣城圖、疆域圖共二幅。正文四卷，列十門：卷一地理，有沿革、疆域、山川、城池、堡寨、關塞、古跡、佳景、邱墓等目；建置，有倉場、武備、舖舍、橋梁、市集、牌坊、里社等目。卷二祠祀，有文廟、寺觀等目；田賦，有戶口、田、賦、銀差、力差、馬政、夫役、食貨等目；官師，有知縣、縣丞、典史、儒學教諭、訓導、巡檢、瑞石驛驛丞、仁義驛驛丞等目。卷三人物，有孝義、列女等目；仕進，有進士、舉人、鄉貢士、副榜貢、拔貢、例監、武科等目；祥異，不分目。卷四貤封，不分目；文藝，有書籍、碑文二目，所輯録以碑刻爲主。

靈石縣明清志書現存五部。其一爲路一麟纂修《靈石縣志》四卷，列十門四十九目，萬曆二十九年刊刻。其次即此康熙志，沿襲萬曆志體例增纂，門目設置與前志同。其三爲王志瀜修、黃憲臣纂《靈石縣志》十二卷，列十二門六十四目，嘉慶二十二年（1817）刻。其四爲謝均修、白星煒纂《續修靈石縣志》二卷，列十六目，紀事自嘉慶二十二年至同治十三年（1874），爲嘉慶志之續作，光緒元年（1875）刊刻。其五爲光緒七年趙冠卿、何慶瀾纂《靈石縣志》，亦爲嘉慶志之續作，續十二門，另新增大賚志一門，未刊刻，僅有鈔本傳世。

此本卷二官師門典史目後補刻唐秉政一人，其任職時間爲康熙三十一年。

金鑲玉裝。

中國國家圖書館、中國科學院文獻情報中心、故宮博物院圖書館、北京大學圖書館、中國人民大學圖書館等十館與臺北故宮博物院及日本東洋文庫、美國國會圖書館亦有入藏。

150. 清乾隆刻本介休縣志　　T3150/8229.83

［乾隆］《介休縣志》十四卷，清王謀文纂修。清乾隆三十五年（1770）刻本。八冊。半葉十行二十一字，小字雙行同，白口，四周雙邊，單魚尾。框高 19.1 釐米，寬 13.8 釐米。前有乾隆三十五年王謀文序，乾隆三十四年梁錫瑛序，原序（康熙三十五年〔1696〕王塤序），凡例二十三條，纂修姓氏，目録，圖考。卷端題："知介休縣事山陰王謀文纂修。"

介休縣位於太原盆地南緣、太岳山北側。西汉置界休縣，屬太原郡。西晉改爲介休縣，因相傳春秋时介子推隱居於縣境綿山，故名。後廢。北魏太和八年（484）復置，屬西河郡。北周廢。隋開皇十八年（598）改平昌縣爲介休縣，屬介州。大業初屬西河郡。唐武德元年（618）爲介州治，貞觀元年（627）改屬汾州。明清屬汾州府。1992 年改設介休市（縣級）。今屬山西省晉中市。

王謀文，浙江山陰人。貢生。乾隆三十三年任介休知縣。

書前有圖考，收《縣境圖》《城關圖》《城壕圖》《村落圖》《文廟圖》《綿山書院圖》《縣署圖》《綿山圖》《狐岐勝水圖》《郭有道墓圖》等十幅，其中《村落圖》計里畫方。正文十四卷，列二十門：卷一星野，沿革，疆域（附形勝、城池、關隘、驛站、防汛、鄉村、堡寨、衢巷、市集），祥異（附兵氛）；卷二山川（附水利、橋梁、古跡），水利記載頗明晰；卷三學校、公署、壇廟（附塚墓）；卷四田賦（附戶口、倉儲、鹽法），風俗（附物產）；卷五職官（附封爵）、宦跡、卷六選舉（附武舉、武進士、仕宦、武職）；卷八封蔭（附鄉賓、坊表）；卷九人物；卷十孝義，寓賢（附藝術、仙釋），列女；卷十一至十三藝文（制誥、奏疏、議、辯、書、啓、序、賦，祭文、贊、碑碣、記，詩）；卷十四雜志。瞿宣穎《方志考稿甲集》評：“觀其所補，如冢墓中增宋曹玠墓，物産中增史令所教民種植之棉花紅花，則誠善於拾遺者也。”

王謀文序：“余既蒞介之明年，政簡俗誠，邑紳僉以修志請。謂自榆陽明府纂輯以來，七十有餘載缺焉未續，大懼典刑失墜，故老凋殘，後世徵信爲難也。……於是酌諸舊乘，參以郡志、通志，與廣文雷李兩君爲之發凡而起例，又訪求遺彥淹貫者梁明經傑、王茂才佑、任文學大廙、茹參軍綸常，相與採拾見聞，討論故實。至今春屬草初就，呈之郡侯孫公，以爲體裁弗踰於此，宜芟蕪潤藻，勒成一代之典，以昭示來許。因於公餘之暇，復攄胸臆，訂訛補遺，自夏徂秋而後卒業，乃付梓。”凡例亦謂：“是書始事於己丑季春，斷手於庚寅秋末，廣收博採，頗積苦心。”己丑、庚寅即乾隆三十四、三十五年。

介休縣明代多次修志，但均已亡佚。清代介休凡四修地志。其一爲康熙三十五年王墭修、王之舟纂《介休縣志》八卷，據明萬曆志增補重纂。其二即此乾隆志。其三爲徐品山、陸元鏸修，熊兆占纂《介休縣志》十四卷，係在乾隆志基礎上增修，嘉慶二十四年（1819）付梓。其四爲光緒間盧壽昌修、李敦愚纂《介休志》三卷附志餘一卷，分三門二十三目，以節婦入志餘，不落道學窠臼，但因此爲知府林心北不喜，未允刊刻。

中國國家圖書館、中國科學院文獻情報中心、中國社會科學院考古研究所圖書館、故宮博物院圖書館、中國第一歷史檔案館等二十七館與臺北故宮博物院及日本東洋文庫、美國國會圖書館亦有入藏。

151. 清乾隆刻本蒲州府志　T3149/423.83

[乾隆]《蒲州府志》二十四卷，清周景柱等纂修。清乾隆二十年（1755）刻本。

二函十册。半葉九行二十字，小字雙行同，白口，左右雙邊，單魚尾。框高 19.4 釐米，寬 15.7 釐米。前有扉頁，乾隆十九年恒文序，乾隆十九年喬光烈序，乾隆甲戌（十九年）周景柱序，發凡十八則，修輯姓氏，目録，圖。

蒲州府地處今山西省西南部。北周明帝二年（558）改泰州置蒲州，隋大業三年（607）廢。唐武德元年（618）復置，治桑泉縣，三年移治河東縣。開元九年（721）改爲河中府，不久復改爲蒲州。天寶元年（742）改爲河東郡，乾元元年（758）復爲蒲州，三年再改爲河中府。金天會六年（1128）改爲蒲州，天德元年（1149）又改爲河中府。明洪武二年（1369）復改爲蒲州，轄臨晉、猗氏、榮河、萬泉、河津等五縣。清雍正二年（1724）升爲直隸州，六年（1728）升爲蒲州府，領永濟、臨晉、萬泉、猗氏、榮河、虞鄉等六縣。1912 年撤銷蒲州府建置。

周景柱，字西擎，浙江遂安人。雍正七年舉人。乾隆十三年任寧武知府，乾隆十七年任蒲州知府。後歷任潮州知府、河南按察使、翰林院編修。

書前有《府境全圖》《府城圖》《臨晉縣圖》《萬泉縣圖》《猗氏縣圖》《榮河縣圖》《虞鄉縣圖》《府署圖》《舊府署圖》《永濟縣署圖》《學宮圖》及山川、廟祠、亭樓等圖，計三十八幅。正文二十四卷，分三十四門：卷一星野、地表、沿革、形勝、疆域；卷二山川；卷三古跡、風俗、物産；卷四城池、壇廟、官署；卷五學校、田賦、兵衛；卷六職官；卷七宦績；卷八至九選舉、封蔭；卷十至十二人物；卷十三忠節、孝友、文苑、吏師；卷十四義行、隱逸、方伎、仙釋、寓賢、續傳；卷十五列女；卷十六至二十二藝文，卷二十二之末有蒲州人氏撰著目録；卷二十三事紀；卷二十四餘録。

周景柱序："於是繙蒲州舊志……而視其歲月，斷自康熙五年丁未，至今且九十載，中間曠焉，纂述遼絶，慨然歎今之蒲非昔之蒲也。……乃自雍正戊申改郡以來，上追舊志輟筆之後，佚者蒐之，散者萃之，差其先後，著其異同，勒成一編，以爲郡志。"

蒲州明清所修志書凡三部。首部爲邊像纂修《蒲州志》三卷，列十門九十四目，嘉靖三十八年（1559）付梓。其二爲侯康民修、賈瀠纂《蒲州志》十二卷，列五十三目，康熙九年（1670）刊刻。其三即此周景柱等纂修《蒲州府志》，爲蒲州雍正六年升府之後所修唯一一部府志。

扉頁刊："乾隆乙亥重鎸蒲州府志。府署藏板。"

中國國家圖書館、中國科學院文獻情報中心、中國社會科學院考古研究所圖書館、故宮博物院圖書館、中國文化遺産研究院等三十八館與臺北故宮博物院、孫逸仙博士紀念圖書館及日本東洋文庫、京都大學人文科學研究所、美國國會圖書館、法蘭西學院漢學研究所亦有入藏。

152. 清乾隆刻本解州安邑縣志　T3150/3461.83

　　〔乾隆〕《解州安邑縣志》十六卷首一卷，清言如泗修，呂瀰等纂。清乾隆二十九年（1764）刻《解州全志》本。四冊。半葉十行二十一字，小字雙行同，白口，左右雙邊，單魚尾。框高 18.6 釐米，寬 15.6 釐米。前有扉頁，乾隆二十八年言如泗序，乾隆二十八年呂瀰序，姓氏，舊志歷修姓氏（明萬曆四十六年〔1618〕創修、康熙十一年〔1672〕），安邑縣圖，目錄。書後有安邑縣刻志紳士姓名。

　　安邑縣地處運城盆地腹地。秦漢置安邑縣，爲河東郡治。北魏太和十一年（487）分置南安邑、北安邑二縣。北安邑縣於太和十八年（494）改爲夏縣，南安邑縣至隋代改名安邑縣。唐至德二載（757）改安邑縣爲虞邑縣，大曆四年（769）復名安邑縣，屬河中府。五代後漢乾祐元年（948）改屬解州。宋至清因襲不改。1958 年與解虞縣合併爲運城縣，屬運城地區。1983 年改爲運城市（縣級）。2000 年，運城地區改爲運城市（地級），原縣級運城市改爲鹽湖區。

　　言如泗（1716—1806），字素園，江蘇昭文（今常熟）人。貢生。歷任山西垣曲知縣、聞喜知縣、保德直隸州知州、解州知州、湖北襄陽府知府。著有《還初筆記》，修有《解州志》《常昭合志》，又曾刻《先賢言子文學録》。

　　呂瀰，字式之，江蘇武進人。乾隆十九年進士。乾隆二十七年任安邑知縣。

　　此志爲《解州全志》之一種。言如泗所修《解州全志》，包括六部志書：《解州全志》，專記州署史事；屬縣各有專志，即《解州安邑縣志》《解州安邑縣運城志》《解州芮城縣志》《解州夏縣志》《解州平陸縣志》。

　　此志卷首"安邑縣圖"收《縣境全圖》《縣城圖》《縣治圖》《縣學圖》《條山書院圖》《涑水河圖》《帝舜陵圖》《關龍逢墓圖》，計八幅。正文十六卷，列二十二門：卷一沿革，疆域（形勝、鋪遞、驛站附）；卷二山川（水利、渠堰附），風俗，物產；卷三城池（村堡、坊里、橋梁附），壇廟，公署；卷四學校（書院、義學附），田賦（丁徭、雜課、鹽引附），戶口，倉儲，兵防；卷五職官、宦績；卷六至七選舉（薦辟、貢生、例仕、例貢、武秩、封蔭附），載録頗詳，自爲一冊；卷八至九人物；卷十列女；卷十一古跡（寺觀、林墓附），祥異；卷十二至十五藝文，舊志序五則（耿啓、曹于汴、趙增、相斗南、馬龍現）收入卷十四；卷十六雜志。

　　呂瀰序："會值州守言公倡修屬志，因指授規畫，瀰曰：此正今日要務也，微明訓亦將輯治之。夫安邑之志，修自康熙十有一年，迄八十餘載莫之續纂，闕而未登者不知凡幾，及今增訂編輯，俾得所徵考，以信今傳後，豈非官斯土者之責歟。爰集紳士，訪遺軼，嚴參稽，無濫無遺，酌歸盡善。屬草稿既定，上之州守曰可，遂付剞劂。"

扉頁刊："乾隆甲申年鐫解州安邑縣志。官衙藏板。"版心魚尾上刊"解州全志"，下刊"安邑縣"及各門題名。卷端題"解州全志卷之×"，下以小字注"安邑縣"。

安邑縣明清志書今存四部。其一爲耿啓修、曹于忭纂《安邑縣志》十卷，萬曆四十六年（1618）刻。其二爲趙增纂修《安邑縣志》十一卷，康熙十年（1671）刊刻。其三即此乾隆志。其四爲趙輔堂修、張承熊纂《安邑縣續志》六卷，光緒六年（1880）付梓。

中國國家圖書館、中國科學院文獻情報中心、中國社會科學院考古研究所圖書館、中國民族圖書館、中共中央黨校圖書館等二十九館與臺北故宮博物院、孫逸仙博士紀念圖書館及日本東洋文庫、京都大學人文科學研究所、美國國會圖書館、法蘭西學院漢學研究所、法國巴黎 M.R. 赫杜圖書館亦有入藏。

153. 清乾隆刻本解州安邑縣運城志　T3150/2725.83

[乾隆]《解州安邑縣運城志》十五卷，清陳克鉉、言如泗修，熊名相、吕濫等纂。清乾隆二十九年（1764）刻《解州全志》本。四册。半葉十行二十一字，小字雙行同，白口，左右雙邊，單魚尾。框高 18.5 釐米，寬 15.7 釐米。前有扉頁，乾隆二十八年言如泗序，乾隆二十八年吕濫序，姓氏，安邑縣運城圖，目録。書後有安邑縣刻志紳士姓名。

運城地處中條山北麓。因靠近鹽池，鹽業逐漸發達，各路鹽商、歷代鹽務專署會聚，成爲一方重鎮。漢代全國設二十八郡鹽官，該地即居其一。元至元二十九年（1292）建城，爲鹽運使司駐所。清代隸屬安邑縣。1949 年設晉南區運城分區，後改爲運城專區，以安邑縣運城鎮爲治所。1958 年以安邑、解虞等縣合併爲運城縣，1983 年改爲運城市（縣級）。2000 年，運城地區改爲運城市（地級），原縣級運城市改爲鹽湖區。

陳克鉉，字君實，浙江海鹽人。監生。乾隆二十三年任河東等處鹽運使司運同。

言如泗，生平見《解州安邑縣志》條。

熊名相，貴州大定人。拔貢。乾隆二十七年以直隸解州州判分駐運城。

吕濫，字式之，江蘇武進人。乾隆十九年進士。乾隆二十七年任安邑知縣。

此志爲《解州全志》之一種。卷首"安邑縣運城圖"收《運城圖》《察院圖》《運使署圖》《分駐州判署圖》《運學圖》《鹽池全境圖》《鹽池圖》《池神廟圖》，計八幅。正文十六卷，列二十一門：卷一沿革、疆域（附行鹽地方）；卷二鹽池（渠堰附）、風俗、物產；卷三城池（坊里、市集附），壇廟，公署（倉舍附）；卷四學校（書院、義學附），課賦，兵防；卷五職官、宦績；卷六至七選舉（貢生、例仕、例貢、武秩、封蔭附）；卷八至九人物；卷十列女；卷十一古跡（寺觀附）、祥異；卷十二至十五藝文，安邑縣舊志序五則（耿啓、曹于汴、趙增、相斗南、馬龍現）收入卷十四；卷十六紀事、雜志。

扉頁刊："乾隆甲申年鐫解州安邑縣運城志。官衙藏板。"版心魚尾上刊"解州全志"，下刊"安邑縣運城"及各門題名。卷端題"解州全志卷之 ×"，下以小字注"安邑縣運城"。

運城隸屬安邑縣，專志僅此一部。呂瀟序述運城別纂一志之緣由："運城，安邑之路村也。地逼鹽池，富商雲集，巡鹽察院與鹽運使均駐節於此，因爲財賦重地，甓甃堅城以嚴保障，其間商民錯處，一切編戶保甲、大小獄訟悉於安就理焉。兹何以析而志之，蓋有城不可無志也，既已割邑之方隅而設城，則亦可析邑之建置而成志。……其他因革損益，凡有關鹽政者備載運司、鹽法志，斯又可略而弗悉矣。故城與邑埒而志不及外郛，示有統也；城以運名而不詳鹽務，示有別也。"

此本係兩部志書殘本之拼合：第一冊、第三冊爲《解州安邑縣運城志》，存卷一至四、卷六至十一；第二冊、第四冊爲《解州安邑縣志》，存卷一至五、卷十二至十六。

第一冊、第二冊扉頁及首葉鈐"湘鄉劉氏伯子晉生珍藏金石書畫印"朱文長方印（4.1×2.4 釐米）。

中國國家圖書館、中國科學院文獻情報中心、中國社會科學院考古研究所圖書館、故宮博物院圖書館、中國文化遺產研究院等二十八館與臺北故宮博物院及日本東洋文庫、京都大學人文科學研究所、美國國會圖書館、法蘭西學院漢學研究所亦有入藏。

154. 清乾隆刻本虞鄉縣志　T3150/2372.83

［乾隆］《虞鄉縣志》十二卷，清周大儒修，尚雲章纂。清乾隆五十四年（1789）刻本。八冊。半葉九行二十二字，小字雙行同，白口，左右雙邊，單魚尾。框高20.0 釐米，寬 14.6 釐米。前有乾隆己酉（五十四年）周大儒序，乾隆己酉李瑛現纂修邑乘徵事小引，凡例十則，修志姓氏，輿圖，目錄。

虞鄉縣地處運城盆地腹地。漢爲解縣地。西魏置南解縣。北周改爲綏化縣，保定元年（561）改爲虞鄉縣，屬河東郡。唐武德元年（618）改爲解縣，另置虞鄉縣於今永濟市東三十五里虞鄉鎮，屬蒲州。貞觀二十二年（648）虞鄉縣併入解縣。天授二年（691）復置虞鄉縣，乾元三年（760）屬河中府。北宋屬解州。金屬河中府。蒙古至元三年（1266）併入臨晉縣。清雍正八年（1730）復置虞鄉縣，屬蒲州府。1954 年與解縣合併爲解虞縣。1958 年與安邑縣合併爲運城縣，屬運城地區。1983

年改爲運城市（縣級）。2000年，運城地區改爲運城市（地級），原縣級運城市改爲鹽湖區。

周大儒，字宗魯，四川廣安人。乾隆二十一年舉人。乾隆四十九年任虞鄉知縣。

尚雲章，字漢輝，山西虞鄉人。貢生。

書前輿圖有《縣境全圖》《縣城圖》《縣署全圖》《學宮圖》等，計四幅。正文十二卷，列十二志五十六目：卷一地輿志（星野〔祥異附〕、疆域〔形勝附〕、山川〔水利附〕、古跡〔邱墓附〕、風俗〔方言附〕、物產、八景）；卷二建置志（沿革，城池，公署，兵衛鋪遞，坊里〔營屯、鄉鎮、市集附〕，橋梁〔養濟、漏澤附〕）；卷三職官志（中正、令、丞、主簿、尉、知縣、訓導、典史、外委〔演武附〕、宦績）；卷四賦役志（田賦上、田賦中〔丁徭附〕、田賦下〔雜徵附〕、戶口、倉庫）；卷五祀典志（廟祀、祠祀、壇祀、鄉祀）；卷六學校志（學宮、師生、書籍、學田、鄉飲）；卷七選舉志（徵辟、進士、舉人、貢士、例貢、武科、例仕、封蔭）；卷八人物志（仕績、孝友、節義、義行、文苑、隱逸、寓賢、方技）；卷九列女志（節孝〔賢義附〕、貞烈）；卷十方外志（寺觀、仙釋〔女冠附〕）；卷十一藝文志（藝文上、藝文下），保存碑銘頗多；卷十二拾遺志（稽事、傳疑）。

周大儒序："余甲辰冬奉命來宰是邑，詢以邑志而曰無之，爲之歡然。……越四年，至己酉夏，乃集士紳諸君輩，商議舉行，編次考校，博採諸子序錄，合之通志、府志、臨晉志，同異互參，舉凡有關於一縣之重所當紀載者，分類編纂而著爲成書。……志成而彙爲成帙，付梓刊行。"

虞鄉縣清雍正年間復置，此乾隆志爲其首部志書。此後至光緒間，有崔鑄善修、陳鼎隆等纂《虞鄉縣志》十二卷，爲續修乾隆志之作，體例照舊，未加删改者即用乾隆舊版，增修部分則另刻新版，於光緒十二年（1866）刻成印行。

有缺葉：卷一第十一葉、卷三第一葉。

中國國家圖書館、中國科學院文獻情報中心、故宮博物院圖書館、北京大學圖書館、中央民族大學圖書館等十五館與日本東洋文庫、美國國會圖書館亦有入藏。

155. 清乾隆刻光緒印本臨晉縣志　T3150/7616.83

〔乾隆〕《臨晉縣志》八卷，清王正茂纂修。清乾隆三十八年（1773）刻，光緒六年（1880）印本。四冊。半葉九行二十字，小字雙行同，白口，四周雙邊，單魚尾。框高20.8釐米，寬13.9釐米。前有扉頁，乾隆三十八年王正茂序，舊序（萬曆癸卯〔三十一年，1603〕高惟岡序、萬曆癸卯荆養喬序、康熙丙寅〔二十五年，1686〕王恭先序），臨晉縣輿地圖，總目，志議。

臨晉縣地處運城盆地北沿、黄河東岸。漢置猗氏縣。西魏恭帝二年（555）改爲桑泉縣。唐天寶十三載（754）改爲臨晉縣，屬河東郡，乾元末屬河中府。五代至元因襲不改。明屬蒲州，清屬蒲州府。1954 年與猗氏縣合併爲臨猗縣。今爲山西省運城市臨猗縣之一部分。

王正茂，字竹巖，安徽廬江人。乾隆二十二年進士。乾隆三十六年任臨晉知縣。

此志前有《志議》，以問答體闡述纂修體例、門目設置、內容取捨等。正文八卷，分七門：卷一上篇，列星野、疆域、山川、城池、坊里、市肆、物産、田賦、丁徭、庫貯、倉貯、廨署、學校、水利、驛傳、舖舍等十六篇；卷二下篇，列風俗、禮儀、秩祀、群祀、令尹、師儒、丞尉、武備、選舉、封蔭、古跡、沿革、災祥、方音等十四篇，方音略記臨晉方言發音及特有詞彙，並有考證；卷三職官，收卓有政聲者列傳十二篇；卷四人物，載魏晉以來當地名人傳記；卷五貞婦，載北魏以來貞婦傳記；卷六雜記上，載《山西通志臨虞今古分合辨》及節録周景柱《蒲州府志》、荆養喬舊志、王恭先舊志各若干條；卷七雜記下，載碑銘、論、說、策及邱墓彙記、方言彙記、貢監彙記、孝義彙記、節婦彙記等共二十二篇，末爲同修縣志姓氏；卷八藝文，載碑記、行狀、記、序等十三篇。各卷卷端不標卷次，版心標卷次。各門之前有敘。總體觀之，體例自出心裁，而分類有割裂淆亂之弊，如方言分見於下篇及雜記，卷五專誌貞婦而卷七又有節婦彙記，不一而足。

臨晉縣明永樂正統間創修志書，萬曆間再修，均已佚。清代凡三修縣志。其一爲齊以治修、王恭先纂《臨晉縣志》十卷，列十門三十五目，康熙二十五年刊刻。其二即此乾隆志。其三爲艾紹濂修，姚東濟纂《續修臨晉縣志》二卷，列二十三門，載乾隆三十八年至光緒六年（1880）史事，光緒六年付梓。

扉頁刊："廬江王正茂纂著臨晉縣志。本衙藏板。"

此本與光緒六年刻《續修臨晉縣志》裝於同一函，紙墨完全相同，當即光緒六年印行續志時刷印之本。

中國國家圖書館、中國科學院文獻情報中心、中國社會科學院考古研究所圖書館、故宫博物院圖書館、中國第一歷史檔案館等三十三館與"中央研究院"歷史語言研究所傅斯年圖書館、臺北故宫博物院、孫逸仙博士紀念圖書館及日本東洋文庫、京都大學人文科學研究所、美國國會圖書館、法國國家圖書館、法國亞洲學會亦有入藏。

156. 清雍正刻同治剜修本猗氏縣志　T3150/42.82（1-4）

［雍正］《猗氏縣志》八卷，清潘鉞修、吴啓元等纂，宋之樹續修、何世勳等續纂。清康熙五十六年（1717）修，雍正七年（1729）續修。清雍正七年刻，同治六

年（1867）剜修本。六冊。半葉十行二十二字，小字雙行同，白口，左右雙邊，單魚尾。框高 21.1 釐米，寬 15.0 釐米。前有康熙五十六年潘鑵序，雍正七年宋之樹序，康熙四十七年郭九會續修猗志引言，郭爲觀識語，舊序（萬曆癸丑〔四十一年，1613〕衛廉序、萬曆癸丑王國瑚序、萬曆癸丑喬應甲序、萬曆癸丑馬孔昭序、康熙癸丑〔十二年〕王含光序、康熙癸丑衛既齊序、康熙癸丑陳一魁序），凡例十條，纂修縣志姓氏，目錄。卷端題："同知平陽府事濟寧潘鑵纂輯，知猗氏縣事文登宋之樹重輯。"

猗氏縣地處運城盆地北部。西漢置猗氏縣，屬河東郡。西魏恭帝二年（555）改爲桑泉縣，屬汾陰郡。北周復名猗氏縣。隋屬河東郡。唐屬河中府。明屬蒲州。清屬蒲州府。1954 年與臨晉縣合併爲臨猗縣。今爲山西省運城市臨猗縣之一部分。

潘鑵修，字清聞，山東濟寧人。貢士。康熙五十六年以平陽府同知攝猗氏知縣。

宋之樹，字鶴千，山東文登人。康熙五十四年進士。雍正元年任猗氏知縣。

吳啓元，字青霞，江蘇黃海人。

何世勳，字柱峰，山西猗氏人。康熙五十年舉人。

此志八卷，列三十八門：卷一圖考、星野、沿革、疆域、城池、坊鄉都堡、公署、學校、典禮、祠祀、橋梁，圖考收《疆域山川圖》《縣城圖》《縣治圖》《學宮圖》《星野圖》等五幅；卷二户口、田賦、土產、風俗、郵傳、兵防、卹政；卷三職官、循績；卷四選舉、封蔭；卷五人物、忠烈（武功附）、孝義、隱逸、方技、耆壽；卷六列女、流寓、古跡、邱墓、寺觀、仙釋、祥異、雜志；卷七至八藝文，分宸製、對策、封事、檄、疏、條陳、議、記、序、考辨、碑表、詩等目。各門後有論。瞿宣穎《方志考稿甲集》批評此書"於河東鹽政無一語及焉"，內容方面有缺失，且"書中敘事語亦多首尾不完"。

郭爲觀識語載纂修過程甚詳："康熙戊子夏，平陽太守劉公重修郡乘，郡之鄉先生六人與焉，先君子（指郭九會）其一也。先是，劉公檄行屬邑，各續新志，以資彙考。於時猗猶平陽隸也，邑侯崑山葉公謀之邑先達諸公，而大參晉溪喬先生以其事推讓於先君子，先君子誼不獲辭，爰自癸丑至甲寅三十四年之事，覈實徵信，彙成一冊，上之太守，乃郡有成書而邑志則未付梓也。越十年，郡司馬濟寧潘公來攝邑篆，慨舊志之燬於火，毅然謀所以纂修之，得先君子所裒集者，遂逐項分麗舊志之後，而以近事附益之。公不以愚之蕪陋，亦俾與讎校焉。書成，將壽之木，而公適去官，事遂中輟。迨雍正甲辰，邑父母文登宋公下車，修廢舉墜，百務畢興，邑志一事屢謀增輯，而勤於初政，未逮也。越己酉春，詔修一統志，臺使者檄郡邑各上其書，公乃理潘公之遺緒，糾集紳士，參互考訂，芟其繁蕪，正其舛訛，而至於丁酉以後，尤加詳慎，乘退食之暇，殫奉公之勤，秉公持正，博採約取，惟恐遺美收類，務期去贋存真，凡五閱月而告竣事，愚亦幸從諸君子後。"可知此志初稿爲康熙四十七年郭九會因修平陽府志而纂輯，紀康熙十三至四十六年事，康熙五十六年，兼任知縣潘鏻重修，將郭九會初稿各條增入舊志，並補充近事，纂輯成書但未刊刻。至雍正七年，朝廷爲修《一統志》徵集地志，知縣宋之樹據潘鏻稿本續修，即成此志。

此本與同治六年刻《續猗氏縣志》四卷裝於同一函，二書紙墨完全相同，當即同治六年印行續志時刷印之本。"鉉""絃""真""鎮""慎"等字缺末筆，避清聖祖、世宗諱。"弘"剜改作"宏"，"曆"剜改作"歷"，"顒""寧""淳""醇"等字剜去末筆，避清高宗、仁宗、宣宗、穆宗諱，當係同治重印時所爲。

猗氏明清志書現存七部。其一爲馬孔昭纂修《猗氏縣志》，現存者已非全帙，係萬曆四十二年刻。其二爲陳一魁修、衛既齊纂《猗氏縣志》十卷，今存第四至十卷，爲康熙十二年刻。其三即此雍正志。其四爲毛圻纂修《續猗氏志》，列十九門，紀事起雍正間迄乾隆三十九年（1774），即付刻於乾隆三十九年。其五爲周之楨修、崔曾頤纂《續猗氏縣志》四卷，亦係續雍正志之作，在乾隆續志基礎上增删而成，列二十一門，同治六年刊刻。其六爲徐浩修、潘夢龍纂《續猗氏縣志》二卷，爲同治志之續作，體例沿襲前二志，光緒六年（1880）刻。其七爲佚名纂《猗氏縣鄉土志》，紀事止光緒三年（1877），當即光緒間所纂輯，未刊刻，僅有鈔本傳世。

封面以"春""夏""秋""冬"標記冊次。

中國國家圖書館、中國科學院文獻情報中心、故宮博物院圖書館、中國第一歷史檔案館、北京大學圖書館等二十二館與"中央研究院"歷史語言研究所傅斯年圖書館、臺北故宮博物院、孫逸仙博士紀念圖書館及日本東洋文庫、京都大學人文科學研究所、美國國會圖書館亦有入藏。

157. 清乾隆刻本萬泉縣志　T3150/4223.83

［乾隆］《萬泉縣志》八卷，清畢宿燾修，張史筆纂。清乾隆二十三年（1758）刻本。四冊。半葉九行二十二字，小字雙行同，白口，四周雙邊，單魚尾。框高20.2 釐米，寬 14.7 釐米。前有乾隆二十三年畢宿燾續修萬泉縣志序，目録，修輯姓氏（原修、續修、增修），圖。

萬泉縣地處晉西南黄土高原。漢至隋爲汾陰縣地。唐武德三年（620）置萬泉縣，屬泰州。貞觀十七年（643）改屬絳州，大順二年（891）屬河中府。金貞祐三年（1215）屬榮州。蒙古至元三年（1266）併入猗氏縣，十五年（1278）復置。後又廢，至正十四年（1354）再置。明屬蒲州。清屬蒲州府。1954 年與榮河縣合併爲萬榮縣。今爲山西省運城市萬榮縣之一部分。

畢宿燾，字溥幼，山東文登人。乾隆四年進士。乾隆十八年任萬泉知縣，乾隆二十三年升澤州府同知。

書前有圖五幅：星圖、《縣境圖》《縣治圖》《公署圖》《學宮圖》。正文八卷，二十六門：卷一圖（天文）、縣境、縣治、公署、星野、疆域（關隘附）、山川（津梁附、八景附）、建置沿革；卷二城池、公署、學校、祠祀；卷三貢賦（原志貢賦附）、鹽法、兵防；卷四職官；卷五名宦、選舉；卷六人物、孝義、節烈、流寓、仙釋；卷七風俗（土產附）、古跡、陵墓、寺觀、祥異；卷八藝文。此志內容大體沿襲前志，僅職官、選舉、孝義、節烈、藝文等門有所增補。

畢宿燾序："暇取前令虞山瞿公所修邑志，反覆而校閱之。……惜乎虞山繼修而後數十年來，不無缺遺之憾也。燾於是心焉識之，不敢忘。……志稿續於甲戌冬月，向以簿書冗煩，未付棗梨。茲當馬首東瞻，謹將舊志選舉、孝義、節烈、藝文增補成峽，善雖從長，無徵不信；而職官、祥異、與時遞更，亦例得備書；若其疆域山川之修阻、賦稅徭役之減益，與夫土產民風、城池公署，較昔變遷無幾，覽舊志者當自得之；至於星野、寺觀、流寓、仙釋，或無從考，或不必究其詳者，皆因而不易也。"可知此志修於乾隆十九年冬，至乾隆二十三年畢宿燾離任之際付刻。

萬泉縣明代有符嘉訓所修志書，今已亡佚。清代兩次修志。首部爲瞿亮邦纂修《萬泉縣志》八卷，列二十六門，康熙四十七年（1708）刊刻。其次即爲此乾隆志，在康熙志基礎上續修而成。

此本有缺葉：卷三第二十三、二十四葉。

版心以"元""亨""利""貞"四字標記册次。

全書文字漫漶，版印不佳，當係後印本。

中國國家圖書館、首都圖書館、中國科學院文獻情報中心、中國第一歷史檔案館、北京大學圖書館等十七館與臺北故宮博物院及日本東洋文庫、京都大學人文科學研究所、美國國會圖書館、法國亞洲學會亦有入藏。

158. 清乾隆刻本榮河縣志　　T3150/9932.83

［乾隆］《榮河縣志》十四卷首一卷，清楊令琢等纂修。清乾隆三十四年（1769）刻本。六册。半葉十行二十一字，小字雙行同，白口，左右雙邊，單魚尾。框高19.3釐米，寬15.0釐米。首有乾隆己丑（三十四）楊漌序，乾隆三十四年楊令琢序，纂修姓氏，圖，凡例八條，目錄。

榮河縣地處黃土高原、黃河東岸。戰國爲魏汾陰邑。西漢置汾陰縣，屬河東郡。十六國前趙廢縣，北魏太和十一年（487）復置，屬北鄉郡。北周改屬汾陰郡。隋開皇初屬泰州，大業初屬河東郡。唐屬蒲州。開元十一年（723）因獲寶鼎於此，遂改爲寶鼎縣。宋大中祥符三年（1010）改名榮河縣，爲慶成軍治；熙寧五年（1072）屬河中府。金貞祐三年（1215）升爲榮州。元初降爲榮河縣，屬河中府。明改屬蒲州。清屬蒲州府。1954年與萬泉縣合併爲萬榮縣。今爲山西省運城市萬榮縣之一部分。

楊令琢，江西寧都人。拔貢。乾隆二十九年署榮河知縣。

卷首有圖七幅：《縣境全圖》《縣城圖》《縣署圖》《學宫圖》《湯陵圖》《后土祠圖》《秋風樓圖》。正文十四卷，分二十一門，凡例謂暗分地輿、政事、人物、藝文四部：卷一沿革，疆域（附形勝），山川（附古跡、陵墓）；卷二城池（附津梁）、坊里、壇廟（附寺觀）、風俗、物産；卷三公署（附鋪遞），學校（附書院），田賦（附丁徭、雜課、鹽引、戶口、倉儲），兵防（附武事）；卷四封爵、職官、宦績，職官門僅記姓名籍貫而不載任職年；卷五選舉（附武科、封贈、捐職）；卷六至八人物（附隱逸、義民、方術、賓耆、大年）；卷九列女；卷十至十二藝文，内卷十、卷十一爲文賦碑記之類，不分體，按時代編次，卷十二爲詩，亦以時代爲序；卷十三事紀；卷十四祥異。

楊令琢序：“顧念其舊志修自康熙十二年，閱今垂百載，文獻無徵，久益失墜。然學殖本淺，作史十年，荒落滋其。適舊寅王君元音長河東書院，積學工文，奉幣浼修之，而余參議其間，十旬而書成。搜羅考訂，洵無遺憾，於人物一編，尤詳慎焉。”

榮河縣志書創修於永樂正統間，今已亡佚。現存明清志書四部。首部爲明嘉靖間康鎔修、宋綱纂《榮河縣志》二卷，分八門四十三目，現僅有鈔本流傳。其次爲李長庚修、張殿珠纂《榮河縣志》八卷，係在前志基礎上續修，增補明末清初史事，付梓於康熙十二年（1673）。再次即此乾隆志，另立體例，重新纂輯，資料較前志豐富。最晚一部爲馬鑑、王希濂修，尋鑾煒纂《榮河縣志》十四卷，據乾隆志重修，體例沿襲乾隆志，增設紀恩門，新增百餘年史料，於光緒七年（1881）刊行。

故宫博物院圖書館、上海辭書出版社圖書館、山西省圖書館、陝西省圖書館、南京圖書館等五館與臺北故宫博物院亦有入藏。

159. 清康熙刻本絳州志　T3150/2532.81

〔康熙〕《絳州志》四卷，清劉顯第修，陶用曙纂。清康熙九年（1670）刻本。四册。半葉十行二十字，小字雙行同，白口，四周雙邊，單魚尾。框高21.6釐米，寬15.0釐米。前有康熙庚戌（九年）劉顯第序，舊序三則（正德辛巳〔十六年，1521〕王珂序、萬曆庚辰〔八年，1580〕孫光祜序、萬曆己酉〔三十七年〕方立誠序），目録，凡例十四則，歷朝修志姓名，圖，修志氏名。書後有康熙九年孫錫齡後序。

絳州位於今山西省西南部。秦漢屬河東郡。北魏初置東雍州，太和十八年（494）廢，東魏天平初年復置。北周武成二年（560）改爲絳州。唐武德元年（618）設絳州總管府，三年（620）復置絳州。金興定二年（1218）升爲晉安府，元降爲絳州。明仍之，轄稷山、垣曲、絳縣三縣。清雍正初年升爲直隸州，轄稷山、垣曲、聞喜、河津、絳縣五縣。1912 年廢州，州治改設新絳縣。今屬山西省運城市。

劉顯第，字澤遠，遼東東寧（今遼寧遼陽）人。貢士。康熙二年任絳州知州。

陶用曙，山西絳州人，生員。

書前有《城圖》、州境圖、《舊五十二里圖》《歸併二十五里圖》，計四幅。正文四卷，列七門六十四目：卷一地理（建置、星野、形勝、疆域、城池、坊鄉、堡墩、山川、水利、冰窖、橋梁、古跡、風俗、節序），廨宇（官治、學校、祭器、公署、堂閣、壇壝、祠廟、寺觀、陵墓、舖舍），食貨（户口、田賦、課程、物産），帝系（王侯）；卷二職官（官秩、官師、名宦），人物（鄉賢、科貢〔拔貢、准貢、例授、考授附〕、例貢〔特貢附〕、武弁、武科、掾官、薦辟、封蔭）；卷三人物（孝義、流寓、隱逸、貞烈、祥異〔仙釋附〕），藝文（風、謡、賦、詩〔雜體附〕、序）；卷四藝文（記〔碑附〕、疏、議、說、引、志、傳、墓誌銘、墓表、法書、儒學藏書、藝文篇目、廣彙〔附異、附餘、附續〕），儒學藏書載州學藏書目録，藝文篇目載本州人士著述目録。卷四末有補刻"續貞節"一葉。此志紀事不及屬縣。

劉顯第序："……乃購求於故老之家，前己酉所修原本，始獲一寓目焉。雖體裁整飭，燦然有章，然闕略訛舛，間亦有之。……思欲修飭久矣，今歲乃始謀之侍御史孫公及諸鄉紳，辟求文學之士，蒐集故實，考訂群書。名賢鉅公、孝義節烈皆據實而詳書之，詩賦篇章約收其最，舊志前賢之逸者補之，世代姓字之譌者正之，諸目之略者增之，歷年之待敘者編次之，其他所不可考、不能知者亦姑闕之，以俟博雅之君子考訂焉。是役也，始於己酉正月，明年庚戌三月始克告竣。"

絳州明清志書現存五部。其一爲吕經、李文潔修，王珂纂《絳州志》七卷，列九門三十八目，明正德十六年（1521）刻，有嘉靖四十二年（1563）增刻本。其二爲方立誠纂修《絳州志》八卷，列八門四十目，萬曆三十七年刻。其三即此康熙志。其四爲張成德修，李友洙等纂《直隸絳州志》二十卷，列二十六門，乾隆三十年（1765）刻。其五爲李焕揚修、張于鑄纂《絳州志》二十卷，列三十門，光緒五年（1879）刻。

各册首葉鈐"尚質之印"白文方印（1.6×1.6 釐米）、"無爲堂"朱文長方印（3.7×1.2 釐米）。

書前《歸併二十五里圖》之後，刊一牌子："絳州躬承本朝文治，公同士紳，奉文修志。其前壞亂定本，私竊攙入者，已行懲治。删削已後，板藏内庫。時或印造，事完交藏。如有仍蹈前轍，本人與預事者各究，擬以背畔典章之罪。事苟可書，日後定有公論。"可見地方人士干擾修志事務、篡改志書文字之一斑。

有缺葉：書前序第二葉。

《中國古籍善本書目》史部地理類著録。

中國國家圖書館、中國科學院文獻情報中心、中國科學院南京地理與湖泊研究所圖書館、美國國會圖書館亦有入藏。

160. 清乾隆刻本直隸絳州志　　T3150/2532.83

［乾隆］《直隸絳州志》二十卷，清張成德修，李友洙等纂。清乾隆三十年（1765）刻，乾隆間剜修本。六册。半葉十行二十一字，小字雙行同，白口，左右單邊，單魚尾。框高 18.4 釐米，寬 15.5 釐米。前有扉頁，乾隆三十年沈栻序，乾隆三十年張成德序，姓氏，捐修姓氏，歷修姓氏，凡例八條，圖考，目録。

張成德，江蘇丹徒人。貢生。乾隆十八年任絳州知州。

李友洙，浙江海寧人。貢生。乾隆二十五年任絳州州判。

書前圖考收《州屬五縣總圖》《州城圖》《州治圖》《學宫圖》、十景圖、《東雍書院圖》，計十五幅。正文二十卷，列二十六門，凡例謂暗分地輿、政事、人物、藝文四部：卷一星野（圖説附），沿革（地表附），疆域（形勝、鋪遞附）；卷二山川（水利附）、古跡（陵墓附）、風俗（土俗附）、物産；卷三城池（坊鄉、堡墩、橋梁附），壇壝（祠廟、寺觀附），官署，學校（社義學、書院附）；卷四田賦（丁徭、雜課、鹽引附），户口，倉儲；卷五至六封爵、職官；卷七宦績；卷八至九選舉（例仕、例授、椽官、武秩、封贈、恩蔭附）；卷十至十一人物；卷十二孝義、寓賢、隱逸（仙釋附）、藝術；卷十三列女；卷十四至十九藝文（法帖、著述總目附）；卷二十雜志。此志未述及屬縣史事。

張成德序："余守兹土十餘年，勞心撫字，恐弗克稱職，而志久不修，大懼百年來文獻無徵，無以備掌故、稽善敗。適承上官命，以修舉廢墜爲汲汲，因聚州之士大夫謀所以修之者，咸願踴躍襄事。其康熙九年以前，就劉志重加删訂，自康熙九年後以至於今，悉心採輯，統加編次。"

扉頁刊："乾隆乙酉年鐫直隸絳州志。官衙藏板。"乾隆乙酉即乾隆三十年。

將此本與中國國家圖書館藏初印本對勘，可見此本卷十九著述總目有剜改：第二十四葉剜除"守圉全書"一行，補"以上韓雲著"五字，並將上行此五字剜除；第二十五葉"士範"條下，"以上韓霖著"五字剜改爲"亦韓雲著"。另卷十一人物門第十四葉係抽換，删除韓霖傳，補陶注傳。此係因韓霖所著《守圉全書》乾隆間遭禁，遂剜除其名，將韓霖所著諸書改列入其兄韓雲名下，並删除其傳記。又卷中剜改之處頗多，如卷十一人物門韓雲傳"順治六年之變"剜改爲"流賊入寇之變"，"崇禎"剜改爲"崇正"，"萬曆"剜改爲"萬歷"，"弘治"剜改爲"洪治"，可知此本當係乾隆間剜修本。

中國國家圖書館、中國科學院文獻情報中心、中國社會科學院考古研究所圖書館、故宮博物院圖書館、中國第一歷史檔案館等三十二館與"中央研究院"歷史語言研究所傅斯年圖書館、臺北故宮博物院及日本東洋文庫、京都大學人文科學研究所、美國國會圖書館亦有入藏。

161. 清乾隆刻本聞喜縣志　　T3150/7446.83

〔乾隆〕《聞喜縣志》十二卷首一卷，清李遵唐纂修。清乾隆三十年（1765）刻本。六册。半葉十行二十二字，小字雙行同，白口，左右雙邊，單魚尾。框高 19.5 釐米，寬 16.0 釐米。首有乾隆三十年李遵唐序，沈栻序，目録，圖考。書後有舊志序（萬曆二年〔1574〕李汝寬序、順治十年〔1653〕王體言序、康熙十一年〔1672〕沈光瑀序），歷修縣志姓氏（正德十二年〔1517〕、萬曆二年、順治十年、康熙十一年）。

聞喜縣地處運城盆地北部、中條山北麓。西漢元鼎六年（前 111），武帝巡幸途經左邑縣之桐鄉，聞漢軍破南粵之喜訊，遂於其地置聞喜縣，屬河東郡。北魏屬正平郡。隋開皇三年（583）屬絳州，大業初屬絳郡，大業末改爲桐鄉縣。唐武德元年（618）復名聞喜縣，屬絳州。五代後漢乾祐元年（948）改屬解州。北宋、金、元、明沿襲不改。清屬絳州。今屬山西省運城市。

李遵唐，字學山。乾隆二十八年任聞喜知縣。

卷首圖考收《疆域圖》《縣城圖》《縣治圖》《縣學圖》《香山書院圖》及八景圖，計十三幅。正文十二卷，列二十二門：卷一星野，沿革，疆域（形勝、鋪遞、驛站附），山川（水利附）；卷二風俗，物産，城池（村堡、坊里、橋梁附），壇廟（祠堂附），廨署，學校（書院、義學附）；卷三田賦（丁徭、雜課、鹽引附），户口，倉儲，兵防（兵事附），職官；卷四宦績，選舉（貢生、例仕、武科、武秩、封蔭附）；卷五至七人物（續傳附）；卷八列女；卷九古跡（坊表、寺觀、墳墓附）；卷十至十二藝文及雜志，載碑記甚多。

李遵唐序："癸未歲遵唐奉命調補是邑，甫下車，披閲邑乘，見舊版多漫漶。且修自康熙十有一年，迄今九十餘載，曾未有人續纂，其間吏治民生、文章節義可以昭勸懲、著善敗，缺而未登者，不知凡幾，深以不純不備是憾。會上官諭修各邑志，爰合邑之紳士及碩學端謹者進而採訪焉。……捃摭編輯，閱三年而志成。上之州守張公，曰可，遂付刊焉。"

聞喜縣明正德間、萬曆間均曾修志，今未見著録。清代縣志凡四修。其一爲蘇本眉修、王體言纂《聞喜縣志》七卷，列七門二十八目，順治十年付梓。其二爲沈光珝修、楊永寧纂《聞喜縣志續編》，爲順治志之續作，體例沿襲前志而略有增改，康熙十一年刊刻。此乾隆志爲第三部。其四爲陳作哲修、楊深秀纂《聞喜縣志斠》三卷、《聞喜縣志補》四卷、《聞喜縣志續》四卷，《斠》紀事至乾隆三十一年，意在考辨斠勘舊志；《補》意在補乾隆志之缺載，列齎贈、星度、金石、學校等四門，而以金石爲最詳；《續》紀事至光緒六年，載乾隆志修成後百餘年史事，列宦跡、人物、列女等七門，三書均光緒六年（1880）刻。

"崇禎""弘治""萬曆"剜改作"崇正""弘治""萬歷"。

中國國家圖書館、中國科學院文獻情報中心、故宮博物院圖書館、中國文化遺產研究院、中國水利水電科學研究院圖書館等三十九館與"中央研究院"歷史語言研究所傅斯年圖書館、臺北故宮博物院、孫逸仙博士紀念圖書館及日本東洋文庫、京都大學人文科學研究所、美國國會圖書館、法國國家圖書館、法國巴黎 M.R. 赫杜圖書館、法國亞洲學會亦有入藏。

162. 清乾隆刻本稷山縣志　T3150/2427.83

［乾隆］《稷山縣志》十卷，清韋之瑗等纂修。清乾隆二十八年（1763）刻本。八冊。半葉九行二十字，小字雙行同，白口，左右雙邊，單魚尾。框高 18.5 釐米，寬 15.6 釐米。前有乾隆癸未（二十八年）韋之瑗序，重修姓氏，凡例，目録，縣志圖。書後有郭珮跋。

稷山縣地處呂梁山南麓。春秋爲晉國稷邑。漢爲聞喜縣地，屬河東郡。北魏太和十一年（487）置高涼縣，屬東雍州。西魏屬勳州，北周屬絳州。隋開皇十八年（598）改爲稷山縣，得名於縣南稷山。唐屬絳州，唐末改屬河中府。五代後唐同光二年（924）復屬絳州。金興定年間改屬晉安府。元屬絳州。明、清沿襲不改。1947年以汾河爲界，分設稷山、稷河二縣，1949年二縣合併爲稷山縣。今屬山西省運城市。

韋之瑗，廣東樂會（今海南瓊海）人。舉人。乾隆二十六年任稷山知縣。

書前縣志圖收《縣境圖》《縣城圖》《縣署圖》、八景圖，計十一幅。正文十卷，列二十六門：卷一星野（圖説附），沿革（地表附），疆域（形勝、鋪遞附），山川（水利附），風俗（節序附），物産；卷二城池（關津、鎮堡、橋梁、坊里附），壇廟（祠廟附），廨署（坊表附），學校（書院、義學附），田賦（丁徭、倉儲、鹽課附），户口，兵防（武事附）；卷三職官、宦績；卷四選舉（職吏、例職、武科、武秩、封蔭附）；卷五人物；卷六孝義、隱逸、寓賢、藝術、仙釋、列女；卷七古跡（寺觀、陵墓附），祥異；卷八至十藝文（詩、撰著總目、舊志序附），舊志序收五篇，即正德甲戌（九年，1514）強晟序、嘉靖丙戌（五年，1526）呂柟序、嘉靖丙寅（四十五年）賈憲序、劉三錫序、康熙癸丑（十二年，1673）顧淶初序。

韋之瑗序："邑之有志，由來舊矣。顧志自明以前無考，嘉靖、萬曆間凡一再修輯，康熙癸丑前顧令即舊帖而續之，迄於今又將百年矣。……歲癸未，州憲重修紀乘，馳檄徵各屬志，而邑中紳士亦欣然以開局請，乃徵舊典，蒐軼聞，採近事，分別編纂，而余相與探討商榷之，缺者補，冗者芟，信者傳，疑者闕，剝蝕者完，豕亥者辨，經始於癸未之秋，歷三晦朔而脫稿焉，爲卷者十，爲目者二十有六。"

稷山縣明初及嘉靖間均曾修志，今皆亡佚。現存明清志書六部。其一爲張思恭修、鄭寅纂《稷山縣志》八卷，列八門四十五目，萬曆四十年（1612）刻。其二爲顧淶初纂修《稷山縣志》八卷，列七門五十四目，康熙十二年刻。其三即此乾隆志。其四爲張應辰修、王墀纂《稷山縣志》十卷，列二十四門，嘉慶二十年（1815）刊刻。其五爲沈鳳翔修、鄧嘉紳纂《稷山縣志》十卷，亦平列二十四門，同治四年（1865）刻。其六爲馬家鼎纂修《續修稷山縣志》二卷，係同治志之續作，紀事始同治五年終光緒十年，列十六門，光緒十一年（1885）刻。

查中國國家圖書館藏全本，此志扉頁刊："乾隆乙酉年鐫稷山縣志。官衙藏板。"此本扉頁已佚。

有缺葉：書前序第一葉、第二葉上半葉，卷二第一葉上半葉。

中國國家圖書館、故宮博物院圖書館、北京大學圖書館、上海圖書館、天津圖書館等七館與臺北故宮博物院及日本東洋文庫、美國國會圖書館亦有入藏。

163. 清嘉慶刻本稷山縣志　T3150/2427.84

［嘉慶］《稷山縣志》十卷，清張應辰修，王墀等纂。清嘉慶二十一年（1816）刻本。八册。半葉九行二十字，小字雙行同，白口，左右雙邊，單魚尾。框高 18.1 釐米，寬 15.7 釐米。前有扉頁，嘉慶二十年張應辰序，舊序（正德甲戌〔九年，1514〕強晟序、嘉靖丙戌〔五年，1526〕呂柟序、嘉靖丙寅〔四十五年〕賈憲序、萬曆庚申〔四十八年，1620〕劉三錫序、康熙癸丑〔十二年，1673〕顧淶初序、乾隆癸未〔二十八年，1763〕韋之瑗序），劉志姓氏，顧志姓氏，韋志姓氏，目錄，重修姓氏，凡例，縣志圖。書後有嘉慶乙亥（二十年）徐振基後序。卷端題："知縣臨汝張應辰纂修。"

張應辰，字拱之，河南汝州人。拔貢。嘉慶十六年任稷山知縣。

王埕，字對宸，河南汝州人。乾隆四十八年舉人。

書前有《縣境圖》《縣城圖》《縣署圖》、十景圖，計十三幅。正文十卷，平列二十四門：卷一星野（圖説附），沿革（地表附），疆域（形勝、鋪遞附），山川（水利附），風土（節序、物産附）；卷二建置（廨署、坊表附），城池（關津、鎮堡、橋梁、坊里附），祀典（壇廟、祠堂附），學校（書院、義學、鄉飲酒禮附），田賦（丁徭、倉儲、鹽課附）；卷三職官、宦績；卷四選舉（職吏、例職、武科、武秩、封蔭附）；卷五人物；卷六孝義、隱逸、寓賢、藝術、仙釋、列女；卷七古跡（寺觀、陵墓附），祥異；卷八至十藝文（詩、撰著總目附）。

張應辰序：“予以嘉慶辛未奉簡命來守兹邑，下車聿始，披閱前志，以爲稷古教稼地，人則勤儉務本，風則蟋蟀興思，其遺俗應可想見。及撫蒞三載，雖訟牘頗劇，總不外土物心臧者是，抑且山陬僻壤，往往有庸夫愚婦，奮發於孺慕之誠、慷慨之忱，其樂善之舉，俱不假人，爲直出天性者，然後知唐虞之休風猶存，先王之遺澤尚未泯也。遂延鄉先達並諸紳士商之曰：邑之有志，猶國之有史，前志已閱五十載，非踵事增修，使繼起忠烈之跡掩没弗彰，不惟無以表懿美，亦將何以勵風俗？諸君其歸而率鄉里後進共相砥礪，以表賢能，予亦勉求共職，庶幾昭懲勸、勵人心，使風氣日趨熙淳不懈而及於古，以無負國家休養之意，豈不盛哉！至西濱大河，東臨古絳，姑射峙其北，汾水繞其南，山川古跡之美，前志已詳哉言之，兹不復贅。”

此志《中國地方志聯合目錄》《美國哈佛大學哈佛燕京圖書館藏中國舊方志目錄》均著録爲嘉慶二十年刻本，係據書前序落款著録，不確。卷六寓賢門載縣城東北小杜村有杜甫讀書臺，“嘉慶二十一年邑令張應辰改爲杜陵書院”，可知此志刻成當在嘉慶二十一年。《中國地方志總目提要》不誤。

扉頁刊：“嘉慶二十年稷山縣志。本署藏板。”

中國國家圖書館、山西省文物局資料室亦有入藏。

164. 清乾隆刻本絳縣志　T3150/2569.83

［乾隆］《絳縣志》十四卷，清拉昌阿修，王本智等纂。清乾隆三十年（1765）刻本。四冊。半葉九行二十字，小字雙行同，白口，左右雙邊，單魚尾。框高20.0釐米，寬14.6釐米。前有扉頁，乾隆三十年拉昌阿序，修志姓氏，凡例十一條，目録，圖考。

絳縣地處中條山西北麓。漢置絳縣，得名於縣北絳山。北魏太和十八年（494）置南絳縣，西魏恭帝時改爲絳縣。隋開皇初屬絳州，唐武德元年（618）屬澮州，四年改屬絳州。金興定四年（1220）屬冀州。蒙古至元二年（1265）垣曲縣併入，至元十六年復析出。明、清均屬絳州。今屬山西省運城市。

拉昌阿，滿洲正紅旗人。監生。乾隆二十四年任絳縣知縣，二十七年離任，二十八年又回任絳縣知縣。

王本智，江蘇昭文（今常熟）人。貢生。

書前圖考有《縣境圖》《縣城圖》《縣署圖》《學宮圖》《涑陽書院圖》、十景圖等。正文十四卷，列二十三門：卷一星野（圖説附），沿革（地表附），疆域（鋪遞、形勝附）；卷二山川（水利附），風俗（土俗附），物産，城池（坊里、橋梁附），壇廟；卷四公署（坊表附），學校（書院、社學附）；卷五田賦（雜税、鹽引附），户口，倉儲，兵防；卷六封爵，職官（駐防、城守司附）；卷七選舉、宦跡；卷八至九人物（鄉飲賓附）；卷十至十一列女；卷十二古跡（陵墓、寺觀附），祥異；卷十三至十四藝文（舊志序附），所收舊志序有明嘉靖己未（三十八年，1559）吉大來序、萬曆三十三年（1605）陶登序、清順治己亥（十六年，1659）趙士宏序、順治己亥張允中序，計四篇。

拉昌阿序："余初下車，披閱邑志，心竊悼之。……余於軨掌之暇，方思增補舊籍，會牧伯張公檄屬修志，遂得爲所欲爲。爰是禮聘高明，分任良士，資所聞見，以備採擇。富厚者不得倖入，窮約者無所沉淪，去僞存真，刪繁補缺，上自星野，下逮藝文，合舊志併爲一十四卷。"

絳縣明嘉靖、萬曆間均曾修志，今已亡佚。清代所修志書凡四部：其一爲趙士弘修、陳所性纂《絳縣志》五卷，列五門三十三目，順治十六年（1659）刻，有康熙三十九年（1700）、雍正四年（1726）續補本。其二即此乾隆志，增續舊志而成。其三爲劉斌修、張于鑄纂《絳縣志》十四卷，列二十七門，光緒六年（1880）刊刻。其四爲胡延纂修《絳縣志》二十一卷，有圖、表、志、傳四體，列二十一門七十目，光緒二十五年刻。

扉頁刊："乾隆乙酉年鐫絳縣志。官衙藏板。"

中國國家圖書館、首都圖書館、中國科學院文獻情報中心、故宮博物院圖書館、北京大學圖書館等十八館與臺北故宮博物院及美國國會圖書館亦有入藏。

165. 清乾隆刻本垣曲縣志　T3150/4156.83

［乾隆］《垣曲縣志》十四卷，清湯登泗修，張嶽拱、安清翰纂。乾隆三十一年（1766）刻本。六册。半葉九行二十字，小字雙行同，白口，左右雙邊，單魚尾。框高 18.6 釐米，寬 15.6 釐米。前有扉頁，沈栻序，乾隆三十年湯登泗序，修輯姓氏，

歷修縣志姓氏（嘉靖五年〔1526〕、嘉靖十四年、萬曆三十九年〔1611〕、康熙十一年〔1672〕），捐修姓氏，凡例十條，目錄，圖考。書後有乾隆乙酉（三十年）張嶽拱跋。

垣曲縣地處中條山腹地、黃河北岸。西漢置垣縣，屬河東郡。東漢改名東垣縣。北魏皇興四年（470）改爲白水縣，並設清廉縣。北周武成元年（559）改白水縣爲亳城縣，又置蒲原縣。隋大業三年（607）改亳城縣爲垣縣，清廉、蒲原二縣併入，屬絳郡。唐代歷屬絳州、洛州、陝州。五代屬絳州。北宋改垣縣爲垣曲縣，屬絳州。金興定四年（1220）改屬翼州。元明屬絳州。清雍正二年（1724）屬解州，八年復屬絳州。今屬山西省運城市。

湯登泗，江蘇丹陽人。乾隆二十二年進士。乾隆二十六年任垣曲知縣。

張嶽拱，山西垣曲人。乾隆元年舉人。曾任長治縣教諭。

安清翰，山西垣曲人。乾隆三十一年進士。著有《雪湖先生文集》。

書前圖考收《縣境全圖》《黃河九曲之一圖》《縣城圖》《縣署圖》《學宮圖》《弦歌書院圖》及八景圖，共十四幅。正文十四卷：卷一星野，沿革（地表附），疆域（形勝、關隘、鋪遞附）；卷二山水（水利附），古跡（墳墓、坊表附），風俗，物產；卷三城池（坊里、村堡、津梁附），壇廟（寺觀附），廨署，學校（書院、義社學附）；卷四田賦（丁徭、雜課、鹽引附），倉儲，兵防（武事附）；卷五職官（封爵附）；卷六至七選舉（封贈、恩蔭附），宦績；卷八人物（寓賢、仙釋附）；卷九列女；卷十至十三藝文，舊志序附於其後，計收明文具道、劉應宿、魯廷彥、清紀宏謨、馬生麟序六篇；卷十四雜志（續紀附）。

湯登泗序："會州憲重修州志，檄各屬並時修輯，余欣然奉命，聚邑之士大夫諮謀焉，採訪排纂，各任厥事，余離鉛槧久，而簿書稍暇，握管不輟，即舊所錄與新所蒐者而參訂之，不半載志成。"

張嶽拱跋："茲役也，經始於癸未之仲冬，越六月有奇，工告竣。"癸未爲乾隆二十八年。

垣曲縣明嘉靖、萬曆間均曾修志，今已不傳，惟修志姓氏及序文存於清代所修諸志。清代凡三修志書：首部爲紀宏謨修、馬佐纂《垣曲縣志》十六卷，基於嘉靖、萬曆志並增補明末清初史事而成，列十五門九十四目，康熙十一年刊刻。其次即此乾隆志。第三部爲薛元釗修、張于鑄纂《垣曲縣志》十四卷，列二十三門，光緒五年（1879）刻。

扉頁刊："乾隆丙戌年鐫垣曲縣志。官衙藏板。"丙戌即乾隆三十一年。《中國地方志聯合目錄》著錄爲"清乾隆三十年刻本"，有誤。

中國國家圖書館、上海圖書館與"中央研究院"歷史語言研究所傅斯年圖書館及日本東洋文庫、美國國會圖書館亦有入藏。

166. 清乾隆刻本解州夏縣志　T3150/1469.83

[乾隆]《解州夏縣志》十六卷首一卷，清言如泗修，李遵唐等纂。清乾隆二十九年（1764）刻《解州全志》本。四册。半葉十行二十一字，小字雙行同，白口，左右雙邊，單魚尾。框高18.2釐米，寬15.7釐米。前有扉頁，乾隆二十八年言如泗序，乾隆二十八年李遵唐序，姓氏，夏縣舊志歷修姓氏，夏縣圖，目録。書後有夏縣刻志紳士姓名。

夏縣地處黃河北岸、中條山西麓。古爲安邑地，相傳爲夏禹建都之所。戰國初爲魏國都。秦置安邑縣，爲河東郡治。兩漢、魏、晉沿襲不改。北魏太和十一年（487）分爲南安邑、北安邑二縣，十八年（494）北安邑縣改爲夏縣。隋屬河東郡。唐武德元年（618）屬虞州，貞觀十七年（643）屬絳州，大足元年（701）改屬陝州，不久復屬絳州，乾元三年（760）再改屬陝州。金貞祐三年（1215）屬解州。元、明、清因襲不改。今屬山西省運城市。

言如泗，生平見《解州安邑縣志》條。

李遵唐，字學山，河南固始人。舉人。乾隆二十五年任夏縣知縣。

此志爲《解州全志》之一種。卷首"夏縣圖"收《縣境全圖》《縣城圖》《縣治圖》《縣學圖》《涑水書院圖》《白沙河圖》《涑水河圖》《禹王城圖》《瑤臺圖》《巫咸墓圖》《溫公祠圖》《溫公墓圖》《蓮花池圖》《古柏圖》，計十四幅。正文十六卷，列二十二門：卷一沿革，疆域（形勝、鋪遞附）；卷二山川（水利、渠堰附），風俗，物產；卷三城池（村堡、坊里附），壇廟，公署；卷四學校（書院、義學附），田賦（丁徭、雜課、鹽引附），戶口，倉儲，兵防；卷五職官、宦績；卷六至七選舉（薦辟、貢生、例仕、例貢、武秩、封蔭附）；卷八至九人物；卷十列女；卷十一古跡（寺觀、林墓附），祥異；卷十二至十五藝文，舊志序二則（羅在公、蔣起龍）收入卷十四；卷十六雜志。

李遵唐序："遵唐奉命蒞治兹土，下車閱邑乘，雖綱舉目張，然已歷五十載，不無掛漏闕略之憾，即思搜羅未逮。適奉憲續修一州四縣志，合而爲一，分而爲五，屏虛文，綜實跡，體例允稱詳明，因徵文考獻，博採旁搜，於舊志所有者删其繁冗，於舊志所無者補其廢缺，至於宦績、人物、列女，爲忠孝，爲貞烈，矢公矢慎，核實略疑，必輿論悉協，然後增入。"

夏縣明代弘治間姜洪、嘉靖間鍾恕、萬曆間高奎及清康熙十一年（1672）均曾修志，今皆已亡佚。清代所修志書今存者爲三部。首部爲蔣起龍纂修《夏縣志》四卷，據康熙十一年羅志續修，列八門五十九目，康熙四十七年付梓。其次即此乾隆志。第三部則爲黃繾榮、萬啓鈞修，張承熊纂《夏縣志》十卷，列八門四十目，光緒六年（1880）刻。

扉頁刊："乾隆甲申年鐫解州夏縣志。官衙藏板。"版心魚尾上刊"解州全志"，下刊"夏縣"及各門題名。卷端題"解州全志卷之×"，下以小字注"夏縣"。

中國國家圖書館、中國科學院文獻情報中心、中國文化遺産研究院、中共中央黨校圖書館、北京大學圖書館等十九館與"中央研究院"歷史語言研究所傅斯年圖書館、臺北故宮博物院及日本東洋文庫、美國國會圖書館、法蘭西學院漢學研究所亦有入藏。

167. 清乾隆刻本解州平陸縣志　　T3150/1071.83

[乾隆]《解州平陸縣志》十六卷首一卷，清言如泗、韓虁典等修，杜若拙、荆如棠等纂。清乾隆二十九年（1764）刻《解州全志》本。四册。半葉十行二十一字，小字雙行同，白口，左右雙邊，單魚尾。框高 18.0 釐米，寬 15.7 釐米。前有扉頁，乾隆二十八年言如泗序，乾隆二十八年李友洙序，乾隆二十八年王怡序，姓氏，舊志歷修姓氏，圖，目録。書後有平陸縣刻志紳士姓名。

平陸縣地處黃河北岸、中條山南麓。漢置大陽縣，屬河東郡。魏、晉、北魏沿襲不改。北周改爲河北縣，爲河北郡治。隋開皇初屬河東郡。唐初屬蒲州，貞觀元年（627）改屬陝州。天寶三載（744）改名平陸縣。五代及宋因之。金、元、明、清均屬解州。今屬山西省運城市。

言如泗，見《解州安邑縣志》條。

韓虁典，字堯章，直隸故城縣人。舉人。乾隆二十七年任平陸知縣，次年調任翼城知縣。

杜若拙，字遜翁，號舫山，山西平陸人。乾隆七年進士。曾任翰林院編修。有《舫山堂園居詩草》。

荆如棠，字蔭南，山西平陸人。乾隆十三年進士。歷任江蘇鎮洋知縣、沛縣知縣、淮揚兵備道、淮安知府等職。

此志爲《解州全志》之一種。卷首有《縣境全圖》《縣城圖》《縣治圖》《縣學圖》《傅巖書院圖》《中條山圖》《黃河圖》《三門砥柱圖》《傅巖圖》《茅津渡圖》《虞阪圖》《箕山許由塚圖》《閒田圖》《吳山廟圖》《金雞堡圖》《尋樂園圖》，計十六幅。正文十六卷，列二十二門：卷一沿革，疆域（形勝、鋪遞附）；卷二山川（水利、渠堰附），風俗，物産；卷三城池（村堡、坊里附），壇廟，公署；卷四學校（書院、義學附），田賦（丁徭、雜課、鹽引附），户口，倉儲，兵防；卷五職官、宦績；卷六至七選舉（薦辟、貢生、例仕、例貢、武秩、封蔭附）；卷八至九人物；卷十列女；卷十一古跡（寺觀、林墓附），祥異；卷十二至十五藝文，舊志序跋四則（王學孟、崔汝孝、徐吳錦、柴應辰）收入卷十四；卷十六雜志。

李友洙序："癸未春，洙奉檄來攝平篆，得隸公屬，謁見日欣然顧洙而言……今平志現擬續纂，韓令夔典甫脱稿旋即卸事，王令不久又攝篆蒲屬，得子來斯，事集矣，子其勉之。洙謹受教，歸而謀諸紳士，咸踴躍用命。稿草創於前署令韓夔典，偕邑紳杜太史若拙、荆邑宰如棠，而體例悉受裁於公，凡幾閲月而告成。"文中公即指言如泗；王令即王怡，乾隆二十七年十二月任平陸知縣。

扉頁刊："乾隆甲申年鐫解州平陸縣志。官衙藏板。"版心魚尾上刊"解州全志"，下刊"平陸縣"及各門題名。卷端題"解州全志卷之 ×"，下以小字注"平陸縣"。

平陸縣明初及嘉靖、隆慶間均曾修志，今均未見著録。清代志書凡三修：首部爲柴應辰纂修、潘鋮增纂《平陸縣志》八卷，列七志六十三目，康熙十八年（1679）刻，康熙五十二年增刻。其次即此乾隆志。其三爲劉鴻逵修、沈承恩纂《平陸縣續志》二卷，列十門五十五目，增補乾隆至光緒間百餘年間史事，光緒六年（1880）刊刻。

中國國家圖書館、首都圖書館、中國科學院文獻情報中心、中國第一歷史檔案館、北京大學圖書館等二十五館與"中央研究院"歷史語言研究所傅斯年圖書館、臺北故宫博物院及日本東洋文庫、京都大學人文科學研究所、美國國會圖書館、法蘭西學院漢學研究所、法國國家圖書館、法國亞洲學會亦有入藏。

168. 清康熙刻雍正增刻本河津縣志　T3150/3230.81

［康熙］《河津縣志》八卷，清馬光遠修，劉梁嵩纂。清康熙十一年（1672）刻，雍正十三年（1735）增刻本。六册。半葉九行二十字，小字雙行同，白口，四周雙邊，單魚尾。框高 22.4 釐米，寬 14.7 釐米。前有舊序（萬曆癸丑〔四十一年，1613〕張汝乾序、崇禎壬申〔五年，1632〕郭景昌序），康熙壬子〔十一年〕馬光遠序，康熙壬子劉梁嵩序，喬光烈薛文清公文集後序，喬光烈遊龍門記，龐禔跋，總目，圖，凡例七條，重修河津縣志姓氏。

河津縣地處臨汾盆地西南部，黄河、汾河交匯於縣境。戰國爲魏皮氏邑。秦漢置皮氏縣，屬河東郡。魏、晉屬平陽郡。北魏太平真君七年（446）改爲龍門縣，爲龍門郡治。隋開皇初屬蒲州，大業初改屬河東郡。唐武德元年（618）屬泰州，貞觀十七年（643）屬絳州，元和初改屬河中府。北宋宣和二年（1120）改名河津縣。金屬河中府。明屬蒲州。清雍正二年改屬絳州。1994年改爲河津市。今屬山西省運城市。

馬光遠，字月生，江蘇東海人。順治十二年（1655）進士。康熙十年任河津知縣。

劉梁嵩，字王少，山西河津人。康熙三年進士。

書前有疆域圖、縣城圖、文廟儒學圖、縣衙圖、薛文清公書院圖、文清公祠堂圖等，計六幅。正文八卷，列八志五十三目：卷一興地志（星野、沿革、疆域、形勝、縣治八景、龍門八景、風俗、山川、陵墓、津市、坊里）；卷二建置志（城池、公署、倉場、坊牌、廟學、屬署、祠祭、堡寨）；卷三田賦志（上田、稅糧、屯田、加增、戶口、起運、存留、十年審編、鹽引、雜項、物產）；卷四職官志（縣官、佐貳、學官、屬員）；卷五人物志（文學名賢、忠孝、義士、武功名賢、節烈）；卷六選舉志（徵辟、舉人、進士、歲貢、恩貢、例貢、武榜）；卷七藝文志（文集、詩集），録文二十七篇、詩一百三十五首，所收諸文以碑記爲主，首篇則爲元王思誠《河津縣總圖記》，保留了元代河津縣志的一些資料；卷八雜志（古跡、神異、仙釋、災祥、寺觀廟宇）。

馬光遠序："今天子御極之十有一年，將以徵文考獻，廣教美俗，令直省府州縣各修其通志以報，甚盛典哉。考河津縣志修於隆萬之間，蒐輯略備。顧余不敏，方於去年辛亥之夏來吏茲土，簿書鞅掌，未遑討治，將何以仰副上意。於是勉與邑之薦紳先生越博士弟子，據其舊文，增以近事。君子覽之，庶幾都邑人民、風土文物之數，大概可覩矣。"

河津縣宋明間多次修志，今均已亡佚。清代凡五次修志。此康熙志爲首部。其次爲黃鶴齡修、齊集鵷纂，張其昺等續纂修《河津縣志》十二卷，乾隆四十八年（1783）刻。其三爲沈千鑑修，王政、牛述賢纂《河津縣志》十二卷，列二十八門，嘉慶二十年（1815）刊刻。其四爲汪和修，王麟祥、石青元纂《河津縣志》十四卷，列地輿、官政、人物、藝文四部二十七門，同治五年（1866）刻。其五爲茅丕熙、楊漢章修，程象濂、韓秉鈞纂《河津縣志》十四卷，體例大致遵循同治志，列二十七門，光緒六年（1880）刻。

此本卷五節烈目後增刻一葉，字體較拙，與全書不同，紀事止雍正十二年。卷七藝文門後增刻《孝義傳》一葉，撰者爲知縣吳泰，考［乾隆］《河津縣志》，吳泰任職時間爲雍正十三年。又，增刻諸葉"弘"字數見，均不避諱，原刻部分"弘""曆"諸字亦無剜改痕跡。可知增刻重印時間即爲雍正十三年。

《中國古籍善本書目》史部地理類著録。

中國國家圖書館、上海圖書館、美國國會圖書館亦有入藏。

169. 清乾隆刻本河津縣志　T3150/3230.83

［乾隆］《河津縣志》十二卷，清黃鶴齡修，喬集鵷纂，張其昺等續纂修。清乾隆四十八年（1783）刻本。八册。半葉十行二十一字，小字雙行同，白口，左右雙邊，

單魚尾。框高 18.5 釐米，寬 15.5 釐米。前有乾隆癸卯（四十八年）張其昂序，舊序（張汝乾序、郭景昌序、馬光遠序），乾隆二十八年黃鶴齡序，纂修姓氏，目録，圖考，凡例十四條。

黃鶴齡，江西都昌人。舉人。乾隆二十七年任河津知縣。

喬集鵄，字儀廷，山西猗氏人。乾隆二十六年進士。乾隆十九年任河津教諭。

張其昂，江蘇丹徒人。貢生。乾隆四十二年任河津知縣。

書前圖考收《觜宿圖》《參宿圖》《縣境圖》《縣城圖》《學宮圖》《縣治圖》、八景圖、《文清書院圖》、薛文清公祠堂圖，計十六幅。正文十二卷，列二十五門：卷一星野、沿革、疆域（鋪遞附）、形勝；卷二山川（水利、津梁附），古跡（陵墓、坊表附），風俗（節序附），物産；卷三城池（坊里附）、壇廟（寺觀附）、公署；卷四學校（書院附），田賦（丁徭、稅課、倉儲、鹽引附），兵防；卷五職官（宦跡附）、封爵；卷六選舉（封贈附）；卷七人物；卷八寓賢、隱逸（仙釋附）、列女、祥異；卷九至十一藝文（勅、制、書、序、跋、傳、疏、議、碑、記、説、贊、箴、文、引、賦、詩）；卷十二著述、雜志。

黃鶴齡序："考邑志權興於前明萬曆時張令汝乾，其後一修於崇禎壬申，再輯於康熙壬子，洎於今又九十餘年矣。……無何州憲以舊志漫漶，將興重輯之役，因馳檄徵縣志，廼集邑廣文暨各紳士，蒐討軼聞，採訪近事，開局纂修，適王太史貞齋以需次家居，余宰蒲久悉其人，延至屬楮筆，冗者删，缺者補，舛錯者更定，訛謬者釐剔，而余簿書少暇，亦時探討，相與折衷之。經始於癸未孟冬，再歷晦朔而書成，額爲十二卷，爲類二十有六，益前志數倍有奇。"知此志初修於乾隆二十八年，乾隆三十年書成，但未刊刻，至張其昂任知縣後方纔增輯付梓。

張其昂序："歲乙酉，余隨侍先大夫東雍官舍時，先大夫修州志，並飭五邑乘時纂輯。比州志成，各邑亦先後告竣，而河津獨未見報，蓋黃公鶴齡書將成而遷臨汾，故有缺焉。丁酉，余始蒞河津。……壬寅冬仲，即糾同人集文清書院，山長吳簡齋、司訓范桂臣總其事，諸孝廉、明經、學博分其任，而余簿書之暇，亦披覽數過，與諸君悉以商確，以期詳贍得宜，可傳於後。癸卯亥月書成，釐爲若干卷，即付剞劂。"

故宮博物院圖書館、南京圖書館、中國科學院文獻情報中心三館亦有入藏。

170. 清乾隆刻咸豐印本寧武府志　T3149/3214.83

［乾隆］《寧武府志》十二卷首一卷，清魏元樞、周景柱等纂修。清乾隆十七年（1752）刻，乾隆間剜修，咸豐七年（1857）重印本。六册。半葉九行二十字，小字雙行同，白口，左右雙邊，單魚尾。框高 19.9 釐米，寬 14.6 釐米。前有乾隆十五年

周景柱序，魏志原序（乾隆十三年魏元樞序、黃祐序），乾隆庚午（十五年）阿里袞序，乾隆十六年豐紳序，目録，例略，寧武設府緣起，纂修府志姓氏，圖。

寧武府轄境在今山西省北部。明景泰元年（1450）置寧武關，屬代州崞縣。嘉靖十九年（1540）置山西鎮，統寧武、雁門、偏頭三關。清初改寧武關爲寧武營。雍正三年（1725）設寧武府，治寧武縣，領寧武、偏關、神池、五寨四縣。1912年撤銷。

魏元樞，字臒庵，直隸豐潤人。雍正元年進士。乾隆八年任寧武知府。

周景柱，字西擎，浙江遂安人。雍正七年舉人。乾隆十三年任寧武知府，乾隆十七年任蒲州知府，後歷任潮州知府、河南按察使、翰林院編修。

書前有《府境全圖》《邊關圖》《驛路塘汛圖》《府城圖》《府學圖》《府署圖》及各屬縣城池、堡寨、山圖等，共二十二幅。正文十卷，分十九門：卷一星野，地紀（古今沿革、疆域、形勢、關隘）；卷二山川（津梁）；卷三城池（堡寨），官署（諸公宇、古廢署）；卷四學校（書院、義學），田賦；卷五武備（驛置）；卷六職官；卷七科目（世職、武貴）；卷八名宦，人物（忠節、孝義、流寓），列女；卷九壇廟（寺觀）、古跡（塚墓）、風俗（物產）；卷十事考；卷十一餘録；卷十二藝文。瞿宣穎《方志考稿甲集》謂此志"深注意於墙堡之設置、山川之險阨及歷代之兵事，非漫然奉行故事之作也"。

魏元樞序："寧武改設府縣，星紀再周，與朔平等，朔平府志久已告成，而寧武府志闕然。……是以不揣愚昧，毅然創始，取衷於通志，參考於旁鄰，搜討兩鎮三關，檢括於文集史册，以至廢廟荒垣、殘碑斷簡，無不剔抉，一事必載其原流，一物必綜其終始，一名必尋其顛末。……計自庚申以迨寅卯之歲，六七年來公事稍暇，輒加塗乙，稿凡三易。……取而覆閱，頗傷繁雜，幾欲付之煨燼，又以曾勞心力者，業經年所，不忍廢棄，賅而存之，擬俟請高明大爲筆削後，仍與同事諸君共爲刊刻，俾垂久遠。草創甫就，調守西河，遂不果行。"

周景柱序："予爲寧武之明年，修郡志成。或曰：創乎，因哉？曰：因。何因爾？因魏侯也。……頃之，魏侯至自西河，則以其所薈輯者相屬曰：此雖號郡史，固未成之書也，子注寧武，盍爲我正定而完之？……部録且定，方將召棗氏而鋟焉。"魏元樞所輯卷帙繁多，收録龐雜，周景柱加以刪削折衷，纂定付刻。

寧武，雍正初年設府之後，曾兩次纂修府志。首部即此乾隆志。其次爲咸豐間常文遵、阿克達春纂修《續寧武府志》，僅續補人物、科目、列女三門，咸豐七年刻，與此志同時印行。

《中國地方志聯合目録》《中國地方志總目提要》《美國哈佛大學哈佛燕京圖書館藏中國舊方志目録》均著録此志爲乾隆十五年刻本，但書前有乾隆十六年豐紳序，職官門載乾隆十七年署任寧武知府李維梓，則此書刻成當在乾隆十七年。卷中"曆""禛"等字往往剜除不補，但剜改未盡，剜修時間當在乾隆年間。又，此志與咸豐七年刻《續寧武府志》裝於同一函，紙墨裝幀無二，係咸豐七年重印本無疑。

中國國家圖書館、中國科學院文獻情報中心、中國第一歷史檔案館、中國民族圖書館、中共中央黨校圖書館等二十九館與"中央研究院"歷史語言研究所傅斯年圖書館、臺北故宮博物院及日本東洋文庫、京都大學人文科學研究所、美國國會圖書館、法國國家圖書館亦有入藏。

171. 清乾隆刻本忻州志　T3149/9232.83

〔乾隆〕《忻州志》六卷，清周人龍纂修，竇容邃增訂。清乾隆十二年（1747）刻，乾隆間剜修本。六冊。半葉十行二十二字，小字雙行同，白口，四周雙邊，單魚尾。框高 19.8 釐米，寬 13.6 釐米。前有乾隆十二年竇容邃序，凡例八則，目錄，忻州修志姓氏。書後有乾隆十二年陳兩儀後序，乾隆十二年張作舟後序。卷端題："知州竇容邃編輯。"

忻州地處忻定盆地西部。北魏永興二年（410）置秀容縣，爲秀容郡治。隋開皇十八年（598）置忻州，以秀容縣爲州治。宋屬河東路，金屬河東北路，元屬冀寧路，明屬太原府。明洪武初年，秀容縣併入忻州。清雍正二年（1724）升忻州爲直隸州，領定襄、静樂二縣。1912 年廢州，州境改爲忻縣。1983 年改爲忻州市（縣級），屬忻州地區。2000 年撤銷忻州地區，改設忻州市（地級），原忻州市（縣級）改爲忻府區。

周人龍，字雲上，直隸天津人。康熙四十八年（1709）進士。曾任屯留、清源知縣，雍正六年（1728）任忻州知州。

竇容邃（1683—1754），河南柘城人。舉人。乾隆九年任忻州知州。

全書六卷，列三十八門：卷一沿革、繪圖、城池、山川、都鄉、關隘、户役賦税，繪圖門有《忻州所屬總圖》《忻州本境疆界圖》《忻州城圖》《州治之圖》《文廟儒學圖》《本州四十七都圖》等六幅；卷二祀典、學校、武備、驛站、古跡、倉儲、公廨、水渠、物產、風俗；卷三職官、名宦、科第、貢生、例監、武階、吏才；卷四人物、孝義、薦舉、寓賢、封贈、隱逸、列女、仙釋、災祥、祠廟、坊表、坵墓；卷五藝文（記、傳、序、引、文、頌、揭、誌銘）；卷六藝文（詩、詞、賦、告示）、雜志。此志除沿革、繪圖二門外，不載録屬縣史事，所記以忻州本境爲範圍。

竇容邃序："……於是採摭逸文，詢訪故老，僉云：前牧津門周公嘗志之矣，未幾升任去，厥後潞安李司馬攝篆，謀授剞劂而未果，今原本固在也，盍梓諸？予伏而讀之，踵前代之成跡，增飾潤美，自成一家，但揆之聖聖相承，制度文物，猶覺未備。……故不避僭越，忘其固陋，廣搜博諮，損其繁而補其缺，務依現行之條例，昭示遵守之憲典，分卷爲六，列目三十有八。”前牧津門周公，即周人龍，任職期間所輯州志稿爲竇氏增訂之底本。

忻州明初及嘉靖間均曾修志，今已亡佚。明清志書今存者爲三部。首部爲楊維嶽纂修《忻州志》四卷，萬曆三十六年（1608）付梓，此刻本今未見著錄，其殘稿本存於中國國家圖書館，存第一、三、四卷，計十四門。其次即此乾隆志。其三爲方戊昌修、方淵如纂《忻州直隸州志》四十二卷，列八門四十目，光緒六年（1880）刊刻。

“禎”“弘”“曆”分別剜改作“正”“宏”“歷”。其他剜改之處甚多，不備舉。

封面書名簽刊“直隸忻州志”。

中國國家圖書館、中國科學院文獻情報中心、中國社會科學院考古研究所圖書館、故宮博物院圖書館、北京大學圖書館等二十二館與“中央研究院”歷史語言研究所傅斯年圖書館、臺北故宮博物院及日本東洋文庫、美國國會圖書館亦有入藏。

172. 清雍正刻乾隆剜修本定襄縣志　　T3150/3803.82

〔雍正〕《定襄縣志》八卷，清王時炯修、王會隆續修。清雍正五年（1727）刻，乾隆間剜修本。四册。半葉八行二十字，小字雙行同，白口，四周雙邊，單魚尾。框高 20.9 釐米，寬 14.1 釐米。前有扉頁，雍正五年王會隆序，舊志敘（萬曆己卯〔七年，1579〕安嘉士序、萬曆丙辰〔四十四年〕王立愛序、康熙壬辰〔五十一年，1712〕王時炯序），目錄，王時炯重修定襄縣志凡例十四條，圖，前修志姓氏，續修志姓氏，重續志姓氏。第三册後有舊志跋（萬曆丙辰張梧跋、薄鳳儀跋、薄而堅跋、牛翰垣跋、薄鳳儀跋）。

定襄縣地處忻定盆地東部。西漢爲陽曲縣地。東漢建安二十年（215），陽曲縣移治今太原界，於陽曲故城新置定襄縣，屬新興郡。魏晉因之。北魏永安中改屬永安郡。北齊併入平寇縣。唐武德四年（621）分秀容縣地復置定襄縣，屬忻州。北宋熙寧五年（1072）併入秀容縣，元祐元年（1086）復置，仍屬忻州。金至清沿襲不改。今屬山西省忻州市。

王時炯，廣東樂會（今海南瓊海）人。康熙二十九年舉人。康熙四十六年任定襄知縣。

王會隆，直隸霸州人。監生。雍正二年任定襄知縣。

書前有《縣境總圖》《都里之圖》《縣城之圖》《縣治之圖》《縣學之圖》，計五幅。正文八卷，列八志七十三目：卷一地理志（沿革、星野、疆域、形勝、山川、都里、烽堠、水利、坵墓、古跡、集場、風俗）；卷二建置志（城池、縣治、學校、公署、枋楔、舖舍、橋梁、兵防、茶房）；卷三田賦志（戶口、地糧、徭役、里甲、郵傳、課鈔、匠役、屯田、物產）；卷四秩祀志（壇壝、寺觀、祠廟）；卷五官師志（守臣、知縣、縣丞、主簿、典史、教諭、訓導、巡檢、倉大使、訓術、訓科、僧會、道會、部使、名宦）；卷六人物志（薦辟、鄉舉、進士、鄉貢、應例、掾屬、武功、武舉人、武進士、世襲、封贈、恩蔭、鄉賢、孝義、節烈、隱逸、流寓、仙釋、賓耆、老農）；卷七災祥志（災異、祥瑞）；卷八藝文志（碑文、墓祭文、詩詞），搜羅較富，篇幅爲各門之最，獨佔二冊。

薄鳳儀跋謂：“自康熙壬辰至今上御極之五年，又十六載矣。其間風俗之□淫、人才之盛衰、戶口之登耗、賦稅之盈虛，未免隨時遞嬗，前後頓殊，倘及今勿續，後且失徵。我侯以燕京巨儒來蒞兹土，甫下車，諸事待理，夙夜靡寧，拮据五載，庶務具舉，乃翠然興纂續邑乘之志。……參訂既一，授之剞劂，閱三月而告竣焉。”所稱“我侯”即知縣王會隆。

定襄縣明初及嘉靖間均曾修志，今不見著錄。明清志書凡五修。其一爲安嘉士修、傅志説纂《定襄縣志》八卷，係在嘉靖間劉紹先所修志書基礎上重纂，萬曆七年（1579）刻。其二爲萬曆四十四年王立愛續修《定襄縣志》八卷，列八門七十目，當年刊刻。其三爲王時炯增修、牛翰垣增纂《定襄縣志》八卷，本於萬曆志增輯，體例沿襲前志，增賓耆一目，康熙五十一年付刻。其四即此雍正志，係在康熙志基礎上增纂而成，體例與前志同，新增茶房、老農二目。其五爲鄭繼修、王仲燾修，邢澍田纂《定襄縣補志》十三卷，列十一門七十六目，光緒六年（1880）付梓。

扉頁刊：“雍正五年重續定襄縣志。”《中國地方志聯合目録》《中國地方志總目提要》均著録此志爲“雍正五年增補康熙本”，但細審全書，未見增刻補版痕跡，且康熙五十一年王時炯序列入舊序，非增刻本面目，故應著録爲雍正五年刻本。

“崇禎”下一字空缺。“弘治”剜去上一字，“萬曆”“慶曆”剜去下一字，“顒”字不避諱，當爲乾隆間剜修本。

封面以“元”“亨”“利”“貞”四字標識冊次。

跋十二葉附於第三冊之末，當爲裝訂之誤。

中國國家圖書館、中國科學院文獻情報中心、故宮博物院圖書館、中國文化遺產研究院、中共中央黨校圖書館等十九館與臺北故宮博物院、臺北“內政部”圖書館及日本東洋文庫、京都大學人文科學研究所、美國國會圖書館、法國國家圖書館亦有入藏。

173. 清乾隆刻本五臺縣志　　T3150/1040.83

　　[乾隆]《五臺縣志》八卷，清王秉韜纂修。清乾隆四十五年（1780）刻，乾隆四十九年補刻本。四册。半葉九行二十一字，小字雙行同，白口，四周雙邊，單魚尾。框高 19.4 釐米，寬 15.1 釐米。前有御製碑記聯額，續志凡例，續修志姓氏，原序（康熙二十六年〔1687〕周三進序），舊志凡例，舊志纂修姓氏，總目。

　　五臺縣地處太行山北部西麓、五臺山地。西漢置慮虒縣，屬太原郡。三國魏屬新興郡。晉廢。北魏太和十年（486）置驢夷縣，屬新興郡，永安年間改屬永安郡。北齊改屬雁門郡。隋大業二年（606）改爲五臺縣，得名於境内五臺山，仍屬雁門郡。唐宋屬代州。金貞祐四年（1216）升爲臺州。元屬冀寧路。明洪武二年（1369）降爲五臺縣，初屬太原府，後屬代州。清沿襲不改。今屬山西省忻州市。

　　王秉韜，漢軍鑲紅旗人。乾隆十二年舉人。乾隆四十一年任五臺知縣。

　　此志八卷，列八志：卷一圖畫志，《縣境圖》《縣治圖》《縣署圖》《學宫圖》、八景圖及《臺山全圖》；卷二星輿志（畢圖、分野、沿革、疆域、形勝、山川、八景、風俗、士習、民業、鄉儀、節序）；卷三建置志（城垣、縣治、内署、屬廨、倉庫、行臺、學宫、演武場〔墩堠附〕、釋奠〔祭儀、樂器附〕、壇壝、祠祀、坊表、鋪遞、鎮集、都甲、卹典、寺觀、橋梁、村屯〔古跡、古墓附〕、堡砦、防兵）；卷四食貨志（户口丁徭、地畝田賦、水利、學田、賞賚、物産）；卷五官政志（秩統、歷宦、循吏）；卷六選舉志（甲科、鄉科、恩拔歲貢、薦辟、武科、武職、例貢、雜職）；卷七人物志（鄉賢、名宦、儒林、隱逸、封蔭、孝行、貞烈、耆善、義民）；卷八藝文志（碑記、傳、墓誌、詩）。

　　續志凡例小引謂："縣志之未續修也，凡九十餘載矣。……顧志乃公器，僅成於一二人之臆見，非制也，爰舉城鄉釐而爲五，各以其鄉之公正能文者董之，務望旁搜博採，別訛訂真，不濫不遺，可傳可守。"續修志名氏分城關、東鄉、西鄉、南鄉、北鄉五項，即"舉城鄉釐而爲五"。凡例又謂："武孝廉張振先家舊藏鈔志一帙，百有餘年矣，據其先人云，刻志多有未合，留此待將來續修，今多本此。"

　　五臺縣清代凡三次修志。首部爲周三進纂修《五臺縣志》八卷，列八門六十七目，康熙二十六年刊刻。其次即此乾隆志，門目設置大體沿襲康熙志，係在康熙志基礎上增補訂正而成。其三爲同治光緒間徐繼畬纂修，孫汝明、王步墀續修，楊篤續纂《五臺新志》四卷，列十六門二十四目，有光緒九年（1883）刻本。

　　此本卷六武科目後補刻"楊桂林"一條，紀事至乾隆甲辰，即乾隆四十九年。

　　《美國哈佛大學哈佛燕京圖書館藏中國舊方志目録》著録此本爲乾隆四十年刻

本，不確。

中國國家圖書館、首都圖書館、北京大學圖書館、清華大學圖書館、中國人民大學圖書館等二十三館與"中央研究院"歷史語言研究所傅斯年圖書館、臺北故宮博物院及日本東洋文庫、美國國會圖書館、法國巴黎 M.R. 赫杜圖書館亦有入藏。

174. 清乾隆刻本崞縣志　T3150/2074.83

［乾隆］《崞縣志》八卷，清邵豐鍭、顧弼修，賈瀛等纂。清乾隆二十二年（1757）刻本。四册。半葉九行十九字，小字雙行同，白口，四周雙邊，單魚尾。框高 19.7釐米，寬 14.9 釐米。前有扉頁，書敏序，乾隆二十一年邵豐鍭序，顧弼序，乾隆二十一年顧弼序，發凡十三條，崞縣修志姓氏，目録。首册後有修志職事。

崞縣地處五臺山西麓。北魏初年置平寇縣，屬永安郡，後屬雁門郡。隋大業二年（606）改爲崞縣，治今山西省原平市北崞陽鎮，屬雁門郡。唐至金屬代州。蒙古成吉思汗十四年（1219）升爲崞州。明洪武二年（1369）降爲崞縣。明、清屬代州。1958 年部分劃歸寧武縣，部分與代縣合併爲原平縣，1993 年改爲原平市。今屬山西省忻州市。

邵豐鍭，號萊峰，浙江山陰人。監生。乾隆十八年任崞縣知縣。

顧弼，號睿颺，直隸天津人。雍正十三年（1735）舉人。乾隆二十一年任崞縣知縣。

賈瀛，號登洲，山西崞縣人。康熙三十八年（1699）舉人。曾任直隸慶雲知縣。

此志正文八卷，列二十一門：卷一輿圖，地理（沿革、形勢、疆域、分野附），山川（橋梁、渠堰附），城池（驛鋪、隘口、堡寨附），輿圖門收《崞縣全圖》《崞縣城圖》二幅；卷二公署（公所、宇舍、倉庚附），學校（義學附），職官（名宦附）；卷三選舉（鄉賢附）、封典；卷四田賦，風俗，壇廟（寺觀、祠宇附），古跡；卷五物産、祥異、事考、雜志；卷六至七藝文；卷八宦跡傳，人物傳（名臣、孝友、義行、文學、隱逸、仙釋、僑寓），列女傳。

邵豐鍭序："蓋崞志自明萬曆年邑令陸公曾有編輯，雖其書尚存，然略而弗詳，疏而弗賅，迄今且甲子再周，中間絶無紀載。……於是謀諸司諭榆次王君及邑士大夫，期修厥役，咸曰：志之係乎崞者寔大且多，況久就廢脱，兹事誠急。乃遠稽博蒐，闕疑徵信，尤喜其縉紳先生與儒雅之士，多所聞識，好談掌故，網羅訪採，相共爲功，由是百卅年所未備者一朝悉具。……屬稿甫竟，將授剞劂，會調任鳳臺，不久去崞，爰敘其事於簡端，以備來者之採擇云。"

顧弼序："越明年秋七月，萊峰移調鳳臺，崞令缺，臺使疏請余蒞焉，九月既望始來受代。萊峰臨去，出所成邑志八卷授余，蓋初脫稿而未刻者也。……惟是繙閱之餘，重違其意，雖三長之弗逮，竊一得之堪抒，無事更張，祇加釐訂，爰召匠氏，俾就厥刊。"

崞縣明清所修志書現存五部。其一爲尹際可修、徐麟趾纂《崞縣志》八卷，分八門七十二目，明嘉靖四十五年（1566）刊刻。其二即此乾隆志。其三爲顧弼纂修《崞縣志續編》二卷，係補充此志之作，列才品、恩榮、耆行、閨範四門，乾隆二十二年刻。其四爲趙冠卿、龍朝言修，潘肯堂等纂《續修崞縣志》八卷，爲續補乾隆志之作，列九門一百目，光緒八年（1882）刻。其五爲章同編《崞縣鄉土志》，列十五門二十一目，未刊刻，有光緒三十四年鈔本。

扉頁刊："乾隆二十二年春鐫崞縣志。本衙藏板。"

卷五事考第一葉下半葉、第二葉、第三葉，卷五雜志第七葉，卷八宦跡傳首葉等係補刻，刻工稚拙，與全書面貌迥異。比對中國國家圖書館藏本，則卷八宦跡傳首葉仍係原刻，可知此本刷印當在中國國家圖書館本之後。

中國國家圖書館、中國科學院文獻情報中心、故宮博物院圖書館、中國水利水電科學研究院圖書館、北京大學圖書館等二十五館與"中央研究院"歷史語言研究所傅斯年圖書館、臺北故宮博物院及日本東洋文庫、美國國會圖書館、法國亞洲學會亦有入藏。

175. 清乾隆刻嘉慶增刻本直隸代州志　T3150/2432.83

［乾隆］《直隸代州志》六卷，清吳重光纂修。清乾隆五十年（1785）刻，嘉慶二十二年（1817）增刻本。八冊。半葉九行二十字，小字雙行同，白口，四周雙邊，單魚尾。框高 19.5 釐米，寬 14.6 釐米。前有乾隆四十九年虞禮寶序，乾隆五十年方應清序，乾隆四十九年吳重光序，舊序一則（萬曆十三年〔1585〕周鴻綸序），纂修職名，前明修志紳士，經理紳士，凡例十二條，目錄，圖。

代州地處五臺山西麓。西漢置廣武縣，爲太原郡都尉治，東漢改屬雁門郡。北魏太平真君七年（446）置肆州。隋開皇五年（585）改爲代州，大業三年（607）改爲雁門郡。唐武德元年（618）改爲代州。蒙古中統四年（1263）雁門縣併入。明洪武二年（1369）降爲代縣，八年復升爲州。清雍正二年（1724）升爲直隸州，領五臺、繁峙、崞等三縣。1912 年改爲代縣。今屬山西省忻州市。

吳重光，字萱山，江蘇江都（今揚州）人。舉人。乾隆四十一年任代州知州。

書前有《參宿圖》《代州三縣全圖》《四境全圖》《城池圖》《學宮圖》《考院圖》《道署圖》《參府圖》《州署圖》、八景圖，計十七幅。正文六卷，列八志七十目：卷一興地志（星野、沿革、疆域〔附驛站〕、城池、山川、關隘、學校、公署、水利、津梁、村堡、風俗、古跡、壇廟〔寺觀附〕、陵墓、坊表）；卷二田賦志（户口、土田、丁糧、起存、倉儲、稅課、歲支、物產），職官志（額官總目、雁平道、知州、州判、吏目、巡檢、學正、訓導、屬縣、參將、守備〔千把附〕、歷朝官籍）；卷三武備志（兵制、防汛、糧餉、器備、武功），科目志（甲科、乙科、武科、貢生〔恩拔歲副〕、例貢、封蔭、雜職、將選）；卷四人物志（名宦、鄉賢、宦績、篤行、文學、隱逸、仙釋、流寓、耆善、列女）；卷五藝文志（宸翰）；卷六藝文志（詔制、碑銘、記序、雜體、詩、詩餘），祥異志（災祥、水旱、兵戎、逸事）。

吳重光序：“壬寅春，欽奉諭旨纂修一統全志，徵取各府州縣舊乘，而代州缺如也。觀察巴陵方公稽古右文，雅意振興，命爲修葺。爰更請於上，集州之縉紳耆老，商榷考訂，州人士亦爭先踴躍，共襄厥事，閱歲而書成。……雖歷年已久，遺軼頗多，而得諸傳聞，參以舊本，其考據多依通志，更自前明萬曆丙戌之後迄今乾隆壬寅年，重加釐訂，門分爲八，類別七十，用以備掌故而昭信史，俾採風者得有所觀覽焉。”壬寅爲乾隆四十七年。

代州明清志書今存三部。首部爲周弘禴纂修《代州志書》二卷，列九門五十八目，萬曆十四年刻。其次即爲此乾隆志。再次爲俞廉三修、楊篤纂《代州志》十二卷，列二十門三十八目，有光緒八年（1882）代山書院刻本。

輿地志水利門補黑龍池、玉帶河兩條，紀事至嘉慶十七年。卷一輿地志之末，補刻一葉，謂：“謹按州志久未纂輯，其中因革屢易，誠慮世遠年湮，末由考訂，敬就見聞所及者續編附記，以備他日之文獻云爾。嘉慶二十二年春月同里紳士恭紀。”可知此係嘉慶二十二年增刻本。

此志《中國地方志聯合目録》《中國地方志總目提要》均著録爲“乾隆四十九年刻本”，不確。書前有乾隆五十年方應清序，當即刻成於該年。

中國國家圖書館、首都圖書館、中國科學院文獻情報中心、故宮博物院圖書館、中國文化遺產研究院等三十六館與“中央研究院”歷史語言研究所傅斯年圖書館、臺北故宮博物院及日本東洋文庫、京都大學人文科學研究所、美國國會圖書館、法蘭西學院漢學研究所、法國國家圖書館亦有入藏。

176. 清康熙刻本平陽府志　T3149/1472.81

［康熙］《平陽府志》三十六卷，清劉棨修，孔尚任等纂。清康熙四十七年（1708）刻。六函四十八册。半葉九行二十二字，小字雙行同，白口，四周雙邊，單魚尾。框高 21.9 釐米，寬 15.3 釐米。前有康熙四十七年劉棨序，凡例二十六則，康熙

四十七年張克嶷跋，目録，纂修姓氏。

平陽府轄境位於今山西省西南部。宋政和六年（1116）升晉州爲平陽府。元初改爲平陽路，大德九年（1305）改爲晉寧路。明洪武元年（1368）復改爲平陽府。清初領六州二十八縣，雍正九年（1731）後至清末領霍州與臨汾、襄陵、洪洞、浮山、趙城、太平、岳陽、曲沃、翼城、汾西、靈石等十一縣。1912 年撤銷。

劉棨（1657—1718），字弢子，號青岑，山東諸城人。劉墉（1719—1805）之祖父。康熙二十四年進士。歷任湖南長沙知縣、陝西寧羌知州、平陽知府、天津道副使、四川布政使。康熙四十三年任平陽知府。

孔尚任（1648—1718），字聘之、季重，號東塘、岸塘、雲亭山人，山東曲阜人。孔子第六十四代孫。監生。康熙二十三年清聖祖南巡，被薦講經，擢升爲國子監博士。歷任户部主事、户部員外郎。著有《湖海集》《岸塘稿》《節序同風録》《桃花扇》等。

此志三十六卷：卷一圖考，自爲一册，收星野圖、《平陽府疆域圖》《府城圖》《府署圖》《府學圖》及各屬縣疆域圖、山川圖、祠廟圖等，計五十四幅；卷二星野；卷三建置沿革；卷四疆域；卷五山川；卷六關津；卷七城池；卷八公署；卷九學校；卷十祠祀；卷十一户口；卷十二田賦；卷十三水利；卷十四屯田；卷十五鹽法；卷十六郵政；卷十七兵防；卷十八帝王；卷十九職官；卷二十宦績；卷二十一選舉；卷二十二封蔭；卷二十三人物；卷二十四隱逸；卷二十五流寓；卷二十六列女；卷二十七仙釋；卷二十八方技；卷二十九風俗；卷三十物産；卷三十一古跡；卷三十二陵墓；卷三十三寺觀；卷三十四祥異（歷代兵氛附）；卷三十五雜志；卷三十六藝文，分御製、表、疏、狀、檄、書、引、議、論、辯、説、注、問對、跋、記、序、碑、銘、傳、祭文、箴、贊、頌、賦、歌、詩等目。

劉棨序："平陽郡屬視全省幾三之一，幅幀號稱廣大。甲申冬，棨欽承帝命，召試乾清，簡拔守土，甫下車，考其圖籍，緊維舊志一編，修於明神廟時，距今蓋百年矣。……丁亥秋，事稍豫，顧謂二三同人曰：可矣。遂檄屬徵舊乘，哀典故，雖故家譜牒、殘碑斷碣不遺焉，批閲商榷，共成三十六卷。其所訂正，復得鄉先生之力居多，閲十七晦朔而書成。"

此本"胤"字缺末筆，避太子諱。

平陽府明清五次修志。首部爲明初張昌纂修《平陽志》，洪武十五年刻，今僅存九卷。其次爲閔懷纂修《平陽志》，正德十四年（1519）刻，現僅存六卷，爲帝系、歷官、科貢、歲貢、薦辟、藝文等門。其三爲傅淑訓修、曹樹聲纂《平陽府志》十卷，列三十七門，萬曆四十三年（1615）刻，又有順治二年（1645）修補本。其四即此康熙志。其五爲章廷珪修，范安治等纂《平陽府志》三十六卷，體例承襲此志，乾隆元年（1736）刊刻。

有鈔配：書前劉棨序第一葉、第二葉前半葉，卷二十一第一百四十一葉。

中國國家圖書館、中國科學院文獻情報中心、北京大學圖書館、吉林大學圖書館、山東省圖書館等八館與日本東洋文庫、內閣文庫亦有入藏。

177. 清乾隆刻本平陽府志　T3149/1472.83

〔雍正〕《平陽府志》三十六卷，清章廷珪修，范安治等纂。清雍正十三年（1735）修，乾隆元年（1736）刻，乾隆間剜修本。三函十八冊。半葉九行二十二字，小字雙行同，白口，四周雙邊，單魚尾。框高 21.1 釐米，寬 15.7 釐米。前有雍正十三年范咸序，乾隆元年章廷珪序，原序一則（康熙四十七年〔1708〕劉棨序），凡例二十一則，捐修姓氏，纂修姓氏，原纂修姓氏，目錄，圖考。

章廷珪，字伸瑞，號蕉源，浙江會稽（今紹興）人。監生。雍正十二年任平陽知府。

范安治，字東山，浙江錢塘人。曾任河南遂平知縣。

此志三十六卷，分三十六門：卷一圖考，有《府城圖》《府署圖》《府學圖》及各屬縣、山河、祠廟、勝景圖，計七十四幅；卷二星野；卷三建置沿革；卷四疆域；卷五山川；卷六關津；卷七城池（各堡附）；卷八公署；卷九學校；卷十祠祀；卷十一戶口；卷十二田賦；卷十三水利；卷十四倉儲；卷十五鹽法；卷十六郵政（鋪遞附）；卷十七兵防（墩臺附）；卷十八帝王；卷十九職官；卷二十宦績；卷二十一選舉；卷二十二封蔭；卷二十三人物（孝義、文苑附）；卷二十四隱逸；卷二十五列女；卷二十六仙釋；卷二十七方技；卷二十八寓賢；卷二十九風俗；卷三十物產；卷三十一古跡；卷三十二陵墓；卷三十三寺觀；卷三十四祥異（歷代兵氛附）；卷三十五雜志；卷三十六藝文，分御製、表、疏、狀、議、碑、記、書、引、說、論、序、跋、辯、注、箴、銘、贊、傳、文、賦、詩、詩餘、雜著等目。體例沿襲康熙志。惟此志纂修時，平陽府所轄由六州二十八縣減至一州十一縣，故屬縣內容較康熙志大爲縮減。

章廷珪序："甲寅秋，廷珪蒞止是邦，閱郡志竟，竊心焉誌之，未幾又得大中丞石公奉敕纂修之通志而卒讀焉，高文典冊，氣吐如虹，洵乎鼓吹休明之製。廷珪既愧孤陋，無以步公之武，而又懼郡志編輯太後，益以滋守土咎也。乃於乙卯夏因紳士請，遂延訪同志，開局而補治之，綱提領挈，邰批窾導，同者因，異者創，紊者理，疑者核，不期月草定，遂付梓，竣厥事。"

卷中"禎""弘""曆"等字剜除不補，但剜修未盡，偶有遺漏；"琰"字數見，均不避諱。可知此本係乾隆間剜修本。

書後附《平陽府憲綱》一册。

有缺葉：卷二十宦績第三十九至四十葉；卷二十三人物上第四十七、四十八葉，人物下第八十一、八十二葉；卷三十五第三十三、三十四葉；卷三十六藝文四第六十三、六十四葉，藝文五第五十三葉。

中國國家圖書館、中國科學院文獻情報中心、故宮博物院圖書館、北京大學圖書館、中國人民大學圖書館等二十二館與臺北故宮博物院及日本東洋文庫、京都大學人文科學研究所、美國國會圖書館、荷蘭萊頓大學漢學研究所、法國巴黎 M.R. 赫杜圖書館亦有入藏。

178. 清康熙刻本臨汾縣志　　T3150/7632.81

〔康熙〕《臨汾縣志》八卷，清宮懋言等纂修。清康熙五十七年（1718）刻本。八册。半葉九行二十二字，小字雙行同，白口，四周單邊，單魚尾。框高 21.0 釐米，寬 14.6 釐米。前有康熙戊戌（五十七年）宮懋言序，康熙五十七年王名毂序，舊志序七則（邢雲路序、萬曆辛卯〔十九年，1591〕陳王道序、萬曆壬辰〔二十年〕蕭良有序、萬曆辛卯楊起元序、康熙癸丑〔十二年〕林弘化序、康熙癸丑徐弘先序、康熙丙子〔三十五年〕彭希孔序），凡例二十三條，目錄，纂修姓氏。

臨汾縣地處臨汾盆地中部，汾水由北向南縱貫縣境。秦漢設平陽縣，屬河東郡。三國魏屬平陽郡。北魏太平真君六年（445）廢，太和十一年（487）復置。隋開皇元年（581）改爲平河縣，開皇三年（583）改爲臨汾縣。唐爲晉州治。北宋政和六年（1116）爲平陽府治。元爲平陽路治、晉寧路治。明清爲平陽府治。1971 年臨汾縣城區改設臨汾市（縣級），1983 年臨汾縣併入臨汾市。2000 年撤銷臨汾地區建置，改設臨汾市（地級），原臨汾市（縣級）改爲臨汾市堯都區。

宮懋言（1673—1732），字澹庵，直隷靜海人。康熙四十二年進士。康熙四十九年任臨汾知縣，後官至江西袁州府知府。

此志八卷，平列三十七門：卷一圖考，收星野諸圖、《疆域圖》《城池圖》《東關廂圖》《文廟圖》《縣署圖》《茅茨土堦圖》《堯陵圖》《堯廟圖》《晉山書院圖》《正誼書院圖》《姑射山圖》《平水龍祠圖》《汾河圖》《卧虎山圖》《澇河圖》《澐泉圖》，各有説，繪刻尚佳；卷二建置沿革，星野，形勝（疆域附），山川，城池，公署，學校（名宦、鄉賢附），坊鄉（市鎮、墩堡附），關津，祠祀，户口，田賦（鹽政附），水利，郵傳（鋪司附），兵防，帝王（巡幸、后妃、封建、竊據附）；卷三職官，循績，選舉（薦辟、進士、舉人、貢監、武科甲、軍功、武秩官附），封蔭；卷四人物、孝義、隱逸、列女、方技、流寓、仙釋、風俗；卷五物産、古跡、陵墓、寺觀、祥異、兵氛、雜志；卷六至八藝文，獨佔三册，篇幅爲各門之最，搜羅頗廣，保存碑記、詩賦等甚豐，但亦不無泛取，如《莊子·天地篇》等因提及而堯入選，不免過濫。

宮懋言序述其纂修經過及宗旨："幸也邑有孝廉王子諱名轂，篤信好古，澹於名利，又實能仔肩當世之務，毅然以邑志爲請。予重諾之而復難之。至於丁酉秋，始謀集紳士，廣採博搜，稍益於舊。要其去留大旨，總以有關名教爲主。因其舊文，參互考稽，則諸君子均有力也。"凡例之末載："是書除手自編輯外，仍徵聘天都吳公與邑紳士同加考訂，七閱月而後成書。……凡此皆因舊志，並核之府志，聊爲編輯，以補萬曆辛卯以來百有二十餘年之所未備。"可知此志内容多因襲舊志，並增補明末清初史事而成。

臨汾縣明永樂正統間修有志書，今已亡佚。明清志書現存五部。其一爲邢雲路纂修《臨汾縣志》九卷，分九志四十八目，萬曆十九年刊刻。其二爲林弘化在萬曆志基礎上續纂之《臨汾縣志》九卷，内容略有增補，康熙十二年補刻，沿襲原志部分則用萬曆原版重印。康熙三十四年地震，志版毀壞七十餘葉，彭希孔補刻之，並增補地震事於祥異門之末，次年印行。其三即此康熙志，更訂體例，重加纂輯。其四爲徐三俊修、陳獻可纂《臨汾縣志》八卷，本於康熙宮志，續補十餘年史事而成，雍正八年（1730）刻。其五爲高塘、吳士淳修，呂淙、吳克元纂《臨汾縣志》十卷，乾隆四十四年（1779）付梓。

有缺葉：卷七第四十四葉。

《中國古籍善本書目》史部地理類著録。

北京大學圖書館、上海圖書館、日本東洋文庫、美國國會圖書館亦有入藏。

179. 清康熙刻雍正增修本臨汾縣志　T3150/7632.82

[雍正]《臨汾縣志》八卷，清宮懋言等纂修，徐三俊增修，陳獻可等增纂。清康熙五十七年（1718）刻，雍正八年（1730）增修本。八册。半葉九行二十二字，小字雙行同，白口，四周單邊，單魚尾。框高 20.6 釐米，寬 14.4 釐米。前有雍正己酉（七年）徐三俊序，舊序九則（邢雲路序、萬曆辛卯〔十九年，1591〕陳王道序、萬曆壬辰〔二十年〕蕭良有序、萬曆辛卯楊起元序、康熙癸丑〔十二年〕林弘化序、康熙癸丑徐弘先序、康熙丙子〔三十五年〕彭希孔序、康熙五十七年宮懋言序、康熙五十七年王名轂序），凡例，目録，纂修姓氏。

宮懋言（1673—1732），生平見清康熙刻本《臨汾縣志》條。

徐三俊，字逸庵，順天府大興縣人。監生。雍正五年任臨汾知縣。

陳獻可，河南洛陽人。雍正二年進士。

此志八卷，平列三十六門：卷一圖考，所收諸圖與康熙志相同，茲不備述；卷二建置沿革，星野，疆域（形勝附），山川，城池，公署，學校（名宦、鄉賢附），坊鄉（市鎮、墩堡附），關津，祠祀，戶口（編審、條約附），田賦（鹽政附），水利，郵傳（鋪司附），兵防，帝王（巡幸、后妃、封建、竊據附）；卷三職官，循績，選舉（薦辟、進士、舉人、貢監、武科甲、軍功、武秩官附），封蔭；卷四人物、孝義、隱逸、列女、方技、流寓、仙釋、風俗；卷五物產、古跡、陵墓、寺觀、祥異（歷代兵氛附）、雜志；卷六至八藝文。門目設置沿襲康熙志，僅略有調整，如疆域原附入形勝，改以形勝附入疆域，又如兵氛附入祥異。

徐三俊序："適奉旨修山西通志，檄徵各郡縣志以備考核，而戶口有歸併，田賦有增墾，多舊志所無，余乃不得以不才辭，於是增闕補遺，時有損益，而大概規模一切仍舊，則猶是述而不作之遺意。"凡例末亦謂："但念舊志重修於前令書升先生，舉有明萬曆後百二十年所未備，搜羅考訂，頗費苦心，亦既綱舉目張矣，而又距今不十五年，時事亦無大殊，爲是役者蓋不止事半功倍矣。於是一切規模悉仍舊貫，但有可增者增入之，而此外無所事事矣。"可知此志係應山西省纂修通志徵集府縣志書，而在康熙志基礎上增修。

此本大部分沿用康熙五十七年所刻舊版，如舊序、目錄、凡例、圖、圖說及鋪司、后妃、竊據、進士、人物、列女等諸門目，多用舊版，茲不備舉。少部分以原版剜修補刻，如將凡例第一葉首行"臨汾縣志"剜改爲"臨汾縣舊志"，山川目第十葉剜去末三行等等。此志纂修據康熙志不過十餘年，增刻與原刻或出一手，面目頗爲接近，非經對比不易分辨。序文、凡例對利用舊版亦無說明。

有缺葉：首冊徐三俊序第一、二葉，卷二第一葉前半、第五十四葉，卷四第一葉前半及末葉。又卷五第一、二葉上半殘。另舊序中誤插入凡例第四葉。

中國國家圖書館、中國科學院文獻情報中心、上海圖書館、大連圖書館、南京圖書館等六館亦有入藏。

180. 清乾隆刻本臨汾縣志　T3150/7632.83

［乾隆］《臨汾縣志》十卷首一卷末一卷，清高塏、吳士淳修，呂淙、吳克元纂。清乾隆四十四年（1779）刻本。七冊。半葉九行二十二字，小字雙行同，白口，四周單邊，單魚尾。框高 20.3 釐米，寬 14.6 釐米。首有乾隆四十四年吳士淳敘，乾隆四十三年高塏敘，舊序二則（邢雲路序、徐三俊序），圖考，臨汾縣志發凡七條，新修臨汾縣志姓氏，目錄。

高塏，字梅亭，直隸南河人。乾隆二十五年舉人。乾隆四十一年任臨汾知縣。

吳士淳，直隸永清人。貢生。乾隆四十四年任臨汾知縣。

呂淙，直隸南河人。布衣。

吳克元，山西襄陵人。乾隆四十三年進士。

此志卷首圖考較康熙、雍正二志增《都里圖》《村莊圖》，其中《村莊圖》計里畫方。正文十卷卷末一卷，列十一志：卷一沿革志；卷二地理志（疆域、分野、山川、風俗、城池、公署、坊鄉、橋梁、古跡、陵墓）；卷三田賦志（地糧、雜稅、戶口、物產、倉廒、鹽引、郵政、兵防）；卷四祀典志（秩祀、群祀、寺觀）；卷五學校志（學宮、從祀、學田、書院、義學）；卷六職官志（知縣〔丞簿附〕、典史、教諭、訓導、城守司）；卷七選舉志（薦辟、進士、舉人、貢生、武科、援例、封贈）；卷八人物志（宦績、忠義、孝友、義行、文苑、隱逸、方伎、流寓、列女）；卷九祥異志；卷十藝文志；卷末雜志。每篇之末有論。

高墉敍："余以丙申歲承乏茲土，下車之後，邑紳士即有以是請者，余方以不敏辭。既逾年，政務稍暇，諸紳士之請益力。用是不揣檮昧，爰及同志廣搜博採，因於舊志，缺者補之，悞者正之，冗者刪之，疑者闕之，凡爲綱十，爲目四十有八，分門別類，訂成是書。復與紳士之有學行者討論商榷，至再至三。托始於戊戌之秋七月，凡四閱月，至冬而告竣。"

吳士淳敍："乾隆丁酉，余視篆襄陵，聞臨汾高明府梅亭有事邑乘，心竊韙之。己亥春，梅亭以憂解組，余自偏關來宰是邦，詢及志事，則稿已脫而剞劂未竟也，遂已見委，且求潤色。……梅亭蒞此數年，循聲遠著，余於一切吏治悉循其規範，於是書亦何敢輕爲增損歟？"可知此志修成於乾隆四十三年冬，至乾隆四十四年吳士淳到任後刻成。

卷首各圖多係據康熙、雍正志圖翻刻，但《疆域圖》《城池圖》前半葉、《平水龍祠圖》後半葉、《汾河圖》《臥虎山圖》前半葉則係以康熙志舊版刷印，而略有剜修，如"鎮"字挖去末筆。

高墉，《中國地方志聯合目錄》《中國地方志總目提要》均著錄爲"高塘"，有誤。

中國國家圖書館、中國科學院文獻情報中心、故宮博物院圖書館、中共中央黨校圖書館、北京大學圖書館等二十四館與"中央研究院"歷史語言研究所傅斯年圖書館、臺北故宮博物院及日本東洋文庫、美國國會圖書館、法國巴黎 M.R. 赫杜圖書館亦有入藏。

181. 清康熙刻本沃史　　T3150/5633.81

［康熙］《沃史》二十五卷，清范印心修，張奇勳纂。清康熙七年（1668）刻本。

二函十二冊。半葉十行二十字，小字雙行同，白口，左右雙邊，單魚尾。框高 20.2 釐米，寬 14.0 釐米。前有康熙七年衛周祚序，康熙五年賈漢復序，順治庚寅（七年，1650）衛周胤序，康熙五年張奇勛序，康熙七年周鉞序。卷端題："雍丘趙彥復創稿，欽差守東道范印心鑒定，太原府同知署曲沃縣事張奇勛纂輯，曲沃縣知縣周鉞參閱。"

沃即曲沃縣省稱，地處臨汾盆地南部、汾水東岸。春秋時爲晉國曲沃邑。西漢初高祖封周勃爲絳侯於此，後改爲絳縣。東漢改爲絳邑縣，屬河東郡。晉屬平陽郡。北魏太和十一年（487）改置曲沃縣，屬正平郡。隋屬絳郡。唐至元屬絳州。明、清屬平陽府。今屬山西省臨汾市。

范印心，字正其，河南河內（今沁陽）人。順治四年進士。歷任崞縣知縣、河東分守道。

張奇勛，字素公，河南祥符人。曾任太原府同知，康熙五年初署理曲沃知縣，不久升任衡州府知府。

書前有疆域圖、縣治圖。正文立總紀、表、考、事述、志、傳六體，列二十五門，卷各一門：卷一古總紀，卷二今總紀；卷三沿革表，卷四封建表，卷五秩官表，卷六貢舉表，卷七貤封表；卷八星野考，卷九方域考，卷十山川考，卷十一古跡考，卷十二建置考，卷十三風俗考，卷十四方產考，卷十五賦役考；卷十六邑令事述，卷十七邑丞事述，卷十八教職事述；卷十九人物志，卷二十藝文志；卷二十一鄉耆傳，卷二十二列女傳，卷二十三僑寓傳，卷二十四仙釋傳，卷二十五檮杌傳。體例嚴整，條理明晰。

張奇勛序："予於丙午春適以邑令乏人來代爲庖者，曠觀山川之勝概，仰止乎文物之蔚勃，爰取成志而盯之，見其自戊辰以至我朝定鼎以來闕焉未續。……適值范大人守憲河東，因而揚挖盛典，且重以師相之表率、中丞之推誠，進邑之紳士而商確之，廼延國老衛公君澤、許公霍東出其才與識，訂續舊編，學博王君肖舜董其役。"范大人即指范印心。張奇勛纂修邑志，未及刊刻，即升任衡陽知府。

周鉞序："曲沃之志，創於在昔恩縣之劉，成於在昔杞縣之趙。至我皇清康熙丙午，署沃今衡陽太守張公，銳然邑乘，按圖考狀，徵故採謠。……茲者沃邑之老成具瞻，裁衡鉅典，則大師相、大司馬，謂志之藝文一卷所以彰符采也，而文多掛漏，即靈光一碑讀之輝光四映者，竟置不錄，具歷朝之嘉章，一無可考。屬余不敏，以黯謏當窮搜之役，虪頾無似，恭集當日公事之紳衿，不敢避炎暑，尋巖岫之勒，求鄴架之藏，兩旬而殺青，乃竟剞劂而告成。"可知康熙五年知縣周鉞到任後，又召集原纂修人員，增補藝文門，然後付刻。

曲沃縣志創修於永樂正統間，今已亡佚。明清兩朝所修志書現存八部。其一爲劉魯生修、李廷賓纂《曲沃縣志》五卷，列八門四十六目，明嘉靖三十年（1551）刻。其二爲趙彥復纂修《沃史》二十六卷，分志、表、考、傳四體，列二十六門，萬曆四十年（1612）刊刻。其三即爲此張奇勛纂修《沃史》二十五卷，係據趙彥復所修《沃史》重纂。其四爲潘錦修、仇翊道纂《曲沃縣志》三十卷，列三十目，康熙四十五年刊。其五爲張坊修，胡元琢、徐儲纂《新修曲沃縣志》四十卷，列三十五目，有乾隆二十四年（1759）敦好堂全書本。其六爲侯長熺修、王安恭纂《續修曲沃縣志》六卷，分十門六十八目，有鈔本及嘉慶二年（1797）刻本。其七爲張兆衡纂修《新修曲沃縣志》十二卷，分十二目，道光二十二年（1842）刻。其八爲張鴻逵、茅丕熙修，韓子泰纂《續修曲沃縣志》三十二卷，體例仿乾隆二十三年志，分三十二目，鑒於道光志删削過度而多加補充，並詳續道光二十二年以後史事，光緒六年（1880）付梓。

金鑲玉裝。

卷二十五末葉載書册刊刻名氏，内開："刊字匠葛爲綸、張永申等。刷印匠王顯瑞、柴山。"

此本首册前二葉、卷二十全卷（共二册）、卷二十五末葉係鈔配。

卷端鈐"百忍堂珍藏書畫之章"朱文方印（3.1×2.3 釐米）。

中國國家圖書館、北京大學圖書館、大連圖書館、中國科學院南京地理與湖泊研究所圖書館、湖南圖書館等六館與"中央研究院"歷史語言研究所傅斯年圖書館及日本東洋文庫亦有入藏。

182. 清乾隆刻本新修曲沃縣志　　T3150/5633.83

［乾隆］《新修曲沃縣志》四十卷，清張坊修，胡元琢、徐儲纂。清乾隆二十四年（1759）刻本。八册。半葉十二行二十五字，小字雙行同，白口，四周單邊，單魚尾。框高 19.0 釐米，寬 12.9 釐米。前有乾隆己卯（二十四年）王鳴盛序，乾隆戊寅（二十三年）張坊序，舊序十篇（嘉靖三十年〔1551〕劉魯生序、嘉靖三十年李廷賓序、嘉靖三十年許遜序、萬曆四十年〔1612〕李尚思序、順治七年〔1650〕衛周印序、康熙五年〔1666〕賈漢復序、康熙五年張奇勛序、康熙七年周鉞序、康熙七年衛周祚序、康熙四十五年潘錦序），纂修姓氏，凡例二十條，目錄。卷端題："知縣張坊纂輯。"

張坊，字和五，湖南湘潭人。拔貢。乾隆十九年任曲沃知縣，後升任保德州知州。

胡元琢，浙江山陰人。乾隆十五年舉人。

徐儲，山西襄陵人。乾隆十八年舉人。

全書四十卷，列三十九門：卷一星野，插有星圖；卷二圖考，有《疆域鄉村圖》《山川圖》《城池圖》《關廂圖》《縣治圖》《學宮圖》《書院圖》及十景圖，計十七幅，繪刻尚佳；卷三沿革；卷四疆域；卷五形勝，附十景；卷六山川；卷七城池，附市肆、村鎮；卷八公署；卷九學校，附書籍；卷十壇壝；卷十一祠廟；卷十二坊表；卷十三古跡；卷十四陵墓；卷十五寺觀；卷十六關隘，附橋梁；卷十七戶口，附徵徭例；卷十八田賦；卷十九水利；卷二十倉儲；卷二十一郵政，附鋪遞；卷二十二武備；卷二十三風俗；卷二十四方產；卷二十五封爵；卷二十六職官；卷二十七師儒；卷二十八貢舉；卷二十九封蔭；卷三十名宦；卷三十一人物（孝友、忠烈、儒林、文苑、隱逸、卓行）；卷三十二鄉飲；卷三十三列女（賢淑、貞烈、節孝），附見在守節，小序中謂"天下婦女之傷心莫曲沃若矣"，對曲沃婦女因丈夫經商遠離而長年孤身撐持門戶、養生送死之苦頗表同情；卷三十四流寓；卷三十五藝術；卷三十六仙釋；卷三十七祥異；卷三十八藝文上，卷三十九藝文下；卷四十志餘。

此志體例大體沿襲康熙四十五年潘錦修、仇翊道纂《曲沃縣志》，而增圖考、坊表、寺觀、倉儲、武備、封爵、封蔭、名宦、藝術等門。搜羅頗廣，纂修姓氏中列採訪八十二人，又列搜羅四人，爲僧會司僧會、道會司道會、陰陽訓術、醫學訓科。

張坊序："今去雍邱趙君修《沃史》時百五十八年，即崇安潘君修縣志亦五十有二年。……會歲丁丑，邑人以移驛之舉，欣然請重修縣志。"可知此志纂修始於乾隆二十二年。

行間刻有標點，頗便閱讀。

中國國家圖書館、中國科學院文獻情報中心、故宮博物院圖書館、中國民族圖書館、北京大學圖書館等十八館與"中央研究院"歷史語言研究所傅斯年圖書館及日本東洋文庫、美國國會圖書館、法國國家圖書館亦有入藏。

183. 清康熙刻本翼乘　T3150/1829.81

［康熙］《翼乘》十二卷，清陳應富修，溫旆光等纂。清康熙十二年（1673）刻，康熙間增刻本。四冊。半葉九行十八字至二十二字不等，白口，四周單邊，單魚尾。框高 23.0 釐米，寬 14.8 釐米。前有嘉靖戊申（二十七年，1548）鄢桂枝序，順治十四年（1657）胡獻瑤增修翼乘序，順治十四年上官鉝續補翼乘序，康熙十二年陳應富纂修翼乘序，翼乘目，凡例十二條，縣圖，邑乘部總論。書後有康熙十二年溫旆光跋。

翼即翼城縣省稱，地處臨汾盆地東南部。西周爲唐國，係周成王弟叔虞封地。漢爲絳縣地。北魏太和十二年（488）置北絳縣。隋開皇十八年（598）改爲翼城縣，屬絳郡。唐天祐二年（905）改爲澮川縣。北宋復改爲翼城縣，屬絳州。金興定四年（1220）升翼城縣爲翼州。元復降爲翼城縣，屬絳州。明洪武二年（1369）改屬平陽府，清因之。今屬山西省臨汾市。

陳應富，字方毅，遼東遼陽人。舉人。康熙十一年任翼城知縣。

温旌光，字冠麟，山西介休人。舉人。康熙十一年任翼城縣教諭。

書前縣圖收《縣境圖》《縣城圖》二幅。正文十二卷，分五部二十四志：卷一職方部提封志、星野志、山川志；卷二職方部封建志、古跡志、物土志；卷三職方部田賦志、墉墅志、風俗志；卷四執秩部區署志、官師志上；卷五執秩部官師志下；卷六執秩部循牧志上、下；卷七祭義部學宮志、群祀志；卷八獻徵部仕進志上；卷九獻徵部仕進志下；卷十獻徵部耆舊志上、下；卷十一獻徵部士行志、列女志、隱逸志、僑寓志；卷十二雜紀部丘隴志、鑒戒志、仙梵志，後有藝文志及藝文志補。藝文志係後補，未列入目錄，且碑記詩文大多散入相關各條目之下，可見初編時未單立藝文志。各志前有論。

陳應富序：“翼之有志舊矣，自勝國侍御史史公重修之後，中更數十年未經纂輯。蓋以明季兵戈搶攘，民物佴僑，而我清定鼎以來，亦以肇造伊始，令兹土者俱不遑問及掌故，時限之也。世祖章皇帝之丁酉歲，關中胡君來宰是邑，始以杞宋無徵爲慮，亟謀所以編葺之。時值今御史大夫上官公讀禮家居，特敦請修舉。於是增簡芟蕪，參同考異，而以父老之傳聞、篇章之散見者彙考而補訂之，使五六十年若存若亡之事不致湮没無聞，其有功於繼往開來豈淺鮮。予於退食之暇，得流覽文獻之盛。而今又奉部檄通修……爰是謀諸縉紳先生，煩廣文温君領袖諸博士如意□□，悉心搜訪，略者詳之，遺者補之，雖率由舊章，而訂訛糾謬，節冗增新，亦既縷析條分，燦然明備。”可知此志係應纂修通志徵集府縣志書而作，以順治志爲基礎續纂而成，體例結構沿襲舊志。

卷九仕進志下第十一葉係增刻，最後一條爲薛士駿，係康熙二十七年貢生。可知增刻時間約在康熙二十七年。

翼城縣明初曾修志，今已亡佚，現存明清志書六部。其一爲鄢桂枝修、楊汝江纂《翼城縣志》六卷，體例仿康海《武功志》，分七志，刊刻於嘉靖二十七年。其二爲明崔儒秀修、史學遷纂，清胡獻瑶增修、上官鉝增纂《翼乘》十二卷，體例獨特，分五部二十三志，有萬曆三十六年（1608）刻順治十四年增刻本。其三即此康熙志。其四爲李居頤纂修《翼城縣志》二十八卷，列二十八門，藝文門較康熙志有較大增補，乾隆二年（1737）付刻。其五爲許崇楷纂修《翼城縣志》二十八卷，列二十九門，乾隆三十六年刻。其六爲王耀章、龔履坦纂修《翼城縣志》二十八卷，列二十九門，體例沿襲乾隆三十六年志，且大部分採用原書版而補刻續修內容於後，刊行於光緒七年（1881）。

此本版印不佳，多處文字漫漶難識。卷中零散缺葉甚多，茲不備錄。

《中國古籍善本書目》史部地理類著錄。

中國國家圖書館、山西省圖書館、日本東洋文庫亦有入藏。

184. 清乾隆刻本翼城縣志　T3150/1845.83

　　［乾隆］《翼城縣志》二十八卷，清許崇楷纂修。清乾隆三十六年（1771）刻，乾隆三十七年補刻本。二函八冊。半葉九行二十二字，小字雙行同，白口，四周雙邊，單魚尾。框高 22.1 釐米，寬 15.7 釐米。前有乾隆三十六年許崇楷序，原序四則（乾隆二年章廷珪序、乾隆二年李居頤序、康熙十二年〔1673〕陳應富序、順治十四年〔1657〕上官鉉序），凡例十八則，乾隆辛卯年（三十六年）纂修姓氏，乾隆丁巳年（二年）纂修姓氏，目錄。書後有乾隆辛卯年助修姓氏，乾隆丁巳年助修姓氏。

　　許崇楷，字禮門，號端木，福建侯官（今福州）人。乾隆二十四年舉人。乾隆三十二年任翼城知縣。

　　全書二十八卷：卷一圖考，收《疆域》《山川》《縣城》《關廂》《縣治》《學宮》《臨軒勝概》《書院圖》《城隍廟圖》《白衣堂茶亭韓池李柳全圖》《廣運橋圖》及八景圖，計十九幅；卷二星野；卷三建置沿革；卷四疆域（兵防附）；卷五山川（關津附）；卷六城池（關廂、市集、牌坊、驛鋪附）；卷七公署；卷八學校（名宦、鄉賢、忠義、節孝各祠附），有祭器圖三十五幅；卷九田賦（屯田、戶口、解支、雜稅、倉儲、鹽法、恩賚附）；卷十封建；卷十一執秩；卷十二宦績；卷十三選舉（薦辟、武功、戚畹、例貢、例監、儒士、吏能附）；卷十四封蔭；卷十五人物；卷十六孝義；卷十七列女；卷十八隱逸；卷十九方技（仙釋附）；卷二十寓賢；卷二十一風俗；卷二十二物產；卷二十三古跡；卷二十四祠祀（寺觀附）；卷二十五陵墓；卷二十六祥異（兵燹附）；卷二十七紀事；卷二十八藝文，瞿宣穎《方志考稿甲集》謂“藝文篇錄《左傳》諸文及《詩·唐風》，不脫古文選本習氣”。

　　許崇楷序：“是志修於前令滇南李公居頤，爲乾隆丁巳之歲，綱舉目張，體要具備。……余五載涖茲土，修舉廢墜，惟日孜孜，於凡養士勤民之政，固已先其急其大者。聿念徵文考獻，蹠往跡而昭來許，是惟守土之責，不可以後。……故及瓜期之未代也，亟與僚屬紳士儲費展力，矢之以公，持之以慎，採資博雅而總其大成，凡五閱月而功竣。其中分條析類，悉仍前志，無所更張，唯訛者正，遺者補，續紀者確而不誣，使其足以信近而行遠而已。”

　　乾隆辛卯年纂修姓氏之分纂項蔡廷舉條下，補刊“壬辰進士，欽點翰林院庶吉士”數字；卷十三選舉門文甲科目後補壬辰科陳任重一人。按，壬辰爲乾隆三十七年。

封面以八音“金”“石”“絲”“竹”“匏”“土”“革”“木”標記册序，各册稱爲“×集”。

中國國家圖書館、中國科學院文獻情報中心、中國文化遺産研究院、中國人民大學圖書館、北京師範大學圖書館等二十三館與“中央研究院”歷史語言研究所傅斯年圖書館、臺北故宫博物院及日本東洋文庫、京都大學人文科學研究所亦有入藏。

185. 清雍正刻乾隆剜補本襄陵縣志　T3150/0374.82

［雍正］《襄陵縣志》二十四卷，清趙懋本修，盧秉純等纂。清雍正十年（1732）刻，乾隆間剜補本。四册。半葉九行二十二字，小字雙行同，白口，四周雙邊，單魚尾。框高 22.3 釐米，寬 14.9 釐米。前有雍正十年李嶼序，雍正壬子（十年）趙懋本序。後有舊序（康熙癸丑〔十二年，1673〕謝國傑序、康熙癸丑劉宏緒序、崔瀛序、成化丙午〔二十二年，1486〕李咨序、成化二十二年索睿序、隆慶二年〔1568〕吕調元序、隆慶戊辰〔二年〕趙景禄跋），成化丙午修志姓氏，隆慶戊辰修志姓氏，康熙癸丑修志姓氏，張卯跋。

襄陵縣地處臨汾盆地南部。西漢置，得名於縣東南晉襄公陵，屬河東郡。三國魏至東魏屬平陽郡。北齊天保七年（556）省併。北周移禽昌縣於襄陵城。隋大業二年（606）改爲襄陵縣，屬臨汾郡。唐屬晉州，元和末年改屬絳州，太和間改屬河中府。北宋屬晉州，政和間改屬平陽府。元屬晉寧路。明清屬平陽府。1954 年與汾城縣合併爲襄汾縣。今屬山西省臨汾市。

趙懋本，字舜勗，順天府大興縣人。貢生。雍正八年任襄陵知縣。

盧秉純，字性香，山西襄陵人。雍正八年進士。曾任翰林院檢討、京畿道監察御史、國史館協修。著有《龍泉堂文稿》《析桂堂詩集》等。

全書二十四卷：卷一圖式，收《縣境總圖》《縣城圖》《縣治圖》《學宫圖》及十景圖，計十四幅；卷二星野；卷三沿革，附疆域；卷四山川，附形勝、十景、渠汧津梁；卷五城郭，附坊廂、街巷、市集、鄉里；卷六公署，附廨舍、倉廒、舖舍；卷七學校；卷八壇壝；卷九廟祠、寺觀；卷十户賦；卷十一土産；卷十二風俗；卷十三官師；卷十四人物、隱逸、流寓；卷十五選舉，有甲科、鄉科、恩歲薦、武科、武職、雜職、農官、贈謚、封贈、蔭襲等目；卷十六孝義、尚義；卷十七節烈；卷十八坊表；卷十九亭樓；卷二十古跡；卷二十一仙釋；卷二十二方技；卷二十三祥異，附方聞；卷二十四御製、藝文、詩，輯録碑記詩文頗豐，篇幅佔全書一半。

趙懋本序："兹歲春和民豐，郡憲下臨襄邑，因邑乘歷年久遠，當急爲重纂，命余董其事，因集邑紳士謀，捐俸以成是役。會太史盧公告假歸里，請屆鑰司纂，同事者則司鐸鄧君等，分纂則蒲臺程君、賢書張君等，明經則劉君、王君等，文學則賈生、盧生、喬生等。余同諸君盟之神明，質之幽獨，取舊志之缺者補之，繁者簡之，以衷其當；取新事考之校之，以求其實。余於公餘亦細爲校讎，上報郡憲，蒙鑒定，集其大成，數月告竣，分卷二十四。"

襄陵縣明初及成化間均曾修志，今未見著錄。現存明清志書共四種。其一爲宋之韓修、吕調元纂《襄陵縣志》十二卷，以成化志爲底本删訂補充而成，列九門九十六目，隆慶二年刊刻。其二爲謝國傑修、崔瀛纂《襄陵縣志》八卷，以隆慶志爲基礎增纂，分八門七十五目，康熙十二年付梓。其三即此雍正志。其四爲錢塘修、郝登雲纂《襄陵縣志》，分二十四門，體例大體沿襲雍正志，光緒七年（1881）刻。

此本孝義、節烈等門後各有補刻數條。"弘""曆"剜改作"宏""歷"，"琰"字不避，可知爲乾隆間剜補本。

各册卷端鈐"金陵大學藏書"朱文方印（2.0×2.0 釐米）、"重本轉讓"朱文方印（1.3×1.3 釐米）。

函内另有手繪《襄陵縣輿圖》一幅，係後人附入。

卷中有缺葉多處，兹不詳録。

中國國家圖書館、中國科學院文獻情報中心、故宫博物院圖書館、中國第一歷史檔案館、中國文化遺産研究院等二十館與臺北故宫博物院及日本東洋文庫、美國國會圖書館、法蘭西學院漢學研究所亦有入藏。

186. 清康熙刻雍正增刻乾隆剜修本太平縣志　　T3150/4314.81

〔雍正〕《太平縣志》八卷，清張學都、劉崇元修，張枚等纂。清康熙六十一年（1722）刻，雍正三年（1725）增刻，乾隆間剜修本。四册。半葉九行二十二字，小字雙行同，白口，四周雙邊，單魚尾。框高 21.1 釐米，寬 15.1 釐米。前有雍正三年劉崇元序，康熙五十八年張學都序，康熙六十一年王奐曾序，康熙六十一年臧爾心序，張枚弁言，張宿爌識語，目次，歷朝修志序跋（嘉靖丙寅〔四十五年，1566〕羅潮序、萬曆乙未〔二十三年，1595〕王體復序、萬曆辛丑〔二十九年〕楊天民序、郭萬里序、萬曆二十九年劉民望序、萬曆二十三年志目、康熙十二年何煒然序、李〈弘〉敏序、康熙癸丑〔十二年〕王錫韓、王一龍序、王〈弘〉茂序、康熙十二年邑志目錄、康熙壬戌〔二十一年〕吳軫序），歷朝修志姓氏。卷端題："知縣事三韓劉崇元厚庵氏重修，邑人張枚卜公甫、臧爾心子端甫、張宿爌遠光甫全修。"

太平縣位於呂梁山東南麓、汾水中下游。漢爲臨汾縣地，屬河東郡。北魏太平真君七年（446）置泰平縣，屬平陽郡。北周改爲太平縣。隋屬絳郡。唐屬絳州。宋、金、元因之。明、清屬平陽府。1914年因與江蘇、安徽、浙江、四川等省太平縣重名，改名汾城縣。1954年與襄陵縣合併爲襄汾縣。今屬山西省臨汾市。

張學都，字幬亭，直隸宛平籍福建福清人。監生。康熙五十五年任太平知縣。

劉崇元，字厚庵，漢軍正紅旗人。雍正元年任太平知縣。

張枚，字瞻麓，山西太平人。

全書八卷，列八志：卷一經建志（建置、分星、疆域、坊里、山川〔水利附〕、八景），插有《分星圖》《疆域圖》《舊八景圖》《新八景圖》；卷二營渠志（城池、街巷、集會、村落、津梁、公署、學校、祠祀），插有《縣城圖》《縣署圖》《聖廟圖》《聖賢位次圖》《鄉飲酒禮圖》等；卷三賦則志（田賦、户口、解支、郵遞、鹽政、兵防、風俗、物産）；卷四官師志（知縣、縣丞、主簿、典史、教諭、訓導）；卷五選造志（制科、歲貢〔並恩拔副〕、例貢、胥史、封蔭、武科、武弁、貤封）；卷六人物志（聖賢、人物、文行、耆碩、隱逸、孝義、列女、流寓、方技、仙釋）；卷七世代志（都邑、古跡、寺觀、陵墓、禨祥、雜志）；卷八藝文志，目録稱此志"準班史總志著述不分别"，爲邑人著述目録，但僅存二葉。

張學都序："丙申歲，余承乏兹土，兢兢焉飲冰茹蘗，亟欲修舉廢墜，以無負厥職。其鄉先生有過余者出一編以請曰：維邑有志，徵文獻也，顧歲久闕略，不可行於遠，願增輯而授之梓。爰延集名碩，裒聚掌故，而余亦於政事之暇，斟酌裁正，矢公矢慎，大率原本舊志而增潤之。"

張枚弁言："幬亭父母自丙申冬下車，即不以予爲菲薄，謬兹重屬。迨壬寅春，將授鋟而公奉檄從事酒泉軍，歲復比饑，穀值如湧，匠饟之縻薙倍曩估。凡涉珠桂之謀，盡解冰雪之橐。瀕行諄囑，遠懷酌劑，乃克訖工。……癸卯冬，厚庵劉父母來蒞兹方……緣囑余復修是編。"

劉崇元增刻剜修之書葉有：卷首劉崇元序係增刻。卷二"知縣宅"條之後，增刻一葉，內容爲劉崇元撰《御箴樓記》《省刑箴》《省罰箴》；聖廟、崇聖祠、學額逐條後，均增刻雍正間重修、更名等事項。卷四官師志知縣項後增刻一葉，爲"劉崇元"一條；教諭、訓導項後，增刻一葉，各補一人，均爲雍正三年任職。卷五舉人項後，增刻一葉，補癸卯科（雍正元年）、甲辰科（雍正二年）共三人。卷八藝文志第一葉之後半葉大幅剜除。其他不備舉。增刻部分紀事止雍正三年。

《中國地方志聯合目録》著録此本爲"雍正三年刻本"，不夠確切。按，此志卷八之後原刊有"附記"（此本缺佚），記刊刻過程甚詳："邑侯福清張公重修邑志，初鋟刻於康熙五十八年己亥五月，迄六月下浣刻公序及舊前後各序諸葉，以全卷未脱稿止。至六十一年始復筆工於孟夏，告竣於仲冬。"可知此本爲康熙六十一年刻。《美國哈佛大學哈佛燕京圖書館藏中國舊方志目録》著録此本爲雍正三年刻本，係沿襲《中國地方志聯合目録》之誤。

"崇禎""萬曆"下一字及"弘治"上一字均剜除，人名中"弘"等字亦剜去，可知係乾隆間剜修本。

太平縣明清多次修志。其一爲嘉靖四十五年羅潮所修，今已亡佚。其二爲王體復纂修《太平縣志》八卷，分列八門，萬曆二十三年刊刻，有天啓間補刻本。其三爲康熙十二年何煒然所修，其四爲康熙二十一年吳軫所修，均未見著録。其五即此康熙六十一年刻雍正三年增刻志，係在前志基礎上增潤而成。其六爲張鍾秀纂修《太平縣志》十卷，列十志五十六門，乾隆四十年（1775）刻。其七爲李炳彦修、梁棲鸞纂《太平縣志》十六卷，列十六志八十六門，道光五年（1825）刻。其八爲勞文慶、朱光綬修，婁道南纂《太平縣志》十四卷，列十四志八十三門，體例大體沿襲前志，光緒八年（1882）刻。

有缺葉：卷七第三、四葉。卷八僅存第一葉、第九葉（即末葉），而第九葉版心葉碼以墨筆添改爲"二"，以充全帙。比對中國國家圖書館藏本，可知書後原刊"附記"此本亦缺佚。

書後原刊"附記"（此本缺）載繕寫、刻工姓名："稷山縣繕寫管惟謙、葛之純，稷山縣刻字葛世珍、葛之統、葛興暑、葛世寵、葛當暑、葛丕佑、葛佐謙、葛貴謙、葛輝祖。"葛氏諸人疑出自世業刻書之同一家族。

中國國家圖書館、中國科學院文獻情報中心、故宮博物院圖書館、北京大學圖書館、上海圖書館等九館與臺北故宮博物院及日本東洋文庫、美國國會圖書館亦有入藏。

187. 清乾隆刻本太平縣志　T3150/4314.83

［乾隆］《太平縣志》十卷，清張鍾秀纂修。清乾隆四十年（1775）刻本。四册。半葉十行二十三字，小字雙行同，白口，四周單邊，單魚尾。框高19.8釐米，寬15.3釐米。前有乾隆乙未（四十年）錢人龍序，乾隆四十年張鍾秀序，歷朝修志序（嘉靖丙寅〔四十五年，1566〕羅潮序、萬曆乙未〔二十三年，1595〕王體復序、萬曆辛丑〔二十九年〕楊天民序、郭萬里序、康熙辛亥〔十年，1671〕何煒然序、李宏敏序、康熙六十一年臧爾心序、康熙六十一年王奐曾序），重修邑志姓氏，歷年修志姓氏，目録，凡例十條，圖考。書後有李嵩崿跋。

張鍾秀，字扶輿，號峰青。直隸束鹿縣人。乾隆十七年舉人。乾隆三十九年任太平知縣。

圖考收《疆域圖》《縣治圖》及八景圖共十幅。正文十卷，列十志：卷一輿地志（星野，疆域，山川〔附水利、勝景〕，風俗）；卷二建置志（城池〔附街巷〕、公署、學校、市集、坊里〔附保甲〕、村堡、津梁、都邑、古跡、陵墓、寺觀）；卷三賦則志（户口、田賦〔附倉儲〕、鹽政、兵防、郵遞、物産）；卷四秩祀志（壇壝、祠祀）；卷五職官志（知縣、典史、驛丞〔兼巡檢事〕、教諭、訓導）；卷六選舉志（制科、貢生〔恩拔歲副附廩生〕、例貢〔附監生〕、仕籍〔附秩銜〕、胥史、武科〔附武弁〕、封贈〔附襲蔭〕）；卷七人物志（名賢、孝義、文行、耆碩、隱逸、列女、流寓、方技、仙釋）；卷八祥異志；卷九雜志；卷十藝文志（記、疏、箴、銘、傳、歌、詩、詞、序、墓表），較前志搜羅更豐。

張鍾秀序：“歲甲午春，余自汾西量移兹邑，下車之始，簿書叢集，披閲舊志，欲輯未遑。歲餘諸務稍鬖，邑紳士之以公來謁者咸以是請。余曰：‘是固余責，亦余志也。’爰設公局，延名碩，博蒐文獻，期乎事跡之在昔者無殘無軼，人物之在今者勿濫勿疑。余於公餘相與斟酌裁正，閲三月而告竣。書凡十卷，門類微有變通，大概參取舊志。”

中國國家圖書館、中共中央黨校圖書館、天津圖書館、山西大學圖書館、南京大學圖書館等七館與日本東洋文庫、美國國會圖書館亦有入藏。

188. 清雍正刻乾隆剜修本岳陽縣志　T3150/7772.82

〔雍正〕《岳陽縣志》十卷，清趙温修，常遜等纂。清雍正十三年（1735）刻，乾隆間剜修本。六册。半葉九行二十二字，小字雙行同，白口，四周單邊，單魚尾。框高 21.1 釐米，寬 15.3 釐米。前有雍正十二年趙温序，雍正十三年李振世序，雍正十三年宋集昌敍，雍正乙卯（十三年）張繼先序，原序（康熙壬寅〔元年，1662〕繆正心序、吳藻序、吳用光序、李子實序），修志姓氏，原修志姓氏，凡例九條。書後有原跋二則（劉克振跋、李夢辰跋），雍正乙卯任鶴齡跋。

岳陽縣地處太岳山南麓、沁河中上游。漢爲谷遠縣地，屬上黨郡。北魏建義元年（528）析谷遠縣置安澤縣，屬義寧郡。隋大業二年（606）改安澤縣置岳陽縣，得名於地處太岳山之南，屬臨汾郡。唐屬晉州。金屬平陽府。元屬晉寧路。明清屬平陽府。1914 年因與湖南省岳陽縣重名，復舊名安澤縣。今屬山西省臨汾市。

趙温，字文宗，直隸鹽山人。雍正元年進士。雍正九年任岳陽知縣。

常遜，山西岳陽人。拔貢。

此志十卷，列十志，每卷一志：卷一圖考志（《縣境圖》《縣城圖》《縣治圖》《學

宮圖》）；卷二輿地志（星野、沿革、疆域、山川、氣候、古跡、墳墓）；卷三建置志
（城郭、公署、學宮、壇廟、倉廒、街道、里社、堡寨、關鎮、驛遞、舖路、兵防、
橋梁、寺觀）；卷四禮制志（學校、秩祠、禮儀、義學、鄉約）；卷五食貨志（田賦、
屯田、丁徭、起運、存留、存恤、食鹽、水利、土產）；卷六秩官志（官制、知縣、
司鐸、縣尉、循良、名宦、武備），司鐸、縣尉係代稱，不用職務本名，有乖志體；
卷七人物志（鄉賢、名賢、薦辟、選舉考、進士、舉人、貢士、例監、武職、武舉、
封贈、儒官、壽官、農官、孝義、節烈、釋道方技）；卷八風俗志（歲時、儲備、保甲）；
卷九祥異志（祥異、兵氛）；卷十藝文志（傳、史記、奏疏、檄、碑記、詩、謠）及跋。

任鶴齡跋謂："趙侯……下車首重學校。建學之外，乃搜取邑志於斷篇殘帙中，
補其缺以增其不及，訂二冊而爲十卷。……稿成矣，侯捐俸偈之於前，邑紳士樂輸
襄之，於後舉□□來所難者，未三月而編刊告竣。"

岳陽縣明代永樂、正統、萬曆間多次纂修志書，均已亡佚。清代兩次修志。首
部爲李子實修、李夢辰纂《岳陽縣志》二卷，列六門三十一目，無藝文，康熙元年刻，
今僅存上卷。其次即爲此雍正志。

"崇禎""弘治""萬曆"剜改作"崇正""宏治""萬歷"，係乾隆間所剜修。

有缺葉：卷一序第一葉，卷九兵氛目僅存半葉，卷十藝文第一、二、四、
五十八、五十九葉。

中國國家圖書館、中國科學院文獻情報中心、北京師範大學圖書館、上海圖書
館、天津圖書館等六館與臺北故宮博物院及日本東洋文庫亦有入藏。

189. 清乾隆刻本浮山縣志　　T3150/3427.83

［乾隆］《浮山縣志》三十七卷，清賈西、張乾元修，張華、皇甫奎纂。乾隆十
年（1745）刻本。六冊。半葉八行二十二字，小字雙行同，白口，四周雙邊，單魚尾。
框高 20.2 釐米，寬 14.0 釐米。前有乾隆九年賈西序，凡例十六則，歷年纂修浮山縣
志姓氏，重修浮山縣志姓氏，目錄。

浮山縣地處臨汾盆地東部、太岳山南麓。北魏置葛城縣，北齊併入禽昌縣。北
周於葛城縣故治置郭城縣，隋併入襄陵縣。唐武德二年（619）析襄陵縣地置浮山縣，
縣以山名，三年改名神山縣，屬晉州。宋政和六年（1116）屬平陽府。金大定七年
（1167）改爲浮山縣，興定四年（1220）改名爲忠孝縣。元大德九年（1305）屬晉寧
路。明清屬平陽府。1942 年分設青城、浮山二縣，1945 年二縣合併爲浮山縣。今屬
山西省臨汾市。

賈西，字璽軒，直隸束鹿人。康熙五十三年（1714）舉人。乾隆八年任浮山知縣。

　　張乾元，字義一，號敬亭，四川營山人。雍正五年（1727）舉人。曾任翰林院檢討、雲南道監察御史。

　　張華，字野庵，號雪崖，山西翼城人。

　　皇甫奎，字斗山，號大迁，山西聞喜人。

　　此志三十七卷，卷各一門：卷一圖考，收《疆域圖》《山川圖》《縣城圖》《縣署圖》《學宮圖》《關廟圖》、神山八景圖及《縣屬七路要隘圖説》，計十五幅；卷二星野；卷三建置沿革；卷四疆域（形勝、鄉坊、里所）；卷五城池（市集、關廟、牌坊）；卷六山川（水利、八景）；卷七關隘（鎮堡）；卷八橋梁（茶亭）；卷九學校（名宦、鄉賢、忠義孝弟）；卷十公署；卷十一户口；卷十二田賦（倉儲、鹽引）；卷十三運支；卷十四兵防；卷十五驛傳（鋪遞）；卷十六封建；卷十七職官（閫屬、農官、駐防）；卷十八宦績；卷十九選舉（文甲科、文鄉科、薦辟、貢舉、例監、吏舉）；卷二十材武（武甲科、武鄉科、武勇）；卷二十一貤封；卷二十二人物；卷二十三孝義；卷二十四列女；卷二十五流寓；卷二十六仙釋；卷二十七風俗；卷二十八物產；卷二十九古跡；卷三十園亭；卷三十一陵墓；卷三十二祠祀；卷三十三寺觀；卷三十四祥異；卷三十五兵氛；卷三十六雜志；卷三十七藝文。

　　賈西序："余於乾隆癸亥初夏承乏兹土，披閲邑乘，創自康熙十二年前令潘公，雖有肇造之勞，其中紀載殊多未備。……越明年冬，適通議張公手持志稿一帙示余曰：'此先大夫因舊志簡略，謀之前令周公暨署令錢公，重加編輯者。脱稿將成而二公辭任，先大夫捐館，其事遂寢。余昆季輩念先志未就，思竟其業焉。'余於退食之暇，逐類流覽，見其序次精詳，義例明晰，頗費苦心，較舊志加詳不啻十倍，余何敢復贅一詞。唯自雍正壬子距今已越一紀，疆里山川雖猶如故，而兩朝之因革損益、歲時之消長盈虛，以及户口之繁庶、賦役之增益、學校之蔚興、仕宦之遷轉，與夫士女之芳規淑行，隨時疊見，指不勝屈。余與通議公互相校讎，廣搜編纂，按類續入，不數月而告竣，用請歸之棗梨，刊刻成書。"

　　浮山明清志書現存五部。其一爲許安纂修《浮山縣志》八卷，嘉靖十一年（1532）刻，又有嘉靖三十七年重刻本，今存者爲殘帙。其二爲潘廷侯修、秦紹襄纂《浮山縣志》四卷，列四十六門，康熙十二年刊刻。其三即此乾隆志。其四爲慶鍾纂修《浮山縣志》三十七卷，實即乾隆志之續補，將續增部分列於乾隆志各門之後，同治十三年（1874）付刻。其五爲鹿學典等修、武克明等纂《浮山縣志》三十四卷，列三十四門，在乾隆、同治志基礎上略加訂補而成，光緒六年（1880）刊刻。

　　各册均有鈔配多葉，兹不詳列。卷十九選舉門文甲科目鈔補之最後二條爲乾隆十七年張永鑑、嘉慶十六年（1811）崔錫榮，下並注"詳見人物"，而人物中實未收此二人。按同治《浮山縣志》文甲科目所録即止於崔錫榮，此二條與同治志完全一致，則鈔補底本爲同治志無疑，鈔配時間當在同治十三年以後。

中國國家圖書館、故宮博物院圖書館、北京大學圖書館、山西省圖書館、山西省文史館等七館與臺北故宮博物院及日本東洋文庫亦有入藏。

190. 清乾隆刻本鄉寧縣志　T3150/2232.83

［乾隆］《鄉寧縣志》十五卷，清葛清纂修。清乾隆四十九年（1784）刻本。四册。半葉十行二十一字，小字雙行同，白口，左右雙邊，單魚尾。框高18.1釐米，寬15.0釐米。前有扉頁，乾隆四十九年保定序，乾隆四十九年葛清序，圖考，重修邑志姓氏，歷修邑志姓氏。書後有成勛跋。

鄉寧縣地處黃河東岸、呂梁山西麓。西漢置騏縣，屬河東郡。東漢廢。北魏延興四年（474）置昌寧縣，爲中陽郡治。隋開皇初年屬耿州，後歷屬汾州、文城郡、慈州。五代後唐避莊宗李存勖祖父李國昌諱，改爲鄉寧縣。北宋熙寧五年（1072）廢。金復置，屬吉州。蒙古至元三年（1266）併入吉州，元至元二十五年（1288）復置。明屬平陽府吉州。清屬平陽府。今屬山西省臨汾市。

葛清，字慎先，直隸任縣人。乾隆九年舉人。乾隆四十四年任鄉寧知縣。

書前圖考收《縣境全圖》《縣治圖》《禹門汲浪圖》《雲丘山圖》，共四幅。正文十五卷，卷各一門：卷一疆域（沿革、分野、圖考附）；卷二山川；卷三城鎮（壇廟、公署、倉廒、舖舍、陵墓附）；卷四田賦；卷五户口；卷六官師；卷七人物；卷八仕進；卷九旌封；卷十積貯；卷十一學校；卷十二禮俗；卷十三物產；卷十四祥異；卷十五藝文，收碑記、詩歌等，康熙十一年（1672）佚名及成伯英舊志序亦收入此卷。瞿宣穎《方志考稿甲集》評此書"雖儉逼已甚，而所載風土諸條猶非盡空言，固小邑志乘中之卓然者也"。

葛清序："清以庸腐謬膺民社，於乾隆己亥陽月之吉到鄉寧任。政事之暇，日與邑之紳士接，僉言舊志簡略，成於康熙十一年，迄今百餘載，國家累洽重熙之治不詳，邑人孝義節烈之懿不著。欲重行修葺，以爲大清會典明備之一助。……於是搜羅舊牘，又遣使遍歷境內。……今合一縣之人丁物產，如數家珍，而刊之梨棗。"

鄉寧縣明清志書現存四部。其一爲明焦守己纂修、清侯世爵續修《鄉寧縣志》六卷，分六門十三目，有萬曆二十年（1592）刻順治七年（1650）增刻本。其二爲張聯箕纂修《鄉寧縣志》六卷，在順治志基礎上增纂而成，列六門三十目，康熙十一年刻。其三即此乾隆志。其四爲馮安瀾修、崔鍾淦纂《續修鄉寧縣志》十五卷，體例沿襲乾隆志，增補人物、仕進、藝文等門，光緒七年（1881）刊刻。

扉頁刊："乾隆甲辰鄉寧縣志。官衙藏板。"甲辰即乾隆四十九年。

卷四田賦門之末數行有剜改跡象。此本文字濃淡不均，版印不佳，當爲後印本。

中國國家圖書館、中國科學院文獻情報中心、故宮博物院圖書館、中國第一歷史檔案館、中國文化遺產研究院等二十五館與"中央研究院"歷史語言研究所傅斯年圖書館、臺北故宮博物院及日本東洋文庫、京都大學人文科學研究所、美國國會圖書館、法國巴黎 M.R. 赫杜圖書館、法國亞洲學會亦有入藏。

191. 清康熙刻本汾西縣志　　T3150/3216.81

［康熙］《汾西縣志》八卷首一卷，清蔣鳴龍修，傅南宮等纂。清康熙十三年（1674）刻本。四冊。半葉九行二十一字，小字雙行同，白口，四周單邊，單魚尾。框高 22.0 釐米，寬 15.9 釐米。首有康熙十三年蔣鳴龍序，凡例十條，修志姓氏，目次，圖考。卷端題："嚴陵蔣鳴龍編次。"

汾西縣地處呂梁山東麓、汾水西岸。西漢爲彘縣地，東漢爲永安縣地。北齊置臨汾縣，爲汾西郡治。隋開皇十八年（598）改爲汾西縣，屬呂州，大業初屬臨汾郡。唐武德元年（618）屬呂州，貞觀十七年（643）改屬晉州。北宋屬平陽府。金貞祐三年（1215）改屬霍州。元屬晉寧路。明、清屬平陽府。今屬山西省臨汾市。

蔣鳴龍，字飛占，浙江建德人。拔貢。康熙八年任汾西知縣。

傅南宮，山西汾西人。拔貢。

卷首圖考收《觜宿圖》《參宿圖》《山河圖》《疆域圖》《城郭圖》等，計五幅。正文八卷，列二十七門：卷一星野（增附占候）、疆域（關隘附）、山川（津梁附）、建置沿革（增附坊表）；卷二城池（增附坊里、市鎮、舖舍），公署（增附倉廒），學校，祠祀；卷三貢賦（人丁附）；卷四屯田，水利（增附井泉），鹽法，兵防（增附器械、營房、堡寨），馬政（驛傳附）；卷五職官、名宦（增附毛公政績）；卷六選舉（增附貤封）、人物、孝義、烈女；卷七仙釋，風俗（土產附、增附興革紀略），古跡，陵墓（增附義塚），寺觀，祥異；卷八藝文（序、記、傳、贊、詩），喬世魁、傅春、李色尉所撰舊志序文入此。

蔣鳴龍序："今遇皇上垂裳之日，命禮臣纂修天下一統志，徵取郡邑志書，以備採擇，學憲謝郵檄至汾……於是集邑紳士耆老，廣加搜採，冗者刪之，闕者補之，俚者文之，計月而書告成。"

目次前有"悉遵學憲謝原頒條則，其有應詳載者，各依類增附"一語，凡例則謂"今悉遵學憲頒行，照豫省例編目"，可知其體例仿自賈漢復修《河南通志》。

汾西明代曾修志，今已亡佚。清代志書存者二部。此康熙志爲首部。其次爲曹憲等修、周桐軒纂《汾西縣志》八卷，在此志基礎上續纂而成，光緒七年（1881）

刊刻。

有缺葉：卷首序文第一、第二葉；卷五第一、第二葉；卷七第七葉。

卷六選舉、人物二門有多葉係補刻，補刻時間不詳，或即在康熙間。

中國國家圖書館、故宮博物院圖書館、中國文化遺產研究院、上海圖書館、天津圖書館等八館與臺北故宮博物院及日本東洋文庫、美國國會圖書館亦有入藏。

192. 清康熙刻本鼎修霍州志　T3149/1132.81

［康熙］《鼎修霍州志》十卷，清黃復生纂修。清康熙十二年（1673）刻本。四冊。半葉九行二十一字，小字雙行同，白口，四周單邊，單魚尾。框高20.8釐米，寬14.1釐米。前有《霍州城圖》，康熙十二年袁國梓序，康熙十二年黃復生敘，目錄。第二冊之末有凡例十則，修志姓氏。卷端題：“平陽府霍州知州楚黃岡黃復生雪蕉甫纂補。”

霍州地處太岳山西麓。西周爲霍國，周文王子叔處封地。西漢置彘縣，得名於彘水，屬河東郡。東漢陽嘉三年（134）改名永安縣。北魏太平真君七年（446）併入禽昌縣，正始二年（505）復置。隋開皇十八年（598）改爲霍邑縣。金貞祐三年（1215）於霍邑縣置霍州。元霍州屬晉寧路。明洪武初併霍邑縣入霍州，屬平陽府。清乾隆三十七年（1772）升爲直隸州。1912年降爲霍縣。1989年改爲霍州市（縣級）。今屬山西省臨汾市。

黃復生，字雪蕉，湖北黃岡人。貢生。康熙十二年任霍州知州。

此志十卷，列十志七十目：卷一地輿志（沿革、分野、形勝、疆域、城池、山川、景致、風俗、坊市、街巷、市廛、橋梁、舖舍、古跡、陵墓）；卷二宮室志（公署、壇壝、祠宇、坊牌）；卷三學校志（儒學、先師廟、書籍、祭器、名宦祠〔名宦附〕、鄉賢祠〔鄉賢附〕、生員〔附武生〕、社圃、社學）；卷四武備志（兵役、戎器）；卷五食貨志（戶口、田畝、賦稅、課程、差役、物產）；卷六秩官志（官制、官籍、知州、同知、判官、吏目、學正、訓導、驛丞、大使、陰陽典術、醫學典科、僧正司、道正司）；卷七人物志（甲科、鄉科、歲貢、例貢、辟舉、武弁、掾史、貤封、孝義、貞烈、隱逸、仙釋）；卷八祥異志（豐瑞、祥異、災變）；卷九至十藝文志（文、記，詩、歌行、詞）。

黃復生序：“復生以南楚譾儒，承乏炎嶠，於康熙壬子拜命牧霍，癸丑春三月始治霍陽，蒙上嶠屢催徵志唯急，蓋以天子明聖，注清詩書，而上臺博洽淹雅，留心史籍。復生無賈生好事之懼，爰向霍殘帙中檢閱訛板，得霍舊志，刻於前知霍州事者褚相，爲明嘉靖以前事。……復生用是日夕皇皇，懼無所本以應上嶠文，且恐貽聖詔羞……爰乃殫精悉力，勤爲詳考，凡舊碣荒碑、斷簡殘篇，薦紳黎庶、父老子弟勤加討論，續其舊本，手録全帙，以行補輯。"可知此志係因修一統志徵求天下省府州縣志書而纂修。

霍州明清志書今存四部。其一爲褚相修、楊樞纂《霍州志》八卷，列八門五十八目，嘉靖三十七年（1558）刻，又有萬曆五年（1577）補刻本。其次即此康熙志。其三爲崔允昭修、李培謙纂《直隸霍州志》二十五卷，分二十五門，道光六年（1826）刊刻。其四爲楊立旭修、白天章纂《續刻直隸霍州志》二卷，爲道光志之續作，續補十六門，光緒七年（1881）刻。

此本卷中粘貼朱簽多處。"玄""玹"二字右側分別粘"易元""易玩"簽，"胤""禎"二字右側分別粘"易印""易貞"簽，"弘"字右側粘"易宏"簽，"曆""歷"右側粘"易歷"簽。卷九藝文志第一葉"聖代"二字右側粘"應抬頭"簽。此本當爲乾隆間剜修時所用底本。

版心以"元""亨""利""貞"標記册序。

中國國家圖書館、中國科學院文獻情報中心、故宮博物院圖書館、天津圖書館、中國科學院南京地理與湖泊研究所圖書館等六館與日本東洋文庫亦有入藏。

193. 明萬曆刻後印本汾州府志　T3149/3232.7

［萬曆］《汾州府志》十六卷，明王道一等纂修。明萬曆刻後印本。十册。半葉九行十八字，小字雙行同，白口，四周雙邊，單魚尾。框高 22.7 釐米，寬 15.8 釐米。首有萬曆三十七年（1611）王道一序，修志姓氏，目録。

多處斷版，字跡模糊。

194. 清乾隆刻本汾州府志　T3149/3232.83

［乾隆］《汾州府志》三十四卷首一卷，清孫和相修，戴震纂。清乾隆三十六年（1771）刻本。二函十六册。半葉十行二十一字，小字雙行同，白口，左右雙邊，單魚尾。框高 20.3 釐米，寬 14.1 釐米。首有乾隆三十六年鄂寶序，乾隆三十六年吳巖序，乾隆三十五年朱珪序，乾隆三十六年徐浩序，乾隆三十五年曹學閔序，乾隆辛卯（三十六年）孫和相序，重修府志銜名，目録，例言十則，圖，漢以來沿革表。

汾州府地處今山西省中部。北魏太和十二年（488）改吐京鎮置汾州，得名於境内汾水。北齊改爲南朔州，北周改爲介州。唐武德元年（618）改爲浩州，三年復改爲汾州。明萬曆二十三年（1595）升汾州爲汾州府，領永寧州與汾陽、孝義、平遥、介休、石樓、臨、寧鄉等七縣，隸山西布政司。1912 年廢府。

孫和相，山東諸城人。乾隆三年年舉人。乾隆三十二年任汾州知府。

戴震（1724—1777），字東原，安徽休寧人。乾隆二十七年舉人。乾隆三十八年任《四庫全書》纂修官，四十年賜同進士出身，授翰林院庶吉士。學問廣博，著述宏富，撰有《戴東原集》《屈原賦注》《孟子字義疏證》《聲韻考》《原善》等，校勘《大戴禮記》《水經注》等。

卷首圖收《府城圖》《府治圖》《學宮圖》《汾州府全圖》《汾陽縣山川圖》《平遥縣山川圖》《介休縣山川圖》《孝義縣山川圖》《臨縣山川圖》《石樓縣山川圖》《永寧州山川圖》《寧鄉縣山川圖》，計十二幅，內《汾州府全圖》與各州縣山川圖均計里畫方。正文三十四卷，列三十門：卷一沿革；卷二星野、疆域；卷三至四山川；卷五城池、官署、倉廒、學校、壇壝；卷六關隘、營汛、驛鋪；卷七戶口、田賦、鹽稅；卷八至九職官；卷十至十一宦績；卷十二食封、流寓；卷十三至十六人物；卷十七義行；卷十八至十九科目；卷二十仕實；卷二十一至二十二列女；卷二十三古跡、塚墓；卷二十四祠廟；卷二十五事考；卷二十六雜識；卷二十七至三十四藝文。

孫和相序：“汾州自改府以來，舊嘗有志，越今百六十餘年，曠而不修，且舊志草創疎略，於古今因革、山川形勝、政之體要、民之利病，求其如伸手見指、懸衡取平，未之能也。……顧余爲是郡三載而後及志事，何也？非周察而得其實，不敢以爲言；非精心於稽古，不敢輕筆之書。是以遲之又久，略知爲是郡之大經，乃復徵詢八州縣，備陳細目，都舉統觀。又適有休寧戴東原氏來遊汾晉間，今之治經之儒，咸首推戴君，而是志得其嚴加核訂，以余之體驗於今者，更能信不謬於古矣。”

中國國家圖書館、首都圖書館、中國科學院文獻情報中心、中國社會科學院考古研究所圖書館、故宮博物院圖書館等五十五館與“中央研究院”歷史語言研究所傅斯年圖書館、臺北故宮博物院及日本東洋文庫、東京大學東洋文化研究所、京都大學人文科學研究所、美國國會圖書館、荷蘭萊頓大學漢學研究所、法國國家圖書館亦有入藏。

195. 清康熙刻乾隆增刻本永寧州志　T3150/3330.81

［康熙］《永寧州志》八卷，清謝汝霖修，朱鈴、張永清等纂。清康熙四十一年（1702）刻，乾隆間增刻本。八冊。半葉九行二十字，小字雙行同，白口，四周雙邊，單魚尾。框高 19.8 釐米，寬 14.6 釐米。前有總目，重修永寧州志姓氏。

永寧州地處呂梁山腹地。戰國爲趙離石邑。秦屬太原郡。西漢置離石縣，屬西河郡。晉屬西河國。匈奴劉淵建立北漢，以離石爲都城。北魏明帝置離石鎮。北周建德六年（577）置石州，隋大業二年（606）改爲離石郡。唐武德元年（618）復改石州。宋屬河東路。金屬河東北路。元屬冀寧路。明初屬太原府，隆慶元年（1567）改爲永寧州，屬太原府。萬曆二十三年（1595）改屬汾州府。清因之，不轄縣。1912 年改爲永寧縣。1914 年改名離石縣。今爲山西省呂梁市離石區。

謝汝霖，字用弼，福建長樂人。舉人。曾任山西延川知縣。康熙四十年任永寧知州。

朱鈴，字退庵，江蘇淮安人。

張永清，字呂勳，山西永寧州人。康熙二十年舉人。

此志八卷，列八志：卷一輿地志（圖考、沿革、疆域、形勝、山川、分野、氣候、風俗、兵防、古跡、〈丘〉壠），内圖考、形勝、分野、古跡四門有插圖，沿革門有表；卷二建置志（城池、公署、學校、驛鋪、河堤、津梁、堡寨、壇壝、恤典、都里、街市、鄉村、坊表、寺觀），内城池、公署、學校、壇壝四門有圖；卷三食貨志（戶口、賦役、稅課、驛傳、物産）；卷四秩官志（州正、學官、佐職）；卷五秩禮志（廟祀、名宦、鄉賢、三壇、公儀、鄉飲、講約），内廟祀、鄉飲二門有圖；卷六選舉志（進士、舉人、貢士、監生、武甲、封蔭）；卷七人物志（儒林、仕跡、鄉賓、孝友、節義、〈貞〉烈、隱逸、仙釋、方伎）；卷八藝文志上（誥勅、奏疏），藝文志下（文集、墓誌、題詠），後附災祥。

永寧州明初及嘉靖間梁天敘均曾修志，今均不存。清代凡三修志書：首部爲胡朝賓修、高首標纂《永寧州志》，在殘存嘉靖志基礎上續加纂輯，列八門四十四目，順治十三年（1656）刻。其次即此康熙志。其三爲姚啓瑞修、方淵如纂《重修永寧州志》三十二卷，列八門三十一目，光緒七年（1881）刊刻。

此本“禎”“貞”“弘”“曆”等字均剜除，當爲乾隆間剜修本。卷七貞烈門後增刻二葉，或即增於乾隆間。

此本以“元亨利貞”分集。元集卷一至二；亨集卷三至五；利集卷六至七、卷八藝文志上；貞集卷八藝文志下。各集前有本集目錄。可知此志初分四冊，每集一冊，今分八冊，當爲後世改裝。

金鑲玉裝。

卷七第二十三葉係鈔配。

中國國家圖書館、中國科學院文獻情報中心、故宮博物院圖書館、北京大學圖書館、上海圖書館等十二館與臺北故宮博物院及日本東洋文庫、美國國會圖書館亦有入藏。

196. 清康熙刻乾隆剜修本文水縣志　T3150/0413.81

［康熙］《文水縣志》十卷，清傅星修，鄭立功等纂。清康熙十二年（1673）刻，

乾隆間剜修本。八册。半葉九行二十字，小字雙行同，白口，四周雙邊，單魚尾。框高 20.8 釐米，寬 14.4 釐米。前有目錄，康熙十二年傅星序，康熙壬子（十一年）鄭崑璧序，康熙十一年胡應麟序，康熙十二年曹珏序，凡例十六則，修志姓氏，目錄總敘，綱目考，圖敘及圖。書後有舊志序五則（樊從簡敘、米世發引、王在臺敘、蘇子英後序、鄭宗周跋），康熙癸丑（十二年）楊時昇跋。卷端題："三韓傅星編次。"

文水縣地處太原盆地西南部、呂梁山東麓。西漢置大陵縣，屬太原郡。東漢、魏、晉因之。北魏太平真君九年（448）改爲受陽縣。隋開皇十年（590）改名文水縣，得名於境内文峪河。唐武德三年（620）屬汾州，貞觀元年（627）屬并州。天授元年（690）改爲武興縣，神龍元年（705）復舊名。北宋屬太原府。金因之。元屬冀寧路。明、清屬太原府。今屬山西省呂梁市。

傅星，字拱辰，遼東三韓人。蔭生。康熙四年任文水知縣。

鄭立功，山西文水人。曾任户部郎中。

書前有《參宿圖》《山川圖》《城池圖》《縣治圖》《學宫圖》等共五幅。正文十卷，列十志三十六目：第一卷天文志（分野、占候、祥異）；第二卷地利志（沿革，疆域，山川〔津梁、水利、古跡、勝景〕，城池〔街巷〕，坊都〔丘墓、祠宇〕，物産）；第三卷民俗志（户口、風俗、節序〔市集〕）；第四卷分建志（縣治，學宫〔制書、社學〕，公署，官制〔生儒、吏役〕）；第五卷財賦志（田賦，丁賦，歲額，課程〔屯田、學田〕，倉儲，郵政）；第六卷典禮志（公式，秩祀〔賓興、鄉儀〕，坊表）；第七卷賢才志（選舉〔進士、舉人、貢監、武舉、武弁、吏員〕，人物〔名宦、篤行、隱逸、貞烈、寓賢、列傳〕）；第八卷武備志（教場、堡寨、墩堠、器械、鋪舍）；第九卷官政志（歷官、名宦）；第十卷藝文志（誥敕、詩文）。

傅星序："今天子即位之十有一年，聲教四訖，薄海内外，罔不臣服，乃允輔臣請，詔京省各修通志，俟成彙爲大清一統志。……文志建於故明嘉靖癸丑，修於天啓乙丑，迄今將五十年，世易代，陵谷變遷，制度更改，版章人物遞殊，及今不修，文獻漸不可徵，守土者之罪也。爰進邑之縉紳士民而告之，僉以爲然，乃捐資開局，擇其賢士大夫而授之以事。……於是蒐採故跡，掇拾軼聞，凡兩月而書成。復手加删訂，冠以圖而參以論，爲綱者十，條目各以類附，敬授之梓。"

文水縣明初及嘉靖間均曾修志，今已亡佚。明清所修志書現存者有四部。其一爲米世發修、鄭宗周纂《文水縣志》十卷，列十志六十目，天啓五年（1625）付梓。其二即此康熙志，門目設置沿襲天啓志之舊。其三爲范啓塑、王燁修，陰步霞纂《文水縣志》十二卷，列十二門七十四目，光緒九年（1883）刊刻。其四爲成連編《文水縣鄉土志》八卷《補遺》一卷，分歷史、地理、格致三類十四目，宣統元年（1909）鉛印行世。

"禎""弘""曆""丘"等字剜除不補,"曆"或剜去下部"日"作"麻",可知此本爲乾隆間剜修本。

有缺葉:卷一第九葉,卷二第二十一葉。

中國國家圖書館、中國社會科學院考古研究所圖書館、故宮博物院圖書館、北京大學圖書館、北京師範大學圖書館等十八館與臺北故宮博物院、孫逸仙博士紀念圖書館及日本東洋文庫、美國國會圖書館、法國國家圖書館亦有入藏。

197. 清康熙刻乾隆剜修本交城縣志　T3150/0445.81

〔康熙〕《交城縣志》十八卷首一卷,清洪璟纂修。清康熙四十八年(1709)刻,乾隆間剜修本。六册。半葉九行二十字,小字雙行同,細黑口,四周雙邊,單魚尾。框高18.2釐米,寬13.8釐米。首有康熙四十八年趙鳳詔序,康熙四十八年洪璟序,李若泌序,原序四篇(張文璧序、周璧序、趙吉士序、吳攀龍序),凡例十四則,纂修姓氏,目録。

交城縣地處晉中盆地西部、呂梁山東麓。秦漢至北魏爲晉陽縣地。隋開皇十六年(596)析晉陽縣置交城縣,得名於汾、孔二河交匯於此,屬并州。唐開元十一年(723)屬太原府。元初屬太原路,大德九年(1305)屬冀寧路。明、清屬太原府。今屬山西省呂梁市。

洪璟,安徽歙縣人。拔貢。康熙四十五年任交城知縣。

全書十八卷,卷各一門:卷一星野(祥異附);卷二輿圖,有縣境、縣城、縣治、學宮及山川風景圖,總計十四幅;卷三山水(橋梁附);卷四建置沿革(疆域、城關附);卷五公署(防禦附);卷六學宮;卷七祠祀(寺觀附);卷八貢賦;卷九風俗(土產附);卷十古跡;卷十一陵墓;卷十二官政;卷十三選舉;卷十四人物;卷十五至十七藝文;卷十八詩。

洪璟序:"交自隋開皇初始置爲縣,舊志創於明萬曆間,越七十餘年至國朝己酉,前令趙公吉士復修成書。璟於丙戌夏來宰兹土,取而讀之。……時郡憲趙公欲修郡志,因下詢於璟。……璟竊不自揣,爰就交邑之志,删其蕪而增其新,事取其信,文法乎古,舉一邑之盛衰與民所樂苦,無不備悉,以爲郡志之一助。由是覘一邑可以知全郡,覘一郡可以知天下,然則斯志之成,其所關豈淺鮮哉。歷一載餘,纂定十有八篇,呈於郡憲,謂宜雕行。"

交城縣明代多次修志,今均已不存。清代所修志書現存三部:首部爲趙吉士修、武攀龍纂《交城縣志》八卷,在萬曆志基礎上重加考訂增補,列八門五十四目,康熙八年刊刻。其次即此康熙四十八年志,基於康熙八年志芟蕪增新而成。其三爲夏肇庸修、許惺南纂《交城縣志》十卷，列九門三十八目，光緒八年（1882）刻。

"禎"剜去末筆，"丘""弘""曆"剜改作"邱""宏""歷"，"琰"字不避諱，可知爲乾隆間剜修本。

中國國家圖書館、中國科學院文獻情報中心、故宮博物院圖書館、中國第一歷史檔案館、北京大學圖書館等十四館與"中央研究院"歷史語言研究所傅斯年圖書館、臺北故宮博物院及日本東洋文庫、內閣文庫、美國國會圖書館亦有入藏。

198. 清雍正刻乾隆增刻本興縣志　T3150/7869.83

[乾隆]《興縣志》十八卷，清程雲修，孫鴻淦、孫嘉淦等纂，藍山續纂修。清雍正八年（1730）刻，乾隆二十八年（1763）增刻本。四冊。半葉十行二十字，小字雙行同，白口，四周單邊，單魚尾。框高 19.9 釐米，寬 14.7 釐米。前有雍正八年程雲序，乾隆二十八年藍山序，雍正八年孫鴻淦序，目錄，修志姓氏，凡例十二條。

興縣地處黃河東岸、呂梁山西麓。北齊置蔚汾縣，得名於蔚汾水，屬神武郡。北周改屬廣安郡。隋開皇三年（583）屬石州。大業四年（608）改爲臨泉縣，屬樓煩郡。唐武德七年（624）改爲臨津縣，屬嵐州，貞觀元年（627）改名合河縣。宋仍之。金升爲興州，屬河東北路。元屬冀寧路。明洪武二年（1369）降爲興縣，屬太原府，八年改屬岢嵐州。清雍正三年改屬保德州，八年復屬太原府。今屬山西省呂梁市。

程雲，字振五，號敬齋，貴州貴陽人。舉人。雍正五年任興縣知縣，後調任聞喜知縣。

孫鴻淦，字永公，號敬巖，山西興縣人。雍正元年進士。曾任湖北公安知縣。

孫嘉淦（1683—1753），字錫公，號懿齋、静軒，山西興縣人。孫鴻淦之弟。康熙五十二年（1713）進士。歷官刑部尚書、吏部尚書、直隸總督、湖廣總督、協辦大學士。著有《近思錄輯要》《春秋義》等。

藍山，廣東大埔人。舉人。乾隆二十八年任興縣知縣。

此志十八卷，列十八門：卷一圖考，有《星野圖》《縣境圖》《縣城圖》《縣治圖》《學宮圖》《黃河圖》及十景圖等共十六幅；卷二星野；卷三建置，述興縣沿革；卷四疆域，載縣境、四至、八到、都鄉、舖舍、集市、渡口、橋梁等；卷五山川，載山、洞、水、泉等；卷六物產，載五穀、果菜、花卉、樹木、藥材、水族、飛禽、走獸等；卷七風俗，載冠、婚、喪、祭、士相見等禮儀；卷八職官，載知縣、儒學、典史、千總；卷九戶口，載明洪武至清乾隆年間戶口變遷，而以雍乾兩朝最詳；卷十田賦、倉儲，載洪武以來田賦數、相關文告及義倉規制頗詳；卷十一學校（選舉附）；卷十二典禮，載慶賀禮、迎接詔勅禮、上任禮、迎春禮、救日禮、雩禱禮、鄉飲酒禮、送學禮、賓興禮、耕耤禮、講鄉約禮等，可見清中期民間禮儀之一斑；卷十三祠祀，載文廟丁祭，配享，陳設，祭器，樂器，樂章，儀注，及崇聖祠（附名宦、鄉賢），文昌廟，魁星樓，孝義祠，節義祠，關帝廟等；卷十四人物，以時代爲序；卷十五營築，載城垣、廨舍、倉儲、堤防等；卷十六形勝，載黄河、十景等；卷十七至十八藝文，載碑記、論疏、記序、墓誌等多則。

程雲序："今聖天子……特命館臣彙修一統志，因徵各省縣邑之志，以備採擇。……雲簡蒞兹土，留心民瘼，虛衷延訪，未得其詳。適大司成懿齋孫老先生與其兄公安侯敬巖老先生讀禮於家，雲承休命，自揣固陋，敦請編輯而先生兄弟慨然以爲己任。爰因舊志，博加蒐輯，删蕪就簡，存信闕疑，閱四月而書告成，凡得一十八卷。……爰録呈上憲，用副鉅典，而復鋟梓，以貽將來。"此志初應爲修《一統志》徵求天下地志而作。

藍山序："戊寅己卯之後，連連荒欠，人民多已逃散，去城十里之外，土田多已荒閑。余適承乏兹土，見其景象蕭條，殊不如人所云，及考志乘，殊不如前所云，未嘗不掩卷而嘆。……夫邑乘者，利病之總匯而情之必達於上下者也。因踵舊文而細核之，凡星野、建置、山川、物産成而不易者，不敢置喙；若夫土田之荒蕪何以復闢，户口之耗減何以復聚，賦税逋欠何以酌租庸之平而上不虧國，風俗囂漓何以持輕重之典而下不煩民，河防何以修築，學校何以振興，至於職官之承代，人物之輩出者，皆續而誌之。既已自考爲次第舉行之具，且體上憲諮謀詢度之意。"是藍山有感於乾隆二十三、二十四年之後連年饑荒、民生凋敝，意圖休養生聚，而續修此志，爲施政之依據，故續修部分詳於當時户口、租税等項。

職官、户口、田賦、學校、選舉、人物、藝文等門均有增刻，增刻部分紀事至乾隆二十八年。續增内容較少者，即在原版增補數行。補充内容較多者，則增刻一葉至數葉，葉碼接排，插入者則以"又"或"前""中""後"等字樣標識。

"崇禎"作"崇正"，避清世宗胤禛諱。"弘治"剜去前一字，"萬曆"剜去後一字，係乾隆間所爲。

興縣永樂、正統間曾修志，今未見著録。明清志書今存者有三部：其一爲朱學介修、緱純纂《興縣志》二卷，係增續舊志之作，卷上平列三十八門，卷下爲詩文，記述較簡略，分類亦不盡妥當，萬曆五年（1577）刊刻。其二即此志。其三爲張啓藴修，孫福昌、温亮珠纂《興縣續志》二卷，係乾隆志之續作，結構大體沿襲前志，續增百餘年史事，光緒六年（1880）付梓。

此本各册首葉鈐"吾無富貴而厚於書"朱文方印（2.8×2.8釐米），首册首葉另鈐有"孫華卿印"朱文方印（2.2×2.2釐米）。

有缺葉：卷十八第二十五葉以下缺。

中國國家圖書館、中國科學院文獻情報中心、中國第一歷史檔案館、上海圖書館、天津圖書館等九館與"中央研究院"歷史語言研究所傅斯年圖書館、臺北故宮博物院及日本東洋文庫、京都大學人文科學研究所亦有入藏。

199. 清雍正刻道光增刻本石樓縣志　T3150/1644.82

［雍正］《石樓縣志》八卷首一卷，清袁學謨修，秦燮等纂。清雍正十年（1732）刻，嘉慶二十一年（1816）增刻，道光三年（1823）再增刻本。八冊。半葉九行二十字，小字雙行同，白口，四周雙邊，單魚尾。框高 18.7 釐米，寬 14.3 釐米。首有雍正庚戌（八年）王玶序，雍正十年許泰交序，雍正八年袁學謨序，舊志序三則（順治戊戌〔十五年，1658〕朱之俊序，順治十五年周士章序，順治戊戌姜宗呂序），纂輯姓氏，凡例十則，目錄。書後有雍正庚戌秦燮跋。卷端題："袁學謨。"

石樓縣地處黃河東岸、呂梁山西麓。西漢置土軍縣，屬西河郡。東漢廢。十六國時夏王赫連勃勃置吐京護軍。北魏太平真君九年（448）置嶺西縣，爲吐京郡治。太和二十一年（497）改嶺西縣爲吐京縣。隋開皇十八年（598）改爲石樓縣，得名於縣東石樓山，屬龍泉郡。唐貞觀元年（627）屬東和州，二年改屬隰州。五代至元因襲不改。明萬曆四十年（1612）改屬汾州府。清因之。今屬山西省呂梁市。

袁學謨（1668—1741），字梅谷，江西彭澤人。雍正二年進士。雍正五年任石樓知縣，後任雲南寧州知州、浙江溫處道道台。著有《居易堂浙中新集》。

秦燮，字梅亭，浙江慈溪人。監生。

全書八卷，列三十六門：卷一星野，輿圖，沿革建置，疆域，形勝，山川，津梁，城池，公署（附倉廒、耤田），學校，祀祠（附義塚），輿圖門有總圖、縣城圖、縣署圖、文廟圖、關帝廟圖及十二景圖；卷二典禮、賦役、戶口、稅課、鹽政、里甲、鄉村、寺觀；卷三武備、秩官、歷官、名宦、鄉賢、選舉、人物、忠孝、節義、坊表、仙釋、風俗節序、食物土產、古跡、丘墓、祥異；卷四至八藝文（御製、上諭、祝文、學記、營記、墓記、政記、橋記、路記、申詳、詳文、祭文、表文、示諭、看語、碑記、引、銘、歌、序、詩）。

袁學謨序："舊志已亡，順治十五年邑宰周士章於灰燼之餘，搜殘拾遺，纂輯舊志，僅存什一於千百已耳。閱今七十餘年，余甫下車，亟欲補纂邑志。……今第就所見聞，訪故老，搜殘碣，拾遺篇。……己酉季冬，仝秦子燮偕邑紳士鄭炯等，閱數月餘，徵其文，核其事。"可知此志之修，著手於雍正七年冬，次年完稿，兩年後方纔刻成。

卷八碑記後有知縣姚維藩增刻《石樓縣東北城築牆記》《石樓縣重建節孝祠記》《衆緑軒記》二篇，紀事至嘉慶二十一年。卷四路記後有知縣劉燏增刻《重修石樓北門碑記》《重修石樓衙署碑記》等五篇，紀事至道光三年。

石樓縣明初曾修志書，至清初已亡佚。清代凡兩次修志。第一次爲順治間周士章纂修《石樓縣志》，現僅中國國家圖書館藏有殘本，存第二、第三兩卷，爲藝文、政績二門。此雍正志即第二部，以康熙志爲底本纂成。

有缺葉：卷四第三十葉，卷六第三葉，卷七第十三、十四、二十二葉，卷八詩第四葉。

中國國家圖書館、中國科學院文獻情報中心、故宫博物院圖書館、北京大學圖書館、中央民族大學圖書館等十七館與“中央研究院”歷史語言研究所傅斯年圖書館、臺北故宫博物院及日本東洋文庫、美國國會圖書館亦有入藏。

200. 清乾隆刻本孝義縣志　T3150/4485.83

〔乾隆〕《孝義縣志》二十卷，清鄧必安等纂修。清乾隆三十五年（1770）刻本。八册。半葉十行二十字，小字雙行同，白口，左右雙邊，單魚尾。框高 18.2 釐米，寬 14.6 釐米。前有乾隆三十五年鄧必安序，卷目，同修姓氏，例目，原序（嘉靖三十二年〔1553〕張冕、嘉靖癸丑〔三十二年〕霍冀序、萬曆二十五年〔1597〕趙訥序、趙志分序、萬曆三十五年劉令譽序、萬曆三十五年趙守安序、雍正四年方士謨序）。

孝義縣地處晉中盆地西南隅、吕梁山脈中段東麓。秦漢爲兹氏縣地。三國魏爲中陽縣地。西晉爲隰縣地。北魏太和十七年（493）析置永安縣，屬西河郡。北周屬介休郡。隋屬西河郡。貞觀元年（627）改爲孝義縣，因縣人郭興有孝義得名，屬汾州。北宋太平興國元年（976）改爲中陽縣，後復舊名孝義縣。明、清屬汾州府。1992 年改設孝義市（縣級）。今屬山西省吕梁市。

鄧必安，字東山，江西南豐人，乾隆九年舉人。乾隆三十三年任孝義知縣。

此志體例獨特，列十二志，各志卷次自爲起訖：第一册縣治沿革志一卷；第二册城池疆域志一卷，山川渠堰志一卷，插入《城池圖》《疆域圖》《山川圖》《渠堰圖》，内疆域、山川圖計里畫方；第三册里甲村莊志二卷，田賦貯積志一卷；第四册官司建置志一卷，學校典禮志一卷，物産民俗志一卷；第五册官紳姓名志三卷；第六册人物事跡志二卷，勝跡祥異志一卷；第七册、第八册各爲藝文參考志二卷，計四卷。

鄧必安序：“越歲庚寅，纂修府志，檄取邑近事，遂將邑志所應續應補者條列繕呈。……因即一歲中所身見並邑中諸君所採輯，命兒常編次成帙。”可知此志之纂修，乃因纂修府志徵求各縣史事而作，鄧必安之子鄧常亦曾參與其事。

《例目》詳述各志之內容、宗旨，後敘此志資料來源，謂："國朝雍正四年，知縣方士謨拆裂舊志，益以近事，乃爾來數十年所守之書也。趙志略而少，方則紕繆不勝枚舉，二書具可覆也。今是役主因趙志而訂正者十之一，續編者十之二，補所未及則十之四五。"趙志即萬曆志。

孝義縣明代嘉靖、萬曆年間均曾修志，今已無存，惟序文載於清代諸志。清代凡三次修志。首部爲方士謨纂修《孝義縣志》十八卷，在明萬曆志基礎上增纂而成，雍正四年（1726）刊刻。此乾隆志爲第二部。第三部爲孔廣熙修、何之煌纂《孝義縣續志》二卷，係乾隆志之續作，體例與前志全同，增補乾隆至光緒初年史事，光緒六年（1880）付刻，同時重印乾隆志。

首葉鈐"山西育才館圖書室印記"褐色朱文方印（2.3×2.3 釐米）。

此本《美國哈佛大學哈佛燕京圖書館藏中國舊方志目錄》未見著錄。哈佛燕京圖書館另藏有此志光緒六年重印本一部，與光緒六年刻《孝義縣續志》二卷裝於同一函，索書號爲 T3150/4485.83b。該本六冊，內乾隆志裝爲四冊。

中國國家圖書館、中國科學院文獻情報中心、中國社會科學院考古研究所圖書館、故宮博物院圖書館、中國民族圖書館等三十館與"中央研究院"歷史語言研究所傅斯年圖書館、臺北故宮博物院及日本東洋文庫、京都大學人文科學研究所、法蘭西學院漢學研究所亦藏有此志乾隆三十五年刻本。首都圖書館、中國文化遺產研究院、中國民族圖書館、北京大學圖書館、華東師範大學圖書館等九館與美國國會圖書館、法蘭西學院漢學研究所亦藏有光緒六年重印本。

201. 清康熙刻雍正剜修本汾陽縣志　T3150/3272.81

［康熙］《汾陽縣志》八卷首一卷，清周超修，邢秉誠、趙日昌等纂。清康熙六十一年（1722）刻，雍正間剜修本。二函十冊。半葉九行二十二字，小字雙行同，白口，四周單邊，單魚尾。框高 21.1 釐米，寬 14.7 釐米。首有康熙辛丑（六十年）周超序，康熙己亥（五十八年）趙日昌序，韓謨序，康熙六十一年邢秉誠序，舊志序略（彭範序、王緯序、孔天胤序、白夏序、王緝序、范聯芳序、朱之俊序、鄭之璞序、劉文德序），凡例二十三則，纂修姓氏，舊志纂修姓氏，目錄，圖考。書後有舊志跋（楊煥敬跋），康熙五十八年周于韓跋。

汾陽縣地處太原盆地西南緣。秦漢爲茲氏縣地，屬太原郡。晉改爲隰城縣。唐上元元年（760）改爲西河縣，屬汾州。宋屬河東路。金屬河東北路。元屬冀寧路。明洪武元年（1368）併入汾州，萬曆二十三年（1595）置汾陽縣，爲汾州府治。

1995 年改設汾陽市（縣級）。今屬山西省呂梁市。

周超，字錦川，浙江上虞人。康熙四十八年進士。康熙五十八年任汾陽知縣。

邢秉誠，字寶一，江蘇華亭（今上海）人。

趙日昌，字滋大，山西汾陽人。康熙十四年舉人。

圖考收星圖、《城圖》《文廟圖》《縣治圖》《卜山書院》《汾水行宮》及勝跡圖十二幅。正文八卷，列五十九門：卷一星野、疆域、沿革、形勝（園林附）、津梁、水利；卷二城池，公署（書院附），學校（學田、義田附），壇壝，寺觀，祠廟，碑記附於各條之下；卷三祀典、名宦、鄉賢、忠孝、文行、隱逸、寓賢、方技；卷四仙釋、義俠、貞烈、坊牌、塋墓、倉庫（養濟院附）、舖舍、堡寨（鄉村附）、市集、風俗；卷五藩封，憲司，州郡（周同、州判、吏目附），縣職（雜職附）；卷六封蔭、誥命、甲科、貢士（例貢附）、薦辟、武科（武宦附）；卷七丁徭、田賦、雜稅、屯糧、鹽課、坊里、徵收、起運、存留、驛站、保甲、物產、災祥、幻異、雜記；卷八宸翰、奏疏、藝文、詩歌。

周超序：“余自己亥承乏茲土，爰閱邑乘……此志不修已六十餘年，將恐芳軌異績湮沒無傳，良爲可惜，時即有志纂修。無如簿書鞅掌，又值旱災，遑遑補救，何暇涉獵參考。辛丑秋，哀鴻已集，始得從事簡編。又苦聞見不廣，幸有趙滋大日昌，博洽留心，早成手錄，則草創是資。適家孟友琦于韓在署，任其討論，又特延華亭邢寶一秉誠爲之修飾焉。余雖不敢當潤色之功，然亦時勤較閱，必期考核精詳，方得付梓。”可知此志之修始於康熙六十年秋，而以邑人趙日昌所輯志稿爲底本纂成。

趙日昌序：“誠齋沈公祖來守是邦……因飭汾令而屬余纂修焉，時余承命，愧未逮。康熙十一年，相國衛周祚疏纂各省通志，彙爲一統全書，忽值滇閩之變……未幾沈公致政，事遂寢。茲上虞周父母以名進士來宰是邑，即慨然有志邑乘之修，而仍以屬余。……鍵戶數月，始克告竣。周父母覽之色喜，以爲既得大概，是即成志之基也。由是刪繁就簡，補偏救弊，潤色而成一邑之完書矣。因慨然捐俸，授梓人鐫刻。”

萬曆二十三年設汾陽縣之後不久，知縣尹覺民創修縣志，刊刻於萬曆三十八年，今已亡佚。清代汾陽凡五修縣志。其一爲順治十三年（1656），知縣吳世英修、劉文德纂《汾陽縣志》四卷，列土地、人民、政事、文獻四綱，下分十三紀七十七目，次年付刻。其二即此康熙志。其三爲李文起修，戴震纂《汾陽縣志》十四卷。其四爲周貽繆修、曹樹穀纂《汾陽縣志》十四卷，體例沿用乾隆志，列二十二門，每門後設補遺、正誤、續編，對前志加以考訂、續補，咸豐元年（1851）刊刻。其五爲方家駒、慶文修，王文員纂《汾陽縣志》十四卷，照錄咸豐志，每門亦列補遺、正誤、續編（或續修）三項，訂補前志，光緒十年（1884）刻。

此本《中國地方志聯合目錄》《中國地方志總目提要》並著錄爲康熙六十年刻本，但卷首有康熙六十一年邢秉誠序，卷四貞烈門載康熙壬寅六十一年事二條，當著錄爲康熙六十一年刻本。

"胤"剜去末筆，"禛"剜去左旁作"貞"，而"弘""曆"諸字不避諱，則此本當爲雍正間剜修本。

每册封面鈐"延弼"朱文方印（2.7×2.7釐米），首葉鈐"西河王嘉祚印"白文方印（2.7×2.7釐米），首册封面又鈐"字詒穀號遠齋"朱文方印（2.8×2.6釐米）。

有缺葉：卷八上第二十九葉。

中國國家圖書館、中國科學院文獻情報中心、北京大學圖書館、北京師範大學圖書館、中央民族大學圖書館等十四館與臺北故宮博物院及日本東洋文庫亦有入藏。

202. 清乾隆刻本汾陽縣志　T3150/3272.83

［乾隆］《汾陽縣志》十四卷，清李文起修，戴震等纂。清乾隆三十七年（1772）刻本。八册。半葉十行二十一字，小字雙行同，白口，左右雙邊，單魚尾。框高19.5釐米，寬13.4釐米。前有乾隆三十七年俞調元序，胡邦盛序，乾隆三十七年曹學閔序，乾隆三十七年李文起序，舊志序略（彭範序、王緯序、孔天胤序、白夏序、王緝序、范聯芳序、朱之俊序、鄭之璞序、劉文德序、周超序、趙日昌序、韓謨序），新修汾陽縣志銜名，目錄，例言，圖，秦以來沿革表。

李文起，字鬱瞻，廣東歸善（今惠州）人。乾隆二十五年進士。乾隆三十五年知汾陽縣。

戴震，生平見《汾州府志》條。

卷首有《汾陽縣山川圖》《縣城圖》《縣治圖》《學宮圖》及卜山書院等八景圖，共十二幅，内《山川圖》計里畫方。正文十四卷，列二十二門：卷一沿革，疆域（村市、户口、風俗附）；卷二山川（渠堰、津梁附），城池（關隘、營汛、堡寨附），官署（倉庫、驛鋪、道路附）；卷三賦税、學校（坊表附）；卷四名宦；卷五職官、食封、流寓；卷六人物、孝義；卷七科目（封蔭附）；卷八文苑、仕實、列女；卷九古跡，壇廟（寺觀、仙釋附）；卷十事考、雜識（物産附）；卷十一至十四藝文，録碑記、墓誌、詩文等甚豐。

李文起序："惜此志自康熙辛丑前令周公錦川增修，後五十餘年無踵事者，微獨時移勢易，規制莫詳，懿行嘉言，舉將歸泯泯，是不得不任其責也。會新安戴東原孝廉佐郡尊輯府志成，因延之共事，甫脱稿，亟以公車去。而海寧俞公來代郡，取稿潤色之。戴固名士，俞公又良史才，是書殆無遺憾。"海寧俞公，即俞汝爲，時任汾州府知府。

俞汝爲序："李君文起以粵東名進士來尹斯土，遊刃恢恢，餘閒染翰，又得新安戴孝廉東原佐其考覈，閱數月稿成。李君命繕書録成帙，質於余，取視之，爲卷十二，分目二十有八，義例嚴整，考據詳明，不愧名流手筆。"

此志歷來評價較高。《續修四庫全書提要》稱其"結構嚴謹，一掃前志之荒蕪，綱舉目張，寧闕無濫，誠方志中之善本也"。梁啓超《中國近三百年學術史》以其入清代名志之列。

中國國家圖書館、首都圖書館、中國科學院文獻情報中心、中國社會科學院考古研究所圖書館、中國第一歷史檔案館等五十館與"中央研究院"歷史語言研究所傅斯年圖書館、臺北故宮博物院及日本東洋文庫、京都大學人文科學研究所、美國國會圖書館亦有入藏。

203. 清乾隆刻本河套志　T3266/3243.83

〔乾隆〕《河套志》六卷，清陳履中等纂修。清乾隆七年（1742）刻本。十冊。半葉九行二十字，小字雙行同，白口，四周雙邊，單魚尾。框高 19.3 釐米，寬 15.1 釐米（14.2 釐米）。前有扉頁，高玢序，李紱序，魏廷珍序，儲大文序，邱燾序，劉青芝序，乾隆七年陳履中序，目録。書後有乾隆七年陳履平跋。卷端題："商邱陳履中執夫纂定，宜興儲大文六雅參閱，山陽邱燾誠齋、同懷弟履平坦齋校訂。"

河套指今内蒙古、寧夏二區境内賀蘭山以東、狼山和大青山以南的黄河沿岸地區，也包括陝西、山西二省北部的部分地區，歷代爲邊疆要地。清代爲甘肅寧夏府、陝西榆林府、綏德州、葭州及山西寧武府等府州轄地。

陳履中（約 1688—1758），字執夫，河南商邱人。康熙五十一年（1712）舉人。歷官工部員外郎、廣西道御史、甘肅糧道、寧夏兵備道。另纂修有《神州山水志》《宋州人物志》。

全書六卷：卷一河套建置沿革考；卷二河套内建置郡縣沿革考；卷三陝西寧夏鎮所屬沿河套南邊城堡、山西沿河套邊營堡城口關寨、河套内外山川；卷四河套内古跡、河套内物產、河套地勢興廢略、延綏鎮、河套、邊防、明陝西邊城增築、邊市、邊餉、鹽法鈔；卷五至六藝文（奏疏、表、議、策、記、賦、書、銘）。

此志以考證見長，《四庫全書總目》提要謂"引《魏書》以證涿祁山之爲榆林府地，引《冊府元龜》藥彦稠爲邠州節度使，補五代沿革之闕，又證後魏代郡之即漢朔方郡，據《通鑑》注大城之屬朔方以證《漢書》列傳之大城塞，徵引頗爲繁富"。

陳履中序："歲丙午，余分巡寧夏，按其地東連河套。河套雖屬邊陲外，往往視爲甌脱，而實係中華要地。遂詳考其山川險隘，以及郡縣城池之名，軍衛營堡之處，凡歷代制置强弱、得失興廢之故，遲之既久，因成此帙，雖不能盡無遺闕，然兵形守備已略具矣。”

扉頁刊："桐城方靈皋、臨川李巨來兩先生鑒定河套志。寓園藏板。"

清代專記河套地區史事的志書，另有康熙間儲大文纂修《河套略》一卷，簡述其地理沿革、城池故跡、山川河流、四至八到等，有光緒十七年（1891）《小方壺齋輿地叢鈔》鉛印本。

金鑲玉裝。

《四庫全書總目》入史部地理類存目。

中國國家圖書館、中國科學院文獻情報中心、北京大學圖書館、上海圖書館、復旦大學圖書館等十四館與"中央研究院"歷史語言研究所傅斯年圖書館及日本東洋文庫亦有入藏。

204. 清康熙刻本盛京通志　T3116/0.81

[康熙]《盛京通志》三十二卷，清伊把漢、董秉忠、邊聲廷等修，哲備、孫成等纂。清康熙二十三年（1684）刻本。十二冊。半葉十行二十字，小字雙行同，白口，四周雙邊，單魚尾。框高 24.6 釐米，寬 17.8 釐米。首有康熙二十三年董秉忠序，邊聲廷序，張鼎彝序，孫成序，凡例，纂輯姓氏，目錄，圖。

盛京，清入關前都城，即今遼寧瀋陽市。西漢置候城縣，東漢永初初徙高句驪縣至此，爲玄菟郡治。東漢末廢候城縣。十六國北燕時地入高句驪國。遼置樂郊縣，爲瀋州治。元改瀋州爲瀋陽路，廢樂郊縣。明洪武廢瀋陽路，置瀋陽中衛，屬遼東指揮使司。後金天命十年（1625）努爾哈赤由遼陽遷都瀋陽，天聰八年（1634）尊爲盛京。清順治元年（1644）清軍入關後，以盛京爲留都，十四年設奉天府。1913年廢府爲縣。

伊把漢，滿洲人，康熙二十二年任鎮守奉天等處將軍。

董秉忠，遼東東寧（今遼陽市）人，康熙二十二年任奉天府尹。

邊聲廷，遼東人，貢士。康熙二十一年任奉天府府丞。

孫成，順天府大興舉人。康熙十九年任錦州府知府。

卷一京城志；卷二壇廟志；卷三山陵志；卷四宮殿志；卷五苑囿志；卷六建置沿革志；卷七星野志（祥異附）；卷八疆域志（形勝附）；卷九山川志；卷十城池志；卷十一關梁志；卷十二驛站志；卷十三公署志；卷十四職官志；卷十五學校志；卷十六選舉志；卷十七户口志；卷十八田賦志（稅課、官莊、八旗田畝附）；卷十九風俗志；卷二十祠祀志；卷二十一物産志；卷二十二古跡志（陵墓附）；卷二十三帝王志（后妃附）；卷二十四名宦志；卷二十五人物志；卷二十六孝義志；卷二十七列女志；卷二十八隱逸志；卷二十九流寓志；卷三十方伎志；卷三十一仙釋志；卷三十二藝文志。

董秉忠序曰："盛京固我國家岐豐地也。是志也，列其山川疆土，則將遡高山荒作之勤，稽其建置經畫，則如述考卜燕貽之旨，搜其民風物產，則擬進《豳風・七月》之章，於以仰副皇上觀光揚烈之深心，則志而治道具焉矣。受事以來，早夜競競，國初典制之大請之部臣，邊圉諮之鎮帥，內地則二三有司分歷考究，爲圖有九，爲志三十有二，事舉其綱，詞規其質。訂閱之餘，仰見列聖謨烈之顯赫昭融，深懼固陋不文，不能頌揚萬一。伏惟石渠天禄珥筆之臣，必有潤色大業，黼黻休明者從茲旁搜博覽以期明備焉……"

《中國地方志總目提要》云："是志實爲《古今圖書集成》纂輯者陳夢雷流放盛京時纂修。"

該志是清代東北地區第一部地方總志，所述內容雖以盛京地區爲主，但也包括了吉林和黑龍江兩地。之後康熙五十年《盛京通志》"頒行日久，印刷滋多，梨棗蒙顙，又重新訂正、鋟版印行"。此後，《盛京通志》又有四次較大規模的增訂，雍正十三年（1735）吕耀曾、王河等修的三十三卷本僅存初稿，藏中國國家圖書館。乾隆元年（1736）刻印的四十八卷本《盛京通志》係吕耀曾、王河、宋筠修，魏樞等纂。乾隆十二年由汪由敦主持，在四十八卷本基礎上"刪煩訂訛，釐其次第，補其缺逸，併省卷帙，使無複雜"，修成乾隆十二年刻三十二卷本。而《盛京通志》最大規模的修纂是乾隆四十四年活字本和四十九年武英殿刻本，成書一百三十卷首一卷。

中國國家圖書館、中共中央黨校圖書館、北京大學圖書館、上海圖書館等八館與臺灣故宮博物院及日本國會圖書館、東洋文庫、內閣文庫、東京大學東洋文化研究所、英國國家圖書館等有藏。

205. 清乾隆刻本盛京通志　T3116/0.83

〔乾隆〕《盛京通志》一百三十卷首一卷，清阿桂等修，劉謹之、程維嶽等纂。清乾隆四十九年（1784）武英殿刻本。六十四冊。半葉九行二十字，小字雙行同，白口，四周雙邊，單魚尾。框高 21.3 釐米，寬 15 釐米。卷首有上諭，阿桂等上奉敕重修盛京通志表，凡例，總裁纂修校對諸臣職名，圖，目錄。

阿桂（1717—1797），字廣廷，號雲崖，滿洲正白旗人，太子太保協辦大學士阿克敦之子。蔭授大理寺丞，乾隆三年舉人。授兵部主事，官至武英殿大學士。乾隆朝最爲重臣，在內歷任吏、禮、兵、工各部尚書，在外任將軍、總督。卒諡文成。

劉謹之，字朴夫，號退谷，江蘇武進人，乾隆二十四年舉人。官至户部主事，禮科掌印給事中。

程維岳，字申伯，號愛盧、松笠，浙江嘉善人，乾隆四十五年進士。官至內閣中書，山東道御史。編纂該志時任吏部考功司員外郎。

《上諭》云：“乾隆四十三年七月十三日奉上諭：舊本《盛京通志》敍事簡略，體例亦多未合，著交軍機大臣派員重行纂輯，書成後交武英殿刊刻。欽此！”

卷一至七聖製；卷八至九綸音；卷十至十七天章；卷十八京城；卷十九壇廟；卷二十宮殿；卷二十一山陵；卷二十二星土；卷二十三建制沿革（表一、考一）；卷二十四疆域形勝；卷二十五至二十八山川（卷二十八附古山川考）；卷二十九至三十二城池；卷三十三關郵；卷三十四津梁、船艦；卷三十五至三十六戶口；卷三十七至三十八田賦（卷三十八附旗田官莊稅課）；卷三十九至四十二職官；卷四十三至四十四學校；卷四十五至四十六官署；卷四十七至五十選舉；卷五十一至五十二兵防；卷五十三至五十七名宦；卷五十八至六十四歷朝人物；卷六十五至八十一國朝人物；卷八十二至八十六忠節；卷八十七孝義；卷八十八文學；卷八十九隱逸；卷九十流寓；卷九十一方伎；卷九十二仙釋；卷九十三至九十六列女；卷九十七至九十九祠祀；卷一百至一百四古跡（卷一百四附陵墓）；卷一百五風俗；卷一百六至卷一百七物產；卷一百八雜誌；卷一百九至一百十四清藝文；卷一百十五至一百三十清藝文。

職官紀事至乾隆四十九年。

鈐印“湘鄉陳毅鑒藏”。

《四庫全書總目》著錄。中國國家圖書館、中國科學院文獻情報中心、上海圖書館、遼寧省圖書館、南京圖書館等十館與“中央研究院”歷史語言研究所傅斯年圖書館及日本東洋文庫、英國劍橋大學圖書館、倫敦大學亞非學院、法蘭西學院漢學研究所、比利時魯汶大學圖書館等有藏。

206. 清康熙刻本鐵嶺縣志　T3118/8528.81

[康熙]《鐵嶺縣志》二卷，清賈弘文修，董國祥纂，清康熙十六年（1677）刻本。二冊。半葉五行二十字，小字雙行同，白口，左右雙邊。框高 21 釐米，寬 14.4 釐米。首有康熙十六年賈弘文序，目錄，同修縣志姓氏。末有康熙十六年董國祥跋。

鐵嶺，周秦肅慎氏地，漢晉屬挹婁，隋屬越喜，唐渤海取越喜地，改富州，屬懷遠府。遼改銀州富國軍，金改新興縣，屬延平府。元省縣，明洪武中置鐵嶺衛於鐵嶺城，屬遼東都指揮使司。清康熙三年置鐵嶺縣，屬奉天府。

賈弘文，直隸延慶州（今北京延慶）人，康熙十三年除授鐵嶺知縣。

董國祥，字掌録，直隸安平（今河北冀縣）人。明崇禎十三年（1640）進士。入清後曾任宗人府府丞，官至刑部、吏部右侍郎，後降官，於清順治十七年（1660）

流放尚陽堡，不久徙居鐵嶺。博學多才，多詩文傳世，如《銀岡書院記》等。

是書分二卷。卷上建置志、疆域志；卷下田賦志、學校志、官師志、祥異志、人物志、藝文志。

賈弘文序曰："余未受簡命之先，已奉有旨令直省府州縣各修志書數年矣，蒞任以後，府檄頻催而苦無以應。今歲秋冬之際，乃與紳士之隸籍茲土者謀所以終其事。首建置，謂邑立而後諸務興也，次疆域，謂畫疆而理官司之守也。國家賞賚禄予，士馬兵甲之費，胥於賦入取給焉，故田賦次之，户口又即次之，學校則此地所無，然事之大者不可後，故學校次之，官師相代失得之故，即在衆多之口……故次官師，次祥異，次人物，而以藝文終。大款九，細目二十有九，纂輯率出董子，蒐採校正諸紳士咸與有力，余借手以觀其成耳。嗟乎，余於此則不能無感矣。直省皆有舊志可依，雖今昔異宜，不過數十年事耳，鐵嶺有志，或亦開闢來所未聞乎。"

董國祥跋曰："前代之事若存若亡，縣設未久，鮮可紀者。賈公之爲此志，或據事以徵實，或因言以立教，忠君愛國之意娓娓溢於辭端……寧止一邑之事云爾哉？"

此係鐵嶺最早之志書，康熙二十一年李廷榮增補兩卷，宣統三年（1911）徐麟瑞修《鐵嶺縣志》二十六卷。

金鑲玉裝。

金毓黻撰《遼海叢書總目提要》著録曰："此志舊有刊本，民國四年（1915）新修縣志亦附載之，蓋就當日呈部之稿加以移易增補者也。"

中國國家圖書館、北京大學圖書館、上海圖書館、遼寧省圖書館等七館與"中央研究院"文哲所圖書館及日本東洋文庫、美國國會圖書館等藏。《中國地方志聯合目録》著録北京大學圖書館有藏，誤。

207. 清康熙刻本松江府志　　T3204/4331.81

　　［康熙］《松江府志》五十四卷，清郭廷弼修，包爾庚等纂。清康熙二年（1663）刻本。二十册。半葉十行二十二字，小字雙行同，白口，四周單邊，單魚尾。框高22.6釐米，寬14.9釐米。首有宋徵輿序，凡例，目錄，舊志考，建置沿革年表，圖經，修纂姓氏，舊序（至元二十五年〔1288〕唐天麟《嘉禾志序》、郭晦《嘉禾志序》、成化九年〔1473〕白行中《雲間通志序》、正德七年〔1512〕顧清《松江府志序》、曹文衡《松江府志序》、方岳貢序、董其昌序）。

　　圖經、纂修姓氏、舊序錯裝在卷一，與"建置沿革年表""沿革"交錯穿插。

208. 清乾隆刻本寶山縣志　　T3205/3827.83

　　［乾隆］《寶山縣志》十卷首一卷，清趙酉修，章鏴纂。清乾隆十一年（1746）刻本。五册。半葉十一行二十一字，小字雙行同，白口，四周雙邊，單魚尾。框高18.7釐米，寬14.9釐米。首有扉頁，乾隆十一年陳大受序，乾隆十一年崔紀序，乾隆十一年安寧序，乾隆十一年翁藻序，乾隆十年托恩多序，乾隆十一年傅椿序，蔡長澐序，乾隆十年趙酉序，乾隆十年章鏴序，雍正二年（1724）戶部《分縣部議》，雍正三年張楷《分城題疏》《寶山縣分志詳文》，修志姓氏，凡例，目錄，圖，部卷葉數。扉頁題："寶山縣志。"

209. 清康熙刻本嘉定縣志　　T3205/4638.81

　　［康熙］《嘉定縣志》二十四卷，清趙昕修，蘇淵等纂。清康熙十二年（1673）刻本。二十四册。半葉九行二十字，小字雙行同，白口，左右雙邊，單魚尾。框高

20.6 釐米，寬 14.6 釐米。首有康熙十二年趙昕序，康熙十二年何平序，康熙十二年許自俊序，康熙十二年周陳俶序，康熙十二年闞選序，康熙十二年朱元裕序，《詳請修志原文》，修志姓氏，目錄，凡例。末有蘇淵《嘉定縣志後序》。版心下有鐫刻字數。

嘉定縣，位於上海市西北部，西鄰江蘇省。南宋嘉定十年（1217）置嘉定縣，隸平江府。元元貞二年（1296）升縣爲州，隸平江路。明洪武二年（1369）復爲縣，屬蘇州府，清雍正二年（1724）改屬太倉直隸州。

趙昕，字雪嵊，杭州府餘杭人，順治十八年（1661）進士。康熙八年任嘉定知縣。

蘇淵，舉人。

卷一圖考，建置沿革，疆域（里至、市鎮、鄉都、山岡、墩堠、津梁）；卷二城池、公署、兵禦、戎鎮；卷三星野、祥異；卷四風俗（節序、占候、方言），物產；卷五至六水利；卷七至八賦役；卷九學校（書院、小學）；卷十職官；卷十一選舉（武科、武秩、雜進、封贈、恩蔭）；卷十二祠祀、墳墓；卷十三古跡、寺觀；卷十四名宦；卷十五至十七人物；卷十八至二十三藝文；卷二十四雜識（書目、舊序）。

許自俊序曰："趙公雪嵊以世家名進士，爲海内儒宗，來宰兹土，政興人和，百廢俱舉……乃延名儒若蘇子淵、汪子价、陸子時隆、潘子潤、馬子舒、侯子汸、徐子麟定數輩分曹編輯，家收戶採，廣詢博稽。人盡三長，稿經五易，而侯躬爲總裁，此七子者，皆宿持名教、留心經濟，不與時爲蓬轉者。"

蘇淵後序曰："嘉定志肇修於癸丑二月，至七月而書成。"

凡例云："邑志肇於元之秦輔之，至明都穆則有《練川圖記》，翟校則有《練音志》，則一修於曾魯，再修於龔弘，三修於浦杲，四修於浦南金，然皆一人獨任。至韓侯浚廣聘儒林張應武、唐時升、婁堅等共成之，迄今又七十年矣。今天下大一統，昕奉旨重加修纂，其條目編次悉依《河南新志》，從部頒也。間有稍異，江省與中州不同，邑壤與都會迴別也。"

卷二十四《雜識·舊序》（楊維禎《練川秦志序》、龔弘《龔志舊序》、浦南金《浦志舊序》、王錫爵《韓志舊序》、韓浚《韓志舊序》）。

紙墨俱精，書品極佳。

明正德四年（1509）陸淵修《練川圖記》二卷，鈔本存於上海圖書館。嘉靖二十六年（1547）楊旦修、浦南金纂十二卷本，僅存殘帙。萬曆三十三年（1605）韓浚修二十二卷本。清代五修嘉定縣志，一爲此康熙十二年本，次爲康熙二十三年《嘉定縣續志》五卷（聞在上修、許自俊等纂，康熙二十三年刻本），三即乾隆志十二卷首一卷（程國棟等纂修，乾隆七年〔1742〕刻本），四爲嘉慶志二十卷首一卷（吳桓修、王初桐纂，嘉慶十六年〔1811〕刻本），最後是光緒志三十二卷首一卷補遺一卷（程其珏修、楊震福等纂，光緒八年〔1882〕刻本）。

僅南京圖書館、中國科學院南京地理與湖泊研究所圖書館有藏，天津圖書館存殘帙。

210. 清乾隆刻本南匯縣新志　T3205/4271.83

〔乾隆〕《南匯縣新志》十五卷首一卷，清胡志熊修，吳省欽等纂。清乾隆刻本。十冊。半葉十一行二十三字，小字雙行同，白口，左右雙邊，單魚尾。框高 19.9 釐米，寬 13.7 釐米。首有乾隆五十八年（1793）姚左垣序，乾隆五十八年胡志熊序，前序（欽璉序、雍正八年〔1730〕姚之珂序、雍正十二年欽璉序、雍正八年顧成天序），纂修姓氏，目録，凡例，圖。

南匯縣，位於今上海市東南部，杭州灣北岸，瀕臨東海。元爲上海縣地，明洪武十九年（1386）置南匯嘴守衛千户所。清雍正四年析置南匯縣，治南匯城（今惠南鎮），屬松江府。

胡志熊，湖北孝感人，舉人。乾隆五十六年任南匯知縣。

吳省欽，字冲之，號白華，江蘇南匯人，乾隆二十八年進士。授翰林院編修，歷任順天府尹、禮部右侍郎、工部左侍郎等職。

卷一疆域志（形勢、界址、鄉保、區圖、場團、蘆洲、屯田、邑鎮、團路）；卷二建置志（城池、宮室、衙署、壇廟、禁獄、倉廒、郵舖）；卷三田賦志（地畝、課額、鹽課、蘆課、津鹽、雜稅）；卷四户口志（恩賚、蠲賑、户數、積貯、義賑）；卷五水利志（川港、黃浦、開濬、護塘、海口、海洋、橋梁、津渡）；卷六學校志（學宮、學額、書院、鄉約、鄉飲、義學）；卷七祀典志（文廟、關帝廟、壇、廟、祠）；卷八武備志（營制、兵額、校場、戰馬、巡船、汛地、墩臺、兵燹）；卷九秩官志（文職、武職、漕運官、歷任職名、宦績）；卷十選舉志（辟薦、進士、舉人、貢生、武進士、武舉、行伍、封贈、録蔭、例仕）；卷十一藝文志；卷十二至十四人物志（賢行、仕績、武略、忠烈、孝友、文苑、耆碩、隱逸、義行、藝術、流寓、方外、列女）；卷十五雜志（坊表、墟墓、義塚、古跡、第宅園林、寺院、風俗、土産、祥異、公所、遺事）。

胡志熊序曰："南匯分於雍正四年，知縣事者自欽公璉始，縣志即始於公，邑人顧侍講成天、葉進士承分任蒐輯，閱歲而稿具。侯之復來，重加删補，而書始成。乾隆辛亥，熊承乏兹土，閱其書，政術賅備，綱舉目張，竊謂欽公之志，即公之治也，至今六十餘年……爰集紳士採摭，以顧侍講原稿目録爲詮次，旁及碑碣譜乘，就正於吳白華稷堂兩先生，訂其訛闕，復延虞山姚星岩銓部爲之釐定，名曰《新志》，凡十五卷。”

紀事至乾隆五十九年。“弘”“曆”“禎”“玄”字避諱。

卷首序及前序爲補鈔。

清雍正十三年欽璉創修《南匯縣志》十六卷首一卷，現存中國國家圖書館等十餘館。該乾隆志後，同治年間修纂《南匯縣新志稿》，有鈔本和民國鉛印本流傳。光緒五年（1879）刻二十二卷首一卷末一卷本（金福曾等修、張文虎等纂）；光緒年間刻秦榮撰《南匯縣志札記》，湖南省圖書館存有殘帙。

中國國家圖書館、上海圖書館、南京圖書館等十五館與日本內閣文庫有藏。

211. 清乾隆刻本華亭縣志　T3205/4502.83

［乾隆］《華亭縣志》十六卷，清程明愫等修，王顯曾等纂。清乾隆五十六年（1791）刻本。六冊。半葉十行二十一字，小字雙行同，白口，左右雙邊，單魚尾。框高 19.4 釐米，寬 14.0 釐米。首有扉頁，乾隆五十六年王顯曾序，乾隆五十六年程明愫序，乾隆五十六年鄭濂序，馮鼎高序，乾隆五十六年李廷敬序，原序（正德十六年〔1521〕孫承恩序），纂修銜名，凡例，圖説，目錄。扉頁題：“乾隆辛亥歲纂。華亭縣志。儀松堂藏版。”

華亭縣，唐天寶十年（751）析嘉興、海鹽、昆山三縣地置，治今上海市松江區，屬蘇州。北宋屬秀州，南宋屬嘉興府。元至元十四年（1277）爲華亭府治，次年至明爲松江府治。清與婁縣同爲松江府治。

程明愫，字薇園，湖北孝感人，乾隆五十四年任華亭知縣。

鄭濂，字茂川，浙江遂安人，舉人。乾隆五十六年任華亭知縣。

王顯曾，華亭人，乾隆二十五年進士。禮科給事中。

卷一沿革志，山水志，疆域志（界至、鄉保、市鎮、街巷、橋梁、津渡、郵舖、坊表、兵防、物産）；卷二建置志（城池、官署、倉庫、壇廟、祠、塚墓）；卷三海塘志（塘界、號段、塘式、壩式、筑法、歲修、取土、工費、塘長、管轄、海患、修筑）；卷四鹽法志（場鹽、商鹽、營鹽、私鹽），水利志（水道考、水利考、水利論）；卷五至六田賦志（減蠲、户口、田數、賦額、起運、支給、役法、荒政）；卷七學校志（詔敕、宸翰、聖訓、御碑、廟學、額設、學田、免科、書院、義學），宮室志（行宮、第宅、園亭、僧寺、道觀、古跡）；卷八職官志上（知縣、教諭、訓導、縣丞、主簿、典史、巡檢）；卷九職官志下（名宦傳）；卷十選舉志上（進士、舉人）；卷十一選舉志下（薦辟、貢生、武科、例選、封贈、錄蔭）；卷十二至十四人物志（名臣傳、忠孝傳、懿行傳、貞節傳、文苑傳、隱逸傳、藝術傳、流寓傳、方外傳）；卷十五石刻志、藝文志；卷十六兵燹志、祥異志、軼事。

李廷敬序曰："考宋之《雲間志》《嘉禾志》，元之松江郡前志、續志，皆華亭縣志也。洎明孫文簡本顧文禧《松江府志》修爲《華亭縣志》，第畫出上海而已。今華亭自遞分後，其疆界僅得之七之一，則志之將何如？……今夏余來守雲間，會王文園掌科修輯華亭縣志。書成，亟借披讀，見夫峰、泖爲華亭名勝，而今不繁引也；機、雲爲華亭人物，而今不詳述也；蓴菜、鶴爲華亭物産，而今不專書也。……以土爲法，界畫之嚴同城塹，勘校之刻若仇讎。顧於域中事，數十百年仍復搜羅殆盡，不蔓不枝，正得《華亭縣志》之真面目。"

王顯曾序曰："己酉冬，邑宰孝感程侯倡修縣志，屬顯曾總其事。自揣賦性戇直，恐得罪鄉黨，固辭。程侯固請，前太守長樂馮公復諄諄諉諉，廼勉應之。時王條山、王瑤峰、鍾康盧、翁石瓠爲分纂，沈古心、沈銀槎、錢谷香、沈安貞爲董事。庚戌夏，程侯有入覲之行，亟爲開局。及侯去，董事置身局外，不復惠來。辛亥春，署縣中江李侯又以經費不敷，辭卻條山、康盧，而同事者僅寥寥二三人矣。鄙見華亭舊壤既劃去六邑，則所纂故實不容走入他邑甲里。於是文已成而復删，稿將脱而重改，體例稍峻，物議譁然。賴今太守滄州李公一力維持，俾得蕆事。又賴遂安鄭侯墊俸開雕，始能裝釘成帙。顯曾首沿革以紀分合之由，次山水以見古今之別。瑤峰則敘疆域，而兵防物産附焉。疆域已定，營造聿興而瀕海之隄防宜固，建置、海塘次之，此亦顯曾所撰。海患既彌，海利乃收，潮夕汐旱潦有備，水土平而農事起，衣食足而文教興，鹽法、水利、田賦、學校次之，文物之邦，翠華重蒞，誠盛典也。至於名賢托跡、仙佛留蹤，亦足爲地方生色，宮室次之，此皆瑤峰所輯。教養之事，厥惟民牧，職官次之，顯曾舉其概，石瓠爲之傳。髦士之烝，不離耘耔，選舉次之，石瓠備其名，顯曾核其實。漸摩之久，蔚爲地靈，人物又次之，顯曾傳名臣、忠孝、隱逸、流寓，與石瓠共傳懿行、文苑，瑤峰傳貞節、藝術，石瓠傳方外。瑤峰志石刻，顯曾志藝文，又與石瓠共志兵燹、祥異，而以瑤峰所志軼事終焉。若夫參校之責，則陸君若璿一人獨任之。是役也，顯曾在局一十五月，成志一十六卷。"

刻工：聞錦達。

職官紀事至乾隆五十六年。

明正德十六年（1521）聶豹創修《華亭縣志》十六卷首一卷，現存臺灣（原屬中國國家圖書館）。清代最早即此乾隆志，另有光緒五年（1879）刻《重修華亭縣志》二十四卷首一卷末一卷（楊開第修、姚光發等纂），以及閔萃祥撰《重修華亭縣志》拾補一卷校訛一卷，有鈔本和民國鉛印本存世。

中國國家圖書館、北京大學圖書館、南京圖書館等十三館與日本東洋文庫、美國國會圖書館有藏。

212. 清乾隆刻本婁縣志　T3205/5469.83

　　[乾隆]《婁縣志》三十卷首二卷，清謝庭薰修，陸錫熊纂。清乾隆五十三年（1788）刻本。十四册。半葉十一行二十一字，小字雙行同，白口，四周雙邊，單魚尾。框高 19.1 釐米，寬 14.5 釐米。首有乾隆五十三年謝庭薰序，發凡，纂輯銜名，目録。

　　婁縣，清順治十三年（1656）分華亭縣西南境置，治今上海市松江區。與華亭縣同爲松江府治。雍正二年（1724）分縣南境置金山縣。1912 年併入華亭縣。

　　謝庭薰，字自南，號韶莊，貴陽人。舉人。乾隆四十七年任婁縣知縣。

　　陸錫熊，字健男，號耳山，上海人。乾隆二十六年進士。官至都察院左副都御史，與紀昀同爲《四庫全書》總纂官。

　　卷首上巡典；卷首下宸翰；卷一沿革志；卷二建置志；卷三疆域志；卷四至五山川志；卷六至七民賦志；卷八學校志；卷九軍政志；卷十祠祀志；卷十一食貨志；卷十二藝文志；卷十三至十四名跡志；卷十五祥異志；卷十六官師表；卷十七至十八選舉表；卷十九名宦傳；卷二十至二十六人物傳；卷二十七藝術傳；卷二十八至二十九列女傳；卷三十流寓傳、方外傳。

　　謝庭薰序曰：“甲辰夏，薰詳準修輯，得上洋陸大理公總纂，徐孝廉莪沚諸君子兢兢從事，大要凜遵聖謨而熔鑄經義史體，舉綱張目，循名責實，凡研磨五十月而後竣。”

　　發凡云：“凡地志多因襲增修，而婁獨創始，故用力較艱。華亭既未有新志，明代舊本尤極蕪陋，今所據者惟顧、陳、郭三府志，而自康熙改元以來又及百年，久未續輯，文獻無徵，莫斯爲甚。今雖博訪故老，旁稽野乘，而放佚尚多，蒐羅未備。不過愧具崖略，以爲大輅椎輪，考訂補綴，有望於後之君子。”

　　此本中國國家圖書館和美國國會圖書館著録爲乾隆五十一年刻本，欠妥。卷八學校，第十九葉上“乾隆五十三年婁邑紳士王璋捐入書院”，第十九葉下“乾隆五十三年府屬紳士捐錢華邑”，卷十六官師，第十七葉，“楊世綬五十三年八月以武進縣丞署事”，卷十八選舉第三十五葉下，“五十三年戊申先行己酉正科鄉試”，可證。

　　該志爲婁縣志創修，後有光緒五年（1879）汪坤厚等修、張雲望纂《婁縣續志》二十卷。

　　中國國家圖書館、上海圖書館、中國文化遺產研究院、南京圖書館等五十餘館與“中央研究院”歷史語言研究所傅斯年圖書館及日本國會圖書館、內閣文庫、静嘉堂文庫、東洋文庫、京都大學人文科學研究所、美國國會圖書館、英國國家圖書館等有藏。

213. 清乾隆刻本青浦縣志　　T3205/5232.83

〔乾隆〕《青浦縣志》四十卷，清楊卓、孫鳳鳴修，王昶纂。清乾隆五十三年（1788）刻本（卷二十六至三十一、三十五至三十八配補鈔本）。二十冊。半葉十行二十二字，小字雙行同，白口，左右雙邊，單魚尾。框高 21.1 釐米，寬 14.6 釐米。首有扉頁，乾隆五十一年王昶序，乾隆五十一年閔鶚元序，舊序（萬曆二十五年〔1597〕王圻序、康熙八年〔1669〕韓世琦序、康熙八年盧鋐序、康熙八年魏求序、諸嗣郢序），修志銜名，凡例，目錄。末有乾隆五十三年孫鳳鳴《重刊青浦縣志後序》。扉頁題："乾隆戊申鐫。大中丞、大制憲、大文宗鑒定。青浦縣志。尊經閣藏版。"

青浦縣，明嘉靖二十一年（1542）由上海、華亭兩縣析置青浦縣，屬松江府。嘉靖三十二年廢。萬曆元年（1573）復置，清因之。1912 年屬江蘇省，1958 年劃歸上海市。

楊卓，字鶴然，四川江安人，乾隆三十四年進士。乾隆四十六年任青浦知縣。

孫鳳鳴，字桐峰，安徽鳳陽人，乾隆三十年拔貢。乾隆五十二年任青浦知縣。

王昶，字德甫、琴德，號述庵、蘭泉，青浦縣人，乾隆十九年進士。歷官刑部右侍郎、左副都御史、江西布政使、雲南布政使等職，編有《國朝詞綜》等。

卷一圖、分野、疆域、沿革、城池（附坊巷）、風俗；卷二山；卷三水；卷四至六水利；卷七至九田賦；卷十徭役、鹽法；卷十一荒政、物產、公署；卷十二學校、兵防；卷十三鄉保（附戶口）、市鎮；卷十四橋梁、壇廟；卷十五至十六寺觀；卷十七古跡；卷十八至十九第宅園林；卷二十塚墓；卷二十一官師；卷二十二科目（附例貢監）；卷二十三封蔭（附鄉飲事例）；卷二十四名宦；卷二十五至三十人物；卷三十一藝術、流寓；卷三十二至三十四列女；卷三十五釋道；卷三十六至三十七藝文；卷三十八祥異；卷三十九至四十雜記。

閔鶚元序曰："青浦置縣自明嘉靖二十一年割華亭西北二鄉始，旋廢。萬曆元年復置，嗣又割華亭集賢鄉、上海新江鄉以實之。國朝雍正二年以地廣賦繁，分置福泉縣，乾隆八年仍併於一，此立縣之大凡也。舊志創於王學使洪洲，續於諸進士乾一，今且百餘年矣。典制之增新，人物之繼起，著述之留遺，與夫耆宿之旁參互訂，久且散佚無統，甄而錄之，是固有待。乾隆四十六年，今方伯述庵王公以中禁儒臣擅製作手居憂里門，躬任其事，又擇同志十八人分類纂輯，例密義嚴，因地以繫人，因人以繫事，勿猥勿併，有脊有倫，凡舊志之舛者正之，缺者補之，越五年而書始成，洵乎稱善志焉。"

凡例云："縣治立於萬曆元年，至卓侯鈿修志僅二十年，自卓侯而至魏侯球再修凡七十餘年，其自魏侯至今，則計有一百十八年，歷時最久，且府縣兩志於鼎革間事皆未載入。而府志未修亦已一百十年，更有文獻無徵之憾。""青浦縣治建於明萬曆年間，迄今不及二百年，遺聞舊事絕無可見。而今隸於青邑，舊隸於華亭、上海者，其間人物、事跡不能分疆劃界，既未可俱爲引入，而芟削亦無憑準。考松江志書始於宋楊潛《雲間志》，嗣後顧清、陳繼儒之府志繼之，其書尚存。今姑就諸志及本縣王圻、諸嗣郢兩志，參以詩文各集，與夫叢書課稅，考其實係於青邑者詳悉增訂，不敢遺亦不敢濫也。"

孫鳳鳴後序曰："丁未承乏斯土，甫入疆，試多士於書院，詢以邑乘，群起對曰：青志失修久矣。鄉大夫述庵王方伯纂輯五載，既成而未之梓。余又喟然曰：'是司土者之責也。'捐廉倡之，各紳士亦踴躍從公，不數旬貯千金。乃以五十三年夏五，復校全書而授之剖劂氏，凡卷四十二、類三十有六、圖二十，而乙巳迄今之事併附入焉。"

刊刻：胡永孝。

紀事至乾隆五十三年。

現存最早青浦縣志爲萬曆卓鈿修、王圻纂八卷本，僅存殘帙於中國國家圖書館。清代該志凡三修，一是康熙八年志（魏球修、諸嗣郢纂，十卷本），二即此乾隆志，三即光緒五年（1879）志（汪祖綬等修，三十卷首二卷末一卷本）。

中國國家圖書館、北京大學圖書館、上海圖書館等十館有藏，其中甘肅省和江西省館僅存殘帙。

214. 清雍正刻本崇明縣志　　T3205/2962.82

［雍正］《崇明縣志》十八卷首一卷，清張文英修，沈龍翔纂。清雍正五年（1727）刻本。十冊。半葉十行二十一字，小字雙行同，白口，四周單邊，單魚尾。框高20.6釐米，寬13.8釐米。首有扉頁，雍正五年陳天培序，雍正五年張文英序，雍正五年沈龍翔序，雍正五年葉長揚敘，目錄，凡例。扉頁題："雍正五年重修。崇明縣志。"

崇明縣，崇明島是中國第三大島，原爲長江口沙洲，唐武德年間露出水面。五代楊吳於顧俊沙置崇明鎮，始有此稱。南宋嘉定間設鹽場，元至元十四年（1277）置崇明州，隸揚州路。明洪武二年（1369）改爲崇明縣，先後隸蘇州府、太倉州。清因之。

張文英，字蔚千，正黃旗滿洲人，康熙五十二年舉人。曾任興化知縣，雍正元年始任崇明知縣。

卷首天章；卷一輿地志（輿圖〔附圖説〕）；卷二星野、沿革、疆域、形勝、山川、沙鎮；卷三至五建置志（城池，官署，學校〔義學、祠祀附〕，坊巷，橋梁〔公占、備考附〕）；卷六至九賦役志（戶口、鄉鄙、頃畝、田制、糧額、正供、里役、備考、蠲賑、物産、風俗〔方言附〕）；卷十至十一武備志（軍兵、巡防、汛地、汛期、戰船、預儲、協濟、營房、堡城、墩臺、火藥軍器、倭警、寇警）；卷十二官聯志（統轄秩官年表、文秩官年表〔巡檢附〕、營秩官年表〔守御秩官附〕）；卷十三選舉志（文甲科年表〔薦辟、封贈、貢監附〕，武甲科年表〔戎籍、封贈附〕）；卷十四宦跡志（大吏、循良、師表、守御）；卷十五至十六人物志（列傳、忠節、孝友、文苑、武略、尚義、耆行、隱逸、列女、方伎、流寓、仙釋）；卷十七幽異志（壇廟、古跡〔塚墓附〕、祲祥）；卷十八占候、雜記；卷十九至二十藝文志（賦、詩、文、舊序）。舊序（至正十一年〔1351〕張士堅序、正統九年〔1444〕張慶序、正統九年□□序、正統九年季□序、嘉靖四十年〔1561〕邢國士序、萬曆三十二年〔1604〕吳夔管序、康熙□□年朱衣點序、康熙三十年黃緒序）。

張文英序曰："古志每患殘闕，康熙辛酉前尹遂寧朱公重輯之，迄今幾五十載……予不揣固陋，治事之暇，與一二同志採遺編，詢故老，凡覩記所及，傳聞異詞者，去其紕繆，補其遺亡，視舊志特加詳焉。書成，分二十卷，爲類十，類各有目。"

葉長揚敘曰："歲丁未，張公以崇志未備，欲增删而重訂之，作書以示余，因涉江至崇，商搉書目，分晰義類，先後鑿然，別於舊志……大率總其成者三韓張公蔚千，而纂輯之者北榜同譜廣陵沈子興之也。"

張文英撰凡例云："《崇明州志》昉於元至正十四年甲午，知州程世昌始創爲之，今不可考。自明洪武改縣後，至正統九年甲子修於知縣張潮，未既厥工，知縣陳文續修成書，止兩册。所載皆屬草創，時事既已荒略，又經城圯，無足爲據。嘉靖四十年辛酉知縣范性所修不可得見。惟萬曆三十三年甲辰知縣張世臣修者四小本尚存，部略加增而文詞弇鄙、事跡脱落，難備掌故。入國朝順治庚寅迄康熙癸丑，知縣劉緯、王恭先遞修未果。至二十年辛酉知縣朱衣點勉成厥役，褒然八本，而以志中訐直太過，奸蠹群閧，假手提督毀其板，朱公不得已删從簡約。並而觀之，前本冗而俚，後本簡而漏，皆非志體，難以取徵。兹編彙集前後各本，旁採四鄰邑乘，搜索靡遺，參考討論，加以四十餘年之軼事，凡二十卷，遂成鉅觀。""修志之役，事非一人，時非一日，誠難之也。初擬延聘同學沈君興之、葉君爾翔同任其事。葉君以浙募暫至，匝月而歸，遂專屬之沈君。然人不一手，往往美疵各異，多歷時日，未免頹惰遊閒。兹則編輯不分，刻期半載，聿告成功。事核而備，辭雅而醇，蓋非吾老友沈君之好學深思、勤敏專壹不能然也。"

秩官、甲科紀事至雍正四年。

現存最早的崇明志爲正德崇明縣重修志十卷（陳文修、黃韋纂，正德八年〔1513〕刻本），萬曆年間張世臣修、陳宇俊等纂《新修崇明縣志》十卷（萬曆三十二年〔1604〕刻本）。清代凡四修志，一爲康熙二十年修《崇明縣志》十四卷（朱衣點修、黃國彝纂，康熙二十三年刻本），次爲此雍正五年志，再爲乾隆志二十卷首一卷本（趙廷健修、韓彥曾等纂，乾隆二十五年刻本），最後是光緒志十八卷（林達泉等修、李聯琇等纂，光緒七年〔1881〕刻本）。

中國國家圖書館、上海圖書館、北京師範大學圖書館、南京圖書館、廣東省圖書館有藏。

215. 清乾隆刻本崇明縣志　T3205/2962.83

　　〔乾隆〕《崇明縣志》二十卷首一卷，清趙廷健纂修，清乾隆二十五年（1760）刻本。十冊。半葉十行二十一字，小字雙行同，黑口，左右雙邊，無魚尾。框高 18 釐米，寬 13.5 釐米。首有乾隆二十五年趙廷健序，□□年韓顔曾序，修志姓氏，目録，凡例。

216. 明嘉靖刻本南畿志　T3203/4225.7

　　[嘉靖]《南畿志》六十四卷,明聞人詮修,陳沂纂。明嘉靖刻本(卷首、一至七、十四至二十三、三十部分、三十一、三十六至三十九、五十三至五十六配補鈔本)。二十八册。半葉九行十九字,小字雙行同,白口,左右雙邊,單魚尾。框高21.3釐米,寬15.7釐米。首有佚名序,凡例,輯志名氏,目録。卷一首題:"大中大夫山西行太僕寺卿致仕前翰林院侍講經筵國史官陳沂。"書口下有刻工。

217. 清康熙刻本江南通志　T3203/3142.81

　　[康熙]《江南通志》七十六卷,清王新命等修,張九徵等纂。清康熙二十三年(1684)刻本。四十册。半葉十行二十字,小字雙行同,白口,四周雙邊,單魚尾。框高23.9釐米,寬17.4釐米。首有康熙二十三年王新命序,康熙二十三年于成龍序,康熙二十三年余國柱序,康熙二十三年徐國相序,康熙二十三年薛柱斗序,康熙二十三年靳輔序,康熙二十三年張志棟序,康熙二十二年丁思孔序,康熙二十三年柯永昇序,凡例,目録,修志姓氏。

　　江南,夏商時期屬揚州,周爲吳越地,秦屬鄣郡和九江郡,漢屬丹陽郡,歷經揚州、南兖州等變遷,唐曾置淮南道和江南東道,宋置淮南路和江南路,元代包括江浙行省,江南諸道行御史臺,明置南直隸。清順治二年(1645)改置江南省,治江寧府(今江蘇南京市)。康熙六年分爲江蘇、安徽二省,但此後習慣上仍合稱此二省爲江南省。

　　王新命,字純嘏,滿洲籍,四川潼川人,貢監。康熙二十三年任江南總督。

　　張九徵,字公選,江南丹徒人,順治四年進士。内閣學士兼禮部侍郎。

　　卷一圖考;卷二至三建置沿革;卷四星野;卷五祥異;卷六疆域;卷七至八山川;

241

卷九風俗；卷十城池；卷十一兵制；卷十二河防；卷十三江防、海防；卷十四水利；卷十五封建；卷十六戶口；卷十七至十八田賦；卷十九漕運；卷二十關稅；卷二十一鹽政（錢法附）；卷二十二驛傳（船政附）；卷二十三蠲卹；卷二十四物產；卷二十五至二十六職官；卷二十七公署；卷二十八學校（貢院、書院附）；卷二十九至三十二選舉；卷三十三祠祀；卷三十四陵墓；卷三十五至三十六古跡（寺觀附）；卷三十七帝王（后妃附）；卷三十八至四十一名宦；卷四十二至五十一人物；卷五十二至五十三孝義；卷五十四至五十五列女；卷五十六隱逸；卷五十七流寓；卷五十八仙釋；卷五十九方伎；卷六十至七十六藝文。

王新命序曰："去歲準禮部咨，奉旨修湖廣通志，隨檄督所司刻期告成，臣颺言於簡端，因剞劂未竣，先以鈔寫本帙咨部，今祇命來吳，更見江南勝概，臣何幸也。……斯編薈萃周詳，類序嚴慎，以備一統志之採擇，以揚扢聖代化成之萬一，不猶爲黼黻太平之盛事也哉。至董屬討論者，則臣成龍、臣國柱、臣國相之力也。臣涓埃未效，樂觀厥成，謹稽首爲序以獻。"

于成龍序曰："我皇上御極二十有二年，癸亥，禮部奉旨檄催天下各省通志，限三月成書。臣成龍承乏兩江總督，應董其事。江西去臣駐劄江寧千有餘里，乃檄署江西巡撫布政使臣張所志草創，送臣審定送部。其江南省通志則臣成龍與江蘇撫臣余國柱，安徽撫臣徐國相徵屬府州縣新舊各志，及先儒先賢著述論建之有關地方，應備採拾者，開局江寧，延聘在籍儒臣及文人宿學，通達治體，諳悉典故者，編纂稽考甲乙次第，而臣成龍、臣國柱、臣國相且相與親爲討論焉，并董屬在局諸臣就明繼晷，敏皇將事。計六閱月而書成，共七十六卷。"

紀事至康熙二十三年止。"玄"字避諱，"弘""曆"二字未避諱。《中國地方志總目提要》云："有乾隆元年江南通志局刊本，另有乾隆《四庫全書》本。"誤。該書係康熙年間刊刻。乾隆元年刻《江南通志》爲二百卷首四卷，尹繼善等修，黃之雋等纂。《四庫全書》選取的也是乾隆《江南通志》，而非此康熙《江南通志》。

此志係江南地區第一部通志。清代二修江南通志，一是此本，二即乾隆元年《江南通志》。

中國國家圖書館、中國科學院文獻情報中心、北京大學圖書館、上海圖書館、南京圖書館等十八館與日本內閣文庫、東洋文庫、日本國會圖書館、法國國家圖書館等有藏。

218. 清乾隆刻本江南通志　　T3203/3142.83

［乾隆］《江南通志》二百卷首四卷（缺首四卷），清尹繼善等修，黃之雋等纂。

清乾隆元年（1736）刻本（序目一卷、卷一百五十三、一百七十一至一百七十八配補鈔本）。一百零一册。半葉十一行二十三字，小字雙行同，白口，左右雙邊，單魚尾。框高 20.7 釐米，寬 14.7 釐米。首有表，乾隆元年趙國麟序，乾隆元年補熙序，乾隆二年高斌序，乾隆元年張廷璐序，乾隆元年尹會一序，乾隆元年晏斯盛序，乾隆元年劉柏序，乾隆元年王恕序，纂修職名，凡例，目録，原修姓氏。

219. 清康熙刻乾隆印本江寧府志　　T3204/3132.81

[康熙]《江寧府志》三十四卷，清陳開虞纂修。清康熙七年（1668）刻，乾隆印本。二十册。半葉十行二十一字，小字雙行同，白口，左右雙邊，單魚尾。框高 22.2 釐米，寬 15.2 釐米。首有康熙七年屈盡美序，康熙七年韓世琦序，康熙七年法若真序，康熙六年周亮工序，康熙六年鄧旭序，康熙六年陳開虞序，原序（明萬曆五年〔1577〕殷邁序，清順治五年〔1648〕林天擎序），凡例，江寧府懇修府志詳文，目録。

江寧府，五代改金陵府置。北宋開寶元年（968）改爲昇州，後復爲江寧府。南宋建炎三年（1129）改建康府。元升爲建康路，後改集慶路。明爲應天府。清順治二年復改江寧府。

陳開虞，陝西西安人，生員。康熙元年任江寧知府。

卷一至二圖紀；卷三沿革表；卷四疆域志（風俗附）；卷五至六山水志；卷七建置志；卷八至十賦役志；卷十一學校志；卷十二至十四科貢表（薦舉附）；卷十五至十七歷官表（封爵附）；卷十八至十九宦跡傳；卷二十至二十七人物傳（附孝義、列女、方伎、釋道）；卷二十八古跡志（宅墓附）；卷二十九災祥志；卷三十祠祀志；卷三十一至三十二寺觀志；卷三十三至三十四摭佚。

陳開虞序曰："金陵舊志修於萬曆初載，至今且八十餘年。自皇清綏定南服，改南京爲江南省，改應天府爲江寧府，迄今二十三年矣。……因請之兩臺暨藩臬，諸公均許屬筆。予遂自忘固陋，廣諮博訪，不憚多方蒐索，一時賢人君子又多匡其不逮，謬爲詮次，訂訛補闕，八閱月告成事焉。"

書中紀事至康熙六年，"玄""弘""曆"三字有避諱，有不避諱者，當係乾隆以後的後印本。

該志係清代江寧府最早志書，除此康熙七年刻本外，還有乾隆五十四年孫覯光補刻本，以及嘉慶七年（1802）補刻本。康熙二十二年，于成龍纂修《江寧府志》四十卷，僅鈔本存世。此後還有嘉慶《新修江寧府志》五十六卷（吕燕昭修、姚鼐纂，嘉慶十六年刻本），同治《續纂江寧府志》十五卷首一卷（蔣啓勳、趙佑宸修，汪士鐸等纂，光緒六年〔1880〕刻本）。

中國國家圖書館、北京大學圖書館、中國科學院文獻情報中心等十一館有藏，其中二館藏殘帙。日本內閣文庫、尊經閣文庫、美國國會圖書館等亦有收藏。

220. 清乾隆刻本無錫縣志　T3205/8382.83

〔乾隆〕《無錫縣志》四十二卷首一卷，清王鎬修，華希閔纂。清乾隆十六年（1751）刻本（卷首補鈔）。十六冊。半葉九行二十二字，小字雙行同，白口，左右雙邊，單魚尾。框高 18 釐米，寬 13.7 釐米。首有乾隆十八年莊有恭序，乾隆十八年雷鋐序，乾隆十六年王鎬序，乾隆十五年王湘序，原序（康熙二十九年〔1690〕吳興祚序，康熙二十九年徐永言序，康熙二十九年嚴繩孫序，康熙二十九年秦松序），圖，凡例，修志姓氏，目錄。

無錫縣，位於江蘇省南部。西漢置無錫縣，新莽時改有錫縣，東漢仍復無錫縣。三國吳廢，西晉太康元年（280）復置，元升爲州，明洪武二年（1369）降爲縣。清雍正四年（1726）析置金匱縣，與無錫縣同城而治。

王鎬，浙江會稽（今紹興）人，例監保舉。乾隆十二年任無錫知縣。

華希閔，字豫原，號劍光，江蘇無錫人，舉人。雍正十三年舉博學鴻詞科，歷任南淮縣教諭。

卷首圖；卷一建置沿革（星野、疆域、接編）；卷二錄史（吳太伯世家附春申君列傳）；卷三山（附墩）；卷四水（附泉）；卷五城郭、鄉都；卷六街坊、橋梁（附渡）；卷七户口、額賦（賦役一）；卷八起存（賦役二）；卷九起存（賦役三）；卷十徭役（賦役四）、蠲賑（賦役五）、兵防；卷十一風俗、物產；卷十二廨署、學校（附書院義學）；卷十三壇壝、祠廟；卷十四古跡；卷十五園亭；卷十六至十七寺觀；卷十八冢墓；卷十九令佐表；卷二十教職表；卷二十一進士表；卷二十二舉人表；卷二十三貢生表、舉辟表（附效用）、武科表；卷二十四封贈、蔭敘、諡典、鄉飲；卷二十五遺愛；卷二十六至二十八宦跡；卷二十九儒林；卷三十文苑；卷三十一忠節；卷三十二孝友；卷三十三獨行、行義；卷三十四耆碩、隱逸；卷三十五方伎；卷三十六至三十七貞烈；卷三十八流寓、釋道；卷三十九著述；卷四十祥異；卷四十一雜識；卷四十二補編。

王鎬序曰：“余不敏，承乏斯邑，雅有志於復纂而力未遑，喜臺樹之留意文憲也，遂度地開局，延邑中名宿，分任纂修。於是華徵君芋園、顧澂君復初、譜廣文二田、顧進士星五，相與搜掌故，採藏書，濡筆而潤飾之。舊志之略者詳，遺者拾，斷者續。至分邑始雍正丙午，割棄則略於古，統同則垂於今。茲於兼收并錄之中略區先後，俾至客易辨而源委可稽，凡十閱月而告竣。蓋諸先生用力之專且勤若此。若夫監理局事，商榷體裁，點檢周而規制肅，則王司教楚帆之力爲多。余久荒筆硯，而判牘之暇，恒樂諸公與參訂同異、上下其議論焉。”

凡例云：“兹編溯前庚午正六十年。在昔遺聞於今半佚，所僅見者惟元王處士仁輔志，明景泰馮善不全志，弘治吳鳳翔、李庶志，萬曆秦布政梁志、張運使愷、唐太常鶴徵、陳進士玉瑺《常州府志》，今華徵君希閔《金匱縣志》外，則黃知縣廣史逸、王職方永積《景物略》，尤鏜《人物志補遺》《梁谿雜事》，尤處士晉《勾吳聞見録》，談文學修《縣學筆記》《惠山古今考》，及其孫高祐《錫山別考》。近則顧舍人貞觀《邑志補訂》，華秀才玉淳《邑志拾遺》，不及二十種而已。（黃秀才蛟起有《西神叢語》，亦未得見。最後得王文學果延《開化志補編》，多取之。）其舊人著述僅以名存者，若顧提舉起經《句吳逸典》，翟隱士厚《錫山遺響》，莫工部息《續錫山遺響釋》，至《迪惠山志》、尤州判鏜《無錫山水志》、孫文學秉禾《邑志辨訛》凡六種，其并名俱逸者又不知幾何矣。……所愿藏書家錫以百朋資之，再補是區區無已之志也。”

令佐紀事至乾隆十五年。

現存最早無錫志爲佚名纂《無錫志》四卷，明刻本，次爲明弘治《重修無錫縣志》三十六卷（吳鳳翔修、李舜明纂，弘治七年〔1494〕刻本），三爲萬曆《無錫縣志》二十四卷首一卷（周邦傑修、秦梁等纂，萬曆二年〔1574〕刻本）。清代歷修無錫縣志，首爲康熙《無錫縣志》四十二卷（徐永言修、嚴繩孫、秦松齡纂，康熙二十九年刻本），二爲此乾隆志，三爲乾隆《錫金小録》十二卷（乾隆十七年黃卬纂，光緒二十二年（1896）王念祖活字本），四係嘉慶《無錫金匱縣志》四十卷首一卷（秦瀛纂，嘉慶十八年〔1813〕刻本），五爲道光《無錫金匱續志》十卷首一卷（李彭齡修、楊熙之纂，道光二十年〔1840〕刻本），六係《錫金志外》五卷（華湛恩纂，道光二十三年刻本），七爲道光間《錫金考乘》十四卷首一卷（周有壬纂，同治九年〔1870〕世瑞堂活字本），八係光緒《無錫金匱縣志》四十卷首一卷（裴大中、倪咸生修、秦湘業等纂，光緒七年〔1881〕刻本）。

南京圖書館、故宮博物院圖書館、天津圖書館等八館與日本静嘉堂文庫有藏。

221. 明崇禎刻本江陰縣志　T3205/3173.7

〔崇禎〕《江陰縣志》八卷首一卷，明馮士仁修，徐遵湯、周高起纂。明崇禎十三年（1640）刻本。十册。半葉十行二十二字，小字雙行同，白口，左右雙邊，無魚尾。書口下刻“崇禎十三年修”。框高 22 釐米，寬 14.2 釐米。首有崇禎十四年張鳳翮序，張嘉嗣序，崇禎十三年馮士仁序。首一卷有舊序（紹熙五年〔1194〕俞巨源序，郭庭堅《紹定續修記》，至元朱子昌題識，洪武九年〔1376〕饒玄德序，洪武二十四年賀子徽序，永樂二十年〔1422〕陳贄序，顏瑄《天順中重修目錄》，羅輔《弘治中重修凡例》，正德十五年〔1520〕高賓序，正德十五年方謨序，嘉靖二十七年〔1548〕唐順之序，嘉靖二十六年張衮序，嘉靖趙錦序，萬曆四十七年〔1619〕宋光蘭序），凡例，修志捐銀姓氏，修志姓氏，目錄。

222. 清乾隆刻本江陰縣志　　T3205/3173.83

　　〔乾隆〕《江陰縣志》二十四卷首一卷，清蔡澍、羅士瓚等纂修。清乾隆九年（1744）刻本。二十冊。半葉十行二十三字，小字雙行同，白口，左右單邊，單魚尾。框高 20.9 釐米，寬 14.8 釐米。首有乾隆九年祖世德序，乾隆九年韓江序，乾隆九年羅士瓚序，乾隆九年俞鐙序，乾隆九年蔡澍序，目錄，舊序（宋紹熙俞巨源序、紹定郭庭堅序、元至元朱子昌題識、明洪武饒玄德序、洪武賀子徽序、永樂陳贄序、正德高賓序、正德方謨序、嘉靖唐順之序、嘉靖張衮序、嘉靖趙錦序、萬曆宋光蘭序、崇禎馮士仁序、清康熙朱廷鋐序、康熙危際泰序、康熙沈清世序），凡例，卷端題：“知縣長樂蔡澍雨亭重修。”卷二十二題：“知縣長樂蔡澍雨亭、東莞羅士瓚雲峰重修。”

　　江陰縣，漢毗陵縣地。西晉太康二年（281）析置暨陽縣，屬毗陵郡。南朝梁置江陰縣，兼置江陰郡，徙治今澄江鎮。隋屬常州，唐省暨陽縣入江陰縣。五代南唐置江陰軍於此。北宋廢軍。元至元十四年（1277）升縣改置江陰路，後降爲州，隸江浙行省。至正二十七年（1367）朱元璋改州爲縣，明清因之。

　　蔡澍，字和霖，號雨亭，山東高苑人，雍正二年（1724）進士（該志“官守”誤爲“雍正癸卯進士”，《中國地方志總目提要》亦誤爲：“雍正癸卯年進士”）。雍正十三年任江陰知縣。

　　羅士瓚，字豈三，號雲峰，廣東東莞人，歲貢。乾隆九年任江陰知縣。

　　卷首舊序、凡例；卷一建置，星野，疆域（附圖、形勝），城隍（附圖、楊舍堡附圖）；卷二山川（附圖、墩泉），古跡（園林、附八景圖）；卷三物產，風俗（歲時、農古、方言、放音）；卷四憲署（附圖、憲衛），祿秩，官署（附圖），官守，公宇；卷五坊鄉（街巷、市鎮附圖），杠梁；卷六田壤（圩坦、蘆洲），賦額（雜稅、蘆課、捐復）；卷七戶口（保甲、鹽筴），積貯，關權，徭役；卷八學宮（秩祀、祭品、祭器附圖、樂器附圖、佾舞、藏書、師儒、學田），書院（社學、義學）；卷九武廟、壇壝、祠廟；卷十軍制（軍裝、營汛、江防附圖、營田、恩賚、關寨、迻梁、營署、武職、上兵）；卷十一水利（諸閘、潮汐）；卷十二坊表、寺觀、墓塚（義塚）；卷十三甲科，鄉舉，貢薦（例貢、已仕例監），徵辟；卷十四武科（將才）、褒贈、蔭襲、雜流；卷十五至二十列傳（名宦、鄉賢、忠節、儒林、政績、文苑、隱逸、行誼、孝義、耆舊、各傳補逸、列女、僑寓、方外、方伎）；卷二十一至二十二藝文；卷二十三乙酉記事；卷二十四機祥（賑卹）、拾遺。

祖世德序曰："然自前令沈君增修以來，不舉者且只十餘稔，不殖將落，非長吏之憂乎？長樂蔡君，吳中循吏也，治江日最久，邑所廢墜，整理略盡。癸亥之夏，始以輯志事謀於余，余力贊成之。爰集邑中碩士適館分纂，不鄙疎略推任監修，自惟不文，然公事不敢辭也，稍與校讎之末。剞劂方半，蔡君賦遂初去，而雄山王、東莞羅兩賢令先後接式，羅君尤殫心經理，克底於成。……今澄江以風雅奧區得蔡君經始於前，羅君善成於後，俾千百年之往跡，延於有永厥功，豈不偉哉？"

凡例云："江邑志乘創始宋代紹熙，元明以來數經增輯，國朝康熙癸亥，前令沈復續修之，天運一周，遺聞滋邈，茲爲網羅攟摭，勒成一書，詮作二十四卷，其卷目先後，竊以己見稍變通焉，卷首仍統列舊序，察車自輪，從所始也。"

官守紀事至乾隆九年。

卷首、卷一、七、八爲補鈔。

現存江陰縣志，最早爲明正德十五年（1520）十四卷本（黃傅纂修，正德十五年刻本），存中國國家圖書館，嘉靖二十一卷本（趙錦修，張袞纂，嘉靖二十六年刻本），存臺北"國家圖書館"（原北平圖書館書），以及崇禎八卷本（馮士仁纂修，崇禎十三年〔1640〕刻本）。清代該志凡四修，一是康熙二十二年沈清世修、陳寅亮纂二十二卷本，次係該乾隆志，三爲道光二十年（1840）陳延恩修，李兆洛、周重簡纂二十八卷首一卷本，最晚是光緒四年（1878）盧思誠等修、季念詒等纂三十卷首一卷本。

上海圖書館、中國科學院文獻情報中心、南京圖書館有藏，中央民族大學圖書館存有殘帙。

223. 清乾隆刻本徐州府志　T3204/294.83

［乾隆］《徐州府志》三十卷首一卷，清石杰修，王峻纂。清乾隆七年（1742）刻本。十二冊。半葉十行二十一字，小字雙行同，白口，左右雙邊，單魚尾。框高21.6釐米，寬14.6釐米。首有扉頁，乾隆五年王峻序，乾隆七年石杰序，凡例，纂修姓氏，目錄。扉頁題："乾隆壬戌春鐫。虞山王艮齋、桐川石虹邨纂輯。徐州府志。府學藏版。"

224. 清乾隆刻本沛縣志　　T3205/3269.83

　　[乾隆]《沛縣志》十卷首一卷，清李棠修，田寶發纂。清乾隆五年（1740）刻本。十冊。半葉九行二十字，小字雙行同，白口，左右雙邊，單魚尾。框高 18.6 釐米，寬 13.9 釐米。首有扉頁，乾隆五年李棠序，目錄。扉頁題："乾隆四年夏鐫。知縣李棠重輯。沛縣志。本縣藏板。"卷端題："沛縣知縣李棠重輯。"

　　沛縣，秦置沛縣，屬泗水郡。漢屬沛郡。隋唐屬徐州，宋因之。金屬邳州，後屬滕州。元至元十三年（1276）屬濟州，明初屬徐州，清屬徐州府。

　　李棠，山東海陽人，監生。雍正十三年（1735）任沛縣知縣。

　　田寶發，安徽合肥人，雍正八年進士。乾隆二年任徐州府學教諭。

　　卷首圖式；卷一輿地志（四境官署圖、星野、沿革、疆域、形勝、邑紀〔水旱祥異〕、山川、街市、鄉村、鎮集、風俗、土產、城壘、宮室、臺池、碑刻、陵墓）；卷二建置志（城郭、公署、驛置、倉廒、恤政、馬政、河防、坊表、關梁、津渡、義阡、河渠、閘座、堤防、賦役）；卷三學校志（祭器、書籍、書院、社學、學宮、學基、學田、學官）；卷四秩祀志（壇壝、祠廟、寺觀），選舉志（徵辟、進士、舉貢、封爵、戚畹）；卷五秩官志（歷代官制、置長、知縣、屯漕、縣丞、主簿、縣尉、典史、閘官、驛丞、宦仕、候選、吏員、行伍、武胄、委署）；卷六人物志；卷七列女志；卷八至九藝文志；卷十雜志、僑寓、方技、仙釋。

　　李棠序曰："沛有志始前明景泰時邑令武昌古公，嘉靖時永年王公重輯，更五十餘年彭山羅公加輯於萬曆丙申。越一紀，永寧李公更加纂訂，迄我朝百餘年矣。……余忝承乏是邑三載，每思訪諸前令舊本，詳加補輯付剞劂氏，匆匆未遑也。……乾隆二年春，集紳士於黌宮而議之，衆皆踴躍鼓舞，議即日定，乃請於各憲，允行。余幼不敏慧，學殖未充，鹿鹿簿書間，覆餗是懼，何敢及筆墨事？……郵致郡博合肥田君編纂之，田君起家庚戌，與余家兄弟輩為同年，素稔其閎通，是以相屬，慎之又慎也。增者庶幾無遺芳乎？無溢美乎？至舊志所錄，未嘗删汰一人，而繁句冗字，則商之田君而芟之，文取其簡也。梓將竣，適余有修城之役，田君亦奉檄鄉闈，遂停工。延至今秋書始就，而余自甫至沛時數年之願獲酬焉。"

　　凡例云："舊志之無憑考訂者則稽之州志，有邑紳金文澤、前令郭公諱維新成稿未刊，多採摭載入，不忍没其苦心。"

　　紀事至乾隆五年。

　　明代沛縣志現存有二，一是嘉靖十卷本（王治修、馬偉纂，嘉靖二十二年〔1543〕刻），藏天一閣博物館；二為萬曆二十五卷本（羅士學纂修，萬曆二十五年〔1597〕

刻），中國科學院南京地理與湖泊研究所圖書館所存有殘帙。此乾隆志爲清代最早之志，另有光緒志十六卷（侯紹瀛纂修，光緒十六年〔1890〕刻）。

中國國家圖書館、故宮博物院圖書館、天津圖書館、南京圖書館等六館有藏。

225. 清嘉慶刻本邳州志　T3205/1232.84

［嘉慶］《邳州志》十八卷首一卷，清丁觀堂修，陳燮等纂。清嘉慶十七年（1812）刻本。四册。半葉九行二十二字，小字雙行同，白口，四周雙邊，單魚尾。框高19.5釐米，寬13.4釐米。前有扉頁，嘉慶辛未（十六年）康基田重修邳州志序，嘉慶十八年科爾沁音德和敬序，嘉慶十五年丁觀堂序，嘉慶十五年陳燮敘，新修邳州志姓氏，邳州志例略，目録。

邳州地處沂河平原。戰國時爲齊下邳邑。秦漢置下邳縣。三國魏置下邳郡。北周大象元年（579）置邳州。宋置淮陽軍。金復爲邳州。明清屬淮安府。1912 年降爲邳縣。1992 年改爲邳州市。今屬江蘇省徐州市。

丁觀堂，字慎之，順天府宛平縣人。監生。曾任碭山、睢寧、興化知縣，嘉慶十二年至二十三年任邳州知州。

陳燮（？—1811），字理堂，江蘇泰州人。嘉慶三年舉人。嘉慶五年、七年、十年、十三年先後四次任邳州學正。著有《隱園詩集》。

卷首聖製；卷一圖經（四境、城池、學宮、公署、書院、黃河、運河）；卷二星野，疆域（形勢、風俗附），建置沿革（封建附）；卷三城池（橋梁、鄉社、屯營、集鎮附），山川（物產附）；卷四河渠；卷五賦役（蠲贈、鹽引、倉貯附）；卷六公署；卷七學校（書院附）；卷八兵防（驛遞附）；卷九祠祀；卷十古跡（邱墓附）；卷十一職官；卷十二宦跡；卷十三選舉；卷十四人物（流寓、仙釋、壽民附）；卷十五列女；卷十六祥異；卷十七藝文（舊序附）；卷十八雜記。

丁觀堂序："嘉慶戊辰冬，堂以不材，復得承乏茲邑，河渠驛遞，徵發時聞，惴惴焉以不克勝任爲懼。自始至，至今日，三閱歲華，竭力趨公，凡城垣、街道、津梁、祠廟、衙署以及學校事宜之久廢不舉者，皆勉強行之。今制府松公下車伊始，即以士習民風爲問，又時時諭及長養人才書院爲急，徵文考獻志乘是資。堂仰承德意，將以次第舉行。嗣奉方伯史公檄行通省郡邑纂修各志，以爲通志之始基，則尤不容聊緩須臾者矣。堂既相度地基，營構講堂學舍，旋檢閱舊志。孫志成於康熙三十二年，鄔志成於乾隆十五年，此六十年中水旱頻仍，事多散佚，而舊志詳略互見，體例未明，譬之琴瑟不調，不得不改而更張之，則辨證謬誤、激揚氣類，非有司之責而誰責哉？同城廣文陳君常以著述爲事，因商同纂輯，嚴體例，詳考據，杜請托，闡幽潛，疑者闕之，要歸於傳信而已。”

扉頁刊："嘉慶壬申上巳開雕邳州志。"壬申即嘉慶十七年。

中國社會科學院考古研究所圖書館、浙江圖書館、天一閣博物館與日本東洋文庫、美國國會圖書館亦有入藏。

226. 清康熙刻本常州府志　　T3204/9232.81

[康熙]《常州府志》三十八卷首一卷，清于琨修，陳玉璂纂。清康熙刻本。十六册。半葉十行二十一字，小字雙行同，白口，左右雙邊，單魚尾。框高 23.5 釐米，寬 15.8 釐米。首有康熙三十三年（1694）陳玉璂序，康熙三十四年宋犖序，康熙三十三年于琨序，目錄。末有常州府志原序（咸淳四年〔1268〕史能之序、洪武十年〔1377〕謝應芳序、成化六年〔1470〕王㒜序、成化十八年徐瓊序、成化六年朱昱序、成化十九年王㒜序、正德八年〔1513〕張愷序、萬曆四十六年〔1618〕劉廣生序、萬曆四十六年唐鶴徵序），常州府志纂修姓氏。

常州府，位於今江蘇省南部。西漢置毗陵縣，治今常州市，屬會稽郡。三國吳置毗陵典農校尉。西晉太康二年（281）改置毗陵郡，永嘉五年（311）改名晉陵。隋開皇九年（589）於常熟縣置常州，因縣爲名。後割常熟縣入蘇州，乃移州治於晉陵縣。大業初廢州復爲毗陵郡。唐武德三年（620）又稱常州。元至元十四年（1277）升常州路，屬江浙行省。明清爲常州府。

于琨，字景劉，順天府大興人，由内秘書院中書舍人掌典籍事，升湖州府同知，福建鹽運司運同，康熙二十九年任常州知府。

陳玉璂，字椒峰，常州武進人，康熙六年進士。中書科中書舍人。

卷首巡幸；卷一圖考；卷二建置沿革；卷三星野（祥異附）；卷四山川；卷五疆域（形勝、城池、坊廂、鄉都、河渠、橋閘）；卷六兵禦；卷七水利；卷八户口（田賦、徭里附）；卷九風俗；卷十物産；卷十一封系；卷十二公署；卷十三至十四職官表；卷十五學校（書院附）；卷十六至十七選舉；卷十八壇壝（祠廟、寺觀附）；卷十九陵墓；卷二十古跡；卷二十一名宦；卷二十二至二十四人物；卷二十五孝友（行義附）；卷二十六列女；卷二十七隱逸；卷二十八流寓；卷二十九仙釋；卷三十方伎；卷三十一至三十七藝文；卷三十八摭遺。

于琨序曰："琨以葑菲末才承乏守牧……爰徵往紀，屬邑五志次第纂修，矗然成帙，而郡志闕如。自明萬曆唐太常續修以來，距今八十餘年，雖亦有起而議修者，而旋作旋止，論者則謂資無所出。……余自膺任之後彷徨未暇，甲戌春中，矢志輯成，首先捐俸爲纂修剞劂之費，而武進王令、無錫徐令、江陰劉令、宜興趙令亦各捐俸一年以勸其事。於是敬訪郡屬之博洽望重鄉國者如陳中翰玉瑊、郡學劉廣文雷恒、武進學崔廣文學古、無錫張生夏、武進吳生恪立、宜興陳生履端暨原任江陰令陸次雲，延集郡齋，各分輯校商榷開纂，晝夜披閱，簿書少閒，勤加考訂，迄夏五而告成，共集三十八卷。"

陳玉瑊序曰："吾郡志自唐太常續王文蕭而後迄今七十餘年，時遠代更，事多湮沒。……康熙二十九年郡太守于公以□□近臣屢擢而蒞茲土，三年以來利無不興，弊無不剔……爰以志事進玉瑊而諮之，玉瑊謝不敏，公則式廬殷殷，用意逾篤。玉瑊乃曰：'公之舉誠善矣，然則費將安出？'公曰：'予固籌之。有俸金在也，遑他求乎？'玉瑊喜而從命，遂設館尚中堂西偏，下榻授餐，凡兩閱月，因日取王唐二志反覆展玩，大約王之長在簡，唐之長在詳。今以二志爲師，或簡而未該者則參之以詳，或詳而似冗者則仍歸於簡。王唐二志中之取裁以此，即王唐二志後之取裁亦莫不以此爲準的。故以七十餘年之故實，事增文省，卷帙祇稍溢於王，而較唐尚有所不及焉。若二志之未盡考校而大有關於吾郡者，不得不一爲正之。……他如志中各類，公莫不斟酌以歸於至當，倘一義未安，一字有誤，必細加改竄，而於人物列女尤兢兢焉，大節在所必彰，寸長亦所弗棄。公之秉衡既定，而崔劉兩廣文先生以暨同學數子互相參訂，一再而三，厥功甚偉。……瑊伏思今天子右文崇儒，前年命天下纂修郡乘，頒付史館，其時期限迫促，僅得鈔謄應命，魯魚罜漏，俱或有之。越數年而于公始重加校輯，捐橐付梓。"

選舉紀事至康熙三十三年。"弘""曆"二字不避諱。"玄"字有避有不避諱。

鈐印："宴望養和齋書畫記""海上武陵季子少樓氏珍藏書畫印""武陵顧氏藏本"。

常州府志，始於宋咸淳四年史能之纂修《重修毗陵志》三十卷，日本靜嘉堂文庫藏有宋刻殘帙，明清屢有刻本鈔本傳世。明洪武十年張度修、謝應芳纂《常州府志》十九卷本，成化年間有卓天錫修、孫仁增修，朱昱纂的《重修毗陵志》四十卷，有成化二十年（1484）增修刻本，又有嘉慶二十五年（1820）刻本。明正德八年（1513）張愷纂《常州府志續集》八卷，正德八年刻本，其後劉廣生修、唐鶴徵等纂《重修常州府志》二十卷（萬曆四十六年〔1618〕刻本）。清代《常州府志》僅此一部，有康熙三十四年刻本，還有光緒十二年（1886）活字本。

中國國家圖書館、中國科學院文獻情報中心、中國文化遺產研究院、北京大學圖書館、上海圖書館等近二十家圖書館與日本內閣文庫，東京大學東洋文化研究所、美國國會圖書館亦有收藏。

227. 明正德刻嘉靖增修本姑蘇志　　T3204/4649.7

〔正德〕《姑蘇志》六十卷，明林世遠、王鏊等纂修。明正德元年（1506）刻，嘉靖增修本。二十册。半葉十行二十字，小字雙行同，白口，左右雙邊，單魚尾。書口下間有刻工。框高 22 釐米，寬 16.3 釐米。首有正德元年王鏊序，舊序（紹定二年〔1229〕趙汝談序、洪武十二年〔1379〕宋濂序、成化十年〔1474〕劉昌序），修志姓氏，目録。

鈐印："王系二十八宿研齋秘笈之印""殷泉"等。

228. 清乾隆刻本蘇州府志　　T3204/4932

〔乾隆〕《蘇州府志》八十卷首一卷，清覺羅雅爾哈善等修，習寯等纂。清乾隆十三年（1748）刻本。四十册。半葉十行二十四字，小字雙行同，白口，左右雙邊，單魚尾。框高 20.6 釐米，寬 14.4 釐米。首有扉頁，乾隆十三年安寧序，乾隆十二年覺羅雅爾哈善序，乾隆十三年傅椿序，修志姓名，凡例，目録。末有舊序（紹定二年〔1229〕趙汝談序、洪武十二年〔1379〕宋濂序、成化十年〔1474〕劉昌序、正德元年〔1506〕王鏊序、明王志堅序）。扉頁題："蘇州府志。"

229. 清乾隆刻本元和縣志　　T3205/1129.83

〔乾隆〕《元和縣志》三十六卷首一卷，清許治纂修。清乾隆二十六年（1761）刻本。二十册。半葉九行二十字，小字雙行同，白口，左右雙邊，單魚尾。框高 20.4 釐米，寬 14.1 釐米。首有沈德潛序，乾隆二十六年許治序，原序（張若溎序、江之煒序），目録，初修姓氏，重修姓氏。

元和縣，今吳縣地。武周時期析吳縣東北部置長洲縣，自唐至明與吳縣同爲蘇州、平江府、平江路、蘇州府治。清雍正二年（1724）析縣南境置元和縣，與吳縣、長洲縣同治蘇州府城内。1912 年裁府，并元和、長洲二縣入吳縣。

許治，湖北雲夢人，乾隆四年進士。歷任陝西宜君知縣，崑山知縣、華亭知縣，乾隆二十四年任元和知縣。

沈德潛，字確士，號歸愚，江蘇長洲（今蘇州）人。乾隆四年進士。官至禮部尚書。

卷首圖考；卷一建置（附沿革）；卷二疆域（附分野）；卷三城池；卷四官署；卷

五學宮；卷六壇祠；卷七倉庾；卷八職官；卷九兵防；卷十風俗；卷十一土田；卷十二賦稅；卷十三徭役；卷十四水利；卷十五山阜；卷十六物產；卷十七第宅（附坊表）；卷十八園亭；卷十九塚墓；卷二十科目；卷二十一宦跡；卷二十二至二十五人物；卷二十六流寓；卷二十七孝義；卷二十八烈女；卷二十九二氏；卷三十寺觀（附義局、義莊）；卷三十一御製；卷三十二至三十六藝文。

沈德潛序曰："世宗憲皇帝御極之二年，析長洲之半爲元和。晉江江公來令斯邑，謂分邑之初，不可無志以備考鑒，因延施覺庵、楊皋里諸先生爲總裁，予與顧君嗣宗輩四五人爲分纂，設局竹堂，悉心蒐採，秉公商榷，三年而成書。書乍成，江公移治嶺城，未付剞劂，志落夫巳氏手，删改竄易，人物、藝文二門半歸荒謬，私自鐫刻將成矣，桐城張公來令元和，見之，謂幾成穢志，禁其成書。屬宋方伯曉巖改易，且增十年來所未備。方伯服闋從赴都，張公委邑人監刊，其人未諳講例，删改竄易，猶夫前人元和一志，大失始修之舊矣。歲己卯，同年雲夢肖野許公調任元和，勤敏恤民，百廢漸舉，念志乘爲一邑掌故，風土人情、因革損益，與時遞遷。不加修輯，何以彰聖朝文物之盛，涵煦之深？因先定章程條例，邀予主其增删，而編纂之功，顧子禄百悉心經盡，舉向之濫入者删之，後之闕略者補之，除分野、疆域、城池、山阜、水利、學校、兵防等項，凡無可增損者一仍其舊……爲卷三十有六，爲期十月而成。"

許治序曰："治承乏元和，政訟紛繁，簿書填委……取邑志反復披覽，因知修輯之不可緩也。志創於雍正四年分縣以後，刻於乾隆五年，迄今又二十餘年。土田則有銷升，賦稅則有蠲復，倉庾改而形勢殊，人材聚而科目盛。……爰請同年大宗伯歸愚沈公爲總裁，而秉筆則任之上舍顧君禄百，十閱月告成。删其濫冗，補其闕略。"

科目紀事至乾隆二十六年。

元和縣志，僅清代二修，一是雍正二年沈德潛等纂修三十二卷圖一卷，有乾隆五年刻本；二即此乾隆二十六年纂修三十六卷本。

中國科學院文獻情報中心、北京大學圖書館、上海圖書館等七館與日本內閣文庫、東洋文庫有藏。

230. 明嘉靖刻本吳江縣志　T3205/2331.7

［嘉靖］《吳江縣志》二十八卷首一卷，明曹一麟修、徐師曾等纂。明嘉靖四十年（1561）刻本。二十册。半葉八行十六字，小字雙行同，白口，左右雙邊，單魚尾。框高 20.1 釐米，寬 13.9 釐米。首有嘉靖三十七年曹一麟序，嘉靖四十年徐師

曾序，目録，修志姓氏。首一卷有舊序（洪武六年〔1373〕賓德遠序、正統七年〔1442〕吳本序、天順元年〔1457〕莫旦序、弘治元年〔1488〕莫旦序、弘治元年孫顯序、正德二年〔1507〕吳洪序、嘉靖二十七年徐師曾序），圖。

231. 清乾隆刻本吳江縣志　T3205/2331.83

［乾隆］《吳江縣志》五十八卷首一卷，清陳莫纕纂修。清乾隆十二年（1747）刻本。十六册。半葉十一行二十一字，小字雙行同，白口，左右雙邊，單魚尾。框高 19.7 釐米，寬 15.1 釐米。首有傅椿序，乾隆十二年陳莫纕序，乾隆十二年丁元正序，倪師孟序，沈彤序，修志姓氏，目録。卷首有舊序（正德二年〔1507〕吳洪序、嘉靖四十年〔1561〕徐師曾序、葉燮序），通例，圖。

每葉書口下有刻工和字數。

232. 明嘉靖刻本常熟縣志　T3205/9203.7a

［嘉靖］《常熟縣志》十三卷，明馮汝弼、鄧韍纂修。明嘉靖刻本（卷首、卷一至二配清鈔本）。八册。半葉九行十八字，小字雙行同，白口，左右雙邊，單魚尾，書口下間有刻工。框高 19.3 釐米，寬 14.2 釐米。卷端題："邑人鄧韍編次"或"邑人鄧韍撰次""邑人鄧韍撰次"。首有嘉靖十八年（1539）馮汝弼序，嘉靖十八年鄧韍序，圖，目録。

233. 明末刻本重修琴川志　T3205/9203.6

［寶祐］《重修琴川志》十五卷，宋孫應時修，宋鮑廉、鍾秀實續修，元盧鎮續修。明末毛氏汲古閣刻本。四册。半葉九行十八字，小字雙行同，黑口，左右雙邊，雙魚尾，書口中刊"汲古閣"，又刊有"毛氏正本"或"琴川卷 ×"。框高 20.4 釐米，寬 14.7 釐米。首有至正二十五年（1365）戴良序，寶祐二年（1254）丘岳序，褚中序，圖，目録，至正二十三年盧鎮識語。

清歸天圻録清陸貽典校並跋，又録明龔立本跋。

234. 清末鈔本常熟縣私志　T3205/9203.7

［萬曆］《常熟縣私志》十四卷，明姚宗儀撰。清末鈔本。十四册。十行二十二

字。首有萬曆四十五年（1617）龔立本序、目錄。卷端題："邑人姚宗儀鳳來父編輯。"目次後有崇禎十年（1637）春三月古虞歸秋崖朱筆題識，卷七至十四族志悉經丁君初吾詳加朱筆校點。

常熟縣，西晉析吳縣虞鄉置海虞縣，屬吳郡，東晉置南沙縣，南朝梁置信義郡，以海虞、南沙二縣屬之。梁大同六年（540）置常熟縣。隋開皇九年（589）信義郡和海虞縣廢，於縣置常州，後以縣屬蘇州。元元貞元年（1295）升州，名常熟州，隸平江路。明洪武二年（1369）復降爲縣，屬蘇州府。清雍正二年（1724），析常熟縣東部置昭文縣，與常熟縣同城而治，1912 年併入常熟縣。

卷一敘縣（分野、沿革、疆域、城郭、官師、公廨、倉庫、市鎮、鄉都、坊巷、橋）；卷二敘山（虞山、福山、壽山、茅家山、小竹山、石家山、崇德山、范山、常熟山、河陽山、志山、顧山、茯苓山、宛山、黃土山、塢邱山、穿山、墩），敘水（琴川、湖、蕩、滙、塘、浦、港、涇、浜、河、漕、洪、潮候、水利）；卷三敘戶，敘賦（田地、丁田、徭田、兵役、商稅、酒課、房稅、絲稅、土貢、鹽鈔、徭役、漕運、數名、優免），敘兵（兵防、平寇、平洋），敘俗（歲時、禮儀、士習、農漁、惡俗、方言）；卷四敘產（稻、糯、麥、豆、蔬、藥、花、草、果、木、竹、蕉、鱗、介、鳥、獸、蟲、畜、貨、食），敘災，敘宅，敘墓；卷五敘學（聖殿、啓聖殿、聖表、封諡、謁廟、賜袞、賜樂、設戟、從祀、戟門、土地祠、奎閣、學倉、學庫、祭儀、陳設、明倫堂、尊經閣、御制碑、教諭宅、訓導宅、名宦祠、鄉賢此、子游祠、家廟、書院、射圃、鄉飲、社學）；卷六敘神（壇壝里社諸神、城隍東嶽諸神、巫咸虞仲諸祠、慧日東塔諸祠、致道致和諸觀）；卷七敘族（巫、言、富、曾、邱、冷、印、陸、朱、周、崔、翟、魚）；卷八敘族（談、吳、褚、曹、金、鄧、龔、繆、孫、邵、馮、鄭、楊、劉、蔡、丁、狄、聞、袁、連）；卷九敘族（華、郁、蘇、時、鄒、湯、殷、查、許、高、夏、謝、施、呂、宋、潘、歸、何、蕭、翁、管、浦、單、盛、譚、范、秦、郭、凌）；卷十敘族（仲、衛、魏、韋、鈕、林、陶、屈、戴、孔、鍾、胡、居、余、郎、須、馬、葉、倪、戈、伍、雷、任、董、平、龐、稽、鞏、孟、洪、榮、匡、閭邱、儲、姚）；卷十一敘族（錢、章、蔣）；卷十二敘族（桑、程、徐、張）；卷十三敘族（王、黃、陳）；卷十四敘族（嚴、瞿、李、趙、顧、沈、唐、季、計、盧、葛）。

龔立本序曰："予偃臥山齋，鳳來姚君貽之尺牘，自稱家世蒐輯，筐篋紛如，兢兢焉。散佚之是慮，屬是彙成一編，以需作者之參訂，署曰《常熟私志》，子其爲我序之。予喟曰：'善乎！鳳來之所謂私也，乃其所以公也……'我虞，望縣也，而紀錄闕焉無聞，意實恥之。竊從父老推尋舊章，遠而孫通直、葉宣教、鮑制使之所哀了不可得矣，近而張宗海之所撰亦稀覯矣。惟盧元帥殘帙幸得之空山古寺中，至正而後，所憑者不過桑廷瓚之筆耳。由今觀之，已覺略者之未備，與冗者之未刪。況自弘（原字寫爲"宏"）治己未迄今百二十年間人才之臧否，賦役制度之興革，何所承受取信？虞之史述竟若是草草乎？庸詎無忿狷拔俗若子厚其人者，一起而奮爲之乎？鳳來學該才贍，俛首探刺，積數十年燈火勤力，既知本末義例，用以勒成一家之言，而退處於私。吾知其操觚時昂首吐氣，無儌父以爲之旁撓，視彼儼然膺付托而且媚且懼卒滋誣妄之弊者，果孰得而孰失矣？"

朱筆題跋："古籍流傳日少，若名賢撰述而未經槧刻尤不易得。右姚宗儀私志十四卷，乃吾邑之秘笈，原藏於西莊錢氏，丙子秋歸吾友丁君。初吾曾將志族詳悉校點。初吾好蓄書，而於鄉賢遺著尤所酷好。按，吾邑有明以來修志者張止庵洪、桑檢齋瑜、李文安公傑、鄧梓堂戭，管秀川一德，但張簡桑蕪，鄧庸李陋，惟管詳略得宜，體裁正大，素稱最善。而較此撰，似形遜色。鄙陋之見，初吾以爲何如？丁丑春三月古虞歸秋崖借觀於懷蔘堂併。按，姚宗儀字鳳來，虞山人，博學多才，輯邑志十四卷，以族姓類序搜採無遺，趣尚高雅，以此見推於時。"

《中國地方志聯合目録》《中國地方志總目提要》均著録該書爲二十八卷，根據《中國地方志總目提要》著録，該書缺少"敍官，敍科，敍仕，敍武，敍恩，敍閨，敍藝，敍二氏（釋、道），敍詩，敍文，敍遺"。

中共中央黨校圖書館、南京圖書館、常熟市圖書館藏十四卷明鈔本之殘本。上海圖書館、常熟市圖書館等藏清鈔本。上海圖書館、南京圖書館、南京大學圖書館等存鈔本。

235. 清康熙刻本常熟縣志　T3205/9203.81

［康熙］《常熟縣志》二十六卷首一卷末一卷，清高士鸃、楊振藻修，錢陸燦等纂。清康熙二十六年（1687）刻本。十冊。半葉十行二十一字，白口，左右雙邊，單魚尾。框高 20.2 釐米，寬 14.9 釐米。首有扉頁，康熙二十六年楊振藻序，康熙二十六年錢陸燦序，凡例，修志姓氏，目録。扉頁題："康熙二十六年重修。常熟縣志。"

高士鸃，字冕侯，北直隸灤州人，貢監。康熙二十一年至二十三年任常熟知縣。

楊振藻，字訥庵，直隸永平籍，遼東復州人，康熙九年進士。曾任山西祁縣知縣，康熙二十四年任常熟知縣。

錢陸燦（1612—1698），字湘靈，號圓沙，江蘇常熟人，明代著名抗倭英雄錢泮玄孫，順治十四年舉人。榜姓陸。爲"聽社"十七子之一，清代著名學者。

卷首圖；卷一建置沿革、分野（祥異附）、疆域（形勝附）；卷二山、水；卷三城池、官署（倉庫附）；卷四學校（書院附）、祠祀；卷五鄉鄙、市鎮、坊巷、橋梁；卷六水利、户口；卷七至八田賦；卷九徭役、稅課、風俗（方言附）、物產；卷十官師年表（縣令、丞、簿、尉、教職）；卷十一選舉年表（進士、舉人、貢生、薦辟、武科）；卷十二封贈、恩蔭、監仕、椽仕、兵防（平寇附）；卷十三壇廟、寺觀；卷十四古跡（名勝附）、第宅（園林附）、陵墓；卷十五宦跡；卷十六至二十二人物（邑人、忠節、循吏、孝友、義俠、儒林、文苑、武略、隱逸、篤行、耆碩、藝學、方伎、列女、流寓、仙釋）；卷二十三藝文；卷二十四集詩；卷二十五集文；卷二十六雜記；卷末舊序（寶祐二年〔1254〕丘岳序，褚中序，至正二十五年〔1365〕戴良序，至正二十三年盧鎮序，宣德九年〔1434〕張洪序，弘治九年（1496）李傑序，弘治十二年桑瑜序，嘉靖十□鄧黻跋，萬曆三十三年〔1605〕管一德序）。

楊振藻序曰：“自南宋慶元以來，或有志而弗詳，或詳焉而弗覈，雖屢經訂證，而斷簡殘編遂同魯靈光殿，幾無以苔明詔，誠可慨焉！於是前令冕侯高君崇請邑獻湘靈錢君董其事，佐之以王嚴諸子，皆博物君子，具良史才，而讎校之際其難其慎，期於徵信而不期於速成。故泚筆於癸亥之五月，至丁卯三月而始告竣，網羅見聞，綜核名實，琴川一志於是乎有成書。藻雖承乏已再更冬，然此役一出於前人之經營，藻惟樂觀厥成，寧敢攘善以爲己力也哉？”

錢陸燦序：“皇帝御世二十有二年……爰命儒臣修一統志以資御覽……其年灤州高侯在職，開局纂修，今方伯劉公以糧憲駐臨安，防海劉公時時入局監其事，而陸燦與共事嚴子熊、王子家震、王子孫蘭、馮子行賢、王子孫芸實載筆，以從郡檄旁午，鈔寫促迫，草本上而書未竟也，故亦未及有序以識歲月，會高侯去而剞劂之事幾頓。二十五年北平楊侯起家進士，補令吾邑，甫下車……毅然捐廉奉，不足借助罸鍰卒業，仍命陸燦領其事。於是又退而與共事諸君重繡其已刻者十之五，而未刻者半矢心齋筆，追亡補闕，鼓瞶剔盲，凡皆述而不作，曩志述其所已有不敢漏，今志述其所必有不敢私。”

官師紀事至康熙二十六年。

鈐印：“常熟翁同龢藏本”“滄浪釣叟”。有翁同龢批注。“玄”字有避諱，有不避諱者。

常熟縣志屢經官、私修纂，現存最早常熟縣志爲明弘治四卷本（楊子器修、桑瑜纂，明弘治十六年刻本），其次爲嘉靖十三卷本（馮汝弼修、鄧黻等纂，嘉靖十八年（1539）刻本），還有萬曆年間管一德纂《皇明常熟文獻志》十二卷本（萬曆三十三年刻本）和十八卷本（萬曆三十三年刻本），萬曆四十五年姚宗儀纂《常熟縣私志》二十八卷稿本和鈔本，以及崇禎十二年（1639）龔立本纂《常熟縣志》十五卷鈔本。清代除此康熙志外，還有康熙五十一年刻八卷本（章曾印、曾倬纂修），乾隆陳三恪纂《海虞別乘》（鈔本），乾隆六十年《常昭合志》十二卷首一卷（王錦、楊繼熊等修，言如泗等纂），陳揆纂《琴川續志草》十卷《續志草補》二卷（鈔本），道光黃廷鑑纂《琴川三志補記》十卷（有道光十一年〔1831〕刻本和光緒二十四年〔1898〕活字本）和《琴川三志補記續》八卷（有道光十四年刻本和光緒二十四年活字本），道光《虞鄉志略》十二卷（鄧琳纂，稿本和鈔本），光緒《常昭合志稿》不分卷（楊泗孫纂），《常昭合志採訪錄》不分卷（楊泗孫、曾士常編輯，稿本），光緒《常昭合志稿》四十八卷首一卷末一卷（鄭鍾祥、張瀛修，龐鴻文等纂；光緒三十年活字本）。

中國國家圖書館、上海圖書館、南京圖書館等二十餘館與日本東洋文庫有藏。

236. 清雍正刻本昭文縣志　　T3205/6604.82

［雍正］《昭文縣志》十卷首一卷，清勞必達修，陳祖范纂。清雍正九年（1731）刻本。十冊。半葉十行二十三字，小字雙行同，白口，左右雙邊，單魚尾。框高20.8釐米，寬14.9釐米。首有扉頁，雍正九年馮景夏序，雍正九年勞必達序，志例，目錄。末有陳祖范後記。扉頁題：“昭文縣志。學愛堂藏板。”

昭文縣，清雍正二年析常熟縣東部置，與常熟縣同城而治，屬蘇州府。1912年併入常熟縣。

勞必達，字尊三，漢陽人。康熙五十六年（1717）鄉魁，康熙六十年會魁，未與殿試，仍由舉人應選。雍正四年任昭文知縣。

陳祖范，字亦韓，號見復，江蘇常熟人，雍正元年貢士，乾隆十六年薦舉經學，授國子監司業，歷主蘇州紫陽諸書院講席。

卷首諭旨、圖；卷一沿革、秩官、選舉、疆域、山、水、城垣；卷二官署，學校，市鎮，都鄙，街巷，橋梁，坊宅，園墓，祠祀（附僧寺、道院）；卷三水利；卷四田賦、徭役、兵防、戶口、物產、風俗；卷五至十列傳（治行、儒林、文苑、孝友、獨行、耆碩、隱逸、遊寓、藝術、外教、列女）。

志例云：“宋之賴元知州盧鎮重鋟以傳，明張修撰洪新志久亡。繼修者桑瑜、鄧黻、管一德，本朝錢陸燦、曾倬俱以鄉進士膺編纂之任，其私志則有龔立本、姚宗儀、陳三恪、馮復京四家，或尚簡嚴，或誇該博，或詳於古而略於時，或備於時而疏於古，互有短長，俱經讎校。凡用前說必著所志，不敢攘善。”

馮景夏序曰：“昭文從常熟分置，糧儲之署在焉。予奉職多暇，與二縣之大夫言及志事，謂功令趨辦，修志固不可已。而新分之縣，必多改更損益，修志尤不可已。於是二縣尹皆禮聘邑士之有文者，館諸昭明臺畔而編纂，又慮出入登下之際，人或挾私干請，不遂則興訛造訕以撼之，執簡者雖侃侃，不能毋少動。爰於始事之日，薦告明神，出矢言以重其典，聞者莫不聳然。逾年而兩縣志同時告成，昭文先付開雕，故其書先出，縣令勞君捐俸錢以爲之者也。"

勞必達序曰："新志十卷，秉筆者禮部貢士陳君祖范，而汪殿撰應銓、陶編修貞一、言翰博德堅咸共校定，凡一年而成。其文循舊貫者十之三，標新義者十之七，敘次有法，密而不煩，約而不漏，可謂事兼作述，義通史志者也。"

紀事至雍正八年。"真""貞"字避諱，"玄"字有避有不避諱。

昭文縣志僅此一修。此前屬常熟縣範疇，此后有志亦與常熟共一書，有乾隆《常昭合志》十二卷首一卷。

中國國家圖書館、上海圖書館、北京大學圖書館等二十餘館與日本國會圖書館、東洋文庫、內閣文庫、美國國會圖書館等有藏。

237. 清乾隆刻嘉慶增補印本常昭合志　T3203/926.83

［乾隆］《常昭合志》十二卷首一卷，清王錦、楊繼熊等修，言如泗等纂。清乾隆六十年（1795）刻，嘉慶年間增訂重印本。十四冊。半葉十行二十四字，小字雙行同，白口，四周雙邊，單魚尾。框高 17.4 釐米，寬 12.3 釐米。首有乾隆十四年八月常熟昭文縣奉總督黃諭，乾隆十五年七月初六日常熟縣移翰林院五經博士言文，乾隆五十八年五月十五日常熟昭文縣詳學政胡文，常昭縣志歷修姓氏，常昭合志修纂銜名，志例，目錄。

王錦，字畫堂，順天府宛平人，監生。乾隆五十七年任常熟知縣。

楊繼熊，字兼山，江西安義人，乾隆四十五年進士。五十七年八月任昭文縣知縣。

言如泗（1716-1806），字素園。昭文人。孔子弟子言偃子遊的第七十五世孫。清代名吏。曾任山西垣曲、聞喜知縣，解州知州、湖北襄陽知府等職。

卷首天章；卷一各圖、建置、疆域、城垣、風俗、山、水；卷二水利；卷三戶口，田賦（徭役、雜課、積貯、蠲賑），物產；卷四公署（倉驛、嬰堂、義局），學校（書院、義學），軍制（兵事），鄉都，坊蒼（津梁）；卷五壇廟（祠宇），寺觀，古跡（第宅、園林），衆墓；卷六職官、宦跡；卷七選舉（進士、舉人、貢生、薦辟、仕籍、封蔭、武科、武職）；卷八至十人物（先賢傳、列傳、列傳、治行、文苑、篤行、武略、藝學、遊寓、外教、賢母、壽母、義烈、苦節、貞孝）；卷十一藝文、集文；卷十二集文、集詩、雜記、舊序。

志例曰："邑志不修已六十年，初分縣境，定厥疆界，自應另纂昭志。今議兩縣續纂，應照崑新合志以成全璧，但合中又須見分，眉目方爲清晰。"

乾隆五十八年五月十五日常熟昭文縣詳學政胡文曰："爲續纂常昭合志成稿，遵例懇請詳憲核刊事，乾隆五十八年五月初五日。准常昭儒學牒稱，本年五月准言氏世襲翰林院五經博士移會前事，內開切常昭縣志，雍正九年纂修後，距今已六十餘年，歷次詳准續纂，未獲成書。伏查乾隆三十一年二月，大學士會同禮部奏准州縣現在修輯志書，令學政查核，再行刊刻。修書原係地方公事，如或紳士自行經理，編纂付梓，亦所弗禁。但不得勒派滋擾等因在案。又卷查乾隆十五年七月本職准常熟縣移會內開爲詳請憲示事，奉本府轉奉布政司憲牌，開奉總督部堂黃批。據常熟縣詳據紳士蔣漣等具呈請修縣志，一切費用出自捐輸，合據通詳核示，以便設局興舉等情，奉批據詳該縣志乘久未纂輯，紳士呈請捐修，仰布政使轉飭該縣，速行纂輯付梓，務期考核詳慎，無濫無遺，刻竣刷印四部送閱等因，到司行府，轉飭到縣。奉此爲查纂修邑乘業經前任面請貴翰博董司其事，今奉憲飭，即日修輯開局，合行設簿移送，爲此合移貴翰博查照來文，希即會同儒學酌議，勸輸務期速成，立等辦料開局，以襄盛舉，幸勿有稽等因。到本職維時，因延請總纂一時不得其人，且開局集費，圖始不易，仍復中止。而年歲寖遠，考核更難，誠如前督憲黃諭飭所云志乘闕略，豈無一官一紳籌計及此。近奉新例，聽紳士自行經理編纂付梓。茲本職族人原任襄陽府知府言如泗歸里兩紀有餘，行年七十有八，念志乘一書攸關典故，深恐歲月綿邈，文獻無徵，邀集同人廣諮耆老，博採記載，手自編纂，略倣《崑新合志》體裁，撰成《常昭合志》稿，全部門類四十，爲卷一十有二，同纂者爲紳士邵齊熊等，遵例由學牒縣申送學憲大人，核正飭發，再行付梓。……竊查常昭爲文學之名區，志乘爲古今之考證，境雖分爲兩邑，治本同於一城，科名則籍貫相通，壇廟則春秋合祀。是以分志似難區別，合纂足可備觀。自應照乾隆十六年《崑新合志》成規，始昭賅備。查雍正七年常志經太常寺卿陶正靖修纂，未付剞劂。昭志延司業陳祖范修刻，亦已多年。迄今紀載久缺，如不……恐事跡日湮，傳聞莫考。且舊志板片歷久模糊，殘缺不少。乾隆四十四年奉文飭查府州縣志，如有採錢謙益等人詩文及事實書目者概行鏟削，準常昭兩縣將舊志發學校閱，遵照芟除，由此志內文祠未免斷續，全書難稱完善。今準言翰博移稱邑紳言如泗邀集同邑紳士等，遵例自行經理，措資採訪繕錄，並未勸捐集費，業經纂成常昭合志全稿，移請牒縣申送學憲大人核定等。"

此係現存最早的常昭合志。後有楊泗孫纂常昭合志不分卷，紀事至光緒三年（1877），有鈔稿本傳世。光緒三十年，鄭鍾祥、張瀛修，龐鴻文纂《常昭合志稿》四十八卷首一卷末一卷，有木活字印本（該本美國國會圖書館、日本東洋文庫、內閣文庫、東京大學東洋文化研究所等有藏）。民國元年（1912）張鏡寰修，丁祖蔭等纂《重修常昭合志》二十二卷首一卷末一卷，有民國元年稿本和民國三十八年鉛印本。

中國國家圖書館、上海圖書館、南京圖書館、遼寧省圖書館等六館與"中央研究院"歷史語言研究所傅斯年圖書館有藏。

238. 明萬曆刻後印本崑山縣志　T3205/2102.7

〔萬曆〕《崑山縣志》八卷，明申思科修，周世昌纂。明萬曆四年（1576）刻後印本。八册。半葉九行二十二字，小字雙行同，白口，左右雙邊，單魚尾。書口下間刻刻工。框高21.3釐米，寬13.7釐米。卷端題："邑人周世昌編輯。"首有王體升序、萬曆四年申思科序，凡例，修志姓氏，目錄，圖。

多處斷板，字跡模糊。

239. 民國鈔本崑山縣志　T3205/2102.7b

〔嘉靖〕《崑山縣志》十六卷，明楊逢春修，方鵬纂。民國鈔本（據明嘉靖十七年〔1538〕刻本鈔）。八册。半葉十行二十二字，小字雙行同，無欄格。開本高28.5釐米，寬18.2釐米。首有嘉靖十七年方鵬序，凡例，目錄。

崑山縣，古名婁邑，春秋戰國時先後隸屬吳、越、楚。秦置婁縣，屬會稽郡。南朝宋、齊仍爲婁縣，後省。梁分置信義縣，又析信義置崑山縣，屬吳郡。隋開皇九年（589）省信義、崑山二縣。元升崑山縣爲州，明復爲縣。

楊逢春，字廉仁，嘉靖年間任崑山知縣。

方鵬，崑山人，正德三年（1508）進士。翰林院修撰，曾任山西按察司副使，提督學政。

卷一沿革、疆域、城池、風俗、户口、田賦、土貢、土產；卷二官署、學校（祭器附）、壇廟、塚墓、古跡；卷三山、水、鄉保、坊巷；卷四市鎮、橋井、第宅（亭館附）、園池、寺觀；卷五官守；卷六進士；卷七鄉貢、歲貢；卷八薦舉、恩典、蔭子、監胄；卷九名宦、封爵；卷十至十二人物（名賢、節行、文學、政績、隱逸、孝友、列女、藝術、遊寓）；卷十三雜紀；卷十四至十五集文；卷十六集詩。

方鵬序曰："國朝修崑志者三人，季志遠矣，蔣不足徵也，惟顧爲近之而太略焉。補其所遺，續其所不及，以成一邑之完書，此其時乎，顧予非其人耳。前令楊侯仁甫不知予之非其人也，而專委之編次，垂成侯適以召去。今侍御王侯子正繼至，請於郡守肅齋王公，刻而傳焉，將使吏兹土者得有所考，以行其政。……是役也，楊侯倡之，王侯成之，皆能以文飾吏者。而揭三尹夑、梁文學介亦與有勞焉，法得附書。"

崑山有志，始於南宋淳祐十一年（1251）凌萬頃等纂修《玉峰志》三卷及咸淳八年（1272）續志一卷，其後有元至元元年（1335）楊譓纂《崑山郡志》六卷。明代凡三修，一是弘治年間吳祺修、顧潛纂《崑山縣志》十四卷，有稿本和鈔本存世，二即此嘉靖楊逢春纂修十六卷本，三爲萬曆四年（1576）周世昌纂修八卷本。清代首爲康熙二十二年（1683）刻杭允景纂修二十卷本，次爲康熙間盛符升修、葉奕苞纂二十五卷本，有鈔本傳世，三爲乾隆十六年（1751）刻張予介等修、顧登等纂《崑山新陽合志》三十八卷首一卷末一卷，四即道光六年（1826）刻張鴻等修、王學浩等纂《崑新兩縣志》四十卷首一卷末一卷，五爲光緒六年（1880）刻金吳瀾等修、汪堃等纂《崑新兩縣續修合志》五十二卷首一卷末一卷。

據《中國地方志聯合目錄》，僅天一閣藏該志嘉靖十七年刻本。北京大學圖書館、南京大學圖書館、南京市博物館、湖北省圖書館藏嘉靖十七年刻本之鈔本。

240. 清乾隆刻本鎮洋縣志　T3205/4386.83

［乾隆］《鎮洋縣志》十四卷首一卷末一卷，清金鴻、李鏻、章方來纂修。清乾隆十年（1745）刻本。八冊。半葉十一行二十四字，小字雙行同，白口，左右雙邊，單魚尾。框高 19.6 釐米，寬 14.2 釐米。首有乾隆九年趙錫禮序，乾隆十年蔡長澐序，乾隆九年金鴻序，乾隆九年李鏻序，乾隆十年章方來序，凡例，纂修職名，與修姓氏，目錄，圖。卷首題："江南直隸太倉州知州臣趙錫禮、江南太倉州鎮洋縣知縣臣金鴻、署江南太倉州鎮洋縣知縣臣李鏻恭紀聖恩"。卷端題："蘭溪趙錫禮容庵閱定，古越金鴻介巖輯，山左李鏻健齋訂。"卷末補編首題："漳浦蔡長澐巨源閱定，山左李鏻健齋續輯，宛平章方來紫紱訂。"

鎮洋縣，位於今江蘇省東南部。漢婁縣地，三國吳置東倉於此。南朝梁信義縣地，唐崑山縣地。元屬崑山州，明洪武二年（1369）降崑山州爲崑山縣，弘治十年（1497）割嘉定、崑山、常熟三縣益之，置太倉州於衛城，領崇明縣，隸屬蘇州府。清雍正二年（1724）升爲江蘇直隸州，析置鎮洋縣，州、縣同城而治，爲太倉州附郭縣。1912 年改州爲太倉縣，廢鎮洋縣併入。

金鴻，字上侯，號介巖，直隸保定左衛籍，浙江山陰（今紹興）人，雍正八年（1730）進士。乾隆四年四月至乾隆九年九月任鎮洋縣知縣。

李鏻，山東諸城人，附貢生。由教諭改補縣丞，乾隆九年九月至十二月署鎮洋縣知縣。

章方來，順天府宛平人，內閣供奉，乾隆三年八月授鎮洋縣丞，九年十二月署任鎮洋知縣。

卷首恭紀；卷一封域類（沿革〔星野附〕、形勝、里至、岡墩、風俗、物產）；卷二營建類（城池、公署、倉儲、壇廟、坊巷〔牌坊附〕、里鋪、市鎮〔村附〕、橋梁、卹養）；卷三水利類（水道〔海潮附〕，開瀆〔海塘、閘座附〕，開河法，築岸法，治水議）；卷四賦役類（戶口、都圖圩、田制、糧額〔解支耗羨附〕、課稅〔海關稅附〕、徭役）；卷五學校類（學制、祭器、廟樂、師生、學田〔社學田附〕、書籍、社學義塾、鄉飲）；卷六兵防海防類（營制、城堡〔椿柵附〕、營汛〔海關附〕、海事考、防海議）；卷七漕司類（衛制、衛職〔明世官附〕、軍田、海運考〔元歲運海道〕）；卷八舊跡類（堡寨〔關附〕、公所、居宅、名跡、園林、寺觀、塚墓）；卷九職官類（官制、官師表、武職表）；卷十宦跡類（臺司、守牧、縣尹、倅貳）；卷十一選舉類（選舉表、武科表、薦辟、例選、封蔭）；卷十二人物類（列傳、忠節、治行、孝友〔義行附〕、儒林、文學、武功、隱逸、耆碩、流寓、藝苑〔技術附〕、雜傳、釋道、列女）；卷十三藝文類（書目、奏疏、文、詩）；卷十四雜綴類（祥災、逸事、禆說、叢談）；卷末補編。

金鴻序曰：“薦紳毛侍御之玉、顧行人陳埒，良史才也，余以是意告二先生，二先生曰：‘然。先後緩急是應爾爾。’余遂不揣，發條起例，舉綱張目。分爲門者凡十有四，中分爲小類者凡八十有五。禮延紳士之淹雅者，開局編摩，共襄其事。而州志亦同將事焉。時大中丞王公曁方自京師來，相與綜攬其事而董其成。迺於各門類中以紀恩、賦役屬王富陽良穀，封域屬程榆社穆衡，選舉屬王懷遠賓、金中翰燾，營建、舊跡、藝文屬毛孝廉詠、邵孝廉嗣宗，學校屬文學曹扶蒼，兵防、海防、職官、宦業、漕司屬文學顧衍，水利、列女屬文學王嵩，雜綴屬太學徐庚。又益以朱孝廉錦如、文學王安國、王青以訖其事。至人物一門，則與局者皆得分類纂輯，去取之際，公諸鄉評，而州憲趙公錫禮主持之。然總歸侍御行人二先生潤色以成也。……鴻不敏……用是殫精竭慮，是究是圖，凡志中體例所存，地方厲害所係，與同局諸君口誦手披，不厭其詞之反覆而丁寧也。雖草創之書，規模初就，後之博物君子起而修明之，其將有所取裁乎？……開局在癸亥之四月，迄今甲子之九月，凡十有七月而告成，遂付諸梓。若董監志局而始終其事，陸孝廉岡齡、金中翰燾，其功蓋足多云。”

凡例云：“分置鎮洋爲州屬首邑，是書大指總以雍正三年分縣爲主，以縣志之別於州也。然其間亦有不可分者，或循舊章，或遵新制，務使源委分明，體裁畫一。”“張南郭舊州志分十五卷，綱舉目張。今縣志編十四類，於各類中亦細分條目，卷首以紀恩，卷末留爲補編之地，其實總成十六卷云。”

紀事至乾隆九年。“弘”“曆”“玄”字避諱。

鈐印：“繆翰荃蘅父氏印信長壽”“繆翰荃蘅父長壽”“蘅父繆翰荃校讀”。

雍正二年新置鎮洋縣，該乾隆鎮洋縣志係創修，光緒年間王祖畬纂《鎮洋縣志》五卷，有稿本存臺北“國家圖書館”，當係民國《鎮洋縣志》十一卷首一卷末一卷附録一卷本之藍本。《中國地方志聯合目録》和《中國地方志總目提要》著録該乾隆志纂修者爲"金鴻修，李鏻纂"，誤。蓋金鴻、李鏻、章方來相繼爲鎮洋縣知縣，先後主持該志的修纂工作，應該是並列的修纂者。按照方志著者的著録慣例，"修"者爲知縣、知州等官員，主持工作，"纂"者爲主筆。顯然二書將金鴻與李鏻的關係搞錯。

上海圖書館、中國科學院文獻情報中心、南京圖書館等十館與日本內閣文庫有藏。

241. 清乾隆直隸通州志　T3205/3332.83

[乾隆]《直隸通州志》二十二卷，清王繼祖修，夏之蓉等纂。清乾隆二十年（1755）刻本。十六册。半葉十一行二十二字，小字雙行同，白口，左右雙邊，單魚尾。框高18.1釐米，寬14.1釐米。首有扉頁，夏之蓉序，乾隆二十年王繼祖序，原序（嘉靖三十三年〔1554〕丁釬序、嘉靖三十八年李汝杜序、嘉靖三十八年馬坤序、萬曆五年〔1577〕王世貞序、康熙十二年〔1673〕王宜亨序、王儆通序、王兆升序、嘉靖十五年吳宗元《海門縣志序》、順治十三年〔1656〕莊泰弘《海門縣志序》、李兆星《海門縣志序》），凡例，纂修姓氏。扉頁題："直隸通州志。"

242. 清乾隆刻嘉慶增補本如皋縣志　T3205/4624.83

[乾隆]《如皋縣志》三十二卷，清鄭見龍修，周植等纂。清乾隆十五年（1750）刻，嘉慶增補本。十六册。半葉十一行二十二字，小字雙行同，黑口，左右雙邊，無魚尾。框高17.9釐米，寬13.9釐米。首有乾隆十五年鄭見龍序，凡例，纂修姓氏，目録。末有附録《舊志序》。"纂修姓氏"末有小字："梓人金陵徐爾章鐫。"

如皋縣，位於今江蘇省東南部，長江下游北岸。漢爲海陵縣地，東晉義熙七年（411）析置如皋縣，屬海陵郡，南朝宋、齊因之。隋開皇初省入寧海縣。唐大和五年（831）置如皋場，屬揚州。五代南唐復置縣，屬泰州，宋、元、明因之。清雍正二年（1724）改屬通州。

鄭見龍，淳安人，乾隆九年舉人。乾隆十二年任如皋知縣。

周植，崑山人，乾隆十年進士。即選知縣。

卷一星土志（附圖）、沿革志（附表）；卷二建置志（城池并圖、官署并圖、倉廠）；卷三疆域志（鄉、都、場、鎮、舖、街、巷、坊、橋、井、形勝），方俗志（冠服、婚姻、喪祭、歲時、方言）；卷四河渠志（運鹽河、串場河、窑子河、通江河、范公堤、江、海、山、附圖）；卷五秩官志（附表）；卷六至七選舉志；卷八至十民賦志（戶口、田賦、沙田并圖、群田、徭役、蠲卹）；卷十一至十二學校志（學制并圖、崇祀、禮典、樂舞、書院并圖）；卷十三軍政志（鎮戍、營堡并圖、防倭並圖）；卷十四至十五祠祀志；卷十六鹽法志；卷十七至十八食貨志；卷十九至二十藝文志；卷二十一至二十三名跡志（園、亭、齋、堂、樓、軒、屋、居、宅、池、井、原、墓、義塚附）；卷二十四祥祲志；卷二十五名宦志；卷二十六至二十八人物傳；卷二十九忠烈傳、孝友傳；卷三十儒林傳、文苑傳、武勳傳；卷三十一義行傳、隱逸傳、流寓傳、方技傳、方外傳；卷三十二貞節傳；附錄舊志序。

鄭見龍序曰："見龍承乏此邦，袛奉鴻誨，廼偕邑之縉紳諮訪父老，敦延耆儁，放羅舊聞，準諸史例，挈綱舉目，正訛補缺，部居州次以協其宜，咸恪遵上憲詳明慎重之論以爲程式。十閱月晨夕罔懈，獲底成編，凡爲總類十有七，爲傳十有三，覈諸前志，沿革、江海、鎮戍、備倭、軍政增十之九，星野、疆域、學校、田賦增十之八，古跡、寺觀、馬政、經籍增十之七，祥祲、食貨增十之六，餘胥增十之三四，而河渠、鹽法二志則前所未有而創立之，以綱領目，以目隸事，舉要芟繁，體例略備，而圖亦附厥類，以各見焉。……凡諸義類，準今酌古，辨異統同，兼採諸子之長，斷以鄙人之意。季夏繕呈各憲，復蒙指示，重加釐正，廼付剞劂。"

凡例云："皋志創於天順八年教諭周鼎，一續於嘉靖十三年知縣劉永準、教諭陳清源，再修於嘉靖三十八年知縣童蒙吉、教諭謝紹祖，又再修於萬曆四十二年（1614）知縣李廷材，前後代其事者爲熊奮渭、李衷純，而教諭呂克孝獨纂之，邑人張玉成亦有詮次之力焉。又再修於國朝康熙二十二年知縣盧綖，邑人佘璸等分纂之，大率六十餘年一修。今距癸亥正六十有七年，制憲檄修，敢不詳慎，以副盛舉。第天順、嘉靖二志遠莫可考，而盧志迫期成書，率多簡略訛誤。惟呂志頗徵文獻，而義例未明，比屬少舛。茲悉爲釐訂，爲志十有七，爲傳十有三，爲表、爲圖，各附厥類，立綱以提其要，臚目以比其繁。竊於史例庶幾近之，或有未盡，尚俟後賢增損。"

秩官紀事至乾隆十五年。

有朱墨筆圈點。"弘""曆""玄"避諱。

祥祲志，順治年以後內容版刻字體有變化，紀事至嘉慶三年（1798）。

卷末舊志目序：明嘉靖十五年（1536）如皋縣志六卷教諭陳源清修（陳源清序、崔桐序），嘉靖三十九年如皋縣志十卷知縣童蒙吉、教諭謝紹祖修（童蒙吉序），萬曆二十八年如皋縣志十四卷知縣張星修，萬曆四十六年如皋縣志十卷教諭呂克孝修（孫慎行序、熊奮渭序、李廷材序、李上林序、李猶龍序），康熙二十二年如皋縣志十六卷知縣盧綖修（盧綖序）。末有一行字"全部共八百零十葉計板四百十四塊"。

現存最早《如皋縣志》爲明嘉靖三十九年童蒙吉修、謝紹祖纂十卷本，存天一閣博物館，《中國地方志聯合目録》著録爲"謝紹祖纂修"，誤。次爲明萬曆四十六年李廷材修、呂克孝纂十卷本，僅存殘帙，《中國地方志聯合目録》著録中國國家圖書館存卷一至二，卷四至八，誤，中國國家圖書館無此本。中國科學院文獻情報中心存有順治增補本（卷三至八）。清康熙二十二年盧綖修十六卷本亦存殘帙。該乾隆志後，又有嘉慶十三年（1808）楊受廷等修、馬汝舟等纂二十四卷本，道光十七年（1837）范仕義修、吳鎧纂十二卷本，以及同治十二年（1873）周際霖等修、周頊等纂十六卷本，宣統末年還有《如皋志稿》稿本存世。

中國國家圖書館、北京大學圖書館、上海圖書館等十四館與日本內閣文庫、美國國會圖書館等館有藏。

243. 清康熙刻本淮安府志　　T3204/3234.81

〔康熙〕《淮安府志》十三卷首一卷，清高成美修，胡從中等纂。清康熙二十四年（1685）刻本。二十四册。半葉九行二十字，小字雙行同，白口，左右雙邊，單魚尾。框高 22.4 釐米，寬 14.8 釐米。首有康熙二十四年高成美序，康熙二十四年徐越序，康熙二十四年丘象升序，纂修姓氏，凡例，目録，舊序（天啓六年〔1626〕宋祖舜序、許令典序、萬曆元年〔1573〕陳文燭序，成化七年〔1471〕劉吉序）。末有康熙二十四年劉光業後序。卷端題："原任淮安府知府今任淮揚道按察司副使加二級高成美鑒定，淮安府山清盱眙河務同知署府事加一級劉光業、淮安府清軍督糧鹽捕通判馬九思纂輯。"

淮安府，位於今江蘇省中部偏西北。秦置淮陰縣，屬東海郡，西漢屬臨淮郡，東漢至西晉屬廣陵郡。南朝宋僑置兗州，後名北兗州，置東平郡。東魏改北兗州爲淮州，又改東平郡爲淮陰郡。隋開皇初改淮州爲楚州。南宋紹定元年（1228）改楚州置淮安軍，端平元年（1234）改置淮安州。元至元二十年（1283）升州爲路，至正二十六年（1366）朱元璋改爲淮安府，清因之。

高成美，遼東人，康熙二十一年任淮安知府，康熙二十四年升任淮揚道按察司副使。

胡從中，淮安府人，舉人。

首一卷圖説；卷一輿地志、圖考、星野（祥異附）、疆域（形勝附）、沿革、山川、風俗、物産；卷二建置志，城池（隅圖、巷市、坊鎮、關塲、津梁附），公署（驛鋪附）；卷三秩官志、歷代建官、名宦宦績、武績；卷四學序志、儒學（書院附）、武學（附）；卷五典禮志、壇壝、廟祀；卷六兵制志、職官（汛地附）；卷七貢賦志，户口，田糧（條鞭、雜徵原目附），驛傳，鹽課（竈勇、關兵附），鹺政，蠲恤；卷八漕運志、職官屯衛；

卷九河防志、治法紀略；卷十選舉志、科名、武科、貢監（徵辟附）、勳爵、貤恩（胄蔭附）；卷十一人物志、先哲仕績（列將附）、忠烈、孝義、德義、文苑、隱逸、流寓、列女、仙釋、方伎；卷十二藝文志、文目、疏議序記、詩賦；卷十三叢紀志、古跡、寺觀、陵墓、雜録。

高成美序曰："康熙二十二年禮臣奏請，自盛京至十四布政司各修郡志，以彰一代同文之盛。先是，皇上允輔臣之請，後暫停，至是復有請，蓋盛典也。美承乏守淮安，應膺是役。凡二閱月而志成。及細閱之，志自明天啓丙寅迄今六十年，其間時移勢換，文獻缺略，不僅亥豕之訛。故今夏重行續修，開局分曹，美躬總理，凡百餘日，三易其稿。志雖成，美猶有歉然未遑焉，兢兢仍有慮焉。"

偶有補鈔。

鈐印："沈祥恩印。"

現存最早淮安府志爲明正德十三年（1518）刻薛鑾修、陳艮山纂十六卷圖一卷本，次爲萬曆元年（1573）刻郭大綸修、陳文燭纂二十卷本，三爲天啓六年（1626）刻宋祖舜修、方尚祖纂二十四卷本，四爲崇禎十七年（1644）牟廷選修、吳懷忠纂《淮安府實録備草》二十二卷。清代凡三修，首即此康熙志十三卷首一卷本，次爲乾隆十三年衛哲治等修、葉長揚等纂三十二卷本，三爲光緒十年（1884）刻孫雲錦修、吳昆田等纂四十卷首一卷本。

中國國家圖書館、南京圖書館、天津圖書館等七館有藏，其中二館存殘帙。日本內閣文庫和東洋文庫亦有收藏。

244. 清乾隆刻本山陽縣志　　T3205/277.83

［乾隆］《山陽縣志》二十二卷首一卷，清金秉祚修，丁一燾等纂。乾隆十四年（1749）刻本。二十四冊。半葉十行二十二字，小字雙行同，白口，左右雙邊，單魚尾。框高18.6釐米，寬15.0釐米。首有乾隆十四年金秉祚序，乾隆十三年楊煟序，康熙四十七年（1708）張鴻烈序，目録，修志姓氏，凡例。

山陽縣，東晉義熙九年（413）置，治今江蘇省淮安市，爲山陽郡治。隋至宋爲楚州治，南宋紹定元年（1228）改淮安縣。元至元二十年（1283）復爲山陽縣，爲淮安路治。明清爲淮安府治。

金秉祚，湖北鍾祥人，拔貢。乾隆七年任山陽知縣。

丁一燾，湖南衡陽人，清乾隆二年進士。翰林院檢討。

卷首圖、上諭、御製詩文；卷一沿革表；卷二秩官表；卷三選舉表（貢監、勳爵、貤封、恩蔭、鄉飲附）；卷四建置志（城池〔街、巷、市、井、橋、渡、關、閘、壩、堰、坊、鎮、集、邨、坊表附〕）；卷五建置志（公署〔倉庾、鋪遞、壇廟、普濟堂、育嬰堂、養濟院附〕）；卷六疆域志（形勝、山川、封建、風俗、物產）；卷七學校志（書院、義學附）；卷八民賦志（戶口、條鞭、田賦、雜辦、里圖、解撥、蠲賑）；卷九軍政志（營制、兵戎）；卷十河防志；卷十一水利志；卷十二漕運志；卷十三鹽法志；卷十四榷稅志；卷十五至十六藝林志；卷十七叢志（古跡、祠寺、邱墓）；卷十八叢志（祥祲、雜記、辨訛）；卷十九至二十二列傳。

張鴻烈序曰："康熙二十四年詔修一統志，部檄各府州縣，惟山陽志獨缺。二十六年烈歸里，本縣李公特開局敦請，堅辭不獲。是年草成十之二三，繼因人事雜沓，書籍稀少，二十七年移局杭州湖上，就邵宮詹戒三、毛太史大可借書，得以遍考群籍及十五省通志。時李公以事被論去，接任者山西崔公靖又奉催檄，寄札至烈，囑即於湖上開雕，意在速成也。未幾崔又罣誤去，而烈於二十八年奉部檄催補，蹉跎至今又十數年。志甫成而山陽令七易其人，遂置刻事於不問，是可嘆也。按宋嘉定時有山陽專志，經兵燹散失後，遂未有續者。則今日之志乃創也，非述也。……烈苦心探索幾二十年，文逾十萬，較之他縣修志有近本可稽者不同，故難且遲也。書成，亦有好義者慾代縣父母募捐付梓，而烈年已垂暮，苦於繕寫無力。倘後之君子踵成盛事，恐未悉纂輯顛末，輒復牽連書之弁於篇首。"

楊烜序曰："當陽金公蒞治六載，政有餘閑，獨毅然以志書為己任，搜求遺編於鄉先哲張檢討鴻烈，理其舊緒，益以時事，與縉紳賢士條列而排纂之，遂得裒然成集，煌煌乎麗制鉅典也。金公銳意圖成，旋膺遷擢，登車以去，猶惓惓於鐫刻未就，期竣事於蔡、馮兩廣文及邑人張孝廉超。三君不虛所屬，復不尸其功，因余承乏茲邑，檢送原稿索訂之，蓋欲同校讎工剞劂焉。余既得請於郡憲吳公倡捐刻資，遂鋟版告成。"

凡例云："事難於創始，山陽舊志自宋嘉定後迄今五百餘年，未有作者。邑人張檢討鴻烈殫二十餘年之力，旁搜遠討，勒成一書，厥功茂矣。雍正間前令徵張氏書，未付梓倉猝詿誤去，遂軼人物志九卷，叢志三卷，又距今數十年，生齒繁興，人事踵華，其當彙入者多矣。爰據張氏舊本，得丁、周、阮三太史總其成，偕周君白民、任君恕庵、吳君藉五、汪君卜三、王君冶良、張君坡客襄其事，搜羅擴撱，頗具苦心。第成書甚速，不無掛漏，請以俟之作者。"

選舉紀事至乾隆十二年，職官紀事至乾隆十三年。

墨筆批注。

宋嘉定《山陽縣志》早已蕩然無存。清乾隆該志之外，有吳玉搢纂《山陽志遺》四卷，除乾隆間稿本，尚有各種鈔本和刻本。另有張兆棟等修、何紹基等纂《重修山陽縣志》（二十一卷圖一卷，同治十二年〔1873〕刻本），宣統三年（1911）邱沅等修、段朝端等纂《續纂山陽縣志》（十六卷，民國十年〔1921〕刻本）。

中國國家圖書館、上海圖書館、南京圖書館等十四館與臺北故宮博物院、臺灣師範大學圖書館及日本京都大學人文科學研究所、美國國會圖書館等有藏。

245. 清乾隆刻本盱眙縣志　　T3200/6466.83

[乾隆]《盱眙縣志》二十四卷首一卷，清郭起元修，秦戀紳、徐方高纂。清乾隆十二年（1747）刻本。二函十二册。半葉九行二十二字，小字雙行同，白口，左右雙邊，單魚尾。框高 18.5 釐米，寬 13.0 釐米。首有郭起元序，修志姓氏，目録，舊序（萬曆二十二年〔1594〕李上元序、萬曆二十二年戴任序、李正蔚序、康熙三年〔1664〕李時茂序、康熙十一年朱弘祚序、康熙十一年葛戀康序、康熙二十四年胡應麟序），凡例，圖。卷端題："閩中郭起元復齋甫輯，侄鵬飛、男鵬舉、孫端揆、端牧全校字。"

盱眙縣地處江淮平原中東部、洪澤湖南岸。秦置盱台縣，屬東海郡。西漢改爲盱眙縣，屬臨淮郡。東晉屬盱眙郡。隋屬江都郡。唐屬楚州。元明清屬泗州。今屬江蘇省淮安市。

郭起元，字復齋，福建閩縣（今福州）人。曾任安徽太湖知縣，乾隆七年任盱眙知縣，後歷任泗州知州、宿州同知。著有《介石堂詩文集》《水鑒》。

秦戀紳，江蘇武進人。雍正十三年（1735）舉人。盱眙敬一書院掌教。

徐方高，號澹園、星友，江蘇江陰人。生員。

卷首圖有《全境圖》《縣治圖》《衙署圖》《文廟圖》《敬一書院圖》《淮河圖》《洪澤湖圖》、十景圖等。正文二十四卷，平列六十四門：卷一沿革表、疆域、形勝；卷二星野；卷三城隍、坊鄉；卷四山川；卷五風俗、物產；卷六封建、職官、廨宇、坊表；卷七田壤、賦額、鹽策、關権；卷八戶口、保甲、徭役、軍制；卷九水利、河防、橋梁、津渡；卷十文廟、學宮、書院、義學；卷十一武廟、壇壝；卷十二古跡、塚墓；卷十三廟祠、寺觀；卷十四災祥、賑恤；卷十五帝王、后妃、外戚；卷十六名宦（附古名宦）、鄉賢（附古鄉賢）；卷十七甲科、鄉舉、貢薦、雜職、封蔭；卷十八忠節、政績、儒林、文苑；卷十九孝義、善行、隱逸、耆舊；卷二十方伎、方外、僑寓；卷二十一烈女（婦）、節婦、貞女、賢孝；卷二十二至二十三藝文（古文、古今體詩）；卷二十四拾遺。

郭起元序："康熙十一年纂修一統志，檄下郡邑，前令朱弘祚屬學博葛戀康録送。戀康删去前志十之七八，存者寥寥，不成卷帙。每使車駐節，徵考淮河故實，繙閲之下，屢以苟簡致誚，而當事苦於文獻莫徵，因循延諉。……余乾隆癸亥夏至邑，迄丁卯春，歲更五稔，夙夜勤宣上意，幸雨暘時若，年穀用成，民困蘇，訟牘簡，斯誠典禮得爲之時也。適奉大憲重葺之命，紳士啓請主修，首春設簿，詢之鄉里，而兼旬莫有對者，退查案牒，大半耗於蠹涎，甚至職官前後名次、歷年水旱災祲，俱無可稽者，其他又無論矣。予自顧孑然，乃設局於介石堂，聘延名宿，爲之伙助，邑中耆碩各以所聞告，稍有端緒，於是酌定凡例，晨夕排纂，於舊志更訂者十之三，新採增入者十之七，共爲二十四卷。其中條目各以類從，前引後論，規模略具，旋書旋鍥，自夏迄冬，閱八月而工竣。”

盱眙縣現存最早志書爲李天畀修、陳惟淵纂《盱眙縣志》二卷，分三十二門，正德十三年（1518）刊。其次爲戴任等纂修《帝里盱眙縣志》十二卷，萬曆二十三年付梓。清康熙初年，知縣李時茂亦曾修志，今已不存。其三爲朱弘祚修、周洙纂《盱眙縣志》三十二卷，記載亦較簡略，康熙十一年刊刻。其四即此乾隆志，內容較前志大爲豐富。其五爲崔秀春、方家藩修，傅紹曾纂《盱眙縣志》六卷，列十志，刊行於同治十二年（1873）。其六爲王錫元修、高延第等纂《盱眙縣志稿》十七卷，分十七門，光緒十七年（1891）刻，又有光緒二十九年增刻本。

卷首修志姓氏載：“梓人上元栢秀怡等。”繪圖末幅署繪工姓名：“江陰曹沂畫。”金鑲玉裝。

中國國家圖書館、北京大學圖書館、上海圖書館等八館與日本內閣文庫、美國國會圖書館亦有入藏。

246. 清康熙刻本淮南中十場志　　T3206/3142.81

［康熙］《淮南中十場志》十卷，清汪兆璋修，楊大經纂。清康熙十二年（1673）刻本。四册。半葉九行二十字，小字雙行同，白口，四周單邊，單魚尾。框高 21 釐米，寬 14.2 釐米。卷一首題（其餘卷首無）：“泰州分司汪兆璋芾斯父定正，盧阜逸史楊大經石袍氏纂輯。”首有康熙十二年汪兆璋序，康熙十二年楊大經序，原序（陸世科序，周汝璣序，天啓徐國光序，王相説序，魏公輔序），發凡，目録。

淮南中十場，明代泰州所轄富安、東臺、安豐、何垛、梁垛、丁溪、拼茶、草堰、角斜、小海十個鹽場的總稱，是兩淮盐场的重要組成部分。

汪兆璋，字芾斯，浙江錢塘（今杭州）人，貢士。康熙六年任鹽運道泰州分司。

楊大經，字石袍，江西九江人。

卷一圖經，建置（設官、職掌、品俸、衙役），星野，風俗（習尚、歲時、冠、婚、喪、祭、宴會），食貨（鹽、禾、麥、菽、蒪〔通麻〕、蔬、草、木、花、果、竹、藥、羽、毛、鱗、介），災祲（旱、澇、蝗蝻、地震、風潮、星變、日食）；卷二疆域、古跡；

卷三秩官（分司、大使、副使），選舉（進士、舉人、貢士、例監、薦辟、封蔭、武達、掾階）；卷四公署（分司署、申明亭、鼓樓、鹽課司署、察院、鹽倉、預備倉、養濟院、冬生院、坊、舖），賦役（戶口、版籍、田糧、總催、鹽課、折價、水鄉、草蕩、貢課、總催、工腳、灰塸、鹵池、竈房、盤鐵、鍋鐵）；卷五學校（書院、社學、社田、社店、祭典、慶賀、開讀、迎春、就獲、到任），武備（營寨、操場、把總、百長、竈勇、煙墩），壇廟，循良；卷六至七人物；卷八至九藝文；卷十詩。（目錄與實際內容略有區別）

汪兆璋序曰："寓內產鹽之省會凡八，而兩淮爲最。兩淮產鹽之區凡三十，而中十場爲最。是中十場者，東南之泉府而朝廷委輸積貯之藪也。其職鹽之官，最上有御史，其次有運道之屬，有同、有副、有判，皆主於綜理鹽政，而城守、民社、封疆之責不及焉。城守、民社、封疆之責不及於鹽官，此場之前此所以無志也。無志則無徵，無徵則無信，無徵無信則無以法今而垂後，上不知所以施治，而下不知所以更化，其爲闕略非止於典籍淪亡，故事湮滅而已。蓋顯之有關於世道，而微之有繫於人心，甚不可不亟亟也。聞之故老，其宦此者有明蜀中徐子九霄初議修於弘治時，浙中周子繼元再議修於萬曆時，皆以事會不逢，行之未果。至天啓甲子常山徐子瑞徵毅然行之，曠古大典始克有成，距今五十年。……予……承乏以來恒欲有所纂述而未暇也。會朝廷修明一代之典，遐邇內外車書玉帛無不備載，以示王者無外，一視同仁之至意。夫既已括其大凡，上之史館，而茲復別其義例，縷析條分，付諸剞劂。"

楊大經序曰："錢塘汪芾斯先生清才俊望，筮仕得泰州鹺運，涖任以來七載……爰取舊志而訂正之，踵故增新，弗狥弗執，不以余爲闇昧無文，猥命以筆石之役。敘次紀錄率本前人，而規模梗概則稍爲變易，要令不悖於史氏之法程而止。……是役也，梨棗鋟鍥之費，修脯聘幣之需，與夫郵傳驛遞，諮諏訪問之糗糒，舉出自汪公之俸薪，而一絲一粟曾不以累其民，是尤非常之異數，不可以不書者也。"

發凡云："十場均隸泰州版圖，所屬悉詳郡志。有明以前遠莫可考，故不著沿革。""他志建置皆詳明郡縣設立之創始，場地撮嚷僻在海澨，既莫可考其所從來，又籍隸吳陵，理應無別異，今直以設官立署之歲月當之，非憒於義例也。""十場均受攝於分司，猶之兩淮均受攝於鹺使運道，則十場固一志也。舊本場各爲志，殊失統紀，今特合爲一集，如府之隸有郡縣，分檢一條既可以連類互見，合觀全帙又足以該括靡遺，庶綱舉目張而條理咸宜矣。"

中國國家圖書館與日本內閣文庫有藏，《中國地方志聯合目錄》《中國地方志總目提要》未著錄。

247. 清鈔本小海場新志　T3206/9035

[康熙]《小海場新志》十卷，清林正青纂。清鈔本。三册。首有乾隆元年（1736）尹會一序，乾隆元年林正青序，敘例，諭，目録。卷端題："閩中林正青蒼巖編輯。"

小海場，淮南中十場之一，即今東臺縣小海鎮。

林正青，字洙雲，號蒼巖，福建侯官人。以歲貢授職刑部山西司行走。雍正十二年（1734）特簡兩淮鹽政小海場大使。曾參修《福州府志》。

卷一地理志；卷二秩官志；卷三署宇志；卷四廟祀志；卷五户役志；卷六額徵志；卷七人物志；卷八風俗志；卷九土産志；卷十災異志。

諭："爲徵文考獻以成信志事，照得有地方即有記載，山川文物始籍稽查，户役賦財廼資考究，此千百州縣皆有成書。獨三十鹽場從無專志，政事闕而不講，英賢歿即無傳，觀風者誰與陳詩，考古者茫如捉影。本司登堤岸即思前哲，溯河流欲問水濱。事事關心，有聞即記。時時訪舊，徵信乃安。鹽法原有成編，統淮鹺而并論十場，亦稱定本。轄泰壖而兼收，睇此一方實多闕略，復經百載豈足憑依？然團竈、墹場籍文以顯，事功節孝非獻無徵。或稱皓首伏生還能口授，亦有下幃董子素號筆籌，述閭里之舊聞，備海隅之掌故。惠而好我，娓娓可聽；幸有同心，多多益善。風潮水旱，必紀日時；氣節文章，廣行探討。裒成聚腋，寄耳目於群賢；事燦列眉，留見聞於後世。爲此詢兹黃髮，遍諭素心，閱世既深，豈無多見，留心已久，各抒所知。俾彙集成篇，得光信志。特諭！"

敘例云："兩淮鹽法之書，明有史載德《運司志》、朱廷立《鹽政志》、史起蟄《鹽法志》、袁世振《疏理成編》。本朝胡文學《淮鹺本論》《鹽政通考》，崔華《鹽法志》，近則程夢星《鹽法志》，皆合兩淮而言也。其泰州十場志，明有徐光國，本朝有汪兆璋爲中十場作也，各鹽場從無專志。小海志一本則從徐光國十場志而分之，非專爲小海作也，故擇焉不精，語焉不詳。況今易代又百餘年，興革損益，迥然不同耶。予若文獻無徵，窮搜博覽，如新舊本鹽法志，泰州十場志，皆細加選擇，而又上考典章，下參興論，隨事劄記，寧詳勿略，務實勿虛。至於書法不必摹倣史例，而政治人心風俗所關，委曲□縷，亦自不乘體要，總期完一場之實録也。"

林正青序曰："甲寅臘月，予奉憲檄承乏小海，風土人情、因革損益，百事茫然，考求成憲，吏胥不知，而場中遺老不知掌故爲何事。欲訪一二散帙舊聞，杳不可得，文獻無徵未有甚於此地者也。於是興作文移，揆情度理，折求其中，而事倍功半。每嘆耳目不留，聞見無寄，幾爲前人所聾瞶，又恐及今不備其耳目，則身聾瞶者轉以聾瞶後人也。隨事劄記，積有時日，頗成卷帙，未敢以爲是也。乃得舊場志一本，爲明季魏公輔王元鼎奉泰分司徐公光啓聘而纂輯者，手足臂指略備，而精神氣血不能榮衛，徒有其形質而已。土偶木偶未敢以爲眞也，蓋秉筆之難也久矣。”

鈐印：“貴陽趙氏壽華軒藏。”

中國國家圖書館、上海圖書館、天津圖書館、中國科學院文獻情報中心藏乾隆四年刻本，福建師範大學圖書館、安徽師範大學圖書館藏有鈔本。

248. 清雍正刻本揚州府志　T3204/5232.82

［雍正］《揚州府志》四十卷，清尹會一修，程夢星等纂。清雍正十一年（1733）刻本。十二册。半葉十行二十一字，小字雙行同，白口，左右雙邊，單魚尾。框高20.1釐米，寬15.1釐米。首有雍正十一年尹會一序，原序（嘉靖二十一年〔1542〕盛儀序，萬曆二十九年〔1601〕楊洵序，康熙三年〔1664〕雷應元序，康熙十四年金鎮序，李宗孔序，康熙二十四年張萬壽序），凡例，修志姓氏，目録。

揚州府，戰國時爲廣陵邑，秦置廣陵縣。西漢初爲荆國、吳國，後改名江都國，并置江都縣，武帝元狩三年（前120）改廣陵國，東漢改廣陵郡，三國魏遷治淮陰縣。東晉還治廣陵。南朝宋元嘉八年（431）爲僑南兗州治。北齊改東廣州，又爲廣陵、江陽郡治。陳復爲南兗州。北周改吳州。隋開皇九年（589）廢郡，改州爲揚州。唐武德三年（620）改兗州，七年改邗州，九年復爲揚州。宋稱揚州，元置揚州路，明清爲揚州府。

尹會一，直隸博野人，雍正二年二甲進士。雍正十至十一年任揚州知府。

程夢星，江蘇江都人，康熙五十一年進士，翰林院編修，庶吉士。

卷一輿圖；卷二建置（年表附）；卷三星野（祥異附）；卷四疆域；卷五城池；卷六都里；卷七山川；卷八河渠；卷九水利；卷十風俗；卷十一物産；卷十二學校；卷十三公署；卷十四祠祀；卷十五賦役（漕運附）；卷十六封建（戰守附）；卷十七軍政（驛傳附）；卷十八鹽法；卷十九至二十秩官；卷二十一至二十二選舉；卷二十三古跡；卷二十四塚墓；卷二十五寺觀；卷二十六至二十七名宦；卷二十八至三十三人物；卷三十四列女；卷三十五撰述；卷三十六至三十九藝文；卷四十雜記。

凡例云：“《揚州府志》修於康熙甲辰年者，簡略未詳。至山陰金公再輯，該詳博雅，允稱善本。至乙丑年續修，不過稍爲增益耳。若各屬之志，歲月近遠不同，按儀徵新志歷今將二十年，興化寶應兩志已歷五十餘年，江都高郵泰州皆成於數年之内，或考覈精詳，或筆墨蕪雜。惟虛衷採擇，不徇私心，不執成見，是者因之，非者去之，合乎公道而止。若云繼美前賢，則吾豈敢？”

尹會一序曰：“會一承命襄陽，移守斯土，自顧非才，叨歷銓曹，兩膺大郡，帝心簡在，報稱維艱。蒞任之初正修通志之日，披圖按籍，州邑分疆，畎章非舊，鏊剔宜新，揚志之修，是在刺史。爰輯鄉先生設局分編，朝咨夕考。屬草未就，復膺寵命，擢司臬使，而治所故在郡中，俾得藉手成書，付之剞劂，抑亦使臣之幸矣！"

選舉紀事至雍正十一年。"弘""曆"二字未避諱，"禎"字避諱，該書刊印應該在雍正年間。

有補鈔。

明清兩代歷修《揚州府志》。明成化年間所修志書已不存世，嘉靖二十一年朱懷幹修、盛儀纂《惟揚志》三十八卷，僅存殘帙於天一閣博物院。明萬曆二十九年（1601）楊洵修、徐鑾等纂《揚州府志》二十七卷首一卷。清康熙三年有二十七卷首一卷本（雷應元纂修）；康熙十四年金鎮纂修四十卷本；康熙二十四年崔華、張萬壽續修金鎮四十卷本。其後是此雍正十一年本。嘉慶年間阮元修，江藩等纂《揚州府圖經》八卷，有鈔本和嘉慶十一年（1806）刻本；嘉慶十五年阿克當阿修，姚文田等纂《重修揚州府志》七十二卷首一卷。又有方濬頤修、晏端書等纂同治《續纂揚州府志》二十四卷，有同治十三年（1874）刻本。

中國國家圖書館、中國科學院文獻情報中心、中國文化遺産研究院、北京大學圖書館、上海圖書館等近五十館與臺北故宮博物院、孫逸仙博士紀念圖書館及日本內閣文庫、美國國會圖書館、法國國家圖書館等有藏。

249. 清雍正刻本江都縣志　T3205/3142.82

[雍正]《江都縣志》二十卷，清陸朝璣修，程夢星等纂。清雍正七年（1729）刻本。十六冊。半葉十行二十一字，小字雙行同，白口，左右雙邊，單魚尾。框高18.5釐米，寬14.4釐米。首有扉頁、雍正七年陸朝璣序，舊序（萬曆二十五年〔1597〕張寧序、萬曆二十五年陸弼序），凡例，修志姓氏，目錄，圖式。扉頁題："奉旨編輯。江都縣志。雍正己酉年刻。"卷端題："試江南揚州府江都縣知縣臣陸朝璣奉旨編輯。"

江都縣，戰國屬楚廣陵邑，秦置廣陵縣。西漢景帝前元四年（前153）置江都縣。三國廢，西晉復置，尋省入廣陵縣。後時廢時置，屢經變遷。北宋熙寧五年（1072）省廣陵入江都，爲揚州治。元爲揚州路治，明清爲揚州府治。清雍正十年析江都西境置甘泉縣。

陸朝璣，浙江平湖人，雍正六年試任江都知縣。

程夢星，字午橋，江都人，清康熙五十一年（1712）進士，授翰林院編修。

卷一沿革表；卷二秩官表；卷二至四選舉表；卷五建置志；卷六學校志；卷七疆

域志；卷八山川志（水利附）；卷九民賦志；卷十軍政志（戰守、封建附）；卷十一祠祀志（寺觀附）；卷十二古跡志（冢墓志）；卷十三名宦志；卷十四至十六人物志；卷十七經籍志（碑目附）；卷十八至十九藝文志；卷二十雜記。

陸朝璣序曰："雍正六年十二月，我皇上諭令督撫大臣增修各省通志，期於考核詳明，採摭精當，毋闕毋濫，以成完善之書。而於本朝名宦人物尤令慎重採録。……時朝璣承乏江邑，檄至令纂輯自縣志……於名宦人物之條尤不敢徇情率意，而江都地大□□，兼收博採中又恐其不能盡當也。於是徧示邑中□□人得以寸縑尺幅，各上其家之美節懿行，以投之匭中，則不患其有或遺矣。匭具則採之輿論，合之公評，闕其疑，芟其偽，而後得其確然可垂信者，以登之簡，則不患其有或濫矣。乃自四月既望設局於董子祠，延邑之賢士大夫相與往復辯論，參互衡量，而得名宦若干人，邑之忠義節孝若干人，不遺不濫，謹録以上之大府以轉獻之當寧。"

凡例云："志中體例俱依景定建康志，援古據今以爲考證，而以詩文附録於後。所採書籍甚夥，悉以經史子集爲正，其餘存以備考者，明《一統志》《南畿志》，嘉靖《惟揚志》，萬曆府志縣志，康熙三年、十三年、二十四年府志，十三年邑人葉彌廣縣志。至康熙五十六年所修縣志，採取未當，久滋物議，是以不敢遵爲定本，合邑覽者幸無以前志爲辭。"

秩官、選舉紀事至雍正七年。"禎""貞""真""玄"避諱，"弘""曆"二字未避諱。

現存最早江都志係明萬曆《江都縣志》二十三卷（張寧修，陸君弼纂，萬曆二十七年刻本），存於中國國家圖書館和日本內閣文庫。《中國地方志聯合目録》著録中國國家圖書館僅存卷一至二十二，誤，中國國家圖書館所藏爲全帙。康熙五十六年李蘇纂修十六卷本係清代最早之江都志，其後爲此雍正志，還有乾隆八年五格、黃湘纂修三十二卷本，嘉慶二十四年（1819）刻王逢源修、李保泰纂十二卷首一卷本（該本還有光緒七年〔1881〕刻本），以及光緒十年刻三十卷首一卷本（謝延庚修、劉壽曾纂）。

中國國家圖書館、上海圖書館、南京圖書館等十四館與日本內閣文庫、美國國會圖書館有藏。

250. 清康熙刻乾隆印本儀徵縣志　T3205/2524.8

［康熙］《儀徵縣志》二十二卷，清陸師纂修。清康熙五十七年（1718）刻，乾隆印本。十冊。半葉十二行二十五字，小字雙行同，白口，左右雙邊，單魚尾。框高 20.5 釐米，寬 14.5 釐米。首有扉頁，康熙五十七年陸師序，常韜序，康熙五十七年吳存禮序，目録，舊志撰人名氏，舊序（吳機《嘉定真州志序》，丁宗魏序，嘉靖

十七年〔1538〕楊孫仲序，嘉靖十七年王大用序，隆慶元年〔1567〕邊維垣序，隆慶元年申嘉瑞序，崇禎十二年〔1639〕李岾序，康熙七年胡崇倫序，康熙三十二年馬章玉序）。扉頁題“儀徵縣志”，各卷卷首題“儀徵志”。

儀徵縣，位於今江蘇省中部偏西。唐永淳元年（682）置揚子縣，屬揚州。五代南唐改永貞縣，屬江都府。北宋乾德二年（964）以迎鑾鎮爲建安軍，後以永貞縣歸屬。大中祥符六年（1013）升建安軍爲真州，天聖元年（1023）避仁宗趙禎諱，改永貞縣爲揚子縣。政和七年（1117）賜名儀真郡，屬淮南東路。元至元十四年（1277）升真州路。明洪武二年（1369）廢真州和揚子縣，設儀真縣，屬揚州府，清因之。清雍正二年（1724）避雍正帝諱，改名儀徵縣。

陸師，浙江歸安人，康熙三十九年進士。康熙五十六年至五十七年任儀徵縣知縣。

卷一舊序、圖説；卷二沿革表、秩官表上；卷三秩官表下；卷四選舉表；卷五至六建置志；卷七疆域志、山川志上；卷八山川志中；卷九山川志下；卷十至十一民賦志；卷十二學校志；卷十三軍政志；卷十四祠祀志上；卷十五祠祀志下、藝文志；卷十六名跡志上；卷十七名跡志中；卷十八名跡志下、祥祲志；卷十九至二十二列傳。

陸師序曰：“丁酉春正，師始到官，即取縣志閱之，舊者體例善而事不續，新者件目具而義未精。欲重修之，遂蓄意爲蒐採，蓋逾年而未克，即舉會已得徵因汲汲成之，誠不敢以歲月之淺自諉，而缺此地之一要務也。假館汪氏之園，從事於排纂綴屬，溽暑中未嘗暇逸，自孟夏至秋而卷帙完。以質實爲期，稍依倣於史體，首列十圖述，三表，十志，十二傳，爲卷二十有二，有圖，有表，有傳，通名之志，仍定稱也。宦此者，非親民弗詳；籍此者，非據實弗載。祥祲不言其占，仙釋不專其目，蓋棺而士行始登，符例而女貞乃録。文字則徵舊以酌新，事跡則採近以搜遠。荒誕者汰之，濁濫者革之，則區區竊取之意也。維國有史，郡邑有志，推極論之，三才之道備，千載之跡存，非細故也。不揣此圖，懼從放失，而文筆之短，不逮於昔人，覽者其無深誚焉。康熙五十七年閏八月歸安陸師序。”“是書之成，不敢以捐俸請之上臺，亦未嘗謀諸邑中攽助，用己力節縮之餘經營以就梓。去取詳略之間，稍以己意裁之，竊恐一人之見，未必有合於衆目，仍藏板於采碧山堂，亦不欲貯之公庫。倘爲見者所許，則存以爲邑之續乘，或可徵信而傳久；倘以爲未當，則仍屬陸氏一家之書，又可別修新志，聽夫後之來者，於以息譁泯議，兩善而不相妨者也。師又識。”

選舉、職官紀事至康熙五十七年，“弘”“曆”“真”字避諱。當是乾隆時期印本。

宋代至明，儀徵歷修志書，今僅隆慶元年申嘉瑞修《儀真縣志》十四卷存天一閣博物館。清代凡五修，最早是康熙七年胡崇倫修十二卷本，次爲康熙三十二年馬章玉纂修本，三即此康熙五十七年本，嘉慶十三年（1808）顏希源等纂修《儀徵縣續志》十卷，道光年間王檢心修《重修儀徵縣志》五十卷首一卷，有道光三十年（1850）刻本和光緒十六年（1890）刻本。

中國國家圖書館、上海圖書館、南京圖書館等十三個館與“中央研究院”歷史語言研究所傅斯年圖書館、臺北故宮博物院及日本國會圖書館、日本內閣文庫、美國國會圖書館、英國國家圖書館有藏。其中有將書名著録爲《儀真縣志》或《儀真志》者。

251. 清雍正刻本高郵州志　　T3205/0222.82

　　[雍正]《高郵州志》十二卷，清張德盛修，鄧紹煥等纂。清雍正刻本。六冊。半葉十行二十字，小字雙行同，白口，左右雙邊，單魚尾。框高22.2釐米，高16.2釐米。首有雍正二年（1724）修志職銜，雍正二年張德盛序，雍正二年鄧紹煥序，雍正二年汪士璜序，雍正三年賈兆鳳序，原序（康熙二十三年〔1684〕余恭序），凡例，圖，目録。卷端題：“知高郵州事青縣張德盛修。高郵學正虹縣鄧紹煥、訓導歙縣汪士璜全修。高郵拔貢生王曾禄、揚州府學生張夢鯉同纂。”

　　高郵州，位於今江蘇省中部，高郵因秦在此置郵亭而得名。西漢置高郵縣，屬廣陵國。南朝時曾爲廣業郡、神農郡治（領臨澤、三歸、竹塘三縣）。隋初郡廢，三縣併入高郵縣。北宋至元，歷經高郵軍、承州、高郵路、高郵府。明洪武元年（1368）改爲高郵州，省高郵縣入州，清因之。

　　張德盛，字茂先，北直隸青縣（今河北）人，貢生。康熙五十七年任高郵知州。

　　鄧紹煥，安徽虹縣（今泗縣）舉人。康熙年間任高郵州儒學學正。

　　卷一建置志、疆域志；卷二山川志、古跡志；卷三水利志、物産志、食貨志；卷四學校志、禮樂志、風俗志；卷五民賦志、軍政志、災祥志；卷六祠祀志（寺院、庵觀、坊牌、宅墓附）；卷七秩官表、選舉表；卷八宦跡傳、寓賢傳；卷九至十一人物志；卷十二藝文志。

　　張德盛序曰：“高郵志在明初遠莫可稽，厥後一修於隆慶六年，一修於國朝康熙二十二年。然新志僅存其板，而字跡多殘缺不完。自是以後又四十餘年矣。予戊戌歲來守是邦，越七載……乃與儒學兩先生暨里中紳士商定重修，考往跡，舉時事，搜遺闡隱，耳目爲勞，閲八月編次成書，付工開梓。因爲數語以弁其首。”

　　賈兆鳳序曰：“……（張公）乃總其大綱，委兩學博董厥役，而以秉筆之責屬之封翁王君西受，廩庠張君汲三，凡五閲月而書成。公復捐貲二百餘兩授梓人鏤板焉。”

　　凡例云：“……是書賴掌教鄧君、司訓汪君之力，提綱挈領。其纂輯編次考核精嚴，則王子張子爲之，故得相與有成焉。”

避諱字："弘""曆""玄"皆不避諱。

鈐印："寓目""綠園圖書"。

現存最早的高郵州志爲明代隆慶年間范惟恭修、王應元纂十二卷本，隆慶六年（1572）刻本。清代八修高郵志，康熙十一年孫宗彝修高郵州志十卷，康熙二十三年李培茂增修、余恭增纂孫宗彝原修本，其後即此雍正二年張德盛纂修本，再次爲乾隆年間十二卷首一卷末一卷本（楊宜崙修、夏之蓉等纂，乾隆四十八年刻本），嘉慶十八年（1813）刻本（十二卷首一卷，馮馨增修、夏味堂增纂），嘉慶二十年刻本（十二卷首一卷，馮馨增修、王念孫增纂）。道光二十三年（1843）左輝春等纂修《續增高郵州志》不分卷，光緒九年（1883）金元烺、龔定瀛修，夏子鍚纂《再續高郵州志》八卷首一卷。

中國國家圖書館、中國文化遺産研究院、北京大學圖書館、南京圖書館等八館與美國國會圖書館有藏。臺北故宮博物院存殘帙。

252. 清乾隆刻本高郵州志　T3205/0222.83

〔乾隆〕《高郵州志》十二卷首一卷，清楊宜崙修，夏之蓉纂。清乾隆四十八年（1783）刻本。十册。半葉十行二十字，小字雙行同，白口，左右雙邊，單魚尾。框高21.1釐米，寬15.9釐米。首有乾隆四十八年楊宜崙序，夏之蓉序，原序（張德盛序，鄧紹煥序，汪士璜序，賈兆鳳序），目錄，重修姓氏，凡例。末有《重修高郵州志捐銀姓名開後》《重修高郵州志支用銀數開後》。

楊宜崙，字賓圃，直隸靈壽人，監生。乾隆四十二年任高郵州知州。

夏之蓉，高郵州人，雍正十一年（1733）進士，乾隆元年舉博學鴻詞科。授翰林院檢討。《中國地方志總目提要》著錄夏之蓉係乾隆元年進士，誤。

卷首恩綸、天章；卷一輿地志（輿圖，星野，疆域〔附舖舍、廂里、街巷、鎮市、集場〕，建置〔附沿革、城池、公署、碑亭、倉廠、驛館、書院、壇祠、公所〕，山川〔附橋渡〕，古跡〔附宅基、坊牌、廟宇〕）；卷二河渠志（運河，下河，堤工〔附湖港、閘洞〕，五壩、源委）；卷三民賦志（戶口，田賦〔附租稅〕，蠲免〔附舊役〕）；卷四食貨志（倉儲〔附官鹽〕、物産）；卷五學校志（規制、祭儀、經籍、禮器、學田、書院規條）；卷六典禮志（儀制、祀典、風俗）；卷七軍政志（兵防，漕運，屯田〔附牧馬、草場、馬政〕）；卷八秩官志（官制、文職、武職、宦跡）；卷九選舉志（徵辟、進士、鄉舉、歲貢、銓選、封蔭）；卷十人物志（列傳、忠烈、孝行、政事、文苑、武略、篤行、寓賢、列女、方伎、仙釋）；卷十一藝文志（書目、奏議、記、序、書、傳、賦、詩、雜體）；卷十二雜類志（災祥、軼事）

凡例云："州志自宋魯穎秀以後，明成化以前各志版册無存，今祗就隆慶志及本朝康熙雍正二志增定，其中先後間有移易，止期便於覽觀，非求新於耳目也。至雍正二年以來六十餘年之事跡，搜訪維艱，網羅散佚，以補不逮，是在後之君子。"

楊宜崙序曰："宜崙承乏於兹凡七年矣，視事之始，檢閱雍正二年舊志，即思取其書而續輯之，鹿鹿簿書未暇也。壬寅春，時和理平，州之紳士適以兹來言。予惟刺史重大，非俗吏所能任，然自前志重修以後，距今已六十年……。因從其請，開局於二月之望，邑紳士及諸義民共輸錢若干緡，延本州夏太史、沈明府二公爲總纂。太史制科名人，且年近九十，沈公亦年七十，此六十年中皆其所見，因獻徵文，期於得實，其分纂、校刊、副閱諸公并極一時之選，爬羅剔抉，共襄其事。余於公暇亦與諸君子商榷義例，較正魯魚，詞取其質，事取其核，稿既就，請正於學憲，復蒙繩疵摘誤，得以改定成書，付之剞劂，詳呈各上憲。"

夏之蓉序曰："歲壬寅，州守楊公以邑志見諉。……爰自二月至十月，凡三易稿而竣。……賴同館諸君子分類詳校，命孫味堂隨侍筆札，余與樹原沈君點次條理以復於使君，以制其謬而集其成。"

選舉紀事至乾隆四十七年。"弘""曆"二字避諱，明代年號"弘治""萬曆"皆用"孝宗""神宗"替代。

中國國家圖書館、中國科學院文獻情報中心、中國文化遺產研究院、上海圖書館、南京圖書館等十二個館與"中央研究院"歷史語言研究所傅斯年圖書館及法國巴黎 M.R. 赫杜圖書館等有藏。

253. 清乾隆刻增補刊本鎮江府志　　T3204/8831.83

［乾隆］《鎮江府志》五十五卷首一卷，清高龍光修，朱霖續修。清乾隆十五年（1750）刻增補刊本。三十二册。半葉十行二十一字，小字雙行同，白口，左右雙邊，單魚尾。框高 21.8 釐米，寬 14.5 釐米。首有康熙十四年（1675）張九徵序，康熙十四年孫汝謀序，康熙二十四年高龍光序，乾隆十五年朱霖序，舊序（〔咸淳志〕方逢辰序、〔成化志〕丁元吉序、〔正德志〕正德八年〔1513〕林魁序、〔萬曆志〕萬曆二十五年〔1597〕王應麟序），目錄，圖經。末有雍正四年（1726）馮詠後序。

鎮江府，春秋時名朱方，戰國改谷陽。秦始皇三十七年（前 210）置丹徒縣，治今市東丹徒。東漢建安間，孫權遷都於此，號曰京城，也名京口。東晉永和中僑置東海郡於京口，南朝宋又置南徐州，梁改南東海郡爲南蘭陵郡，陳復爲南東海郡。隋移延陵縣於此，廢南徐州和南東海郡，又併丹徒縣入延陵縣。開皇十五年（595）置潤州。大業初廢州，屬江都郡。唐武德三年（620）復置潤州，又改延陵縣爲丹徒縣。建中初置鎮海軍節度使。北宋開寶八年（975）改軍號爲鎮江軍，鎮江之名自此始。政和三年（1113）升爲鎮江府，屬兩浙路。南宋屬兩浙西路。元爲鎮江路，屬江浙行省。明清爲鎮江府。

高龍光，字紫虹，福建長樂人，順治十六年（1659）進士。歷任台州推官、茂名知縣、户部主事、禮部郎中，康熙十九年任鎮江府知府。

朱霖，松山人，乾隆十五年任鎮江知府。

卷一建置沿革、星野、疆域；卷二至三山川；卷四形勝、城池、風俗；卷五户口；卷六至十三賦役；卷十四邮政；卷十五學校；卷十六公署；卷十七秩壇；卷十八津梁；卷十九宮室；卷二十寺觀；卷二十一陵墓；卷二十二古跡；卷二十三刺守；卷二十四參佐；卷二十五宰貳；卷二十六師儒；卷二十七軍鎮；卷二十八封爵、舉辟；卷二十九進士；卷三十鄉貢；卷三十一貢士；卷三十二武科、恩封、恩蔭；卷三十三國系、名宦上；卷三十四名宦下；卷三十五至三十六名臣；卷三十七儒林；卷三十八孝義；卷三十九高隱；卷四十仙釋、方伎；卷四十一列女；卷四十二物產；卷四十三祥異；卷四十四至五十三藝文；卷五十四遺事；卷五十五河工疏稿、坍田疏稿、桐村藝文。

朱霖序曰："郡有志由來舊矣，顧閱世生人，閱人成世，沿流事跡幾許變遷，要非修焉不備，鎮江名勝地也，府志自有明武宗時一修於楊文襄公，神宗時再修於王恭簡公，亦閱我朝多歷年所，康熙十二年聖祖仁皇帝命各省會下檄郡邑修志，以彰同文之化。時郡守三韓高崇吾率作興事，幾歷寒暑，至康熙二十四年郡守閩山高紫虹方省乃成。蓋修之若斯之難也。由紫虹而來，至於今六十五年，我皇上重熙累洽，文教罩敷，霖承乏兹郡，敢不任厥事哉？初，丹徒邑令馮夔颺曾以郡志殘缺補刻數萬字，復入桐邨藝文一卷，中有續丹徒隱逸志，續丹徒節孝志，其餘雜著皆有關國政民風，人心世道。夔颺用心良苦，閱今又且二十五年矣。斯志也，耗蠹爲災，梨棗亦磨滅，多不可識。噫，無論此數十年各邑損益之事未能猝詳，而前此成書，且幾幾無可收拾夫，乃嘆往哲之遲之又久而始告竣者，誠有以也。然事愈難則責愈重，郡屬四邑，丹徒附郭，丹陽隔百里，金壇又隔百里，溧陽始屬江寧，雍正八年撥入鎮屬，相距金壇又百里，此四邑者，山川形勝之修廢，户口賦役之增減，以及文人學士之蔚興，名宦鄉賢之迭起，更有孝子忠臣烈女節婦之所當發潛德闡幽光者，尤不可不慎重而採擇之也。霖竊謂志以傳信，必考之確而後勒之書，斯爲一成不易。《溧陽縣志》修於乾隆八年，已有成書，是宜以郡志例類入之。兹以原板之磨滅不可復識，與夫溧邑之所應入者纂序編輯，彙成一書，付之剞劂，俾後之觀覽者有所考核而興起焉。"

該志爲乾隆十五年刻本，其後有增補內容，如卷五《户口》紀事至乾隆四十七年、乾隆五十五年。卷三十六末有"乾隆癸未（乾隆二十八年）奉憲準功臣館咨查陣亡官員漏造，并奉藩憲檄羅明昇等業，奉升撫憲陳發學增入通志，今郡志應一體補刊于後。……乾隆癸未奉憲定刊"。卷四十一《列女》紀事至乾隆四十年。

有鈔補。

鎮江志創自宋元，宋嘉定六年（1213）盧憲修纂《鎮江志》二十二卷首一卷，僅有清鈔本流傳；元至順三年（1332）脫因修、俞希魯纂二十一卷首一卷，亦只清鈔本傳世。明萬曆二十四年（1596）王應麟修、王樵等纂《重修鎮江府志》三十六卷圖一卷。清代凡二修志書，康熙十三年刻五十四卷首一卷本（高得貴修，張九徵纂），又有此乾隆刻增補刊本。

中國國家圖書館館、上海圖書館、南京圖書館等十三館與日本東洋文庫、美國國會圖書館等有藏。

254. 清康熙刻乾隆印本丹徒縣志　T3205/7428.81

［康熙］《丹徒縣志》十卷首一卷，清鮑天鍾纂修。清康熙二十二年（1683）刻，乾隆印本（多處補鈔）。三十二册。半葉九行十九字，小字雙行同，白口，左右雙邊，單魚尾。框高 21.8 釐米，寬 14.9 釐米。首有康熙二十二年鮑天鍾序，目錄，重修丹徒縣志姓氏。卷端題："丹徒縣知縣臣鮑天鍾纂修。"

丹徒縣，位於今江蘇省鎮江市區附近。西周稱宜，春秋時屬吳國，後屬楚，更名谷陽。秦置谷陽縣，後更名丹徒。三國吳改丹徒爲武進，晉復名丹徒。隋開皇九年（589）移延陵縣於京口，廢丹徒入延陵縣，唐武德三年（620）移延陵縣還故治，改隋延陵縣爲丹徒縣，爲潤州治。宋、元、明、清均名丹徒縣，歷爲鎮江府、鎮江路治。

鮑天鍾，字子龍，遼東人。官生，户部筆帖式補北城察院筆帖式，升南海知縣。康熙二十二年補任丹徒知縣。

卷首目錄、重修丹徒縣志姓氏、圖；卷一方輿志（沿革、星野、疆域、形勝、山水、土風）；卷二建置志（城池、學校、公署、水利、津梁、坊表）；卷三賦役志（户口、田賦、蘆政、徭役、漕輓、驛傳、鹽課、郵政）；卷四典禮志（儀制、壇壝、祠祭）；卷五物産志（穀屬、蔬屬、果芔、藥物、花卉、草屬、苞屬、木屬、禽屬、獸屬、鱗屬、蟲屬、器物）；卷六職官志（宰貳、師儒）；卷七選舉志（封建、舉辟、進士、鄉舉、貢士、武科、恩封、錄蔭）；卷八人物志（國系、名宦、名臣、儒林、孝義、隱逸、列女、釋道、方伎）；卷九藝文志；卷十雜紀志（古跡、祠廟、宮室、陵墓、碑碣、寺觀、災祥、軼事）。

鮑天鍾序曰：“謹考徒邑舊乘，自故明崇禎初修輯後，仍沿至今。世湮年遠，蠹魚剥落，不可復辨。先代典故既難稽核，而我朝鼎新創制數十年來，山川由變而定，規制由廢而興，户口由耗而登，賦役由淆而理，人才政績由衰而盛，倘蒐討未備，考核未精，其何以仰副我皇上徵文考獻至意？臣因□□□聞廣稽新典，辟呷諸鄉□□賢士大夫咨□耆民故老，分類畢搜，俾無遺闕。聘延邑名儒何生爾、程生世英，加意考訂，抒寫翰□。閲兩月，纂輯成志。”

有補鈔。

多處字跡模糊漫漶，有斷板。“弘”“曆”二字避諱。書中有“乾隆年内容”（補鈔部份），該書係乾隆以後印本。

現存最早丹徒縣志係明正德十四年（1519）刻《丹徒縣志》四卷，李東修、楊琬等纂；萬曆何世學纂修縣志四卷，萬曆初年刻本。清代首爲佚名纂《丹徒縣志》五卷，有鈔本流傳，次係此康熙志，三爲嘉慶志四十七卷首四卷（貴中孚等修、蔣宗海等纂，嘉慶十年〔1805〕刻本），四爲光緒《丹徒縣志》六十卷首四卷（何紹章等修、吕耀斗等纂，光緒五年〔1879〕刻本），五爲光緒十六年刻《丹徒縣志摭餘》二十一卷（李恩綬纂），六爲光緒年間李丙榮續纂《丹徒縣志摭餘》（民國七年〔1918〕刻本），七爲宣統年間陳祺壽纂修《丹徒縣志續志》十卷。

中國科學院文獻情報中心、北京大學圖書館、上海圖書館等六館（部分爲殘帙，有鈔配）與日本内閣文庫、静嘉堂文庫有藏。

255. 清雍正刻本泰州志　T3205/5330.82

［雍正］《泰州志》十卷首一卷，清褚世暄修，陳九昌等纂。清雍正六年（1728）刻本。十册。半葉十行二十字，小字雙行同，白口，左右雙邊，單魚尾。框高 20.7 釐米，寬 14.5 釐米。首有卷首天章，雍正六年褚世暄序，康熙五十八年（1719）魏錫祚序，舊序（崇禎六年〔1633〕魏應嘉序、天啓四年〔1624〕翁延壽序、崇禎六年劉萬春序），目録，修志備考書目，凡例，纂輯秩官姓氏，圖，天啓四年修志姓氏，崇禎五年修志姓氏。

泰州，位於今江蘇省中部。西漢元狩六年（前 117）置海陵縣，屬臨淮郡。東晉義熙七年（411）爲海陵郡治。五代南唐昇元元年（937）置泰州。宋屬淮南東路，元至元十四年（1277）改爲泰州路，後復爲州，屬揚州路。明、清屬揚州府。

褚世暄，直隸宣化人，生員。雍正四年任泰州知州。

陳九昌，鑲黄旗人，雍正元年任泰州同知，後升湖廣灃州知州。

卷首天章；卷一職方志（沿革、星野、疆域、水旱、形勝〔古跡附〕、風俗、物產）；卷二建置志（城池、公署、學校、壇壝、廟祠、兵戎、驛鋪、鄉都、街市、坊表、橋渡）；卷三賦役志（戶口、課程、力役、馬政、鹽筴、河渠）；卷四官師志（職名、撫鎮、海道、牧政、師表）；卷五選舉志（辟薦、進士、舉人、貢生、封蔭、例監、武冑）；卷六人物志（理學、名賢、武勳、隱行、孝子、高行、尚義、貞節、期壽、著述、僑寓）；卷七方外志（寺觀、仙釋、塚墓）；卷八至十藝文志。

褚世暄序曰："迺泰州全志，自勝國之季修輯，至今中間雖經補修，而條目未備……而八十餘年文獻無徵，稽查莫據……曩萊蕪魏公鋟舊志之版而新之，更不增減一字，以云慎也。師其意則修之，而存慎之之心，猶慎之而不輕議修之之事，是以鳩工開局，立意纂輯成書，以導揚我朝郅隆之化，紀載茲邦人物之盛。……今取其現存者萃而梓之，以附於魏刻之後，其放失鮮稽者留以俟將來之增廓。"

凡例云："州志續修於劉大參萬春，至康熙癸丑年郡人宮檢討偉鏐纂人物志四卷，條分縷析，頗費苦心。今於舊志下注明'以上劉志'，劉志之後依宮志載入，注明'以上宮志'，其新增者附於宮志之後，注明'以上新增'。總之採訪則寧寬毋嚴，秉筆則寧慎毋濫云。"

官師、選舉紀事至雍正六年。

該志現存最早爲萬曆《泰州志》（李存信修，黄佑等纂，萬曆三十二年〔1604〕刻本），僅存四卷於泰州博物館，崇禎志十卷圖一卷（李自滋修、劉萬春纂）（《中國地方志總目提要》及北京大學圖書館著録爲"劉萬春纂修"，誤，李自滋係當時泰州知州，當爲修者，劉萬春爲纂者。）清康熙年間宮偉鏐纂《人物志》四卷，已佚。現存清代泰州志首此雍正志，次爲道光泰州志三十六卷首一卷本（王有慶等修，陳世鎔等纂，有道光七年（1827）刻本，光緒三十四年〔1908〕補刻本），道光十年《泰州新志刊謬》二卷首一卷（任鈺等纂輯），以及同治泰州志三十六卷（欒桂纂修，有同治十年〔1871〕刻本），光緒《續纂泰州志》三十五卷（胡維藩修、陸福堡纂，光緒末年稿本）。

中國國家圖書館、上海圖書館、南京圖書館等十一館與臺北故宮博物院及日本內閣文庫等有藏。

256. 清康熙刻本興化縣志　T3205/7021.81

〔康熙〕《興化縣志》十四卷，清張可立纂修。清康熙二十三年（1684）刻，三十三年增刻本。十二冊。半葉十行二十一字，小字雙行同，白口，左右雙邊，單魚尾。框高 20.8 釐米，寬 14.7 釐米。首有沈荃序，康熙二十三年張可立序，目録。卷端題："知縣事福清張可立修。"

興化縣，五代時置，治今江蘇省興化市昭陽鎮，屬江都府。屢有廢置，南唐後歷屬高郵軍、泰州、高郵府、高郵州，清屬揚州府。

張可立，福建福清人，順治十二年（1655）進士。康熙十六至二十四年任興化知縣，後升盛京承德知縣。

卷一圖考，建置沿革，星野（祥異附），疆域（奏疏附），山川（關津、橋梁附）；卷二風俗、城池、兵禦、水利；卷三物產，户口（坊、厢、里、詳文附）；卷四田賦（屯田附、起運、存留、遇閏加徵、雜辦、欵項、由單編徵、收解、支應、倉廒、蠲賑附、疏本詳文附）；卷五公署（行署附）、學校、名宦；卷六職官；卷七選舉（例監、掾辟、武科附）；卷八至十人物（理學、鄉賢、進士、鄉舉、貢士、辟薦、國戚、武勳、封贈、録蔭、孝友、忠烈、篤行、文學、隱逸、寓賢、仙釋、方伎）；卷十一人物（列女、祠祀、丘墓、古跡附）；卷十二至十四藝文。

張可立序曰："自有明辛丑爲令歐陽公東鳳所修葺，今廢不講者八十年矣。一切文獻幾於放失，此亦有司之責也。雖當災患頻仍之餘，顧恭奉明詔，其可以已。乃考掌故，酌古今，閲三年而志始成。"

職官紀事至康熙三十三年。"玄"字避諱。

有補鈔。有墨筆批注。

現存最早興化縣志爲明嘉靖四卷本（胡順華纂修，嘉靖三十八年〔1559〕刻本），和萬曆十卷本（歐陽東鳳修，嚴鍇纂）。清代凡二修，首爲此康熙志，次爲咸豐《重修興化縣志》十卷（梁園棣修、鄭之僑等纂，咸豐二年〔1852〕刻本）。

中國國家圖書館、中國第一歷史檔案館、南京圖書館、南京大學圖書館、湖南圖書館與臺北"國家圖書館"及日本内閣文庫有藏。其中南京大學有鈔配，湖南圖書館爲殘帙。

257. 清康熙刻乾隆印本靖江縣志　　T3205/0231.81

〔康熙〕《靖江縣志》十八卷首一卷，清胡必蕃修。清康熙二十二年（1683）刻乾隆印本，十册。半葉九行十九字，小字雙行同，白口，左右雙邊，單魚尾。框高19.9釐米，寬14.5釐米。首有康熙八年鄭重序，康熙十一年鄭重序，康熙二十二年胡必蕃序，康熙八年袁元序，□□序（殘），目録，舊序（殷雲霄序，正德都穆序，嘉靖王叔杲序，張秉鐸序，吳繼澄序，李□宣序，趙應旗序，李維楨《馬馱沙小志序》，王穉登序，陳函輝《重修靖江縣志序》）

靖江縣，位於今江蘇省中南部。明成化七年（1471）以江陰縣馬馱沙置靖江縣，屬常州府。天啓年間長江北大江淤塞，始併北岸。

胡必蕃，湖廣孝感人，順治八年（1651）舉人，康熙年間任靖江知縣。

卷一縣境圖、縣城圖、縣治圖、縣學圖；卷二建置（沿革、名稱、城郭），星野；卷三疆域（古跡附）；卷四山川；卷五祲祥；卷六風俗（食貨附）；卷七賦役；卷八職官（知縣、縣丞、主簿、典史、巡檢、教諭、訓導、遊擊、守備、千把）；卷九選舉；卷十公署；卷十一學校；卷十二武備；卷十三循良；卷十四人物；卷十五壇廟；卷十六至十八藝文。

胡必蕃序曰："康熙癸丑……故有纂修一統志之令……臣必蕃適待罪山右，蒲邑業已修□志矣，今補任靖江，則又修靖江志。第查靖由三國東吳時有白馬馱沙之祥，至勝國成化七年建邑，距今二百餘載，自建邑而創爲志者有人，有志而增修之且遞修之又有人。迨我朝鼎興之後，田疇日闢、水利日興，人文日盛，……竟與上邑等。至康熙十年始起而增修靖志者，則前令鄭公重也，其分野、山川、形勝、制置、徭賦、戶口、人文、風俗、物產、水利，圖繪而條析之，前志稽之詳矣。自康熙十一年至今，雖官師、人物、賦稅、建置，不無稍有沿革，然歲月無多，略加增補而編於前志各條之後，亦足以備纂修之採擇也。而鄰壑之患亦永除，然非假之歲月而絕豪強之阻撓，遂欲告厥成功難矣。"

職官紀事至康熙二十八年。版印模糊，字跡漫漶，"弘""曆"二字挖改避諱，應爲乾隆時期印本。

《中國地方志總目提要》著錄爲：清胡必蕃修，金敞纂。但本書未見有關金敞的任何信息。

靖江有志，最早爲明嘉靖四十四年（1565）王叔杲修、朱得之纂八卷本，隆慶四年（1570）刻本，現藏日本內閣文庫，又有明崇禎間陳函輝修、顧夔纂十七卷本（《中國地方志聯合目錄》《中國地方志總目提要》誤爲十九卷），存中國國家圖書館。清代凡四修，一爲康熙十一年鄭重修、袁元纂十八卷本，二即此康熙二十二年胡必蕃續修本，三是于作新修、潘泉纂咸豐《靖江縣志稿》十六卷，有咸豐七年（1857）活字本，再爲光緒五年（1879）葉滋森修、褚翔等纂《靖江縣志》十六卷首一卷本。

上海圖書館、北京大學圖書館、南京大學圖書館、湖南圖書館有藏，中國國家圖書館存有殘帙。

258. 清乾隆刻本桃源縣志　T3205/4139.83

［乾隆］《桃源縣志》十卷首一卷，清睦文煥纂修。清乾隆三年（1738）刻本。十冊。半葉九行二十字，小字雙行同，白口，左右雙邊，單魚尾。框高20.9釐米，寬15.2釐米。首有乾隆二年高斌序，乾隆三年呂維炳序，乾隆三年白嶸序，乾隆三

年睦文煥序，序圖，凡例，修志姓氏，舊志序（康熙二十六年〔1687〕蕭文蔚序），目録，圖。末有乾隆三年睦文煥跋。

桃源縣，古徐州之地，漢置東海郡，五代宋時爲淮陽郡，宋隸清陽軍。金改宿遷縣，後置淮賓縣，屬泗州。元至元十四年（1277）分宿遷縣置桃園縣，屬淮安路，明洪武初年改名桃源縣，屬淮安府。清因之。1914年更名泗陽縣。

睦文煥，湖南零陵人，雍正元年（1723）拔貢，六年保舉孝友端方。雍正八年任桃源縣志。

卷首圖；卷一興地志（沿革、星野、形勝、山川、坊鄉集鎮、關井橋渡、古跡、塚墓、祥異）；卷二營建制（城池、學宫、壇廟、公廨）；卷三田賦志（田糧、户口、夫折）；卷四田賦志（驛傳、鋪遞、蠲恤、倉儲、賑濟、土産）；卷五河槽志（河防、河官、河兵、堡夫、防禦、漕運）；卷六典禮志（朝儀、公儀、釋奠、祠祀、寺觀）；卷七秩官志（文職、名宦、武職）；卷八人物志（選舉、鄉賢〔仕績、孝友、德儀、流寓、文學、隱逸〕，列女，賢母，壽耆，仙釋〔方技附〕）；卷九至十藝文志。

白嵊序曰："予自丁巳夏奉天子命來守淮郡，而桃源爲淮之屬邑。邑宰睦令系瀟湘俊彦，群玉賢良，初來進謁，予詢其邑中大概，即歷陳因革，瞭如指掌，併備言邑之載籍多漂没於洪濤，毅然以重修志書爲己任。夫桃邑之志，自知縣蕭文蔚搜羅散佚，博採舊聞，創始成書，距今不過五十餘載，乃已若存若亡，僅有什一於千百，天下事有作者於前，不可無述者於後，固如是夫。予因爲之獎許而鼓舞之。睦令愈踴躍而從事焉。即出其稿以示予，其間山川城郭之壯麗，臚列如畫，人物藝苑之美盛，炳若日星，至於河渠賦役之有關國計民生者，無不補亡而訂誤焉。此舉也，爲朝廷定經制，爲百世立章程，雖一邑之典故，他日爲輶軒之採擇，非即王府之圖籍也哉。"

睦文煥跋曰："是書之修，删節前志，略倣史家敘述立論之體，務期首尾條貫，逐處俱親加裁訂。稿凡數易，其人物、紳士，從郡志添注，以成一邑全録，俾孝子慈孫知家聲有自，不至數典而忘其祖也。惟舊藝文亥豕魯魚，逐目荆棘，並多脱漏。讀去難通，一一尋其意義，爲之釐正。至於新增城濠詩一帙，非余本意，苦於同寅及紳士等力勸，因勉强附入，終不禁汗顔爾。乾隆三年二月上浣，梓事既竣又跋。零陵睦文煥。"

紀事至乾隆三年。

桃源有志，創自康熙二十六年蕭文蔚修四卷本，日本内閣文庫存有全帙。清代桃源志僅修二次，該乾隆志亦爲清代最晚的志書。

中國國家圖書館、中國科學院文獻情報中心、中國文化遺産研究院、南京圖書館等八館與日本東洋文庫、美國國會圖書館等有藏。

259. 清康熙刻本浙江通志　T3208/3231.81

[康熙]《浙江通志》五十卷首一卷，清王國安等修，張衡等纂。清康熙二十三年（1684）刻本（部分序文、卷首、卷一及其他個別葉配鈔本）。三十六冊。半葉九行二十字，小字雙行同，白口，四周雙邊，單魚尾。框高 22.8 釐米，寬 15.1 釐米。首有康熙二十三年趙士麟序，康熙二十三年石琳序，康熙二十三年教化新序，康熙二十三年蔣寅序，康熙二十三年李之粹序，康熙二十二年張衡序，康熙二十二年楊鼐序，康熙二十二年顧豹文序，丁澎序，康熙二十二年毛際可序，康熙二十三年顧岱序，康熙二十二年六月部文，凡例，姓氏，目錄。

浙江，清初改浙江承宣布政使司置，爲内地十八省之一。治杭州府。轄境相當今除嵊、泗縣外的浙江全省。

王國安，字康侯，奉天蓋州人，康熙二十一年任浙江巡撫。

張衡，字晴峰，直隸景州（今景縣）人，順治十八年（1661）進士。康熙二十二年任浙江提督學政。

卷首圖考；卷一沿革；卷二星野（祥異附）；卷三疆域；卷四城池；卷五公署；卷六至七山川；卷八形勝；卷九古跡；卷十關梁；卷十一都會；卷十二水利；卷十三風俗；卷十四田賦（徭役附）；卷十五户口；卷十六鹽課；卷十七物産；卷十八學校；卷十九祠祀；卷二十寺觀；卷二十一陵墓；卷二十二文職官；卷二十三武職官；卷二十四兵防；卷二十五帝王（后妃附）；卷二十六至二十八名宦；卷二十九至三十選舉；卷三十一至三十四人物；卷三十五儒林；卷三十六孝義；卷三十七文苑；卷三十八隱逸；卷三十九寓賢；卷四十至四十一列女；卷四十二方技；卷四十三仙釋；卷四十四至四十九藝文；卷五十雜紀。

石琳序曰：“今海宇大一統……聖天子駕馭風雲，潛心典籍。武功既赫，文教聿修，内命翰苑詞臣纂修會典，外命各省制撫編輯通志，於以彰昭代之治，垂示萬禩，甚鉅典也。琳承乏浙藩，恪遵成命，開設志局，聘集紳儒，廣搜博採，删蕪就簡，每成一帙，呈諸兩臺筆削訂政，凡四閱月而告成，分晰條縷，共五十卷。……爰考舊志刊於勝國嘉靖之辛酉年間，迄今百二十載，而各郡邑志又半散於兵燹之餘，故校輯尤難。是役也，諸紳士之夙夜手編，各執事之寅恭互閱而折衷，上臺總其成焉。"

凡例云："通志者，志一省十一府一州七十五縣也，而體裁則與一統志稍異。蓋職官、選舉、户口等類載諸會典，而古今藝文美不勝收，故一統志概在所略。若通志爲郡邑志之所受成義例臚列不得或遺也，而載筆則從簡從核。""是書大率以秦、豫爲準，而秦、豫志亦有參錯不同者，況兩浙風土異宜，其間斟酌損益，俱於各類標出。"

職官紀事至康熙二十二年，"玄"字避諱。

現存最早《浙江通志》，爲明嘉靖四十年（1561）刻胡宗憲修、薛應旂等纂七十二卷本，次即此康熙二十三年刻五十卷首一卷本，三爲雍正十三年（1735）修、乾隆元年（1736）刻李衛等修、沈翼機等纂二百八十卷首三卷本，該本又有嘉慶十七年（1812）校補刻本、光緒五年（1879）墨潤堂校刻巾箱本、光緒二十五年浙江書局刻本，以及民國二十五年（1936）上海商務印書館影印光緒本。

中國國家圖書館、中國科學院文獻情報中心、上海圖書館、北京大學圖書館等二十館與"中央研究院"歷史語言研究所傅斯年圖書館、臺北故宮博物院及日本國會圖書館、内閣文庫、東洋文庫、美國國會圖書館、英國國家圖書館、法國國家圖書館有藏。

260. 清乾隆刻本杭州府志　　T3209/4132.83

[乾隆]《杭州府志》一百一十卷首六卷，清邵齊然、鄭澐修，汪沆、邵晉涵纂。清乾隆四十九年（1784）刻本。三十八册。半葉十行二十四字，小字雙行同，白口，左右雙邊，單魚尾。框高 20.1 釐米，寬 13.8 釐米。首有扉頁，乾隆四十九年鄭澐序，凡例，歷次修志姓氏，目録。扉頁題："杭州府志"。

《中國地方志聯合目録》著録"鄭澐修，邵齊然等纂"，誤，邵齊然係乾隆四十三年修志總裁，時任杭州府知府。

261. 清康熙刻乾隆印本仁和縣志　　T3210/2126.81

[康熙]《仁和縣志》二十八卷，清趙世安纂修。清康熙二十六年（1687）刻，乾隆印本。十册。半葉九行二十字，小字雙行同，白口，四周雙邊，單魚尾。框高

22.2 釐米，寬 14.9 釐米。首有康熙二十六年顧豹文序，康熙二十五年邵遠平序，康熙二十五年趙世安序，目録，凡例，圖。卷端題："知仁和縣事趙世安纂輯。"

仁和縣，北宋太平興國四年（979）改錢江縣置仁和縣，治今杭州市，與錢塘縣同爲杭州治。南宋時與錢塘縣同爲臨安府治。元爲杭州路治。明、清爲杭州府治。

趙世安，字維康，遼陽人，監生。清康熙二十一年任仁和知縣。

卷一至二封畛（沿革、分野、疆界、城池、坊隅、街巷、牌坊、鎮市、城内橋梁、城外橋梁、城内山、城内河）；卷三山川（城内山、城外河、古跡）；卷四公署（沿革、寓治、題名）；卷五至八風土（物産、土貢、户口、田土、税糧、徭役、課程）；卷九學校（本學沿革、廟、學、廨宇、祀典、啓聖祠、名宦祠、鄉賢祠、藏書、職制、教職題名、射圃、社學、學田、書院）；卷十至十一選舉；卷十二水利；卷十三恤政；卷十四壇廟；卷十五吴越世家（后妃、戚畹、名宦）；卷十六至二十人物（直節、清介、治行、忠烈、武功、儒林、文苑、高隱、淳行、耆善、人瑞、孝子、義夫、節婦、附列女、孝女、孝婦、賢媛）；卷二十一道釋、方伎；卷二十二寓賢、墳墓；卷二十三城里（寺觀）；卷二十四城外（寺觀）；卷二十五祥異；卷二十六藝文（書籍、碑碣）；卷二十七紀事；卷二十八紀文（附詩）。

趙世安序曰："不意今者承乏是邑，昔之耳聞目見者而身親任之。甫二載，會有修志之役，廼延郡中耆舊文學，廣搜博採，遲之歲月，始得勒成一書。……受事之初，苦無舊志，雖載筆編摩，止取附見郡乘者以先之，最後得沈朝宣鈔本，歷年既久，不無闕略。夫仁邑自宋太平興國置縣以來，豈無名賢崛起？稽討故實，如徐渭撰山陰志，胡震亨作海鹽志，皆以一人總攬而成。首邑名區，上下數百載而闕焉未備。幸籍諸君子之力，舊聞新紀捆載成編，益耳目所未及。然闕疑闕殆，其慎其難，今而後庶可按跡而求，鑒往知來，其於政俗未必無小補云。"

趙世安撰凡例云："仁和爲浙江首邑而獨無志。明嘉靖己酉邑紳沈朝宣始爲一志，僅屬鈔本，迄今百有餘年矣。其間官師、人物多不可考。余詢諸故老，採諸遺編，搜之荒祠古碣，字畫漫滅間以己意續之，勒成一書。若云補苴罅漏，張皇幽渺，以俟後之君子。""仁邑之志，康熙癸丑春知府嵇公崇孟以部牒纂修，前令孟卜延請宿儒張右民、沈蘭先、吴任臣、徐林鴻互相參稽，曾一舉行，卜以右遷去，繼以闖氛，暫寢其事。歲癸亥，簡書敦促，始於六月下浣，終於八月初旬，竭蹶從事，乃告成書。維予簿書鞅掌，宵旦不遑，裁成鑒定則有鄉先生可備文獻，其討論修飾則二三賢士之力多焉。"

選舉紀事至康熙二十三年，"禎""弘""曆"字避諱。版印模糊，字跡漫漶。

明嘉靖二十八年（1549）沈朝宣纂修《仁和縣志》十四卷，現有鈔本存世，另有光緒十九年（1893）《武林掌故叢書》本。此康熙志爲清代最早該縣志。光緒二十九年蕭治輝、孫峻纂《仁和縣志稿》不分卷，存稿本殘帙。

中國國家圖書館、中國第一歷史檔案館、上海圖書館、浙江圖書館、南京圖書館等十一館與臺北故宮博物院及日本內閣文庫、東洋文庫、東京大學東洋文化研究所、英國劍橋大學圖書館等藏康熙二十六年刻本。

262. 清康熙刻本錢塘縣志　T3210/8546.81

[康熙]《錢塘縣志》三十六卷首一卷，清魏峴修，裘璉纂。清康熙五十七年（1718）刻本。三十冊。半葉九行二十四字，小字雙行同，白口，四周單邊，單魚尾。框高 19.5 釐米，寬 14.7 釐米。首有扉頁，康熙五十七年魏峴序，目錄，纂修姓氏，凡例。扉頁題："康熙五十七年鐫。南樂魏峴纂。錢塘縣志。"卷端題："錢塘縣知縣南樂魏峴纂。"

錢塘縣，位於今浙江杭州。秦置錢唐縣，屬會稽郡，唐代更名錢塘縣，爲餘杭郡治。五代吳越時與錢江縣同爲杭州治。宋與仁和縣同爲兩浙路及臨安府治。元、明、清與仁和縣同爲浙江省會和杭州路、杭州府治。

魏峴，字雲岑，直隸南樂（今屬河南）人，康熙四十五年進士。康熙五十四年任錢塘知縣。

裘璉，字蔗村，浙江慈溪人，康熙五十四年進士，翰林院庶吉士。

卷首天章、圖；卷一圖考、星野、疆域、沿革、形勝；卷二山川；卷三城濠、里市、河梁；卷四水利、學校；卷五公署；卷六戶口、田賦（附課程）、徭役；卷七風俗；卷八物產、土貢（附貢道）；卷九官師；卷十選舉（附封蔭）；卷十一恤政；卷十二災祥；卷十三壇壝、祠廟；卷十四寺觀；卷十五丘墓；卷十六名宦；卷十七世家、戚畹；卷十八大臣；卷十九名臣；卷二十忠節、政事；卷二十一理學、儒林；卷二十二文苑；卷二十三孝友；卷二十四義行、武功；卷二十五隱逸、流寓、耆善；卷二十六方技；卷二十七至二十九列女；卷三十仙釋；卷三十一金石；卷三十二經籍；卷三十三古跡、古宮室；卷三十四至三十五藝文；卷三十六外紀。

凡例云："茲邑之志自聶令心湯而後，百餘年缺如矣。而況簡略未備，幾幾文獻無徵之嘆。前此茂宰若真定梁君允植、廣寧遲君炘皆有修輯，後先聘吳君慶伯農祥編纂，取材富而討論詳，待有成書，惜兩君皆不終事，而去今又三十餘年。思今時採輯之艱，逾難忘昔日經營之力。夫子曰足則吾能徵之，其有補於茲編不少矣。""作志務廣搜載籍，博覽鴻文，方免固陋之譏。錢塘藏書家無幾，賴吳君尺鳧焯出其函軸不下三百餘種，共相論訂，而猶憾其未備，後復借鈔於鹽官馬君寒中思贊家，又得數百本，從博取約，厥功偉已。而共襄校閱者，則有汪君次言燴，是以更表而出之。”“修志之役，予先請命於府憲徐公，公首屈指裘太史蔗村。及將開志局，而大中丞朱公繼至，更即以太史聞，公又首肯，故奉延最先。其他名賢耆宿，皆以予舊所聞敦迫而來，彬彬大雅，聚於一堂，可稱盛已。太史而外，則有中翰吳君臨原斯洺、錢君景舒昶、明經章君仁豔撫功、吳君尺鳧焯、國學生吳君僧彌裕，登名於左，共垂不朽云。”

魏嶂序曰：“嶂承乏是邑兩年來，兢兢虺負，幸無隕越，暇遂與邑中賢士大夫謀襄是役，咸鼓舞樂從，請諸各憲，僉獲報可……於是聘名賢，羅載籍，選名勝之區，是纂是輯，六閱月而志成。……嶂學儉材蕪，何足以幾萬一，而唯是與編纂諸公共相抉擇，存其正，弗存其詭，存其實弗存其誇，庶幾弗貽十斛米之譏，三家村之誚焉耳。爰拜手而序次於簡末。”

卷三十六偶有補鈔。

選舉紀事至康熙五十七年。“玄”字避諱。

有朱墨筆圈點。

鈐印：“松石山房藏書子子孫孫永寶用”“陶□堂藏書”“錢泰階印”“吳越王孫”。

現存最早錢塘縣志爲明萬曆三十七年（1609）刻聶心湯纂修《錢塘縣志》十紀，次即此康熙五十七年刻三十六卷首一卷本，三嘉慶間吳運嘉纂《錢塘縣志補》不分卷，有清鈔本傳世。

中國國家圖書館、中國科學院文獻情報中心、北京大學圖書館、南京圖書館等十六館（其中五館藏殘帙）與臺北故宮博物院及日本內閣文庫、東洋文庫、東京大學東洋文化研究所、英國劍橋大學圖書館等有藏。

263. 清康熙刻增補刊本蕭山縣志　T3210/4227.81

［康熙］《蕭山縣志》二十一卷，清劉儼續修，張遠續纂。清康熙三十二年（1693）刻增補刊本。四册。半葉九行二十字，小字雙行同，白口，左右雙邊，單魚尾。框高20.4釐米，寬15.1釐米。首有康熙三十二年劉儼序，康熙二十二年王先吉序，康熙二十二年劉儼序，康熙二十二年任辰旦序，康熙三十二年張遠序，凡例。卷端題：“文林郎知蕭山縣事鄒勳、文林郎知蕭山縣事劉儼重修，邑文學蔡時敏、蔡含生編較，張崇文重纂。”

蕭山縣，位於浙江省杭州市區南部。西漢置餘暨縣，屬會稽郡。三國吳改永興縣。隋開皇九年（589）省縣入會稽，唐儀鳳二年（677）復置，天寶元年（742）更名蕭山縣。自唐至北宋屬越州，南宋屬紹興府，元屬紹興路，明、清屬紹興府。

劉儼，字任田，直隸景州人，監貢。康熙二十二至三十六年任蕭山知縣。

張遠，字邇可，蕭山縣人，歲貢，曾任縉雲縣儒學訓導。

卷一圖志；卷二疆域志（分野、沿革、坊里、市鎮、里至）；卷三城池志；卷四署廨志（宮室）；卷五山川志（形勝景致附）；卷六古跡志；卷七物產志；卷八風俗志；卷九災祥志；卷十田賦志（戶口、田土、則例、均法、派法、輸法、徵法、賦、課、貢法、役法）；卷十一至十二水利志（諸湖水利、西江塘、北海塘、內地諸塘、堰、閘、壩、津梁）；卷十三學校志（學田附）；卷十四祠祀志（陵墓附、寺庵附、仙釋附）；卷十五武備志；卷十六職官志；卷十七選舉志；卷十八至二十人物志（名宦、鄉賢、理學、流寓、隱逸、孝義、方技、列女）；卷二十一序志（遺文附）。

張崇文凡例云：“是志於康熙十年之夏始事，閱明年七月而告成，與事者蔡君時敏、何君文煒、蔡子含生、丁子夢芝、予伯父沛祥也，崇文幸從其後採集考訂焉，十二年矣。詔纂修會典並一統志，飭各府州縣重輯志書，檄下，適邑令劉初下車，而蔡、何二君暨伯父皆謝世，因命文纂輯，又獲從劉令、張、姚二學師之後，採核編次，閱歷晨昏而竣事。爲憶昔時葺校之繁，今日參訂之勞，列志凡於編端，亦竟自忘其鄙陋云爾。時康熙二十二年癸亥閏六月新秋生員張崇文識。”

康熙三十二年劉儼序曰：“蕭邑之志，康熙辛亥歲撫寧鄒君之所重修也，遷延一紀，屢更屢易。歲癸亥朝廷有纂修通志之命，各憲檄催邑志，余蒞任甫閱月，刻期告竣，其當與否未暇周悉也。閱今十餘載，因革又疊見矣。江塘遷徙幾何處？學署修建幾何事？鄉賢賓幾何人？賦役紛更，災祥屢告。此志之不可不備載者也。況前此載筆者委任多人，各相抵牾，或亥豕不可辨，或首尾不相貫，或抱殘而守缺，或言重而事複。嗟乎！志以傳信，信之不存，志將安取耶？！亟欲釐正，簿書鞅掌未能也。因廼撮其大要，與張子邇可商訂之。張子好著書，習典故，余信之有素，今果不余負也已。殫精聚力，不問晝夜。博採舊志，益以新裁，訛者正，重者削，缺者補，上下不相聯屬者條貫而有序，閱數月而來復。謹之至也。”

紀事至康熙三十二年。職官紀事至康熙三十一年，選舉紀事至康熙四十二年。“玄”字避諱，“弘”“曆”不避諱。

《中國地方志總目提要》云此康熙三十二年刻本與康熙十二年鄒勳修二十一卷本爲同一書，誤。

現存最早蕭山縣志係明嘉靖三十六年（1557）刻萬曆三年（1575）增補，林策修、張燭纂，魏堂續增六卷本；次爲明萬曆十七年刻劉會修、戴文明等纂六卷本。清代凡三修，一爲康熙十二年刻鄒勳修二十一卷本，有康熙間毛奇齡編《蕭山縣志刊誤》三卷，二即此劉儼修二十一卷本，三爲乾隆十六年刻黃魚纂修四十卷本。

中國國家圖書館、上海圖書館、南京圖書館藏康熙三十二年刻本，故宮博物院圖書館、嘉興市圖書館藏殘帙。美國國會圖書館藏本選舉紀事至康熙四十一年，疑與此本同爲康熙四十一、二年增補刊本。

264. 清乾隆刻本蕭山縣志　T3210/4227.83

［乾隆］《蕭山縣志》四十卷，清黃鈺修。清乾隆十六年（1751）刻本。二十四册。半葉十行二十二字，小字雙行同，白口，四周雙邊，單魚尾。框高 21 釐米，寬 15.0 釐米。首有乾隆十六年黃鈺序，凡例，目録，圖。

黃鈺，河南鄧州人，拔貢。乾隆十三年任蕭山知縣。

卷一星野；卷二建置；卷三疆域（城池、形勝附）；卷四坊里；卷五山川；卷六古跡；卷七學校（書院附）；卷八公署；卷九至十田賦（驛站鹽課附）；卷十一蠲恤；卷十二至十三水利；卷十四津梁；卷十五壇廟；卷十六武備；卷十七風俗；卷十八物産；卷十九祥異；卷二十職官；卷二十一選舉；卷二十二名宦；卷二十三至二十六人物；卷二十七流寓；卷二十八至二十九列女；卷三十方技；卷三十一塚墓；卷三十二寺觀；卷三十三仙釋；卷三十四至三十六藝文；卷四十雜記。

黃鈺序曰：“蕭邑志昉於明永樂二十年邑令張崇，屬草未刻，至宣德戊申令吳汝芳增修，乃授梓。弘治戊申丞何鋹修之，正德丁卯令朱儼又修，鄉先達田惟〈祐〉爲之訂正，越數年乃成。嘉靖中林魏二令又續增之。今俱不傳。所□□惟萬曆己丑劉令會所修本而已。國朝康熙間邑令鄒勷、聶世棠、劉儼俱有增輯本，其書沿訛襲謬，漫無考訂。毛西河縣志刊誤不過舉其較著者而已，然亦有誤處。自康熙癸亥迄今六十餘年，未有起而議修者。乾隆丁卯調任邑令王君嘉會始謀重輯，越載餘不成。歲己巳，余於内署之西偏别建書屋，延請老宿，搜輯增訂，逾年成書四十卷，其與前志異同分合之處，具詳凡例。豈故求異哉？亦慎之至耳。”

楮墨精良。

紀事至乾隆十六年。

卷十四、二十六、二十八、三十二、四十有補鈔。藝文志有朱筆批注和圈點。

鈐印：“家住騰蛟橋畔”“星濤”“鍾濟南印”。

中國科學院文獻情報中心、故宫博物院圖書館、上海圖書館、北京大學圖書館等十七館與日本東京大學東洋文化研究所等有藏。

265. 清乾隆刻本桐廬縣志　T3210/4201.83

［乾隆］《桐廬縣志》十六卷，清嚴正身等修，金嘉琰等纂。清乾隆二十一年（1756）刻本。八册。半葉十行二十一字，小字雙行同，白口，四周雙邊，單魚尾。

框高 18.2 釐米，寬 13.6 釐米。首有乾隆十九年嚴正身序，乾隆二十一年吳士進序，乾隆二十年王德讓序，乾隆二十一年蔣大烈序，乾隆二十一年沈全達序，乾隆二十年金嘉琰序，凡例，修志姓氏，圖，目録。末有捐修姓氏。

桐廬縣，位於浙江省西北部，三國吳黃武四年（225）析富春縣桐溪鄉置桐廬縣，屬吳郡。隋開皇九年（589）廢入錢唐縣，後復置，屬睦州。唐武德四年（621）於縣置嚴州，七年廢州，仍屬睦州。五代改屬杭州。北宋復屬睦州，南宋屬建德府，元屬建德路，明、清屬嚴州府。

嚴正身，字高峰，雲南楚雄人，舉人。乾隆十八年任桐廬知縣。

金嘉琰，字可亭，浙江錢塘（今杭州）人，舉人。乾隆十八年任桐廬縣儒學教諭。

卷一至二方輿志（沿革、分野、疆域、形勝、市巷、鄉都、山川、風俗）；卷三至四營建志（城郭、公署、倉儲、舖舍、坊表、臺榭、祠墓、寺觀、古跡、津梁、水利）；卷五學校志（學宮、書籍、祭器、樂器、學田、書院）；卷六典禮志（壇壝、祀典、禮儀）；卷七食貨志（户口、田土〔附軍屯〕、貢賦、課程、物産、鹽法、徭役、工役、軍政）；卷八官師志（知縣、縣丞、主簿、典史、巡檢、驛丞、儒學、武職、治行）；卷九至十選舉志（進士、鄉科、貢生、例貢、薦舉、吏仕、貤封、蔭敍、恩授、旌義、例職、耆逸、農官、約正）；卷十一至十二人物志（名宦、鄉達、理學、儒林、文苑、隱逸、流寓、忠義、孝友、列女、方技、仙釋）；卷十三至十五藝文志；卷十六雜志（詩詞、遺事、異聞、災異）。

吳士進序曰："桐廬縣志自康熙二十二年編輯以後，至今七十餘載，毫無記述，將見學校、典禮、食貨、賦役、土産、風俗、人物、藝文日就湮没，落落晨星，豈非有土者之責乎？維時邑令侯官吳君慨然以纂輯爲己任，焚膏繼晷，晝夜編摩，未及成書，遽以憂去。繼之者署事滇南嚴君、陽曲王君，悉心編次，不遺餘力。署事長洲蔣君、如皋沈君鳩工授梓，克蕆厥事。廣文錢塘金君廣稽博考，證據精詳，縷析條分，芟繁就簡，□編纂之事尤著賢勞。"

凡例云："是志義例悉遵太守吳公條款分列，參之以舊志，考之以通志、一統志及諸史傳，要歸於典確明備，以仰副聖朝文物聲明之盛大云爾。"

有墨筆批注。

官師紀事至乾隆二十一年。"玄""禎""弘""曆"字避諱。

鈐印："阮大昌印""夜周"。

明清時期桐廬縣志僅存四種，最早爲明嘉靖五年（1526）刻屠繼祖修、濮渙纂八卷本，次爲康熙十二年刻二十年增刻馬象麟修、柴文卿等纂、王俊增補四卷本，三爲康熙二十二年刻童煒修、吳文煒等纂四卷本，四即此乾隆二十一年刻嚴正身等修十六卷本。

中國國家圖書館、中國科學院文獻情報中心、中國文化遺産研究院、上海圖書館、北京大學圖書館等十館與臺北故宮博物院及日本東洋文庫、東京大學東洋文化研究所等有藏。

266. 清乾隆刻本嚴州府志　T3209/6432.83

　　[乾隆]《嚴州府志》三十五卷首一卷，清吳士進修，胡書源等纂。清乾隆二十一年（1756）刻本。十六册。半葉十行二十二字，小字雙行同，白口，四周雙邊，單魚尾。框高 19.1 釐米，寬 14.9 釐米。首有乾隆二十一年吳士進序，乾隆二十一年胡書源序，舊序（康熙二十二年〔1683〕任風厚序、呂昌期序、毛際可序、胡拱辰序、錢廣居序），修志姓氏，纂修舊志姓氏，凡例。

　　嚴州府，位於浙江省西南部，轄境相當今桐廬、建德、淳安等地。隋置睦州，大業初改爲遂安郡。唐武德復爲睦州。後移治建德縣，天寶、至德年間曾改爲新定郡。宋宣和三年（1121）更名嚴州，咸淳元年（1265）升爲建德府，元至正二十二年（1362）改置嚴州府。明、清因之。

　　吳士進，字書登，順天府大興人，康熙五十七年進士。乾隆十三年任嚴州知府。

　　胡書源，字洛庭，浙江山陰（今紹興）人，舉人。曾任廣西博白知縣。

　　卷首圖、目錄；卷一星野；卷二建置（沿革表、郡縣名表、分屬表）；卷三至四封域（形勝、道里、山川、鄉都、水利、古跡〔亭閣附〕、風俗）；卷五營建（城池、公署、倉儲、驛站、舖舍、津梁、坊表、養濟）；卷六學校（學宮、學田、書院、義學）；卷七典禮（鄉約、慶賀、開讀、鞭春、救護、祈禱、上任、行香、祭祀、賓興、耕耤、鄉飲）；卷八秩祀（廟祠、寺觀、壇壝、塚墓）；卷九食貨（户口、田賦、物産、蠲恤）；卷十至十一官師；卷十二至十三遺愛；卷十四武備；卷十五至十七選舉；卷十八至二十一人物（勳德、正直、忠節、經濟、儒林、孝女、文苑、武略、義行、隱逸、流寓、列女）；卷二十二佚事；卷二十三至三十五藝文。

　　吳士進序曰：“戊辰之冬，余恭膺簡命出守嚴郡。……乃志書板片久已無存，府庫所貯者祇有前太守任公風厚鈔録府志一部，書爲草創底稿，字句之間頗多舛錯。且任稿輯於康熙癸亥，至今又已七十餘載……爰是聘請名儒，開館纂輯，共計三十五卷，析其類爲十有五。……總之，余修此志，凡任稿所本有者，删節其繁蕪，增益其缺失；凡任稿所本無者，廣詢乎群賢，博採於輿論，焚膏繼晷，繩貫珠聯，務使考證詳明，著述嚴謹，不敢少有掛漏，庶乎可以信今而傳後夫。”

　　凡例云：“郡志於康熙二十二年歲癸亥知府任風厚奉檄修葺，至戊辰甫謀脱稿而規模粗定，未及授梓，竟復中綴。今所撰草本，雖梗概略具，而徵文考獻頗多放失。

爰折衷新舊底本，更不憚廣搜博採而參稽之，以庶幾傳信之義，蓋言慎也。"

紀事至乾隆二十一年。"弘""曆"二字避諱。

南宋紹興九年（1139）董弅修、淳熙十二年（1185）陳公亮重修淳熙《嚴州圖經》八卷，現存清丁氏八千卷樓影宋鈔本等清鈔本。景定三年（1262）刻錢可則修《景定嚴州續志》十卷，係現存最早之刻本嚴州府志。明代府志，現存弘治六年（1493）刻嘉靖間增補刻二十二卷本，萬曆六年（1578）楊守仁修、徐楚纂二十五卷本，以及萬曆四十一年刻呂昌期修、俞炳然纂《續修嚴州府志》二十四卷。清代凡二修，一即此乾隆二十一年三十五卷首一卷本，次爲光緒九年（1883）刻吳世榮續修、鄒伯森等增纂《嚴州府志》三十八卷首一卷。

中國國家圖書館、中國科學院文獻情報中心、中國文化遺產研究院、上海圖書館、北京大學圖書館等十三館與臺北故宮博物院及日本內閣文庫等有藏。

267. 清鈔本富陽縣新舊志校記　T3210/3672.2

〔光緒〕《富陽縣新舊志校記》二卷，清朱壽保撰。清鈔本。二册（合訂一册）。半葉九行二十字，無欄格。高 27.5 釐米，寬 17.5 釐米。首有光緒三十三年（1907）朱壽保序。末有光緒三十三年跋。

富陽縣，位於今浙江省北部。西漢置富春縣，東晉更名富陽，屬吳郡。隋唐後屬杭州。南宋屬臨安府，元屬杭州路，明、清屬杭州府。

朱壽保，富陽人，曾任永嘉縣儒學教諭。

朱壽保序曰："吾邑志乘自康熙來年久失修，光緒己亥香山汪侯半樵來宰是邦，集邑人士議重輯，詢謀僉同，馳書千里仕襄輯。予方承乏東甌司教，遠羈海瀕，不獲從良有司、都人士後，參贊末議，以効一得，心竊滋疚。嗣當事者貽緘商榷，論多枘鑿，覽其章程、凡例，辭甚菲薄舊志，並歷詆前哲名編，盛自夸飾，意必腦有成竹，鑪錘在手，方冀其書一出，斐然可觀，傳誦藝林，無愧於古作者。自己亥迄乙巳，凡閱七載，採輯既集，剞劂遂竣。予取其書披閱之，雖於佚文遺獻、國故民宜採擷惝備，乃於舊志之疏誤者尟所考正，而前後之矛盾是非之刺繆者什之三四焉，至若棘句鈎章，魯魚亥豕，尤指勝屈。吁！何其責人者明而責己者昧哉？使由此流播四方，微特貽譏大雅閎達，抑亦都人士之恥也。爰不揣固陋，爬梳校勘，因取其體例之參歧，文字之誤脫者，成校記兩卷，非敢翹人之過以爲直，亦冀後之覽者有以是正補苴焉爾。"

朱壽保跋曰："丙午仲夏，吾邑新志告竣，予得一册。齋居多暇，取以排遣長日，翻閱一過，竊訝繆訛夥頤，奚以信今傳後？因摘出數十條，隨筆記錄，藏之篋中，年餘未以际人，方將言還邦族，白諸當事，釐正重編以成善本。今危言日出，風教益微，竣河之清未卜何日。使予知而不言，人將謂劉勝寒蟬，邑無人焉。是益重予之疚也。爰加銓次，別爲校記上下兩卷，付諸手民，竊自附責善之義云爾。"

現存最早富陽縣志爲明正德十六年（1521）刻吳堂纂修《〔正統〕重修富春志》七卷，次爲清康熙十二年刻牛奐纂修《富陽縣志》十二卷，三爲康熙二十二年刻錢晉錫纂修十卷本，四即光緒三十二年（1906）刻汪文炳修、蔣敬時等纂二十四卷首一卷本。

該《校記》有光緒三十三年石印本。另有鈔本藏北京大學圖書館、南京圖書館、西北大學圖書館、浙江圖書館、湖北省圖書館與日本東洋文庫等。

268. 明嘉靖刻本寧波府志　　T3209/3234.7

〔嘉靖〕《寧波府志》四十二卷（存卷一至十八、二十一至四十二），明周希哲、張時徹纂修。明嘉靖刻本。十五册。半葉九行十九字，小字雙行同，白口，左右雙邊，單魚尾。書口下有字數，間有單字刻工。框高20.4釐米，寬14釐米。題："南京兵部尚書郡人張時徹纂修，寧波府知府蜀威遠周希哲訂正。"前有嘉靖三十九年（1560）范惟一序、嘉靖三十九年聞淵序、嘉靖三十九年張時徹序，目録。

269. 清雍正刻乾隆印本寧波府志　　T3210/0123.83

〔雍正〕《寧波府志》三十六卷首一卷，清曹秉仁修，萬經等纂。清雍正十一年（1733）刻乾隆印本。十六册。半葉九行二十二字，小字雙行同，白口，四周雙邊，單魚尾。框高21.2釐米，寬14.8釐米。首有李衛序，曹秉仁序，雍正十一年王溯維序，萬經序，目録，纂修姓氏，歷代纂修姓氏，凡例。卷端題："寧波府知府富平曹秉仁纂修。"

寧波府，位於浙江省東北部。秦置鄞縣，隋廢入句章縣。唐武德四年（621）置鄞州，後復置鄞縣。開元二十六年（738）置明州，天寶元年（742）改餘姚郡，後復爲明州。五代改鄞縣爲鄞縣。南宋紹熙五年（1194）升明州爲慶元府。元爲慶元路。明初改明州府，後避國號諱更名寧波府，清因之。

曹秉仁，陝西富平人，歲貢。雍正七年任寧波知府。

萬經，字授一，號九沙，浙江鄞縣（今寧波市鄞州區）人。康熙四十二年進士。原任提督貴州學政、翰林院編修。

卷首天章；卷一興圖；卷二建置；卷三星野；卷四疆域；卷五形勝；卷六風俗（附

歲時節物）；卷七山川；卷八城隍（附鄉里村市）；卷九學校（附書院）；卷十壇廟；卷十一公署（附郵舍）；卷十二戶賦；卷十三鹽政（附物產）；卷十四河渠；卷十五兵制（附海防）；卷十六秩官；卷十七選舉；卷十八至十九名宦；卷二十鄞縣人物；卷二十一慈溪人物；卷二十二奉鎮象定人物；卷二十三忠節；卷二十四孝義；卷二十五儒林；卷二十六文苑；卷二十七特行；卷二十八隱逸；卷二十九列女；卷三十流寓；卷三十一藝術；卷三十二仙釋；卷三十三寺觀；卷三十四古跡（附坊表塚墓）；卷三十五藝文；卷三十六逸事（附祥異）。

曹秉仁序曰："雍正七年六月，余由北直順德蒙恩調守是邦……獨念郡志爲一方文獻所關，而自前明張大司馬纂修，後雖經國朝邱李二郡守之續修，皆未成書，責實在守土者。且皇上方有纂修一統志之舉，其何以辭？因請於觀察孫公，以庚戌季秋開局，延薦紳萬九沙太史董其事，佐以諸生之有文學者，而余與觀察公親讎校焉。越歲書成，壽之梓。……余與觀察公力持寧簡無煩，寧覈無濫之指，而萬太史家傳史法，尤能審取舍輕重之宜以授諸生。若乃刊落繁冗，校正魯魚，則余兩載中嘗疲精於是，而仁和柴徵士世堂、錢塘汪孝廉坤亦共分勞勩者也。……而宮保制府公與觀察公亦許可而命登梨棗。自茲寧之文獻其有徵矣乎？抑聞寧之有志始於宋乾道時知州事張津之《四明圖經》，其後胡尚書榘之寶慶志，元王總管元恭之至正續志，皆宦是邦者手勒成書。而余鞅掌戴星，僅集諸賢之長以成是編，詎敢與張胡諸先達較文采，抑亦藉是以免守郡曠職之誚也。是爲序。"

萬經序曰："寧郡之有志也，始於宋乾道州將張津之《四明圖經》，厥後吳正肅潛撰慶元正、續志，胡判府榘因之爲寶慶志，元袁學士桷因之爲延祐志，王總管元恭因之爲至正續志。至明而黃僉事潤玉之簡要志、楊博士寶之成化志、張司馬時徹之嘉靖志後先相望，其於前代之典章法制、舊聞軼事與夫忠臣烈士、孝子貞婦之流風遺跡，網羅詳矣。顧諸書多歲久失傳，而自張司馬纂輯後，雖經邱、李二郡守之續修，書皆未成，蓋一百六十餘年來幾幾有文獻無徵之懼，而當事者率莫之省也。富平曹侯守寧之次年，政通人和，百廢具舉，適皇上有纂修一統志之命，郡志例得更修，遂引爲己任。而觀察孫公守郡時固嘗有志茲事，以遷秩未果，至是喜素志之得伸也，亟亟致書屬余總領其事。余竊自念少時頗聞史法於家庭，中年備員禁林，嘗廁國史編摹之末，投老以來舊學蕪廢之日久矣，獨念康熙中郡守邱公續修時世父公擇先生嘗膺斯任，父兄未竟之業，其何以辭？因束裝東渡。則諸邑分編之士已畢集，余遂與觀察、太守二公酌定綱目，發凡起例，以授諸生，採諸張志者約十之五，採諸邱、李二本者約十之三，其續增者皆符下諸邑周詢其地之父老而後登載，凡卷帙紛羅、考訂疑互者十旬而稿始脫。迨冬未及修飾，復與老友仁和柴徵士世堂暨汪孝廉坤互相商榷，刪繁補略，閱春夏始成書已。太守公復招致分編林子夢麒於公署，校對再三，以其書請正於制府彭城李公而後授之梓。"

選舉職官紀事至雍正九年。"貞""禎""弘""曆"字避諱。

最早的寧波府志，係南宋乾道五年（1169）張津等纂修乾道《四明圖經》十二卷，有舊鈔本等傳世，南宋寶慶三年（1227）胡榘修、方萬里等纂《四明志》二十一卷，現存紹定二年（1229）刻本，吳潛修、梅應發等纂《開慶四明續志》十二卷，有開慶元年（1259）刻本，元延祐七年（1320）馬澤修、袁桷纂《延祐四明志》二十卷，有鈔本等傳世，元至正二年（1342）王元恭修、王厚孫等纂《至正四明續志》十二卷，有明鈔本傳世。明代天順間張瓚修、楊寔纂《寧波郡志》十卷，有成化四年（1468）刻本，天順間黃潤玉纂、成化間黃溥續纂《寧波府簡要志》五卷，現存清鈔本等，周希哲等修、張時徹等纂四十二卷，有嘉靖三十九年（1560）刻本。清代凡二修，一爲康熙二十二年李廷機修、左臣黃等纂三十三卷本，二爲此雍正十一年刻本，另有乾隆六年補刻本。

中國國家圖書館、上海圖書館、北京大學圖書館等十四館与"中央圖書館"臺灣分館、孫逸仙博士紀念圖書館及日本國會圖書館、英國國家圖書館等有藏。

270. 清乾隆刻本鎮海縣志　　T3210/8835.83

　　［乾隆］《鎮海縣志》八卷，清王夢弼修纂。清乾隆十七年（1752）刻本。八册。半葉十行二十一字，小字雙行同，白口，四周雙邊，單魚尾。框高 19.8 釐米，寬 14.6 釐米。首有乾隆十七年胡邦祐序，乾隆十七年王夢弼序，原序（嘉靖四十二年〔1563〕雷金科序、嘉靖四十二年何愈序、嘉靖四十二年張時徹序），修志姓氏，前朝修志姓氏，目錄，凡例，輿圖。卷端題："知鎮海縣事商邱王夢弼纂修，儒學教諭姚江邵尚榮訂正。"

　　鎮海縣，位於今浙江省寧波市境東北部沿海。秦置鄞縣，屬會稽郡。隋開皇九年（589）廢入句章縣。唐武德八年（625）於句章故城置鄞縣，開元二十六年（738）於縣置明州，五代後梁開平二年（908）更名鄞縣，三年析鄞縣海濱地置望海縣，北宋太平興國初更名定海縣，南宋屬慶元府，元屬慶元路。明洪武二十年（1387）昌國縣併入，屬寧波府。清康熙二十六年（1687），於昌國故地別置定海縣，爲避同名，將舊定海縣更名鎮海縣。

　　王夢弼，字惕庵，河南商丘人，拔貢。乾隆十一年任鎮海知縣。

　　卷一建置、星野、形勝、疆域（附坊表）；卷二山川、水利、田賦（附外賦）、倉儲；卷三學校、武備、海防、城垣、署廨（附郵舍）；卷四典禮，祠祀，風俗，物產，祥異，蠲卹（附養濟院、育嬰堂、漏澤園、各鄉義塚）；卷五職官、名宦、選舉；卷六人物（名臣、介節、循吏、忠烈、孝友、儒林、文苑、武功、義行、耆善、雋異、隱逸）；卷七流寓、列女、仙釋、寺觀、古跡、墟墓；卷八藝文、遺事。

胡邦祐序曰："邑志之殘闕也久矣，舊志係前明嘉靖朝何君所修，去今幾二百載。其間因革損益，已大有異同，而前書復簡略，固無足採者。況鎮邑原名定海，康熙二十□□□始改昌國爲定邑，而□□□爲鎮，且昌國之隸於□□□竄入志中，紛亂錯雜□□□以致詳焉。後有王、郝、唐諸令君先後修輯，而王唐二稿卒未成刊，惜哉惜哉！……商邱王君夢弼者來尹是邑，政敘民和，簿書之暇矢志以纂修爲己任，廣詢博訪，取次輯録，凡三脱稿，閲六年乃成書。壬申秋，王君以治行卓異往朝京師，將行，攜以問序於余。"

王夢弼序曰："……廼考其志，修自前明司馬張公，標仍定海，名實已淆，覺無以彰信憲後，且垂二百年於兹，漫漶殘缺，不能卒讀。其間放軼之事亦莫可數計，本朝一切典章經制概未之及，懼將有病於政也，心恒怲怲然不能釋。會有督修之檄下，檢往牘則下且數數矣。守土之責奚以辭？……聚諸本稿，商榷討論，冀積晨夕之力，不紛擾而薈萃一編。歲丁卯，颶濤告警，潰堤壞垣……歷四寒暑，席幾不暇煖，餘隙及文字什不得二三。比庚午秋，初草成帙，即出而分寄心目，於此邦之彦猶慮曠遠滋甚。於冬春之交，又爲分區徵考之策，而陳言更多，籍得廣覽，重加貫穿。迨乎辛夏稿再脱，方擬修飾。會是夏不雨，歲乃告歉。……午夜焦思，僕僕無已，他則概不遑及也。……修志之舉，閲經六載，寧堪再緩，重辜衆望耶？廼於春間復理前後所爲稿，再事芟補，校讎編次，釐爲八卷三十類，舉以付梓，六閲月而告竣。是役也，賴二三君子更迭講畫，匡所不逮，都人士好我出聞見相補益，輒復授筆札，以務盡其意，而裨補闕失，糾繩愆謬，則我文武寅僚暨學博邵君之力多焉。"

凡例云："修志多釀金開館，頗滋紛擾，且難集事。因矢志以一己之力爲，不限歲月之計，專於內署聚圖書，晨夕取次輯録。六年中良朋往來，各有精義向資益。三經脱稿，以迄授梓，凡膏火筆札梨棗之需，皆節俸簡儉了之。都人士有議捐者，悉令歸粥廠煮賑。俾任卹之美各施桑梓，不欲以邑乘累民。此斤斤之見，附識以質後之賢者。"

選舉紀事至乾隆十七年。版印有漫漶。

現存最早該縣志書爲明嘉靖四十二年（1563）刻何愈修、張時徹等重修《定海縣志》十三卷。次爲清康熙七年王元士修《續定海縣志》不分卷，有鈔本殘帙傳世。三爲康熙間王元士修、郝良桐等纂《定海縣志》，存鈔本。四即此［乾隆］《鎮海縣志》。五有陸潛鴻纂《鎮海衛志》二卷，存鈔本。六有嘉慶十年（1805）陳景沛纂《蛟川備志》二十一卷，稿本存世。七爲嘉慶間陳景沛纂《鎮海縣志備修》不分卷，稿本殘帙存世。八爲光緒五年（1879）刻于萬川修、俞樾等纂《鎮海縣志》四十卷本，其稿本存南京圖書館。

中國國家圖書館、中國科學院文獻情報中心、上海圖書館、北京大學圖書館、南京圖書館等二十館與臺北故宮博物院及日本静嘉堂文庫、東洋文庫、美國國會圖書館、英國國家圖書館等有藏。

271. 清乾隆刻本鄞縣志　T3210/4269.83

［乾隆］《鄞縣志》三十卷首一卷，清錢維喬修，錢大昕纂。清乾隆五十三年（1788）刻本。十六册。半葉十一行二十二字，小字雙行同，白口，左右雙邊，單魚尾。框高 18.5 釐米，寬 14.4 釐米。首有扉頁，乾隆五十三年印憲曾序，乾隆五十二年陳鍾琛序，乾隆五十二錢維喬序，凡例，修志姓氏，目錄。扉頁題："乾隆戊申歲刊。鄞縣志。衙署藏板。"

272. 清乾隆刻本象山縣志　T3210/2327.83

［乾隆］《象山縣志》十二卷，清史鳴皋修、姜炳璋等纂。清乾隆二十四年（1759）刻本（卷首、卷一至二、十一至十二配鈔本）。十二册。半葉十行二十三字，小字雙行同，白口，左右雙邊，單魚尾。框高 17.8 釐米，寬 14.1 釐米。首有乾隆二十四年史尚廉序，乾隆二十四年范清洪序，圖，修志職名，目錄，凡例。

象山縣，位於浙江省東部沿海。唐神龍二年（706）析越州鄮縣、台州寧海縣地置象山縣，屬台州，後改屬明州。南宋屬慶元府，元屬慶元路。明、清屬寧波府。

史鳴皋，江蘇如皋人，乾隆十六年進士。曾任翰林院編修。乾隆二十一年任象山知縣。

姜炳璋，象山縣人，乾隆十九年進士。

卷一至三地里志（沿革、星野、風俗附方言、疆域、山川、城池、户賦、物產）；卷三至七經制志（職官、選舉、學校、水利、軍政、海防、壇廟、公署）；卷八至十人物志（名宦、列傳、忠義、孝友、特行、寓賢、方外、列女）；卷十一藝文志（著述、舊志考）；卷十二雜志（古跡、坊表、宅墓、寺觀、機祥、軼事）。

史尚廉序曰："是歲秋，史君議修邑志，上其事於諸大吏，皆報可。乃延博雅夙儒董，於歷修舊志外，旁採廣蒐，八餘月而藏厥事，闕者補之，訛者正之，繁者削之，其昔無而今有者則審慎而增益之。至若崇編閎議，經經緯史，皆是邑之大猷，百年之利賴，綱紀由兹而立，政治由兹而興，豈惟文獻之足徵乎哉？"

凡例云："象邑自宋寶慶間已有志，然俱不傳。惟明嘉靖志始有傳本，嗣後四修，罣漏尚多，舛訛互見，蓋留心掌故者素尟其人，文獻無徵矣。茲悉爲釐正。有徵者傳其信，失考者闕其疑，綱以提要，目以比繁，事增文省，不離乎史者近是。"

選舉紀事至乾隆二十三年。"禎""弘""曆"字避諱。

封葉灑金箋。

現存最早象山縣志，係明嘉靖三十五年（1556）刻隆慶五年（1571）增刻毛德京修、楊民彝、周茂伯纂十五卷本，存天一閣博物館。次爲萬曆三十六年（1608）刻吳學周修、陸應陽等纂十六卷本。清代凡五修，一爲康熙三十七年刻胡祚遠修、姚廷傑纂十六卷本，二爲雍正七年（1729）刻馬受曾修、林文懋纂四十二卷本，三爲此乾隆十二卷本，四爲道光十四年（1834）童立成等修、馮登府等纂二十二卷首一卷本，五爲同治七年（1868）黃丙堃修、馬嗣成等纂同治《象山縣志稿》二十四卷末一卷，有鈔本存世。

中國國家圖書館、中國科學院文獻情報中心、上海圖書館、北京大學圖書館等二十一館與"中央研究院"歷史語言研究所傅斯年圖書館、臺北故宮博物院、日本東洋文庫、美國國會圖書館及英國國家圖書館等有藏。

273. 清康熙刻乾隆印本寧海縣志　T3210/3235.81

[康熙]《寧海縣志》十二卷首一卷，清崔秉鏡修，華大琰纂。清康熙十七年（1678）刻乾隆印本（卷八至十二配鈔本）。十册。半葉十行二十四字，小字雙行同，白口，四周雙邊，單魚尾。框高 24.5 釐米，寬 16.3 釐米。首有康熙十六年翁祖望序、康熙十七年崔秉鏡序，康熙十三年華大琰序，舊序（萬曆二十年〔1592〕曹學程序、周家棟序、□鳴雷序、萬曆二十年石承芳序、宋奎光序），目錄，圖經。卷端題："剡水朱爾銓、武林翁必達參閱，霍童崔秉鏡鑒定，緱城華大琰編輯，關西李友泌監修，邑庠胡宗聖、楊士璘、董一幨、馮家鳳、趙應璉較訂。"

寧海縣，位於浙江省東部沿海。東晉永和三年（347）析會稽郡人户於臨海郡章安地置寧海縣，屬臨海郡。隋開皇九年（589）省入臨海縣，唐武德四年（621）復置，後屬台州。元屬台州路，明、清屬台州府。

崔秉鏡，號水庵，福建寧德人，舉人。康熙十一年任寧海知縣。

華大琰，寧海縣人。

卷首序、舊序、目錄、圖經；卷一興地志（沿革、分野、疆域、形勝、山川、城郭、鄉都、風俗）；卷二建置志（公署、儒學、武衛、祠廟、倉場、鋪遞、坊巷、市集、津梁、水利）；卷三食貨志（版籍、物產、田賦、稅糧、徭役、均平）；卷四秩官志（縣官、學官、屬官、官師年表）；卷五名宦志（晉、梁、唐、五代、宋、元、明、清）；卷六選舉志；卷七人物志（鄉賢、方傳、祭文）；卷八人物志（耆德、碩隱、孝行、閨操、寓賢、仙釋、方技）；卷九誥敕志、文籍附；卷十至十一藝文志；卷十二流覽志（古跡、墟墓、義阡、寺院、紀異、祥瑞、災祲、兵寇）。

崔秉鏡曰：“鏡於壬子之春來知寧海……下車未幾，亟取邑志披覽之……大約創於邑人張公輔，成於前令戴公顯，備於粵西曹公學程。迄今考其故版，悉湮沒無存，所得稽大略而資參訂者，莫不頌朱公奎光編輯之力居多焉。我皇上混一區宇，四海咸奉版圖，因命天下郡縣更纂輯志書一進。鏡當簿書鞅掌之餘，不揣固陋，晨夕與諸君子博採而廣詢之，期於黼黻鴻章，共襄盛舉。帙成將付梨棗，適值甲寅震隣之變，羽書旁午，戎車鐵騎之往來……尤懼是志之散失也，遂重襲而藏之。茲賴天子威靈、各憲德化，烽煙頓息，民獲更生，復得與諸同事雍容商酌，取是集而剞劂之，不幾幾乎屬有天幸而非人事之偶然也哉！”

職官紀事至康熙十七年。“禎”“弘”“曆”字避諱。版印模糊，字跡漫漶。

現存最早寧海縣志係明崇禎五年（1632）刻宋奎光纂修十二卷本。清代兩次修纂，一是此崔秉鏡修康熙志十二卷首一卷，二為光緒二十八年（1902）刻王瑞成等修、張濬等纂二十四卷首一卷本。

中國國家圖書館、故宮博物院圖書館、上海圖書館、南京圖書館等十館與臺北故宮博物院及日本內閣文庫、東洋文庫、美國國會圖書館等藏康熙十七年刻本。

274. 清乾隆刻本餘姚志　T3210/8941.83

［乾隆］《餘姚志》四十卷，清唐若瀛修，邵晉涵纂。清乾隆四十六年（1781）刻本。二十冊。半葉十行二十一字，小字雙行同，白口，左右雙邊，單魚尾。框高19.4釐米，寬14.3釐米。卷端題：“知餘姚縣事唐若瀛修。”首有乾隆四十四年秦廷塈序，乾隆四十三年唐若瀛序，乾隆四十六年李汝麟序，圖，同修姓氏，凡例，目錄。

卷三十二、三十八、四十有補鈔。

275. 清雍正刻乾隆增補刊本慈溪縣志　T3210/8326.82

［雍正］《慈溪縣志》十六卷，清楊正筍等修，馮鴻模等纂。清雍正九年（1731）刻乾隆增補刊本。八冊。半葉十行二十二字，小字雙行同，白口，左右雙邊，單魚尾。框高18.4釐米，寬14.4釐米。首有雍正八年曹秉江序，雍正八年楊正筍序，雍正九年許炳序，乾隆三年（1738）傅珏、楊煊、熊國善、徐世傑《重建管山亭》，乾隆三年王時臨《重建管山亭敘》，乾隆三年駱培《重建管山亭序》，乾隆四年劉天□

《管山亭考》，目錄。卷一首題："分巡寧紹台道孫、知寧波府事曹鑒定，邑進士馮鴻模纂修，知慈溪縣事楊正筠訂正，儒學教諭陸廷標、訓導李成大、邑士蔡雲鵬、劉天相、俞聲金、林夢麒、陳象曦仝修，署慈溪縣知縣許炳重校正。"

卷一、四補鈔。紀事至乾隆三年。

276. 清乾隆刻本奉化縣志　T3210/5521.83

［乾隆］《奉化縣志》十四卷首一卷，清曹膏等修，陳琦等纂。清乾隆三十八年（1773）刻本。十二冊。半葉十行二十二字，小字雙行同，白口，四周雙邊，單魚尾。框高 19.1 釐米，寬 14.7 釐米。首有乾隆三十五年潘恂序，乾隆三十七年徐崑序，乾隆三十七年曹膏序，乾隆三十七年唐宇霖序，乾隆三十八年楊鑣序，凡例，目錄，圖，纂修姓氏。卷端題："知縣汶上曹膏含山唐宇霖重修，安慶桐城陳琦編輯，教諭錢塘汪文濠校正。"

奉化縣，位於浙江省東部。唐開元二十六年（738）析鄞縣置奉化縣，屬明州。元升爲州，明復降爲縣，屬寧波府。清因之。

曹膏，山東汶上人，乾隆二十二年進士。乾隆三十二年任奉化知縣。

唐宇霖，安徽含山人，監生。三十七年署奉化縣事。

楊鑣，江西南城人，舉人。乾隆三十八年任奉化知縣。

陳琦，安慶桐城人。

卷首序、凡例、圖、姓氏；卷一地輿志（星野、沿革、疆域、鄉都、風俗）；卷二山川志（山類、水類、龍湫）；卷三水利志（河、湖、堰、塘、堤、碶、閘）；卷四建置志（城垣、縣治、街市、巡埭、公署、橋梁）；卷五學校志（儒學、社學、書院、鄉飲禮附）；卷六版籍志（戶口、田賦、存留、起運、鹽政、物產）；卷七祠祀志（壇、廟、寺、觀）；卷八職官志（令、丞、司、尉）；卷九名宦志（唐、宋、元、明、國朝）；卷十選舉志（鄉貢、進士、各貢、薦舉、府史）；卷十一人物志（理學、忠義、孝友、宦業、文學、武略、列女、流寓、藩戚、封贈、優老、藝術、方外）；卷十二至十三藝文志；卷十四古跡志（附宅里、坊表、墳墓），雜志（機祥、紀遺、逸事）。

曹膏序曰："余丁亥冬甫蒞任，聚邑之父老而諮焉。……乃檢閱舊志，簡斷編殘，莫辨亥豕。蓋自錫山施公刊修之後，迄今八十餘載矣。余心慮之，志之作亦烏容稍緩哉。……庸於簿書之暇，訪之耆老，衷諸輿論，按之乘載，日與皖桐陳子商榷討論，華者實之，濫者嚴之，疑者信之，積之年餘，薈萃成編。猶恐採訪之未周考核之未精，掛漏失實，貽譏大雅。復設局於錦溪書院，偕學校師生參互考訂，俾其盡美盡善。而訂訛補缺，則學博汪君之力多焉。是役也，博覽載籍，廣搜見聞，而總折衷於嘉靖謝君之志也。”

唐宇霂序曰：“前邑令曹君留心考古，於簿書之暇嘗延都人士與詢政俗，考興廢，訪遺跡，別土宜，慨然以補葺舊志爲任，欲重鋟板以傳信。設局錦溪，與皖桐陳君、學博汪君録遺正舛，勒成全編。較舊志爲加詳，并嚴去取之例，庶幾無繁蕪寡要、華瞻失實之譏。余自壬辰冬攝篆兹土，與曹君爲新舊交，獲覯是書，以其未付剞劂，尚待余之竟其事也。余既樂觀其成，因復取而讎校之以付梓，并識其緣起於簡端，是爲序。”

楊鑣序曰：“癸巳初夏，余涖任奉邑……時奉志方授剞劂，工未竣。且披圖而覽其大略焉。……蓋斯舉也，主修於前任曹公，付梓於攝篆唐公，其纂訂始末余可不贅。唯余宰兹土，適董其成，則凡度土宜而制爲養，審風尚而設之教，及一切廢興因革、緩急輕重之故，所得監於志以立政，用期便乎民而後即安者，皆余事也，亦余志也，遂書以識諸簡。”

選舉、職官紀事至乾隆三十八年。“玄”“禎”“弘”“曆”字避諱。

現存最早奉化縣志爲明嘉靖十四年（1535）刻倪復纂《奉化縣圖志》十二卷，次爲清順治十八年（1661）刻王奐、孫成名修，項斯勤纂《重修奉化縣志》十六卷首一卷，三爲康熙二十五年刻張起貴修、孫懋賞等纂十四卷首一卷本，四即此乾隆三十八年志，五爲光緒三十四年（1908）刻李前泮修、張美翊等纂四十卷首一卷本。

中國科學院文獻情報中心、上海圖書館、北京大學圖書館、南京圖書館等二十三館有藏，其中間有同治重印本。“中央研究院”歷史語言研究所傅斯年圖書館、臺北故宮博物院與日本静嘉堂文庫、東洋文庫等亦有收藏。

277. 清乾隆刻本平陽縣志　T3210/1472.83

［乾隆］《平陽縣志》二十卷首一卷，清徐恕等修，張南英、孫謙纂。清乾隆二十五年（1760）刻本。十二册。半葉十行二十二字，小字雙行同，白口，四周雙邊，單魚尾。框高 19.5 釐米，寬 14.9 釐米。首有乾隆二十四年杭世駿序，乾隆二十四年李琬序，乾隆二十五年徐綿序，乾隆二十三年徐恕序，乾隆二十三年張南英序，目録，纂修姓氏，捐資助修姓名，助修府志姓氏，凡例，圖。

平陽縣，位於今浙江東南沿海。西晉太康四年（283）析安固南境置始陽縣，尋改横陽縣，屬臨海郡。東晉改屬永嘉郡。隋開皇九年（589）省入安固縣。後屢經省置，五代後梁更名平陽，屬温州。南宋曾屬瑞安府。元屬温州路，曾升平陽州。明洪武二年（1369）復爲縣。明、清屬温州府。

徐恕，字芳圃，江南青浦縣（今上海）人，乾隆十六年進士。乾隆二十一年任平陽知縣。

張南英，平陽縣人，雍正十一年（1733）進士。歷官貴州省平越、清平等縣知縣。

孫謙，杭州府錢塘縣學生。

卷首序、姓氏、凡例、圖；卷一至二輿地（沿革、星野、形勝、疆里、山川）；卷三至四建置志（城池、學校、公署、郵傳、坊表、街市、關梁）；卷五風土志（風俗、氣候、物產）；卷六貢賦志（圖里、戶口、田賦、積貯、蠲恤、鹽政、運解）；卷七防圉志（兵制、駐防、臺寨、海防、外洋圖）；卷八水利志（河道、塘埭、陡門）；卷九秩祀志（壇壝、廟祠、寺觀、邱墓）；卷十至十一職官志（縣職、學職、武職、名宦、師範、武略）；卷十二至十三選舉（進士、舉人、貢士、武科、諸科、薦辟、壇封、恩蔭、準貢、例貢、應例、採選）；卷十四至十七人物志（理學、名臣、忠臣、宦業、文苑、武功、介節、隱逸、義行、烈女、流寓、方技、仙釋）；卷十八雜志（古跡、時變、祥瑞、災異）；卷十九至二十文藝志（經籍、藝文）。

徐恕序曰：“今之前志乃我朝甲戌修輯而成之者也，然六十餘年於茲矣。余奉簡命調繁是邑……下車惴惴是懼，進邑薦紳謀與新之，甲戌以前義在補，甲戌以後義在增。發凡起例，遂循通志，歷寒暑而本成。公暇檢討其間，輿地之廣狹，山川之美利，貢賦之盈縮……顧已條條井井而既具矣。余曰：志更有重焉者也。覽而識之，忠孝節義之心油然生也，仁讓廉恥之俗翕然成也，禮樂詩書之澤悠然長也。□邑志也，又爲可已也。惟是簿書旁棄，甚恐比事屬辭有乖大雅。削稿就正於太史杭公，以付剞劂焉。”

張南英序曰：“乾隆丙寅，同邑蔡君世源與余有修輯邑志之約，明年蔡以官之昌化不果。日月易馳，近十餘年矣。同學老成，半皆凋落，而野老耕氓又俱不諳當世務，詢之軼事，茫茫瞶瞶，而獻亡矣。越丙子，江左徐侯以年少名進士來宰是邑，甫下車即慨然以修志爲己任。余知侯景前型，憲後來，以大布德澤於民也。適錢塘孫君謙來自幕中，侯訪余與之偕，廼分纂其事。請侯購邑遺書，三閱月一無應者，僅得廢本數卷。於戲，文又亡矣。……遂與孫君昕夕搜討，補其舊，增其新，閱一寒暑，彙爲二十卷。間附卮言，亦居今志古，訪賢喆之踪，陳興廢之跡，流連感慨所不得已之辭也。若夫生長明盛，詠歌太平，潤色鴻業，又予小臣不辭揚厲者矣。稿成，上之侯，侯復一一訂之，親爲之序，俟受裁於太史杭公以付剞劂。是役也，以數十年不急之務，幸侯而觀其成。向使余與一二同志拾殘舉墜，不經大匠繩墨，即自成一家言，甚懼偭規軼矩，與野史全譏。此士大夫所羞稱也。則侯之功不可泯也，廼詳其始終於末。”

凡例云：“是編以前志爲粉本，仍取弘治志、萬曆府縣志、順治志互參增訂。”

職官紀事至乾隆二十三年。“玄”“弘”“曆”字避諱。

現存最早平陽縣志爲明隆慶五年（1571）朱東光修、侯一元等纂八卷本，現存萬曆四十二年（1614）萬民華修補刻本以及鈔本。清代凡三修縣志，一爲順治八年（1651）刻馬騰霄修、陳文謨等纂八卷本，二爲康熙三十三年金以埈修、呂弘誥等纂十二卷本，三即此乾隆二十五年刻本。另有楊詩纂《平陽縣志辨誤校正補遺》，有道光二十年（1840）鈔本。

中國國家圖書館、中國第一歷史檔案館、上海圖書館、北京大學圖書館等二十六館與日本內閣文庫、美國國會圖書館等有藏。

278. 清雍正刻本泰順縣志　T3210/5328.82

〔雍正〕《泰順縣志》十卷首一卷，清朱國源修，朱廷琦等纂。清雍正七年（1729）刻本。十冊。半葉九行二十字，小字雙行同，白口，四周雙邊，單魚尾。框高21.4釐米，寬15.1釐米。首有雍正七年王敍福序，雍正七年芮復傳序，泰炌序，雍正七年喬世臣序，雍正七年張坦讓序，雍正七年羅秉禮序，雍正七年李發枝序，雍正七年朱國源序，舊序（萬曆元年〔1573〕楊邦憲序、萬曆元年侯一元序、萬曆元年尹士龍序、萬曆元年王克家序、崇禎六年〔1633〕周應期序、崇禎六年易應昌序、崇禎六年包大方序、崇禎六年周家俊序），目錄，纂修姓氏，捐修姓氏，凡例，圖。

泰順縣，位於浙江省南部。明景泰三年（1452）析瑞安、平陽二縣地於羅洋鎮，置泰順縣，屬溫州府。清因之。

朱國源，字丹臺，上海人，保舉。雍正四年任泰順知縣。

朱廷琦，字右韓，上海人，松江府學廩膳生員。

卷一輿地志（建置、星野、疆域〔隅都附〕、山川〔形勝附〕、水利、井泉、津梁）；卷二風俗志（風俗、土産）；卷三營建志（官署、學校、社學、舖舍、坊表、防禦、塘汛、關隘、亭榭）；卷四祠祀志（壇壝〔義塚附〕、祠廟、寺庵）；卷五賦役志（丁田、京解、支給、正役、屯糧、學田、義田）；卷六官師志（知縣、縣丞、主簿、典史、巡檢、駐防、教諭、訓導、列傳）；卷七選舉志（進士、舉人、恩貢、選貢、歲貢、副貢、武科、諸科、貤封、恩蔭、武功、椽考、儒官、內官）；卷八人物志（宦業、忠節、孝義、鄉逸、人瑞、流寓、列女）；卷九雜志（古跡、邱墓、仙釋、祥異）；卷十藝文志（文類、詩類）。

朱國源序曰：“源承乏茲土，廣諮故實，雖章縫耆宿之士，亦鮮有能道之者。欲求其志而遺版盡矣。即間有攜其書至者，非失其前即闕其後，而存者亦多塵污蠹蝕，魚豕傳譌，莫窺全豹。源遂怵然興感，謂泰之有志至明季已兩修，曾幾何時而竟若是，則遥遥九十餘年，其湮没而不可考者又可勝道哉？廼於戊申清和吉開局於邑之文昌閣，延名獻而續修之。上徵郡志，下逮芻言，訪之唯恐不得，得之唯恐不真。然後遲之數月，須之又久，而所得者猶覺闕如，則何以故？蓋泰爲兩浙末邑，壤僻民稀，都圖分域皆峻嶺崇山……況泰邑力田務本，比户皆然，即士之游學校者……復何暇留情採輯，作稗野史，成一家之言，以爲異日之文獻哉？故源於是志遲之雖久，而未免有闕如之憾者，此也。然心雖闕如而還念此志不就，因循歲月，則此塵污蠹蝕與今之存什一於千伯者，將俱與荒煙冷風而皆盡，予懷滋戚矣。故始之闕如者，又不覺轉而躍如也。……故今雖自喜其志之成而猶未敢須臾少安也。是書也，秉筆而司其成者家孟廷琦也，其相與討論而增削者曲阿孫君嵩也，校讎者嘐城歸君燿，而廣蒐輯共商訂者則邑之潘君仲溥、包君惟儼、周子奕燈、周子琰、潘子弘璽等諸茂才也。”

職官、選舉紀事至雍正七年。“玄”“胤”字避諱。“弘”“曆”字不避諱。

現存最早泰順縣志爲明崇禎六年涂鼎鼐修、包大方等纂八卷本，有鈔本存世。清代凡三修，一爲康熙二十二年劉可聘纂修四卷本，有清鈔本傳世，二即此雍正七年朱國源修十卷首一卷本，三爲同治四年（1865）林鶚纂、林用霖續纂，光緒五年（1879）林氏望山堂刻《泰順分疆録》十二卷首一卷。

中國國家圖書館、中國文化遺産研究院、上海圖書館、北京大學圖書館等十七館與臺北故宮博物院及日本内閣文庫、東洋文庫、東京大學東洋文化研究所、美國國會圖書館有藏。

279. 清鈔本至元嘉禾志　　T3209/4678.6

〔至元〕《嘉禾志》三十二卷，元單慶修，徐碩纂。元至元二十五年（1288）修，清鈔本。十二册。半葉十行二十字，小字雙行同，無欄格。開本高 25.6 釐米，寬 16.4 釐米。首有至元二十五年郭晦序，至元二十五年唐天麟序，目録。

嘉禾，嘉興府别稱。嘉興府，位於浙江省東北部。秦置由拳縣，屬會稽郡。三國吴改禾興縣，後改嘉興縣。隋省，唐武德七年（624）復置，後屢經廢置。五代後晉置秀州，南宋慶元元年（1195）升秀州爲嘉興府，元至元十三年（1276）改嘉興路。明、清復爲嘉興府。

單慶，字克齋，山東濟寧人，至元二十一年任嘉興路經歷。

徐碩，時任嘉興路儒學教授。

卷一沿革、星野、道里、風俗；卷二城社、坊巷；卷三鄉里、鎮市；卷四山阜、江海、湖泖（水附）；卷五浦溆、溪潭、陂塘、河港、涇溝、堰閘；卷六户口、物産、賦稅、徵榷；卷七學校、科舉、廨舍、院務、倉庫、徼巡、官驛；卷八郵置、橋梁；卷九樓閣、堂館、亭宇（齋屋附）；卷十至十一寺院；卷十二宮觀（道院附）、祠廟；卷十三塚墓；卷十四仙梵；卷十五宋登科題名；卷十六至二十六碑碣；卷二十七至三十二題詠。

郭晦序曰："嘉禾爲志何昉乎？猶記袁似衢爲郡治中，其家富有古書，江浙圖志無不備，獨禾闕。然非闕也，禾與經邑爲州才三百載，五代至宋初皆倥偬不暇，真宗景德四年嘗詔諸道修圖經，僅得海鹽一志而已，淳熙甲午郡守張元成始延聞人伯紀爲郡志，此作古也。前乎伯紀所謂舊經，雖得覽之士無所見，其簡略可知。後乎伯紀郡守岳珂嘗命鄉先輩關表卿重修，且徧檄諸邑，搜訪古跡，可謂勞於用力，書未成而勒翁改調，上而無紀錄之冊可參，次而無老成之士可質，又次而無賢子弟可詢其家世，其欲正訛補闕，豈不難哉？仰惟皇帝考圖數貢，自北而南，此不容於浸廢，往者郡經歷單君慶因請重修，郡博士徐君碩承命屬筆，蒐獵散亡，其綱正，其篇目加多，既完矣，而毋邱之板則未也。萊山劉公傑來殿是邦，路推翟公汝弼啓其議，諸路官又相其成，可謂是書之幸。……今嘉禾志闕而全，絕而續，郡侯其有功矣哉。昔竇德元不能對帝邱之問，人到於今陋之。今郡人得事書可以不德元矣。余故喜爲之辭。至元戊子孟夏里人郭晦序。"

唐天麟序曰："嘉禾在春秋爲檇李，至吳黃龍三褫，以禾生由拳野，故名。自春秋距今千七百於年，其間有沿有革、有廢有置，世道汙隆之故，人物盛衰之由……其可紀者何可勝數？而舊志多簡略弗載。宋嘉定甲戌郡守岳侯珂悼前聞之遺闕，嘗命鄉先輩關表卿杙任行人子羽之事，編稿將上而岳侯去，鄉論惜之。越六十三載，皇帝撫有江南，寸天尺地無一不入版圖內。迺至元甲申克齋單公慶來佐郡幕，公餘過從。輒清談竟日，每喟然歎曰：'圖志三歲一上，法也。此邦自總府開藩，亦既數年而郡志未備，非闕典也歟？'遂創議，檄委郡博士徐君碩重加修纂。君承命惟謹，網羅散失，抉剔幽眇，考古訂今，裒輯薈粹。曩之爲卷者五，今之爲卷者三十有二，曩之爲門者二十有五，今之爲門者四十有三，彪分明列，此志得爲全書，徐君之用功亦勞矣。編成而萊山劉侯傑寔來，一日嘅鷺庋泮，路推良佐翟公汝弼以是白侯，侯喜，退而稔於同列，同列亦喜，亟命工刻之梓。時與人會，事與機投，莫不慶是書之遭。"

此爲清經學大師王鳴盛和藏書家汪士鐘藏書，鈐印有"光祿卿章""甲戌榜眼""西莊居士""王鳴盛印""曾藏汪閬源家"。

該志係現存最早的嘉興府志。有各種鈔本流傳。

280. 清康熙刻本嘉興府志　　T3209/4678.81

[康熙]《嘉興府志》十六卷，清吳永芳修，錢以塏等纂。清康熙六十年（1721）刻本。二十册。半葉十行二十二字，小字雙行同，白口，左右雙邊，單魚尾。框高20.7釐米，寬14.5釐米。首有康熙六十年吳永芳序，凡例，目録。卷端題："知嘉興府事閭陽吳永芳纂修。"

吳永芳，正黄旗，官生，康熙五十四年任嘉興知府。

錢以塏，嘉興人。

卷一舊序（元郭晦序、元唐天麟序、明李東陽序、明莊昶序、明趙瀛序、明趙文華序、萬曆三十八年〔1610〕劉應鈳序、康熙二十一年杜臻序、康熙二十年袁國梓序、康熙二十一年吳源起序），繪圖；卷二建置沿革、星野祥異；卷三山川；卷四城池（附倉廒）、郵置、坊巷、坊表、橋梁；卷五學校（附書院），公署；卷六祠祀、寺觀；卷七古跡、壟墓；卷八水利海塘；卷九户口、田賦、嵌田；卷十武備、風俗物産、職官（附藩封、武秩）；卷十二宦跡；卷十三選舉；卷十四人物（嘉秀、善海、平石桐、技藝、流寓、列女）；卷十五藝文；卷十六書籍、外紀。

吳永芳序曰："嘉之志創於宋，成於元，雖代有纘述，而本朝任修明者厥維前刺史袁公國梓，然自辛酉迄今又四十年矣。……鄉先生太僕錢公蔗山讀禮家居，深藉其力以總裁斯舉，復延進士高君孝本、陳君廷煒、孝廉徐天秩、陳佑、明經沈起孟、諸生曹熙分司採集，而校字訂訛則委諸廣文何景雲、龔汝賓，至於點竄釐定，余亦未敢多讓焉。……故於舊志所載未敢妄加芟節，而今兹新附者則必考諸故家之記載，採諸士大夫之傳述，雖耳目未周，不無烏焉成馬，然夏五郭公仍存其闕，而善善欲長，以垂四十年之感奮，則亦聽諸後人之論定。"

凡例云："郡志始於元之至元，明弘治時有柳志、鄒志補、趙瀛圖記，然存本絶少。藏書家偶得之，與袁志、劉志互相校訂，更參以明統志、浙通志、七邑新舊志，旁及十七史、吳越備史、宋元明人文集、説部諸書而考核略備。"

選舉紀事至康熙六十年。"玄"字避諱，"弘""曆"未避諱。

元至元二十五年（1288）單慶修、徐碩纂《至元嘉禾志》三十二卷，有舊鈔本和各種清鈔本流傳，係現存最早纂修的嘉興府志。明代四修嘉興府志，一爲弘治五年（1492）刻柳琰修、曾春纂、林光校正《嘉興府志》三十二卷本，二爲正德七年（1512）刻于鳳喈修、鄒衡纂《嘉興府志補》十二卷，三爲嘉靖二十八年（1549）刻趙瀛修、趙文華纂《嘉興府圖記》二十卷，四爲萬曆二十八年（1600）刻劉應鈳修、沈堯中纂《嘉興府志》三十二卷。清代凡五修，一爲康熙二十一年刻袁國梓等

纂修十八卷首一卷末一卷本，二即此康熙六十年刻十六卷本，三爲嘉慶六年（1801）
刻伊湯安修、馮應榴等纂八十卷首三卷本，四爲道光二十年（1840）刻于尚齡纂修
六十卷首三卷本，五爲光緒四年（1878）鴛湖書院刻許瑶光修、吳仰賢等纂八十八
卷首二卷本。

中國國家圖書館、中國科學院文獻情報中心、中國文化遺産研究院、上海圖書
館、北京大學圖書館等二十館與“中央研究院”歷史語言研究所傅斯年圖書館、臺
北故宮博物院及日本國會圖書館、内閣文庫、東洋文庫、東京大學東洋文化研究所、
美國國會圖書館等有藏。

281. 清康熙刻乾隆印本秀水縣志　　T3210/2213.81

　　[康熙]《秀水縣志》十卷，清任之鼎修，范正輅纂。清康熙二十四年（1685）
刻乾隆印本。十册。半葉十行二十二字，小字雙行同，白口，左右雙邊，單魚尾。
框高 21.3 釐米，寬 14.5 釐米。首有康熙二十四年吳源起序，康熙二十三年范正輅序，
康熙二十四年杜臻序，目録，圖，舊序（黄洪憲序、李培序、汪文壁序、附小序），
卷端題：“嘉興府知秀水縣事石樓任之鼎掌修，秀水縣學署教諭事四明范正輅編輯，
訓導天台袁日華校訂。”

　　秀水縣，明宣德五年（1430）析嘉興縣地置秀水縣，治今浙江嘉興市。明、清
與嘉興縣同爲嘉興府治。1912 年與嘉興縣合併設置嘉禾縣。

　　任之鼎，山西石樓人，貢生。康熙二十二年任秀水知縣。

　　范正輅，浙江鄞縣（今寧波）人，舉人。康熙十六年任秀水儒學教諭。

　　卷一建置沿革、分野、山川、方域（附鄉都）、城池、坊巷、市鎮、橋梁、塘堰；
卷二公廨、學校、祠祀、倉廒、驛遞、坊表、寺觀；卷三户口、田賦（附貢課）、兵政、
鹽政、卹政、物産、風俗；卷四官師、科甲、薦舉、貢舉、武舉、封蔭、鄉飲、舍選、
椽史；卷五帝紀、妃御、名宦、名臣、先達、儒林；卷六文苑、材武、孝義、隱逸、
列女、僑寓；卷七翰墨、仙釋、方伎、古跡、丘墓、祥異、佚事；卷八賦、詩、詩餘；
卷九序、記；卷十記、雜文、典籍。

　　范正輅序曰：“秀志之成，竊有幸焉。方輅之奉憲檄考舊志以從事乎編纂也，聘
文學陳君忱、徵士陳君葵相與採今而續古焉。繁簡異同之際，是非予奪之間，有皎
然不欺其意者，脱一稿，商榷點竄必求其當而後可，久之而忘其孰爲草創，孰爲討
論，三人虛懷相對無間爾。……是書成而質之王方伯、曹司農諸先生。諸先生德尊
而學博，平居問字者恒履滿户外，苟非其人，不輕置甲乙，獨於是書樂爲之筆削，
可者可之，否者否之。……當明府三韓于公斑報政之時，石樓任公之鼎下車之日，

舊令尹之告新令尹者，錢穀耳、刑名耳，簿書鞅掌，或有所未暇及，其不爲雷次宗、范石湖之書，如唐天麟之語與不刊等者亦幾何矣。乃任公則今之卓魯也，才敏而政達，製錦綽有餘裕云。輅出是編質諸公，公毅然曰：'不佞惠邀是邑，邑又睢渙之邦也。不以是爲首務乎？此固鼎之責也。'於是潔館舍、致束脯，屬卒業焉。公餘論定，未嘗少置。書成，則首捐俸授梓，而士大夫亦相助爲理。始於壬戌之秋杪，成於甲子之冬初，遂令一邑之掌故、百年之缺失，開卷而犁然具備焉。"

紀事至康熙二十四年。"玄""弘"字避諱。版印漫漶，字跡模糊。

秀水縣志僅存兩部，一係明萬曆二十四年（1614）刻李培修、黃洪憲等纂十卷本，次即此康熙二十四年刻本及其後印本。

中國國家圖書館、中國第一歷史檔案館、上海圖書館、北京大學圖書館等十五館與臺北故宮博物院及日本內閣文庫等藏康熙二十四年刻本。

282. 清鈔本正德嘉善縣志　　T3210/4686.7

［正德］《嘉善縣志》六卷，明倪璣修，孫璧、沈溉纂。明正德十二年（1517）修，清鈔本。六冊。半葉九行二十字，小字雙行同，白口，四周雙邊，單魚尾。框高 18.5 釐米，寬 13.2 釐米。首有明正德王鏊序，目錄，圖。末有正德十二年都穆序，正德十二年倪璣序。卷一首題："斗城倪璣纂定，文水長發堂主人重校。"

嘉善縣，位於今浙江省北部。明宣德五年（1430）析嘉興縣之遷善、永安、麟瑞、思賢、奉賢、胥山六鄉於魏塘鎮巡檢司置嘉善縣，屬嘉興府。清因之。

倪璣，字公在，南直隸長洲（今江蘇蘇州）人，曾任工科左給事中，因事謫遷嘉善縣丞，後歷官任邱知縣、定州知州。

孫璧，嘉善人，舉人。任儒學訓導。

卷一建置、疆域、山川、市鎮（巷附）、鄉都（村附）、戶口、祀典（祠祭附）、公署（坊附），學校（書院社學附）；卷二題名（職官、師儒、科貢）、宦績、人物（名臣、勳業、善政、文材、薦舉、隱逸、孝義、僑寓、藝術、列女、人物附錄）；卷三風俗、物產、田賦、土貢（課程附）、水利、橋梁、古跡、塚墓、祥異、雜志；卷四至六古今文章（記、序、賦、詩）。

都穆序曰："予友倪君公在諫垣，出丞嘉善，時雁門張君奎光爲令，君乃與之同心協應，利興弊革。越二年，張君入覲，君攝縣事，謂縣未有志爲闕典也，乃分類修纂，會而成書。大學士王公既爲之序，君復俾序其後。"

倪璣序曰："璣承乏優縣，每嘆事無稽由縣之無志，乃謀於郡守吾陝李公，而因達之寅長張君奎光，曰：予之願也，君蓋任之。會張君入覲，璣視篆有暇，乃偕致仕訓導孫君璧及生員沈溉、蔣垂、高廩、夏光宇、郁衮輩，爰自設邑以及前代闌幽蒐遺，分類纂集，凡再踰月而書成。乃若遺星野，遠淫祠，詳水利，重風俗，視他志雖間有殊而鋪敘或病其繁也。刪定去取一準古人，璣蓋有僭焉。張君還而喜曰：'君之功也。'遂相與請序於閣老王公、少卿都先生，鋟木以傳。所謂飾治體而垂久遠者，不在是耶？若夫嗣是以修，尚有望於後之君子。"

卷六終題："歲在闕逢攝提格（甲寅）廣寒月文水長發堂主人書。"

《浙江地方志考錄》著錄該志時稱"千頃堂目、脈望館目、萬卷堂目都著錄此書""嘉興市圖書館現藏有長發堂舊鈔本"。

紀事至正德十二年。"弘""曆"字未避諱。據紙張、墨色，應該是清鈔本。

此明正德志係現存最早嘉善縣志，僅有鈔本流傳。《中國地方志總目提要》云："有正德十二年刻本、鈔本"，刻本未見。次爲萬曆二十四年（1596）刻章士雅修、盛唐纂十二卷首一卷。清代凡五修，一爲康熙十六年刻楊廉、郁之章纂《重修嘉善縣志》十二卷，二爲康熙二十三年刻崔維華修、沈辰垣纂《續修嘉善縣志》八卷，三爲雍正十二年（1734）刻戈鳴岐修、錢元佑等纂《續修嘉善縣志》十二卷，四爲嘉慶五年（1800）刻萬相賓纂修《重修嘉善縣志》二十卷首一卷，五爲光緒二十年（1894）刻江峰青修、顧福仁纂《重修嘉善縣志》三十六卷首一卷。另有順治七年（1650）刻卜燆修、曹爾坊纂《嘉善縣纂修啓禎條款》四卷。

北京師範大學圖書館、南京圖書館、浙江圖書館、嘉興市圖書館藏清鈔本，中國科學院文獻情報中心、南京圖書館、北京大學圖書館、上海圖書館、中國科學院南京地理與湖泊研究所圖書館藏鈔本。

283. 清乾隆刻本海鹽縣圖經　　T3210/357.7

［乾隆］《海鹽縣圖經》十六卷，明樊維城修，胡震亨纂。清乾隆十二年（1747）刻本（卷首、卷一、卷三第一至四十三葉、卷十四第五十一至五十七葉配鈔本）。十三冊。半葉十行二十字，小字雙行同，白口，左右雙邊，單魚尾。框高20.2釐米，寬14.5釐米。首有原序（朱國祚序、天啓二年〔1622〕樊維城序），清乾隆十二年陳世倕序，目錄，明天啓四年胡震亨識語。

海鹽縣，位於浙江省東北部。秦置海鹽縣，屬會稽郡，漢屬吳郡。南朝梁置武原郡，尋廢。隋省入鹽官縣，唐初入嘉興縣，開元五年（717）復置，屬蘇州。五代初改屬杭州，後晉始屬秀州。元元貞元年（1295）升海鹽州，明初復爲縣。南宋以後屬嘉興府。

樊維城，字充宗，湖北黃岡人，明萬曆四十七年（1619）進士。同年任海鹽知縣。

胡震亨（1569—1645），原字君鬯，後改字孝轅，號赤城山人、遯叟，浙江海鹽人。著名文學家、藏書家。萬曆十五年舉人，歷任固城縣教諭、合肥知縣、定州知州、德州知州，官至兵部員外郎。編著有《唐音統籤》《海鹽縣圖經》《讀書雜記》等。

卷一至四方域篇（縣圖、縣表、縣建置考、縣治城、縣坊鎮鄉圖、縣職署、縣名勝譜、縣風土記）；卷五至六食貨篇（戶口、田土、稅糧、役法、鹽課）；卷七戍海篇；卷八隄海篇；卷九至十官師篇（令長、丞尉、學職、監鎮、監稅、市舶、巡檢、鹽司、倉職、武秩）；卷十一至十三人物篇（前代陸顧二氏譜略、晉、梁、陳、唐、五代吳越、宋、元、明）；卷十四至十五人物篇（儒林、文苑、孝義、藝術、流寓、仙釋、列女、科、貢、國子生、承梂、武科、封贈、恩蔭、供奉、外寓科目論贊）；卷十六雜識篇（災祥、兵亂、諸瑣説）。

樊維城序曰："舊志輟筆於神廟之三年，歷今五十載缺焉不舉，前哲慎之。余不敏，承自愧無文而亦不能不爲考信惜也，商於天承彭而首爲贊允。爰求時獻，共補缺文。幸邑有名賢胡孝轅者，抱經濟之長才，作文章之鉅手，慨夫久軼，哀集舊聞，偕姚生叔祥共摘鉛槧。姚故羅九邱之富，安一壑之貧，方理笈壯遊，聞言停駕。二賢同願，此志遂成。"

胡震亨識語曰："初，天啓壬戌秋，邑侯樊公以志事屬余與彭德符氏。德符固謝，余謝弗獲，則引友人姚叔祥共事。以叔祥淹博，近又偕秀水屠君中孚編録郡遺文，多所搜稽也。其冬叔祥草人物志，明年春又草官師志，各成十五六。而侯復以邑藝文及志林屬叔祥及鄭思孟。叔祥又轉客思孟所，謝志事而去。余念史乘家衆腕分撰淹歲月，未若純出一手爲易就。遂杜門綴輯，閱兩載，得篇七、卷一十有六，合凡三十六萬餘言而志成。其叔祥官師、人物初稿更定蓋亦七八，若夫軼聞瑣事採自叔祥者，明注簡中，無敢獵美，以見余與叔祥同心探討，其始末如此。是役也，侯於文獻久湮後議纂撰，洵屬曠舉。而余謬承其草之托，欲籍此存維桑故實，亦未敢率略竣事云，敢告後之續修者。"

陳世侹序曰："憶過庭時聞先子述王父之言曰：志乘之書汗牛充棟而世所稱善者指不多屈，宋元以前流傳絶少無論已，有明一代志乘著名不過數種，如康太史《武功縣志》、崔後渠《彰德府志》、趙浚谷《平涼府志》、薛提學《浙江通志》、楊新都《四川全志》皆表表在人耳目，而胡職方《海鹽縣圖經》實與之埒……胡職方生於明季，獨能以所著圖經與諸先生並駕齊驅，使武原之人文典故賴以昭垂，可不謂是邦之幸乎？顧稱志爲圖經，當時猶有異議者，抑知左圖右史，原爲表裏，《山海經》《水經注》由來最古，況唐宋郡邑志書以圖經命名者，稽之載籍以數十計，胡職方固有所本焉爾。豈閎覽博物如胡職方，而以無稽之名貽後人以口實乎哉？余退而識之不敢忘。今去胡職方作圖經時已一百二十餘年，板久殘缺，存者亦多漫漶，周雪舫公祖初至我鹽，即有志於此，未暇以爲，迨升任去而其心猶惓惓焉。與王桐叔明府幸有同心，遂共捐資倡率，而邑人亦樂輸恐後，廼先以胡職方圖經重付剞劂，無復昔時殘缺漫漶之嘆而流傳宇內，俾共知是書之著名實足稱善所由異於汗牛充棟者，非虛言也。樂觀其成而援筆爲序其緣起云。”

“弘”“曆”字有兩、三處避諱，其餘均未避諱。

卷六至九、十四至十六版心下鐫字數。

《海鹽縣圖經》即《海鹽縣志》，現存最早該縣志爲明嘉靖十一年（1532）夏浚修、徐泰纂《海鹽縣志》五卷，有清鈔本傳世，次爲此明天啓年間胡震亨纂十六卷《海鹽縣圖經》，有天啓四年（1624）刻本和清乾隆十二年刻本。清代最早爲康熙年間彭孫貽、童申祉纂《海鹽縣志》十卷本，有稿本和鈔本流傳，二爲張素仁修，彭孫貽、童申祉纂《海鹽縣志補遺》，有康熙十二年鈔本，三係乾隆十三年刻王如珪修，陳世倕、錢元昌纂《海鹽縣續圖經》七卷，四爲光緒三年（1877）蔚文書院刻王彬修、徐用儀纂《海鹽縣志》二十二卷首一卷末一卷，另有光緒二年稿本傳世。

中國國家圖書館、上海圖書館、北京大學圖書館、南京圖書館等九館與臺北故宮博物院及日本東洋文庫等有藏。

284. 清乾隆刻本海鹽縣續圖經　T3210/357.83

［乾隆］《海鹽縣續圖經》七卷，清王如珪修，陳世倕等纂。清乾隆十三年（1748）刻本（卷首、卷一部份配鈔本）。十三冊。半葉十行二十字，小字雙行同，白口，左右雙邊。框高19.8釐米，寬14.3釐米。首有圖，乾隆十一年周宣猷序，乾隆十三年王如珪序，乾隆十二年陳世倕序，目録，纂修姓氏。

王如珪，字桐叔，順天府宛平人，歲貢。曾任仁和、湯溪、永嘉等知縣，乾隆八年調任海鹽知縣。

陳世倕，海鹽縣人，康熙四十八年（1709）進士。任通議大夫都察院左副都御史。

卷一方域篇（圖説〔附分野〕，表，建置考，治城，坊鎮鄉，職署〔縣、學、鮑郎場、海沙場、城守營〕，名勝譜〔海、山、水、永安湖、古跡、墓、祠宇、寺觀、橋梁〕，風土記）；卷二食貨篇（户口、田土〔附水利〕、税糧、蠲恤、賦役全書、役法、鹽課、漕運、屯田、屯運）；卷三戍海篇；卷四隄海篇；卷五官師篇（知縣、署知縣、縣丞、主簿、典史、教諭、訓導、鮑郎場大使、海沙場大使、遊擊、營守備、嘉興右營、衛守備、衛千總、海防左營千總、海防左營把總）；卷六人物篇（明、清、儒林、文苑、孝義、隱逸、藝術、流寓、仙釋、列女、選舉、封贈、恩蔭）；卷七雜識篇。

王如珪序：“我國家統御九有，窮海臣服，雕題黑齒重譯來。……而一統全書外，而直省通志已纂輯告成，垂之萬世，即屬郡縣志乘亦無不摛辭挹藻，漸次修舉，猗歟盛哉。……而舊志尚屬前明天啓時胡職方所修，簡編脫落，磨滅不可識。余下車之始，訪舊本閲之，嘆其敘述典而有則，紀載信而不誣，命名圖經，昉之自古，確不可易。即有志重修，謀之鄉先生副相陳公、觀察錢公，皆踴躍從事。先將前志之脫落者補之，磨滅者易之，而舊志遂成完璧。乃即仿胡職方圖經篇目續爲一編，向有彭羿仁、童松門、楊彪崖三君水鑴稿本，取而重加論定，刪訛正舛，去其繁瑣，增其闕略。自天啓入聖朝一百二十餘年，凡方域之廣輸，食貨之充裕，戍海隄海之防衛修築，官師人物之政績文章，以及雜職之軼事舊聞，一一燦然在目。庶幾巨細畢登，詳略適宜，於以供掌故之蒐羅，備輶軒之採擇，不亦休歟。是役也，出自陳、錢兩先生鴻裁鉅筆，諸君子考訂分輯，孝廉士常陳公協贊之力尤多，而余亦得少參末議，以成此一邑大觀。"

紀事至乾隆十三年。"弘""曆"字避諱。

中國國家圖書館、中國科學文獻情報中心、上海圖書館、北京大學圖書館等十三館與臺北故宮博物院及日本東洋文庫、東京大學東洋文化研究所、美國國會圖書館等有藏。

285. 清鈔本寧志備考　T3210/3530.717

〔崇禎〕《寧志備考》十二卷，明趙維寰纂修。明崇禎三年（1630）修，清鈔本。十二冊。半葉九行十九字，小字雙行同，無行格，開本高 28.5 釐米，寬 18.3 釐米。首有崇禎三年許令典序，崇禎三年葛徵奇序，崇禎三年劉元瀚序，談以訓《小引》，凡例（崇禎三年趙維寰撰），參校姓氏，目錄。卷端題："當湖鈍叟趙維寰輯。"

寧，浙江海寧縣，位於浙江省東北部。三國吳置鹽官縣，屬吳郡。南朝陳於縣置海寧郡，尋廢。元元貞元年（1295）升鹽官州，天歷二年（1329）改海寧州。明洪武二年（1369）降爲海寧縣，清乾隆三十八年復升爲海寧州。1912 年又改海寧縣。

趙維寰，字無聲，號雪盧，浙江平湖人。明天啓五年（1625）任海寧縣教諭。

卷一徐文、凡例、紀名、目錄、沿革、星野、疆域、形勢、山水、城池、坊市（牌坊附）、衢巷、橋梁、郵傳；卷二壇壝、祠廟、縣署制、分土、編戶、風俗、土產、土貢；卷三土賦、課程、鹽課、徵徭、卹政；卷四水利（海患及治海類、河防及治河類），祥異，古跡（丘墓附）；卷五縣官制（鹽監官制附），縣官題名（鹽監官題名附），牧政，流績；卷六學宮制（社學射圃附）、學田（學租附）、學職（官制體統題名宦績併）、禮樂；卷七典籍、選舉諸科；卷八名賢、名臣；卷九名儒、逸民、獨行、義俠、流寓、方伎；卷十武衛、方外、佚事；卷十一遺文類；卷十二遺詠類。

杭州知府劉元瀚序曰："有第一人趙無聲先生者，爲寧士師六年，以删潤二十一史墨汁之餘，撰《寧志備考》，採詳鑒慎，獨斷獨成，比於舊志倍十之五，雖近事少所增入，而耳目之前易爲簡括，後有秉筆者稍加採輯即是全書，直命曰志可耳，惡乎備。余受讀卒業，而知其造於寧者大也，爰捐俸錢以襄厥氏。文出乎一手，而功竣於三旬。更數十年時移事換，有民社之任者將文獻乎斯編以續之，則余實爲之嚆矢云。"

凡例云："修志之説，起自戊辰夏，時諸生有嗜古者伎癢呈縣，縣令弗省已矣。踰年己巳春，余方襄試會城而令忽移牒理前事，余亦姑置之。迨夏五試竣，始傅檄採故實，廼未幾而居奇之議起，余遂一意謝絶。惟是離經譯史，稽古證今，自是吾輩讀書事，志可不修，書不可不讀，則備考所由作也。""是編卷凡十二，幾十五萬言，而於邑志及談子外志，戒弗敢掠美，第間摘其一二之必不可缺者，余所主惟圖經、郡志，而參以歷代正史、本朝典則、典故、憲章、通紀、旁郡邑志等書，更及百家雜説，凡關涉寧者，一切不嫌獵取，要以藏書甚貧，掛一漏萬，亦曰聊以備考云爾。""是編捐俸鳩工，繫惟明府劉公爲政，而始終拮据，克襄厥成則太學陳梁、庠士吳維熊實與有勞，法得並書。"

中國科學院南京地理與湖泊研究所圖書館藏該書崇禎刻本之殘帙。中國國家圖書館和上海圖書館各藏鈔本。

286. 清康熙刻本海寧縣志　T3210/3530.81

[康熙]《海寧縣志》十三卷圖一卷，清許三禮等纂修，黃承璉等續纂修。清康熙二十二年（1683）刻本。十二册。半葉十行二十字，小字雙行同，白口，左右雙邊，單魚尾。框高 20.2 釐米，寬 14.6 釐米。首有康熙十六年陳秉直序，康熙十四年許三禮序，康熙二十二年黃承璉序，凡例，目録。末有朱嘉徵（海寧人，1602—1684）《志書後跋》。

許三禮，號西山，河南安陽人，順治十八年（1661）進士。康熙十二年任海寧知縣。

黃承璉，號怡庭，山東曲阜人，歲貢。康熙二十年任海寧知縣。

卷一縣表（縣、州轄、省轄、大事記）；卷二方域志（沿革、分野、形勝、山川、井、堰、壩、閘、筧、陡門、海、縣境、坊郭、鄉鎮、風俗、土産）；卷三建置志（城池、公署、倉庫、巡司、税課司、河泊所、鹽場、醫學、陰陽學、僧會司、道會司、鄉約所、養濟園、郵傳、壇壝、祠廟、橋梁、坊表、寺觀）；卷四賦役志（户口、田賦、課程、徭役、歲辦、俸糧、祭祀、軍匠、鹽課）；卷五職官表（官制、長令、佐領、師儒、

雜職、裁廢）；卷六學校志（學宮制、禮樂、名宦、鄉賢、鄉飲、鄉射、學田、典籍、
書院附）；卷七選舉表（薦辟、進士、舉人、貢監、武科、封蔭）；卷八海塘志（海患考、
築塘法）；卷九海防志（兵制、守禦所、軍器局、演武場、民壯、漕運、屯糧、守禦
所官、督糧官、駐防官、駐防汛兵、烽堠）；卷十名宦志（列傳）；卷十一人物志（名
宦、儒林、理學、文苑、忠烈、隱逸、鄉賢、寓賢、孝義、耆德、貞烈、文翰、藝術、
仙釋）；卷十二雜志（名跡、丘墓、祥異、軼事）；卷十三藝文志（賦、頌、詩、序記、
碑銘、雜文、後跋）。

許三禮序曰："寧邑之志，粵自宋咸淳以來，其在於明有蔡令志，有趙學博備考，
蔡本既久而論略，趙本亦未見成書也。今上辛亥允大學士衛建言，下直省郡國修志，
前令姜因得請邑之士大夫備文獻者從事，會以事去官不克竣。癸丑冬十一月，禮啣
天子命來令茲土，戴星不遑，其曷敢有及鉛槧之役，念邑乘大事也，且又甲令所急，
歷代之典故在焉……於是星分碁署，按部考班，爰及二載而書告成。……自昔吏於
此者，若王晅、若刁麃、若魯宜、若陳恕諸君皆有所建立以不朽於後。"

黃承璉序曰："璉不敏，筮仕承乏海昌令，會有續修邑志之檄。先是，歲辛亥，
今天子允大學士建言，下直省郡縣，前令許廣延邑之宿儒董其役，將有成書。然
自數年以來因革損益之間不無同異，於是同學博敦事憲老徵言，再爲部署而卒業
焉。"

凡例云："邑志缺修，自故明嘉靖三十二年，迄茲百有二十三年，世代變遷，文
獻無考。今廣延宿儒秉筆，博考史志，猶懼搜討失實，尚有俟於博雅君子，質所闕
疑焉。"

職官紀事至康熙二十二年。"玄"字避諱，"弘""曆"不避諱。

圖首葉版心鐫："旌德劉鈇鍾甫氏書並刊"。

現存最早海寧縣志有明嘉靖三十六年（1557）刻蔡完修、董穀纂九卷本首一
卷，該本又有清光緒二十四年（1898）許仁沐刻本。崇禎年間趙維寰纂《寧志備考》
十二卷，有崇禎三年（1630）刻本和鈔本傳世。明談遷纂《海昌外志》八卷，有清
代增補鈔本等各種鈔本流傳。清代該地區志書，官私屢次修纂，首爲順治十三年秦
嘉系修、范驤纂《海寧縣志略》不分卷，有稿本、鈔本和光緒八年《清風室叢刊》
本。二爲此康熙間許三禮纂修、黃承璉續纂修本。三爲乾隆二十三年金鰲修、乾隆三十
年黃簪世續修十二卷首一卷本。四爲乾隆四十一年刻戰效曾纂修十六卷首一卷本，
另有乾隆間周春纂《海昌勝覽》二十卷，有鈔本傳世，周廣業纂《寧志餘聞》八卷，
乾隆五十一年稿本和各種鈔本，以及錢泰吉等纂修《海昌備志》五十二卷圖一卷附
錄二卷，有稿本和道光二十七年（1847）刻本傳世，管庭芬纂《海昌叢載》二十卷
續載七卷首一卷，有鈔稿本流傳。

中國國家圖書館、中國國家博物館、上海圖書館、北京大學圖書館、南京圖書館等十四館與美國國會圖書館等有藏。"中央研究院"歷史語言研究所傅斯年圖書館藏康熙十四年刻本、日本東洋文庫藏康熙十六年刻本。

287. 清乾隆刻本海寧州志　　T3210/3530.83

〔乾隆〕《海寧州志》十六卷首一卷，清戰效曾纂修。清乾隆四十一年（1776）刻本。六册。半葉十行二十二字，小字雙行同，白口，左右雙邊，單魚尾。框高18.6釐米，寬13.8釐米。首有目録，圖。

海寧州，清乾隆三十九年升海寧縣爲海寧州。

戰效曾，字魯郼，山東寧津人，乾隆三十八年舉人。乾隆三十九年任海寧知州。

卷首詔諭、宸翰；卷一序文、目録、圖、沿革、星野、形勝、疆界、州治、公署、學校（附書院）；卷二山川、水利、市鎮、都莊、橋梁、風俗、物産；卷三户口、田賦、徭役、課程、歲辦、軍匠；卷四漕運（附屯糧）、倉貯、俸糧、鹽法、兵防、郵傳、卹政；卷五海塘（形勢、潮汐、修防、附程式、兵夫）；卷六壇壝、祠廟、寺觀、古跡、名勝、坊表、塋墓；卷七職官、名宦；卷八至九選舉（前録、進士、舉人、副榜、薦舉、恩拔歲優貢、仕進、武科、武職、封贈、恩蔭）；卷十名臣、忠烈、循吏；卷十一儒林、文苑，卷十二孝友、義行、耆德、隱逸、方技、寓賢、仙釋；卷十三至十四列女；卷十五藝文；卷十六雜志（災祥、兵寇、軼事）。

紀事至乾隆四十一年，選舉紀事至乾隆四十年。"禎""真""弘""曆"字避諱。

鈐印："豐華堂書庫寶藏印"。

中國國家圖書館、中國科學院文獻情報中心、上海圖書館、南京圖書館等十一館與臺北故宮博物院及美國國家圖書館等有藏。

288. 清鈔本寧志餘聞　　T3210/3530.833

〔乾隆〕《寧志餘聞》八卷，清周廣業纂修。清乾隆五十一年（1786）修，清張氏小清儀閣鈔本。十册。半葉十行二十二字，小字雙行同，四周雙邊。框高19.2釐米，寬13.7釐米。版心鐫"小清儀閣寫本"。首有乾隆五十四年周春序，舊志目及其乾隆五十一年周廣業識，目録。卷端題："州人周廣業著。"

周廣業，字勤補，號耕崖，浙江海寧人，乾隆舉人。

卷一方域志（沿革、疆界、山川、塘堰〔附閘〕、風俗）；卷二至三建置志（城池、廨宇、學校、倉廒、卹政、兵防、市鎮、名跡、橋梁、冢墓、廟祠、寺觀）；卷四海塘志（潮汐、堤防），典禮志，食貨志（户口、田賦、丁銀、漕運〔附屯糧〕、税課、物産），鹽法志；卷五官師志（職制、守令、幕僚、師儒、監鎮、監税、武秩）；卷六選舉（前録、明經、詞科、進士、舉人、副榜〔附薦辟〕、貢生、仕進、武科、武職、封贈、任子）；卷七人物志（名臣、忠臣、循吏、儒林、文苑、孝友、武功、義行、隱逸、寓賢、仙釋、技術），列女志（節婦、烈婦〔附列女〕、賢媛、閨秀）；卷八藝文志（書目、碑目），雜志（災祥、兵寇、叢説）。

周廣業識舊志目曰："右志及雜記計二十有一部，舊圖經早佚，海昌圖經聞康熙間故家尚有之，而許侯修志時已不可得見，則其佚亦久矣。黃氏書目載寧志有曾、蔡、朱、董、趙、談六家，今所存止蔡、趙、談，而蔡多脱簡，談未刊行，最著獨趙志耳。竊惟作述之際，難易迥殊，自有寧以來載籍極博，稱述綦多，創爲志乘者條舉而綜敘之，戞戞其難，即其本不盡如武功、平凉，理無芟薙。先賢曰續、曰重、曰補、曰備、曰外、曰餘，謙厚之至也。然積薪之勢後來居上，昔略者今詳，昔闕者今完，昔晦者今顯，兼之幸際聖朝海疆清要，翠華臨幸，天藻輝煌，又昔之奧區，而今之名壤也，使非薈萃成編，垂爲不刊，豈所以光昭典册乎？廣業才識疏陋，嘗訪求宋、明諸志未得，因讀乾道、淳祐等臨安志，成化、萬曆等郡志，於鄉邦文獻竊有意焉。歲戊寅，金侯有修志之舉，招延儒碩開局纂輯，廣業亦私以所聞信筆疏記。會志久未成，叢稿日積，顧所記皆陳言舊事，度無異人處，將待新志之出焚棄之。乙酉，新志告竣，未幾，縣升州，又修州志，搜採之富視昔倍加，雖於拙著不無離合，要可勿存。然從事於斯者二十餘年矣，爰爲參校，汰所雷同，復加博採，久之始釐定爲八卷，名曰《寧志餘聞》。非止慎言之義，蓋謂寧志如林，既美且備，我之所聞特昔賢唾聞云爾。因詳列舊目於首，願博雅君子有以裁益之。"

周春序曰："我聞志書鮮善本，遂使武功、朝邑專美於前，推而論之，非人爲之也，勢爲之也。此其故有二，一由不成於一人之手，一由盡出於衆人之私。如是而欲志之善，能乎？不能乎？我邑之志，談、趙最善，以其成於一人之手也。秦、許次之，以其猶未盡出於衆人之私也。至戊寅之修，乙酉之刻，非修之咎，而刻之咎也。丙申續纂不可言矣，回憶戊寅、丙申，余兩次濫竽志局，似不得獨卸其責，而里人頗於余有恕辭焉。何也？戊寅共事諸君大半虛懷好古，留心文獻，是以稿尚可觀，不料乙酉之刻壞之。若丙申則同志寥寥，既於此事茫然，並且束書高閣，草率了事，即州守旋深悔之，天殆不欲寧志之善乎，何厄之至於再也？雖然，莫謂無人也。吾家耕厓孝廉以所輯《寧志餘聞》八卷索序於余，余受而讀之，見其搜羅極富，考核極精，去取是非極公且慎，舊志之闕罔不補，舊志之謬罔不糾。信乎，長於作述，不媿良史才也！"

選舉紀事至乾隆五十一年（《中國地方志總目提要》云紀事至乾隆五十三年）。"禎""弘""曆"字避諱。

鈐印："小清儀閣"。書衣鈐印："滙古齋金石書畫莊經售古今書籍"。

中國國家圖書館藏乾隆五十一年稿本。浙江圖書館藏張氏小清儀閣鈔本。另有多個鈔本流傳。

289. 清乾隆刻本平湖縣志　T3210/1432.83

［乾隆］《平湖縣志》十卷首一卷末一卷，清王恒修，張誠等纂。清乾隆五十五年（1790）刻本。二十冊。半葉十行二十三字，小字雙行同，白口，四周雙邊，單魚尾。框高 19.8 釐米，寬 14.8 釐米。首有乾隆五十四年沈初序，乾隆五十五年張誠序，乾隆五十四年王恒序，凡例，目錄，縣志纂輯銜名，卷端題："平湖縣知縣候補同知王恒修。"

平湖縣，位於今浙江省東北部。明宣德五年（1430）析海鹽縣東北境置平湖縣，治所在當湖鎮，爲漢海鹽縣陷爲當湖處，"後土脈墳起，陷者漸平，故名平湖"，屬嘉興府。清因之。

王恒，字鍾岳，號久也。貴州遵義人。舉人。乾隆五十年任平湖知縣。

卷首天章（前明勅諭附）；卷一地理（沿革、疆域、山水、古跡、風俗）；卷二建置（城池、公署、學校、官舍、關梁、坊表）；卷三海防（海塘、兵制、汛守、軍餉、前明倭變附）；卷四祠祀（廟壇、祠宇、塚墓、義塚附）；卷五食貨（戶口、田賦、場課、蠲恤、積貯、物產）；卷六職官（縣治文秩、海防文秩、滿洲武秩、綠營武秩）；卷七宦績（文秩、武秩）；卷八選舉（文科、薦辟、武科、貢監、雜流、勳戚、封贈、鄉飲賓附）；卷九人物（列傳、道學、文苑、孝友、尚義、隱逸、行誼、方技、僑寓、列女）；卷十外志（祥異、叢記、寺觀釋道附）；卷末前志序錄。

目錄末有："右一十二門，子目五十四類，凡一十二卷，合序文、纂修銜名、凡例、目錄共一千一百六十一頁，析爲十冊。甲冊序文至地理門疆域（一百二十頁）；乙冊地理門山水至建置門學校（一百二十五頁）；丙冊建置門官舍至祠祀門祠宇（一百二十七頁）；丁冊祠祀門塚墓至食貨門田賦（一百二十八頁）；戊冊食貨門場課至職官門滿洲武秩（一百一十七頁）；己冊職官門綠營武秩至選舉門（一百頁）；庚冊人物門列傳（一百二十三頁）；辛冊人物門導學至僑寓（一百二十頁）；壬冊人物門列女（一百三頁）；癸冊外志門至前志序錄門（九十八頁）。"按：書分二十冊，蓋將原來每冊一分爲二。

張誠序曰："丁未春，誠自秦蜀入都，寓錢黼堂太史家，恭閱欽定明史綱目三編，始知乾隆四十二年詔褒明季死節之臣，追謚典，我邑之得邀寵錫者有二人焉，一爲都御史陸公清原謚忠節，一爲博羅知縣徐公有度謚節愍。及考邑志之修，迺在乾隆

321

四十四年，而陸傳不載其諡，徐則並未列傳。然後每嘆海濱僻壤，聞見寡陋，紀載之缺略者多矣。因錄二公傳藏諸篋笥，將以待重纂邑乘上之當事者。比秋旋里而邑大夫咸齋先生方有事增修，誠聞之且驚且喜，數千里外一念拳拳，竊謂何日能償，而何幸賢司牧殷然著作之心之不謀而合，誠又倦遊，適賦歸來，謬承屬參末議。……伏讀《欽定四庫全書簡明目錄》，曰《浙江通志》較他志體例特善，考其時總裁爲我邑陸陸堂太史，又嘗讀汪學士師韓《上湖草堂集》，論次近代志優劣，獨推《靈壽縣志》第一，則又陸清獻公手定書也。禮曰：‘在鄉言鄉，況鄉先賢著述曾邀睿賞，與夫學士大夫所稱頌弗衰者哉。請折衷二志體例，而後乃博採群書，網羅散佚，可乎？’邑大夫曰善。於是往復考訂，上下其議論，踰三載而書始成。”

王恒序曰：“乙巳歲，余奉檄知縣事，因進邑中耆老，問民疾苦，及應興革事，數年以來力所能及者綱目粗舉。茲諸紳士復以修志請，志修於明嘉靖，迄國朝乾隆乙丑，雖更數手而文不雅馴，事雜無敘。歲己亥，前邑令今歸德太守張公力行竊病之，重爲刪定，刪繁亂，截浮辭，大改舊觀，但今已十餘年，當增入者不少。因延邑知名士，設局城西，簿書之暇，相與商榷釐正，爲志八、爲傳二、爲表二，凡十二卷，閱三載而書成。”

凡例云：“邑志創自前明嘉靖癸亥教諭法瞪，迨天啓丁卯知縣程楷重修，始有傳本。國朝修者凡三，一修於康熙己巳知縣朱維熊，再修於乾隆丁亥知縣高國楹，三修於乾隆己亥知縣張力行。茲重加參訂，謹遵《浙江通志》例，徵引本文，標其名目，或詞義冗長，略加刪易，仍係以原書。若考核未詳，增益成文者，則曰某書纂，并引兩書則曰某書參某書，采諸案牒則以新纂別之。”

“平湖縣志纂輯銜名”標題後鐫：“乾隆五十二年丁未十月詳憲准修，五十五年庚戌七月刊竣。”

選舉、職官紀事至乾隆五十四年。

現存最早平湖縣志爲明天啓七年（1627）刻程楷修、楊儁卿纂十九卷圖一卷本。清代六次修纂該縣志，一爲康熙二十八刻朱維熊修、陸菜纂十卷本，二爲乾隆十年刻高國楹修、倪藻垣等纂十卷本，三爲乾隆四十五年刻張力行修、徐志鼎纂二十卷首一卷本，四即此乾隆五十五年王恒修本，五爲嘉慶十一年（1806）刻路鐘修、張耀麟纂《平湖縣續志》十卷附舊志補遺四卷，六爲光緒十二年（1886）刻彭潤章等修、葉廉鍔等纂二十五卷首一卷末一卷本。

中國科學院文獻情報中心、故宮博物院圖書館、上海圖書館、南京圖書館等十五館與臺北故宮博物院及日本静嘉堂文庫、美國國會圖書館有藏。

290. 清康熙刻本桐鄉縣志　　T3210/4222.81

[康熙]《桐鄉縣志》五卷,清徐秉元修,仲弘道纂。清康熙刻本(卷首、二至三配補鈔本)。十冊。半葉九行二十二字,小字雙行同,白口,左右雙邊,單魚尾。框高 20.4 釐米,寬 13.9 釐米。首有扉頁,康熙十一年(1672)七月修志奏疏,康熙十七年杜臻序,袁國梓序,徐惺序,康熙十七年仲弘道序,凡例,圖,目錄。末有仲愷跋。扉頁題:"桐鄉縣志。蘭雪堂捐刊。"卷端題:"清文林郎知桐鄉縣事三韓徐秉元重修,文林郎知山東嶧縣事里人仲弘道編輯,秀邑貢生沈鳳翼、本邑庠生沈鉁、鍾貞全輯。"

桐鄉縣,位於浙江省北部。明宣德五年(1430)析崇德縣東境六鄉置桐鄉縣,屬嘉興府。清因之。

徐秉元,字子一,遼東人,蔭生。康熙十三年任桐鄉知縣。

仲弘道,字開一,號改庵,桐鄉人,拔貢。曾任山東嶧縣知縣。

卷一土地部(建置、分野、形勝〔景致附〕、山川、城隍、疆域〔鄉都附〕、地畝、衙署、古跡、倉廒、津梁〔道路附〕、祠廟〔寺觀附〕、第宅、市鎮〔街巷附〕);卷二人民部(戶口、賦役、習尚、土宜、甲科、乙科、明經科、武科、成均、掾史、貤封、災祥、林墓、坊表〔附典籍〕);卷三政事部(錢糧、學校、驛遞、秩祀、鹽政、兵政〔倭警附〕、水利、農桑、卹政、職制、秩官、宦績);卷四文獻部(先賢、鄉賢、流寓、孝友、忠義、隱逸、節烈〔淑行附〕、方外〔藝術附〕、風詩);卷五文獻部下(藝文)。

仲弘道序曰:"桐自析邑以來幾三百年矣。……詢之故老,咸云明武宗朝邑令伊侯曾創斯志,而板帙隨即淪亡,久無傳信,予用是懼,以爲一家支次尚存譜牒,桐邑雖小,猶然春秋郯莒曹滕小諸侯也,奈何人文湮没,一至於此。如是者又數年,幸今上宰輔衛公周祚奏勅天子郡邑各自爲志,彙呈當道,以成大清一統之書,於是吾桐先後邑侯亦用是祇承休命,冀得有所撰述,乃僉舉明經蕫卿沈君、文學介石鍾君、茝若沈君等共襄採輯,勒一家言。奈創始維艱,網羅不易,二三年來謀野雖獲而潤色未加,殺青之事仍未有日。予益用是懼,謂功令悚惕之下尚成築舍,倘再移歲月,更復何望乎?歲丁巳,余歸自山左,晤今邑侯徐公,備道其事,勸以及時修集事。公固賢者也,廉而不劌,慈而能斷,三十年來治行爲吾桐最,以故繫心大典,欲振舉廢墜,遂以志事屬不佞謬爲編輯。時蕫卿沈君在座,亦欣然莫逆,盡出其中郎祕帳,托予校讎。予自惟不敏,不敢膺紀載任,而又懼邑乘之終不克有成也。於是勉爲鍵户,爰以廣諮故實,旁採舊聞,或去或增,分門彙類,贅以小序,凡兩易稿而書以成。書成，復勉力捐資繡梓，然後三百年之社稷人民建置可得而考也……"

仲愷跋曰："甚矣，邑乘之不易成書也。憶余家大人自拂衣歸里，閉户□著書，凡傳注撰述不下數十種，而志乘之類尚未遣管城□子向楮先生問津也。自康熙壬子遊山左，始應李禹門先生聘，代修滋陽邑志，癸丑應蔡翼皇先生聘，代修兖州郡志。遙憶我桐志書自必早登梨棗矣，不意數年來諸邑宰經營，諸先生採葺，而梗概若存，成書絕望。家大人歸來知之，緬然思，瞿然感，以爲紀載有關風俗，邑乘何可久虛？於是夙興載筆，丙夜篝燈，應入者不令人知，應去者不徇人面，文經鎔鑄，事必推敲，落稿後甫稱全瑜，所以竟諸邑宰之未竟，了諸先生之未了也。然而刻資工費例派之官紳捐助，或派之里甲，而我邑則十室九空，難以例舉。且閱抵鈔，州縣官因刻志科斂，懼清議、掛彈章者不可勝數。書雖成，幾何不又同築舍哉？迨戊午赴楚藩徐子星先生召，往來荆武，凡得諸先生餕贈，除遊費外尚贏百二十金，家大人始快然開眉，毅然問價，且曰而今可以得完此事矣。而一時楚中刻無善手，又無善板，未敢輕爲剞劂。歲己未，乃遣價江南，遴良工數人，又遣價中州，購梨樹數株。於是躬自督寫，家人督刻，百有餘日而囊甫罄，志始成。嗚呼！顧不難哉？！顧不難哉？"

卷一有兩葉補鈔，卷四補鈔一葉，卷五補鈔五葉。

紀事至康熙二十年（鈔本部分），即卷三第五十五葉"楊咸亨，山西人，康熙辛酉任，數月病故"條。經與中國國家圖書館同版本核對，刻本亦同。"玄"字避諱，"弘""曆"不避諱。

鈐印："豐華堂書庫寶藏印"。

現存最早桐鄉縣志爲明正德九年（1514）任洛修、譚桓同纂《桐鄉縣志》十卷，有清代影鈔本傳世，次即此清康熙年刻五卷本，三爲嘉慶四年（1799）李廷輝修、徐志鼎等纂十二卷本，四爲光緒年間柏巖居士纂《桐鄉縣志稿》，存光緒四年（1878）稿本，五爲光緒十三年刻嚴辰纂二十四卷首四卷本。

中國國家圖書館、中國科學院文獻情報中心、上海圖書館、北京大學圖書館等九館與臺北故宮博物院及日本內閣文庫等藏。

291. 清康熙刻雍正增補刊本石門縣志　T3210/1672.81

［康熙］《石門縣志》十二卷，清杜森纂修，酈世培續修，徐原等增修。清康熙刻雍正增補刊本（卷首、卷一至二配鈔本）。十二冊。半葉九行十九字，小字雙行同，白口，四周雙邊，單魚尾。框高 21.2 釐米，寬 14.0 釐米。首有鍾朗序，康熙十五年（1676）酈世培序，凡例，目錄，圖。卷端題："螺陽杜森元培父創稿，舜水酈世培

晴嵐父續編，黃山徐原遂庵父增校。"

石門縣，五代後晉天福三年（938），吳越析嘉興、海鹽、華亭三縣置崇德縣，屬秀州。南宋慶元後屬嘉興府。元元貞元年（1295）升爲崇德州。明洪武二年（1369）復爲縣，屬嘉興府。清康熙元年避太宗崇德年號更名石門縣。1914 年復舊名崇德縣。

杜森，字元培，順天府懷柔人，拔貢。康熙八年任石門知縣。

鄺世培，字晴嵐，湖廣臨武（今屬湖南）人，貢監。康熙十三年任石門知縣。

徐原，字遂庵，安徽歙縣人，貢監。康熙十九年任石門知縣。

紀疆：卷一縣表、沿革、星野、城濠、封域、山川、河梁、市鎮；卷二賦役、物產、古跡。紀制：卷三公署、郵舍、倉廒、塘壩、廟祠、寺觀、坊表、墳墓。紀官：卷四官制、縣職、師儒、驛官、陰醫僧道官、駐防附名宦崇祀、循良。紀士：卷五薦辟、進士、鄉舉、歲貢、胄監、戚畹、貤封、任子、武職、掾史。紀獻：卷六鄉賢崇祀、政事、文學、高行、篤誼、才藝、列女、鄉飲。紀文：卷七至八記；卷九序、雜文；卷十詩、賦。紀事：卷十一災祥、風俗、遺事。外紀：卷十二仙、釋、方伎、叢譚。

鄺世培序曰："考古之爲邑，創於石晉之天福，時未有志也，而待於南宋之淳祐。曠歷數百年，前聞杳渺，而待於明正德之丁丑。更六十年，又待於萬曆之戊寅。復閱三十餘年，而待於辛亥之靳。自是以來且六十於禩矣，而復待於杜君。厥工未竣，而更待於余。千秋之內，詎乏鴻才碩學可寄修明之擔，乃留意者止數人，編定者纔數見，豈非時會之遲回，而余適逢其盛哉？若夫風尚之澆醇，人物之臧否，政治之得失，禮樂典章之損益，附諸義例，使不失實，則余與諸文學尤祇祇慎之，讀是志者勿以續貂爲誚則幸耳。"

鍾朗序曰："今聖天子敷文治於上，一切制作之事燦然大備，遂詔下有司，各上通志，彙集以昭一統之盛，而先自郡邑始。吾邑自宋淳祐有語溪志，歷元及明，至萬曆間前令靳侯集衆志而成之，亦號稱詳而有體者矣。自是而後復閱六十餘載，而城郭如故，人民半非，文獻無徵，識者惜焉。適奉命有纂修之舉，於是螺陽杜公於癸丑年開局，始之未竟，舜水鄺公取而續之，延至丁巳，始成全書。凡封域、田賦、制度、官師……悉接古而續今，不至有遺漏焉，信可謂一邑之良史也。"

凡例云："宋淳祐有《語溪志》，明有正德洪志、隆慶朱志、萬曆初陳志，俱殘缺，鮮有全帙，至辛亥靳志彙輯成部，茲以本志爲舊，而自明萬曆壬子接續至今，更參考郡志以定義例（洪志，洪令異修。宋志，宋令潤修。靳志，靳令一派修）。"

紀事至雍正十三年（1735），選舉紀事至康熙二十一年。卷十二後有康熙四十七年李灼《重建南高橋記》和康熙五十四年石門知縣韓麒趾等《重建作新堂記》，呂廷鑄《重建吾嘉橋記》（按，呂廷鑄雍正四至七年任石門知縣。）"弘""曆"字未避諱。

據《中國地方志聯合目錄》，最早石門縣志即康熙十六年刻鄺世培續修本，以及康熙四十七年增刻本，後有嘉慶年修，道光元年（1821）刻耿維祜修二十六卷首一卷本，以及光緒五年（1879）刻余麗元等纂修十一卷首一卷本。《中國地方志聯合目錄》《中國地方志總目提要》均未著錄此雍正年間增刊本。

中國國家圖書館、中國科學院文獻情報中心、上海圖書館、北京大學圖書館等十館與"中央研究院"歷史語言研究所傅斯年圖書館及臺北故宮博物院、日本內閣文庫、東洋文庫、美國國會圖書館等藏該志康熙年間刻本。

292. 清乾隆刻本湖州府志　　T3209/3232.83

［乾隆］《湖州府志》四十八卷首一卷，清胡承謀纂修、李堂等增纂。清乾隆二十三年（1758）補刻本。二十四冊。半葉十一行二十五字，小字雙行同，白口，左右雙邊，單魚尾。框高 19.2 釐米，寬 13.9 釐米。首有乾隆二十三年李堂序，乾隆四年胡承謀序，凡例，協修姓氏，目錄。卷端題："涇川胡承謀原輯，沔陽李堂增刊。"

湖州府，位於今浙江省北部。秦置烏程縣，三國吳置吳興郡。隋置湖州。北宋太平興國七年（982）析烏程縣置歸安縣，二縣併爲州治。南宋寶慶元年（1226）改湖州爲安吉州，元改湖州路，明、清爲湖州府。

李堂，字也升，號肯庵，沔陽（今湖北天門）人，乾隆七年進士。乾隆十七年任湖州知府。

卷首圖；卷一星野、建置、形勝、恩錫；卷二疆界、城池、官署；卷三學校、武備；卷四至五山；卷六水；卷七至八古跡；卷九至十寺觀；卷十一祠祀；卷十二陵墓；卷十三至十四津梁；卷十五塘堰、村鎮、坊巷；卷十六至十七名宦；卷十八至二十二人物；卷二十三至二十四列女；卷二十五寓賢、藝術、釋老；卷二十六帝王表、后妃表、封爵表、監司表；卷二十七郡守表、郡佐表；卷二十八州縣表；卷二十九州縣佐表；卷三十學職表、武職表；卷三十一進士表（武科附）、卷三十二舉人表（武科附）、卷三十三貢生表；卷三十四歷仕表；卷三十五薦舉表、封蔭表；卷三十六戶口、田賦、積貯、賑卹；卷三十七水利、蠶桑；卷三十八祥異；卷三十九風俗；卷四十至四十一物產；卷四十二至四十三碑版；卷四十四至四十七著述；卷四十八勝集。

李堂序曰："涇川胡公纂輯湖郡志，距今二十年矣。去冬板不戒於火。邱文莊云：世有千載不刊之書，無百年不修之志。……湖郡志向稱勞、王、張、栗四家，今俱散佚。我朝順治初所修，雖本栗志，續編未成，仍止於明神宗丙子。涇川纂輯於乾隆己未，已一百六十餘年，歲遠事積，文獻凋殘，旁搜廣羅，用心良苦。堂則遵守舊冊，略採近聞，辟諸工智者，創物巧者，述之守之，師其智，亦爲其易也。第此二十年來之所增刊，除耳目覩記外，薦紳先生能言之，視纂輯於百六十年人往風微之後，差堪徵信云。"

李堂撰凡例云："湖志編輯，多本鄭元慶之《湖録》，他如徐獻忠《吳興掌故集》、董斯張《吳興備志》、張睿卿《苕記》、宋雷《西吳里語》、王道隆《菰城文獻》，蒐羅極富，今仍其舊，不敢掠美也。""增刊是書，凡饌給筆札以及開雕，俱余與同官屬邑捐俸竣工，未敢煩勞紳士。但絀於經費，間有掛漏，統希原諒。"

紀事至乾隆二十三年。

現存較早湖州府志，有劉宋山謙之纂《吳興記》一卷，宋左文質纂《吳興統記》一卷，南宋淳熙間周世南等纂《吳興志續編》一卷，嘉泰元年談鑰纂《嘉泰吳興志》二十卷，現存清人輯録本，以及清鈔本、清刻本等。明代以後纂修志書有刻本存世，首爲明弘治四年（1491）刻王珣修、汪翁儀等纂《湖州府志》二十四卷本，僅存殘帙，次爲嘉靖二十一年（1542）刻張鐸修、浦南金纂《湖州府志》十六卷，三爲徐獻忠纂《吳興掌故集》十七卷，有嘉靖三十九年太倉張節刻本和萬曆四十三年（1615）茅獻徵重訂刻本等，四爲萬曆六年栗祁修《湖州府志》十四卷，天啓四年（1624）董斯張纂《吳興備志》三十二卷，有清康熙四十八年董朝柱鈔本。清代凡四修，首爲順治六年（1649）刻程量纂修《湖州府志前編》十二卷，次爲乾隆四年刻胡承謀纂修《湖州府志》五十卷首一卷末一卷，三即此乾隆二十三年刻李堂纂修本，四爲同治十三年（1874）愛山書院刻宗源翰等修、周學濬等纂《湖州府志》九十六卷首一卷本。

中國國家圖書館、中國科學院文獻情報中心、上海圖書館、北京大學圖書館等十七館與臺北故宮博物院及日本東洋文庫、美國國會圖書館、法國國家圖書館等有藏。

293. 清乾隆刻本烏程縣志　　T3210/2221.83

［乾隆］《烏程縣志》十六卷，清羅愫修，杭世駿纂。清乾隆十一年（1746）刻本。十二册。半葉十三行二十五字，小字雙行同，白口，左右雙邊，單魚尾。框高 19 釐米，寬 15.0 釐米。首有乾隆十年杭世駿序，乾隆十一年孫廷槐序，乾隆十一年羅愫序，纂修姓氏，圖，目録，凡例。

烏程縣，秦置，治今浙江省湖州市南，屬會稽郡。東漢屬吳郡。三國吳後期爲吳興郡治。東晉移治今湖州市。隋屬吳郡唐爲湖州治。北宋太平興國七年（982）析置歸安縣，同爲湖州治。元同爲湖州路治，明、清同爲湖州府治。

羅愫，字素心，江南甘泉（今江蘇揚州市江都區）人，附貢。雍正九年（1731）任烏程知縣。

杭世駿，浙江仁和（今杭州）人，乾隆元年舉博學鴻詞，曾任翰林院編修。

卷一星土、建置、形勝、疆域、城池、廟宇、學校、武備；卷二山川；卷三古跡；卷四職官、選舉；卷五名宦、人物（漢至元）；卷六人物（明）；卷七人物（清、方技附）、寓賢；卷八列女；卷九祠祀、寺觀；卷十陵墓、鄉鎮（坊巷附）；卷十一津梁、水利；卷十二戶口、田賦；卷十三風俗、物産；卷十四經籍（碑版附）；卷十五藝文；卷十六雜記。

羅愫序曰："吳興統紀雜録掌故，茍紀諸編雖或存或逸，文獻猶自可徵。而烏程爲附郡首邑，明之前未有專志，其後張劉踵輯，遂爲藍本。我朝高君必騰增修，尚隨前規，今又六十餘年矣，山川城邑如故，而風教移易日新爲盛，恭逢聖天子仁經義緯，大化翔洽……余自辛亥下車以來，更考績者五，恍居官次，庶竭駑駘，幸獲民安其政，從容休息，因於共職之餘載緝是志，時則有張君南漪爲之屬稿，甄綜考正，薈萃成帙，又屬邑儒張君冠霞點校，而後質之杭編修董浦研核精裁，乃始鋟木。分三十門，十有十六卷。"

"凡例"錯裝訂在卷一《建置》第二葉與第三葉之間。

現存最早烏程縣志係明崇禎十一年（1638）刻劉沂春修、徐守綱等纂十二卷本，次爲清康熙二十年刻高必騰修、沈從龍等纂十二卷本，三即此乾隆十一年羅愫修本，四爲光緒五年（1879）潘玉璿等修、周學濬等纂《烏程縣志》三十六卷，有稿本和光緒七年刻本存世。

中國國家圖書館、中國科學院文獻情報中心、故宮博物院圖書館、上海圖書館等九館與臺北故宮博物院及日本東洋文庫等有藏。

294. 清康熙刻本紹興府志　T3209/2030.81

［康熙］《紹興府志》五十八卷，清王之賓修，董欽德纂。清康熙二十二年（1683）刻康熙增補刻本。四十冊。半葉九行二十字，小字雙行同，白口，四周雙邊，單魚尾。框高 21.1 釐米，寬 14.9 釐米。首有康熙十一年張三異序，康熙十四年許弘勳序，康熙十四年何源濬序，康熙二十二年王之賓序，修志姓氏，目録。末有康熙二十二年董欽德跋。

紹興府，位於今浙江省中部偏北、錢塘江南岸。春秋時屬越，戰國屬楚。秦置山陰縣，屬會稽郡。東漢永建四年（129）後，爲會稽郡治。南朝曾於此置東揚州，陳置會稽縣。隋開皇九年（589）省山陰縣入會稽縣，又改東揚州爲吳州。大業初復改越州，三年（607）又爲會稽郡。唐武德四年（621）廢郡置越州。南宋紹興元年（1131）升越州置紹興府，爲兩浙東路治。元爲紹興路。明、清爲紹興府。

王之賓，遼寧瀋陽人，康熙十九年任紹興府知府。

董欽德，浙江會稽（今紹興）人。

卷一疆域志（沿革、隸州、領縣、區界、坊里、鎮、關、形勝），附圖；卷二城池志（府城、縣城、衛城、所城、巡司城、古城、衢路），附圖；卷三署廨志（府、縣、行署、衛所、雜署、廢署），附圖；卷四至八山川志、附圖；卷九至十古跡志、附圖；卷十一物産志；卷十二風俗志；卷十三災祥志；卷十四至十五田賦志；卷十六至十七水利志、附圖；卷十八學校志、附圖；卷十九至二十四祠祀志、附圖；卷二十五至二十六武備志；卷二十七至三十二職官志；卷三十三至三十七選舉志；卷三十八至五十七人物志；卷五十八序志、後跋。（正文爲：卷五十八續人物志，卷五十九序志，卷六十舊序。）

王之賓序曰："今上庚申之春，予奉簡命來守茲土……問其修志之人，前則有張陽和、孫月峰兩先生，問其修志之時，則明萬曆乙酉也。夫宇内之稱名志者，武功、鄠縣、茶陵、耀州、汾州、沔陽，而郡志則居上焉。相去八十有九年，郡守張禹木先生延句章王德邁先生迺續成之。今當聖天子在上，車書一統，削平三逆，文教講訖，西隅重譯來東海，採列國風謠，成一代鉅典。然必邑先郡，郡先省，蓋由卑而至高，由小而極大，由分而得合也。予因謀諸郡之□薦紳先生及兩邑宰，開館於龍山之陽，碧水池上，屬董生欽德亟爲編輯。董生爲宗伯中峰先生之後人，家學淵源，鍵戶讀書已踰數十載，今乃率其及門寢食其中，旦夕不倦，時未七旬，書已告成。闕者補，訛者正，繁者簡，略者詳。"

有墨筆批注。卷三、五、六、七、十二、二十三、三十五、三十六、四十三、五十、五十五有補鈔。卷二十九有墨筆補記至乾隆六十年者，"高三畏，乾隆六十年修三江閘，狀元茹棻董其事……"應係後來藏家在印本陸續補記。

職官紀事至康熙五十六年。田賦等至康熙五十四年。"玄""弘""曆"均未避諱。

紹興府志，始於南宋嘉泰元年（1201）沈作賓修、施宿等纂嘉泰《會稽志》二十卷，現存明正德五年（1510）刻本和清嘉慶十三年（1808）刻本，寶慶元年張淏纂修《會稽續志》八卷，現存明正德五年刻本和清嘉慶十三年刻本，明萬曆十五年（1587）蕭良幹修，張元忭等纂《紹興府志》五十卷。清代凡五修，一是康熙十二年刻張三異修、王嗣皋纂《紹興府志》五十八卷本，另有康熙三十年重印本，二即此康熙二十二年刻五十八卷本，三爲康熙三十年刻李鐸修、王鳳采纂康熙五十八卷本，四爲康熙五十八年俞卿修、周徐彩纂六十卷本，五爲乾隆五十七年李亨特修，平恕、徐嵩纂八十卷首一卷本。

中國國家圖書館、上海圖書館、南京圖書館、天津圖書館、吉林大學圖書館、遼寧省圖書館與日本内閣文庫等藏康熙二十二年刻本。

295. 清乾隆刻本紹興府志　　T3209/2670.83

　　〔乾隆〕《紹興府志》八十卷首一卷，清李亨特修，平恕等纂。清乾隆五十七年（1792）刻本。八十冊。半葉十行二十三字，小字雙行同，白口，四周雙邊，單魚尾。框高 19.1 釐米，寬 13.7 釐米。首有乾隆五十七年李亨特序，凡例，目錄，修志姓氏。

　　李亨特，漢軍正藍旗人，監生。乾隆五十五年任紹興府知府。

　　平恕，山陰（今紹興）人，日講起居注官、詹事府少詹事。

　　卷首天章；卷一至六地理志（分野、輿圖、沿革表、形勢、四境至到、山〔補遺附〕、川〔補遺附〕）；卷七至八建置志（城池、衢路、衙署、廢署、倉廒、養濟院等、坊里、都圖、市鎮、驛傳、鋪舍、關梁、津渡、步、塘、補遺附）；卷九至十三田賦志（則壤、成賦、起運、存留、鹽課、漕運、驛站、外賦、加運、鹽法、鹽官、引目、課額、場竈、戶口、土貢附）；卷十四至十六水利志（海塘附）；卷十七物產志一；卷十八物產志二、風俗志；卷十九至二十學校志（祭儀、禮器、樂章、學宮、學官、學額、學田、書院、社學、鄉學、義學、補遺附）；卷二十一至二十四武備志（兵制、軍需、訓練、賞格、教場、戰船、險要、海防、歷代戰守）；卷二十五至二十九職官志（統轄、郡守、郡佐、縣令、縣佐、學官、武職、補遺附）；卷三十至三十五選舉志（薦辟、進士、舉人、貢生、武科）；卷三十六至四十祠祀志（壇廟、祠、寺、庵、禪院、戒壇、塔、官、殿、觀、道院、補遺附）；卷四十一至七十人物志（名宦、鄉賢、宦跡、理學、儒林、文苑、忠節、孝行、義行、隱逸、寓賢、列女、節烈表、仙釋、方技）；卷七十一古跡志（故城、臺、堂、宅、樓、閣、亭、園、莊、軒、齋、館、雜古跡、古器物附）；卷七十三至七十四陵墓志（義塚附、補遺附）；卷七十五至七十六金石志；卷七十七至七十八經籍志（經、史、子、集）；卷七十九藝文志；卷八十祥異志；序錄。

　　李亨特序曰：“乾隆十六年天子南巡守，至於南鎮崇舉縣……諭旨頒佈，准令地方有司修輯志乘。按府志自康熙己亥以後闕焉失編，凡田土墾闢……余守是邦至二年……舊志殘缺漫漶，慨然思以修之，乃延郡人平宮詹、金匱徐孝廉共襄斯役，旁搜圖籍，諮訪耆舊，水利、物產、人物、經籍，宮詹任之，地理、建置以下，則孝廉與金匱錢君、崑山朱君等共成之，期而書成，都為八十卷。事增文損，可以觀焉。”

　　凡例云：“是編依據往籍，兼採時論，擇其尤雅，引用書名標列於上，均照原文，間有省節，必無改竄。其近年事跡則加採訪，新增以別之，疑者闕焉，毫不附會。”

　　卷二有三葉補鈔。

　　卷八十末有“姑蘇王鳳儀、劉恒□全刊”字樣。

楮墨精良。

鈴印：“周自清印”“濂溪二十六世孫”。

中國國家圖書館、中國科學院文獻情報中心、中國文化遺産研究院、上海圖書館、北京大學圖書館等近五十館與“中央研究院”歷史語言研究所傅斯年圖書館、臺北故宮博物院及日本東洋文庫、東京大學東洋文化研究所、京都大學人文科學研究所、美國國會圖書館、英國帕西瓦爾·大衛中國美術基金會等有藏。

296. 明萬曆刻本會稽縣志　T3210/8626.7

［萬曆］《會稽縣志》十六卷，明楊維新、張元汴等纂修。明萬曆三年（1575）刻本（卷五至十六配補鈔本）。十册。半葉十行二十字，小字雙行同，白口，左右雙邊，單魚尾，書口下刊字數。框高 21.4 釐米，寬 14.9 釐米。首有萬曆三年彭富序，楊節序，商廷試序，楊維新序，張元汴序，志例，目録。

297. 清康熙刻本會稽縣志　T3210/8626.81

［康熙］《會稽縣志》二十八卷首一卷，清王元臣修，董欽德等纂。清康熙二十二年（1683）刻本。十册。半葉九行二十字，小字雙行同，白口，左右雙邊，單魚尾。框高 20.1 釐米，寬 15.1 釐米。首有康熙二十二年王元臣序，康熙十二年呂化龍序，目録。末有康熙二十二年董欽德跋。

會稽縣，隋開皇九年（589）置，歷爲吳州、越州及會稽郡治，南宋爲紹興府治，元爲紹興路治，明、清爲紹興府治。

王元臣，字聖乘，又字恒齋，江蘇松江（今上海）人，康熙九年進士。康熙年間任會稽知縣。

董欽德，字哲文，號心盧，會稽人，庠生。

卷首凡例、總論、圖；卷一疆域志（沿革、分野、區界、衢路、坊里、市鎮、郵舍、津梁）；卷二城池志（縣城、所城、廢城、設官、縣署、屬署、寓署、廢署）；卷三至四山川志；卷五古跡志（地屬、物類）；卷六物産志；卷七風俗志（習尚、歲時、禮文）；卷八災祥志；卷九至十一田賦志；卷十二水利志；卷十三學校志（府學、縣學）；卷十四至十六祠祀志（壇、廟、祠、陵、墓、寺院、觀宮、庵堂）；卷十七武備志（軍制、訓練、險要、軍需、賞格、軍器、戰船、巡警、保甲）；卷十八職官志（令、丞、簿、尉、教諭、訓導）；卷十九選舉志（薦辟、制科、貢生、特用、舉人、進士、武科、武甲）；卷二十二至二十七人物志（隱逸、仙釋、方技、烈婦、貞婦）；卷二十八序志（後跋）。

呂化龍序曰："邑之有志也，始於宋，繼以明。夫宋以施郡判之綜覈，陸待制之風雅，明以張宮諭之典則，徐文學之宏通，維時邑令，前有楊公節，後有楊公維新。……足知志會稽者之難也。迨於今九十餘年，蒐討之役起於辛亥，前令集邑中□士而書未成。余受事伊始，愧不敏焉……余乃自壬子秋出試闈，輒取是編刪繁徵信，博採旁諮，凡四閱月。學博沈君以牒來曰，有俞生嘉謨實堪斯舉，余固蚤識俞生，授以全編，重爲參訂而書成。甚矣，志會稽之難也！是爲序。"

王元臣序曰："余初承乏茲土，嘗有意貂續，顧亦未敢輕言。會有詔纂一統志，合天下郡縣，刻期三月，籍上春官，承之心惕，惟慮弗勝。爰進董生欽德、金生炯而謀之，相與參酌義例，俾補闕略，比類連詞，循繩屬事，可幸無失者如斯而已。"

凡例云："是書於康熙辛亥歲開館於陶文簡公之祠內，欽德三年辛苦，始得告成。其志引如沿革、設官、山川、古跡（原文爲"積"）、物產、風俗、災祥、田賦上中、水利、祠祀、職官、選舉、名宦、列傳，列傳係徐文長先生原稿，如薦辟、貢生、舉人、進士、武科、寓賢、理學、儒林、忠節、孝義、隱逸、仙釋、方技、列女本之張陽和先生之郡志，因郡邑兩志俱出自先生手定故也。田賦下係新賦役全書，學校、武甲、特用原係新入志，引出自先君之筆。未幾而印板殘闕，漸成汲冢。邑侯王公慨然念之，正值纂修之命，捐俸詳訂，始得完書。其有功於是書者不淺矣。"

職官紀事至康熙二十二年。多處版印漫漶。

卷首、一至三、六、七、九、十一、十三、十八、二十二至二十四、二十七至二十八有補鈔。

現存最早會稽縣志爲宋沈作賓修、施宿纂［嘉泰］《會稽志》二十卷，有明正德五年（1510）刻本（部份配鈔本），次爲明萬曆三年（1575）刻楊維新修、張元忭等纂十六卷本。清代凡三修，首爲康熙十三年刻呂化龍修、董欽德纂二十八卷首一卷本，次即此康熙二十二年刻王元臣修、董欽德等纂二十八卷首一卷本，三爲道光二十五年（1845）刻王蓉坡、沈墨莊纂《會稽縣志稿》二十五卷首一卷。

中國國家圖書館、中國科學院文獻情報中心、中國文化遺產研究院、上海圖書館、南京圖書館等十八館與臺北"國家圖書館"及日本內閣文庫、東洋文庫、東京大學東洋文化研究所、美國國會圖書館等有藏。

298. 清康熙刻雍正增補刊本山陰縣志　T3210/2773.82

［康熙］《山陰縣志》三十八卷，清高登先修，沈麟趾等纂，丁弘補修，魯曾煜

補纂。清康熙十年（1671）刻，雍正二年（1724）增補刊本（卷一、九至十三配鈔本）。十六冊。半葉九行二十字，小字雙行同，白口，左右雙邊，單魚尾。框高 21.3 釐米，寬 15.2 釐米。首有雍正二年魯曾煜《山陰縣志補遺序》，雍正二年丁弘《山陰縣志補遺序》，康熙十年張三異序，康熙十年高登先序，康熙十年王嗣皋序，康熙十年孫魯序，康熙四十年顧彪序，康熙十年張雲孫序，康熙十年姜希轍序，康熙十年胡□猷序，康熙十年茹鉉序，康熙十年高基重跋，目錄。

山陰縣，秦置，治今浙江紹興市，屬會稽郡。東漢永建四年（129）爲會稽郡治，隋開皇九年（589）改會稽縣。唐武德七年（624）析會稽縣復置，與會稽縣同城而治。後歷爲越州、會稽郡、紹興府、紹興路治所。1912 年兩縣合併，名紹興縣。

高登先，康熙六年任山陰知縣。

卷一疆域志（附圖）（沿革、分野、區界、坊里、市鎮、郵舍、衢路）；卷二城池志（附圖）（縣城、所城、巡司城、廢城）；卷三署廨志（附圖）（縣署、行署、衛所、雜署、廢署）；卷四至五山川志（附圖）；卷六古跡志（附圖）；卷七物産志；卷八風俗志（歲時、俗變）；卷九災祥志；卷十至十一田賦志（户口、徵税、糧則、起運、存留、徵比、起解、貢額、徭役）；卷十二水利志（附圖）；卷十三學校志（附圖）（學制、祭器、典籍、書院、社學）；卷十四至十六祠祀志（附圖）（壇、祠、寺、院、宮觀殿、廟、庵、墓）；卷十七武備志（附圖）（軍制、戰守、軍器、戰船、保甲、斥堠、教場）；卷十八職官志（令、丞、簿、尉、學官）；卷十九至二十二選舉志（薦舉、歲貢、舉人、進士、制科、特用、武舉人、武進士）；卷二十三至三十七人物志（帝后、王侯、名宦傳、寓賢傳、列傳、理學傳、忠烈傳、孝友傳、義行傳、隱逸傳、列女、貞女、仙釋、方技）；卷三十八序志。

丁弘序曰：“古之君子，其讀書也，殘缺者補之，失次者序之，凡以作之於前，守之於後，其道一也。《山陰縣志》，手自名儒，義甚嚴而辭甚贍，奈歷歲既久，鋟板散失，雖稱全璧，余力爲搜覓，踰年後始復薈萃，遂重雕以比次之。……山邑户口繁多，山川環繞，自前志迄今，以圖則有滄桑，以志則有興廢，以傳則有忠孝、節義、文學、藝術、高人逸士之□起，故志在於補，尤在於修，但修而不補是捨桃問梨也，補而必修又得壟望蜀也。余未遑修而先爲補之，亦爲修之之地云爾。故余望後之能修之者，尤望後之能補之者。”

魯曾煜序曰：“《山陰縣志》一書，成於張太僕先生父子，猶李氏《北齊書》也。與郡之嘉泰志稱佳搆焉。本朝續之，歲久雕板散失而不已，勢且昔有今無，如陸放翁嘉泰志，求其善本已零落不可復得。誰之咎與？山陰邑侯丁公檢閱愀然。爰命搜補其闕，踰年顛末復完，凡圖志傳中今新鐫者皆是也。……今侯下車以來，修學宮，謂教化所係也。修蘭亭，謂聖祖御墨所藏且名跡也。其他水利祠廟百廢具舉，今又力補志書之缺，使先儒精力不没於荒煙野草之間，此亦功殊不小矣。"

高登先序曰："幸漢陽張公大人奉命蒞越，下車來政平訟簡，吏畏民懷，猶謂典籍不修是爲治無本也，乃首以邑志下檄。山陰爲諸邑先，爰延文學熟於典故而長於載筆者，任纂輯則沈子麟趾、單子國驥，任校訂則朱子起蛟、馬子式玉，余亦從簿書之隙親加讎校，十閱月而書廼告成。始於故明隆慶之戊辰，迄於皇清康熙之辛亥，補綴周詳，燦如眉列。"

顧彪序曰："辛亥迄今不過三十年，而板籍收存遂多殘闕。夫以前人之旁搜博採，編纂成書，不知幾許心勞，乃令觀者有飄零散失之憾，可乎哉？及今不爲增補，竊恐歲月經久，漸至淪亡，是亦守土者之責也。爰考其缺略，計五十餘葉，悉仿原本捐俸鐫之，敢曰修廢舉墜？亦使後之君子無飄零散失之憾。"

除整卷爲配補鈔本之外，刻本各卷幾乎均有補鈔葉。

職官紀事至康熙十九年。選舉紀事至雍正二年。"弘""曆"未避諱。

現存最早山陰縣志爲明嘉靖三十年（1551）刻許東望修、張天復等纂十二卷本。清代最早即康熙十年刻高登先修三十八卷本，後經康熙二十二年范其鑄等增刻，康熙四十年顧彪增刻，以及此雍正二年丁弘增刻本。嘉慶間朱元梅修、朱文翰等纂《山陰縣志》三十卷首一卷，有嘉慶八年（1803）刻本。

上海圖書館、天一閣博物館、中山大學圖書館藏此雍正二年增刻本。

299. 清康熙刻本新昌縣志　　T3210/0260.81

[康熙]《新昌縣志》十八卷，清劉作樑修，呂曾柟等纂。清康熙刻本（卷首、卷一至九配鈔本）。十册。半葉九行二十字，小字雙行同，白口，四周雙邊，單魚尾。框高 20.6 釐米，寬 14.9 釐米。首有康熙十年（1671）劉作樑序，凡例，同修姓氏、目錄。卷端題："知新昌縣事古盧陵虛巖劉作樑纂。"

新昌縣，位於浙江省東部。五代後梁開平二年（908）析剡縣（今嵊州市）東部新昌、善政等十三鄉置新昌縣，屬越州。南宋屬紹興府，元屬紹興路。明、清屬紹興府。

劉作樑，江西永新人，順治十五年（1658）進士。康熙八年任新昌知縣。

呂曾柟，新昌縣人，貢生。

卷一疆域志（沿革、形勢、區界、鄉鄙、坊巷、市鎮、村墟）；卷二城池志（郵舖、倉、養濟院）；卷三署廨志（縣堂、縣衙、衙署、布政司、察院司）；卷四山川志；卷五圖畫志；卷六古跡志；卷七物産志；卷八風俗志（風俗、習尚、士風、閨範、冠、婚、喪、祭、歲時、宴飲、服飾、宮室、貴賤）；卷九災祥志（分野、災異、祥瑞）；卷十田賦志（戶口、田土、則例、稅糧、貢額、差徭、里役）；卷十一水利志；卷十二學校志（學署、禮器、典籍、書院、義田）；卷十三祠祀志（聖祭、壇祠、墳墓）；卷十四武備志（演武亭、駐防）；卷十五職官志（歷代官秩考、宋職官、元職官、明職官、清職官）；卷十六選舉志；卷十七人物志；卷十八序志。

劉作楳序曰："余生平慕禹穴、秦望、沃洲、天姥之奇，既而得備員新邑。……甫下車，輒求舊志。按之，志刻凡二，一刻於成化之丙申，一刻於萬曆之己卯，自後迄今已及百年闕而未補。率而少文，簡而或漏，則初刻有然，事增於前，文損於舊，斯繼刻之謂矣。至於參稽見聞，補苴罅漏以發潛德之光者，端有待於繼起之筆，而余愧非其人也。……茲郡公張禹木先生重修郡志，將合八邑勒成一書。奉檄趨事，集僚友紳士共爲蒐採，尚請明經呂君曾柟、文學呂維師、潘志鵬、呂和玉、俞百揆、呂震、何昌齡、俞慎憲、呂和衡諸子爲之編摩。余於簿書期會中揮汗纂輯，必公必慎，雖告竣，草草無能盡善。"

凡例云："舊志集於萬曆己卯。今所書事寔在舊志以前者，多採用之。若事在志後及舊有缺略者，則蒐集傳記、譜銘、碑刻之類補而輯之。蓋其文則有於舊，其事則增於前也。"

職官紀事至康熙十二年，卷十七《人物志·名宦》至康熙二十九年。"弘""曆"二字未避諱。《中國地方志聯合目錄》等著錄爲康熙十年刻本，值得商榷。該書卷十五職官志第十五葉"劉作楳"條，"康熙八年任，在新四載……"，已經涉及康熙十二年。卷十六科舉志第□葉"呂廷雲"條提及康熙十二年（癸丑），這兩項均位於正常頁碼，當是初刻時的內容。卷十七人物志·名宦第十九葉之後增刻一葉，標爲"又十九"，提及康熙二十五年、康熙二十九年，應該是增刻部分。故此本初刻大致在康熙十二至二十四年之間，康熙二十九年之後增補再印。

現存最早新昌縣志爲明成化十三年（1477）李楫修、莫旦纂十六卷本，存正德十六年（1521）刻本，次爲萬曆七年（1579）刻田琯纂修十三卷首一卷本。清代該縣志僅此一部，有不同年代增補刻本。

據《中國地方志聯合目錄》著錄，中國國家圖書館、中國科學院文獻情報中心、上海圖書館、南京圖書舘等十五館藏康熙十年刻本。日本內閣文庫、東洋文庫、英國國家圖書館有藏。

300. 清康熙刻補刊本上虞縣志　T3210/2123.81

[康熙]《上虞縣志》二十卷首一卷，清鄭僑修、唐徵麟等纂。清康熙十年（1671）刻，康熙四十一年補刊本。十六冊。半葉九行二十字，小字雙行同，白口，左右雙

邊，單魚尾。框高 20.2 釐米，寬 15.1 釐米。首有康熙十年張三異序，康熙十年鄭僑序，凡例，紹興府頒發修志公檄，目錄，圖。

上虞縣，位於浙江省東北部。秦置上虞縣，屬會稽郡。隋開皇九年（589）廢入會稽縣，唐貞元元年（785）析會稽縣復置上虞縣，屬越州。南宋屬紹興府，元屬紹興路，明、清屬紹興府。

鄭僑，號博物，北直隸祁州（今河北安國）人，順治十八年（1661）進士。康熙十年任上虞知縣。

唐徵麟，上虞縣人，舉人。

卷首舊序（至正八年〔1348〕張叔溫序、林希元序、正統六年〔1441〕郭南序、萬曆十一年〔1583〕葛桷序、萬曆三十四年序）；卷一至四輿地志（境圖、沿革、分野、疆域、山川、形勢、風俗、水利）；卷五至七建置志（城池、縣廨、屬署、祠祀、倉廒、郵舖、橋渡、行市、義塚）；卷八至九食貨者（戶口、田土、賦役、物產、匠班、鹽課、礦務、舖稅、漁稅、軍政）；卷十至十一官師志（秩官、名宦、宦跡）；卷十二至十三選舉志（薦辟、歲貢、鄉舉、進士、武職、封蔭）；卷十四至十八人物志（鄉賢、名賢、忠烈、直諫、理學、孝義、隱逸、文苑、列女、寓賢、仙釋、國戚）；卷十九典籍志（著述、詩文、碑刻），古跡志（墳墓、地名、器物）；卷二十叢林志（寺觀、庵院），雜紀志（軼事、方伎、災祥）。

鄭僑序曰："虞邑乘之失記逾六十年所矣。……茲太府漢陽張公綜貫經史，旁暢百家，登會稽、探禹穴……凡曩昔奇踪勝概，靡不屧至而神往之，尤喜汲人才，訪謠俗，興利舉廢，討求掌故，欲使八百里土風人物輒一覽而囊括於目中，故於方輿記載尤所重。爰下教屬邑，集思耆彥，採綴遺聞，裒成信典。余惟虞舜封舊壤，延袤百里……乃延邑紳唐、徐、謝、趙、鍾諸君，恪奇斯事，所不敢者有五，所難者有三。"

凡例云："邑志萬曆丙午以前爲琴川徐公所輯，訪古越州圖經及元時陳公子肇、林公希元所修本，今逾六十餘載，靡所記述，遍採通邑家乘、父老傳聞，臚而述之，庶摭實剪浮，補遺飾陋，成全書云。"

偶有補鈔。

選舉紀事至康熙十一年。卷十六第九葉下有"康熙四十一年奉院、司、府行文縣令張珣捐俸刊補"。"弘""曆"二字未避諱。

現存最早上虞縣志爲明萬曆三十四年（1606）刻徐特聘修、馬明瑞等纂二十卷首一卷本。清代纂修該縣志及其相關著作較多，該康熙志即清代最早之上虞縣志，嘉慶間錢玫纂《家山鄉眷録》，亦即上虞縣志，有鈔本傳世。又有嘉慶十六年（1811）刻崔鳴玉修、李方湛等纂十四卷首一卷本。道光年間沈奎纂、王振綱續纂《上虞縣志刊補》二十四卷，有道光二十八年（1848）刻本。王振綱又輯《上虞縣志刊誤》五卷，有咸豐三年（1853）王氏天香樓刻本和清鈔本傳世。咸豐四年王振綱纂《上虞縣志備稿》，有稿本和鈔本存世。光緒十七年（1891）刻唐煦春修、朱士黻纂《上虞縣志》四十八卷首一卷末一卷本，光緒二十五年刻儲家藻修、徐致靖纂《上虞縣志校續》五十卷首一卷末一卷。另有清末民國初王同纂修《上虞縣志》，存稿本。

《中國地方志聯合目錄》《中國地方志總目提要》均未著錄此康熙四十一年補刊本。

中國國家圖書館、中國科學院文獻情報中心、上海圖書館、天津圖書館等十三館與臺北故宮博物院等藏康熙十年刻本。

301. 清乾隆刻本湯溪縣志　　T3210/3233.83

〔乾隆〕《湯溪縣志》十卷首一卷，清陳鍾昃修，馮宗城等纂。清乾隆四十八年（1783）刻本。十二冊。半葉十行二十二字，小字雙行同，白口，四周雙邊，單魚尾。框高 19.3 釐米，寬 14.4 釐米。首有扉頁，乾隆四十八年張思振序，乾隆四十八年陳鍾昃序。末有乾隆四十八年馮宗城後序。扉頁題："乾隆四十八年重修。湯溪縣志。本衙藏板。"

湯溪縣，位於今浙江金華市。明成化七年（1471）析金華、蘭溪、龍游、遂昌四縣地置湯溪縣。明、清屬金華府。

陳鍾昃，江西奉新人，拔貢。乾隆四十七年任湯溪知縣。

馮宗城，浙江嘉善人，乾隆五年副貢。乾隆四十三年任湯溪縣儒學教諭。

卷首目錄、修志職名姓氏、舊志序（成化十年〔1474〕豐慶序、萬曆二十九年〔1601〕洪啟睿序、康熙十二年張元會序、康熙二十二年譚國樞序、康熙五十八年張坦讓序、康熙五十九年宋紹業序），歷修職官姓氏、凡例、圖；卷一地輿志（疆域、山川、都鄙〔附市埠〕、土產、風俗）；卷二建置志（城堭、公署、倉廒、水利、兵防、保甲、津梁、舖舍、坊表、養濟院、育嬰堂〔附義產〕、義塚）；卷三學校志（學制、聖訓、經籍、義學〔附社學〕、弟子員額、義學田產）；卷四典禮志（祀典附諸祠、慶賀儀、開讀詔書儀、迎送詔書儀、迎春儀、救護日月儀、鄉飲酒禮、講約、開封印信儀、朔望儀〔附邑令之任儀〕）；卷五食貨志（戶口，田土，徵輸，貢賦〔附漕運、經費〕，裁改，徭役，鹽課，外賦，蠲恤）；卷六官師志（官制、歷任、名宦）；卷七選舉志（科第〔進士、舉人〕，薦辟〔明經入仕、賢良入仕、人才入仕〕，武科，制貢〔附例貢〕，封贈，雜進）；卷八人物志（理學、儒林、賢達、忠義、孝友、宦跡、文苑、隱逸、武材、質行、列女）；卷九藝文志；卷十雜錄志（機祥、古跡、邱墓、寺觀、仙釋、藝術、佚事、後序）。

陳鍾崑序曰："湯溪志纂自前明萬曆二十九年，繼之者國朝張譚諸公，嗣後宋公重輯，距今六十餘年矣。歲壬寅，余承乏斯土，下車後搜求邑乘，詢其板片，無一存者。余懼久而就湮也，亟搆舊本閲之，多殘缺不可考。失今不輯，將並此而散佚無存，咎將誰任？……會邑紳士具呈請修，隨詳各憲，咸報可。於是集衆議而欣然應者俱樂爲從事焉，余以是嘉邑人之好義而幸斯役之必能相與以有成也。歲之辰月，設局九峰書院，余偕學博嘉禾馮君、武林陳君暨邑紳胡君爾華等朝夕考訂，共相討論，簡者增，濫者削，訛謬者一一釐正之，卒歲而編次始定。其中門類條貫朗若列眉，蓋視舊志稍爲得體，而魯魚亥豕之譏庶幾免矣。"

選舉志紀事至乾隆四十八年。"玄""禎""弘""曆"字避諱。

現存最早湯溪縣志，係明萬曆三十二年刻汪文璧修、羅元齡等纂八卷本。清代凡三修，一爲康熙二十二年刻譚國樞等纂修《湯溪縣志》不分卷，二爲康熙五十五年宋紹業修、張祖年纂十卷本，三即此乾隆修十卷首一卷本。

上海圖書館、中國科學院文獻情報中心、北京大學圖書館、南京圖書館等十二館與臺北故宮博物院及日本静嘉堂文庫、東京大學東洋文化研究所、美國國會圖書館等有藏。

302. 清鈔本正德永康縣志　T3210/3303.7

〔正德〕《永康縣志》八卷，明吳宣濟、胡楷修，陳泗等纂。清鈔本（據明正德九年〔1514〕修、嘉靖三年〔1524〕刻本鈔）。八册。半葉九行二十字，小字雙行同。高 34.5 釐米，寬 20.8 釐米。首有明嘉靖元年葉式序，凡例，目録，圖。

永康縣，位於浙江省中部。三國吳分烏傷縣南界上浦置永康縣，屬會稽郡，後屬東陽郡。唐屬婺州。元屬婺州路，明、清屬金華府。

吳宣濟，字汝霖，江西廬陵（今吉安）人，舉人。正德九年任永康知縣。

胡楷，字天則，安徽望江人，舉人。正德十四年至嘉靖元年任永康知縣。

卷一沿革、形勝、疆域、城廓、坊巷、市鎮、鄉里（附區）、風俗；卷二公署、學校、壇廟；卷三山川、橋梁（渡）、水利、田土、物産、貢賦、户口、役法；卷四歷官、名宦；卷五科貢、薦舉、雜進、恩賜；卷六名臣、政事、文學、卓行、忠義、諫諍、孝友、遺逸、遊寓、貞節；卷七古跡、宅墓（義塚附）、遺書、遺事、祥異、寺觀、仙釋、傳疑；卷八遺文内紀。

凡例云："永康有縣始於吳。宋嘉定縣令陳昌年始有志，元延祐邑人陳安可續有志，然皆略而不詳。國朝成化間訓導歐陽汶雖續修之，又多失實，難以取信。今據宋元二志，稽之先哲文集，並採諸故老傳聞，以備其未備，其間遺失尚多，惟後之君子補之。”

葉式序曰：“自孫吳縣永康，至趙宋陳昌年始爲之志，元陳安可及國朝歐陽汶皆續爲之，然或略或訛，且闕墜有間。正德辛巳令尹胡先生壹訂定增修之，起自十月望日，凡六閱月而成，總之爲目四十有六，爲卷八。其凡發舉例要而盡，直而不訐……永康之志至是而詳實有體矣。……余以告來歸，道永康，相與善譚者彌日，已而吾友陳、俞二子自其邑膠來致先生之意，以志序是屬余。……先生名楷，家世望江，以賢料來官，觀所爲志，蓋已徒容簿書而加意政化者。陳子名泗，俞子名申，皆有功斯志，法宜牽聯書之。”

科貢紀事至明嘉靖四年，歷官紀事至嘉靖二年。“弘”字避諱，應是清乾隆以後鈔本。

此爲現存最早永康縣志。清代凡四修，一爲康熙十一年刻徐同倫修、俞有斐等纂十卷本，二爲康熙三十七年刻沈藻修、朱謹等纂十六卷首一卷本，三爲道光十七年（1837）刻廖重機等修、應曙霞等纂十二卷首一卷本，四爲光緒十八年（1892）刻李汝爲等修、潘樹棠等纂十六卷首一卷本，該志又有民國二十一年丘遠雄石印本。

該志鈔本存中國人民大學圖書館、南京圖書館、浙江圖書館、湖北省圖書館與日本東洋文庫、京都大學人文科學研究所等。

303. 清康熙刻乾隆印本台州府志　T3209/2030.81

［康熙］《台州府志》十八卷首一卷，清張聯元修，方景濂纂。清康熙六十一年（1722）刻乾隆印本。十八册。半葉九行二十字，小字雙行同，白口，四周單邊，單魚尾。框高 2.05 釐米，寬 15.2 釐米。首有扉頁，康熙六十一年張聯元序，方景濂序，目錄，舊序（康熙二十二年鮑復泰序、康熙二十二年馮甦序），凡例。扉頁題：“郡守張聯元修輯。台州府志。尊經閣藏板。”

台州府，位於浙江省東部。唐武德五年（622）改海州置台州，治臨海縣。天寶元年（742）改臨海郡，乾元元年（758）復名台州。元至元十四年（1277）改台州路。明洪武初年置台州府，屬浙江行省，治臨海縣，轄境相當於今浙江臨海、台州二市及天台、仙居、寧海、三門、溫嶺五縣地。清屬浙江省。

張聯元，號覺庵，湖廣鍾祥人，康熙三十年進士。康熙五十一年任台州知府。

方景濂，字仍叔，湖南石門人，貢生。康熙四十七年任台州府儒學訓導。

卷首圖；卷一沿革、星野、疆界、形勝、風俗；卷二山川；卷三城郭、公廨、學校（書院附）、壇祀、倉驛（惠政附）、坊鄉都市、津梁、水利、海防；卷四丁賦、屯賦、鹽法、物產；卷五歷代官制、職官題名；卷六皇清官制、文職題名、營制、武職題名；卷七名宦（附使節武功）、流寓；卷八至九選舉（進士、舉人、武科、薦辟、歲貢、貤封、蔭敘）；卷十人物；卷十一孝義、仕進；卷十二遺逸、列女；卷十三寺觀神廟附、釋道；卷十四古跡、坊表、墳墓、災變、雜記；卷十五至十八藝文。

張聯元序曰："台之有志亦自宋嘉定始，一續於元之元統，再續於明之弘治。其時郡已名台，而志仍沿舊稱，似非所宜。我皇上御極之二十二年癸亥，前太守滙亭鮑君重事編輯，屬筆於司寇，再來馮公始正其名曰台州志，鹽裁□（空格，疑爲"弘"字避諱形式）遠，按據明晰，一郡奉爲典章久矣。泊余一麾出守，初見大學校頹廢，人文凋落……近科來士氣蒸蒸然起，都人士隨相率以修志請。余思癸亥閱今已三紀餘，台志之修誠不敢辭。……幸郡庠方司訓端謹雅飭，可與集事，遴於紳士中又得明經馮子尹年、洪子熙揆、何子柏章、文學孫子振邦、周子元勳。於是下檄諸邑，徵諸故實，授簡諸子，分門纂次。余爲之詳加核定，寧嚴毋濫，寧簡毋縟；毋信耳而蹈訛，毋厄說以避怨。經緯錯綜，悉仍其舊而增之，庶幾不悖書志之遺而無詭於前修也。"

凡例云："台志屢經纂修，傳者唯陳司業耆窗、謝祭酒方石二本。陳志始漢至宋嘉定約一千五百三十年，爲四十卷。謝志始嘉定甲申，止明弘治丙辰，計二百六十三年，按年續編爲二十三卷。本朝定鼎後，迄歲康熙癸亥馮侍郎再來重修，奉部行以秦、豫二省通志爲式，款目稍更，於是括兩志所載及弘治丙辰以後一百九十年之事共爲一十八卷。今距癸亥又四十年，俱依類以次，而卷目一仍其舊。"

書口發黃。鈐印（帶花，各卷之首）："茂攀""捷桂"。

職官紀事至康熙六十一年。"禎""弘""曆"三字避諱。

南宋嘉定十六年（1223）黃勞嶜、齊碩修，陳耆卿纂《赤城志》四十卷，現存明弘治十年（1497）謝鐸校刻本，係最早台州府志，該本又有萬曆二十四年（1596）簡繼芳補刻本。次爲明弘治十年刻陳相修、謝鐸纂《赤城新志》二十三卷。清代凡五修，一爲康熙二十二年鮑復泰修，馮甦、洪若皋纂《台州府志》十八卷本，二即此康熙六十一年刻十八卷首一卷本，三爲戚學標纂《台州外書》二十卷，有嘉慶四年（1799）刻《戚鶴泉所著書》本，四爲道光間洪頤煊輯《台州札記》十二卷，有鈔本傳世，五爲光緒二十三年（1897）趙亮熙、郭式昌修，王舟瑤等纂《台州府志》一百卷，有稿本傳世，另有民國十五年（1926）鉛印本。

上海圖書館、中國科學院文獻情報中心、南京圖書館等十七館與臺北故宮博物院及日本內閣文庫、東京大學東洋文化研究所、英國國家圖書館等藏。

304. 清康熙刻本天台縣志　T3210/1320.81

〔康熙〕《天台縣志》十五卷首一卷，清趙廷錫、李德耀、黃執中纂修。清康熙二十三年（1684）刻本（卷首、卷一配補鈔本）。十六冊。半葉九行十九行，小字雙行同，白口，四周雙邊，單魚尾。框高21.1釐米，寬15.0釐米。首有康熙二十二年李德耀序，康熙二十三年郭維垣序，康熙二十三年張友宓序，康熙十二年趙錫胤（後更名廷錫）序，康熙二十二年黃執中序，凡例，目録，圖，舊序（嘉泰二年〔1202〕宋學士序、嘉泰二年丁大榮後序、正德十六年〔1521〕范吉序、嘉靖元年〔1522〕劉倖序、萬曆二十八年〔1600〕彭夢祖序、張弘代序、萬曆二十八年趙予禄序、萬曆四十三年胡來聘序、余諵序）。卷端題："台州府同知攝縣事臣李德耀、台州府天台縣知縣臣黃執中纂修。"

天台縣，位於今浙江東部。三國吳分章安縣置始平縣，屬會稽郡。太平二年（257）之後屬臨海郡。西晉太康元年（280）改始豐縣。隋開皇九年（589）併入臨海縣，後經廢置，唐上元二年（761）改唐興縣。五代後梁開平三年（909）吳越改天台縣。後屢次更名。北宋建隆元年（960）再改天台縣。元屬台州路，明、清屬台州府。

趙廷錫，字玉譜，陝西膚施（今延安）人，順治十八年（1661）進士（榜名趙錫胤）。康熙十年任天台知縣。

李德耀，台州府同知，攝天台縣事。

黃執中，遼東人，蔭生。康熙二十二年任天台知縣。

卷一輿地志（沿革、星野、疆域、山川、形勝、風俗）；卷二建置志（城垣、公署、學校、儲備、驛傳、里圖、坊鎮、津梁、卹典）；卷三秩官志（官制、縣令、縣丞、主簿、典史、教諭、訓導、雜職、武備、名宦）；卷四至五版籍志（户口、田賦、稅課、鹽法、水利、物產）；卷六祀典志（壇壝、祠廟）；卷七至八選舉志；卷九人物志（理學、名臣、忠節、仕績、文學、孝義、隱逸、淳德、耆善、貞烈、寓賢、方技）；卷十一方外志（仙、釋、寺觀、古塔）；卷十二至十四藝文志；卷十五雜志（古跡、丘墓、災祥、備考）

趙廷錫序曰："庚戌秋，承乏台令……首進史牘，問志祇有方外一書，其邑乘則湮没，幾及百年，斷簡殘編，竟無完帙。……余不敏，不敢以不文謝，簿書之暇，每進子衿，談文課藝，無不以修志爲諄諄。壬子夏，適奉旨允閣臣之請，謂十五國志惟秦豫二省告成，其餘不可或闕，欲成一代全書，甚鉅典也。……詳請通志郡志於上，遍購遺書於下，仲冬開局，進子衿之秀者共相搜輯，邑紳范君元馥、陳君虞賓，細加討論。余得檢積稿而授記焉。其缺略者待葺之，荒俚者待潤之，大概綱目條例亦已粗具，而余之惓惓於懷不敢以去位而□……"

李德耀序曰："志始於宋，迄於明五百年間，創之修之，文采彬彬，亦云克備。興朝定鼎以來，兵火載經，典策放失。康熙十一年奉旨修各省通志，時亦有輯，而究未成編。……臣德耀弱冠筮仕，經泰岱，閱岷漢，涉滇黔，過都歷邑……今奉命佐守赤城三年，於茲覽載籍不備，怒焉憂之。會天台令缺，督撫臣檄臣攝篆。臣冰兢視事凡三十四日，搜考邑志，自萬曆乙卯知縣胡來聘修後，迄今垂七十年未有纂續，深用缺然。矧今聖天子詔天下修郡縣志旨再下，儻草率以應，臣職何安？乃延衆論，蒐遺文，本乎舊裁，參以新意。"

黃執中序曰："我朝定鼎以來……爰詔詞臣纂修大清一統志，檄京省郡邑皆事編纂以備採擇……臣執中躬逢盛舉，方思博徵文獻，歷採風謠，彙輯成帙，乃甫及下車，適奉憲催期迫，一時懼無以應。爰謀之教諭臣楊王治、訓導臣徐德恂，僉曰：郡司馬李攝台篆，首以邑乘爲重，纂輯有成書矣。臣於是請而梓焉。展卷覽觀，喜動顏色曰：'有是哉！'斯志也，簡而該，詳而要，秩秩乎有序，彬彬乎有文哉！……於是復集紳衿補缺拾遺，訂訛較誤，使一無所憾，而後付之剞劂。"

凡例云："台邑有志，自宋之瑞圖經始，迨明有曹宜約縣志、杜寧志稿、范理志要及劉倅、張弘代、胡來聘相繼編纂，較前頗備，然自萬曆乙卯至今已六十餘年矣。國朝鼎革，車書一統，命郡邑復行纂修，誠盛典也。今恪遵功令，矢公矢慎，務輯成全書，以彰同文之盛。""邑志者，都省志籍以採輯，搜覽不可不廣，舊志而外，如尊鄉錄、會通記、赤城新舊志、分省人物考、兩浙名賢錄、三台文獻、天台勝紀、方外志及歷朝綱鑒、明通紀、先輩文集家乘，悉參考備載，掛漏之譏庶得免云。"

職官紀事至康熙二十三年。"弘""曆"二字未避諱。

此爲現存最早天台縣志，亦爲清代唯一之該縣志。

中國國家圖書館、上海圖書館、北京大學圖書館等十餘館與臺北故宮博物院及日本內閣文庫、東洋文庫、東京大學東洋文化研究所等有藏。

305. 清康熙刻本太平縣志　T3210/4314.81

［康熙］《太平縣志》八卷，清曹文玭等修，林槐等纂。清康熙二十二年（1683）刻本。三冊。半葉九行二十字，小字雙行同，白口，四周雙邊，單魚尾。框高 19.7釐米，寬 14.7 釐米。首有康熙二十二年曹文玭序，舊序（明葉良佩序），修志姓氏，目錄，圖。

太平縣，明成化五年（1469）由黃巖縣析置，治今浙江省温嶺縣。明、清隸温州府。1914 年更名溫嶺縣。

曹文斑，字穆齋，陝西固原人，官生。康熙二十年任太平知縣。

林槐，字雯漢，太平縣人，貢生。

卷一興地（沿革、分野、疆域、山川、險要、街市、鄉都、風俗、古跡）；卷二建置（城池、衛所、公署、學校、倉廠、坊表、驛鋪、水利、津梁、臺寨）；卷三田賦（戶口、土田、貢賦、役法、鹽課、物產）；卷四職官（知縣、縣丞、主簿、典史、教諭、訓導、衛所官、調防、城守、屬官、史役、留績）；卷五選舉（徵辟、科第、歲貢、武科、雜選、武進、貤封、蔭敘、童科）；卷六人物（理學、節義、名臣、宦業、文苑、勳階、孝友、隱逸、遺逸、寓賢、厚德、俠行、貞烈、仙釋、方伎）；卷七祠祀（壇壝、廟祠、寺觀）；卷八雜志（祥異、遺事）。

曹文斑序曰："辛酉孟春，余膺簡命蒞平邑，未幾奉憲檄，以邑志未備，督修最嚴。時方煩劇於簿書，懼無以勝任，因集諸紳士謀勱厥績。諸紳士告余曰：茲邑肇建於明成化己丑年，舊志作自謝文肅公，有鈔本而無鐫本，迨嘉靖庚子邑侯曾諱才漢、鄉先生葉諱良佩，並邑之多士數十輩修輯成書，始有刻板，及今百四十餘載。當皇上御極之十二年，特允大學士衛公纂修一統志之議，天下郡縣皆開局奉行，時平邑侯郭諱治，司教張諱允諧，偕諸生於癸丑孟冬開局會修，越次年甲寅仲春，事幾告成，不謂逆氛叛踞，毒焰煽煬，而散失遺亡者復大半，故自乙卯恢復以來，經今七載，屢奉憲檄，究無成功。余聞是言，益悵然懼無以勝任，且深惜郭張二公之勞著昔日而功廢垂成也。爰偕諸同志，不憚艱辛，力圖繼舉，於山川之流峙而尋其故跡，若者爲名勝，若者爲險隘；於人物之標特而溯其流風，若者爲忠孝，若者爲節廉；……余幸與諸同志殫精竭力，共襄厥典。夫孰非皇風之所漸被，而總範圍於一統中也哉。"

職官紀事至康熙二十二年。"弘""曆"未避諱。

現存最早太平縣志爲明嘉靖十九年（1540）刻曾才漢修、葉良佩纂八卷本，次即此清康熙八卷本，三爲嘉慶十六年（1811）刻慶霖修、戚學標等纂十八卷本，及其光緒二十二年（1896）刻本，四爲光緒二十二年刻陳汝霖修、王棻等纂《光緒太平續志》十八卷首一卷本。

中國國家圖書館、首都圖書館、上海圖書館、北京大學圖書館、南京圖書館等十館與臺北故宮博物院及日本內閣文庫、東洋文庫、美國國會圖書館等有藏。

306. 清康熙刻同治印本臨海縣志　T3210/763.81

［康熙］《臨海縣志》十五卷首一卷，清洪若皋等纂修。清康熙二十二年（1683）

刻同治印本。八冊。半葉九行二十字，小字雙行同，白口，四周雙邊，單魚尾。框高20.4釐米，寬14.7釐米。首有康熙二十二年鄭端序。首一卷有康熙二十二年洪若皋序，凡例，目錄，列傳姓氏。卷端題："候補按察使司僉事邑人洪若皋編輯，同邑舉貢庠生分纂。"

"禎""弘""曆""淳"等字避諱。

307. 清同治刻本龍泉縣志　　T3210/0123.83

〔乾隆〕《龍泉縣志》十二卷首一卷，清蘇遇龍修，沈光厚纂。清同治二年（1863）刻本。四冊。半葉十行二十二字，小字雙行同，白口，四周雙邊，單魚尾。框高19.3釐米，寬14.7釐米。首有乾隆二十七年（1762）保全序，乾隆二十七年齊召南序，乾隆二十七年徐縣序，乾隆二十七年蘇遇龍序。末有乾隆二十七年陳乾燧等後跋，同治二年祝繡紳跋。卷端題："知龍泉縣事關中蘇遇龍重修。"

龍泉縣，位於浙江省西南部。唐乾元二年（759）析遂昌、松陽兩縣置龍泉縣，屬括州，後屬處州。北宋宣和三年（1121）更名劍川縣，南宋紹興元年（1131）復稱龍泉。元屬處州路。明、清屬處州府。

蘇遇龍，字水德，陝西府谷人，乾隆十七年進士。乾隆二十五年任龍泉知縣。

沈光厚，字二渠，浙江歸安人，乾隆十二年舉人。乾隆十八年任龍泉縣儒學教諭。

卷首原序（順治十二年〔1655〕徐可先序）、圖、例言、目錄；卷一輿地志（沿革、分野、疆域、形勝、景物、山水、古跡）；卷二建置志（城池、衙署、館驛、都圖、舖舍、宮室、橋渡、堰渠、街巷、市井、倉廒〔附賑卹〕）；卷三賦役志（土田、額徵、起運、存留、耗羨、外賦、物產）；卷四裡祀志（壇壝、廟祠、宮觀、寺院、庵堂、墳墓）；卷五學校志（學宮、位次、陳設、禮儀、樂章、宸翰、謨訓、書籍、祠宇、學田、書院、義學）；卷六兵戎志（地險、營制、防汛、紀兵）；卷七官秩志（縣令、縣佐、儒學、營員）；卷八政績（宋、元、明、清）；卷九選舉志（進士、諸科、徵辟、鄉舉、明經、例監、省祭、武職、武科、封蔭）；卷十人物志（理學、經濟、忠義、孝友、宦跡、篤行、文學、隱逸、流寓、閨操、方外、藝術）；卷十一風俗志（習尚、畲民、坑冶、禮制、歲時、祥異、舊聞）；卷十二藝文志。

例言云："宋志嘉定二年邑人何澹著。明志，一為嘉靖乙酉邑人葉溥（槎溪）、李溥（雪松）輯，一為萬曆戊戌邑令夏舜臣編。本朝志，順治乙未邑令徐可先修。今舊志漸就湮沒，特志其纂修歲月、姓名以備考焉。""舊志序謂嘉定志簡……嘉靖志繁……今二志均已闕佚，所據僅夏徐二志，復以他書參校之，邑鮮藏書家，殊恨考訂未詳，然二志所載掌故已備錄無遺矣。"

蘇遇龍序曰："遇龍自庚辰冬抵任，查閱縣志，乃前令徐君可先於順治十二年纂輯，迄今百餘年矣。所鏤板十缺四五，其存者又模糊不可讀，爲之罔然。……爰謀諸紳士，僉曰願襄厥成。聞之上憲，得報曰可。然而難矣，廣求各志，參以群書，其補訂不易；檢查舊牘，確訪傳聞，其考核不易；芟繁就簡，棄取合度，其徵實不易。適明年友沈君光厚司鐸是邦，雪溪名宿，擅史氏三長，慨然允肩其難，運如衡之心，揮若鐵之筆，其間刪者、節者、補者、續者、詳者、略者、移易者、潤色者一一各就其範，而昭代之典章，事宜之因革，按圖以索，瞭若掌上觀。嗚呼，可謂能易其所難矣，而於是乎志遂告成。……賴沈君能易其所難，而遇龍斯不致緩其所急，眾紳士連聲獻、林浩、季汝剛等踴躍襄贊，亦良足多焉。謹纂修之由，颺言簡端，俾後之宰斯邑者，庶有所考據，或於史職不無小補云。"

祝繡紳跋曰："劍川邑志向有全書，因粵寇之突來，播嬴秦之餘虐，簡策肆其蹂躪，棗梨併及災殃，計此一書，廢板百葉，倘不亟爲補刻，依然任其缺殘，採風問俗者既無全豹之可窺，後日修志者復覺續貂之匪易，前功盡棄，良可惜焉。予權篆此邦，訟庭多暇，閱原編之具在，嗟舊梓之不全。爰邀同志各集鐫金，遂命木工重摹舊刻。此誠眾擎之力，是以易藏厥功。所竊冀者，方今凱奏頻聞，烽煙漸熄，卜偃武修文於指日，知著書立說之有人，後之賢者能續修之，俾懿行嘉言無代遠年湮之憾，是又予之所深望也。"

官秩紀事至乾隆二十八年。"弘""曆"二字避諱。

現存最早龍泉縣志爲清順治十二年（1655）刻徐可先修十卷本，僅存日本內閣文庫。二即乾隆二十七年刻蘇遇龍修十二卷首一卷本，及其同治二年重刻本。三爲光緒四年（1878）顧國詔修、張士埴纂十二卷本首一卷本。

中國國家圖書館、中國文化遺產研究院、上海圖書館等七館與日本東洋文庫等有藏。

308. 清康熙刻本具區志　T3206/7871.81

[康熙]《具區志》十六卷，清翁澍撰。清康熙二十八年（1689）刻本。八冊。半葉九行十八字，小字雙行同，大黑口，左右雙邊，雙魚尾。框高19.3釐米，寬14.0釐米。首有康熙十一年黃周星序，康熙二十八年汪琬序，康熙二十八年翁澍序，引用書目，凡例，目錄，圖。卷端題："吳縣翁澍撰。"

具區，即太湖，又稱震澤。

翁澍（1640—1698），字季霖，號胥母山人。江南吳縣人，世居洞庭東山。諸生，不謀仕宦，放情詩酒，與遺民詩人黃周星、屈大均等多有往來。

卷一本志；卷二七十二山；卷三支山、峰嶺、灣塢；卷四洲磯、港瀆、渡口、泉石、橋梁；卷五水利、用兵；卷六都圖（戶口、田賦附），土產；卷七鄉里、村巷、風俗；卷八古跡、名跡；卷九官署（防湖附、坊表、祠廟、宮觀）；卷十寺院；卷十一第宅、園亭、塚墓；卷十二科目、人物；卷十三人物；卷十四災異、奇事；卷十五雜紀；卷十六雜詠、雜文、目錄。

黃周星序曰："三吳固多名山水，其於東南爲澤國，水乃較多於山，而水之最大者無過震澤。自神禹底定以來，闔閭遊觀而後，迄今數千年，蓋薄海內外無不知有洞庭、太湖者矣。太湖即震澤之殊號，以水得名，而洞與庭爲兩山居湖中，又以山得名。則震澤實兼山水之奇而有之。王文恪公首輯《震澤編》一書，謂生平足跡所至，經歷名山大川頗多，若三萬六千頃波濤之中復列七十二高峰，此則天下所未有。顧其地距吳門將百里，山中之人有終身不入城市，而城市之人亦有累世不至山中者，其間古今興廢之跡，風土形勝之概，與夫文獻睹記之林，或口能言而筆不能述，或筆能述而目未及窺，大氐如秦漢殿庭談蓬瀛方丈耳。雖有文恪公一編在前，然當時權輿草創，未暇爬羅剔抉，漁獵無遺。況今相去又二百年矣。物換星移，陵谷變遷，增華濟美，不無望於後賢。而翁子季霖乃慨然以爲己任。於是招集二三同志相與修明而恢廓之，竭數年之心力以成此一書，名爲《具區志》，蓋一開卷而粲若列眉，瞭如指掌。"

翁澍序曰："山水得文章而顯，文章得山水而傳，是山水文章交相爲助者也。具區之名，昉於《周禮》，自晉鮑照、三國楊泉形之山詩賦，由唐宋元以迄於今，題詠不下數十百家，湖山勝概，幾與岳瀆齊名，豈非山水以文章重耶！太湖有志，創自蔡景東氏，繼之者守溪王文恪，節取其十七，更名《震澤編》。俾洞天福地，籍以考名勝，佐遊覽焉。至於阨要兵防，經濟之學未之及也。澍從游於婁東吳梅村先生之門，先生方撰《春秋地理志》，網羅吳中典故，澍時過從，流連得習聞一二。適吾友金亦陶授徒山中，素心相對，晨夕優游，因商榷同事茲役。遂取蔡王二書，訂其訛舛，芟其繁冗，加之捃摭遺佚，年稽月考，越十載成書，編次得若干卷。"

凡例云："蔡景東編集《太湖志》十卷，王文恪節取其十七釐爲八卷，名《震澤編》。今合蔡王二書參酌增損，而以明季本朝事類入，共成十六卷。"

墨黑如漆，版印精良。

卷十二第三十四葉爲補鈔。

鈐印："吳興凌氏□平父所藏書""歸安凌氏鴻術堂藏書記"。

中國國家圖書館、上海圖書館、浙江圖書館、中國科學院文獻情報中心、中央民族大學圖書館、天津圖書館、北京大學、南京大學、復旦大學圖書館等與日本東洋文庫、靜嘉堂文庫有藏。

309. 清乾隆刻本當塗縣志　　T3200/9030.83

〔乾隆〕《當塗縣志》三十三卷，清張海等修，萬橚等纂。清乾隆十五年（1750）刻本。八冊。半葉九行二十字，小字雙行同，白口，左右雙邊，單魚尾。框高 22.5 釐米，寬 14.8 釐米。前有扉頁，石欽承序，乾隆十五年朱肇基序，乾隆庚午（十五年）張海序，舊序（康熙三十五年〔1696〕張獻序），凡例十二則，重修姓氏，康熙三十四年纂修姓氏，舊序（康熙三十四年祝元敏序），目録。

當塗縣地處長江下游南岸。秦置丹陽縣，屬會稽郡。西漢屬丹陽郡。西晉太康初置于湖縣。東晉成帝時僑置當塗縣於于湖縣，晉末分于湖縣地爲實土。唐貞觀元年（627）併丹陽縣入當塗縣。宋屬太平州。元至元十四年（1277）屬太平路。明清屬太平府。今屬安徽省馬鞍山市。

張海，字巨川，浙江錢塘（今杭州）人。監生。乾隆十四年八月、十五年六月兩次署理當塗知縣。

萬橚，字劬園，江蘇荆溪（今宜興）人。雍正元年（1723）舉人。乾隆十年任當塗教諭。

全書三十三卷，平列二十六門：卷一圖考，有縣境、城郭、坊鄉鋪遞、縣治、學宮諸圖；卷二建置沿革；卷三星野（祥異附）；卷四疆域（形勢、江防附）；卷五山川（關津、橋梁、井泉附）；卷六城池（坊巷、鄉鎮、圩埠附）；卷七風俗；卷八物產；卷九户口；卷十田賦；卷十一公署；卷十二學校；卷十三祠祀（寺觀附）；卷十四封爵；卷十五職官；卷十六名宦；卷十七選舉；卷十八至二十人物（宦績、忠節、孝義〔蠲賑附〕、文學、隱逸）；卷二十一流寓；卷二十二方伎；卷二十三至二十四列女（賢孝、完節、烈婦、貞女、外省賢節）；卷二十五仙釋；卷二十六陵墓；卷二十七古跡；卷二十八至三十二藝文；卷三十三雜辨（備遺附）。

張海序："余自去年攝篆長邑，後委署當邑，適接郡所轉行憲檄，遂集紳士而議修斯志焉。……余既承令，慎選文品素優孝廉徐君輩職司集，復延學博萬君主持筆削，而人物、孝義、節烈原稿不清，余尤加慎重，嚴爲考核。……獨計余去秋奉檄倡捐修刻，嗣文安紀君承視邑事，余幾意不克目覩厥成矣。今年六月，紀君有桃源之調，而余復署兹土，得與二三紳士、秉筆師儒竭蹶贊襄，而親觀是編之告竣，何其幸也。"

當塗縣現存最早志書爲王斗樞修、張畢宿纂《當塗縣志》二十九卷，仿《河南通志》體例，分二十八門，現有康熙十九年（1680）鈔本存中國國家圖書館；康熙間另有佚名纂《當塗縣志補遺》一種，爲該志訂補之作。其次爲祝元敏修、彭希周纂《當塗縣志》三十二卷，分二十七門，康熙三十四年付梓，有康熙四十六年成文運續修、曹守謙續纂本。其三即此乾隆志。其四爲歐陽鍾編《當塗縣鄉土志》二卷，有 1916 年石印本。

各册首葉鈐 "洪氏彚雲樓藏" 朱文方印（2.0×2.0 釐米），各册末葉鈐 "洪祖季印" 白文方印（1.3×1.3 釐米）、"子彭" 朱文方印（1.2×1.2 釐米）。書前舊序首葉鈐 "遵義堂荆川太史紙，象記" 硃印。

扉頁刊 "當塗縣志"。

有缺葉七十餘，如卷二第三、第四葉，卷三第十、第十二葉等，兹不備錄。

中國國家圖書館、上海圖書館、中國科學院南京地理與湖泊研究所圖書館等五館與臺北故宮博物院及日本東洋文庫亦有入藏。

310. 清康熙刻本安慶府志　　T3199/3404.81

［康熙］《安慶府志》三十二卷，清張楷纂修。清康熙六十年（1721）刻本。二函十六册。半葉十行二十一字，小字雙行同，白口，四周雙邊，單魚尾。框高 20.6 釐米，寬 15.5 釐米。前有康熙六十年于成龍序，康熙六十年李馥序，康熙辛丑（六十年）朱作鼎序，康熙六十年鄭任鑰序，康熙六十年張楷序，凡例，目錄。書後有康熙六十年蔣金式跋，誓詞。

安慶府地處大别山區與長江之間。隋置熙州，唐武德四年（621）改爲舒州。南宋紹興十七年（1147）改爲安慶軍，慶元元年（1195）升爲安慶府。元至元十四年（1277）升爲安慶路。1361 年朱元璋改爲寧江府，次年改爲安慶府。清仍之，領懷寧、桐城、潛山、太湖、宿松、望江等六縣。康熙六年屬安徽布政使司，乾隆二十五年（1760）後爲安徽省治。1912 年廢。

張楷（1670—1744），字瞻式，號嵩亭，直隸長垣人。曾任山東東阿知縣、山西朔州知州，康熙五十二年任安慶知府，後歷任江蘇按察使、江西布政使及江蘇、湖北、陝西、安徽四省巡撫，官至戶部尚書。

全書三十二卷，列九志：卷一天文志（星野）；卷二至四地理志（疆域、沿革、山川、城池、封建、津梁、鄉鎮、古跡、寺觀、物產），疆域目有《府境六邑總圖》及各縣圖；卷五至六民事志（戶口、田賦、風俗、卹政、兵氛、祥異）；卷七至八學校志（學宮、禮儀、選舉）；卷九祭祀志（上丁、祠祀、壇壝）；卷十至十三秩官志（職官表、武職、名宦傳、政績傳、戎略傳、公署）；卷十四至二十一人物志（仕籍、事業、鄉賢、理學、忠節、孝友、篤行、文學、武功、隱逸、貤封、耆壽、流寓、仙釋、方伎）；卷二十二至二十三列女志（原祀、貞烈、烈婦、貞女、節婦、慈孝）；卷二十四至三十二藝文志（誥勅、表、疏、碑記、序、記、書、詩、詞、賦、雜文）。

凡例首條謂：“前李姚二志，列目溷淆。如列疆域於星野之前，是以地理先天文也；繫山川於職官之後，是以人事先地理也。購求明志，得胡公可泉所撰，與鄙見略同。而其中位置不無失次，亟為核正，分綱晰目，俾覽者一見燎然。”可知此志體例仿自胡纘宗正德志。

書後誓詞謂：“江南安慶府知府張楷為修志悉本大公各鳴心跡以示無私事。竊照府志攸關大典，本府捐俸重梓。所有山川、人物，不憚躬親採核，與同事諸君矢公矢慎，絲毫不敢贍狥，俾垂之永久，以成一郡之信史，務期表揚潛德，採拾幽芳，勿以內舉而引嫌，勿因親知而濫及。其有稍存私意，混冒不公，在己前程不吉，子孫顛覆，幽遭神殛，明犯輿評。特佈誓詞於府主城隍之神，共彰公道，敢告。”後有各人畫押。可見此志纂修之前，參與者曾宣誓秉公執筆。

安慶府明清志書現存六部。首部為周翔修、張湜纂《直隸安慶郡志》十二卷，平列六十四門，明天順六年（1462）付梓。其次為正德十六年（1521）胡纘宗纂修《安慶府志》三十一卷，分記、表、志、傳四體，嘉靖元年（1522）刊刻。再次為李遜纂修《安慶府志》三十一卷，沿襲前志體例，略加增訂，列四體三十一門，刊行於嘉靖三十年。其四為姚琅等修、陳焯等纂《安慶府志》十八卷，仿前志體例，列圖、表、志、傳四體三十門，康熙二十二年刻。其五即此康熙六十年志，亦為安慶府最後一部官修府志。其六為潘才纂《皖典類編》八卷，為此志之簡編本，內容亦有所訂補，有乾隆三十八年（1773）刻本，《美國哈佛大學哈佛燕京圖書館藏中國舊方志目錄》將之歸入安徽省志之列，有誤。

卷七至九（第四冊）鈔配。

北京大學圖書館、中國第一歷史檔案館、上海圖書館等十一館與日本東洋文庫亦有入藏。

311. 清乾隆刻本皖典類編　T3199/3404.83

　　［乾隆］《皖典類編》八卷，清潘才纂。清乾隆三十八年（1773）刻本。四册。半葉八行二十二字，小字雙行同，白口，左右雙邊，單魚尾。框高 20.6 釐米，寬 13.1 釐米。前有乾隆三十八年盧大琳序，目次。卷端題："懷寧淦生潘才淑身彙纂，男良詔普頌、〈良〉誘善同、〈良〉謀懷充、〈良〉詮表先、〈良〉諭君條、〈良〉誥綸封編次，姪良誠葆真、〈良〉祿享千同校。"

　　潘才，字淑身，安徽懷寧人。

　　此志載安慶府及所屬懷寧、桐城、潛山、太湖、宿松、望江等六縣史事。全書八卷，列八類三十五目：卷一天地類（星野、建置沿革、城池、山、嶽、川）；卷二疆域類（形勢、古跡、名勝、陵墓）；卷三君宦類（帝王、封建、保障、戎略、忠節、死義、仁愛、剛方、清廉、修飾）；卷四賢宦類（理學、才學、文學、流寓）；卷五仁壽（壽翁、壽母）；卷六列女類（烈婦、節婦、貞女）；卷七方外類（仙、釋〔附方伎〕）；卷八藝文類（詩、詞、賦）。

　　目次後潘才識語謂："余素盲拙，是編非敢襲前賢之書以有其名，非敢聚前書之精以得其要，不過因課讀下子侄輩，性多遲鈍，不能强記，爲之纂寫分類，殊覺簡便易閱，遑云付梓。"

　　盧大琳序："壬辰春，懷邑淦生潘公翻揀郡邑兩乘，緣採其尤者入集，爲之別户分門，或補其缺，或增其華，繕成八卷，顏曰《皖典類編》。"所謂"郡邑兩乘"，即指［康熙］《安慶府志》及《懷寧縣志》。

　　《中國地方志聯合目録》《中國地方志總目提要》《中國古籍善本書目》《中國古籍總目》均未著録。

312. 清乾隆刻本潛山縣志　T3200/3627.83

　　［乾隆］《潛山縣志》二十四卷首一卷，清李載陽修，游端友等纂。清乾隆四十六年（1781）刻本。二函二十册。半葉十行二十一字，小字雙行三十一字，白口，四周單邊，單魚尾。框高 21.8 釐米，寬 14.8 釐米。首有乾隆四十六年李載陽序，凡例九則，舊修邑志姓氏，重修潛山縣志姓氏，總目。

　　潛山縣地處皖西山地東南部。春秋時爲皖國。西漢置皖縣，屬廬江郡。東晉安帝時改爲懷寧縣。唐爲舒州治。南宋爲安慶府治。元至治三年（1323）析懷寧縣地置潛山縣，屬安慶路。明清屬安慶府。今屬安徽省安慶市。

李載陽，號光亭，四川瀘州人。乾隆二十七年舉人。乾隆三十八年任潛山知縣。

游端友，四川珙縣人。舉人。曾任江西定南知縣。

正文二十四卷，列十志六十六目：卷一輿地志（沿革、星野、疆域〔形勢附〕、山川〔關津附〕、城池〔古跡附〕、市鎮〔坊表附〕）；卷二民事志（户口、田賦、蠲賑、倉儲、風俗、物産、院局）；卷三至四學校志（學宫、祀典、教澤、經籍、禮儀、書院、學田）；卷五武備志（兵制、營署、驛鋪）；卷六秩官志（文職、武職、名宦〔政績附〕、公署）；卷七選舉志（徵辟、進士、舉人〔占籍附〕、貢生〔例選附〕、武科〔武胄附〕、貤封）；卷八至十一人物志（名賢、儒林、仕績、武功、忠節〔死義附〕、孝友、篤行、文苑、隱逸、戚畹、耆碩、寓賢）；卷十二至十三列女志（后妃、賢淑〔女壽附〕、貞女、烈婦、節孝）；卷十四至二十二藝文志（歷朝文、歷朝詩、清朝文、清朝詩、詩文補遺、碑刻、書目）；卷二十三至二十四雜類志（寺觀、阡墓、仙釋、方伎、祥異、兵事、軼事、志辯、志源）。

李載陽序："潛之志書，則於本朝康熙乙卯年間前任周公克友實爲輯修，文省事增，固稱詳慎。……邑志不修者已百有六載，兹非闕典與？予初承乏兹土，已有是志，而未遑遽及。去年春，奉檄辦理宿遷順和集行宫，恭迎車駕，肅穆雍容，萬姓懽騰謳歌。南甸歸來，署中凛然，深思縣志一書尤具載明聖化洋溢、典故始終，豈可積久闕遺，致滋湮没。因敦請名流，並延邑中紳士諸人，諏吉開局，採擇捃摭，徵献徵文，彰往闡幽，筆削編摩，有目有綱，書成付梓。"

潛山縣，明萬曆十四年（1586）、十九年、四十三年三次修志，今皆已不存。清初，鄭通玄修、陳衷赤等纂《潛山縣志》十卷，基於萬曆志殘本重輯，列八志五十五目，順治十一年（1654）梓行。二十年後，知縣周克友纂修《安慶府潛山縣志》十二卷，以順治志爲基礎重纂，分二十五門，刊刻於康熙十四年（1675）。此乾隆志爲清代潛山最後一部志書，除乾隆四十六年刻本外，尚有 1915 年活字排印本。

卷首姓氏載刻工姓名："梓人王萬州、衛振源，梓人江右沈煥榮。"

故宫博物院圖書館、上海圖書館與臺北故宫博物院及日本東洋文庫亦有入藏。

313. 清乾隆刻本望江縣志　T3200/0731.83

〔乾隆〕《望江縣志》八卷，清鄭交泰修，曹京纂。清乾隆三十三年（1768）刻本。二函八册。半葉十行二十一字，小字雙行同，白口，左右雙邊，單魚尾。框高20.2 釐米，寬 14.9 釐米。前有全魁序，乾隆三十三年鄭交泰序，乾隆戊子（三十三年）周萬寧序，乾隆三十三年曹京纂修小序，凡例七則，目録。書後有原序（正統八年〔1443〕馮善序、嘉靖丁酉〔十六年，1537〕朱軾序、萬曆二十二年〔1594〕羅希益序、萬曆二十二年龍子甲後序、順治八年〔1651〕王世允序、順治八年龍之珠後序、康熙十二年〔1673〕劉天維序、康熙十二年龍燮序、康熙二十四年伊巘序、康熙二十四年方學仕跋、康熙三十四年傅光遇跋、康熙五十四年馬駿序、康熙五十四年沈鎬序），曹京跋。

望江縣地處長江下游北岸、皖西南邊陲。東晉安帝置新冶縣，屬晉熙郡。隋開皇十一年（591）改爲義鄉縣，十八年改爲望江縣，屬熙州。唐屬舒州。南宋屬安慶府。元屬安慶路。明、清屬安慶府。今屬安徽省安慶市。

鄭交泰，號補堂，廣東香山人。貢生。乾隆三十一年至三十三年任望江知縣。

曹京，字雲路，安徽望江人。官國子監典籍。著有《四書測海》《通俗編》《稱謂辨》等。

全書八卷，八門六十七目：卷一天文（星野）；卷二地理（疆域、沿革、形勝、山川、城池、坊巷、公署、倉廩、屬署、綽楔、驛遞、圩塘、井泉、津梁、鄉鎮、江防、古跡、邱墓、寺觀、物產），疆域目插有《望江境內全圖》《城內全圖》二幅；卷三民事（戶口、人丁、田畝、賦稅、風俗、卹政、兵氛、災異）；卷四學校（學宮、正位、褒封、附位、師弟、教法、書籍、學產、書院、義產）；卷五典禮（丁祭、祠祀、壇跡、禮儀）；卷六官師（職官、名宦、政績）；卷七人物（選舉、理學、忠節、孝友、宦業、儒林、隱逸、義行、仁壽、流寓、仙釋、方伎、貞節）；卷八藝文（敕、疏、書、記、賦、詩、詞、雜文）。體例大抵仿康熙《安慶府志》而略加增損。

鄭交泰序："交泰自丙戌膺簡命來望江，頗覺俗樸而事簡，乃陽侯作威，頻年苦我百姓。交泰坐不安席，一歲中半以舟楫爲家，犯怒濤，艤高阜，齒屐幾遍，因得縱觀雷山雷水之大凡，與夫古跡流風之梗概。歸取邑志覆按之，誠多脗合矣，第計其修輯甲子距今已五十四年，不特亮節幽光正需闡發，即租庸之檢校、風土之遷移，亦無不待於參考。乃諸紳士先得我心，請詳續輯。申聞各憲，均蒙報可。爰延本邑名孝廉雲路曹君董其事，開館於季春，兩閱月而粗有成範。"

望江縣明正統、嘉靖間均曾修志，均已佚，唯有序文存後此諸志。現存最早者爲羅希益修、龍子甲纂《望江縣志》八卷，本於嘉靖志，分八門，萬曆二十二年付梓。其次爲王世胤修、龍之珠纂《新修望江縣志》十卷，列八志六十三目，順治八年刊刻。其三爲劉天維等修、龍燮纂《望江縣志》，有三十四門，康熙十二年刻。其四爲傅光遇修、吳陳琰纂《望江縣志》十五卷，分三十六門，刊刻於康熙三十四年。其五爲馬駿修、沈鎬纂《望江縣志》四卷，康熙五十四年刊行。其六即此乾隆志，爲該縣清代最後一部志書。

有缺葉，如卷三賦稅第三十八葉、第五十二葉等，計近十葉，茲不備錄。

中國國家圖書館、中國科學院文獻情報中心、故宮博物院圖書館、中國第一歷史檔案館、中國文化遺產研究院等十六館與日本東洋文庫、美國國會圖書館、法國國家圖書館亦有入藏。

314. 清康熙刻本安慶府桐城縣志　　T3200/4245.81

［康熙］《安慶府桐城縣志》八卷，清胡必選修，倪傳等纂，王凝命增修。清康熙十二年（1673）刻，康熙二十三年增刻本。三函十六册。半葉九行二十一字，小字雙行同，白口，四周雙邊，單魚尾。框高 20.2 釐米，寬 13.5 釐米。前有康熙十二年姚□□序，康熙甲子（二十三年）王凝命序，康熙十二年程□□序，奏疏，康熙十二年陳焞序，康熙癸丑（十二年）胡必選序，目録，圖。書後有康熙十二年趙君訪跋。

桐城縣地處大別山東麓、長江北岸。西漢置樅陽縣。東漢廢。南朝梁復置。隋開皇十八年（598）改爲同安縣。唐至德二載（757）改爲桐城縣，屬舒州。南宋屬安慶府。元屬安慶路。明清屬安慶府。1996 年改爲桐城市。今屬安徽省安慶市。

胡必選，號簡士，湖北孝感人。順治十六年（1659）進士。康熙五年任桐城縣知縣。

倪傳，號碪山。本縣儒學生員。

王凝命，山東陽信人。順治十四年舉人。康熙二十年至二十八年任桐城知縣。另修有《廣昌縣志》。

書前圖有《山川疆域之圖》《城郭之圖》《縣治之圖》《龍眠山圖》，共四幅。正文八卷，列二十五門：卷一建置（沿革、封建附）、星野（祥異附）、疆域（形勢附）、山川（津梁、塘堰附）、城池、公署、學校（書院附）；卷二户口、田賦（附魚課、蘆課、鹽課、錢法、漕運、蠲免）、風俗、方物、禮制（祀典附）、兵事；卷三職官、選舉、貤封（蔭子附）、名宦（併籍）；卷四、卷五人物（理學、仕績、忠節、孝友、義厚、儒林、武備、耆壽）；卷六列女、流寓、仙釋、古跡（寺觀附）、坊表、逸事；卷七、卷八藝文（疏、議、書、記、傳、詩、賦）。

胡必選序：“桐之志始於黄巖陳令勉，重梓於關中石令朗，條分縷析，綱舉目張。必選自丙午受事以來，每於退食間與目留心，鑒觀匪遥，私窃幸之。壬子之秋，接諸上臺憲檄，奉特旨允閣臣奏，命郡縣纂修通志，所以大一統也。……爰延訪宿儒及薦紳先達，同爲校訂，旁搜細究，存信去疑，凡酉戌以前舊志所已載者擇而存之，酉戌以後舊志所未逮者酌而入之。五閲月書成，繕録草本，就正諸大人，俯候批行，授之梨棗。”

王凝命序：“歲在癸亥，會輯南省通志，將呈御覽，於是郡邑新編皆奉台檄重加整比，俾無闕遺。凝命循覽全乘，祗肅操觚，粗有補綴。"癸亥即康熙二十二年。

此志《中國地方志聯合目錄》《中國地方志總目提要》均著錄爲康熙二十二年增刻本，不確。王凝命序落款爲康熙二十三年，則刻成當在該年無疑。

桐城縣現存最早志書爲陳勉修、許浩等纂《桐城縣志》二卷，分三十九門，付梓於弘治三年（1490）。清初，胡必選修、倪傳纂《安慶府桐城縣志》八卷，仿《江南通志》體例，列二十六門，康熙十二年刻，其後康熙二十二年王凝命、康熙三十五年高攀桂先後增刻重印，所增補者均按類附入。道光年間，知縣廖大聞等聘金鼎壽據省頒通志體例重纂縣志，成《續修桐城縣志》二十四卷，有圖、志、表、記四體，道光十四年（1828）刊行。至同治間，知縣王國均應修省志徵集州縣志書之命，纂修《桐城縣志》十卷，列十志，書成未刻，今僅有鈔本傳世。清末，又有佚名編《桐城縣鄉土志略》，紀事至光緒二十八年（1902），未刊刻，有鈔本傳世。

書前奏疏首葉鈐"五之堂記"白文長方印（2.2×0.7 釐米）、"吳盤"朱文橢圓印（1.3×0.9 釐米）、"望江吳蔭黎藏書"朱文長方印（6.7×1.9 釐米）。中國國家圖書館藏道光《懷寧縣志》有民國二十四年吳蔭黎鈔配，可知其人係近代人士。

金鑲玉裝。

卷八（第十五、第十六冊）係鈔配，其他亦有零星鈔配二十餘葉，如卷二第二十五至第四十葉等。略有缺葉，如書前姚序末葉，卷六第十一、第十二葉等。

卷五儒林後有墨筆批語一條。

中國國家圖書館、上海圖書館、中國科學院南京地理與湖泊研究所圖書館亦藏有此志康熙二十三年增刻本。

315. 清康熙刻本徽州府志　T3199/2432.81

[康熙]《徽州府志》十八卷，清丁廷楗等修，趙吉士等纂。清康熙三十八年（1699）刻本。三函十二冊。半葉九行二十三字，小字雙行同，白口，四周單邊，單魚尾。框高 21.8 釐米，寬 15.1 釐米。前有扉頁，康熙三十四年丁廷楗序，康熙三十八年趙吉士序，目錄，姓氏，凡例，圖。

徽州府地處皖南山區南部、黃山南北麓。東漢建安十三年（208）孫權析丹陽郡置新都郡，屬揚州。西晉太康元年（280）改爲新安郡。隋開皇九年（589）改爲歙州。北宋宣和三年（1121）改爲徽州。元至元十四年（1277）升爲徽州路。1357 年朱元璋改爲興安府，1367 年改爲徽州府，領歙、休寧、婺源、祁門、黟、績溪六縣。清仍之。1912 年廢。

丁廷楗，字駿公，山西安邑人。康熙十二年進士。康熙三十三年任徽州知府。

趙吉士（1628—1706），字天羽，號恒夫，安徽省徽州府休寧縣人，後入籍浙江錢塘（今杭州）。順治八年（1651）舉人。歷官山西交城知縣、戶部主事、戶科給事中、國子監學正。著有《萬青閣詩文全集》《寄園寄所寄》等，另纂有《交城縣志》。《清史稿》有傳。

書前有《秦鄣郡圖》《漢丹陽郡圖》《吳新都郡圖》《晉宋齊梁陳隋新安郡圖》《山阜水源總圖》《府治城垣圖》《府治公廨圖》《各屬縣疆域城垣圖》《闕里圖》《山水圖》等，共三十六幅，內各屬縣疆域圖計里畫方。正文十八卷，列八志：卷一至二輿地志（建置沿革，分野，疆域，城池，廂隅鄉都〔戶口、土田、街坊附〕，山川，形勝，風俗）；卷三至五秩官志（監司職官、郡職官、縣職官、名宦），兵防志（兵防）；卷六食貨志（賦役、物產）；卷七八營建志（學校〔書院、學產附〕、公署、祀典、水利、橋梁），卹政志（倉局、蠲賑）；卷九至十一選舉志（科第、薦辟、歲貢、舍選、武科第〔武職附〕、吏材、恩蔭）；卷十二至十八人物志（朱子世家、儒碩傳、勳烈傳、經濟傳、忠節傳〔死事傳附〕、文苑傳、風節傳、宦業傳、武略傳、隱逸傳〔風雅傳附〕、孝友傳、績學傳、尚義傳、列女傳、流寓傳、方技傳），雜志（封建、丘墓、古跡、書籍、寺觀、仙釋、祥異），拾遺（修志源流）。

趙吉士序："余結髮受書，即樂聞先民逸事，厥後四十餘載，搜攬舊文，訪拾家乘，往往溢於篋笥。甲子夏五，奉命充會典館纂修，得觀國家典籍之富，而又竊見有明一代吾郡先進人物之盛，慨然嘆興。以謂幸一日得退休，從容歸里門，當益廣徵博採，輯為一書，上接周潭舊志，以傳諸後。……戊辰罷歸，追維前志，爰廣詢父老，徵輿論，興舉未就，癸酉復被徵召入都。甲戌，適余及門丁子駿公以詞臣出守吾郡，就余諮鄉邑風土與制治之所宜先，余曰：'……顧獨恨郡志自前明迄今久未修輯，時移事易，恐未可執舊轍以敷新猷，今太守既以史官來蒞民社，盍悉心諮度，余將摻紙墨從太守後以補吾郡之闕遺，而太守之所酌諸心達諸政而惠愛吾民者亦可披覽而得之矣。'太守欣然以余言為然，既至郡，則檢括圖籍紀乘簿書之屬若干冊，郵而致之京師。而余在都，日與郡縉紳吳祭酒苑、汪太常晉徵、程侍御文彝、張編修瑗、黃比部元治諸同志反覆參閱，刻期修舉，幾有成勞矣而太守旋報罷。余喟然。念曩日之因循，歷數十年而未有就，乃今幾成而復置之，為深可惜也，勉力編摩，自丁丑春迄己卯冬，凡閱三十有六月而書成，為卷者十有八，彙而為綱者九。……大約以府志為經，以邑志為緯，刪繁就簡，而益以嘉靖以後之人之事。"

扉頁刊："徽州府志。萬青閣藏板。"

此志趙吉士序述前志源流："吾新安立郡，自漢代歷唐迄宋，僅有圖經。而《新安志》之作，則自宋南渡後羅鄂州願始，爰及端平李教授以申續之，而《新安廣錄》《廣錄續編》相承遞作。元時有後續志，作於洪縣尹焱祖。明初朱禮侍同奉勅為《新安府志》，景泰、成化兩朝各有增編。"羅願《新安志》宋淳熙刻本已佚，今存康熙四十六年、嘉慶十七年（1812）、光緒十四年（1888）諸刻本，並收入《四庫全書》。宋端平至明成化諸志，不幸均已亡佚。今存明清志書及辯證之作八部。其一爲彭澤修、汪舜民纂《徽州府志》十二卷，有十四門，弘治十五年（1502）付梓。其二爲方信纂《新安志補》八卷，"補弘治壬戌舊志之闕及拾羅鄂州《新安志》之遺"，刊刻於嘉靖四十一年（1562）。其三爲何東序修、汪尚寧等纂《徽州府志》二十二卷，嘉靖四十五年刊刻，又有萬曆三年（1575）增刻本。其四爲高暐纂修《徽州府通志》二十六卷，分十六門，僅中國國家圖書館存有康熙十二年鈔本。其五爲林國柱纂修《徽州府通志續編》，續補高暐志，所補者爲八門，有康熙二十二年鈔本存中國國家圖書館。其六爲邵棠纂《徽志補正》一卷，分補遺、正誤、大鄣山辨三門，嘉慶十九年刻。其七爲馬步蟾纂修《徽州府志》十六卷，道光七年（1827）刊行。其八爲同治年間黃崇惺纂《徽州府志辨證》，補正道光志，以木活字排印。

卷十七至十八（第十二冊）鈔配，書前目錄末葉亦係鈔配。

中國國家圖書館、中國科學院文獻情報中心、中國社會科學院考古研究所圖書館、中國國家博物館、中國水利水電科學研究院圖書館等四十七館與"中央研究院"歷史語言研究所傅斯年圖書館、孫逸仙博士紀念圖書館及日本東洋文庫、美國國會圖書館亦有入藏。

316. 清乾隆刻本歙縣志　　T3200/8718.83

[乾隆]《歙縣志》二十卷首一卷，清張佩芳修，劉大櫆纂。清乾隆三十六年（1771）刻本。八冊。半葉九行二十四字，小字雙行同，白口，左右雙邊，單魚尾。框高 20.2 釐米，寬 14.7 釐米。首有扉頁，乾隆三十六年戴知誠序，乾隆三十五年徐碩士序，張佩芳序，修志職名，目錄，凡例，圖説。

歙縣地處皖南山區南部。秦置歙縣，屬會稽郡。漢屬丹陽郡。西晉屬新安郡。隋開皇中爲歙州治。北宋宣和三年（1121）爲徽州治。元爲徽州路治。明、清爲徽州府治。今屬安徽省黃山市。

張佩芳，生平見《平定州志》條。

劉大櫆（1698—1779），字才甫、耕南，號海峰，安徽桐城人。乾隆元年舉博學鴻詞科。曾署歙縣訓導，後轉任黟縣教諭，數年告歸。善古文，與方苞、姚鼐並爲桐城派名家。著有《海峰集》，編有《歷朝詩約選》。《清史稿》有傳。

卷首圖説有《全邑形勢圖》《全邑山川圖》《歙邑北境隅都村落圖》《歙邑南境

隅都村落圖》《城垣圖》《縣治圖》《儒學圖》《紫陽書院圖》《新問政書院圖》，計九幅，繪刻均佳，內形勢、隅都村落三圖計里畫方。正文二十卷，有九志六十四目：卷一輿地志（疆域、形勢、山川、都鄙、風土）；卷二至三建置志（沿革、城池、公署、學校、秩祀、兵防、水利、津梁）；卷四官司志（職官、名宦傳）；卷五至六食貨志（賦役、鹽法、茶綱、貢品、物產）；卷七卹政志（倉儲、院局、蠲賦、賑濟〔優老附〕、義產）；卷八至十選舉志（薦辟、科第、歲貢、武科第、仕宦、勳爵、殊恩、恩封、恩蔭）；卷十一至十五人物志（勳績傳、宦跡傳、節慨傳、儒林傳、文苑傳、材武傳、孝友傳、義行傳、士林傳、遺佚傳〔詩林附〕、列女傳、方技傳）；卷十六至十八藝文志（書目、奏疏、序、考、辯、記、書、文、碑碣、詩、賦、雜著）；卷十九至二十雜志（古跡、邱墓、寺觀、祥異、拾遺、志源），志源目載前此四志纂修時間、修纂者、序跋。

卷二十志源末識："今歙縣志者，山右張佩芳令歙之三年，縉紳之士環請重葺志乘，乃據情申各憲，報可。延原署歙司訓黟教諭劉大櫆掌厥任，而以邑孝廉明經數輩貳之，館於郡西之錦衣里。曉示鄉隅，各呈其所應採者於令，令牒諸館，綜前四志而互證之，芟蕪録實，彙類區門，爲綱者九，爲目者六十有二焉。踰年藏事。"

扉頁刊："乾隆辛卯年修歙縣志。尊經閣藏板。"辛卯即乾隆三十六年。

歙縣現存最早志書爲張濤修、謝陞纂《歙志》三十卷，分七門，刊刻於萬曆三十七年（1609）。其次爲戴東旻纂修《歙志》三十六卷，分十八門，天啓四年（1624）付梓。其三爲宋希蕭修、吳孔嘉等纂《歙志》十四卷，分五十七門，順治四年（1647）刊行。其四爲靳治荊修，吳苑、程濬纂《歙縣志》十二卷，分十門四十目，康熙二十九年（1690）刻。此志凡例首條品評前志，謂："前志四更，各不沿襲。萬曆志體裁近史，致讀志公言紛囂聚訌，天啓志易爲調停之作，順治志踵爲平近之言，康熙靳志則語尚雕鏤，文崇裝飾，故有遊山紀異之譏。"其五即此乾隆志。其六爲勞逢源修、沈伯棠等纂《歙縣志》十卷，分十門五十四目，道光八年（1828）刊行。最晚者爲曹光洛編《歙縣採訪册》，係纂修新志的採訪稿，分十志，未刊刻，有同治九年（1870）鈔本傳世。

修志職名載繪工姓名："繪圖者許嶸。"卷首《新問政書院圖》署刻工姓名："虬村黃宗魯、開文鐫。"

有缺葉：卷九第二十七葉。

中國國家圖書館、中國科學院文獻情報中心、中國文化遺產研究院、中國水利水電科學研究院圖書館、中共中央黨校圖書館等二十一館與"中央研究院"歷史語言研究所傅斯年圖書館、臺北故宮博物院、孫逸仙博士紀念圖書館及日本東洋文庫、京都大學人文科學研究所、美國國會圖書館亦有入藏。

317. 清康熙刻本休寧縣志　　T3200/2932.81

　　[康熙]《休寧縣志》八卷首一卷，清廖騰煃修，汪晉徵等纂。清康熙三十二年（1693）刻本。二函十六册。半葉十行二十一字，小字雙行同，白口，四周單邊，單魚尾。框高 20.2 釐米，寬 14.5 釐米。首有康熙三十二年汪晉徵序，康熙癸酉（三十二年）趙吉士序，康熙壬申（三十一年）黃雲企序，纂修姓氏，凡例，總目，圖説。

　　休寧縣地處皖南山區南部。西漢爲歙縣地。東漢建安十三年（208）析置休陽、犁陽二縣。三國吳永安元年（258）避吳主孫休諱，改休陽爲海陽。西晉改海陽爲海寧，犁陽爲黎陽，均屬新安郡。南朝宋大明八年（464）併黎陽入海寧縣。隋開皇十八年（598）改名休寧縣，取休陽、海寧各一字，屬歙州。北宋宣和三年（1121）屬徽州。元屬徽州路。明清屬徽州府。今屬安徽省黃山市。

　　廖騰煃，字占五，號蓮山，福建將樂人。康熙八年舉人。康熙二十八任休寧知縣，後官至户部侍郎。著有《海陽紀略》《慎修堂詩集》等。

　　汪晉徵（1639—1709），字符尹，號涵齋，安徽休寧人。康熙十八年進士。累官至户部侍郎。著有《宋元明正學録》《雙溪草堂詩集》。

　　卷首圖説有《山川圖》《隅都圖》《城郭圖》《坊市圖》《縣治圖》《學宫圖》、山巖圖、《縣境圖》等，計十八幅。正文八卷，列八門五十七目：卷一方輿（建置沿革、象占、疆域、坊市、隅都、山川、風俗）；卷二建置（城池，公署〔各置附〕，學校〔社學、書院附〕，約保，壇祠，坊表，津梁，塘堰）；卷三食貨（户口、公賦、徭役、儲蓄、卹政、物產）；卷四官師（職官表、兵防、名宦）；卷五選舉（進士，鄉舉，薦辟，貢士，武略〔武職、戚畹附〕，武科第，舍選，掾史，封贈〔恩蔭附〕）；卷六人物（碩儒、勳賢、忠節、文苑、風節、宦業、孝友、隱逸、學林〔風雅附〕、篤行、寓賢、方技、列女）；卷七藝文（制書、奏疏、紀述、題詠）；卷八通考（機祥、古跡、書目、丘墓、寺觀、仙釋、佚事）。

　　汪晉徵序：“……吾休寧自萬曆丁未至今，並未有刊行之新志，一有期會徵取，仍以舊志充塞，間欲擴近今故實，則又鈔掇爲補苴計，以故天下皆有志而休寧獨無。然休寧又非忽置而不修也，自甲午張令一修，癸卯傅令一修，壬子鄒通府又一修，蓋四十年來無日不修志，無日能成志。徵事則遊移罔據，人物則市井屠沽，或至厠冒其中，無論不可以示人，幾幾不可以自問，此所以可成而不成，既成而終於不成，職是故也。邑侯廖公蓮山先生……屬筆於予……辭之弗獲，乃上考程宗伯弘治志之體要，宋奉新嘉靖志之簡嚴，邵都諫萬曆志之詳覈，以及甲午、癸卯、壬子志之殘編斷簡，莫不折衷損益，删削廓清，凡歷四閱月，晝夜不輟，乃得脱稿。”

休寧現存最早志書爲程敏政纂修《休寧志》三十八卷，刊刻於弘治四年（1491）。其次爲宋國華修，吳宗堯、陳有守纂《休寧縣志》八卷，分六門四十五目，嘉靖二十七年（1548）刻。其三爲李喬岱纂修《休寧縣志》八卷，列八門五十九目，萬曆三十五年（1607）刊。其四即此康熙志，嘉慶間徐卓纂《休寧碎事》十二卷，訂補此志所載人物、史事。乾隆間曾再次修志，惜已佚。其五爲何應松修、方崇鼎纂《休寧縣志》二十四卷，本於乾隆志續修，有十四門九十八目，道光三年（1823）刻。

卷首纂修姓氏末載刊工姓名："黃廷玉繕寫，黃正如、黃和卿、程雲波全梓。"又載"繪圖陳邦華"，按各圖或有題款，知陳邦華字紹虞，號魯庵，休寧藤溪人。

此本天頭及行間偶有批注，訂補志文。

金鑲玉裝。

有鈔配十餘葉，如卷五第一、第二葉等，茲不備録。

中國國家圖書館、中國科學院文獻情報中心、中國文化遺産研究院、北京大學圖書館、北京師範大學圖書館等二十二館與孫逸仙博士紀念圖書館及日本東洋文庫、內閣文庫、美國國會圖書館、英國皇家亞洲學會亦有入藏。

318. 清康熙刻雍正補刻本天長縣志　　T3200/1373.81

［康熙］《天長縣志》四卷，清江映鯤修，張振先等纂。清康熙十二年（1673）刻，雍正八年（1730）至九年補刻本。二函八册。半葉九行二十字，小字雙行同，白口，左右雙邊，單魚尾。框高 21.6 釐米，寬 14.7 釐米。前有康熙十二年江映鯤序，潘世晉序，康熙十一年張振先跋，凡例，新修志姓氏，舊修志姓氏，舊重修志姓氏，目録。卷端題："天長縣知縣江映鯤主修，邑人張振先撰次，王三令編纂，王明達採輯。"

天長縣地處高郵湖西側。唐天寶元年（742）唐玄宗以其生辰爲千秋節，析江都、六合、高郵等縣地置千秋縣，屬揚州，七年改爲天長地久節，縣名相應改爲天長縣。南宋紹興十二年（1142）屬招信軍。元屬泗州。1993 年改爲天長市。今屬安徽省滁州市。

江映鯤，字南溟，四川閬中人。舉人。康熙元年任天長知縣。

張振先，安徽天長人。貢生。著有《因柳草堂詩》。

全書四卷，列三十門：卷一輿地志（圖考有縣治、學宮、縣城、縣境四圖），建置沿革，星野志（祥異附），疆域志（形勢附），山川志（關津、橋梁附），風俗志，城池志（兵禦附），河防志，封建志，戶口志，田賦志；卷二物産志、職官志、公署志、學校志（書院附）、選舉志（武勳附）、祠祀志、陵墓志、古跡志（寺觀附）、帝王志（后妃附）；卷三名宦志、人物志、孝義志、烈女志、流寓志、隱逸志、仙釋志、方技志；

卷四藝文志（御製、賦、詩、疏、贊、論、序、記、跋、碑文、銘文），雜辨志。

江映鯤序："上龍飛之首載，鯤膺簡命，承乏於長。……每念邑乘之載缺焉未修，往已訂於邑人張氏振先，會有北上之役，未遑濡墨。今天子聰明神聖，經筵之暇，毅然欲覽九州之志……爰詔十五國之方州下邑，群起而纂集之，彙爲通志，以備省觀，其盛典也。……用是慎畀老成，俾董厥任，而採輯編討各有攸司，始乎秋杪，成於冬仲。"

職官志第三葉係補刻，紀事至雍正八年毛貢實授天長知縣。考［嘉慶］《備修天長縣志稿》，毛貢於雍正六年試用天長知縣，八年實授，又考［光緒］《重修安徽通志》，毛貢於雍正九年升任亳州知州。可知補刻重印時間當在雍正八年至九年之間。

天長縣明清所修志書今存四部。首部爲邵時敏修、王心纂《皇明天長志》七卷，有輿地、人事二志三十六目，嘉靖二十九年（1550）付梓。其次即此康熙志。其三爲張宗泰纂《備修天長縣志稿》十卷，分十五門，刊刻於嘉慶二十四年（1819）。其四爲江景桂等纂《天長縣纂輯志稿》十卷，列十門六十六目，未刊刻，有同治八年（1869）鈔本存中國國家圖書館。

金鑲玉裝。

卷三（第五、第六册）鈔配，另有鈔配零葉十餘，如首册首葉、卷一第十七葉、第十八葉等。有缺葉：卷四第五十七葉。

中國國家圖書館、上海圖書館、南京圖書館等五館亦有入藏。

319. 清乾隆刻本潁州府志　　T3199/2832.83

［乾隆］《潁州府志》十卷首一卷，清王斂福修，潘遇莘纂。清乾隆十七年（1752）刻本。三函十二册。半葉十行二十字，小字雙行同，白口，左右雙邊，單魚尾。框高 19.9 釐米，寬 14.7 釐米。首有乾隆十七年張師載序，乾隆十七年胡格敘，乾隆十七年高晉序，乾隆壬申（十七年）雙慶序，乾隆十七年許松佶序，乾隆十七年王斂福敘，乾隆十七年崔應階序，凡例，目録，圖，編纂姓氏，水道考。卷端題："瑯琊王斂福凝箕氏纂輯。"

潁州府地處淮北平原西南部。三國魏置汝陰郡，後廢。西晉泰始二年（266）復置。北魏孝昌四年（528）改設潁州。隋初復舊爲汝陰郡。唐武德六年（623）再改爲潁州。明及清初屬鳳陽府。雍正二年（1724）升爲直隸州，轄潁上、霍丘二縣，雍正十三年升爲潁州府，轄阜陽、潁上、霍丘、太和、蒙城等五縣及亳州。1912 年廢。

王斂福（1694—1763），字凝箕，號鳳山，山東諸城人。康熙六十年（1721）進士。歷官吏部文選司考功郎中、浙江温處道、杭嘉湖道、海防兵備道、常州知府、松江知府，乾隆十年任潁州知府，十四年調江寧知府，十五年至十七年再任潁州知府。著有《鳳山詩集》。

潘遇莘，字小山，江蘇寶應人。舉人。另纂有《沂州府志》。

卷首有《潁州府六屬總圖》、所屬州縣境圖、《諸河源流總圖》，共八幅。水道考有《汝水考》《沙河即潁河考》《淝河考》《渦河考》《東清河辨誤》五篇。正文十卷，列十志五十五目：卷一輿地志（沿革、疆域、星野、山水、形勝、風俗）；卷二建置志（城池、公署、壇壝、祠廟、寺觀、里集、舖舍、橋渡、古跡、墳墓）；卷三食貨志（丁口、田賦、積貯、鹽法、蠲賑、惠老、物產）；卷四學校志（學宮、書籍、祀典、弟子員額、學租、書院）；卷五秩官表（封爵、職官、衛制、營制）；卷六名宦志（傳）；卷七選舉表（徵辟、進士、舉人、貢士、應例、雜目、武科、武職、貤封、恩蔭）；卷八人物志（傳、方伎、仙釋、流寓、列女）；卷九藝文志（文、詩）；卷十雜志（祥異、兵革、摭史、辨誤、紀聞）。

王斂福敘："方今聖天子巡狩時邁，維茲潁郡顧無圖志以備採訪，亦守土者之責也。設府以來十有八載，官經七易，豈盡視爲緩圖，毋亦憚創造之難而姑徐以俟之乎？余蒙聖恩兩守潁郡，不敢再延，爰取六屬之斷簡殘編，悉心參考，補其缺略，正其訛謬，釐爲十卷，彙成郡志。"

此志爲潁州府唯一一部府志。

有零星鈔配二十餘葉，如卷三第十七葉、第十八葉等，茲不備錄。有缺葉：卷七第十一葉、第十二葉，卷八第三百二十九葉，卷九第一百一十九葉、第一百二十葉。

中國國家圖書館、中國科學院文獻情報中心、故宮博物院圖書館、中國文化遺產研究院、北京大學圖書館等二十三館與日本東洋文庫、美國國會圖書館、法國法蘭西學院漢學研究所亦有入藏。

320. 清乾隆刻本阜陽縣志　T3200/2472.83

［乾隆］《阜陽縣志》二十卷首一卷，清潘世仁修，王麟徵纂。清乾隆二十年（1755）刻本。二函十四冊。半葉十行二十字，小字雙行同，白口，左右雙邊，單魚尾。框高19.8釐米，寬14.6釐米。首有乾隆二十年胡榕序，乾隆二十年潘世仁序，目錄，凡例，圖。卷端題："阜陽縣知縣潘世仁纂輯。"

阜陽縣地處淮北平原西南部。秦置汝陰縣。三國魏、西晉爲汝陰郡治。北魏孝昌四年（528）爲潁州治。北宋政和六年（1116）併汝陰縣入潁州。清雍正十三年（1735）升潁州爲潁州府，置阜陽縣，爲府治。1975年析縣城設阜陽市（縣級），

1992 年阜陽縣併入阜陽市。1996 年撤銷阜陽地區，改設地級阜陽市，原縣級阜陽市改爲潁州、潁東、潁泉三區。

潘世仁，字秋田，浙江仁和（今杭州）人。乾隆三年舉人。乾隆十七年任阜陽知縣。

王麟徵，字曾祥，號茨檐，浙江錢塘（今杭州）人。秀才。

卷首圖有《縣境圖》《縣城圖》《學宮圖》《府署圖》《縣署圖》《東倉圖》《西倉圖》《六十里鋪公館圖》等，共八幅。正文二十卷，列十二志：卷一至二輿地志（沿革、疆域、分野、祥異、形勝、風俗、山水）；卷三古跡志（附陵墓）；卷四建置志（城池、公署、壇壝、祠廟、寺觀、里巷、村集、舖舍、牌坊）；卷五食貨志（里保、戶口、田賦、積貯、鹽法、蠲贈、惠老、物產）；卷六學校志（學宮、祀典、書籍、弟子員數、學租、書院）；卷七至八秩官志（封爵、職官、軍衛、營汛、馬政附）；卷九選舉志（徵辟、進士、舉人、貢生、應例、雜職、武途、貤封、恩蔭）；卷十宦績志；卷十一寓賢志；卷十二至十六人物志（傳、循吏、忠義、孝友、儒林、文苑、隱逸、方術、仙釋、列女）；卷十七至十九藝文志（文、詩）；卷二十志餘志（志大、志小）。

潘世仁序："潁自改府設附郭阜陽縣，二十年於茲矣。……阜陽固不可無專志也。余承乏是縣，自以德薄能鮮，不克勝任，而遇有廢墜，輒亦不辭乎興作。顧念茲事詎可或緩，因延老友茨檐王君於署，與共商確。其摭拾不踰新舊志，然必究所自出，以期免乎紕繆。其所補綴，則據實直書，不敢意爲去取。其論著則該而不支，質而不俚，冀可正諸大雅。"

此志爲阜陽設縣後之創修志書，內容多沿襲前潁州志。道光初年，阜陽再次修志，係劉虎文、周天爵修，李復慶等纂，成書二十四卷，體例上承乾隆志而略有增訂，列十三門七十九目，有道光九年（1829）刻本、1918 年鉛印本、1947 年石印本。

金鑲玉裝。

缺佚近十葉，如卷一第十六葉、卷九第二十九葉等，茲不備録。

《中國古籍善本書目》史部地理類著録。

故宮博物院圖書館、浙江圖書館與日本內閣文庫、美國國會圖書館亦有入藏。

321. 清乾隆刻本太和縣志　T3200/4326.83

［乾隆］《太和縣志》七卷，清成兆豫修，吳中㝡、洪朝元纂。清乾隆十七年（1752）刻本。四册。半葉九行二十二字，小字雙行同，白口，四周雙邊，單魚尾。框高 20.2 釐米，寬 13.7 釐米。前有乾隆十七年王斂福敘，乾隆十六年成兆豫序，原序（順治十六年〔1659〕李世恪序、順治十六年陳大綸序），凡例十則，圖。

太和縣地處淮北平原腹地。西漢爲新郪縣地。隋爲潁陽縣地。唐爲汝陰縣地。北宋開寶六年（973）置萬壽縣，宣和三年（1121）改爲泰和縣。元初併入潁州，大德八年（1304）復置，更名爲太和縣，屬潁州。明屬汝寧府。清屬潁州府。今屬安徽省阜陽市。

成兆豫，字悦嶺，山東鄒平人。拔貢。乾隆十四年任太和知縣。

吳中最，字新喬，江蘇陽湖人。舉人。乾隆十一年任太和教諭。

洪朝元，陝西山陽人。貢生。乾隆八年任太和訓導。

書前圖收《總圖》《城圖》《縣治圖》《學宮圖》《星野圖》等，共五幅。全書四卷，列八門六十九目：卷一輿勝志（疆域、星野、災祥、風俗、山川、溝洫、閘座、新修溝洫、橋梁、鎮市、寺宇、古跡）；卷二食貨志（户口、物産、土田、均里均甲、丁額、地則、賦役、蠲贈）；卷三建置志（肇邑、縣治、學校、公署、城池、坊廂、舖舍、鄉圖、壇壝、邮政）；卷四歷官志（知縣、縣丞、主簿、典史、教諭、訓導、巡檢、驛丞、大使、訓術、訓科、遺愛）；卷五至六人物志（進士、舉人、歲選、正貢、辟舉、例貢、武舉、吏材、貤封、恩蔭、錫老、鄉賢、孝義、德行、義輸、節烈、方伎、方外）；卷七禮制志（公儀、祀典、飲射、賓興）；卷八藝文志（宸翰、碑記、墓誌、詩賦）。

成兆豫序："太和之爲縣肇於漢，而縣志之作也昉於清苑劉公岎，其時則爲明萬曆甲戌。更歷八十餘載，至我朝順治十有六年，陳公大綸始重輯之，於今則又百年矣。……顧念志乘爲一邑風教所關，苟聽其闕略，不加纂輯，奚示勸懲。況陳公且毅然舉行於千瘡百孔補救不遑之時，若豫者又將何以自解。雖然，修志之願誠切矣，而力有未逮，蓋豫既乏三長，復紛庶務，所可自勉者惟捐俸爲鐫刻之資而已。因商之廣文吳君中最，吳君曰：勿憂，此亦余之願也，筆削吾任之，即剞劂吾猶當助之。……爰請廣文洪君朝元共襄盛事，並集邑之紳士于日孜、徐振烈、胡珠焜等，皆名著鄉評、素所深信者，屬以採訪，彙所聞見。吳君詳爲考覈，而後筆之於書，而豫特就稿本復加删訂焉，甫三月而縣志告竣。"

凡例謂："志中體制，悉仍舊格，其所未載者，依類續增於後，□聯而下，不注明新舊字樣。"

太和縣創修志書爲劉岎修、陳琯纂《太和縣志》七卷，分七志六十七目，萬曆二年（1574）刊刻。清初，知縣陳太綸聘吳溢、丁亮纂《太和縣志》八卷，以萬曆志爲藍本增纂，列七門六十八目，刊行於順治十六年。此乾隆志爲該縣清代最後一部志書，體例沿襲前志。

封面題簽以"元""亨""利""貞"標記冊序。

中國國家圖書館、中國科學院文獻情報中心、中國第一歷史檔案館、中國文化遺産研究院、北京大學圖書館等二十二館與日本東洋文庫、美國國會圖書館亦有入藏。

322. 清乾隆刻本潁上縣志　T3200/2821.83

〔乾隆〕《潁上縣志》十二卷首一卷，清許晉修，胡其煥、蔡書升纂。清乾隆十八年（1753）刻本。十册。半葉九行二十字，小字雙行同，白口，左右雙邊，單魚尾。框高 19.7 釐米，寬 14.2 釐米。首有扉頁，乾隆十七年許松佑序，乾隆十八年胡格序，乾隆十七年王斂福序，乾隆十七年許晉序，乾隆十七年柳青序，乾隆十七年楊標跋，例言，圖。卷端題：“潁上縣知縣許晉重修。”

潁上縣地處黃淮平原南部，淮河、潁河交匯處。漢爲慎縣地。南朝宋僑置樓煩縣。隋大業二年（606）改爲潁上縣，屬潁州。此後歷代沿襲。今屬安徽省阜陽市。

許晉，浙江德清人。舉人。乾隆十五年九月任潁上知縣，十七年正月調離，十七年三月回任，十八年七月調離，十九年九月再次回任，二十年十二月降調。

胡其煥，字倬雲，浙江德清人。乾隆九年舉人。許晉之甥。

蔡書升，字漢翔，浙江德清人。乾隆十二年進士。曾任清溪書院山長。著有《薑田詩稿》。

卷首圖有《通縣全圖》《城内全圖》二幅。全書十二卷，列十二門：卷一輿地（分野、疆域、沿革、邱阜、水渠、名跡、陵墓）；卷二建置（城池、公署、壇廟、寺觀、關巷、里集、樓亭、坊鋪、橋渡）；卷三賦役（都所、户口、田賦、雜稅、鹽法〔物産附〕）；卷四學校（學宫，祀典，書籍，學租〔書院附、鄉飲附〕）；卷五選舉（列國大夫、辟舉、進士、舉人、貢生、應例、武科、武職、雜科、貤封附）；卷六秩官（職官、令長、知縣、教諭、訓導、丞簿、典史、雜職、宦業、山長附）；卷七武備（所廳、軍官、軍屯、營制）；卷八卹政（積貯、蠲贈、惠老、恤困）；卷九人物（仕績、高行、尚義、孝子、文學）；卷十貞孝（貞女、烈婦、節婦、孝婦）；卷十一藝文（文、詩賦）；卷十二雜記（祥瑞、災異、風俗、摭遺）。

許晉所撰例言謂：“明萬曆乙亥所修之潁上縣志不可得見矣。辛亥復修於涪州張公，購得其本，而苦未全。全者順治乙未翟公纂本耳，顧字多漫滅，中間亦不乏謬悮。嗣是又歷百年，事跡散失，文獻無徵。適奉憲檄重輯，難辭固陋，因而廣詢旁搜，近事取諸高君澤生《風物記》者爲多，遠則加以考正，虞尚未備也。壬申夏録呈各上憲，經數月，已蒙核發矣。而自信爲艱，重加參訂，會府志已刻就，取以正其舛謬，刪其繁蕪，闕者增之，新者續之，重經寒暑，不敢憑臆塞責。”

扉頁刊：“乾隆十八年夏鐫各上憲鑒定潁上縣志。板藏西庫。”

　　潁上縣清代凡四修志書。首部爲翟乃慎修，馬履雲、徐必達纂《潁上縣志》十四卷，分十四門七十目，順治十二年（1655）付梓。其次即此乾隆志。其三爲劉耀椿修、李同等纂《潁上縣志》十三卷，有十三門六十七目，道光六年（1826）刊刻。其四爲都寵錫等修，李道章、鄭以莊纂《潁上縣志》十二卷，分十二門六十七目，光緒四年（1878）刊刻。此外，邑人高澤生所撰《潁上風物記》三卷内容亦近似方志，多爲乾隆志所採，有道光六年（1826）刻本。

　　金鑲玉裝。

　　《中國古籍善本書目》史部地理類著録。

　　故宫博物院圖書館、浙江圖書館、湖北省圖書館亦有入藏。

323. 清乾隆刻本碭山縣志　　T3205/1222.83

　　〔乾隆〕《碭山縣志》十四卷，清劉王璦纂修。清乾隆三十二年（1767）刻本。五册。半葉九行二十一字，小字雙行同，白口，四周雙邊，單魚尾。框高 18.1 釐米，寬 13.6 釐米。首有乾隆三十二年劉王璦序，舊序（隆慶六年〔1572〕王廷卿序、隆慶六年李嘉言序、萬曆四十六年〔1618〕練國事序、萬曆四十六年陳秉良序、明王文焕序、崇禎十二年〔1639〕劉芳序、乾隆七年郭浩序、清鄔承顯序），修志姓氏，凡例，圖。

324. 清乾隆刻本靈璧縣志略　　T3200/1171.83

　　〔乾隆〕《靈璧縣志略》四卷首一卷，清貢震纂修。清乾隆二十五年（1760）此君草堂刻本。六册。半葉九行二十三字，小字雙行同，白口，左右雙邊，單魚尾。框高 18.5 釐米，寬 13.0 釐米。首有扉頁，乾隆二十三年貢震序，目録，原序（萬曆二十四年〔1596〕杜冠時序、萬曆四十七年陳泰交序、康熙十三年〔1674〕吳嵩序、康熙六十年磬陰近崖氏序），凡例，圖説，乾隆二十三年邵謙吉後序，乾隆二十五年貢震跋。

　　靈璧縣地處淮北平原東部。唐爲虹縣地。北宋元祐元年（1086）析置零璧縣，政和七年（1117）改稱靈璧縣，屬宿州。明清屬鳳陽府宿州。今屬安徽省宿州市。

　　貢震，字文闇，號洊雷、息甫，江蘇江陰人。拔貢。曾任建平知縣。乾隆十七年任靈璧知縣，二十年去職，二十四年署建平知縣，後調任鳳陽知縣，主講壽春書院。著有《周易集説》《毛詩集説》《左氏隨筆》《息堂文稿》《息堂詩稿》等，纂修《建平存稿》《鳳陽縣志》《南絲盛典》等。

卷首圖説有《縣境總圖》、四鄉圖，共五幅，各附有圖説。全書四卷，卷各一册，分四門三十一目：卷一輿地（疆域、城池、山川、土田、鄉里、市集、道路、橋渡）；卷二經制（職官、公署、賦役、學校、祭記、兵防、河防、驛站、鹽法、倉廒、禁獄、養濟院、漏澤園）；卷三人物（名宦、鄉賢、選舉、列女）；卷四雜志（風俗、災異、古跡、物産、寺觀、藝文）。

後二册爲附録二種：《靈璧河防録》不分卷，有河隄、閘壩、官司、夫役、漕規、河變等門。《靈璧河渠原委》三卷，載河流、溝渠。

貢震序述纂修經過：“震以乾隆十七年冬由建平奉調來此，訪求數月，乃得陳志鈔本於皂隸潘亮，踰年又得吳、于志稿於書吏王秩義許。……震竊不自揆，嘗欲彙是數編，訂謬芟蕪，補所未備。……二十二年冬至明年夏，久寓符離，閒取縣志與省志郡志參校，質以予日所聞，闕疑著信，編爲四卷。將成，傅生肯堂出其大父所記邑事數十條見示，有尚所未聞而確乎可據者，亦併增入。”

貢震跋述刊刻經過：“是書脱稿於乾隆二十三年之夏，余以睢河局務由符離移寓濠梁，明年春有京師之行，夏六月到建平任，與靈璧士民益遠。諸生張遐淑以書來請余稿，余惟靈邑積歉之後，難望捐資付梓，此書未有副本，盛恐傳觀遺失。今年夏，建邑時和民樂，山署徬閒，酷暑中不惜目力，手寫一本，募工開雕，始於六月之朔，八月十二日卒業。”可知此志係貢震建平知縣任内所刻。

扉頁刊：“靈璧志略。此君草堂藏板。附河防録、河渠原委。”“此君草堂”爲貢震於靈璧、鳳陽所建住宅之名。

明萬曆間，杜冠時、陳泰交先後纂修靈璧縣志，今均已不存。現存最早的志書爲吳嵩等修、汪之章纂《靈璧縣志》八卷，分八門三十二目，附外紀一卷，有康熙十九年（1680）鈔本存中國國家圖書館。其後至康熙六十年，于元吉再修，未刊刻，今已佚。此乾隆志爲靈璧清代最後一部縣志。

卷四末刊：“江寧穆殿衡鐫。”

金鑲玉裝。

中國國家圖書館、中國科學院文獻情報中心、中國第一歷史檔案館、北京師範大學圖書館、上海圖書館等十七館及日本東洋文庫、京都大學人文科學研究所、美國國會圖書館亦有入藏。

325. 清乾隆刻本壽州志　　T3200/4430.83

［乾隆］《壽州志》十二卷首一卷末一卷，清席芑纂修。清乾隆三十二年（1767）刻本。六册。半葉九行二十一字，小字雙行同，白口，左右雙邊，單魚尾。框高

19.6 釐米，寬 13.6 釐米。首有乾隆三十二年席芑序，乾隆丁亥（三十二年）張肇揚序，目錄，修志姓氏，凡例，圖説。卷末有首事姓氏，董事及勸梓姓氏，舊志原序（萬曆五年〔1577〕莊桐序、萬曆丁丑〔五年〕張沛序、胡文瀚序、萬曆丁丑侯汝白跋、謝翀跋、順治十三年〔1656〕鄧旭序、劉允謙序、順治乙未〔十二年〕陳邦簡序、顧佐跋、順治乙未金用乾序、順治乙未謝開寵跋、順治辛卯〔八年〕王廷毗序）。卷端題："知州事今升知湖南寶慶府事吳縣席芑編輯。"

壽州地處淮河中游南岸。兩漢相繼爲淮南國、九江郡地。西晉爲淮南郡地。隋開皇九年（589）置壽州。北宋政和六年（1116）升爲壽春府。金降爲壽州。明轄蒙城、霍丘二縣。清雍正二年（1724）蒙城、霍丘改隸潁州府，此後壽州不轄縣，屬鳳陽府，雍正十一年析州境之北設鳳臺縣。1912 年改爲壽縣。今屬安徽省六安市。

席芑，字穀祥，號澹庵，蘇州吳縣人。監生。乾隆三十年任壽州知州，三十二年升任湖南寶慶府知府。

卷首圖説有《州城圖》《州境圖》《州治圖》《學宮圖》《書院圖》《安豐塘水利圖》《蔡城塘水利圖》《普濟堂圖》，共八幅。正文十二卷，平列二十六門：卷一疆域、星野；卷二山川、城池、關津、形勝；卷三公署、祠祀；卷四賦役、水利；卷五學校；卷六兵防、選舉；卷七封爵、職官；卷八名宦；卷九人物；卷十列女；卷十二災祥、蠲贈、風俗、物産、古跡、隴墓、寺觀；卷十二雜志。

席芑序："以徵文則李志而外，搜得民間所藏莊志舊本，參以省志、郡志，又考諸二十二史與《通鑑綱目》等書，其事之可信者存之，可疑者闕之，未備者補之，大率以李志爲本而損益以折其中焉，以徵獻則敦請州之有學有行，素爲鄉黨推重者明經方仙根、方汝梅爲之參訂，而佐以醇寔之士孫珩、周官、張德藹、時中爲之探訪，至董其事者則生員薛世曉、黃朝選也。……謀始於乾隆丙戌春正月，至丁亥夏四月，凡三易稿。"

此志席芑序謂："《壽州志》創於明正統間束鹿甄公，修於嘉靖間潞安栗公。"壽州現存最早志書爲栗永禄纂修《壽州志》八卷，列八志，記本州及二屬縣事，嘉靖二十九年（1550）付梓。其後萬曆間知州莊桐亦曾纂修州志，今已亡佚，序跋存此志。其次爲李大升修、陳邦簡纂《壽州志》五卷，仍記本州及二屬縣事，分二十一門，順治十二年刊刻，另有康熙間知州王治國增刻本。其三即此乾隆志，體例仿順治志，因屬縣改隸潁州府，紀事僅及本州。其四爲朱士達修，喬戴緤、湯若荀纂《壽州志》三十六卷，有七志三傳二表，道光九年（1629）刊行。其五爲曾道唯等修、葛蔭南等纂《壽州志》三十六卷，列十二志，資料較豐富，刊刻於光緒十六年（1890）。

卷首《普濟堂圖》下署繪工姓名："正陽儒士吳秉忠繪。"

首冊首葉鈐"拾遺曾奏數函書"白文方印（2.2×2.2 釐米）。此句化用自杜甫《奉酬嚴公寄題野亭之作》詩首句"拾遺曾奏數行書"。

有缺葉：卷七第四十七葉。

中國國家圖書館、故宮博物院圖書館、天津圖書館等七館與臺北故宮博物院及日本東洋文庫亦有入藏。

326. 清乾隆刻本宣城縣志　　T3200/3145.83

〔乾隆〕《宣城縣志》三十二卷首一卷，清吳飛九修，楊廷棟等纂。清乾隆四年（1739）刻本。三函十八冊。半葉九行二十二字，小字雙行同，白口，四周雙邊，單魚尾。框高 20.8 釐米，寬 15.3 釐米。首有乾隆己未（四年）吳飛九序，乾隆四年程侯本序，原序（康熙丁卯〔二十六年，1687〕李振裕序、康熙二十六年袁朝選序），乾隆戊午（三年）重修姓氏，康熙丁卯纂修姓氏，目錄，圖考。

宣城地處皖南山區與長江下游平原結合部。西漢置宛陵縣，屬丹陽郡。隋改爲宣城縣，爲宣州治。南宋乾道二年（1166）爲寧國府治。元爲寧國路治。明清爲寧國府治。1987 年改爲宣州市（縣級）。2000 年撤銷宣城地區，改設地級宣城市，原縣級宣州市改爲宣城市宣州區。

吳飛九，字鯤南，江蘇丹徒人。舉人。雍正十三年（1735）任宣城知縣。

楊廷棟，字大宇，號樗園。雍正八年進士。歷官翰林院編修、實錄館纂修官。著有《樗園詩稿》。生平見〔嘉慶〕《宣城縣志》。

卷首圖考有《縣治之圖》《縣城之圖》《山川之圖》，共三幅。正文三十二卷，平列二十六門：卷一疆域（形勝附）；卷二建置沿革；卷三星野；卷四山川（關津、橋梁附）；卷五城池（防禦附）；卷六風俗；卷七田賦（戶口附）；卷八學校；卷九公署；卷十祠祀（寺觀附）；卷十一官師；卷十二名宦；卷十三至十四選舉（文科甲、武科甲、薦辟、貢生）；卷十五至十七人物（名臣、宦業、儒林、忠節、孝友、懿行、文苑、武烈、隱逸）；卷十八封贈；卷十九至二十列女；卷二十一流寓；卷二十二方技；卷二十三仙釋；卷二十四至二十六藝文（表、疏、記、書、序、銘、頌、賦、詩）；卷二十七載籍；卷二十八祥異；卷二十九古跡（邱墓附）；卷三十附載；卷三十一附紀；卷三十二雜紀。

吳飛九序："邑志自康熙丁卯以來，失記載者將遞甲子，核其原委，即父老傳聞亦不能覼縷矣。……余於文廟，努力捐俸，並募同志共虔俎豆，事詳碑記。文廟甫畢，即從事志書，敦請邑之紳士相與虛心商確，凡山川、星野、田賦、關梁、官師、鄉獻、孝子、貞婦之類，或仍乎舊，或更以新，或補未備，或缺所疑，務在詳明簡當，不溢不支。……志事起八月告竣。"

宣城縣清代凡五修志書。首部爲秦宗堯、王同春纂修《寧國府宣城縣志》十卷，有表、志、傳、記四體三十四門，順治十年（1653）付梓。其次爲袁朝選修、徐肇伊等纂《宣城縣志》八卷，康熙二十六年刻。其三即此乾隆志。其四爲陳受培修、張燾纂《宣城縣志》三十二卷，分二十七門，刊刻於嘉慶十三年（1878）。其五爲李應泰等修、章綬纂《宣城縣志》四十卷，據嘉慶志重纂，分三十門，光緒十四年（1888）木活字排印。

卷二十四、卷二十七至三十二（第十八冊）係鈔配。另有缺葉十餘，如卷三末葉、卷七第七葉等，兹不備錄。

《中國古籍善本書目》史部地理類著錄。

中國國家圖書館、中國科學院南京地理與湖泊研究所圖書館與美國國會圖書館亦有入藏。

327. 清乾隆刻本廣德州志　　T3200/0823.83

〔乾隆〕《廣德州志》五十卷首一卷，清胡文銓修，周廣業纂。清乾隆五十九年（1794）刻本。五函三十冊。半葉九行二十二字，小字雙行同，白口，四周雙邊，單魚尾。框高 20.6 釐米，寬 14.1 釐米。首有乾隆五十七年胡文銓序，周廣業題辭，總目，例言，廣德州屬舊志目，舊志序（嘉靖丙戌〔五年，1526〕鄒守益序、萬曆壬子〔四十年，1612〕李得中序、康熙七年〔1668〕楊苞序、乾隆四年李國相序），圖。書後有乾隆五十九年王其福後序。

廣德州地處皖南山地東北部。秦、漢爲故鄣縣地。三國吳析置廣德縣。南朝宋置綏安縣。隋併入綏安縣，至德二年（757）改綏安縣爲廣德縣。北宋太平興國四年（979）置廣德軍。元改爲廣德路。1356 年朱元璋改爲廣興府。洪武四年（1371）改爲廣德直隸州，領廣德、建平二縣，十三年併廣德縣入州。清屬安徽省。1912 年降爲縣。今屬安徽省宣城市。

胡文銓，字秉三，號衡齋，順天府大興縣人。乾隆四十年進士。曾任户部江南清吏司主事，乾隆五十三年任廣德知州，五十四年署寧國知府，次年回任，五十九年離任。後任常德知府。

周廣業（1730—1798），字勤圃，號耕厓，浙江海寧人。乾隆四十八年舉人。主講安徽廣德書院。著有《孟子四考》《蓬廬文鈔》《讀易纂言》《石經紀略》《經史避名匯考》等，輯錄有《寧志餘聞》。

卷首圖有《州屬圖》《州四境圖》《州城圖》、官署寺廟圖、十景圖、《建平縣城圖》《建平縣四境圖》《萬曆志州四境圖》《萬曆志學宮圖》《萬曆志縣治圖》《李志州屬圖》《李志州四境圖》《李志州城圖》《李志州署圖》《李志儒學圖》《李志縣城圖》《李志縣四境圖》，計三十二圖。正文五十卷：卷一至五地域志（建置沿革，沿革表，星野，形勝，疆界〔鄉都、坊保〕，山川〔塘壩〕，名跡）；卷六至十四營建志（城池、公署、學校〔書院附〕、兵防、郵遞、倉廠、市鎮、坊表、津梁、壇廟、寺觀、塋墓）；卷十五至二十田賦志（戶口、田額、賦額、漕儲、課稅、蠲卹、物產）；卷二十一至二十二典禮志（慶賀、祭祀〔救護附〕、鄉飲、賓興〔入學附〕、講約、迎春〔勸農附〕、風俗〔節序〕）；卷二十三至二十八職官志（守令〔僚屬、教職〕，武職，宦績，封爵）；卷二十九至三十二選舉志（薦辟、進士、舉人、副榜、歲貢、選貢、恩貢、例貢〔監選附〕、掾選、武科、武弁、封贈〔蔭襲〕、賓介、壽官、義官）；卷三十三至三十六人物志（名臣、忠烈、循吏、儒碩、文苑、武功、孝友、義行、隱逸、寓賢、方技、仙釋）；卷三十七至四十列女志（完節、義烈、貞孝、賢媛〔閨秀附〕）；卷四十一至四十七藝文志（表疏、諭禁、碑記、雜著、詩、書目）；卷四十八至五十雜志（祥異、兵寇、軼聞、叢綴）。各門均先本州，次建平縣。志文詳注出處，體例頗佳。

周廣業題辭謂："余以講愚，薄遊桐汭，郡伯胡衡齋先生若有夙契，居月餘，屬修州志，且曰：捨其舊而新是圖。因取萬曆以來諸志閱之，信有當掃而更者。與同事考訂蒐輯，不辭勞瘁者歲餘，但期傳信以答賢守盛心而已，當否未敢知也。"

例言末條謂："是志始於辛亥仲秋，先訪求舊志，自本州以及統志，自前明以及元和；次稽考群書，發篋借人，隨覽隨録；次摩拓碑碣，自通都名勝，以及山巔水湄，凡苔蘚所封、泥沙所覆者，無不搜剔，或全録，或摘鈔；次咨訪老成，自城及鄉，榜諭啓徵，務詳務核；然後分門別目，創爲叢稿，凡三四易而後定。一事涉疑，群相參酌，一字小訛，共相質難，閱十有六月始竣。"

此志《中國地方志聯合目録》《中國地方志總目提要》《美國哈佛大學哈佛燕京圖書館藏中國舊方志目録》均著録爲乾隆五十七年刻本，係據卷首序文著録，不確。職官志、選舉志紀事均至乾隆五十九年，且書後王其福後序署乾隆五十九年，並謂："卷帙繁多，至甲寅春而猶未刻畢，會胡公以保薦入都，我吳芝厓瞿公來攝郡篆……深以志書未竣爲慮。有諸生胡召與其父來謁，福諷以解囊，胡生父子慨然助錢百八十千，而五十卷書於夏五月中畢工矣。……書成而梓圖苦，更無胡生其人者，故遲至十月使得藏事。"可知此志刻成於乾隆五十九年。

廣德宋代即修有志書，卷首《舊志目》載宋趙亮夫修《桐汭志》，成書於淳熙間，見王象之《輿地碑記目》，紹定五年（1232）趙子直纂《桐汭新志》二十卷，見陳振孫《直齋書録解題》。明弘治間范昌齡亦修有州志，均久佚。現存明清志書七部。首部爲朱麟修、黃紹文纂《廣德州志》十卷，分五十一門，嘉靖十五年付梓。其次爲李得中修，李日滋、徐文淵等纂《廣德州志》十卷，據萬曆初知州李得陽志稿補輯，有萬曆間刻本，又有順治三年（1646）閔以棟補刻本。其三爲高拱乾修、戈標等纂《廣德州志》二十六卷，以康熙七年知州楊苞所纂修志書爲藍本纂成，體例仿河南、陝西二省通志，刊行於康熙十二年，又有康熙二十二年門可榮增補本。其四爲李國相纂修《廣德直隸州志》三十卷，列九門二十九目，乾隆四年刻。其五即此乾隆五十九年志。其六爲裕文纂修《增補廣德州志》十六卷，據張文鳳稿本續輯，載乾隆至道光間史事，分五十六門，道光二十七年（1847）刊。其七爲胡有誠修、丁寶書等纂《廣德州志》六十卷，沿襲此志體例，以道光志及咸同間史事依類增補，光緒七年（1881）刊行。

單數册首葉鈐"袁永慕堂圖記"朱文方印（2.1×2.1釐米）。係袁昶（1846—1900）舊藏。袁昶係浙江桐廬人，光緒二年恩科進士，官至太常寺卿，庚子事變時因直諫反對朝廷依靠義和團與列强開戰被殺。袁昶《永慕堂藏書目錄》著錄此志，標注"十六册二函"，或因修整襯紙，書册增厚，而改分爲三十册。

中國國家圖書館、上海圖書館、天津圖書館等六館與臺北故宮博物院亦有入藏。

328. 清乾隆刻本旌德縣志　T3200/0123.83

［乾隆］《旌德縣志》十卷，清李瑾、張洞修，葉長揚纂。清乾隆十九年（1754）刻本。八册。半葉十行二十二字，小字雙行同，白口，左右雙邊，單魚尾。框高20.6釐米，寬14.3釐米。前有乾隆十九年張洞序，乾隆十七年李瑾序，原序（萬曆戊戌〔二十六年，1598〕蘇宇庶序、順治十三年〔1656〕楊光溥序），職名，凡例二十二條，目錄，圖。書後有乾隆十九年華南方書後。

旌德縣地處皖南山地中部。唐永泰元年（765）析太平縣置，屬宣州。南宋屬寧國府。元屬寧國路。明清屬寧國府。今屬安徽省宣城市。

李瑾，四川新都人。舉人。乾隆十三至十七年任旌德知縣。

張洞，山東萊陽人。舉人。乾隆十九年任旌德知縣。

葉長揚，字爾祥，江蘇吳縣人。康熙五十七年（1718）進士。官翰林院編修。另修有《淮安府志》《吳縣志》。生平見［同治］《蘇州府志》。

書前圖收《城郭圖》《學宮圖》《縣治圖》《山川都隅圖》及西山、梓山、凫山、柳山圖，計八幅。正文十卷，列十志九十九目：卷一疆域志（星野、沿革、廣袤、形勝、山川、河道、古跡、風俗）；卷二建置志（城池，衙署，倉廒〔社倉、養濟院附〕，舖舍，坊都，橋梁，武備〔驛傳附〕，坊表）；卷三學校志（學規、學宮、歷代隆議、清盛典、殿廡位次、釋奠禮樂、群祀、學廨、學制員額、學田、社學、義學、書院、書籍）；卷四典禮志（秩祀、公儀、迎春、耕耤、講約、鄉飲酒、習射、賓興〔廟祠殿寺庵堂觀閣院附〕）；卷五食貨志（戶口、田土、壩陂、土產、貢賦、歲費、倉糧、恩恤、鹽法）；卷六職官志（兵憲、學憲、縣令、縣丞、主簿、尉典史、教諭、訓導、巡檢〔稅課附〕、城守營、政跡）；卷七選舉志（辟舉，進士〔文武〕，鄉薦〔文武〕，成均〔恩拔副歲〕，仕宦〔例貢、上舍〕，武職，貤封，掾辟，壽官〔義官、農官〕）；卷八人物志（名臣、宦業、儒林、文苑、武烈、忠節、孝義、卓行、懿行、善行〔俠行附〕、鄉耆、隱逸、寓賢、仙釋、藝術、列女）；卷九藝文志（奏疏、記、序、跋、論、說、傳、賦、行狀、墓碑、詩、歌），卷前有經籍書目；卷十雜記志（祥異、拾遺、附錄）。

李瑾序：“戊辰歲，余奉簡命來宰是邑，嘉平冬杪始下車，閱志闕如，文獻之謂何，心竊訝之。迨檢案牘，業經王署縣據呈報修。己巳春三月首舉，紳士請余主厥事。……前明成化志弗可攷，萬曆戊戌蘇令宇庶修輯，事簡詞略，什一廑存。我朝順治丙申，攝篆楊司李光溥重修，無論冗漫非體，而距今亦且百年，曠邈湮軼無徵，是虞修孔汲哉。……爰與同館諸君商酌至再，越歲庚午，復延吳門定湖葉太史，辨晰疑似，釐正舛訛，先定綱目，分爲十冊，部署亦既分明矣。”

張洞序：“今補授茲邑，獲晤邑紳士之在京師者，首詢土俗人情、民生政治外，具言縣志未修幾百年，幸前任李侯舉修，惜時勢之偶乖，將伯之中阻，工猶未竣焉。余心誌之，而又嘆觀成之亦非易也。中秋後三日蒞任，即往宛謁郡尊，蒙諭以旌志之未成者，當督率以終其事。余奉命唯謹，旋署索全稿。……因即延集同舘諸君，重加整理，刻期竣工。”

旌德縣現存最早志書爲蘇宇庶纂修《旌德縣志》十卷，萬曆二十六年付梓。其次爲王融修、毛元策等纂《旌德縣志》十卷，分十門，順治十三年刊刻。其三即此乾隆志。其四爲陳炳德修、趙良霈等纂《旌德縣志》十卷《補遺》一卷《附訂》一卷，係此志之續訂本，嘉慶十三年（1808）刊行。其五爲王椿林修、胡承珙纂《旌德縣續志》十卷，依嘉慶志體例補輯嘉道間十八年史事，道光六年（1826）刻。

書前四幅山圖有繪工葉華平題款，如柳山圖署“春圃葉華平寫”。

故宮博物院圖書館、上海圖書館、中國科學院南京地理與湖泊研究所圖書館、安徽省圖書館亦有入藏。

329. 清乾隆刻本福建通志　T3222/0.83.1

[乾隆]《福建通志》七十八卷首一卷，清郝玉麟等修，謝道承等纂。清乾隆二年（1737）刻本。60册。半葉十行二十字，小字雙行同，白口，四周雙邊，單魚尾。框高 23.2 釐米，寬 17.2 釐米。首有乾隆二年周學健序，郝玉麟序，乾隆二年盧焯序，王士任序，覺羅倫達禮序，乾隆二年四月纂修通志表文，凡例，目錄，纂修姓氏。

330. 清乾隆刻本福建續志　T3222/0.83.2

[乾隆]《福建續志》九十二卷首四卷，清楊廷璋、定長等修，沈廷芳等纂。清乾隆三十四年（1769）刻本。四十册。半葉十行二十字，小字雙行同，白口，四周雙邊，單魚尾。框高 21.9 釐米，寬 15.4 釐米。首有乾隆三十四年崔應階序，定長序，乾隆三十三年鄂寧序，乾隆三十三年王杰序，沈廷芳序，乾隆二十九年吳嗣富序，纂修官員，曹繩柱《請續修福建省志詳文》，凡例，目錄，圖。

福建省，古爲閩粵地，戰國置閩中郡。兩漢爲東治縣，屬會稽郡，後改侯官縣。三國吳置建安郡，西晉設晉安郡，屬揚州。隋開皇九年（589）改泉州，大業三年（607）改州爲建安郡。唐設福、泉、建、漳、潮五州，以經略使統領之，北宋置兩浙西南路，元爲福建行省，明清因之。

楊廷璋，鑲黃旗漢軍，乾隆二十四年任閩浙總督，乾隆二十八年晉體仁閣大學士，仍留閩浙總督任。

定長，滿洲正黃旗人，中書舍人，乾隆二十七年任福建巡撫。

沈廷芳，字畹叔，號椒園，浙江仁和（今杭州）人，以國子生參與《大清一统志》校録，清乾隆元年舉博學鴻詞科，授翰林院編修，出任山東道監察御史等職。

卷首補圖、典謨四卷；卷一星野；卷二建置沿革（有表）；卷三至四山川；卷五疆域（形勝附）；卷六至七城池（水利、橋梁附）；卷八風俗；卷九至十物產；卷十一至十二田賦（鹽課附）；卷十三戶口（卹政附）；卷十四典禮；卷十五至十六祠祀；卷十七至十八兵制（海防附）；卷十九封爵；卷二十至二十一學校（書院、社學附）；卷二十二公署；卷二十三至二十六職官；卷二十七至三十名宦；卷三十一至三十四選舉（武科、召辟、武功、任子附）；卷三十五至四十理學；卷四十一至四十九人物；卷五十至五十二孝義；卷五十三至五十五文苑；卷五十六寓賢；卷五十七隱逸；卷五十八技術；卷五十九至七十一列女（名媛、節孝、貞烈）；卷七十二方外（寺觀附）；卷七十三至七十四古跡（宮室、宅墓、石刻附）；卷七十五外島；卷七十六至八十九藝文；卷九十至九十二雜記（祥異、叢談）。

定長序曰："國朝刊修者再，而近時閣學謝公所撰前志成於丙辰之歲，自今皇帝御宇以迄於今……顧前志有未及詳，宜續近事以傳來許。爰與前制府相國楊公暨方伯群僚諮訪舊章，集諸名儁，甄搜事類，而延仁和沈萩林廉訪、錢塘吳崑田太史總其成。於是萃群賢之力，殫經歲之勤，廣而不靡，博而能要。前志所偶闕者補之，前志所未載者增之，雖自為一編而大體不易，既成，釐為九十二卷以授之梓。"

沈廷芳序曰："今天子皇猷懋富教之殷，綱紀法度之備，人材品彙之衆，蒸然丕變，而前志尚未及載，觀風者無所考，於是連帥邦伯群公咸思更輯。予適主鼇峰講席，因屬偕吳館丈嗣富共典斯事。半生遊宦，自慚舊學荒蕪，何能為役？顧終辭不獲，爰與纂修諸君子紬而續之。首弁典謨，繼述星野，而迄雜記。為門三十有二，為卷九十有二。事例仍前而取義稍別，有前志已載而復補者，學宮載聖門弟子、祠祀記列祀姓氏是也；前志未載而特增者，郡邑添福鼎、兵制列海防、選舉增詞科、人物徵史傳是也；前志有而易之者，方技置列女之前，寺觀附方外之末是也；前志有而更其名者，我朝差科盡捐，載戶口而不載戶役是也。"

職官紀事至乾隆三十三年。"真"字避諱。

現存最早福建省志為明弘治《八閩通志》八十七卷（陳道修、黃仲昭纂，弘治四年〔1491〕刻本），次為萬曆《閩大記》五十五卷（萬曆九年〔1581〕王應山纂，有清鈔本傳世），萬曆《閩書》一百五十四卷（何喬遠纂，崇禎二年〔1629〕刻本）。清代凡四修，一是康熙《福建通志》六十四卷（金鉉修，鄭開極等纂，康熙二十三年刻本），二為乾隆二年《福建通志》七十八卷首一卷（郝玉麟等修、謝道承等纂，乾隆二年刻本），三即此《福建續志》，四為道光《重纂福建通志》二百七十八卷首七卷（孫爾準等修，陳壽祺纂，程祖洛等續修、魏敬中續纂）。

中國國家圖書館、中國科學院文獻情報中心、上海圖書館、南京圖書館等二十五館與臺北故宮博物院及日本東洋文庫、東京大學東洋文化研究所、美國國會圖書館、英國國家圖書館、劍橋大學圖書館等有藏。

331. 清稿本福建通志政事略　T3222/0.721

《福建通志政事略》，清劉建韶撰。稿本。十七册。紅格稿紙，版心上鐫"福建通志稿本"。框高 23.4 釐米，寬 17.4 釐米。目録首題："重纂福建通志政事略目録。"

劉建韶，字克和，號聞石，福建長樂人，清道光十五年（1835）進士。歷任陝西乾州知縣、興安、榆林知府等職，林則徐好友。

劉建韶爲道光九年《重纂福建通志》編纂者之一，編纂時係舉人。

内容包括：田賦志（上、下）；土貢志；倉儲志；兵制志（上、下）；郵驛志（上、下）；馬政志；船政志；鼓鑄志；卹助志（上、下）；洋市志；蕃貢志。

經與道光《重纂福建通志》核對，卷四十九《田賦·晉·南朝》與該稿本《歷代田賦》的内容基本一致（稿本"晉"末有雙行小字："《文獻通考》參《宋書·州郡志》"，刻本《重纂福建通志》無）。

晉武帝平吴之後，制户調之式。（雙行小字：時建安郡承吴之後户三千四十二，口一萬七千六百八十六。晉安太守立於太康三年，户二千八百四十三，口一萬九千八百三十八。）丁男之户，歲輸絹三疋，棉三斤。女及次丁男爲户者半輸。其諸邊郡或三分之二，遠者三分之一。成帝咸和五年始度百姓田，取十分之一率，畝税米三升，哀帝即位乃畝收二升。

卷四十九《田賦·田土總數》亦與該稿本文字一致（稿本"田土總數"末有雙行小字："各都司屯田牛共四千三百九十二隻，行都司屯田牛共二百五十六隻。"刻本《重纂福建通志》無。）

洪武二十六年總計福建布政司田土一十四萬六千二百五十九頃六十九畝。

宏治十五年總計福建布政司田土一十三萬五千一百六十六頃一十七畝七分九釐。

萬歷六年總計福建布政司田土一十三萬四千二百二十五頃六分七釐零。

福建都司並行都司原額屯田五千三百八十一頃三十七畝，見額屯田八千六百九十三頃二十二畝三分一釐。

可見該稿本爲《重纂福建通志》的纂修底稿本，成於清道光十年左右。

紀事至道光十年（土貢志）。

每册末均有數量不等之空白葉。

鈐印："劉建韶稿。"

332. 清乾隆刻本福州府志　T3223/3630.83

[乾隆]《福州府志》七十六卷首一卷，清徐景熹修，魯曾煜等纂。清乾隆十九年（1754）刻本（卷五十八至六十配補鈔本）。三十二册。半葉九行二十二字，小字雙行同，白口，四周雙邊，單魚尾。框高 20.4 釐米，寬 13.2 釐米。首有扉頁，沙濟序，喀爾吉善序，陳宏謀序，乾隆十九年徐景熹序，修志姓氏，凡例，目録。末有舊序（淳熙九年〔1182〕梁克家《三山志序》、正德十五年〔1520〕林庭㭿《福州府志序》、萬曆二十四年〔1596〕沈棡序、萬曆四十一年林烴序）。扉頁題："福州府志。"

偶有補鈔。

333. 清康熙刻乾隆印本羅源縣志　T3224/6139.8

[康熙]《羅源縣志》十卷，清王楠修，林喬蕃等纂。清康熙六十一年（1722）刻乾隆印本。八册。半葉九行二十二字，小字雙行同，白口，四周雙邊，單魚尾。框高 20 釐米，寬 13.7 釐米。首有康熙六十一年王楠序，凡例，目録（存卷五至九目録）。

羅源縣，位於今福建省東北部。唐大中元年（847）析連江縣地置羅源場，咸通二年（861）改永貞監。五代後唐王閩升爲永貞縣，屬長樂府。後漢乾祐元年（948）屬福州。北宋天禧五年（1021）改稱永昌縣，乾興元年（1022）更名羅源縣。元屬福州路。明、清屬福州府。

王楠，字頤中，湖廣麻城人，康熙二十六年舉人。曾任湖南武陵縣教諭，康熙五十七年任羅源知縣。

林喬蕃，字仲椒，羅源縣人，歲貢。

卷一輿地、疆域；卷二學校、倉廒、監房、壇壝、祠廟、橋梁、亭榭、舖舍、兵防、塘汛；卷三俗尚、物産；卷四賦役（田賦、錢糧、起運、存留、編審、清釐）；卷五職官志（官制、歷官、縣官、佐貳、典史、學官、武職、遊擊、守備、千把）；卷六選舉（進士、特奏名、釋褐、舉人、副榜、貢生、監生、吏員、武科、功加、封贈）；卷七人物（名賢、政績、忠節、孝友、文學、武功、神童、鄉行、隱逸、壽考、貞烈、節婦、殉夫）；卷八制誥、奏疏、記序、論策、詞賦、詩歌；卷九沿革；卷十雜記（神異、仙釋、時事、古跡、宦塚、補遺）。

王楠序曰："余甫涖羅……志書止於明萬曆初年，啓禎以後迄今百有餘年闕焉。……越數月，署閩篆歸值。康熙五十八年冬會有親履鄉村編點門牌之役……隨諭保甲將煙冊十戶爲甲，十甲爲保，戶有族長，甲有干長……佃夫輸徵數目以保長主之而糧冊不混，錢糧自是一清。越二年適編審屆期，時撮六欵詳情俱蒙採納，頒刊通行，丁苗併審，酌盈濟，虛此一時也。……而向來之馱賠包荒亦自是一清。……但於邑之紀綱庶事，關風化利民生者，亦既悉力經營，漸次就緒矣。余又喜曰：‘斯可以續未續之志矣。’……”

有缺葉。版印模糊，字跡漫漶。“曆”字避諱，當爲乾隆之後印本。

現存最早羅源縣志爲明嘉靖二十四年（1545）高相纂修《羅川志》四卷，其後是萬曆四十二年（1614）陳良諫纂修《羅源縣志》八卷。清代志書凡二修，一即此本，二即道光十一年（1831）刻《新修羅源縣志》三十卷首一卷本（盧鳳芩修、林春溥纂）。

《中國地方志總目提要》未著錄該志，《中國古籍善本書目》著錄康熙刻本，僅中國國家圖書館、南京大學圖書館有藏。

334. 清鈔本閩清縣志　T3224/7331.83

［乾隆］《閩清縣志》十卷首一卷（存首一卷，卷一至六），清姚循義纂修。清乾隆七年（1742）修，清鈔本。三冊。半葉十行二十字至二十二字不等，小字雙行同，無欄格。開本高 28.5 釐米，寬 15.9 釐米。首一卷有乾隆七年陳治滋序，乾隆七年吳履泰序，乾隆七年姚循義序，乾隆七年陳石鍾序，乾隆七年林澄源序，凡例，纂輯姓名，目錄，圖。卷端題：“邑令浮梁姚循義斐園氏編輯。”

閩清縣，位於今福建省東部。唐貞元元年（785）析侯官縣西鄉十里置梅溪場，同年升爲梅溪縣，屬福州。五代後梁乾化元年（911）更名閩清縣，後先後屬長樂府、福州。宋因之。元屬福州路。明、清屬福州府。

姚循義，號斐園，江西浮梁人，拔貢。乾隆六年署閩清縣事。

卷一星野、沿革、疆域（形勝附）、地域（坊巷附）、公署（鋪遞附）、學校、壇廟、鄉賢（名宦）；卷二山川（水利附）、津梁（亭錄）、坊里（村莊錄）、風土；卷三賦役；卷四官制、職官、兵制、武制；卷五選舉（例監、吏職附）；卷六名宦、人物、恩榮、孝義、隱逸、烈女、仙釋；卷七物産、宅墓、寺觀、古跡；卷八祥異、雜記；卷九著述、藝文上；卷十藝文下、後序。

姚循義序曰：“國家御宇已歷百年……則是書終無成日矣。念及此，予曷勝惶悚，其又奚敢以固陋辭哉？爰集邑中紳士之賢而有識者，耆老之樸而強記者，諮其舊聞，詢其軼事，考其山川，詳其風物，寧慎毋濫，寧質毋誇。稿初定而新任侯君來接受縣事，復與細加校訂，大致折衷，於省郡兩志而微參之，分類三十有二，彙卷有十。

更五朔而告成。"

凡例云："閩清舊志久已散佚無考，今惟查照省郡兩志所登載者逐條摘出外，又採録遺書，并闔邑耆舊傳聞之有據者附入編輯成書。"

此乾隆七年修《閩清縣志》十卷，爲現存清末之前唯一之該縣志。僅鈔本傳世。

僅上海圖書館、華東師範大學圖書館、福建省圖書館、福建師範大學圖書館藏有鈔本。

335. 清乾隆刻本安溪縣志　T3224/3433.83

［乾隆］《安溪縣志》十二卷首一卷，清莊成修，沈鍾等纂。清乾隆二十二年（1757）刻本。十二册。半葉九行二十一字，小字雙行同，白口，左右雙邊，單魚尾。框高 21.1 釐米，寬 14.3 釐米。首有扉頁，官獻瑤序，乾隆二十二年莊成序，原序（正德十六年〔1521〕李源序、詹源序、嘉靖八年〔1529〕林有年序、黃懌序、嘉靖三十一年林有年序、萬曆二十四年〔1596〕章廷訓序、天啓元年〔1621〕吕圖南序、李懋檜序、王用予序、康熙十二年〔1673〕王者都序、李光地序、謝宸荃序、李光座序），凡例，歷朝修志姓氏，續修姓氏，目録。扉頁題："乾隆二十二年重修。安溪縣志。板貯縣庫。"卷端題："邑令陽湖莊成藥軒氏重輯。"

336. 清乾隆刻本永春州志　T3224/3350.83

［乾隆］《永春州志》十六卷首一卷，清鄭一崧修，顏璹等纂。清乾隆五十二年（1787）刻本。十二册。半葉十行二十字，小字雙行同，白口，左右雙邊，單魚尾。框高 19.6 釐米，寬 14.1 釐米。首有乾隆五十三年張植華序，乾隆五十二年鄭一崧序，乾隆五十二年雷元運序，舊序（嘉靖五年〔1526〕邵鋭序、嘉靖五年林希元序、萬曆四年〔1576〕朱安期序、萬曆四年劉龍序、康熙二十三年〔1684〕鄭功勳序、康熙二十三年蔡祚週序、乾隆二十二年杜昌丁序），修志姓氏，目録，凡例。

永春州，位於今福建省中部偏南。唐長慶二年（822）析南安縣西北二鄉置桃林場，五代後唐升置桃源縣，五代後晉更名永春縣，屬泉州。元屬泉州路，明、清屬泉州府。清雍正十二年（1734）升爲永春直隸州，治永春縣。轄境相當於今永春、德化、大田等縣地。1913 年廢，改州爲永春縣。

鄭一崧，湖北英山人，舉人。乾隆四十九年任永春知州。

顏璹，永春人，乾隆二十八年進士。曾任安徽涇縣知縣。

首一卷圖；卷一封域（星野、沿革表、疆境、形勝附、都圖市鎮附）；卷二山川

（古跡附、宅墓附）；卷三建置（城池、公署、倉廒、防禦、塘汛、寨堡、驛鋪、坊表、祠廟、寺觀、亭塔、陂井、橋梁、儲恤）；卷四學校；卷五典禮；卷六田賦（戶口、額徵、屯米、鹺政附）；卷七風土（氣候、風俗、歲時儀節、物產附）；卷八職官（名宦附）；卷九選舉；卷十至十一人物；卷十二至十四藝文；卷十五祥異（寇警附）；卷十六外紀。

鄭一崧序曰："余蒞永之明年，與多士議修文廟，越歲藏事。爰立志局，命州庠士採訪遺軼，延二三耆宿彙編成稿。舊志之闕者補之，誤者正之，不佞乃益求十閩郡邑志之善者，日擴所聞。間簿書之暇，不敢不吮墨濡毫，質諸一二同志者。事蘄核而不冗，語惟正而無阿。與諸君子共勉者，如是而已。……"

凡例云："編輯志乘必以歷來舊志參互折衷。永春自明萬曆丙子志以前無考，□康熙甲子、雍正庚戌二志幾成斷簡殘編。改直隸州以後，杜牧重編之，又失之太簡。茲以甲子志爲根柢，而詳訂杜志中之闕略者，分門十二而各綴以類，庶幾綱舉目張焉。"

清代《永春州志》僅二，首爲乾隆二十二年刻杜昌丁修、黃任等纂三十五卷首一卷本，次即此乾隆五十二年志。

中國國家圖書館、中國科學院文獻情報中心、上海圖書館、北京大學圖書館等十九館與臺北故宮博物院及日本東洋文庫、美國國會圖書館、英國國家圖書館等有藏。

337. 清康熙刻乾隆印本漳浦縣志　T3224/3432.81

［康熙］《漳浦縣志》二十卷，清陳汝咸修，林登虎等纂，陳夢林續纂。清康熙三十九年（1700）刻，四十七年增刻乾隆印本。八冊。半葉九行二十字，小字雙行同，白口，四周單邊，單魚尾。框高19.6釐米，寬14.4釐米。首有康熙三十九年陳汝咸序，原序（嘉靖縣志林魁序、嘉靖縣志林梅跋、萬曆縣志朱廷益序、萬曆縣志林偕春序、王猷續修縣志序），詳修志文，徵修志啓，凡例，

漳浦縣，位於今福建省南部沿海。唐垂拱二年（686）析龍溪縣地置漳浦縣。元屬漳州路，明、清屬漳州府。

陳汝咸，浙江鄞縣（今寧波）人，康熙三十年進士。康熙三十五年以翰林院庶吉士改任漳浦知縣。

卷一方域志上（沿革、分野、形勝……）；卷二方域志下（坊里、街市、虛場……）；卷三至四風土志（氣候、風俗、土產、災祥）；卷五建置志（城池、公署、倉庫、驛傳、養濟、漏澤園）；卷六職官志（唐漳浦郡、漳浦縣、宋漳浦縣、元漳浦縣、明漳浦縣、清漳浦縣）；卷七至八賦役志（戶口、田賦、外賦、屯田、起運、存

留）；卷九學校志（學宮、鄉飲、鄉射、社學、書院、義學、學田）；卷十祀典志（壇
祀、廟祀、祠祀）；卷十一兵防志（歷代兵制、衛所、弓兵、機兵、駐防、兵額、鄉兵、
教場、關隘、烽堠、軍器局、催符）；卷十二至十三選舉志（進士、舉人、貢生、薦辟、
吏員、武科、弁翰、封爵、封贈、任子）；卷十四名宦志（刺史〔諸將附〕、縣令、佐貳、
縣尉、教職、武職）；卷十五至十六人物志（縉紳、韋布、閭巷、僑寓、方技、閨閣、
方外）；卷十七至十八藝文志（歷代著述、唐文、宋文、明文、清文、六朝詩、唐詩、
宋詩、元詩、明詩、清詩）；卷十九雜志（古籍、舊物、墳墓、叢譚）；卷二十續志（方
域、風土、建置、職官、賦役、學校、祀典、兵防、選舉、人物、藝文、雜志）

陳汝咸序曰："浦志自明正德以前未有也。嘉靖九年吉水周君仲合闓漳二志，雜
以見聞，屬進士林君梅類爲成書，蓋浦志之權輿矣。嗣是萬曆七年一修於橋李朱君
廷益，三十三年續修於慈溪王君猷。於時浦邑人文特盛，同事者則有太常王公應顯、
少僕朱公天球、編修林公偕春、憲副林公紹、學博陳君所立，皆名公哲匠，極博雅
之選。煌煌乎事核而該，文詳而有體，後有作者厥維難哉。余自丙子承乏於浦……
而自萬曆三十三年至於今，歷年九十有六……用是屬同志諸友廣蒐遺文，參酌時事，
萃九十六年之中因革損益廢興，無不畢載，間附己見，而於賦役一編尤加意焉。庶
後之覽者有所考證云爾。"

凡例云："是書始於戊寅四月，成於己卯二月，籍諸友之助，搜羅諮訪，不遺餘
力，凡所記載較他志頗詳，但隨付剞劂，不遑較正。梓人異手，體例多有參差，此
欲速之過也。唯賦役志係余手自編輯，而簿書勞攘，時從喘汗中，參互考訂，至庚
辰歲僅而畢業。久藏篋中，未及付梓，戊子六月調任歐寮，去前修志之時又十載矣。
因復爲續志一卷，聊記大略，尚多未備。適余奉文赴京，程限嚴迫，併前賦役志倉
卒刊成，疏陋之譏定知不免也。"

職官、選舉紀事至康熙三十五年，續志至康熙四十五年。"弘""曆"二字避諱。

鈐印："王氏藏書同光間修鄞慈兩志曾經借出""臣泰盲印""瑀庵""萬綠軒王
藏書"。

該志係創修漳浦縣志，光緒十一年（1885）施錫衛再續志二卷，有光緒十一年
補刻本和民國十七年（1928）石印本，以及民國二十五年鉛印本。

中國國家圖書館、天津圖書館、中央民族大學圖書館、上海辭書出版社圖書館、
安徽大學圖書館有藏。日本內閣文庫藏康熙三十九年刻本。

338. 清同治刻本詔安縣志　T3224/0634.81

［康熙］《詔安縣志》十二卷，清秦炯纂修。清同治十三年（1874）刻本。

十二册。半葉十行二十字，小字雙行同，白口，四周雙邊，單魚尾。框高 21.6 釐米，寬 16.3 釐米。首有康熙三十年秦炯（1691）序，凡例，目録。卷端題："邑令四明秦炯纂修。"

詔安縣，位於福建省西南部沿海，屬漳州市。唐垂拱二年（686）以舊綏安縣地置懷恩縣。宋置南詔場，元設南詔屯田萬户府，明初置南詔把截所，弘治十八年（1505）置南詔千户所。嘉靖九年（1530）析漳浦縣第二、三、四、五都置詔安縣，屬漳州府，清因之。

秦炯，浙江慈溪人，康熙二十一年進士。康熙二十八年任詔安知縣。

卷一圖志（分野圖、疆域圖、城治圖、縣治圖、文廟圖、十二景圖）；卷二天文志（星野、風氣、災異［目録爲"祥異"］）；卷三方輿志（沿革、疆域、山川、潮汐、古跡、塚墓、風俗、方産）；卷四建置制（城池、公署、坊表、倉廒、橋梁、港渡、市集、都里、約寨、卹典、祠廟、寺觀）；卷五祀典志（丁祭、名宦、鄉賢、壇祭、廟祭）；卷六學校志（黌宫［目録作"學宫"］、祭器、卧碑、書籍、鄉飲、鄉射、義學、學田）；卷七武備志（兵制、衛所、關隘、防營、教場、軍局、舖兵、兵燹、上寇）；卷八貢賦志（田賦、丁口、屯田、寺田、鹽賦、漁課、匠班、雜税、起運、存留）；卷九職官志（令尉、教職、宦跡、署跡）；卷十選舉志（進士、舉人、薦辟、恩拔、歲貢、武選、録蔭、貤封、例生）；卷十一人物志（賢達、忠節、孝行、篤行、義士、文學、隱逸、藝術、貞節）；卷十二藝文志（附志餘）。

秦炯序曰："詔舊爲漳浦南鄉，故無專乘。自分邑以來，垂百年始成丁丑一志，迄今又五十年矣。……始事於庚午之冬，成書於辛未之春，又越五月而剞劂工竣。"

凡例云："舊志分十卷，其八卷爲災祥，九卷爲古跡。今編災祥於天文志中，編古跡於方輿志中，依舊志八卷增爲卷十有二，舊志目六十有九，增爲目九十有一，皆增所不可不增也。"

部分版心下鎸字數。

職官、選舉紀事至康熙二十九年。版心下和各卷卷首鎸"甲戌年翻刻"，"玄""弘""曆"字避諱，此本當係同治十三年據康熙三十年刻本翻刻。有將該版本定爲"康熙三十三年刻本"者，蓋將此"甲戌年"誤認爲康熙三十三年也。《中國地方志總目提要》未著録該版本。

明崇禎十年（1637）志已不存，該志爲詔安縣現存民國之前唯一志書。

上海圖書館、復旦大學圖書館、天津圖書館、福建省圖書館等八館有藏。中國國家圖書館、北京大學圖書館等七館與臺北"國家圖書館"臺灣分館及法蘭西學院漢學研究所藏康熙三十年刻本。

339. 清光緒刻本龍溪縣志　　T3224/0133.83

〔光緒〕《龍溪縣志》二十四卷增補二卷，清吳宜燮修，黃惠、李疇纂，吳聯薰增補。清光緒五年（1879）刻本。十二冊。半葉十行二十一字，小字雙行同，白口，四周雙邊，單魚尾。框高 21.4 釐米，寬 14.5 釐米。首有扉頁，乾隆二十七年（1762）楊景素序，乾隆二十七年蔣允焄序，光緒五年荊南序，乾隆二十七年曹繩柱序，乾隆二十七年吳宜燮序，修志姓氏，凡例，目錄，輿圖。末有《新增補龍溪縣志》上下二卷。扉頁題："荊南八壽徵輯。新增龍谿縣志。霞文書院藏版。"

340. 清乾隆刻民國印本海澄縣志　　T3224/3531.83

〔乾隆〕《海澄縣志》二十四卷首一卷，清陳鍈、王作霖修，葉廷推等纂。清乾隆二十七年（1762）刻，民國十五年（1926）印本。八冊。半葉十行二十字，小字雙行同，白口，四周雙邊，單魚尾。框高 20.9 釐米，寬 14.4 釐米。首有扉頁，乾隆二十五年陳鍈序，乾隆二十七年王作霖序，原序（崇禎五年〔1632〕梁兆陽序、王志道序、康熙三十二年〔1693〕李敬之序、民國十五年李德盛序）。扉頁題："乾隆二十七年鐫。海澄縣志。本衙藏板。"

341. 清康熙刻本邵武府續志　　T3223/1214.81

〔康熙〕《邵武府續志》十卷，清汪麗日修，王侯聘等纂。清康熙刻本。四冊。半葉八行二十字，小字雙行同，白口，四周單邊，無魚尾。框高 20.8 釐米，寬 12.4 釐米。首有康熙九年（1670）汪麗日序，目錄，纂修姓氏，校正姓氏，邵武續志橄，凡例。卷端題："太守汪麗日涵萬父纂著。"

邵武府，位於今福建省西北部，轄境相當於今邵武、光澤、泰寧、建寧四市縣。三國吳置昭武縣，屬建安郡。西晉避司馬昭諱改爲邵武縣，東晉又改邵陽縣。南朝宋復名邵武。北宋升爲邵武軍，屬兩浙西南路，後屬福建路。元至元十三年（1276）升爲邵武路，明清爲邵武府。

汪麗日，字涵萬，安徽六安人。拔貢。康熙三年任邵武府知府。

王侯聘，福建侯官人。舉人。康熙四年任邵武府學教授。

卷一輿地志（沿革、疆域、山川、水利、風俗）；卷二建置志（城池、公署、學校、武署、壇廟、驛鋪、坊表、津梁）；卷三賦役志（丁糧、卹典）；卷四官師志（府官、縣官、學官〔雜職附〕、名宦列傳);卷五戎備志(鎮防〔守備附〕、武績、武科);卷六秩禮志(祭先師生忌、祭鄉賢);卷七選舉志(鄉試、進士、貢士、雜途〔鄉賓附〕);卷八人物志(忠義、清修、仕績、孝友、儒林、文苑、隱逸、鄉行〔義夫附〕、列女、遷寓);卷九藝文志(經類、史類、奏議、記類、題詠〔序文附〕);卷十雜事志(古跡、寺觀〔庵院附〕、仙釋、方技、祥異、叢談)。

凡例云:"續志者,紀此數十年之實也。""邵武縣事實與府志無異,光澤縣地不甚遥,其事頗煩採取,泰寧志久失,而今修入府志者,以府志年始。建寧志成於嘉靖丙午,今始再修,而府志亦以續志之年爲斷,其詳載本志者,故不更録,乃各條分入各自之後,庶由近而知遠,由此而達彼,不似煙嵐萬疊,使遊於其際者茫然。""原目九十二條,今依有事實者更列總目,其空目亦存紀事之左右,以便尚查前志。且恐深鏨遺美,或得之傳人,或聞之不意,直增列本目之下,爲至易也。""志,公事也。續志,公心也。公以始之,遂群起而公以成之。取郵筒之所載,因其原文一一加之裁定,故自庚戌徂暑越明年,而散者已合,殊者已一,如書册之猶非其實者已斤削而不煩,其或盛德幽藏,秘不以告,亦自外於大道爲公之時耶,至若紳衿之與事者,列名於左以彰不朽。"

汪麗日《邵武續志檄》云:"……安得不彙而存之? 以近今之書爲考古之助,仍其條目,使觀者易爲解也。然尤有言於此,由衷立事,不貴虛文,苜蓿間疊,暫遲延請,先商之縉紳先生、子衿賢士以及碩抱幽人、龐眉逸叟,其有擇而録者剖其隱緒,詳其初終,一一聞於縣,或聞於學,先後達之本署。庶幾平心衡列,想見幽深,鶴圃琴疇,細加點校,余猶不自秘也。稿齊之日,仍集同事訂核,有一人然而衆人以爲然則存之,有衆人否而一人以爲然則削之,示以至公,犁其鄙穢。若夫倒置是非,熠燠短長,在涉筆時亦足窺其心矣,與衆斥之,夫復何辭? 雖然,余之言切,余之望則殷殷也。期於十日以內遞至各所,欲言大業煌煌,恃兹清暇!"

"玄"字未避諱,"恒"字避諱。

建置志多處紀事至康熙十年,該書刊刻年代不會早於康熙十年。《中國地方志聯合目録》等著録爲"康熙九年刻本",欠妥。

現存最早邵武府志係明弘治夏英等修纂二十五卷(弘治十八年〔1505〕刻本),中國國家圖書館藏有殘帙,嘉靖十五卷本(邢址修、陳讓纂,嘉靖二十二年〔1543〕刻本),存天一閣博物館,萬曆四十七年〔1619〕韓國藩修、侯袞等纂六十四卷本(又有天啓三年〔1623〕補刻本)。清代最早即此萬曆志之續志,次爲乾隆志二十四卷(張鳳孫等修、鄭念榮等纂,乾隆三十五年〔1770〕刻本),三爲光緒志三十卷首一卷(王琛、徐兆豐等修、張景祁等纂,光緒二十四年〔1898〕刻本)。

《中國古籍善本書目》著録,中國國家圖書館、中國科學院南京地理與湖泊研究所圖書館、常熟市圖書館有藏。

342. 清康熙刻乾隆印本建寧府志　T3223/1432.81

[康熙]《建寧府志》四十八卷，清張琦修，鄒山等纂。清康熙三十二年（1693）刻乾隆印本。二十六冊。半葉九行二十字，小字雙行同，白口，四周雙邊，單魚尾。框高 22.1 釐米，寬 14.7 釐米。首有扉頁，康熙三十二年張琦序，目録，凡例，纂修姓氏。扉頁題："康熙三十二年增刻。各上憲鑒定。建寧府志。本府藏板。"

建寧府，位於今福建省北部。東漢建安初析侯官縣置建安縣，爲會稽郡南部都尉治，三國吳至南朝陳爲建安郡治。唐武德四年（621）置建州，屬江南東道，轄境相當於福建省南平市以上的閩江流域（沙溪中上游除外），天寶元年（742）改爲建安郡，後復名建州。北宋屬福建路，轄境縮小，僅有今建甌市以北的建溪流域及壽寧、周寧等縣地。南宋紹興三十二年（1162）升爲建寧府。元至元十六年（1279）改爲建寧路。明洪武元年（1368）復爲府，清因之。

張琦，開封籍，安徽潁州（今阜陽）人，康熙九年進士。康熙二十九年任建寧府知府。

鄒山，江西宜黄人，拔貢。

卷一輿圖；卷二沿革；卷三疆域（附分野、形勝、氣候、風俗）；卷四至五山川（附水利）；卷六城池；卷七公署上（附倉庫、恤政、關隘）；卷八公署下（附武署、分署、行署）；卷九學校（附學田、社田、義學）；卷十書院；卷十一津梁；卷十二坊市（附坊表、井泉）；卷十三（又十三）賦役；卷十四物產；卷十五至十六祀典（壇壝、祠廟、官祀、民祀、寺觀）；卷十七至十九職官（統轄、郡州、路、府、縣、教職、武職）；卷二十至二十三宦跡；卷二十四至二十七選舉；卷二十八至四十人物；卷四十一至四十三藝文；卷四十四至四十七雜志；卷四十八拾遺。

凡例曰："府志自宋守韓公元吉始輯成書。至明宏治間知府劉公璵修之，是爲弘治志，嗣是而嘉靖，而萬曆俱有續志，戊子兵燹，板毀無存。國朝康熙丙午署府事同知程公應熊、推官姚公文變實始纂修，書未成而二公遷官去。壬子詔修一統志，臺檄郡縣各修志書，前守不得已以鈔本應。今兹所編參合前稿，併舉舊志之義例，變通而酌定之，要皆上遵昭代，下協輿情，中詳興廢，庶幾一郡信史，可徵而從已。"

張琦序曰："乃郡志因循殘缺，何以副聖天子一統車書之盛。爰是禮聘紳士，延問耆老，舉前鈔本損益而折衷之，芟其蕪蔓，訂其舛訛，補其缺略，閱歲而始成。……是役也，鄉先生司理謝君銓爲祭酒，而豫章鄒君山、耆逸徐君謙佐之，分纂則孝廉潘君金卣、陸君登選、余君志羣，校正則明經朱君士煃、太學謝君超宗，而肇其始者郡博蔡君登龍，董其成者甌令鄧君其文也。共襄厥事者建安令李君和雨、建陽令劉君鴻誥、崇安令楊君雲鶚、浦城令金君耀、松溪令沈君煥、政和令李君仙品、壽寧令呂君方高皆與有助焉，例得並書。"

卷十六寺觀第七十九至八十三葉，卷十九第七、八葉鈔補。

職官紀事至康熙三十二年。"弘""曆"二字避諱。

書口下鐫有字數和刻工。刻工：昇、應、劉、同、丕、八、文、英、人、陸、爾、天、顯、壽、雲、孔、升、予、禾、萬、全、儀、衍、季、在、聖、美、元、茂、卜、非、肖、上、明、孔。

現存最早建寧府志係明弘治《建寧府志》六十卷（劉璵修、賈暹等纂，弘治六年〔1493〕刻本），次爲嘉靖志二十一卷（夏玉麟等修、汪佃等纂，嘉靖二十年（1541）刻本），三爲萬曆志五十二卷（丁繼嗣等修、朱東光纂，萬曆刻本）。清代凡二修，首爲康熙五年程應熊、姚文變纂修《建寧府志》五十卷，有鈔本傳世，次即此康熙三十二年志。

《中國地方志總目提要》未著錄。中國國家圖書館、北京大學圖書館、南京圖書館、福建省圖書館、福建師範大學圖書館有藏，另有三館藏殘帙。日本靜嘉堂文庫亦有收藏。

343. 清康熙刻本松溪縣志　T3224/4333.81

［康熙］《松溪縣志》十卷首一卷末一卷，清潘拱辰纂修，黃鑒等補遺。清康熙三十九年（1700）刻本。八冊。半葉九行二十字，小字雙行同，白口，四周單邊，單魚尾。框高 20.9 釐米，寬 14.5 釐米。首有司百職序，康熙三十九年白璧琛序，康熙三十九年潘拱辰序，歷代修志姓氏，目錄。末有黃鑒《書松溪志卷後》。卷末補遺題："儒學教諭永福黃鑒、訓導南劍王純義編。"

松溪縣，在福建省北部。原爲五代楊吳處州之東平鄉，王閩攻取置松源鎮。南唐保大九年（951）得閩地，升鎮爲縣，屬永安軍。北宋開寶八年（975）置松溪縣，屬建州。元屬建寧路，明、清屬建寧府。

潘拱辰，江南無錫人，監生。曾任北直隸武強知縣，康熙三十六年任松溪知縣。

黃鑒，廣西永福人，貢生。康熙三十五年任松溪儒學教諭。

卷首圖、凡例、舊序（嘉靖十六年〔1537〕黃金序、嘉靖十六年廖芝序）；卷一地理志（沿革、分野、形勝、山川、疆域、城池〔坊鄉附〕、風俗〔氣候附〕、災祥、兵氛、水利、橋渡、關隘、古跡、寺觀）；卷二公署志（廨署、倉庫、舖舍、壇汛、藥局、養濟院、生生所）；卷三學校志（學宮〔鄉飲、鄉射、名宦、鄉賢附〕，學田，社學，書院）；卷四祀典志（壇壝、祠廟、丘墓、義阡）；卷五賦役志（戶口、田賦、役法）；卷六食貨志（土產、坑冶）；卷七職官志（題名、宦跡）；卷八選舉志（科目、貢生、薦辟、蔭生、監生、吏員）；卷九人物志（理學、名臣、良吏、忠節、武功、孝弟、隱逸、文苑、方伎、恩贈〔義民耆老附〕、列女、仙釋、流寓）；卷十藝文志（文章、詩詞）；卷末補遺、志後。

潘拱辰序曰："自明嘉靖邑令黃君金載修縣志，又萬曆間劉君一燦緝有成書，錄而未刻，距今百有餘年。……己卯春，詢之邑中遺獻，有黃生錫奇者爲余言：會稽董君良櫃爲松令時曾彙集志稿，生殫歲月之勤，繕而藏之，間以己意，增入山水、草木、鳥獸、昆蟲、人物諸條貫。昌黎有云牛溲馬勃、敗鼓之皮兼收并蓄，待用無遺者，黃生之苦心也。余既得嘉靖舊志於殘闕失次之中，復參之以劉志，而合之於董會稽之零稿，加以管窺而損益之。然猶恐見聞未廣，乃禮諸鄉祭酒於堂而博諏焉，揖諸博士弟子員於庭而取證焉。猶未也，學博仰浦黃君，淹雅士也，余并質之而有救正之功。袞輯衆長，參互群籍，蓋閱歲而書始成。乃瞿然上之列憲，而監司刺史諸先生又從而寬假之，獎借之，使俗吏得繫籍於竹策之末。吁，亦幸矣。"

凡例云："松志輯自有明正統，修於成化，而編於嘉靖庚申，雖經再訂，而增補寥寥。歷今興朝五十餘載，志之因循殘缺，幾百三十餘年。壬子詔修一統，檄郡縣各茸志書，邑人止以鈔本應。嗣是縮纂者新舊履易，迄今未成。拱辰以簿書之暇集士商榷，爰取舊志增芟之，凡山穴殘碑、故家斷帙，悉擷摭焉，蓋再閱歲而書始成，爲卷凡十，其間邑里、山川、版圖、學校、土田、賦役、食貨、秩官以及祀典、藝文、人物諸條目，披卷瞭然，燦如指掌。"

職官紀事至康熙三十九年。"玄"字避諱，"弘""曆"二字未避諱。

明代松溪縣志僅嘉靖黃金纂修十四卷本存殘帙，清康熙九年董良櫃纂修稿本亦佚，此爲清代唯一之松溪縣志。

《中國地方志總目提要》未著錄。《中國古籍善本書目》著錄，中國國家圖書館僅存七卷（存卷一，七至十，首、末卷）（《北京圖書館古籍善本書目》著錄），《中國古籍善本書目》和《中國地方志聯合目錄》均著錄爲全帙，誤。日本內閣文庫有藏。

344. 清康熙刻乾隆印本建安縣志　　T3224/1741.81

［康熙］《建安縣志》十卷，清崔銑等修，陸登選等纂。清康熙五十二年（1713）刻乾隆印本。六冊。半葉九行二十字，小字雙行同，白口，四周單邊，單魚尾。框高 19.7 釐米，寬 13.1 釐米。首有凡例，康熙五十二年張翔鳳序，修志姓氏，圖考，目錄。

"禎""弘""曆"字避諱。

345. 清康熙刻本甌寧縣志　T3224/1471.81B

［康熙］《甌寧縣志》十三卷，清鄧其文纂修。清康熙三十二年（1693）刻本。八冊。半葉九行二十字，小字雙行同，白口，四周雙邊，單魚尾。框高 22.1 釐米，寬 15.1 釐米。首有康熙三十三年黃道行序，康熙三十二年徐儒芳序，康熙三十二年張琦序，凡例，目録。卷端題："知縣事寶水鄧其文修。"

甌寧縣，位於福建省北部。東漢建安初年置建安縣，屬會稽南部都尉。三國吳爲建安郡治，唐爲建州治。北宋治平三年（1066）析建安、建陽、浦城三縣地置甌寧縣，與建安縣同爲建州治，南宋紹興末同爲建寧府治，元同爲建寧路治，明、清同爲建寧府治。

鄧其文，江西崇仁人，監生。康熙二十五年任甌寧知縣。

卷一圖考、建置沿革、星野（附祲祥）、疆域、形勝、氣候；卷二山川（津梁附）、城池（兵禦坊表附）；卷三賦役、水利（物產附）；卷四公署，學校（祀典、紀略、書院附）；卷五職官；卷六選舉；卷七秩祀（寺觀附）、風俗禮文；卷八道學統緒（理學、儒行、文粹），人物上（名臣、風節、忠烈、良吏、武功）；卷九人物下（孝友、藝苑、流寓、善行、隱逸、方伎、列女、仙釋）；卷十至十二藝文志（紀述、雜著、題詠）；卷十三雜志（古跡、丘墓、祲祲、拾遺），小序，總論。

徐儒芳序曰："自分邑以來垂七百載，諸邑有志而甌獨無……康熙丁卯寶水鄧君蒞斯土，慨然創舉其事，七年而成書以示余。余讀之終卷而不禁三嘆其難也。其難之奈何？曰經始也，採茸也，考訂也。今吏途亦多艱矣，張皇於令甲，竭蹶於催科，即有志於從事，而意不專則輟，力不逮則輟，故曰經始難。郡邑已成之書，數十年增修之且多缺略，況乎世遠人湮，簡已蠹，事已佚，收近遺遠，掛一漏百，故曰採茸難。士君子考證一名一物，或傳聞失實，引據失義，往往貽識者笑，若天文之幽渺，山川之改移，田賦之消長，姓名氏族之顯晦，剖訛録真，汰俚存雅，孰從爲之論定？故曰考訂難。而鄧君則探索權輿，鱗次櫛比，孜孜矻矻，迄於有成焉。嗚呼，又豈其難耶！"

鄧其文凡例云："甌邑舊無志，矧經兵燹後典籍殘缺，邑之闕事莫大於茲。予濫竽以來，日夕殫心，蒐羅良苦，近奉郡憲修刊府志，幸得檢閱鈔本加以刪訂，草創之功，擬於稗野，其討論潤色以俟君子。"

版心下鐫刻工和字數。刻工：丕、升、天、八、天、衍、萬、儀、孔、予、禾、肖、美、壽、在、同、全、茂、英、王、元。

秩官紀事至康熙三十一年。"玄"字避諱。"弘""曆"二字避諱。版印清晰，係康熙原刊本。

此爲甌寧縣民國之前唯一縣志。

中國國家圖書館、中國科學院文獻情報中心、南京圖書館、北京大學圖書館等十七館有藏，另有二館藏殘帙。"中央研究院"歷史語言研究所傅斯年圖書館與日本內閣文庫、東洋文庫、静嘉堂文庫、美國國會圖書館、法國國家圖書館等亦有收藏。

346. 清末鈔本武平縣志　　T3224/1414.81

〔康熙〕《武平縣志》十卷，清劉㫤纂修，趙良生續修。清末鈔本（據康熙三十八年〔1699〕刻本鈔）。四册。半葉十一行二十二字，小字雙行同，無欄格。首有康熙十一年劉㫤序，康熙三十八年趙良生序，舊志序（陳睿謨序），目録，圖說。卷端題："前邑令沔陽劉㫤質庵父重修，署邑令廣陵趙良生省齋父重纂。"

武平縣，位於福建省西南部。唐開元二十四年（736）以長汀縣西南地置武平鎮，五代王閩置武平場，北宋淳化五年（994）升場爲縣，屬汀州。元屬汀州路，明清屬汀州府。

劉㫤，字質庵，湖北沔陽人，康熙十一年任武平知縣。

趙良生，江南泰興人，貢監。康熙三十七年以連城知縣於攝理武平縣事。

卷一方輿志（星野、邑建、疆域〔里至附〕、里圖、街市、坊表、形勝、山川）；卷二風土志（風俗、氣候、歲時、土産）；卷三建置志（城池〔砲位附〕，壇壝，祠廟〔寺觀、庵堂、樓閣、亭臺附〕，橋梁，陂堤，文塔，古跡）；卷四版籍志（户役、田賦、額徵、起運、存留、屯田、匠班、鹽稅）；卷五蒞治志（公署、縣治〔巡司附〕、黌宫、郵遞、儲卹），扞圉志（守備司、關隘、設塘、教場）；卷六官師志（官師表、督師、寓賢）；卷八人物志（科第、恩拔歲貢例貢、薦辟、封蔭、吏目、弁翰、孝義〔孝子附〕、鄉善、耆瑞、義烈）；卷九人物志（人物表），閨閣志（淑媛、烈婦），方外志（仙釋），垗壠志（列葬），災祥志，萑苻志；卷十藝文志（宸翰、條約、記賦、題詠），叢談志。

劉㫤序曰："及考武志，終於明崇禎之壬申，迄今四十餘載。邑乘既毁，文獻頓失，而遺篇所存復殘缺不倫，時愈久而事益梦，則手口之登記實不容於或慢也。取其舊本而參伍之，採諸紳衿之有識者，訪諸故老之能言者，俯仰百十餘年間，悉心討論相質，幸無異同而後筆之，無詭隨之名與掛漏之事。凡三閱月而付剞劂。邑庠士鍾生臚聲與有成焉。"

趙良生序曰："……前車之鑒載諸舊志，自劉侯纂修迄今三十餘載，殘缺剝落，亥豕莫辨。……今幸案牘無勞而彰善表德以愜素懷，其可緩與？乃不揣鄙陋，廣搜記載，質諸見聞，凡散逸者補輯之，互異者訂正之，詳編賦役以重國儲，博採碑記以廣文教，寧詳毋略，綱舉目張，務令好惡一準乎輿情之正，不雜於人欲，不狃於意見。其間先達之考究良多，博士之參訂不少。……是役也，自春徂秋，剞劂告竣，用紀始末。"

鈐印："私立福建協和大學圖書館印。"

《中國古籍善本書目》著録其康熙刻乾隆遞修本，僅藏中國國家圖書館。

347. 清乾隆刻本永福縣志　T3224/3336.83

［乾隆］《永福縣志》十卷，清陳焱等修，俞荔等纂。清乾隆十三年（1748）刻本。四册。半葉十行二十字，小字雙行同，白口，四周雙邊，單魚尾。框高 20.3 釐米，寬 14.8 釐米。首有扉頁，乾隆十三年陳焱序，乾隆十三年俞荔序，乾隆十四年李經序，萬曆四十年（1612）修志姓氏，修志姓氏，凡例，目録，輿圖。扉頁題："乾隆戊辰重修。永福縣志。本衙藏板。"

348. 明崇禎刻本玉田識略　T3224/4660.7

［崇禎］《玉田識略》八卷，明楊德周纂修。明崇禎刻本。六册。半葉九行十八字，小字雙行同，白口，左右雙邊，單魚尾。框高 19.5 釐米，寬 13.7 釐米。首有王錫袞序、崇禎六年（1633）楊德周序，余文龍序，目録。卷端題："明邑令四明楊德周輯。"

349. 清乾隆刻本古田縣志　T3224/4660.83

［乾隆］《古田縣志》八卷，清辛竟可、温廷選等纂修。清乾隆刻本。八册。半葉九行二十字，小字雙行同，白口，四周雙邊，單魚尾。框高 20 釐米，寬 14.0 釐米。首有徐景熹序，乾隆十六年（1751）辛竟可序，乾隆十六年温廷選序，舊序（萬曆二十八年〔1600〕劉曰暘序、萬曆三十四年王繼祀序、崇禎六年〔1633〕楊德周序），凡例，目録，修志姓氏。

古田縣，位於今福建省東北部。唐開元二十九年（741）析侯官縣西北部置古田縣，屬福州。五代屬長樂府，宋屬福州。元屬福州路，明、清屬福州府。

辛竟可，字成侯，元城（今河北大名）人，舉人。乾隆十五年任古田知縣。

温廷選，福建德化人，舉人。乾隆六年任古田縣教諭。

卷一圖，星野，建置，疆域（形勝、鄉都附）；卷二城池（關隘、橋渡、坊市、街巷附），公署，山川，風俗（節序、畬民附），物產，水利；卷三戶口，賦役（租稅、倉驛、鹽課、岬政附）；卷四學校；卷五壇廟、兵制、職官、名宦；卷六選舉（恩遇附）、人物；卷七寓賢（流寓附）、孝義、文苑、鄉行、隱逸、藝術、列女（閨秀附）、釋老、藝文；卷八古跡、祥異、雜記。

辛竟可序曰："明萬曆間豫章劉公刻意蒐羅，始衰成邑志。不六年西吳王公即行續輯，越二十八年四明楊公復有識略。三十四年中三開志局，即有三長，何其密也。自明迄今百五十年缺然不講，抑何疏耶？……竟可仰承聖天子仁育義正之休，諸大憲教育甄陶之意，訪求故老，蒐討舊聞，溯厥源流。"

溫廷選序曰："古邑自唐開元迄明萬曆千餘年始衰成邑志，越今又百五十年矣。……天雄辛侯成翁，素承太翁庚子孝廉、國子監學正夏傳公留心名教、闡揚幽隱之訓，蒞任數月後即念及此。……於是廷選佐侯博訪前徽於耆儒，旁鈎時士之家乘，揖諸君子之共事者而與之言……轉念經費無資，復謀諸邑人士之好義者……是以人心競勸，遐邇景從。……廷選鳴鐸茲驛，獲近玉光，適觀志成，余之幸也，侯之功也，亦諸君子之力，邑人士之好義也云爾。"

選舉紀事至乾隆十七年。"玄""真""弘""曆"字避諱。

鈐印："四明盧氏抱經樓藏書印。"

現存最早古田縣志爲明萬曆三十四年增補二十八年刻十四卷本，又有崇禎六年楊德周纂修《玉田識略》八卷。清代修志僅此一舉。

中國國家圖書館、北京大學圖書館、上海圖書館等十一館與臺北故宮博物院有藏。

350. 清康熙刻後印本壽寧縣志　T3224/5432.81

［乾隆］《壽寧縣志》八卷，清趙廷璣修，王錫卣等纂。清康熙二十五年（1686）刻本。三冊。半葉九行二十二字，小字雙行同，白口，四周雙邊，單魚尾。框高 20.3 釐米，寬 13.9 釐米。首有康熙二十五年趙廷璣序，舊序（萬曆二十三年〔1595〕戴鎧序），康熙二十二年畢九皐序，康熙二十五年王錫卣序，修志姓氏，目錄。

版印模糊。

351. 清康熙刻本西江志　　T3193/0.81

[康熙]《西江志》二百零六卷，清白潢修，查慎行等纂。清康熙五十九年（1720）刻本。十四函一百册。半葉十二行二十三字，小字雙行同，白口，左右雙邊，單魚尾。框高20.5釐米，寬14.7釐米。前有康熙五十九年白潢序，許兆麟序，石文焯序，凡例，纂修西江志書官員，目錄，繪圖。卷端題："江西巡撫都察院右副都御史臣白潢輯。"

西江，即今江西省。秦屬九江郡。漢屬揚州。唐初屬江南道。開元二十一年（733）分江南道爲江南東道、江南西道。北宋爲江南西路。元設江西等處行中書省，治龍興路。明設江西等處布政使司，轄南昌、瑞州、九江、南康、饒州、廣信、建昌、撫州、吉安、臨江、袁州、贛州、南安十三府。清沿襲明制。

白潢（1660—1737），字近微，漢軍鑲白旗人。由筆帖式歷官內閣中書、貴州按察使、湖南布政使，康熙五十六年任江西布政使，不久升任江西巡撫，康熙五十九年升任兵部尚書。《清史稿》有傳。

查慎行（1650—1727），字悔餘，號他山、查田，浙江海寧人。康熙四十二年進士。散館授翰林院編修，入值南書房。康熙五十二年乞休歸里，潛心著述。著有《周易玩辭集解》《敬業堂詩集》《敬業堂文集》《補注東坡編年詩》等。

書前繪圖有《江西十三府總輿圖》《會城圖》、各府治圖、各書院圖、亭閣湖山圖等，共二十五幅，繪刻均佳。正文二百零六卷，平列三十三門：卷一星野；卷二至三沿革；卷四形勝；卷五至六城池（疆域附）；卷七至十三山川；卷十四至十六水利；卷十七至十八學校；卷十九至二十公署；卷二十一至二十二書院；卷二十三至二十五田賦；卷二十六風俗；卷二十七土産；卷二十八兵衛（漕運附）；卷二十九至三十三武事；卷三十四關津（橋渡附）；卷三十五至三十七驛鹽；卷三十八至四十二古跡；卷四十三至四十五封爵；卷四十六至五十三科目；卷五十四至五十六秩官；卷五十七至六十五名宦；卷六十六至九十四人物；卷九十五至九十六寓賢；卷九十七至一百二列女；卷一百三至一百五仙釋；卷一百六方技；卷一百七祥異；卷一百八至一百九祠廟；卷一百十丘墓；卷一百十一至一百十三寺觀；卷一百十四至一百十六經籍；卷一百十七至二百三藝文（詔、敕、表、箋、劄子、奏疏、狀、議、碑碣、記、書啓、說、論、序、題跋、銘、箴、疏、引、辯、贊、頌、傳、祝文、弔文、誄、祭文、哀辭、雜著）；卷二百四至二百六雜記。人物、藝文二門篇幅最大，佔全書一半。《四庫全書總目》〔雍正〕《江西通志》條稱此志"體例條目雖多本諸舊志，而廣蒐博訪，訂舛證譌，在地記之中號爲善本"。

白潢序："潢以匪材，謬膺簡命，來撫是邦，政事之暇，披閱前志，似有不愜於懷者，乃薈萃十三郡七十餘州縣之新舊志及先賢子孫所藏家乘，與二三友人再加編纂。竊嘗反覆尋繹，而歎兹役之匪易易也。"

明清江西凡七修志書。首部爲林庭㭿修、周廣纂《江西通志》三十七卷，嘉靖四年（1525）付梓。其次爲王宗沐纂修《江西省大志》七卷，列賦、均、藩、澱、實、劍、陶七書，有嘉靖三十九年刻本。其三爲王宗沐纂修、陸萬垓增修《江西省大志》八卷，前七卷據嘉靖志略加增改，並增纂第八卷楮書，記江西造紙業，付梓於萬曆二十五年（1597）。其四爲于成龍等修、杜果等纂《江西通志》五十四卷，列二十五門，刊刻於康熙二十二年。其五即此康熙五十九年志。其六爲謝旻等修，陶成、惲鶴生纂《江西通志》一百六十二卷，校正並增補此志，雍正十年（1732）刊刻。其七爲劉坤一等修，劉鐸、趙之謙等纂《江西通志》一百八十卷，有典、表、略、錄、傳五體，對太平天國及地方經濟事務著墨較多，爲清末名志之一，光緒七年（1881）刊行。

卷一百一十至一百一十三係鈔配。

中國國家圖書館、中國科學院文獻情報中心、中國社會科學院考古研究所圖書館、中國民族圖書館、中國人民大學圖書館等二十一館與日本東洋文庫、內閣文庫、美國國會圖書館、英國國家圖書館亦有入藏。

352. 清雍正刻本江西通志　　T3193/0.82

〔雍正〕《江西通志》一百六十二卷首三卷，清謝旻修，陶成、惲鶴生纂。清雍正十年（1732）刻本。八函八十冊。半葉十二行二十三字，小字雙行同，白口，左右雙邊，單魚尾。框高 20.2 釐米，寬 14.6 釐米。首有扉頁，繪圖，凡例，進書表，雍正十年王世繩序，雍正十年李蘭序，雍正十年魏錫祚序，劉均序，樓儼序，高銳序，雍正十年謝旻序，纂修職員，目錄，上諭。

謝旻，字侶桐，江蘇常州人。歷任陝西安塞知縣、貴州普安知州、大理寺卿、江西巡撫。

陶成，字企大，號存軒、吾廬，江西南城人。康熙四十八年（1709）進士。散館授翰林院檢討，不久致仕，受聘主講豫章書院。著有《皇極數鈔》《吾廬遺書》等。

惲鶴生，字皋聞，江蘇武進人。康熙四十七年舉人。曾任江蘇金壇縣教諭。

卷首繪圖收《江西十三府總輿圖》《會城圖》、各府治圖、書院圖、湖山寺閣圖，計二十七幅，多以康熙五十九年《西江志》圖原版重印。正文一百六十二卷，平列三十二門：卷一星野；卷二至三沿革；卷四形勝；卷五至六城池（疆域附）；卷七至十三山川；卷十四至十六水利；卷十七至十八學校（貢院附）；卷十九至二十公署；卷二十一至二十二書院；卷二十三至二十五田賦（戶口附）；卷二十六風俗；卷二十七土產；卷二十八兵衛（漕運附）；卷二十九至三十三武事；卷三十四關津（橋渡附）；卷三十五至三十七驛鹽；卷三十八至四十二古跡；卷四十三至四十五封爵；卷四十六至四十八秩官；卷四十九至五十六選舉；卷五十七至六十五名宦；卷六十六至九十四人物；卷九十五至九十六寓賢；卷九十七至一百二列女；卷一百三至一百五仙釋；卷一百六方技；卷一百七祥異；卷一百八至一百九祠廟；卷一百十邱墓；卷一百十一至一百十三寺觀；卷一百十四至卷一百五十八藝文（詔、敕、表、牋、劄子、奏疏、狀、議、碑碣、墓表、記、序、書啓、論、辯、說、考、疏、引、傳、贊、頌、銘、題跋、志、書事、記略、文、青詞、教、策、講義、語錄、文牒、牌檄、告約、辭、賦、詩、詩餘）；卷一百五十九至一百六十二雜記。

謝旻序："雍正六年冬，命天下督撫諸臣修直省通志，送上一統志館。……臣旻以七年秋奉簡命巡撫江西……謹以修志事咨商總督臣其倬、臣繼善，隨與布政使臣李蘭酌議輯修，並移會直隸各省，互送名宦人物草檢，以憑核據。始事於八年三月，至十年四月告成。……舊志無傳，遺文多軼，惟康熙五十九年所輯《西江志》其書具在，今之所修實因其本，而舊所應改、今所應增，亦詳爲考訂，廣爲搜羅。"此志係以康熙五十九年《西江志》爲基礎纂成，體例、志文多沿襲前志之舊。

扉頁刊"江西通志"。

有鈔配數葉。

《四庫全書總目》入史部地理類都會郡縣之屬。《提要》稱此志"規模一本之白志，而間加折衷，文簡事核，鼇然有序"。

中國國家圖書館、中國科學院文獻情報中心、中國社會科學院考古研究所圖書館、中國文化遺產研究院、中國民族圖書館等四十六館與臺北故宮博物院及日本東洋文庫、美國國會圖書館英國劍橋大學圖書館、英國倫敦大維德藝術基金會、德國巴伐利亞國家圖書館、法國亞洲學會亦有入藏。

353. 清乾隆刻本南昌府志　T3194/4260.83

〔乾隆〕《南昌府志》七十六卷首一卷末一卷，清陳蘭森等修，謝啓昆等纂。清乾隆五十四年（1789）刻本。四函三十三册。半葉十行二十四字，小字雙行同，白口，左右雙邊，單魚尾。框高 19.9 釐米，寬 14.3 釐米。首有乾隆五十四年陳蘭森序，凡例，目録，圖説。卷末有舊序（康熙二年〔1663〕張朝璘序、明熊釗序、宣德八年〔1433〕胡儼序、弘治十三年〔1500〕張元禎序、萬曆十六年〔1588〕范淶序、弘治辛酉〔十四年，1501〕萬廷言序、萬恭序、張位序、鄧以贊序、章潢序、萬曆三十八年盧廷選序、萬曆三十八年張位序、萬曆庚戌蔡國珍序、乾隆四十七年馮應榴序、乾隆甲辰〔四十九年〕黃良棟序），乾隆五十四年萬廷莘修志原委，乾隆四十七年輯修府志銜名，四十七年捐貲姓氏，五十三年捐貲姓氏。

南昌府地處贛江、撫河下游，北臨鄱陽湖。漢高祖六年（前 201）析九江郡置豫章郡，治南昌縣。隋開皇九年（589）改爲洪州。五代南唐交泰二年（959）升爲南昌府，建爲南都。宋初改爲洪州，後升爲隆興府。元改爲龍興路。1362 年朱元璋改爲洪都府，次年再改爲南昌府，領寧州及南昌、新建、豐城、進賢、奉新、靖安、武寧等七縣，屬江西省。明清爲江西省會。1912 年廢。

陳蘭森，字長筠，廣西臨桂人。乾隆二十二年進士，散館授編修。乾隆五十一年至五十三年任南昌知府，後歷任江西鹽法道、太僕寺卿。

謝啓昆（1737—1802），字蘊山、良璧，號蘇潭，江西南康人。乾隆二十六年進士。歷任江蘇鎮江知府、揚州知府、安徽寧國知府、浙江按察使、山西布政使、浙江布政使、廣西巡撫。《清史稿》有傳。著有《樹經堂集》《西魏書》《小學考》，另修有《廣西通志》。此志係其丁憂期間所纂。

卷首圖説有《南昌府境圖》、各屬州縣境圖、《南昌府治圖》《南昌府署圖》《南昌府學圖》、各屬州縣治圖、《吳城圖》《銅鼓石圖》《滕王閣圖》《百花洲圖》《三湖九津圖》等。正文七十六卷，列二十一門：卷一沿革；卷二疆域；卷三至五建置（城池、公署、公所）；卷六至十一山川（山、水、水利、津梁）；卷十二至十四民賦；卷十五至十七學校（書院）；卷十八至十九武備；卷二十至二十四祠祀（壇廟、寺觀）；卷二十五至二十七名跡；卷二十八祥異；卷二十九封爵；卷三十至三十五職官；卷三十六至四十四選舉（薦辟、進士、舉人、武甲科、諸科、諸貢、援例、封蔭、鄉飲附）；卷四十五至四十七名宦；卷四十八至六十七人物（仕跡、儒林、忠義、文苑、武功、隱逸、孝友、善士）；卷六十八方伎；卷六十九寓賢；卷七十仙釋；卷七十一至七十四列女；卷七十五藝文，録歷代南昌人士著述書目；卷七十六外傳。

陳蘭森序："乾隆辛酉，予以幼齡隨侍先大父來撫豫章，得攬鄱湖廬山之勝，縱浩瀚巖崎之觀，心焉志之。……迨今由袁州調守南郡，距四十餘年矣。……南昌舊有志，修於康熙二年，漫漶闕略，久無完本。乾隆丁酉，前守湯公創議重輯，越四年而黃公芝雲始立局纂修，闡門別類，未竟而去。丙午春，予始調茲郡，念先人舊治之區，思昔年風化之醇，已復渺矣難追，而郡志未成，參稽無據，心滋戚戚。乃於公暇圖所以竣厥事者，於是延訪士紳名宿，於戊申春重爲置局，取芝雲舊本詳加訂正，有仍舊文不改者，有參衆議更訂者，複者刪之，缺者增之，其自乾隆壬寅至今者亦爲補載。體例詳略悉紀凡例中，分門二十，得卷七十有六。歲方一周，而郡志於是裒然成書。"可知此志係據黃良棟（字芝雲）所修稿本增訂而成。序中所稱"先大父"即其祖父陳宏謀（1696—1771），曾任江西巡撫，另修有《湖南通志》。

南昌府現存明清志書四部。最早者爲范淶修、章潢纂《新修南昌府志》三十卷，萬曆十六年（1588）刊刻。其次爲葉舟修、陳弘緒纂《南昌郡乘》五十五卷，付梓於康熙二年（1663）。其三即此乾隆志。最晚者爲許應鑅、王之藩修，曾作舟、杜防纂《南昌府志》六十六卷，列十三志六十四目，刊刻於同治十二年（1873）。

首冊首葉鈐"何氏珍藏"白文橢圓印（2.3×1.0 釐米）。

卷三十七至四十係鈔配。有缺葉：卷四十八第二十葉，卷末第三十三葉。

中國國家圖書館、中國科學院文獻情報中心、北京大學圖書館、北京師範大學圖書館、復旦大學圖書館等十七館與日本東洋文庫、美國國會圖書館亦有入藏。

354. 清乾隆刻本彭澤縣志　　T3195/4236.83

[乾隆]《彭澤縣志》十六卷，清吳會川、何炳奎纂修。清乾隆二十一年（1756）刻本。八冊。半葉十一行二十二字，小字雙行同，白口，左右雙邊，單魚尾。框高20.3 釐米，寬 14.0 釐米。前有扉頁，乾隆二十一年董榕序，乾隆二十一年吳會川序，乾隆二十一年何炳奎序，乾隆二十一年鄒炌序，目錄，舊序（成化二十一年〔1485〕曾彥序、弘治甲子〔十七年，1504〕王琦序、萬曆壬午〔十年，1582〕戴鳳翔序、萬曆壬午葉朝榮序、康熙二十二年〔1683〕王廷藩序），舊志纂修姓氏，凡例，分卷目錄。卷端題："署彭澤縣事梅州吳會川、知彭澤縣事平江何炳奎全輯。"

彭澤縣地處長江南岸。漢高祖六年（前 201）置，得名於彭蠡澤，屬豫章郡。隋唐屬江州。元屬江州路。明清屬九江府。今屬江西省九江市。

吳會川，廣東嘉應州人。舉人。乾隆二十年署彭澤知縣。

何炳奎，江蘇吳縣人。舉人。乾隆二十一年任彭澤知縣。

書前有《縣境全圖》《縣治圖》《縣署圖》《文廟圖》、八景圖，計十二幅。正文十六卷，有表、志、傳、録、記五體，列十六門：卷一沿革表、秩官表；卷二選舉表；卷三方輿志（星野、疆域、形勝、山川、水利、風俗）；卷四建置志（城垣、公署、倉廒、亭館、津梁、郵傳、軍衛、兵防、保甲、坊表）；卷五食貨志（户口、田産、起運、經費、雜稅、屯政、恤政、積貯、物産〔附均役始末〕）；卷六學校志（學制、書籍、學田、書院）；卷七典禮志（秩祀、壇壝、祠廟、祭樂器、公儀、慶賀、賓興、講約、鄉飲、時制、服制）；卷八藝文志（書目、書序）；卷九至十一列傳（名循、邦賢、忠烈、孝義、儒林、文學、篤行、隱逸、僑寓、孝婦、烈婦、烈女、貞婦、貞女、賢婦、節婦、壽婦）；卷十二文録；卷十三詩録；卷十四古跡記；卷十五古事記（祥異、史事），雜記（宗祠、邱墓、義塚、軼事）；卷十六別記（仙釋、方技、寺觀、説部）。

吳會川序："某，粤東下士……兹奉憲委署斯邑，意以事必師古乃可宜今，刻取志書查閱，僅得癸亥王君修本，距今七十餘年，未有續編……余所爲掩卷長嘆也。郡憲董公以當代名儒來守是邦，百廢具舉，焕然維新，尤以志關政治，加意訂修，乃商諸紳士，咸有同心。因得見所見，聞所聞，爲之拾其遺，補其漏，務期考据詳明，不殫旁搜博採，而去取增芟悉遵列憲鈞諭，矢公矢慎，無偏無狥，必折衷至當，俾可信可傳，爰分門別類，列爲總綱，條爲細目，共計若干卷。"

扉頁係手書，文曰："乾隆二十一年重修彭澤縣志。"

彭澤縣明成化、弘治間均曾修志，今已不存。現存最早的志書爲葉朝榮修、戴震亨纂《彭澤縣志》九卷，付梓於萬曆十年。其次爲王廷藩修、潘瀚纂《彭澤縣志》十四卷，列十門六十六目，康熙二十二年刊刻。其三即此乾隆志。其四爲周巖修，劉黻、柯翹纂《彭澤縣志》十五卷，分十二門一百十四目，嘉慶二十四年（1820）刊刻。其五即趙宗耀、陳文慶修，歐陽燾等纂《彭澤縣志》十八卷，因襲嘉慶志體例，分十二門一百二十四目，同治十二年（1873）刊行。其六爲陳友善修、張經甯纂《彭澤縣志補遺》一卷，採用同治志體例，補充其疏漏之處，刊刻於光緒二年（1876）。

纂修姓氏載繪工姓名："繪圖邑庠生汪蒸、童生馮榮。"

故宮博物院圖書館、上海圖書館、上海辭書出版社圖書館等八館與日本東洋文庫亦有入藏。

355. 清乾隆刻本瑞昌縣志　T3195/1266.83

〔乾隆〕《瑞昌縣志》二十二卷，清蔣有道修，聶師煥纂。清乾隆二十年（1755）刻本。八册。半葉十一行二十二字，小字雙行同，粗黑口，左右雙邊，單魚尾。框高 18.9 釐米，寬 13.9 釐米。前有乾隆二十年董榕序，乾隆二十年蔣有道序，原志序（康熙十二年〔1673〕江皋序、雍正四年〔1726〕郝之芳序、章國録序），修志姓名，凡例，卷目。

瑞昌縣地處幕阜山脈東段。唐建中四年（783）於潯陽縣西境立赤烏場。五代南唐昇元三年（939）升爲瑞昌縣，屬江州。元隸江州路。明清隸九江府。1989年改爲瑞昌市。今屬江西省九江市。

蔣有道，字賡颺，號訥庵，漢軍鑲紅旗人。乾隆元年舉人。乾隆十八年任瑞昌知縣。

聶師煥，字堯章，號絅齋，江西瑞昌人。乾隆十八年舉人。

全書二十二卷，列十八門：卷一目録，爲全書門目詳目；卷二圖，有《輿地總圖》《城池圖》《學宮圖》《東鄉圖》《南鄉圖》《西鄉圖》《北鄉圖》《赤湖圖》等，共八幅；卷三沿革表；卷四秩官表（知縣、教諭、訓導、巡典）；卷五至六選舉表（科甲、明經、薦辟、武舉、貤封、應例、雜進）；卷七方輿志（星野、疆域、形勝、山川、水利、風俗）；卷八至九建置志（城池、公署、倉廒、亭館、津梁、郵傳、軍衛、兵防、坊表、保甲）；卷十食貨志（戶口、田産、起運、經費、解支、各稅、屯田、鹽引、積貯、恤政、物産）；卷十一學校志（廟制、祭器、樂器、經籍、學田、書院社學）；卷十二典禮志（秩祀、公儀）；卷十三藝文志（甲部經類、乙部史類、丙部子類、丁部集類）；卷十四至十六列傳（名循、鄉獻、忠義、孝友、儒林、文苑、武功、隱逸、僑寓、列女）；卷十七文録（序、記、文、疏、引、啓、書、論、議、紀事）；卷十八詩録（五言古、七言古、排律、五言絶、七言律、五言律、七言絶）；卷十九古跡記（名勝、遊覽）；卷二十古事記（祥異、史事）；卷二十一雜記（氏族、分鄉聚族、宗祠、邱墓、義塚、軼事）；卷二十二別記（仙釋、方技、寺觀、説部）。此志雖有文、詩二録，但不收碑記，而於建置、食貨、學校等志各條下録之。

蔣有道序：“瑞昌自南唐置縣，迄於宋元，數百年間志乘缺如。勝朝修志者四五令君，國初惟得陳詔一志，於兵燹之餘，存什一於千百，安在其爲徵信之書。康熙癸丑，江令皋採輯成帙，事雖因前，實同創始。後雍正丙午，郝令之芳蓋嘗修之，亦祇踵事加增。予始來即索覽之。……郡憲董公以當代名儒來守是邦，期年成政，而於典章文物尤所留意，乃於乾隆十八年檄下修志。……惟是仰體憲命，謀諸教諭張君禹遜並邑之薦紳耆宿，相與廣搜博訪，復延孝廉聶師煥、文學潘廷燭、何鈺，分門輯事，取舊志而更訂之，如前所云，昔之無者增之，失者正之，去所宜去，加所宜加，刪繁補遺，務求其確不可易，體裁論定則一以憲諭爲斷。”

“禎”剜改作“正”，“宏”剜改作“弘”。志文亦偶有剜改，如卷二十史事目第七葉順治三年李自成南逃至瑞昌事。

瑞昌縣現存最早的志書爲劉儲修、謝顧纂《瑞昌縣志》八卷，卷各一門，付梓於隆慶四年（1570）。其次爲江皋修、周士俊等纂《瑞昌縣志》八卷，康熙十二年刊行。其三為郝之芳修、萬定思等纂《瑞昌縣志》八卷，刊刻於雍正四年。其四即此乾隆志。其五為姚暹修、馮士傑等纂《瑞昌縣志》十卷，列十志，同治十年（1871）刻。

卷十七係鈔配，其他各卷有鈔配三十餘葉。有缺葉：卷十八第五葉、第八至十葉、第十四葉、第十六葉，卷十九第七至十葉、第十三葉、第十四葉、末葉。

北京大學圖書館、南京圖書館、臺北故宮博物院亦有入藏。

356. 清乾隆刻本南安府志　T3195/4234.83

[乾隆]《南安府志》二十二卷，清蔣有道修，史珥纂。清乾隆三十三年（1768）刻本。二函十六冊。半葉十行二十二字，小字雙行同，白口，左右雙邊，單魚尾。框高 19.6 釐米，寬 13.8 釐米。前有乾隆戊子（三十三年）蔣有道序，姓氏，目錄，舊序五則（明劉節序、清郎廷極序、董佩笈序、董永芝序、遲維璽序），凡例十六則。書後有乾隆三十三年蔣淑後序。

南安府地處贛西南山區。西晉屬南康郡。隋唐屬虔州。北宋淳化元年（990）析虔州置南安軍，屬江南西路。元至元十四年（1277）升為南安路。1365 年朱元璋改為南安府，治大庾縣，領大庾、南康、上猶、崇義四縣。1912 年廢。

蔣有道，字賡颺，號訥庵，漢軍鑲紅旗人。乾隆元年舉人。乾隆三十二年由饒州府同知署南安知府。

史珥（1709—1775），字師戩，號匯東，江西鄱陽人。乾隆十九年進士。官吏部主事。歷主多所書院講席。著有《四史剿說》《塞遊記》《鄱郡史事考》《三立考》《鄱郡遺詩考》《匯東且存文集》《且存詩》等。生平見［同治］《鄱陽縣志》。

全書二十二卷，平列三十三門：卷一圖（《郡境圖》《郡治圖》《大庾縣圖》《南康縣圖》《上猶縣圖》《崇義縣圖》《聶都山圖》《梅嶺圖》），星野，沿革，疆域（形勝、氣候、鄉都、關隘、戶口、土俗、物產附）；卷二山川（塚墓附）；卷三城池（街衢附）、公署（郵舍附）、倉庾（坊表附）；卷四廟學（書院、社學附），典禮（祭器、樂章、書籍附）；卷五典祀、水利、津梁；卷六賦役（課額、庸調、驛站附），古跡（勝景附），寺觀（養濟院、漏澤園附）；卷七至八秩官、武秩；卷九至十選舉；卷十一名宦、寓賢；卷十二宦跡、儒林、死事、文苑、隱逸；卷十三武略、質行、列女；卷十四至二十一藝文（記、疏、銘、贊、賦、序、書、祭文、公移、規條、上梁文、詩）；卷二十二事考、祥異、別志。

蔣有道序："余去冬承檄署郡事，首得披閱郡志，已歉其蕪，既而四邑各以新志至，庾較可觀，康猶淆雜，而崇尤甚，大率愛今人、輕改作，所增益多不當人意。

而郡志明代所鈔、香泉所定，皆無跡可尋，欲考信而靡從。……亟欲重輯郡志，商諸庾、康、猶三令尹，欣然襄事。余與三尹各捐百金，錙銖不以及民，一切採訪分纂之事，亦不以煩郡士。以四月下澣啓局於南康之旭升書院，踰月稿本粗定，又五旬剞工亦畢。"

南安府現存最早志書爲劉節纂修《南安府志》三十五卷，付梓於嘉靖十五年（1536）。其次爲康熙十二年（1673）李世昌纂修《南安府志》十五卷，列十一紀，現僅有鈔本存世。其三爲陳奕禧修、劉文友纂《南安府志》二十卷，列十二志，康熙四十九年刊刻。其四即此乾隆志。其五爲黃鳴珂修，石景芬、徐福炘纂《南安府志》三十二卷，沿襲乾隆志體例，續輯嘉道咸同間史事，於同治七年（1868）刊行。其六爲楊錞纂修《南安府志補正》十二卷，光緒元年（1875）刊刻。

有缺葉：書前序文第一、第二葉，卷四末葉等，計十餘葉。

中國國家圖書館、中國科學院文獻情報中心、北京大學圖書館等七館與臺北故宮博物院亦有入藏。

357. 清乾隆刻咸豐印本南安府大庾縣志　T3195/4303.86（1-8）

［乾隆］《南安府大庾縣志》二十卷首一卷，清余光璧纂修。清乾隆十三年（1748）刻，咸豐元年（1851）印本。八冊。半葉十行二十一字，小字雙行同，白口，左右雙邊，單魚尾。框高 18.9 釐米，寬 13.3 釐米。首有續志序（咸豐元年汪報閏序、咸豐元年楊正祥序、咸豐元年袁翼序），舊志序（乾隆十三年游紹安序），目錄，凡例，圖。

大庾縣地處大庾嶺北麓。隋開皇十年（590）析南康縣置大庾縣，屬南康郡。後廢爲鎮。唐神龍元年（705）復置，屬虔州。北宋爲南安軍治。元爲南安路治。明清爲南安府治。1957 年改名大余縣。今屬江西省贛州市。

余光璧，字思瑕，福建莆田人。舉人。乾隆六年任大庾知縣。

書前有《庾邑全圖》一幅。正文二十卷：卷一天文志（星野、占驗、祥異、氣候）；卷二至四地輿志（沿革、疆域、鄉都、坊隅、形勝、土俗、山川〔勝景附〕、水利、物產）；卷五至七建置志（城池、公署、行署〔廢署附〕、學校、倉庾〔公田附〕、兵房〔所軍附〕、宮廟、壇壝、祠宇、津梁、名勝、古跡、邱墓〔漏澤園、養濟院附〕、寺觀）；卷八禮樂志（典禮、儀注、齋戒、祭器、樂器、樂章、祝文）；卷九賦役志（蠲免、上供、稅課、鋼銀、差徭、驛站、戶口、田賦、軍屯）；卷十至十一職官志（文職、武職、名宦〔寓賢附〕）；卷十二選舉志（科甲、薦辟、明經、武科、贈蔭、捐例、考職、壽官）；卷十三人物志（鄉賢、列女）；卷十四雜事志（全集）；卷十五至二十藝文志（詩、文）。

余光璧序（此本佚）謂："余宰庚以來，體察民情士俗，前所已行者不敢不勉，未行者不敢倖功，步亦步，趨亦趨，日奉此書以爲程，於玆七年，皆惜其考核未精，紀載未備，傳鈔脱錯，幾同斷簡殘編，不堪入目。因釐其失，訂其訛，增其所應有，益其所未及，勒成全書，以付諸梓。"

余光璧所撰凡例末條謂："是編始於春杪，竣於秋閏，凡六閱月，初稿粗就。正擬細加改正，適時疫盛行，自秋徂冬，奔走不暇，加之賤疾間發，不耐久坐，束寘高閣，欲供覆瓿。偶因郡伯談及，率出呈政，遂令付梓。"

此志與咸豐元年刻本《大庾縣續志》二卷裝於同一函，紙墨裝幀無異，當爲咸豐元年刊行續志時重印之本。

大庾縣明志今已無存者。此乾隆志爲現存最早的志書。咸豐初，譚習篆續纂此志，成《大庾縣續志》二卷，所續凡十門，刊行於咸豐元年。至同治間，陳蔭昌修、石景芬纂《大庾縣志》二十六卷，列十志，同治十三年（1874）刊刻。

各冊書背墨書"周德成"，當爲此本舊藏者。

天頭偶有批注，對志文略有訂補，或即周德成所書。

卷首續志序、舊序五葉係鈔配，誤裝於乾隆志之前。有缺葉：卷十一第二十一葉。

中國國家圖書館、中國科學院文獻情報中心、中央民族大學圖書館等六館與臺北故宮博物院及日本內閣文庫亦有入藏。

358. 清乾隆刻道光補刻本吉安府志　T3194/4634.85

［乾隆］《吉安府志》七十四卷首一卷，清盧崧修，朱承煦、林有席纂。清乾隆四十一年（1776）刻，道光二十二年（1842）補刻本。五函四十冊。半葉十一行二十二字，小字雙行同，白口，左右雙邊，單魚尾。框高 20.5 釐米，寬 15.2 釐米。前有扉頁，道光二十二年李鎔經補刻吉安府志序，乾隆四十一年海成序，乾隆四十一年蔣元益序，乾隆四十一年楊魁敍，乾隆四十年歐陽永裿序，乾隆四十一年盧崧序，乾隆丙申（四十一年）許嗣傳後序，舊序（順治庚子〔十七年，1660〕趙進美序、順治十七年李興元序、順治十七年歐陽主生等序），纂修銜名，凡例，盧崧跋，目録。

吉安府地處贛江中游。西漢爲豫章郡地。東漢興平元年（194）孫策析置廬陵郡。隋開皇十年（590）改爲吉州。元至元十四年（1277）升爲吉州路，元貞元年（1295）改爲吉安路。1362 年朱元璋改爲吉安府，屬江西省，領廬陵、泰和、吉水、永豐、安福、龍泉、萬安、永新、永寧等九縣。清乾隆八年分永新、安福二縣地置蓮花廳。1912 年廢府。

盧崧，奉天鑲黃旗人。副貢。曾任蓮花廳同知，乾隆三十九年任吉安知府。另修有《彰德府志》。

朱承煦，江西廬陵人。曾任湖北大冶知縣。著有《朱鶴亭詩稿》。

林有席（1713—1804），字儒珍，號平園，江西分宜人。乾隆十七年進士。曾任東湖知縣。著有《清古文雅正》《離騷經參解》等，另纂修有《東湖縣志》《贛州府志》。

全書七十四卷，列十七門：卷一天文志（星野、占驗、氣候、機祥）；卷二地理志（沿革考、沿革表、形勝、疆域、風土、物產）；卷三至十山川志（山、水、關隘、陂塘、津渡、橋梁、古跡、坵墓）；卷十一至十四建置志（府廳縣城池、府官廨、倉庫、雜建置、各縣官廨、倉庫、府廳縣壇祀、廟祀）；卷十五至十七學校志；卷十八至十九書院志；卷二十至二十二職官志（職官考、府職官志、縣職官表）；卷二十三薦辟志；卷二十四至三十一選舉志（南唐宋元進士表、明清進士表、宋解試表、元鄉舉表、明舉人表、清舉人表〔武科甲附〕、明貢生表、清貢生表〔附仕選〕、武選、鄉飲）；卷三十二封爵志（封爵表、封贈〔蔭任附〕）；卷三十三至三十五賦役志（賦役源流、戶口考〔戶口論附〕、賦稅考〔賦稅雜文附〕、屯政、漕運〔附蠲贈〕、鹽政、茶課〔附驛站〕、軍政考、營員、武秩表、營署、營兵、營器、營裝、營汛、營馬、營餉、武事源流、寇變附）；卷三十六至三十七名宦志；卷三十八至五十三人物志（大臣、庶官、忠節、儒林、文苑、孝友、行誼、隱逸、寓賢、方伎）；卷五十四至五十八列女志；卷五十九至六十寺觀志（附仙釋傳）；卷六十一至七十二藝文志（書目、詩、文）；卷七十三至七十四雜志（書後附）。

盧崧序："郡志肇明成化間，閱正德暨於萬曆凡三易，國朝志則順治庚子歲本萬曆志而續輯之者，而前志無考。……余懼焉，乃集同寮議續修，而郡士夫群籲以公捐請。遂據輿情徧白大府，報可。於是具書幣延積學者益都朱君天門、分宜林君平園至司纂職，並遴儒官分佐之。……始甲午春仲，訖丙申春季，爲卷七十有六，乃繕呈大府，授之梓。"

李鎔經補刻吉安府志序："吉安郡志乾隆四十一年重刊，計若干卷，板三千九百九十三塊。道光辛丑秋，余由建昌調守此郡，下車後求府志不可得，詢知板存府庫，因往查閱，則年久架傾，堆積滿地，潮濕朽爛，兼有蟲蛀。逐一檢點，計少一千五百餘塊，擬補刻完全，匆匆未遑。爰委教授盧君殿衡、訓導劉君拱辰分任讎校，以成其事。迺以壬寅二月開雕，至季夏補訖。以後板存府學，列入交代，加緊收貯，勿致損失。"此次補修，並未增補志文，僅補全損毀書版。

扉頁刊："乾隆丙申仲夏吉安府志。道光壬寅補修。"丙申即乾隆四十一年，但職官門紀事至乾隆四十三年，可知該年曾略爲補刻。

吉安府明正德間曾修志，今已不存。現存最早者爲王昂編《吉安府志》十六卷，係據前志重編，刊刻於明嘉靖間。其次爲余之禎纂修《吉安府志》三十六卷，萬曆十三年（1585）刻，僅有孤本存日本宮內廳書陵部。其三爲李興元修、歐陽主生等纂《吉安府志》三十六部，列二十五門，順治十七年（1660）刊刻。其四即此乾隆志。其五爲定祥等修、劉繹等纂《吉安府志》五十三卷，分十八門百二十五目，光緒二年（1876）刻。

中國科學院文獻情報中心、上海辭書出版社圖書館、南京大學圖書館等六館與日本東洋文庫、美國國會圖書館、英國倫敦大維德藝術基金會、法國國家圖書館亦有入藏。

359. 清乾隆刻本永新縣志　　T3195/3302.83

〔乾隆〕《永新縣志》十卷，清王瀚修，陳善言等纂。清乾隆十一年（1746）刻本。二函八冊。半葉十行二十字，小字雙行同，白口，左右雙邊，單魚尾。框高 20.7 釐米，寬 14.9 釐米。前有謝家鳳序，凡例，總目，圖。書後有四鄉各姓祠樂助志費。卷端題："永新縣知縣王瀚輯。"

永新縣地處羅霄山脈東側。三國吳析廬陵縣置永新縣。隋併永新縣入泰和縣。唐武德五年（622）復置。元元貞元年（1295）升爲永新州，屬吉安路。明降爲永新縣，屬吉安府。清仍之。今屬江西省吉安市。

王瀚，字桂軒，廣西蒼梧人。雍正十一年（1733）進士。乾隆六年任永新知縣。

陳善言，江西永新人。曾任江西廣豐訓導。

書前有《縣境全圖》《縣坊圖》《縣治圖》《儒學圖》《營署圖》《演武圖》及景圖，共十四幅。正文十卷：卷一輿地（沿革、星野、氣候、里至、山川、鄉都、津渡、陂渠、物產、風俗）；卷二建置（城池、公署、學校、義學、坊巷、橋梁、臺榭、祠壇、寺觀〔附養濟院〕）；卷三官師（縣令、丞捕、學官、屬司、宦績）；卷四賦役（丁口、田產、屯糧、積貯、額鹽）；卷五秩禮（祭祀、慶賀、開讀、救護、鞭春、上任、講讀、鄉飲）；卷六戎備（兵制、營堡、營衛署、營衛官、武勳）；卷七選舉（進士，鄉舉，貢生〔附儒士〕，例監，薦辟，封蔭，散秩〔附吏員、典史〕，冠帶〔附鄉飲、義民、農官、壽民〕，武科，武職）；卷八人物（列傳、忠節、義烈、孝友、儒行、文學〔附耆儒〕、善行、隱逸、寓賢、列女）；卷九紀事（災變、古跡、宅墓、仙釋、工伎、遺事）；卷十藝文（記、序、碑銘、辭賦、詩）。

王瀚序（此本佚）載修志經過："顧邑乘修於康熙癸亥，率沿故明遺册，其間失紀殊多。……爰據公詞，申各上憲，幸得允行，乃延博雅就義學開局。於是邑人以事來請續志者七百有奇，補志者五百有奇，與其事者先誓於神，然後分曹纂輯，逾期而成。是役也，始吾不敢以苛求之，懼搜羅之未遍也；繼且不敢以恕取之，懼責實之匪易也；參之新舊志以爲之本，考之省府志以爲之證，徵之廬、泰、安、寧諸鄰之書以爲之輔，酌之世族譜牒、故家藏書、鴻儒寶秘以爲之訂訛補遺，雖如是，敢自謂信史乎？"

《中國地方志聯合目録》《美國哈佛大學哈佛燕京圖書館藏中國舊方志目録》著録此志爲"王瀚修"，有誤，當作"王瀚"。

永新縣現存最早志書爲龔錫爵修、尹臺纂《永新縣志》八卷，付梓於萬曆六年。其次即此乾隆志。其三爲乾隆四十年譚尚書纂《禾川書》二十卷，禾川即永新縣治，有宣統三年（1911）刻本。其四爲同治十年（1871）尹繼隆纂修《永新縣志稿》十卷，有光緒五年（1879）刻本。其五爲譚述唐纂《禾川書》二十卷，同治十一年刻。其六爲蕭玉春、陳恩浩修，李煒、段夢龍纂《永新縣志》二十六卷，同治十三年刊行。

有缺葉：書前序第一至第十葉，卷三第三十三葉，卷六末葉。

中國國家圖書館、北京大學圖書館、復旦大學圖書館等七館與日本内閣文庫亦有入藏。

360. 清雍正刻乾隆剜修本撫州府志　T3194/5332.82

［雍正］《撫州府志》四十五卷首一卷，清羅復晉修，李茹旻等纂。清雍正七年（1729）刻本。二函二十二册。半葉九行二十二字，小字雙行同，白口，四周雙邊，單魚尾。框高 21.6 釐米，寬 14.6 釐米。首有雍正七年羅復晉序，原序（宋景定志家坤翁序、明弘治志邵寶序、吕傑序、明嘉靖志陳九川序、徐良傅序、明崇禎志蔡邦俊序、易應昌序、陳際泰序、蔡邦俊又序、清康熙乙巳〔四年，1665〕志李士正序、劉玉瓚序、李來泰序、康熙戊辰〔二十七年〕志張四教序、曾大昇序），凡例，纂修姓氏，目録。

撫州府地處撫河上中游。漢爲豫章郡地。三國吳太平二年（257）析置臨川郡。隋開皇九年（589）改爲撫州。元至元十四年（1277）升爲撫州路。1362 年朱元璋改爲臨川府，不久再改爲撫州府，領臨川、崇仁、金谿、宜黄、樂安、東鄉等六縣。1912 年廢。

羅復晉（1692—？　），號荔山，廣東東莞人。監生。歷任翰林院待詔、户部主事、浙江司員外郎、河南司郎中。雍正五年任撫州知府。

李茹旻，字覆如，號鷺洲，江西臨川人。康熙五十二年進士。官內閣中書。著有《周易補注》《二水樓集》等，另纂有《太平府志》《粵西通志》。

全書四十五卷，平列三十二門：卷一疆域，繪圖（附形勝、風俗），有《撫州府疆域圖》《景定志州治圖》《崇正志府治圖》《撫州府治今圖》、各縣境圖，計十幅，圖各有說；卷二建置；卷三星野（附占候、祥異）；卷四山川；卷五邑里；卷六學校；卷七廨宇；卷八壇祠；卷九賦役；卷十版籍；卷十一古跡；卷十二物產；卷十三封爵；卷十四職官（附官制）；卷十五兵衛（附題名、兵氛）；卷十六良牧（附名宦）；卷十七至十八選舉；卷十九名臣；卷二十理學；卷二十一至二十二仕績；卷二十三忠烈；卷二十四文苑；卷二十五武節；卷二十六篤行；卷二十七孝義；卷二十八隱逸；卷二十九列女；卷三十仙釋、方伎、僑寓；卷三十一至三十七藝文，有學宮記、賢祠書院記、城署記、津梁記、寺院記、賦、詩等目；卷三十八至四十五藝文補，有學宮記、廨宇記、賢祠書院記、城池山川記、津梁記、壇廟記、賦、序、書、詩等目。此志體例不一，目錄與正文標題多有差異，正文各門或名爲考、志、傳，或不稱考、志、傳，未能整齊劃一，兹迻錄目錄如上。藝文之外另有藝文補，未加整編，亦可見其編輯之粗率。

羅復晉序："唐宋迄明各志漸繁，撫州志則莫備於弘治，後此遂趨簡省。我朝康熙戊辰，前守張公修之，益加刊削，距今四十有二年，志即弗修。……今歲適奉旨命各直省纂修通志。……爰請鄉先生中翰李君茹旻、吳君立主纂修，六邑中各推數人分校，自孟秋迄孟冬四閱月告成。……頃付剞劂。"

凡例謂："爰搜弘治以來諸志舊本，互相校對，前志所載後志頗多遺佚，兹編悉爲補入。"

"禎""弘""曆"分別剜改作"正""宏""歷"，當爲乾隆間剜修本。

撫州志書創修於宋景定間，今已亡佚。明清志書今存者共六部。最早者爲黎喆修、呂傑纂《撫州府志》二十八卷，平列二十三門，弘治十六年（1503）刊刻。其次爲黃顯修，陳九川、徐良傅纂《撫州府志》十六卷，分天文、地理、人道三綱二十目，付梓於嘉靖三十三年（1554）。再次爲劉玉瓚修、饒昌胤等纂《撫州府志》三十五卷，分十七門三十六目，康熙四年刊行。其四爲張四教修、曾大升纂《撫州府志》三十五卷，刊刻於康熙二十七年，僅有孤本存南京圖書館。其五即此乾隆志。其六爲許應鑅、朱澄瀾修，謝煌等纂《撫州府志》八十六卷，有十門五十四目，光緒二年（1876）刻。

卷二十二（第十一冊）係鈔配。

有缺葉：卷九第一至第一百十三葉、卷三十四第十九葉。

中國國家圖書館、中國科學院文獻情報中心、山東大學圖書館等五館與臺北故宮博物院亦有入藏。

361. 清乾隆刻本建昌府志　　T3194/1466.83

[乾隆]《建昌府志》六十四卷首一卷，清孟炤修，黄祐等纂。清乾隆二十四年
（1759）刻本。二函十六册。半葉十一行二十三字，小字雙行同，粗黑口，左右雙邊，
單魚尾。框高 19.0 釐米，寬 14.3 釐米。首有扉頁，乾隆二十四年湯聘序，乾隆戊寅
（二十三年）孟炤序，原序（正德十二年〔1517〕夏良勝序、正德丁丑〔十二年〕羅
江序、嘉靖辛亥〔三十年，1551〕羅汝芳序、萬曆癸丑〔四十一年，1613〕鄔鳴雷序、
康熙十二年〔1673〕高天爵序、康熙十二年李丕先序、康熙十二年陳六修序、康熙
十二年張世經序、康熙十二年王師夔序、康熙十二年何三省序、乾隆二十一年姚文
光序），姓氏，凡例，目録，繪圖。

建昌府地處武夷山西側。五代南唐置建武軍。北宋太平興國四年（979）改爲
建昌軍，屬江南西路。元至元十四年（1277）升爲建昌路。1362 年朱元璋改爲肇昌
府，不久改爲建昌府，屬江西省，領南城、南豐、新城、廣昌、瀘溪等五縣。清仍之。
1912 年廢。

孟炤，字麗嵩，漢軍鑲紅旗人。監生。乾隆二十一年任建昌知府。

黄祐，字啓彬，號素堂，江西新城人。雍正元年（1723）進士。歷任刑科給事中、
江南驛傳鹽法道、山西雁平道、冀寧道。著有《素堂詩古文稿》《河上餘聞》《江南
救災録》《賑荒日記》《蘆汀晚筆》《建昌人物志》等。

卷首繪圖收《府境總圖》、各屬縣境圖、《府城圖》、各屬縣城圖、《府署圖》、山
圖、水圖等，計十九幅。正文六十四卷，有考、表、傳、記四體三十二門：卷一沿
革考；卷二星野考；卷三疆里考；卷四山川考；卷五城池考；卷六陂塘考；卷七津梁
考；卷八風俗考；卷九物産考；卷十賦役考；卷十一屯運考；卷十二郵政考；卷十三
鹽法考；卷十四學校考；卷十五壇廟考；卷十六郵傳考；卷十七武備考；卷十八公廨
考；卷十九古跡考；卷二十坊表考；卷二十一邱墓考；卷二十二寺觀考；卷二十三封
爵考；卷二十四至二十八秩官表（郡官、南城、南豐、新城、廣昌、瀘溪、師儒、
武職）；卷二十九至三十四選舉表（進士、舉人、貢生、薦辟、仕籍、武科、贈蔭）；
卷三十五至三十六名宦傳；卷三十七至四十七人物傳；卷四十八方技傳；卷四十九至
五十三列女傳；卷五十四流寓傳；卷五十五仙釋傳；卷五十六至六十四藝文紀（書
目、誥、勅、表、疏、狀、記、序、引、跋、考、議、書、啓、碑銘、贊、祭文、賦、
詩、雜録）。

孟炤序："前年冬，予奉命來守建郡，吏循故事以志書呈，則前守姚君新修也，

卷帙高起幾二尺。未幾，方伯王公檄下，指駁纍纍，而都人士許者亦日益至。夫志，原以資治，不圖反以滋訟而害治至此。又逾年，乃設局於郡城，延五邑賢士夫，發凡起例，公司筆削，而屬南城大尹蔣君董其事，閱幾月蔵事。"

建昌府明清志書現存五部。其一爲夏良勝纂修《建昌府志》十六卷，分二十九門六十三目，正德十二年付梓。其二爲高天爵、李丕先修，吳挺之、黃日應纂《建昌府志》二十六卷，列十門八十二目，康熙十二年刻。其三爲姚文光修、周宣猷等纂《建昌府志》一百卷，分三十二門七十目，刊刻於乾隆二十一年。其四即此乾隆二十四年志。其五爲邵子彝修、魯琪光纂《建昌府志》，列十門五十四目，同治十一年（1872）刻。

有扉頁，刊"建昌府志"。

首冊首葉鈐"星渚干元仲珍藏書籍"朱文方印（3.8×3.8釐米）、"思十堂珍藏書畫印"朱文長方印（2.5×1.4釐米），第二至十六冊首葉鈐"元仲所藏"白文朱印（2.6×2.5釐米）。

各冊中部處卷端，如卷十五、卷三十二、卷三十六等卷端，亦鈐有"元仲所藏"印，可見此本原爲三十二冊，後改裝爲十六冊。

中國國家圖書館、故宮博物院圖書館、中國文化遺産研究院等五館亦有入藏。

362. 清乾隆刻本廣信府志　　T3194/0826.83

［乾隆］《廣信府志》二十六卷首一卷，清連柱等纂修。清乾隆四十八年（1783）刻本。二函二十冊。半葉九行二十四字，小字雙行同，白口，左右雙邊，單魚尾。框高20.3釐米，寬14.2釐米。首有扉頁，乾隆癸卯（四十八年）連柱序，原序四則（明汪俊序、張履正序、侯七乘序、周鐔元序），凡例，目録，官階姓氏，繪圖。

廣信府地處武夷山西麓。唐乾元元年（758）析饒、衢、建、撫四州地置信州，治上饒縣。元至元十四年（1277）升爲信州路，屬江浙行省。1360年朱元璋改爲廣信府，屬江西省，領上饒、玉山、弋陽、貴溪、鉛山、永豐、興安等七縣。1912年廢。

連柱，號春塘，滿洲正白旗人。乾隆四十七年任廣信知府。

卷首繪圖收《廣信府城圖》《七邑總圖》《信江書院圖》《封禁山圖》《七邑關隘總圖》等五幅。正文二十六卷，平列十六門：卷一天文（星野、占驗、祥異）；卷二地理（沿革、形勝、疆域、鄉都、山水、物産）；卷三至五建置（城池、公署、儲備、蠲卹、陂塘、津梁、壇廟、坊表，古跡、邱墓附）；卷六賦役（戶口、田賦、屯政、漕運、鹽法、茶課雜税附）；卷七學校（廟祀、學制、學額、學田、書院、社學、鄉飲酒禮講約附）；卷八武備（營制、郡防、阨塞、兵事）；卷九秩官；卷十名宦；卷十一至十三選舉（薦辟、進士，舉人、賓貢，仕籍、武階、封贈、恩蔭）；卷十四封爵；卷十五天師世家；卷十六至二十二人物（先生，宦跡，學業，忠烈，孝友，義行、壽考，隱逸、方技、寓賢）；卷二十三列女（賢惠、節孝、貞烈）；卷二十四方外（仙釋、寺觀）；卷二十五藝文（疏、表、書、傳、論、序、記、説、賦、詩）；卷二十六雜記。

連柱序："余自壬寅春恭膺簡命，來守是郡，下車伊始，即索觀全志，而典守者謂郡乘久湮漫殘缺，即七邑志亦久未整理。歲庚子，奉大憲檄修郡縣志，時前守康酌定章程，詳請開局郡城，府縣志一時並舉。惟郡志一稿爲前守康手訂未全，至辛丑八月前署府蔡始踵輯成編，繕呈上憲鑒定，檄發核刊。余亟取而披覽之，見其綱舉目張，文簡事實，乃於退食之餘，恪遵憲檄，逐一釐正，舉稍有未安者，務使義例歸一，蓋至是始得觀厥成矣。"

廣信府明成化間修有志書，今已佚。現存明清志書五部。首部爲張士鎬修、江汝璧纂《廣信府志》二十卷，列八志，嘉靖五年（1526）刊刻。其二爲孫世昌纂修《廣信府志》二十卷，刊刻於康熙二十二年（1683）。其三爲周錞元修、馬道畊纂《廣信府志》四十卷，付梓於康熙五十二年，又有雍正八年（1730）羅克昌補刻本。其四即此乾隆志。其五爲蔣繼洙纂修《廣信府志》十二卷，分十二門七十四目，同治十二年（1873）刊行。

扉頁刊"廣信府志"。

卷首繪圖之末，刻繪工刊工姓名："玉山李璧繪，新建余鈞衡刻。"

有鈔配數葉。

中國國家圖書館、北京大學圖書館、上海圖書館等十二館與日本東洋文庫、京都大學人文科學研究所、美國國會圖書館亦有入藏。

363. 清康熙刻本婺源縣志　T3200/1439.81

［康熙］《婺源縣志》十二卷，清蔣燦等纂修。清康熙三十三年（1694）刻本。二函二十册。半葉九行二十二字，小字雙行同，白口，四周單邊，單魚尾。框高22.0釐米，寬15.0釐米。前有康熙癸酉（三十二年）蔣燦序，康熙甲戌（三十三年）張綬序，舊序（劉光宿序、詹養沈序、江蕃序），纂修名籍，康熙八年修志名籍，凡例，目錄。

婺源縣地處贛東北山地。唐開元二十八年（740）析休寧、樂平二縣地置，得名於地近婺水（今樂安河）之源，屬歙州。北宋宣和三年（1121）屬徽州。元元貞元年（1295）升爲婺源州，屬徽州路。明洪武二年（1369）降爲婺源縣，屬徽州府。1934年劃入江西省。今屬江西省上饒市。

蔣燦，字素庵，浙江仁和（今杭州）人。康熙三十一、三十二年兩次以徽州府通判署婺源知縣。

全書十二卷，列九志六十目：卷一至二疆域志（圖考、沿革、分野〔候占附〕、坊都、山川〔形勝附〕、風俗、地產），圖考目有《分野圖》《山川圖》《鄉都圖》《坊市圖》《城郭圖》《縣治學宮來龍圖》《縣治圖》《學宮圖》《闕里圖》等共九幅；卷三至四選舉志（科第、歲貢、薦辟、材武、監選、掾史、任子、貤恩、戚畹）；卷五建置志（城池、公署、學校、祀典、宮室、坊表、津梁、塘堰）；卷六官師志（縣職、學職、雜職、武職、名宦）；卷七食貨志（戶口、公賦、雜稅、徭役〔復典附〕、儲蓄、卹政）；卷八兵防志；卷九至十人物志（朱子世家、儒林、名賢、經濟、忠節、學林、文苑、武略、孝友、質行、隱逸、義行、列女、寓賢）；卷十一至十二藝文志（帝製、典籍、紀述、題詠），通考外志（寺觀、仙釋、古跡、丘墓、方伎、機祥、佚事）。

蔣燦序："余兩年間再攝茲篆，凡民風土俗及夫士大夫之賢且仁者，幸已飫聞而習見之。會郡伯朱公將有府志之役，徵掌故於屬邑，余不敏，不敢以代庖謝責，乃捐俸開局，敦請紳士名儒，取舊志重續之。仍其部署，益以新事，寧核無疏，寧苟無濫，不數月而二十餘年之文獻瞭然如指掌。"

婺源宋咸淳間創修志書，明代正德、嘉靖、天啓間凡三修，除嘉靖志外均已佚。現存明清志書九部。首部爲馮炫纂修《婺源縣志》六卷，付梓於嘉靖十九年（1540）。其次爲劉光宿修、詹養沉纂《婺源縣志》十二卷，基於天啓志續補明末清初史事而成，列九志，康熙九年刊刻。其三即此康熙三十三年志，體例大體沿襲康熙九年志。其四爲俞雲耕修、潘繼善纂《婺源縣志》三十九卷，體例沿襲此志之舊。其五爲陳士元修、彭家桂續修、張圖南續纂《婺源縣志》三十九卷，襲用前志體例續纂，乾隆五十二年（1787）刊行。其六爲趙汝爲纂修《婺源縣志》三十九卷，沿襲前志體例、志文，續纂近事，刊刻於嘉慶十三年（1808）。其七爲黃應昀、朱元理纂修《婺源縣志》三十九卷，沿用前志體例，道光六年（1826）刻。其八爲吳鶚修、汪正元纂《婺源縣志》六十四卷，仍遵用前志體例，光緒九年（1883）刊行。其九爲董鍾琪、汪廷璋編《婺源鄉土志》，分七章，光緒三十四年鉛印。

金鑲玉裝。

書前序文、卷二第二十五至三十四葉、卷七、卷八係鈔配，此外亦有零星鈔配十餘葉。

中國國家圖書館、北京大學圖書館、上海圖書館、中國科學院南京地理與湖泊研究所圖書館、美國國會圖書館亦有入藏。

364. 清乾隆刻本婺源縣志　　T3200/1439.83

　　〔乾隆〕《婺源縣志》三十九卷首一卷，清俞雲耕等修，潘繼善等纂。清乾隆二十年（1755）刻，二十二年增刻本。四函三十二冊。半葉十行二十二字，小字雙行同，白口，左右雙邊，單魚尾。框高 21.3 釐米，寬 14.6 釐米。首有扉頁，何達善序，乾隆乙亥（二十年）俞雲耕序，乾隆二十二年陳士元序，乾隆十九年王應瑜序，乾隆甲戌乙亥重修婺源縣志名籍，康熙己酉（八年，1669）修志名籍，凡例三十九條，目録，舊志序（咸淳五年〔五年，1269〕洪從龍序、嘉靖己亥〔十八年，1539〕志汪思序、天啓壬戌〔二年，1622〕志盧化龍序、何如龍序、康熙己酉〔八年〕志劉光宿序、詹養沉序、江蕃序、康熙甲戌〔三十三年〕志蔣燦序、張綏序、康熙甲戌志蔣燦各門前引、康熙甲戌志張綏各門後跋、正德癸酉〔八年，1513〕志傅鼎序）。

　　俞雲耕，字耕服，號依齋，江蘇新陽人。舉人。曾任廣東長寧知縣，乾隆十八年至二十一年任婺源知縣。

　　潘繼善，字取大，號本庵、鳳麓居士，安徽婺源人。貢生。撰有《聖學輯要》《讀經史筆記》《音律節略考》等。

　　全書三十九卷，列九志：卷一至四疆域志（圖考，沿革，分野〔北極高度、候占附〕，坊都，山川〔形勝附〕，風俗，地産），圖考目有《本縣北極出地高度圖》《本府六縣疆域總圖》《本縣疆域山川鄉都總圖》《縣治城垣圖》《坊市圖》《縣治公署圖》《學宮圖》《闕里圖》《縣治學宮來龍圖》《大鄣山圖》《高湖山圖》《龍尾山圖》《福山圖》等共十三幅；卷五至七選舉志（科第、歲貢、薦辟、材武〔武職附〕、監選、掾史、任子、貤恩、戚畹）；卷八至九建置志（城池、公署、學校、祀典、宮室、坊表、津梁、塘堰）；卷十官師志（縣職、學職、雜職、武職、名宦）；卷十一至十二食貨志（戶口、公賦、雜稅、徭役、儲蓄、卹政）；卷十三兵防志（防守）；卷十四至三十人物志（朱子世家，儒林，名賢，經濟，忠節，學林，文苑，武略，孝友，義行，質行〔旌善亭、善人及諸老人附〕，隱逸，方伎，寓賢，列女）；卷三十一至三十七藝文志（帝製、典籍、紀述、題詠）；卷三十八至三十九通考外志（寺觀、仙釋、古跡、邱墓、機祥、佚事）。體例沿襲康熙三十三年志，略有調整。

　　俞雲耕序："余於癸酉冬恭膺簡命，承乏茲邑，仰高山，拜闕里，竊自慰焉。既而接紳士，覽志乘，欲悉其土風，亦欲稽其掌故。按舊志成於康熙甲戌，距今六甲一周。……前上臺屢次檄令纂修，茲紳士咸以請，余遂諾之，詳請開局。經始於甲戌之孟夏，歷一期又三月，始克觀成。是役也，余以簿書旁午，不過稍參末議，而秉公矢慎，挈領提綱，成此一編，藉以報命於上臺，且慰余仰高山、拜闕里之素願焉爾。"

扉頁刊："乾隆甲戌乙亥重修婺源縣志。尊經閣藏板。"甲戌、乙亥即乾隆十九年、二十年。按，另據卷端所鈐印記，知此志刊刻於乾隆二十年，二十二年加以修補，並增刻陳士元序等，重印行世。

扉頁鈐"志書公發須防盜賣立此爲記"白文長方印（4.5×3.4釐米），及"乾隆丁丑奉憲核飭改正定本"印記。丁丑即乾隆二十二年。各卷卷端鈐朱文長方印，文曰："志書成於乾隆乙亥，奉府憲飭候各憲核定，汪江吳洪等案分晰改正，丁丑奉移改訖，補入縣主陳序，併印記各卷首，識爲定本，其未經改正無陳序印記者不足爲據。"

版心下刊刻工姓名，有邑人吳馭天、吳馭添、邑人游希大、游際唐、方季安、旌邑、方英、方懷玉、張文亮、方爾盛、歐陽禄、方得畏、方畏、方以莊、方以、允扶、歙邑黃雲谷、方壽等。圖或有繪工姓名：《本縣北極出地高度圖》署"王思謙繪"，《本縣疆域山川鄉都總圖》署"雲川文學王在文繪"，《大鄣山圖》署"沱川三溪余于升繪"，《高湖山圖》署"余升寫"。

上海圖書館、上海辭書出版社圖書館、天津圖書館等九館與"中央研究院"歷史語言研究所傅斯年圖書館及美國國會圖書館亦有入藏。

365. 清康熙刻後印本山東通志　T3138/0.81

　　[康熙]《山東通志》六十四卷，清趙祥星修，錢江等纂。清康熙十七年（1678）刻，四十一年印本。二十四冊。半葉十行二十字，小字雙行同，白口，四周雙邊，單魚尾。框高 23.8 釐米，寬 16.8 釐米。首有康熙十三年張鳳儀序，康熙十七年趙祥星序，康熙四十一年王國昌序，康熙十三年施天喬序，楊毓蘭序，梁遂序，康熙十三年沙澄序，艾元徵序，于可托序，伊闢序，禮部咨文，凡例，修志姓氏，目錄。

　　趙祥星，遼東義州（今義縣）人，貢士。康熙十二年任山東巡撫。

　　錢江，浙江嘉興人，順治六年（1649）進士。康熙十三年提督山東學政。

　　卷一圖考；卷二至三建置沿革；卷四星野；卷五疆域（附形勢）；卷六至七山川；卷八風俗；卷九物産；卷十封建；卷十一户口田賦；卷十二衛所户口田賦；卷十三城池；卷十四學校；卷十五兵防；卷十六河防、漕河；卷十七鹽法、驛傳；卷十八古跡；卷十九宮室；卷二十祀祠（附寺觀）；卷二十一陵墓；卷二十二公署；卷二十三橋梁；卷二十四至二十五職官；卷二十六至二十七選舉；卷二十八帝王（附后妃）；卷二十九聖賢（附封典）；卷三十雅樂；卷三十一至三十七名宦；卷三十八至四十四人物；卷四十五孝義；卷四十六隱逸；卷四十七仙釋；卷四十八流寓；卷四十九方技；卷五十列女；卷五十一至六十二藝文；卷六十三災祥；卷六十四雜志。

　　凡例云：“修志之役，欽奉俞遵照河南陝西通志，接古續今，纂輯成書。故是書綱目體例一如兩書，間小有增減，以地殊跡異，不得盡同。”“山東舊通志成於明嘉靖癸巳陳陸兩人，考證頗稱詳核，今山川、圖考、古跡、物産諸項及癸巳以前人物併仍舊簡，即有偶誤，必稽考真確乃更定，否則寧置闕文。”

　　趙祥星序曰：“躬逢我皇上右文稽古，修廢舉墜，百度維新。詔示宇内纂修各省通志，甚盛典也。余奉簡命填撫山左……在郡邑雖有方書，而繁蕪漫漶，謬訛難憑，祇遵功令行檄六郡百四城，彙集舊志，藩司爲之早夜參考，博採往聞，踵增新制，臚其天地、聖賢、建置、文物之宜，與夫河漕、田賦、風節、古跡之要，一展卷而洞若觀火，昭然爲一省通志，余受成而裁正焉，庶幾詳簡而便覽矣。”

于可托序曰：“山左之志，夙有成書，明備之餘難於刪其舊，而近代之事缺焉有間，採訂之下難於繼其新。今中丞趙公奉天子之命纂輯全書，延集名儒分曹著撰，而藩憲諸公實董其成，閱數載而事竣，繕裝成帙而授余。”

王國昌序曰：“幅員莫大於昭代，志乘莫古於山東。我皇上文德誕敷，武功赫濯……此大清一統志之纂，疆圉遼廓，亘古未有，猗歟盛已。通志各省皆有書，獨山東推秉禮之宗，著表海之烈……他省之山川弗若也。此皆已載通志歷歷可考者。迺書成後，聖朝應編入者事正多……所當敬編入志，以垂不朽。……敬述皇上歷歲舉行大政以補通志所未備，而涉筆及之，冀後司此土者覽焉而不予誚則幸甚。”

職官紀事至康熙十七年。卷六十二藝文志有《巡撫王國昌瞻仰御碑頌並序》《王國昌仝藩司劉暟等增建貢院碑記》《王國昌仝學道徐炯重建白雪書院記》《王國昌仝藩司劉暟臬司王然等重修禮樂器及增樂舞生碑記》。王國昌，康熙三十七年始任山東巡撫。

有朱墨筆圈點。偶有補鈔。

《中國地方志聯合目錄》未著録康熙四十一年印本。

明嘉靖十二年（1533）陸釴等纂修《山東通志》四十卷。清代凡四修，一即此康熙十七年本，次爲岳濬等修雍正《山東通志》三十六卷首一卷，有乾隆元年（1736）刻本，三爲同治間張昭潛纂《山東通志》不分卷，僅稿本存世，四爲楊士驤等修、孫葆田等纂宣統《山東通志》二百卷首九卷附録一卷補遺一卷，有民國四年（1915）鉛印本。

中國國家圖書館、北京大學圖書館等十餘館與日本東洋文庫、內閣文庫、國會圖書館及美國國會圖書館等藏康熙十七年刻本。

366. 清乾隆刻道光補刊本山東通志　T3138/2759.82

〔乾隆〕《山東通志》三十六卷首一卷，清岳濬、法敏修，杜詔等纂。清乾隆元年（1736）刻，道光十七年（1837）補刊本。四十二册。半葉十行二十四字，小字雙行同，白口，四周雙欄，單魚尾。框高 23 釐米，寬 16.0 釐米。首卷有道光十七年劉斯嵋録《欽定四庫全書總目·史部地理類·山東通志三十六卷〔通行本〕》，乾隆元年岳濬序，乾隆元年法敏序，乾隆元年李光墺序，乾隆元年鄭禪寶序，乾隆元年黃叔琳序，乾隆元年唐綏祖序，乾隆元年張體仁序，乾隆元年楊弘俊序，凡例，欽奉纂修省志表，原序（康熙十三年〔1674〕張鳳儀序、康熙十三年施天裔、梁遂序、楊毓蘭序、沙澄序、艾元徵序、于可托序、伊闢序、嘉靖十二年〔1533〕陳沂序、嘉靖十二年方遠宣序、嘉靖十二年楊維聰序），修志職名，目錄，圖。末有補刻山東通志目錄。

367. 清乾隆刻本齊乘　T3138/1488

《齊乘》六卷〔附考證〕釋音一卷，元于欽、于潛撰，清胡德琳、周嘉猷考證，清乾隆四十六年（1783）刻本。四冊。半葉十一行二十一字，小字雙行同，白口，左右雙邊，單魚尾。框高 19 釐米，寬 13.7 釐米。首有扉頁，乾隆四十六年胡德琳序，元後至元五年（1339）蘇天爵序，目錄。末有元至正十一年（1351）于潛跋，清乾隆四十六年周慶承跋。扉頁題："齊乘"。卷端題："益都于欽思容纂"，卷一末題："臨桂胡德琳書巢校"，卷二末題："錢唐周嘉猷兩塍校"，卷四末題："益都李文濤秋水校"，卷五末題："益都段松苓赤亭校"。

于欽（1284—1333），字思容，山東益都人，博學文雅，歷任國子助教、山東東西道肅政廉訪使、兵部侍郎等職。

于潛，于欽子，官至兩浙都轉鹽運司副使。

胡德琳，字書巢，廣西臨桂人，清乾隆十七年進士。歷任濟陽知縣、歷城知縣、濟寧知州，以及東昌府知府等職。

周嘉猷（1751—1796），字順斯，又字兩塍，浙江錢塘（今海寧）人，乾隆二十二年進士。

卷一沿革、分野、山川（山）；卷二山川（水）；卷三郡邑；卷四古跡（城郭、亭館上）；卷五古跡（亭館下、丘壠）；卷六人物；附錄釋音考證一卷。

蘇天爵序曰："《齊乘》六卷，故兵部侍郎于公志齊之山川、風土、郡邑、城郭、亭館、丘壠、人物而作也。古者郡各有志，中土多兵難，書弗克存。我國家大德初，始從集賢待制趙忭之請，作《大一統志》，蓋欲盡述天下都邑之盛。書成，藏之秘府，世莫得而見焉。于公生於齊，官於齊，考訂古今，質以見聞，歲久始克成編。辭約而事核。公在中朝，為御史憲臺都事左司員外郎，終益都田賦總管，以文雅擅名當時。既卒，其家蕭然，獨遺是書於其子潛。余官維揚，始得閱之。嗚呼，齊地之疆，民物之多，自古然也。……今齊為山東重鎮，所統郡縣五十有九，宦遊於齊者，獲是書觀之，寧無益乎？"

于潛跋曰："昔我先人為國子助教，每謂潛曰：'吾日與諸生講習所業，暇則又與翰苑諸名公唱和詩章。詩乃陶冶性情而已，若夫有關於當世，有意於後人者，宜著述以彰顯焉。吾生長於齊，齊之山川、分野、城邑，地土之宜，人物之秀，此疆彼界，不可不纂而紀之也。'迨任中書兵部侍郎，奉命山東。於是周覽原隰，詢諸鄉老，考之水經、地記，歷代沿革，門分類別，爲書凡六卷，名之曰齊乘，藏於家，屬潛曰：'吾或身先朝露，汝其刻之。'先人既卒，常切切在念，第以選調南臺，又入西廣，匆匆未遑遂志。幸居官兩浙，始克搏節奉槖，命工鏤板，以廣其傳，以光先德。參政伯修先生已詳序於前矣，有仕於齊者願一覽焉。"

胡德琳序曰："……夫表揚前哲，諷勵風俗，有司之職也。余向權知青州，篋中先有是書，思付之梓以廣其傳，匆匆未暇。頃蒙恩改守登州，道出益都，與明府周公兩塍偶言及是，君與余有同志，遂慫惥以成之。原書中常有舛誤之處，君又爲考證若干條附于各卷之後，乃剞劂方竣，忽赴修文，考證僅具草稿，余頗爲是書惜。而君有賢於字繼千，力成其先人之志，真所謂肯堂而肯構者。按是書初刻於于公子潛，明嘉靖甲子青州守四明杜公又爲重刻，然流傳著大都寫本，非好古家不能有。今得明府喬梓表章之功，庶幾流傳益廣矣。"

周慶承跋曰："先君子自早歲研究史書，尤留意於志表。凡職官、氏族、地理之學，靡不該貫。知益都十年，嘗歉縣志疏漏，未遑改修。聞語同志，以爲齊之地記自伏琛晏謨而下傳者蓋寡。于思容《齊乘》六卷，多採用《太平寰宇記》，雖有訛脫，差爲近古。適欲校授梓人，而桂林胡公移守登州，議以克合。乃取舊刻共加讎勘，別爲考證附於每卷之後。草創未就，而先君子疾革，以屬門下士楊君書巖峒參訂卒業，胡公寓書商榷，往復踰時而後成。公既序其首簡矣，慶承謹述先君子遺指綴於卷末，且以志公之表章往籍成人之美古誼爲可感也。乾隆辛丑暮秋棘人周慶承泣書。"

《四庫全書總目》著錄："是書專記三齊輿地，凡分八類。……敘述簡核而淹貫，在元代地志之中最有古法。"

"玄"字避諱。

鈐印："訪巖。"有墨筆圈點。

是書有明嘉靖四十三年（1564）刻本，以及清康熙鈔本，乾隆間《四庫全書》本。此乾隆四十六年刻本存世最多，中國國家圖書館、中國文化遺產研究院、上海圖書館、北京大學圖書館等四十餘館與"中央研究院"歷史語言研究所傅斯年圖書館、臺北故宮博物院、臺灣大學圖書館等館及日本國會圖書館、京都大學人文科學研究所、美國國會圖書館、大英博物馆、德國柏林德意志國家圖書館、英國倫敦大學亞非學院等有藏。

368. 明崇禎刻本歷城縣志　　T3140/714.7

〔崇禎〕《歷城縣志》十六卷，明宋祖法修，葉承宗纂。明崇禎友聲堂刻本。八册。半葉九行二十字，小字雙行同，白口，左右雙邊，無魚尾，書口下刻"友聲堂"。框高 21.6 釐米，寬 15.0 釐米。首有崇禎十三年（1640）年蔡懋德序，崇禎十三年宋祖法序，崇禎十三年業承宗序，修志姓氏，凡例，目録。末有葉承桃跋。卷端題："邑人葉承宗撰。"

369. 清乾隆刻本歷城縣志　T3140/714.83

〔乾隆〕《歷城縣志》五十卷首一卷，清胡德琳修、李文藻等纂。清乾隆三十八年（1773）刻本。十六册。半葉十行二十一字，小字雙行同，白口，左右雙邊，單魚尾。框高 18.3 釐米，寬 14.2 釐米。首有乾隆三十六年胡德琳序，凡例，修志姓氏，圖，目録。

歷城縣，秦置。屬濟北郡，治所在今山東省濟南市。因城南歷山（今千佛山）而得名。西漢屬濟南國，西晉屬濟南郡，唐爲齊州治，宋爲濟南府志，元爲濟南路治。明清爲濟南府治。

胡德琳，字書巢，廣西臨桂（今桂林）人。乾隆十七年二甲進士。乾隆三十一年由濟陽縣調任歷城知縣，後升任濟寧知州、東昌府知府等。學識淵博、政績卓著，善治河，好修志，濟陽、歷城、東昌三地的《河志》均出自其手。

李文藻，字茞畹，又字素伯，號南澗遠子，青州府益都（今青州市）人，乾隆二十七年進士（志書云"乾隆二十六年進士"）。乾隆三十四年起，先後擔任廣東恩平、新安、潮陽知縣，後升任廣西桂林府同知。曾參與編纂《歷城縣志》《諸城縣志》，李文藻一生著述甚多，有《毛詩本義》《南北史考略》《益都金石考》《泰山金石考》《金石書録》等。

卷首聖製、宸翰；卷一至二總紀；卷三至五地域考（沿革、星土、疆界道路、里社、風俗、物産）；卷六至九山水考；卷十至十三建置考（城池、官署、壇廟、學校、兵防、驛遞）；卷十四至十八古跡考（城址、故藩、故宅、亭館、陵墓、寺觀）；卷十九至二十二（經部、史部、子部、集部）；卷二十三至二十五金石考；卷二十六封建表；卷二十七職官表；卷二十八至三十一選舉表；卷三十二襲爵表；卷三十三屺封表；卷三十四宦跡録；卷三十五至四十八列傳（歷代、清、儒林、文苑、忠烈、孝義、一行、隱逸、方伎、僑寓、列女）；卷四十九雜綴（軼事）；卷五十雜綴（異聞）。

胡德琳序曰："歷城志昉於前明邑人劉氏君授，崇禎末葉氏奕繩成之，考據博洽，詞理腴偉。百餘年來山左邑志，安邱、東阿而外即共推是書矣。然山川、古跡、職官、人物脱誤時見，國朝康熙間李氏恕亭雖嘗蹖修而莫能是正。丙戌夏，余自濟陽調任，丁亥春杪即開志局，凡歷代掌故、風土之記、寰宇之志及直省通志、名人總集，下逮稗官小記，無不搜羅，金石之文消溺殘蠹，無不抉別。山川之脈絡，溝渠之分併，皆親至其地綜覽而條析之，雖不敢謂毫髮無遺憾，而訂誤者十之三，補缺者十之五，蓋益都進士李茝畹、孝廉周静函之功居多。若足繭萬山，窮原竟委，目營手畫，則東原陳子子顯之勞不可泯也。志甫脱稿，余已遷濟寧，延前廉使沈萩林先生偕前淄川令盛君秦川修濟寧志，是編藉以商榷，裨益亦不少焉。然非劉氏葉氏草創於前，則文獻無徵，安知不用力尤□囏也。開雕將竣，蒙恩擢守東昌，凡三易寒暑，簿書之餘，時勤校勘，兢兢焉唯恐不竟厥事，嗣此有志續修者當亦鑒余之苦心也。”

职官、選舉紀事至乾隆三十二年。“玄”“禎”“弘”“曆”字避諱。

有補鈔。

歷城縣志首創於明崇禎六年（1633）貴養性修、劉勅纂《歷乘》十九卷，存中國國家圖書館（《中國地方志聯合目録》著録目録爲十八卷，實爲十九卷）。次爲崇禎十三年刻宋祖法修、葉承宗纂《歷城縣志》十六卷，該本另有清康熙六十一年李詩白增補刻本。三即此乾隆志。之後，還有崔雲輝等輯《歷城縣志採訪册》，紀事至道光年間，有稿本存世。

中國國家圖書館、中國科學院文獻情報中心、中國文化遺産研究院、北京大學圖書館、上海圖書館等六十餘館與“中央研究院”歷史語言研究所傅斯年圖書館、臺北故宮博物院及日本國會圖書館、內閣文庫、東洋文庫、京都大學人文科學研究所、美國國會圖書館等有藏。

370. 清鈔本歷城縣志　T3140/714.83B

［乾隆］《歷城縣志》五十卷首一卷，清胡德琳修，李文藻等纂。清據乾隆三十八年（1773）刻本鈔。存五卷（一至五）。五册。半葉九行十八至二十二字不等，框高 13.7 釐米，無格。函套簽題：“歷邑縣志”，首册題簽“歷城縣志”。

存卷一目録、乾隆三十六年胡德琳序、凡例、總紀、聖製、宸翰、詩附、地域考（沿革）；卷二山水考（山）；卷三山水考（水一）；卷四山水考（水二）；卷五建置（府城縣署、壇廟、學校）。

據清乾隆三十八年刻本節録，卷首序文有節録者，有僅録其目者。各卷前有本卷目録。

其中内容亦與乾隆三十八年刻本有出入。卷一宸翰之後“詩附”含《韋謙恒九日登歷山次方伯韻詩》《大明湖秋泛詩》《雨後大明湖詩》《鵲華橋晚泛詩》《歷下亭早秋詩》《日照樓曉坐詩》《拗芥亭即事詩》《玉玲瓏館詩》《石芝書屋詩》《濯纓橋坐月詩》《王象春登高詩》《車麥詩》《鋪衙詩》《官舫詩》《西門道詩》；以及卷二山水考"華不注山"有曾鞏《登華不注望鮑山詩》、沈廷芳《龍山對月詩》等均爲刻本所無。

朱筆圈點。

首册題簽上書墨筆字"仔肩堂耿記"。

《中國地方志聯合目録》《中國地方志總目提要》均未著録此本。

371. 清康熙刻本平陰縣志　　T3140/1473.80

[康熙]《平陰縣志》八卷首一卷,清陳秉直修,趙貫台纂。清康熙十三年(1674)刻本(卷八上配補鈔本)。六册。半葉九行二十字,小字雙行同,白口,四周單邊,單魚尾。框高 19.7 釐米,寬 14.0 釐米。首有陳秉直序,順治十五年(1658)朱鼎延序,順治十一年張宗旭序,舊序(萬曆二年〔1574〕梁成序、萬曆二年何海晏序),修志姓氏,凡例,目録。末有順治十一年趙貫台跋,康熙十三年劉昌臣跋。

平陰縣,位於今山東省西部。春秋時爲齊國平陰邑,隋開皇十四年(594)置榆山縣,大業二年(606)更名平陰縣,屬濟北郡。唐天寶末年屬鄆州,北宋末屬東平府,元屬東平路,明屬東平州,清屬泰安府。

陳秉直,遼東海州(今阜新)人,貢士。順治六年任平陰知縣。後升任膠萊運判、泉州知府、江南按察使、浙江布政使等職。

趙貫台,字紫垣,平陰縣人,明崇禎九年(1636)舉人。歷任河南彰德府推官、陝西臨洮鞏昌府同知。

卷一圖經志;卷二輿地志(沿革、疆域、星野、山川、橋渡、古跡〔塚墓附〕、形勝、時令、風俗);卷三建置志(城池,廨署〔倉庫、衢巷附〕,里社,郵舖,坊牌,壇廟,學校〔學田、祭器附〕,寺觀);卷四食貨志(戶口、田賦、徭役、物產);卷五官師志(令長、僚倅、師儒、名宦);卷六選舉志(科貢、薦辟、例貢、武科、封蔭);卷七人物志(德業、鄉賢從祀、勛貴、孝義、節烈、隱逸、方伎、仙跡);卷八上藝文志(總序一、列聖贊、頌、記、誌傳、墓表);卷八下藝文志(詩、藏書目録、古今著述目録、災祥志、雜志)。

陳秉直序曰:"余不敏,於順治己丑筮令山左之平陰……期年後,哀鴻漸集,邑稍稍有起色……乃進趙君紫垣、張君也顛而請之曰:'兩君子稱邑中博雅士,盍爲余任之,以爲簡册光'於時蒐輯舊乘,殘缺之餘,猶獲大半,可佐稽核,復採所未備,其兩君子砥礪數月而書成。郵致京師,求大司空朱嵩若先生裁定。未獲命,移判釐務,旋之閩守泉州,轉運山左,移河東,歷中州,自秦臬調吳門。回憶作令時,迄今閱二十年,其艱苦況瘁心力所及之處,未嘗一日去諸懷也。聞大司空已作古人而茲志未審，沉浮時爲慨惋，今春劉山臞先生以督糧如越，道過姑蘇，持鈔録平陰志四册示余，曰：'是書也，倘亦君所願見者乎？'余對之距躍：'何幸當日成勞，於斯復覯。'繼乃知爲今少司馬孫作庭先生得於其門人鄒子而加潤色者。物之離合，信有數存於其間，兹編之不失，豈亦有若或翼之者耶？少司馬托山臞先生轉鋟，且寓書於余屬序。"

凡例云："縣志創於王公環，再修於何公海晏，邑令樊公主之，僅二册，兵火之後，板毀書逸，台偶於市間購得上册，殘缺漫漶，復於程生士蘭處獲下册，遂如延浦雙龍離而復合，殆天之未喪斯文也。"

紙墨俱精，康熙初印本。紀事至康熙元年，"玄"字避諱，"禎""弘""曆"字未避諱。

明代平陰縣志已佚，該志係現存最早平的陰縣志書。其後還有嘉慶志四卷本（喻春林修、朱繼孜纂，嘉慶十三年〔1808〕刻本），道光《平陰縣志續刻》二卷（張樸修，熊衍學纂，道光二十八年〔1848〕刻本），以及光緒志八卷首一卷本（李敬修纂修，光緒二十一年〔1895〕刻本）。

上海圖書館、山東省博物館、中國科學院南京地理與湖泊研究所圖書館有藏，中國國家圖書館僅存五卷（四至八）。

372. 清嘉慶刻本平陰縣志　　T3140/1473.84

〔嘉慶〕《平陰縣志》四卷，清喻春林修，朱續孜纂。清嘉慶十三年（1808）刻本。四册。半葉九行二十字，小字雙行同，白口，四周雙邊，單魚尾。框高 21 釐米，寬 32.2 釐米。扉頁題："嘉慶十三年重修。平陰縣志。本衙藏板。"

全書順序爲：（第一册）扉頁，平陰縣志圖；（第二册）嘉慶十三年徐日簪序，卷二（星野、疆域、城池、學校〔附藏書目録〕、武廟、壇、廟、祠宇、寺觀、古跡）；（第三册）嘉慶十三年喻春林序，卷三（風俗、時令、山川、八景、橋梁、渡口、牌坊、墳墓、里社、鋪遞）；（第四册）嘉慶十二年朱續孜序，卷四（賦役、物産、雜志、災祥）。

《中國地方志聯合目録》著録此志，《中國地方志總目提要》著録其二十九卷本，喻春林修，朱續孜纂，嘉慶十三刻本。

中國國家圖書館藏本排列順序爲：

第一册：扉頁，嘉慶十二年朱續孜序，嘉慶十三年喻春林序，嘉慶十三年徐日簪序，平陰縣志圖。

第二册：《平陰縣志》卷之二（星野、疆域、城池、學校、藏書目録、武廟、壇、廟、祠宇、寺觀、古跡、學校（頁碼接學校之後，"又十九［一］至又十九［六］"）。

第三册：《平陰縣志》卷之三（風俗、時令、山川、八景、橋梁、渡口、牌坊、墳墓、里社、鋪遞）。

第四册：《平陰縣志》卷之四（賦役、物産、雜志、災祥）。

373. 清乾隆刻本濟陽縣志　T3140/3272.83

［乾隆］《濟陽縣志》十四卷首一卷，清胡德琳修，何明禮等纂。清乾隆二十九年（1764）刻本。半葉九行二十一字，小字雙行同，白口，左右雙邊，單魚尾。框高 20.6 釐米，寬 15.0 釐米。卷端題："邑令臨桂胡德琳纂修。"首一卷有乾隆二十八年閔鶚元序，乾隆二十九年李師琇序，乾隆三十年富尼漢序，乾隆二十九年胡德琳序，乾隆三十年宮兆麟序，崔應階序，乾隆三十年鄭大進序，目録，例言，舊序（解元才序），修志姓氏，同訂姓氏，圖。

卷十四末有"舊志跋""鐫志姓氏"。

374. 清康熙刻本章丘縣志　T3140/0471.81

［康熙］《章丘縣志》十二卷首一卷，清鍾運泰、高崇巖纂修。清康熙三十年（1691）刻本。十册。半葉十行二十字，小字雙行同，白口，四周單邊，單魚尾。框高 19.1 釐米，寬 14.1 釐米。首有康熙三十年焦毓棟序，李滋序，康熙三十年鍾運泰序，凡例，目録。末有康熙三十年紀之竹序。卷端題："知章丘縣事錢唐鍾運泰重纂，縣丞襄平高崇巖、教諭膠西紀之竹、訓導都昌黃運興全輯，典史武垣田滋隆督刻。"

章丘縣，位於山東省中部。南朝宋置高唐縣，隋開皇十六年（596）改爲章丘縣，屬齊州，北宋末至金屬濟南府，元屬濟南路。明清屬濟南府。

鍾運泰，字履安，浙江淳安籍，錢塘（今杭州）人，拔貢。康熙二十三年任章丘知縣。

高崇巖，奉天襄平（今遼陽）人，監生。康熙十九年任章丘縣丞，康熙三十年升四川成都府保縣知縣。

卷首圖；卷一地輿志（沿革、星野、疆域、山川、古跡、災祥、物産、風土）；卷二建置志（城池、公署、學校、闔屬〔附倉舖〕、樓橋、綽楔、園館、鄉鎮〔附集場〕）；卷三賦役志（户口、田賦、起運、本色、清糧、行糧、倉糧、存留、額外）；卷四官師志（王侯、仕宦、名宦）；卷五選舉志（進士、舉人、選貢、歲貢、監貢、賢良、忠孝、人材、通經、儒士、封贈、恩蔭、例貢、武職、武科、吏員）；卷六人物志（名賢、忠臣、孝子、義士、文苑、隱逸、流寓、節烈〔附貞女〕、仙釋、方伎、奸雄）；卷七秩祀志（正祀、寺觀、祠堂）；卷八至十一藝文志；卷十二軼事志（雜錄）。

鍾運泰序曰：“康熙癸丑歲奉詔修《會典》《一統志》，並令天下修郡邑志，潤色鴻猷，黼黻文治，甚盛舉也。……然其時或軍興旁午，或旱澇頻仍，或文獻無徵，遂至因陋就簡，保闕守殘，與《南陔》《白華》相等，厄於時之不得爲，良可慨也。甲子仲春，余奉命來尹是邦……披讀舊志，成於明萬曆丙申，爲邑令董君復亨所編輯，迄今九十餘年矣……庚午奉詔蠲本年田租，余竊私喜曰：邑志是修，此其時矣。因取舊志而卒業焉。……因爲之考訂刪補，終以邑務較繁，襟期如蝟，未暇脫稿也。辛未春，銳意成是書，且徵之邑父老，令廣搜遺軼以聞，縱日不暇給，終夜焚膏以繼，列其綱者九，爲目者六十有三，共一十二卷。或仍其舊轍，或入其新增，訛者正，疑者闕，條分縷析，盡爲更定，並延張國學鑒繪名山，圖景勝，一展卷間鱗鱗井井，較舊志差有可觀。爰選良工付剞劂，自三月壬辰始事，至六月乙未告成焉。一切刊木工費，余自捐俸搆備，縉紳父老不敢重煩，緣守土者責也。”

凡例云：“舊志董君復亨仍楊君循吉之志而作也。纂輯於明萬曆丙申，迄今將百年矣。茲特旁搜廣輯，自萬曆丁酉起，至今康熙辛未止。其間一切事宜重爲刪訂修續，第恐不無遺漏，後之君子宜詳察焉。”

仕宦、選舉紀事至康熙三十年。“玄”字避諱，“弘”“曆”二字未避諱。

偶有補鈔。

現存最早《章丘縣志》係明弘治五年（1492）刻嘉靖九年（1530）補刻四卷本（明楊循吉纂修，戴儒補修，宋秉中補纂），次爲萬曆二十四年（1596）刻董復亨纂修三十四卷本。清代該志凡三修，一即此康熙三十年刻本，二爲乾隆二十一年刻張萬青纂修十三卷首一卷本，三爲道光十三年（1833）刻吳璋修、曹楙堅纂十六卷首一卷末一卷本。

《中國古籍善本書目》著錄。僅中國國家圖書館、美國國會圖書館有藏。日本東洋文庫藏康熙三十三年增補刊本。

375. 清乾隆刻本章邱縣志　T3140/0471.83

[乾隆]《章邱縣志》十三卷首一卷，清張萬青纂修。清乾隆二十一年（1756）刻本。十冊。半葉十行二十字，小字雙行同，白口，左右雙邊，單魚尾。框高 18.3 釐米，寬 14.2 釐米。首有乾隆二十年張萬青序，舊縣志序（明董復亨序、明徐溥序、明李東陽序、明邊貢序、鍾運泰序、焦毓棟序、李滋序），修志姓氏，目錄，例言。末有乾隆二十一年范廷柱《陽邱縣志後序》，縣志舊跋（明張汝蘊跋、清紀之竹跋），

耿賢舉撰《邑侯張公傳》。卷端題：“知章邱縣事嚴陵張萬青纂修”，卷五、八、十首題：“知章邱縣事嚴陵張萬青重纂。”

章邱縣，即章丘縣。

張萬青，字初蓉，別號蕁田，浙江分水（今桐廬）人，乾隆十年進士。乾隆十六年任章邱知縣，後升湖北興國州知州。

卷首凡例、圖；卷一星野志（分野、沿革、疆域、鄉鎮、山川、八景、古跡、陵墓）；卷二建置志（城池、縣治、倉廠、學校、防汛、郵政、鋪遞、武備、樓橋、坊表）；卷三賦役志（人丁、田賦、漕糧、倉糧）；卷四禮樂志（朝賀、秩祀、典禮、祠宇、寺觀）；卷五風土志（物産、風俗、災祥）；卷六職官志（知縣、縣丞、主簿、典史、教諭、訓導、防汛把總、醫官、陰陽官、僧官、道官、農官）；卷七名宦志（王侯、職官）；卷八選舉志（徵辟、制科、進士、舉人、恩貢、拔貢、副貢、歲貢、例貢、軍功、武進士、武舉人、封贈、恩蔭、吏員、飲賓）；卷九人物志（鄉賢、忠烈、孝友、義行、儒林、勇略、隱逸、耆壽、方伎、流寓、佽德）；卷十列女傳；卷十一至十二藝文志；卷十三軼事志。

張萬青序曰：“按章邱舊志，自前明陸君創始於孝宗壬子，董君再葺於神宗乙未，本朝康熙辛未前令尹鐘君增纂之，歲月既多，版漸迷漫。而萬青承乏茲土，地大且繁，晨夕奔走，凡疏河、築城、積貯、興學大政，中星三周始得經理粗就。爰進紳士之有道而文者屬以考採人才事實與因革通變之端，退食分陰輒爲刪繁去蔓，定稿本十有三卷，並例言十則，條列其所以取捨之意，皆家大人之教也。邑侯選司馬李大猷允升、明經史丹詔鳶文遂取稿本付之剞劂。”

職官紀事至乾隆二十一年。“弘”“曆”二字避諱。

中國國家圖書館、北京大學圖書館、南京圖書館等十九館與美國國會圖書館等有藏。

376. 清乾隆刻本膠州志　T3140/7232.83

［乾隆］《膠州志》八卷首一卷，清周於智、宋文錦修，劉恬纂。清乾隆十七年（1752）刻本。八冊。半葉九行二十一字，小字雙行同，白口，左右雙邊，單魚尾。框高 19.5 釐米，寬 13.6 釐米。首有乾隆十七年宋文錦序。

膠州，位於山東省東南部。周武王（前十一世紀）十一年莒國建都於計斤，春秋時莒國都南遷，計斤爲莒邑，改名介根。秦屬琅琊郡。北宋元祐年間升板橋鎮爲膠西縣，屬密州。蒙古太祖二十二年（1227）置膠州。明洪武初省州治膠西縣入州，洪武九年（1376）屬萊州府，至清因之。清光緒三十年（1904）升爲直隸州。

周於智，雲南嶍峨（今峨山）人，乾隆七年進士。乾隆十五年任膠州知州。

宋文錦，鑲紅旗漢軍，雍正五年（1727）進士。乾隆十七年任膠州知州。

劉恬，字澹夫，雲南建水人，乾隆十六年進士，榜名恒。

卷首原序（萬曆十九年〔1591〕趙慎修序、康熙十二年〔1673〕孫蘊韜序），歷次修志姓氏，凡例，目錄；卷一圖説（星野、輿圖、城池、學宮、州署、教場、海運、膠萊河、八景），沿革（附封建），建置（附橋梁、堤堰、坊表），山川，古跡；卷二田賦（附倉儲）、學校、祀典、職官；卷三選舉（附武弁、封蔭、援例、掾史、援例封典），兵防（附武職）；卷四宦績、人物；卷五忠孝、文學、善行、隱逸、方技（附仙釋）、列女；卷六風俗、物産、塚墓、大事記、海運；卷七藝文；卷八藝文、雜記。

宋文錦序曰："膠邑，古琅琊也。自炎漢來沿革損益，代有成規。……舊志之説備矣。第癸丑以迄壬申，中間八十餘年重熙累洽，風會駸駸……而蔚興者有邁前軼後之觀，使非重加纂修勒諸簡册，莫爲之，後雖盛，弗傳也。滇南周公以名家來宰是邦，政事以洽，民人以和，鳴琴之暇，爰編次而更訂之。將付梓，會膺上考，擬駕鹿爲宣之行，而余奉簡命來代，因囑余踵成其事。余受而讀之，搜羅遍，援據確，紀事纂言，綱舉目張，於以著黔陬山川風物之美，表章名公鉅卿，理學忠義，貞士節媛之徽烈，洵哉南豐先生所云義近於史者。"

凡例云："紀時是集，經始於乾隆十六年孟冬，越七月告成。功候無多，未能盡善，舊志原版，仍存之以備參閱。"

選舉、職官紀事至乾隆十七年。"玄""弘""曆"字避諱。

現存最早膠州志爲康熙十二年刻孫蘊韜修八卷本，次即此乾隆志八卷首一卷，三爲道光二十五年（1845）刻張同聲修、李圖等纂《重修膠州志》四十卷。

中國國家圖書館、中國文化遺産研究院、上海圖書館、北京大學圖書館等十四館與臺北故宮博物院及日本静嘉堂文庫、美國國會圖書館等有藏。

377. 清乾隆刻本即墨縣志　T3140/7261.83

〔乾隆〕《即墨縣志》十二卷首一卷，清尤淑孝修，李元正纂。清乾隆二十九年（1764）刻本。六册。半葉十行二十三字，小字雙行同，白口，左右雙邊，單魚尾。框高 17.9 釐米，寬 14.5 釐米。首有扉頁，郝碩序，乾隆二十八年汪圻序，乾隆二十八年李元正序，乾隆二十八年尤淑孝序，舊序（萬曆七年〔1579〕羅潮序、萬曆七年許鋌序、萬曆八年黃嘉善序、萬曆七年杜爲棟序），凡例，明萬曆七年舊志纂修姓氏，修志姓氏，纂輯志稿姓氏，目錄。扉頁題："乾隆甲申年鐫。即墨縣志。"

即墨縣，位於今山東省東南部。戰國齊爲即墨邑，秦置即墨縣，屬膠東郡。北齊廢，隋開皇十六年（596）重建即墨縣於今址。明屬膠州，隸萊州府。清屬萊州府，清末改屬膠州。

尤淑孝，字孟仁，號過亭，順天府大興人，雍正十三年（1735）拔貢，舉孝廉方正。乾隆十九年任即墨知縣。

李元正，字含貞，山東高密人，雍正十一年進士。原任汝陽知縣。

卷一方輿志（星野、沿革、疆域〔附形勝〕、封建、山川、古跡、風俗、物產）；卷二建置志（城池、衙署、壇廟〔遺祠附〕、里社、市廛、堤堰、橋梁、坊表、塚墓、卹養）；卷三學校（廟制、學署、學田、義學〔書院附〕）；卷四武備志（營汛、墩堡、郵驛、海口）；卷五賦役志（戶口、田賦、徭役、解支、號羨、鹽法、榷稅、倉儲）；卷六職官志（官師、將備）；卷七選舉志（薦辟、進士、舉人、占籍、貢士、武科、褒封、恩蔭〔世襲附〕、例任、椽階、將材）；卷八名宦志（吏治、武功）；卷九人物志（名臣、勳績、忠節、孝義、經儒、文學、懿行、隱逸、僑寓、列女）；卷十藝文志；卷十一大事志（異數、災祥）；卷十二雜稽志（寺觀、釋道、方技、拾遺）。

李元正序曰："大興尤公孟仁尹即墨之十年，百廢具舉，政通人和。乃殷然念文獻之不可湮，志乘之不可缺，雅意纂修，而以其事畀之余。……墨之故有志也，成於前尹武清許公，時在明萬曆間，迄今已百有餘歲，朽蠹漫滅，莫辨魯魚。……所幸蒐羅故家得許志副本，好古之士復有續纂志稿，可爲標的。而尤公以博通淹貫之才，學優識卓……復遴選邑中名流，或司採摭，或任纂輯，余亦得參末議，間附臆説，四閱月而脱稿。尤公公餘之暇，手爲點竄，加以潤色，務期無遺無濫，不蔓不支，以付梨棗。是役也，尤公實執牛耳，諸君子共贊襄之，以觀厥成。"

尤淑孝序曰："癸未春，邑人向余曰：公之蒞斯土也十年矣……獨邑志多年未續……余曰唯唯，遂於其烋延致高陽雪崖李公及邑中博綜能文者四五人，開局纂修。凡四閱月而告竣。"

凡例云："邑志自前明許公創修後，未有續者。邑人藍重穀、馮文炌、范九皋、藍重蕃、郭廷翼輯有志稿，今志以許爲宗，其志稿所載及續增者依類補入。"

選舉紀事至乾隆二十七年。"禎""弘""曆"字避諱。

明萬曆七年許鋌創修即墨志十卷，此亦爲即墨明代唯一之志。清代該縣志凡三修，首爲康熙十一年佚名纂《纂修即墨縣志》二卷，係剗改明刻本而成，次爲此乾隆志十二卷首一卷，三爲同治十二年〔1873〕刻林溥修、周翕鑲纂十二卷首一卷本。

中國國家圖書館、中國科學院文獻情報中心、中國文化遺産研究院、北京大學圖書館、南京圖書館等二十三館與"中央研究院"歷史語言研究所傅斯年圖書館、臺北故宮博物院及美國國會圖書館、德國馬爾堡西德圖書館、英國國家圖書館、法蘭西學院漢學研究所等有藏。

378. 清康熙刻康熙乾隆遞增本平度州志　T3140/1404.81

〔康熙〕《平度州志》十二卷，清李世昌纂修。清康熙五年（1666）刻，康熙乾隆遞增本。十冊。半葉九行二十字，小字雙行同，白口，四周單邊，單魚尾。框高20.6 釐米，寬13.6 釐米。首有康熙五年張應瑞序，康熙五年李世昌序，目録，凡例，圖。

平度州，位於今山東省東部。西漢設鬱秩、平度二縣，元朔元年（前128）平度縣改爲侯國，屬東萊郡，鬱秩縣屬膠東國。東漢廢平度縣，改鬱秩縣爲膠東縣，屬北海國。北魏廢膠東縣入即墨縣，又徙長廣縣治膠東縣故城。隋仁壽元年（601）改長廣縣爲膠水縣。明洪武二十二年（1389）改置平度州，屬萊州府。清因之。

李世昌，奉天鐵巖人，蔭生。康熙三年十一月任平度知州。

卷一圖考、沿革、星野、形勢、疆域、山川、城池〔附兵防〕、風俗、帝跡、封建〔附追封〕、公署、學校〔附學田射圃〕、鄉村〔附鎮店〕；卷二田賦〔附戶口〕、職官；卷三名宦、鄉賢、物産、驛傳、古跡、橋梁、坊表；卷四人物、科貢；卷五褒封〔附蔭子〕、流寓、忠孝〔附節義〕、列女；卷六祀典，陵墓，寺觀〔附仙釋、隱逸〕，災祥；卷七至十藝文。

李世昌序曰："予以今上簡書之命來刺茲土……予乃以案牘之暇間與鄉先生及一、二好古之士，搆求故跡，得斷簡殘編於灰燼中，思從容而次述之。於是闔學諸生具修志一呈，甚愜素心，即爲申府。張老大人道演橫渠之脈，學擬茂先之博，俯仰今昔，有懷同符，因命予襄其事。遂考訂舊志，搜索新聞，核之審而質之公，付諸剞劂，以爲一邑國乘。"

職官紀事至康熙四年。卷二《職官·國朝知州·康熙》另有"歐陽光緖，江西人，進士，九年四月初八任"一行，鐫刻字跡拙劣，與其他文字不同，顯係補刻。卷五流寓也有補刻康熙九年事，卷八藝文八景有乾隆二年陳時賢題詠。"弘""曆"二字避諱。

有朱筆批校和圈點。

該志係創修平度州志，其後又經兩度修纂，一是道光二十九年（1849）刻保忠、吳慈修，李圖、王大鑰纂《重修平度州志》二十七卷，二是光緒十九年（1893）陳爾延修、王崧翰纂《平度志要》十二卷，僅稿本和鈔本傳世。

中國國家圖書館、北京大學圖書館、山東省圖書館等十館與"中央研究院"歷史語言研究所傅斯年圖書館及日本東洋文庫、美國國會圖書館等藏康熙五年刻本。

379. 清乾隆刻本淄川縣志　　T3140/3622.83B

[乾隆]《淄川縣志》八卷首一卷，清王康修，臧岳等纂。清乾隆八年（1743）刻本。八冊。半葉十行二十字，小字雙行同，白口，四周單邊，單魚尾。框高17.8釐米，寬14.0釐米。首有乾隆八年李治運序，乾隆八年包括序，乾隆八年塞穆克序，乾隆八年王康序，乾隆八年臧岳序，舊志序（康熙二十六年〔1687〕高珩序、康熙二十六年唐夢賚序、康熙二十六年張峱序、康熙二十六年韓冲序、康熙二十六年畢際有序），卷首（御製志、謨訓、宸翰、典籍、恩綸、卷首後敘），目錄，續纂修姓氏，舊志纂修姓氏，凡例，舊志凡例，圖。末有康熙二十九年張綖舊志後序。卷端題："知淄川縣事大興王康鑒修。"

淄川縣，位於今山東省淄博市中部。西漢置般陽縣，屬濟南郡。東漢屬齊國。三國魏析置新沓、新汶縣，後次第廢置。南朝宋般陽縣移治今臨朐縣東南，僑置清河郡和貝丘縣，以及繹幕、鄃、武城等縣。北齊諸僑縣入貝丘。隋開皇十八年（598）改貝丘爲淄川縣，爲淄州治。大業初廢淄州，屬齊郡。唐、宋、金復爲淄州治。元爲般陽路治。明清屬濟南府。

王康，順天府大興人，雍正五年（1727）進士。乾隆六年任淄川知縣。

臧岳，山東濮州（今鄄城）人，康熙四十七年舉人。乾隆八年任淄川縣儒學教諭。

卷一上新舊志序、目錄、續志纂修姓氏、舊志纂修姓氏、續志凡例、舊志凡例、圖；卷一下輿地志（沿革、星野、疆域、山川、古跡、風俗、物産）；卷二建置志（城池、公署、學校、祀典、鄉村、橋梁、坊表、塚墓、園林、寺觀）；卷三賦役志（里甲、丁徭、田賦、兵防、郵傳、鹽法、災祥、兵事）；卷四官師志（歷代秩官、清秩官）；卷五選舉志（歷代仕宦、進士、舉人、貢生、封贈、世職、恩蔭、例貢、武科、武職、雜職）；卷六人物志（先賢傳、忠節傳、孝友傳、名臣傳、循良傳、義厚傳、文學傳、鄉飲傳、隱逸傳、耆碩傳、列女傳、僑寓傳、仙釋傳〔外傳附〕）；卷七藝文志；卷八軼事志（舊志後序附）。

凡例云："邑志一修於明嘉靖二十五年，邑侯王公琮序謂舊志未鋟於梓，冗略謬遺，迂僻不經，再修於嘉靖三十九年（1560），邑侯孫公孝序又謂舊志多不協於紀載，三修於萬曆二十一年邑侯朱公萬春，其不經不協者正復不少。國朝康熙十二年奉旨各直省纂修通志，檄取錄冊齎報，今邑侯張公峱留心文獻，開局纂輯，接舊續新，補所未備，又捐俸首倡，一邑巨室紳士，好義助貲，用登梨棗焉。"

王康序曰："康以辛酉春奉命來蒞，淄川地故漢之般陽縣也……迨我聖祖仁皇帝文教覃敷，徵修通志，於時令淄者武林張公開局纂修，取從前未成之志，與邑中諸先達採而輯之，然後淄邑之風土、人物、政教、典文，炳然簡策。康承乏兹土，釋菜時訪其山川、風俗，稽其户籍、圖書，退而讀斯志，見尚有齟齬而不相合者，蓋斯志之修，去今幾六十年矣。……宜各上臺諄諄致意，闔邑紳士之屢以爲言也。顧修志之難不下於作史……康故不得不慎重其人，而諸紳士僉曰：無若我司鐸藏公。公蓋濮州孝廉，博瞻宏通，在淄十餘載，淄人之重公素矣。今其所著，考覈精審，條理通貫，爲前志補其闕略，訂其舛訛。其中大經大法則與前志從同，此古今不異者也。土田、賦稅，經改易者概遵今制，至於人物、政事，前志未登者悉爲增入，凡幾易稿而後克有成書。復得各紳士踴躍襄事，俾壽梨棗。"

選舉紀事至乾隆九年。

明嘉靖二十五年王琮創修《淄川縣志》六卷，萬曆三十年（1602）朱萬春修、王教纂三十七卷本。清代該志凡五修，一爲康熙二十五年刻畢際有纂《淄乘徵》，次係康熙二十六年刻張嵋修、唐夢賚纂八卷首一卷本，三即此乾隆八年王康本，四爲乾隆四十一年張鳴鐸修、張廷寀纂八卷首一卷本，五是宣統三年（1911）方作霖修、王敬鑄纂《三續淄川縣志》二卷，民國九年（1920）石印本。其中自康熙二十六年張嵋志起，除當時刻本之外，歷修志書均另有民國九年石印本。

中國國家圖書館、天津圖書館、復旦大學圖書館等八館與臺北故宮博物院及日本東洋文庫、美國國會圖書館等有藏。

380. 清乾隆刻本淄川縣志　　T3140/3622.83

［乾隆］《淄川縣志》八卷首一卷，清張鳴鐸修，張廷寀等纂。清乾隆四十一年（1776）刻本。八册。半葉十行二十字，小字雙行同，白口，四周單邊，單魚尾。框高 17.8 釐米，寬 14.1 釐米。首有乾隆四十一年黃登賢序，乾隆四十一年張鳴鐸序，凡例，修志姓氏，歷代修志姓氏，目錄，圖。卷端題："知淄川縣事靜海張鳴鐸鑒修。"

381. 清乾隆刻本博山縣志　　T3140/4427.83

［乾隆］《博山縣志》十卷首一卷（卷六上僅存 1—3 葉），清富申修，田士麟纂。清乾隆十八年（1753）刻本（卷六下、卷七下配補鈔本）。半葉十行二十字，小字雙行同，白口，四周單邊，單魚尾。框高 17.8 釐米，寬 14.1 釐米。首有乾隆十八年田士麟序，乾隆十八年富申序，目錄，修志姓氏，凡例，圖。末有乾隆十八年同瑞跋。卷端題："知博山縣事長白富申鑒修。"

382. 清乾隆刻本博山志稿　　T3140/4427.8

［乾隆］《博山志稿》不分卷，清洪鑾纂修。清乾隆四十年（1775）刻本。一册。半葉十行十九字，小字雙行同，白口，左右雙邊，單魚尾。框高 18.2 釐米，寬 13.6 釐米。首有扉頁，乾隆四十年洪鑾序，目録。末有後序，胡炳跋。

博山縣，位於山東省淄博市南部。曾名顔神店、顔神鎮。清雍正十二年（1734）析益都、淄川、萊蕪三縣地置博山縣，治今淄博市西南博山鎮，屬青州府。

洪鑾，安徽蕪湖人。乾隆三十九年任博山知縣。

卷一總志；卷二山川；卷三田賦；卷四風俗；卷五官師；卷六人物；卷七列女；卷八雜志。

洪鑾序曰："海内郡邑志毋慮數千百家，獨康對山《武功志》單行三百年無與抗行者，近得韓汝慶《朝邑志》，贍而核，簡而有法，蓋不在武功下。予吏博山，公事多暇，乃取舊志而鈎稽之，作志稿八篇，猶二子志也。顧文不及二子遠甚，天下事有力者不暇以爲，有暇者又無力以爲多矣，獨志也歟！"

後序曰："先是，通判葉先登偕鄉官張聯翼創修顔神鎮志，文采華縟，體例或疏。吳人仲是寶客趙宮贊家，著志略二卷，頗不失法度。知縣富申踵修縣志，多採其説，然失之蕪，距今二十年矣。此二十年中潛德幽光，孝子節婦，蓋棺論定者又豈少哉？是稿但援據舊志，不敢增入一人，懼耳目未廣，掛漏遺譏，邑君子有來告者當別入續志稿，以俟後人。夫後之視今，亦猶今之視昔。安知後人不更議吾簡耶。稿成，命門人韋布書付梓人。"

胡炳跋曰："洪侯爲政之期年，民和訟息，閉閣蕭然。芟蕪舊志，別爲志稿。首總志，提綱也；次山川，述職方也；次田賦，憫民勞也；次風俗，宣教化也；次官師，風有位也；次人物列女，發微闡幽也；次雜志，拾遺也。事增於前，文省於舊，稱類廣而援據核，體例嚴而好惡正，循吏良史，庶幾兼之矣。"

該本寫刻風格，"弘"字避諱。

鈐印："哂廬鑑存。"

現存最早博山縣志爲乾隆十八年刻富申修、田士麟纂十卷首一卷本，次即此洪鑾纂修《博山志稿》，有刻本和鈔本傳世。

僅美國國會圖書館有藏。《中國地方志聯合目録》和《中國地方志總目提要》等著録北京大學圖書館和上海圖書館存鈔本，均未著録此刻本，《中國地方志總目提要》云："是志繼乾隆十八年志而修。始於乾隆四十年，同年成稿，未刻。"

383. 清康熙刻增補刊乾隆印本臨淄縣志　　T3140/7636.81

　　[康熙]《臨淄縣志》十六卷，清鄧性修，李煥章纂。清康熙十一年（1672）刻增補刊乾隆印本。六册。半葉九行二十字，小字雙行同，白口，四周單邊，單魚尾。框高 20.3 釐米，寬 14.6 釐米。首有康熙十一年于玠序，康熙十一年鄧性序，康熙十一年李煥章序，圖。末有康熙十一年于玠跋，康熙十一年王耿跋。卷端題："南昌鄧性總修，陵縣吳建極、邑人朱作肅、樂安李煥章、邑人于際飛全修。"

　　臨淄縣，位於今山東省淄博市東北部。西周至戰國時期爲齊國都城。秦置臨淄縣，爲臨淄郡治。西漢爲齊郡治，東漢爲齊國治，又是青州治。北魏、東魏仍爲齊郡治，北齊廢。隋開皇十六年（596）復置，屬青州。唐、宋屬青州。金屬益都府。明、清屬青州府。

　　鄧性，字豈嶦，江西南昌人，順治十八年（1661）進士。康熙十一年任臨淄知縣。

　　卷一輿地（分野、沿革、疆域、形勝、古跡、山川。內含 "校勘生員姓氏"）；卷二建置（封建、城池、公署）；卷三學校；卷四户口、田賦、鄉社；卷五職官（刺史、縣令、縣尹、知縣、縣丞、主簿、典史、教諭、訓導、雜職）；卷六選舉（進士、恩貢、貢生、貤封）；卷七災祥；卷八宦績；卷九人物（聖賢、屈節、儒林、后妃、公族、政事）；卷十忠諫；卷十一烈女；卷十二至十五藝文；卷十六志餘。（卷五爲中國國家圖書館本內容。）

　　鄧性序曰："今年秋七月，□俞輔臣曲沃衛公請詔天下郡州縣纂成書以獻。余適分較省試，闈既撤，馳歸襄□役邑兵火，舊聞殘闕。抵任後日諮諸父老，粗識軼事，念穎上令屠公隆、洛陽令文公翔鳳皆自撰邑乘，燦備可觀。……請於邑諸生于子愚□讀書墩舍，開局舍旁，學宮即吾夫子聞韶處也。於是正訛核真，辨誣補闕，摘事屬詞，凡三逾旬而成。"

　　紀事至康熙十五年。"玄""弘"字避諱。版印模糊，字跡漫漶。中國國家圖書館藏本卷二第十二葉紀事至康熙丁巳年（康熙十六年），"弘"字未避諱。

　　多處補鈔。

　　此爲現存最早臨淄縣志，亦即清代僅存該縣縣志。

　　中國國家圖書館、中國文化遺產研究院、山東省圖書館、遼寧省圖書館等二十餘館與臺北故宮博物院、孫逸仙博士紀念圖書館及美國國會圖書館、法蘭西學院漢學研究所等藏康熙十一年刻本。

384. 清康熙刻乾隆印本新城縣志　T3140/0245.81

[康熙]《新城縣志》十四卷首一卷，清崔懋修，嚴濂曾纂。《新城縣續志》二卷，清孫元衡修。清康熙三十二年（1693）刻乾隆印本。六册。半葉十行二十一字，小字雙行同，白口，四周雙邊，單魚尾。框高 19.1 釐米，寬 14.6 釐米。《新城縣志》首有康熙三十二年王士禎序，凡例，目錄，卷端題：“知新城縣事襄平崔懋纂修，邑人户部右侍郎王士禎鑒定。”《新城縣續志》首有康熙三十二年崔懋序，目錄。目錄首題：“知縣龍眠孫元衡著，邑人琅琊王啓涑編。”

385. 清乾隆刻本高苑縣志　T3140/0241.83

[乾隆]《高苑縣志》十卷，清張耀璧纂修，清乾隆刻本。六册。半葉九行二十一字，白口，左右雙邊，單魚尾。框高 21.3 釐米，寬 14.8 釐米。首有乾隆二十三年（1758）張耀璧序，乾隆二十二年錢家墍序，康熙十五年（1676）沈荃序，康熙十一年宋弼序，康熙五十五年古今譽序，康熙五十五年修續志姓氏，乾隆二十二年修志姓氏，目錄。卷末有康熙五十五年任境敘。卷端題：“邑令蘭谿張耀璧荆巖氏纂定。”

高苑縣，西漢置，治今山東省鄒平縣苑城鎮，屬千乘鎮。東漢屬樂安國。隋大業三年（607）以會城縣改名高苑縣，屬齊郡。唐屬淄州，北宋景德三年（1006）改置爲宣化軍，熙寧三年（1068）復廢軍爲縣，屬淄州。蒙古至元二年（1265）改屬益都路。明、清屬青州府。

張耀璧，字東煌，號荆巖，浙江金華縣人，拔貢。歷任江蘇靖江、沭陽、鹽城、崑山、常熟以及福建等地知縣，乾隆二十年任高苑知縣。

卷一方輿志（圖考、沿革、分野、疆域、山川、形勝、風俗、里社、物産、陵墓、古跡）；卷二建置志（城池、公署、舖舍、橋梁、壇廟、楯檄、集市、村店、寺觀）；卷三職官志（封爵、縣職、學識、丞簿、縣尉、武職、雜職、宦績）；卷四學校志（學制、樂章、樂器、祭器、鄉射、學田、社學、書院）；卷五選舉志（辟薦、甲科、鄉科、歲貢、武弁、例貢、吏椽、封蔭）；卷六人物志（名賢、孝義、鄉飲、耆德、隱逸、節烈）；卷七賦役志（地畝、稅糧、丁口、徭役、倉廒、兵防）；卷八藝文志；卷九河渠志；卷十災祥志（叢談附）。

張耀璧序曰：“乙亥服闋謁選京師，奉命簡發山左。……暇日稽考邑志，國朝百餘年來，宋君弼於康熙壬子鋟版重修，古君今譽於康熙丙申又爲續志八卷，共上下二冊，迄今四十餘載矣。……余欲併前二志而更新之，顧力有弗逮，爰踵舊志條目，采輯新事附益其後。"

卷四紀事至乾隆二十五年，其中，乾隆二十四年之後版刻字體與全書有異，疑是後印時增刻。《中國地方志聯合目録》等著録爲"乾隆二十三年刻本"。"玄""禎""弘""曆"字避諱，亦有不避者。

鈐印："曾爲簡侯所藏。"

現存最早高苑縣志係清康熙十一年刻宋弼纂修八卷本，次爲康熙五十五年古今譽修續志十卷，三即此乾隆張耀璧纂修本。光緒三十二年王傳鉢編《高苑縣鄉土志》一卷，有鈔本傳世。

中國國家圖書館、中國文化遺産研究院、上海圖書館、北京大學圖書館等三十餘館與"中央研究院"歷史語言研究所傅斯年圖書館、臺北故宮博物院及日本國會圖書館、東洋文庫、德國漢堡大學中國語言與文學系等有藏。

386. 清乾隆刻嘉慶增刻本青城縣志　T3140/5245.84

〔乾隆〕《青城縣志》十二卷，清方鳳修，周珹等纂，鄒尚志增補。清乾隆二十四年（1759）刻，嘉慶二十三年（1818）增刻本。四冊。半葉九行二十字，小字雙行同，白口，左右雙邊，單魚尾。框高 19.7 釐米，寬 12.9 釐米。首有乾隆二十四年方鳳序，乾隆二十四年周珹序，嘉慶二十三年鄒尚志《運漕章程序》，運漕程章人姓氏，凡例，修志姓氏，圖，目録。

青城縣，蒙古太宗七年（1235）以青平鎮置青城縣，治今山東省高青縣西青城鎮，屬濟南路。後曾改屬陵州、河間路。明洪武二年（1369）廢入鄒平、齊東二縣，洪武十三年復置，屬濟南府，至清未變更。

方鳳，字朝鳴，湖南巴陵（今岳陽）人，乾隆元年舉人。曾任山西天鎮、臨晉二縣知縣。乾隆二十年任青城知縣。

周珹，山東萊陽人，乾隆二十一年舉人。候選知縣。

鄒尚志，字嶧山，廣東茂名人，舉人。嘉慶二十一年任青城知縣。

卷一輿地志（星野、河渠、沿革、疆域〔形勝附〕、古跡〔邱墓附〕、風俗、土産）；卷二建置志（城池、公署、坊表、街市、學校、村莊、橋梁〔津渡附〕、寺觀、防汛）；卷三祀典志（廟祠、壇壝、禮儀）；卷四田賦志（里圖、户口〔各項解支附〕、鹽課〔雜稅附〕）；卷五職官志（知縣、縣丞、典史、教諭、訓導）；卷六選舉志（進士、舉人、貢士、封蔭、誥勅）；卷七名宦志；卷八人物志（鄉賢、忠義、獨行〔耆壽、流寓附〕）；卷九列女志（貞節、續貞節）；卷十祥異志；卷十一至十二藝文志。

　　凡例云："舊志未知始於何年，明神宗癸丑毀於火，萬曆三十年邑人楊司空夢袞重修，時尚爲諸生，文瞻事該，信良史才，惜多殘缺。近孝廉張君倬有志纂修，屬草稿未定，齎志以歿。今特爲成之。"

　　周城序曰："青城原有舊志，始則蕩於回祿，再則迄於神宗，人往風微，浸歸磨滅，魯魚亥豕，莫訂譌訛，軼事既患其無徵，古本并虞其脫略，自非續加纂輯，何以昭示來兹？於是邑侯方公以報最之餘閑矢討論之微，蒐彼記載，屬予編摩。爰乃慎校稽，勤披閱，聚公私之簡帙，核新舊之見聞，或博訪縉紳，或旁諮父老，或取證於正史，或兼採夫家傳，或遠索之殘碣斷碑，或近得之遺文傳稿，衷爲敘次，彙成全編。惟徵信而闕疑，亦釐舛而正誤，發凡起例，標舉指歸，挈領提綱，總期畫一。仿列史之載循吏，增入名宦諸人，表彤管之有禮宗，重訂列女一志。首尾略具，凜信今傳後之心；事實頗詳，參略跡原心之論。百五十年之事敢云掇拾無遺？一十二卷之書業已次第告竣。"

　　鄒尚志《運漕章程序》云："原夫國家設官之意，固欲爲民興利，必先爲民除害。余自嘉慶二十一年蒞任兹土，觀風問俗，悉知地狹人稠，生計維艱。乃聚同城官僚暨闔邑紳士，訪民間疾苦，知歷年運解漕糧，里下深爲被累，謀所以去其害者而不得有。丙寅鄉飲，張才能等具呈條限，每正米一斗，花户幫貼京錢五十文，交官雇運，不沾胥役之手，官民兩便。余思之誠然，因允所請，定爲一邑章程，載諸邑乘，庶於民有便焉耳。"

　　卷四末有嘉慶二十三年《新定運漕章程》和《運漕舊章新行記略》。

　　現存《青城縣志》，首爲明萬曆四十年（1612）刻王儀修，楊夢袞纂《青城縣志》二卷，次即此乾隆二十四年刻本，有嘉慶二十三年增刻本和道光二十六年（1846）增刻本。《中國地方志聯合目録》和《中國地方志總目提要》均未著録此嘉慶增刻本。

　　故宮博物院圖書館、北京大學圖書館、浙江圖書館等十館與臺北故宮博物院及美國國會圖書館、法國巴黎 M.R. 赫杜圖書館等藏乾隆二十四年刻本。

387. 清乾隆刻本嶧縣志　T3140/2469.83

　　[乾隆]《嶧縣志》十卷首一卷，忠璵纂訂。清乾隆二十六年（1761）刻本。六册。半葉十行二十二字，小字雙行同，白口，四周單邊，單魚尾。框高 19.5 釐米，寬 13.9 釐米。首一卷有乾隆二十六年忠璵序，凡例，原序（萬曆十年〔1582〕賈三近序、萬曆十一年王希曾序、□□□序、康熙二十四年〔1685〕劉允恭序、□□□序、康熙十二年雷亨坤序、□□□序、康熙李公門序、李應芳序、賈文燸序、康熙五十六年李克敬序、歷修姓氏、重纂姓氏），目録，圖。

388. 清乾隆刻本利津縣新志、利津縣志續編、利津縣志補　T3140/2931.81

[乾隆]《利津縣新志》十卷，清韓文焜等纂修，清乾隆二十三年（1758）刻本。與續編、志補合爲四冊。半葉九行二十字，小字雙行同，白口，四周雙邊，單魚尾。框高 20.6 釐米，寬 13.0 釐米。首有康熙十二年（1673）韓文焜序，原序（明萬曆二十八年〔1600〕馮執中序），康熙十九年黃章序，康熙十五年李應甲序，圖，目錄。《利津縣志續編》十卷《利津縣志補》六卷，清劉文確修，劉永祚纂，程士範續補。清乾隆二十三年刻乾隆三十五年增補刊本。半葉九行二十字，小字雙行同，白口，四周雙邊，單魚尾。框高 19.7 釐米，寬 12.8 釐米。首有乾隆二十三年劉文確序，目錄，續修志姓氏。附補六卷前有乾隆三十五年程士範序，補修志姓氏，志補目錄。

利津縣，位於今山東省北部。金置永和鎮，明昌三年（1192）升爲利津縣，屬濱州。明屬濱州，隸濟南府。清屬武定府。

韓文焜，字青藜，滿洲籍，河南唐縣人，監生。康熙十一年任利津知縣。

李應甲，字鳳山，廣東潮陽人，康熙三年進士。康熙十二年任利津知縣。

劉文確，湖南辰陽（今辰溪）人，拔貢。乾隆十四年任利津知縣。

程士範，字井野，陝西渭南人，乾隆十六年進士。乾隆二十四年任利津知縣。

《利津縣新志》卷一輿地志（星野、沿革、疆域、川澤、形勝、風俗、土產）；卷二建置志（城池、公署、學校、倉庫、街市、村鎮〔集場附〕、寺廟、橋梁、舖舍、坊牌）；卷三祀典志（廟祠、壇壝）；卷四田賦志（里圖、戶口、地糧〔各項解支附〕、課稅、驛遞）；卷五職官志（縣令、邑佐、師儒、巡檢司、鹽課）；卷六辟舉志（辟薦、科貢、例捐、武階、貤封）；卷七宦跡志；卷八人物志（鄉賢、孝義、貞烈）；卷九雜志（祥異、丘墓）；卷十藝文志。

韓文焜序曰："……八方歸極，於龍飛之十有一載，爰命儒臣纂修天下通志，以成大一統之典章，以昭千百世之金鏡。由是撫軍張公奉命檄徵屬志。余以承乏備員來宰茲邑……甫下車即詢諏邑志，博覽勝概，僉曰：'津邑之志自前明萬曆二十七年馮公重修，迄今逾七十餘載……'余方浩然有續貂之思，而重以撫軍之命，敢謝不敏。乃度公廨，卜良辰，敦請邦之仁賢、邑之先達以及博聞廣洽之士，肇斯盛舉。或訪之故老，或搜及殘碣，或得自伏笥家乘，折衷以尚論者之心，吮毫濡墨，比事屬辭，輯舊志而釐新之，一做太史公體式，循名責實，劈類分門，謹嚴而無脫落，詳備而不煩冗，共訂成帙，用登諸梨。但剞劂工繁，謹捐俸以佐所需，邑中同志竝勸厥事，自壬子徂癸丑，歷寒暑而告竣。"

康熙十九年黃章序後有"乾隆二十三年副榜李嘉言重校梓"字樣。

《利津縣志續編》卷一輿地志（星野、沿革、疆域、川澤、形勝、古跡、風俗、土產）；卷二建置志（城池、公署、學校、倉庫、街市、村鎮〔集場附〕、寺廟、橋梁、鋪舍、坊牌）；卷三祀典志（廟祠、壇壝）；卷四田賦志（里圖、戶口、地糧〔各項解支附〕、課稅、驛遞）；卷五職官志（知縣、縣丞、典史、教諭、訓導、鹽場大使、巡檢）；卷六辟舉志（辟薦、科貢、例掾、農官、武階、貤封）；卷七宦跡志；卷八人物志（鄉賢、孝義、耆舊、貞烈、仙跡）；卷九雜志（祥異、丘墓）；卷十藝文志。

劉文確序曰：“邑乘一書，自康熙丙辰之歲潮陽李公重修之，至今八十餘年蓋闕如也。……余始承乏茲土，鞅掌未遑，既十稔，樂其風俗之淳，而簿書多餘閑也，始有釐定之意。適太尊赫公倡修府志，徵文考獻，檄下屬邑。余乃請紳士中老成博洽者任其事，或諮諏黃髮，或摩挲殘碑，笈函筍緘之秘，網絡放紛，舷編毫絡，共訂成帙，既繕寫以呈府憲，而留其副本以俟剞劂。予捐俸金以倡，共贊成之，不數月而登諸梓。”

《利津縣志補》卷一營建志（城池、公廨、倉廒、壇廟、津梁、坊表）；卷二田賦志（里圖、戶口、地糧、起運、存留、漕糧、倉糧、運司錢糧、鹽課）；卷三官師志（同知、知縣、縣丞、典史、巡檢、教諭、訓導、鹽大使、防汛）；卷四流品志（進士、舉人、恩貢、副貢、拔貢、優貢、歲貢、例貢、例薦、椽史、武進士、武舉、戀官列傳、篤行列傳、孝義列傳、一行列傳、列女傳）；卷五藝文志（文、詩、賦）；卷六事類志（近歲祥異、記聞二則、記禱水全城一則；補錄終節許公全利津城池事）。

程士範序曰：“念邑志自韓君纂輯之後，後有劉君續編，距今纔十餘年，而一切損益興除，著爲令甲，以及邑人之微言善行，見聞所及，亦已繁多，懼其久而湮沒也。紳士合詞請余增修，余惟志者史之細也……余乃多方諮諏纂輯成書，而訂正於吾鄉薛補山太史……余之政拙而疏於文，邑人固知之矣。因命工鋟版以附兩志之後，覽者取其意而略其詞可也”。

明代利津志已佚，現存最早志書爲此康熙十二年韓文焜纂修本，乾隆二十三年劉文確修《續編》十卷，乾隆三十五年程士範再修《志補》六卷。另，盛贊熙修、余朝棻等纂光緒志十卷，有光緒九年（1883）刻本和民國二十四年（1935）鉛印本。

上海圖書館、北京大學圖書館、南京大學圖書館等十二館與“中央研究院”歷史語言研究所傅斯年圖書館、臺北故宮博物院、孫逸仙博士紀念圖書館及日本東洋文庫、京都大學人文科學研究所、美國國會圖書館等藏乾隆二十三年刻本《利津縣新志》。中國國家圖書館、北京大學圖書館、上海圖書館等十七館與“中央研究院”歷史語言研究所傅斯年圖書館、臺北故宮博物院、孫逸仙博士紀念圖書館及日本東洋文庫、京都大學人文科學研究所、美國國會圖書館等藏乾隆二十三年刻本《利

津縣志續編》。中國國家圖書館、上海圖書館、北京大學圖書館等十九館與"中央
研究院"歷史語言研究所傅斯年圖書館、臺北故宮博物院、孫逸仙博士紀念圖書
館及日本東洋文庫、京都大學人文科學研究所、美國國會圖書館等藏乾隆三十五
年刻本《利津縣志補》。

389. 清雍正刻乾隆印本樂安縣志　T3140/2030.82

〔雍正〕《樂安縣志》二十卷，清李方鷹纂修。清雍正十一年（1733）刻乾隆印本。
四册。半葉九行二十二字，小字雙行同，白口，四周雙邊，單魚尾。框高 21.2 釐米，
寬 14.7 釐米。首有雍正十年劉柏序，雍正十一年李方鷹序，舊序（嘉靖二十五年〔
1546〕李舜臣序、萬曆三十一年〔1603〕趙秉忠序），目録。末有後序（王存信序、
鍾源濟序、張永熙序），雍正十一年孫孺衡跋。

"玄""禎""弘""曆"字避諱。

390. 清乾隆刻本福山縣志　T3140/362.83

〔乾隆〕《福山縣志》十二卷，清何樂善修，蕭劼、王積熙纂。清乾隆二十八年
（1763）刻本。八册。半葉九行二十字，小字雙行同，白口，左右雙邊，單魚尾。框
高 20.1 釐米，寬 14.6 釐米。首有乾隆二十八年何樂善序，乾隆二十七年蕭劼序，乾
隆二十七年王積熙序，舊序（康熙十二年〔1673〕羅博序、康熙十二年鹿兆甲序、
康熙十二年王鷩序、萬曆四十六年〔1618〕郭爾池序、康熙十二年郭諧序），修舊志
姓氏，修志姓氏，舊志凡例，凡例，目録，圖。末有原舊志跋（明萬曆四十六年孫
恒跋、清康熙蕭文蔚序）。

391. 清康熙刻乾隆印本寧海州志　T3140/3235.81

〔康熙〕《寧海州志》十卷，清楊引祚等纂修。清康熙十一年（1672）刻乾隆印本。
半葉九行二十字，小字雙行同，白口，四周雙邊，單魚尾。框高 19.6 釐米，寬 13.6
釐米。首有康熙十一年楊引祚序，圖，修志姓名，目録。

寧海州，位於山東煙台市東部。西漢置東牟縣，屬東萊郡。西晉省東牟縣入牟
平縣。北齊爲文登縣地。唐麟德二年（665）析文登縣地於故東牟城置牟平縣，屬登
州。金初置寧海軍，治牟平縣，屬山東東路。金大定二十二年（1182）升爲州。明
洪武初廢縣入寧海州。清因之，不轄縣。1913 年降爲縣，次年改名牟平縣。

楊引祚，湖廣沔陽人，清順治十五年（1658）進士。康熙十一年任寧海知州。

卷一天事（星野、災祥）；卷二地里（沿革、疆域、形勝、里社、山川、險要、風俗、物產）；卷三建置（城池、公署、坊表、橋梁、市廛、舖舍）；卷四户賦（户口、地糧、起運、存留）；卷五典禮（朝儀、祀典、賓興、恤政）；卷六學校（儒學、社學、學田）；卷七職官（名宦、宦跡、官師、武職）；卷八選舉志（辟舉、甲科、鄉科、武科、貢選、援例、雜選、封蔭）；卷九人物（鄉賢、遺賢、忠勇、孝友、義行、節烈）；卷十雜稽（仙跡、十景、祠廟、寺觀、陵墓、威海舊職、威海耆德、威海行誼）。

楊引祚序曰：“寧海於登屬稱名郡，附威海而轄文登，亦一都會也。其山水之奇，文物之盛，忠孝節烈之卓卓不朽者，代之不乏人，無乘則有美勿彰，無以示後。況聖天子通勅纂修，而此地崑崙滄溟，龍門石洞，載而不備則闕，備而不修則野。既闕且野，其何能郡？余故汲汲乎與郡之大夫士共輯而成之。並載威寧，以其附乎郡也。文雖轄，其別有邑乘，故不載。然此乘之載，亦止及星野、山川、人物、事跡、而未及文藝，以待後之君子之爲之而已。”

凡例云：“志書體式，凡職官、科貢、人物等皆以刻完之日爲止。卷末不空，兹獨留餘板，蓋以寧邑貧瘠，刊刻稱艱，故特存之，以俟後之人再爲一序詳厥年月姓名續志其後。”“威海舊隸州籍，志併附之。”

偶有補鈔。

紀事至康熙十一年。“玄”“禎”“弘”“曆”四字避諱。

二册合訂爲一册，硬皮洋裝。

《中國地方志聯合目録》和《中國地方志總目提要》未著録此乾隆印本。

現存最早寧海州志係明嘉靖李光先修、焦希程纂《寧海州志》二卷，有嘉靖二十六年（1547）刻本和少量鈔本存世。清代凡二修，一即此康熙十一年纂修十卷本，二係同治年間舒孔安修、王厚階纂《重修寧海州志》二十六卷，有同治三年（1864）刻本。

中國國家圖書館、復旦大學圖書館、天津圖書館等六館與臺北故宮博物院及日本東洋文庫、美國國會圖書館等有藏。

392. 清乾隆刻本黄縣志　T3140/486.83

［乾隆］《黄縣志》十二卷，清袁中立修，毛贄等纂。清乾隆二十一年（1756）刻本。四册。半葉九行二十一字，白口，左右雙邊，單魚尾。框高19.1釐米，寬14.3釐米。首有扉頁，乾隆二十年沈廷芳序，乾隆二十一年袁中立序，苑天位跋，張默跋，修志姓氏，修志小引，目録。末有王嗣周跋。第一卷卷首題：“黄縣知縣睢

陽袁中立、教諭禹城苑天位、訓導汶上張默、縣丞溧陽彭以詵、典史婁縣陳廣。”扉頁題：“乾隆乙亥年重修。仁和椒園沈先生鑒定。黄縣志。敬慎堂藏板。”（“慎”字缺筆避諱。）

393. 清康熙刻雍正增補刊乾隆印本萊陽縣志　T3140/4972.81

［康熙］《萊陽縣志》十卷，清萬邦維、衛元爵修纂。清康熙十七年（1678）刻，雍正增補刻乾隆印本。四册。半葉九行二十字，小字雙行同，白口，四周單邊，單魚尾。框高 21.4 釐米，寬 15.5 釐米。首有康熙十二年萬邦維序，康熙十七年衛元爵序，康熙十六年張瑞徵序，康熙十七年趙自立序，趙崙序，舊志序（萬曆十一年〔1583〕程時建序、萬曆十年咸懷良序），康熙十七年張重潤序，奉上修志檄文，修志官師姓氏，修志姓氏，修志紳衿姓氏，凡例，目録，圖。末有康熙十七年王章跋。卷端題：“文林郎知萊陽縣事麻城萬邦維、長興衛元爵同修立。”

萊陽縣，位於山東省東部。西漢置挺縣，屬膠東國。西晉元康八年（298）置昌陽縣。北齊廢挺縣，昌陽縣屬東萊郡。唐永徽元年（650）屬萊州。五代後唐更名萊陽縣。宋、金、元屬萊州，明、清屬登州府。

萬邦維，字松溪，湖廣麻城人，清順治十五年（1658）進士。康熙八年任萊陽知縣。

衛元爵，字純庵，浙江長興人，貢生。康熙十五年任萊陽知縣。

卷一疆域志（圖考、星野、沿革、形勝、里道、山川、古跡、萬物、風俗）；卷二建置志（城池、鄉社、公署、倉庾、遞鋪、橋梁、市集、坊表、古墓、仁恤、兵防）；卷三食貨志（户口、田賦、丁徭、鹽課、班匠、諸税〔正文無〕、物産、民業）；卷四學校志（先師廟、敬一亭、名宦祠、儒學、啓聖祠、尊經閣、鄉賢祠、書院、教諭廨、訓導廨、書籍、學田、社學、大嵩衛儒學附）；卷五官師志（列爵、令尹、監尉、知縣、縣丞、主簿、典史、教諭、訓導、雜職、大嵩衛儒學教授附）；卷六貢舉志（薦辟、進士、舉人、諸貢、例貢、武舉、武進士、貤封、恩蔭、武職）；卷七典禮志（壇廟、公禮、賓興、鄉飲、鄉儀、歲時禮）；卷八人物志（世賢、忠節、孝義、隱逸、流寓、孝媛、烈婦、節婦）；卷九外紀志（寺觀、仙釋、災祥、兵革、怪異）；卷十藝文志。

萬邦維序曰：“余下車時，即欲索邑志一覽，不可得。偶得殘籍一帙，十存一二，乃萬曆初年志也。……頃承俞旨，徵取邑志，遂廣肆蒐羅。縉紳各出其家譜，父老咸述所見聞，乃以疆域爲一書，建置、食貨、學校、典禮各爲一書，選舉、官師、人物、外紀、藝文各爲一書，共成十志。千餘年之遺績，數百里之規模，瞭若指掌矣。”

衛元爵序曰：“自我清定鼎，彙《一統志》爲詳且盡矣。……時松谿萬公任萊邑，毅然以作志爲己任。見天海濱廣，斥幅員寥闊而靡所紀極也，則志疆輿建置。見夫風俗澆漓，庶類繁雜，而靡所究稽也，則志典禮外紀。……然而蒐羅具備，典章有缺，條目臚列，刊刻未竣，有初鮮終，邑人惜之。洎余分符茲土，簿書鞅掌之餘，問及一邑乘書，而舊章無有存者。一日，太史張公持殘編授余，命余落成。爰彙覽全集，正其訛，補其偏，俾蒼莽之山川有稽，班次之人物有稽，土風之沿革有稽，畜產之草木蟲魚有稽，凡蒞茲邑者撫今思昔，起□□□，不有以扶進醇風而臻厥上理也哉。萬公創始於前，遵令甲也，余不佞纂成於後，續不備也。倘後之君子起而討論之，修飾之，增其所遺，詳其所略，其以斯志爲篳路藍縷也。”

選舉紀事至雍正元年（1723）。版印模糊，字跡模糊，“玄”“禎”“弘”“曆”字避諱。

此爲現存唯一之萊陽縣志，有康熙十七年刻本，以及雍正元年增補刊本。

中國國家圖書館、中國科學院文獻情報中心、中國文化遺産研究院、上海圖書館、北京大學圖書館等三十二館與“中央研究院”歷史語言研究所傅斯年圖書館、臺北故宮博物院及日本國會圖書館、內閣文庫、東洋文庫、京都大學人文科學研究所，美國國會圖書館、英國劍橋大學圖書館、英國國家圖書館、法國巴黎 M.R. 赫杜圖書館等有藏。

394. 清乾隆刻本萊州府志　　T3139/4030.83

［乾隆］《萊州府志》十六卷首一卷，清嚴有禧纂修。清乾隆五年（1740）刻本。八冊。半葉十行二十四字，小字雙行同，白口，四周雙邊，單魚尾。框高 20.2 釐米，寬 14.4 釐米。首有嚴有禧序，乾隆五年張桐序，舊志序例（康熙五十一年〔1712〕陳謙序、凡例），前志考異，前志序跋凡例（趙燿序、萬曆三十一年〔1603〕董基跋、萬曆龍文明跋、凡例），圖，凡例，修志姓氏，訂誤，目録。

395. 清乾隆刻本掖縣志　　T3140/5469.83

［乾隆］《掖縣志》八卷首一卷，清張思勉修，于始瞻纂。清乾隆二十三年（1758）刻，二十六年增刻本。八冊。半葉九行二十一字，小字雙行同，白口，左右雙邊，單魚尾。框高 18.9 釐米，寬 13.6 釐米。首有沈廷芳序（補鈔），趙之璧序（補鈔），洪肇楙序（補鈔），乾隆二十三年張思勉序，乾隆二十六年鄭璽序。首一卷有修志徵言，修志姓氏，凡例，圖，目録。末有杜忠跋。卷端題：“知掖縣事燕山張思勉韋

軒氏輯。"

有朱筆批校。正文部份偶有補鈔。

396. 清順治刻康熙增補刊乾隆印本登州府志　T3139/1132.83

〔順治〕《登州府志》二十二卷，清楊奇烈纂修，清順治刻康熙增刻乾隆印本，
附《續登州府志》十二卷，清永泰纂修，清乾隆刻本。十二册。半葉九行二十字，
小字雙行同，白口，四周雙邊，單魚尾。框高 19.8 釐米，寬 13.4 釐米。《登州府志》
有順治十七年（1660）徐可先序，修志姓氏，凡例，目錄，圖。《續登州府志》首有
乾隆七年（1742）永泰序，圖，凡例，目錄。

397. 清康熙刻嘉慶增補刊本蓬萊縣志　T3140/4349.81

〔康熙〕《蓬萊縣志》八卷，清高崗修，蔡永華纂。清康熙十二年（1673）刻，
嘉慶增補刊本。四册。半葉九行二十字，小字雙行同，白口，四周單邊，單魚尾。
框高 20 釐米，寬 14.1 釐米。首有康熙十二年高崗序，目錄，凡例，圖。

蓬萊縣，位於今山東省東北部。秦置黃縣，屬膠東郡。西漢屬東萊郡，東漢及
三國魏爲東萊郡治。西晉至南朝宋屬東萊國或東萊郡，北魏、東魏屬東牟郡。隋屬
萊州。唐貞觀八年（634）置蓬萊鎮，屬黃縣，神龍三年（707）爲登州治，升鎮爲
蓬萊縣。明、清爲登州府治。

高崗，直隸灤州人，順治十六年（1659）進士。康熙六年任蓬萊知縣。

蔡永華，原任總理河東、陝西等處都轉鹽運使司運使加勑管鹽法道事。

卷一星野，廢置，疆域，山川〔井泉、形勝附〕，城池〔樓閣、坊表、橋梁附〕，
公署，學校〔社學、學田附〕，祀典，武備；卷二户口，土田，賦役〔起運、存留附〕，
隅社〔市廛附〕，物産，風俗；卷三職官；卷四辟舉、科貢；卷五武科〔職銜附〕，封
蔭，人物〔忠勇、孝友行附〕，節烈；卷六流寓、仙釋、古跡、寺觀；卷七至八藝文。

凡例云："縣中原無舊志，近奉憲檄，旁搜掌故暨父老遺聞，以類編輯，其討論
潤色尚俟異日博雅君子。"

高崗序曰："余令於此，適值諸上臺數問疾苦……余得以無事，乃問所爲山川、
土田、户口、食貨、甲兵、扼塞、人物、官師，與夫古今之建置、興廢、民風、吏
治，而知縣志尚有待未修。況值壬申之變，其忠臣、義士、孝子、節婦何可勝數？
今缺而不修，更數百年不皆湮没無傳焉？方擬經理，適會部文下四方，俾修郡邑志，
於是請鄉先生總其事，擇諸文學嫻文采者佐之，既脱稿，垂青有日矣。"

選舉增補刻乾隆二十五年事，卷五節烈有嘉慶十年（1805）內容，"玄""弘""曆"字避諱。《中國地方志聯合目録》《中國地方志總目提要》未著録此嘉慶增補刊本。

該志係現存最早蓬萊縣志，其後清代經歷兩次纂修，一是道光十九年（1839）刻王文燾修、張本等纂《重修蓬萊縣志》十四卷，二爲光緒八年（1882）刻鄭錫鴻等修、王爾植等纂《蓬萊縣續志》十四卷。

中國國家圖書館、南京圖書館、北京大學圖書館等十二館與"中央研究院"歷史語言研究所傅斯年圖書館及日本東洋文庫、美國國會圖書館等藏康熙十二年刻本。

398. 清順治刻康熙增刻乾隆印本招遠縣志　T3140/5633.80

［順治］《招遠縣志》十二卷，清張作勵修，張鳳羽纂。清順治刻康熙增刻乾隆印本。四册。半葉九行二十字，小字雙行同，白口，四周雙邊，單魚尾。框高 19.9 釐米，寬 13.7 釐米。首有順治十七年（1660）張鳳羽序，修志姓氏，凡例，目録，圖。卷端題："邑後學張鳳羽仲威氏編輯。"

招遠縣，位於今山東半島北部。金天會九年（1131）析掖、黃二縣置招遠縣，屬萊州。明、清屬登州府。

張作勵，字石齋，直隸玉田人，貢監。順治十五年任招遠知縣，後升任嘉興府同知。

張鳳羽，字仲威，招遠人，順治十六年進士，户部觀政進士。

卷一星野、災祥、沿革、疆域（形勝八景附）；卷二山川（橋梁附）、城池（軍器附）、公署；卷三學宮（學田坊表附）、祀典、鄉都（坊市附）、古跡（陵墓附）、寺觀；卷四風俗；卷五物産；卷六賦役、封建；卷七職官；卷八科貢（封蔭、武科、監生、吏員附）；卷九人物、列女、仙釋；卷十至十二藝文。

張鳳羽序曰："歲屠維大淵獻，羽以樗散材濫竽南宮。越次年假還，適郡守聲服徐公蒞登已三載，郡既大治，百廢俱興矣，復纂輯郡乘，用垂不朽，俾後之守登者以登治登，不至嘆文獻不足。且移文邑侯石齋張公，謂業已志吾郡，曷可不志乃邑？屬羽載筆。招邑，羽桑梓，網羅放失舊聞，責何容逭？然樸陋不文，深懼辱命，固辭不獲已。乃請郡乘爲藍本，迨稽群籍，旁採輿人頌，上下數千年，仰以觀於天，俯以察於地，人事土風，傳信傳疑，無敢憑臆見爲增損，言凡八萬奇，告成三閱月。雖勉報郡守邑侯命，而舛誤多端，知不免博物君子粲也。"

凡例云："邑無舊志，如職官、科貢等門類皆以郡志爲大概，復旁參史漢諸書。言凡八萬奇，視郡志爲繁。然郡志志八屬，收之不勝收。縣志志一邑，故不厭詳也。"

職官紀事至康熙十八年。"弘"字避諱。《中國地方志聯合目録》《中國地方志總目提要》等未著録此康熙增刻本。

此爲招遠縣志創修，除順治十七年刻本外，另有道光二十六年（1846）重刊本。道光年間又有陳國器等修、李蔭等纂《招遠縣續志》四卷。

中國國家圖書館、故宮博物院圖書館、北京大學圖書館等七館與臺北故宮博物院、孫逸仙博士紀念圖書館及法蘭西學院漢學研究所等藏順治十七年刻本。

399. 清乾隆刻本棲霞縣志　　T3140/4414.83

〔乾隆〕《棲霞縣志》十卷，清衛萇纂修。清乾隆十九年（1754）刻本。八册。半葉九行二十四字，小字雙行同，白口，左右雙邊，單魚尾。框高 20.7 釐米，寬 14.2 釐米。首有乾隆十九年衛萇序，目録，修志姓氏，原序（康熙十一年〔1672〕胡璘序、康熙十一年李唐裔序、康熙十一年牟國玠序、萬曆四十年〔1612〕王之垣序），康熙十一年修志姓氏，圖。卷端題："棲霞縣知縣龍門衛萇纂。"

棲霞縣，位於今山東省東北部。金天會二年（1124）齊劉豫析蓬萊、萊陽二縣地置棲霞縣，屬登州。元、明、清因之。

衛萇，陝西韓城人，舉人。乾隆十五年任棲霞知縣。

卷一疆域志（星野，沿革，界域，形勝〔附八景〕，山川，古跡〔附陵墓、坊表〕，鄉社〔附街巷〕，集市，物産〔附民業、風俗〕，水道〔並諸論〕）；卷二建置志（城垣，公署，倉廒〔附社倉、各鄉官基〕，學宫，廟壇，祠宇，寺觀，演武場，墩舖〔附官地〕，舖遞，橋梁，兵防，學田，養濟院，普濟院，育嬰堂，義塚）；卷三典祀志（祭品〔祭期〕、祭器、樂器、樂章、舞儀、名宦、鄉賢、忠孝祠、節孝祠〔各祠牌位〕）；卷四賦役志（勅諭，地畝，税糧〔起運、存留、蠲免〕，户口，丁徭，倉儲，鹽課，雜税，開墾，九釐銀議）；卷五官師志（秩官表、循吏傳〔附祠碑〕、武職、名宦）；卷六人物志上（徵薦、科貢表、例職、掾史、武科、武宦、封贈、宦績、將材）；卷七人物志下（文學、孝子、孝友、義行、烈婦、烈女、節婦、孝婦賢媛、孝女、義僕、仙釋）；卷八祥異志（祥瑞、災異、兵事）；卷九藝文志（典籍、疏、記、傳、序、墓表、祭文、贊、銘）；卷十詩。

衛萇序曰："棲志權輿於王生，兩修於何胡二令，而操觚者實出鳳伯牟氏橋梓手，徵引博，討論詳，蓋信史也。歷載八十餘矣，中間雖有鄭令之修而缺漏弗完，亦且四紀。……余待罪□年，率先務是急。邇者年穀熟，訟庭稀，乃進紳士而諮訪之，不數月各以所聞告。爰共兩學博慎而核之，迺合前志而通纂之，康熙壬子前事仍其故，少節舊文以從簡要，壬子後則各附其類，共八篇，爲目八十有二，以授剞劂氏。"

官師紀事至乾隆二十年。“弘”“曆”二字避諱。

灑金封面。

現存最早棲霞縣志爲清康熙十一年刻胡璘修、牟國珌纂《棲霞縣志》八卷，後有康熙四十六年增刻八卷本（鄭占春增修、牟國瓏增纂），次即此乾隆十九年衛萇纂修本，三係光緒五年（1879）黃麗中修、于如川纂《棲霞縣續志》十卷首一卷。

中國國家圖書館、中國文化遺產上海圖書館、南京圖書館等二十五館與臺北故宮博物院、臺灣大學圖書館及日本國會圖書館、美國國會圖書館、法國巴黎 M.R. 赫杜圖書館等有藏。

400. 清乾隆刻光緒印本海陽縣志、海陽縣續志　T3140/3572.83

〔乾隆〕《海陽縣志》八卷，清包桂纂修。清乾隆七年（1742）刻光緒印本。《海陽縣續志》十卷首一卷，清王敬勳修，李爾梅纂。清光緒六年（1880）刻本。十冊。《海陽縣志》八卷，半葉九行二十一字，小字雙行同，白口，左右雙邊，單魚尾。框高 18.5 釐米，寬 13.2 釐米。首有乾隆七年包桂序，目錄，修志姓氏，凡例，目錄，圖。末有乾隆七年孫仁華跋。《海陽縣續志》十卷首一卷，半葉九行二十一字，小字雙行同，白口，左右雙邊，單魚尾。框高 17.3 釐米，寬 12.4 釐米。首一卷有扉頁，光緒五年王敬勳序，續修姓氏，續稿原修姓氏（“時在道光十九年”），凡例，目錄，圖。扉頁題：“海陽縣續志。清畏堂藏板。”“光緒六年庚辰貳月開鐫。”

401. 清乾隆刻本濰縣志　T3140/3169.83

〔乾隆〕《濰縣志》六卷首一卷末一卷，清張耀璧修，王頌芬纂。清乾隆二十五年（1760）刻本。六冊。半葉九行二十一字，小字雙行同，白口，左右雙邊，單魚尾。框高 18.5 釐米，寬 13.5 釐米。首一卷有乾隆二十五年沈廷芳序，趙之壁序，洪肇楙序，乾隆二十五年張耀璧序，修志徵言，舊序（劉應節序、康熙十一年〔1672〕王珍序、康熙十一年陳調元序），原修姓氏，凡例，修志姓氏，崔應階序，圖。卷末有乾隆二十五年王誦芬跋，乾隆二十五年高廷樞跋。卷端題：“知濰縣蘭谿張耀璧荊巖氏鑒定。”

402. 清康熙刻本臨朐縣志書　T3140/7672.81

〔康熙〕《臨朐縣志書》四卷，清屠壽徵修，尹所遴纂。清康熙十一年（1672）

刻本。四册。半葉九行二十一字，小字雙行同，白口，四周單邊，單魚尾。框高19.8釐米，寬14.2釐米。首有馮溥序，圖，修志姓氏，目錄，凡例。

臨朐縣，位於今山東省中部。西漢置臨朐縣，屬齊郡。南朝宋改臨朐縣爲昌國縣，屬齊郡。隋開皇六年（586）改逢山縣，大業初復名臨朐縣，屬北海郡。隋末廢。唐武德二年（619）復置，屬青州，宋因之。金屬益都府，元屬益都路，明、清屬青州府。

屠壽徵，浙江平湖人，舉人。康熙十一年任臨朐知縣。

尹所遴，臨朐縣人，貢生。

卷一星野、山川、户口丁徭、地畝錢糧、城池、公署、學校、廟祀、街巷、坊表、寺院庵堂、宮觀廟閣；卷二選舉、坊廂、市集、鄉飲耆老、耆耈、僑寓、薦舉、武舉、恩蔭、户口丁徭；卷三宦跡傳、高士、名臣、忠烈、品行、文學、狷介、物産祥異、遺事、職官傳、人物傳、列女傳；卷四記、詩、賦、銘。

凡例云："朐志創修於明嘉靖三十一年，原本寥寥，益以剥蝕殘缺，不便觀覽。嗣是傅公國修於明季，其爲闡綴家乘殊多，餘所徵實間採取焉。用輯是書，庶幾云備。"

全書頁碼裝訂顛倒、混亂，順序全無。

版印模糊，字跡漫漶。

"玄"字未避諱。

明嘉靖三十一年（1552）王家士創修《臨朐縣志》，纂者係祝文和馮惟敏等，僅存天一閣博物館，中國國家圖書館存有殘卷。崇禎年間傅國私撰邑志《昌國艅艎》十二卷，僅鈔本傳世，現存清嘉慶二十四年（1819）鈔本，藏臨朐縣地方志辦公室。清代該縣志凡三修，首爲此康熙《臨朐縣志書》四卷。次爲雍正十一年（1733）張敦仁撰《臨朐編年錄》七卷，僅鈔本傳世，藏上海圖書館。三爲光緒十年（1884）刻姚延福修，鄧嘉緝、蔣師轍纂《臨朐縣志》十六卷首一卷。

中國國家圖書館、北京大學圖書館、遼寧省圖書館等七館與臺北故宮博物院及日本東洋文庫、美國國會圖書館等有藏。

403. 清康熙刻本青州府志　T3139/5230.81

［康熙］《青州府志》二十二卷，清陶錦修，王昌學等纂。清康熙六十年（1721）刻本。八册。半葉十行二十二字，小字雙行同，白口，四周雙邊，單魚尾。框高20.4釐米，寬14.4釐米。首有康熙四十八年白潢序，康熙四十八年張連登序，康熙六十年陶錦序，舊序（萬曆十七年〔1589〕李攀龍序、康熙十二年崔俊序、萬曆

四十三年鍾羽正序、王家賓序），凡例，修志姓氏，目録。末有方正批跋。

偶有補鈔。

404. 清康熙刻本益都縣志　T3140/8142.81

〔康熙〕《益都縣志》十四卷首一卷，清陳食花修，鍾諤等纂。清康熙十一年（1672）刻印本。六册。半葉九行二十一字，小字雙行同，白口，四周單邊，單魚尾。框高 19.3 釐米，寬 14.3 釐米。首有康熙十一年陳食花序，康熙十二年孫廷銓序，孫振甲序，目録，修志姓氏，凡例，原修志年世姓名大略，圖，舊序（明劉一燝序、□□□序、明鍾羽正序、□□□序、明田仰序）。末有康熙十二年楊珽跋。

405. 清康熙刻本顏神鎮志　T3141/0832.81

〔康熙〕《顏神鎮志》五卷，清葉先登纂。清康熙九年（1670）刻本。四册。半葉九行二十字，小字雙行同，白口，四周雙邊，單魚尾。框高 18.9 釐米，寬 13.4 釐米。首有康熙五年張聯箕題詞，康熙三年張聯翼序，康熙九年趙良璧序，康熙九年趙良璧《顏神鎮志叙》，趙良璧後序，後跋。卷端題："鎮通判閩武安葉先登纂著。"

顏神鎮，益都附郭西鄙爲孝婦鄉，鄉有李顏村，以文姜顏氏女孝感靈泉，没後屢顯徵異，里人立祠祀之，故名顏神。又地出石炭土，可甄陶，就居者日衆，因改村爲鎮云。明弘治八年（1495）始於鎮建行臺，歲則青州備兵使者冬春駐紮。正德十二年（1517）始於鎮設專官分署彈壓，嘉靖三十六年（1557）兵憲兖州王公始於鎮甃築石城崇墉屹屹，而鎮遂爲東省之要區，青郡之附庸。

葉先登，字公祖，福建長泰人，順治九年（1652）進士。順治十八年任顏神鎮通判。

趙良璧，字爾方，號拙庵，山西長治人，康熙五年任顏神鎮通判。

卷一上星野、輿圖；卷一下山川、古跡；卷二上城市、關梁；卷二下風俗、物産；卷三上建置、鄉祀；卷三下災祥、兵燹；卷四上職官、升代；卷四下地方人才（徵辟、制科兩榜、鄉科、鄉貢、副榜恩貢、國子監例監、貢監、封爵、恩蔭、武科、納職、生員、醫學、堪輿、耆耉、嘉行、貞操、寓賢）；卷五下綸言、褒錫；卷五下著詠、遺文。

張聯翼序曰："順治庚子春，余解綬歸里，謀之諸薦紳先生及諸鄉耆高明有識者，皆有同志焉。因搜討見聞，以俟纂修總裁者。值閩昊庵葉公祖以別駕來治鎮……於是臚其條件質之葉公祖，公曰：'善。諸先生之志，猶吾志也；豈惟吾二三人之志，亦闔鎮千百萬人之志也；豈惟百千萬人，即上下百世，前賢可起，後學嗣典，亦猶吾志。'援筆脫草，徐謀付剞劂焉。紀其大略以備輶軒之採。"

趙良璧序曰："鎮之有志自顏神始也，顏神之有志自鄉先生張令尹、趙給諫兩君始也。顏神志之得壽梨棗，自別駕葉公祖始也。張、趙兩先生創造於前，葉公祖贊成於後，亦既炳炳燐燐，編年紀事，顯微闡幽，得春秋之遺意矣。而加以本鎮大學士總裁孫先生晉、鄉寧令尹張老父母重起而修明之。由是志得附郡邑以傳，鎮得附志以傳，此顏神鎮之作所由與郡邑相表裹者也。然則後先五先生之功顧不偉耶？夫五先生綜國史之全才，出其緒餘而志鎮。……志成而鎮重，而五先生愈重，則五先生與斯志共傳於不朽。……璧後生小子，待罪顏神，自愧不文，而得附五先生以傳，其亦有厚幸乎？又何敢復贅一詞？於是敘其作志之顛末，付之剞劂氏，以當簸揚之糠秕云。"

趙良璧《顏神鎮志敘》曰："……余讀鄉先生列敘於前，匠石尚懸工於後，九仞一簣。會萊守張堂公臨淄楊令尹問鎮志於予。余承乏其間，何敢以不敏辭，因割俸金，進匠石而問之曰：居肆成事，子其鳩工敬業堂以竣厥功，不獨成葉公祖之志，實成顏神之志矣。不獨成顏神之志，實成顏神諸鄉先生之志矣。"

紀事至康熙七年。"禎""弘"未避諱。

該志爲顏神鎮唯一之志書。

首都圖書館、北京大學圖書館、溫州市圖書館、中國國家圖書館（殘帙）與臺北故宮博物院有藏。

406. 清乾隆刻本諸城縣志　T3140/0645.83

［乾隆］《諸城縣志》四十六卷，清宮懋讓修，李文藻等纂。清乾隆二十九年（1764）刻本。八册。半葉十行二十一字，小字雙行同，黑口，四周單邊，雙魚尾。框高 20.3 釐米，寬 15.4 釐米。首有乾隆二十九年宮懋讓序，乾隆二十九年顧士安序，乾隆二十九年何樂善序，舊序（萬曆三十一年〔1603〕趙秉忠序、丁惟寧序、康熙十二年〔1673〕卞穎序、劉必顯跋），修志姓氏，目錄。

407. 明萬曆刻本安丘縣志　T3140/3070.7

［萬曆］《安丘縣志》二十八卷，明熊元修，馬文煒纂。明萬曆刻後印本。半葉九行十八字，小字雙行同，白口，左右雙邊，單魚尾，框高 20.3 釐米，寬 13.4 釐米。首有萬曆十七年（1589）劉希孟序，萬曆十七年熊元序，馬文煒敘，目錄。卷端題：

"邑人馬文煒撰。"

安丘縣，位於今山東省東部。春秋爲杞都淳于地。西漢於淳於西南置安丘縣，屬北海部。北齊省安丘縣入昌安縣，置琅琊縣。隨開皇十六年（596）分昌安縣置牟山縣，大業二年（606）改牟山縣爲安丘縣，改琅琊縣爲郚城縣。唐武德六年（623）安丘縣徙今治，省郚城、昌安二縣入之。乾元二年（759）改爲輔唐縣，屬密州。五代後梁開平二年（908）復爲安丘縣。五代後唐復稱輔唐，後晉改爲膠西縣。北宋開寶四年（971）復名安丘縣。金、元因之，屬密州。明、清屬青州府。

熊元，字子貞，別號心吾，河南光州人，萬曆十一年進士。萬曆十二年任安丘知縣。

馬文煒（1533—1603），字仲韜，号定宇，安丘人。嘉靖四十一年（1562）進士。官至江西巡撫。

卷一總紀；卷二星野考；卷三山川考；卷四古跡考；卷五建置考；卷六典禮考；卷七雅樂考；卷八賦役考；卷九風俗考；卷十方產考；卷十一藝文考；卷十二歷代地理沿革表；卷十三歷代封建表；卷十四歷代秩官表；卷十五歷代貢舉表；卷十六明興以來貤封表；卷十七宦跡傳；卷十八儒林傳；卷十九事功傳；卷二十文苑傳；卷二十一武胄傳；卷二十二高士傳；卷二十三篤行傳；卷二十四孝義傳；卷二十五僑寓傳；卷二十六列女傳；卷二十七雜見傳；卷二十八俶德傳。

熊元序曰："萬曆甲申元奉命令渠丘，渠丘……則以文獻不足而邑乘久寥寥也。杞宋無徵，孔子所爲太息，而渠丘志典可終闕乎？時銓部劉公請告在里，謀所以舉之，未及脫稿而促裝赴部。無何，大司馬辛公暨大中丞馬公、韓公相繼抵舍，復就而謀焉，三公相與參畫而屬筆於馬公。馬公海內文豪，而嗣君應龍、從龍者又皆淹貫百家，有良史才，於是具禮懇之，公乃經始於戊子十月，越明年三月而志告成。維是總之以紀而綱維具，析之以考而物理周，終之以表傳而疆域明、爵秩分、人品辨，詳而不泛，約而不遺，核而可據，昭哉可以垂龜鑒而備稽考矣。"

康熙元年（1662）任周鼎修、王訓纂《續安丘縣志》二十六卷。道光二十二年（1842）馬世珍纂修、張柏恒增訂《安丘新志》二十八卷，未刊行，僅鈔稿本流傳。

《四庫全書總目》卷七十四《史部·地理類存目三》稱其"體例頗爲謹嚴……總記二篇猶多泛濫……蓋雖稍廓清地志之惡習，而猶未能免俗云"。

《中國古籍善本書目》著錄，國家圖書館、中國科學院文獻情報中心、上海圖書館等與"中央研究院"歷史語言研究所傅斯年圖書館及日本國會圖書館藏，東洋文庫藏康熙十五年據萬曆十七年本重刊本。

408. 清康熙刻本續安丘縣志　　T3140/3070.80

　　[康熙]《續安丘縣志》二十五卷，清任周鼎修，王訓纂。清康熙三年（1664）刻本。四册。半葉九行十八字，小字雙行同，白口，左右雙邊，單魚尾。框高 19.8 釐米，寬 13.8 釐米。首有康熙二年劉祚遠序，康熙元年曹申吉序，康熙元年王訓序，目録，凡例，逯恭序。卷端題："邑人王訓撰。"

　　任周鼎，字玉鉉，陝西涇州（今甘肅涇川）人，拔貢。順治十五年（1658）任安丘知縣。

　　王訓，字敷彝，安丘縣人，順治四年進士。原山西萬泉縣知縣。

　　卷一總紀；卷二星野考；卷三山川考；卷四古跡考；卷五建置考；卷六典禮考；卷七雅樂考；卷八賦役考；卷九風俗考；卷十方產考；卷十一藝文考；卷十二秩官表；卷十三貢舉表；卷十四貤封表；卷十五恩蔭表；卷十六宦跡傳；卷十七儒林傳；卷十八事功傳；卷十九文苑傳；卷二十武冑傳；卷二十一高士傳；卷二十二篤行傳；卷二十三孝義傳；卷二十四僑寓傳；卷二十五列女傳。

　　劉祚遠序曰："吾邑渠丘建置沿革其來也久，然而邑之有志也，則自中丞馬公始也。前此豈無足志？無其人則不傳。後此又數十年餘，聲銷響寂，亟需其人，爲何如哉？吾敷彝王子與余垂髫作几研友，讀書懷古，不屑屑以驛梏爲事……洎戊戌余謬典選事，邑缺令。會關中任公佐州有能聲，循資陟正尹，簽得吾邑。……公比駁臨吾邑，邑百廢待興，首留意於邑乘，作書遺余燕邸，謂渠丘古名勝區一縣，志越數十年不復講，此則司牧者之責也。……因寄書屬之俾造請焉。王子始得肆力搜討，徵故典，考逸聞，不厭其詳，而分條析理，各出論斷，儼然成一家言焉。余觀之，見其凡例一本前人，示不敢創也；編年直接舊志，示作志不自今日始也；畢智殫慮，一抑一揚，王子亦實有竊取之微意焉。獨是俿德一傳闕焉不續，豈其數十年間無有如窮奇檮杌，足垂鑒戒者耶？善善長而惡惡短，王子其猶有懼心乎？！志成矣，將付剞劂矣。向非任公，孰與首事？向非王子，孰與操觚？邑即有可傳，亦竟付之閑云野水而已。"

　　王訓序曰："今尹任公之蒞渠也，……乃以邑乘自前己丑創修，歷年七十餘未之續也，典章故實久且磨滅，與中丞劉公、廷尉曹公共議纂補，而屬筆於余。……維時邑侯任公周鼎倡興續議，裁正大綱者也；都御史劉公祚遠、大理卿曹公申吉參互考訂，相與有成者也；前開封通判馬公夔龍、潞城知縣李公孟雨多復邑事，備諮詢者也；儒士逯恭曉暢六書，登簡者也，宜並列名以志共事之雅云。"

　　選舉紀事至康熙三年，"玄"字未避諱。

明萬曆十七年（1589）熊元、馬文煒創修《安丘縣志》二十八卷。清代縣志凡四修，首即此康熙元年任周鼎修、王元纂二十五卷本，次爲康熙四十五年張貞纂《杞紀》二十二卷，康熙五十五年刻本，三係道光二十年（1840）馬世珍纂修《安邱新志乘韋》不分卷，有稿本傳世，四爲馬世珍纂修、張柏恒增訂安丘新志二十八卷，有稿本和民國九年（1920）石印本。

中國國家圖書館、北京大學圖書館、上海圖書館等十九館與臺北故宮博物院、日本東洋文庫、美國國會圖書館等有藏。《中國地方志聯合目録》等著録爲康熙元年刻本，"目録爲二十五卷，實爲二十八卷。上列藏書單位所藏間有康熙十一年、十五年、二十一年補刻本。"此哈佛燕京圖書館本目録與正文均爲二十五卷，且無康熙十一年、十五年、二十一年增補内容，顯係康熙初年原刻，猶顯珍貴。

409. 清康熙刻本杞紀　T3140/4121.81

《杞紀》二十二卷，清張貞纂。清康熙五十五年（1716）刻本。六冊。半葉十行十九字，小字雙行同，黑口，左右雙邊，單魚尾。框高 16.5 釐米，寬 12.9 釐米。首有扉頁，張杞園先生小像，杞園老人自題，康熙四十七年張實居序，康熙四十九年王士禛題辭，康熙四十五年張貞序，目録，略例，摭取諸書。末有康熙五十五年韓文靖後序。

安丘縣，相傳爲春秋時杞國之地。

張貞，字起元，安丘縣人，康熙十一年拔貢，後徵博學鴻詞科。

卷一圖考；卷二星土；卷三輿地；卷四山川；卷五繫年；卷六沿革；卷七封建；卷八年表；卷九世次；卷十原古；卷十一分國；卷十二系家；卷十三苗裔；卷十四至十五春秋經傳；卷十六至十七經傳別解；卷十八人物；卷十九遺書；卷二十至二十一藝林；卷二十二雜綴。

張貞序曰："吾族世居濰河東岸，莊號高柯，寔在杞子故國邦域之中也。宗社久墟，殿屋井邑胥化村落。天啓癸亥，先府君買得一區爲饘粥業，居城中央，地頗爽塏，余老厭闤闠，移家其間。鄰曲時至，詢舊聞，訪陳跡，每茫然無所應。……余也故凡涉獵史傳，見其有關於杞者，悉掌記之。旬儲月積，紙墨遂多，收置篋衍，漫不省録，忽忽十年。丙戌長夏，邨居豐暇，偶有所觸，因憶前事，從煙煤蟲篆中撿出，付兒子在辛次第之，釐爲二十二卷，綜其條目，曰圖考……統名之曰《杞紀》。"

張實居序曰："士君子居是邦而不知其地之沿革興廢，與夫地之山川人物，可乎？此張杞園先生《杞紀》之所由作也。自武王克殷，反商下車……及晉文更霸，復托命於晉國，凡玉帛兵車之命未嘗不與；且在齊邦域之中，與臨淄、即墨相密邇，雖彈丸一邑，有泱泱大國之風，春秋以來寔多掌故，尤不可不紀也。紀猶志也，乃國史之餘，所以補陳詩之缺略實多，豈風雲月露、遊戲翰墨者比哉？三代而下如《三輔黃圖》《決録》《華陽國志》《太平寰宇記》諸書，皆可鼓吹經史，爲作者之章程。近世所聞見惟康對山之武功志猶有漢唐之遺，其他若王渼陂志鄠，呂涇野志高陵……尚可與對山頡頏，然率皆秦地，其人亦皆秦人。而齊魯諸志無聞焉。因思吾鄉士大夫中惟先生識見高明，胸藏萬卷，有古良史才，安能舉通省之志，使之秉筆，以爲海岱光乎？戊子秋八月，《杞紀》成，先生親攜相過，問序於余。余受而卒業，凡上下三千餘年，摭取四百餘家，借他人之筆以寫胸臆之奇。文簡事覈，訓詞爾雅，雖不事論斷，而氣運之升沉，吾道之隆污，讀之儼然在行墨間，述也而寔作，真如麻姑擲米，粒粒皆成丹砂，又如集吉光羽爲裘，通體是寶，實非化工手不能辦。”

“玄”字避諱，“弘”“曆”二字不避諱。

鈐印：“固始張氏鑑藏金石圖書之印”“海上精舍藏本”。

中國國家圖書館、上海圖書館、北京大學圖書館等十二館、“中央研究院”歷史語言研究所傅斯年圖書館、臺北故宮博物院及美國國會圖書館有藏。

410. 清乾隆刻本高密縣志　　T3140/0237.83

〔乾隆〕《高密縣志》十卷首一卷末一卷，清張乃史、錢廷熊纂修。清乾隆十九年（1754）刻本。四册。半葉九行二十一字，小字雙行同，白口，左右單邊，單魚尾。框高 19.6 釐米，寬 14.4 釐米。首有目録，前志舊序（萬曆三十三年〔1605〕唐允中序、萬曆三十三年董希清跋、萬曆三十三年林華魯跋、康熙四十九年〔1710〕張浩序、康熙四十九年張廷傅跋、乾隆十八年張乃史序），乾隆十九年錢廷熊序。末卷有志餘補，舊志纂修姓氏，前明舊志纂修執事姓氏，《書重修高密志後》。

錢廷熊、張乃史相繼爲高密知縣，故爲纂修者，《中國地方志聯合目録》等均著録爲“張乃史修，錢廷熊纂”，欠妥。職官紀事至乾隆十八年。

411. 清乾隆刻本昌邑縣志　　T3140/6661.83

〔乾隆〕《昌邑縣志》八卷，清周來邰纂修。清乾隆七年（1742）刻本。四册。半葉九行二十字，小字雙行同，白口，四周雙邊，單魚尾。框高 18.2 釐米，寬 14.3 釐米。首有乾隆七年高沆序，乾隆七年周來邰序，凡例，修志姓氏，原序（萬曆六年〔1578〕葛縉序、順治十八年〔1661〕黨丕禄序、順治十八年于沛霖序、李肇林序），訂誤，圖考，目録。卷端題：“知昌邑縣事周來邰浴齋氏輯。”

412. 清康熙刻本濟寧州志　T3140/3232.81

〔康熙〕《濟寧州志》十卷，清廖有恒修，楊通睿等纂。清康熙十二年（1673）刻增補刊本。十册。半葉九行二十一字，小字雙行同，白口，四周雙邊，單魚尾。框高 21.8 釐米，寬 13.8 釐米。首有目録，修志奉行文移，修志姓氏，凡例，舊序（明萬曆王國楨序、楊洵序），圖。卷端題：“濟寧州知州廖有恒纂輯。”

濟寧州，位於山東省西南部。西漢置任城縣，西漢析東平國置任城國，三國魏、晉因之。五代後周析兗州、鄆州置濟州，治巨野。元至元八年（1271）升州爲濟寧府，十六年改爲路。明洪武元年（1368）改路爲府，十八年又降爲濟寧州，屬兗州府。清雍正二年（1724）升爲直隸州，八年降爲散州，仍屬兗州府，乾隆四十一年復爲直隸州。

廖有恒，字柴坡，四川射洪人，順治十一年舉人。康熙九年任濟寧知州。

楊通睿，字聖喻，濟寧州人，監生。

卷一疆輿志（建置沿革、星野、境至、城池、形勝、山川、公署、舖舍、橋梁、閘座）；卷二疆輿志（壇墠〔演武場附〕、祠廟、樓閣、街巷、市集、鎮店、邨莊、土産、風俗、四時俗尚、災祥、古跡、陵墓、園亭）；卷三田賦志（户口、田畝額徵、賦役舊款、見行賦役）；卷四秩官志（河道部院題名、濟寧道題名、工部分司題名、運河分府題名、濟寧州知州題名、學職、名宦、王侯勳號、營制、衛屯）；卷五學校志（文廟、堂齋、祭器、書籍、學田、社學、賢跡、科貢、貤封、恩蔭）；卷六人物志（仕業）；卷七人物志（忠節、孝子、義士、貞烈、文苑、篤誼、隱逸、流寓、耆德、仙釋、方技、雜紀）；卷八至十藝文志。

凡例云：“州志創自弘治辛亥，至萬曆己酉兵憲王公病其簡略，乃增修之。然己酉所修亦未能詳覈而不簡略也，如宋元以前因革制度、禮樂兵食茫無考據，即人物亦晨星寥寥。辛亥之書蕪滅已久，六十年來嘆己酉之簡略者不啻其歎辛亥也。康熙壬子奉旨續修，屬迫歲暮，未遑授簡。念惟前書徵同杞宋，義遠董南，何容膠柱。兹役起癸丑初夏，越狖賓之望，未五旬而竣事。綜以六綱，釐爲十卷，存舊者十之五，而有損益增新者亦十之五，而加研核，其視前書較有補罅救紕之苦心，而文獻殘缺者終不敢不闕文相仍，烏在其能免於簡略也。”

選舉紀事至康熙十八年。“玄”字有避有不避諱，“弘”“曆”字未避諱。

《中國地方志聯合目録》《中國地方志總目提要》未著録康熙十二年之後的增補刊本情況。

中國國家圖書館、北京大學圖書館、南京圖書館、中國科學院文獻情報中心、中國文化遺産研究院、中共中央黨校圖書館與日本內閣文庫等有藏。

413. 清乾隆刻本濟寧直隸州志　T3139/3232.83

　　[乾隆]《濟寧直隸州志》三十四卷首一卷,清胡德琳、藍應桂修,周永年、盛百二纂。清乾隆四十三年(1778)刻,五十年王道亨、盛百二增刻本。二十册。半葉十行二十一字,小字雙行同,白口,左右雙邊,單魚尾。框高19釐米,寬14.5釐米。首有扉頁,乾隆五十年王道亨序,乾隆四十三年藍應桂序,乾隆三十五年胡德琳序,舊序(莫驄序、王國楨序、楊洵序),乾隆五十年修志姓氏,乾隆四十三年修纂姓氏,明萬曆三十七年(1609)修志姓氏,圖,目錄,凡例。扉頁題:"乾隆五十年歲次乙巳重修。濟寧直隸州志。共計板一千一百九十頁藏尊經閣吏房監收。"

　　胡德琳,字書巢,號碧腴。臨桂人,乾隆十七年進士。乾隆三十四年任濟寧知州。

　　藍應桂,字芷林,號薌墅,乾隆三年舉人。三十八年任濟寧知州。

　　王道亨,字應亭,吳縣人,乾隆十五年副榜。乾隆四十三年任濟寧知州。

　　卷首聖製;卷一紀年;卷二輿地(沿革、分野、形勝、境至、街衢、里社、風俗、物產);卷三至六輿地(山阜、川澤、泉源〔橋社附〕、丁口、地畝、賦役);卷七至十(城池、官署、倉廒、學校、義學〔書院文社附〕、兵防、驛遞、馬政站地附、壇廟);卷十一至十七古跡(故址、宅里、名勝、亭館、寺觀、陵墓、碑考);卷十八封建、題名;卷十九職官;卷二十選舉;卷二十一至二十二宦跡;卷二十三至二十八人物;卷二十九至三十列女;卷三十一至三十三藝文拾遺;卷三十四雜綴。

　　凡例云:"濟志明弘治中莫驄修者已不傳,閱《明史·藝文志》知爲十三卷,歷年既久,其事宜增。乃萬曆志僅八卷,康熙癸丑之志僅十卷,今增爲三十四卷,仍苦見聞未廣,掛漏之譏正亦不免,姑以俟之君子。""蒐羅採訪大是不易,難以刻期。如碑考剞劂已完,而范氏碑始出土,或遠方郵寄稽遲,或檢閱未周,至後始得者皆別爲補遺,在本卷之後。""三邑之志未爲詳確,又採訪乏人,幸有遂寧張文端公、山陰金公之兗州舊志,及覺羅普公之新志足資採取……亦爲刪正一二焉。"

　　藍應桂序曰:"濟志自明以前莫考,弘治時有莫水部所撰十三卷,至萬曆中王公國楨重修,似未嘗知有莫志者,宜其簡陋矣。國朝康熙癸丑重修之本較王志實勝,然於民生利病及賦役、水利、兵農數大端未嘗著意……曩桂林胡公涖州之始,慨然以筆削爲己任,延名宿,徵書籍,擇採訪,會集資斧,開館於庚寅之夏,草稿初成遂擢東昌守。又三年,余自歷城遷此,意欲續胡公未竟之志,案牘勞勞,未暇及之。往者翠華東幸,升州直隸於省,領縣三。□禮部徵取志乘,其勢自不能已。於是彙集紳士,移檄三邑,重爲開局。昔胡公首事時,聘請致仕山東廉使仁和晚芝沈公爲之總裁，舊淄川令秀水柚堂盛君、今四庫館纂修內翰歷下林汲周君爲之副。至是盛君適主任城講席，一時紳士咸翕然以爲茲事非山長莫屬，君亦不能辭。經始於去歲之秋，迄於今春杪，採訪徵引者比舊稿增三之一，而三邑之事以類附焉，凡爲卷三十有四。惟時方重修學校，土木之工三年而成，即繼以志乘，不敢以弩末辭。梓既成，敍其本末以質之紳士，當亦鑒余之苦心也。"

王道亨序曰："余於戊戌之歲蒙恩遷濟州。先是，升州直隸於省，割兗州府之汶上、嘉祥、魚臺屬焉，前刺史定海藍公因重刊州志，以三邑附入之。剞劂甫畢，而余至矣。越明年，復以汶上還兗州而割金鄉來屬，於是封圻之域轉瞬已成陳跡，且職官遷移、人文科第月異而歲不同，則改修又烏能已夫？……是志權輿於桂林胡公，旋以遷去未付梓，又十年藍公始成之。余自慚固陋，於兩公無能爲役，然培山陵者易爲高，浚江河者易爲深，又竊以自幸也。余自任事以來，洪河再決，泛濫州境……自丙子歲以水患徙，洎不及三十年又阨於水，復有議再徙者，由此推之，則以後之沿革又烏能預料乎？是所望於後之載筆者。"

職官紀事至乾隆五十年。

明代修濟寧志已佚。現存最早爲康熙十二年（1673）刻廖有恒修《濟寧州志》十卷，次即此乾隆四十三年刻五十年增刻本，三係道光二十一年（1841）刻徐宗幹修十卷首一卷末一卷本（另有咸豐九年盧朝安刻本），四爲咸豐九年（1859）盧朝安纂修《濟寧直隸州續志》四卷。

中國國家圖書館、首都圖書館、中國科學院文獻情報中心、中國文化遺產研究院、北京大學圖書館、上海圖書館等十九館與"中央研究院"歷史語言研究所傅斯年圖書館及日本國會圖書館、東洋文庫、內閣文庫、京都大學人文科學研究所、美國國會圖書館、英國國家圖書館等有藏。

414. 清乾隆刻本魚臺縣志　　T3140/2341.83

［乾隆］《魚臺縣志》十三卷首一卷末一卷，清馮振鴻等纂修。清乾隆刻本。四冊。半葉十行二十一字，小字雙行同，白口，四周雙邊，單魚尾。框高 19 釐米，寬 13.6 釐米。首有扉頁，乾隆三十年（1765）覺羅普爾泰序，乾隆二十九年馮振鴻序，兗州府魚臺縣詳文，圖考，凡例，修志職名，目錄。末有劉可瑞跋。扉頁題："乾隆二十九年新修。魚臺縣志。本衙藏板。"

魚臺縣，位於今山東省西南部。春秋屬魯國，戰國爲宋方與邑地。秦置方與縣，屬薛郡，兩漢、三國魏屬山陽郡，晉屬高平國，南朝宋、北魏屬高平郡，北齊廢。隋開皇十六年（596）復置方與縣，屬彭城郡。唐寶應元年（762）更名魚臺縣，元屬兗州，宋、金屬單州，元屬濟寧路濟州。明屬兗州府，清初因之。清乾隆四十一年後屬濟寧直隸州。

馮振鴻，山西代州（今代縣）人，監生。乾隆二十二年任魚臺知縣。

卷首皇恩；卷一興地（疆界、沿革、形勝、風俗、物產、市集）；卷二山水（漕渠）；卷三災祥（星野）；卷四建置；卷五舊跡；卷六賦役；卷七學校；卷八祀典；卷九職官（宦績、封爵）；卷十選舉（鄉飲、封贈）；卷十一人物；卷十二列女；卷十三藝文；卷末雜志（紀事、叢說、辯訛、補遺）。

馮振鴻序曰："乾隆丁丑鴻奉命承乏茲邑。……比事竣，亟取舊志披閱之。則自康熙間前令馬君所撰次，歷今且七十餘年，書缺有間矣。……爰捐俸倡修，亟請於各憲，俱蒙允可，乃進二三紳士而共議之，大略本以舊志而芟其重復，汰其繁蕪，補其缺遺，增其未備，事核而真，言簡而樸，浹歲始脫稿焉。"

凡例云："舊志修於順治九年者，全集已不可見。續修於康熙三十年，迄今已逾七紀，其間吏治民風漫無紀述，加以水患頻仍，案牘飄蕩，茲特博訪耆舊，旁證碑版，續成一編。其舊志內舛錯者，考據通志、府志以及經傳子史，諒加訂正。至於皇恩履頒，爲國鉅典，舊志載災異之後。今爲標出，冠諸簡端，而採其事之關於境內者附焉。"

修志職名載："刻工江蘇吳縣張聖安。"

紀事至乾隆二十九年，卷末補遺至乾隆三十年。"弘""曆"二字避諱。

現存最早魚臺縣志爲清康熙馬得禎纂修十八卷本，康熙三十年（1691）刻本。次即此乾隆志。三爲趙英祚纂修光緒志四卷首一卷末一卷，有光緒十五年（1889）刻本和民國二十五年（1936）鉛印本。

中國國家圖書館、中國科學院文獻情報中心、故宮博物院圖書館、北京大學圖書館、上海圖書館等十六館與"中央研究院"歷史語言研究所傅斯年圖書館及日本東洋文庫、京都大學人文科學研究所、美國國會圖書館等有藏。

415. 清乾隆刻本金鄉縣志　T3140/8122.83

［乾隆］《金鄉縣志》二十卷，清王天秀修，孫巽纂。清乾隆三十三年（1768）刻本。八冊。半葉十行二十一字，小字雙行同，白口，四周雙邊，單魚尾。框高19.6釐米，寬15.0釐米。首有乾隆三十三年王天秀序，乾隆三十三年孫巽序，舊序（明郭東藩序、明胡汝桂序、清傅廷俊序、清沈淵序），《金鄉縣重修縣志奉行札諭》，圖，修志姓氏，《金鄉縣重修縣志條例》，目錄。

金鄉縣，位於今山東省西南部。春秋、戰國爲宋緡邑，秦置東緡縣，屬碭郡。

西漢屬山陽郡。東漢於縣北別置金鄉縣，屬山陽郡。西晉廢東緡縣，北魏徙金鄉縣治於原東緡縣城，即今縣治，屬高平郡，隋屬濟陰郡，唐屬兗州。宋、金屬濟州。元屬濟寧路。明屬兗州府。清屬濟寧州。

王天秀，字旭升，山西定襄人，貢生。乾隆三十一年任金鄉知縣。

孫巽，金鄉縣人，乾隆二十四年舉人。

卷一星野；卷二疆域；卷三山川；卷四災祥；卷五建置；卷六古跡；卷七風俗；卷八方社；卷九賦役；卷十學校；卷十一典禮；卷十二秩祀；卷十三兵防；卷十四封爵；卷十五官職；卷十六選舉；卷十七宦績；卷十八人物；卷十九列女；卷二十藝文。

王天秀序曰："竊考是邑之志，肇自前朝萬曆七年邑宰楊君楫，洎國朝定鼎以來康熙十二年間傅君廷俊重修之，越五十一年沈君淵重修之，距今蓋五十餘載矣，天道變，人事更，其間待增補者蓋亦指不勝屈矣。余爲掩卷者久之，因謀之是邑縉紳先生，而與孝廉孫君斟酌參稽，尋源於古以求其端，證實於今以儘其變，務期一一歸於至當，俾無溢美無支辭而後已。孫君力爲主持，不少假借。蓋規例多仿舊籍，而略寓變通，惟於前之漏者補定之，後之逸者增入之，使紛者理焉，蔓者薙焉，舛訛者釐焉，庶幾令展卷者瞭若指掌，燦若列眉，後有作者默以俟之而已。……若茲志之修，其諸信以傳信者與。余甫承乏二載，政化未行，無以爲志乘光，竊自愧也。聊以述夫作志之本旨與修志之顛末，其他已見於志中者不復具論，是爲序。"

孫巽序曰："邑乘造始於前明萬曆七年楊侯，繼修者國朝康熙十二年傅侯，迄今五十一年，山陰沈侯謂傅志太簡，復從楊志增補，則楊志原書必有可觀者，惜版籍磨滅，不可復覯矣。戊子春仲邑侯晉昌王君謀重訂邑志，集紳士而宴之，僉委其事於余，余固辭不獲。……爰不揣固陋，覆取廿一史、《通考》《通志》等書，旁參諸鄰封舊志，以考據於古，更搜羅舊族譜牒、志傳碑銘，與父老之傳誦、府史之收掌，及著作之行世與家藏者，以取徵於今。凡八閱月而觀成。自星野、疆域，訖人物、藝文，共二十卷，分爲四冊，重新釐定。其條目注於凡例，而其大旨則缺者補之，訛者正之，後起者謹續之。竭一己識力之所至，以期無負乎我侯專任之雅意。"

選舉紀事至乾隆三十三年。"玄""弘""曆"字避諱。

鈐印："松阿書畫""大梁常氏怡古堂珍藏"。

現存最早該縣志爲康熙十二年刻傅廷俊纂修金鄉縣志七卷，次爲康熙五十一年刻沈淵修，孫中翹纂十六卷首一卷本，三即此乾隆三十三年刻本及其乾隆四十六年增補刻本，四爲同治元年（1862）刻李壘纂修［咸豐］《金鄉縣志略》十二卷首一卷。

中國科學院文獻情報中心、天津圖書館、遼寧省圖書館等十一館與臺北故宮博物院及美國國會圖書館等有藏。

416. 清乾隆刻本嘉祥縣志　　T3140/4635.83

[乾隆]《嘉祥縣志》四卷首一卷，清倭什布纂修。清乾隆四十三年（1778）刻本。四册。半葉十行二十一字，小字雙行同，白口，左右雙邊，單魚尾。框高 19.1 釐米，寬 14.9 釐米。首有乾隆四十三年倭什布序，舊序（龔仲敏序、張太昇序、董方大序），目録，凡例。

嘉祥縣，位於今山東省西南部。金皇統七年（1147）析任城、巨野之地置嘉祥縣，大定十五年（1175）徙今治。元初屬山東東西道濟寧總管府，至元三年（1266）屬濟寧州，後屬單州，隸濟寧路。明洪武四年（1371）屬濟寧府，後濟寧降爲州。清雍正二年（1724）屬濟寧直隸州，八年轉屬曹州府濟寧州，十三年仍歸兗州府濟寧州。乾隆四十一年屬濟寧州。

倭什布，滿洲正紅旗人，官學生，乾隆四十二年任嘉祥知縣。

卷首恩綸、圖考、重修邑志銜名；卷一方輿志（星野、疆域、形勢、山川、井泉、池硐、橋梁、古跡、墳墓、寺觀），建置志（城池、公署、縣治、學校、書院、倉場、舖舍、坊牌），食貨志（里甲、户口、田賦、祭田、學田、風俗、土産、鹾政），祀典志（先賢祠、神廟、壇壝）；卷二職官志（職官、世職〔附恩蔭〕），選舉志（科目〔附辟舉仕籍〕、貤封、鄉賓）；卷三人物志（儒林、人物、名宦、孝義、列女、仙釋）；卷四藝文志。

倭什布序曰："嘉祥自金皇統初置縣，地以獲麟，名因斯取。疆域不廣，城復屢遷，文獻多所闕略。至明萬曆間，邑令龔仲敏採録舊志，潤色編纂而後成書。洎我朝順治壬辰，張令太昇率邑人董方大重加修葺，迄今百數十載，字跡寖以磨滅，幾不可讀。其或人擬一傳，家鋟一版，漫爲竄入，無異續貂，非善本也。丁酉夏杪，予祗承簡命令兹土，會與汶上、魚臺改隸濟寧州屬，而飭修邑志之檄適至……爰於簿書之暇，偕二三髦士諮切利病，揚榷古今，蒐録遺文，署局編纂，閱數月而成帙，遂付之梓。於中體例悉本先軌所論列者，政教、典故、人物、列女，芟其蕪而撮其要，訂其闕而正其訛，間亦參之己意，副以論斷，要以質疑於邑之人士以俟起，予非敢自是畸見，妄有低昂。"

職官紀事至乾隆四十二年。"弘""曆"二字避諱。

鈐印："萬緑軒王藏書""瑪庵""臣泰峕印""王氏藏書同光間修鄆慈兩志曾經借出"。

現存最早嘉祥縣志爲順治九年（1652）刻《嘉祥縣志》六卷，係張太昇、董方大在明萬曆龔仲敏纂修本的基礎上續纂修的。次即此乾隆四十三年刻四卷本。三爲光緒三十四年（1908）刻章文華、言擢午纂修四卷首一卷本。

中國科學院文獻情報中心、故宮博物院圖書館、北京大學圖書館、山東省博物館、中國科學院南京地理與湖泊研究所圖書館與臺北故宮博物院及日本國會圖書館、美國國會圖書館有藏。

417. 明萬曆刻康熙補刊本汶上縣志、續修汶上縣志　T3140/3421.7

［萬曆］《汶上縣志》八卷，明栗可仕修，王命新纂，明萬曆三十六年（1608）刻，清康熙五十六年（1717）補刊本。《續修汶上縣志》六卷，清聞元炅纂修，清康熙五十六年刻本。四冊（各二冊）。半葉十行二十字，白口，四周單邊，單魚尾。框高 21.3 釐米，寬 15.0 釐米。《汶上縣志》首有明萬曆三十六年檀芳邃序，目錄，編次總例，圖。末有明萬曆三十六年栗可仕後序，清康熙五十六年聞元炅後序。卷端題：“知縣任丘栗可仕創修。”《續修汶上縣志》首有康熙五十六年金一鳳序，康熙五十六年聞元炅序，目錄，凡例。卷端題：“西泠聞元炅續編。”

418. 清康熙刻本泗水縣志　T3140/3613.81

［康熙］《泗水縣志》十二卷，清劉桓等纂修。清康熙元年（1662）刻，三十八年增刻本。二冊。半葉十行二十字，小字雙行同，白口，四周雙邊，單魚尾。框高 20.7，寬 14.9 釐。首有明萬曆二十四年（1596）尤應魯序，清順治十八年（1661）劉桓序，康熙元年盧應龍序，修志氏名，續志氏名，目錄，圖考。末有明萬曆二十五年陳盡忠後序。

泗水縣，位於今山東省中南部，泗河上游。春秋爲魯虛圲邑，西漢於縣東置卞縣，屬魯國。三國魏屬魯郡，西晉改魯郡爲魯國。北魏廢卞縣。隋開皇十六年（596）於今泗水鎮始置泗水縣，領原卞縣地，屬兗州，後屬魯郡。唐、宋、金屬兗州。元屬濟寧府。明清屬兗州府。

劉桓，北直隸清苑人，清順治十五年（1658）進士。

卷一方輿志（沿革、星野、疆域、形勝、山川、陵墓、古跡、風俗）；卷二建置志（城池、公署、行署、屬署、倉廒、祠祀、寺觀、社集、舖舍、橋梁、坊牌、亭榭）；卷三食貨志（戶口、田地、賦役、土產、祭田、學田）；卷四職官志（縣令、縣丞、主簿、典史、教諭、訓導、陰陽醫學、僧道會司、名宦）；卷五選舉志（甲科、鄉科、歲貢、例貢、雜流、武胄、貤封）；卷六人物志（先賢、宦跡、孝子、節婦、義行、隱逸）；卷七藝文志（綸音）、卷八藝文志（碑記）、卷九藝文志（序著）、卷十藝文志（詩歌）；卷十一災祥志（災祥）；卷十二牧政志（牧政）。

劉桓序曰：“不佞簽仕茲土，即搜縣志一書，久之未獲。移時廣文杜君購自闕里，始得一覽。……維時紳衿先生謁予而言曰：‘泗邑雖縣非其縣，而盛衰之故不可以無紀。’予唯是纂其舊傳，訪之故老，其間山川風土之宜已無庸再贅。自尤公丙申後，迄今六十餘年內之天時、人物、戶口、地畝各依彙序之，第求焉未詳，不無缺略之憾，惟就士夫之聞見者而筆之，以志一時之盛。仍就官盧先生而刊之，以求後世之傳聞，俾後之有志於斯者不至於淹沒無稽云爾。”

盧應龍序曰：“廼先是涖吾泗者有邑宰尤公，多方綏撫，既撰次之於前，繼劉公踵事增華，復□綴之於後。辛壬之亂，鞠訩洊臻，城陷屠殺，幾靡孑遺，尚安望文獻典冊之一線猶留者乎？幸而祖龍息焰，復壁肇靈，購自闕里珍笥一編，久欲付諸梓人而未遂厥願。適庚子承乏閩之潭陽，正儒賢過化之地，所云海濱鄒魯者非邪。甫下車，即首謁考亭祠，備知宋乾道間朱子著《綱目》，書成，刻於書林之同文院，以流播古今，予竊有欣慕焉。乃以商於校文熊、黃兩君，而慨命劂工以襄其事。夫亦視諸往古，如漢成時劉向略言地分，丞相張禹使屬潁川朱贛條其風俗而宣究之，是則予之志有在也夫。”

職官紀事至康熙三十八年。版印模糊，字跡漫漶。“弘”“曆”二字未避諱。

書衣鈐印：“泗水縣印。”（滿漢文）

現存最早的泗水縣志，是明萬曆年間尤應魯修，喬允修纂十二卷本，有明萬曆二十四年刻本，北京大學圖書館等館藏。其次即此康熙志十二卷。三是趙英祚修、黃承鑣纂〔光緒〕《泗水縣志》十五卷首一卷，有光緒十八年（1892）刻本，又有光緒二十八年石印本《泗水鄉土志》。

《中國古籍善本書目》著錄“泗水縣志十二卷，明尤應魯纂修，清劉桓續纂修，明萬曆刻清康熙增修本，北京大學圖書館和南京師範大學圖書館藏”。中國國家圖書館、北京大學圖書館、上海圖書館等二十一館與“中央研究院”歷史語言研究所傅斯年圖書館及美國國會圖書館等有藏。

419. 清乾隆刻本曲阜縣志　T3140/5624.83

〔乾隆〕《曲阜縣志》一百卷，清潘相等纂修。清乾隆三十九年（1774）刻本。十二冊。半葉十一行二十三字，小字雙行同，白口，左右雙邊，單魚尾。框高 19.9 釐米，寬 15.1 釐米。首有扉頁，乾隆三十九年潘相序，乾隆三十九年李中簡序，目錄。扉頁題：“乾隆甲午新修。曲阜縣志。聖化堂藏板。”

鈐印：“悅古齊印”“王士德印”。

420. 清乾隆刻本兗州府志　T3139/0130.83

〔乾隆〕《兗州府志》三十二卷首二卷，清覺羅普爾泰、王鶚修，陳顧灝等纂。清乾隆三十五年（1770）刻本。十六冊。半葉十行二十一字，小字雙行同，白口，四周雙邊，單魚尾。框高 20.2 釐米，寬 14.8 釐米。首有纂修姓氏，目錄，圖考。

兗州府，西漢元封五年（前 106 年）置兗州，約相當於今山東省西南部。東漢治昌邑縣，南朝宋治瑕丘城，隋開皇十三年（593）復置瑕丘縣，北宋大觀四年（1110）改爲瑕縣，均爲兗州治。明洪武十八年（1385）升州爲府，治滋陽縣，清因之。

覺羅普爾泰，正紅旗滿洲人，舉人。乾隆二十九年任兗州府知府。

王鶚，江蘇崑山人，監生。乾隆三十三年任兗州府知府，接修府志。

陳顧灝，曾任戶科給事中。

卷首列聖詔旨、清典禮、御製詩文、祭告祝文；卷一沿革；卷二星野；卷三山川；卷四建置；卷五風土；卷六帝跡；卷七至十闕里；卷十一封建；卷十二職官；卷十三田賦（附鹽法）；卷十四學校；卷十五至十六選舉（附鄉賓）；卷十七兵防（附驛站、鋪遞、馬政）；卷十八河渠；卷十九古跡；卷二十祠祀（附寺觀）；卷二十一陵墓；卷二十二宦跡；卷二十三人物（附流寓）；卷二十四列女；卷二十五至二十九藝文；卷三十災祥；卷三十一雜志；卷三十二辨誤。

偶有補鈔。

職官紀事至乾隆三十五年。"玄""禎""弘""曆"字避諱。

現存最早兗州府志爲明萬曆元年（1573）朱泰等修五十一卷本，萬曆二十四年于愼行纂修五十二卷本。清代兗州府志凡三修，首爲康熙二十四年（1685）刻四十卷首一卷本（張鵬翮修，葉鳴鑾纂），次爲康熙五十八年刻金一鳳等纂修《兗州府志續編》二十卷，三即此乾隆三十五年本。

中國國家圖書館、北京大學圖書館、上海圖書館等三十餘館與"中央研究院"歷史語言研究所傅斯年圖書館、臺北故宮博物院及日本國會圖書館、東洋文庫、静嘉堂文庫、美國國會圖書館、大英博物館、荷蘭萊頓大學漢學研究院、法國國家圖書館等有藏。

421. 清康熙刻增補刊本滋陽縣志　T3140/337.81

〔康熙〕《滋陽縣志》四卷，清李濤修，仲弘道等纂。清康熙十一年（1672）刻，康熙增補刊本。五冊。半葉十行二十字，小字雙行同，白口，四周雙邊，單魚尾。

框高 18.9 釐米，寬 13.9 釐米。首有康熙十一年哈爾哈齊等奏疏一道，仲弘道《滋陽縣志紀略》，康熙十一年李瀠序，凡例，康熙十一年兖州府帖文一道，圖，目錄，修志姓氏。末有張元冶《滋陽縣志跋後》。卷端題："清古鄗李瀠寓門甫重修。"

滋陽縣，春秋魯國負瑕邑，秦置負瑕縣，屬薛郡。西漢元封年間封魯恭王子政爲瑕丘侯，後改爲縣，屬山陽郡。西晉廢，隋開皇十三年（593）復置，移治今兖州市，爲兖州治。大業初爲魯郡治。唐爲兖州治。北宋大觀四年（1110）避孔丘諱，改名瑕縣，尋又改爲嵫陽縣。宋爲襲慶府治。金、元爲兖州治。明成化十年（1474）改"嵫"爲"滋"。明、清爲兖州府治。

李瀠，字禹門，直隸高邑人，舉人。康熙十年任滋陽知縣。

仲弘道，字開一，浙江桐鄉人，曾任嶧縣知縣。

卷一土地部（沿革、分野、疆域、形勝、城池、地畝、山川、古跡、衙署、祠廟、寺觀、橋梁）；卷二人民部（户口、社集、賦役、建國、風俗、物産、選舉、貤封、坊表、墳墓、災祥）；卷三政事部（職制、秩官、錢糧、學校、禮樂、武衛、秩祀、驛遞、卹典、倉儲、鹽政、宦績）；卷四文獻部（人物、藝文）。

李瀠序曰："辛亥承乏待罪滋陽……因暇時披尋縣志，缺略甚多，乃從闔學公請，更爲繕修。適我友舊嶧尹仲開一暫寓魯邦，共相商榷，於是以邑之弘綱大節，分爲土地、人民、政事三門，而以人物、藝文合爲文獻一門，附以細類而合編爲四卷，旁蒐博採，務求詳備，以成一邑之觀。"

凡例云："魯爲望國，歷古如斯。奈從前無志，至嘉靖年間知縣李之茂、學博熊翰創修之，率略未備。且以兩月竣期，其不暇遐搜廣考可知，故賦役、職官而外，事俱荒落。今雖倍加採訪，增補什八，然耳目未周，尚有俟於博物君子矣。""是編於康熙十年仲秋，衆舉邑諸生張元冶採輯，即因考事中輟。至十一年仲春，予與友人仲開一朝夕商榷，越五月始成，適奉文修志，遂以申達，故弁語未經敘入奉旨事理，今將增載志首，以崇一代典章，且知我罪我，固不敢委其咎於他人也。"

選舉、職官紀事至康熙十一年。"玄"字避諱，"禛""弘""曆"字未避諱。該本係康熙末年增補刊本，卷四文獻部"貞烈"後有康熙十六年和康熙四十一年內容。"流寓"有康熙六十年內容。《中國地方志聯合目錄》和《中國地方志總目提要》未著錄此增補刊本。

明嘉靖李之茂創修《滋陽縣志》六卷，其嘉靖四十四年（1565）刻本僅存於日本尊經閣文庫。此康熙志爲清代該縣最早之志，後有光緒志十四卷（莫燆修、黃恩彤纂；李兆霖等續修、黃師誾等續纂，咸豐九年〔1859〕修，光緒十四年〔1888〕續修刻本）。

中國國家圖書館、中國科學院文獻情報中心、中國文化遺産研究院、北京大學圖書館等二十館與"中央研究院"歷史語言研究所傅斯年圖書館、臺北故宮博物院及日本國會圖書館、美國國會圖書館、法蘭西學院漢學研究所（殘本）等藏康熙十一年刻本。

422. 清康熙刻乾隆印本鄒縣志　　T3140/2269.81

［康熙］《鄒縣志》三卷，清婁一均修，周翼等纂。清康熙五十五年（1716）刻，乾隆印本。四冊。半葉十行二十字，小字雙行同，白口，四周雙邊，單魚尾。框高18.2釐米，寬13.5釐米。首有蔣陳錫序，康熙五十四年李成龍序，康熙五十五年許大定序，康熙五十四年金一鳳序，康熙五十三年兗州府帖文，康熙五十四年婁一均序，凡例，歷次修志姓氏，修志姓氏，舊序（萬曆三十九年〔1611〕胡繼先序、崇禎四年〔1631〕董應詳序、康熙十一年奏疏、康熙十一年朱承命序），圖，目録。

"禎""弘""曆"三字避諱。

423. 清乾隆刻本泰安府志　　T3139/5334.83

［乾隆］《泰安府志》三十卷前一卷首二卷，清顔希深修，成城等纂。清乾隆二十五年（1760）刻本。二十冊。半葉十行二十一字，小字雙行同，白口，四周雙邊，單魚尾。框高20.2釐米，寬14.6釐米。首有乾隆二十五年陶杏秀序，乾隆二十五年顔希深序。卷前有改府奏議，修志姓氏，引用書目，例言，目録，圖。

卷三有兩葉補鈔。

424. 清乾隆刻本東平州志　　T3140/5914.83

［乾隆］《東平州志》二十卷首一卷補遺一卷，清沈維基修，胡彦升等纂。清乾隆三十六年（1771）刻本。十冊。半葉十行二十一字，小字雙行同，白口，左右雙邊，單魚尾。框高19.9釐米，寬15.3釐米。首有扉頁，乾隆三十六年沈維基序，原序（萬曆六年〔1578〕邱如嵩序、萬曆六年郭朝賓序、康熙十二年〔1673〕廖元發序、康熙十九年張聰序），修志姓氏，凡例，目録，圖。扉頁題："乾隆庚寅年重修。東平州志。板藏州署。"

東平州，位於山東省西南部。秦置須昌、無鹽等縣，屬薛郡。西漢置東平國，治無鹽縣，東漢因之。北齊廢須昌縣入無鹽縣，並改無鹽縣爲須昌縣。隋開皇十六年（596）徙須昌縣還舊治，原無鹽縣地改置宿城縣，屬鄆州。唐貞觀八年（634）

徙鄆州治須昌，北宋宣和元年（1119）改鄆州爲東平府，元至元九年（1272）改爲東平路，朱元璋吳元年（1367）復爲東平府。明洪武七年（1374）降爲東平州，省須城入之，屬濟寧府，十八年改屬兗州府。清屬泰安府。

沈維基，字抑恭，號心齋，浙江海寧人，雍正十年（1732）副榜。曾任湖南永興知縣，乾隆二十九年任東平知州。

胡彥昇，浙江德清人，雍正八年進士。曾任山東定陶縣知縣及刑部廣東司主事。

卷首詔旨；卷一星野志；卷二方域志（沿革、疆圍、形勝、風俗、物產）；卷三山川志；卷四漕渠志（附泉源）；卷五古跡志（附金石、陵墓）；卷六建置志（城池、公署、倉廩、津梁、閘壩、街坊、卹政）；卷七田賦志（戶口、地畝、貢賦、稅課、鹽法、倉儲、驛站、鋪遞、兵防、所屯）；卷八學校志（附鄉飲、鄉射、鄉約）；卷九祠祀志（壇廟〔附寺觀〕）；卷十職官志（附藩封）；卷十一選舉志（附封蔭、賓耆）；卷十二宦跡志；卷十三至十五人物志（列傳、儒林、文苑、忠烈、武略、孝友、義行、隱逸、遊寓、方技、仙釋〔附耆壽〕）；卷十六列女傳（后妃、賢淑、節孝、貞烈〔附壽婦〕）；卷十七至十九藝文志；卷二十藝文志（附紀事、祥異、雜記）；卷末補遺。

沈維基序曰："東平舊志，明神宗丁丑知州邱如嵩纂，至國朝康熙十二年知州張承賜修成四卷，十九年知州張聰又編爲六卷，五十九年知州曹繼唐續志一本，因舊目分爲八卷。按邱志自序本謂就正於侍御田公，而張志廖序以前志爲田大有繼修，是邱志也而爲田志矣。廖序又謂邱志已毀於兵燹，張侯於李生名世家得舊志數帙，因刪補成之。張聰序則謂承賜有其意而事未舉，己乃畢其功，是前張之志也又爲後張之志矣。意者神宗年志邱創之而田訂之，康熙年志前張修之而後張補之歟？其續志一本多出於諸生之手。夫郡邑之志，閱十餘年必續增之，數十年必大修之，所以然者。……維基自任事以來，每展閱舊志，文多脫誤，字亦漫漶，且事之曠缺而不書者九十餘年矣。……因謀諸州之紳士，僉曰：此事當亟舉行。於是開局於署南關帝廟之僧舍，擇士之老成有學識者，使之徧訪數十年間潛德懿行，遺文軼事。維基閱而得其實，乃書於冊。復考正舊志之訛，凡一事一物必稽其所由來。然所攜篋中書既不多，而此間士大夫家又鮮藏書，無可借觀，固陋之譏誠不能免也。"

選舉、職官紀事至乾隆三十五年。"玄""禎""弘""曆"字避諱，也有不避諱者。

現存東平州志均爲清代纂修，最早係康熙十九年刻張聰等修六卷本，次爲康熙五十九年刻李繼唐修《東平州續志》八卷，三即此沈維基修乾隆志，四爲道光五年（1825）刻周雲鳳修、唐鑑等纂三十卷首二卷本，五爲光緒七年（1881）刻左宣似等修二十七卷圖一卷首編四卷。

中國國家圖書館、中國文化遺產研究院、上海圖書館、北京大學圖書館等二十一館與臺北故宮博物院及日本東洋文庫、美國國會圖書館、法蘭西學院漢學研究所等有藏。

425. 清乾隆刻本新泰縣志　　T3140/0253.83

　　［乾隆］《新泰縣志》二十卷，清江乾達修，牛士瞻等纂。清乾隆刻本。六册。半葉十行二十字，小字雙行同，白口，四周單邊，單魚尾。框高 18.2 釐米，寬 14.6 釐米。首有乾隆五十年（1785）趙佑序，乾隆四十九年任溥序，乾隆四十九年江迖達序，目録，纂修姓氏。

　　新泰縣，春秋魯置平陽邑，西漢置東平陽縣，屬泰山郡，東漢廢。三國魏置平陽縣，屬泰山郡，西晉更名新泰。唐屬沂州。蒙古至元二年（1265）廢入萊蕪縣，三十一年復置，屬泰安州。清初屬濟南府，雍正十三年改屬泰安府。

　　江乾達，福建上杭人，舉人。乾隆四十八年任新泰知縣。

　　牛士瞻，新泰縣人，乾隆四十四年舉人。四十九年掌教敖山書院。

　　卷一疆域、建置沿革、星野、形勢、城池；卷二里甲；卷三山川、封建、公署、學校；卷四户口、賦役；卷五賦役；卷六倉庾、祠祀、兵防、驛站、鋪遞、關梁、坊表、寺觀；卷七古跡、邱墓、風俗、物産、災祥；卷八至十職官；卷十一名宦；卷十二至十四選舉；卷十五至十七人物；卷十八至十九藝文；卷二十緣起、述例。

　　江迖達序曰："歲癸卯乾達來宰是邑，甫下車，檢閲舊志，凡疆里之沿革、政事之醇疵，與夫土宜民風、人文盛衰之變，雖大端具備而體例間有未安，已於卷終緣起述例篇詳言之矣。自揣學識淺陋，簿書旁午，兢兢然循分稱職之不暇，何暇言志？然已知其罣漏參錯而不急爲網羅放失，搜輯舊聞，猶復拘泥往籍，恐無以信今而傳後。會甲辰延邑孝廉牛君士瞻、明經王君棟、廩生牛君基修等開局從事。諸君儒雅端方，取信鄉黨，謝絶賓客，並無請托之緣。凡一言一行，博採精討，弗濫弗遺，而又廣參諸史及郡志、沂州志以正其訛，以補其缺。值簿書偶暇，必親加釐正，間有所見，附載各篇首末，以備參考。……志成彙爲二十卷，析爲三十二篇。"

　　《中國地方志聯合目録》《中國地方志總目提要》等著録爲"二十卷首一卷"，蓋將書前各序、目録、纂修姓氏等作爲"首一卷"，其内容與該本無異。

　　職官、選舉紀事至乾隆四十九年。"弘"、"曆"二字避諱。

　　現存最早《新泰縣志》爲明天啓刻趙希抃修、安選纂十卷本。清代最早爲順治十六年（1659）楊繼芳修、牟適纂六卷本，該版另有康熙十七年和康熙二十二年增刻本。其次即此乾隆江乾達修二十卷本首一卷本及其光緒十七年徐致愉增刻本。

　　中國國家圖書館、上海圖書館、山東省圖書館等二十館與"中央研究院"歷史語言研究所傅斯年圖書館及日本國會圖書館、東洋文庫、美國國會圖書館等有藏。

426. 清康熙刻乾隆印本肥城縣志書　　T3141/7145.81

[康熙]《肥城縣志書》二卷，清尹任修，尹足法等纂。清康熙十一年（1672）刻，乾隆印本。四册。半葉九行二十字，小字雙行同，白口，四周雙邊，單魚尾。框高19.9釐米，寬14.7釐米。首有康熙十一年王度序，康熙十一年尹足法序，康熙十一年尹任序，目錄，圖。末有鄧國球後序。

肥城縣，位於山東省中部偏西。西周時因肥族人散居於此，稱"肥子國"，肥城因此得名。西漢置肥城縣，屬泰山郡，其後屢廢屢置。北魏孝昌三年（527）於此置東濟北郡，北齊廢。北周置肥城郡，肥城縣爲郡治。隋開皇初廢肥城郡，肥城縣屬濟北郡。唐貞觀元年（627）析肥城縣入博城、平陰縣，屬兗州。宋、金爲鄆州平陰縣地。元至元十二年（1275）以漢、隋肥城故址復置肥城縣，屬濟寧路。明屬濟寧府，清屬泰安府。

尹任，直隸棗强人，順治十八年（1661）進士。康熙十一年任肥城知縣。

尹足法，肥城人，崇禎十二年（1639）舉人。曾任湖廣永明知縣。

卷上凡例，星野，地理，疆域，形勝，山川，泉洞，鄉社，風俗，城池，公署，縣署，廟祠，武備，舖舍，倉場，津梁，市鎮，城集，鄉集，坊牌，人丁，地糧，馬政，物產，學校志（文廟、書籍、祭器），官師志（知縣、縣丞、典史）；卷下官師志（知縣、縣丞、主簿、典史、教諭、訓導），人物志（仕跡、孝友、貞烈、耆壽），選舉志（進士、鄉貢、歲貢、例貢、制貢、武功、武進士、武舉），古跡志（書院、亭臺、景致、陵墓、寺觀），詩文，災異。

尹足法序曰："皇帝十有一年，令天下郡國各上□志書，彙輯編摩，用成垂世大典，甚盛舉也。肥邑舊有志，兵燹之後版籍蕩然，且聖主簡極，百度維新，三十年來制作大備。……邑人楚令尹公以明隆慶壬申邑侯顧公與中丞同川李公遠稽近取，彙輯成書。……無何而兵荒疊見，舊簡云亡，即有一二家藏，未見全瑜。我皇清定鼎，時移勢易，不無通變之制。……聖天子御極以來，酌古準今，纂修删定□云集百代之大成矣。乃以國史告竣，俾天下郡國具圖以上，用備採覽。然則縣志之修，雖一邑紀載所係，而亦黼黻皇猷因以見端者也。我父臺尹公以名世之才暫試花封，三載內惠政清風已見，百廢具舉，復於懸魚酌水之暇，慕《公羊》《穀梁》之意。余亦退食於家，得以從事其際，日與二三同志、闔邑師儒理舊緒而更新之，然後斷者續，闕者補，遂稱完璧焉。"

鄧國球後序曰："肥城舊原有志，自兵荒之後焚毀無□，予每嘆肥之缺典莫此爲甚。迨康熙十一年棗强尹侯來撫茲土，振頹補弊，百廢俱興，□致慨於郡乘之必不可缺也。於是□稽廣求，類帙成卷，不踰月而書成，俾久曠之墜典幾絕而復續，於今則可信，於後則可傳。……予忝是邑學訓，幸觀厥盛於一時，因命工壽梓以垂永久云。"

版印模糊，字跡漫漶。"禎""弘""曆"字避諱。

現存最早肥城縣志爲該康熙十一年刻本，次爲嘉慶二十年（1815）刻曾冠英修、李基熙纂《肥城縣新志》十九卷首一卷本，三爲光緒十七年（1891）刻凌綬曾修、邵承照纂《肥城縣志》十卷首一卷。

中國國家圖書館、南京圖書館、中國科學院文獻情報中心、山東省博物館、中國科學院南京地理研究所與臺北故宮博物院及日本東洋文庫、美國國會圖書館等藏康熙十一年刻本。

427. 清康熙刻增補刊乾隆印本日照縣志　　T3140/6163.81

［康熙］《日照縣志》十二卷，清楊士雄修、丁昰纂，成永健增補。清康熙十二年（1673）刻五十四年成永健增刻乾隆印本。四册。半葉八行二十字，小字雙行同，白口，四周雙邊，單魚尾。框高21.1釐米，寬15.3釐米。首有康熙五十四年成永健序，修志姓氏，凡例，目錄。

日照縣，位於今山東省東南部。西漢置海曲縣，屬琅琊郡。東漢更名爲西海縣。三國魏廢西海縣，入莒縣。北宋元祐年間於原海曲縣治日照鎮。金置日照縣，屬莒州。明置安東衛。清撤衛併入日照縣。

楊士雄，浙江義烏人，監生。康熙三年任日照知縣。

丁昰，日照人，康熙六年進士。候選知縣。

成永健，字毅庵，江蘇射陽（今江蘇鹽城）人，康熙三十三年進士，康熙五十一年任日照知縣。

卷一圖考、沿革、分野、祥異、疆域、形勝、山川；卷二風俗、時序、城池、墩臺、武備；卷三鄉里、戶口、地畝、錢糧、鹽法、土産；卷四職官、公署；卷五倉廒、坊表、街廟、市集、鎮店、舖舍、橋梁、古跡、邑景、丘墓；卷六學校、典禮、徵辟、進士、舉人；卷七歲貢、恩選恩例、太學生、武舉、武弁、吏掾；卷八壇祠、寺觀、名宦、宦跡、貤封、鄉賢；卷九人物、儒林、忠義、孝子；卷十列女、隱逸、□年、僑寓、仙釋、外徙、兵火（正文僅存"列女"）；卷十一政事、文苑；卷十二文苑。

成永健序曰："邑乘之失實也久矣。……健壬辰補海曲，未入境，吏胥先以乘馳告，爲翻閱其概。抵任後公事頗劇，六一日又課士講藝不少暇，匆匆不能及乘。客有以修乘請者，以不敏謝，蓋重其事而大其典，懼其不克勝任而又恐未能洗滌積習以蹈之罪也。乙未召科舉增排律六韻，邑之士夫學爲詩，問於健……遂不揣修邑乘中之詩，至疏奏碑記雜文，止增入丁給士父子疏，與丁進士文及健所□□□□□併碑序若干篇，其從前文字概未動手，蓋難之也，慎之也。嗟乎，不難不慎不可爲乘。海曲，故魯之附庸，去聖居未遠，文人學士代有傳者，況敢失據以獲戾？是舉姑以待諸異日而俟乎其人而已矣。"

選舉職官紀事至康熙十一年，其餘記事至康熙十三年。"玄""禎""弘""曆"字避諱。

現存《日照縣志》僅二，首即康熙十二年刻楊士雄修十二卷本，及康熙五十四年成永健增刻本；二爲光緒十二年（1886）刻陳懋修、張庭詩等纂十二卷首一卷本。

中國國家圖書館、中國科學院文獻情報中心、中國文化遺產研究院、上海圖書館、北京大學圖書館等十六館與"中央研究院"歷史語言研究所傅斯年圖書館、臺北故宮博物院及日本東洋文庫、京都大學人文科學研究所、美國國會圖書館等藏康熙五十四年成永健增刻本。

428. 清康熙刻乾隆印本新修萊蕪縣志　　T3140/4943.81

［康熙］《新修萊蕪縣志》十卷，清鍾國義、葉方恒纂修。清康熙十二年（1673）刻乾隆印本。半葉九行二十二字，小字雙行同，白口，四周單邊，單魚尾。框高22.5釐米，寬15.4釐米。首有原序（陳甘雨序、李開先序、吳來朝序），凡例，目録，圖。

萊蕪縣，位於山東省中部。西漢置縣，南朝宋時廢萊蕪縣。唐長安四年（704）在南文字村設萊蕪縣，屬兗州，後經撤併，大和元年（827）復置萊蕪縣，治所仍在南文字村。金移治今址。明洪武元年（1368）屬濟南府泰安州。清雍正二年（1724）屬泰安府。

鍾國義，字赤松，浙江山陰（今浙江紹興）人，順治十五年（1658）進士。康熙二年任萊蕪知縣。

葉方恒，江南崑山人，順治十五年進士。康熙七年任萊蕪知縣。

卷一圖考；卷二封域志（星野、沿革、疆界、山川〔形勝附〕、編里、市集、古跡、風俗、物産、災祥）；卷三建置志（城池、公署、學校、祠壇、寺觀、倉庫、坊表、舖舍、村落、橋梁、水泉）；卷四貢賦志（户口、土田、稅糧〔兼徭役〕、馬政、兵防、鹽法、稅課）；卷五秩官志（知縣、縣丞、主簿、典史、附僧道、教諭、訓導、舊志陰陽醫學鐵冶提舉）；卷六人物（選舉〔例貢附〕、武職、鄉賢、孝義〔孝婦附〕、節烈〔列女附〕、仙踪、流寓、隱逸、技術）；卷七藝文志上（紀事、經傳、疏表〔文牒雜文附〕）；卷八藝文志中（碑刻）；卷九藝文志下（詩）；卷十藝文志附（訓迪講語、同善會規）。

（卷七以後據中國國家圖書館本補充）

葉方恒凡例云："志名新修，重新朝也。萊志始於宋尉鍾離修，弗可考矣。撰於明嘉靖之陳公者爲舊志，如重修、增修皆在萬曆年間。新朝定鼎以來將三十年，前令鍾君纂輯未竟，予所副□各注於本條下，原所自也，其不書所出者皆新入。"

職官紀事至康熙十二年。版印模糊，字跡漫漶，有斷版。內容有殘缺。"玄""禎""弘""曆"二字避諱，顯係乾隆之後印本。

現存最早萊蕪縣志爲明嘉靖二十七年（1548）刻陳甘雨纂修《萊蕪縣志》八卷本。清代該志凡二修，一即此康熙《新修萊蕪縣志》十卷；二爲光緒《萊蕪縣志》四十二卷，張梅亭修、王希曾纂，僅存稿本。

中國國家圖書館、上海圖書館、北京大學圖書館等二十六館與"中央研究院"歷史語言研究所傅斯年圖書館、臺北故宮博物院及日本國會圖書館、內閣文庫、東洋文庫、東京大學東洋文化研究所、京都大學人文科學研究所、美國國會圖書館、法國巴黎 M.R. 赫杜圖書館等有藏。

429. 清乾隆刻本沂州府志　T3139/3230.83

［乾隆］《沂州府志》三十六卷首一卷，清李希賢修，潘遇莘等纂。清乾隆二十五年（1760）刻本。十二冊。半葉十行二十四字，小字雙行同，白口，左右雙邊，單魚尾。框高 20.6 釐米，寬 15.9 釐米。首有乾隆二十五年沈廷芳序，乾隆二十三年許松佶序，乾隆二十五年龔學海序，乾隆二十五年李希賢序，乾隆二十五年沈玉琳序，乾隆二十一年王塏序，凡例，修志姓氏，目錄。

430. 清康熙刻乾隆印本沂州志　T3140/323.81

［康熙］《沂州志》八卷，清邵士修，王塏等纂。清康熙十三年（1674）刻乾隆印本。八冊。半葉十行二十字，小字雙行同，白口，四周雙邊，單魚尾。框高 19.3 釐米，寬 13.6 釐米。首有康熙十三年邵士序，康熙十三年王塏序（二序裝訂有交錯、重複現象），奏疏，凡例，帖文，修志姓氏，目錄，圖。

"弘""曆"二字避諱。

431. 清康熙刻乾隆印本費縣志　T3140/5869.81

［康熙］《費縣志》十卷，清黃學勷等纂修。清康熙二十八年（1689）年刻乾隆印

本。四冊。半葉九行二十字，小字雙行同，白口，四周雙邊，單魚尾。框高 21.3 釐米，寬 15.4 釐米。首有康熙二十八年李煒序，王玉跋，詳文，修志姓氏，圖，目錄，凡例。

費縣，位於今山東省南部。春秋爲魯季氏費邑。西漢置費縣，屬東海郡。東漢屬泰山郡。西晉置琅琊國。隋末廢費縣，唐武德四年（621）重置，移治今縣城。貞觀間廢顓臾縣入之，屬沂州。宋、金、元因之。明屬兗州府沂州，清屬沂州府。

黃學勷，字敏若，江南（今安徽）南陵人，舉人，康熙二十五年任費縣知縣。

卷一地里志（沿革、星野、疆域、形勝、山川、風俗、物產、古跡、陵墓）；卷二建置志（縣治、城池、學宮〔射圃儒學附〕、縣署、公署、縣屬、庫倉、街道〔附巷〕、牌坊、社學、義學、學田、里社、市集、鎮店、舖舍、橋梁、公圃、卹典）；卷三官師志（名宦、知縣、縣丞、典史、教諭、訓導）；卷四賦役志（丁口、地畝、起運、存留、倉糧）；卷五秩祀志（文廟、壇祠寺觀〔附災異〕）；卷六科貢志（徵辟、進士、舉人、貢士、例監、鄉官、封蔭）；卷七人物志（世官、名獻、侯封、孝子、后妃、節婦、烈女、鄉賢、德義、仙釋、流寓）；卷八至十文籍志（宸翰、藝文、詩章）。

李煒序曰："自勝國隆萬而下，版章散失，故典無傳，疆輿星野之辨，山川形勝之詳，政治貢賦之污隆盈縮，以至風土人物典祀藝文，僅旁見於斷簡殘編，與夫傳聞野録，不信無徵，識者以爲浩歎久矣。黃令以壬子鄉薦，丙寅秋分蒞斯邑。越明年政成，舉廢興墜，皆有次第條理。以邑乘久淹，慨然捐俸請修，偕邑紳士考證舊聞，蒐羅軼事，條分縷晰，各極其詳。百年闕典一旦燦然大備，銓次成秩，求余數言弁首。"

凡例云："勷才識謭陋，又鞅掌於簿書，勢不能游歷山野，蒐訪故實。志自萬曆迄今，其間百餘年興革利弊、文物典章，率皆學校父老所採輯，凡六閱月始就剞劂，迨工將竣，不無續本惠資，已難爲更張矣。"

科貢紀事至康熙二十七年。"玄""禎""真""弘""曆"字避諱。

有補鈔。

黃學勷創修費縣志，康熙年間朱約纂修費縣志八卷，李敬修纂修光緒費縣志十六卷首一卷，有光緒二十二年（1896）刻本。

中國國家圖書館、中國科學院文獻情報中心、上海圖書館、北京大學圖書館等十七館與"中央研究院"歷史語言研究所傅斯年圖書館、臺北故宮博物院及日本東洋文庫、美國國會圖書館等有藏。

432. 清康熙刻本德州志　T3140/2332.81

［康熙］《德州志》十卷，清金祖彭修，程先貞纂。清康熙十二年（1673）刻本。

四册。半葉九行二十行，小字雙行同，白口，四周雙邊，單魚尾。框高 20.9 釐米，寬 15.3 釐米。首有康熙十二年金祖彭序，纂修姓氏，目錄，圖。末有康熙十二年蕭惟豫跋。

德州，位於今山東省北部偏西。隋開皇九年（589）置德州，治安德縣，即今陵縣。明洪武七年（1374）移治故陵縣，即今德州市，仍延德州之名。清屬濟南府。

金祖彭，字大年，江蘇吳江（今江蘇蘇州）人，蔭生。康熙十年任德州知州。

程先貞，字正夫，別號葑庵，德州人，官至工部員外郎。

卷一封域志（圖考、星野、沿革、山川、鄉廟、市鎮、古跡、墳墓）；卷二建置志（城池、公署、倉庫、驛館、舖舍、橋梁、樓亭、坊表）；卷三賦役志（户口、差徭、田土、税糧、驛站）；卷四學政志（儒學、書院、社學）；卷五祀典志（壇壝、廟祠、寺觀）；卷六兵衛志（參將、遊擊、都司、德州衛、德州左衛、駐防城守尉）；卷七秩官志（部使、武德道、知州、州同、州判、吏目、教官、宦跡）；卷八人物志（大儒、先賢、孝子、貞烈、仙釋）；卷九選舉志（進士、舉人、歲貢、恩拔、封蔭、武職、例監）；卷十紀事志（夏、周、秦、漢、晉、南北朝、隋、唐、後梁、後晉、宋、金、元、明、清）。

金祖彭序曰："州之志書明萬曆四年唐侯文華所作，其於典故已多漏軼，迄今又九十餘年……州人。工部員外程君正夫，家學青箱，文壇彩筆，博聞往牒，通達國體，林居二十六年不交世務，所輯之書名曰《德州詩搜》《德州文搜》，所著之詩名曰《德州先賢詩》，凡若干卷。而又以郡乘闕遺，莫備職方之採，蒐羅故實，爲志草十篇。會玉峰顧寧人先生至此，相與溯論古昔，考正疑誤，書垂成而正夫奄焉以歿。……適天子有纂修方志之命，乃屬仲啓趙君，霖瞻、星來二李君補而刻之。"

蕭惟豫跋曰："是編也，捐俸而董其成者，金侯大年也；採輯而紀其事者，故友程子正夫也；考校而力襄其役者，友人趙子仲啓、李子霖瞻、李子星來也；摻觚而文其□者，崑山顧子寧人也。"

紀事至康熙十二年，"玄"字避諱。

現存最早德州志爲明嘉靖志三卷（明鄭瀛修、何洪纂，嘉靖七年〔1528〕刻本），次爲萬曆志十二卷（明唐文華修、李檜纂，萬曆四年〔1576〕刻天啓增修本）。清代最早德州志即此康熙志十卷，二係王道亨修、張慶源纂乾隆《德州志》十二卷首一卷，乾隆五十三年（1788）刻本，另有宋弼纂《州乘餘聞》一卷，光緒十四年（1888）刻本；光緒二十二年錢祝祺纂修《德州志略》，僅鈔本傳世。

《中國古籍善本書目》著録此書，中國國家圖書館、北京大學圖書館、廣西師範大學圖書館與日本東洋文庫、美國國會圖書館有藏。

433. 清乾隆刻本德州志　T3140/2332.83

〔乾隆〕《德州志》十二卷首一卷，清王道亨修、張慶源纂。清乾隆五十三年（1788）刻本。八册。半葉九行二十字，小字雙行同，白口，左右雙邊，單魚尾。框高 19 釐米，寬 14.3 釐米。首有葛正華序，乾隆五十三年王道亨序，舊序（萬曆四年〔1576〕唐文華序、李鑰序、康熙金祖彭序），鄒士廉《金志正僞辨》，張慶源《紀德州志本末》，凡例，目録。

434. 清康熙刻增補刊乾隆印本陵縣志　T3140/7469.81

〔康熙〕《陵縣志》六卷首一卷，清史𤩽廷纂修。清康熙十二年（1673）刻增補刊乾隆印本。四册。半葉九行二十一字，小字雙行同，白口，四周單邊，單魚尾。框高 20.5 釐米，寬 13.1 釐米。首有康熙十二年（1673）史𤩽廷序，舊序（嘉靖三十二年〔1553〕孫昂序、萬曆三十二年〔1604〕宋文明序、嘉靖梅思後序），康温采跋，修志姓氏，凡例。卷端題："知邑事平陵史𤩽廷昌言甫重修。"

陵縣，位於山東省西北部。漢置安德縣，屬平原郡。隋爲平原郡治，又分置將陵縣。唐爲德州治，北宋因之。蒙古憲宗三年（1253）升將陵縣置陵州，後屢次升降。明洪武元年（1368）降陵州爲縣，廢安德縣入德州，七年移德州於故陵縣（今德州市），十三年置陵縣於此，清因之。

史𤩽廷，字昌言，江南溧陽人，順治十二年（1655）進士。康熙七年任陵縣知縣。

卷首星野圖，輿地圖，城圖；卷一地里志（沿革、疆里、形勝、川澤、風俗、土産、市集）；卷二建置志（封建、城池、公署、祠祀、古跡、牌坊）；卷三政務志（里甲、户口、田賦、課程、馬政、兵防、災祥）；卷四官師志（職官、名宦）；卷五人物志（聞望、科貢、鄉望、恩賜、孝義、隱逸、貞節、仙釋）；卷六藝文志。

史𤩽廷序曰："余自戊申夏以李官奉裁，改知是邑，甫入署即簡邑乘以奉指南，核其始則輯於明時嘉靖之癸丑，凡從前之渙汗未必盡收；其修則踵於萬曆之甲辰，而以後之時事末由續入。及甲申兵燹，不特簡編殘缺失次，即棗梨莫辯魯魚。余蓋岌岌乎懼斯邑之爲杞宋，冀所以維新，緣民疲力憊，未遑措手。乃值今上龍飛之十有二載，永清大定，又適届癸丑之期，俞輔臣請，彙修一統全書。小臣承乏是邦，恭逢元會，敢不竭蹶周諮，網羅曠逸，以補當年之所未備，而效細流之會朝宗。然以吳蒙，三都未賦，容逞私臆，漫成一書。正藉紳士仔肩，而邑之先達諸君更復謙謙三讓，余以千金之裘必需衆腋，大廈之搆端庀群材，諸君始各唯唯，退而蒐輯，三閱月咸出枕笱，晉祈集事，余萬不獲已，晨簡簿書，焚膏繼晷，勉步邯鄲，踵前尹孫公之轍，而起壚錘。先佈大綱，後分條目，可因可革，遠稽往牒，近採輿情，寧嚴毋濫，寧簡毋蕪，釐正增芟，悉準令甲，完茲具體。”

官師紀事至康熙十二年。“弘”“曆”二字避諱。藝文志有康熙四十年陵縣知縣王維翰《寄庄里説》，及“康熙五十一年孟冬月邑人趙以明述”字樣。

康熙十二年刻該志爲陵縣最早志書，其後有道光二十六年（1846）刻沈淮修、李圖纂二十二卷首一卷本，以及光緒元年（1875）增刻戴杰續纂道光本。

《中國古籍善本書目》著録其康熙十二年刻本。中國國家圖書館、中國科學院南京地理與湖泊研究所圖書館與臺北故宫博物院及美國國會圖書館等有藏。

435. 清乾隆刻本齊河縣志　T3140/0232.83

［雍正］《齊河縣志》十卷首一卷，清上官有儀修，許琰纂。清乾隆二年（1737）刻本。四册。半葉九行二十字，小字雙行同，白口，四周雙邊，單魚尾。框高 19.3 釐米，寬 14.3 釐米。首有乾隆元年程開業序，雍正十三年（1735）上官有儀序，許琰序，宋燾序，韓瀷序，李希曾序，李郡平序，目録。

436. 清乾隆刻本平原縣志　T3140/1479.83

［乾隆］《平原縣志》十卷首一卷，清黄懷祖修，黄兆熊纂。清乾隆十四年（1749）刻本。四册。半葉十行二十四字，小字雙行同，白口，四周雙邊，單魚尾。框高 19 釐米，寬 14.6 釐米。首卷有乾隆十三年黄懷祖序，凡例，目録，圖。

437. 清乾隆刻本夏津縣志　T3140/1435.83

［乾隆］《夏津縣志》十卷首一卷，清方學成修，梁大鯤纂。清乾隆六年（1741）刻本。六册。半葉十行二十二字，小字雙行同，白口，左右雙邊，單魚尾。框高 19.3 釐米，寬 14.3 公分。卷首有乾隆六年方學成序，修志姓氏，目録，凡例，圖。末有乾隆六年梁大鯤跋。

438. 明萬曆刻清順治修補印本恩縣志、清雍正刻本恩縣續志　T3140/636.7

［萬曆］《恩縣志》六卷，明孫居相修，雷金聲纂。明萬曆刻清順治修補印本。

三册。半葉十行二十二字，小字雙行同，白口，四周雙邊，無魚尾。書口下方有刻工。框高 21.7 釐米，寬 15.4 釐米。

［雍正］《恩縣續志》五卷，清陳學海修，韓天篤纂。清雍正元年（1723）刻本。一册。半葉十行二十二字，小字雙行同，白口，四周雙邊，無魚尾。書口下間有刻工。框高 19.8 釐米，寬 15.4 釐米。［萬曆］《恩縣志》首有萬曆二十七年（1599）于慎行序，目録。卷六末題："萬曆二十□□□□□孟冬□日，恩縣知縣孫居相裁定，縣丞甘宗益、主簿董士魁、典史房廷瑎督刻，儒學教諭弭子奇、訓導孫如塤、邢一鶚校正，邑虞城知縣鄒之魏、淇縣知縣趙曉景□、景州學生徐應兑模楷，縣學增生祁維垣蒐採，學生雷金聲編輯，學生申教典訂核，闔學生員柳爾壽同校。"［雍正］《恩縣續志》首有雍正元年陳學海序，目録。末有續修縣志姓氏。

版印漫漶，字跡模糊。

439. 清乾隆刻本樂陵縣志　T3140/2974.83B

［乾隆］《樂陵縣志》八卷首一卷末一卷，清王謙益修，鄭成中纂。清乾隆二十七年（1762）刻本。八册。半葉九行十九字，小字雙行同，白口，左右雙邊，單魚尾。框高 17.7 釐米，寬 14.2 釐米。首有乾隆二十七年王謙益序，舊序（萬曆十九年〔1591〕王登庸序、萬曆十九年潘可久序、順治十七年〔1660〕袁一相序、順治十七年郝獻明序），纂修姓氏，凡例，目録，圖。卷三前有乾隆二十七年趙元颺後序。

440. 清康熙刻乾隆印本禹城縣志　T3140/2245.81

［康熙］《禹城縣志》八卷，清王表、吳桐芳纂修。清康熙十二年（1673）刻乾隆印本。八册。半葉九行二十字，小字雙行同，白口，四周雙邊，單魚尾。框高 19.9 釐米，寬 14.5 釐米。首有康熙十二年王表序，圖，目録。序之後，圖、目録之前頁題："文林郎知禹城縣事曲周任宗美編次，署教諭武昌吳時泰較正，文林郎知禹城縣事安東王表重輯，訓導濮州吳桐芳仝定。"

禹城縣，西漢置祝阿縣，屬平原郡。三國魏屬濟南國，晉屬濟南郡。南朝宋屬太原郡。北周屬濟南郡。隋唐屬齊州。唐天寶元年（742）改名禹城縣至今。

王表，字左滄，遼寧安東（今丹東）人，舉人。康熙初年任禹城知縣。

吳桐芳，山西濮州人，貢士。禹城縣訓導。

卷一建置沿革、封建（附盟會）、職官；卷二選舉、星野、疆域、山川、形勝（附

八景 ）；卷三風俗（附時俗）、土産、賦役（附都圖驛遞）；卷四城池（附古跡橋梁）、公署（附坊牌舖舍）、學校、祠祀；卷五名宦、按使、鄉賢、孝行、義行、列女；卷六僑寓、隱逸、方技、災祥、誥勅；卷七至八藝文。

王表序曰：“今天子神聖，崇學右文……又允儒臣之請，博採天下郡邑之志，用供睿覽，將以察萬方之民情土俗、古今人物之賢愚也。儀部下其議於直省，而我藩憲施老大人檄行各屬，禹邑之志於是始購焉。禹邑當兵燹後，地土蒼涼，人民瑣尾，自本朝定鼎，德化遐被，哀鴻復集……獨禹邑之掌故則杳不可問，稽古者愀然有荒煙蔓草之嗟焉。今遇皇上旁蒐通志，纂集史編，是誠天下之幸，亦禹一邑之幸也。表幸生盛世，得牧茲土，奉憲行而購輯，敢不夙夜匪懈，共襄厥事。而無如耆年碩德睹記之不詳也，典籍碑記散佚之難稽也，爰是諮父老，訪鄰封，斷簡殘編由斯漸集。又恐聞見不廣，搜羅未盡，復質之邑訓吳桐芳、庠生馬中驥，相與參互考訂，覈地土之實，究幽明之故，綜古今之變，窮險易之節，失者補之，訛者正之，疑者闕之，近者續之。凡有遺隱，罔弗詳悉。閱兩月而剞劂告成。”

紀事至康熙十一年。版印模糊，字跡漫漶。“玄”“禎”“真”“弘”“曆”字避諱。

明萬曆年間任宗美纂修《禹城縣志》已佚，此爲禹城現存最早之志，其後由董鵬翔修、牟應震纂成嘉慶《禹城縣志》十二卷，有嘉慶十三年（1808）刻本。

據《中國古籍善本書目》著錄，中國國家圖書館、北京大學圖書館、中國科學院南京地理與湖泊研究所圖書館藏康熙十二年刻本。臺北故宫博物院亦有藏。

441. 清康熙刻乾隆印本聊城縣志　T3140/1245.81

［康熙］《聊城縣志》四卷，清何一傑纂修。清康熙刻乾隆印本。四册（合訂一册）。半葉九行二十字，小字雙行同，白口，四周雙邊，單魚尾。框高 21.2 釐米，寬 14.7 釐米。首有□□年□□序，康熙二年（1663）朱鼎延序，□□年□□序。卷端題：“知聊城縣事涇□□□□□。”字跡漫漶，無法辨認。“禎”“真”“弘”“曆”字避諱。

442. 清康熙刻乾隆印本壽張縣志　T3140/4413.81

［康熙］《壽張縣志》八卷，清滕永禎等纂修。清康熙五十六年（1717）刻乾隆印本。四册。半葉九行二十字，小字雙行同，白口，四周單邊，單魚尾。框高 19.7 釐米，寬 14.3 釐米。首有康熙五十六年金一鳳序，康熙五十三年兖州府帖文，康熙五十六年滕永禎序，修志姓氏，舊序（康熙元年張宏俊序），目録，圖。卷端題：“壽

張縣知縣宛平滕永禎纂修，邑貢生馬珩採修。"

壽張縣，東漢光武帝改壽良縣置，治今山東省東平縣西南，屬東平國。南北朝屬兗州東平郡，北齊廢入須昌縣。隋屬濟北郡，唐屬鄆州。金屬東平府，元屬東平路。明洪武三年（1370）省入須城、陽穀二縣，十三年復置，徙治王陵店，即今陽穀縣東南壽張鎮，屬兗州府。清因之。1964 年併入陽穀縣和河南省范縣。

滕永禎，順天府宛平人，貢生。曾任登州府海豐縣知縣，康熙五十一年任壽張知縣。

卷一方輿志（星野、沿革、疆域、山川、形勝、市集、保里、地方、古跡、古墓、風俗、節令）；卷二建置志（城池、倉廒、縣治、學校、武備、公署、舖舍、楯櫓、橋梁〔附堰閘〕、道路、亭碑、廟壇、寺祠〔附樓閣〕）；卷三祀典志（廟祀、壇祀）；卷四職官志（縣令、城守、合職、儒學、名宦、俸廩）；卷五食貨志（戶口、土田〔附貢賦雜課〕、徭役、學田、物產、災祥〔附〕）；卷六選舉志（諸科、甲科、鄉科、歲貢、例貢、武科、吏材〔戚畹附〕）；卷七人物志（鄉賢、孝義、烈女、節婦、褒寵、隱逸、僑寓）；卷八藝文志（文記、題詠）

滕永禎序曰："大清康熙十一年已勅命重修通志，第歷年迄今，風俗、人物不無稍更，安得不詳搜博採，稽其實，核其真，繁者刪，缺者補，彙集成帙，使事事有切政治，言言有益風化，以成一代文獻，上答兗郡憲臺之命令，不徒撍拾遺文，潤色浮詞以爲觀美已耶。然蒞任一邑者，業有民社之責，又何敢以學疏才淺，渺聞寡見，退然謝不敏乎？永禎謹擇本邑馬公諱珩者共襄厥事，不尚麗詞，惟求確據，參考無訛，編次有條，庶可與《禹貢》《職方》、十五國之詩并垂奕禩，且以彰國朝車書一統之盛，久安長治之謨。"

職官紀事至康熙五十六年。版印模糊，字跡漫漶。"胤""禎""弘""曆"字避諱。《中國地方志聯合目錄》《中國地方志總目提要》未著錄此乾隆印本。

現存最早壽張縣志爲清康熙六年刻陳瑛纂修《壽張縣志》八卷本，次爲此滕永禎修八卷本，三爲光緒二十六年（1900）刻劉文烺修、王守謙纂《壽張縣志》十卷首一卷。

中國國家圖書館、上海圖書館、北京大學圖書館等二十館與臺北故宮博物院及日本國會圖書館、東京大學圖書館、京都大學人文科學研究所、美國國會圖書館、法國國家圖書館等藏康熙五十六年刻本。

443. 清康熙刻本莘縣志　　T3140/4069.81

〔康熙〕《莘縣志》八卷，清劉蕭纂修。清康熙五十六年（1717）刻本。四冊。

半葉九行二十字，小字雙行同，白口，四周雙邊，單魚尾。框高 21.3 釐米，寬 14.1 釐米。首有康熙十一年劉維禎序，康熙五十六年劉蕭序，圖，修志姓氏，目録。

莘縣，位於山東省西部偏南，與河北、河南兩省毗鄰。春秋爲衛莘邑地，西漢置平陽縣，屬東郡。三國魏改屬平陽郡，北齊廢武陽縣，改陽平縣爲樂平縣。隋開皇六年（586）樂平縣復名陽平縣，後改名清邑縣。大業初改清邑縣爲莘縣，屬武陽郡。曾置莘州，唐貞觀元年（627）廢，仍爲莘縣。宋、金屬大名府，元屬東昌路，明清屬東昌府。

劉蕭，字功人，號素三，浙江會稽（今紹興）人，康熙十七年副榜拔貢。康熙四十九年任莘縣知縣。

卷一封域志（分野、疆里、山川、古跡、丘墓、街巷、村莊、風俗、八景）；卷二建置志（沿革、城池、縣署、儒學、倉廒、行署、牌坊、壇壝、廟祀、市集、橋梁）；卷三食貨志（里甲、户口、田賦、鹽法、額外、物産）；卷四災異志；卷五官師志（知縣、主簿、典史、教諭、訓導）；卷六選舉志（進士、舉人、徵舉、貢生、武科、貤恩、恩蔭、雜職〔附遥授、例給〕）；卷七人物志（人物、孝子、順孫、節婦、孝婦、義行、奇童、藝術、賓耆）；卷八藝文志（碑記、奏疏、序、書、條議、墓表〔附祭文〕、論、賦、題詠）。目録列"卷末跋"，正文未見。

劉維禎序曰："莘固偏小下邑，列古東郡東南，自明季孫公重修邑志，迄今四十年，棗梨殘毁……不亟爲釐訂，幾至湮没弗傳。況纂修志書之役，凜遵功令，炳若日星。余愧不敏，進邑之大夫士而謀之，詢父老，討掌故，廣搜約取，列爲八卷。凡星野、封域、土田、食貨、災祥、吏治、人物、藝文之類，芟繁録要，瞭然指掌。余謬加編輯，實大夫士校訂之力。"。

劉蕭序曰："莘之有志，莫知所從來。或云始自後魏，姑第弗深考。明季孫君愈賢修輯，莘志始有成書。然或務爲廣博，則文詞雖繁要亦未軌筆削。迄我朝家侍御更爲删定，編次甲乙，而條分縷析，綱舉目張，聿稱純備。惜年遠風微，斯文凋敝，後此諸賢或以簿書鞅掌，不遑著述，或蒞任未久，即以事去官。雖擅繡虎之才若金沙曹亮采者，亦僅刻有莘雜録一書，其於縣志尚置勿問，則茫茫墜緒，誰職其咎歟？余尹莘七載，間於公事之暇訪求故老，摭述舊聞。時與邑中鄉先生暨二三文學參互考訂，闡晰幽微，大而扶植綱常，小而蒐求物類，庶幾起衰式靡，垂爲實録。俾後之覽者奮然知所興起，斯亦爲民司牧之責也。如謂以是矜良史才，詡詡然稱一代作者，則非余之所敢出也。"

有補鈔。

紀事至康熙五十五年。"禎""弘""曆"未避諱。

現存最早《莘縣志》爲明正德年間王琛修、吳宗器纂十卷本，有正德十年

（1515）刻嘉靖間增刻本；崇禎年間孫愈賢所修志已佚。清代該縣志凡三修，首爲康熙十一年刻劉維禎纂修八卷本，次爲此康熙五十六年刻劉蕭續修本，三係光緒十三年（1887）刻張朝瑋修、孔廣海纂十卷本，該本另有民國二十二年重印本。

上海圖書館、天津圖書館、中國科學院南京地理與湖泊研究所圖書館有藏，中國國家圖書館有殘帙。"中央研究院"歷史語言研究所傅斯年圖書館、臺北故宮博物院與日本東洋文庫、美國國會圖書館等亦有收藏。

444. 清康熙刻乾隆印本茌平縣志　　T3140/4110.83

［康熙］《茌平縣志》五卷，清王世臣修，孫克緒纂。清康熙四十九年（1710）刻乾隆印本。五冊。半葉九行二十二字，小字雙行同，白口，四周雙邊，單魚尾。框高 20 釐米，寬 13.5 釐米。首有明萬曆十二年（1584）丁懋儒序，萬曆三十五年《增修茌平縣志敘》，康熙二年王晝一序，康熙□□年王曰高序，康熙四十九年王世臣序，康熙四十九年孫克緒序，康熙四十九年張銘序，修志姓氏，目録，舊志姓名。卷四末有康熙二年張翕跋。

茌平縣，位於今山東省西部，屬聊城市。春秋爲牡丘及重丘邑地。秦置茌平縣，屬東郡。東漢屬濟北國，三國魏、晉均屬平原郡。北齊廢縣，隋初復置。其後屢次省入聊城縣，金天會八年（1130）析聊城縣復置茌平縣，屬博州。元屬東昌路，明清屬東昌府。

王世臣，字介勳，官生，盛京奉天（今遼寧瀋陽）人，康熙四十三年任茌平知縣。

孫克緒，茌平縣貢生。

卷一圖緯，天文（星野），地理（沿革、疆域、山川、河防、形勝、古跡、方物、墳墓、災祥、風俗），建置（創設、城池、祠祀、公署、舖舍、鄉屯、橋梁、宮室、生祠、坊表、寺觀），賦役（户口、田賦、徭役、兵防）；卷二人物（職官、師儒、稅賦、科目〔武功附〕、貢選〔例貢附〕、名宦、鄉賢、循良、儒林、人才、恩錫、孝義、忠烈、貞節、隱逸、仙釋、流寓）；卷三至五藝文。

王世臣序曰："余甲申仲春承乏茌邑……退食之餘，取邑乘閲之……自王君重整以來，迄今四十餘年，事之散佚者恒多，心則惻然動者久之。抵冬杪學首孫生率諸生以呈請志於余，余喜其見與余同。……今春暮，爰召諸生而謀之……擇諸生之老成者數人與共之，諸生訴然從製造，拮据掇拾，廣搜博採，不越月而脱稿。成，舉以授余。……爰捐貲而付之梓人。"

孫克緒序曰："志何易言修乎？余應之曰：'非修也，續也。'邑乘經張先生編次而後，業有成書，自足徵言千古。雖癸卯距今四十有八載，間有可紀述者寥寥也。

然時移物遷，老成凋謝。……賢邑侯王公留心民莫，百廢漸次第就理。惻然念文獻之不足徵，而委其責於余。……爰偕諸同學取前編而翻閱之，遵往牒，訪遺事，參伍錯綜，代終前哲未竟之志。誠知此舉迁闊而遠於世情，不獲已列敘篇末，俾後之博雅君子有所考折焉。"

卷一公署之前有"凡例六則"，蓋錯誤裝訂導致。

紀事至康熙四十九年。版印模糊，字跡漫漶。"禎""弘""曆"避諱，係乾隆之後印本。《中國地方志聯合目録》和《中國地方志總目提要》未著録此後印本。

現存最早茌平縣志爲清康熙二年刻王畫一修、張翕纂四卷本，次爲此康熙四十九年五卷本，清代最晚之志爲宣統三年（1911）修二十八卷首一卷本（盛津頤修，張建楨纂，民國元年刻本）。

中國國家圖書館、中國科學院文獻情報中心、中國文化遺産研究院、北京大學圖書館、上海圖書館等近四十館與"中央研究院"歷史語言研究所傅斯年圖書館、臺北故宮博物院及日本静嘉堂文庫、東京大學東洋文化研究所、美國國會圖書館、法國巴黎 M.R. 赫杜圖書館等藏康熙四十九年刻本。

445. 清鈔本高唐州志　T3140/0206.85

［道光］《高唐州志》八卷首一卷末一卷，清徐宗幹修，陳仉等纂。清鈔本（據清道光十五年〔1835〕刻本鈔）。六册。無行格。首有道光十五年祝慶榖序，道光十五年徐宗幹序，舊序（明嘉靖林文俊序、嘉靖金江序、清康熙劉佑序、康熙五十一年〔1712〕龍圖躍序、乾隆七年〔1742〕畢一謙序），修志姓氏，凡例，圖考，目録。

高唐州，在今山東省西北部。西漢置高唐縣，唐長壽二年（693）高唐改稱崇武，後復爲高唐。唐、宋、金屬博州。元置高唐州，州、縣同治今高唐鎮。高唐州轄境相當於今山東省武城、夏津、高唐等縣。明洪武初省縣入州，屬東昌府，清因之。

徐宗幹，江蘇通州（今南通）人，嘉慶二十五年（1820）進士。道光十三年（1833）任高唐州知州。

陳仉，職員。

卷首天章紀、盛典紀；卷一沿革表、職官表；卷二方域考、建置考；卷三田賦考、學校考；卷四祠廟考、典禮考；卷五人物傳；卷六列女傳；卷七政績録、金石録；卷八藝文録、雜稽録；卷末舊志弁言（康熙五十一年龍圖躍序），續志弁言（乾隆七年畢一謙序），附記。

徐宗幹序曰："余自癸巳春由泰山量任……待罪三載而惴惴焉，惟恐隕越是懼。乃者都人士繕宮牆，行鄉飲禮，舉孝義貞節士女旌其間，並以志乘請。余不敢以陋自安也。溯自畢君續編以來，將近百年，稽考則遠者無徵，諮訪則難於核實，有志焉而未之逮，讀嘉慶五年新修郡志，得以採輯增補，合前志續志併纂爲八卷，未敢遽謂可信可傳，而所謂疆域廣輪、文物損益固可周知其數，藉以求無負牧民之稱而已。”

附記云：“始乙未夏，終丙申冬，而書始成。”

現存最早《高唐州志》係明嘉靖三十二年（1553）金江纂修七卷本。清代《高唐州志》凡五修，一爲康熙十二年刻劉佑纂修十二卷本，次爲康熙五十一年龍圖躍修十二卷首一卷本，三爲乾隆七年畢一謙修、耿舉賢纂《高唐州續志》二卷首一卷，四爲道光十五年徐宗幹修《高唐州志》八卷首一卷末一卷，五爲光緒三十三年（1907）周家齊修、鞠建章纂《高唐州志》八卷首一卷末一卷。

道光十五年刻本《高唐州志》藏於中國國家圖書館、上海圖書館、南京圖書館等十三館與臺北故宮博物院及美國國會圖書館等收藏單位。

446. 清乾隆刻本臨清直隸州志　T3139/7632.83

〔乾隆〕《臨清直隸州志》十一卷首一卷，清張度等纂修。清乾隆五十年（1785）刻本。十一册。半葉九行二十一字，小字雙行同，白口，四周雙邊，單魚尾。框高18.6釐米，寬14.4釐米。首有圖，乾隆四十七年張度序，乾隆五十年鄧希曾序，舊序（嘉靖四十年〔1561〕成憲序、康熙十一年〔1672〕于睿明序、賀王昌序、萬曆十四年〔1586〕崔紀序、高晉序、乾隆十四年王俊序），卷首宸章，御翰，恩卹，凡例，目録，修志姓氏。

447. 清康熙刻本濱州志　T3140/38.81

〔康熙〕《濱州志》八卷首一卷，清楊容盛等纂修。清康熙刻本。四册。半葉九行二十一字，小字雙行同，白口，四周雙邊，單魚尾。框高20.3釐米，寬14.7釐米。首有毛似徐《舊志後序》，明萬曆十一年（1583）艾梅序，修志姓氏，凡例，目録。

濱州，位於今山東省北部，北瀕渤海灣。五代置贍國軍，五代後周升爲濱州，治渤海縣。宋、金、元因之。明洪武初省渤海縣入濱州。清雍正十二年（1734）升爲武定府。

楊容盛，江南吳縣（今蘇州）人，監生。康熙三十九年任濱州知州。

卷首序文、姓氏、凡例、目録、圖考；卷一方輿志（星野、沿革、形勝、疆域、鄉圖、保甲、古跡、名景）；卷二建置志（城池、公署、學校、兵防、壇壝、廟祠、倉廒、街市、坊表、鎮店、舖舍、津梁、寺觀、丘墓、漏澤園）；卷三禮典志（祭祀、朝賀、送表接詔、迎春、救護、鄉飲、講約、到任）；卷四賦役志（户口、田土、貢税、差徭、鹾政）；卷五秩官志（官制、歷官、宦績）；卷六選舉志（薦辟、科貢、例職、吏員、武職、貤封、恩蔭、壽官）；卷七人物志（忠良、孝友、義烈、卓行、德厚、文學、隱逸、遊寓、仙釋、方技、列女）；卷八紀事志（祥異、兵燹、風俗、物産）；卷末附筆。

凡例云：“濱記載闕如百二十年於兹矣。居今而事尚論，必蒐採之真，覈載以實，乃堪昭示後來。”“取舊志而芟其複，飾其略，正其訛，理其緒，列爲八卷，總綱如之，分目六十有二。”“是役也，經始於二月中旬，脱稿於八月上澣，參互訂正，凡再三易，始付剞劂。期無負當事者闡微顯幽之至意云爾。”

卷末附筆云：“濱前志末利、霑、蒲三屬縣紀略附焉，今三縣各有專書，兹不再贅。”

選舉有康熙四十二年和康熙四十五年增補內容。“玄”字有避諱，有不避諱。“禎”“弘”“曆”字未避諱。《中國地方志聯合目録》《中國地方志總目提要》等著録“康熙四十年刻本”，未提及康熙四十四、四十五年增刻情況。中國國家圖書館藏康熙四十年刻本卷六選舉，進士止於“康熙三十六年丁丑科—薛堪”，該本其後還有“康熙癸未科，薛塏”和“康熙丙戌科，張寅”。按，康熙癸未即康熙四十二年，康熙丙戌即康熙四十五年。

現存最早《濱州志》是明萬曆十一年（1583）刻艾梅修、毛似徐纂四卷本。清代該志凡二修，首即此康熙志，次爲咸豐十年（1860）刻李熙齡纂修《濱州志》十二卷首一卷本。

中國國家圖書館、上海圖書館、北京大學圖書館等十五館、與臺北故宮博物院及美國國會圖書館等藏康熙四十年刻本。

448. 明萬曆刻清修補印本武定州志　T3139/1433.7

［萬曆］《武定州志》十五卷，明桑東陽修，邢侗纂。明萬曆十六年（1588）刻清修補印本。四冊。半葉十行二十字，白口，左右雙邊，單魚尾。框高 19.9 釐米，寬 14.4 釐米。首有邢侗序，圖，目録。

武定州，漢代屬渤海郡，唐置棣州。明永樂初避成祖諱，改棣州爲樂安州，宣德元年（1426）改爲武定州，屬濟南府。治所即今山東惠民縣，轄境相當今山東陽信、無棣、樂陵、商河等縣市地。清雍正二年（1724）升爲直隸州，屬山東省，雍正十二年升爲府。

桑東陽，河南祥符（今開封）人，嘉靖四十三年（1564）舉人。萬曆十二年任武定州知州。

邢侗，字子願，山東臨邑縣人，萬曆二年進士，官至陝西行太僕卿。善畫，能詩文，工書，與董其昌、米萬鐘、張瑞圖并稱"晚明四大家"。《重修濟南武定州志引》題"濟南臨邑邢侗撰"。

卷一至三地里志；卷四建置志；卷五田賦志；卷六軍旅志（第一葉鈔配）；卷七風俗志；卷八災祥志；卷九侯王志；卷十職官志；卷十一選舉志；卷十二循良傳；卷十三人物傳；卷十四列女傳；卷十五四縣附（陽信縣、商河縣、樂陵縣、海豐縣）。

邢侗序曰："蓋所爲仍原志者什七，增附者什三……劉先生之志主於源委富贍，而余不肖，略主於裁，則兩人之言具在爾。……書成於萬曆戊子長至，捐貲構材，徵匠開局，則州大夫桑公東陽任之，屬城四令君陽信傅商弼、商河荆光祖、樂陵趙永禄、海豐劉志仁，咸有佐理落成事焉。"

今存最早之《武定州志》，爲明嘉靖二十七年刻本，武定知州劉佃、舉人劉繼先等纂修，今存寧波天一閣。是志包含建置沿革、方域志、川澤志、城池志、公署志、學校志、賦役志、兵防志、祠祀志、職官志、選舉志、附屬縣志。此萬曆十六年《武定州志》增益門類，每卷之後多有邢侗按語。之後有崇禎十二年（1639）刻本《武定州志》三十五卷，王永積修，劉嘉禎纂，更易體例，平列篇目，内載明末故實甚豐。清雍正升府之後有乾隆二十四年（1759）年刻《武定府志》三十八卷首一卷，咸丰九年（1859）刻本《武定府志》三十八卷首一卷。

《中國古籍善本書目》著録萬曆十六年刻本，山東省圖書館存卷六至十五。臺北故宮博物院和日本東洋文庫有全帙。

449. 清乾隆刻本武定府志　T3139/1438.83

［乾隆］《武定府志》三十八卷，清赫達色修，莊肇奎等纂。清乾隆刻本。二十冊。半葉十行二十一字，小字雙行同，白口，左右雙邊，單魚尾。框高 18.9 釐米，寬 14.2 釐米。首有扉頁，乾隆二十四年（1759）沈廷芳序，胡寶林序，乾隆二十四年赫達色序，修志姓氏，凡例，目録，圖。

赫達色，滿洲鑲藍旗人，監生。乾隆十四年任武定府知府。

莊肇奎，浙江秀水（今嘉興）人，乾隆十八年舉人。

卷一星土；卷二地輿；卷三形勝疆域；卷四風俗物產；卷五山川；卷六城池公署（附坊表）；卷七鄉都市鎮；卷八學校；卷九壇壝（附寺觀）；卷十古跡（附塚墓）；卷十一田賦户口（附鹽法）；卷十二驛遞（附橋梁）；卷十三兵志；卷十四祥異；卷十五封建；卷十六宦跡；卷十七至二十官師；卷二十一至二十二選舉；卷二十三至二十六人物；卷二十七至二十八列女；卷二十九至三十七藝文；卷三十八雜記。

凡例云："武定自雍正十二年由州升府，分濟南所屬州縣隸之，建置二十餘年向無郡乘。各屬志修自前明萬曆年間者十之七，餘亦距今八九十年，要皆卷帙叢殘，棗梨磨滅。第就搜採所及，覈之往古，創成斯集，間有竊取之義，皆以按字別之。區區摭拾討索未詳，補遺訂誤尚有望於後之續修者。"

赫達色序曰："余於己巳之夏捧檄來守是邦……乃以升府未幾，志乘闕焉，而各屬志半又輯自前明。……自巳迄寅，十歷寒暑……予得與吾屬民共相忘於至治，而曩者之隱願蓋躍然起矣……爰合諸牧令而告之曰：'予承乏於茲久矣，訖無政聲，以爲諸君先。然武定地澤鹵，人民寡。寧損上，毋損下，寧便民，毋便官，宜安静，不宜紛更。予將辨其形勝土俗之實，詳其興廢得失之由，以告後之來蒞兹土者。'於是設局延師，取各邑乘以芟其疑似踳駁，而臚其次第，踰年而志成。"

選舉紀事至乾隆二十四年，官師紀事至乾隆二十五年。"玄""禎""弘""曆"避諱。《中國地方志聯合目錄》《中國地方志總目提要》著錄爲"乾隆二十四年刻本"。

該志爲雍正十二年州升府之後首部府志，其後有咸豐九年（1859）李熙齡修、鄒恒纂《武定府志》三十八卷首一卷。

北京大學圖書館、中國文化遺產研究院、中國科學院文獻情報中心、天津圖書館等十二館與日本靜嘉堂文庫、美國國會圖書館有藏。

450. 清乾隆刻本惠民縣志　T3140/5374.83

〔乾隆〕《惠民縣志》十卷首一卷，清倭什布修，劉長靈等纂。清乾隆刻本。六册。半葉九行二十一字，小字雙行同，白口，四周雙邊，單魚尾。框高 19.1 釐米，寬 14.9 釐米。首有乾隆四十七年（1782）徐觀孫序，乾隆四十七年倭什布序，目錄，圖，凡例，修志姓氏。

惠民縣，位於山東省北部。秦爲厭次縣，西漢改爲富平縣，東漢復名厭次。北齊省入陽信縣。隋復置，屬渤海郡。唐爲棣州治。北宋大中祥符八年（1015）移今惠民縣治，爲棣州治。明洪武初棣州、厭次縣並廢。洪武六年（1373）復棣州，改名樂安縣。宣德元年（1426）改爲武定州，屬濟南府。清雍正二年（1724）升爲武定直隸州，十二年升武定州爲府，置惠民縣爲府治。

倭什布，字喬庵，滿洲正紅旗人，乾隆四十四年任惠民知縣。

劉長靈，字桂堂，廣西全州人，乾隆二十二年進士。曾任湖北廣濟知縣。

卷一地里志（沿革、疆域、星野、河渠、鄉鎮〔鋪遞附〕、集市、古跡〔塚墓附〕、風俗、物產）；卷二建置志（城池〔公署、坊表附〕，學宫〔書院、義學附〕，壇壝〔祠廟、寺觀附〕，倉庫〔譙樓、教場、津梁、普濟堂、養濟院、義塚附〕）；卷三祀典志，賦役志（户口、田賦科額、存留開除、起運、存倉、鹽法、雜稅、義田附），軍旅志（設兵、用兵），祥異志；卷四官師志，選舉志（徵辟、賢良、孝廉附、進士、舉人、貢生、武進士、武舉人、封蔭）；卷五人物志（王侯、名宦、仕跡〔武功附〕、忠節、孝友、義行）；卷六人物志（文學〔藝術附〕、隱逸〔耆壽附〕、列女）；卷七至十藝文志。

凡例云："惠民自雍正十二年武定由州升府，始設其邑，歷年未久，向無志乘。而因州爲府，其地不甚增損，則邢侗之州志猶可據也。迨乾隆二十四年，前太守赫公達色主修郡乘，任其事於秀水孝廉莊肇奎、會稽諸生沈中行二君，總纂其書，精而賅，博而不雜，而惠邑地附郡郭，尤較詳於他邑。兹於正史外悉據二志，参以山東通志，及採之故家藏簡，父老見聞，考核取信，撫拾以成。"

倭什布序曰："皇上御極之四十四年己亥歲，余以量移來宰惠民，至則詢風俗、察民隱……因索取邑乘覽之，吏以州志進。余心異焉。及披閱一過，蓋志爲前明萬曆間邢太僕侗所輯。邑始名樂安郡，自宣德年平漢庶人後改名武定州，至國朝雍正十二年升州爲府，始設有附郭邑曰惠民。而邑志闕如，二百年來未有從而輯之者。……方謀所以纂修，適明年春翠華東幸，余且隨六飛效奔走，事遂輟。迨辛丑夏，意不可復事因循，爰銳志舉行，於是案牘之暇，廣諮博採，復籍諸君子網羅散佚，總之文歸諸史，謀歸諸眾，斷歸諸獨，以期無負邦國外史之遺意。……則集府志、通志，以及他邑之可考證者，悉爲採擇，其有須論斷者，一以正史爲據，傳紀人物務徵其實，文從字順，不求詭異。閱歲而書成，以付剞劂。蓋余之修惠志也，闕者補之，叢者汰之，訛者正之，誕者削之，亦惟假諸君子助，俾一邑文獻不致湮没廢墜，以副聖天子德意已耳。敢謂是書之可以信今而傳後哉？是爲序。"

職官紀事至乾隆四十八年。

"修志姓氏"錯裝訂於卷一"沿革"之後。

此爲最早《惠民縣志》，其後有沈世銓修、李晁纂光緒志三十卷首一卷末一卷本，有光緒十二年（1886）刻本和光緒二十五年柳堂校補刻本；又有光緒二十七年刻柳堂修、李鳳岡纂《惠民縣志補遺》一卷。

中國國家圖書館、中國科學院文獻情報中心、中國文化遺產研究院、北京大學圖書館、天津圖書館等十六館與臺北故宮博物院及日本東洋文庫、美國國會圖書館等有藏。

451. 清乾隆刻本陽信縣志　T3140/7226.83

〔乾隆〕《陽信縣志》八卷首一卷，清王允深修，沈佐清等纂。清乾隆二十四年

（1759）刻本。五册。半葉十行二十字，小字雙行同，白口，左右雙邊，單魚尾。框高 18.2 釐米，寬 14.1 釐米。首有乾隆二十四年王允深序，乾隆二十四年沈佐清序，舊序（嘉靖十年〔1531〕徐九皋序、萬曆十三年〔1585〕朱大紀序、武世舉序、康熙二十一年〔1682〕周處森序、乾隆九年邱天民序），凡例，修志姓氏，圖，目録。卷端題："陽信縣知縣王允深重修。"

452. 清康熙刻乾隆印本海豐縣志　T3140/3521.81

[康熙]《海豐縣志》十二卷首一卷，清胡公著修，張克家纂。清康熙九年（1670）刻乾隆印本。四册。半葉九行二十字，小字雙行同，白口，四周單邊，單魚尾。框高 20.2 釐米，寬 13.0 釐米。首有康熙九年胡公著序，康熙九年張爲仁序，康熙十年王清序，凡例，修志姓氏，目録，康熙九年張克家《邑乘述言》，圖。

海豐縣，即今山東無棣縣，位於山東省北部。西漢至北齊爲陽信縣地，隋開皇六年（586）析陽信、饒安二縣地置無棣縣，治今河北省鹽山縣舊慶雲東，屬滄州。大業時屬渤海郡。唐屬滄州。元初析西半部別置無棣縣，屬滄州，稱西無棣；東半部爲東無棣縣，屬棣州。明初省東無棣縣。洪武六年（1373）移西無棣治於舊慶雲，永樂初改慶雲縣。又置海豐縣，治今無棣舊城，屬濟南府，後屬武定州。清屬武定府。1914 年因與廣東省海豐縣重名，復名無棣縣。

胡公著，字又申，順天府宛平人，順治八年（1651）舉人。康熙七年任海豐知縣。

張克家，字西澤，海豐縣人。

卷首凡例、考訂姓氏、海豐縣總圖、城市圖、縣治圖、學宫圖、八景圖；卷一沿革表；卷二疆域志（星野、形勝、疆界、山川、古跡、里鎮）；卷三風土志（風俗志、節序、物産）；卷四事記；卷五建置志（城池、公署、學宫、壇祠、武備、惠政、坊表）；卷六職官表（宰令佐領、學博、庶職）；卷七選舉表（科第、明經、薦辟監胄、封蔭、僑寓〔改籍附〕）；卷八賦役志（户口、田畝、全例、近額）；卷九名宦列傳（賢宰、佐領、師儒）；卷十人物列傳（宦達、武略、孝子、列女）；卷十一藝文志（制書、序記、書奏、詩歌、銘狀）；卷十二雜志（衢市、寺觀、塚墓、紀異）。

王清序曰："前太宰楊公於嘉靖丁未曾得邑志於京邸，迄今世遠籍湮，不少概□，間欲搜葺遺聞，網羅當代，勒成一邑之書，有志而未逮也。吾邑張西澤先生留心文獻，鈔有舊本十數紙，雖多掛漏，尚存什一，迺以編續之責屬之。於是博採群書，參考郡乘，或訪之故老，或得諸躬歷。稿凡六易，數閱寒暑，乃克成斯書。爲志者七，爲表者三，爲列傳者二，其事則□於前，其例則循諸舊，綱舉目張，事具而言該，其用心可謂勤矣。夫邑志之缺殆百餘年，先生於散佚之後，殫精□求，補苴罅漏，遂使久廢無徵之典，一旦燦然可觀，後之□國史者，其有取於斯乎？□既就適張致□司寇榷關於杭，乃爲區處工費鋟版以傳，不佞喜邑志之成也，爰載筆而書之。"

張爲仁序曰："冰壺王先生偕余二三同志雅欲纂述舊聞，益以近事，彙成一書，而簿書間之，迄未卒業。乃以所見聞授余兄西澤氏，而西澤氏久已任厥事，搜遺補闕，矻矻者數季矣。爲卷十二，類分四十有六，凡志所有事，無不備具。……余司榷武林，飽闕多暇，與二三同志重訂嚴核，以爲可久。蕞爾偏隅，雖典章未備，而一人一事亦即六經諸史之旁流而分見者也，因纂録以付剞劂。"

職官紀事至康熙二十二年。版印模糊，字跡漫漶。"弘""曆"二字避諱。

此爲現存唯一之海豐縣志。另有宣統二年（1910）佚名編《海豐縣鄉土志》不分卷，僅鈔本存世。

中國國家圖書館、中國科學院文獻情報中心、中國文化遺產研究院、上海圖書館、北京大學圖書館等近三十館與"中央研究院"歷史語言研究所傅斯年圖書館、臺北故宮博物院及日本東洋文庫藏康熙九年刻本。

453. 清乾隆刻本蒲臺縣志　　T3140/424.83

[乾隆]《蒲臺縣志》四卷首一卷，清嚴文典修，任相纂。清乾隆二十八年（1763）刻本。四册。半葉九行二十字，小字雙行同，白口，左右雙邊，單魚尾。框高 19.3 釐米，寬 13.7 釐米。首有乾隆二十八年張至學序，乾隆二十八年嚴文典序，乾隆二十八年任相序，目録。首一卷有舊序（王爾彦序、萬曆十九年〔1591〕李時芳序、何詩序、李化龍序、嚴曾業序、宋世厚序、孔興珩序、李栯序），修志姓氏，凡例，圖考。扉頁題："乾隆二十八年重修。蒲臺縣志。本衙藏板。"

454. 清康熙刻嘉慶增補刊本新修齊東縣志　　T3140/0259.81

[康熙]《新修齊東縣志》八卷續一卷，清余爲霖纂修。清康熙二十四年（1685）刻嘉慶八年（1803）增補刊本。六册。半葉八行二十字，小字雙行同，白口，四周雙邊，單魚尾。框高 17 釐米，寬 12.5 釐米。首有康熙二十四年余爲霖序，舊序（正德十一年〔1516〕蕭敬諫序、萬曆四十五年〔1617〕劉希夔序、正德十一年蕭敬諫序、張夢鯨序），凡例，修志姓氏，圖，目録。末有康熙二十四年王中興跋。卷端題："齊東縣知縣余爲霖纂。"

《齊東縣志續》含多處"嘉慶八年"紀年。"弘""曆"二字避諱。

《中國地方志聯合目録》《中國地方志總目提要》均未著録"《齊東縣志續》一卷"。

455. 清康熙刻本鄒平縣景物志　T3140/2210.81b

　　［康熙］《鄒平縣景物志》十六卷，清成晉徵纂，清康熙三十一年（1692）寫刻本。六冊。半葉九行十八字，小字雙行同，白口，四周雙邊，單魚尾。框高 17.3 釐米，寬 14.2 釐米。首有康熙三十一年成晉徵序，目錄。卷一至二、七至十六首題："邑人成晉徵纂，男成弘發校，德徵呂公禄訂。"卷三至六首題："邑人成晉徵纂，男成弘發校，姪成厚發參，德徵呂公禄訂。"

　　鄒平縣，位於今山東省中部偏北。古爲鄒侯國，西漢置鄒平縣，屬濟南郡。南朝宋廢鄒平縣。隋開皇三年（583）移平原縣於鄒平故縣，十八年改平原縣爲鄒平縣，屬齊州，後屬齊郡。唐屬淄州。北宋宣和七年（1125）徙今治。元屬濟南路，明、清同屬濟南府。

　　成晉徵，字昭其，山東鄒平人，順治六年（1649）進士。曾任太原管糧同知。治學精於《易》，曾著《周易心解》一卷。

　　卷一建置考；卷二山川考；卷三園林考；卷四廬舍考；卷五寺廟考；卷六祠墓考；卷七古跡考；卷八雜志；卷九列爵考；卷十官守考；卷十一名宦考；卷十二至十三名賢考；卷十四鄉賢考；卷十五隱逸考；卷十六列女考。

　　成晉徵序曰："國家將成宇宙全書，而先之以採十五國之風，備官備物，必不使一隅之或闕，故雖小邑亦不得無志也。邑有志，鄒固可志，而鄒之景與物亦可志。吾亦在鄒言鄒而已。何也？吾鄒產也，生於鄒，長於鄒，凡鄒所有，惟鄒之人知之，故境內山川、人物、名賢、遺跡，一草一木之微，或隱或顯之處，皆所習見習聞，而公祖父母、名公鉅卿，又多即事題詠，遂成佳話。不爲彙輯，則文章必至散失，而芳跡亦且湮没矣。余故採而志之，事必核實，物必考備，但使海內觀者知有鄒，並知鄒所有，而鄒之景與物，其亦有幸也夫。是集也，輿圖、戶口、田賦、版籍概不錄，統以候當事之秉彤管者。鄙俚荒略，苟且成書，余小子實多懼焉。"

　　紀事至康熙三十一年。"玄"字避諱，"弘""曆"二字未避諱。版印較佳。

　　《鄒平縣志》《鄒平通史存目》著錄該書。

　　《中國地方志聯合目錄》《中國地方志總目提要》未著錄。

456. 清康熙刻乾隆印本鄒平縣志　T3140/2210.81

　　［康熙］《鄒平縣志》八卷，清程素期修，程之芳等纂。清康熙三十五年（1696）刻乾隆印本。八冊。半葉十行二十字，小字雙行同，白口，四周單邊，單魚尾。框

高 18.8 釐米，寬 14.5 釐米。首有康熙三十四年程素期序，康熙三十五年劉謙吉序，康熙三十五年李興祖序，舊序（順治十六年〔1659〕施閏章序），修志姓氏，凡例，目録，圖。卷端題："鄒平縣令天都程素期修輯。"

程素期，字坎沙，安徽繁昌籍，歙縣人，歲貢。康熙二十七年任鄒平縣知縣。

程之芳，字借山，程素期子，歲貢。

卷一方域志（沿革、山川、疆界、坊鄉、古跡、景勝）；卷二建置志（城池、街市、縣治、學宮、公館、倉局、兵防、舖舍、壇廟〔寺觀、祠庵附〕、坊表、橋梁、園亭、墳墓〔漏澤園、養濟院附〕）；卷三賦役志（户丁、地畝〔學田、祠田、官莊、義田附〕、稅糧、土貢、起存、馬政、驛遞、鹽法）；卷四官師志（古封建、名宦、知縣、縣丞、主簿、典史、教諭、訓導、賓介、四末屬）；卷五選舉志（進士、舉人、貢生、監生、博士弟子員、武進士、武舉人、人材、胄伍、后妃、戚畹、封蔭、椽史）；卷六人物志（忠臣、孝子、節烈、鴻儒、名賢、隱逸、義民、流寓、仙釋、方技）；卷七藝文志；卷八雜志（祀典、風俗、物產、災祥、軼事）。

程素期序曰："余於戊辰春奉命承乏兹土……爰取舊志披覽，見其支離附會，疑信相參，齟齬各半，蓋此志乃前令徐君修於己亥歲，迄今閱四十年所矣……余於是深爲慨惜，欲重加訂證以資考徵，緣簿書鞅掌，猝猝無暇晷，致曠此志者八載。比歲黍稷時登，雀鼠日簡，廼請邑之紳士有聞望者相與參訂而校讎之，去疑以存信，芟繁以就簡，復搜馬宛斯先生舊志遺稿，用弘潤色，適其令嗣子握手示一冊爲志補遺。時余小阮復至自邗江，是亦能夙擅著作之林者。刻意丹黃，益相考核，爰編輯以類序之，分爲八卷。於是文獻燦然稱大備焉。是集也，二三子修飾討論，而余特纂定以集其成，非敢自負爲董狐之筆也。然輶軒問俗，太史採風，持斯編以迓，亦不能無小補云。"

凡例云："鄒平舊志刻於明嘉靖十二年，卷則爲四。盛朝定鼎，歲之己亥，縣令徐君聖齊重修，卷分爲八，目則三十有二，各著弁言，節加跋語……今訂仍爲八卷，卷各統目，以八小序總致目意，藝文并作一卷，詩賦辭令皆歸之，庶幾采山者徑采水者津焉。"

官師紀事至康熙四十一年，"玄""弘""曆"二字避諱。

該縣現存最早志書爲順治《鄒平縣志》八卷（徐政修，馬驌纂，順治十七年刻本），二即此康熙志，三爲嘉慶志十八卷（李瓊林修、成啓沆等纂，嘉慶八年刻本），四爲道光志十卷（羅宗瀛修、成瓘纂）。

中國國家圖書館、北京大學圖書館等十館與日本京都大學人文科學研究所及美國國會圖書館藏康熙三十四年刻本。

457. 清康熙刻乾隆印本長山縣志　T3140/7327.81

　　[康熙]《長山縣志》十卷首一卷，清孫衍纂修。清康熙刻乾隆印本。八册。半葉十行二十二字，小字雙行同，白口，左右雙邊，單魚尾。框高 18.7 釐米，寬 14.0 釐米。首有康熙五十五年（1716）陳恂序，康熙五十五年孫衍序，凡例，目録。末有康熙五十五年孫霖百後序。卷端題："知長山縣事嘉善孫衍醒嵒氏輯。"

　　長山縣，位於山東省鄒平縣東部。南北朝時爲武强縣治所，隋開皇十八年（598）改武强縣爲長山縣，屬齊郡。唐、宋、金屬淄州，元屬般陽府路。明、清屬濟南府。1956 年撤銷，劃入鄒平縣。

　　孫衍，字宰工，號醒嵒，浙江嘉善人，康熙二十三年舉人。康熙五十二年任長山知縣。

　　卷首圖考；卷一輿地志（星野、沿革、疆域、形勝、山川、八景、風俗、鄉圖、村莊、市集、關廂、橋梁、河堤、古跡）；卷二建置志（城池、官街、公署、學校、公廨、倉廩、舖舍、壇壝、祠宇、廟觀、寺院、坊表、陵墓、祀典）；卷三秩官志（宋職、金職、元職、知縣、縣丞、主簿、典史、教諭、訓導、駐防、驛丞、大使、宦跡）；卷四食貨志（户口、田賦、起運、存留、課税、鹽法、兵防、物產）；卷五選舉志（進士、舉人、武進士、武舉人、歲貢、貢監、官蔭、薦辟、貤封、武秩、掾職、散佚、壽官、耆碩）；卷六人物志（仕業、武功、師範、孝義、卓行、勇烈、文學、隱逸、流寓、節烈）；卷七災祥志（災祥、軼事）；卷八至十藝文志。

　　陳恂序曰："明年癸巳二月，武水醒嵒孫君以甲子名孝廉來知長邑事。孫君哲嗣頌年名霖者，淹貫五經，兼通史學，與余子鈺同舉於鄉，而武水吳山又相違咫尺，余與孫君交不爲泛，晉謁時詢其土俗，察其風謡。……越乙未冬，孫君三年有成，刑清政簡。爰從退食之暇，焚膏繼晷，舉統志、省志、郡志、舊邑志，與夫稗官所紀、金石所遺，父老所傳聞，悉皆網羅抉别，考覈精詳，而且督其哲嗣頌年霖分校異同，旁參得失，句讎字酌，葺成完書。亦既彬彬乎質有其文而可無不真不確之誚矣？迺復進通邑學士文人而與之共相裁定焉，去其所疑，存其所信，討論潤色，不啻至再至三，而後勒諸汗簡，昭示來兹，則孫君之作是志也，恂不敢苟焉從事者哉？丙申仲秋剞劂告竣，郵寄一編請余弁其端。"

　　孫衍序曰："視事之初，徵諸舊志。其書僅什存二三，字跡又俱漫滅，不可復辨。蓋自明隆慶中韓侯龍修之，歷今一百五十餘年斷而未續。……乃訪之紳士，詢之芻蕘，搜之碑碣，而舊志之家藏善本者出矣，續志之略而未備者亦出矣，典故之雜出於他書，姓氏之散見於碑銘者無不出矣。因而按部就班，採新續舊，凡有見聞輒命霖兒手誌。功閲一年，稿凡四易，爲書十卷，爲紙四百一十餘葉，即不敢曰鏊然具備，亦庶存什一於千百乎？”

凡例云：“志書刊於故明隆慶三年，原有一百九十七葉。兵燹版佚，僅存八十有三，而所存者又剥蝕不可復辨。況自隆慶三年而後迄今聖上御極之五十五年，事越兩朝，年逾一百五十，人文迥異，典制懸殊，用事纂修，以資考鏡。”“退食之餘留心文獻，凡耆舊所傳，碑版所勒，并通志府志，鄰邑志所載，有與長志相關者輒命霖兒亟爲編訂。雖才蕪識淺，體制未諳，而闡幽表微，蒐羅頗力，更賴同城寮寀、闔邑紳儒共相裁定，功匪淺鮮，若參稽校閲則幕友陳君震亦與有勞焉。”“長邑志書創修者爲危侯澄、陳侯慈，重修者爲韓侯希龍，續修而未成者爲錢侯士琰、陳侯憲祖。前賢纂輯殊費苦心，兹無論已刻未刻，備載序跋於藝文，不敢忘其初也。惟創修原序久已散佚無存，深爲憾事。”“捐俸剞劂，本不願稍累邑賢，而學士大夫之表揚先烈者，率皆欣然樂助，俾速告成。孝義之風於斯可見。”

選舉紀事至康熙五十六年。“玄”“禛”“真”“弘”“曆”字避諱。

鈐印：“尚園”“明宇氏”“江煥塏印”。

現存最早長山縣志爲康熙四十三年陳憲祖纂修八卷本，有鈔本傳世；次即此孫衍纂修志；三爲嘉慶六年（1801）刻倪企望修，鍾廷瑛、徐果行纂十六卷首一卷本。

中國國家圖書館、天津圖書館、中共中央黨校圖書館等八館與臺北故宮博物院及美國國會圖書館有藏。

458. 清康熙刻乾隆印本曹州志　T3140/56.81

［康熙］《曹州志》二十卷，清佟企聖修，蘇毓眉纂。清康熙十三年（1674）刻乾隆印本。十册。半葉十行二十字，小字雙行同，白口，四周單邊，單魚尾。框高21.4釐米，寬15.2釐米。首有康熙十三年佟企聖序，康熙十三年蘇毓眉序，舊序（萬曆二十二年〔1594〕許恩序、正德十年〔1515〕吳瓚序、天啓元年〔1621〕潘永澄小引），凡例，修志姓氏，目録。

曹州，位於今山東省西南部。北周武帝以西兗州改置曹州，隋大業初改爲濟陰郡，唐武德初復爲曹州，轄境約相當今山東省菏澤、曹縣、成武、東明及河南省蘭考、民權等地。北宋崇寧初升爲興仁府，金天會八年（1130）復爲曹州，大定八年（1168）徙曹州和濟陰縣治所於乘氏城（今菏澤市區）。明洪武元年（1368）廢濟陰縣，移治安陵城，洪武四年降曹州爲縣，正統十年（1445）復置曹州。清雍正二年（1724）升曹州爲直隸州，十三年升曹州爲曹州府，置菏澤縣爲府治。

佟企聖，字敏若，奉天寧遠州（今遼寧興城）人，蔭生。康熙九年任曹州知州。

蘇毓眉，號竹浦，山東霑化人，舉人。康熙七年任儒學學正。

卷一圖考；卷二輿地；卷三建置；卷四帝跡；卷五古跡；卷六風俗；卷七職官；卷八田賦；卷九學校；卷十秩祀；卷十一典禮；卷十二選舉；卷十三兵衛；卷十四河防；卷十五至十六人物；卷十七至十八藝文；卷十九災祥；卷二十雜志。

佟企聖序曰：“康熙十年，詔起師臣衛於家，既馳赴闕，即條上便宜，次及通志，旋奉俞旨，檄移東省，下兗部諸縣邑。時余承乏曹土逾二載矣。曹故有志，前守所輯。初，余歷官訪問圖經，已毀兵燹無存焉者，後從掌故搜得殘編，缺略頗甚，且斷自明萬曆末，後未及續。……顧簿書期會，戴星出入，方有志未遑，而郡符適至，爰集師儒縉紳、父老子弟謀厥成事。於是分曹授簡，逖稽載籍，博採傳聞，蒐羅逸軼，發揚幽潛，讎校魯魚之訛，刊定帝虎之陋，期不謬於前修，足徵信於將來。斯役也，雖述以繼作，實因而兼創。編次甫畢，遂以副本恭呈大府，復精選棗梨，付之剞劂。爲志十八，爲卷二十，洋洋纚纚，粗具是邦志梗概矣。”

凡例云：“州以河湮，古志無考乘氏復城。前守伍禮始一輯略，繼修於吳守瓚、許守恩、潘守永澄。今所據者潘、許本，版毀於兵，然潘一遵許本，而稍增益之，人文、節孝概未表著。茲肆力搜採，接古續今，補遺訂訛，雖未稱完書而已，不至嘆文獻之無徵云。”

“玄”“胤”“禎”“弘”“曆”字避諱。

書衣貼籤曰：“《菏澤縣志》，今之菏澤昔號曹州，未有新編，仍循原刻。”

此爲現存最早之曹州志，其後有乾隆二十一年刻周尚質修，李登明、謝冠纂《曹州府志》二十二卷。

中國國家圖書館、中國科學院文獻情報中心、上海圖書館、南京圖書館等十館與“中央研究院”歷史語言研究所傅斯年圖書館、臺北故宮博物院及日本內閣文庫、東洋文庫、美國國會圖書館等藏康熙十三年刻本。

459. 清乾隆刻本曹州府志　T3139/5030.83

［乾隆］《曹州府志》二十二卷，清周尚質修，李登明等纂。清乾隆二十一年（1756）刻本。十二冊。半葉十行二十四字，小字雙行同，白口，左右雙邊，單魚尾。框高 22.2 釐米，寬 16.1 釐米。首有乾隆二十一年周尚質序，乾隆二十一年劉藻序，凡例，修志姓氏，目錄，圖。

460. 清康熙刻增補刊本曹縣志　T3140/5669.81

〔康熙〕《曹縣志》十八卷，清朱琦修，藍庚生纂，郭道生增補。清康熙二十四年（1685）刻五十五年增補刊本。八冊。半葉十行二十字，小字雙行同，白口，四周單邊，單魚尾。框高 21.2 釐米，寬 15.5 釐米。首有康熙二十四年朱琦序，康熙五十五年郭道生序，康熙十二年門可榮序，盧道和序，康熙二十四年劉逢甲序，康熙十一年憲文，舊序（嘉靖十八年〔1539〕隆文良序、萬曆十八年〔1590〕錢達道序、羅大奎序、崇禎十三年〔1641〕郭萬象序），舊跋（袁一俊跋、萬曆十八年蔡弼謹跋、崇禎十三年任萬民跋、陳策跋），圖考，目録，曹縣六次修志姓氏，凡例，續修縣志詳文。

曹縣，位於今山東省西南部。明洪武四年（1371）降曹州爲縣，屬濟寧府。正統十年（1445）復置曹州。清雍正十三年（1735）曹州升府，曹縣因屬曹州府。

朱琦，字又韓，號鶴聞，江南婁縣籍，上海人，貢監。康熙二十一年任曹縣知縣。

藍庚生，字長白，任子，歲貢，考授縣丞。

卷一疆域志（沿革、星野、山川、都社、集鎮、名跡、陵墓、風俗、節序、形勢、八景、道里）；卷二建置志（城池、官署、倉庫、行署、橋梁、舖舍、坊表、書院、宮室、武備、郵政）；卷三賦役志（戶口、地畝、税糧起運〔丁地起運、本色起運、漕倉二項〕、税糧存留〔起運腳價、河道項下、雜文、官俸役食、驛站里甲夫馬〕）；卷四物産志；卷五學校志（建修、文廟〔附陪祀〕、儒學、名額、祭器、碑數、射圃、武學、學田、社田、鄉飲酒禮）；卷六祠祀志（祀典、祠廟、寺觀〔塔附〕）；卷七河防志（沿考、事紀、堤防、水候、條議）；卷八王侯志（帝王、后妃、封建）；卷九官職志（歷代建設、國朝員額）；卷十名宦志（太守、郡臣、令長、縣佐、學博）；卷十一選舉志（徵辟、甲科、鄉薦、明經、武職、武科、援納、貤封、恩蔭、耆老）；卷十二至十四人物志（歷代名賢、國朝名賢、歷代女範、遊寓、仙釋）；卷十五綸音志（御製、勅諭、特增、諭祭）；卷十六至十七藝文志；卷十八雜稽志（災祥、兵燹、謠讖、鑒戒）。

朱琦序曰："今上御極之癸亥歲，余剖符治曹。……歲在甲子，兗守張公纂輯府屬諸志，來命余曰：'曹志成於癸丑，迄今已十三年矣。……凡此者皆有司之責也。彙而集之以勤梓人，其誰曰不宜？'余乃申上臺，開志局，延貢士藍庚生司編輯，命廩生謝國壁、張際奇、蔡蘭、蔡維屏同校閲，余乃總其事而鑒定之。名仍其舊，寔核其真，去冗删繁，摭遺飾質，歷三月而書成，因付剞劂，以詔來□……"

郭道生序曰："邑之有志歷有年所，維時修之，則久而不湮。今皇上龍飛之五十五載，歲在丙申，距乙丑已三十餘年矣。……余以菲才上承天子之命而來爲吏，則其責固極重矣。憶自壬辰冬蒞茲邑，覩茲書，輒自懼自勵……幾四年於茲，不敢稍有寧晷……適遇郡尊金公以鉅手筆纂充屬諸志，命各州邑採輯近事以繼前烈，意甚深也，舉甚盛也。……爰與邑之紳衿深謀而悉諮之，或以承前，或以啓後，條分臚列，以新厥觀。"

選舉、職官紀事至康熙三十三年。人物紀事至康熙五十五年。"玄""弘""曆"字未避諱。

現存最早曹縣志係康熙十二年刻門可榮修、王以較纂十八卷本，次即此康熙二十四年刻本及其康熙五十五年增補刻本，三即光緒十年（1884）陳嗣良修，孟廣來、賈廼延纂十八卷首一卷本。

中國國家圖書館、上海圖書館、浙江省圖書館等八館與臺北故宮博物院及美國國會圖書館等有藏。

461. 清康熙刻乾隆印本鄆城縣志　T3140/7245.81

［康熙］《鄆城縣志》八卷，清張盛銘修，趙肅等纂。清康熙五十五年（1716）刻乾隆印本。四册。半葉九行二十字，小字雙行同，白口，四周單邊，單魚尾。框高 20.2 釐米，寬 14.1 釐米。首有康熙五十五年張盛銘序，康熙四十八年陳良謨序，目錄，凡例，舊序跋（崇禎七年〔1634〕米嘉穗序、隆慶元年〔1567〕王敬序、崇禎七年湯維新跋），圖。

鄆城縣，位於山東省西南部。春秋魯鄆邑地，北周係廩丘縣置清澤縣，治今鄆城縣東，屬濮陽郡。隋開皇初改清澤縣爲萬安縣，開皇十年（590）置鄆州，十八年又改萬安縣爲鄆城縣；大業初廢鄆州，屬東平郡。唐復置鄆州，鄆城縣屬之。五代改屬濟州，北宋因之。金大定六年（1166）鄆城縣遷今治。元屬濟寧路，明屬濟寧州，清屬曹州府。

張盛銘，字又新，號篋甫，廣西臨桂（今桂林）人，康熙三十五年舉人。康熙五十二年任鄆城知縣。

趙肅，字謝功，鄆城人，舉人。

卷一圖經志（星野圖、地脈圖、縣境圖、縣城圖、縣治圖、學宮圖、十景圖、沿革圖），方輿志（星野、沿革、疆域、形勢、山川、古跡、十景、風俗）；卷二城池、縣治、公署、學宮附書院雜建、壇祠、坊表、街衢、橋梁、里社、舖舍、鎮堡、集市；卷三田賦志（户口、土田、賦役、馬政、河工、學田、義塚、物産）；卷四政教志（官師、名宦）；卷五人物志（先賢、鄉賢、勳業、文學、忠節、孝、義、貞烈、高隱、流寓）；卷六選舉志（進士、舉人、貢士、武科、貤封、恩蔭、監生、異途、武職）；卷七雜稽志（河患、災祥、寇變、寺觀、邱墓、園墅）；卷八藝文志。

張盛銘序曰："余惟郟乘自乙丑夏輯於前任陳白峰，迄今三十餘稔……郡伯金會稽公治本襲黃，更擅史才，流覽府志，缺漏垂二十年，毅然以纂修爲己任，採訪故實，下逮州邑。是則郟志一書校讎之責，余又何敢以固陋辭？爰與邑二三君子廣諮詢，覈信疑，約繁補軼，因舊圖新，雖言之不文，未足以副鉅典，然攸係極重，而惟公惟直，慎記載，詳真僞，余與二三君子庶可自亮至慾。即志以爲史，惟上之金會稽公，更經筆削，彙成府志云爾。"

凡例云："邑志從前無縣考傳，聞正德初年有野人逸書紀郟事大略，嗣後趙公若唐因之，稍加筆削，彙成一册。又三十年，隆慶改元，王公敬同鄉大夫、知府侯祁、諸生張鎬、賈館、高燦、侯詔、侯郿、趙魏更修之，共二帙。嗣後米侯復行纂修，同邑大夫李瓚，儒官趙栩然，貢生劉附袞、王永熙，諸生王永新、仝硊、黃國翰、陳法、黃之芬、黃之芳編爲八卷。後康熙二十四年陳公良謨又行重修，同邑翰林魏希徵，進士王劼，廩生劉大受、趙可化仍輯成八卷，迄今三十餘載，因革損益，不無異同。張公盛銘集邑中紳士採事實，補殘缺，紹先啓後，實賴斯編。"

選舉、職官紀事至康熙五十三年。版印模糊，字跡漫漶，"弘""曆"字避諱。

現存最早郟城縣志係嘉靖十九年（1540）刻馬奇纂修《郟城志》二卷，次爲崇禎七年（1634）刻米嘉穗修、孫鯨纂八卷本，三爲此康熙志八卷本，四係光緒十九年（1893）刻畢炳炎等修、趙翰鑾等纂十六卷首一卷本。

中國國家圖書館、中國科學院文獻情報中心、中共中央黨校圖書館、南開大學圖書館、山東大學圖書館等九館與臺北故宮博物院及日本內閣文庫、美國國會圖書館等有藏。

462. 清乾隆刻本東明縣志　　T3134/5062.83

［乾隆］《東明縣志》八卷，清儲元升等纂修。清乾隆二十一年（1756）刻本（卷首、卷一、八配補鈔本）。十六册。半葉九行二十一字，小字雙行同，白口，四周雙邊，單魚尾。框高 21.8 釐米，寬 14.6 釐米。首有乾隆二十一年儲元升序，康熙十一年（1672）楊日升序，康熙十一年盧毓粹序，康熙十二年戴元序，舊序（嘉靖十五年〔1536〕高橡序、萬曆□□年常澄序、萬曆四十年〔1612〕李遇知序、天啓三年（1623）張福臻序、順治三年（1646）張學知序、康熙十一年楊日升序、康熙十一年盧毓粹序、康熙十二年戴元序），康熙十一年七月二十四日部咨，憲行，康熙、雍正修志姓氏，乾隆二十一年修志姓氏，凡例，吳鵬程《貢生張復振捐刻志板呈批》，目錄。

東明縣，西漢置東昏縣，屬陳留郡。晉省，北宋乾德年間復置東明縣，屬開封府。金初廢，後復置。元屬大名路開州。明洪武元年（1368）遷治今縣西，屬河南分省開州，十年省入長垣縣，弘治三年（1490）復置。清屬大名府開州。今屬山東省菏澤市。

儲元升，江南宜興人，雍正二年（1724）進士。乾隆二十年任東明知縣。

卷一輿地志（圖考、沿革、星野、山河、形勝、堤堰、古跡、物產、風俗）；卷二建置志（城池、里至、舖舍、官署、學宮、壇壝、倉堡、社學、橋梁、壕墻、兵防）；卷三田賦志（里甲、屯衛、戶口、地畝、河地、賦稅、條鞭、學田、義田、市集、課稅、鹽政、斗級、收頭、馬政、火夫）；卷四職官志（設官、宦跡、生祠）；卷五選舉志（進士、舉人、貢士、業舉、武弁、封爵、封贈、恩蔭、坊牌、恩命）；卷六人物志（境內、僑寓、貞烈）；卷七雜志（災祥、妖異、外傳、逸事、仙釋、寺觀）；卷八藝文志。

儲元升序曰："予以菲才來蒞茲土……因將高陽諸公所修之縣誌觀之……但舊志版已漫漶，又多殘缺失次，蓋自高公創其始，常、李、張諸公繼其後，楊公集其全，迄今八十餘年未有續修成帙者。予竊不自揆，欲繼高楊諸公之志，將取其舊而新之，詢有雍正七年未刊舊稿，加以近今十餘年來未登於志者，依類而增入之，遂延貢生董榮官、吳鵬程、李欽，郡庠生范元福協同纂輯，予略加斟定，未閱兩月而告竣。……因乏費未付梓，武邑司訓張復振者，以寒素友教後學，獨捐歷年節蓄館俸資剞劂，而是書乃獲觀成。"

紀事至乾隆二十一年。"弘""曆"未避諱。

東明有志，始於明嘉靖高橡創修，萬曆年間常澄、李遇知重修，天啓三年張福臻再次纂修，惜已佚。清代凡三修，順治三年張學知纂修的東明縣志亦已佚，現存最早的爲康熙十二年楊日升纂修八卷本，《中國地方志聯合目錄》和《中國地方志總目提要》著錄此康熙八卷本的纂修者爲"清金世德修，楊日升纂"，《中國地方志總目提要》進一步説明："世德，時任東明知縣。日升，邑人。"誤。金世德，時任直隸巡撫、都察院右副都御史，係該志的總裁。楊日升，江西新城人，順治十二年進士，康熙七至十四年任東明縣知縣，故應著錄"楊日升修"。該乾隆志後，還有宣統三年（1911）周保琛修、李曾裕纂東明縣續志四卷，有民國十三年（1924）鉛印本。

中國國家圖書館、北京大學圖書館、南開大學圖書館等十館與臺北故宮博物院、臺北"內政部"圖書館及日本東洋文庫，美國國會圖書館、法國國家圖書館等有藏。

463. 清順治刻本河南通志　T3143/3242.80

[順治]《河南通志》五十卷，清賈漢復修，沈荃等纂。清順治十七年（1660）刻本（卷首、卷一至二、三十至三十四配補鈔本）。三十册。半葉十行二十字，小字雙行同，白口，四周雙邊，單魚尾。框高 25.1 釐米，寬 17.7 釐米。首有順治十七年賈漢復序，順治十七年李森先序，順治十七年李粹然序，順治十七年劉源潚序，順治十七年田六善序，順治十七年徐化成序，沈荃序，順治十七年劉昌序，順治十七年薛所蘊序，順治十七年傅景星序，熊奮渭序，順治十七年李日芳序，順治十七年許作梅序，順治十七年梁羽明序，順治十七年王紫綬序，順治十七年陳爌序，順治十七年張文光序，順治十七年李目序，王無咎序，順治十七年傅作霖序，順治十七年李胤昷序，順治十七年賈漢復《進呈通志疏》，凡例，修志姓氏，目錄。

河南，古豫州，今河南省一帶，位於中國中東部，黄河中下游，因其大部分地域位於黄河以南而得名。

賈漢復，字膠侯，滿洲籍，山西曲沃人，順治十四年任河南巡撫。

沈荃，江南青浦（今屬上海市）人，順治九年探花。順治十三年任分巡大梁道副使。

卷一圖考；卷二至三建置沿革；卷四星野（祥異附）；卷五疆域（形勢附）；卷六山川（關津、橋梁附）；卷七風俗；卷八城池（兵禦附）；卷九河防；卷十封建；卷十一户口；卷十二田賦；卷十三物産；卷十四職官；卷十五公署；卷十六學校（貢院、書院附）；卷十七選舉（武勳附）；卷十八祠祀；卷十九陵墓；卷二十古跡（寺觀附）；卷二十一帝王（后妃附）；卷二十二至二十四名宦；卷二十五至二十八人物；卷二十九孝義；卷三十列女；卷三十一流寓；卷三十二隱逸；卷三十三仙釋；卷三十四方伎；卷三十五至四十九藝文；卷五十雜辨（備遺附）。

賈漢復序曰："舊有通志一書，明天順間創始於提學副使劉公昌，後十餘年副使胡公謐略加芟潤，後八十年續修於都御史鄒公守愚，又三年而告成於都御史潘公恩，迄今百三十年矣。記載缺然，余竊悲之，爰檄郡邑各修厥乘。顧以編次倉猝，舛訛實繁，更屬分巡大梁道副使沈君荃補其缺略，訂其紕繆，殫筆削之勞，窮晝夜之力，自春徂夏，遂有成書。余不揣疏陋，覆加裁正焉。"

凡例云："通志與一統志不同。一統志別有會典，故職官、選舉、户口之屬不載焉，古今之文皆藝文也，故藝文不載焉。通志係一方典制，概不得遺，因分類三十。""是書觀成雖速，然採輯之後復加增訂，讎校既詳，剞劂亦善，方諸舊乘或免魯魚帝虎之誚云。"

紀事至順治十六年。"玄"字未避諱。

包背裝。字大，墨黑，書品佳。

卷二十四至二十五、三十五金鑲玉裝，紙色發白，似與其他卷不同，疑爲配補。

康熙年間詔令各省修志，頒是志爲模式，其體例對清代志書編纂影響深遠。

河南通志始於明成化年間胡謐纂修《河南總志》十九卷圖一卷，有成化十二年（1476）刻本；次爲嘉靖三十四年（1555）刻鄒守愚修、李濂纂《河南通志》四十五卷；清代屢修河南通志，首即此順治十七年本，另有康熙九年徐化成增補刻本；次爲康熙三十四年顧汧修、張沐纂五十卷本；三爲雍正年間田文鏡等纂修七十二卷本，有清鈔本傳世；四爲雍正十三年（1735）刻田文鏡等修、孫灝等纂八十卷本及其道光八年（1828）補刻本、光緒二十八年（1902）補刻本、以及民國三年河南教育司印歷次補修本；五爲乾隆三十二年刻阿思哈、嵩貴纂修《續河南通志》八十卷首四卷，另有光緒二十八年補刻本、民國三年河南教育司印歷次補修本。

中國國家圖書館、首都圖書館、北京大學圖書館、天津圖書館、河南省圖書館等十四館與"中央研究院"歷史語言研究所傅斯年圖書館及日本內閣文庫、法國國家圖書館等有藏。

464. 清康熙刻本河南通志　　T3143/3242.81

［康熙］《河南通志》五十卷，清顧汧等修，張沐等纂。清康熙三十四年（1695）刻本。十六冊。半葉十行二十字，小字雙行同，白口，四周雙邊，單魚尾。框高24.6釐米，寬17釐米。開本大小：高40.1釐米，寬24.5釐米。首有順治李森先序，顧汧序，康熙三十四年李國亮序，康熙三十四年胡介祉序，康熙三十四年祖文明序，順治十七年（1660）劉昌序，順治十七年梁羽明序，順治十七年賈漢復序，李輝祖序，康熙三十四年張沐序，沈荃序，順治十七年薛所蘊序，修志姓氏，舊志姓氏，凡例，目録。

顧汧，字伊任，江南長洲（今蘇州）人，順天府大興籍，康熙十二年進士。康熙三十二年任河南巡撫。

張沐，字仲誠，河南上蔡人，順治十五年進士。歷任直隸內黃、四川資縣知縣，時主持開封遊梁書院。

卷一圖考；卷二至三建置沿革；卷四星野（祥異附）；卷五疆域（形勢附）；卷六山川（關津、橋梁附）；卷七風俗；卷八城池、兵制；卷九河防；卷十封建；卷十一戶口；卷十二田賦（郵傳、鹽課附）；卷十三物產；卷十四職官；卷十五公署（倉庾附）；卷十六學校（貢院、書院附）；卷十七選舉（武勳附）；卷十八祠祀；卷十九陵墓；卷二十古跡（寺觀附）；卷二十一帝王（后妃附）；卷二十二至二十四名宦；卷二十五至二十八人物；卷二十九孝義；卷三十列女；卷三十一流寓；卷三十二隱逸；卷三十三仙釋；卷三十四方伎；卷三十五至四十九藝文；卷五十雜辨（備遺附）。

顧汧序曰："余昔備官館閣，屢膺總裁纂修之命。兹奉簡書來撫中土，自整攝吏民外，即披覽前撫賈公所輯通志，已歷三十餘載矣。……既檄行郡邑各修新乘，兹衷取各屬紀載之徵信及見聞所可憑者續而志之，共爲五十卷，其體例皆仍前志之舊，不欲妄有紛更，冀以補苴罅漏，爲將來者踵事增華，永永無極也。"

李國亮序曰："順治戊戌，大中丞賈公念通志一書關切民生吏治，乃於文獻無徵時亟爲纂輯，至庚子而志成，不特本朝十有七年之生聚教訓朗若列眉，即勝國八十餘年未纂之事亦并紀述而罔闕。然自賈公纂修後迄今星紀又三周矣……前撫軍顧公，館閣儒宗，力任纂修之事，即受代而去，猶以志事未竟，惓惓爲囑，今大中丞李公以名卿而節鉞是邦，更爲考訂、鑒定。余承乏旬宣，職忝提調，黽勉襄事志成……"

祖文明序曰："康熙壬申夏，明以起補復來參藩事。越明年，大司馬吳門顧公秉節撫兹地……於是蒐羅鏟茸，不期月而闕者補，幽者闡，訛者正，剝者新，庶幾今日信志，即可備他年信史。備巡方而昭文物，示勸勵而樹風聲，以上副聖天子修明統志之盛典，豈不偉歟？"

張沐序曰："康熙三十有三年夏，沐奉豫撫顧大中丞徵，主遊梁書院講席。至汴會顧公、藩憲李公、臬憲胡公及監司諸大位先生，協恭和衷，政治餘暇修舉廢墜，議及通省志書，將以纂續三十餘載脫漏之典，謬以沐爲有年，庚事宜多，將屬其事，未識沐老將知而耄已及之，屢謝不敢承。大中丞弗許曰：'無繁筆墨也。惟衆所結搆一經目，俾不致志義大爽失耳。'不得已，同二三有事聽命。而其實是書皆大中丞公平日檄取八府州縣志乘，從容玩閱時已同令昆仲戚友輩就中點訂差訛，芟繁補闕、綴續其後，政具有成帙，特以沐等豫產習知土著，不可無以商榷檢閱補贅耳。既成書，命沐爲志序。……大中丞李公年來撫豫……今其爲是書也，亦此物此志而已。舊志五十卷，公則善之，遵其體制，仍其文辭，正其偽訛，崇簡尚實，準諸禮義，删黜浮嚚，歸於正大。唯是國之大政，在祀與戎，舊頗略，今特增兵制一門，詳其祀典，又增郵傳、倉庾，纖細畢具，浮出舊書若干卷。”

偶有補鈔。

黃綾封面。

紀事至康熙三十四年。“弘”“曆”字未避諱。“玄”字有避諱，有不避諱者。

中國國家圖書館、上海圖書館、中國科學院文獻情報中心等九館、日本國會圖書館、美國國會圖書館有藏。

465. 清乾隆刻本鄭州志　T3145/8232.83

〔乾隆〕《鄭州志》十二卷首一卷，清張鉞等修，毛如誙等纂。清乾隆十三年（1748）刻，乾隆間剜修本。六冊。半葉九行二十一字，小字雙行同，白口，四周雙邊，單魚尾。框高 19.2 釐米，寬 14.7 釐米。首有憲檄，乾隆十三年蔡新序，乾隆十一年金山序，原敘（康熙三十二年〔1693〕何錫爵敘），乾隆乙丑（十年）張鉞序，乾隆十三年何源洙序，乾隆乙丑毛如誙序，目錄，姓氏，凡例八則，御製。

鄭州地處黃淮平原西緣、黃河南岸。春秋爲鄭邑。秦屬三川郡。漢屬河南郡。北周設滎州。隋開皇初改爲鄭州。唐宋仍之。明屬開封府。清雍正二年（1724）升爲直隸州，十二年復屬開封府，光緒三十年（1904）又升爲直隸州。1913年廢鄭州，州治改爲鄭縣。1928年析鄭縣縣城置鄭州市，1952年撤銷鄭縣，併入鄭州市和新鄭、中牟二縣。1954年河南省會由開封市遷至鄭州市。

張鉞，字有虔，號毅亭，直隸清苑人。雍正八年進士。乾隆三年由新鄉知縣升任鄭州知州，六年署懷慶知府，八年署光州知州，復回本任，十二年調任信陽知州。另修有《信陽州志》。

毛如誙，又名汝誙，字雲貽，河南鄭州人。康熙五十二年進士。曾任陝西宜君知縣。

卷首圖收《輿圖》《河圖》《城圖》《衛舍圖》《學宮圖》及八景圖，計十三幅。正文十二卷，列九志一百一十八目：卷一星野志（角宿、亢宿、角宿雜座、亢宿雜座、角宿占候、亢宿占候、祥異）；卷二輿地志（沿革、疆域、形勝、山川、岡阜、陂澤、溝洫、堤防、古跡、陵墓）；卷三建置志（城池、公署、學宮、貢院、書院、社學、街衢、坊表、壇壝、祠廟、集鎮、屯砦、保甲、倉廒、郵政、卹政、堡鋪、營房、橋梁）；卷四食貨志（戶口、地畝、賦稅、起運、存留、耗羨、驛遞、漕米、鹽引、雜稅、灘地、土產）；卷五禮樂志（慶賀、接詔、鐸教、迎春、耕耤、丁祭、樂章、祭器、佾舞、武廟、壇宇、祈禱、救護、祭文、鄉飲、賓興、入學、風俗）；卷六官師志（官制、知州、州同、州判、吏目、學正、訓導、驛丞、陰陽正、醫學、僧正司、道正司、名宦、防汛）；卷七選舉志（進士、舉人、貢生、武進士、武舉、封爵、襲蔭）；卷八至九人物志（名賢、孝子、忠義、政事、耆德、善行、武功、烈婦、列女、孝婦、節婦、隱逸、方伎、文學、流寓、仙釋）；卷十至十二藝文志（制誥、疏、檄、議、傳、記、序、雜著、賦、歌、頌、詩、詞、補遺）。

張鈸序："戊午春，余來是邦，檢閱舊志，自康熙癸酉後未經修輯。……甲子菊月，會藩憲趙以志乘關乎吏治，檄下所屬纂修，余乃勾稽案牘，諮詢紳耆，凡郊坰鄉墅、古碣殘碑，皆羅而致之，鈔撮釐訂，越數月而志遂以成。"此志張鈸歷任時尚未修成，繼任署理知州何源洙、知州董榕繼續主持修訂刊刻，方最後成書。

鄭州明清志書現存三部。首部爲徐恕修、王繼洛纂《鄭州志》六卷，列六門三十二目，嘉靖三十一年（1552）付梓。其次爲何錫爵修、黃志清纂《鄭州志》十二卷，以順治十五年（1658）劉永清所修志書（今已佚）爲基礎增纂而成，列一百零四目，康熙三十二年（1693）刊刻。此乾隆志爲第三部。

有缺葉：卷首圖第九葉，卷十一第二十、第二十四葉。

卷中"弘"缺末筆、"曆"作"歷"，復經剜除，未補，但亦有剜除不盡者。剜修重印時間當在乾隆間。

中國國家圖書館、中國科學院文獻情報中心、中國國家博物館、中國文化遺產研究院、中國水利水電科學研究院圖書館等三十九館與"中央研究院"歷史語言研究所傅斯年圖書館、臺北故宮博物院、孫逸仙博士紀念圖書館及日本東洋文庫、京都大學人文科學研究所、美國國會圖書館、法國國家圖書館、吉美博物館、法國亞洲學會亦有入藏。

466. 清乾隆刻本中牟縣志　　T3145/5025.83

［乾隆］《中牟縣志》十一卷首一卷，清孫和相修，王廷宣纂。清乾隆二十年（1755）刻本。十二册。半葉十行二十二字，小字雙行同，白口，左右雙邊，單魚尾。框高 20.9 釐米，寬 15.1 釐米。首有原序一則（康熙乙卯〔十四年，1675〕韓蓋光序），乾隆十九年孫和相序，目錄，圖考志，姓氏。卷端題："邑令孫和相纂修。"

中牟縣地處黃河下游南岸。戰國爲魏中牟邑。西漢設中牟縣，屬河南郡。晉屬滎陽郡。隋開皇元年（581）避文帝楊堅之父楊忠諱改名內牟縣，十八年（598）改名圃田縣。唐武德三年（620）復名中牟縣。五代梁屬開封府。元屬汴梁路。明、清屬開封府。今屬河南省鄭州市。

孫和相，字越薪，山東諸城人。乾隆三年舉人。乾隆十二年任中牟知縣。

王廷宣，河南中牟人。雍正十年（1732）舉人。

卷首圖考志收《縣境全圖》《縣城圖》《公署圖》《學宮圖》《河渠圖》等五幅。正文十一卷，列九志七十四目：卷一輿地志（沿革、星野、疆域、河渠、隄防、橋梁、里堡〔附村莊〕、鎮集、古跡、邱墓、土産、風俗、祥異）；卷二建置志（城池、公署、學宮、壇壝、保汛、驛遞、倉儲、廟祠〔附坊牌〕）；卷三禮樂志（祀典、慶賀、詔書、日月食、迎春、賓興、鄉飲〔附講約〕）；卷四田賦志（户口、田糧、起解、存留、應支、驛站、雜税、鹽政）；卷五職官志（封爵、知縣、縣丞、主簿、典史、教諭、訓導、驛丞〔附兵防〕）；卷六名宦志；卷七選舉志（薦舉、甲科、鄉科、貢生〔附例貢〕、武甲科、武鄉科）；卷八人物志（鄉賢、武功、孝義、耆壽、節烈、仙釋、叢談）；卷九至十一藝文志（制物、奏疏〔附詳文〕、列傳、碑記、序、銘、題跋、箴、頌、贊、賦、四言詩、五言古、七言古、五言律、七言律、七言絶句〔附八景詩〕）。

孫和相序述纂修經過甚詳：“丁卯冬，余自洧奉調來牟，披覽舊志，字多磨滅，或依稀得諸行間，或連篇累葉無復點畫可辨，蓋此志修於順治己亥，再修於康熙乙卯，迄今已八十年矣。……迨諸務甫畢，遂復與司鐸王君謀及此，而邑孝廉王子廷宣、梁子三韓、文學較子事本亦雅有同心，授以累年所采訪者，供其廩餼，開館分輯。正將訂其成而付之梓，適余委署睢州，越數月又奉鈞陽之檄，旋又代篆許昌，風塵鞅掌，終無暇及。……迨至甲戌秋七月，余由許回牟，司鐸王君已擢去，乃復延王子廷宣輩及諸生優於學者分類排纂，至九月始成完書。”

中牟縣明清所修志書現存六部。其一爲韓思忠纂修《中牟縣志》七卷，分四十五門，正德十年（1515）刊刻。其後萬曆年間曾修志，今已佚，僅序文存天啓志。其二爲段燿然修、張民表纂《中牟縣志》五卷，分六門六十七目，天啓六年（1626）付梓。其三爲吳彦芳修、徐廷壽纂《中牟縣志》十五卷，分二十三門，順治十六年（1659）刻。其四爲韓蓋光修、冉觀祖纂《中牟縣志》十五卷，承襲順治志全文並加以續補，所續者標“續”字，新增者則標“增”字，康熙十四年補刻續纂部分，合順治原版印行。其五即此乾隆志。其六爲吳若烺修、焦子蕃纂《中牟縣志》十二卷，分十門六十六目，同治九年（1870）刊刻。

此志卷五職官志教諭目紀事至乾隆二十年，則刻成當在該年。《中國地方志聯合目録》《中國地方志總目提要》《美國哈佛大學哈佛燕京圖書館藏中國舊方志目録》均著録爲乾隆十九年刻本，係據卷首序文署款著録，不確。

此本末葉鈐“孫華卿印”朱文方印（2.2×2.2釐米）。

有鈔配：卷四第一葉前半葉等，兹不備録。有缺葉：序文第一至第四葉、卷一第三十三葉等，兹不備録。

中國科學院文獻情報中心、故宮博物院圖書館、北京大學圖書館、天津圖書館、遼寧省圖書館等十一館與臺北故宮博物院及日本東洋文庫、京都大學人文科學研究所、美國國會圖書館、法國國家圖書館亦有入藏。

467. 清乾隆刻本鞏縣志　T3145/15.83

　　〔乾隆〕《鞏縣志》二十卷首一卷，清李述武修，張九鉞纂。清乾隆五十四年（1789）刻本。六冊。半葉十行二十二字，小字雙行同，白口，左右雙邊，單魚尾。框高 19.4 釐米，寬 13.9 釐米。首有乾隆己酉（五十四年）劉文徽序，李述武序，鞏縣志目，恭紀。卷端題："鞏縣知縣李述武纂修。"

　　鞏縣地處嵩山北麓、黃河南岸。西周爲鞏國。秦置鞏縣，屬三川郡。漢屬河南郡。東魏屬成皋郡。隋屬河南郡。唐属河南府。金属金昌府。元、明、清屬河南府。1991 年改爲鞏義市。今屬河南省鄭州市。

　　李述武，雲南路南州（今路南縣）人。舉人。乾隆五十一年任鞏縣知縣。

　　張九鉞（1721—1803），字度西，號紫峴，湖南湘潭人。乾隆二十七年舉人。歷任江西峽江、南昌知縣，廣東始興、保昌、海陽知縣，後以捕盜不力被黜，游歷嵩洛間，晚年主講昭潭書院十餘年。撰有《陶園詩集》《陶園詩餘》《晉南隨筆》等，後人輯有《紫峴山人全集》。

　　此志二十卷，分十六志：卷一輿圖志，有疆域山川圖、縣城圖、學宮圖、宋陵圖、八景圖等；卷二地理志（星野、沿革、疆域〔形勝附〕）；卷三建置志（城池、公署、倉廒、驛遞〔舖舍附〕、兵防、保里、鎮集、街巷、津梁、坊表、堤防、卹政）；卷四山川志；卷五祀典志；卷六風俗志；卷七物産志；卷八賦役志（田賦、户口、積貯、鹽引、蠲免）；卷九學校志（書院附）；卷十至十一職官志（知縣、縣丞、主簿、典史、教諭、訓導、武職，名宦）；卷十二選舉志（薦辟、進士、舉人、貢生〔例貢監附〕、武進士、武舉、武勳、封贈、鄉飲〔農官、壽官附〕）；卷十三至十四人物志（儒林、名臣、政績、武功、忠節、孝義，流寓、列女）；卷十五至十六古跡志（邑城、宮殿〔臺室亭館附〕、宅里、書院、溝渠〔陂池並載〕、倉場、關塞、屯堡、道路〔驛遞附〕、津渡、橋梁、壇廟、陵墓、寺觀）；卷十七金石志；卷十八至十九藝文志；卷二十祥異志。瞿宣穎《方志考稿甲集》評此志"筆墨凡庸，差存故實而已"。

　　李述武序："述武以丙午孟冬承乏是邑，首謁郡伯今升糧鹽觀察都梁劉公，公語述武曰：'……鞏舊志體例蕪雜，文不雅馴，焉足備輶軒採擇，且四十餘年來令甲之昭垂、恩膏之疊沛，及孝義節烈所當舉善而教者，不可任其紀載缺如，子盍謀新之？'述武歸繙舊志，惕然久之。……延湘潭張紫峴明府開局城南公廨，與孫君及衆薦紳慎加編輯。……是役也，起己酉孟夏，斷手季夏，剞劂成，述其顛末於卷首。"

此本版印不佳，部分文字模糊難識，爲後印本無疑。卷八末葉係補刻。裝幀形制較簡單，以紙撚穿釘書芯，首葉前粘貼單葉黃紙封面。有缺葉，兹不備録。

鞏縣明代多次修志，但今存者僅周泗修、康紹第纂《鞏縣志》八卷一部，平列四十九門，嘉靖三十四年（1555）付梓。清代凡五次修志。首部爲順治十二年（1655）張好奇所修，其次爲康熙三十年（1691）顏光昌志，其三爲康熙五十年多時奇所修，均已亡佚。乾隆間先後兩次纂修，均流傳至今，前者爲乾隆十年志，邱軒昂修，曹鵬翅、趙發軔纂，全書四卷，列二十三門；後者即此乾隆五十四年志，又有1923年鉛印本。

中國國家圖書館、中國科學院文獻情報中心、中國第一歷史檔案館、中國國家博物館、中國文化遺產研究院等三十二館與“中央研究院”歷史語言研究所傅斯年圖書館、臺北故宮博物院及日本東洋文庫、京都大學人文科學研究所、美國國會圖書館、法蘭西學院漢學研究所、法國巴黎 M.R. 赫杜圖書館亦有入藏。

468. 清乾隆刻本滎陽縣志　　T3145/997.83

［乾隆］《滎陽縣志》十二卷，清李煦修，李清纂。清乾隆十二年（1747）刻本。四册。半葉九行二十一字，小字雙行同，白口，四周雙邊，單魚尾。框高 19.2 釐米，寬 14.9 釐米。前有滎陽縣輿地圖，乾隆十一年李煦敘，沈青崖序，凡例十則，姓氏。

滎陽縣地處黃淮平原西緣、黃河南岸。戰國爲韓滎陽邑，得名於地處古滎澤之北。秦置滎陽縣。唐天授二年（691）改爲武泰縣，神龍元年（705）復名滎陽縣。北宋熙寧五年（1072）併入管城縣，元祐元年（1086）復置。元明清相沿不廢。1994年改爲滎陽市（縣級）。今屬河南省鄭州市。

李煦，字扶東，四川富順人。康熙五十六年（1717）舉人。乾隆六年任滎陽知縣。

李清，字索川，河南滎陽人。康熙六十年進士。曾任江蘇清河知縣。

書前《滎陽縣輿地圖》收疆域圖、縣城圖、學宮圖、十景圖，計十三幅。正文十二卷，列十二門：卷一星野志；卷二地理志，有名義、沿革、疆域、形勝、山川、古跡、陵墓、土產、四禮、節序、災祥等目；卷三建置志，有城池、公署、學宮、行臺、書院、倉廒、驛遞、營堡、駐防、郵舍、壇廟、卹政、坊表、橋梁、集鎮、鄉堡、祠宇等目；卷四賦役志，有戶口、額鹽、雜稅等目；卷五禮樂志，有拜牌儀節、送迎使命儀節、朔望儀節、迎春儀節、耕耤儀節、文廟、武廟、社稷壇、祈禱儀節、鄉約儀節、賓興儀節、儒學儀節等目；卷六事實志，即歷代大事記；卷七秩官志；卷八選舉志，有薦辟、進士等目；卷九人物志，有忠義、武功、孝友、文苑、流寓等目；卷十列女志；卷十一藝文志，所録以碑記居多；卷十二雜著，録傳記、詩賦、碑記等。

附彩繪大幅地圖二張，其一爲《滎陽縣輿圖》，其二爲《滎陽縣河圖》，均鈐有滿漢文合璧"滎陽縣印"朱文大方印（6.7×6.7 釐米），可知原爲滎陽縣衙之物。

李煦敘："甲子秋，藩憲滇南趙公檄飭各郡邑續修志乘，余雖不文，敢勿黽勉。爰即康熙戊午歲之舊志，取史傳、通志參互考訂，芟其蕪，補其缺，凡六十餘年內茲土之事之人，廣搜□輯，而權衡於其間，一周星而竣厥事。"

滎陽縣，明清所修志書現存三部。首部爲嘉靖間所修《滎陽縣志》二卷，列九門，記述較簡略，紀事至嘉靖十三年（1534），纂修人不詳，未刊刻，僅有鈔本傳世。其次爲顧天挺纂修《滎陽縣志》八卷，列八門六十九目，康熙十七年刊刻。此乾隆志爲第三部。

此本版印不佳，文字漫漶，係後印本。

中國國家圖書館、中國科學院文獻情報中心、中國國家博物館、中國文化遺産研究院、北京大學圖書館等二十七館與"中央研究院"歷史語言研究所傅斯年圖書館、臺北故宮博物院及日本東洋文庫、京都大學人文科學研究所、美國國會圖書館、法國國家圖書館亦有入藏。

469. 清乾隆刻本滎澤縣志　T3145/9334.83

［乾隆］《滎澤縣志》十四卷，清崔淇修，王博、李維嶠纂。清乾隆十三年（1748）刻本。四册。半葉九行二十字，小字雙行同，白口，四周雙邊，單魚尾。框高 19.9 釐米，寬 14.2 釐米。前有乾隆十一年朱繡序，乾隆十一年崔淇序，乾隆十三年何源洙敘，乾隆十一年李士甄敘，凡例十則，姓氏，目錄，圖。

滎澤縣地處黃淮平原西緣、黃河南岸。隋開皇四年（584）設廣武縣，屬滎陽郡。仁壽元年（601）改爲滎澤縣。唐屬鄭州。北宋熙寧五年（1072）併入管城縣，元祐元年（1086）復設，屬鄭州。明成化十五年（1479）移治今鄭州市西北古滎鎮。清屬開封府。1931 年與河陰縣合併爲廣武縣，1949 年併入成皋縣，1954 年再併入滎陽縣。1994 年滎陽縣改爲滎陽市，屬河南省鄭州市。

崔淇，字子瞻，山西襄垣人。雍正十一年（1733）進士。乾隆九年至十三年任滎澤知縣。

王博，字濬五，河南滎澤人。乾隆三年舉人。

李維嶠，字純四，河南滎澤人。乾隆三年舉人。

書前有《縣境圖》《滎武界圖》《城池圖》《縣署圖》《學宮圖》及八景圖，計十三幅。正文十四卷，列十三志：卷一星野志；卷二地理志，有沿革、山川等目；卷三建置志，有城池、官署、學校、倉廒、郵政、坊表、橋梁、營汛、驛遞等目；卷四職官志；卷五選舉志；卷六人物志，有孝義、耆壽、流寓、方伎、后妃、列女等目；卷七賦役志有戶口、地糧、起運、養廉、雜稅、鹽課等目；卷八河防志，以時代爲序，載歷代築堤開渠等治河史事，頗有參考價值；卷九禮樂志，載拜牌、入學、耕耤、鄉飲酒等各種儀節；卷十風俗志；卷十一古跡志，有寺觀、塚墓、碑碣、事跡等目，事跡即歷代大事記，亦入此志，有體例淆亂之弊；卷十二祥異志；卷十三至十四藝文志，錄碑記、墓銘、詩。

崔淇序："兹復奉藩憲嚴檄郡憲，諄諭以重修邑志爲事，因思余任伊時曾補葺伊志，今亦焉敢過辭。……由是延訪紳士，各抒所知，爰備採輯，麟次編集。"

榮澤縣，明代曾經修志，今已亡佚。清代凡三次修志。首部爲段補聖、每可薦修，李珋、沈士秀纂《榮澤縣志》八卷，分八門五十八目，記載較簡略，順治十六年（1659）刻。其次爲王畹修，賀元士纂《榮澤縣志》八卷，列二十門五十二目，康熙三十四年（1695）刊刻。此乾隆志爲第三部。

中國國家圖書館、中國科學院文獻情報中心、中國文化遺產研究院、北京大學圖書館、北京師範大學圖書館等三十館與"中央研究院"歷史語言研究所傅斯年圖書館、臺北故宮博物院及日本東洋文庫、京都大學人文科學研究所、美國國會圖書館、法國國家圖書館、法國亞洲學會亦有入藏。

470. 清乾隆刻本氾水縣志　T3145/3113.83

〔乾隆〕《氾水縣志》二十二卷，清許勉燉修，禹殿鰲纂。清乾隆十年（1745）刻，十三年增刻，三十四年再增刻本。二函八冊。半葉九行二十字，小字雙行同，白口，四周雙邊，單魚尾。框高19.5釐米，寬13.6釐米。前有乾隆九年趙城序，凡例十二則，乾隆九年禹殿鰲序，姓氏，乾隆九年許勉燉序，目錄，輿圖。

河陰縣地處黃淮平原西緣、黃河南岸。漢置成皋縣，屬河南郡。隋開皇十八年（598）改名氾水縣，屬鄭州。唐垂拱四年（688）改名廣武縣，神龍元年（705）復名氾水縣。開元間屬河南府，會昌三年（843）改屬孟州。金至明屬鄭州。清先後隸屬開封府、鄭州。1948年與廣武縣合設成皋縣。1954年併入滎陽縣。1994年滎陽縣改爲滎陽市，屬河南省鄭州市。

許勉燉，字思晦，號晚榆，浙江海寧人。雍正四年（1726）舉人。歷任河南魯山、永寧、柘城、正陽知縣，乾隆三年任氾水知縣，乾隆十四年調任陳留知縣。著有《韻薈》《通鑑歲得》《續三元考》《僻姓經見錄》《訂補宮閨小名錄》《晚榆軒詩文集》《華城酬唱集》等，另修有《陳留縣志》。生平見〔乾隆〕《海寧州志》。

禹殿鰲，字大川，號謙齋，河南氾水人。康熙五十九年（1720）舉人。歷任湖北沔陽知州、施南府同知、黃州知府。

書前輿圖收《縣境圖》《縣城圖》《縣治圖》《學宮圖》、十景圖並配詞，計十四幅。正文二十二卷：卷一星野；卷二沿革；卷三地理；卷四建置；卷五、卷六職官；卷七、卷八選舉；卷九、卷十人物；卷十一賦役；卷十二祥異；卷十三風俗；卷十四禮樂；卷十五古跡；卷十六評論；卷十七事實；卷十八至二十二藝文。星野、地理、職官、人物、祥異、古跡、評論、事實、藝文等門各有補遺若干葉。此志徵引較廣博，各條均注明出處。

許勉燉序：“舊志成於順治十六年，際流寇土賊交訌蹂躪之餘……任採輯者亦止捃摭殘編，粗存梗概，不能無遺憾於其間。……予不敏，簿書期會，無能為役，獨筆墨之好，結習未忘，日以修葺邑志為己事，懷鉛握槧，出入不離，閱一書有紀載汜邑典故者輒錄之，遇一人有記憶汜邑舊聞者輒錄之，憩一寺廟村鎮有碑銘具刻汜邑職官人物及山川風土者輒錄之，大約存舊志之原本者十之三，訂舊志之舛訛者十之一，補舊志之闕遺者十之二，續增舊志以後之事跡者十之四，積久成帙，稿凡屢易，而卒未敢自信為是，遽出以問世也。……迄今六載，既因眾紳士之環聚固請，而予且尊鑪托興於秋風、松菊縈情於荒徑，行與此土長辭，用敢舉以付梓，以畢予在汜未竟之緒，兼以了汜與予夙結之緣而已。”

《中國地方志聯合目錄》《中國地方志總目提要》《美國哈佛大學哈佛燕京圖書館藏中國舊方志目錄》均著錄此志為乾隆九年刻本，係據書前序文落款著錄，不確。按，職官門教諭、把總二項紀事均至乾隆十年，無補刻痕跡，可知此志刻成當在乾隆十年。

古跡補遺紀事至乾隆十二年。職官門知縣項許勉燉條下記其充任“辛酉甲子丁卯鄉試同考”，丁卯為乾隆十二年，其中“丁卯鄉試同考”六字係剜補，字體與全書不同；祥異門之末補刻乾隆十一年事三條；選舉門歲貢項後補刻二條，紀事至乾隆十三年。可知許勉燉於乾隆十三年增刻各門補遺，並對原版略加剜補。

又，賦役門後增刻九葉，記乾隆三十四年勘定灘地區界事，附《灘地區界定案》，末刊“乾隆三十四年十一月日知汜水縣事王作朋附刻”。

汜水縣明弘治曾修志，今已不傳，惟楊惟善弘治十一年（1498）序文存於嘉靖志。明清志書現存四部。其一為蕭珮纂修《汜水縣志》六卷，平列三十門，記述較簡略，付梓於明嘉靖三十三年（1554），今未見著錄，僅有鈔本存中國國家圖書館。其二為杜汝亮修、鄭人文纂《汜乘》八卷，約刊刻於萬曆四十五年（1617）前後，今已無全帙留存，僅鄭州市圖書館藏有殘帙，存卷三官制紀。其三為吳興儔修、賈攀鱗纂《汜誌》八卷，列八門六十五目，順治十五年（1658）刻。其四即此乾隆志，為汜水縣清代所修最後一部志書。

此本選舉門有批注多則，紀事至乾隆五十一年，當係乾隆末年人手筆。古跡門補遺之末鈔配三葉。

有缺葉，如卷六第三十六葉等，計十餘葉，茲不備録。

中國國家圖書館、北京大學圖書館、北京師範大學圖書館、中央民族大學圖書館、上海圖書館等十三館與臺北故宮博物院及日本東洋文庫、英國國家圖書館亦有入藏。

471. 清康熙刻乾隆剜修本河陰縣志　　T3145/3273.81

［康熙］《河陰縣志》四卷，清申奇彩修，毛泰徵等纂。清康熙三十年（1691）刻本，乾隆間剜修本。四册。半葉八行二十字，白口，四周雙邊，單魚尾。框高20.8 釐米，寬 13.6 釐米。前有憲檄，康熙三十年申奇彩序，舊志序二則（順治十四年〔1657〕萬谷陽序、順治十三年范爲憲序），目録，修志姓氏。書後有宋夢吕跋。

河陰縣地處黄淮平原西緣、黄河南岸。唐開元二十二年（734）析汜水、滎澤、武陟三縣地置，屬河南府。金至清前期屬鄭州。乾隆三十年（1765）併入滎澤縣，爲河陰鄉。1912 年復置河陰縣，1931 年與滎澤縣合併爲廣武縣，1948 年再與汜水縣合併爲成皋縣，1954 年併入滎陽縣。1994 年滎陽縣改爲滎陽市，屬河南省鄭州市。

申奇彩，字長文，奉天遼陽人。修志時任河陰知縣。

毛泰徵，字天來，河南河陰人。歲貢。曾任河南魯山縣訓導。

此志四卷，列十六門：卷一總圖、沿革、天文（災祥）、四至、建置上（城池、村鎮、公署、學校），總圖目僅《縣境圖》一幅，四至、天文、城池、公署、學校等門目各有插圖；卷二建置下（橋梁、倉庫、社學、街巷、坊第、祀典、書院、河防）、山川、古跡、風俗、土産、陵墓、寺觀、賦役（學租、灘田、鹽法、保甲、户口、經費）；卷三職官（知縣、典史、教諭、訓導、名宦），科貢（進士、舉人、選貢、歲貢、例貢、鄉貢、貤封、武備、戚畹），人物（忠義、孝行、烈女、流寓、隱逸）；卷四藝文。

申奇彩序謂：“今撫都憲閻大人檄修邑乘，此邦得失將開卷瞭然。”可知此志係承河南巡撫閻興邦之命而纂修。

卷中“弘”“曆”剜改作“宏”“歷”，當爲乾隆間剜修本。首册封面書名簽刊“河陰鄉志”。按，河陰縣於乾隆三十年併入滎澤縣，則其重印時間當在乾隆朝後期。

河陰縣，明代及清順治間均曾修志，今皆已亡佚。此康熙志爲現存首部志書。其後至光緒間，舉人蘇鵬翥私撰《河陰志稿》十六卷，搜羅較此本爲富，未刊，僅有稿本殘帙存世，其内容爲民國初年蔣藩所纂《河陰縣志》十七卷所本。

中國國家圖書館、中國科學院文獻情報中心、故宮博物院圖書館、中國第一歷史檔案館、中國文化遺産研究院等二十二館與"中央研究院"歷史語言研究所傅斯年圖書館、臺北故宮博物院及日本東洋文庫、東京大學東洋文化研究所、京都大學人文科學研究所、美國國會圖書館亦有入藏。

472. 清康熙刻乾隆剜修本密縣志　T3145/3369.81

[康熙]《密縣志》六卷，清袁良怡修，李士珩纂。清康熙三十四年（1695）刻，乾隆間剜修本。四册。半葉九行二十一字，小字雙行同，白口，左右雙邊，單魚尾。框高 21.5 釐米，寬 15.8 釐米。前有康熙三十四年袁良怡序，圖，目録，姓氏，條上續修縣志劄子。

密縣地處嵩山東麓。西漢置密縣，屬河南郡。西晉至北朝歷屬滎陽郡、成皋郡。隋初屬鄭州，大業二年（606）併入新鄭縣，十二年復置。唐歷屬密州、鄭州、洛州、河南府。金復屬鄭州。元屬鈞州。明萬曆初改屬禹州。清屬開封府。1994 年改爲新密市。今屬河南省鄭州市。

袁良怡，湖北興國州人。貢生。康熙三十一年任密縣知縣。

李士珩，字瑞徵，河南密縣人。順治十四年（1657）舉人。曾任廣東感恩縣知縣。

書前有縣境、縣城二圖。正文六卷，列六志四十八目：卷一方域志（沿革、疆域、分野、山川、古跡、八景、風俗、物産、災祥）；卷二建置志（城池、官署、行署、屬署、祠祀、寺觀、倉場、舖舍、橋梁、街巷、坊第、鄉村墩堡、集鎮）；卷三賦役志（田土、里甲、户口、人丁、賦税、經費、鹽法）；卷四職官志（官師表、統屬、列傳）；卷五人物志（古聖、昔賢、科貢年表、武科、勳跡、義行、孝行、貞節、流寓、仙釋、賓耆、耆壽、雜進）；卷六藝文志（碑記、序賦、歌詩），後有舊志序四篇（李芝蘭、韓繼文、傅景星、李鵬鳴）。

袁良怡序："不佞於治鏞八年，兹忽補密，甫越月，輒蒙閫中丞催攝陽城，且以手書示怡曰：賢尹既兼兩邑之篆，即爲兩邑之主，所當急將衷王兩令續修舊志再三參閱。乃居無何而閫中丞往鎮古黔。……星霜三換，邇則復攝東里，日奔走於車塵馬足間，而李大中丞老大人又忽趣上邑乘，不佞因與兩齋學博共對而商。……用是遴選諸生入局，相與統任採輯，廣收博取，去獨從同，縷晰條分。"

密縣志書創始於成化二十年（1484），其後萬曆元年（1573）蕭文元、崇禎七年（1634）苗之廷均曾重修，三志今皆已亡佚。清代凡五次修志。首部爲李芝蘭修、韓繼文纂《密縣志》八卷，據崇禎志續補而成，順治九年（1652）付梓，現僅有殘本存世。其次爲李鵬鳴修、韓繼文纂《密縣志》四卷，内容沿襲順治九年志，依巡撫賈漢復所頒格式重新編排，略爲增補順治九年以後史事，分四卷四十七門，順治十六年付梓。其三即此康熙志。其四爲秦勷纂修、史流馨續修《密縣志》十二卷，乾隆十八年（1753）刊刻。其五爲景綸修、謝增纂《密縣志》十六卷，分圖、表、志、目四體，列十一門二十四目，嘉慶二十二年（1817）刻。

卷中"弘"、"曆"二字剜除不補，當爲乾隆間剜修本。

卷一沿革目、卷五武職目有批注數條，訂補志文疏誤。

中國國家圖書館、中國科學院南京地理與湖泊研究所圖書館、華南師範大學圖書館、廣西師範大學圖書館、四川省圖書館等五館與臺北故宮博物院亦有入藏。

473. 清康熙刻本新鄭縣志　　T3145/0282.81

[康熙]《新鄭縣志》四卷，清朱廷獻修，劉曰烓等纂。清康熙三十三年（1694）刻本。四册。半葉九行二十一字，小字雙行同，白口，四周雙邊，單魚尾。框高20.2 釐米，寬15.4 釐米。首有康熙三十三年朱廷獻序，《開封府新鄭縣鈔蒙行縣修志憲牌并頒行凡例》，目錄，修志姓氏，凡例，圖。卷端題："開封府新鄭縣知縣朱廷獻纂修。"

新鄭縣，位於今河南省中部。春秋時鄭武公將國都由咸林遷此，後爲韓國都城。秦置新鄭縣，屬潁川郡。西晉廢。隋開皇十六年（596）復置，屬滎陽郡。唐、五代、北宋屬鄭州，金、元屬鈞州，明、清屬開封府。

朱廷獻，字巽谷，江南上海人，康熙十八年進士。康熙二十八年任新鄭知縣。

劉曰烓，字仲旭，新鄭縣人，舉人。

卷一繪圖，地里志（星野、疆域、山川、形勝、封建、沿革、水利、土産），建置志（城池、壇壝、學校、縣治、倉庫、囹圄、司館、郵驛、書院、坊表、橋梁、保、屯、鎮店、市集、演武場、藥局、養濟院、義塚），田賦志（户口、田土、墾地、丁地錢糧科則總額、本色款項、存留解給款項、存留雜支款、恩蠲、舊裁欵項、舊志原裁款項、鹽法、河工、學田、雜税）；卷二風俗志（時尚、節候、俗習、教育、保甲、防禦、土俗説、總論、附鄭聲辯），官師志（知縣、縣丞、主簿、典史、教諭、訓導、驛丞、雜職、名宦），科貢志（進士、舉人、歲貢、武科、例監、薦舉、封贈、恩蔭、特恩、雜途）；卷三人物志，祠祀志（典祀、祠廟、寺觀、陵墓、古跡、八景）；卷四藝文志，雜志（祥異、兵燹、雜辨、遺事）。

朱廷獻序曰："予於己巳夏之新鄭官，明年秋奉閣大中丞檄修邑志，辛未書成以稿本上，壬申冬字無損益飭就梓人。予以衝驛旁午，卒卒未能將事。閱甲戌春，顧大中丞來撫豫，吏畏民懷，百廢具舉，復檄各屬僉謀剞劂，梓成例得弁語簡端。……乃自己亥迄今閱三十餘年莫之或講，不無報殘守闕，有待於作者其亟。乃先後兩撫憲雅志振興，弘修鉅典，嚴檄各郡邑及時修舉，予不敏，敢不黾勉從事？……爰據圖籍載考方聞，復集邑之紳士并博學君子校讎參訂，繁者删之，佚者補之，舛誤者引經據典而訂正之，稿凡數易，誠慎之也。"

凡例云："本邑往乘俱已無徵，今以明萬曆四十六年知縣陳大忠修者爲古志，以國朝順治十六年（1659）知縣馮嗣京修者爲舊志，乃是原本互相校訂，仍各注明本欵以備考核。"

"玄"字避諱。

現存最早新鄭縣志係順治十六年（1659）刻馮嗣京修、張光祖纂五卷本；次爲此康熙朱廷獻修本；三爲乾隆四十一年（1776）刻黃本誠纂修三十一卷首一卷本。

中國國家圖書館、中國科學院文獻情報中心、北京大學圖書館、天津圖書館、中國科學院南京地理與湖泊研究所圖書館、臺北"内政部"圖書館、日本國會圖書館有藏。

474. 清乾隆刻本新鄭縣志　T3145/028.83

［乾隆］《新鄭縣志》三十一卷首一卷，清黃本誠纂修。清乾隆四十一年（1776）刻本。十二册。半葉十行二十六字，小字雙行同，黑口，四周單邊，單魚尾。框高20.2 釐米，寬 14.4 釐米。首一卷有乾隆四十一年黃本誠序，舊序（順治十六年〔1659〕馮嗣京序、順治十六年張光祖序、康熙三十三年〔1694〕朱廷獻序），目録，修志姓氏，凡例。

475. 清康熙刻本登封縣志　T3145/1144.81

［康熙］《登封縣志》十卷，清張聖誥修，焦欽寵纂。清康熙三十五年（1696）刻本。八册。半葉九行二十二字，小字雙行同，白口，左右雙邊，單魚尾。框高19.4 釐米，寬 14.2 釐米。前有康熙丙子（三十五年）景日昣序，焦欽寵重修登封縣志紀事，康熙三十五年高一麟跋，纂修姓氏，凡例十二則，目録。卷端題："登封縣知縣閭山張聖誥編輯。"

登封縣地處嵩山南麓。周爲潁邑。秦置陽城縣。西漢置崇高縣。東漢廢。北魏天安二年（467）置潁陽縣，太和十三年（489）析置堙陽縣。隋開皇六年（586）改堙陽縣爲武林縣，十八年改爲綸氏縣，大業元年（605）再改爲嵩陽縣。武周萬歲登封元年（696）改爲登封縣，屬洛州。金併潁陽縣入登封縣，屬金昌府。元屬河南府路。明、清屬河南府。1994 年撤縣設登封市。今屬河南省鄭州市。

張聖誥，字紫書，號韋庵，遼東廣寧（今遼寧省北鎮市）人。監生。康熙三十二年（1693）任登封知縣。

焦欽寵，字錫三，号樗林，河南登封人。貢生。著有《樗林詩存》《樗林文存》，參與纂修《少林寺志》。

全書十卷，列十志：卷一圖繪志（《縣總圖》《縣城圖》《縣署圖》《中嶽廟圖》《嵩陽書院圖》《太室圖》《少室圖》《箕山圖》《測景臺圖》《轘轅關圖》《盧巖圖》《石淙圖》《龍潭圖》《少林寺圖》《疊石溪圖》《五嶽真形圖》）；卷二輿地志（疆域、里社、鎮店〔鋪司附〕、沿革、星野、戶口、田賦、鹽課、風俗）；卷三嶽祀志（廟祀、巡幸、祭典、詔告）；卷四建置志（城池、公署、壇廟、學宮〔書院附〕、坊牌）；卷五山川志（山屬、川屬、古跡、陵墓）；卷六職官志（知縣、縣丞、主簿、典史、教諭、訓導、宦遊）；卷七人物志（前賢、進士、舉人、貢士、例監、貤恩、蔭敘、武科、孝義、隱寓、節烈）；卷八方外志（寺觀、羽流、緇流）；卷九物產志（金石類、草木類、禽魚類、災祥）；卷十藝文志（詔、制、書、表、疏、序、記、贊、論、頌、銘、題名、跋、碑、傳、賦、四言古詩、五言古詩、七言古詩、五言律詩、七言律詩、排律、五言絕句、七言絕句），搜羅頗富，篇幅佔全書一半。

景日昣序：“庚午，余從事省志之役，核邑之沿革、星野，輯爲卷詳焉。適閶山韋庵張父母蒞茲土，慨此墜典，協謀舉事。昣因得請，乃同樗林、矩庵兩先生張局更例，分類編摩，酌繁簡，剖疑難，而以補遺正訛爲首務，折衷韋庵父母。志成，爲卷十，爲類八十有八，於舊志因革半矣。”

《中國地方志聯合目録》《中國地方志總目提要》《美國哈佛大學哈佛燕京圖書館藏中國舊方志目録》均著録此志爲“張聖浩修”，有誤。

登封縣，明成化間、正德間均曾修志，今已不存，僅有序文載後此諸志。現存最早志書爲侯泰、王玉鉉纂修《登封新志》六卷，因正德志增補而成，列三十一門，明嘉靖八年（1529）付梓。其次爲鄧南金修、李明通纂《登封縣志》十卷，列二十九門，隆慶三年（1569）刊刻。再次爲張朝瑞修、焦復亨纂《登封縣志》七卷，分七門五十二目，順治九年（1652）刻。其四爲張壎纂修《登封縣志》十卷，《美國國會圖書館藏中國方志目録》著録作康熙二十年木活字本。其五即此康熙三十五年志。其六爲施奕簪修、焦如蘅纂《登封縣志》十卷，沿襲康熙志體例依類增纂而成，分十門七十六目，乾隆九年（1744）刊。其七爲陸繼萼修、洪亮吉纂《登封縣志》，有記、表、簿、志、傳、録六體，分二十八門，以考訂精審見長，刊刻於乾隆五十二年。

此本間有朱墨雙色批注，訂正、增補志文。

中國國家圖書館、北京大學圖書館等五館及日本東洋文庫亦有入藏。

476. 清乾隆刻本登封縣志　T3145/1144.83

　　[乾隆]《登封縣志》三十二卷,清陸繼萼修,洪亮吉纂。清乾隆五十二年(1787)刻本。八册。半葉十一行二十一字,小字雙行同,粗黑口,左右雙邊,雙魚尾。框高 17.3 釐米,寬 14.4 釐米。前有扉頁,畢沅敘,洪亮吉敘録,劉文徽敘,目録。卷端題:"太常寺博士洪亮吉、登封縣知縣陸繼萼同纂。"

　　陸繼萼,江蘇陽湖(今常州市)人。舉人。乾隆五十一年任登封知縣。

　　洪亮吉(1746—1809),字君直、稚存,號北江。江蘇陽湖(今常州市)人。乾隆五十五年恩科進士,榜眼。早年屢試不中,先後入安徽學政朱筠、陝西巡撫畢沅幕府。後任貴州學政。嘉慶四年(1799)上書言事觸怒皇帝,流放伊犁,百日之後釋還,從此居家撰述。著有《卷施閣詩文集》《附鮚軒詩集》《更生齋詩文集》《北江詩話》《春秋左傳詁》等。

　　全書三十二卷,有記、表、簿、傳、録五體,分二十八門:卷一皇德記;卷二輿圖記,收《疆輿全圖》《縣城圖》《縣署圖》《文廟圖》《中嶽廟圖》《嵩陽書院圖》《太室圖》《少室圖》《箕山圖》《測景臺圖》《盧巖圖》《疊石溪圖》《轘轅關圖》《石淙圖》《少林寺圖》《會善寺圖》,計十六幅;卷三至五土地記;卷六至七山川記;卷八大事記;卷九道里記、風土記;卷十至十一壇廟記;卷十二伽藍記;卷十三冢墓記;卷十四職官表;卷十五選舉表;卷十六户口簿、會計簿;卷十七學校志;卷十八衙署志;卷十九名勝志;卷二十物産志;卷二十一循吏傳、先賢傳;卷二十二列士傳、列女傳;卷二十三逸人傳;卷二十四高僧傳;卷二十五至卷二十九麗藻録,輯録詔誥、疏、表、頌、贊、論、書、跋、序、記、傳、賦、歌辭、詩等甚豐;卷三十金石録,各條載存佚、位置、撰人、書手、著録,間有録文及按語,體例頗善;卷三十一雜録;卷三十二敘録,收舊志序七則(傅作霖、耿介重、郭文華、張聖誥、景日昣、施奕簪、張鴞薦)。據洪亮吉敘録,各門皆仿古書纂輯,如伽藍記仿楊衒之《洛陽伽藍記》、會計簿仿李常《元祐會計簿》、金石録仿趙明誠《金石録》等。瞿宣穎《方志考稿甲集》評此志"以考稽故籍、衷於雅訓見長,其於綜核傳信之功亦未能備"。

　　劉文徽敘:"陽湖陸君以孝廉來宰是邑,甫下車,即以續修邑志爲務,屬其事於常博洪稚存。"畢沅敘:"及門洪常博稚存,深於地理之學,向在關中,余曾屬助校華嶽及關中勝跡圖等志。今從余客大梁,適宰登封陸君爲稚存同里,因以志事屬焉,余又急慫恿之。凡四閱月而成,爲記十,爲表二、簿二,爲志四,爲傳六,爲録二,合三十卷。稚存病夫近時府州縣志皆俚而不典,信傳聞而忽書傳,故其命名皆取於秦漢以來至唐宋而止,又徵引歷史及記傳皆不厭其詳,必無可徵,始採舊志及採訪事實以補之，可謂通於作史之義者矣。"

扉頁刊："乾隆丁未仲秋登封縣志。本衙藏板。"

中國國家圖書館、首都圖書館、中國科學院文獻情報中心、中國第一歷史檔案館、中國國家博物館等六十五館與"中央研究院"歷史語言研究所傅斯年圖書館、臺北故宮博物院、孫逸仙博士紀念圖書館、臺北"内政部"圖書館及日本東洋文庫、東京大學東洋文化研究所、京都大學人文科學研究所、美國國會圖書館、法國國家圖書館、法國亞洲學會、英國倫敦大學亞非學院、德國慕尼黑大學東亞研究所亦有入藏。

477. 清康熙刻乾隆印本開封府志　T3144/7244.81

［康熙］《開封府志》四十卷，清管竭忠修，張沐纂。清康熙三十四年（1695）刻乾隆印本。十册。半葉十行二十字，小字雙行同，白口，四周單邊，單魚尾。框高 22.3 釐米，寬 16.3 釐米。首有康熙三十四年李□□序，康熙三十四年祖文明序，康熙三十四年管竭忠序，康熙三十四年胡介祉序，舊序（順治十七年〔1660〕沈荃序、順治十六年錢綸序），目録，修志姓氏，舊修志姓氏（順治十六年）。

"胤""弘""曆"避諱。

478. 清乾隆刻本杞縣志　T3145/4169.83

［乾隆］《杞縣志》二十四卷，清周璣修，朱璿纂。清乾隆五十三年（1788）刻本。二函十二册。半葉十行二十一字，小字雙行同，白口，左右雙邊，單魚尾。框高 18.2 釐米，寬 14.3 釐米。前有乾隆五十三年周璣序，凡例十九則，修志姓氏，目録，全圖考。

杞縣地處豫東平原。西周爲杞國。春秋爲宋雍丘邑。秦置雍丘縣。隋開皇十六年（596）於雍丘縣置杞州，大業三年（607）廢州。唐武德四年（621）復置杞州，貞觀元年（627）再廢。五代後晉改雍丘縣爲杞縣，後漢復稱雍丘縣。金正隆後再改爲杞縣。元屬汴梁路。明清屬開封府。今屬河南省開封市。

周璣（1729—1819），字玉圃，湖南桂陽人。乾隆二十四年舉人。乾隆四十八年由尉氏知縣轉任杞縣知縣。後歷任鄧州知州、南陽知府、江西督糧道。

朱璿，字元圃，江南人。乾隆四十五年舉人。

書前《全圖考》收《縣城圖》《學宫圖》《縣署圖》《縣境圖》《河渠圖》，共五卷。正文二十四卷，分十四門九十目：卷一聖製；卷二天文志（星圖、分野、躔度、星氣、屬星、祥異）；卷三至四地理志（沿革、封建、古跡、疆域、山川、水利）；卷五建置志（城池、學宫、書院、衙署、倉庫、公署、壇廟、寺觀、坊表、橋梁）；卷六禮樂志（秩祠、鄉飲）；卷七田賦志（賦税、漕糧、户口、地畝、存留、支發、河夫、鹽課）；卷八風土志（風俗、物産）；卷九職官志（刺史、縣令、縣佐、治屬、教諭、訓導、名宦）；卷十至十一選舉志（薦辟、賢良方正、進士、孝廉、舉人）；卷十二武備志（兵防、千總、烽堠、驛遞、軍衛）；卷十三至十八人物志（古聖、名儒、忠烈、直諫、事功、循績、孝友、篤行、文苑、武功、隱逸、善良、遊俠、流寓、方伎、耆農）；卷十九至二十列女志（后妃、名媛、義烈、烈女、烈婦、孝女、孝婦、賢婦、節婦）；卷二十一至二十三藝文志（碑記、銘、贊、頌、疏、表、傳、序、文、辯、引、詩歌）；卷二十四敘録志（舊志序、書籍目、舊修志姓氏），舊志序載明徐元序、康熙癸酉（三十二年，1693）李繼烈序、康熙癸酉王昌基序、康熙庚午（二十九年）耿念劬序、康熙癸酉張發辰序、何彝光序、乾隆乙丑（十年）王之衛序、乾隆丁卯（十二年）沈青崖序。瞿宣穎《方志考稿甲集》評此志“於史事殊少措意”。

周璣序：“杞自去年來歲稔無事，余乘時勢大修學宫，移置書院，凡一切祠廟俱爲整飭矣，謀及志書又不可不重爲增修也。適遇江左朗齋徐君、元圃朱君過杞，遂設館授餐於侯氏之西園，相與上下古今，朝夕商確，首自星野、災祥、豐歉，次及山川、水利、沿革、建置，以至賦税之增减、職官之次第、人材之代興，莫不條分縷析，列眉指掌。其有不安於舊志者，繁則删之，缺則補之，訛則正之，淆則釐之，至人物一門，尤加意搜羅，平心論定，無缺無濫。總十二門，分若干卷，閱數月其書復成。”

杞縣，明清志書現存五部。首部爲蔡時雍修、王顯志纂《杞縣志》八卷，分八門七十五目，嘉靖二十五年（1546）付梓，今僅有殘本藏上海圖書館，存卷五至八。其次爲馬應龍纂修《杞乘》四十八卷，採用正史體裁，有總紀二、表六、考八、事述五、世家六、列傳二十一，萬曆二十七年（1599）刊刻，今僅有孤本存中國國家圖書館。其三爲李繼烈、何彝光纂修《杞縣志》二十卷，以順治間吳守審志（今已佚）爲基礎續補而成，康熙三十二年刻，今僅有殘本，存卷三至二十。其四爲王之衛修、潘均纂《杞縣志》二十卷，列十二門五十目，乾隆十一年（1746）刻。其五即此乾隆五十三年志。

修志姓氏載“繪圖邑人侯宗麟（宛駒）”。

中國國家圖書館、中國科學院文獻情報中心、中國文化遺産研究院、中國民族圖書館、北京大學圖書館等四十二館與“中央研究院”歷史語言研究所傅斯年圖書館、臺北故宫博物院、孫逸仙博士紀念圖書館及日本東洋文庫、京都大學人文科學研究所、美國國會圖書館、法蘭西學院漢學研究所亦有入藏。

479. 清乾隆刻本祥符縣志　　T3145/058.83

〔乾隆〕《祥符縣志》二十二卷，清張淑載修，魯曾煜等纂。清乾隆四年（1739）刻本。十二册。半葉九行二十字，小字雙行同，白口，四周雙邊，單魚尾。框高19.7釐米，寬13.4釐米。首有乾隆四年張淑載序，乾隆四年尹會一序，凡例，修志姓氏，輿圖。

480. 清乾隆刻本通許縣志　　T3145/330.83

〔乾隆〕《通許縣志》十卷，清阮龍光修，邵自祐纂。清乾隆三十五年（1770）刻本。六册。半葉十行二十二字，小字雙行同，白口，四周雙邊，單魚尾。框高19.7釐米，寬14.1釐米。前有乾隆三十五年阮龍光序，原序四則（王應珮序、陳爌序、陳正序、李枝序），修志姓氏，舊志纂修姓氏，凡例十八條，目錄。書後有乾隆三十五年喬瑞璋跋。

通許縣地處豫東平原。北宋建隆三年（962）置通許鎮，得名於臨近開封通往許昌的大道。咸平五年（1002）置咸平縣。金大定二十九年（1189）改爲通許縣，屬開封府。元屬汴梁路。明清屬開封府。今屬河南省開封市。

阮龍光，字見田，號雲溪，江西新建人。舉人。乾隆二十七年任通許知縣。

邵自祐，字斂五，號葵露，順天府大興縣人。咸平書院山長。

此志十卷，列八門七十一目：卷一輿地志（圖考、星土、疆域〔形勢附〕、沿革、山川、風俗、物産、古跡、邱墓、祥異），圖考目有《縣境圖》《縣城圖》《縣署圖》《學宮圖》《城隍廟》《書院圖》；卷二建置志（城池，公署〔倉庫、監獄附〕，學校〔書院附〕，兵制，祠廟，寺觀，村鎮〔橋梁附〕，街巷〔坊表附〕）；卷三田賦志（里甲、戶口、田稅、雜稅、鹽課、恤政）；卷四禮樂志（典祀、壇壝、拜牌、拜詔、朔望、赴任、迎春、賓興、鄉飲、鄉約、祈禱、救護）；卷五官師志（總部、知縣、縣丞、主簿、典史、驛丞、教諭、訓導、宦績）；卷六人物志（列傳、忠烈、孝友、義行、列女）；卷七選舉志（進士、舉人、武科〔武職附〕、恩貢、拔貢、副貢、歲貢、例監、薦辟、封贈〔胥掾、優老附〕）；卷八至十藝文志（誥勅、誌銘、墓表、誄、傳、引、啟、辯、疏、碑記，詩）。瞿宣穎《方志考稿甲集》謂“舊志門類無次，紀序冗雜，今悉爲更訂，各以類從，所舉糾正諸條，爲功亦不細也”。

阮龍光序：“舊志修於雍正戊申，迄今四十餘年，簡編零落，字跡模糊。……爰捐俸五十金爲倡，諸紳士欣然醵金襄之，遂設局於咸平書院。院長邵葵露先生，燕臺名宿也，珊筆主稿，學博喬君峨然、分訓王君位南、邑孝廉員君耀南互相考訂，龍光乘簿書之暇，與共商榷，載筆於己丑七月，脫稿於庚寅四月。”

通許縣，明清志書現存五部。首部爲陳正修，韓玉、張瑤等纂《通許縣志》二卷，記述簡要，嘉靖二十四年（1545）付梓。其後清初順治間知縣賈待旌再修，今已不見著錄。其次爲吳轍修，張正、王榮先纂《通許縣志》十卷，列二十五門，康熙三十二年（1693）刊刻。其三爲王應珮修，韓鼎、景份纂《通許縣志》十卷，列十七門，雍正八年（1730）刻。其四即此乾隆志。

中國國家圖書館、中國科學院文獻情報中心、故宮博物院圖書館、中國第一歷史檔案館、中國國家博物館等四十三館與“中央研究院”歷史語言研究所傅斯年圖書館、臺北故宮博物院、臺北“內政部”圖書館及日本東洋文庫、京都大學人文科學研究所、美國國會圖書館、法蘭西學院漢學研究所、法國巴黎 M.R. 赫杜圖書館、法國亞洲學會亦有入藏。

481. 清順治刻乾隆剜修本尉氏縣志　　T3145/7474.80

［順治］《尉氏縣志》四卷首一卷，清高桂修，馬義則等纂。清順治十六年（1659）刻，乾隆間剜修本。六冊。半葉九行二十二字，小字雙行同，白口，四周雙邊，單魚尾。框高 22.5 釐米，寬 15.4 釐米。首有順治十五年張文光序，高桂梓邑乘紀事，圖，開封府纂修志書帖文，修志姓氏，目錄，分卷類原。

尉氏縣地處豫東平原與豫西山地過渡地帶。春秋爲鄭國尉氏邑，秦王政二年（前245）置尉氏縣，屬潁川郡。漢晉屬陳留郡。北魏興安初年廢，大安年間復置。北齊再廢。隋開皇六年（586）復置，屬潁川郡。唐屬汴州。北宋屬開封府。元屬汴梁路。明清屬開封府。今屬河南省開封市。

高桂，直隸祁州人。拔貢。順治十四年任尉氏知縣。

馬義則，字開先，河南尉氏人。貢生。曾任河南寧陵縣儒學教諭。

書前有縣城圖、學宮圖、縣治圖等共三幅。正文四卷，列四志四十六目：卷一治地志（分野、沿革、疆域〔附驛程、形勝〕、崗陵、河陂、古跡〔附八景〕、塚墓、田土、保分、城郭、街巷、坊、橋渡、市集〔附風俗〕、祥異）；卷二治官志（官僚〔實政附〕、師儒〔實行附〕、馬驛〔吏典附〕、公署〔分司、舖舍等附〕、學廟〔射圃、社學附〕、壇廟〔祠寺等附〕、戶口、貢賦、鹽法、役法、仁政）；卷三人物志（歷朝偉喆、近代儒流〔附芳躅〕、徵薦、封者、鄉飲、節烈、義輸、篤倫、義行、字學、隱逸、列女、物類）；卷四藝文志（綸誥、碑記、傳、序、賦、歌、詩）。

高桂《梓邑乘紀事》載纂修刊刻經過甚詳：“蒙撫臺憲令徵修邑志，預戒以因陋就簡，雖有前令成書，不敢唐塞。……於是敦請宿紳，廣延英畏，蠲吉開局，朝蒐夕討。不佞以履畝之暇，應務之餘，時就局而商確焉。據舊乘，參群書，諮幽隱，汰訛蕪，事必核實，文必存雅，分類列卷，按次定函，期月而脫稿。……然下里寫刻率多笨伯，恐貽累作者，因之遣使四出，物色南工，付之以剞劂之任，無奈嚴寒栗冽，硯沍金折，搦管者不便揮毫，秉劉者難於遊刃，不免稽遲時月，自戊戌中秋肇始，至己亥中春而始殺青焉。"己亥即順治十六年。

尉氏縣，明永樂、成化間均曾修志，今已亡佚。明清志書現存三部。其一爲曾嘉誥修、汪心纂《尉氏縣志》五卷，分五門六十目，嘉靖二十七年（1548）付梓。其二即此順治志。其三爲劉厚滋、沈湛修，王觀潮等纂《尉氏縣志》二十卷，列十門六十二目，道光十一年（1831）刊刻。

"禎"剜去末筆，"弘""曆"剜改作"宏""歷"，當爲乾隆間剜修本。

首册封面鈐"清心堂趙"朱文方印（2.3×2.3釐米）。

有缺葉：卷四第九、第五十九、第一百一十二葉。

中國國家圖書館、北京大學圖書館、西北大學圖書館、中國科學院南京地理與湖泊研究所圖書館、河南省社會科學院圖書館等六館與臺北故宮博物院亦有入藏。

482. 清康熙刻乾隆增刻本陳留縣志　　T3145/7976.81

［康熙］《陳留縣志》四十二卷首一卷，清鍾定纂修。清康熙三十年（1691）刻，乾隆間補刻本。八册。半葉九行二十字，小字雙行同，白口，左右雙邊，單魚尾。框高18.2釐米，寬14.1釐米。前有康熙三十年鍾定序，河南巡撫督修志書公文，目錄，凡例十一則，姓氏，圖考。

陳留縣地處豫東平原。秦置陳留縣，屬碭郡。兩漢爲陳留郡治。三國魏爲陳留國治。西晉末廢。隋開皇六年（586）復置，屬宋州。唐屬汴州。五代、宋、金屬開封府。元屬汴梁路。明、清屬開封府。1957年併入開封縣。今爲河南省開封市開封縣之一部分。

鍾定，字冬星，浙江石門人。貢生。康熙二十八年任陳留知縣。

卷首圖考收星圖、《境圖》《舊治圖》《學宮圖》《舊縣圖》等。正文四十二卷，平列三十門：卷一建置沿革；卷二星野；卷三疆域（附形勝）；卷四城池（附坊保、村集、街巷、衚衕）；卷五學校；卷六祀典；卷七公署；卷八人丁田賦；卷九山川；卷十河防；卷十一風俗；卷十二古跡；卷十三祠廟；卷十四寺觀（附釋道）；卷十五橋梁坊表；卷十六物產；卷十七聖相；卷十八后妃；卷十九藩封；卷二十官制；卷二十一知縣表；卷二十二佐貳表；卷二十三儒官表；卷二十四科第表（附武科第表）；卷二十五監貢表（附飲賓、例監、三考）；卷二十六至三十七人物（名宦傳、名臣傳、儒林傳、文苑傳、武功傳、循吏傳、卓行傳、節義傳、隱逸傳、寓賢傳、孝子傳〔附善人〕、列女傳）；卷三十八災祥；卷三十九墓域；卷四十雜志；卷四十一至四十二藝文。分卷頗爲瑣碎，最短者卷十七文字竟不到半葉。

鍾定序："定以不才，獲吏茲土，新承憲命，諄敕修邑志。定竊惟邑有志，本纂於順治十五年前，古人言作史須有三長，是志也可謂兼有三短，閱之蓋不覺興嗟也。今竊去其枝蔓，增其典實，取之史以正其歸，考之文以咀其華。"可知此志係奉河南巡撫閻興邦之命纂修。

陳留縣，清代凡三次修志。首部爲張重潤修、黃正色纂《陳留縣志》十二卷，列十二門五十一目，順治十六年（1859）刊刻。其二即此康熙志。其三爲武從超續修、趙文琳續纂《陳留縣志》四十二卷，以此康熙志爲基礎增補而成，宣統二年（1910）石印。

此本卷三十七列女傳後增刻九葉，版心題"烈女"，紀事晚至乾隆元年，可知增刻重印時間當在乾隆初年。

有缺葉：卷四十二第三十七葉。

中國國家圖書館、北京大學圖書館、中央民族大學圖書館、上海圖書館、上海辭書出版社圖書館等八館與臺北故宮博物院及日本東洋文庫、內閣文庫亦有入藏。

483. 清康熙刻乾隆剜修本考城縣志　T3145/4245.81

［康熙］《考城縣志》四卷，清陳德敏修，王貫三纂。清康熙三十七年（1698）刻，乾隆間剜修本。四冊。半葉九行二十字，白口，四周單邊，單魚尾。框高20.6釐米，寬14.2釐米。前有康熙三十七年李國亮序，康熙三十七年王貫三序，康熙三十七年陳德敏敘，康熙三十七年王旬序，姓氏，舊序四則（順治戊戌〔十五年，1658〕高璧子序、順治戊戌李如蘭序、順治十五年周道昌序、崇禎癸未〔十六年，1643〕楊啓元序），圖考。

考城縣地處豫東平原。秦置甾縣，屬碭郡。東漢章帝時改設考城縣，屬陳留郡。西晉太康初省，不久復置，屬濟陰郡。北魏改爲考陽縣，北齊天保中改爲成安縣。隋開皇十八年（598）復改爲考城縣，屬梁郡。唐屬曹州。五代後梁開平元年（907）改名戴邑縣，後唐同光二年（924）復名考城，屬開封府。金屬曹州，正隆中改屬睢州。元、明至清初因襲不改。清乾隆四十七年（1782）屬衛輝府。1954年與蘭封縣合併爲蘭考縣。今爲河南省開封市蘭考縣之一部分。

陳德敏，字納生，山西猗氏人。康熙十八年進士。康熙三十六年任考城知縣。

　　王貫三（1648—1720），字配公，號蓬庵。康熙十二年進士。官内閣中書、户部主事、吏部清吏司郎中。著有《善補堂文集》。

　　書前有城池、縣境、學宫等圖共四幅。正文四卷，列六十六門：卷一天文、沿革、形勝、疆域、建置、城池、公署、雜署、倉庫、學校、街道、河堤、壇壝、廟祀、寺觀、風俗、山川、賦役、户口、田土、籽粒、衛地、學田、稅糧、雜稅、鹽稅；卷二人物、名賢、進士、舉人、貢士、監生、生員、武弁、武進士、武舉人、誥封、吏員、鄉賓、流寓、孝子、義士、義民、孝婦、烈婦、節婦、隱逸、方技；卷三藝文、碑記、詩詞；卷四職官、縣令、縣丞、主簿、典史、教諭、訓導、陰陽訓術、醫學訓科、僧會司、道會司、土産、災祥、古跡、陵墓。

　　陳德敏序："不佞承乏兹邑，夙夜自矢，兢兢焉欲求有濟乎民生，務所以休養而導化之者，因思邑志之修誠不可緩，然簿書鞅掌，未遑也。幸逢李大中丞建牙於上，飭紀振綱，百廢具舉，且諄諄以文獻爲懷，不佞雖譾劣，誼不敢辭，謹仰體憲意，諉邑之賢士大夫檢閱舊志所録，删定增修，分章纂輯，務協乎輿論之公，求有濟於民生而無負始作之初意。"

　　考城縣，明永樂、景泰、萬曆、崇禎及清順治間都曾修志，現均已亡佚。此康熙志爲考城明清所修志書唯一現存者。其後直至清末，未再續修。

　　此本版印不佳，文字漫漶，往往不能識别，爲後印本無疑。"曆"字剜除不補，重印時間當在乾隆間或其後。

　　各册首末葉均鈐"司法部圖書室"朱文方印（4.6×4.6釐米），可知其原係北洋政府司法部藏書。

　　缺葉甚多，如圖第三葉，卷一第三至六、第九、第十、第十三至十五等，兹不備録。

　　中國國家圖書館、中國科學院文獻情報中心、中國第一歷史檔案館、中國文化遺産研究院、北京大學圖書館等三十館與"中央研究院"歷史語言研究所傅斯年圖書館、臺北故宫博物院及日本東洋文庫、京都大學人文科學研究所、美國國會圖書館、法國國家圖書館、法蘭西學院漢學研究所、法國亞洲學會亦有入藏。

484. 清康熙刻本河南府志　T3144/3242.81

　　[康熙]《河南府志》二十八卷，清張聖業等修，董正等纂。清康熙三十四年（1695）刻本。十四册。半葉九行二十二字，小字雙行同，白口，四周雙邊，單魚尾。框高 20.4 釐米，寬 14.1 釐米。首有康熙二十九年憲檄，康熙三十四年張聖業序，康熙三十四年孫居湜序，康熙三十四年朱作舟序，袁拱序，修志姓氏，目録，凡例。

　　河南府，位於今河南省洛陽地區。周初，周公營洛邑，建王城、成周二城。周平王東遷，以王城爲都城，後改都成周。戰國時始稱洛陽。秦置洛陽縣，屬三川郡。西漢改雒陽縣，屬河南郡。東漢建都於此，改爲河南尹。三國魏復改洛陽縣，北魏孝文帝遷都洛陽，東魏初改置洛州。隋煬帝遷都至漢魏洛陽城附近，稱東京；并置豫州，後改稱河南郡，并移洛陽縣治於此。唐初稱洛州，開元元年（713）改洛州爲河南府，天寶元年（742）定爲東京。五代後梁、後唐、後晉亦曾都此。五代後梁、後晉、後漢、後周和北宋稱爲西京河南府。金興定元年（1217）稱中京金昌府。元爲河南府路。明、清爲河南府。

　　孫居湜，字介庵，順天大興人，官蔭河南府知府。

　　張聖業，字繪麟，奉天遼陽人，由世職保舉河南府知府。

　　董正，字端揆，河南府人，原任汝陽縣儒學訓導。

　　卷一凡例、修志姓氏、圖考；卷二沿革；卷三星野；卷四疆域，附保里、土産；卷五山川，附關津、橋梁、形勝、水利；卷六風俗；卷七城池；卷八公署；卷九帝王，附后妃；卷十封建；卷十一田賦，附漕河、驛站、倉鹽；卷十二學校；卷十三秩祀；卷十四書院，附義學；卷十五名宦；卷十六職官；卷十七鄉賢；卷十八人物；卷十九科貢；卷二十孝義，附忠節、貞烈、賢淑、流寓、隱逸；卷二十一古跡、寺觀、陵墓；卷二十二至二十五藝文；卷二十六祥異；卷二十七仙釋、方技；卷二十八雜志。

　　凡例云："舊志修於明季年間，凡沿革、星野、疆域、形勝、山川、古跡，前志考極詳矣。唯城池、廨署、壇壝，鼎革後或建或廢，間有增補，所以志其始也。""舊志重修於順治庚子歲，閱今三十餘載，戶口、地畝、財賦前後較殊，更加釐核，照依部頒實徵確册載入，至於漕河倉鹽諸大政有關國計民生者并詳書之。"

　　孫居湜序曰："然前志之成在順治己亥庚子間，迄今已三十餘載……適憲檄有徵取郡志之命，而諸邑志乘亦次第報成，居湜因與寮友朱君慨焉首事，延訪鄉紳碩儒雅擅史裁者董君正、范君焜、楊君名遠、董君元輔彙輯成卷，缺者補之，略者詳之，訛者正之，荒悖者芟之，每著一册再四商榷，三閱月而告竣。"

　　張聖業序曰："於時憲檄有修志之令，而郡之縉紳先生皆曰：是不可以或緩也。……乃相與網羅筆削，芟繁去訛，參互考訂，而是書以成。乙亥冬，予承乏來守是邦，邑之鄉先生向予而言曰：'吾邑之志書將竣矣，前太守有序焉，請弁其首以志不朽。'……因爲之序，而命之梓。"

　　"玄"字避諱。

　　宋代宋敏求曾纂修《河南志》不分卷，今僅存鈔本和清光緒三十四年（1908）《藕香零拾》本。明代最早志書爲弘治十二年（1499）刻陳宣修、喬縉纂《河南郡志》四十二卷。清代凡四修，一爲朱明魁修、何柏如纂順治《河南府志》二十七卷，存順治十八年（1661）刻康熙增刻本；二即此康熙三十四年刻本；三爲雍正六年（1728）刻張漢纂修《河南府續志》四卷；四爲乾隆四十四年刻施誠修、童鈺等纂一百十六卷首四卷本。

中國國家圖書館、復旦大學圖書館等六館（其中二館藏殘帙）與"中央研究院"歷史語言研究所傅斯年圖書館（著録爲"張聖業等重纂修"）及日本内閣文庫等有藏。

485. 清順治刻康熙增刻乾隆剜修本孟津縣志　T3145/1135.81

［康熙］《孟津縣志》四卷，清孟常裕纂修，徐元燦增修。清順治十七年（1660）刻，康熙四十八年（1709）增刻，乾隆間剜修本。四册。半葉九行二十字，小字雙行同，白口，四周單邊，單魚尾。框高21.7釐米，寬14.1釐米。前有康熙己丑（四十八年）徐元燦序，目録，圖考，修志姓氏。

孟津縣地處豫西山地東緣、黄河南岸。秦置平陰縣，屬三川郡。西漢置平縣，屬河南郡。三國魏改平陰縣爲河陰縣。後均廢。唐武德二年（619）置大基縣，先天元年（712）改爲河清縣，屬洛州。金改稱孟津縣。元屬河南府路。明清屬河南府。今屬河南省洛陽市。

孟常裕，字六箴，直隸灤州人。拔貢。順治十三年任孟津知縣，順治十七年升任陝西邠州知州。

徐元燦，字英侯，號梅叟，奉天廣寧（今遼寧阜新）人，鑲紅旗。監生。康熙三十五年任孟津知縣，後任廣西永寧州、新寧州知州。

書前圖考收《孟津縣總圖》《城圖》及十景圖。正文四卷，分三十門：卷一星野、沿革、疆域、形勝、山川、古跡、城池、公署、户口、風俗；卷二職官、宦跡、選舉、封贈；卷三祀典、陵墓、理學、忠直、孝友、名碩、文學、義施、隱逸、人物補遺、節烈、坊牌、橋渡、土産、祥異；卷四藝文。

徐元燦序："……顧邑乘紀載未備，父老子弟何述焉，此司土者之責也，燦何敢以不敏辭。因與學博杜君宗度、張君峻典偕同志紳士彙次而增補之，以庚子年爲始，前夫此者不敢有所損益，後夫此者不敢有所遺逸也。"庚子即順治十七年。

此志大部分以順治十七年原版重印，間有剜改；康熙增修部分則係增刻，附於各門之後。所增補者爲户口、職官、人物、藝文等門。卷中"弘""曆"剜改作"宏""歷"，"琰"字不避，當爲乾隆間剜修本。版印不佳。

孟津縣明志無考。清代首部志書爲順治十七年知縣孟常裕所修，原刻初印本已不見著録。此康熙志即在順治志基礎上續增成書，爲該縣現存最早的志書。此後乾隆間亦曾修志，已亡佚。至嘉慶年間，又有趙擢彤修、宋綬纂《孟津縣志》十二卷，係據乾隆志體例續纂，列八門六十四目，刊刻於嘉慶二十年（1815）。

此本原缺十餘葉，如卷一第七葉、卷三第三葉等，茲不備録；間有葉序錯亂顛倒處。

中國國家圖書館、中國科學院文獻情報中心、中國文化遺産研究院、中共中央黨校圖書館、北京大學圖書館等二十七館與“中央研究院”歷史語言研究所傅斯年圖書館、臺北故宮博物院及日本東洋文庫、京都大學人文科學研究所、法國國家圖書館、法國亞洲學會亦有入藏。

486. 清康熙刻本嵩縣志　T3145/2269.81

〔康熙三十二年〕《嵩縣志》十卷首一卷，清盧志遜修，李滋纂。清康熙三十二年（1693）刻本。四册。半葉九行二十字，小字雙行同，白口，左右雙邊，單魚尾。框高 19.5 釐米，寬 13.9 釐米。前有康熙壬申（三十一年）盧志遜序，圖，憲牌，康熙癸酉（三十二年）李滋序，修志姓氏，凡例十三條，目録。卷端題：“嵩縣知縣竟陵盧志遜校，教諭蘇門李滋纂。”

嵩縣地處伏牛山北麓，外方山、熊耳山之間。春秋爲陸渾戎地。西漢置陸渾縣，屬弘農郡。魏、晉屬河南郡。東魏改爲北陸渾縣，又於伏流城置南陸渾縣。隋開皇初，二縣合併爲伏流縣。大業初改爲陸渾縣，屬河南郡。唐先天元年（712）析置伊陽縣，屬河南府。五代時併陸渾縣入伊陽縣。宋歷屬河南府、順州。金天德三年（1151）改順州爲嵩州。蒙古至元三年（1266）廢伊陽縣入嵩州。明洪武二年（1369）降嵩州爲嵩縣，屬河南府。清因之。今屬河南省洛陽市。

盧志遜，湖北竟陵人。蔭生。康熙二十八年任嵩縣知縣。

李滋，字奕倩，河南輝縣人。歲貢。康熙二十年任嵩縣教諭。

書前有《嵩域總圖》《城池圖》《縣治圖》《學宮圖》、八景圖，共十二幅。正文十卷，列九志：卷一方興志（沿革、疆域四至、山川、古跡）；卷二建置志（城池、縣署〔官舍、倉庾、亭堡、營署附〕，學宮〔書院、社學、祠廟、壇壝附〕，河渠，保里，集市〔街巷、橋梁、坊第附〕）；卷三祀典志（名位、禮樂、祭器、祭品、樂器、樂章、佾舞、祝文）；卷四賦役志（户口、田賦、起運、存留、雜税、鹽引、食貨）；卷五秩官志（歷代官師〔名宦按時代附入〕、明官師、清官師〔遊寓附〕）；卷六人物志（歷代人物〔鄉賢按時代附入〕、明人物、孝義〔義僕附〕、死事、列女）；卷七選舉志（歷代選舉、明選舉、明科貢武舉封贈、清科貢武舉封贈〔附程氏世官〕），程氏世官載明景泰以來程頤後裔世襲五經博士之職者；卷八至九藝文志（文翰、詩章）；卷十雜志（寺觀、陵墓、仙釋、方技、災祥、民俗〔附被兵始末〕），被兵始末詳載崇禎六年（1633）至順治二年（1645）共十三年間嵩縣所經戰亂。

盧志遜序："國初楊君草創一編，網羅弗徧。迨遜忝官茲土，方欲廣搜闕略，考正紕繆。……大中丞閻公撫豫，休養生息，廢墜聿興，修志之命疊下，遜何敢辭。……因以斯役付之學博李君奕倩董其成，合邑簪紳孝秀分其任，手鈔口誦，歷寒暑而始克就。"

嵩縣明代多次修志。此志凡例稱："嵩古志宣德時邑人胡敏重修，正德初陸宜春復取胡氏志廣爲三卷，頗稱詳備，氷火後載籍盡失。"宣德、正德二志今均已亡佚。明清志書現存者有六部。其一爲李化龍修、王守誠纂《嵩縣志》二卷，記述簡略，單刻本今未見著録，幸而收入《周南太史王公遺集》中，得以流傳至今。其二爲楊厥美修、屈翔纂《嵩縣志》四卷，平列十五門，今僅北京師範大學圖書館藏有孤本殘帙，存卷一、卷二。其三即此康熙三十二年志。其四爲康基淵纂修《嵩縣志》三十卷，乾隆三十二年（1767）刊刻。其五爲龔文明增修、陳煥如增纂《嵩縣志》三十卷，承襲乾隆志體例、內容，續補百餘年史事，刊刻於光緒三十二年（1906）。其六爲佚名纂《嵩縣鄉土志》，亦光緒三十二年刻。

《中國古籍善本書目》史部地理類著録。

中國國家圖書館亦有入藏。

487. 清乾隆刻本嵩縣志　　T3145/2269.83

〔乾隆〕《嵩縣志》三十卷首一卷，清康基淵纂修。清乾隆三十二年（1767）刻本。六册。半葉九行二十二字，小字雙行同，白口，左右雙邊，單魚尾。框高 18.2 釐米，寬 14.0 釐米。前有乾隆三十一年阿思哈序，乾隆三十一年歐陽永裿序，原序（萬曆壬午〔十年，1582〕王守誠序、康熙癸卯〔二年，1663〕楊厥美序、康熙壬申〔三十一年〕盧志遜序、康熙癸酉〔三十二年〕李滋序），凡例十條，目録，圖。卷端題："邑令臨泉康基淵纂修。"

康基淵，字臨泉，號靜溪，山西興縣人。乾隆十七年進士。乾隆二十八年任嵩縣知縣。後官至江西廣信知府。

卷首有《星野圖》《山川圖》《里保圖》《村鎮圖》《城關圖》《河渠圖》，共六幅，各有圖説，其中村鎮圖計里畫方。正文三十卷：卷一沿革表；卷二職官表；卷三貢舉表；卷四兩程世表，載程頤、程顥嫡長世系，附二程行狀、年譜；卷五沿革；卷六星野（祥異附）；卷七疆域（道里、橋津附）；卷八山川；卷九風俗；卷十城垣（砦堡、街巷附）；卷十一里堡（役法附）；卷十二市鎮；卷十三公署；卷十四河渠；卷十五食貨；卷十六學校（書院、社學、鄉飲酒附）；卷十七祀典；卷十八户口；卷十九田賦

（雜税、鹽引附）；卷二十倉储（養濟院、普濟堂附）；卷二十一兵防（關塞形勝、歷代兵事）；卷二十二宅坊亭牧；卷二十三至三十列傳（宦跡、賢哲、忠烈、孝義、治行、藝林、遊寓、列女）。此志不單列藝文門，碑記、詩賦等附載各條之下。凡所徵引，均注明出處。瞿宣穎《方志考稿甲集》謂："明末李闖屢寇是邑，自是史跡之大者，乃摘録盧志一段以細字夾注於星野篇中，是無識之甚也。"

查中國國家圖書館藏本，此志前另有乾隆三十一年康基淵序，此本脱。康序曰："予博稽天下郡邑志，惟國朝陸稼書先生所輯《靈壽縣志》最爲愜心，其於民生利病、物力盈虚，時勢之相爲倚伏，洞於心，施於事，發爲文章，肫肫乎其言之篤也，卹卹乎其憂之深也。"可知此志體例係仿自陸隴其（1630—1692）所修《靈壽縣志》。

中國國家圖書館、中國科學院文獻情報中心、故宫博物院圖書館、中國第一歷史檔案館、中國文化遺産研究院等三十五館及日本東洋文庫、美國國會圖書館、法蘭西學院漢學研究所、法國巴黎 M.R. 赫杜圖書館、法國亞洲學會亦有入藏。

488. 清乾隆刻本伊陽縣志　　T3145/2572.83

［乾隆］《伊陽縣志》四卷首一卷，清李章堉修，張施仁、趙先第纂。清乾隆三十一年（1766）刻本。四册。半葉九行二十四字，小字雙行同，白口，四周雙邊，單魚尾。框高 17.8 釐米，寬 13.7 釐米。首有李宗寶序，乾隆三十一年歐陽永祜序，乾隆三十一年李章堉序，憲批，凡例，原序二則（順治己亥〔十六年，1659〕孫光恩序、乾隆七年崔淇序），目録，修志姓氏。卷端題："知伊陽縣吳門李章堉編。"

伊陽縣地處伏牛山區。漢爲陸渾縣地。唐置伊陽縣，得名於伊陽山，隸汝州，後撤銷。明成化十二年（1476）析嵩縣東、汝州西復置伊陽縣，隸汝州直隸州。清因之。因與宜陽縣同音，1959 年改稱汝陽縣。今屬河南省洛陽市。

李章堉，字敏程，江蘇吳縣（今蘇州）人。乾隆十七年進士。乾隆二十七年任伊陽知縣。

張施仁，字惠萬，河南伊陽人。乾隆三年舉人。

趙先第，字紹元，河南伊陽人。貢生。

全書四卷，列十六門，附三十六門：卷一圖考（星野、疆域、山川、城池、公署、學宫、八景），星野，沿革（考、表），疆域（附形勝、城池、街巷、村鎮、里甲、集市），山川（附溝渠、橋梁）；卷二公署（附倉庾、卹政、鋪遞、營汛），田賦（丁户、地糧、起運、存留、耗羡，附雜税、鹽引），風俗（附土産），學校（附秩祀、書院），職官（附宦跡），選舉（進士、舉人、貢生、武舉〔附保舉、職宦、鄉飲、封贈、恩榮〕）；卷三人物（附文苑、武勳、彰善、流寓、方技、仙釋、列女），古跡（附碑碣、寺觀、墳墓、坊表），藝文（制詔、疏、書、碑）；卷四藝文（記、説、傳、贊、誌、賦、詩），祥異，雜紀（附伊陽考、雜説），雜説末篇爲李章埥《修志雜説》。

李章埥序："愚披覽前崔令邑志，獲悉梗概，然竊疑其條目混淆，紀載蕪陋，詳近而遺遠，多質而少文，因盡索舊志觀之，而後嘆崔志之失，失之於因仍太過而搜羅考覈之爲功鮮也。……余有志釐訂，爲躊躇者久之。甲申冬奉道憲歐陽公檄，令各屬增修志乘，余乃受令不敢忽，因即於乙酉春仲設局書院，延請邑紳士之博聞敦行者共襄其事，先之以採訪，繼之以考訂，益之以參覈，終之以删潤，而余於公餘之暇，特加排纂修輯而成帙焉，閲半載而告竣。"

伊陽縣清代凡四次修志。首部爲孫光愬修，常秉彝、劉象明纂《伊陽縣志》二卷，列十二門五十七目，記載簡略，康熙二年（1663）付梓。其次爲謝夢弼修、杜李纂《伊陽縣志》三卷，分十二門四十六目，康熙三十三年刊刻。其三即此乾隆志。其四爲張道超修、馬九功纂《重修伊陽縣志》六卷，分十一門四十六目，道光十八年（1838）刻。

各册首葉鈐"歸安朱氏六樂堂藏"，朱文長方印（3.7×1.2 釐米）。

中國科學院文獻情報中心、故宮博物院圖書館等四館與臺北故宮博物院亦有入藏。

489. 清乾隆刻本宜陽縣志　　T3145/3176.83

［乾隆］《宜陽縣志》四卷，清王道成、周洵修，汪堅纂。清乾隆十二年（1747）刻本。四册。半葉十行二十一字，小字雙行同，白口，左右雙邊，單魚尾。框高 20.8 釐米，寬 13.9 釐米。前有乾隆丁卯（十二年）周洵序，乾隆十二年楚元士序，乾隆十二年周榮序，舊志序（順治十六年〔1659〕王鼎允序、順治十六年劉潔序、康熙三十年〔1691〕申明倫序、康熙癸酉〔三十二年〕宋富序、康熙辛未〔三十年〕金式序），凡例七則，檄文，康熙三十年重修宜陽縣志姓氏，乾隆十二年增修宜陽縣志姓氏，目録。首册後有原跋一則（康熙辛未劉炆跋）。

宜陽縣地處豫西山地。戰國韓置宜陽縣，得名於地處宜水之北。漢屬弘農郡。東魏天平時置甘棠縣，隋仁壽四年（604）改爲壽安縣。唐武德二年（619）改宜陽縣爲福昌縣，五代後唐改爲福慶縣，北宋初復舊名，熙寧五年（1072）併入壽安縣，元祐元年（1086）復置福昌縣。金大定間，改壽安縣爲宜陽縣。蒙古至元三年（1266）併福昌縣入宜陽縣，屬河南府。明清因之。今屬河南省洛陽市。

王道成，字皞如，四川温江人。康熙五十九年舉人。乾隆七年任宜陽知縣。

周洵，字立齋，順天昌平人。乾隆二年進士。乾隆十二年任宜陽知縣。

汪堅，字節楹，江蘇陽湖（今常州）人。雍正元年（1723）舉人。

全書四卷，分十六志：卷一圖志（邑境、屏山、城池、縣治、學宮、隍廟），沿革志（附紀事），天文志（分星〔附災祥〕），疆域志（四至〔附鋪司〕）；卷二建置志（城池、學宮、縣治、公署、壇廟〔附祠〕、義學、鄉鎮、橋梁〔附渡〕、渠堰、倉儲、坊第、城守），山川志（山〔附洞〕、川〔附潭、井〕），古跡志，風俗志（節序、禮儀），土產志（穀類、蔬類、果類、藥類、貨類、木類、花類、禽類、獸類、鱗類、介類〔附鼈〕），陵墓志，寺觀志，賦稅志（分里、戶口、地糧〔附廩糧〕、漕糧、雜稅、鹽引）；卷三職官志（名宦、官師），人物志（人物、辟舉、進士、舉人、武科、貢監〔附例貢監、職監〕、吏員、封贈、鄉飲、人瑞〔附農官〕、流寓、仙跡、方技），列女志；卷四藝文志（賦、詩、疏、記、論、銘、傳）。

楚元士序述纂修經過："宜故有志，越唐宋元明，其文荒略，未及遠攬也。迨我本朝兩經增修，先輯於順治己亥，繼成於康熙辛未，至今數十年間疊見錯出，種種宜紀者不一而足。曩歲在甲子，藩憲趙公加意墳典，遍喻守令續修志書，將以宣揚文教，黼黻太平，誠令舉也。前令王公不揆士才短學疏，輒下訪以斯役相屬，士固辭不獲，乃勉強應命。未幾趙藩憲內遷，王公調用，歷曾公迄新任周公諱洵，以進士膺簡命，涖任茲土，恪恭厥事。士從諸君後，搜羅採擇，不敢自息。……帙垂成，周公呈稿府憲龔公、藩憲王公、撫憲大人碩，歷加鑒定，將付剞劂。"

清初宜陽知縣王鼎胤曾修志，今已不傳。現存清代志書四部。其一爲申明倫纂修《宜陽縣志》四卷，列十六門，康熙三十二年付梓。其次爲此乾隆志，門目設置沿襲康熙志舊制，續增近事而成。其三爲恒倫修、宋繼郊纂《宜陽縣志》六卷，分十七門一百四十八目，同治八年（1869）刻。其四爲謝應起修，劉占卿、龔文明纂《宜陽縣志》十六卷，分二十門二百一十七目，資料較此前各志翔實，光緒七年（1881）刻。

書前康熙三十年重修宜陽縣志姓氏載"謄梓谷加培、布輔世，刻字陳五玉、譚名"，乾隆十二年增修宜陽縣志姓氏載"謄梓李錦，鐫刊丁萬山"。

封面題簽以"元""亨""利""貞"標記冊序。

中國國家圖書館、上海圖書館、甘肅省圖書館等六館與臺北故宮博物院及日本東洋文庫、美國國會圖書館亦有入藏。

490. 清乾隆刻本永寧縣志　T3145/3332.83

〔乾隆〕《永寧縣志》八卷首一卷，清張楷纂修。清乾隆五十五年（1790）刻本。八册。半葉十行二十一字，小字雙行同，白口，左右雙邊，單魚尾。框高 18.5 釐米，寬 14.1 釐米。前有乾隆五十四年劉文徽序，乾隆五十五年張松孫序，乾隆五十四年張楷序，舊志序（康熙三十一年〔1692〕佟賦偉序、乾隆十二年單履咸序），重修姓氏，目録。卷首爲恭紀聖製，圖。

永寧縣地處豫西山地。西魏文帝時置北宜陽縣，廢帝二年（553）改爲熊耳縣。隋義寧二年（618）改爲永寧縣，屬河南道熊州。唐初屬穀州，顯慶初年改屬洛州，開元以後屬河南府。金屬嵩州。元屬河南路。明、清屬河南府。1914 年因與山西、江西、廣西、貴州四省永寧縣重名，改名洛寧縣。今屬河南省洛陽市。

張楷，山東壽光人。舉人。乾隆五十二年任永寧知縣。

卷首有《境内山川之圖》《縣署之圖》《縣治之圖》《學宮之圖》，共四幅。正文八卷，分三部，統轄二十四志二表十一附目：卷一至四土地部（疆域志〔城池附〕，建置志，風俗志〔時序附〕，公署志，古跡志〔金石附〕，山川志，溝洫志，寺觀志〔邱墓附〕，里保志〔津梁附、鎮集附〕，土産志）；卷五至六人民部（官師表、名宦志、選舉表、人物志、忠節志、孝義志、列女志、寓賢志、大年志）；卷七至八政事部（學校志，書院志，壇廟志〔禮儀附〕，貢賦志〔雜課附、倉儲附、蠲免附〕，營制志〔民壯、驛鋪附〕，卹政志，雜志）。此志無藝文門，碑記等附於各條之後。

張楷序："楷承乏是邑，惕然於文獻之將湮也，不揣固陋，思網羅散佚，勒爲一書。……忻逢郡憲吾郡鶴坪張公奉命來尹東都，下車伊始，即以興禮樂、振風雅爲己任，詢及志事，授楷以《潼川府志》《安岳縣志》，爲公在蜀中手纂者，命遵爲編次。……凡四閱月而藏事，較舊志增什之七八焉。"

永寧縣，明萬曆間創修志書，今已不傳。清代凡四次修志。首部爲程萬善修，張鼎延、鎖青繻纂《永寧縣志》八卷，順治十年（1653）付梓，今僅有殘本存上海圖書館。其次爲佟賦偉纂修《永寧縣志》七卷，分七門六十三目，康熙三十八年刊刻。其三爲單履咸纂修《永寧縣志》八卷，據舊志增訂而成，分八門六十八目，乾隆十二年刻。其四即此乾隆五十五年志。

中國國家圖書館、上海圖書館、天津圖書館、河北省博物館、山東省圖書館等十館與"中央研究院"歷史語言研究所傅斯年圖書館、臺北故宮博物院及日本東洋文庫、美國國會圖書館亦有入藏。

491. 清乾隆刻本偃師縣志　T3145/217.83

〔乾隆〕《偃師縣志》三十卷首一卷，清湯毓倬修，孫星衍纂。清乾隆五十四年（1789）刻本。二函十六冊。半葉十行二十一字，小字雙行同，白口，左右雙邊，單魚尾。框高 18.4 釐米，寬 14.2 釐米。首有劉文徽敘，乾隆五十四年湯毓倬序，疆域道里表，目錄，圖繪。書後有襄修志書姓氏。

偃師地處河洛平原、黃河南岸。周武王伐紂，築偃師城，取"息偃戎師"之意。秦置緱氏縣，屬三川郡。西漢置偃師縣，屬河南郡。西晉併入洛陽縣。隋開皇十六年（596）復置。唐屬洛州，開元初屬河南府。宋屬河南府。金興定後屬金昌府。元屬河南府路。明、清屬河南府。1993 年改爲偃師市。今屬河南省洛陽市。

湯毓倬，直隸南皮人。舉人。乾隆五十年任偃師知縣。

孫星衍（1753—1818），字伯淵、淵如，江蘇陽湖（今常州市）人。乾隆五十二年榜眼。歷官刑部主事、山東兖沂曹濟道、山東督糧道、署山東布政使。晚年任鐘山書院山長。著有《孫淵如全集》《孫子集注》《尚書今古文注疏》等。《清史稿》有傳。

卷首圖繪收偃師歷史地圖、《今偃師圖》《縣城圖》《鄉鎮圖》《縣署圖》《學宮圖》《緱山行宮圖》《二程書院圖》《柏谷塢圖》《轘轅關圖》，計十幅。正文三十卷，列二十六門：卷一至二地里志；卷三山川志；卷四陵廟志；卷五風土記；卷六學校志；卷七祀典志；卷八賦役志；卷九帝紀考；卷十職官表；卷十一名宦傳；卷十二選舉表；卷十三名臣傳；卷十四儒林傳；卷十五忠節傳；卷十六政績傳；卷十七文苑傳；卷十八孝義傳；卷十九隱逸傳、流寓傳；卷二十至二十一列女傳；卷二十二仙釋傳、方技傳；卷二十三至二十六藝文志；卷二十七至二十八金石錄；卷二十九祥異志；卷三十大事記。瞿宣穎《方志考稿甲集》評此書"志地理詳稽經典，綱舉目張"，"次序井然，似較他志之瑣縷劃分者爲尤善"。

湯毓倬序謂："毓倬乙巳歲杪承乏斯土，惴惴然懼文獻之將湮也。請之郡伯都梁劉公謀重修，公急爲慫恿。……而邑之薦紳咸踴躍襄事，秉筆者實爲毘陵孫淵如先生。會先生聯捷入翰林，自都中以地理、山川、陵廟稿見寄，乃延同年湘潭張君紫峴明府開局署前新廨。……是役也，起丁未仲冬，斷手戊申季夏。"丁未、戊申即乾隆五十二年、五十三年。

偃師縣明清志書現存五部。首部爲明弘治年間魏津纂修《偃師縣志》四卷，列五十四門，刻本未見著録，今僅有鈔本傳世。其次爲艾元復修、藺楠然纂《偃師縣志》四卷，分十門七十三目，順治十六年（1659）刻，又有康熙九年（1670）增補本。其三爲王澤長修、姬之篡纂《偃師縣志》四卷，分十八門六十二目，康熙三十七年刊刻。其四爲朱續志修、呂鼎祚等纂《偃師縣志》十四卷，列十四門六十目，乾隆十一年刻。其五即此乾隆五十四年志，此後直至清末未再續修。

中國國家圖書館、中國科學院文獻情報中心、中國第一歷史檔案館、中國國家博物館、中國文化遺産研究院等四十七館與"中央研究院"歷史語言研究所傅斯年圖書館、臺北故宮博物院、孫逸仙博士紀念圖書館及日本東洋文庫、京都大學人文科學研究所、美國國會圖書館、法國國家圖書館、法蘭西學院漢學研究所亦有入藏。

492. 清康熙刻乾隆剜修本郟縣志　T3145/4269.81（1-4）

[康熙]《郟縣志》四卷，清金世純纂修。清康熙三十三年（1694）刻，乾隆八年（1743）剜修本。四冊。半葉九行二十字，小字雙行同，白口，四周雙邊，單魚尾。框高 19.6 釐米，寬 14.1 釐米。前有撫文，舊序（順治己亥〔十六年，1659〕趙光耀序、順治己亥王昕序），目錄，康熙三十三年金世純序，圖，修志姓氏，凡例十六條。

郟縣地處伏牛山北部餘脈與豫東平原過渡地帶。春秋戰國爲郟邑。秦漢置郟縣。北魏改爲郟城縣；太和十七年（493）另置龍山縣。北齊廢郟城縣。隋開皇初改龍山縣爲汝南縣，開皇十八年（598）改爲輔城縣，大業四年（608）再改爲郟城縣。唐屬汝州。北宋改爲郟縣，屬潁昌府。蒙古至元三年（1266）併入梁縣，元大德八年（1304）復置郟縣，屬南陽府。明、清屬汝州。1949 年屬許昌專區，1986 年改屬平頂山市。

金世純，字静庵，奉天鐵嶺人。蔭生。康熙二十八年任郟縣知縣。

書前有《郟縣總圖》《郟縣城池圖》《郟縣學宮圖》《郟縣衙舍圖》，計四幅。正文四卷，列八志五十九目：輿地志（沿革、疆域、形勝、鄉保、村店、集市、天文、災祥、風俗、歲時、土産）、山水志（山、水、水利）、建置志（龍亭、城池、公署、學校、社學、書院、義學、壇壝、常平倉、社倉、養濟院、義塚、坊巷、舖舍、橋梁）、賦役志（戶口、田地、稅糧）、職官志（知縣歷官、縣丞歷官、主簿歷官、典史歷官、教諭訓導歷官）、人物志（名宦、鄉賢、薦辟、進士、舉人、貢生、例監、武宦、武科、封贈、孝義、節烈、流寓）、雜志（廟祀、寺觀、祠、墓、兵燹、古跡、辨誤）、藝文志（文、詩）。藝文志所録以碑記爲主。

金世純序："今撫軍閻公、撫軍顧公先後設館增修省志，而且令下邑搜羅散佚，採輯成書，是欲使窮鄉僻野之民情皆得上資乎採聽，撫軍於此問俗焉。純不敏，豈能搦管，賴有舊令張公、王公之書，又有邑紳士之睹記、父老之傳聞，殘篇斷簡、長歌短吟，有關乎民風土俗者，皆斟酌載入焉。"

郟縣清代所修志書共七部。首部爲張篤行纂修《郟縣志》八卷，列八門五十目，順治五年付梓。其次爲王昕纂修、張震雄續修《郟縣志》八卷，康熙二十三年刊刻。其三即此康熙三十三年金世純志。其四爲張楣修、聶憲纂《郟縣續志》一卷，續補康熙三十三年志，乾隆八年刻，同時重印金志。其五爲姜篪修、郭景泰纂《郟縣志》十二卷，分十二門五十六目，咸豐九年（1859）刻。其六爲姜篪纂修，張熙瑞續修、郭景泰續纂《郟縣志》十二卷，實即咸豐志之增補本，沿襲前志體例，列十二門五十六目，有同治四年（1865）增刻本。其七爲佚名編《郟縣鄉土志》二卷，分二十七目，未刊刻，僅有鈔本存河南省圖書館。

此本"弘""曆"剜改作"宏""歷"，且與乾隆八年刻本《郟縣續志》裝於同一函，紙墨裝幀無異，當爲乾隆八年剜修本。《中國地方志聯合目録》《美國哈佛大學哈佛燕京圖書館藏中國舊方志目録》均著録爲乾隆七年重印，《中國地方志總目提要》著録爲乾隆七年重刻本，均有誤。

有缺葉：卷四第五葉。

中央民族大學圖書館及日本東洋文庫亦藏有此志乾隆八年重印本。

493. 清乾隆刻本郟縣續志　T3145/4269.81（5）

［乾隆］《郟縣續志》一卷，清張楣修，聶憲纂。清乾隆八年（1743）刻本。一册。半葉九行二十字，小字雙行同，白口，四周雙邊，單魚尾。框高 19.2 釐米，寬 14.0 釐。前有乾隆七年宋名立序，乾隆七年張楣敘，續修郟志姓氏。書後有乾隆八年劉藎跋。

張楣，字季容，奉天鐵嶺人。監生。乾隆二年任郟縣知縣。

聶憲，字汝南，號冷庵，河南郟縣人。增生。著有《汝南詩集》。

此志爲康熙三十三年志之續作，卷端、版心均刊"郟縣續志卷之五"，卷次接續前志。所續補者爲學校、書院、義學、壇壝、常平倉社倉、養濟院、坊巷、橋梁、賦役、郵傳、水利、職官、人物、忠烈、鄉賢、義士、薦辟、進士、舉人、貢士、例監、特典、孝子、善人、武科、烈婦、祠廟、陵墓、古跡、辨誤、藝文、詩等三十餘目。例監、善人等目後有補刻數人。

張楣序："……考志敘，係康熙三十三年甲戌前令金君奉閭、顧兩中丞憲檄之所重修，迄今屈指已四十七年矣。中間雖雍正七年前令陳君奉王撫軍檄彙稿上賣，然以供修省志之資，於郟志毫無增益也。……余自乾隆二年承乏茲邑，閱舊志即有修輯之志。……辛酉冬，晉謁郡伯宋公，談論及此，公深爲首肯。於是不揣固陋，延聚群賢，廣諮博採，弗敢謬加排纂，唯取舊志依例逐項而添續之，間有偶見群書舊志之所闕者，亦必注明出處，按類增入。"

劉藎跋："……適邑紳趙子使平出是編曰：此前邑侯鐵嶺張使君所續邑志也，經州太守蘭山宋公裁定，究訂歲餘，甫得脱稿，將付棗梨而有待也。……余不敏，何敢贊一詞哉。惟查賦役一條，失之過簡，今按全書之所載，詳悉分款，詮次梗概。……爰跋數言，以付剞劂。"可知張楣修成此志，未及刊刻，劉藎赴任後增補賦税門並付刻。

《中國地方志聯合目録》著録爲乾隆七年刻本，係據書前序文著録，有誤；《中國地方志總目提要》不誤。

中國國家圖書館、北京大學圖書館、北京師範大學圖書館、中央民族大學圖書館與美國國會圖書館亦有入藏。

494. 明嘉靖刻本彰德府志　T3144/0223.7

[嘉靖]《彰德府志》八卷，明崔銑纂修。明嘉靖刻本。八册。半葉八行十九字，小字双行同，白口，左右雙邊，單魚尾。書口下有刻工。框高20.1釐米，寬13.9釐米。首有目録，嘉靖元年（1522）崔銑序。目録頁題“崔銑輯”。武福鼐題識。

鈐印：“武福鼐”“適齋藏書”等。

495. 明萬曆刻本彰德府續志　T3144/0223.71

[萬曆]《彰德府續志》三卷，明常存仁、郭朴纂修。明萬曆九年（1581）刻本。八册。半葉八行十九字，小字雙行同，白口，左右雙邊，單魚尾。書口下有刻工。框高20.4釐米，寬14.0釐米。首有目録，萬曆九年郭朴序。末有萬曆九年常存仁跋。目録頁題“郡人郭朴輯”。

鈐印：“武福鼐。”

496. 清乾隆刻本湯陰縣志　T3145/3273.83

[乾隆]《湯陰縣志》十卷，清楊世達纂修。清乾隆三年（1738）刻本。四册。半葉八行十九字，小字雙行同，白口，左右雙邊，單魚尾。框高19.8釐米，寬14.1釐米。前有康熙三十年（1691）趙光貴序，乾隆三年楊世達序，圖，目録。

湯陰縣地處豫北平原、太行山東麓。戰國爲蕩陰邑。西漢置蕩陰縣。東魏天平初廢。隋開皇六年（586）置湯陰縣，屬黎州。唐武德四年（621）改爲湯源縣，貞觀六年（632）復改爲湯陰縣，屬相州。元屬彰德路。明清屬彰德府。今屬河南省安陽市。

楊世達，字兼齋，廣東揭陽人。貢生。雍正七年（1729）由永城知縣調任湯陰知縣。

書前有縣境、縣城等圖共四幅。正文十卷，列九志：卷一地理志（星野、山川、古跡、風俗、陵墓、渡口、橋梁、里社、村莊）；卷二建置志（城池、公署、儒學、行署、市集、坊表）；卷三祠祀志（附寺觀）；卷四田賦志；卷五官師志；卷六、卷七人物志；卷八選舉志；卷九藝文志；卷十雜志。湯陰爲岳飛故里，此志録其軼事傳聞甚多。

楊世達序：“考邑志修於文敏崔公，至康熙三十年三韓光貴趙公重修，爲卷一十，目次與等，蓋時撫軍閻公定式訓行而趙公奉命編輯者也，距今四十七年矣。……余宰是邦，即有志於此。……爰是將曩志之缺者補之，繁者删之，重複者校定而畫一之，卷目則仍其舊，事紀則勝於前。”

湯陰縣明天啓間曾修志，今已佚。現存明清志書四部。首部爲沙蘊金修、蘇育纂《湯陰縣志》十九卷，列十六門，記載簡略，付梓於崇禎十年（1637）。其次爲晉淑召纂修《湯陰縣志》九卷，順治十三年（1656）刊刻，僅北京師範大學圖書館存有孤本殘帙。其後至康熙三十年，知縣趙光貴重修邑志，今亦已不傳。此乾隆志係基於康熙志續纂，門目設置一仍其舊，續補康乾間史事而成。其四爲嘉慶間蘇元善撰《湯陰縣志稿》十卷，係私修志書，全書列七十三門，書成未刻，至1931年其後人始將部分内容石印行世。

封面簽題：“續修湯陰縣志。”

中國國家圖書館、中國科學院文獻情報中心、中國社會科學院考古研究所圖書館、中國國家博物館、中國第一歷史檔案館等四十一館與臺北“國家圖書館”、“中央研究院”歷史語言研究所傅斯年圖書館、臺北故宫博物院及日本東洋文庫、京都大學人文科學研究所、内閣文庫、美國國會圖書館、法國國家圖書館、法蘭西學院漢學研究所、法國亞洲學會亦有入藏。

497. 清乾隆刻本滑縣志　　T3145/3269.83

［乾隆］《滑縣志》十四卷首一卷，清吳喬齡纂修，吕文光增修。清乾隆二十六年（1761）刻本。八册。半葉十行二十二字，小字雙行同，粗黑口，左右雙邊，單魚尾。框高 20.1 釐米，寬 14.1 釐米。首有扉頁，乾隆二十五年吕文光序，乾隆二十五年盧兆麟序，乾隆二十二年吳喬齡敘，成朝彦序，圖說，舊序（嘉靖甲寅〔三十三年，1554〕張佳胤序、順治甲午〔十一年，1654〕王覇序、閻禧序、朱印顯序、劉源濬序、康熙丙寅〔二十五年，1686〕姚德聞序），凡例，修志姓氏，目録。書後有乾隆二十五年高居敬跋。卷端題：“署滑縣事獲嘉令吳都吳喬齡纂修，知滑縣事山陽吕文光增補。”

滑縣地處豫北平原。秦漢置白馬縣。北魏爲東郡治。隋開皇十六年（596）置滑州，治白馬縣。大業二年（606）改名兖州。唐復爲滑州。至明洪武二年（1369），廢白馬縣入滑州，七年降滑州爲滑縣，屬直隷大名府。清雍正三年（1725）改屬河南衛輝府。今屬河南省安陽市。

吳喬齡（1705—1761），字大椿，號松客，江蘇吳縣（今蘇州）人。乾隆元年進士，散館授翰林院庶吉士。轉河南獲嘉縣知縣，乾隆二十年以獲嘉知縣署滑縣知縣，後歷任湖南沅州府通判、山西澤州府知府。另纂修有《獲嘉縣志》。

呂文光，字炳星，江南山陽（今江蘇淮安）人。乾隆十六年進士。乾隆二十四年任滑縣知縣。

卷首圖説收星圖、《縣境圖》《縣城圖》《縣治圖》《文廟圖》《縣水圖》《黃河故道圖》、十二景圖，計二十一幅，內《黃河故道圖》計里畫方。正文十四卷，列二十九門：卷一建置沿革（附疆域、形勝），星野；卷二山川，城池（附街市、關梁），里社；卷三公署（附坊表）、學校（附書院、義社學）；卷四祠祀（附寺觀）、陵墓；卷五古跡、風俗、物產；卷六户口、田賦、河防（附堤埽）；卷七封建、職官；卷八選舉（附封贈、恩蔭）；卷九、卷十名宦；卷十一人物；卷十二孝義、文苑、隱逸、流寓、仙釋、藝術；卷十三列女、祥異；卷十四雜志。此志不立藝文門，碑記等散附各條之下。

吳喬齡序：“乙亥秋攝符滑邑，取志閲之，荒蕪舛陋，不可臚指。……邑尉陳君為余言，前令長白吳君已聘海昌查沈二君修之，以費不集，年餘未訖事。余思事若中輟，後舉益難。況自康熙丙寅續纂以後，遥遥七十餘年，事跡湮没，已難搜羅。……爰進邑之紳士謀之，咸相然可。……酒益延隴西昆季共相詳求，殫穿穴之勞，集衆思之益，閲三月紀綱粗立，而新令至。余遂囊書歸獲，簿書之暇，捃摭載籍，鱗次櫛比，風晨雨夕，率以為常。……凡歷二期而成，為卷一十有四。”

呂文光序：“適吳公喬齡以太史出宰獲嘉，兼署滑篆，慨然起而修之，徵文考獻，定為卷十有四。……顧以攝篆未久，歸治獲邑，未暇與邑紳士詳加校訂，而鈔胥之誤、魯魚亥豕有不免焉。文光備官期月，歲和民洽，學校城隍行將次第修舉，以終前人未竟之緒，而諸紳士復以邑志請。因取吳公所訂商之同年進士盧君兆麟，廣咨而詳覈之，凡增圖有二，訂錯簡有三，補遺編有九，改訛字一百有奇，其餘悉仍吳公纂輯，未有增損。”凡呂文光所增補，列於各門之後，標以“增補”二字。

滑縣明清志書現存六部。首部為張佳胤撰、孫應奎增補《滑縣志》六卷，據元宋崇禄《東郡志》所載滑縣史事訂補而成，列七門，有嘉靖三十三年刻三十六年增刻本。其後萬曆三十二年（1604）知縣王廷諫亦曾修志，今已不傳。其次為佚名纂修《滑乘補》，列十九門六十八目，未刊刻，南京圖書館藏明聚星軒鈔本。其三為王賁修，趙貫臺、朱胤哲纂《滑縣志》十卷，列十門五十二目，順治十一年（1654）刊刻。其四為姚德聞修、呂夷鐘纂《滑縣志》十卷，分十二門五十二目，係順治志之續補之作，沿襲前志體例，康熙二十五年刊刻。其五即此乾隆志。其六為姚錕修、徐光第纂《滑縣志》十二卷，列二十八門，同治六年（1867）刻。

扉頁刊："乾隆丁丑重修滑縣志。本衙藏板。"丁丑即乾隆二十二年，爲此志纂修時間。《中國地方志聯合目録》《中國地方志總目提要》《美國哈佛大學哈佛燕京圖書館藏中國舊方志目録》均著録爲乾隆二十五年刻本，係據卷首序著録，不確。學校門增補所收吕文光《重修滑縣文廟碑記》、陳浩《重建滑縣歐陽文忠公畫舫齋書院記》，落款均爲乾隆二十六年，且無補版痕跡，則刻成當在該年。

列女門後補刻二行。各卷卷端署名有剜改痕跡。

圖説首葉下刊："雲間亶維坤繪。"

略有缺葉，如卷三第七葉、卷七第二十七葉。

中國國家圖書館、首都圖書館、中國科學院文獻情報中心、故宮博物院圖書館、北京大學圖書館等十館與臺北故宮博物院及日本東洋文庫亦有入藏。

498. 清乾隆刻本内黄縣志　T3145/4248.83

［乾隆］《内黄縣志》十八卷首一卷，李滇修，黄之徵纂。清乾隆四年（1739）刻本。六册。半葉九行二十字，小字雙行同，白口，左右雙邊，單魚尾。框高18.8釐米，寬15.5釐米。首有乾隆四年尹會一序，乾隆四年朱定元序，乾隆四年李滇序、董萬山序，乾隆四年滿雲鶴序，前時修志姓氏，修志姓氏，目録，凡例二十二則，縣志圖考。書後有舊序六則（嘉靖丁亥〔六年，1527〕林文俊序、嘉靖丁酉〔十六年〕王崇慶序、萬曆庚子〔二十八，1600〕董復亨序、王廷諫序、黄吉士序、康熙元年〔1662〕張爲仁序），舊跋四則（任光裕跋、楊之大跋、田時登跋、楊問奇跋），舊志小引，乾隆四年黄之徵跋。

内黄縣地處豫北平原、黄河故道。戰國爲魏黄邑。西漢置内黄縣，屬魏郡。東漢、三國魏因之。東魏天平初廢。隋開皇六年（586）復置，屬相州，大業間改屬汲郡。唐初隸黎州，貞觀十七年（643）改屬相州，天祐三年（906）改屬魏州。北宋屬大名府。金、元屬滑州。明屬大名府。清雍正二年（1724）屬彰德府。今屬河南省安陽市。

李滇，字逢源，陝西三原人。歲貢。乾隆二年任内黄知縣。

黄之徵，字誠倩，號毅庵，河南内黄人。康熙三十二年舉人。歷任江西信豐知縣、貴州婺川知縣、中書舍人。

卷首有《治境圖》《城郭圖》《縣署圖》《學宮圖》、十二景圖，計十六幅。正文十八卷，分十五門七十二目：卷一沿革；卷二地理（分野、疆域、山川、隄堰、渡口、營屯、鎮集、村莊）；卷三建置（城池、縣治、署舍、郵舖、倉庚、橋梁、井泉、棹楔、義塚附）；卷四古跡（陵墓、城壘、村里、臺宇、寺觀）；卷五風土（風俗、物產）；卷六（編年）；卷七學校（學宮、祭儀、書籍、學田、社學、義學、書院附）；卷八祠祀（壇壝、祠廟）；卷九賦役（里甲、戶口、地畝、賦稅、漕運、鹽課、驛站、雜稅）；卷十職官（知縣、縣丞、主簿、典史、教諭、訓導、駐防）；卷十一選舉（進士、舉人、貢生、薦辟、武科、武勳、封贈、恩蔭、掾吏、農官附）；卷十二宦跡；卷十三至十五人物（列傳、忠節、孝行、義行、文苑、隱逸、列女、流寓、方伎、仙釋）；卷十六至十七藝文（制誥、書奏、記序、詩賦）；卷十八雜記。

李湞序："考黃志創始於明嘉靖時邑前董周公萬金，續成於澶淵王尚書崇慶，至萬曆庚子邑令項城王公廷諫重修，董吏部復亨搦管焉，今之舊本是也。雖國初屢有續增，未經改刻，其中款製舛雜，匪特別風淮雨字畫之訛而已，而自康熙十八年以後更無復有編入之條。……歲在丙午，從兄保亭公來宰是邑，議續修不果，越今十稔，湞復蒞任於茲，乃謀之紳士，委以博征旁採，而或存或削，復就鴻筆而商確焉，蓋規橅雖從舊本而因革損益不無變通，以求其當。……既呈上憲，命以開雕，加之讎校。"

內黃縣明清志書現存四部。其一爲董弦等纂修《內黃縣志》九卷，列九門五十三目，嘉靖十六年付梓。其二爲王廷諫修、董復亨纂《內黃縣志》二十六卷，分十七門二十六目，萬曆二十八年刻。其三即此乾隆志。其四爲董慶恩、裘獻功修，陳熙春纂《內黃縣志》十九卷，以乾隆志爲基礎續補而成，光緒十八年（1892）刊刻。

包背裝。

中國國家圖書館、中國科學院文獻情報中心、中國國家博物館、北京大學圖書館、清華大學圖書館等二十館與"中央研究院"歷史語言研究所傅斯年圖書館、臺北故宮博物院及日本東洋文庫、京都大學人文科學研究所、美國國會圖書館、法國國家圖書館亦有入藏。

499. 清乾隆刻本林縣志　T3145/4969.83

［乾隆］《林縣志》十卷首一卷末一卷，清楊潮觀等修。清乾隆十七年（1752）刻本。四冊。半葉九行二十二字，小字雙行同，白口，左右雙邊，單魚尾。框高18.0釐米，寬13.7釐米。首有扉頁，乾隆十六年清馥序，乾隆十六年楊潮觀序，修志姓氏，目録，輿圖，例言。卷末有舊志序跋四則（萬曆丁酉〔二十五年，1597〕孫夢桂序、順治庚子〔十七年，1660〕王玉麟序、康熙三十三年〔1694〕熊遠寄序、康熙甲辰〔三年〕李虞明跋），順治庚子修志姓氏。

林縣地處太行山東麓。西漢置隆慮縣，屬河內郡。東漢延平元年（106）避殤帝劉隆諱改名林慮縣。北魏太平真君六年（445）廢，太和二十一年（497）復置。金貞祐三年（1215）升爲林州。蒙古太宗七年（1235）降爲林慮縣，憲宗二年（1252）又升爲林州。明洪武二年（1369）降爲林縣，屬彰德府。清沿襲不改。1994年改設林州市。今屬河南省安陽市。

楊潮觀（1712—1791），江蘇金匱（今無錫）人。乾隆元年舉人。乾隆十五年任林縣知縣。後官至四川瀘州知州。著有《吟風閣雜劇》。

卷首輿圖收《縣境圖》《縣城圖》《縣署圖》《縣學圖》及山河、市集圖，計十九幅。正文十卷，列八門七十六目：卷一疆域（沿革、境界、形勢、市集、里社、鄉總、道路）；卷二營建（城池、街巷、縣署、學宮、公廨、壇廟、香火）；卷三至四山水（諸山、諸水、渠道、橋梁、古跡、陵墓）；卷五風土（月令記、土宜記、穀種記、農功記、汲爨記、膳食記、織染記、器室記、藝術記、集場記、方言記、俗禮記、賽會記、種植記、牲畜記、鳥獸記、蟲魚記）；卷六賦役（地丁、耗羨、漕米、鹽引、雜稅、戶口、倉貯、祥異）；卷七選舉（進士、舉人、薦辟、貢生、例監、生員、武舉、封贈、襲蔭、掾史、鄉飲、農官）；卷八至九人物（忠烈傳、孝友傳、義行傳、貞節傳、賢達傳、文學傳、武略傳、仙釋傳、流寓傳、善跡錄）；卷十秩官（官制、知縣、縣丞、主簿、典史、教諭、訓導、武職、名宦）。此志無藝文門，碑銘附於各條之下。

楊潮觀序：“……洎今春邑紳士以修志請，而案牘裝懷，罕容靜□，是編皆行役之餘於征車旅店中索筆爲之，計新增風土志一卷，新增鄉總、道路、溝渠、善跡又數條，遇事研求，旁諮續訪，得之耕夫販豎者有之，得之里胥走卒者有之，得之殘編斷碣者亦有之，蓋皆前志所未備也。其他分門合類，稍汰繁冗，益稽事實，以補五十餘年之缺。”

林縣明清志書現存五部。其一爲謝思聰修，郝持、李若杞纂《林縣志》八卷，以邑人馬卿所撰志稿爲基礎纂成，萬曆二十四年（1596）付梓，又有順治間補刻本，今殘存卷三至八。其二爲王玉麟纂修《林縣志》十二卷，順治十七年（1660）刊刻，列十三門六十四目，今僅殘存卷一至三。其三爲徐岱、熊遠寄修，萬兆龍纂《林縣志》十二卷，爲續補順治志之作，沿襲前志體例，列十三門六十目，康熙三十三年刻。其四即此乾隆志。其五爲康仲方修、衛濟世纂《續林縣志》四卷，係乾隆志之續作，所續補凡五門三十八目，咸豐元年（1851）刊刻。

扉頁刊：“乾隆壬申年新鐫林縣志。黃華書院藏板。”

封面題簽以“元”“亨”“利”“貞”標記冊序。

中國國家圖書館、首都圖書館、中國科學院文獻情報中心、中國國家博物館、中國第一歷史檔案館等四十二館與“中央研究院”歷史語言研究所傅斯年圖書館、臺北故宮博物院、孫逸仙博士紀念圖書館及日本東洋文庫、京都大學人文科學研究所、內閣文庫、美國國會圖書館、法國國家圖書館、法蘭西學院漢學研究所、法國亞洲學會亦有入藏。

500. 清順治刻乾隆剜修本淇縣志　T3145/3869.80

[順治]《淇縣志》十卷圖一卷，清王謙吉、王南國修，白龍躍等纂。清順治十七年（1660）刻，乾隆間剜修本。二冊。半葉八行二十字，小字雙行同，白口，四周單邊，單魚尾。框高 21.9 釐米，寬 14.7 釐米。前有順治十六年王謙吉序，順治十七年王南國序，修志姓氏錄，帖文，條例七則，目錄，圖說。書後有順治十七年王廷議後序，關輝祚跋。

淇縣地處豫北平原、太行山東麓。商末爲朝歌，帝乙、帝辛建都之所。秦漢爲朝歌縣，屬河內郡。晉屬汲郡。隋大業三年（607）改爲衛縣。唐屬衛州。北宋屬浚州。蒙古憲宗五年（1255）於衛縣置淇州。明洪武元年（1368）降淇州爲淇縣，屬衛輝府。清因之。1954 年併入湯陰縣，1962 年復置。今屬河南省鶴壁市。

王謙吉，字恂如，直隸灤州人。貢生。順治十六年任淇縣知縣。

王南國，字道南，湖北江陵人。舉人。順治十七年任淇縣知縣。

白龍躍，字潛九，河南淇縣人。崇禎十五年（1642）舉人。順治間曾任湖南嘉禾知縣。

書前圖考收疆域、城池、縣治、文廟等四圖。正文十卷，設九志四十七門：卷一地里志（星野、沿革、疆域、形勝、山川、古跡、風俗、土產、里社、市集）；卷二建置志（城池、公署、學校、驛所、舖舍、亭榭、坊牌、橋梁、津渡、儲卹）；卷三貢賦志（田畝、戶口、稅糧、徭役、驛傳、協濟、戎備、馬政）；卷四祠祀志（壇壝、廟祠、寺觀、墓）；卷五官師志（宦業、設官、仕宦）；卷六選舉志（科第、貢生、薦辟、武舉）；卷七人物志（賢哲、孝義、烈士、端方、節婦、賢婦）；卷八至九藝文志（古今文、古今詩）；卷十災祥志（附奏議）。

王謙吉序："自嘉靖乙巳歲蒲坂張公時中繼潛山方公重修邑志，迄今百餘載矣，未有續者。……上臺命，與司教王君、鄉紳白君謀之。……歷三月日而告竣。"可知此志係應巡撫賈漢復之命而纂修。修成未刻，王謙吉去職，繼任知縣王南國主持刊成。

淇縣明清志書現存三部。首部爲方員、劉鉅纂修，劉伯璋增訂《淇縣志》十卷，列四十八門，嘉靖十年（1521）刻二十四年增刻。其次即此順治志。其三爲乾隆十年（1745）勞經武修、高鑒微纂《淇縣志》十卷，沿襲順治志體例，分九門四十七目，稿本未刊，存河南省文史館。

此本版印不佳，當爲後印本無疑。卷中"弘"剜除不補，"曆"剜去下部"日"旁，但亦有剗改未盡者，重印時間當在乾隆年間。

包背裝。

中國國家圖書館、中國科學院文獻情報中心、中國社會科學院考古研究所圖書館、中國國家博物館、中國第一歷史檔案館等三十九館與"中央研究院"歷史語言研究所傅斯年圖書館、臺北故宮博物院、孫逸仙博士紀念圖書館及日本東洋文庫、京都大學人文科學研究所、內閣文庫、美國國會圖書館、法國巴黎 M.R. 赫杜圖書館、法國亞洲學會亦有入藏。

501. 清乾隆刻本新鄉縣志　T3145/0222.83

〔乾隆〕《新鄉縣志》三十四卷首一卷，清趙開元修，暢俊纂。清乾隆十二年（1747）刻本。六冊。半葉十二行二十五字，小字雙行同，白口，四周單邊，單魚尾。框高 20.1 釐米，寬 14.9 釐米。首一卷有乾隆十二年趙開元序，舊序跋（萬曆七年〔1579〕余相序、萬曆二十二年郭庭梧序、萬曆二十二年梁問孟序、萬曆二十二年盧大謨序、崇禎十三年〔1640〕張縉彥序、順治十六年〔1659〕魏裔介序，順治十七年孫奇逢序，順治十六年許作梅序，康熙二十九年〔1690〕周毓麟序，康熙二十九年任璿序），修志姓氏，舊修姓氏，凡例，目錄。

502. 清乾隆刻本獲嘉縣志　T3145/4446.83

〔乾隆〕《獲嘉縣志》十六卷首一卷，清吳喬齡修，李棟纂。清乾隆二十一年（1756）刻本。六冊。半葉十行二十二字，小字雙行同，粗黑口，左右雙邊，單魚尾。框高 19.8 釐米，寬 15.0 釐米。首有御製詩，乾隆二十一年吳喬齡序，舊序（萬曆癸卯〔三十一年，1603〕張蘊道序、馮上知序、陳禹謨序、順治己亥〔十六年，1659〕李玳序、康熙丁卯〔二十六年，1687〕章欽文序、金雲鳳序），莨曰辰跋，捐刊姓氏，修志姓氏，凡例十二則，目錄，繪圖。卷端題："邑令吳都吳喬齡纂修。"

獲嘉縣地處黃河、沁河冲積平原。西漢元鼎六年（前 111），漢武帝巡幸至汲縣新中鄉，獲南越相呂嘉首級，因置獲嘉縣。西晉屬汲郡。東晉廢。北魏太和二十三年（499）復置。隋屬河內郡。唐屬懷州。北宋天聖四年（1026）屬衛州。元屬衛輝路。明清屬衛輝府。今屬河南省新鄉市。

吳喬齡（1705—1761），字大椿，號松客，江蘇吳縣（今蘇州）人。雍正十一年（1733）進士。乾隆十四年任獲嘉知縣。

李棟，字延之，浙江嘉興人。

卷首繪圖收《縣境圖》《縣城圖》《縣治圖》《學宮圖》《山川圖》等，共五幅。正文十六卷，分三十門：卷一沿革（附疆域、形勝）、星野；卷二山川（附橋梁）、城池（附街市、營社、村屯）；卷三學校（附義學、社學）、公署（附倉廒、驛遞、坊表）；卷四祠祀、寺觀；卷五名跡、塚墓；卷六至七賦役，記載頗詳；卷八河渠；卷九兵防、風俗、物產；卷十官師（附軍衛、武秩）；卷十一選舉（附貤封）；卷十二循吏、鄉宦、忠烈、孝友、義行；卷十三文學、隱逸、流寓、名釋、列女；卷十四至十五藝文，係邑人著述目錄，載錄原書序跋多篇，頗具文獻價值；卷十六祥異、雜志。此志將碑記、詩文附於各條之下，未單獨成卷。

吳喬齡序：“獲嘉縣志修自康熙丁卯，距今六十餘年。余承乏之初即思重訂，顧以簿書填委，未遑摻筆，思得一涉於學者相助為理，因循者久之。甲戌之春，李上舍延之遠來視余，歡然道故外，即商及志事，上舍許肩其任。於是綜核舊籍，網羅近聞，凡舊志之複者刪，訛者正，冗者節，缺者增。每一卷成，吾兩人必更相質訂，往復數四，期於明備之中不失謹嚴之旨。今年丙子秋，剞劂始竣，蓋越再期而後成書焉。”

凡例謂：“邑志凡經三纂，始創於前明萬曆，至國朝順治己亥續修，康熙丁卯再修，距今又六十餘年，前令梁觀我曾事蒐輯，邑兩賀生暨馮張二生亦各有續編，爰取三家草稿參伍而折衷之，復博搜史傳，近稽案牘，旁採碑碣，拾遺補闕，再期而始成書。”

獲嘉縣明清所修志書：其一為張蘊道修、陳禹謨纂《獲嘉縣志》十卷，分七門三十二目，萬曆三十一年付梓。其二為清初知縣李玟所修，順治十六年刊刻，今已亡佚。其三為馮大奇修、賀振能等纂《獲嘉縣志》十卷，據萬曆志增修，體例內容多沿襲前志，列九門五十四目，康熙二十六年刊刻。其四即此乾隆志。

書內夾有簽條，書“獲嘉縣志，六本，二元”等字樣，鈐“文奎”葫蘆形印。據封面印章，此書係 1929 年 7 月入藏哈佛燕京圖書館，此簽條可略見當時書價。

中國國家圖書館、中國國家博物館、中國文化遺產研究院、中國民族圖書館、北京大學圖書館等三十九館與“中央研究院”歷史語言研究所傅斯年圖書館、臺北故宮博物院、孫逸仙博士紀念圖書館及日本東洋文庫、京都大學人文科學研究所、內閣文庫、美國國會圖書館、法國國家圖書館、法蘭西學院漢學研究所、法國巴黎 M.R. 赫杜圖書館、法國亞洲學會亦有入藏。

503. 清乾隆刻本原武縣志　T3145/7914.83

［乾隆］《原武縣志》十卷，清吳文炘修，何遠等纂。清乾隆十三年（1748）

刻本。五册。半葉九行二十一字，小字雙行同，白口，四周雙邊，單魚尾。框高19.3釐米，寬14.3釐米。前有乾隆十二年柴瑋序，乾隆十二年吳文炘序，乾隆丁卯（十二年）萬侯序，乾隆十二年胡振組序，凡例八則，憲檄修志，修志姓氏，舊飭修縣志檄文，舊序（萬曆癸巳〔二十一年，1593〕張祥序、萬曆癸巳張邦敬序、萬曆癸巳閻邦寧序、萬曆癸巳胡希舜序、順治丁酉〔十四年，1657〕寧弘舒序、康熙庚午〔二十九年，1690〕詹懷芬序、康熙庚午戚一夔序），目録。書後有乾隆十三年薛乘時跋。

原武縣地處豫北平原、黄河北岸。西漢設原武縣，屬河南郡。西晉廢。北魏孝昌中復置。東魏改爲廣武縣。北齊天保七年（556）廢。隋開皇十六年（596）置原陵縣，屬滎陽郡。唐初改爲原武縣，屬鄭州。北宋熙寧五年（1072）降爲鎮，併入陽武縣。元祐元年（1086）復置，屬鄭州。元屬汴梁路。明屬開封府。清雍正三年（1725）改屬懷慶府。1949年與陽武縣合併爲原陽縣。今爲河南省新鄉市原陽縣之一部分。

吳文炘，字曉村，安徽婺源（今屬江西）人。貢生。雍正八年任原武知縣。

何遠，字子雲，河南原武人。貢生。

此志十卷，平列三十門：卷一圖考、沿革、星野、疆域、山川（池、潭、渡口附）、古跡，圖考收《縣境全圖》《縣城圖》《縣治圖》《學宫圖》《黄河圖》、八景圖，計十三幅；卷二城池（渠道、橋梁附），學校（學田、社學、義學附），公署（行署、演武場附），倉庫，祠祀（生祠附），鄉鎮，塚墓，風俗，物産；卷三禮樂；卷四賦税（均田疏、漕運、鹽政、雜税），户口，卹政；卷五河防；卷六職官、選舉、恩榮；卷七名宦，人物（名臣、文苑、循良、雋才附），孝義，列女；卷八至十藝文、祥異（寇盜附）、摭遺。瞿宣穎《方志考稿甲集》評此志“文字殊弇陋”。

吳文炘序：“乾隆甲子，藩憲趙公慮邑志之不修，其事與人日就湮没，又念大法小廉之際，經費不支，不能特開志館，禮聘名賢，俾從一邑之中擇其質而有文、通知典故者相與編集成書。……文炘之任原武也久，一邑之士民既相與安之矣，撫字敢憚其勞，催科不愁其拙，乃得於簿書期會之餘，搜採遺聞，訪求故跡，殘碑斷簡，復藉爲考證之資，知舊志之闕略謹爲補之，知舊志之舛譌謹爲正之。”

原武縣明清志書現存四部。其一爲張祥修、閻邦寧纂《原武縣志》二卷，列二十九門，萬曆二十二年付梓。其二爲寧弘舒修，裴之亮、孟文升纂《原武縣志》二卷，沿用前志體例，列二十九門，記述簡潔，順治十八年刊刻。其三爲詹槐芬修、戚一夔纂《原武縣志》，列三十二門，較舊志增孝義、隱逸等門，康熙二十九年刻。其四即此乾隆志，循用舊志體例，新增康熙三十年以後史事而成。

此志《中國地方志聯合目録》《中國地方志總目提要》《美國哈佛大學哈佛燕京

圖書館藏中國舊方志目録》均著録爲乾隆十二年刻本，但書後有乾隆十三年薛乘時跋，則刻成當在該年。

卷七列女後增刻一葉。卷三第五、第六兩葉與卷九第三十四葉係補刻，字體稚拙，與全書迥異，可知此本當爲後印本。

各册封面、首葉及末葉鈐"原武縣□□印"朱文長方印（7.8×4.4釐米）。

中國國家圖書館、首都圖書館、中國科學院文獻情報中心、中國第一歷史檔案館、中國文化遺産研究院等三十六館與"中央研究院"歷史語言研究所傅斯年圖書館、臺北故宮博物院及日本東洋文庫、京都大學人文科學研究所、美國國會圖書館、法蘭西學院漢學研究所、法國亞洲學會亦有入藏。

504. 清乾隆刻本陽武縣志　T3145/7214.83

［乾隆］《陽武縣志》十二卷，清談謙曾修，楊仲震等纂。清乾隆十一年（1746）刻本。六册。半葉九行二十一字，小字雙行同，白口，四周雙邊，單魚尾。框高18.7釐米，寬14.5釐米。前有扉頁，乾隆十年朱繡序，乾隆十年談謙曾序，乾隆乙丑（十年）郭大典序，乾隆十年陳步青跋，舊序七則（王□□序、□□□序、張天瑞序、伍九官序、安如泰序、張慎爲序、趙賓序），乾隆九年十二月牌文，修志姓氏，凡例十條，目録。

陽武縣地處豫北平原，古黃河流經縣城北，金明昌五年（1194）後改道流經縣城南。秦置陽武縣，屬三川郡。兩漢屬河南郡。西晉屬滎陽郡。東魏屬廣武郡。隋屬滎陽郡。唐屬鄭州。元屬汴梁路。明屬開封府。清乾隆四十八年改屬懷慶府。1949年與原武縣合併爲原陽縣。今爲河南省新鄉市原陽縣之一部分。

談謙曾，字松庭，浙江德清人。拔貢。乾隆八年任陽武知縣。

楊仲震，河南陽武人。康熙五十六年（1717）舉人。

全書十二卷，分禮、樂、射、御、書、數六集，列十五志：卷一輿圖志、沿革志、天文志、疆域志，輿圖志收疆域圖、縣城圖、縣治圖、學宮圖、風景圖等五幅；卷二至四建置志（城池、學校、河防、街巷、鄉村、市集、宮室、橋梁、倉庫），禮樂志（祀典、拜牌、拜詔、賓興、鄉飲、鄉約）；卷五山川志，古跡志，風俗志，土産志；卷六祠祀志（壇壝、神祇祠、聖賢祠、寺觀、陵墓）；卷七田賦志；卷八職官志；卷九至十人物志（事功、薦舉、進士、舉人、貢士、武科、武職、例監、才掾、貤恩、流寓，忠烈、孝行、義行、列女、隱逸、方技）；卷十一藝文志（王言、傳、記、序、贊、文、疏引、賦、詩歌）；卷十二災祥志。

談謙曾序："余自癸亥承乏茲邑，日惕冰淵，懼弗克□。奉方伯趙公命，增修邑志，興廢舉墜，誠盛典也。……於是簿書之暇，與孝廉楊君、明經陳君、博士弟子員費生、樊生等，博採風謠，廣諮輿論，始自康熙庚午，迄於今歲乙丑，其間仕宦之升沉，人物之盛衰，建置之□□易新，豐歉之因時補救，一一訪求而比櫛之，以至孝義、貞烈，一節勿遺，文賦騷歌，片長必載，彼此參稽，互相較讎，凡三越月而書成。總其卷一十有二，列其目五十有八，爰授之梓，以報憲命。"

陽武縣明嘉靖間張林茂曾經修志，今已佚。明清志書現存四部。其一爲范箕修、呂柟纂《陽武縣志》三卷，以張林茂志爲底本修成，列七門，嘉靖五年（1525）付梓。其二爲王時泰修、王東魯纂《陽武縣志》八卷，列八門，萬曆十九年（1591）付梓，現存卷七至九。其三爲張慎纂修《陽武縣志》八卷，以順治舊志爲基礎續纂，分十六門，康熙二十九年刊刻。其四即此乾隆志，參照舊志體例續補而成。

扉頁刊："乾隆九年增修陽武縣志。縣署藏板。"《美國哈佛大學哈佛燕京圖書館藏中國舊方志目錄》據此著錄爲乾隆九年刻本。書前序跋均爲乾隆十年，《中國地方志聯合目錄》《中國地方志總目提要》均據之著錄爲乾隆十年刻本。但人物志載貢生最後一人爲乾隆十一年張璟，則刻成當在乾隆十一年。

封面書名籤題："陽武縣志考。"

中國國家圖書館、中國科學院文獻情報中心、中國第一歷史檔案館、中國文化遺產研究院、中國水利水電科學研究院圖書館等四十一館與"中央研究院"歷史語言研究所傅斯年圖書館、臺北故宮博物院及日本東洋文庫、京都大學人文科學研究所、美國國會圖書館、法國亞洲學會亦有入藏。

505. 清康熙刻本延津縣志　　T3145/1435.81

［康熙］《延津縣志》十卷，清余心孺纂修。清康熙四十一年（1702）刻本。四册。半葉十行二十二字，小字雙行同，白口，四周單邊，單魚尾。框高 19.5 釐米，寬 14.5 釐米。前有康熙四十一年張都序，順治十六年（1659）劉昌序，康熙四十一年李紳文序，□□□序，申詳，舊檄文，舊姓氏，凡例，目錄，圖。

延津縣地處豫北平原。西周爲胙、南燕二國地。戰國爲燕邑、酸棗邑。秦設燕、酸棗二縣。西漢改燕縣爲南燕縣，東漢復名燕縣，西晉末改爲東燕縣。隋開皇十八年（598）改東燕縣爲胙城縣。北宋政和七年（1117）改酸棗縣爲延津縣。清雍正五年（1727）胙城縣併入延津縣。今屬河南省新鄉市。

余心孺，字允孩，號訡癡、孝庵，廣西宜山人。康熙三十九年任延津知縣。著有《訡癡夢草》《道學淵源》《天笑集》等。

書前有疆域、縣城、學宮等圖多幅。正文十卷：卷一輿地；卷二建置、祀典；卷三職官；卷四人物；卷五鄉賢、名賢、義行、孝行、節婦、烈婦；卷六賦役、驛傳、鹽課；卷七政事、風俗、鄉約、保甲、賑荒、災祥；卷八至十藝文，舊志序二首收入其中。

此本版印不佳，部分文字模糊難識，爲後印本無疑。

延津縣現存最早的志書，爲明嘉靖間張宗仁纂修《延津志》一卷，列八門四十目，内容較簡略，僅有鈔本傳世。其次爲劉元會修、李戴纂《延津縣志》四卷，分十門七十二目，萬曆二十六年（1598）付梓，僅有殘本藏中國國家圖書館及上海圖書館。其三即此康熙志，亦即清代延津縣所修唯一一部志書。

卷中原缺七十餘葉，兹不備録。

中國國家圖書館、中國科學院文獻情報中心、中國國家博物館、中共中央黨校圖書館、北京大學圖書館等三十三館與臺北故宮博物院、孫逸仙博士紀念圖書館、臺北“内政部”圖書館及日本東洋文庫、京都大學人文科學研究所、美國國會圖書館亦有入藏。

506. 清順治刻本胙城縣志　　T3145/7145.80

［順治］《胙城縣志》四卷，清劉純德修，郭金鼎纂。清順治十六年（1659）刻本。四册。半葉九行二十字，小字雙行同，白口，四周單邊，單魚尾。框高21.7釐米，寬13.8釐米。前有順治十六年劉純德序，順治十六年郭金鼎序，張文明序，圖，目次。書後有王乘運後序，韓章美跋。卷端題：“邑人郭金鼎修，同邑王乘運、張文明、韓章美訂。”

胙城縣地處今河南省北部，黃河故道。西周爲胙國、南燕國地。秦置燕縣，屬東郡。西漢改爲南燕縣，東漢改爲燕縣。西晉末改爲東燕縣。隋開皇十八年（598）改爲胙城縣，屬滑州。唐宋元相沿不廢。明洪武十年（1377）併入汲縣，十三年復置。清雍正五年（1727）併入延津縣。今爲河南省新鄉市延津縣之一部分。

劉純德，字仲文，山西陽曲人。拔貢。順治十六年任胙城知縣。

郭金鼎，字易園，河南胙城人。拔貢。

書前有縣境、縣城、縣治、縣學四圖。全書四卷，分四篇二十目：卷一地理篇（分野、沿革、疆域、古跡、寺觀、塚墓）；卷二邑治篇（建置、丁田、賦役、物産）；卷三禮典篇（祭享、儀式、災祥、風俗）；卷四人物篇（宦跡、科貢、孝義、貞烈、流寓、藝文）。此志版心標卷上、卷下，與目録及正文不同。

劉純德序：“……部院賈老大人所由□纂志之□也。予因延胙紳□□謀之，遂屬其事於博洽士明經郭子焉。郭子固辭，予叮托至再，不獲已，乃勉從事。……郭子身任其勞，旁□博稽，宵思□□，凡兩閲月而告竣。”可知此志係應河南巡撫賈漢復之命纂修。

祚城縣明清志書現存二部。首部爲霍炳修、楊嘉言纂《祚城縣志》八卷，列八門六十四目，萬曆九年（1581）刊刻。其次即此順治志，亦爲清代祚城縣唯一一部志書。

金鑲玉裝。

此本字跡模糊，版印較劣，爲後印本無疑。卷中缺佚三十餘葉，兹不備録。

中國國家圖書館、首都圖書館、中國科學院文獻情報中心、中國國家博物館、中國文化遺產研究院等三十七館與“中央研究院”歷史語言研究所傅斯年圖書館、臺北故宮博物院、臺北“内政部”圖書館及京都大學人文科學研究所、美國國會圖書館亦有入藏。

507. 清順治刻康熙增刻乾隆剜修本封邱縣志　T3145/4472.80（1—5）

[順治]《封邱縣志》九卷首一卷，清余緒修，李嵩陽纂。清順治十六年（1659）刻，康熙八年（1669）增刻，乾隆間剜修本。五册。半葉十行二十一字，小字雙行同，白口，四周單邊，單魚尾。框高 20.2 釐米，寬 14.8 釐米。首有修志帖文，修志姓名，李嵩陽序，莨孕秀序，順治十六年余緒序，舊志序五則（邊有猷序、李貴和序、嘉靖辛丑〔二十年，1541〕朱緒序、嘉靖辛丑張堯弼序、萬曆乙亥〔三年，1575〕胡以祚序），舊修志姓氏（萬曆四十三年），舊志姓名（正德十八年、萬曆二年），修志六則，目録，圖，沿革表。卷八後有舊志跋四則（嘉靖辛丑朱緒跋、黎近光跋、萬曆二年李尚賓跋、齊椿齡跋），順治己亥（十六年）余緒後序。

封邱縣地處黃河下游北岸。西漢置封邱縣，屬陳留郡。北魏太平真君九年（448）併入酸棗縣，景明二年（501）復置。北齊廢。隋開皇十六年（596）復置，屬滑州。唐屬汴州。五代梁屬開封府。元屬汴梁路。明屬開封府。清乾隆間改屬衛輝府。今屬河南省新鄉市。

余緒（1617—1689），字仲紳，號浣公，浙江諸暨人。順治九年進士。順治十一年任封邱知縣，後任山西道御史、河南道御史。著有《大觀堂集》。

李嵩陽，字雲增，號弦配，河南封邱人。崇禎三年（1630）舉人。歷任兩淮巡鹽監察使、江南學政、浙江布政使右參議。

卷首有《壽星角宿之圖》《大火氐宿之圖》《縣境圖》《縣城圖》《縣治圖》《儒學圖》《黃河圖》，計七幅。正文九卷，列七門五十四目：卷一封域（星野、疆里、沿革、山川、形勢、古跡、風俗）；卷二建置（城池、官署、廟祠、寺觀、倉庫、坊樓、闤鎮、堤廠、塚墓）；卷三民土（户口、里甲、田賦、土産、物貢、徭役、馬政、兵防、祥災）；卷四學校（殿宇、綸音、書籍、祭器、養田、社學、鄉約）；卷五職官（官制、守令、僚屬、師儒）；卷六人物（賢哲、科貢、封贈、恩蔭、例掾、武弁、孝行、義門、貞烈、技術）；卷七至八藝文（王言、碑記、傳類、賦類、詩歌）；卷九藝文續（記類、詩歌），所録碑記詩歌均爲知縣屠粹忠之作。

考康熙十九年《封邱縣續志》，屠粹忠任職時間爲順治十八年至康熙八年，在此志成書之後，可知此志原爲八卷，屠粹忠續纂卷九，並增刻爲九卷本。據卷九所收《新建大王廟記》有"忠宰是邑八載"語，可知增刻時間當爲康熙八年。又，卷中"弘""曆"剜改作"宏""歷"，當爲乾隆間剜修本。

余緝序述纂修經過甚詳："歲甲午王月，緝以駑鈍待罪兹邑，抵任日值河決未塞，城洳巨浸中，前尹寄處村落，緝即其地編蓬植籬，漸爲規復計。顧舊有邑乘，問諸水濱，則藏板狗逝波矣。諮訪故牒數閱月，邑孝廉常子奇始以前志相示。……戊戌春，奉巡撫大司馬中丞賈公憲檄，令郡邑各蒐羅故籍，博訪英賢，務求名公鉅章，續入近編，以光全志，甚盛典也。緝捧檄即集僚佐師儒商確延訪，次敦請鄉縉紳先生綜理舊聞，參以輿論，先揭示五衢，俾通邑士民凡有所記識，皆得適館啓告，以資考訂，雖老隸故卒，有一得之陳者咸直入，勿呵止，庶幾稽古之餘輔以謀野矣。……卜署左數椽開局，實醑饌，環坐容膝中，講貫删述者，再閱月始有成緒。"

封邱縣明清志書現存四部。其一爲張鯉修、邊有猷纂《封邱縣志》，萬曆四十三年付梓，今僅殘存卷七。其二即此順治志，基於萬曆志續增而成。其三爲王賜魁修、李會生、宋作賓纂《封邱縣續志》，續補五門二十三目，康熙十九年刻。其四爲孟鏐、耿紘祚等修、李承綬纂《封邱縣續志》五卷，續補三十一目，康熙三十六年刻。

首册首葉鈐"嫏嬛妙境"朱文方印（3.6×3.5 釐米）；首册目録葉鈐"嫏嬛妙境藏書圖記"白文長方印（5.4×2.1 釐米）、"長白完顏氏半畝園珍藏圖記"（2.9×2.9 釐米）朱文方印；首册末葉鈐"子孫永寶"朱文方印（2.8×2.8 釐米）、"完顏氏家藏"朱文長方印（3.1×1.6 釐米）、"犢山過目"朱文方印（2.2×2.2 釐米）。此志爲完顏麟慶舊藏。麟慶（1791—1846）字伯餘、振祥，號見亭、佛寮，齋名半畝園、嫏嬛妙境，滿洲鑲黃旗人。嘉慶十四年（1809）進士，歷任內閣中書、兵部主事、徽州知府、河南按察使、貴州布政使、湖北巡撫、江南河道總督、兩江總督等。著有《黄運河口古今圖説》《河工器具圖説》《凝香室集》《鴻雪姻緣圖記》。中國國家圖書館藏稿本《瑯嬛秘境藏書目録》未著録此本，該目編成時此書或已散出。

此本與康熙十九年刻本《封邱縣續志》、康熙三十六年刻《封邱縣續志》殘本裝於同一函。

中國國家圖書館、中國科學院文獻情報中心、故宮博物院圖書館、中國第一歷史檔案館、中國文化遺產研究院等三十六館與"中央研究院"歷史語言研究所傅斯年圖書館、孫逸仙博士紀念圖書館及日本東洋文庫、東京大學東洋文化研究所、京都大學人文科學研究所、內閣文庫、美國國會圖書館、法國國家圖書館亦有入藏。

508. 清康熙刻乾隆印本封邱縣續志　T3145/4472.80（6）

[康熙]《封邱縣續志》，清王賜魁修，李會生、宋作賓纂。清康熙十九年（1680）刻，乾隆間剜修本。一冊。半葉十行二十一字，小字雙行同，白口，四周單邊，單魚尾。框高 20.8 釐米，寬 15.1 釐米。前有康熙十九年王賜魁序，康熙十九年彭昌齡序，姓氏，凡例六則。書後有康熙十九年李會生跋。

王賜魁，遼東杏山（今屬錦州）人。康熙十三年任封邱知縣。

李會生，河南夏邑人。貢生。康熙十六年任封邱縣教諭。

宋作賓，河南息縣人。貢生。康熙十三年任封邱縣訓導。

此志不分卷，所續爲五門二十三目：建置（學宮、官署、廟祠、塚墓），民土（土田、里甲、災祥），職官（縣令、僚屬、師儒），人物（賢哲、科貢、封贈、援例、胥掾、武弁、孝行、德行、貞烈），藝文（王言、碑記、傳記、詩歌）。紀事起順治二年（1645），迄康熙十九年。

王賜魁序："余不敏，承乏封邱，受事之後，即取其志而讀之。……但自前令余侍御纂輯以來，今又二十餘年矣。……余每念及此，未嘗不以封志之續爲不可緩也。及闔邑紳士咸以續志爲請，余竊喜其適獲我心矣，然猶不敢自擅，白其事於郡守蔡公。既得請，乃集衆而議於校。凡筆札之資，梨棗之費，余自設法辦給之；若節孝賢良有關風教者採諸輿論，詢諸士夫，學博兩先生主之；其贊宮廟祠諸建置及從來之菇茲土者，邑紳士主之。"

此本"弘"剜改作"宏"，與順治十六年刻乾隆印本《封邱縣志》、康熙三十六年刻《封邱縣續志》殘本裝於同一函，紙墨裝幀無異，同爲乾隆間印本。

中國國家圖書館、中國科學院文獻情報中心、故宮博物院圖書館、中國國家博物館、中國文化遺產研究院等三十一館與臺北故宮博物院及日本東洋文庫、東京大學東洋文化研究所、京都大學人文科學研究所、內閣文庫、美國國會圖書館、法國國家圖書館亦有入藏。

509. 清康熙刻本封邱縣續志　T3145/4472.81

[康熙]《封邱縣續志》五卷，清孟鏐、耿紘祚等修，李承綏纂。清康熙三十六年（1697）刻本。二冊。半葉十行二十一字，小字雙行同，白口，四周單邊，單魚尾。框高 20.6 釐米，寬 15.1 釐米。前有康熙三十六年耿紘祚敘，纂修姓氏，目錄。

孟鏐，山東朝城人。康熙舉人。康熙二十七年任封邱知縣。

耿紘祚，字恭度，奉天遼陽人。筆帖式。康熙三十三年任封邱知縣。

李承綬，字方來，河南封邱人。康熙十八年進士。曾任中書舍人。

此志五卷：第一卷圖（《縣境圖》《縣城圖》《縣治圖》《儒學圖》），沿革，天文，四至；第二卷建置（城池、學校、河防、鄉鎮、公署、橋梁、倉庫、社學）；第三卷山川、古跡、風俗、土產、塚墓；第四卷寺觀，賦稅，職官，人物（賢哲、科貢、援例、胥掾、方技、孝行、節烈）；第五卷藝文、災祥。紀事起康熙十八年，迄康熙三十五年，爲康熙十九年志之續作。

耿紘祚序：“先是前令朝城孟公奉巡撫大中丞檄，續修縣志，延鄉先生内閣中翰方來李君論撰，其書已有就緒，而孟公卒於官。余承乏其後，屢奉檄催，念俗吏塵襟，聞見寡淺，惟先取舊志，窺其梗概，然後以續志互證之，略加整齊，以告成事。……惜中翰先生已宦遊京師，余又鞅掌簿書，未暇語此，今止就中翰先生論撰草稿而少增删潤色之，釐爲五卷，付之雕鑴，冀幸率孟君之業，以聊應憲檄而已。”

此本二册合訂，外加硬紙板封面，改爲精裝。

哈佛燕京圖書館另藏有此志殘本一部，索書號爲 T3145/4472.80（7），存卷四、卷五（第二册）。該本與順治十六年刻乾隆間印本《封邱縣志》、康熙十九年刻乾隆間印本《封邱縣續志》裝於同一函，紙墨裝幀一致，亦當爲乾隆間印本。卷四卷端鈐“嬋嬛妙境藏書圖記”白文長方印（5.4×2.1 釐米）、“長白完顏氏半畝園珍藏圖記”（2.9×2.9 釐米），可知爲完顏麟慶舊藏。

中國國家圖書館、中國科學院文獻情報中心、故宮博物院圖書館、中共中央黨校圖書館、北京大學圖書館等二十四館與“中央研究院”歷史語言研究所傅斯年圖書館、臺北故宮博物院、孫逸仙博士紀念圖書館及日本東洋文庫、京都大學人文科學研究所、美國國會圖書館、法國國家圖書館亦有入藏。

510. 清乾隆刻本汲縣志　　T3145/346.83

［乾隆］《汲縣志》十四卷首一卷末一卷，清徐汝瓚修，杜崐纂。清乾隆二十年（1755）刻本。六册。半葉十行二十二字，小字雙行同，粗黑口，左右雙邊，單魚尾。框高 20.2 釐米，寬 13.9 釐米。首有聖製詩，乾隆二十年徐汝瓚序，修志姓氏，凡例，目録，圖説。末有雜識，舊序（康熙丁丑〔三十六年，1697〕胡蔚先序、康熙三十六年吳干將序），舊志修葺姓氏。卷端題：“邑令錫山徐汝瓚纂修。”

汲縣地處太行山東麓。戰國爲魏汲邑。西漢置汲縣。西晉廢。北魏太和十二年（488）復置。北齊併入伍城縣。隋開皇六年（586）改伍城縣爲汲縣，屬衛州。唐爲衛州治。宋元仍屬衛州。元爲衛輝路治。明清爲衛輝府治。1948 年析縣城置衛輝市，1949 年衛輝市并入汲縣。1988 年改汲縣爲衛輝市。今屬河南省新鄉市。

徐汝瓚，字上尊，江蘇無錫人。乾隆二年進士。乾隆十七年任汲縣知縣。

杜崐，字柱峰，江蘇無錫人。

卷首圖説收《城圖》《縣境圖》《縣治圖》《儒學圖》《書院圖》《較場圖》《漕廠圖》《縣山圖》《黃河故道圖》《衛河圖》《擊磬亭圖》等，計十一幅，其中《黃河故道圖》《衛河圖》計里畫方。正文十四卷，分八門八十餘目：卷一至二興地（沿革、星野、祥異、疆域、形勝、山川、里社、街巷、市集、古跡）；卷三至四建置（城郭、公署、學校、倉廒、兵防、驛傳、橋梁、堤堰、坊表、壇壝、祠廟、寺觀、塚墓）；卷五賦役（戶口、人丁、丁銀、地畝、地糧、起運、存留、耗羨、漕米、雜税、鹽引、倉儲）；卷六風土（風俗、俗禮、歲時、種植、食貨、藝術、物產）；卷七爵秩（封爵、秩官、令佐、教職、武職、遺愛）；卷八選舉（進士、舉人、貢生、武舉、薦辟、委署、例貢、例監、吏掾、武弁、封贈、蔭敍、戚畹、鄉飲）；卷九至十一人物（賢哲、宦望、文苑、忠烈、孝義、善跡、隱逸、遊寓、列女、方技、仙釋）；卷十二至十四藝文（歷代御製、疏、碑記、記、説、引、題序、詩）。

徐汝瓚序：“壬申春，汝瓚承乏兹土，即思濡毫恭紀曠典。……適郡憲王公檄飭修志，汝瓚廼承命謀於邑紳士，諏吉設館，博加採訪，分任排纂，公餘之暇，與共商榷，取前志舛訛者正之，遺缺者補之，逾期而脱稿。先興地、建置，次賦税、風土，後及爵秩、選舉，而終以人物、藝文，部別門分，凡八綱八十二目，共十有四卷，首列圖説，末附雜識，庶幾視舊稍爲詳核，爰呈郡憲裁定而授之梓。”

汲縣清代兩次修志。首部爲佟國瑞、吳干將修，李中節纂《汲縣志》十二卷，列十三門六十九目，康熙三十四年刊刻。其次即爲此乾隆志，係以康熙志爲基礎增纂而成。

卷端鈐“燕京大學圖書館”朱文方印（1.7×1.7 釐米）。

中國國家圖書館、中國科學院文獻情報中心、中國社會科學院考古研究所圖書館、中國國家博物館、中國文化遺產研究院等五十一館與“中央研究院”歷史語言研究所傅斯年圖書館、臺北故宮博物院及日本東洋文庫、京都大學人文科學研究所、美國國會圖書館、法國國家圖書館、法蘭西學院漢學研究所亦有入藏。

511. 清康熙刻本懷慶府志　T3144/9304.81

［康熙］《懷慶府志》十八卷，清劉維世修，喬騰鳳纂。清康熙三十四年（1695）刻本。十八册。半葉十行二十四字，小字雙行同，白口，左右雙邊，單魚尾。框高

22.2 釐米，寬 15.6 釐米。首有康熙二十九年牌行，康熙三十四年牌行，康熙三十四年劉維世序，修志姓氏，目錄。

懷慶府，春秋時爲晉野王邑，戰國先後屬魏和秦。秦置野王縣，北魏天安二年（467）置懷州。隋大業初改懷州爲河內郡，後復爲懷州。蒙古憲宗時期升爲懷孟路，元延祐六年（1319）改爲懷慶路，明洪武元年（1368）改爲懷慶府，清因之。

劉維世，字静寰，奉天籍，海州人，廩貢，懷慶府知府。

喬騰鳳，字遥集，孟縣人，康熙四十一年舉人。

卷一圖考、建置沿革、星野（附祥異）、疆域形勢；卷二田賦、户口、鹽引、物産、鄉鎮、風俗；卷三山川、河渠、關津橋梁、古跡；卷四城池、公署、學校、祀典、儲卹、帝后、爵封、戚畹；卷五秩官、宦跡（附名宦）；卷六科貢、徵辟、封蔭、武備；卷七人物（附鄉賢）；卷八忠節、隱逸、孝義、列女、流寓、方伎、附錄；卷九古事；卷十仙釋、寺觀、陵墓、雜志；卷十一至十八藝文。

劉維世序曰："今上庚午，大中丞閣大人念兩河文獻凋落，繕輯省志以爲聖天子一統志嚆矢，而郡志諸書或闕焉而弗具，或語焉而不詳，檄所在設局纂修，且爲發凡舉例，俾諸郡邑有所取衷焉。……乃延郡人蕭先生、喬先生暨明經博士弟子而屬以事。始事於孟夏，竣事於季秋。既觀厥成矣，適關中有挽輸之役，上下倥傯，尚未授之剞劂。及今年新正，撫都憲大人奉簡命填撫中州，以燕許鴻才膺分陝重寄，於文章尤所加意，乃取前所撰述再加校訂以塵顧大人清覽，例得弁其端。"

"玄"字避諱。

現存最早懷慶府志爲明正德十三年（1518）何瑭纂修十二卷本，次爲嘉靖四十五年（1566）刻孟重修、劉淯纂十三卷本。清代該志凡四修，首爲順治十七年（1660）彭清典修、蕭家芝纂十四卷本，次即此康熙三十四年劉維世纂修本，另有雍正九年（1731）楊方泰纂修《覃懷志》十八卷，有稿本傳世，四爲乾隆五十四年（1715）刻唐侍陛、杜琮修，洪亮吉纂《新修懷慶府志》三十二卷首一卷圖經一卷。

中國國家圖書館（殘）、北京大學圖書館、上海圖書館等六館及日本內閣文庫、東洋文庫、静嘉堂文庫、美國國會圖書館等有藏。

512. 清乾隆刻本懷慶府志　T3144/9304.83

［乾隆］《懷慶府志》三十二卷首一卷，清布顔、杜琮纂修。清乾隆五十四年（1789）刻本。十八冊。半葉十一行二十二字，小字雙行同，白口，四周單邊，單魚尾。框高 18.4 釐米，寬 14.7 釐米。首有扉頁，乾隆五十四年唐侍陛序，修志姓氏，凡例，目錄，圖。末有舊志原序（順治十七年〔1660〕蕭家芝序，康熙三十四年

〔1695〕劉維世序，康熙三十四年蕭瑞苞序）。扉頁題："乾隆己酉年重刊。懷慶府志。本衙藏板。"

513. 清乾隆刻本温縣志　　T3145/3169.83

〔乾隆〕《温縣志》十二卷首一卷，清王其華修，苗于京纂。清乾隆二十四年（1759）刻本。四册。半葉十二行二十五字，小字雙行同，白口，左右雙邊，單魚尾。框高20.0釐米，寬14.3釐米。前有乾隆二十四年王其華序，舊志序（萬曆五年〔1577〕張第序、順治十六年〔1659〕李若廣序、康熙三十四年〔1695〕張明達序、乾隆十一年張承謨序），修志姓氏，凡例，目錄。

温縣地處豫北平原西部、黄河北岸。周爲温國。春秋晉置温縣。秦至北魏因之。北齊廢。隋開皇十六年（596）復置，屬懷州。唐顯慶二年（657）屬洛州，會昌三年（843）屬孟州。宋金因之。元屬懷慶路。明、清屬懷慶府。今屬河南省焦作市。

王其華，號東溪，福建惠安人。乾隆七年進士。乾隆十八年至二十七年任温縣知縣。著有《竹居稿》等。

苗于京，河南武陟人。雍正十年（1732）舉人。

全書十二卷，有圖、表、志三體，列十二門：卷一圖説（室宿圖、壁宿圖、縣城圖、縣署圖、縣境圖、文廟圖、學宫圖、武廟圖、卜里書院圖、捍禦宫圖、灘地區號圖），圖各附説；卷二沿革表、帝后外戚爵封表；卷三秩官表（武弁附）；卷四選舉表（貤封、秩壽附）；卷五天文志（星野、災祥）；卷六地理志（疆域、形勝、集鎮、山川、水利、津渡、風俗、古跡、物産、陵墓）；卷七建置志（城池、公署、倉廒、橋梁、河防、舖舍、碑坊、武備）；卷八祠祀志（寺刹院附）；卷九學校志（學宫、祭器、樂器、陳設、佾生、書籍、卜里書院、藏書樓書籍、義學、鄉飲附）；卷十田賦志（里甲、户口、地畝、軍衛、賦税、積貯、鹽課、雜税、恩卹附）；卷十一宦跡志；卷十二人物志（勳望、良牧、儒林、文苑、武略、方正、孝義、隱逸、僑寓、藝術、列女、方外）。藝文不單列目，碑記、詩文等散見於各條之下。

王其華序："其華受任茲土，甫蒞任，披閲邑志，人文非不粲列，而斟酌失宜……煩冗猥雜，久欲大加裁定，簿書鞅掌，軍務倥傯，不遑也。客歲嘉平，歲晚務閒，乃延武陟孝廉苗與邑之紳士吳玉斗、田壽、鄭之琇輩，鍵户閉關，焚膏繼晷，删改不厭其煩，折衷要期於當，缺者補之，訛者正之，文之汗漫者節之，事之失實者汰之，間亦附以鄙見，商榷參定，三匝月而畢。"

温縣志書創修於明萬曆間知縣張第，所成《温縣志》二卷，列六門四十三目，記述簡略，付梓於萬曆五年。入清，有順治十五年李若廣修、吳國用纂《温縣志》

二卷，係以萬曆志爲基礎續補，利用萬曆原版剜改補刻並重印。至康熙三十四年，知縣張明達再修，但今已亡佚。乾隆初年，張承謨修、周大律纂《溫縣志》十六卷，分十門七十三目，較前志内容豐富且更有條理，刊行於乾隆十一年。此乾隆二十四年志爲溫縣清代所修最後一部志書。

封面題簽以"詩""書""禮""樂"標記册序。

修志姓氏載："繪圖：畫士馮惠傑，邑人。"

行間有圈點，間有批注，卷十二人物志末葉批語落款爲"光緒丁丑七月廿五日附誌"，丁丑即光緒三年（1877）。

中國國家圖書館、中國科學院文獻情報中心、中國文化遺産研究院、北京大學圖書館、清華大學圖書館等三十二館與"中央研究院"歷史語言研究所傅斯年圖書館、臺北故宫博物院及日本東洋文庫、京都大學人文科學研究所、美國國會圖書館、法國國家圖書館亦有入藏。

514. 清康熙刻乾隆剜補本河内縣志　T3145/3242.81

［康熙］《河内縣志》五卷，清李棓修，蕭家蕙等纂。清康熙三十三年（1694）刻，乾隆末年剜補本。五册。半葉九行二十字，小字雙行同，白口，左右雙邊，單魚尾。框高 20.3 釐米，寬 13.4 釐米。前有憲牌，康熙三十二年李棓序，康熙三十二年史璉序，蕭家蕙序，康熙癸酉（三十二年）蕭健跋，舊志序（林環昌序），修志姓氏，凡例九則，目録。書後有舊志序三則。

河内縣地處太行山南麓。春秋爲晉野王邑。秦置野王縣，屬河内郡。西晉爲河内郡治。北魏天安二年（467）置懷州，治野王縣。隋開皇十六年（596）改野王縣爲河内縣。大業初改懷州爲河内郡，唐武德二年（619）復置懷州，蒙古憲宗七年（1257）升爲懷孟路，元延祐六年（1319）改爲懷慶路，明洪武元年（1368）改爲懷慶府，均以河内縣爲治所。1913 年改河内縣爲沁陽縣，1989 年改爲沁陽市。今屬河南省焦作市。

李棓，字蒨爲，廣東南海人。舉人。康熙二十六年任河内知縣。

蕭家蕙，字樹百，河南河内人。順治三年（1646）進士。曾任户部廣東清吏司員外郎。

此志五卷，列三十八門：卷一圖考，建置沿革，星野（附災祥），疆域，形勝，鄉鎮，風俗，城池，公署，倉庫，田賦（附户口、鹽引、驛傳），圖考門收《城池圖》《疆域總圖》《廣濟渠開山鑿洞圖》《丹河水利圖》《河内縣古跡圖》等五幅；卷二學校（附學田、禮器、樂器、樂舞生、書院），祀典，山川，關津，橋梁，水利，物産，職官，科貢（附封蔭），武備，武科，爵封（附城垸），古事，古跡，寺觀，陵墓；卷三名宦（附宦跡）、人物、孝義、忠烈、隱逸、列女、方技、遊寓、仙釋、雜記；卷四至五藝文（詔誥、疏表、書、序、傳、碑記、墓碣、祭文、詩）。

李檉序："庚午秋，膺撫都憲閭大人檄命修輯邑志，諄諄以古良史相訓諭。檉奉檄惕然，久有志未逮，亟乃延邑紳計部蕭先生以暨史明經璉、蕭庠生健同任捃摭纂修之事。……於是開局魯齋祠，始事於季秋，告竣於仲冬，業已繕寫成書矣。既而以脫稿匆遽，掛漏猶多，乃於今年夏初復理前業，期在旁搜遠紹，考訂該洽，以力追古作者之風，檉受而校讎之。"

《中國地方志聯合目錄》《中國地方志總目提要》《美國哈佛大學哈佛燕京圖書館藏中國舊方志目錄》均著錄此志爲康熙三十二年刻本，係據卷首序著錄，不確。書前憲牌後錄有康熙三十三年十二月二十一日河南巡撫顧汧批復，有"仍敕所屬改正刊刻"等語，則此志刻成當不早於康熙三十三年。又，卷中"禎""弘""曆"剜改作"正""宏""歷"。卷二末有門補遺一葉，內容爲祀典門"白龍王廟""金姑娘娘廟"二條，紀事至乾隆五十二年，則剜補時間當在乾隆末年。

河內縣明清所修志書現存四部。首部爲盧夢麟修、王所用纂《河內縣志》五卷，分十二門五十四目，萬曆二十五年（1597）付梓。其次爲孫灝、林環昌修，王玉汝、蕭家芝纂《河內縣志》五卷，體例沿襲萬曆志，列十二門四十四目，無刻本流傳，現僅有順治十五年（1658）稿本存於北京大學圖書館。其三即此康熙志。其四爲袁通修，方履籛、吳育纂《河內縣志》三十六卷，平列三十一門，道光五年（1825）刊刻。

此本版印不佳，部分文字模糊難識。有缺葉：卷三第八十九葉。

中國國家圖書館、北京大學圖書館、北京師範大學圖書館、中央民族大學圖書館、上海圖書館等十二館與美國國會圖書館、英國倫敦大維德藝術基金會亦有入藏。

515. 清乾隆刻本孟縣志　T3145/1169.82

［乾隆］《孟縣志》十卷，清仇汝瑚修，馮敏昌纂。乾隆五十五年（1790）刻本。二函十册。半葉十一行二十一字，小字雙行同，粗黑口，左右雙邊，雙魚尾。框高17.4釐米，寬14.3釐米。前有畢沅序，劉種之序，乾隆五十五年江蘭序，聖製，乾隆五十五年仇汝瑚序，乾隆五十五年馮敏昌序，修志姓氏，篇目，卷目。書後有舊志序（康熙乙亥〔三十四年，1695〕張之紀序、康熙乙亥喬騰鳳序），襄事姓氏。卷端題："户部主事馮敏昌撰，孟縣知縣仇汝瑚仝輯。"

孟縣地處豫北平原、黃河北岸。周爲盟津，係武王與諸侯會盟伐紂之所。秦置河雍縣。西漢置河陽縣，屬河內郡。唐會昌三年（843）於河陽縣置孟州。元屬懷慶路。明洪武元年（1368）廢河陽縣入孟州，十年降爲孟縣，屬懷慶府。清因之。1996 年改爲孟州市。今屬河南省焦作市。

仇汝瑚，廣東靈山人。監生。乾隆五十二年任孟縣知縣。

馮敏昌（1747—1807），字伯求，號魚山，廣東欽州人。乾隆四十三年進士。歷任翰林院編修、户部主事、刑部主事。著有《河陽金石録》《華山小志》《小羅浮草堂集》等。

全書十卷，列十門：卷一聖製，地理上（沿革、疆域、山川、關津、村鎮），地理門有《孟縣全圖》《孟縣山圖》《孟縣水圖》及《村鎮圖》六幅，均計里畫方，又有《城池圖》《公署圖》《學宫圖》《河陽書院圖》《華封書院圖》《韓文公祠圖》《韓文公墓圖》《韓文公後裔嫡派宗圖》《餘濟河通濟河水利源委圖》《舊河隄圖》《今河隄圖》《孟縣東曹坡等七鄉潭地區圖》等；卷二地理下（祠宇、寺院宫觀、冢墓、古跡）；卷三建置（城池、公署、公所、壇廟、學校、書院、義學、兵防、水利、河防、橋梁、驛遞）；卷四田賦（地畝、户口、地糧、丁銀、扣解、領支、物産、恩賞、蠲贈、鹽引、倉穀、雜税、漕糧），職官；卷五人物上（史傳、集傳、附傳）；卷六人物下（徵辟、科貢、武科、封贈、蔭生、世襲、孝義、文學、列女、方伎、仙釋），藝文，藝文門録邑人著述目録，載存佚、序文、歷代目録著録情況，間加按語，體例頗善；卷七至九金石，搜羅頗豐；卷十史事、雜記。瞿宣穎《方志考稿甲集》評其體例有“雜糅無序”之弊。

仇汝瑚序：“乾隆丁未歲，汝瑚由皋倅幸蒙恩命，擢知孟縣。……而縣志自康熙乙亥修後，至乾隆庚辰前令江君湄亦曾屬覃懷院長山陰沈君惟材具稿，未及付刻，但附縣牘藏貯。約計乙亥至今已將百年，尚無成書。余因邑人呈請重修，遂爲轉詳各憲，適余姻親馮魚山農部假至大梁，余延主河陽書院講席，今兩湖制府前河南大中丞畢公即以志事屬焉。農部課誦之餘，余爲捐俸，別開志局，俾農部得以時纂輯。……今農部自開局以後，綿歷四年，始成一書。”

孟縣明代志書今未見著録，清代修成志書二部。首部爲劉凡、張之紀修，喬騰鳳、毛鵑纂《孟縣志》十二卷，平列三十四門，康熙三十四年刊刻。其次即此乾隆志，爲乾隆間河南影響較大的一部志書，多縣仿其體例修志。

中國國家圖書館、首都圖書館、中國科學院文獻情報中心、故宫博物院圖書館、中國第一歷史檔案館等四十六館與“中央研究院”歷史語言研究所傅斯年圖書館、臺北故宫博物院及日本東洋文庫、京都大學人文科學研究所、美國國會圖書館、法國國家圖書館、法國亞洲學會、意大利羅馬維托里奥·埃瑪努埃萊國立圖書館亦有入藏。

516. 清乾隆刻本濮州志　T3140/3332.83

[乾隆]《濮州志》六卷，清邵世昌修，柴揆纂。清乾隆二十年（1755）刻本。六册。半葉九行二十字，小字雙行同，白口，四周雙邊，單魚尾。框高 20.7 釐米，寬 15.1 釐米。首有乾隆二十年邵世昌序，柴揆序，康熙十一年（1672）張實斗序，康熙十二年南洙源序，康熙五十年郅玠序，任煥序，舊志序（明嘉靖六年〔1527〕李廷相序，萬曆十年〔1582〕李菶序），李少卿舊志凡例，目録，歷代修志職名。末有明萬曆十八年陳忠翰《郡治後序》。卷一版心鐫"禮集"，卷二版心鐫"樂集"，卷三版心鐫"射集"，卷四版心鐫"御集"，卷五版心鐫"書集"，卷六版心鐫"數集"。

濮州，隋開皇十六年（596）置，治鄄城（今山東鄄城縣北舊城），大業初廢。唐武德四年（621）復置，轄境相當今山東鄄城及河南省范縣及濮陽市南部地。天寶初改爲濮陽郡，乾元初復爲濮州。明景泰二年（1451）移治王村（今河南范縣濮城鎮）。期間轄境屢有變更。清代不轄縣。

邵世昌，直隸深州（今河北深縣）人，貢生。乾隆十九年任濮州知州。

柴揆，浙江山陰（今浙江紹興市）人，乾隆十二年舉人。揀選知縣。

卷一歷代建置沿革表、郡邑疆域總圖、郡治疆宇圖、郡治城市、郡城疆宇總考、郡治考、卷諏訾衛分圖、星野考、古跡考（附今時建造）、河渠議、帝系表、帝紀、世家、年紀（附災異）；卷二賦役志（田税、均徭、里甲、馬政、鹽法），學校志（附祀典），職官考，風俗記，兵防志，官師歷年表，科第表，二貢考（附任子、武舉、儒官、納級、職員）；卷三名宦記、鄉賢記；卷四孝友傳、明經傳、武烈傳、古交篇、遊寓傳、烈女傳、隱德傳、兵家傳、豪俠傳、貨殖傳（附土產）、仙釋傳、衛人志、雜記；卷五王言（附勅書、誥命、勅命）、詩類；卷六文類、北山野史傳。

邵世昌序曰："歲甲戌余承乏是州，適郡憲周公有纂輯府志之役，命所屬各以其志來彙。余因念濮志闕略，延浙水孝廉柴君至幕，與之晨夕考訂，於舊則正之，於新則增之，凡例一仍原志，不復有所更改，第鑱剔其成板而補鍥之，兼取郅侯所續併入，都爲六卷。較前差整齊焉。"

柴揆序曰："歲甲戌，薄遊歷下……濮州大夫邵公晤余而欷歔曰：'吾濮四十餘年志略闕略……子其騁妍抽秘，爲余續而修之可乎？'……於是驅車至濮，繙北山李先生原志，崖岸而波瀾，類七國時所傳文，諷誦者久之，即遵其凡例以爲採輯之次……官師科第以次補，學校兵防以事增，觀政教，昭揆奮也。他如忠孝、節烈足垂不朽，亦必從鄉耆老縉紳先生公舉者書之，不敢濫，更不忍没。蓋幾一年而後授剞氏。"

官師紀事至乾隆二十年。"弘""曆"二字避諱。

濮州志最早爲明嘉靖六年（1527）鄧載纂修十卷本，次爲萬曆九年李先芳纂修六卷本。清代凡四修，首爲康熙十二年張實斗修、南洙源纂《濮州志》六卷，次爲康熙五十一年郅玠修、任煥纂《濮州續志》二卷，三即此乾隆二十年志，四是宣統元年（1909）刻高士英修、榮相鼎纂《濮州志》八卷。

中國國家圖書館、北京大學圖書館、浙江圖書館等九館藏，其中故宮博物院圖書館藏本僅存殘帙。

517. 清康熙刻乾隆印本清豐縣志　　T3134/3221.81

［康熙］《清豐縣志》十卷首一卷，清楊燆纂修。清康熙十五年（1676）刻乾隆印本。四册。半葉九行二十字，小字雙行同，白口，四周雙邊，單魚尾。框高 20.2 釐米，寬 14.6 釐米。首有康熙十五年楊燆序，舊序（嘉靖三十七年〔1558〕晁琛序、順治二年〔1645〕李欀生序），目録，凡例，纂修姓氏。卷端題："知清豐縣事當湖楊燆編纂。"

518. 清康熙刻後印本南樂縣志　　T3134/4229.81

［康熙］《南樂縣志》十五卷，清王培宗修，邱性善等纂。清康熙刻後印本。四册。半葉九行二十字，小字雙行同，白口，左右雙邊，單魚尾。框高 19.5 釐米，寬 14.2 釐米。首有康熙五十年（1711）王培宗序，康熙五十年邱性善序，康熙五十年魏崍序，舊序（康熙十年方元啓序，順治十年〔1653〕蔡瓊枝序，錢博學序，嘉靖四十五年〔1566〕楊守誠序，明嘉靖十六年葉本序，董進第序，王崇慶序，嘉靖十八年崔銑序），御製訓飭士子文，御製平定朔漠告成太學碑記，部咨，新修南樂縣志姓氏，目録，凡例。卷端題："琅琊王培宗德厚甫纂輯。"

南樂縣，西漢置樂昌縣，東漢廢。北魏置昌樂縣，屬魏郡。隋大業元年（605）省入繁水縣。唐武德年間又析置昌樂縣，屬魏郡。五代後唐更名南樂縣，屬廣晉府。金屬大名府，元屬大名路。明、清屬大名府。民國初屬河北大名道，1927 年直屬河北省，1949 年改屬平原省，1952 年劃歸河南省。

王培宗，山東諸城縣人，康熙三十九年進士。康熙四十六年任南樂縣知縣。

邱性善，山東諸城人，康熙四十四年舉人。

卷一天文圖志（全圖、室壁圖、分野圖、諸星解）；卷二地里圖志（圖、山川、諸水源委、古跡、橋梁、鄉社、墟集、陵墓）；卷三帝本紀；卷四建置圖志（城池、縣治、學宮、察院、祠廟、坊舖、倉場、舊城、亭臺）；卷五沿革表（自禹貢至本朝）；

卷六賦役志；卷七風俗志；卷八方物志；卷九秩祀志；卷十紀年（自黃帝至本朝）；卷十一職官年表；卷十二選舉年表（進士、舉人、貢士、封蔭〔命婦附〕、雜職）；卷十三宦業列傳；卷十四人物列傳；卷十五藝文志。

王培宗序曰："歲次辛卯，我皇上洪恩浩蕩，盡免直隸催科，而州縣於以少事，又值廣文王、劉兩先生與闔邑縉紳先生魏子陟庵輩，俱屬博雅通經之士，向予商榷此事。而同邑孝廉邱子近思適以公車至署中，遂相與各抒所見，共成盛事。廣爲搜討，嚴加檢閱，或踵舊以增新，務期時事之畢録，或刪繁以就約，亦使往跡之難湮。首天文，終藝文，共衷爲一十五卷，付諸棗梨，以質高明。"

書中有一白紙條，上書"《南樂縣志》四本"，鈐"帶經堂書店"印，蓋該書曾購自帶經堂書店。

選舉紀事至康熙五十一年。"弘""曆"二字避諱，該本係乾隆之後印本。

南樂有志，始於明嘉靖十六年知縣葉本纂修。《中國地方志總目提要》"（康熙十年）新修南樂縣志二卷"條云："是邑舊志創自明嘉靖時知縣楊守誠，"誤。楊守誠纂修南樂縣志於嘉靖四十五年，其志正是在嘉靖十六年志書的基礎上纂修而成。其後幾經修補，現存最早的該縣縣志爲康熙十年方元啓增補楊守誠志書而成，該康熙五十年王宗培修十五卷本亦是楊守誠嘉靖四十五年本的增補本。其後還有光緒二十九年（1903）施有方、陸維炘等修光緒南樂縣志十卷首一卷補遺一卷。

中國國家圖書館、北京大學圖書館、上海圖書館等十五個館與臺北故宮博物院、"中央研究院"歷史語言研究所傅斯年圖書館及日本東洋文庫、京都大學人文科學研究所、美國國會圖書館等有藏。

519. 清乾隆刻本襄城縣志　T3145/0345.83

〔乾隆〕《襄城縣志》十四卷，清汪運正修纂。清乾隆十一年（1746）刻本。十册。半葉九行二十一字，小字雙行同，白口，左右雙邊，單魚尾。框高 19.1 釐米，寬 14.8 釐米。首有乾隆十一年士鍠序，乾隆十年汪運正序，目録，圖，凡例，乾隆十年蔡□序，乾隆十年劉青芝序，原序（嘉靖三十年〔1551〕林鸞序、萬曆四十六年〔1618〕譚性教序、萬曆四十六年張寧序）。末有捐貲士民姓氏。卷端題："知縣汪運正增輯。"

襄城縣，位於今河南省中部。春秋時爲鄭國氾邑，前 504 年楚靈王在氾附近築城，稱襄城，戰國爲魏國襄城邑。秦置襄城縣，屬潁川郡。西漢置潁陽縣，西晉廢潁陽入襄城縣，泰始二年（226）置襄城郡，治襄城縣。東魏移廣州治襄城縣，北周廢廣州。隋開皇初廢襄城郡。唐貞觀元年（627）屬許州，天寶年間改屬汝州。金泰和七年（1207）復屬許州。元、明、清因之。

汪運正，字坦庵，貴州安順府人，拔貢。乾隆八年任襄城知縣。

卷一方輿志（疆域、沿革、星野、山川、風俗、土產）；卷二建置志（城池、官治、學校〔社學附〕、武備、秩祀〔廟祠寺觀附〕、街市、坊表、鎮集、鋪遞、津梁〔道路附〕、荒政、惠政）；卷三籍賦志（里甲、戶口、賦稅、驛站、鹽課）；卷四官師志（宦跡、駐節、職官、師儒）；卷五選舉志（進士，舉人，貢例〔副榜、恩歲附〕，例貢〔職監保舉吏宦外科貢附〕，武科，封贈，襲蔭）；卷六人物志（前哲、儒碩、仕達、孝行、長厚、耆德、風節）；卷七人物志（文苑、武功、勇略、忠烈、殉難、義俠、隱逸、方伎、仙釋）；卷八列女志（節義、節烈、貞女、孝婦、壽婦）；卷九雜述志（流寓、祥異、優賚、古跡、塚墓、補遺）；卷十至十四藝文志。

汪運正序曰："正邊鄙儒生，中州塵吏，閱志書而相沿仍舊，著方冊而有待繙新，廼殫於校讎，擬登諸梨棗，恭紀皇圖悠久，敬承憲檄、遵循飭，繕清故籍以加修示綱目成規而恪凜，爰牒廣文博採，更諏紳士旁搜輿論，同孚邀矣。信徵名實，鄉評確切，卓然譽美，幽光俾皆有善孔昭，是以不辭荒陋，釐更舊集，錯綜者綱舉目張，續益新編，別類者條分縷晰，托管毫以徵諸往，申憲案而鑒定焉。籍鐵筆以垂將來，勒籤函而永遠矣。"

凡例云："邑志創始於前明嘉靖辛亥邑教諭林鶯，復修於萬曆戊午知縣譚性教，再修於國朝順治辛卯知縣佟昌年，先後纂輯，各見匠心，第細加參閱。"

選舉紀事至乾隆十年。"玄""弘""曆"字避諱。

明嘉靖三十年林鶯纂修《襄城縣志》八卷現存寧波天一閣博物館，明萬曆譚性教修八卷本現存中國國家圖書館。清代凡四修，一為順治年間佟昌年修八卷本，二為康熙三十六年（1697）陳治安增補刊本，三係乾隆五年劉青芝等纂《古汜城志》十卷，四即此乾隆汪運正纂修本。

中國國家圖書館、上海圖書館、北京大學圖書館等三十五館與孫逸仙博士紀念圖書館、臺北故宮博物院及日本國會圖書館、東洋文庫、京都大學人文科學研究所、美國國會圖書館、法國國家圖書館等有藏。

520. 清乾隆刻本禹州志　T3145/2232.83

〔乾隆〕《禹州志》十四卷，清邵大業修，孫廣生等纂。清乾隆十三年（1748）刻本。二函十二册。半葉九行二十字，小字雙行同，白口，左右雙邊，單魚尾。框高 19.9 釐米，寬 15.1 釐米。前有乾隆十三年戴廷梅序，乾隆十二年邢瑚序，乾隆十年邵大業序，乾隆十二年李杰敘，原序（順治八年〔1651〕朱裴序、康熙三十二年〔1693〕劉國儒序、康熙二十九年喬翔鳳序、康熙三十二年范崑序），凡例十二條，目錄，修志姓氏，圖考。後有乾隆十二年王聿修跋。

禹州地處伏牛山餘脈與豫東平原過渡地帶。相傳爲禹封地。春秋爲鄭櫟邑，戰國爲韓陽翟邑。秦王政十七年（前230）置陽翟縣，爲潁川郡治。漢晉因之。東魏興和元年（539）於陽翟縣置陽翟郡。隋開皇初屬襄城郡。唐屬河南府。北宋屬潁昌府。金初爲潁順軍治，大定二十二年（1182）改爲潁順州，二十四年改爲鈞州。明初廢陽翟縣入鈞州，萬曆三年（1575）避神宗朱翊鈞諱改名禹州，轄密、新鄭二縣。清初屬開封府，雍正二年（1724）改爲直隸州，雍正十三年改屬許州府，不轄縣，乾隆六年改屬開封府。1913年降爲禹縣。1988年改設禹州市。今屬河南省許昌市。

邵大業，字厚庵，順天府大興縣人。雍正十一年進士。乾隆元年任湖北黃陂知縣，任禹州知州，後歷任河南睢州知州、江南蘇州知府、署蘇松太道、河南開封知府、江南六安知州、署江寧知府、徐州知府。《清史稿》入循吏傳。

孫廣生，字仲麟，河南禹州人。雍正二年舉人。後曾任山東費縣知縣。

書前有《州境圖》《州城圖》《州署圖》《學宮圖》《明倫堂圖》《逍遙觀圖》《巢父洞圖》《子房洞圖》，共八幅。正文十四卷，列十二志：卷一輿地志（沿革〔沿革表、星野附〕，疆域，山川〔井泉、渠道附〕，風俗，土產）；卷二建置志（城池，公署，學校〔書院附、鄉飲酒禮附〕，祀典，坊表〔街巷附〕，里郭〔元十三都附、舊裁三十五里附〕，橋梁，軍政，邮政，廟宇，寺觀）；卷三財賦志（户口、賦役、漕規、郵政、鹽政）；卷四藩封志（秩官名宦傳附）；卷五秩官志（知州、同知、州判、吏目、學正、訓導、駐防、名宦傳）；卷六選舉志（進士、舉人、歲貢、例貢、例監、薦舉、武科、武弁、封贈、恩蔭）；卷七至八人物志（宦跡、儒行、義烈、義行、孝子、文苑、隱逸、飲賓〔養老附〕、遊寓、方伎、仙釋、后妃、公主、列女）；卷九至十藝文志（著作、詔、頌〔評語附〕、贊、論、記、序、碑銘、傳、告文、書、表、奏疏、誌銘、行狀、墓表、跋、考、賦、詩）；卷十一古跡志（八景附）；卷十二陵墓志；卷十三災祥志；卷十四備遺志。

邵大業序述纂修經過："歲乙丑，余守禹之二年，會方伯檄下郡縣修葺舊志，皇哉令典，意至厚也。余承命亟延紳士，徵典籍，謀興人，咨商討論，訪葺搜羅。凡條類一從其舊，而三十二年以後例得入者悉附焉。又間取國初舊本，折衷求詳，以正其訛謬，補其殘缺，閱三月而稿成。尚未付梓，適余奉調襄邑，囑州倅程君以終其事。"凡例亦謂："禹舊有成志，今條例一依舊本，唯缺者補之，訛者正之，續出者增入之，但期嚴核，毋敢濫贅。"所謂"舊本"，即康熙三十二年志。此志修成未刻，邵大業即離任，至戴廷梅任內方纔刊成。

《中國地方志聯合目錄》《中國地方志總目提要》《美國哈佛大學哈佛燕京圖書

館藏中國舊方志目録》均著録此志爲乾隆十二年刻本，不確。書前有乾隆十三年戴廷梅序，秩官志知州、州判等目紀事均至乾隆十三年，可知當刊刻於該年。

禹州明清所修志書今存六部。首部爲謝瀅等纂修《鈞州志》八卷，係謝瀅據前任知州鄭珪、劉魁所輯志稿續成，今僅有明鈔殘本存世。其二爲朱裴修、李噓雲纂《禹州志》十卷，平列四十八門，順治八年刻；其後孟希聖增修、趙來鴻增纂，增補職官、選舉二門，於順治十八年增刻並重印。其三爲劉國儒修、劉湛纂《禹州志》十卷，康熙三十二年刻，又有康熙四十二年補刻本，今僅中國國家圖書館藏有殘本，存卷四至十。其四即此乾隆志。其五爲朱焯修，桃椿、洪符孫纂《禹州志》二十六卷，列十九門，道光十五年（1835）刻。其六爲朱焯修、桃椿等纂，宮國勳增修、楊景純等增纂《禹州志》二十八卷，前二十六卷即道光志，後二卷輯録忠孝節烈三千餘人姓氏，同治九年（1870）增刻後二卷，合道光志原版一併印行。

中國國家圖書館、中國科學院文獻情報中心等七館與臺北故宫博物院及美國國會圖書館、英國倫敦大維德藝術基金會亦有入藏。

521. 清乾隆刻本長葛縣志　　TNC3145/734.83

　　［乾隆］《長葛縣志》十卷，清阮景咸纂修。清乾隆十二年（1747）刻本。四册。半葉九行二十字，小字雙行同，白口，四周雙邊，單魚尾。框高 18.3 釐米，寬 13.5 釐米。前有原序（康熙三十年〔1691〕何鼎序），乾隆十二年阮景咸序，圖，修志姓氏。卷端題："直隷許州長葛縣知縣阮景咸續修。"

　　長葛縣地處豫中平原腹地。秦設長社縣，漢至北朝屬潁川郡。隋開皇三年（582），改長社縣爲潁川縣，屬許州。開皇六年（586）析長社縣地置長葛縣，仍屬許州。大業初屬潁川郡。唐屬許州。北宋屬潁昌府。金屬許州。清屬許州直隷州。1954 年洧川縣併入。1993 年改設長葛市。今屬河南省許昌市。

　　阮景咸，字載南，順天府大興縣人。監生。乾隆九年任長葛知縣。

　　書前有圖：《本縣四至總圖》《縣城圖》《學宫圖》《縣治圖》《陘山書院圖》及《長社八景圖》八幅並阮景咸八景詩。正文十卷，列九志：卷一方輿志（疆域、沿革、星野、山川、風俗、土産）；卷二建置志（城池、官治、學校、武備、秩祀、街坊、鎮集、鋪遞、津梁、荒政、惠政），其中學校門載縣學禮器及儀節甚詳；卷三籍賦志（里甲、戶口、賦稅、驛站、鹽課）；卷四官師志（宦跡、職官、師儒）；卷五選舉志（進士、舉人、貢選、例貢、監生、武進士、武舉、封贈、鄉賓飲、吏員）；卷六人物志（前哲、仕達、孝友、長厚〔附耆德〕、風節、文苑、武功、忠烈、義俠、隱逸、方技），前哲門收子産、徐庶、黄霸，均非當地人氏，有附會之弊；卷七列女志；卷八雜述志（流寓、古跡〔寺觀附〕、祥異、陵墓、優賞、攻戰）；卷九藝文志上（詔勅、碑記）；卷十藝文志下（贊、記、詩、詞）。

阮景咸敍本書之纂修經過："會藩憲趙公檄飭修邑乘，余何敢以城工告瘁，委徵文考獻於他手耶。……余也簿書之暇，詳加採訪，而佐以胡司諭、傅司訓相助治理。第舊志體例未稱盡善，分門別類之間，間有不合，幸□州憲甄公檄□揭其綱目，以爲編輯之式，俾得有所依據。……凡閱八月，余之城工告竣，而邑志亦成。"

長葛縣明清三次修志。其一爲李璇修、車明理纂《長葛縣志》六卷，正德十二年（1517）刊刻，今僅殘存第四至六卷，爲藝文部分。其二爲何鼎纂修《長葛縣志》八卷，分六門，職官、人物、藝文記録較詳，康熙三十年刊刻。其三即爲此乾隆志，係在康熙志基礎上續修。

中國國家圖書館、中國科學院文獻情報中心、中國國家博物館、中國第一歷史檔案館、中國文化遺産研究院等三十一館與"中央研究院"歷史語言研究所傅斯年圖書館、臺北故宮博物院及日本東洋文庫、京都大學人文科學研究所、美國國會圖書館、法蘭西學院漢學研究所、法國亞洲學會亦有入藏。

522. 清乾隆刻本郾城縣志　T3145/7245.83

［乾隆］《郾城縣志》十八卷，清傅豫纂修。乾隆十九年（1754）刻本。六册。半葉十行二十一字，小字雙行同，白口，四周單邊，單魚尾。框高 16.7 釐米，寬 13.8 釐米。前有乾隆十九年孫和相序，乾隆十八年劉藻序，圖，姓氏，修志姓名（捐款名單），目録。書後有乾隆十八年楊若椿等跋語。卷端題："邑令傅豫修。"

郾城縣地處黃淮平原。戰國爲郾邑。西漢置郾縣，屬潁川郡。東漢、魏晉因之。隋開皇五年（585）置郾城縣，屬許州。唐開元十一年（723）屬豫州，元和十二年（817）屬溵州，長慶元年（821）屬許州。宋屬潁昌府。金屬許州。元、明、清沿襲不改。2004 年撤縣，設漯河市郾城區、召陵區。

傅豫，字立齋，號舊溪，山東高密人。乾隆十年進士。乾隆十一年任郾城知縣。

書前有張宿圖、縣境圖、城池圖等共三幅。正文十八卷，分志、表、傳三體：卷一方輿志（星野、沿革、疆域、川渠、隄防、風俗、土産）；卷二建置志（城池、官署、武備、鋪遞、街市坊鎮、津梁、荒政、惠政）；卷三籍賦志（里甲、戶口、田賦）；卷四典禮志（朝賀、詔書、日月食、學校、秩祀、賓興、鄉飲、鄉約、迎春、到任、俗禮）；卷五古跡志（古跡、塚墓）；卷六雜稽志（雜稽）；卷七至九藝文志（經傳、碑、表、誌、傳、書、記、敍、祭文、推文、詩）；卷十至十二表（職官年表、師儒年表、武秩年表、鄉官年表、封蔭年表、選舉年表）；卷十三至十八列傳（武功紀傳、宦跡、駐節、人物、忠義、孝行、文苑、隱逸、耆德、義行、流寓、釋老、列女）。

楊若椿等跋語謂："邑侯傅公自乾隆十七年葺邑志，俾椿等採輯舊聞，公簿書之暇，兀坐西齋，乙夜披尋，有所詢訪，則召椿等語移時，肅揖而退。今年冬，椿等念公勤，請開館繕寫，然後得志稿讀之。"

郾城縣明清志書現存五部。其一爲楊邦梁等纂修《郾城縣志》十二卷，列三十五門，嘉靖三十三年（1554）付梓。其二爲李振聲修、李豫纂《郾城縣志》十卷，列二十九門，崇禎十年（1637）刊刻。其三爲荆其惇、傅鴻鄰修，閻翠纂《郾城縣志》十卷，分十門四十五目，順治十六年（1659）刻。其四爲趙作霖纂修《郾城縣志》十卷，據包弘基稿本纂輯，内容多因襲順治志，列十門五十六目，乾隆十年刻。其五即此乾隆十九年志。

首册卷端鈐"幼某藏書"朱文方印（2.8×2.7 釐米）。

《修志姓名》末載："繕書毘陵江鴻，刻工金陵俞化龍、許建升、蘇思遷、許振國。"毘陵即常州，金陵即南京，可知此志亦係江南刻工所刊。

此本書葉次序屢有錯亂，當爲裝訂之誤。

中國國家圖書館、首都圖書館、中國科學院文獻情報中心、中國第一歷史檔案館、中國文化遺産研究院等三十九館與"中央研究院"歷史語言研究所傅斯年圖書館、臺北故宫博物院及日本東洋文庫、京都大學人文科學研究所、美國國會圖書館、法蘭西學院漢學研究所、法國巴黎 M.R. 赫杜圖書館亦有入藏。

523. 清順治刻康乾間遞修本臨潁縣志　T3145/7628.80（1–4）

［順治］《臨潁縣志》八卷，清李馥先修，吳中奇纂。清順治十七年（1660）刻，康乾間遞修本。四册。半葉九行二十一字，小字雙行同，白口，四周單邊，單魚尾。框高20.2釐米，寬14.3釐米。前有順治庚子（十七年）武中奇序，順治庚子宋逢泰序，順治庚子李馥先敘言，河南布政使司帖文，乾隆五十三年（1788）畢沅《道古堂外集序》，舊志序一則（嘉靖八年〔1529〕賈詠序），凡例八則，姓氏，目録。書後有宋逢盛跋。

臨潁縣地處黃淮洪積冲積平原。西漢置臨潁縣，屬潁川郡。隋唐屬許州。宋屬潁昌府。金、元、明、清屬許州。今屬河南省漯河市。

李馥先，湖北鍾祥人。崇禎十二年（1639）舉人。順治十六年任臨潁知縣。

吳中奇，字篯嘗，號偶子，河南西華人。崇禎十六年進士。曾任江西豐城知縣。

此志八卷，列八門四十一目：卷一方輿（圖考、沿革、星野、疆域、山川〔津梁附〕、物産），圖考收《縣境圖》《縣城圖》《縣治圖》《儒學圖》等；卷二建置（城池，公署，倉儲，鄉井，市廛，坊表，舖舍，養濟〔藥局、漏澤附〕）；卷三賦役（田土、户口、税糧、差役）；卷四教典（學校、壇祀、鄉飲、朝賀、鄉約、武備、風俗）；卷五官師（封爵，職官〔縣官、學官、縣丞、主簿、典史、驛丞、訓術、訓科、僧會、道會〕，名宦）；卷六人物（科目〔進士、舉人、歲貢、例貢、薦辟、武職、武舉、椽職〕，鄉賢〔封蔭、鄉耆附〕，孝義，烈女，隱逸，義勇〔方伎、義民附〕）；卷七雜稽（災祥〔變亂附〕，古跡〔故事、景物〕，陵墓，寺觀）；卷八藝文（奏疏、碑記、詩賦）。畢沅《道古堂外集序》與臨潁縣了無關涉，其時畢沅任河南巡撫，因而羼入此志，有乖志例。

李馥先敘言：“……馥先乃延名宿姚允祥、喬木遷、蔡銘、張璽康……張恂於膠庠，擴拾徵求文獻舊帙，倩强記如□士弟子員姚重華董咨求四境，忠義節孝之行，雖微必録。然後就正有道，若河津令王應泰，孝廉宋逢盛、鄭蕃，明經宋紹統、項鼐，挈綱分類，去偽剔繁。西華耆紳吳偶子先生博物洽聞，一時典型也，稟承榘誨，綜覈互訂，歷三月而成一邑之書。”凡例謂：“各目提要皆依《河南通志》，其沿革亦據《通志》所載《沿革表》。”可知此志體例係以賈漢復所修《河南通志》爲參照。

臨潁縣志創修於明正統間黎公弁，今未見著録。明清所修臨潁志書現存三部。其一爲盧鏜纂修、杜枏增纂《臨潁縣志》八卷，據正統志删補而成，列八門五十二目，嘉靖八年刻，又有嘉靖二十年增刻本。其二即此順治志。其三爲劉沆修、魏運嘉纂《臨潁縣續志》八卷，沿襲順治志體例續修，乾隆十二年刻。

卷中有多處補版、剜補，紀事有至康熙間者。“玄”“弘”“曆”剜改作“元”“宏”“歷”，可知爲康乾間遞修本。卷首增入畢沅乾隆五十三年《道古堂外集序》，印刷時間當在乾隆末年。

上海圖書館、山東大學圖書館、南京圖書館、河南省圖書館等四館及日本東洋文庫亦藏有乾隆五十三年補刻本。

524. 清乾隆刻本臨潁縣續志　T3145/7628.80（5-6）

〔乾隆〕《臨潁縣續志》八卷，清劉沆修，魏運嘉纂。清乾隆十二年（1747）刻本。二册。半葉九行二十一字，小字雙行同，白口，四周雙邊，單魚尾。框高20.2釐米，寬14.1釐米。前有乾隆乙丑（十年）劉沆序，乾隆十二年沈青崖序，乾隆十二年商有煌序，乾隆十二年甄汝舟序，姓氏，乾隆九年河南布政使司飭文，目録。卷端題：“邑令上谷劉沆續修，邑令大興商有煌校梓。”

劉沆，字道滋，直隸蠡縣人。雍正二年（1724）舉人。乾隆六年至十年任臨潁知縣。

魏運嘉，字禮齋，江西人。

此志八卷，體例沿襲前志而略有增損，列八門三十五目：卷一方輿（圖考、沿革、星野、疆域、山川、津梁、物產），内圖考、星野、物產三目無正文，標注“詳舊志”；卷二建置（城池、公署、倉儲、鄉井、市廛、坊表、舖舍、養濟），内鄉井目仍舊志；卷三賦役（田土、户口、税糧、差役），内差役目仍舊志；卷四教典（學校、壇祀、朝賀、鄉約、武備、風俗）；卷五官師（職官、名宦）；卷六人物（科目、孝義、列女、義勇）；卷七雜稽（災祥、古跡、陵墓）；卷八藝文（詩賦）。此志爲順治志之續作，紀事起於順治十八年（1661），訖乾隆十二年。

劉沆序：“即我朝順治庚子所輯潁志，閲今將九十載，其可筆之册者又已盈帙。……此續修縣志之令藩憲趙公所爲汲汲而下也。沆雖荒陋無文，竊欲黽勉祇承，不敢諉爲異人任。於是延請紳士姚力仁、銀作瓊輩，網羅舊聞，訪求事實。又得前令鄭佑人雍正七年所輯續志，以資採擇，其信而有徵者則付之館局。江右孝廉魏禮齋，博雅君子也，聘掌義學，久爲都人士宗仰，因即以其事相托。而沆薄書鞅掌之暇，亦時親承筆削，勿揣謭陋，謬以己意妄爲參酌。挈綱分領，體例一仍前志。”此志刻成於知縣商有煌任内。

此本與乾隆末年印本［順治］《臨潁縣志》裝於同一函，紙墨裝幀無異，亦當爲乾隆末年印製。

中國國家圖書館、中國科學院文獻情報中心、北京大學圖書館、上海圖書館、華東師範大學圖書館等二十館與“中央研究院”歷史語言研究所傅斯年圖書館、臺北故宫博物院、臺北“内政部”圖書館及日本東洋文庫、京都大學人文科學研究所、美國國會圖書館亦有入藏。

525. 清乾隆刻本重修靈寶縣志　T3145/1030.83

［乾隆］《重修靈寶縣志》六卷，清周慶增、王道暉、初元方纂修。清乾隆十二年（1747）刻本。六册。半葉九行二十二字，小字雙行同，白口，四周雙邊，單魚尾。框高17.7釐米，寬13.7釐米。首有舊序（順治十七年〔1660〕宋騰鯉序，康熙二十九年〔1690〕霍濟遠序，康熙三十年江蘩序），乾隆十二年龔崧林序，乾隆十二年周慶增序，乾隆十二年王道暉序，乾隆十二年初元方序，修志姓氏，凡例，目録。末有順治十四年李茂林跋。卷端（卷二之後）題：“邑令華容周慶增、署令江夏王道暉、邑令萊陽初元方編次。”

靈寶縣，位於今河南省西部。西漢元鼎三年（前114）置弘農縣，四年置弘農郡，治弘農縣。隋開皇十六年（596）置桃林縣。唐貞觀八年（634）虢州自盧氏縣遷治弘農縣，天寶元年（742）改桃林縣爲靈寶縣，屬陝州。北宋改弘農縣爲常農縣，再更名虢略縣。元至元八年（1271）廢虢略縣入靈寶縣，皆屬陝州。明、清因之。

周慶增，字民賴，湖南華容人，舉人。任靈寶知縣。

王道暉，湖北江夏（今武漢）人，署靈寶縣事。

初元方，字端崖，山東萊陽人，乾隆四年進士。乾隆十二年任靈寶知縣。

卷一總圖，天文（星野、柳宿圖），疆域（四至、舖舍），山川，沿革（統轄、表圖）；卷二建置（城池、縣署、公署、壇廟、鄉鎮、橋梁、渠堰、坊第），學校，禮樂（朝賀、開讀、宣講、迎春、耕耤、祭祀、救護、祈禱、鄉飲、鄉約、上官），風俗（節序、鄉儀），土産，賦税（分里、户口、田糧、耗羨、積貯、驛遞、漕糧、鹽課、商税），古跡，陵墓，寺觀；卷三職官（名宦、官師、駐防武職），選舉（徵薦、進士、舉人、恩貢、選拔、副榜、歲貢、例貢、封蔭、監生、吏員），人物（鄉賢、理學、儒林、文苑、武秩、隱逸、鄉飲、人瑞、僑寓、仙釋）；卷四忠義、孝弟、列女；卷五藝文上；卷六藝文下，機祥，外紀（紀事、紀言、紀物、紀異）。

龔崧林序曰：“歲乙丑冬，余奉命來守是州，下車後諦視本州暨三屬志書，率皆康熙年間舊帙，越今數十年來未有爲之載筆者……輒欲取州志更定之，以爲屬邑倡。適前藩憲趙公檄州郡重修志乘，監憲張公又爲詳示領要，俾有所稟程，惟時余既受教，哀輯州志宵夜不遑，而前靈令華榮周君亦悉心蒐訪，屬有成稿，會移任泌陽去，攝篆江夏王君踵事而修飾之。丁卯夏六月，萊陽初君奉調至靈，復加較訂，上其稿於州。……今而後隷陝之靈邑始有成書矣。”

周慶增序曰：“靈邑爲古弘農地，中州以西繁會之區也。凡邑之瑰偉奇特，前志雖具，經五十餘年未有嗣而輯之者。……余以乙丑仲夏筮仕兹土……爰取志事進紳士而斟酌之，網羅記載，採輯舊聞，惟是五十餘年之物情時事，莫不奮興勃發於楮墨間，一時編次則有華容敖子啓濳，分校則有李子熙鐸、楊子浩、許子鵬扶、王子日智、王子家瑱，經紀司事則有許子乘泰、陳子所習，卜館桃林書院，始於十年九月，首興圖，次建置，次職官，次節孝，次藝文，凡六卷。乃稿未成，而余適改調泌陽，爰令司書者草成一册，屬署任吾楚王君爲之續成其事，庶可付剞劂焉。”

初元方序曰：“歲丁卯夏，余自泌陽調任陵邑，會前任華容周君暨攝篆江夏王君相繼修邑乘，甫脱稿，未付剞劂，余因取而校讎之，再閲月書成將授梓，邑紳士請序於余……第兩君之書垂成，皆未竟其事而去，余適至靈，得定其先後之序，訂其亥豕之訛，使後之覽者謂今此之志，寔經三人手而成，由是溯兩君因并及余，固亦余之所欣願也。雖然兩君以未竟之事遺余，即以克副其事者遺余矣，以未竟之事遺余而成之也易，以克副其事者遺余而爲之也難。”

紀事至乾隆十一年。

現存最早靈寶縣志爲明嘉靖十四年（1535）刻苟汝安纂修二卷本。清代凡五修，一爲順治年間刻梁儒修、李林茂纂五卷本，二爲康熙三十年刻霍瀋遠纂修四卷本，三即此六卷本乾隆志，四爲光緒二年（1876）刻周淦等修、高錦榮等纂《重修靈寶縣志》八卷。乾隆年間還有馮茲文纂《寶靈縣志括記》，有稿本傳世。

中國國家圖書館、中國科學院文獻情報中心、北京大學圖書館、南京圖書館等十五館與"中央研究院"歷史語言研究所傅斯年圖書館及日本國會圖書館、東洋文庫等藏。

526. 清康熙刻本南陽縣志　　T3145/4272.81

〔康熙〕《南陽縣志》六卷首一卷，清張光祖修，徐永蕙等纂。清康熙三十二年（1693）刻本。六册。半葉九行二十字，小字雙行同，白口，左右雙邊，單魚尾。框高 20.0 釐米，寬 13.0 釐米。首有康熙三十年張光祖序，康熙癸酉（三十二年）徐永芝跋，修志姓氏，修志檄文，凡例九則，圖，目錄。卷端題："南陽縣知縣古臨淄張光祖纂修，儒學教諭李克廣、訓導賈鳴琇仝校，邑人徐永蕙、徐永芝、宋景愈編次。"

南陽縣地處南陽盆地中部。秦昭襄王置宛縣，秦漢爲南陽郡治。北周併宛、上陌二县，置上宛縣。隋開皇初改爲南陽縣，屬鄧州。唐武德三年（620）爲宛州治，不久仍屬鄧州。金末爲申州治。元、明、清爲南陽府治。順治十六年（1659）南召縣併入，雍正十二年（1734）復析出。1994 年併入南陽市（地級）。

張光祖，字子明，號裕園，山東歷城人。監生。康熙十九年任南陽知縣。

徐永蕙，字其芳，河南南陽人。貢生。

卷首有《縣境圖》《縣治圖》《縣學圖》，共三幅，各有贊。正文六卷，列七志：卷一地理志（沿革、星野、疆域、山川、古跡、陵墓、土産、風俗、祥異）；卷二建置志（城池、公署、橋梁、學校、書院〔附義學〕、祠祀、倉庫、驛鋪、墩堡、集鎮、陂堰、坊第、寺觀）；卷三賦役志（保甲、田畝、戶口、稅糧、鹽引、驛站）；卷四職官志（文職、武職、名宦、列傳），王侯志；卷五人物志（鄉賢列傳、人物列傳、科貢姓氏、流寓、文學、忠義、孝行、隱逸、列女、方伎、仙釋）；卷六藝文志（漢文、元文、明文、清文、詩）。各門往往附南召史事。

張光祖序："光祖自庚午冬仲下車後，即考邑舊志，一切土俗、民風、山川、人物之類，殘缺未備，心竊傷之。……未幾奉撫軍大司馬閻公檄，令續邑志，不揣固陋，與廣文李子克廣、邑弟子員宋子景愈、徐子永芝共相搜輯，五閱月始竣厥事。"

南陽縣明萬曆間知縣成遜、清順治間知縣李本澤均曾修志，今皆不傳。此康熙志爲南陽縣現存最早志書。至光緒間，知縣潘守廉聘張嘉謀、張鳳岡纂成《南陽縣志》十二卷，列十二門四十目，體例仿陸隴其《靈壽縣志》，以考證精詳見長，光緒三十年（1904）刊刻。

首冊卷端、末葉及其他各冊首葉、末葉均鈐 "金陵大學藏書" 朱文方印（2.0×2.0 釐米）、"重本轉讓" 朱文方印（1.3×1.3 釐米）。

有缺葉：卷六第四十四葉。

中國國家圖書館、首都圖書館、中國科學院文獻情報中心、故宮博物院圖書館、中國文化遺產研究院等三十一館與 "中央研究院" 歷史語言研究所傅斯年圖書館、臺北故宮博物院、孫逸仙博士紀念圖書館及日本東洋文庫、京都大學人文科學研究所、美國國會圖書館、法國國家圖書館亦有入藏。

527. 清乾隆刻本南召縣志　T3146/421.83

［乾隆］《南召縣志》四卷，清陳之煃修，張睿、曹鵬翊纂。清乾隆十一年（1746）刻本。四冊。半葉八行二十二字，小字雙行同，白口，四周雙邊，單魚尾。框高18.1 釐米，寬 13.4 釐米。前有乾隆十一年任應烈序，乾隆十一年陳之煃序，原序一則（順治戊戌〔十五年，1658〕紀中興序），纂修南召縣志原檄，纂修姓氏，目錄，凡例十則，圖。卷端題："署知縣事臨川陳之煃纂修。"

南召縣地處伏牛山東南麓、南陽盆地北緣。漢晉爲雉縣地。南北朝爲向城縣地。宋爲南陽縣地。明成化十二年（1476）析南陽縣北部置南召縣，得名於縣城東北有南召堡，屬南陽府。清順治十六年併入南陽縣，雍正十二年（1734）復置。今屬河南省南陽市。

陳之煃，字表黃，江西臨川人。拔貢。乾隆十一年以鞏縣縣丞署南召知縣。

張睿，字愚若，河南虞城人。貢生。乾隆八年任南召縣儒學訓導。

曹鵬翊，字萬如，河南鞏縣人。舉人。

書前有《輿地圖》《縣城圖》《學宮圖》《縣署圖》、八景圖等，計十二幅。正文四卷，列二十四門：卷一沿革，天文，疆域，建置（城池、壇壝、學校、禮樂、義學、祠廟、公署、倉廒、保里、街巷、舖舍、店房、集鎮、坊表、橋梁、兵防）；卷二山川，風俗，土產，陵墓，寺觀，古跡，職官，選舉，名宦，鄉賢，隱逸，流寓，災祥，人物（文學、忠義、孝行、義士）；卷三節烈、人瑞、仙釋、賦稅、詳文；卷四藝文（疏、表、賦、贊、碑、銘、序、記、傳、文、詩）。

陳之煃序："我國家定鼎之初，聞邑令紀君華西輯邑文爲邑志，煃訪之慇慇，適明經褚方昌留心採舊志，上下二卷，四十五版而止。……爰集人士，共商採輯成書，以備國史之裁擇。"

南召明代志書未見著錄。清初知縣紀中興曾纂志二卷，今亦已不存。考此志職官門，紀中興任職時間爲順治十五年，次年南召記併入南陽，則紀志修成，當在順治十五六年間。此乾隆志纂輯於復設南召縣之後十餘年，爲該縣現存唯一一部清代志書。

封面書名簽題："《南召縣志》。乾隆拾壹年纂修。"

卷端鈐"燕京大學圖書館"朱文方印（1.7×1.7 釐米）。

卷中屢有書葉順序錯亂，爲裝訂之誤。卷四末葉殘碎。

中國國家圖書館、中國科學院文獻情報中心、故宮博物院圖書館、中國第一歷史檔案館、中國水利水電科學研究院圖書館等三十四館與"中央研究院"歷史語言研究所傅斯年圖書館、臺北故宮博物院、臺北"內政部"圖書館及日本東洋文庫、京都大學人文科學研究所、美國國會圖書館亦有入藏。

528. 清康熙刻乾隆剜修本內鄉縣志　　T3145/4222.81

〔康熙〕《內鄉縣志》十二卷，清寶鼎望修，高佑釲纂，張福永增修。清康熙三十二年（1693）刻，康熙五十二年增刻，乾隆間剜修本。四冊。半葉九行二十字，小字雙行同，白口，四周雙邊，單魚尾。框高 20.6 釐米，寬 14.7 釐米。前有康熙壬辰（五十一年）張福永序，康熙三十二年寶鼎望序，舊序五則（萬曆辛丑〔二十九年，1601〕許評序、萬曆辛丑李蔭序、順治十六年〔1659〕王襄明序、順治己亥〔十六年〕喬鼎臣序、許宸序），康熙三十二年高佑釲序，凡例十則，姓氏，目錄，內鄉縣輿地圖。卷端題："內鄉知縣加二級寶鼎望重修。"

內鄉縣地處南陽盆地西緣、伏牛山南麓。秦置酈縣、析縣。北魏改酈縣爲南酈縣，置西析陽縣。西魏改西析陽縣爲中鄉縣。北周改南酈縣爲酈縣。隋開皇三年（583）避文帝之父楊忠諱，改中鄉縣爲內鄉縣；改酈縣爲菊潭縣。五代後周顯德三年（956），菊潭縣併入內鄉縣。元初，淅川、博山兩縣併入內鄉縣。明成化六年（1470），復析置淅川縣。明清屬南陽府。今屬河南省南陽市。

寶鼎望，字天衡，順天宛平人。貢監。康熙三十一年任內鄉知縣，三十八年卒於官。

高佑釲，字念祖，浙江嘉興人。貢生。前內鄉知縣高以永之侄。著有《懷寓堂集》。

張福永，福建南靖人。康熙三十五年舉人。五十一年任內鄉知縣，同年九月丁憂。

書前《內鄉縣輿地圖》收《縣境圖》《縣城圖》《縣治圖》《儒學圖》、八景圖，共十二幅。正文十二卷，列十二志：卷一輿地志（星野、沿革、疆域、形勝、古跡、鄉保〔地方附〕、山川〔八景附〕); 卷二建置志 (城池、公署、各行署〔雜署附〕、坊表、街巷、鄉約所、市集、關梁、津渡、郵鋪〔接官亭附〕、倉廒、雜廨、井堰、園、秩祀、寺觀、祠廟、丘墓); 卷三學校志 (學署、禮器、禮儀、樂器、樂章、鄉飲酒禮、鄉射禮、教法、書籍、碑刻、學田、學園、社學); 卷四食貨志 (戶口、田賦、稅銀、差徭、物產), 附碑記及有關文章多篇, 其中邑人張著微《黑鉛紀事》一文, 詳載明清內鄉開採石墨礦詳情, 頗有史料價值; 卷五風俗志 (士農工商、冠昏喪祭、居室服食、時序節令、鄉社約會); 卷六職官志 (知縣、縣丞、主簿、典史、教諭、訓導、巡檢、前代州郡官師); 卷七選舉志 (進士、舉人、歲貢、恩選貢、例貢、拔貢、例監、武舉、薦舉、貤封、恩蔭、前代封爵); 卷八人物志 (人物列傳、列女、方外、流寓); 卷九藝文志, 以時代爲序載錄文、詩; 卷十兵事志; 卷十一災祥志; 卷十二雜紀志。

　　寶鼎望序:“余出宰內鄉, 歷徵舊志, 詳略不一, 邇歲奉檄纂修, 廣詢博採, 恪恭朝夕, 彙成一書。” 可知此志係奉命纂修。

　　張福永序:“壬辰夏, 余承乏茲土, 未逾月適太守羅公有修輯郡志之舉, 博採所隸邑乘。……康熙三十二年, 宛平寶君蒞斯邑, 廣搜舊志, 彙成一書, 本末頗已犁具。顧二十年來風土景物更進於前而又未載, 余心憾焉。……爰訪諸紳士, 詢諸故老, 增所未備者凡若干, 各坿於卷末。” 羅公即南陽知府羅景。張福永任職不到一年即丁憂去職, 此志實由繼任知縣劉躍龍主持印成。

　　此志職官、選舉、災祥等門各目末葉多係修改增刻, 仍將康熙三十二年原版附於其後。增刻者紀事止康熙癸巳 (五十二年)。《美國哈佛大學哈佛燕京圖書館藏中國舊方志目錄》著錄此本爲康熙三十二年刻本, 且未著錄張福永增修, 不確。又, 卷中 “弘” “曆” 剜改作 “宏” “歷”, 當爲乾隆間剜修本。

　　內鄉縣明清志書現存三部。其一爲胡匡纂修《內鄉縣志》十二卷, 分十二門六十一目, 成化二十一年 (1485) 付梓。其二爲寶鼎望修、高佑釲纂《內鄉縣志》十二卷, 康熙三十二年刻, 此本爲其補刻本。其三爲李冲霄、王檢心纂《內鄉通考》十卷, 據此康熙五十二年志爲基礎加以校訂, 並續增其後一百五十年史事而成, 體例仿陸隴其《靈壽縣志》, 列十門九十五目, 同治八年 (1869) 撰成, 稿本存南陽市檔案館。

　　中國國家圖書館、故宮博物院圖書館、北京大學圖書館、清華大學圖書館、上海圖書館等十一館與 “中央研究院” 歷史語言研究所傅斯年圖書館、臺北故宮博物院、孫逸仙博士紀念圖書館及日本東洋文庫、京都大學人文科學研究所、美國國會圖書館、法蘭西學院漢學研究所、法國巴黎 M.R. 赫杜圖書館、法國亞洲學會亦有入藏。

529. 清康熙刻本唐縣志　T3145/0669.81

[康熙]《唐縣志》八卷首一卷，清平鄯鼎修，李璜等纂。清康熙三十五年（1696）刻本。四册。半葉九行二十一字，小字雙行同，白口，左右雙邊，單魚尾。框高20.8釐米，寬13.8釐米。首有康熙三十五年朱璘序，康熙三十五年平鄯鼎序，凡例，目錄，修志姓氏，舊序（順治十六年（1659）李興運序、康熙六年田介序、田介《增補唐志徵遺檄》、康熙六年曲耀辰跋），圖。卷端題："山陰平鄯鼎纂修。"

唐縣，位於河南省西南部。北魏置上馬縣。唐天寶元年（742）改爲泌陽縣。天祐三年（906）唐州移治泌陽縣，改稱泌州。後更名唐州，宋、金、元因之。明洪武二年（1369）廢泌陽縣入唐州，三年置唐縣，屬南陽府。清因之。

平鄯鼎，字漢凝，浙江山陰（今紹興）人，廩貢。康熙三十三年任唐縣知縣。

李璜，河南洛陽人，舉人。康熙二十三年任唐縣儒學教諭。

卷首凡例、圖；卷一封域志（星野、沿革、形勝、疆界、山川、古跡、風俗、節序、土産、災祥）；卷二建置志（城池、公署、學校、倉庫、祀典、寺廟、坊表、舖舍、集鎮、陂渠、橋梁、塋墓、演武場、養濟院、義塚）；卷三賦役志（里甲、戶口、地糧、軍税、鹽引、驛站）；卷四官師志（侯封、刺史、節度使、邑令、丞簿、縣尉、教諭、訓導、守禦所、武弁）；卷五選舉志（科目、明經、贈蔭、例掾）；卷六人物志（名宦、鄉賢）；卷七人物志（忠貞、孝行、節烈、義行、耆碩、文學、隱逸、流寓）；卷八藝文志。

朱璘序曰："余自部符涖宛，值院檄下，郡屬志書先成者已付剞劂氏，餘者皆次第脫稿。惟唐志以今去未竣，新任平尹以舊志殊多闕略，因遠稽博採，條貫縷晰，閱數月而告成焉。"

平鄯鼎序曰："唐志自康熙六年前令田公續爲增輯，閱今又三十載，其有例得書者兹悉爲採訪，分類裒集。……惟本前志爲草創，參之以討論，益之以闕略而已。"

凡例云："志分八卷。因類裒輯，綱以統目也。前志卷帙幾倍而敘次失倫，今事以類集，庶幾由源竟委，便於觀覽云。""唐志自兵燹後舊籍無徵，考稽莫據，兹前志所存爲備録之，匪敢濫也。節收以成編，俾無淹没從厚也。若康熙丁未迄今三十年，悉加續輯，罔或遺焉。"

紀事至康熙三十二年。"玄"字避諱，"弘""曆"二字未避諱。

此爲現存最早唐縣志，另黄文蓮修、吴泰來纂乾隆志十卷本，有乾隆五十二年（1787）刻本。

中國國家圖書館、上海圖書館、南京圖書館、南京大學圖書館、中國科學院南京地理與湖泊研究所圖書館、山東省博物館有藏。

530. 清乾隆刻本唐縣志　　T3145/0669.83

　　〔乾隆〕《唐縣志》十卷，清黃文蓮修，吳泰來纂。清乾隆刻本。四册。半葉十一行二十一字，小字雙行同，黑口，左右雙邊，雙魚尾。框高 17.4 釐米，寬 14.6 釐米。首有扉頁，乾隆五十二年（1787）黃文蓮序，目錄，凡例，歷修唐縣志姓氏，舊序（順治十六年〔1659〕李興運序、田介《增補唐志序》《增補唐志徵遺檄》、康熙六年〔1667〕曲耀辰跋、康熙三十五年平郡鼎序），圖。扉頁題“唐縣志”。

　　黃文蓮，江蘇華亭籍，上海人，乾隆十五年舉人。乾隆五十一年由泌陽知縣調署唐縣事。

　　吳泰來，字竹嶼，江蘇長洲（今蘇州）人，乾隆二十五年進士。內閣中書舍人，大梁書院山長。

　　卷一地輿志（分野、沿革、疆域〔形勝附〕、山川〔陂堰附〕、古跡、里甲、集鎮、風俗〔時序附〕、物產、災祥）；卷二建置志（城池、公署、學宮〔祀典義學附〕、壇廟〔祀典附〕、倉庾、武備、橋梁、坊表〔塚墓附〕、義田）；卷三賦役志（戶口、田賦、課稅、鹽引、解支、驛傳）；卷四職官志（侯封、節度、刺史、邑令、縣尉、教職、武職、守禦）；卷五宦跡志（歷代各官宦跡）；卷六選舉志（進士、舉人、貢監、武科、贈蔭、援納〔行伍附〕、例掾）；卷七人物志（鄉賢、忠貞、孝義、文學、武功、耆碩）；卷八人物志（列女、流寓）；卷九至十藝文志。

　　黃文蓮序曰：“奉憲諭而載緝（丁未正月奉大憲畢中丞面諭，邑志宜重加修葺），簿書多暇，詎碍披尋，簡畢久疏，慮垂體例。爰有大梁書院山長吳中翰竹嶼先生，香名鳳飲，仙籍早通。獻賦鷥興，曾邀甲選；摘文鳳閣，尚是丁年。家居屬兩郡之分，蘭交世訂，賤齒遜一年之長……壯志消磨，暫憑下邑輿圖，共繕蠹簡，於是分門排纂，按籍鉤稽，遙口相商，矮箋互答。徵詞考義，壯分野之河山；弄墨然脂，恍同窗之硯席。聊備職方之小紀，勿忘二老婆娑；尤思就正於大家，用著一邦文獻。”

　　凡例云：“志自前令平郡鼎重修，迄今幾九十餘年，册籍散亡，網羅匪易。乾隆八年邑令楊公煐曾聘邑孝廉李杜增修邑志，未成，楊公調任去，孝廉手錄一册藏愛草齋。玆編於人物、選舉等門實多援據焉。故表而出之，以示不敢襲人之善云。”

　　職官紀事至乾隆五十三年。《中國地方志聯合目錄》著錄爲“乾隆五十二年刻本”。

　　第四册封底墨筆書：“我家草盧三間正，焉比諸葛一臥龍。”

　　中國國家圖書館、中國科學院文獻情報中心、中國文化遺產研究院、上海圖書館、北京大學圖書館等二十餘館與“中央研究院”歷史語言研究所傅斯年圖書館、臺北故宮博物院、臺北“內政部”圖書館及日本東洋文庫、東京大學東洋文化研究所、美國國會圖書館等有藏。

531. 清乾隆刻本新野縣志　　T3145/0262.83

〔乾隆〕《新野縣志》九卷首一卷，清徐金位纂修。清乾隆十九年（1754）刻本。四册。半葉九行二十一字，小字雙行同，白口，四周雙邊，單魚尾。框高 20.4 釐米，寬 13.9 釐米。首有乾隆十九年徐金位序，圖，檄文，原序（崔誼之序，趙國佐序，張璽序，武國樞序），修志姓氏，卷端題：“新野縣知縣常山徐金位纂修。”

新野縣，位於今河南省西南部。春秋戰國名烝野，秦爲穰縣地。西漢高祖元年（前 206）置新野縣，屬南陽郡，東漢因之。西晉置新野郡，治新野縣。北周曾更名爲棘陽縣。唐武德四年（621）置新州，治新野縣，尋廢。乾元後廢新野縣。元復置新野縣，屬鄧州，明清因之。

徐金位，字石谿，浙江常山人，拔貢。乾隆十八年任新野知縣。

卷一輿地志（沿革、疆域、星野、山川、形勝、風俗、鄉邨、集鎮、物産）；卷二建置志（城池、公署、學校、壇祠、郵置、倉庾、里甲、兵防、陂堰、津梁）；卷三秩官志（秩官、選舉、封蔭）；卷四名宦志；卷五人物志（名宦、孝義、懿行、文學、隱逸、里俠、節烈、方外、流寓）；卷六賦役志（版籍、鹽課、商稅、驛遞）；卷七古跡志（古跡、寺觀、墳塚）；卷八祥異志；卷九藝文志。

徐金位序曰：“新之有乘，創於司白鹿先生，迄國朝而繼以滋陽、曲阜、鄒平數君子，屢經筆削，考覈精詳，稱爲善本。最後營州武君再加搜羅，勒成完書。有功於兹乘者蓋嘆積薪矣。第其書修於康熙五十一年，歷今四十餘載，閱年既久，缺遺必多。……余自癸酉夏甫蒞□□，披覽志乘，即有慨然增修之志。□大中丞蔣公、方伯圖公先後檄□，孜孜以修志爲守土之責。乃謀於邑之同官學博伊陽董君、高安李君，并邑中紳士之有學行者陶□廉等，廣詢博訪，亟惟錄輯，而新□圖，其中有應因者則因之，有應增者則增之，有應訂訛而補遺者則校讎而釐正之。……續爲成編，閱數月而功始竣。”

凡例云：“詳閱舊志序文，書凡四成，經前後數君子之手。”

“禎”“弘”“曆”三字避諱。

現存新野縣志僅清代二志，首爲清康熙五十一年（1712）刻武國樞纂修八卷首一卷本，次即此乾隆十九年刻本。

中國國家圖書館、中國科學文獻情報中心、上海圖書館、北京大學圖書館、南京圖書舘等三十二館與“中央研究院”歷史語言研究所傅斯年圖書館、臺北故宮博物院及日本國會圖書館、東洋文庫、京都大學人文科學研究所、美國國會圖書館、法蘭西學院漢學研究所、法國亞洲協會等有藏。

532. 清乾隆刻本桐柏縣志　T3145/424.83

　　〔乾隆〕《桐柏縣志》八卷首一卷，清鞏敬緒修，李南暉纂。清乾隆十九年（1754）刻本。四册。半葉九行二十一字，小字雙行同，白口，四周雙邊，單魚尾。框高19.8釐米，寬13.3釐米。首有乾隆甲戌（十九年）孫灝序，乾隆十八年鞏敬緒序，舊志序（順治十六年〔1751〕貢彧序、康熙乙亥〔三十四年，1695〕高士鐸序、乾隆十年劉元亨序），康熙三十四年檄文，修志姓氏，乾隆九年藩憲檄文，乾隆十七年檄文，纂修姓氏，凡例二十三條，修桐柏縣志定篇目次第説，目錄，圖繪。書後有乾隆十八年李之杜跋，乾隆十八年李南暉跋。卷端題："知河南南陽府桐柏縣事關西鞏敬緒理齋甫纂修，桐柏縣儒學復設教諭高安李之杜仲間甫訂正，候銓知縣乙卯科舉人渭北李南暉仲晦甫編輯，邑庠魏垣象三、王匯漸東校正。"

　　桐柏縣地處南陽盆地東緣。西漢元康元年（前65）置復陽侯國，元延年間改爲復陽縣，屬南陽郡。西晉廢。南朝梁置義鄉縣。隋開皇十八年（598）改爲桐柏縣，得名於境内桐柏山。南宋降爲鎮。蒙古初復置桐柏縣，屬南陽府，至元三年（1266）廢縣。明成化十二年（1476）復設桐柏縣，屬南陽府。清沿襲不改。今屬河南省南陽市。

　　鞏敬緒，字理齋，號北園，甘肅伏羌人。乾隆三年舉人。乾隆十七年任桐柏知縣。

　　李南暉（1709—1784），字仲晦，號青峰，甘肅通渭人。乾隆三十年任四川威遠知縣。著有《讀易觀象惺惺錄》。

　　卷首圖繪收《地輿總圖》《城池圖》《縣署圖》《文廟圖》《禹廟圖》《淮瀆廟圖》《歸淮圖》《漢光武城圖》、八景圖，共十六幅。正文八卷，列八志一百一十五目：第一卷乾部天文志（星圖、星野考證、氣候節序、占候、祥異）；第二卷坎部地理志（沿革表、疆域、形勢、山川、邱墓、古跡、物產、新舊八景）；第三卷艮部建置志（城池，公署，學宮，弟子員，典籍，學田，書院〔義學、社學附〕，倉廠，坊表，街市，惠卹〔養濟院、普濟堂、育嬰堂、漏澤園〕，兵制〔教場附〕，壇壝祠廟〔寺觀附〕，里鎮，保甲，陂渠橋梁，舖舍郵傳）；第四卷震部官師志（藩封，宦跡，知縣〔署縣附〕，教職〔教諭、訓導〕，雜職〔縣丞、主簿、錄事、典史、巡檢附〕，武職〔千總、把總〕，雜術〔陰醫僧道〕）；第五卷巽部食貨志（戶口、田賦、折色起運、本色起運、戶部本色、工部本色、支存、裁解、河工、協濟驛站、本縣驛站、雜款、鹽榷）；第六卷離部典禮志（慶賀，詔書，宣講，迎春，祭先農耕耤〔耤田附〕，祭文廟〔祭品、樂章、樂器、舞譜、聖賢各贊〕，祭崇聖祠〔歷代封爵附、名宦鄉賢並附〕，祭武廟，祭武廟後殿，祭淮瀆廟〔歷代封號祭告遣官附〕，祭劉將軍廟，祭社稷壇，祭風雲雷雨山川城隍，祭八蜡祠，祭厲壇，祭軍牙六纛，救護，祈雨，報享祭龍神，祈晴，雩祭，榮祭，祭忠義孝弟祠，祭節孝祠，群祀〔衙神祠、蕭曹祠、火神祠、馬王廟、土地祠、原吳祠〕，新官到任，賓興〔生員應試、舉人報捷、郊迎、釋菜、赴宴、歸第、會試、進士報捷、貢士出身〕，鄉飲酒，風俗）；第七卷坤部人物志（理學，儒林，孝義，忠烈，勳戚，文苑，隱逸，仕宦，科目〔進士、舉人、武進士、武舉附〕，貢士〔恩、拔、歲、副、捐〕，雜途〔例監、例掾〕，封贈〔誥敕附錄〕，列女〔賢母、節孝婦、節婦、節烈婦、烈女〕，流寓）；第八卷兌部藝文志（告文，書，碑記，記，序，論，說，示一首，辯，考，書後，箴，銘，贊，跋，傳，祭文，賦，騷，詩〔五言古、七言古、五言律、七言律、五言絕句、七言絕句、五言排律、七言排律、詩餘〕）。

鞏敬緒序："桐志始創自順治十五年前令張君鳴鳳，康熙初年貢令或略修飾之，俱未經刊佈，康熙三十年間前令襄平高君士鐸始梓爲書。乾隆七年，繼經前令劉君元亨與邑學博張君士瑞復加補葺，然其規制俱未如式，而又無一言之論斷，意甚惜之。……近月恭捧憲檄，諭令所屬蒐輯志乘，緒與同官及邑之紳士延友人渭城李君重爲纂修，閱月而告成竣事。"可知此志係應巡撫之命纂修。

李南暉跋："今年仲春月，自京邸歸，過茲邑，賢侯理齋世誼於養民之餘，思有以教桐之學者，設桐淮書院，留余主其教事，辭不獲免，余滋愧矣。西歸且將迫，理齋又以纂修桐志屬余草，辭益不獲免，余益滋愧矣。是役也，始於孟冬月之初旬，告竣於仲冬月之廿有四日，計五十有五日。爲綱八，爲目百一十有五，其細目各以類從，其間爲論、爲表、爲說、爲傳記、爲銘贊，共百有餘篇，而吾責塞矣。"

此志《中國地方志聯合目錄》《中國地方志總目提要》《美國哈佛大學哈佛燕京圖書館藏中國舊方志目錄》均著錄爲乾隆十八年刻本，但卷首孫灝序落款爲乾隆十九年，則刻成當在乾隆十九年。

桐柏縣清順治至康熙初年三次修志，今均已不傳，此志鞏敬緒序載其纂修概略，已見上引。現存清代方志僅二部。其一爲高士鐸修、樊翰纂《續修桐柏縣志》四卷，列四十九門，康熙三十四年刊刻。其二即此乾隆志。

版心下鎸"本衙藏板"。

中國國家圖書館、中國科學院文獻情報中心、中國文化遺産研究院、北京大學圖書館、清華大學圖書館等三十館與"中央研究院"歷史語言研究所傅斯年圖書館、臺北故宮博物院及日本東洋文庫、京都大學人文科學研究所、美國國會圖書館、法國亞洲學會亦有入藏。

533. 清乾隆刻本鄧州志　　T3145/1712.83

　　[乾隆]《鄧州志》二十四卷首一卷末一卷，清蔣光祖修，姚之琅纂。清乾隆二十年（1755）刻本。二函十二册。半葉十行二十二字，小字雙行同，白口，四周雙邊，單魚尾。框高 19.6 釐米，寬 14.2 釐米。首有乾隆二十年蔣光祖序，姓氏，凡例十六則，目錄，鄧州輿圖，附刻舊序（嘉靖三十五年〔1556〕張仙序、嘉靖四十三年潘庭楠序、萬曆三十年〔1602〕趙沛序、順治十六年〔1659〕陳良玉序、趙德序、萬愫序）。卷端題："古延蔣光祖振裘氏纂修。"

　　鄧州地處南陽盆地西南部。戰國爲穰邑。秦置穰縣，屬南陽郡。西漢因之。北魏太和中，荆州移治穰縣。隋開皇七年（587）改荆州爲鄧州，治穰縣。大業初改爲南陽郡。唐武德二年（619）復改爲鄧州。北宋屬京西南路。金屬南京路。元屬南陽府。明洪武二年（1369）廢穰縣入鄧州。清不轄縣。1913 年改爲鄧縣。1988 年改爲鄧州市。今屬河南省南陽市。

　　蔣光祖，字振裘，號南邨，江蘇泰興人。拔貢。歷任武安、虞城知縣，乾隆十七年至二十年任鄧州知州。著有《南邨文集》等，另修有《武安縣志》。

　　姚之琅，號梧軒，湖北黄陂人。舉人。

　　卷首輿圖收州境圖、《城圖》《州治圖》《學宫圖》、八景圖，計十二幅。正文二十四卷，列二十六門：卷一沿革（有表）；卷二星野；卷三疆域（形勝附）；卷四山川水利（津梁附）；卷五建置（城池、公署、倉廠、坊巷、集鎮、鋪遞、卹政）；卷六學校（義學、名宦諸祠附）；卷七祀典；卷八古跡（藩封、勝跡、塚墓、寺觀）；卷九風俗（物産附）；卷十賦役（里甲、户口、田賦、郵傳、鹽引）；卷十一職官；卷十二名宦；卷十三武備（武胄、武功附）；卷十四選舉；卷十五人物；卷十六忠烈；卷十七孝弟、義行；卷十八隱逸、流寓；卷十九仙釋、方技；卷二十列女；卷二十一附傳；卷二十二、卷二十三藝文（詔誥、表奏、書、序、記、議辯説、傳，祭文、墓誌銘、碑表、賦、詩）；卷二十四雜紀（祥異、兵變）。

　　蔣光祖序："鄧志成於康熙甲戌，今六十年矣，其事皆闕焉無紀，又前書權輿，務在搜羅，未遑精覈，後遂蹈襲前聞，莫爲辨正，郢書燕説，訛以傳訛。不佞自古虞量移穰牧，適奉憲檄重輯郡乘，爰與同志博稽史傳，訂訛補缺，又續記六十年事，書成凡二十四卷。"

　　此本爲後印本。"曆"剜改作"歷"；"弘"往往缺末筆，偶有剜改作"宏"者；卷八古跡門末四葉係補刻，卷二十一附傳門補刻五葉。

　　鄧州州志創修於嘉靖三十六年知州張仙，今已不傳。現存明清志書共四部。其一爲潘庭楠纂修《鄧州志》十六卷，在張仙志基礎上增補屬縣史事而成，列十六門四十四目，嘉靖四十三年付梓。其二爲陳玉良修、彭而述纂《鄧州志》二十卷，因入清後已不再轄縣，僅記本州史事，有圖、記、表、志、傳五體，列十九門二十九目，順治十六年刊刻。其三爲趙德、萬愫修，彭始超等纂《鄧州志》八卷，列八門四十五目，康熙三十三年（1694）刻。其四即此乾隆志。

此本有缺葉十餘，兹不備録。

中國國家圖書館、中國科學院文獻情報中心、中國第一歷史檔案館、中國文化遺產研究院、中國水利水電科學研究院圖書館等三十七館與臺北“國家圖書館”、“中央研究院”歷史語言研究所傅斯年圖書館、臺北故宮博物院、臺北“内政部”圖書館及日本東洋文庫、京都大學人文科學研究所、美國國會圖書館、法國巴黎 M.R. 赫杜圖書館亦有入藏。

534. 清順治刻本睢州志　　T3145/6132.80

［順治］《睢州志》七卷首一卷，清戴斌修，湯斌等纂。清順治十五年（1658）刻本。八册。半葉十行二十二字，小字雙行同，白口，四周單邊，單魚尾。框高24.8 釐米，寬 16.6 釐米。前有順治十五年戴斌序，順治十五年湯斌序，順治十五年修志帖文，修志姓氏，目録，圖考。書後有順治十五年趙震元跋。

睢州地處豫東平原。秦置襄邑縣，因境内有宋襄公陵墓而得名，屬碭郡。漢晉屬陳留郡。隋屬宋州。唐武德二年（619）屬杞州，貞觀元年（627）改隸宋州。五代後梁屬開封府。北宋崇寧四年（1105）置拱州，治襄邑縣。金天德三年（1151）改爲睢州，得名於城北睢水。元屬汴梁路。明洪武初併襄邑縣入睢州，十年（1377）降爲睢縣，十三年升爲睢州直隸州，轄考城、柘城二縣，屬開封府。嘉靖二十四年（1545）改爲散州，屬歸德府。1913 年改爲睢縣。今屬河南省商丘市。

戴斌，字還素，湖南常德人。順治十二年進士。同年任睢州知州。

湯斌（1627—1687），字孔伯，號荊峴，河南睢州人。順治九年進士。歷任江西嶺北道參政、内閣學士、禮部侍郎、江蘇巡撫、禮部尚書、工部尚書。

卷首圖考收《州境圖》《新舊城圖》《舊州治圖》《儒學圖》《名宦祠圖》《錦襄書院圖》等，計六幅。正文七卷，列十五志：卷一地里志（建置、風俗、星野、山川、古跡），户口田賦志，土産志，户口田賦志記載田賦、支出等内容頗詳；卷二城池志（城池、水門、獲城堤），河防志，公署志（舊治、新治），學校志，壇祀志，陵墓志，祀典志，鄉儀志，卹政志；卷三官師志（州官、學師、衛官、俱有表）；卷四人物志（孝義、節烈、仙釋）；卷五選舉表（封蔭等附）；卷六存遺志（姓氏、兵寇、封爵、遺事、

災異); 卷七藝文志（文、詩）。

戴斌序：“余乙未冬奉命來牧，下車旬日，即索睢陽舊志觀之。……豈知壬午之亂，水火交加，志書之遺，非祖龍灰燼，亦馮夷漂没矣，片紙隻字，歸於烏有。將謂美欲傳、傳欲久者，竟不能復覩，余心滋戚矣。再詢之二三獻老，賴有郡紳冉衢吳公，亦以州志淪失爲憂，每就余言，必欲覓其舊本而重纂之，以冀輝煌鉅典。……幸而丁酉之夏，相傳都人秘之笥中，吳公果以修志爲己任，不靳走幣購求，獲持示余。……兹則煩者删之，缺者補之，分輯而討定之，剞劂告竣，吳公之力實多焉。”

湯斌序：“吾郡舊志散逸者頗久，今上壬辰進士吳公冉渠單心壯事，走千里購求原本，編次訂正，歷有年所。會郡侯戴公臨牧睢土，樂其始事而褒勸之，又重奉大中丞賈公祖嘉惠中原右進典要之命，謹更網羅今古，詳之慎之，葺其掛漏，仿其規條，刊佈成册。”

睢州明清志書現存五部。其一爲明鈔本《睢州志》九卷，成化間李孟暘纂成初稿，嘉靖間李一經以之爲基礎增修成書。其二即此順治志，基於明代舊志增修而成。其三爲程正性修、湯斌纂《睢州志》七卷，列十六門三十二目，康熙十六年（1677）刊刻，僅有殘本存北京師範大學圖書館。其四爲馬世英等纂修《睢州志》七卷，分七門五十五目，康熙三十二年刊刻。其五爲王枚修、徐紹廉纂《續修睢州志》，沿襲康熙三十二年志體例，續補二百年史事而成，列六門六十八目，光緒十八年（1892）刻。

有缺葉：卷二第十六葉，卷三第十三葉，卷四末葉，卷六末葉，卷七第四十一、第四十二葉。

此志《中國地方志聯合目録》《中國地方志總目提要》均未著録。

535. 清康熙刻乾隆剜修本睢州志　T3145/6132.81

〔康熙〕《睢州志》七卷首一卷，清馬世英等纂修。清康熙三十二年（1693）刻，乾隆間剜修本。四册。半葉九行二十字，小字雙行同，白口，四周單邊，單魚尾。框高 19.2 釐米，寬 13.7 釐米。前有院檄，康熙庚午（二十九年）馬世英序，康熙三十二年陳應輔序，康熙癸酉（三十二年）王紳序，總目，舊志目録，圖考，凡例，舊志凡例。

馬世英，陝西米脂人。正黄旗蔭生。康熙二十二年至三十一年任睢州知州。

卷首圖考收《州境圖》《新舊城圖》《舊州治圖》《儒學圖》《錦襄書院圖》，共五幅。正文七卷：卷一地里志（星野、疆域、土産、河患、山川、古跡）；卷二建置志（沿革、城池、公署、學校、壇祀、田賦、陵墓、風俗、隆賢、卹政）；卷三官師志（州官名宦、儒學名宦、署事、州官表、學師表、衛官附）；卷四選舉志（舉人、進士、貢士、薦舉、封贈、恩蔭、武舉、武進士、例貢、監生）；卷五人物志（名臣、武功、孝子、義烈、隱逸、獨行、文苑、方技、仙釋、孝女、孝婦、烈女、烈婦、節婦）；卷六藝文志（記、序、説、詩）；卷七存遺志（姓氏、封爵、遺事、災異、兵寇）。

馬世英序："今夏奉大中丞閻公令，以修豫省通志，俾上其書以備考擇，既乃檄使專修，仍立凡例以定其概。世英謹諏日治事，廣延儒生，分咨各纂，而日與參稽焉。"可知此志係奉河南巡撫閻興邦之命纂修。書成呈請巡撫審定，未及核下即去職，至陳應輔繼任，方纔付刻。

王紳序："三韓陳公再涖吾睢，甫數月，撫軍以州所上之志來下，公大綱一依舊貫，而慎加增損潤色。既成書矣，將捐俸梓傳。"

"弘""曆"剜改作"宏""歷"，當爲乾隆間剜修本。

各冊卷端鈐"睢陽褚氏珍藏"白文長方印（1.6×2.7 釐米）、"仰"白文方印（0.8×0.8 釐米）、"賢"朱文方印（0.8×0.8 釐米），首冊各序後鈐有"褚仰賢印"白文方印（2.1×2.1 釐米）、"仲潛"朱文方印（2.1×2.2 釐米）、"忠厚"半朱半白長方印（1.3×1.0 釐米）。褚氏爲睢州大族，褚仰賢生平不詳。

行間偶有朱筆、墨筆批注，於志書内容加以考辨增補。

中國國家圖書館、北京大學圖書館、中國人民大學圖書館、上海圖書館、南京圖書館等十館與臺北故宮博物院及美國國會圖書館亦有入藏。

536. 清康熙刻乾隆剜補本寧陵縣志　T3145/3074.81

［康熙］《寧陵縣志》十二卷首一卷，清王圖寧纂修。清康熙三十二年（1693）刻，乾隆間剜補本。四冊。半葉九行二十二字，小字雙行同，白口，四周雙邊，單魚尾。框高 21.2 釐米，寬 14.9 釐米。首有院牌，康熙三十二年宋犖序，康熙三十年王圖寧序，凡例八則，舊志序跋四則（熊秉元序、李坤序、李若星序、李若星跋），舊志凡例九則，校訂姓氏，目録，圖考。

寧陵縣地處豫東平原中部。戰國爲寧陵邑。漢置寧陵縣，屬陳留郡。北齊廢。隋開皇六年（586）復置，屬梁郡。唐屬宋州。宋屬應天府。金屬歸德府。明、清因之。今屬河南省商丘市。

王圖寧，江西金溪人。康熙二年舉人。康熙二十九年任寧陵知縣。

卷首圖考收星野圖、《城池圖》《四境圖》《縣治之圖》《文廟圖》《儒學圖》《程沙隨祠》《旌忠廟圖》《七鄉地圖》《城隍廟圖》，共十幅。正文十二卷，列十二志六十七門：卷一天文志；卷二地理志（沿革、封建、疆域、城池、堤防、集鎮、形勝、古跡、河防、風俗、教場、土産）；卷三建置志（公署、倉庫、街道、坊第）；卷四田賦志（丁地、徵解、支給、鹺政、稅款）；卷五學校志（文廟、儒學、碑類、學田、義學）；卷六職官志（知縣、縣丞、教諭、訓導、主簿、典史）；卷七名宦志（知縣、儒學、主簿、武臣、鄉賢）；卷八選舉志（鄉科、甲科、貢生、監生、吏員、徵辟、恩蔭、封贈）；卷九人物志（名賢、武勇、義烈、隱逸、義師、貞女、孝女、節婦、烈婦）；卷十祀祠志（祀典、祠廟、寺觀）；卷十一藝文志（碑銘、記、議、書、文、傳、詩）；卷十二雜志（卹政、災祥、陵墓）。

王圖寧序謂："寧陵舊有志已。庚午秋，大中丞閻公檄令纂修，或者繕舊志以進。……是臘圖寧承乏茲邑，適蒙重加釐定之諭。……寧固不敏，敢弗敬承憲命，參稽舊冊，芟其憤懣之言，正其凌亂之次，以俟大中丞之論定歟？"則此志係奉河南巡撫閻興邦之命纂修。

卷首校訂姓氏載："康熙三十年夏月纂修，至康熙三十二年夏月刊成。"卷中"弘""曆"剜改作"宏""歷"，"琰"字不避，當爲乾隆間剜修本。卷中有補版多處，見於田賦志、選舉志、雜志等門。

寧陵縣志創修於邑人呂坤，明隆慶元年（1567）成書，今已不存。現存明清志書共三部。首部爲李若星等纂修《寧陵縣志》十二卷，係以呂坤志爲基礎續增近百年史事而成，順治十六年（1659）付梓。其次爲此康熙志，康熙三十二年刻本外，另有光緒十九年（1893）重刊本。其三爲蕭濟南修、呂敬直纂《寧陵縣志》十二卷，分十三門八十九目，宣統三年（1911）刊刻。

包背裝。

中國國家圖書館、北京大學圖書館、清華大學圖書館、中央民族大學圖書館、山東省圖書館等十一館與臺北"國家圖書館"、臺北故宮博物院及日本東洋文庫、京都大學人文科學研究所、美國國會圖書館、法國巴黎 M.R. 赫杜圖書館亦有入藏。

537. 清乾隆刻本柘城縣志　T3145/4645.83

［乾隆］《柘城縣志》十八首一卷，清李志魯纂修。清乾隆三十八年（1773）刻本。二函八冊。半葉九行二十一字，小字雙行同，白口，四周雙邊，單魚尾。框高 19.0 釐米，寬 13.6 釐米。首有乾隆三十八年趙瑗序，乾隆三十八年李志魯序，聖製，凡例二十則，舊志序七則（順治十四年〔1657〕張繹序、順治十四年杜行恕序、康熙三十年〔1691〕史鑑序、李芳廣序、康熙三十七年李元振序、康熙三十八年竇克勤序、康熙三十九年李國亮序），目錄，重修姓氏，輿地圖。

柘城縣地處豫東平原南部。戰國爲楚柘邑。秦置柘縣，屬陳郡。西漢屬淮陽國。

東漢屬陳國。西晉太康間廢。隋開皇十六年（596）置柘城縣，屬宋州。唐初屬杞州，貞觀元年（627）廢，永淳元年（682）置，屬宋州。宋初屬應天府，崇寧中屬拱州。金屬睢州。元屬汴梁路。明屬睢州。清屬歸德府。今屬河南省商丘市。

李志魯，浙江安吉人。舉人。乾隆三十五年任柘城知縣。

卷首輿地圖收《縣境圖》《舊柘城圖》《柘城城池之圖》《文廟儒學之圖》《柘城縣治圖》，共五幅。正文十八卷七十目：卷一輿地志（原始、沿革、星野、疆域、形勝、山川、古跡、風俗、陵墓、物產）；卷二建置志（公署、城池、倉庫、河渠、武備、鋪司、街坊、津梁、鄉市、郵政）；卷三至四職官（官制、題名、宦跡）；卷五賦役志（戶口、田賦）；卷六學校志（學制〔附書院〕）；卷七祠祀志（壇廟、寺觀）；卷八選舉志（進士、舉人、薦辟、貢生、例貢、例授、封贈、蔭襲、武職）；卷九至十一人物志（列傳、儒林、忠節、孝友、文苑、義行、藝術、流寓、列女）；卷十二至十七藝文志（綸章、奏疏、記、序、頌、贊、論、辯、說、書、引、募疏、題跋、傳、墓誌銘、墓表、祭文、詩、賦）；卷十八雜志（識餘、兵革、災異）。瞿宣穎《方志考稿甲集》評此志“甄採較豐”，但考證欠審慎，“如以左氏‘盜殺之於陳宋之間’爲柘境，殊爲附會過甚”。

李志魯序略述修志始末：“余宰柘之三年，人民康阜，庶物恬熙，於是邦人士有以修志來請者，余曰：可哉。遂開館於城東隅之寶氏別業，閱十月而書成。”

柘城縣明清志書現存四部。其一爲壽濂纂修《柘城縣志》十卷，列十門六十八目，記載較簡略，有嘉靖三十三年（1554）鈔本存世。其後萬曆間知縣李本固、順治間知縣張繹三皆曾修志，今均已不存。其二爲史鑑纂修《柘城縣志》四卷，分三十五門，康熙三十九年刊刻。其三即此乾隆志，記載較舊志翔實。其四爲元淮、傅鍾浚纂修《柘城縣志》十卷，增補刪訂舊志而成，分十二門九十六目，光緒二十二年（1896）刻。

有缺葉：卷一第十五葉等，茲不備錄。

中國國家圖書館、中國科學院文獻情報中心、故宮博物院圖書館、中國第一歷史檔案館、中共中央黨校圖書館等二十二館與臺北故宮博物院及日本東洋文庫、美國國會圖書館亦有入藏。

538. 清康熙刻乾隆剜修本永城縣志　　T3145/3345.81

〔康熙〕《永城縣志》八卷，清周正紀修，侯良弼纂。清康熙三十六年（1697）刻，乾隆間剜修本。十冊。半葉九行二十字，小字雙行同，白口，四周雙邊，單魚尾。框高 19.7 釐米，寬 14.7 釐米。前有康熙三十六年耿晉光序，康熙三十年周正紀序，興圖，凡例。書後有舊志序三則（程孔思、李蔭嵒、胡宗鼎）。

永城縣地處豫東平原東部。春秋屬芒邑、碭邑。秦置芒縣，屬碭郡。東漢改爲臨睢縣，屬沛國。西晉廢。隋大業六年（610）置永城縣。唐武德五年（622）屬譙郡，貞觀十七年（643）改屬亳州。金興定五年（1221）升爲永州。蒙古至元二年（1265）降爲永城縣，屬歸德府。明、清因之。1996年改爲永城市。今屬河南省商丘市。

周正紀，字恒庵，江蘇淮安人。貢生。康熙二十四年至三十一年任永城知縣。

侯良弼，字右臣，河南汲縣人。康熙二十四年任永城縣教諭。

書前有《縣境圖》《城池圖》《縣治圖》《文廟圖》《儒學圖》共五幅。正文八卷，列八門：卷一天文，有分野、形勝、山川、風俗等目；卷二建置，有沿革、疆域、城池、公署、學校、祠祭、閣坊、溝渠、橋梁、里鎮、集市、郵舍、古跡、廟寺、祠墓、義冢、物產等目；卷三田賦，有戶口、土田、錢糧、起運、存留、稅課等目；卷四職官，列表記知縣、縣丞、主簿、典史、教諭、訓導等之姓名爵里；卷四名宦傳；卷五選舉，附武職、后妃、封贈、蔭襲、鄉飲、椽史等目；卷六人物，有名宦、文學、隱逸、死難、俠義、孝友、孝婦、貞婦、烈婦、烈女、異人等目；卷七藝文，有碑記、傳、序、碑銘、詩等目；卷八災異。

侯良弼所撰凡例謂："稽考舊志，成於先朝隆慶年間，經兵燹之後，版籍無存。至本朝戊戌，始奉檄纂於文學賈君開宗之手。……迨至康熙辛未，又三十餘載矣。大中丞閻公檄令續修，適邑侯周君以山陽夙學獨任筆削，於公餘之暇刪繁就簡，可稱持筆。但地理、建置、田賦、人物之屬率因循原本而無所更正，傳記、碑銘大半刪前人之建置而概入其自製，不幾湮沒古制乎？是故繕稿上之，致駁重訂。……會周侯去官，嗣之者三韓王君也，命予妄董其事。"

耿晉光序："……遂於孟夏承乏茲土，……正惕然於心，怵然於職，適廣文侯君受前令尹命，蒐輯補訂邑志纂成，取而翻閱。……捐俸付梓，刊載成書。"可知此志係由知縣耿晉光主持刊刻。

卷中"胤""弘""曆"剜改作"胤""宏""歷"，當爲乾隆間剜修本。

永城縣明清志書現存三部。首部爲鄭禮纂修《永城縣志》六卷，列六門三十五目，嘉靖二十三年（1544）付梓。其後隆慶間秦時雍、順治年間知縣程孔思均曾再修，今皆已不傳。其次即此康熙志。其三爲岳廷楷修，胡贊采、呂永輝纂《永城縣志》三十八卷，列十九門九十六目，光緒二十九年（1903）刻。

中國國家圖書館、中國第一歷史檔案館、清華大學圖書館、中央民族大學圖書館、上海圖書館等十一館與臺北故宮博物院及日本東洋文庫亦有入藏。

539. 清乾隆刻本信陽州志　　T3145/267.83

[乾隆]《信陽州志》十二卷首一卷，清張鉞修，萬侯纂。清乾隆十四年（1749）刻本。八册。半葉九行二十一字，小字雙行同，白口，四周雙邊，單魚尾。框高18.6釐米，寬14.9釐米。首有乾隆十四年任弘業序，乾隆十四年崔應階序，乾隆己巳（十四年）馮原序，乾隆己巳張鉞序，目録，姓氏，前修志姓氏，凡例十一則，圖。

信陽州地處大別山區。漢爲安昌、平氏、鄳、鍾武等縣地。三國魏析南陽郡地置義陽郡，領義陽縣，後廢。晉初復置義陽郡。南北朝元嘉二十九年（452）僑置司州。北魏永安三年（530）置郢州。北周改爲申州。隋改爲義陽郡。唐改爲申州。北宋開寶九年（976）改爲義陽軍，治義陽縣，太平興國元年（976）改爲信陽軍，治信陽縣。元初改爲信陽州，屬汝寧府。明洪武十五年（1382）降爲信陽縣，成化十一年（1475）再升爲州。清仍之，無屬縣。1913年降爲信陽縣。1998年改爲信陽市平橋區。

張鉞，字有虔，號毅亭，直隸清苑人。雍正八年（1730）進士。歷任新鄉知縣、鄭州知州，乾隆十二年調任信陽知州。另修有《鄭州直隸州志》。

萬侯，字定垣，河南信陽人。雍正十三年舉人。曾任原武縣儒學教諭。

卷首有《縣境山圖》《縣境水圖》《州署圖》《學宮圖》、十景圖等。正文十二卷，列八志：卷一天文志（星野），輿地志（沿革、疆域、形勝、山川、古跡、風俗）；卷二建置志（城池、公署、學宮、祠壇、書院、街坊、鄉村、集舖、關梁、寺觀、倉廒、郵政、卹政、營房）；卷三食貨志（户口、田賦、解支、驛站、耗羨、雜稅、鹽引、物産）；卷四典禮志，有慶賀、接詔、鐸教、迎春、耕耤、文廟、崇聖祠、社稷壇、祈禱、鄉飲酒等目；卷五至六官師志，有官秩、監司、知州、州判、學正、吏目、驛丞、宦績、武備等目；卷七選舉志，有薦舉、進士、舉人、貢生、歲貢、例貢、監生、吏員等目；卷八至九人物志（忠義、孝行、政事、耆德、文學、武功、流寓、義母、孝婦、烈女、貞節）；卷十至十二藝文志（詔、制、訓、表、奏疏、書、論、記、序、書事、傳、頌、贊、銘、碑、考、賦、古詩、歌行、五言律、七言律、排律、絕句、詩餘）。

張鉞序："余於丁卯年來牧兹土，他務未遑，即訪諏於掌故者若而人，取州志而續修之，聞前牧馮公曾延孝廉萬君同諸生彙成數帖，因收爲藍本，復相與披金於砂礫，採蘭於茭荻，損之益之，刪之補之，閱一歲而脱稿。"

信陽州明成化初創修邑志，成化十八年江貴再修，萬曆四十三年（1615）楊若梓三修，惜今均已亡佚。清代凡三次修志。首部爲賈待旌修、劉蓀芳纂《信陽州志》

八卷，採用萬曆志體例，續補明末清初史事而成，順治十七年（1660）刊刻。其次爲陳昌言修、王補之纂《信陽州續志》一卷，列十一門，續補順治志，付梓於康熙二十九年（1690）。其三即此乾隆志。

中國國家圖書館、中國第一歷史檔案館、中國文化遺産研究院、中國水利水電科學研究院圖書館、北京大學圖書館等二十五館與"中央研究院"歷史語言研究所傅斯年圖書館、臺北故宮博物院及日本東洋文庫、京都大學人文科學研究所、美國國會圖書館亦有入藏。

540. 清乾隆刻本羅山縣志　T3145/6127.83

〔乾隆〕《羅山縣志》八卷，清葛荃修，李之杜纂。清乾隆十三年（1748）刻本。二函十册。半葉八行二十字，小字雙行同，白口，四周單邊，單魚尾。框高 19.0 釐米，寬 13.0 釐米。前有乾隆十一年葛荃序，羅山縣地輿圖，舊序十則（康熙三十年〔1691〕魯麟序、順治十六年〔1659〕李廣明序、順治己亥〔十六年〕劉士蘭序、崇禎戊辰〔元年，1628〕徐標序、天啓七年〔1627〕羅華袞序、天啓丁卯〔七年〕劉廣生序、萬曆四十五年〔1617〕劉明才序、萬曆癸未〔十一年〕李〈弘〉道序、萬曆癸未畢竟立後序、萬曆癸未劉世德後序），舊志姓氏，舊凡例，順治十五年院檄，順治十六年檄文，修誌姓氏，重修羅山縣志凡例，康熙二十九年檄文，續修志姓氏，續修凡例，乾隆九年檄文，增修志官紳士姓氏，增志凡例，目録。書後有康熙三十年魯麟後序，葛荃跋。卷端題："知縣錦江葛荃重纂。"

羅山縣地處大別山北麓、淮河南岸。南朝宋置寶城縣，屬義陽郡。南朝齊改爲保城縣。北齊改置高安縣，屬齊安郡。隋開皇十六年（596）改爲羅山縣，得名於縣西南有小羅山，屬義陽郡。唐屬申州。北宋歷屬義陽軍、信陽軍。元、明屬信陽州。清屬汝寧府。今屬河南省信陽市。

葛荃，字榮蓀，號瀛芝，四川温江人。雍正八年（1730）進士。乾隆九年任羅山知縣。

李之杜，河南羅山人。貢生。

書前地輿圖收《縣境之圖》《縣城之圖》二幅。正文八卷，列八門五十一目：卷一輿地志（沿革，疆域，星野，山川〔形勝、八景附〕，里鎮，風俗，物産，古跡〔寺廟、丘墓附〕）；卷二建置志（城池、公署、官秩、街市〔坊珉附〕、壇壝、橋梁、武備、惠卹）；卷三食貨志（户口、田賦、徭役、稅課），記載賦稅收支甚詳；卷四典禮志（儒學、社學、公式、祀典、賓興、鄉儀）；卷五官師志（封建，知縣〔縣丞、主簿附〕，典史〔巡檢附〕，教諭，訓導，宦跡）；卷六選舉志（誥贈、薦辟、進士、舉人、貢士、恩蔭、例監〔吏仕附〕、武職）；卷七人物志（鄉賢、耆舊、孝義、節烈、方技）；卷八外紀志（災異、祥瑞、戡亂、藝文），藝文所録以碑記、詩爲主。此志係以康熙志爲基礎增修，凡所續補，均於各目標題下標“增”字。

葛荃序：“乙丑大方伯趙修志檄下，予則急延明經李子之杜、黎子思恭、謝子寶樹商確其事，而荷之以任。……於是開局群集，廣諮博搜，分門標目，類皆三君子職其勞瘁。……肇於是年季夏，達於明年暮春脱稿。”

此書典禮志儒學目、選舉志貢士目紀事均至乾隆十三年，刻成當在該年。《中國地方志聯合目録》《中國地方志總目提要》《美國哈佛大學哈佛燕京圖書館藏中國舊方志目録》均著録爲乾隆十一年刻本，係據卷首序文署款著録，不確。又，卷中有多處剜改或補版，原版“弘”“曆”等字剜除未補，補版則均不避諱，當爲嘉慶以後所補。

羅山縣弘治間創修志書，今已不存。明清志書現存三部。首部爲李弘道纂修《羅山縣志》四卷，列十四門五十七目，萬曆十一年付梓。其次爲魯麟纂修《羅山縣志》八卷，在順治志基礎上增訂而成，所續增者均於各目標題下標“續”字，康熙三十一年刻。其三即此乾隆志，基於康熙志續增，體例大體沿襲前志而略有增改。

有缺葉十餘，如卷一第二十三葉、卷三第二十五葉等，兹不備録。

中國國家圖書館、中國科學院文獻情報中心、中國國家博物館、中國文化遺産研究院、北京大學圖書館等三十館與“中央研究院”歷史語言研究所傅斯年圖書館、臺北故宮博物院、孫逸仙博士紀念圖書館及日本東洋文庫、京都大學人文科學研究所、美國國會圖書館、法國國家圖書館、法國亞洲學會亦有入藏。

541. 清嘉庆刻本商城縣志　T3145/0245.84

〔嘉慶〕《商城縣志》十四卷首一卷末一卷，清武開吉纂修。清嘉慶八年（1803）刻本。十二册。半葉九行二十二字，小字雙行同，白口，左右雙邊，單魚尾。框高21.2釐米，寬16.4釐米。首一卷有嘉慶八年武開吉序，舊序（順治十六年〔1659〕高材序、順治十七年衡戴天序、許汝霖序、康熙二十九年〔1690〕許全學序），修志職名，凡例，目録。末一卷有助修姓氏。卷端題：“知商城縣事榮河武開吉纂修。”

542. 清乾隆刻本重修固始縣志　T3145/6646.83

〔乾隆〕《重修固始縣志》二十六卷首一卷，清謝聘修，洪亮吉纂。清乾隆五十二年（1787）刻本。二函十六册。半葉九行二十三字，小字雙行同，白口，左右雙邊，單魚尾。框高 21.0 釐米，寬 13.7 釐米。首有乾隆五十一年江蘭序、乾隆五十一年畢沅序、乾隆五十一年謝聘序、舊序十五則（成化五年〔1469〕薛良序、嘉靖壬寅〔二十一年，1542〕張梯序、嘉靖壬寅劉士逵序、嘉靖壬寅葛臣序、嘉靖壬寅朱冠序、嘉靖壬寅李磐序、萬曆二十五年〔1597〕余繼善序、萬曆二十五年包譔序、順治十六年〔1659〕彭賓序、康熙三十二年〔1693〕楊汝楫序、乾隆乙丑〔十年〕包桂序、乾隆十年吳士功序、乾隆十年孫灝序、乾隆四十三年張邦伸序、乾隆四十四年吳玉綸序），姓氏，凡例十則，總目，圖，聖製。卷端題："邑令武進謝聘修。"

固始縣地處大別山北麓、淮河南岸。西周爲蓼國。秦置安豐縣，屬九江郡。西漢置蓼縣，屬六安國。東晉廢安豐縣。南朝宋廢蓼縣，於其地僑置固始縣。南朝梁改固始縣爲蓼縣。北齊復名固始縣。隋、唐、宋屬光州。元、明屬汝寧府。清屬光州。今屬河南省信陽市。

謝聘，江蘇武進人。乾隆三十五年進士。乾隆四十六年任固始知縣。後歷任武安知縣、許州知州。

洪亮吉（1746—1809），生平見《登封縣志》條。

此志二十六卷，列二十二門：卷一縣；卷二城，後有《縣治圖》《縣境全圖》二幅；卷三山；卷四水；卷五水利，附有水利圖多幅；卷六學校，前有《學宮圖》；卷七街巷、坊表、津梁、關隘；卷八鄉鎮、里堡、市集、邨莊；卷九疆里、古跡、陵墓、寺觀，後有八景圖；卷十祠廟，與山水、古跡、祠廟有關之碑銘、詩文均附於各條之下；卷十一衙署、倉廒、驛遞；卷十二典禮；卷十三賦役；卷十四歲時、風土、禮俗、物產；卷十五大事表；卷十六五等表；卷十七秩官；卷十八選舉；卷十九吏績；卷二十至二十四人物（列傳、忠義、孝友、世家、文學、隱逸、流寓、仙釋、義輸、方伎）；卷二十五列女（賢母、貞節、貞烈、孝淑）；卷二十六列傳藝文（列女藝文、孝友藝文、隱逸藝文附）。此志體例明晰，凡例謂："編排宜循次第，仿康對山武功志。"不列星野門，具見史識；山水、沿革等門，徵引較富，考證詳明。

謝聘序謂："歲壬寅自鎮平調宰此方……暇日周覽縣境，考庚邱妒谷之遺址，訪期思雩婁之舊縣，因進舊志觀之，見其徵引該洽，條例詳晰，於河南府州縣著録中可稱佳志，然漢縣之合併、故城之遷徙，以迄川渠今昔之異、山阜向背之方，尚多有當更定者。爰請於尚書畢公，屬常博洪公贊成之，凡九閱月而書成，共二十六卷。"

此志《中國地方志聯合目録》《中國地方志總目提要》《美國哈佛大學哈佛燕京圖書館藏中國舊方志目録》均著録爲乾隆五十一年刻本，當係據卷首序著録，但卷十五大事表紀事至乾隆五十二年，卷十八選舉表紀最晚者爲乾隆丁未（五十二年）進士吳烜，則此志刻成當在該年。

固始縣志創修於成化年間，現已亡佚，其序文存後此諸志。明清所修志書現存六部。其一爲張梯修、葛臣纂《固始縣志》十卷，列十門六十四目，有嘉靖二十一年南坰草堂補刻本。其二爲包諴纂修《固始縣志》十卷，以嘉靖志爲基礎增修，列十門七十七目，順治十六年刊刻。其三爲楊汝楫纂修《固始縣志》十二卷，列十二門八十八目，康熙三十二年刻。其四爲包桂纂修《固始縣續志》十二卷，沿用康熙志體例，增補康乾間五十餘年史事，乾隆十年刊刻。其五爲張邦伸纂修《固始縣志》二十六卷，有考、志、表、傳四體，列二十門二十六目，體例嚴整，乾隆四十三年刻。其六即此乾隆五十二年志。

此本有鈔配多葉，如卷首聖製第一葉、卷一第四葉等，茲不備錄。

中國國家圖書館、中國科學院文獻情報中心、中國第一歷史檔案館、中國民族圖書館、北京大學圖書館等三十二館與"中央研究院"歷史語言研究所傅斯年圖書館、臺北故宮博物院及日本東洋文庫、京都大學人文科學研究所、美國國會圖書館、法國巴黎 M.R. 赫杜圖書館、法國亞洲學會亦有入藏。

543. 清康熙刻本光州志　T3145/9132.81

［康熙］《光州志》十五卷，清繆發修，龔質生纂。清康熙三十一年（1692）刻本。六冊。半葉九行十九字，小字雙行同，白口，四周雙邊，單魚尾。框高 18.2 釐米，寬 13.7 釐米。首有圖，康熙辛未（三十年）龔質生序，康熙三十一年繆發序，目次，凡例十一則。卷端題："郡守古燕繆發重修，郡人龔質生彙編，張端、羅顧全校。"

光州地處淮河上游。南朝梁武帝置光州，治光城縣。隋大業初改爲弋陽郡。唐武德三年（620）復爲光州。南宋紹興二十八年（1158）改爲蔣州，不久復舊，屬淮南西路。元、明屬汝寧府。清雍正二年（1724）升爲直隸州，轄光山、固始、息縣、商城等四縣。1913 年廢州，改爲潢川縣。今屬河南省信陽市。

繆發，字其祥，順天府大興縣人。蔭生。曾任雲南沅江府通判，康熙二十六年任光州知州。

龔質生，字右郁，河南光州人。貢士。

卷首《光州志圖》收《州境圖》《州城圖》與光山、固始、息縣、商城四縣縣境圖，計六幅。正文十五卷：卷一輿地考（沿革、疆域、分野、山川、形勝、十景、風俗、儀禮、節序）；卷二建置考（城池、公署、坊額、街巷、店鋪、橋梁、陂塘、古跡、祠廟寺觀、丘墓）；卷三圖籍考（戶丁、物產、貢賦、起運、存留、支發）；卷四典禮考（學校、賓興、飲射、公式、祀儀）；卷五官秩考（封爵、武宦、知州佐貳表、儒官表、宦業）；卷六選舉考（科貢表、監生、薦辟）；卷七至八人物考（鄉賢、文學、

武弁、寓賢，忠孝、貞烈、隱逸、耆壽、義民）；卷九恩例考（貤封、任子、援例授官、
吏仕）；卷十叢紀考（災祥、數學、仙釋、方伎、紀述、備遺）；卷十一至十五藝文
（典籍、碑記、書、記、文、疏、序、傳、賦、啓、樂府、五言古、七言古、五言律、
七言律、五言絕、七言絕、五言排律、七言排律、歌行、誄、檄、誌銘），蒐羅較富，
篇幅佔全書一半。

繆發序謂："……於是撫臺大人閣亦出其底柱中天、黼黻皇猷之餘，纂修省志，
前既檄各郡縣續補己亥以來三十餘年物事。余雅慶昭代文物罔有不備，又喜適獲我
鏡古自快之夙心也，爰立局治餐，禮聘明經龔子右郁尚其筆削，明經張子內先、茂
才羅子省齋共相考核。書成以上，業蒙報可，繼仍命併其前後而一新之，迺復延三
子如局，商榷前志。……因相與蒐羅，寧爲鄒遲，勿爲枚速，遺簡斷碣罔不裒集，
故老方言罔不考證，闕略悉補，謬誤皆正，秀實之三事無恨，汲冢之遺跡又出，閱
期年而始獲成書。"

光州明代曾修有志書，今已不傳。清代凡六次修志。其一爲莊泰弘修、孟俊
纂《光州志》十二卷，十門七十五目，據萬曆志增補而成，順治十七年（1660）
付梓。其二即此康熙志，上承順治志，增補近事而成。其三爲李訒纂修《光州
志》十二卷，十二門七十七目，所載僅本州康熙三十一年以來史事，舊志所載及
屬縣情況未加記述，實爲康熙志之續編，乾隆二十七年（1762）刻。其四爲高兆
煌纂修《光州志》六十八卷附餘十二卷，輯錄較前此諸志爲豐，乾隆三十五年刊
刻。其五爲楊修田修、馬佩玖纂《光州志》十二卷附《光州忠節志》四卷，列十
門七十六目，光緒十二年（1886）刻。其六爲胡贊采奉學部令所編《光州鄉土志》，
列十七門，摘錄舊志而成，內容偏重物產，篇幅不足萬字，光緒三十三年刊刻。

有缺葉：卷五第一、第三葉及末葉，卷七第一、第二葉。

《中國古籍善本書目》史部地理類著錄。

中國國家圖書館、上海圖書館、河南省圖書館等三館亦有入藏。

544. 清乾隆刻本光州志　T3145/9132.83

［乾隆］《光州志》六十八卷《附餘》十二卷，清高兆煌等纂修。清乾隆三十五
年（1770）刻本。四函三十二冊。半葉九行二十字，小字雙行同，白口，左右雙邊，
單魚尾。框高 22.5 釐米，寬 15.5 釐米。前有嵩貴敘，陳浩序，目錄。卷端題："直
隸光州知州高兆煌總修。"

高兆煌，字果亭，順天府大興縣人。乾隆十九年進士。乾隆三十二年任光州知
州。

此志正文六十八卷，列五十一門：卷一圖經，收《分野圖》《聖宮奏樂位次圖》、各宮廟陳設圖、鄉飲酒禮圖、《聖宮佾舞圖》《禮器圖》《樂器圖》等；卷二建置志；卷三星野志；卷四疆域志；卷五山志；卷六水志；卷七形勝志；卷八城池志；卷九街巷志；卷十鄉里志；卷十一壇廟志；卷十二學宮志；卷十三書院志；卷十四秩官志；卷十五師儒志；卷十六公署志；卷十七戶口志；卷十八至十九田賦志；卷二十土貢志；卷二十一鹽法志；卷二十二牙稅志；卷二十三倉儲志；卷二十四溝洫志；卷二十五津梁志；卷二十六關隘志；卷二十七、卷二十八食貨志；卷二十九市集志；卷三十風俗志；卷三十一恤政志；卷三十二監獄志；卷三十三郵傳志；卷三十四坊表志；卷三十五坵墓志；卷三十六古跡志；卷三十七、卷三十八典禮志；卷三十九至四十一選舉志；卷四十二兵制志；卷四十三封爵志；卷四十四藝文志，載光州人士著述目錄；卷四十五紀事志；卷四十六至四十九宦跡列傳；卷五十至五十四仕賢列傳；卷五十五武功列傳；卷五十六忠義列傳；卷五十七至五十九善行列傳；卷六十文學列傳；卷六十一寓賢列傳；卷六十二至六十五列女傳；卷六十六方技列傳；卷六十七雜記；卷六十八總序。各條後均注明出處，體例謹嚴。

《附餘》十二卷：前有圖，收名勝圖、公廨圖、衙署圖、學宮圖、疆域圖、固始水利圖等計四十餘幅，內各疆域圖計里畫方；卷一奏疏；卷二書、啓；卷三記；卷四序；卷五傳誌；卷六諫、祭文；卷七檄、跋；卷八賦；卷九至十一詩；卷十二雜著。輯錄頗豐。藝文部分單獨成書，與章學誠志書設文徵的主張不謀而合。

卷六十八總序謂：“……國朝順治十七年州牧莊宏泰聘州人孟俊修之，康熙三十一年州牧繆發又聘州人龔質生修之，其中舛訛之處，實不可悉數。……矧光州自升郡以來，統屬四邑，其事較多於前，其式令亦疊增於後，非詳加搜輯，紀其條理，恐不克以彰盛典、宣治化也。……茲除首列圖經外，倣史體，撰志四十有三，列傳二十有二，末終之以雜記與總序，共爲卷六十有八。”

有鈔配：卷一第十四葉，卷二第五、第六葉，卷五第五、第六葉，卷十四第十七葉等，不備舉。

中國國家圖書館、中國科學院文獻情報中心、中國國家博物館、故宮博物院圖書館、中國第一歷史檔案館等二十一館與臺北故宮博物院及日本東洋文庫、美國國會圖書館、法國國家圖書館、法國亞洲學會亦有入藏。

545. 清順治刻康熙增刻本息縣志　T3145/2369.80

［順治］《息縣志》十卷，清邵光胤修，宣洪猷纂。清順治十五年（1658）刻，康熙二十四年（1685）增刻本。八冊。半葉八行二十字，小字雙行同，白口，四周

單邊，單魚尾。框高 19.5 釐米，寬 13.1 釐米。前有順治丁酉（十四年）邵光胤序，舊序（王用賓序、黃家棟序、曾玉璽序、□□□序、曹舜弼序），凡例，舊志例，舊志官氏，府檄，院檄，姓氏，目録，圖。

息縣地處大別山麓。西周爲息國，春秋爲楚所滅，置息縣。西漢改爲新息縣，屬汝南郡。南朝宋分置北新息、南新息二縣。北齊廢北新息縣，改南新息縣爲新息縣。唐初置息州，新息縣屬之，貞觀初廢。宋屬蔡州。金復置息州。蒙古至元三年（1266）廢新息縣。明洪武初改息州爲息縣，屬潁州，洪武七年（1374）改屬光州。清屬光州直隸州。今屬河南省信陽市。

邵光胤，字旭若，浙江富陽人。順治九年進士。順治十年任息縣知縣。

宣洪猷，河南息縣人。生員。

書前有縣境、縣城、縣署、學宮等圖四幅。正文十卷：卷一輿地（沿革、疆域、星野、形勝、山川）；卷二輿地（里鎮、塘堰、風俗、物産、古跡）；卷三建置（城池、公署、壇壝、官秩、街市、舖舍、橋渡、武備、郵政、牌坊）；卷四食貨（戶口、田賦、徭役、稅課）；卷五典禮（儒學、社學、公式、祀典、賓興、鄉儀）；卷六至七官師（封建、刺史、知州、同知、判官、學正、知縣、縣丞、典史、教諭、訓導、宦跡）；卷八選舉（進士、舉人、貢士、例貢、贈蔭、武職）；卷九人品（鄉賢、孝義、寓賢、貞烈、方技）；卷十外紀（災異、紀述、寺廟、丘墓、藝文）。

邵光胤序："汝南邑乘率輯自萬曆初年，兵燹後概屬灰燼，文獻凋謝，採茸維艱。胤自受茲邑，即隨事咨訪。適丙申春仲，奉臺檄督修，不忍終棄所聞，忘其固陋，輒先自獻焉。"凡例末謂："是志自丙申七月奉檄續修，經始於是年秋仲，竣事於丁酉冬杪。"

卷八選舉門知縣目後補刻八人，最晚者爲鍾儀傑，任職於康熙十九年，贊頌備至，諛辭滿紙，又有"甫及六載，欽取吏部，去之日歌送滿道"等語，則當補刻於康熙二十四年鍾儀傑離任之際。又，縣丞目後補刻夏聲一人，紀事至康熙九年；主簿後補刻小字二行，紀事至康熙十七年；藝文門增刻鍾儀傑、夏聲之作三葉。

息縣明成化間曾修志，今已不存。明清志書現存六部。其一爲邵鳴岐纂修《息縣志》八卷，嘉靖三十二年（1553）付梓，今僅天一閣藏有殘本，存卷五至八。其後萬曆六年（1578）亦曾修志，今未見著録。其二即此順治志。其三爲鄭振藻、蔣彪修，何朝宗纂《息縣續志》八卷，刊刻於康熙三十二年（1693）。其四爲劉光輝修、任鎮及纂《息縣志》八卷，列十一門八十八目，嘉慶四年（1799）刻。其五爲趙輝棣修、夏緒卿纂《續修息縣志》，即嘉慶志之續作，光緒六年（1880）刻。其六爲佚名編《息縣鄉土志》，列十目，紀事止宣統二年（1910），未刊刻，僅有鈔本傳世。

卷中缺近三十葉，茲不備録。

《中國古籍善本書目》史部地理類著録。

中國國家圖書館、河南省圖書館、臺北故宮博物院亦有入藏。

546. 清康熙刻本息縣續志　　T3145/2369.81

［康熙］《息縣續志》八卷，清鄭振藻、蔣彪修，何朝宗等纂。清康熙三十二年（1693）刻本。四册。半葉八行二十字，小字雙行同，白口，四周單邊，單魚尾。框高 19.5 釐米，寬 13.9 釐米。前有康熙三十二年蔣彪序，凡例，舊志例，院檄，修志姓氏，目録。

鄭振藻，字榮澤，廣東潮陽人。順治十四年（1657）舉人。康熙二十八年任息縣知縣。

蔣彪，字白山，江蘇儀徵人。康熙八年舉人。康熙三十一年任息縣知縣。

何朝宗，字景韓，河南息縣人。康熙二十四年進士。

此志八卷，列八門四十五目：卷一輿地（沿革、疆域、星野、山川、里鎮、風俗、古跡）；卷二建置（城池、公署、橋梁、寺廟）；卷三食貨（户口、賦役、鹽引、帖税、移駐）；卷四典禮（儒學、正學、義學、樂舞、鄉賢）；卷五官師（知縣、縣丞、典史、教諭、訓導）；卷六選舉（進士、舉人、貢士、例貢、吏員、醫壽、鄉賓、封蔭、武秩）；卷七人物（列傳、孝子、節婦、流寓、方技）；卷八外紀（災祥、丘墓、藝文）。

此志紀事始於順治十一年（1654），但官師門知縣目僅録陸經遠、鄭振藻、蔣彪三人，陸經遠上任於康熙二十四年，其前任即鍾儀傑，可知此志實爲康熙二十四年增刻本［順治］《息縣志》之續作。

蔣彪序謂："大中丞閻公撫豫，……爰檄司牧者纂修續志，其時維前任鄭令承命採輯，延邑之知名士董其事。稿成，上其草本於臺，遂獲親加裁定，删繁就簡，去冗存真，以成當代典章，檄邑災梨。值鄭令解組，余以筮仕適踵其後……因率都人士共襄厥事，而謀諸梓氏。"

卷中缺十餘葉，如卷一第五葉、卷七第二十一至二十八葉等，兹不備録。

中國國家圖書館、南京圖書館亦有入藏。

547. 清康熙刻本陳州志　　T3144/7930.81

［康熙］《陳州志》四卷，清王清彦、張喆修，莫爾淮纂。清康熙三十四年（1695）刻本。四册。半葉九行二十字，小字雙行同，白口，四周雙邊，單魚尾。框高 20.4 釐米，寬 15.9 釐米。首有修志姓氏，憲頒目次，康熙三十年王清彦序，康熙三十四

年張喆序，康熙三十年莫爾□序。原序（順治十六年〔1659〕王士麟序，徐宗孺序，劉思溫序），目錄，凡例，圖。末有高維嶽跋。卷端題："知州加三級王清彥、知州加二級張喆修，陳州高維嶽校訂，莫爾□纂輯，張銅參閱。"

陳州，古爲北揚州，北齊改置信州，北周武定時改爲陳州，轄境相當今河南省項城市和淮陽、沈丘、西華、太康等縣地。隋大業三年（607）改爲淮陽郡，唐武德年間復爲陳州。天寶元年（742）改爲淮陽郡，乾元元年（758）復爲陳州。宋宣和元年（1119）升爲懷寧府。金復爲陳州，屬南京路。元屬汴梁路。明洪武初年廢宛丘縣入州，屬開封府。清雍正十二年（1734）升爲陳州府。

王清彥，字亮宸，鑲红旗人，官生。康熙二十八年任陳州知州。

張喆，字愚谷，山西安邑人，貢生。康熙三十二年任陳州知州。

莫爾潍，陳州人，原任浙江寧海知縣。

卷一沿革，天文，四至，建置（城池、學校、河渠、鄉村集鎮、公署、津梁、倉庫、養濟院、漏澤園、社學、街巷坊第、祀典、書院、馬政），山川，形勝，古跡（建都、聖寓、藩封、巡幸、亭、臺、池、閣）；卷二風俗，土產，陵墓，寺觀，賦稅（田畝、戶口、墾荒、里甲、鹽法、保甲、徭役），職官；卷三人物（名賢、鄉賢、選舉、進士、舉人、貢生、武進士、武舉、監生、椽曹、封贈、武功、節義、流寓、旌義、貞烈、淑媛、仙釋、方伎）；卷四藝文，災祥（兵變、災異、勾異、惡鑒、外傳），原跋（趙時雍跋等）。

王清彥序曰："余承乏茲土凡二年矣，簿書鞅掌，未得繙閱舊史爲□，適奉大中丞閣公檄纂修通省志書而次及於陳。……於是延孝廉明經諸生與博雅老成之士而討論之，廣爲諮詢，務期信而可從，覈而不浮，明而不晦，直而辨，公而理。……乃閱庚午秋，歷辛未夏而志始卒業焉。"

張喆序曰："我朝定鼎，諸凡散佚已經纂輯。自庚子重修以迄於今，又歷三十餘載……先是，王公已有成書，及閱始末，魯魚溷淆，倫次錯亂，繁簡不宜，與上臺慎重垂久之意不符，以故四載而未授之梓。予爰是參之孝廉高子、歲薦宋子、博士弟子員張銅等廣爲採輯，更加考訂，別是非，辯真贋，酌小大，審重輕，存其所當存，不存其所不必存，庶勸者備於斯，懲者亦備於斯。付之剞劂，以志不朽。"

偶有補鈔、殘葉。版印模糊，字跡有漫漶。

"玄"字有避諱，有不避諱者。"禎""弘""曆"字未避諱。

現存最早陳州志爲清順治十七年刻王士麟修、何潤纂十二卷本，次爲此康熙三十四年刻四卷本，三爲乾隆十一年（1746）刻崔應階修、姚之琅纂三十卷首一卷本，及其光緒十九年（1893）增刻本。

中國國家圖書館、中國科學院南京地理與湖泊研究所圖書館與日本東洋文庫有藏。日本東洋文庫著録爲"清閻興邦修，清莫爾淮等纂。清康熙三十四年刊本"。

548. 清乾隆刻本陳州府志　T3144/7930.83

[乾隆]《陳州府志》三十卷首一卷，清崔應階修，姚之琅纂。清乾隆十一年（1746）刻本。二十四册。半葉十行二十二字，小字雙行同，白口，四周單邊，單魚尾。框高 19.5 釐米，寬 14.4 釐米。首有乾隆十二年蔡新序，乾隆十一年趙城序，乾隆十二年舒輅序，胡振組序，乾隆十一年金山序，乾隆十二年沈青崖序，乾隆十二年崔琳序，乾隆十一年崔應階序，修志姓氏，凡例，目録，圖。卷端題："楚鄂崔應階吉升氏纂修。"

卷十七、二十一至二十二、二十七有補鈔。

549. 清乾隆刻本西華縣志　T3145/1645.83

[乾隆]《西華縣志》十四卷首一卷，清宋恂修，于大猷纂。清乾隆十九年（1754）刻本。六册。半葉十行二十二字，小字雙行同，白口，四周雙邊，單魚尾。框高 21.0 釐米，寬 15.2 釐米。首有宋恂序，凡例二十條，目録，輿圖，姓氏。書後有于大猷後序。卷端題："文林郎知西華縣事宋恂重修。"

西華縣地處豫東平原黄泛區腹地。秦爲陳郡長平縣地。漢析置西華縣，屬汝南郡。西晉併入長平縣，永康元年（300）復置，屬陳郡。北齊改爲長平縣。隋開皇元年（581）改爲柳城縣，十八年改爲鴻溝縣，大業元年（605）復名西華縣，屬淮陽郡。唐武德元年（618）改名箕城縣，貞觀元年（627）併入宛丘縣，長壽元年（692）置武城縣，神龍元年（705）改名箕城縣，景雲元年（710）復名西華縣，屬陳州。元、明屬陳州。清屬陳州府。今屬河南省周口市。

宋恂，字若愚，四川夾江人。乾隆四年進士。乾隆十二年任西華知縣，後曾任淮寧知縣。

于大猷，字曉峰，江蘇金壇人。曾任山東登州府同知，署知府。另纂有《淮寧縣志》。

卷首輿圖收《河渠圖》《疆界圖》《縣城圖》《縣治圖》《學宮圖》《商高宗陵圖》、八景圖，共十四幅。正文十四卷，列十志：卷一方輿志（沿革、疆域、星野、山川、物産、風俗）；卷二河渠志（沙河、賈魯河、渚河、洪河、流潁河、清流河、土壚河、柳涉河、清水河、枯河、粉河、潁陽堤水〔附諸溝渠〕）；卷三建置志（城池、公署、學校、倉儲、陵墓、祀典、古跡、里甲、坊巷、集鎮、遞舖、驛站、郵政、武備）；

卷四籍賦志（丁地、經費、鹽課、稅貢）；卷五職官志（縣令、儒學、名宦、武功、封爵）；卷六選舉志（徵辟〔制科附〕、進士、舉人、貢生、職監、武科、封贈、吏員）；卷七至八人物志（列傳、忠烈、仕績，孝友、儒林、義行、隱逸、文苑）；卷九列女志（孝婦、烈婦、節婦、淑媛）；卷十補志（流寓、仙釋、方伎、壽民、紀瑞〔五行附〕、兵寇）；卷十一至十四藝文志（敕、奏疏、書牘、序引、碑記、贊銘、傳、公狀、題跋、駢體、祭文、墓表、墓誌銘、賦、詩、詩餘）。

宋恂序："我朝定鼎之初，邑令武公超凡重修邑志，邑之士大夫克襄厥事，採輯而成書。閱數十年，邑令介公錫齡續修前志，稿未成而以他事去，又數年而恂蒞茲土焉。……乾隆十七年十一月，蒙撫憲蔣公檄修縣志，各縣轉飭查修，將欲發潛德之幽光，信今傳後，以勵民心而振士氣也。……乃擇醇謹端愨之士，分東西南北四路採訪，各專責成，華人就其見聞最確者先後採送□□如余言，於是悉心編輯，定爲十卷，共得十綱若干目，分門別類，開卷瞭然。是舉也，設局於乾隆癸酉之七月，竣事於甲戌之二月，付之剞劂，以垂於後。"

西華縣明萬曆間修有志書，今已不存。清代凡三次修志。首部爲左國楨修，王鼎鎮、吳中奇纂《西華縣志》八卷，分九門，順治十六年（1659）刊刻。其次爲徐樹庸纂修《西華縣補志》二卷，續補順治志，所補者有二十目，康熙三十六年（1697）刻，書口卷目標爲卷九、卷十，與順治志一並印行。其三即此乾隆志。

卷中"弘""曆"剜改作"宏""歷"。

輿圖末幅署繪工姓名："閩中黃焯灼光寫。"

中國國家圖書館、首都圖書館、中國科學院文獻情報中心、中國第一歷史檔案館、中國文化遺產研究院等三十一館與"中央研究院"歷史語言研究所傅斯年圖書館、臺北故宮博物院及日本東洋文庫、京都大學人文科學研究所、美國國會圖書館、法國國家圖書館、法國亞洲學會亦有入藏。

550. 清乾隆刻本商水縣志　T3145/0213.83

［乾隆］《商水縣志》十卷首一卷，清張崇樸修，郭熙纂，牛問仁續纂。清乾隆十二年（1747）刻，乾隆四十八年增修本。八册。半葉十行二十一字，小字雙行同，白口，四周雙邊，單魚尾。框高 19.7 釐米，寬 14.5 釐米。前有乾隆十二年沈青崖序，乾隆四十八年牛問仁改刊縣志記，乾隆十二年崔應階序，憲牌，舊志總修職名，纂修姓氏，總目，則例，續志則例，圖考。

商水縣地處黃淮平原。秦置陽城縣。西漢置汝陽縣。隋開皇十六年（596）析置溵水縣，大業初併汝陽縣入溵水縣。北宋建隆元年（960）改爲商水縣。清屬陳州府。

今屬河南省周口市。

張崇樸，字譽生，號淳齋，山西介休人。監生。歷任江西鉛山、河南孟縣知縣，乾隆九年任商水知縣。

郭熙，河南商水人。拔貢。

牛問仁，字敏夫，山西安邑人。乾隆二十八年進士。乾隆三十八年任商水知縣。著有《牛敏夫稿》。生平見〔光緒〕《安邑縣續志》。

卷首圖考收《城池全圖》《縣治全圖》《學宮之圖》《縣署之圖》，計四幅。正文十卷，列十志：卷一輿地志（沿革、星野、疆域、山川、形勝、鄉村、市鎮、關津、橋梁、風俗、物產、古跡、陵墓）；卷二建置志（城池、衙署、營署、學校、宣講、坊表、倉儲、囹圄、演武場、墩堡、驛程、舖舍、寺觀、養濟院、廣惠堂、漏澤園）；卷三祀典志（文廟〔樂舞附〕、壇壝、廟祠〔日食鄉飲附〕）；卷四田賦志（户口丁糧、地畝里甲地糧、貢賦經費、行税、鹽政）；卷五職官志（知縣、縣丞、典史、教諭、訓導、經制把總、本縣官制〔吏役附〕）；卷六選舉志（進士，舉人，貢生〔恩拔歲副例貢附〕，入學〔額例附〕，例監〔武科、武仕附〕，掾官，約正值月，壽官〔農官附〕）；卷七人物志（名宦、宦跡、鄉賢、政事、忠義、彰善坊、方技、節烈）；卷八藝文志（誥敕、贊、論、記、引、疏、序、詩）；卷九憲章志（示、記、六説、六則、文、諭、條例、贈言、上諭）；卷十紀事志（祥瑞、災變、拾遺）。

崔應階序："余自下車以來，巡歷所至，時一留覽，見其地皆沃壤，水接淮流，農服先疇，士食舊德，而崇質務樸，猶有殷先王之遺風。因憶數百年來人文之盛，風俗之美，甲於天下，不可勝數。乃退覽邑乘，其所載顧寥寥焉，此其故何歟？間嘗按其地，察其盛衰升降之由，乃知商踞中原，代所必爭，而明季所遭，劫同秦火，干戈搶攘之餘，誰復究心於典物者。沿及本朝順治十五年，邑令高惺始奉大中丞賈公從事纂修。當是時，典籍淪亡，故家凋謝，索諸灰燼，不過存什一於千百，烏所睹商志之全書乎。嗚呼！興衰自天，補救需人，迄於今又將百年矣。聖天子右文所及，海隅同風，商以文獻舊壤，其間川岳鍾靈，賢豪間起，風土文物之秀，忠孝節烈之奇，當必有日新而月異者，及今不爲之裒輯成書，吾恐遲之數年，更遲至數十年，撫殷土之茫茫，漠然徒見山高而水清，後之人欲聞商之遺事，其孰從而信之。幸也邑令張崇樸，好古博雅士也，與余有同志，緣於簿書之暇，因其舊志，參諸他書，詢之故老，衷以己見，於是乎疑者闕之，訛者證之，謬者去之，偽者裁之，失次者序之，遺亡者補之，即艷稱當世爲所搜羅者，亦必斟酌其是非而增之。"

此書有多處增補：卷五職官志後增刻二葉，卷七人物志後增刻一葉，卷八藝文志後增刻五葉，卷十紀事志後增刻十葉；卷三祀典志首葉係補版。卷中

“禎”“弘”“曆”剜改作“正”“宏”“歷”，志文亦屢有剜改。牛問仁《改刊縣志記》謂：“舊志頗多蕪詞，間有違礙字句。乾隆四十三年戊戌，奉憲設局，委員校勘鑒定，飭發另刊，將手撰碑記歌勸及紳士題詠本邑八景諸詩附刊於後。”

商水縣明代志書今已無傳本，現存清代志書二部。較早者爲高惺修、郭天錫纂《商水縣志》十一卷，分十一門，順治十六年（1659）刊刻。其次即爲此乾隆志。

中國國家圖書館、中國科學院文獻情報中心、清華大學圖書館、北京師範大學圖書館、中央民族大學圖書館等十七館與“中央研究院”歷史語言研究所傅斯年圖書館、臺北故宮博物院及日本東洋文庫、京都大學人文科學研究所、法蘭西學院漢學研究所亦藏有此志乾隆四十八年增修本。

551. 清乾隆刻本沈邱縣志　T3145/3172.83

[乾隆]《沈邱縣志》十二卷首一卷，清何源洙修，魯之璠纂。清乾隆十一年（1746）刻本。四册。半葉十行二十一字，小字雙行同，白口，左右雙邊，單魚尾。框高 22.2 釐米，寬 15.3 釐米。前有乾隆十一年何源洙序，圖經，憲飭續修沈邱縣志牌，續修志姓氏，原序（順治十五年〔1658〕李芳春序），沈邱縣志書原帖，原修志姓氏，凡例十四則，目錄，縣表。

沈邱縣地處黃淮平原。春秋爲項國。秦置項縣，屬陳郡。漢晉屬汝南郡。東魏天平二年（535）改爲秣陵縣。隋開皇三年（583）改爲項城縣。唐屬陳州。明宣德三年（1428）項城縣因黃河氾濫遷治殄寇鎮。弘治十年（1497）僑置沈丘縣（故址在今安徽臨泉縣，秦爲寢縣，唐改沈丘縣），屬陳州。清屬陳州府，雍正三年（1725）後避孔子諱改用“沈邱”作縣名。今復舊名，屬河南省周口市。

何源洙，字爕友，漢軍正黃旗人。拔貢。曾任通志館纂修官，乾隆十年二月以許州州判署理沈邱知縣，四月回原任。

魯之璠，字奐若，號菉亭，河南臨潁人。拔貢。雍正十一年任沈邱教諭。

書前圖經收《縣境之圖》《縣城之圖》《縣治舊圖》《縣治新圖》《學宮之圖》，計五幅。正文十二卷，分十二門八十二目：卷一天文志（星野）；卷二地理志（疆域、形勝、山川、八景、風俗、古跡、邱墓）；卷三建置志（城池、縣治、公署、里分、街市、集店、莊村、營塚、倉儲、坊表、舖舍、亭宇、橋渡、養濟、漏澤、義塚）；卷四食貨志（户口、田賦、貢課、徭役、物産、水利）；卷五祀典志（壇壝〔祭文附〕、祠廟）；卷六學校志（學制、祭器、樂器、樂章、祭文、儀注、祀考、書籍、學田、社學、鄉飲），記載頗詳；卷七秩官志（職守、公儀、武備）；卷八官師表（封爵、令尹、儒職、合屬）；卷九人物表（辟舉、甲科、鄉舉、拔貢、歲薦、例貢、武勛、武舉、吏選、貤封、先聖後裔、令尹、儒職、職官）；卷十鄉賢列傳（鄉賢、忠烈、孝友、文儒、武將、后妃、戚里、貞節、隱逸、方伎）；卷十一叢紀志（災祥、寺觀、傳疑）；卷十二藝文志（紀、文、詩、聯句）。

函內另附文獻二種：其一爲《沈邱縣呈憲綱文册》一册四葉，係該縣官員、學校、鄉宦名單，落款時間爲“光緒陸年二月”，封面、末葉及各葉騎縫處均鈐滿漢合璧“沈邱縣印”朱文方印（6.8×6.8釐米）；其二爲彩繪《沈邱縣輿河圖》，封面亦鈐滿漢合璧“沈邱縣印”朱文方印。可知此本及附件係光緒六年（1880）沈邱縣呈送上級官府者。

何源洙序：“甲子秋九月，大方伯趙公訪求民瘼，諮諏遺獻，爲資政之首務，檄下郡邑增修志乘。前令山右馮公方舉賢開局，而以循聲稱最，調劑淮寧。乙丑春，余奉檄代庖兹邑。……又幸邑之學博臨潁魯君，斯文已任，蒐羅記載，一如前例，鏤勒成帙，可備採擷。余因敦多士，擇其文行兼優者與之分校互考，共勤厥事，甫經兩月，繕稿已就。……賴馮公退食之暇，手不停披，討論既精，校讎益密，八十餘載之闕略，悉爲綜之核之，以成一邑之信史，付諸梓人，告竣於丙寅之三月。”按，“前令山右馮公”指知縣馮奕緒，乾隆七年至九年任職，而刊刻此志之“馮公”則指知縣馮澎，始任職於乾隆十年四月。

凡例謂：“編葺以一統志爲主，而參之以《河南通志》《開封府志》、陳潁二州志，稍加校定，其間有未詳者亦據各所見聞知識，可傳信不疑者始著其內。”

沈丘縣明清志書現存三部。首部爲李宗元纂修《沈丘縣志》五卷，分五門五十一目，嘉靖九年（1530）付梓。其次爲李芳春修、李鼎玉纂《沈丘縣志》十四卷，有經、紀、志、傳、表五體，列十五門五十五目，順治十五年刊刻。其三即此乾隆志，乾隆十一年刻本外，尚有同治七年（1868）增刻本。

末葉載刊工姓名：“刊刻江南江寧府江寧縣江自浚、韓文裕、韓鳴鳳、許世德、許佳璽、袁大富、江自元、許世魁。”

此本缺葉甚多，兹不備録。

中國國家圖書館、中國科學院文獻情報中心、中國國家博物館、中國第一歷史檔案館、中國文化遺產研究院等三十二館與“中央研究院”歷史語言研究所傅斯年圖書館、臺北故宮博物院及日本東洋文庫、美國國會圖書館、法國國家圖書館亦有入藏。

552. 清乾隆刻本鹿邑縣志　T3145/016.83

［乾隆］《鹿邑縣志》十二卷，清許棻等修。清乾隆十八年（1753）刻本。四册。半葉十行二十一字，小字雙行同，黑口，四周單邊，單魚尾。框高17.5釐米，寬

13.5釐米。首有扉頁，乾隆十八年許棻序，舊序（嘉靖二十八年〔1549〕李念序，嘉靖二十七年王堯日序，康熙三十一年〔1552〕呂士鷄序），修志姓氏，目録，圖，凡例。扉頁題："海寧許西峰編纂。鹿邑縣志。真源書院藏板。"

鹿邑縣，春秋時爲苦邑和鳴鹿邑，屬陳。楚置苦縣，秦屬陳郡，西漢屬淮陽國。東漢析置武平縣，屬陳國。西晉屬梁國。東晉咸康三年（337）改苦縣爲谷陽縣，並廢武平縣，之後屢經置廢。隋開皇六年（586）復置谷陽縣，屬譙郡，十八年改武平縣爲鹿邑縣。唐乾封元年（666）改谷陽縣爲真源縣。北宋大中祥符七年（1014）改真源縣爲衛真縣，與鹿邑縣同屬亳州。蒙古至元二年（1265）廢衛真縣入鹿邑縣，屬亳州。明屬歸德府，清因之。

許棻，字敦兮，號西峰，浙江海寧縣人，乾隆十年進士，鹿邑知縣。

卷一方輿略（沿革、疆域、星野、山川、鄉都、市集、風俗、物產）；卷二河渠略（黄河故道、幹河、支河、堤堰、溝洫、橋梁）；卷三建置略（城池、官署、儒學、舖舍、義學、坊表、倉庫、武備、恤政）；卷四田賦略（地畝、丁户、徵賦、引鹽、雜税）；卷五官師略（知縣、縣丞、典史、教諭、訓導、武職）；卷六名宦略；卷七貢舉略（徵辟、貢士、鄉科、進士、武科、武職、掾吏、貤封、任子）；卷八人物略（一行附）；卷九列女略；卷十祀典略（文廟、壇壝、祠祀）；卷十一古跡略（名勝、寺觀、墳墓）；卷十二藝文略（學宮書籍、名家著述、金石文字），軼事略（方術、祥異、識餘）。

許棻序曰："棻爲邑長於斯者兩載……幸百廢漸舉，案牘餘閑，因得訪遺文、搜逸事，舊志訛濫著芟除之，舊志闕略者補訂之。……嘗考舊志，昉成化樂韶氏，久失傳。今所存嘉靖王給事志八卷，國朝前令陳志十卷，呂志十卷，顏志屬稿未成，兹彙加修輯，別分凡例，庶幾若網在綱，有條而不紊。"

凡例云："舊志傳者王給事堯日本，續修於陳令王猷，再修於呂令士鷄，重訂於顏令懋倫，諸家承襲傳寫，觀者莫究其始。兹採輯經史傳録及述四家文獻，悉分注書名於下，其加訂者用新增二字別之，間有糾考，則分條以立按云。"

"玄""禎""弘""曆"字避諱。

鈐印："祕書主人""臣濂私印"。

夾縫章："料荆川太史。"

許棻序首葉有墨筆字："癸西臘月初八西峰先生寄。"

現存最早志書爲康熙三十一年刻呂士鷄修十卷首一卷本，次即此乾隆十八年十二卷首一卷本，三爲光緒二十二年（1896）刻于滄瀾等修、蔣師轍纂十六卷首一卷本。

中國國家圖書館、上海圖書館、北京大學圖書館等二十一館與"中央研究院"

歷史語言研究所傅斯年圖書館、臺北故宮博物院及美國國會圖書館等。

553. 清乾隆刻本項城縣志　　T3145/1845.83

　　[乾隆]《項城縣志》十卷首一卷，清韓儀、張爲旦修，張延福等纂。清乾隆十一年（1746）刻本。六冊。半葉九行二十一字，小字雙行同，白口，左右雙邊，單魚尾。框高 20.4 釐米，寬 15.0 釐米。首有乾隆十一年張衷序，乾隆十一年張爲旦序，乾隆十年韓儀序，原序（順治十五年〔1658〕李芳春序、順治十六年黃陞序、萬曆庚寅〔十八年，1590〕王都序、萬曆二十七年馬一乾序、康熙二十九年〔1690〕顧芳宗序），憲檄，康熙二十九年修志姓氏，乾隆十一年修志姓氏，凡例九條，目録，圖，乾隆十年張延福後跋。後有康熙三十年蘇昌跋。卷端題："陳州府項城縣知縣張爲旦纂修。"

　　項城縣地處黃淮平原。秦漢爲項縣。東魏改爲秣陵縣。隋開皇三年（583）改爲項城縣。唐屬陳州。北宋屬淮寧府。金屬陳州。明洪武初南頓縣併入，仍屬陳州。清屬陳州府。1993 年撤縣設項城市。今屬河南省周口市。

　　韓儀，字子威，漢軍鑲紅旗人。例監。乾隆九年以雍邱縣丞署項城知縣。

　　張爲旦，字兼三，號紫峰，廣西全州人。乾隆十年任項城知縣。

　　張延福，字爾介，號芝庭。雍正五年（1727）進士。歷任江西貴溪知縣、四川冕寧知縣、涇州知州等職。另修有《涇州志》。

　　卷首有《縣境圖》《縣治圖》《學宮圖》《公署圖》，計四幅。正文十卷，列八志六十一目：卷一輿地志（沿革、星野、疆域、山川、形勝、鄉村、集店、關梁、古跡、風俗、方産、塚墓）；卷二建置志（城池、衙署、學校、學田、祀典、楯樾、倉儲、養濟、普濟、漏澤、舖舍、寺觀）；卷三田賦志（地畝、户口、貢賦、鹽政）；卷四災祥志；卷五官師志（縣職、縣丞、主簿、典史、教諭、訓導、巡檢、司農）；卷六選舉志（薦辟、徵聘、進士、舉人、貢士、特用、援例、椽官、封贈、恩蔭、武科、武職）；卷七至八人物志（名宦、鄉賢、孝行、貞烈、義行）；卷九至十藝文志（宸翰、典籍、詩、賦、傳、記類、碑文、紀略）。

　　張延福跋："甲子秋八月，余將擬北上，會大方伯趙橄飭續修邑乘，甚盛典也。邑侯趙委任於余，謝勝者三，不容已。……與同事諸先生挑燈纂輯，務期不支不漏。未幾趙邑侯捐館，未畢乃事。泊韓侯□□□事，凡匝月而稿呈各憲，未及問諸棗梨。余亦赴京銓選，閱五月而補川之冕寧，順道旋里祭掃。適邑侯張奉天子命□□彈丸，下車甫始，即檢閲志稿，慨然曰：此吾之任也。首捐俸以爲倡，邑紳士亦各傾囊以勸盛典。"可知此志纂修始於乾隆九年，歷趙德宏、韓儀、張爲旦三任知縣，方纔刊成。

此本爲後印本。“弘”“曆”二字剜除，序及正文中另有多處文字剜除。田賦志、選舉志各補刻一葉。

項城縣明清志書現存四部。其一爲王欽誥纂修《項城縣志》十卷，分十門六十八目，萬曆二十八年付梓。其二爲李芳春、黄陞修，束存敬纂《項城縣志》八卷，據萬曆志增修，列八門五十七目，順治十六年刊刻。其三爲顧芳宗修、王耿言纂《項城縣志》十卷，沿襲順治志體例續修，列八門五十七目，康熙二十九年刻。其四即此乾隆志。

封面題簽、目録以“禮”“樂”“射”“御”“書”“數”標記册序。

中國國家圖書館、中國科學院文獻情報中心、北京大學圖書館、清華大學圖書館、北京師範大學圖書館等二十六館與“中央研究院”歷史語言研究所傅斯年圖書館、臺北故宫博物院及日本東洋文庫、京都大學人文科學研究所、美國國會圖書館、法國國家圖書館、法國亞洲學會亦有入藏。

554. 清康熙刻乾隆剜修本上蔡縣志　T3145/214.81

[康熙]《上蔡縣志》十五卷，清楊廷望修，張沐纂。清康熙二十九年（1690）刻，康熙三十三年增刻，乾隆間剜修本。二函八册。半葉九行二十字，小字雙行同，白口，四周雙邊，單魚尾。框高 19.5 釐米，寬 14.3 釐米。前有檄，凡例，修志姓氏，康熙二十九年張希良序，康熙二十九年張沐序，舊志叙（順治己亥〔十六年，1659〕楊鴻羽序），目録，圖。卷端題：“毗陵楊廷望纂修。”

上蔡縣地處淮北平原北部。西周爲蔡國，係武王弟叔度封地。春秋爲上蔡邑。戰國韓置上蔡縣。漢爲汝南郡治。南朝宋析置武津縣。北魏神龜三年（520）改上蔡縣爲臨汝縣。北齊二縣均廢。隋初復置武津縣，大業三年（607）改爲上蔡縣。唐宋屬蔡州。金屬鎮南軍。元、明、清隸汝寧府。今屬河南省駐馬店市。

楊廷望，字兢如，江蘇武進人。例監。康熙二十五年任上蔡知縣。

張沐，字仲誠，號起庵，河南上蔡人。康熙五十七年進士。曾任直隸内黄、四川資縣知縣。著有《周易疏略》《書經疏略》《詩經疏略》《禮記疏略》《春秋疏略》《前川樓文集》《前川樓詩集》等，另纂有《開封府志》《河南通志》。

書前有《輿地總圖》一幅，《輿地分圖》三十六幅，描繪頗爲詳備。正文十五卷，列十志：卷一輿地志（沿革、星野、疆域、山川、風俗、古跡）；卷二建置志（城池、公署、儒學、祠廟、書院、倉庾、關廂、集鎮、郵置、漏澤、楔表）；卷三溝洫志（溝渠、堤堰、橋梁）；卷四食貨志（里甲、户口、田賦、鹽法、物産）；卷五至六典禮志（禮儀、祭祀）；卷七爵秩志（封蔡列傳、蔡人封爵、知縣、縣丞、主簿、典史、教諭、訓導、驛丞）；卷八選舉志（諸科、進士、舉人、明經、掾史、武職、貤封、蔭敘）；卷九至十一人物志（名宦、鄉賢、流寓、列女、仙釋），名宦多採録正史傳記；卷十二編年志；卷十三至十五藝文志（誥勑、奏疏、表狀、上書、議、碑、序、論、贊、跋、記、雜文、續補）。

張沐序述纂修經過："康熙二十八年冬，邑侯楊公蒞蔡四載，政教翔洽，百廢具興，獨是舊志闕略鄙俚，幾成穢史，乃亟申請大中丞而釐定之。謂沐邑人也，齒又加長，屬之草創，設館備資，購致載籍，復令士民採録軼事，闡微發幽。沐於是偕文學五六人披覽討論，剔抉蒐羅。越明年春而稿成，進之於公，公復加以修飾，無間寒暑，又十閱月而闕者無弗補矣，略者無弗詳矣，鄙者易之以文，俚者進之以雅矣。因呈諸大中丞，請潤色之，付剞劂氏。"

卷十二編年志紀事至康熙三十三年，注中有"廷望捐升去"語。藝文志末有《上蔡邑侯楊公兢如德政碑》，内有"公於丙寅歲下車以來迄今九年"等語，均當爲楊廷望康熙三十三年離任前所增刻。卷中"弘""曆"剜改作"宏""歷"，當爲乾隆間剜修本。

據此志所存舊志序，可知上蔡曾於順治十六年纂修邑志，但今未見著録。此康熙志爲上蔡現存唯一一部明清志書。此後至民國間，方纔再次纂修。

包背裝。

中國國家圖書館、中國科學院文獻情報中心、故宮博物院圖書館、中國第一歷史檔案館、北京大學圖書館等三十一館與"中央研究院"歷史語言研究所傅斯年圖書館、臺北故宮博物院、臺北"内政部"圖書館及日本東洋文庫、京都大學人文科學研究所、美國國會圖書館、法蘭西學院漢學研究所、法國巴黎 M.R. 赫杜圖書館、法國亞洲學會亦有入藏。

555. 清乾隆刻本確山縣志　　T3145/1127.83

［乾隆］《確山縣志》四卷，清周之瑚等修，嚴克嶧纂。清乾隆十一年（1746）刻本。八册。半葉九行二十一字，小字雙行同，白口，四周雙邊，單魚尾。框高20.2 釐米，寬 15.0 釐米。前有乾隆十一年趙城序，崔琳序，乾隆十年孫必相序，乾隆十年周之瑚序，憲牌，姓氏，舊序（順治庚子〔1660〕吳國杰序、孫京序、汪宗楣序），目録九條。

確山縣地處淮河北岸，桐柏、伏牛二山東麓。西漢爲朗陵、陽安、安昌三縣地，屬汝南郡。北朝先後廢朗陵、陽安二縣。隋開皇十六年（596）改安昌縣爲朗山縣，得名於境內朗山，屬汝南郡。唐屬蔡州。北宋大中祥符五年（1012）因避諱改爲確山縣，仍屬蔡州。元、明、清屬汝寧府。今屬河南省駐馬店市。

周之瑚，字禹彝，湖南平江人。貢生。歷任廣西柳城、福建莆田、山西萬泉、江南蕪湖、浙江仁和知縣，乾隆七年任確山知縣，任職六年，後歷任河陰、修武知縣。

嚴克嶹，湖南華容人。

全書四卷，平列二十五門：卷一圖像，天文，地輿（四至、沿革），形勢（四境、城池），武備（營堡），名宦，鄉賢，官秩，典禮（儀注、祭儀、公式、賓興），建置（城池、公署、壇壝、牌坊、舖舍、店鎮、學校、倉廒、驛廠、橋梁、街巷），圖像門收《天文圖》《地輿圖》《縣治圖》《文廟圖》《全城圖》等五幅；卷二山川，古跡（八景、寺觀、陵墓、祠廟），賦稅，户口，風俗，物產，驛站；卷三封建、官師、選舉、人物、烈女、武功；卷四藝文、機祥。

周之瑚序："歲壬戌，予承乏茲土……凡四載，確不棄予，予亦自幸不爲確棄，人與地習，識與習長。乃取舊志，始自康熙癸酉，缺者補之，訛者正之，邑黌士踴躍以勸。適上游飭修舊志，檄下而予稿已就，呈閲稱允，遂用捐俸壽諸棗梨。"

確山縣明清志書現存二部。首部爲陳耀文纂修《確山縣志》二卷，嘉靖三十六年（1557）付梓，今僅殘存上卷，存十二門。其次即此乾隆志。

中國國家圖書館、中國科學院文獻情報中心、中國國家博物館、中國第一歷史檔案館、中國文化遺產研究院等三十館與"中央研究院"歷史語言研究所傅斯年圖書館、臺北故宮博物院及日本東洋文庫、京都大學人文科學研究所、美國國會圖書館、法蘭西學院漢學研究所、法國巴黎 M.R. 赫杜圖書館、法國亞洲學會亦有入藏。

556. 清康熙刻乾隆剜修本泌陽縣志　T3145/3372.8

［康熙］《泌陽縣志》四卷，清程儀千修，馬之起纂。清康熙五十三年（1714）刻，乾隆間剜修本。二册。半葉九行二十一字，小字雙行同，白口，四周雙邊，單魚尾。框高 19.8 釐米，寬 14.0 釐米。前有扉頁，康熙五十三年程儀千序，圖，姓氏，目錄。

泌陽縣地處南陽盆地東緣。西漢置比陽縣，屬南陽郡。東漢至西晉沿襲不改。北魏延興二年（472）改爲陽平縣。隋開皇初改爲饒良縣，大業二年（606）改爲比陽縣。唐武德四年（621）屬顯州，貞觀九年（635）屬唐州。蒙古至元三年（1266）降爲鎮。明洪武十三年（1380）置泌陽縣，屬南陽府。清因之。今屬河南省駐馬店市。

程儀千，字枳軒，安徽休寧人。康熙五十一年任泌陽知縣。

馬之起，河南泌陽人。貢生。

書前有《封域之圖》《縣署之圖》《儒學之圖》等，共三幅。正文四卷：卷一封域志（建置沿革、星野、疆域、山川、古跡、風俗、儀禮、鄉約、物産、災祥）；卷二建置志（城池、公署、倉庫、學校、社學、義學、祀典、壇祠、街巷、坊第、村鎮、橋梁、寺觀、塋墓、賦役、學田、雜稅、鹽引、兵燹）；卷三職官志（知縣、主簿、典史、教諭、訓導、城守），選舉志（科甲、貢監），人物志（名宦、鄉賢、孝子、義士、隱逸、仙釋、流寓、列女）；卷四藝文志（碑記、散文、詩歌、舊序），詩歌目收程飛鳳長詩《開礦行》，有關地方民生，舊序目收康熙三十四年莫國芳序一則。

程儀千序：“郡邑之志因循故舊，率多缺而未及載，南陽府憲惕然念之，乃據紳士之請，上其議於大中丞公，公允其請，檄下郡縣，凡舊志有未備者皆增而續之。儀千待罪泌陽，恭承明命，乃進邑之士大夫而謀之。……於是偕邑紳士馬君之起、焦子昉齡、吳子憲共爲考訂。採之必詳，不敢失於疏漏也；擇之必慎，不敢流於無稽也。紀撫循之實跡，發潛德之幽光，庶幾可以報明命矣。至於天文、分野、山川、疆域、古跡、物産之類，則固千百年不易者，率仍其舊，無庸妄爲改易，圖新耳目也。”

泌陽縣明代志書今已無存者。清代所修志書，康熙三十四年知縣莫國芳曾修志，今亦已亡佚，序文存於此志。此康熙五十三年志爲該縣現存最早的志書。其次爲倪明進修、栗郢纂《泌陽縣志》十二卷，列十七門四十二目，道光八年（1828）刊刻。

扉頁刊：“康熙五十三年重修泌陽縣志。”卷三職官志程儀千項後有“康熙五十七年三月奉文行取”字樣，當係康熙五十七年補刻。又，卷中“禎”“弘”“曆”剜改作“正”“洪”“歷”，當爲乾隆間剜修本。

末葉刊：“康熙五十三年歲次甲午季冬之月文林郎泌陽縣知縣加一級程儀千捐工料銀貳拾兩發刊。江南旌德縣刻字人方國歡。”可知此志爲安徽旌德刻工之作，並可略見清初刊工價格。

中國國家圖書館、中國科學院文獻情報中心、中國第一歷史檔案館、北京大學圖書館、中國人民大學圖書館等八館與臺北故宮博物院亦有入藏。

557. 清順治刻康熙增刻乾隆剜修本汝陽縣志　T3145/347.81

［康熙］《汝陽縣志》十卷，清紀國珍修，羊璘纂，邱天英增修，李根茂增纂。清順治十七年（1660）刻，康熙二十九年（1690）增刻，乾隆間剜修本。八冊。半葉八行二十字，小字雙行同，白口，四周單邊，單魚尾。框高 18.6 釐米，寬 12.9 釐米。前有舊志序（羊璘序、順治十七年紀國珍序、趙讓跋），院檄，續修縣志姓氏，原修舊志姓氏，總目，汝陽縣圖，康熙二十九年邱天英敘。卷端題：“汝陽縣知縣渭南邱天英續修。”

汝陽縣地處淮北平原腹地。漢爲汝南郡地。東晉時汝南郡遷治懸瓠城（即今汝南縣城），後廢。南朝宋元嘉末僑置司州，治懸瓠城。北魏獻文帝時改司州爲豫州，北周大象二年（580）改爲舒州。隋初復改爲豫州，後再改爲溱州，大業初改爲蔡州，置汝陽縣爲州治。唐初改爲豫州，寶應元年（762）改爲蔡州。貞元七年（791）析汝陽縣置汝南縣，元和十三年（818）復併入。元、明、清爲汝寧府治。1913 年改汝陽縣爲汝南縣。今屬河南省駐馬店市。

紀國珍，字璞公，安徽貴池人。貢生。順治十四年任汝陽知縣，後升任山東東平州知州。

羊璘，河南汝陽人。

邱天英，字千一，號象屏，陝西渭南人。貢生。康熙十八年任汝陽知縣。

李根茂，河南汝陽人。拔貢。

書前《汝陽縣圖》收縣境、縣城二圖。正文十卷，列九志七十九目：卷一至二興地志（沿革、星野、疆域、形勝、山川，鎮墅、塘堰、陂港、堤渠、風俗、古跡、寺廟、塚墓）；卷三建置志（城池、公署、壇壝、官秩、街衢、坊牌、鋪遞、郵驛、橋梁、武備）；卷四食貨志（里甲、戶口、田畝、賦役、更名、軍田、課稅、方物）；卷五典禮志（儒學、社學、書院、秩祀、公式、賓興、鄉儀、機祥附）；卷六爵秩志（封建、列爵、封位、藩系）；卷七職官志（守令、知縣、縣丞、主簿、典史、教諭、訓導、名宦、宦跡、武功附）；卷八選舉志（諸科、進士、舉人、明經、國學、武科、貤贈、鄉耆附）；卷九人物志（鄉賢、列傳、列女、遊寓、方技、仙釋、雜記附）；卷十藝文（疏、對、檄、諭、議、文、序、銘、記、書、歌、詩）。

此志大體沿用順治志體例，門目設置略有調整。內容大部分襲用順治志舊文，各門序文改作。大部分書葉係利用順治十七年所刻舊版重印，其中部分書葉剜改版心葉碼，所改換、增補者則刻新版，增補各目標題下標“補”字，署名“邱天英”，所補爲山川、寺觀、壇壝、機祥、知縣、典史、教諭、訓導、名宦、進士、舉人、貢生、監生、貤贈、鄉賢、列女、方技、仙釋、藝文等十九目。

邱天英敘：“汝陽舊有縣志矣，何以復修也？舊志成於順治間，距今已三十餘年，其中山川里道、河渠官爵之類，因革增損之不同，恐日久而其詳不可得聞，奉大中丞閻公檄來續之也。”可知此志係應巡撫閻興邦之命纂修。

汝陽縣明萬曆間曾經修志，今已佚。現存明清志書二部。首部爲紀國珍修、羊璘纂《汝陽縣志》十卷，據萬曆舊志增纂而成，列八門七十二目，順治十七年刊刻。其次即此康熙志。

此本“丘”剜改作“邱”，“曆”剜改作“歷”，爲乾隆間剜修本。

卷中多有缺葉，兹不備錄。

《中國古籍善本書目》史部地理類著錄順治刻本《汝陽縣志》。

中國國家圖書館、中國科學院文獻情報中心、中國第一歷史檔案館、中國國家博物館、中國文化遺産研究院等三十三館與"中央研究院"歷史語言研究所傅斯年圖書館、臺北故宮博物院、孫逸仙博士紀念圖書館、臺北"内政部"圖書館及日本東洋文庫、京都大學人文科學研究所、美國國會圖書館、法蘭西學院漢學研究所、法國巴黎 M.R. 赫杜圖書館、法國亞洲學會亦有入藏。

558. 清乾隆刻本遂平縣志　T3145/3314.83

〔乾隆〕《遂平縣志》十六卷首一卷，清金忠濟修，祝暘、魏弘謨等纂。清乾隆二十四年（1759）刻本。四册。半葉九行二十一字，小字雙行同，白口，左右雙邊，單魚尾。框高 20.0 釐米，寬 14.7 釐米。首有乾隆二十四年胡寶瑛序，乾隆二十四年兆城序，乾隆二十四年金忠濟序，姓氏，凡例八則，舊序（萬曆十四年〔1586〕王致和序、順治十六年〔1659〕張鼎新序），目錄，圖。

遂平縣地處伏牛山東緣。春秋爲房國。楚靈王封吳王闔閭弟夫概於其地，稱吳房。漢置吳房、灈陽二縣，屬汝南郡。魏晉因之。南朝宋廢吳房縣。北魏於吳房故地置遂寧縣。北齊併灈陽縣入遂寧縣。隋大業二年（606）改設吳房縣，屬汝南郡。唐元和十二年（817）改爲遂平縣，屬唐州。南宋降爲吳房鎮。金皇統元年（1141）復置遂平縣，屬汝南郡。元屬汝寧府。明清因之。今屬河南省駐馬店市。

金忠濟，字見清，安徽休寧人。乾隆十九年進士。乾隆二十年任遂平知縣，後曾任廣東增城知縣。

祝暘，江蘇金匱（今無錫）人。監生。

魏弘謨，河南遂平人。乾隆十七年舉人。

卷首有《星野圖》《輿地圖》《城池圖》《縣署圖》《學宮圖》《書院圖》，共六幅。正文十六卷，分十七門：卷一星野，輿地（沿革、疆域），山川，古跡；卷二建置（城池、封建、官秩、公署、壇壝、街坊、巷社、保集、鋪遞、武備）；卷三土産、風俗；卷四至五田賦（丁地、起運、存支、耗羨、倉穀、耤田、稅課、官莊、驛站）；卷六水利（湖、河、溝、塘、堰、堤、橋）；卷七至八學校（學宮、書院，典禮、鄉飲）；卷九至十仕籍（知縣、縣丞、主簿，典史、教諭、訓導、把總）；卷十一貢舉（保舉、進士、舉人、武科、貢生、職監）；卷十二名宦、鄉賢；卷十三貞烈；卷十四外紀（仙釋、寺、廟、堂、機祥、雜著）；卷十五至十六藝文（記、傳、文、詩）。

金忠濟序："邑舊有志，明末毀於兵。本朝順治十六年，縣令張君鼎新奉檄修輯，又忽忽百年於兹矣。濟不敏，承乏斯土，甫下車，觀風問俗，即取舊志遍覽，見其頗缺略，竊有重纂之志。時以水患築堰鑿渠，未暇也。今年春，公事少閒，始克舉而從事焉。……是役也，參稽舊聞，訪之故老，於前志之訛缺者補之訂之，而近事之信而有徵者詳爲續載。”

遂平縣明萬曆間知縣王致和修有志書，今已亡佚。清代凡兩次修志。首部爲張鼎新修、趙之珩纂《遂平縣志》十五卷，平列十五門，記載簡略粗率，清順治十六年刊刻。其次即此乾隆志。

中國國家圖書館、中國科學院文獻情報中心、中國文化遺產研究院、中共中央黨校圖書館、北京大學圖書館等三十一館與“中央研究院”歷史語言研究所傅斯年圖書館、臺北故宮博物院及日本東洋文庫、京都大學人文科學研究所、美國國會圖書館、法蘭西學院漢學研究所、法國亞洲學會亦有入藏。

559. 清乾隆刻本新蔡縣志　T3145/0249.83

［乾隆］《新蔡縣志》十卷，清莫璽章修，王增纂。清乾隆六十年（1795）刻本。四册。半葉十一行二十一字，小字雙行同，黑口，四周雙邊，雙魚尾。框高 16.9 釐米，寬 14.0 釐米。首有乾隆六十年莫爾章序，乾隆六十年王增序，圖，修志姓氏，襄事姓氏，志例，目錄。卷端題：“新蔡縣知縣莫爾章輯。”

新蔡縣，位於今河南省東南部。春秋時蔡平侯由蔡遷都於此，始稱新蔡。秦置新蔡縣，屬陳郡。兩漢屬汝南郡。西晉置新蔡郡，治新蔡縣。東魏置蔡州，治新蔡縣。北齊廢蔡州，改新蔡郡爲廣寧郡。隋屬經廢置舒州，更名廣寧縣、汝北縣等。唐武德初復置舒州，貞觀初廢。宋屬淮康軍。金屬息州。蒙古至元三年（1266）廢新蔡縣，明洪武四年（1371）復置新蔡縣，屬汝寧府。清因之。

莫璽章，字信甫，廣東安定人，舉人。乾隆五十四年任新蔡知縣。

王增，浙江會稽人，乾隆三十六年榜眼。曾任翰林院編修，時主講汝陽南湖書院。

卷一地理（建置沿革、天文分野、疆域、山水、溝渠、塚墓、古跡）；卷二經制（城池、縣治、行署、學校、壇壝、舖舍、津渡、橋梁、街坊、鄉鎮、市集），田賦上；卷三田賦下（鹽法、稅課、倉穀、蠲免、優恤）；卷四典制（祀典、寺觀、賓興、鄉儀、鄉俗），官師上；卷五官師下、宦跡；卷六選舉；卷七人物；卷八列女；卷九藝文；卷十雜志。

莫爾章序曰：“乾隆己酉之歲，余以海南鮚生承乏兹邑，下車之日手披邑乘，考其風俗、人情，簡葉殘缺，竟至魯魚莫辨。蓋自康熙辛未前令吕公纂輯後，百餘年無繼修者，其丁男、田賦、風土、人物、文獻，幾無可徵。覽斯志也，不猶有餘憾歟？爰請命於太守陸豐彭公，檄令重纂，方開局採訪，會彭公調任首郡，長白德公來守是邦，復命余與諸紳士共襄其事，禮聘太史會稽王公總持修輯，將舊稿釐定。事增於前，文損於後。無美不彰，無微不顯。俾新邑掌故，今昔備載。則是志之成，豈非斯邑之幸乎？"

王增序曰："辛亥罷官，癸丑冬應同年新蔡令莫公聘，主輯新蔡志事，明年復主南湖書院，得以汰其附會粉飾之浮詞，而一衷諸實。然余竊有懼焉，魚山馮太史之修孟縣志也……莫公爲太史，同郡深服其文，親輯縣志，以文獻凋殘，竟不得搜所未覩，而余以史官掌志事，三年曾三至新蔡，亦衹抱殘守缺，無所表□，無以謝莫公而慰新蔡之人也。"

志例云："新蔡向無志乘。前明萬曆年間邑人劉氏大恩及其子若孫相繼編輯，勝國以來遺書僅存一二。國朝康熙三十年知縣呂氏民服復取劉氏原本重新纂輯，迄今百有三年，舊板模糊，卷葉殘缺。今仍其大略，增輯成書，以備文獻之徵。"

"弘""曆"二字避諱。

現存最早新蔡縣志爲明萬曆七年（1579）刻史燦修、劉大恩纂八卷本；次爲清順治十六年（1659）刻康熙三十年（1691）增刻本，譚弘憲纂修，呂民服增修八卷本；三即此乾隆六十年十卷本，該本另有民國二十二年（1933）文明石印社石印本。

中國國家圖書館、上海圖書館、北京大學圖書館等二十四館與臺灣中研研究院歷史語言研究所傅斯年圖書館、臺北故宮博物院及日本東洋文庫、京都大學人文科學研究所、法國亞洲協會等有藏。

560. 清乾隆刻本濟源縣志　　T3145/3239.83

〔乾隆〕《濟源縣志》十六卷首一卷末一卷，清蕭應植修，沈梧莊纂。清乾隆二十六年（1761）刻本。六冊。半葉十行二十二字，小字雙行同，白口，左右雙邊，單魚尾。框高 19.7 釐米，寬 13.4 釐米。首有乾隆二十六年蕭應植序，舊序四則（嘉靖壬戌〔四十一年，1562〕李資元序、順治十七年〔1660〕劉漪序、康熙三十四年〔1695〕黃應中序、康熙二十九年段維衮序），目録，修志姓氏，修志凡例，圖經。

濟源縣地處太行山南緣、黃河北岸。戰國爲魏軹邑。秦置軹縣，屬河内郡。隋開皇十六年（596）析軹縣北部置濟源縣，屬河内郡。唐貞觀元年（627）併軹縣入濟源縣，屬洛州，會昌三年（843）改屬孟州。蒙古至元三年（1266）併王屋縣入濟源縣。明、清屬懷慶府。1988 年改設濟源市，直屬於河南省。

蕭應植，字智方，號立齋，安徽懷寧人。拔貢。乾隆二十一年任濟源知縣。後歷任廣東揭陽知縣、瓊州知府、湖北安襄郧道。

沈梧莊，浙江東陽人。

卷首圖經收《濟源四境總圖》《縣城圖》《縣治圖》《學宮圖》《王屋山圖》《濟瀆廟圖》《河渠水利圖》等，共七幅。正文十六卷，列二十三門：卷一沿革、星野、疆域、形勢、風俗、土宜、祥異；卷二山川、古跡、陵墓、寺觀；卷三建置（城池、公署、學校、倉廒、坊表、市鎮、里甲、鋪遞、關梁、橋渡）；卷四至五祀典（濟瀆，文廟、壇壝、祠廟）；卷六水利（堤防附）；卷七賦役（戶口、田賦、鹽引、稅銀、積貯、蠲贈、曠典）；卷八職官、名宦；卷九選舉（薦辟、進士、舉人、貢士、例貢、武職、武科、橡吏、封贈、襲蔭）；卷十至十一人物（宦績、忠烈、孝義、一行附，文學、寓賢、隱逸、仙釋、方技）；卷十二列女；卷十三至十六藝文（歷代御製、表疏、古文、議、論、辯、傳、序、銘、墓誌、墓表、碑記、詩、賦），搜羅較廣，篇幅佔全書一半；卷末識餘（古事、雜志、辨訛）。

蕭應植序：“茲舊乘敷陳，罔不採經而據傳，況經前賢訂政，何妨挹彼以注。茲第纂編在仁廟之初年，風土人情歷久已多變易。適檄飭奉上憲之公牘，紳衿士庶詢謀，遂爾僉同。……爰聘高賢於越右，東陽俊彥，經笥素號便便（謂沈橋莊）；更求碩德於鄰封，中立才華，錦字共欽灼灼（謂楊王政）。經赤奮攝提之寒暑，爲綱爲紀，牙籤早已犀分。迨執徐荒落之冬春，載校載讎，梨棗爰開剖劂。”

此志爲濟源縣現存最早的志書。其後有何荇芳修、劉大觀纂《續濟源縣志》十二卷，爲此乾隆志之續作，沿襲此志體例，列二十六門，所增補者注明“續纂”，刊刻於嘉慶十八年（1813）。

中國國家圖書館、中國科學院文獻情報中心、中國社會科學院考古研究所圖書館、中國國家博物館、中國第一歷史檔案館等四十二館與臺北“國家圖書館”、“中央研究院”歷史語言研究所傅斯年圖書館、臺北故宮博物院、孫逸仙博士紀念圖書館及日本東洋文庫、京都大學人文科學研究所、美國國會圖書館、法蘭西學院漢學研究所、法國巴黎 M.R. 赫杜圖書館、法國亞洲學會亦有入藏。

561. 清康熙刻本湖廣通志　T3183/0.81

[康熙]《湖廣通志》八十卷，清徐國相、王新命等修，宮夢仁、姚淳燾纂。清康熙二十三年（1684）刻本。五函二十四册。半葉十行二十字，小字雙行同，白口，四周雙邊，單魚尾。框高 24.4 釐米，寬 17.5 釐米。前有康熙二十三年徐國相序，康熙二十三年慕天顏序，康熙二十三年王新命序，康熙二十三年丁思孔序，康熙二十三年王定國序，康熙二十三年張仲舉序，康熙二十三年張道祥序，康熙二十三年范時秀序，康熙二十三年趙廷標序，康熙二十三年宮夢仁序，康熙二十三年姚淳燾序，康熙二十三年胡在恪序，康熙二十三年陳肇昌序，康熙二十三年楊柱朝序，修志姓氏，凡例，目録，圖考。

湖廣地處長江中游。元至元間置湖廣等處行中書省，治鄂州（今武漢）。轄境相當於今湖南省全境與湖北省、廣西僮族自治區、海南省、貴州省大部及廣東省部分地區。明初北界擴至今湖北省北界，西部劃歸貴州省，南部另置廣西省。清康熙六年分置湖北、湖南二省，設湖廣總督，統轄二省軍政事務。

徐國相（1634—1701），字行清，遼東廣寧人。曾任安徽巡撫，康熙二十三年任湖廣總督。

王新命（？—1708），字純嘏，漢軍鑲藍旗人，原籍四川三臺。筆帖式。曾任江西布政使，康熙十九年任湖廣巡撫，二十三年升任兩江總督，後調閩浙總督、河道總督。著有《東山集》。

宮夢仁（1623—1713），字宗兗，號定山，江蘇泰州人。康熙十二年進士。修志時任湖北鹽法道，後官至福建巡撫。著有《讀書計數略》《齊魯詩》等。

姚淳燾，字涉山，浙江烏程人。康熙六年進士。修志時任湖廣學政。

書前圖考收《湖廣縣圖》《湖北八府總圖》《湖廣省城圖》《湖南七府二州總圖》、各府州圖、各衛司圖、樓閣山川圖等，計四十六幅。正文八十卷，列三十一門：卷一至二建置沿革；卷三星野（祥異附）；卷四疆域（形勢附）；卷五山川（關津、橋梁附）；卷六風俗；卷七城池；卷八兵防；卷九隄防；卷十封建；卷十一戶口；卷十二至十三田賦；卷十四物産；卷十五至十六職官；卷十七公署；卷十八學校（貢院、書院附）；卷十九至二十三選舉（武勳附）；卷二十四祠祀；卷二十五陵墓；卷二十六古跡（寺觀附）；卷二十七帝王（后妃附）；卷二十八至三十一名宦；卷三十二至三十六人物；卷三十七孝義；卷三十八至三十九列女；卷四十隱逸；卷四十一流寓；卷四十二方伎；卷四十三仙釋；卷四十四至七十七藝文（御製、子史、騷、賦、古詞曲、詩、表、牋、疏、啓、頌、箴、書、論、辯、傳、行實、序、記、議、碑記、銘、墓誌銘、考、說、跋、贊、文）；卷七十八雜辯；卷七十九至八十備遺。此志詳於湖北，湖南較略。

王新命序：“皇帝御極之二十有二年夏四月，敕令禮部察催各省通志，以備纂修大清一統志，甚鉅典也。臣新命備員楚北，接準部咨，星野董帥所司，選集紳儒，設局編輯，詳慎參核。”宮夢仁序則謂：“體裁一仿豫志，存舊者十之七，增新者十之三，日夕孳矻，凡五閱月而編成。”所謂豫志，即賈漢復修［順治］《河南通志》。

明清湖廣省志現存四部。首部爲《湖廣圖經志書》二十卷，係成化間薛綱纂修，嘉靖元年（1522）吳廷舉續修並刊刻，卷一總類，卷二以下以府州分卷，各列子目若干。其次爲徐學謨纂修《湖廣總志》九十八卷，不以府州分卷，而以事類爲序編輯，付梓於萬曆十九年（1591）。其三即此康熙志。其四爲邁柱修、夏力恕纂《湖廣通志》一百二十卷，《四庫全書總目》謂其“大致據康熙甲子舊志爲本而以類附益之”，列三十一門，雍正十一年（1733）刊刻。

此本書前附鈔《四庫全書總目》提要一葉，但《四庫全書》史部地理類都會郡縣之屬所收《湖廣通志》爲雍正志，提要所述實爲雍正志。

有缺葉：卷十七第二十葉，卷二十二第二十二葉。

中國國家圖書館、中國科學院文獻情報中心、北京大學圖書館、上海圖書館、上海辭書出版社圖書館等十七館與日本東洋文庫、京都大學人文科學研究所、內閣文庫、美國國會圖書館、法國國家圖書館亦有入藏。

562. 清康熙刻本湖廣武昌府志　T3184/1460.81

［康熙］《湖廣武昌府志》十二卷，清裴天錫修，羅人龍等纂。清康熙二十六年（1687）刻本。三函十六册。半葉十行二十字，小字雙行同，白口，四周雙邊，單魚尾。框高 21.0 釐米，寬 14.5 釐米。前有康熙二十六年徐國相序，康熙二十六年石琳序，康熙二十六年胡戴仁序，康熙二十六年丁煒序，康熙二十六年裴天錫序，康熙

二十六年張芑序，康熙二十六年陳肇昌序，修志姓氏，凡例，目錄。

武昌府地處江漢平原東部。1364 年朱元璋改武昌路置武昌府，治江夏縣。明爲湖廣省會，領興國州與江夏、武昌、咸寧、嘉魚、蒲圻、崇陽、通城、大冶、通山等九縣。清因之，爲湖廣總督駐地及湖北省會。1912 年廢。

裴天錫，字長齡，江蘇江陰人。康熙六年進士。歷任內閣中書、平越知府、武昌知府、太原通判、郴州知府。

羅人龍，字驤子，湖北枝江人。歲貢。修志時任武昌府儒學教授。

全書十二卷，列二十一門：卷一圖考志、星野志、沿革志、方域志、建置志，圖考志收《武昌府城圖》《武昌府總圖》、各州縣圖等，共十二幅；卷二山川志、古跡志、學校志、封建志；卷三壇祠志、田賦志、水利志、風俗志、災異志、兵事志、兵防志；卷四秩官志；卷五至六宦跡志、選舉志；卷七至九人物志；卷十至十二藝文志。

裴天錫序："皇上御宇之二十二年，詔直省纂修通志，是歲郡邑群牧禮聘名士，先後勒成，而武昌府志奉憲臺合檄重修。天錫不敏，聞命兢業，簿書之暇，從事縹緗，與郡之大夫人士日夕徵摧，爲卷一十有二。"可知此志係應命之作。

徐國相序："……爰命直省各修通志，下其事於郡邑，而石虹張君向嘗司訓是邦，武昌府志出其手裁，彬彬乎徵文考獻，簡核精嚴，良史才也。已而捷南宮，讀中秘書，未獲竣事。新任裴守視事伊始，即以修輯爲己任。"考此志秩官志，"石虹張君"即張希良，湖北黃安人，曾任江夏縣教諭，康熙二十四年進士，參纂之府志當即康熙二十二年杜志。可知此志係以康熙二十二年志爲基礎纂成。

武昌府明志無考。清代僅康熙間兩次修志。較早者爲杜毓秀纂修《武昌府志》十六卷，未刊刻，有康熙二十二年鈔本存中國國家圖書館。此志僅晚於前志四年，係據前志重纂，除康熙二十六年刻本外，另有康熙三十四年朱昌緒補刻本、光緒間翻刻本、1940 年鉛印本。

首冊首葉鈐"任振采所收方志之一"朱文長方印（3.4×1.7 釐米）。知此爲任鳳苞舊藏。任鳳苞（1876—1953），字振采，江蘇宜興人。1915 年任交通銀行協理，1928 年遷居天津，先後任金城銀行董事、中南銀行董事、鹽業銀行董事長、四行（鹽業、中南、金城、大陸）儲蓄會與四行信托部執行委員等，是天津金融界舉足輕重的人物。建天春園藏書，所藏以方志爲特色，編有《天春園方志目》，1936 年刻，著録方志 2536 種。1952 年，任鳳苞將天春園藏志二千五百餘種二萬餘冊捐獻國家，大部分收藏於天津圖書館，少部分藏於中國科學院地理與湖泊研究所圖書館。方志以外則於 1950 年前後售與燕京大學圖書館。此本於 1947 年 5 月入藏哈佛大學漢和圖書館。

《天春園方志目》著録此志，標注爲十二册，或因鈔配並襯紙，書册增厚，而改分爲三十册。

石琳序末葉鈐"聘卿"朱文方印（2.2×2.2 釐米）、"富察和珍"白文方印（2.2×2.2 釐米）。

金鑲玉裝。

有鈔配多葉，如胡戴仁、丁煒、裴天錫、張芑四序末葉，目録葉，卷一沿革、方域二志等，兹不備録。

中國國家圖書館、中國科學院文獻情報中心、上海辭書出版社圖書館、天津圖書館、南京圖書館等九館與日本東洋文庫、京都大學人文科學研究所、內閣文庫亦有入藏。

563. 清乾隆刻本鄖西縣志　　T3185/6216.83

［乾隆］《鄖西縣志》二十卷首一卷，清張道南纂修。清乾隆四十二年（1777）刻本。八册。半葉十行十一字，小字雙行同，白口，左右雙邊，單魚尾。框高 19.7 釐米，寬 13.6 釐米。前有扉頁，乾隆癸巳（三十八年）趙來章序，乾隆三十八年張道南序，乾隆丁酉（四十二年）范宜恒序，乾隆十五年梁鳳翥鄖西縣鈔本志序，修志姓氏，目録，凡例，繪圖。

鄖西縣地處鄂西北山地、大巴山東段。西魏置上津縣。唐宋因之。元降爲上津鎮。明洪武八年（1375）復置上津縣，屬襄陽府。成化十二年（1476）析鄖縣、上津縣地置鄖西縣，得名於地處鄖縣以西，屬鄖陽府。清順治十年（1653）上津縣併入鄖西縣。今屬湖北省十堰市。

張道南，字吾庵，福建晉江人。舉人。乾隆三十五年任鄖西知縣。

卷首繪圖收《疆域圖》《城垣圖》《文廟圖》《武廟圖》《城隍廟圖》《書院圖》《縣署圖》《巡檢署圖》《汛防署圖》等，計九幅。正文二十卷，分三十六門：卷一星野（災異附）；卷二沿革、疆域、里堡、關寨、山川（泉洞附）、水利、郵傳、橋梁、舟渡；卷三城池，公署，倉庫（養濟院、義塚附）；卷四方產；卷五賦役（應解、應支、養廉、雜稅附）；卷六學校（禮儀、樂章、舞譜、名宦祠、鄉賢祠、節孝祠、文武生員定額、書院、學田、學地、官山、學規附），御製碑文，武廟，壇壝（祀事附）；卷七武備、風俗（鄉飲酒附）；卷八秩官；卷九選舉；卷十名宦列傳；卷十一忠孝列傳；卷十二才節列傳；卷十三敦行列傳；卷十四流寓列傳；卷十五節孝列傳；卷十六仙釋列傳、寺觀、古跡、墳墓；卷十七妖異；卷十八兵寇；卷十九藝文；卷二十餘編。

張道南所撰凡例載修志始末："鄖西並未有志，本朝邑人梁鳳翥始撮其大要，而闕略不全，存什一於千百。……南自乾隆三十五年蒞任後，即有志搜羅，以備邑中稽考。凡有故老及斷碑殘碣，無不詳究始末，鈔録存參。……是志以府志爲本，省志次之。其志中次序，緣例而書，因義而起。……是志自南房陵踏勘九道龍歸，邀學博吳戴二公、巡典覃高二君暨邑中紳士彙纂成集，其論志悉南及三子繼聲編定，頗得其梗概。……是志鐫刻之資費無所出，南獨捐俸付梓，惜山僻小邑，匠業未精，閲者諒之。"

扉頁刊："郧西縣志。無倦堂藏□。"

郧西縣明志無考，清代凡五修志書。其一爲康熙間馮泰運纂修《郧西縣志》十二卷，僅中國國家圖書館藏有鈔本。其次爲乾隆十五年梁鳳翥所撰志稿二十四卷，今已無傳本。其三即此乾隆志。其四爲孔繼樺纂修《郧西縣續志》四卷，列十一門，爲乾隆志續補之作，嘉慶十年（1805）付梓，同時補刻重印乾隆志。其五爲程光第修，葉年菜、李登鰲纂《郧西縣志》二十卷，分十門七十八目，刊刻於同治五年（1866）。

《中國古籍善本書目》史部地理類著録。

故宮博物院圖書館、天津圖書館、臺北故宮博物院亦有入藏。

564. 清乾隆刻本竹山縣志　T3185/8222.83

[乾隆]《竹山縣志》二十七卷，清常丹葵修，鄧光仁等纂。清乾隆五十年（1785）刻本。四册。半葉九行二十字，小字雙行同，白口，左右雙邊，單魚尾。框高 19.0 釐米，寬 13.7 釐米。前有扉頁，乾隆五十年曾恒德序，乾隆五十年常丹葵序，乾隆五十年鄧光仁序，原序（乾隆十一年常青岳序、乾隆三十年尹一聲序、乾隆三十一年皇甫樞序、乾隆三十八年彭悦桂序、乾隆三十九年鄧光仁序），凡例，修輯姓氏，目録。書後有方潮題詩。

竹山縣地處鄂西北山地。秦漢爲上庸縣地，屬漢中郡。南朝梁析置安城縣。西魏改爲竹山縣，得名於境内黄竹山。唐、宋、元屬房州。明初屬襄陽府，成化十二年（1476）改屬郧陽府。今屬湖北省十堰市。

常丹葵，字梅村，直隸交河人。乾隆四十九年署竹山知縣。

鄧光仁，字廣學，號静堂，湖北興國州人。拔貢。乾隆三十七年任竹山縣教諭。

全書二十七卷，卷各一門：卷一星野；卷二興圖，有疆域、縣城、十二景圖，計十四幅；卷三建革；卷四形勢；卷五城池（附鄉社）；卷六關堡；卷七津梁（附陂堰）；卷八舖舍；卷九古跡；卷十風俗；卷十一物産；卷十二賦役；卷十三兵政；卷十四公署；卷十五學校；卷十六祀典；卷十七秩官；卷十八宦跡；卷十九選舉；卷二十人物；卷二十一忠孝；卷二十二節烈；卷二十三仙釋（附寺觀）；卷二十四流寓；卷二十五紀異；卷二十六事紀；卷二十七藝文。

常丹葵序："曩余隨先大夫宦遊江浙諸處，嘗聞庭訓曰：'吾始筮仕湖廣之竹山，其地界連秦蜀，爲三楚要區，兵燹之餘，民皆雁集，吾雖無異政，而撫字心勞差可無愧，惟邑乘一事，欲爲搜輯，旋以調任中止，此心殊覺歉然。'余聆此言而謹誌之。甲辰之秋，余權知茲土，距先大夫蒞任時三十餘年矣。……余自惟無似，深恐難繼先獻，夙夜冰兢，不敢或逸，公餘之暇，與鄧靜常先生語及此間志乘。先生楚中知名士，秉鐸日久，嘗取史華陽殘本手自編輯，鈔録以存。余受而視之，見其條分縷析，繁簡得宜，用是以爲圭臬，集邑中諸紳士，相與稽考搜羅，間參鄙見，五閱月而告成。就正於郡伯曾嘉祥公，稟承鑒定，爰付剞劂。""先大夫"即常丹葵之父常青岳，乾隆十年至十一年任竹山知縣。據書前常、尹、皇甫、彭、鄧諸舊序，可知此志初輯於史華陽，常青岳任職期間據之重修，未成即"量移恩施，事遂中輟"，乾隆三十一年知縣皇甫樞再修，定稿後正擬付梓，"匆匆解任告去，而斯事遂寢"，乾隆三十八年知縣彭桂馨責成鄧光仁再纂，亦未克竣事，至常丹葵上任，已歷三十餘年，經數人之手，方纔最終刊成。

竹山縣明志無考，清代凡五修。首部爲賈待聘纂修《竹山縣志》三十卷，僅有鈔本四十餘葉存中國國家圖書館。其次即此乾隆志。其三爲范繼昌修、張士旦纂《竹山縣志》十卷，分十門五十六目，嘉慶十年（1805）刊刻。其四爲咸豐九年（1859）陳汝藩所修《竹山縣志》二十九卷，今未見著録，序存於同治志。其五爲周士楨修、黃子遂纂《竹山縣志》二十九卷，沿襲咸豐志體例，列二十九門，付梓於同治六年（1866）。

扉頁刊："竹山縣志。"

《中國古籍善本書目》史部地理類著録。

中國國家圖書館、故宮博物院圖書館、中國文化遺產研究院與"中央研究院"歷史語言研究所傅斯年圖書館、臺北故宮博物院及美國國會圖書館亦有入藏。

565. 清康熙刻乾隆剜修本宜都縣志　　T3185/314.81

［康熙］《宜都縣志》十二卷首一卷末一卷，清劉顯功纂修。清康熙三十六年（1697）刻，乾隆間剜修本。八冊。半葉八行二十二字，小字雙行同，白口，四周雙邊，單魚尾。框高 23.0 釐米，寬 15.1 釐米。首有康熙三十六年劉顯功序，目録，圖。

宜都縣地處江漢平原與鄂西山地過渡地帶。西漢爲夷道縣地，屬南郡。東漢建安十四年（209），劉備置宜都郡。隋開皇十一年（591）併入宜昌縣，屬峽州。唐武德二年（619）復名宜都縣，貞觀八年（634）夷道縣併入。元屬峽州路。明屬夷陵州。

清屬荆州府。1987 年改設枝城市，1998 年改名宜都市。今屬湖北省宜昌市。

劉顯功，字允公，漢軍鑲黃旗人。蔭生。康熙三十四年任宜都知縣，後升任四川簡州知州。

卷首有《地輿圖》、十景圖。正文十二卷，列四十八門：卷一輿圖志（星野、沿革、山川〔附形勝〕、疆里）；卷二建置志（城池〔附街道〕，公署，學校〔附書院、社學〕，壇廟〔附民祀〕，倉庫〔附學田、供田、藥局、養濟院、漏澤園、義塚〕，鋪遞，坊表，勝跡，塚墓，寺觀）；卷三經制志（祀典、宮制、户口、田地〔附屯田〕、賦役〔附雜課〕、郵傳）；卷四水利志（陂堰、津梁）；卷五民衛志（關隘、兵防〔附兵甲器械〕）；卷六風土志（婚禮、喪禮、歲時、物產）；卷七封建志（屏藩、貤封）；卷八秩官志（題名、表跡）；卷九選舉志（甲科、貢監、文學、武貴、鄉耆、吏階）；卷十人物志（僑寓、憲徵、節烈、仙釋）；卷十一事變志（災祥、兵寇）；卷十二藝文志（碑記、詩章）。卷終志餘，載此志脱稿付梓後所得資料數條。

劉顯功序："予於乙亥筮仕之初，遂有志纂輯。……迄今丁丑，匏繫已三年矣。……爰進諸紳士而商其可否，無不鼓舞欣願，樂觀其成，而同舟諸公更交口贊襄，不以予爲孟浪。於是從殘編斷簡中撿得前令葉君搜羅舊乘鈔本數葉，蠹蝕鼠餘，魯魚亥豕，幾於不堪入目，借作準繩，重加更訂，大約刪者十一，存者十九，舊者補其半，新者增其半，創始之苦心，予亦不敢没焉。夫道傍築舍，三年不成，予有鑒於此，一切命匠鳩材，操觚定稿，悉由内署，不假外人。未幾竣工，居然成帙。""前令葉君"即葉代生，康熙元年至九年任宜都知縣。

卷中"禎""弘""曆"等字剜除不補，間亦有剜改不盡者，"琰"字不避，當爲乾隆間剜修本。志文亦偶有剜補。

宜都縣，明成化十四年（1478）趙友、萬曆二十二年（1594）經世文曾分别修志，今均已不傳。此康熙志爲現存最早志書，康熙刻本之外，又有咸豐九年（1859）刻本。其後崔培元、朱甘霖修，龔紹仁纂《宜都縣志》四卷，分四門三十二目，刊刻於同治五年（1866）。

金鑲玉裝。

卷三（第三册）、卷四至七（第四册）鈔配。

中國國家圖書館、中國科學院文獻情報中心、故宫博物院圖書館、北京大學圖書館、首都師範大學圖書館等九館與臺北故宫博物院亦有入藏。

566. 清乾隆刻本襄陽府志　　T3184/0372.83

〔乾隆〕《襄陽府志》四十卷首一卷，清陳鍔纂修。清乾隆二十五年（1760）刻本。

十六冊。半葉九行二十二字，小字雙行同，白口，四周雙邊，單魚尾。框高 18.1 釐米，寬 12.9 釐米。首有乾隆二十六年陳鍔序，乾隆二十四年李敏學序，目録，修輯姓氏，凡例，圖。

襄陽府地處漢水中游。北宋宣和元年（1119）升襄州置襄陽府。元至元中改爲襄陽路。1364 年朱元璋改爲襄陽府，屬湖廣行省，領均州及襄陽、宜城、南漳、棗陽、穀城、光化等六縣。清屬湖北省。1912 年廢。

陳鍔，字養愚，號白崖，浙江錢塘人。乾隆四年進士。乾隆十九年任襄陽知府。

卷首圖收有《襄陽府圖》《襄陽府城圖》、各州縣圖、《鹿門山圖》《隆中圖》《峴山圖》《太和山圖》等，計十三幅。正文四十卷：卷一分野；卷二沿革；卷三疆域（形勢附）；卷四山川；卷五古跡（陵墓附）；卷六風俗、物産；卷七城池；卷八學校（書院附）；卷九壇廟（寺觀附）；卷十官署（公廨附）；卷十一里社（市鎮、關梁附）；卷十二至十三賦役（積貯附）；卷十四兵衛（驛鋪附）；卷十五水利；卷十六封爵；卷十七至二十職官；卷二十一名宦；卷二十二至二十五選舉；卷二十六至二十七耆舊；卷二十八寓賢；卷二十九列女；卷三十釋老；卷三十一至三十六藝文；卷三十七祥異；卷三十八紀事；卷三十九雜識。

陳鍔序："余以壬申歲奉聖天子命來守是邦，蒞任之初，方冀徵諸舊志以求從政所宜，乃反覆詳閱，不禁慨然，編纂之任固非守土者所得他諉，而未遑也。越明年，始得於公餘之暇留心採訪，而郡中文獻無徵，不敢易言修舉，爰搜羅於典籍所紀載，咨詢於故老之傳聞，歷有年所，彙萃成編，爲若干卷。"

宋淳熙十二年（1185），劉宗編有《襄陽志》四十卷，爲現知襄陽最早的方志。明清襄陽凡七修志書。其一爲張恒纂修《重刊襄陽郡志》四卷，分三十七門，天順三年（1459）刻。其二爲聶賢修、曹璘纂《襄陽府志》二十卷，分二十六門，正德十二年（1517）刊刻。其三爲吳道邇纂修《襄陽府志》五十一卷，分三十六門，萬曆十二年（1584）刻。其四爲趙兆麟纂修《襄陽府志》三十四卷，乾隆志陳鍔序謂"操觚者文筆澀滯，而考據亦未精詳"，刊刻於順治九年（1652）。其五爲杜養性修、鄒毓祚纂《襄陽府志》八卷，據順治志略加增補而成，乾隆志陳鍔序謂其"鈔録趙志以應詔旨之徵，不足云修也"，分五十二門，付梓於康熙十一年（1672）。其六即此乾隆志。其七爲恩聯等修、王萬芳等纂《襄陽府志》二十六卷，分十門三十九目，光緒十一年（1885）刻。

有缺葉十餘，如卷十九第二十三葉等，茲不備録。

中國國家圖書館、中國科學院文獻情報中心、故宮博物院圖書館、中國第一歷史檔案館、中共中央黨校圖書館等三十二館與"中央研究院"歷史語言研究所傅斯年圖書館、臺北故宮博物院、孫逸仙博士紀念圖書館及日本東洋文庫、京都大學人文科學研究所、内閣文庫、美國國會圖書館、德國柏林德意志國家圖書館亦有入藏。

567. 清乾隆刻本武昌縣志　T3185/146.83

［乾隆］《武昌縣志》十卷首一卷，清邵遐齡修，談有典纂。清乾隆二十八年（1763）刻本。十册。半葉九行二十二字，小字雙行同，白口，四周雙邊，單魚尾。框高 20.0 釐米，寬 14.1 釐米。首有扉頁，乾隆二十八年邵遐齡序，輿圖，目錄，修志官紳姓氏，凡例十則，舊志序七則（嘉靖辛酉〔四十年，1561〕張子翼序、熊栳序、崇禎二年〔1629〕王琇序、孟習孔序、康熙癸丑〔十二年，1673〕熊登序、康熙十二年張皋謨序、孟人吉序）。

武昌縣地處長江中游南岸。秦置鄂縣，屬江夏郡。221 年孫權改置武昌縣。兩晉、南朝時爲武昌郡治。隋屬江夏郡。唐、北宋屬鄂州。南宋爲壽昌軍治。元屬武昌路。明、清屬武昌府。1913 年改爲壽昌縣，次年改爲鄂城縣。1979 年析置鄂城市（縣級）。1983 年合併鄂城縣、鄂城市爲鄂州市（地級），直屬湖北省，1987 年劃分爲市轄区及鄂城、華容、梁子湖三區。

邵遐齡，浙江仁和（今杭州）人。舉人。乾隆二十五年任武昌知縣。

談有典，湖北武昌（今鄂州市）人。乾隆二十一年舉人。曾主講壽昌書院。另纂有《肅寧縣志》。

卷首輿圖收《四境圖》《四郊圖》《城市圖》《縣署圖》《學宮圖》等，共五幅。正文十卷，分十志九十四目：卷一方輿志（沿革、疆域、星野、山川、形勝〔八景附〕、古跡〔墳墓附〕、風俗、土産、祥異）；卷二建置志（城池、衙署〔亭樓附〕、壇廟、倉廒、驛鋪、鄉坊、鎮市、橋梁、坊表、祠廟〔寺觀附〕）；卷三賦役志（户口、田糧、新墾升科、里甲、湖課、蘆課、班匠、雜稅、運撥存支）；卷四典禮志（朝賀、接詔、祭祀、迎春、救護、祈禱、讀法、鄉飲、賓興、較閱）；卷五學校志（廟學、門殿〔祀典附〕、祀廡、名宦、鄉賢、忠義、孝節、堂齋、書院、書籍、學田、義學、義學田）；卷六藩鎮志（列秩、勛績、戎事）；卷七職官志（知縣、縣丞、主簿、巡檢、典史、教諭、訓導、城守〔塘汛附〕、宦績）；卷八選舉志（薦辟、甲科、鄉科、明經〔恩拔副榜例貢附〕、職監〔例監附〕、武科〔武弁附〕、掾仕、封贈、恩榮）；卷九人物志（仕跡、文苑、忠烈、孝友、義行、武事、耆碩、隱逸、流寓、仙釋、方伎、列女）；卷十藝文志（聖製、記、序、傳、頌碑、贊、銘、論、賦、詩）。

邵遐齡序："洎雍正十二年，復詔纂修，張令慄僅肇厥始，馮令德馨未成厥終，此志之所以積久而重敘也。況自熊志以來，今且百年……闔邑紳士吏民僉議志當速修。爰以上請，憲諭俱承俞允，因約諸同局，令其勒日告竣。是志也，凡十綱九十餘目，增其新矣，於舊亦半相仍焉。"

扉頁刊："乾隆二十八年纂修武昌縣志。治署藏版。"

武昌縣，明嘉靖張子翼、崇禎王琇均曾修志，今已佚。清代修成志書三部。最早者爲熊登修、孟振祖纂《武昌縣志》八卷，分八門六十二目，付梓於康熙十三年（1674）。其次即此乾隆志。其三爲鍾桐山修、柯逢時纂《武昌縣志》二十六卷，列三十三門，光緒十一年（1885）刊刻。此外又有光緒二年王家璧纂志稿、光緒九年佚名纂志稿，均未完成全書，但其内容已多爲光緒志所吸收，此二志稿本尚存。

有缺葉：卷八第二十七葉，卷十第五十九葉。偶有鈔配，如卷二第十五葉。

中國科學院文獻情報中心、故宮博物院圖書館、北京大學圖書館、上海圖書館、上海辭書出版社圖書館等十四館亦有入藏。

568. 清乾隆刻本荆門州志　　T3184/4272.83

［乾隆］《荆門州志》三十六卷首一卷，清舒成龍修，李法孟、陳榮傑纂。清乾隆十九年（1754）刻本。八册。半葉十行二十字，小字雙行同，黑口，四周雙邊，單魚尾。框高 17.4 釐米，寬 13.1 釐米。首有扉頁，乾隆十九年沈世楓序，乾隆甲戌（十九年）明德序，乾隆十九年李敏學序，乾隆十九年張世芳序，乾隆十九年舒成龍序，修荆門州志姓氏，例言，目錄，明初修荆門州志舊序（洪武二十五年〔1392〕李克儉序、弘治十六年〔1503〕劉春序）。卷端題："任邱舒成龍纂修。"

荆門州地處江漢平原西緣、鄂西山地東側。秦漢爲當陽縣地。東晉隆安五年（401）置長寧、長林二縣。隋開皇十一年（591）併長林縣入長寧縣，十八年改爲長林縣。唐貞元二十一年（805）析置荆門縣，屬江陵府。唐末廢。五代荆南設荆門軍，北宋熙寧六年（1073）廢，元祐三年（1088）復設，治長林縣。元至元十四年（1277）升爲荆門府，十五年降爲州。明洪武九年（1376）降爲荆門縣，長林縣併入，屬荆州府，十三年（1380）再升爲荆門州。清屬安陸府，不轄縣，乾隆五十六年（1791）升爲直隸州。1912 年降爲荆門縣。1979 年析縣城置荆門市（縣級），屬荆州地區。1983 年改置地級荆門市，荆門縣併入。今爲荆門市東寶區。

舒成龍（1700—1771），字御天，直隸任丘人。歷任湖北竹山、房縣、鄖陽、黃岡知縣，乾隆八年任荆門知州，二十年升任湖南衡州知府。

李法孟，字嶧山，直隸任丘人。雍正十年（1732）舉人。曾任廣西西林知縣。

陳榮傑（1689—1755），字遂南、慕陵，號無波，浙江會稽（今紹興）人。遊幕荆州。著有《慕陵詩稿》等。

全書三十六卷，卷各一門：卷一沿革；卷二星野；卷三地輿，有《地輿全圖》《坊廟圖》、各村圖等共計六十一幅，每村分作多圖，頗爲翔實，在方志中可謂鮮見；卷四疆域，有《疆域總圖》；卷五形勝；卷六山川；卷七城池（坊關、津市附）；卷八官廨（四驛附），有《州署圖》《四驛圖》等；卷九壇壝（祠廟附），有《各壇圖》《城隍廟圖》；卷十學校（書院附），有《文廟圖》《龍泉書院圖》《漢上書院圖》《武廟圖》；卷十一風俗；卷十二水利（堤防附），有《諸堤圖》；卷十三戶口；卷十四賦役；卷十五物產；卷十六封爵，列表；卷十七官師，列表；卷十八宦跡；卷十九戎制，有《荊門營武官表》《游擊衙署圖》《大教場圖》《守備衙署圖》《小教場圖》等；卷二十選舉，列表；卷二十一鄉獻；卷二十二忠義；卷二十三循吏；卷二十四孝友；卷二十五文學；卷二十六武功；卷二十七懿行（耆壽、義僕附）；卷二十八賢節（孝女、女壽附）；卷二十九封贈；卷三十隱逸；卷三十一僑寓；卷三十二仙釋（方伎附）；卷三十三古跡，有三臺八景圖、祠寺等圖多幅；卷三十四祥異；卷三十五雜識；卷三十六文苑。

凡例首條載搜輯史料經過：“……於是遍加徵採，凡有荊門殘篇及家藏舊聞有關州志者，無論本境鄰封，有言必録，久之寂然。越五月，始有里民李司衡以宦跡、選舉、賢節數條鈔本進者，參差錯訛，頗費究討。嗣後鄉耆曹皋言以《荊門耆舊》《荊門舊聞》刻本進，又諸生黃相準、李之湘、郭遇隆、蔚柱以舊寫人物、古跡、藝文諸類進，重複雜遝，首尾缺略。而斷簡殘篇之獻且踵至，咸收置篋中，以備參考。最後於明經魏光輝處得州人李克儉、劉春州志序二首，然止有其序，志本則概乎無聞也。”

舒成龍序詳記纂修始末：“自乙丑之歲即以纂修爲己任，開局於沙鎮之漢上書院，乃余之志從此鋭而余之力亦從此憊矣。始也，延黃岡孝廉周君茂建、州進士李君光泗、明經陳君鑑、胡君克柔共任其事，徵文考獻，訪舊咨新，亦幾不遺餘力矣。廼諸君或迫以仕起，或旋以養歸，草創未成而寢。越明年，又延州明經魏君光輝續之。……其後漢陽副車王君履泰及其弟參軍王君石玉一再續之，三賢均以先後下世而止。閲二年庚午，州進士古君澧許任其事，猝以應漢中之聘而行。嗟乎，人凡八易，歲且五更，乃求卒業而不可得，甚矣其憊也。……郡伯張公垂念茲志，且重勗之，余於是堅欲纂成，再發徵引，廣事搜羅，家有一編半簡者咸得借觀，人記隻言片行者輒得陳説，又裒集群書，自漢唐宋元諸史以及省道府志而下，無不臚列，乃以前輯數稿與殘編舊聞互相考訂，更延吾鄉前達西林宰李公法孟、會稽徵士陳君榮傑汰其冗蔓，核其疑似，列其標準，詳其品目……又閲歲而志始成。”

凡例末條謂：“書成計鏤板八百三十七塊，鐫字二十四萬八千六百，備書於册。板片掌之原辦書吏，藏之州庫，倘有借刷印之名因而私行改録者，責有攸歸，在所必究。”可見書版管理辦法之一斑。

扉頁刊：“乾隆甲戌秋刊荊門州志。宗陸堂藏板。”

荆門宋代即有王銖、王榮所修志書，明正統、弘治、正德、嘉靖間均曾修志，今已不傳。明清志書流傳至今者有六部。其一爲徐天祐纂修《荆門州志》十四卷，分三十六門，刊刻於萬曆年間。其二爲康熙間佚名纂修《荆門州志》，僅有殘鈔本存中國國家圖書館。其三即此乾隆志。其四爲王樹勳修、廖士琳纂《荆門直隸州志》三十六卷，沿襲乾隆志體例，分三十六門，實爲乾隆志之續作，嘉慶十四年（1809）刻印，沿用了乾隆志部分版片。其五爲黃昌輔修、王甲曾纂《續補荆門直隸州志》十卷，爲嘉慶志之續作，咸豐九年（1859）刻。其六爲恩榮修、張圻纂《荆門直隸州志》十二卷，採乾隆、嘉慶、咸豐三志增删重訂，並補輯近事而成，同治七年（1868）刻。

卷首姓氏首葉鈐"劉琴之印"白文方印（3.1×3.0釐米）、"枉巖松雪"朱文方印（2.8×3.1釐米）。劉琴，字松雪，直隸任丘人。乾隆元年舉人，曾任直隸順義縣教諭。著有《四書順義解》。

卷首姓氏載繪工姓名："繪圖黃元章（州人）。"

書内粘有簽條多處，删改志文，可知此本當爲剜修底本。

有缺葉：卷三十三第二十、第二十八葉。

中國國家圖書館、中國科學院文獻情報中心、中國文化遺產研究院、北京大學圖書館、中央民族大學圖書館等十四館與"中央研究院"歷史語言研究所傅斯年圖書館、臺北故宮博物院及日本東洋文庫、內閣文庫亦有入藏。

569. 清乾隆刻本荆州府志　T3184/4232.83

[乾隆]《荆州府志》五十八卷首一卷，清葉仰高修，施廷樞纂。清乾隆二十二年（1757）刻本。二函二十册。半葉九行二十二字，小字雙行同，白口，四周雙邊，單魚尾。框高 19.2 釐米，寬 13.0 釐米。首有乾隆二十二年來謙鳴序，乾隆二十二年葉仰高序，目録，修志姓名，修志凡例，圖。

荆州府地處江漢平原腹地。秦漢爲南郡。唐爲荆州，上元元年（760）改爲江陵府。元天曆二年（1329）改爲中興路。1364 年朱元璋改爲荆州府，領二州十一縣，屬湖廣布政使司。清屬湖北省，轄江陵、公安、石首、監利、松滋、枝江、宜都、遠安等八縣。1912 年廢。

葉仰高，江蘇吳縣人。監生。乾隆十五年任荆州知府。

施廷樞，字北亭，號慎甫，浙江錢塘（今杭州）人。貢生。著有《十駕集》，另纂有《福州府志》。

卷首圖收《荆州府八邑全圖》《荆州府城圖》《荆州府學圖》《荆州府治圖》、八屬縣疆域圖、《荆州府長江圖》，計十三幅。正文五十八卷，列三十二門：卷一分野；卷二疆域（形勢附）；卷三建置沿革；卷四城池；卷五山川；卷六古跡；卷七壇廟；卷八至九公署；卷十戶口；卷十一至十二田賦（屯田、積貯、稅課、鹽課附）；卷十三恤政；卷十四學校（書院、義學、社學附）；卷十五軍制；卷十六江防；卷十七風俗；卷十八物産；卷十九鄉鎮；卷二十津梁；卷二十一第宅冢墓；卷二十二寺觀；卷二十三藩封；卷二十四至三十職官；卷三十一至三十五選舉；卷三十六至三十七名宦；卷三十八至四十六人物（列傳、忠義、孝義、文苑、藝術）；卷四十七流寓；卷四十八至五十列女；卷五十一至五十三藝文；卷五十四祥異；卷五十五紀兵；卷五十六釋老；卷五十七至五十八雜記。

葉仰高序："余自乾隆十五年冬奉命典兹郡，甫下車，即取郡志讀之，見其版本漫漶，而近事闕然未備，心頗嗛焉。會郡中方他有興建，未暇及此。比四年，公務次第舉……乃撰書幣，延名宿，裕餼廩，揀日開館。……因分檄各屬，命其網羅放佚，採輯舊聞，分門別類，由縣申府，核定送館編載。……閱兩載書成。"

荆州府明清所修志書，現知者共七種。首部爲景泰間錢昕修、何省安纂《荆州郡志》，已佚。其次爲孫存修、王寵懷纂《荆州府志》十二卷，分十門五十目，付梓於嘉靖十一年（1532）。其三爲萬曆二十二年景淳纂《荆州府志》，今未見著錄。其四爲郭茂泰修、胡在恪纂《荆州府志》四十卷，分三十一門，康熙二十四年（1685）刊刻。其五即此乾隆志。其六爲倪文蔚、蔣銘勛修，顧嘉蘅、李廷鉽纂《荆州府志》八十卷，列十三門六十三目，光緒六年（1880）刻。其七爲楊守敬纂《荆州府志稿》，内容爲興地沿革，全書未完成，稿本存湖北省圖書館。

此本卷中有多處剜改。版印不佳，爲後印本。大量書葉係鈔補，且非出一人之手。有缺葉三十餘葉，如卷五第四十三至四十八葉等，兹不備錄。

首册首葉鈐"八千卷樓藏書之記"朱文方印（2.2×2.2釐米）、"嘉惠堂丁氏藏書之記"白文方印（2.4×2.3釐米），末册末葉鈐"光緒壬辰錢塘丁氏嘉惠堂丁氏所得"朱文方印（2.0×2.0釐米），知其爲杭州丁丙、丁申舊藏，壬辰即光緒十八年（1892）。第一、三、四、五、九、十一、十二、十四、十八、十九等十册首葉與第三册中卷五首葉、第六册卷二十一刻本首葉、第十五册卷四十四首葉均鈐"江蘇省立弟一圖書館藏書"朱文方印（3.4×3.4釐米）。按，該館前身爲1907年成立的江南圖書館，兩江總督端方、首任總辦繆荃孫購入丁氏八千卷樓藏書，奠定館藏基礎，此本當即其中之一。該館館名屢經更改，1919年改爲江蘇省立第一圖書館，此後又經多次變更，1929年改爲江蘇省立國學圖書館，1952年併入南京圖書館。《江蘇省立國學圖書館圖書總目》（1935）"志部"著錄此本，標明"丁書"，而《江蘇省立國學圖書館現存書目》（1947）未著錄，可知此本於抗日戰爭期間自該館散出。據封面所鈐登録印章，此本於 1946 年 7 月入藏哈佛大學漢和圖書館。

又，此本在自江蘇省立國學圖書館散出後至 1946 年入藏哈佛大學漢和圖書館之前，曾經鈔配並改裝。其證有三：其一，《江蘇省立國學圖書館圖書總目》著録爲十六册，今此本爲二十册，增多四册；其二，如上述，"江蘇省立弟一圖書館藏書"印並非全部鈐於各册首葉，有鈐於册中者；其三，卷二十一卷前十葉鈔配，印章鈐於第十一葉，亦即原存刻本之首葉，顯見鈔配、改裝均爲散出後所爲。

卷首圖後有繪工落款："乾隆二十一年歲次丙子季秋月江陵退山人徐鋭寫。"

中國國家圖書館、中國科學院文獻情報中心、故宫博物院圖書館、中國文化遺産研究院、中共中央黨校圖書館等十七館與臺北故宫博物院及日本東洋文庫亦有入藏。

570. 清康熙刻本隨州志　T3185/7332.81

[康熙]《隨州志》四卷，清劉霶修，何藩等纂。清康熙六年（1667）刻本。十二册。半葉九行二十字，小字雙行同，白口，四周單邊，無魚尾。框高 20.0 釐米，寬 13.1 釐米。前有康熙六年劉霶序，王岱漢東誌題詞，目録，凡例六則，修志姓氏。卷端題："知隨州事高陽劉霶著修，署學正事湘潭王岱參訂，郡庠生陳吉祥、何藩、何泰崇纂輯。"

隨州地處桐柏山、大洪山之間。西漢置隨縣。唐至清爲隨州。1913 年降爲隨縣。1979 年析縣城置隨州市（縣級），1983 年隨縣併入。2000 年設地級隨州市，原縣級隨州市改爲曾都區。

劉霶，字潛夫，直隸高陽人。順治三年（1646）進士。歷任河南武陟、陝西文縣知縣，康熙四年任隨州知州，後官至禮部侍郎。

何藩，湖北隨州人。庠生。

全書四卷，平列三十志：卷一建置志、沿革志、風俗志、分野志、封域志、山川志、形勝志、古跡志、土産志、城池志、社稷志、祠廟志、廨署志、倉廒志、關梁志、驛鋪志、坊表志（附寺觀、樓臺）；卷二閭里志（附鎮店）、田畝志、户口志、賦税志、徭役志、屯衛志（附楚潞）、學宫志（附社學、書院、祭器、射器、儀禮）；卷三人物志（附流寓、仙釋、列女、戰功、拾遺）、鄉賢志、名宦志（附官師）；卷四科目志、藝文志、祥異志。分野、山川、形勝、城池、廨署、學宫等志有插圖。

凡例謂："舊志出顏漢東先生手，其體寔效編年，今分類纂輯，以便觀覽。"又謂："漢東先生絶筆於嘉靖之十七年，其山川、分野、古跡、人物，後人無得增損。他如科目、賦税諸項下不無隨時變易，但兵火之後，考據鮮存，今極力搜括，未得十之一二，殊爲遺憾。”顔漢東即顔木。

明成化十三年（1477）伍希閔纂有《隨州志》，今已不傳。明清志書現存四部。首部爲汪德修、顔木纂《隨志》二卷，上卷紀事，下卷藝文，嘉靖十八年（1539）刊刻。其次即此康熙志。再次爲張璿纂修《隨州志》十八卷，分六門十六目，付梓於乾隆五十五年（1790）。最晚者爲文齡、孫文俊修，史策先纂《隨州志》三十二卷，分三十門，同治八年（1869）刻。

卷一至四版心下分別鐫“孝”“弟”“忠”“信”四字。

有補版，卷一第四十四葉、第五十五葉等，卷二第十六葉等，兹不備録。補版版心有單魚尾，特徵明顯。有缺葉：卷一第六十九葉、卷三第八十一葉。

金鑲玉裝。

中國國家圖書館、湖北省圖書館與日本內閣文庫亦有入藏。

571. 清乾隆刻本湖南通志　　T3188/0.83

　　［乾隆］《湖南通志》一百七十四卷首一卷，清陳宏謀等修，范咸、歐陽正煥纂。清乾隆二十二年（1757）刻本。十五函一百二十册。半葉十一行二十二字，小字雙行同，白口，四周雙邊，單魚尾。框高 22.8 釐米，寬 16.0 釐米。首有乾隆二十一年陳宏謀序，乾隆二十二年碩色序，乾隆二十二年蔣炳序，乾隆二十二年富勒渾序，楊廷璋序，公泰序，夔舒序，乾隆二十二年赫昇額序，張泓序，修輯姓氏，目錄，凡例。書後有乾隆二十二年劉尚質跋。

　　湖南地處長江中游。漢爲長沙、武陵、零陵、桂陽四郡國地，屬荆州。唐開元後，分屬江南西道、山南東道和黔中道。廣德二年（764）置湖南觀察使，爲湖南得名之始。北宋置荆湖南路。元屬湖廣行省。明屬湖廣布政使司。清康熙三年（1664）分湖廣布政使司爲左右二司，六年右司改爲湖南省，轄長沙、寶慶、岳州、常德、辰州、沅州、永順、衡州、永州九府，澧州、郴州、靖州、桂陽四直隸州，乾州、鳳凰、永綏、晃州、南洲五直隸廳。

　　陳宏謀（1696—1771），本名陳弘謀，字汝諮，號榕門，廣西臨桂（今桂林）人。雍正元年（1723）進士。歷任甘肅、江西、陝西、湖北、河南、福建、湖南、江蘇等省巡撫，兩廣、兩湖總督，兵部、吏部尚書，東閣大學士。著有《培遠堂全集》等。《清史稿》有傳。

　　范咸，字貞吉，號浣浦、九池，浙江仁和（今杭州）人。雍正元年進士。曾任臺灣監察御史、雲南道監察御史等職。著有《周易原始》《讀經小識》《碧山樓古今文稿》《玉堂蠹餘》《柱下奏議》《海外奏議》《娑娑洋集》《浣浦詩鈔》等，另修有《重修臺灣府志》。

　　歐陽正煥（1709—1760），字瑤岡，號慕耕、竹泠，湖南衡山縣人。乾隆十年進士。曾任江南道監察御史。乾隆二十二年獲聘爲嶽麓書院山長。著有《竹泠詩文稿》

等，另纂有《湘潭縣志》等。

全書一百七十四卷，列三十七門：卷一星野；卷二至三沿革；卷四輿圖，有《湖南全省圖》、各府州圖、《萬壽宮圖》《炎陵圖》《舜陵圖》《南嶽圖》《嶽麓書院圖》《鎮箪鎮圖》、八景圖等，共二十八幅，繪刻尚佳；卷五疆域（形勢附）；卷六至十五山川，以各府州爲序分述；卷十六至十七城池（古城考附）；卷十八至十九關隘；卷二十津梁；卷二十一堤堰；卷二十二公署；卷二十三至二十五户口（育嬰堂、普濟堂、養濟院、救火器具附）；卷二十六至三十七田賦（屯政附），先列統部，後分載各府州；卷三十八蠲恤；卷三十九至四十積貯（倉廒附）；卷四十一礦廠（錢法附）；卷四十二至四十四學校；卷四十五典禮（鄉飲酒、迎春附）；卷四十六至四十八秩祀；卷四十九風俗（苗俗附）；卷五十物産；卷五十一兵防（塘汛附）；卷五十二驛傳（鋪遞附）；卷五十三至五十五理苗；卷五十六藩封；卷五十七至八十職官；卷八十一至九十五選舉；卷九十六至一百六名宦；卷一百七至一百二十一人物（壽民、義僕附）；卷一百二十二至一百三十四列女（壽婦、烈婢附）；卷一百三十五流寓；卷一百三十六至一百三十七古跡；卷一百三十八陵墓；卷一百三十九寺觀；卷一百四十至一百四十一仙釋（方伎附）；卷一百四十二祥異；卷一百四十三至一百七十一藝文（表、奏疏、劄子、議、檄、説、論、考辨、題跋、啓、書、序、傳、記、祭文、碑、楚辭、賦、頌、銘、詩）；卷一百七十二至一百七十四拾遺。

陳宏謀序："余自乙亥秋移撫湖南……亟欲稽其文獻，而通志闕略，不能無憾。維時今浙撫楊公方爲藩司，有修志之請，於是徧飭府州廳縣，各紀其方輿之所有，且繪圖以獻，適范浣浦、歐陽竹泬兩侍御過余，因留之衙齋，公餘少暇，相與商訂，徧稽史册，上自本朝列聖典謨，下及諸家雜記文集，凡有關於吏治民生之大計，以至土俗人情之細微，搜輯不遺餘力。分門三十有七，成書一百七十四卷，蓋較之《湖廣通志》卷帙合兩省成者且加盈焉。"楊公即楊廷璋（1689—1772）。

蔣炳序："前中丞臨桂陳公，文章經濟世所推重，前歲下車，即以創修省志爲首務，開館纂輯，延范浣浦、歐陽竹泬兩侍御商訂甫竣，適有調撫秦中之命，攜稿至陝右，考核集成寄示。……爰與司道諸君鳩工庀材，付之剞劂，刻日告竣。"

此志爲湖南建省之後首部省志，內容較康熙、雍正《湖廣通志》所載湖南九府四州史事更爲翔實。第二次修志，爲巴哈布、翁元圻等修，王煦、黃本驥纂《湖南通志》二百一十九卷首三卷末六卷，列四十四門，付梓於嘉慶二十五年（1820）。第三次修志，爲卞寶第、李瀚章等修，曾國荃、郭嵩燾等纂《湖南通志》二百八十八卷首八卷末十九卷，列十五門三十四目，承續前志，增輯近事，搜羅堪稱宏富，於光緒十一年（1885）刊行。

卷首修輯姓氏載繪工姓名："繪圖湘陰縣大荊驛驛丞候選州吏目陳國治。"

卷四十七（第三十一册）、卷七十九（第五十二册）、卷八十（第五十三册）、卷八十五（第五十八册）鈔配，其他册亦偶有鈔配。

中國國家圖書館、中國科學院文獻情報中心、北京大學圖書館、上海圖書館、復旦大學圖書館等十六館與日本東洋文庫、美國國會圖書館亦有入藏。

572. 清乾隆刻本長沙府志　T3189/7332.82

［乾隆］《長沙府志》五十卷首一卷，清吕肅高修，張雄圖、王文清纂。清乾隆十二年（1747）刻本。四函二十四册。半葉十行二十字，小字雙行同，白口，四周雙邊，單魚尾。框高 21.9 釐米，寬 16.4 釐米。前有楊錫紱序，乾隆十二年吕肅高序，府志舊序六則（雷起龍序、張治序、吳道行序、黃翼序、蘇佳嗣序、趙寧序），凡例，皇言。卷端題：“長沙府知府吕肅高纂修，洛陽張雄圖、寧鄉王文清編撰。”

長沙府地處湘江下游。漢高祖五年（前 202）置長沙國。東漢爲長沙郡。西晉永嘉元年（307）置湘州。隋開皇九年（589）改爲潭州。五代楚王馬殷建都於此，置長沙府。北宋爲荆湖南路治。元至元十四年（1277）置潭州路。1364 年朱元璋改爲潭州府，明洪武五年（1372）改爲長沙府。清康熙三年（1664）起爲湖南省會，轄茶陵州與長沙、善化、湘陰、瀏陽、醴陵、湘潭、寧鄉、益陽、湘鄉、攸縣、安化等十一縣。1913 年廢。

吕肅高，字南村，河南新安（今澠池）人。舉人。乾隆十一年任長沙知府。

張雄圖，字礦山，河南洛陽人。乾隆六年舉人。

王文清（1688—1779），字廷鑒，號九溪，湖南寧鄉人。雍正二年（1724）進士。與修《三禮義疏》《律吕正義》，累官内閣中書、宗人府主事。乾隆十三年、二十九年兩任嶽麓書院山長。著有《周禮會要》《考古源流》《鋤經餘草》《樂律問對》《九溪詩文集》等，另纂有《寧鄉縣志》。

全書五十卷，平列二十八志：卷一輿圖志，有天文圖、《長沙府全境圖》《長沙府疆域圖》《長沙府城圖》、官署學校圖、《橘洲圖》《嶽麓山圖》、八景圖、各屬縣全境及城池圖、《大禹碑圖》等，計四十五幅；卷二星野志；卷三疆域志；卷四沿革志；卷五山川志；卷六水利志；卷七至八賦役志；卷九城池志；卷十封建志；卷十一建置志；卷十二古跡志；卷十三學校志；卷十四風俗志；卷十五典禮志；卷十六陵墓志；卷十七兵制志；卷十八至十九職官志；卷二十至二十一名宦志；卷二十二至二十四政跡志；卷二十五至二十七選舉志；卷二十八至三十一人物志；卷三十二至三十三列女志；卷三十四流寓志；卷三十五方外志；卷三十六物産志；卷三十七災祥志；卷三十八至四十九藝文志；卷五十拾遺志。

呂肅高序："余客歲奉命來守，庶務少暇，取舊志本詳加披閱，見其體例未盡允協，編録每多缺誤……因而請命中丞大人暨司道各憲，開館重修，預檄各屬，於舊志刊本外，廣採旁羅，凡所應補應續者，繕本呈送，以備擇録，而諄切囑諭，尤在人物、列女二門，飭令博採嚴核，勿遺勿濫，庶可信今傳後，不致遺譏穢史。又以筆削紀録，名教攸關，務期矢慎矢公，鄭重將事，爰於開館之日，偕同延請秉筆洛陽張礪山、西寧王九溪兩先生暨經理館務諸人，恭詣城隍廟，焚楮設誓，然後舉行。自夏徂冬，凡九閱月方克竣事。"

元大德間鄧桂賢修有《長沙府志》，今已不存。明清長沙府志書現存者有五部。最早者爲徐一鳴纂修《長沙府志》六卷，承續嘉靖七年孫存、楊子林所輯志稿纂修，分五譜十二紀，付梓於嘉靖十三年（1534）。其次爲雷起龍修、吳道行纂《長沙府志》十卷，分二十門六十二目，崇禎十二年（1639）刊刻。再次爲張宏猷修、吳懋纂《長沙府志》，順治六年（1549）刊行。其四爲蘇佳嗣修，譚紹琬、張應紹纂《長沙府志》二十卷，列二十四門七十五目，康熙二十四年刻。其五即此乾隆志。

有鈔配：卷首第二十五至第三十二葉等，兹不備録。

中國國家圖書館、首都圖書館、中國科學院文獻情報中心、中國文化遺産研究院、北京大學圖書館等二十五館與"中央研究院"歷史語言研究所傅斯年圖書館、臺北故宮博物院、臺灣大學圖書館及日本東洋文庫、美國國會圖書館、德國柏林德意志國家圖書館、英國國家圖書館、英國倫敦大學亞非學院、法國國家圖書館亦有入藏。

573. 清康熙刻本茶陵州志　T3190/4074.81

［康熙］《茶陵州志》二十三卷首一卷，清趙國宣修，彭康纂。清康熙三十四年（1695）刻本。八册。半葉九行二十字，小字雙行同，白口，四周雙邊，單魚尾。框高 20.1 釐米，寬 13.7 釐米。首有康熙乙亥（三十四年）趙國宣序，舊序七則（嘉靖四年〔1525〕夏良勝序、嘉靖乙酉〔四年〕龍大有序、嘉靖己未〔三十八年〕林松序、萬曆丁酉〔二十五年，1597〕馮瑗序、康熙四年張璿、馬崇詔序、康熙辛酉〔二十年〕熊應昌序），凡例，目録，重修州志姓氏，總論，茶陵州治圖考。書後有康熙乙亥羅聖望書州志後，康熙乙亥彭康跋。

茶陵州地處湘東山地南部。漢高祖五年（前 202）置茶陵縣，屬長沙國。隋開皇九年（589）併入湘潭縣。唐武德四年（621）復置，屬南雲州，貞觀九年（635）廢，聖曆元年（698）再置，屬衡州。北宋屬衡州。南宋紹興九年（1139）升爲茶陵軍，後降爲縣。元至元十九年（1282）升爲州，1364 年朱元璋降爲縣。明成化十八年（1482）升爲茶陵州，屬長沙府。清仍之。1913 年降爲縣。今屬湖南省株洲市。

趙國宣，字若庵，三韓人。康熙三十四年任茶陵知州。

彭康，字兼壽，湖南茶陵人。拔貢。

卷首圖考有州境、州治、八景等圖共十幅。正文二十三卷，卷各一門：卷一郡譜志，載建置沿革；卷二分野志；卷三城池志；卷四形勝志；卷五山川志；卷六風俗志；卷七食貨志，附圖籍、戶口、土貢；卷八田賦志；卷九公署志；卷十惠政志；卷十一祀典志；卷十二古跡志；卷十三學校志；卷十四武備志，附武科、鄉會；卷十五官守志；卷十六選舉志；卷十七循良志；卷十八人物志，附遷寓；卷十九列女志（貞烈、貞守）；卷二十藝文志（詔、誥、疏、記、序、碑、銘、賦、詩）；卷二十一寺觀志；卷二十二傳疑志；卷二十三雜志。

趙國宣序：“茶陵古稱望郡，先明舊志撰自張文毅公，其旨嚴，其詞直而該，是倚相之書，是董狐之筆，可以爲信史矣。入國朝來，馬公玉綸修之，熊公徵侯續修之，踵事增華，仍不出文毅藩籬，間列論斷，所謂頭上頭、屋中屋，亦終史氏之浮夸而已。予承乏茲土，爰採諸志，參伍互觀，長短各見，然不免抱殘守缺，即後之鏤板，亦銷歸蠹劫，僅存什一於千百，可無慨歟。會督學使者檄取州志，既不能以斷簡報命，而諸上憲省方問俗，以通都大邑志竟闕如，則撰修一役尚可須臾緩乎？因集博士弟子嚴加校閱，其無可變更者悉沿舊刻，其有可損益者務求確據，毋率意，毋狥私，毋鬪靡，毋涉誕，毋以新奇亂經制，毋以虛聲冒實行，寧簡毋繁，其論次一衷於文毅，不復以苧絲夾雜其間。帙成，考核數四，方付剞劂。”張文毅公指張治（1488—1550），此志係沿用嘉靖張志體例，參考前此諸志纂修。

茶陵州明清志書現存六部。首部爲夏良勝修、張治纂《茶陵州志》二卷，分二十二門，嘉靖四年刻，其體例及志文爲後此諸志所襲用。其次爲馬崇詔修、尹士朝等纂《茶陵州志》二十四卷，分二十四門，康熙四年刊刻。其三即此康熙三十四年志。其四爲甘慶增續修、朱怡滋增纂《茶陵州志》二十三卷，續補康熙三十四年志，刊刻於嘉慶十九年（1814）。其五爲瑞徵修，譚良治、鄧奉時纂《茶陵州志》二十七卷，列二十二門，嘉慶二十四年刊行。其六爲福昌修、譚鍾麟纂《茶陵州志》二十四卷，承續嘉慶二十四年志，續增咸同二朝史事，同治十年（1871）尊經閣刊刻。

金鑲玉裝。

《中國古籍善本書目》史部地理類著錄。

故宮博物院圖書館、南京圖書館、湖南圖書館亦有入藏。

574. 清乾隆刻本湘潭縣志　T3190/363.83

［乾隆］《湘潭縣志》二十五卷首一卷，清呂正音修，歐陽正煥纂。清乾隆

二十一年（1756）刻本。十二冊。半葉十行二十字，小字雙行同，細黑口，四周雙邊，單魚尾。框高 20.5 釐米，寬 14.8 釐米。首有扉頁，乾隆丙子（二十一年）呂正音序，舊志序跋（嘉靖三十二年〔1553〕陳應信序、萬曆乙卯〔四十三年，1615〕包鴻逵序、順治十六年〔1659〕史宗堯序、康熙甲辰〔三年，1664〕鄭有成序、康熙己未〔十八年〕張輈序、康熙二十四年姜修仁序、順治己亥〔十六年〕郭金臺跋、康熙三年唐世徵跋、康熙乙丑〔二十四年〕范起鳳跋、康熙二十四年傅邦相跋），凡例十二則，纂修姓氏，目錄，聖製。卷端題：“知湘潭縣事蜀東呂正音纂修。”

湘潭縣地處湘中丘陵中部、湘江下游。南朝梁天監間析陰山縣置，屬湘東郡。唐宋屬潭州。元至元十四年（1277）屬潭州路，元貞元年（1295）升爲湘潭州。明洪武三年（1370）降爲湘潭縣，五年屬長沙府。清仍之。1950 年析城區置湘潭市。今屬湖南省湘潭市。

呂正音，四川長壽人。雍正十三年（1735）舉人。乾隆十九年任湘潭知縣，二十一年升任郴州知州。

歐陽正煥，生平見《湖南通志》條。

全書二十五卷，列二十五門：卷一輿圖（全境圖、縣城圖、縣治圖、文廟圖、昭潭書院圖、城總圖）；卷二星野（附朱鳥七星總圖、翼星圖、軫星圖、北斗玉衡星分楚圖、太微垣星分楚圖、天市垣星分楚圖）；卷三沿革（附年表）；卷四山川（峰、山、嶺、坡、巖、江、河、港、潭、洲、灘、壩、湖、陂、塘、圫、泉、井〔附水利〕）；卷五疆域（附橋渡）；卷六城池（附街巷）；卷七公署（附監獄、藥局、養濟院、育嬰堂、義塚、馬房、桑棗園、漏澤院、郵舖、表坊）；卷八學校（附禮器圖、樂器圖、樂舞圖、儒學、廨署、學地、學田、義學、義學田地、社學）；卷九祀典（附民祀）；卷十賦役；卷十一積貯（常平倉、社倉〔附鹽法〕）；卷十二物產；卷十三風俗；卷十四禮儀；卷十五官師；卷十六名宦（附僑寓）；卷十七兵防（附武秩）；卷十八選舉（附武職、推恩、吏員、鄉飲）；卷十九人物（鄉賢、宦績、孝弟、文學、方技、節義〔附好善樂施〕、頤壽）；卷二十列女（旌表、祠祀、列傳、年例〔附列名〕）；卷二十一寺觀（附仙釋）；卷二十二古跡（附塚墓）；卷二十三災祥（附紀異）；卷二十四藝文（附著述）；卷二十五誥勅（附明勅封城隍文、諭祭文、諭謚文）。

呂正音序：“甲戌初春，正音奉簡命來視茲土，下車之始，進求邑乘，將討其文獻之遺，攬其張弛措置之跡，以裨益所未逮，而簡編殘缺，至漶漫不復可辨識，於是謀重輯之。……會各大憲檄修省志，爲大湖以南數千年來垂不朽盛事，而潭且無以爲文獻徵，爰刻期集紳耆而周諮之，旁搜近討……稿成繕呈桂林大中丞，惠蒙斧藻，復進正音而親教之，然後受而付之剞劂。”

凡例末條謂：“邑志未修已七十年，歷時既久，遺軼實多。自乙亥十月開局，節經出示採輯，爰諮爰度，惟恐見聞不周，積時而稿粗就。丙子春，復重加搜訂，凡四閱月始付梓。"

湘潭縣明清凡十一次修志，現存者亦多達七部。明成化九年（1473），馬琛創修《湘潭縣志》，今已無存。其次爲陳應信修、胡東陵纂《湘潭縣志》二卷，據成化志增補而成，分十二門二十一目，嘉靖三十二年付梓。其三爲萬曆四十三年包鴻逵志，其四爲順治十六年史宗堯志，均已佚。其五爲鄭有成修、郭金臺纂《湘潭縣志》七卷，列十二門，刊刻於康熙三年。其六爲康熙十八年張軏所修，亦已佚。其七爲姜修仁修、唐世起纂《湘潭縣志》七卷，參酌前志增補而成，分十四門一百二十目，康熙二十四年梓行。其八即此乾隆二十一年志。其九爲白璟修、狄如煥纂《湘潭縣志》二十六卷，承續乾隆二十一年志增輯，卷各一門，乾隆四十六年刊行。其十爲張雲璈等修、周系英纂《湘潭縣志》四十卷，列二十二門五十八目，嘉慶二十三年（1818）刻。最晚者爲陳嘉榆等修、王闓運等纂《湘潭縣志》十二篇，體制井然，考證翔實，爲清末湘中名志，光緒十五年（1889）刊刻，係王闓運手書上版。其後，孫彪撰《湘潭王志商存》、吳昭瞵撰《湘潭縣志校勘記初編》，校正該志疏誤之處。

有扉頁，刊"湘潭縣志"。

中國國家圖書館、中國科學院文獻情報中心、中央民族大學圖書館等九館與美國國會圖書館亦有入藏。

575. 清乾隆刻本岳州府志　T3189/7732.83

〔乾隆〕《岳州府志》三十卷首一卷，清黃凝道修，謝仲坑纂。清乾隆十一年（1746）刻本。四函二十四册。半葉十行二十字，小字雙行同，白口，四周雙邊，單魚尾。框高 22.3 釐米，寬 16.5 釐米。前有乾隆丙寅（十一年）楊錫紱序，乾隆十一年黃凝道序，舊志序（康熙戊申〔七年，1668〕蘇之升序、連應鄭序、康熙戊申李炌序、康熙乙丑〔二十四年〕李遇時序），纂修姓氏，凡例十三條，目錄，皇言。卷端題："岳州府知府黃凝道重修，原任衡陽縣知縣謝仲坑編纂。"

岳州府地處洞庭湖平原東部、湘東山地北部。秦、漢爲長洲郡地。南朝宋元嘉十六年（439）置巴陵郡。南朝梁置巴州。隋開皇九年（589）改爲岳州。元至元十三年（1276）置岳州路，元至正二十四年（1364）朱元璋改爲岳州府。清仍之，雍正七年（1729）析澧州爲直隸州，轄境縮爲巴陵、平江、臨湘、華容四縣及岳州衛。1913 年廢。

黃凝道，安徽休寧人。歲貢。乾隆七年至十五年任岳州知府。

謝仲坑，字孔六，號耳溪、笆軒，廣東陽春人。雍正元年舉人。歷官巴陵、常寧、平江、衡陽知縣，常德府同知，襄陽、寶慶、宜昌、武昌、永順、岳州、永州知府。

全書三十卷，平列二十八門：卷一輿圖，有《府境總圖》《洞庭圖》《府城圖》《府治圖》《府學圖》、各屬縣境圖與城圖，計十二幅；卷二星野志；卷三沿革志；卷四山川志；卷五疆域志（附橋渡）；卷六城池志（附街巷）；卷七公署志（附監獄、驛遞、郵鋪、教場、坊表）；卷八學校志（附書院、社學）；卷九祀典志；卷十至十一賦役志（附鹽課）；卷十二物産志；卷十三積貯志（附漕倉）；卷十四水利志；卷十五恤政志；卷十六風俗志；卷十七儀禮志；卷十八兵防志；卷十九秩官志；卷二十名宦志（附流寓）；卷二十一選舉志；卷二十二人物志；卷二十三列女志；卷二十四仙釋志；卷二十五古跡志（附冢墓）；卷二十六寺觀志；卷二十七至二十八藝文志；卷二十九事紀志（附封建考）；卷三十雜志。

黃凝道序：“歲壬戌，余不佞恭承簡命，來守是邦，博搜典要，以供採擇，吏以一編進，則丙辰李倅署篆時即往帙而翻鐫之者也。披閱數過，事簡文繁，義例未著，惕焉靡寧，思一爲校正，而案牘絲棼，日無暇晷。越四載，適平江謝令調衡閑居，文行素優，於此都風土宦遊最悉，幣聘重修，繁者删，缺者補，舛錯者更定，謬謬者釐剔，而一時賓僚暨四邑令長紳士，各出思議，互相折衷。經始於乙丑端陽，告成於丙寅上巳，凡歷十一晦朔。”

凡例首條謂：“考據必本之史鑑、通考、通典及一統志、岳陽風土記、戊申乙丑丙辰舊郡志、四縣舊志，而旁參以百家記載，其制度一遵大清會典並節年奉到部文，如無稽者不録。”

岳州府現存最早的志書爲劉璣纂修《岳州府志》十卷，刊刻於明弘治元年（1488）。其次爲鍾崇文纂修《岳州府志》十八卷，分十八門五十六目，隆慶間梓行。清代凡四修府志。首部爲康熙七年知府舒之升所修，今已不存，唯序言載後此諸志。第二部爲李遇時修、楊柱朝纂《岳州府志》二十八卷，列二十八門，康熙二十四年刊刻。其三部爲李壽瀚續修、黃秀續纂《岳州府志》二十四卷，基於康熙志續輯，乾隆元年刻。第四部即此乾隆十一年志。

卷首、卷一至四鈔配，其他卷亦偶有鈔配。有缺葉：卷二十一第五葉。

金鑲玉裝。

中國國家圖書館、北京大學圖書館、上海圖書館、上海辭書出版社圖書館、天津圖書館等十二館與日本東洋文庫、美國國會圖書館亦有入藏。

576. 清乾隆刻本安鄉縣志　T3190/3422.83

［乾隆］《安鄉縣志》八卷，清張綽等纂修。清乾隆十三年（1748）刻本。二函

十册。半葉十行二十字，小字雙行同，白口，四周單邊，單魚尾。框高 21.8 釐米，寬 15.8 釐米。前有乾隆戊辰（十三年）向道序，□□□序，乾隆戊辰張綽序，凡例，修志姓氏，總目。卷端題："知縣事滇南張綽重修。"

安鄉縣地處洞庭湖平原北部。西漢爲孱陵縣地。東漢析置作唐縣，屬武陵郡。隋開皇九年（589）置安鄉縣，又改作唐縣爲孱陵縣。唐貞觀元年（627）併孱陵縣入安鄉縣。元屬澧州路。明清屬澧州。今屬湖南省常德市。

張綽，字裕如，號偉齋，雲南浪穹人。雍正八年（1730）進士。曾任四川彭山知縣，乾隆十年任安鄉知縣。

全書八卷，列八門四十三目：卷一方輿（圖經、沿革、縣紀、封域、街市、鄉都、山川、風俗、物産），圖經目有星圖、縣治圖、縣境圖等；卷二建置（廨署、學校、壇祠、坊表、水利、塘堰、倉庾、兵防）；卷三賦役（公賦、徭役）；卷四官師（秩官、名宦）；卷五選舉（薦辟、科名、農官、恩賜）；卷六人物（鄉賢、宦業、孝子、節烈、善行、隱逸、壽耇、方外）；卷七藝文（碑序、賦紀、傳引、呈疏、題咏）；卷八通考（機祥、古跡、丘墓、寺觀、雜辯）。

張綽序："……於乙丑夏來膺茲土，欲思補葺，而志有未逮。適客歲冬奉州憲檄，取屬志編全書，因商之衆，僉曰：'是書也，附於州，莫若先成於縣，不可緩。'余曰：'然。'遂選老成紳士，廣搜博採，事必求其實，人必得其詳，寧質毋文，寧缺毋濫，虛公考訂，不閱月而告竣。"

卷四官師門秩官目知縣項最後一人爲黃宮，任職時間爲乾隆十七年。卷七記類之後補刻知縣鄒健《重建安鄉縣後堂記》，紀事至乾隆二十七年壬午。志文亦偶有剜補，"弘""曆"二字剜除不補，"琰"字不避，當爲乾隆後期剜補重印本。

安鄉縣明代及清初多次修志，今均已佚，此志凡例首條略述梗概："邑志明初僅有續編，正德間汪侯諱集纂修未備，後邑博許蟠、顧浩將司郡頒行款目委生員欽承學、文應魯、楊獻啓，稿成未壽梓，至潘侯世爵，重訂刊之。明萬曆中，楊侯心傳延生員文可升、張應鍾、姜穆、周夢麟暨澧明經龔銘共董厥事，迨明末，志燬於兵。皇清戊子，守憲西川王以邑志屬庠生潘君諧，粗具志略，未果。"戊子即順治五年（1648）。清代所修志書現存五部。首部爲王之佐修、樊尚煥纂《安鄉縣志》十二卷，康熙五年（1866）刊刻，僅有殘本藏中國國家圖書館，存卷三至四。其次爲王基鞏纂修《安鄉縣志》十二卷，列九志，康熙二十六年付梓。其三即此乾隆志，除乾隆印本外，又有光緒六年（1880）盛賡補刻本。其四爲劉振鶴輯録《安鄉縣志林》二卷，係鈔輯何璘修《直隸澧州志林》中安鄉史料而成，未刊刻。其五爲光緒間佚名撰《安鄉縣鄉土志》三卷，稿本存清華大學圖書館。

有缺葉，如首葉前半葉、佚名序末葉、張綽序前二葉、卷二尾葉等，茲不備録。

中國國家圖書館、故宮博物院圖書館、北京大學圖書館等八館與臺北故宮博物院及美國國會圖書館亦有入藏。

577. 清乾隆刻本溆浦縣志　T3190/3432.83

〔乾隆〕《溆浦縣志》二十卷首一卷末一卷，清陶金諧修，楊鴻觀纂。清乾隆二十七年（1762）刻本。六册。半葉十行二十一字，小字雙行同，白口，左右雙邊，單魚尾。框高 19.6 釐米，寬 15.3 釐米。首有原序二則（康熙丙寅〔二十五年，1686〕袁丕基序、康熙丙寅黄一貞序），乾隆二十七年楊鴻觀序，乾隆二十七年吳鴻序，乾隆二十七年顧奎光序，乾隆二十七年陶金諧序，凡例十二則，修志職名，目録，繪圖。卷末爲捐貲姓氏。卷端題："溆浦縣知縣南城陶金諧纂。"

溆浦縣地處雪峰山脈中段。漢高祖五年（前 202）置義陵縣，爲武陵郡治。東漢建武六年（30）併入辰陽縣。隋改爲辰溪縣。唐武德五年（622）析置溆浦縣，屬辰州。元屬辰州路。明清屬辰州府。今屬湖南省懷化市。

陶金諧，字揮五，號適齋，江西南城人。乾隆十三年進士。乾隆二十年二月任溆浦知縣。

楊鴻觀，字雍度，江蘇金匱（今無錫）人。受陶金諧聘任盧峰書院山長。

卷首繪圖有《縣境圖》《水利全圖》、各溪壩圖、《縣城圖》《縣署圖》《學宮圖》《盧峰書院圖》等，計十二幅。正文二十卷，分二十二門：卷一星野（附占驗）；卷二沿革；卷三山水（附水利）；卷四城郭（附街市）；卷五公署（附倉儲）；卷六疆域（附都里、津梁）；卷七物産；卷八賦役；卷九風俗（附節序、土猺），祥異；卷十學校（附書院）；卷十一壇廟（附祠墓）；卷十二兵防（附關隘、郵汛）；卷十三秩官表、名宦；卷十四選舉（進士、舉人、貢生、仕籍、武科、武弁、封贈附）；卷十五人物（孝友、宦望、行義、質行、文苑、流寓）；卷十六列女；卷十七寺觀（附仙釋）；卷十八至十九藝文；卷二十雜記、補遺。

陶金諧序："乙亥春仲，余待罪義陵，首詢邑乘，無有也。閱一載始見袁志，猶有不醇不備之憾，然邑之遺緒賴以少留，及罹回禄之燼而書罕存者，後人所補十不逮一，則愈不足觀矣。且袁志修於康熙丙寅，距今七十餘年，中間風俗遷移、政令損益，已非一端。閒嘗徵文考獻，日記月録，欲別爲一編，以俟後賢採擇，初未敢以志自任也。庚辰夏，同年吳雲巘侍讀視學楚南，相見於辰，談次以志見屬。友人顧雙溪亦以書相督促。會楊雍度自無錫來爲盧峰書院山長，乃屬以編緝。案牘餘暇，余亦與商略焉。"

楊鴻觀序謂："始於辛丑冬仲，迄於壬午秋季，一載告竣，視舊志加十之七。大要本於正史，而旁採群書以輔益之，期於詳覈可徵信而止。"

淑浦明志無考。清代凡四修志書。首部爲荆柯纂修《淑浦縣志》一卷，列二十二門，記述簡略，康熙八年付梓。其次爲黃一貞等纂修《淑浦縣志》二卷，康熙二十五年刊刻。其三即此乾隆志，遠較舊志翔實。其四爲齊德五修、舒其錦纂《淑浦縣志》二十四卷，列二十四門，同治十二年（1873）付刻。

卷首修志職名載繪工姓名："繪圖邑工書夏恩梅。"

有缺葉：卷十七第十一葉。

中國國家圖書館、大連圖書館、南京圖書館、湖南圖書館與臺北故宮博物院及日本東洋文庫亦有入藏。

578. 清康熙刻乾隆印本麻陽縣志　T3190/0972.81（1—5）

［康熙］《麻陽縣志》十卷，清陳輝璧修，田長盛等纂。清康熙三十三年（1694）刻，乾隆十二年（1747）印本。五册。半葉九行二十二字，小字雙行同，白口，四周單邊，單魚尾。框高20.4釐米，寬13.1釐米。前有康熙甲戌（三十三年）陳輝璧序，舊序（□□□序、康熙九年陳五典序、康熙二十四年黃志璋序），目録。

麻陽縣地處湘西山地中部。南朝陳天嘉三年（562）設麻陽戍。唐武德三年（620）析沅陵、辰溪二縣地置麻陽縣，屬辰州。宋後期改屬沅州。元屬沅州路。明屬辰州府沅州。清屬沅州府。1990年成立麻陽苗族自治縣。今屬湖南省懷化市。

陳輝璧，字琢齋，廣東增城人。康熙三十年至三十四年任麻陽知縣。另纂有《增城縣志》。

田長盛，湖南麻陽人。貢生。曾任竹山縣訓導。

全書十卷，列十志四十五目：卷一方輿志（沿革、星野、疆界、山川、都甲、古跡、形勝〔八景附〕、風俗、災祥），插有《麻陽縣地輿圖》；卷二學校志（學制、釋菜、位次、祀典、樂舞）；卷三建置志（城池、公署、壇祠、橋梁、水利、舖舍）；卷四秩官志（知縣、典史、訓導、巡檢）；卷五食貨志（田賦、丁役、土産）；卷六選舉志（進士、舉人、貢士、武職、武舉、監生、椽員、壽耆）；卷七人物志（忠孝、義勇、節烈）；卷八方外志（仙釋、寺觀）；卷九藝文志（文、詩）；卷十外紀志（哨堡、屯衛）。

陳輝璧序："歲辛未，余奉命承乏茲土，下車日取邑志讀之。……麻之志自黃侯更訂以來，忽忽將一紀矣。……余忝司牧三載於茲，安可不亟亟也。維時田君長盛、聶君愈品、滕生啓哲，皆博學多才、令望丕著之君子也，因以其事屬之。三君相與披舊牒、徵近故，已往者仍之，闕佚者增之，大率簡而能該，核而匪濫，彬彬乎與昔日之志無異也。"

此本與乾隆十二年刻《續麻陽縣志》裝於同一函，紙墨完全相同，當即乾隆十二年印行續志時刷印之本。

萬曆年間，知縣蔡心一曾修《麻陽縣志》，今已佚。現存麻陽志書均爲清代所修，共五部。首部爲陳五典纂修《麻陽縣志》十卷，分十門四十六目，康熙九年付梓。陳五典另撰有《錦江志略》一卷，載有關麻陽山川風物、人物政事的序、論、贊等四十餘篇，可補康熙九年志之遺，刊刻於康熙十一年。其二爲黃志璋纂修《麻陽縣志》十卷，列十門四十二目，康熙二十四年刻。其三即此康熙三十三年志。其四爲趙弘儀纂修、秦周增修《續麻陽縣志》二卷，爲康熙三十三年志之續作，乾隆十二年刻。其五爲姜鍾琇等修，劉士先、王振玉纂《新修麻陽縣志》十四卷，分十六門七十三目，同治二年（1873）刊刻。

卷五第四十八至第五十六葉係增刻，紀事至康熙三十五年。卷一第五十三至第七十葉係補版。

中國國家圖書館、中國科學院文獻情報中心、湖南圖書館與美國國會圖書館亦有入藏。

579. 清乾隆刻本續麻陽縣志　T3190/0972.81（6）

[乾隆]《續麻陽縣志》二卷，清趙弘儀纂修，秦周增修，施敬修增纂。清乾隆十二年（1747）刻本。一冊。半葉九行二十二字，小字雙行同，白口，四周單邊，單魚尾。框高 18.5 釐米，寬 13.0 釐米。前有雍正八年（1730）趙弘儀序，乾隆十二年秦周序，目錄。

趙弘儀，浙江鄞縣人。舉人。雍正五年至十一年任麻陽知縣。

秦周，浙江臨海人。乾隆十年任麻陽知縣。

施敬修，順天府大興縣人。雍正十三年任麻陽典史。

此志分上下二卷，列二十六門：上卷建置沿革、星野、祥異、疆域、山川、風俗、城池、兵防、戶口、田賦、物產、古跡、祠祀、學校、墓地、名宦；下卷職官（知縣、教諭、訓導、典史），選舉，人物，孝義，壽者，烈女，流寓，方伎，仙釋，藝文。此志紀事自康熙三十四年至乾隆十一年，爲康熙三十三年志之續作。

趙弘儀序："儀奉檄續輯《麻陽縣志》，同舊志申送，採入省志之內。爰自康熙三十四年起，按照條例，廣搜覈實而登之，其或舊志有遺漏者亦必詳覈其實，無疑而後增之，惟其實而已矣。"

秦周序："今攝篆於麻，披閱邑志，從前所載已得其概，自康熙三十三年以後，殊無憑證。方欲旁搜廣採，幸邑尉施敬修菹麻日久，深悉風俗，公餘以邑志校正於余。遂檢已付剞劂嶺南陳公之纂修於前，以及未授梨棗四明趙公之續輯於繼者，參互考訂，俾後之覽者了然心目，亦不無小補云。”

目錄後秦周識語謂：“……續編係知麻陽縣事趙弘儀修於雍正八年，未授梨棗，今自雍正九年起至乾隆十一年止，一併發梓。”

有缺葉，如目錄第二葉、下卷第六葉等。

中國國家圖書館、中國科學院文獻情報中心與美國國會圖書館亦有入藏。

580. 清乾隆刻本黔陽縣志　T3190/6272.83

[乾隆]《黔陽縣志》四十二卷首一卷，清姚文起修，危元福等纂。清乾隆五十四年（1789）刻本。十册。半葉九行二十二字，小字雙行同，白口，四周雙邊，單魚尾。框高 19.9 釐米，寬 13.1 釐米。前有扉頁，乾隆五十四年姚文起序，乾隆五十四年向達禮敘，乾隆己酉（五十四年）危元福敘，乾隆己酉唐廷佐敘，圖，名銜，凡例，目錄。

黔陽縣地處湘西山地中部。北宋元豐三年（1080）升黔江城置黔陽縣，屬沅州。元屬沅州路。明屬沅州。清屬沅州府。1997 年併入洪江市，屬湖南省懷化市。

姚文起，字慕韓，河南臨潁人。乾隆三十六年進士。乾隆四十七年任黔陽知縣。

危元福，字用五，湖南黔陽人。乾隆四十五年舉人。曾任華容縣教諭、龍標書院山長。著有《浙溪詩文集》。

卷首圖有《城池全圖》《疆域全圖》二幅。正文四十二卷，列二十四門：卷一星野；卷二建置沿革；卷三疆域（形勢附）；卷四城池（街巷坊表附）；卷五至八山川；卷九鄉都；卷十關津（水遞、陸遞附）；卷十一塘堰；卷十二至十五賦役（倉儲、恤政附）；卷十六公署；卷十七至十八學校（鄉飲酒附）；卷十九至二十兵防；卷二十一至二十二壇廟（迎春附）；卷二十三至二十四寺觀；卷二十五古跡（塚墓附）；卷二十六至二十七風俗；卷二十八至二十九物產；卷三十職官；卷三十一至三十二選舉（封典附）；卷三十三宦跡；卷三十四至三十七人物（列傳、治行、儒林、文苑、忠勇、孝友、好義、篤行、耆壽、方外附）；卷三十八至四十列女；卷四十一祥異；卷四十二志餘。未單立藝文門，碑銘詩文等附於各條下。

姚文起序：“歲在戊申，適府憲檄修沅州府志，及次年己酉，邑紳士請於予曰：‘縣志久宜增輯，得明府為政，則可以垂世而行遠矣。’……予公冗，弗克獨任，因即以邑中危、唐二孝廉設立志局，匪第新入者斟酌無遺，而舊載者整理尤密。”

凡例謂：“乾隆二十一年，郡守瑭公珠纂修府志，其自王令後二十餘年，事實雖經採輯登載，而縣志則尚仍舊，迄今闕修至五十餘年。去故取新，即所採摘，不能有外前志，而新定體例，則大要以瑭守《沅州府志》爲主，其間敘述文字一半從府志中摘出。"

黔陽縣志創修於宋，元明均曾修志，此志姚文起序謂，"黔自宋邑令饒敏學始修縣志，而繼以元之朵兒赤雲甫，明之余茹，其書亦後先略備矣"，今均已佚。清代凡五修志書。首部爲張扶翼纂修《黔陽縣志》十卷，分三十九門，康熙五年（1666）刻，又有康熙二十六年于棟如增刻本。其次爲王光電增輯《黔陽縣志》十卷，本於康熙志，增補康雍二朝史事，刊刻於雍正十一年（1733）。其三即此乾隆志。其四爲陳鴻作等修，楊大誦、易燮堯纂《黔陽縣志》六十卷，列九門二十四目，付梓於同治十三年（1874）。其五爲光緒末年黃東旭編《黔陽縣鄉土志》，未刊刻，有鈔本傳世。

有扉頁，刊"黔陽縣志"。版心下鐫"龍標藏板"。龍標即黔陽縣龍標書院。

圖後刻繪工落款："順一里儒士潘紹寫。"

金鑲玉裝。

有缺葉：卷五第二、第三葉，卷四十二第一、第二葉。

中國國家圖書館、故宮博物院圖書館、北京大學圖書館等八館與日本東洋文庫、法國國家圖書館亦有入藏。

581. 清乾隆刻本永順府志　　T3189/3328.83

［乾隆］《永順府志》十二卷首一卷，清張天如等纂修。清乾隆二十八年（1763）刻本。六册。半葉九行二十字，小字雙行同，白口，四周雙邊，單魚尾。框高 19.6 釐米，寬 13.7 釐米。前有乾隆二十八年張天如序，乾隆二十八年陳浩序，乾隆二十八年顧奎光跋，乾隆癸未（二十八年）藍欽奎序，李綏序，修志姓氏，目錄，上諭，凡例，星野，地輿圖。卷端題："知府事會稽張天如纂輯。"

永順府地處武陵山脈中段。五代置永順州。宋置永順、渭、溶等羈縻州。元至元中置永順路，至大三年（1310）改爲永順等處安撫司，至正十一年（1351）升爲宣撫司。明設永順等處軍民宣慰使司，隸湖廣都司，領南渭、施溶、上溪等三土州，臘惹峒、麥著黃峒、驢遲峒、施溶峒、白崖峒、田家峒等六長官司。清雍正四年（1726）改土歸流，置永順廳，隸辰州府。七年，升爲永順府，轄永順、龍山、保靖、桑植四縣。1913 年廢。

張天如，字念齋，浙江會稽（今紹興）人。拔貢。曾任湘鄉知縣，乾隆二十四年任永順知府。

卷首地輿圖有《府總圖》《府城圖》、各屬縣圖，共六幅。正文十二卷，列二十二門：卷一沿革，疆域（形勢、關隘附）；卷二山水；卷三城池（都里、坊市、津梁附），廨署；卷四户口（鹽政附）、賦役、倉儲；卷五學校（學署、書院、義學、試院附），壇廟（祠祀、寺觀、塚墓附）；卷六兵制、鋪遞；卷七秩官、選舉；卷八名宦、人物；卷九土司，載録歷代土司世系、傳記及史事甚詳；卷十風俗、物産；卷十一檄示、藝文；卷十二雜記。

張天如序："雍正五年，永順宣慰司彭肇槐始獻土，詔以其地爲永順府，轄永順、保靖、龍山、桑植四縣，迄今三十餘年，典章名物次第秩修，顧未有府志。天如以乾隆己卯擢守兹郡，乃檄屬縣各輯縣志，因薈萃編鄭，提綱要，列門類。既成稿，繕録就正於宮傅陳公，示以所宜更定者，廼復屬桑植令顧君參訂之，釐定爲十二卷。"

凡例首條謂："府志歷未纂輯，惟有《永順縣志》（知縣李瑾纂、王伯麟續刻）、《保靖縣志》（知縣王欽命纂）、《桑植縣志》（知縣鍾人文纂，顧奎光又纂新志），龍山縣僅有册説（署縣賈慶祚集），今皆藉爲底本。"

永順府最早的志書，爲清初佚名纂《永順宣慰司志》，載録永順土司及當地史事甚豐，未刊刻，僅有清初鈔本存中國國家圖書館。此乾隆志爲設府之後所修首部志書。其後有同治十二年（1873）補刻本，所續補部分係魏式曾增修、郭鑑襄增纂。

中國國家圖書館、中國科學院文獻情報中心、故宮博物院圖書館、北京大學圖書館、北京師範大學圖書館等十六館與臺北故宮博物院及日本東洋文庫、法國國家圖書館亦有入藏。

582. 清乾隆刻本永順縣志　T3190/3328.83

[乾隆]《永順縣志》四卷首一卷，清黃德基修，關天申纂。清乾隆五十八年（1793）刻本。五册。半葉九行二十字，小字雙行同，白口，四周雙邊，單魚尾。框高 20.3 釐米，寬 13.9 釐米。首有乾隆五十八年陳廷慶序，乾隆五十八年戴求仁序，舊序十二則（乾隆九年徐德裕序，乾隆九年明德序，乾隆十年鍾昭序，乾隆十年景士鳳序，王伯麟序，雍正甲寅〔十二年，1734〕李瑾序，李瑾序，雍正十三年袁承寵序，王進昌序，徐正恩序，蔣溥序，乾隆九年阮學浩序），乾隆五十八年黃德基序，目録，修志姓氏，凡例。卷端題："湖南永順府永順縣知縣黃德基重編。"

永順縣地處武陵山區。明爲永順宣慰司所轄南渭、施溶二州和臘惹洞、麥著黃洞、驢遲洞三長官司地。清雍正七年置永順縣，爲永順府治。今屬湖南省湘西土家族苗族自治州。

黃德基，江西石城人。舉人。乾隆五十五年任永順知縣。

關天申，湖北江陵人。舉人。乾隆五十七年任永順府學教授。

全書四卷，列十一志：卷一圖象志（星野、圖歌、縣治四境圖、城垣圖、縣署圖、學宮圖），地輿志（疆域、沿革、土司沿革、坊里、市村、形勝、永城八景、靈溪十景、顆砂八景、山川、古跡、物産附），建置志（城池、萬壽宮、公署、公館、書院〔文昌閣香火田附〕、倉庫、郵傳、津梁、汛防），其中土司沿革目載彭肇槐獻土始末、永順土司沿革始末、三土知州六長官司沿革，頗具史料價值；卷二學校志（學宮、祭品、儀注、樂章、祭器、樂器、舞器、陳設圖、樂譜、舞譜、樂律、舞儀、壇廟祝文、義學、考棚、卧碑、鄉飲）；卷三秩官志（文職、武職、土司世職、宦跡），祀典志（壇壝、祠廟〔並香火田、附寺觀〕），賦役志（田賦、經費、戶口〔附鹽埠〕）；卷四風土志（氣侯、習俗、禁條、語言），藝文志（碑記、詩歌），人物志（彭氏勳勞、耆德、孝義、節孝），選舉志（貢生、孝廉、職員）。

黃德基序："縣之有志，則創始於前令河陽李公瑾，然猶本彭氏司志爲考據，一切沿革建置略焉弗備也。迨乾隆癸亥，廣元王公伯麟復再舉而重輯之，其間冗者删，缺者增，爲目一十有三，爲卷凡四，視李公瑾舊志更足以備考稽焉。第經歷五十餘載，字跡魯魚，鐫板遺失。邑紳士於予公暇時商議纂修，基竊維學問固陋，筆墨抛荒，安敢冒昧從事，然日親炙於郡尊戴憲，一切體製程式有所禀承，爰取廣元王前令原有凡例，續而增之。"

永順設縣之後，清代凡四次修志。首次爲雍正八年李瑾奉命纂修。其次爲王伯麟據李志增修《永順縣志》四卷，分十三門五十四目，乾隆十年刊刻。其三即此乾隆五十八年志，沿襲王志體例增纂。其四爲魏式曾、康賡修，李龍章纂《永順縣志》八卷，列十二門六十三目，同治十三年（1874）刊刻。

各册首葉鈐"萬綠軒王藏書"白文方印（2.1×2.1釐米）、"瑀庵"朱文方印（1.8×1.8釐米）、"臣泰嘗印"白文方印（1.9×1.9釐米）、"王氏藏書同光間修鄞慈兩志曾經借出"朱文方印（2.9×2.9釐米）。按，萬綠軒爲清乾嘉間寧波王蕭雍所建藏書樓。

有缺葉：卷首序第三十、第四十葉。

故宮博物院圖書館、中國科學院南京地理與湖泊研究所圖書館、浙江圖書館、湖南圖書館與日本東洋文庫、美國國會圖書館亦有入藏。

583. 清乾隆刻本浯溪新志　T3190/3936

〔乾隆〕《浯溪新志》十四卷首一卷，清宋溶纂修。清乾隆三十八年（1773）刻本。四册。半葉十行二十一字，小字雙行同，粗黑口，四周雙邊，單魚尾。框高18.7釐米，寬13.7釐米。首有扉頁，乾隆三十五年宋溶序，康熙四十年王士正序，例言，目錄，圖。書後有乾隆癸巳（三十八年）陳三恪跋。卷端題："知祁陽縣事成都宋溶輯。"

浯溪爲湘江支流，源出祁陽縣西南松山，東北向於浯溪鎮南流入湘江，流域在祁陽縣境內。浯溪水清石峻，風景優美。唐詩人元結卸任道州刺史，途經此地，愛其山水之勝，結廬溪畔，命名浯溪，又請顏真卿書《大唐中興頌》，摩崖刻石。此後遊人日多，銘刻甚豐，爲湘南一大名勝。

宋溶，號懷山，四川成都人。乾隆十二年舉人。乾隆三十二年任祁陽知縣。

卷首有《浯溪總圖》及風景圖十六幅。正文十四卷：卷一原始，述浯溪得名緣由，錄元結《浯溪銘》《峿臺銘》等；卷二磨厓，錄顏真卿書《大唐中興頌》及歷代著錄、評鑒；卷三蒐石，記載奇石及其銘刻、本事；卷四紀勝，記浯溪各名跡勝景；卷五至六錄傳（唐、宋、元、明、清），錄歷代文士傳記；卷七至十三藝文（詩、賦、銘、記），搜羅甚豐；卷十四志餘。各條後或有宋溶按語。

凡例謂："李仁剛、綦光祖所撰兩志，僅見其名於王象之《輿地碑目》，漁洋山人已不能得，今固無從求訪。舊志即漁洋詆諆之本，板廢不行。惟《浯溪考》二卷，實爲此書權輿，隨類分載，不敢遺略。"

扉頁刊："乾隆庚寅孟夏浯溪新志。本衙藏版。"庚寅爲乾隆三十五年，爲成書時間。《中國地方志聯合目錄》《美國哈佛大學哈佛燕京圖書館藏中國舊方志目錄》均據此著錄爲"清乾隆三十五年刻本"，有誤。書後乾隆三十八年陳三恪跋謂："庚寅鄉舉，同懷山分校文字，乃得過從彌月。……無何懷山以吏議罷官去，明年相遇於長沙，懷山屯蹇拓落，出是書草本，珍重屬予。……因梓是書於清泉官舍。"按，清泉縣係乾隆二十二年析衡陽縣地置，民國初年併入衡陽縣。考〔同治〕《清泉縣志》，陳三恪爲四川岳池人，與宋溶有同鄉之誼，乾隆三十七年至四十年任清泉知縣。可知此書當刊刻於清泉縣，扉頁所謂"本衙"，即指清泉縣署，刊刻時間爲乾隆三十八年。

宋王象之《輿地碑目》載李仁剛《浯溪前集》、侍其光祖《浯溪後集》二種（王士禎序誤錄後者撰人爲"綦光祖"，侍其爲複姓），爲浯溪最早的志書，今已佚。明黃焯輯《浯溪集》二卷，有嘉靖間刻本。其後，明人陳斗編有《訂補浯溪集》二卷，訂補黃焯書。清康熙四十年，王士禎有鑒於舊志冗雜，廣事搜羅，詳加考訂，撰《浯溪考》二卷付梓。此志係以王士禎《浯溪考》爲基礎增輯而成，存錄史料更爲豐富。

卷首《浯溪總圖》末署繪工姓名："衡陽唐一儒繪。"

卷一卷端鈐"積學齋徐乃昌藏書"朱文長方印（6.5×1.2釐米）。

中國國家圖書館、北京大學圖書館、上海圖書館等六館亦有入藏。

584. 清雍正刻本廣東通志　　T3228/0.82

　　[雍正]《廣東通志》六十四卷，清郝玉麟修，魯曾煜等纂。清雍正九年（1731）刻本。八函五十冊。半葉十一行二十一字，小字雙行同，白口，四周雙邊，單魚尾。框高 22.6 釐米，寬 16.2 釐米。前有雍正九年五月進書表，凡例三十條，目錄，纂修廣東志書官員。

　　廣東省地處南海北岸、南嶺以南。秦爲南海、桂林、象郡地。東漢建安八年（203）置交州，治南海郡番禺縣。三國吳析交州東部置廣州。唐屬嶺南道。宋屬廣南路，端拱元年（988）分置廣南東路，簡稱廣東。明洪武二年（1369）置廣東等處行中書省，洪武九年改爲廣東布政使司。清爲廣東省。雍正間轄廣州、韶州、南雄、惠州、潮州、肇慶、高州、廉州、雷州、瓊州十府與羅定、連州二直隸州。

　　郝玉麟（？—1745），字敬亭，漢軍鑲白旗人。歷任雲南援剿協副將、雲南鶴麗鎮總兵、雲南提督，雍正七年任廣東總督，後轉任福建總督、閩浙總督。

　　魯曾煜，字啓人，號秋塍，浙江會稽（今紹興）人。康熙六十年（1721）進士。輾轉杭州、汴州、廣州等地任教職。著有《秋塍文鈔》《三州詩鈔》等。

　　全書六十四卷，平列三十五門：卷一典謨志；卷二星野志；卷三輿圖志，有《全省總圖》、各府州疆域圖、各府州城郭圖、《海防圖》《梅嶺圖》《澳門圖》《虎門圖》《羅浮山圖》等，共三十幅，內《海防圖》長達十六葉，繪製頗詳；卷四疆域志；卷五沿革志；卷六至七編年志；卷八禮樂志；卷九海防志；卷十至十三山川志；卷十四城池志；卷十五水利志；卷十六學校志；卷十七公署志；卷十八坊都志；卷十九至二十二貢賦志；卷二十三兵防志；卷二十四屯田志；卷二十五鹽法志；卷二十六至三十職官志；卷三十一至三十六選舉志；卷三十七封蔭志；卷三十八至四十二名宦志；卷四十三謫宦志；卷四十四至四十八人物志；卷四十九至五十列女志；卷五十一風俗志；卷五十二物產志；卷五十三古跡志；卷五十四壇祠志；卷五十五塋墓志；卷五十六仙釋志；卷五十七嶺蠻志；卷五十八外番志；卷五十九至六十三藝文志；卷六十四雜事志。

《四庫全書總目》入史部地理類都會郡縣之屬。提要謂："此爲雍正七年玉麟等承命所輯，採掇補苴，較爲賅備。於雍正八年六月開局，於九年五月告成，視他省爲獨先，故中間或沿襲舊文，失之冗蔓，或體例不一，彼此牴牾，皆未能悉加訂正。然全書三十五門内，新增者四，葺舊者三十有一，大都首尾詳明，可資檢閱。至外蕃一門，爲他志所罕見。然粤中番舶駢集，韓愈所謂'東南際天地以萬數'者，莫不瞻星戴斗，會極朝宗，哀而録之，足見聖朝聲教之遠，亦《通典》述邊防而兼及海外諸國之例也。"

廣東首部省志爲戴璟修、張岳纂《廣東通志初稿》四十卷，刊刻於嘉靖十四年（1535）。其次爲黃佐纂修《廣東通志》七十卷，分十一門六十九目，嘉靖四十年刊刻。其三爲陳大科等修、郭棐纂《廣東通志》七十二卷，分藩省志、郡縣志、藝文志、外志等四門三十五目，萬曆三十年（1602）刊行。其四爲郭棐纂《粤大紀》三十二卷，分事紀、科策、宦績、獻徵、政事五類，有萬曆間刻本。其五爲金光祖纂修《廣東通志》三十卷，平列三十門，刊刻於康熙三十六年。其六即此雍正志。其七爲阮元修、陳昌齊等纂《廣東通志》三百三十四卷，分十九門六十八目，徵引宏富，記載翔實，有道光二年（1822）刻本、同治三年（1864）重刻本。

有缺葉：卷六十四末葉。

中國國家圖書館、中國科學院文獻情報中心、故宫博物院圖書館、北京大學圖書館、上海圖書館等二十五館與"中央研究院"歷史語言研究所傅斯年圖書館、臺北故宫博物院及日本東洋文庫、東京大學東洋文化研究所、美國國會圖書館、英國皇家亞洲學會、倫敦大學亞非學院、德國巴伐利亞國家圖書館、法國國家圖書館亦有入藏。

585. 清乾隆刻本廣州府志　T3229/0832.83

［乾隆］《廣州府志》六十卷首一卷，清金烈、張嗣衍修，沈廷芳等纂。清乾隆二十四年（1759）刻本。四函三十二册。半葉十行二十一字，小字雙行同，白口，四周雙邊，單魚尾。框高 21.9 釐米，寬 14.8 釐米。首有乾隆二十四年李侍堯序，乾隆二十三年沈廷芳跋，乾隆二十三年托恩多序，乾隆二十三年宋邦綏序，乾隆二十三年梁國治序，乾隆二十四年來朝序，范時紀序，乾隆二十四年吳鴻序，金烈序，乾隆二十三年張嗣衍序，纂修（職名），凡例，目録，典謨。

廣州府地處珠江三角洲北部。秦漢置南海郡。東漢建安十五年（210）爲交州治。

三國吳黃武五年（226）析交州東部置廣州，旋廢。隋開皇九年（589）改南海郡爲廣州。元至元十五年（1278）改爲廣州路。明洪武元年（1368）改爲廣州府。清襲明制，爲廣東省治，領南海、番禺、順德、東莞、新安、三水、增城、龍門、香山、新會、新寧、從化、清遠、花縣等十四縣。1912 年廢。

金烈，字揚武，號慎齋，浙江桐鄉人。監生。曾任户部貴州司主事、户部廣西司員外郎、吏部文選司郎中、惠潮嘉兵備道，乾隆二十二年任廣東糧驛道兼分巡廣州府。

張嗣衍，山西浮山人。監生。乾隆十八年任廣州知府。

沈廷芳（1692—1762），字畹叔、荻林，號椒園，浙江仁和（今杭州）人。乾隆元年舉博學鴻詞科，歷任山東道監察御史、山東登萊青道、河南按察使、山東按察使，晚年任廣州粵秀書院、安慶敬敷書院山長。擅古文辭，家富藏書。著有《隱拙齋集》《理學淵源》《鑒古録》《古文指授》等。

全書六十卷，列二十四門：卷一星野（氣候附）；卷二疆域、輿圖（形勢附），輿圖門有《廣州府疆域總圖》《廣州府城圖》、各屬縣圖、《廣州府海防圖》《澳門圖》，計十八幅，各附圖説；卷三建置沿革；卷四城池（坊表附）；卷五至六山川（水利附）；卷七海防（潮汐附）；卷八關津（税課、橋梁附）；卷九古跡；卷十風俗；卷十一貢賦（編户、徭役附）；卷十二倉貯（賑卹、錢法附）；卷十三至十四兵制（屯田附）；卷十五鹽政；卷十六學校（祀典、書院、義學、社學、鄉飲酒禮、鄉射禮附）；卷十七祠壇（禮儀、塋墓、寺觀附）；卷十八公署（驛傳附）；卷十九至二十四職官（武職附）；卷二十五至二十八名宦；卷二十九至三十一選舉；卷三十二至四十二人物（名臣、循吏、儒行、忠烈、孝行、文苑、武功、義行、隱逸、人表、流寓）；卷四十三至四十六列女；卷四十七至四十八物產；卷四十九至五十八藝文（賦、古體詩、今體詩、書、疏、記、序、雜著）；卷五十九至六十雜録（神異、機祥、方伎、仙釋、嶺蠻、外番）。

張嗣衍序："廣州向有黃文裕公定本，已散軼不傳。衍承乏兹土，遍訪之藏書家而弗得，擬重加編纂。……於是檄十四屬吏上其籍，於講院開局延士，分類編葺，而掌教沈荻林先生實總厥成。"

凡例謂："郡向有志，有明中葉黃文裕、戴直指諸公屢曾修輯，綽有可傳，惜其本今皆難覯，無從搜採。第劇郡不可無志，而底本竟傳郭公夏五之疑，又各邑歷年案牘傷於朽蠹，一方文獻胡以徵？乃裒集經史百家及省邑兩志，删潤闕疑，務期事實語確，不敢稍近浮誇。"

廣州現存最早志書爲陳大震修、吕桂孫纂《南海志》二十卷，付梓於元大德八年（1304）。其二爲吳中修、王文鳳纂《廣州志》三十二卷，明成化九年（1473）

刻。其三爲黃佐纂修《廣州志》七十卷，嘉靖六年（1527）刊刻。其四爲康熙十二年（1673）汪永瑞修，余雲祚、楊錫震纂《廣州府志》五十四卷，未刊刻，僅有殘鈔本存中國國家圖書館。其五即此乾隆志。其六爲戴肇辰、蘇佩訓修，史澄、李光廷纂《廣州志》一百六十三卷，列十七門，光緒五年（1879）梓行。

卷二十八至四十八（第二十五、二十六冊）係鈔配，此外亦有零星鈔配，如首冊首葉等。有缺葉十餘，如卷五十第十八、第十九葉等，茲不備録。

中國國家圖書館、中國科學院文獻情報中心、北京大學圖書館、北京師範大學圖書館、南京大學圖書館等十二館與美國國會圖書館、英國皇家亞洲學會、法國巴黎 M.R. 赫杜圖書館亦有入藏。

586. 清康熙刻乾隆剜修本韶州府志　　T3229/0632.81

〔康熙〕《韶州府志》十八卷，清唐宗堯修，秦嗣美纂。清康熙二十六年（1687）刻，乾隆間剜修本。二函十八冊。半葉九行二十字，小字雙行同，白口，四周雙邊，單魚尾。框高 20.0 釐米，寬 14.7 釐米。前有康熙二十六年唐宗堯序，義例，目録，職官。

韶州府地處南嶺南麓。三國吳甘露元年（265）置始興郡。南朝梁置東衡州。隋開皇九年（589）改爲韶州。元至元十五年（1278）改置韶州路。明洪武元年（1368）改爲韶州府，屬廣東布政司。清屬廣東省，領曲江、樂昌、英德、仁化、乳源、翁源等六縣。1912 年廢。

唐宗堯，字聖商，漢軍鑲黃旗人。康熙二十二年由寶慶府丞升任韶州知府。

秦嗣美，廣東番禺人。貢生。康熙二十二年任韶州府學教授。

全書十八卷，列八志四十目：卷一方域志（地圖、形勢、疆界、沿革、星野、氣候、風俗〔附山猺〕、物産、災異），地圖目有《韶州府總圖》、各屬縣圖、《韶石圖》等計八幅；卷二至三營建志（城池、公署、學校、壇壝、井泉陂圳、關梁墟市、驛遞、祠廟、書院、坊表、兵衛〔附盜賊〕）；卷四財用志（坊都、户口、田糧〔附軍屯〕）；卷五至六職官志（官制、題名、良吏）；卷七名勝志（山川、寺觀、宅墓、亭臺）；卷八至九人物志（名賢、選舉、封蔭、隱逸、烈女、流寓、仙釋）；卷十至十七藝文志（文、詩、記）；卷十八雜志。

唐宗堯序謂：“兹奉院行纂修省志，先檄郡縣互相參補，於是韶屬六邑奉令唯謹，各具成書以報，有遺必録，無微不彰，紀綱政教、文物山川、兵農錢穀、草木昆蟲，條分縷晰，燦若列眉，郡綜其成，復加讐校，六邑之書遂成一郡之大觀矣。”

“禎”“弘”“曆”剜改作“正”“宏”“歷”，或剜除不補，“丘”亦剜改作“邱”，而"顯""琰"均不避，可知此本爲乾隆間剜修本。

韶州府現存明清志書四部。首部爲符錫修、秦志道纂《韶州府志》十卷，平列五十七門，嘉靖二十一年（1542）刊刻。其次爲馬元纂修《韶州府志》十六卷，本於舊志纂輯，康熙十二年刊行。其三即此康熙二十六年志，本於馬元志增輯。其四爲額哲克等修、單興詩纂《韶州府志》四十卷，分十五門五十五目，所録較前志爲詳，刊行於光緒二年（1876）。

版心下刻每葉字數。

缺佚十餘葉，如卷一第二葉、卷三第二十二葉等，兹不備録。有零星鈔配十餘葉，如卷五第三十一葉等，兹不備録。

中國科學院文獻情報中心、故宮博物院圖書館、北京大學圖書館等十二館與臺北故宮博物院及美國國會圖書館亦有入藏。

587. 清康熙刻本重修曲江縣志　T3230/5631.81

〔康熙〕《重修曲江縣志》四卷，清秦熙祚纂修。清康熙二十六年（1687）刻本。八册。半葉九行二十字，小字雙行同，白口，四周雙邊，單魚尾。框高 19.5 釐米，寬 14.3 釐米。前有康熙二十六年秦熙祚序，乾隆二十六年陳金閶後序，目録，凡例。書後有秦熙祚跋。卷端題："知縣聞喜秦熙祚輯。"

曲江縣地處曲江盆地。西漢置曲江縣，屬桂陽郡。三國吳甘露元年（265）爲始興郡治。隋唐爲韶州治。元屬韶州路。明清屬韶州府。1949 年析置韶關市（縣級）。1983 年改屬韶關市（地級）。2004 年與北江區合併爲韶關市曲江區。

秦熙祚，字名卿，山西聞喜人。舉人。康熙二十年任曲江知縣。

全書四卷，列九門三十八目：卷一分土（地圖〔《曲江縣圖》《韶石之圖》〕、建置沿革〔附氣候、形勢〕、山川、風俗〔附節令〕、物産、災異〔附盜賊〕），制用（户口〔附坊都、村落〕、田賦），設官（題名、良吏、流寓），修政（城池、公署、郵舍、陂圳、橋梁、墟市、街道）；卷二立教（學校〔附書院、社學、學田〕、壇壝祠廟、坊表），講武（兵制、教場、營寨、關隘、屯田、武功〔附客將〕），興賢（科甲、貢士、辟薦、封蔭、鄉賢、列女、仙釋附），攬勝（古跡、寺觀、丘墓）；卷三至四觀止（文、詩）。

秦熙祚序："恭逢上命儒臣纂修《一統志》，部符一下，檄傳郡邑。……熙祚於簿書稍暇，乃索舊乘讀之，見其倫次混淆，摭拾浮泛，加以魯魚豕亥之差，一一特爲删正，間有新增，亦取十餘年周志以後事係於國計民生、行關乎綱常名教，始爲採入，至於前志凡例中之無容易者則亦因之而已矣。稿既成，繕刻四本。"

"禎""弘""曆"等字剜除不補。

曲江縣清代凡三修志書。首部爲周韓瑞纂修《新修曲江縣志》四卷，分九門四十五目，康熙十二年刊刻。其次即此康熙二十六年志。其三爲張希京修，歐樾華、馮翼之纂《曲江縣志》十六卷，分十門八十九目，光緒元年（1875）刊行。其四爲光緒年間梁朝俊、黃文蔚編《曲江鄉土志》，未刊刻，有鈔本傳世。

缺佚十餘葉，如卷一第九葉、第四十八葉、第四十九葉等，兹不備録。

中國國家圖書館、北京大學圖書館、中共中央黨校圖書館等九館與臺北故宮博物院及日本東洋文庫、美國國會圖書館亦有入藏。

588. 清乾隆刻本恩平縣志　　T3230/6314.83

〔乾隆〕《恩平縣志》十卷首一卷，清曾萼修，周書等纂。清乾隆三十一年（1766）刻本。二函十二册。半葉九行二十字，小字雙行同，白口，四周雙邊，單魚尾。框高 21.5 釐米，寬 15.3 釐米。首有扉頁，乾隆三十一年陶洽序，乾隆丙戌（三十一年）顧芝序，乾隆三十一年曾萼序，舊志序（崇禎九年〔1636〕宋應昇序、何吾騶序、崇禎丙子〔九年〕盧原序、崇禎丁丑〔十年〕朱可貞序、梁維棟序、康熙二十七年〔1688〕佟世男序、康熙二十七年沈志禮序），通例，修輯姓氏，目録，圖。書後有乾隆丙戌周書跋。

恩平縣地處珠江三角洲西部、潭江上游。漢爲高凉縣地。東漢建安二十五年（220）析置思平縣。三國吳改爲海安縣。南朝齊改爲齊安縣。隋改爲海安縣。唐初復名齊安縣。至德二年（757）改爲恩平縣。北宋開寶五年（972）併入陽江縣。明成化十四年（1478）析陽江、新興、新會三縣地復置恩平縣，屬肇慶府。1994 年改爲恩平市。今屬廣東省江門市。

曾萼（1721—1797），字麗元，號清溪，福建平和人。乾隆十六年進士。乾隆二十五年任恩平知縣，官至直隷連州知州。著有《詠歸集》《易卦闡義集》。

周書（1719—？），字天一，號澹廬，江蘇寶山（今上海市）人。著有傳奇《魚水緣》。

卷首圖有《縣境圖》《縣城圖》《縣署圖》《學宮全圖》、八景圖，計十二幅。正文十卷，分十志四十九目：卷一疆域志（星野，氣候，沿革，里至，山川，陂圳，鄉都，墟市，風俗〔習尚、禮儀、節序〕）；卷二建置志（城池，衙署，學校〔廟制、位次、祭器、樂器、學田、書籍、學額、書院、社學、義學〕，祠壇，公所，倉儲，津梁，古跡）；卷三紀事志（災祥、事略、軼事）；卷四秩官志（文職、武職、名宦、仕績〔武功附〕）；卷五賦役志（户籍、田賦、税課、徭役）；卷六禮樂志（朝班〔慶賀、開讀、宣講〕，蒞官〔上任、行香、講書、開倉〕，祈年〔迎春、耕耤、禱雨、祈晴、護蝕〕，秩祀〔釋奠、武廟、祭戊、常雩、祠祭、邑厲〕，造士〔賓興、送學、釋菜〕，訓俗〔鄉約、鄉飲、鄉射〕）；卷七兵防志（額餉，戍守〔營砦、屯田、汛地〕，軍徭〔民壯、弓兵、鄉兵、獷丁〕，郵遞）；卷八人物志（選舉〔進士、舉人、貢生、武科〕，雜進〔吏考、捐貨〕，封贈，鄉賢〔崇祀、行誼〕，列女〔壽母、義婢、節烈〕，仙釋）；卷九物産志（陸産、山産、水産）；卷十藝文志（文賦、詩詞）。

曾萼序："余於乾隆庚辰六月蒞恩平，去佟君之時且七十餘年。問志於掾吏，則曰版蝕於蠹，投諸火。索紳士家，得剩本，亦殘缺不可讀。……既而攝篆潮陽，至乙酉冬暮還恩平，會巡憲陶公詢及之，惄然益無以自安，乃於丙戌三月延寓賢，選邦彥，扃局授簡，至六月而書竣。……是役也，原其始，要其終，浮者汰之，實者存之，或當詳而詳，或當略而略，友人澹廬周君實斟酌而損益之。余特發凡起例，操取捨之微權，間以臆見附之餘論焉耳。若夫廣採訪、慎校讐，則邑紳士與有勞焉。""佟君"即康熙間知縣佟世男。

扉頁刊："乾隆丙戌修輯恩平縣志。邑署藏板。"

恩平縣創修志書爲崇禎九年宋應昇修、梁維棟纂《恩平縣志》十一卷，列十一門，今僅有鈔本存中國國家圖書館。清康熙間，知縣佟世男聘邑人鄭軾等本於崇禎志續纂，沿襲前志體例，於康熙二十七年修成並刊刻。同年，有不知名作者纂成《恩平縣續志》一種，未刊刻，有鈔本傳世。此乾隆志爲恩平第四部志書。其後，又有楊學顏、石臺修，楊秀拔纂《恩平縣志》十八卷，分十八門，刊刻於道光五年（1825）。

書前序文首葉缺佚。

建置志學校目有朱筆批注多則，内容爲孔子祭禮與配享孔廟歷代名儒之生平等。

《中國古籍善本書目》史部地理類著録。

中國國家圖書館、中國科學院文獻情報中心、中國第一歷史檔案館、中國文化遺産研究院、北京大學圖書館等二十館與臺北故宮博物院亦有入藏。

589. 清乾隆刻本德慶州志　　T3230/2304.83

〔乾隆〕《德慶州志》十八卷，清宋錦、李麟洲纂修。清乾隆十九年（1754）刻本。六册。半葉九行二十一字，小字雙行同，白口，左右雙邊，單魚尾。框高 19.5 釐米，寬 14.8 釐米。前有扉頁，乾隆十九年李麟洲序，乾隆十八年宋錦序，舊序（康熙十二年〔1673〕譚桓子序、康熙十二年梁宗典序），目録。

德慶州地處西江中游北岸。西漢元鼎六年（前111）置端溪縣，得名於縣東有端溪，屬蒼梧郡。東晉永和七年（351）屬晉康郡。隋開皇九年（589）晉康郡改爲端州。唐武德四年（621）析端州置康州。南宋紹興元年（1131）升康州爲德慶府，治端溪縣。元至元十七年（1280）改爲德慶路。明洪武元年（1368）復爲德慶府，九年（1376）降爲德慶州，屬肇慶府。1912年改爲德慶縣。今屬廣東省肇慶市。

宋錦，字在中，河南武陟人。雍正十一年（1733）進士。曾任四川犍爲知縣，乾隆十六年升德慶知州，後歷任崖州知州、瓊州府同知。著有《西川集》《嶺南集》。

李麟洲，字虛中，浙江山陰人。舉人。乾隆十八年署德慶知州。

全書十八卷，凡十七門：卷一封域（輿圖、疆域、形勝、沿革、坊隅、驛鋪），輿圖目有《疆域圖》《三廟圖》《金林圖》《晉康圖》《悅城圖》等五幅；卷二紀事；卷三戶役；卷四山川（水利）；卷五建置（城池、公署、倉廒、恤政、關梁、坊表）；卷六學校；卷七兵防；卷八祠廟（邱墓）；卷九寺觀；卷十古跡；卷十一風土（氣候、俗尚、方音、物產）；卷十二職官；卷十三選舉（封贈）；卷十四名宦（謫寓）；卷十五人物（鄉賢、列女、耆壽、仙釋）；卷十六雜記；卷十七至十八藝文。

宋錦序："余奉簡命來牧茲土，見郡乘久闕略，慨然有增修之志，爰謀之紳士，訪之耆老，覓之殘碑，考之別集，公退之下，親爲裁定，折衷舊編，採擇近事，共成若干卷。"

李麟洲序："舊志修於康熙癸丑，迄今八十餘載，簡斷編殘，且近事多未登載。前知州事宋公懼其久而湮也，慨焉增修，謀之紳士，蒐羅而編輯之，甫脫稿即調任吉陽。適余來承乏是州，宋公殷殷然首以是志書爲屬。……因付剞劂，以終宋公之志，用揚聖天子道一風同之盛治云爾。"

扉頁刊："德慶州志。本衙藏板。"

"禎""弘""曆"等字剜除不補，當係乾隆朝後期剜修本。

德慶州現存最早志書爲陸舜臣纂修《德慶州志》十六卷，分十四門，嘉靖十六年（1537）刊刻。其次爲譚桓修、梁宗典纂《德慶州志》十二卷，分二十七門，康熙十二年刻。其三即此乾隆志。其四爲楊文駿修，朱一新、黎佩蘭纂《德慶州志》十五卷，分九門，刊刻於光緒二十五年（1899）。

缺佚二十餘葉，如卷二第十四葉等，茲不備録。

故宮博物院圖書館、北京大學圖書館、上海圖書館等五館亦有入藏。

590. 清乾隆刻本歸善縣志　　T3230/2286.83

［乾隆］《歸善縣志》十八卷首一卷事紀二卷，清章壽彭修，陸飛纂。清乾隆四十八年（1783）刻本。八册。半葉十行二十一字，小字雙行同，白口，四周雙邊，單魚尾。框高18.1釐米，寬14.5釐米。首有乾隆癸卯（四十八年）李天培序，乾隆

四十八年章壽彭序，乾隆癸卯陳嵩年序，目録，姓氏，舊序（康熙丁卯〔二十六年，1687〕佟銘序、康熙乙卯〔十四年〕志連國柱序、劉士龍序、鍾明進序、雍正甲辰〔二年，1724〕孫能寬序），凡例十七則，輿圖。書後附經費。

歸善縣地處東江中下游。隋開皇九年（589）置歸善縣，爲循州治。宋爲惠州治。元爲惠州路治。明清爲惠州府治。1912年改名惠陽縣。1964年析置惠州市，次年再析置惠東縣。1994年改設惠陽市（縣級），屬惠州市。2003年改爲惠州市惠陽區。

章壽彭，浙江山陰人。監生。乾隆四十四年任歸善知縣，後曾任直隸清苑知縣。

陸飛（1719—?），字起潛，號筱飲，浙江仁和（今杭州）人。乾隆三十年舉人。善畫，工詩。著有《筱飲齋稿》。

卷首輿圖有疆域、學宮、縣署、書院諸圖及《戎廳屬圖》《内外司圖》《平山司圖》《碧甲司圖》《平政司圖》《平海司圖》等，計十幅。正文十八卷，平列十八門：卷一星野；卷二沿革（疆域、形勢附）；卷三山川（陂隄、水利附）；卷四古跡（墳墓附）；卷五壇廟（寺觀、庵院、塔附）；卷六城池（橋渡、都里、方社、墟市、牌坊、驛遞、養濟院、漏澤園附）；卷七公署（舘廨、倉廒附）；卷八學校（書院附）；卷九職官；卷十選舉（封贈、恩蔭、例選附）；卷十一賦役（鹽額附）；卷十二軍政；卷十三名宦；卷十四人物；卷十五風俗（方言、猺蜑附）；卷十六物産；卷十七藝文；卷十八雜記。末册爲事紀上下二卷，紀事至乾隆四十八年，附載雍正三年頒定文廟典禮。

章壽彭序："歸善志修於雍正二年，而梨棗斷壞，獨視爲後圖闕焉久矣。余於乾隆己亥夏承乏斯邑，即有志於纂輯，倥傯旁午，日不暇給，又自媿不文，無能爲役，每遇上憲檄取舊志，率以空文具覆，未嘗不悚怵焉。往者宋公鏡齋來牧羅定，語余去浙時刊得《江山縣志》頗佳，蓋仁和解元陸君筱飲筆也，余心誌之。辛丑冬，陸君來粵，余遂以壬寅延主講席，因與諸紳士謀，開局編纂，推其醇謹者，以一切經費俾之，即延陸君任載筆，事專而功敏，寒暑無間，閲歲而成，遂付剞劂。"

書後經費載："乾隆壬寅孟冬開局，越癸卯仲夏告成。"又載修志收支甚詳，主要有以下諸項："通計共收繳銀壹千叁百柒拾玖兩叁錢捌分"，"分纂陸筱飲先生修金叁百陸拾兩"，"校對李小白先生修金陸拾兩"，"謄寫譚茂才筆資貳拾壹兩陸錢"，"發紙店裝裁題簿工料銀壹兩玖錢"，"刻工紙料刷印裝裁釘補及供給雜費共銀叁百貳拾兩零伍分陸釐"，"經費共開除銀捌百伍拾叁兩柒錢一分六釐"，又有"改補刻工每日工銀一錢二分，計廿一工，共銀二兩五錢"，"書坊領做綾布書套一百八十箇共銀二十一兩"等項，可知乾隆間刊刻印刷工料價格，頗具參考價值。

歸善縣清代凡四次修志。首次爲連國柱修、龔章纂《歸善縣志》二十一卷，康熙十四年付梓。其次爲康熙二十六年佟銘續修志，今已不傳。其三爲孫能寬等修、葉適等纂《歸善縣志》二十一卷，分二十一門，雍正二年刊刻。其四即此乾隆志。

缺佚二十餘葉，如卷六第五、六、九、十葉等，茲不備錄。

中國國家圖書館、中國科學院文獻情報中心、故宮博物院圖書館、中國第一歷史檔案館、北京大學圖書館等二十四館與"中央研究院"歷史語言研究所傅斯年圖書館、臺北故宮博物院、"中央圖書館"臺灣分館、臺北"内政部"圖書館及日本東洋文庫、京都大學人文科學研究所、美國國會圖書館亦有入藏。

591. 清乾隆刻本博羅縣志　　T3230/4461.83

〔乾隆〕《博羅縣志》十四卷，清陳裔虞等纂修。清乾隆二十八年（1763）刻本。八册。半葉九行二十一字，小字雙行同，白口，四周雙邊，單魚尾。框高 18.5 釐米，寬 14.3 釐米。前有乾隆二十八年陳裔虞序，舊序（康熙丁卯〔二十六年，1687〕陶敬序、崇禎二年〔1629〕蘇元起序、崇禎二年韓履泰序），目錄。卷端題："邑令陳裔虞纂。"

博羅縣地處東江下游北岸。秦置博羅縣，屬南海郡。南朝齊析置羅陽縣。唐貞觀元年（627）併羅陽縣入博羅縣，屬循州。北宋天禧五年（1021）屬惠州。元屬惠州路。明清屬惠州府。今屬廣東省惠州市。

陳裔虞，字述韶，號吾亭，陝西蒲城人。乾隆十七年進士。乾隆二十七年任博羅知縣。

全書十四卷，列十四志九十目：卷一輿地志（《縣治圖》《羅浮圖》、疆域、山川）；卷二編年志（事紀）；卷三建置志（城池、公署、倉庫、監獄、卹政、坊里、都鄙、村約、墟市、陂濼、津渡、堤岸、橋梁）；卷四學校志（學制、祀典、租額、書院、社學）；卷五秩官志（縣令、典史、巡檢司、教諭、訓導）；卷六貢賦志（户口、則例、經費、雜税、鹽法、積貯）；卷七選舉志（進士、舉人、貢監、諸科、捐職、掾史、封贈）；卷八兵防志（城門、營汛、戎制、備禦、郵舖）；卷九風俗志（氣候、歲時、習尚、物産）；卷十古跡志（祠壇、廟觀、宮寺、亭閣、庵院、坊表、塚墓、祭祀、誥命）；卷十一名宦志（名宦、寓賢）；卷十二人物志（鄉賢、孝友、義行、儒行、節烈、武功、才品、樂善、耆壽、列女、仙釋）；卷十三詞翰志（銘、贊、頌、記、序、跋、疏、碑、墓表、墓銘、賦、詩）；卷十四雜記志（軼事、猺蛋）。

陳裔虞序："今博羅志越七十有六載未經修緝，雍正丙午又遭水變，署中簿籍漂流，版圖失散，即覓有舊本，亦多虫蝕模糊，訪之耆老所述，更覺傳聞互異，博邑之志修之誠不容緩，而徵實綦難。虞以二十七年八月承乏兹土，於紳士接見時即議纂修邑乘一事，而案牘紛紜，日無寧晷。適逢本郡憲興利舉廢，百度聿新，紀綱所及，尤以文獻爲懷，爰修郡志以光國典，緣飭令所屬預修邑乘，用資採擇。虞雖自顧駑駘，而謬忝分符，夙夜祇愼，一稟諸上憲表率而奉行之，乃敢不黽勉從事耶。……因與邑紳士採緝群言，共襄斯舉，一循前志而參定之，續補之。"

博羅縣現存最早志書爲蘇元起修、韓日纘纂《博羅縣志》七卷，分五門三十六目，崇禎四年付梓。清康熙間，知縣陶敬以崇禎志爲基礎，增補明末清初史事，修成《博羅縣志》七卷，康熙二十六年刊刻。此乾隆志爲該縣清代最後一部志書。

卷四至八（第二册）係鈔配，此外亦有零星鈔配。缺佚四十餘葉，如卷一第七葉、卷二第十八葉等，兹不備録。

中國國家圖書館、中國科學院文獻情報中心、故宮博物院圖書館、中國文化遺産研究院、中共中央黨校圖書館等二十二館與臺北故宮博物院、臺北"内政部"圖書館及日本東洋文庫、美國國會圖書館、法國國家圖書館亦有入藏。

592. 清乾隆刻本海豐縣志　T3230/3521.83

［乾隆］《海豐縣志》十卷，清于卜熊修，史本等纂。清乾隆十五年（1750）刻本。四册。半葉九行二十二字，小字雙行同，白口，四周雙邊，單魚尾。框高 22.1 釐米，寬 15.0 釐米。前有扉頁，乾隆十四年于卜熊序，乾隆十五年陸鏞序，凡例，目録，姓氏，圖。

海豐縣地處蓮花山脈東南、紅海灣北岸。漢爲南海郡龍川縣地。東晉成帝時置海豐縣。隋唐屬循州。北宋天禧五年（1021）屬惠州。元屬惠州路。明嘉靖三年（1524）析置惠來縣。明清屬惠州府。清雍正九年（1731）又析置陸豐縣。今屬廣東省汕尾市。

于卜熊，江蘇金壇人。舉人。乾隆十一年任海豐知縣。

史本，江蘇金壇人。秀才。

卷首圖有《合縣輿圖》《分縣輿圖》《縣治輿圖》《海豐縣署》《縣署内堂》《學宮之圖》、八景圖，共十四幅。正文十卷，平列二十門：卷一輿圖；卷二都里、建制、經政；卷三皇言；卷四學校、祀典；卷五秩官、選舉；卷六職役（物産附）、兵防；卷七人物、列女；卷八名宦、寓賢；卷九詞翰；卷十邑事、雜志、外志、補編。

于卜熊序："康熙十一年、二十五年屢經修輯，去今六十年，字跡漫漶，莫可辨識，且自分邑以後，未立有志，舊所紀載輿圖關隘多與今不合，邑之待有志蓋亟矣。余以丙寅冬奉命尹兹土。……獨念邑之有志興國史相表裏者，弗可闕也，公餘之暇，就今所分隸者，按之舊本，少爲增删，得書十卷，以付之梓。"

扉頁刊："乾隆拾伍年鐫金壇于卜熊重修海豐縣志。本衙藏板。"

海豐縣現存最早志書爲張炎道修、李曰巽纂《海豐縣志》二卷，分輿地、人物二門二十二目，記述簡略，付梓於明嘉靖三十八年（1599）。清康熙間曾兩次修志，今均已不存。此乾隆志爲現存第二部志書，除乾隆刻本外，尚有同治十二年（1873）補刻本。同治間，蔡逢恩修、林光斐纂《海豐縣志續編》，循乾隆志體例續補而成，有同治十二年刻本、光緒三年（1877）補刻本。

封面書名簽題："海豐縣誌書。"

中國國家圖書館、中國科學院文獻情報中心、中國國家博物館、故宮博物院圖書館、北京大學圖書館等十九館與臺北故宮博物院及日本東洋文庫、京都大學人文科學研究所、美國國會圖書館、法國國家圖書館亦有入藏。

593. 清乾隆刻本陸豐縣志　　T3230/7120.83

[乾隆]《陸豐縣志》十二卷，清王之正等修，沈展才等纂。清乾隆十年（1745）刻本。四冊。半葉九行二十二字，小字雙行同，白口，四周雙邊，單魚尾。框高22.3釐米，寬15.1釐米。前有乾隆十年謝王生序，目録，圖，凡例六則，修志姓氏。

陸豐市地處碣石灣北岸。南朝齊析海豐縣東部地置陸安縣。唐貞觀元年（627）省入海豐縣。清雍正九年（1731）析海豐坊廓、石帆、吉康三都置陸豐縣，屬惠州府。1995年改爲陸豐市。今屬廣東省汕尾市。

王之正，順天府通州人。雍正元年舉人。乾隆九年七月任陸豐知縣，次年調任順德知縣，後官至嘉應知州。

沈展才，字其昂，廣東陸豐人。雍正十三年舉人。

書前圖有《縣治圖》《縣城圖》《縣署圖》《學宮圖》《碣石衛城圖》《甲子所城圖》、八景圖，計十四幅。正文十二卷，列十二志：卷一星野志，分宿、氣候、風信、潮汐等目；卷二疆域志，有形勝、古跡、鄉都、墟市、街巷、風俗、物產等目；卷三建置志，有沿革、衙署、坊表、郵遞、祠廟寺觀、紀事等目；卷四秩官志，名宦附於此門；卷五學校志，載學宮、樂器、祭器、樂章、學田、鄉飲酒禮等甚詳；卷六祀典志，載耕耤、社稷壇、關帝廟、城隍廟等祭禮甚詳；卷七選舉志，有薦辟、進士、鄉榜、恩拔歲副貢生、掾吏、武科、武勛、封贈、誥敕等目；卷八人物志；卷九賦役志，有科則、户口、錢糧、糧米、屯田、倉貯、鹽課等目；卷十水利志，有陂塘、津渡等目；卷十一兵防志；卷十二藝文志，分文、詩二目。

徽州知府謝王生序謂："陸邑於雍正九年始分治於海豐，故尚未有志。……余於乾隆八年癸亥冬來守惠陽，攬郡志，海豐有圖而陸豐缺焉，竊欲補綴而陸邑尚未有志，亦嘗與前宰謀所以備邑志者，因正署一歲迭更未就。乾隆九年甲子秋七月，王君由順天癸卯賢書歷宰茂名、陽江、香山，調任茲邑。……閱歲春暮，君以邑志大略示余。……未幾，君自順德遣伻持志稿示余。……此志也，未就於在陸之日，而成於調順之時，藉非君之始之終之，又烏能信今傳後而無憾也。"可知此志成書於王之正調任順德知縣之後。

此志爲陸豐清代所修唯一一部志書，除乾隆十年刻本外，尚有 1931 年鉛印本。

此本卷八第十六葉係補刻，當爲後印之本。

中國國家圖書館、中國科學院文獻情報中心、故宮博物院圖書館、北京大學圖書館、北京師範大學圖書館等二十館與臺北故宮博物院、中央圖書館臺灣分館及日本東洋文庫亦有入藏。

594. 清乾隆刻本陽江縣志　T3230/7231.83

[乾隆]《陽江縣志》八卷，清莊大中、林聞譽等纂修。清乾隆十一年（1746）刻本。八冊。半葉九行二十一字，小字雙行同，白口，左右單邊，單魚尾。框高 19.0 釐米，寬 13.4 釐米。前有乾隆丙寅（十一年）莊大中序，舊序（明正德戊寅〔十三年，1518〕劉玭序、區大倫序、蘇廷獻序、萬曆庚辰〔八年，1580〕蔡懋昭序、康熙十二年〔1673〕孫廷鐸序、康熙二十七年范士瑾序），目錄，姓氏。卷端題："陽江縣知縣元和莊大中鏡堂纂。"

陽江縣地處珠江三角洲西緣、南臨南海。隋大業十三年（617）析高凉縣置，屬高州。唐貞觀後屬恩州。宋爲恩州、南恩州治。明洪武初屬肇慶府。清同治五年（1866）升爲陽江直隸廳，光緒三十二年（1906）升爲陽江直隸州。1912 年改爲陽江縣。1988 年改設陽江市（地級），原陽江縣分設江城區、陽東縣、陽西縣。

莊大中（1714—1777），字正子，號鏡堂，江蘇元和人。乾隆二年進士。乾隆三年任廣東東安知縣，八年調任陽江知縣。著有《真意齋文稿》《曉夢詞鈔》《織雲樓詩鈔》，另修有《東安縣志》。

林聞譽，字體仁，號静山，廣東陽春人。康熙六十年進士。歷任直隸保定知縣、霸州知州。著有《花笑軒詩文集》等。

全書八卷，列八志四十目：卷一疆域志（輿圖、星野〔氣候附〕、沿革、疆里、山川、坊都、郵市），輿圖目有《四境圖》《縣城總圖》《縣治圖》《學宫圖》《協鎮府圖》《陽江海島圖》等六幅；卷二建置志（城池、衙署、學校、壇廟、倉儲、塘渡、古跡）；卷三賦役志（户口、賦税、屯田、漁課、鹽課、餉引）；卷四吏治志（文職、名宦〔治績附〕、流寓）；卷五兵防志（兵制、海防、武職、武功）；卷六人物志（選舉，仕宦〔武籍、封貤附〕，鄉賢〔優行附〕，列女）；卷七藝文志（序、記、賦、詩〔詩餘附〕）；卷八雜事志（紀事、風俗、物産、猺蜑、寺觀）。

莊大中序："不佞大中適以癸亥夏由東安合調補陽江，敢不灼見克知，以剔厥職。有來告者曰：'邑志自濟南范令重輯，於今六十年矣，規制屢變，篇籍闕如，將何以鑑？'不佞然之，而有所未果也。蓋數年之間令已六易，姦僞滋起，獄訟繁興，爲之理其牘之塵者，剔其弊之甚者，間以其暇巡視郊原，周察疾苦，凡城池學校、壇廟軍營之務靡不閱，崇山大海、衝衢故址以及窮邨荒寨之所靡不經，田疇之墾闢，保甲之團練，以及魚鹽樹畜之纖悉靡不諮，民之彊梁游惰者靡不懲，而孝友節義之行又靡不採也。晝攬轡而求之，夕篝燈而識之，日月既久，楮墨遂多。乃博考前志，以屬州守林君，總其類而成之，爲綱者八，爲目者四十，仍其舊者什之四，而踵前增之則什之六焉。"

陽江縣，清代凡五次修志。首部爲周玉衡修、陳本纂《陽江縣志》四卷，以康熙十二年孫廷鐸所修稿本增訂而成，分三十八門，付梓於康熙二十年。其次爲范士瑾纂修《陽江縣志》四卷，本於舊志增删成書，分十五門二十四目，康熙二十七年刊刻。其三即此乾隆志。至嘉慶間，知縣李澐聘區啓科等重修縣志，書成未刻，其後迭經知縣李應均、胡瑃續補增纂，成書八卷，分八門四十九目，於道光二年（1822）刊行，又有光緒間重刻本，爲陽江清代第四部志書。其五爲清末陽江修志局所編《陽江縣鄉土志》，列二十四目，紀事至光緒三十年（1904），有清末鈔本傳世。

《中國古籍善本書目》史部地理類著録。

故宮博物院圖書館藏有此志殘本。臺北故宮博物院亦有入藏。

595. 清康熙刻乾隆剜修本饒平縣志　T3230/8114.81

〔康熙〕《饒平縣志》二十四卷，清劉抃修，侯世禄等纂。清康熙二十六年（1687）刻，乾隆間剜修本。八册。半葉九行二十字，小字雙行同，白口，四周雙邊，單魚尾。框高21.5釐米，寬14.2釐米。前有圖，陳衍虞序，佘艷雪序，康熙二十五年侯世禄跋，楊鍾岳跋，康熙丁卯（二十六年）劉抃序，舊序（林大欽序、羅印凱序、邱金聲序），凡例，總目。卷端題："潁川劉抃纂修。"

饒平縣地處潮汕平原邊緣、南臨南海。明成化十二年（1476）析海陽、揭陽二縣地置，屬潮州府。清仍之。1983年屬汕頭市，1991年轉屬潮州市。

劉抃，字子獻，安徽阜陽人。順治十一年（1654）舉人。康熙二十二年任饒平知縣。

侯世禄，廣東開建人。歲貢。康熙二十年任饒平教諭。

書前有《疆域圖》《城郭圖》《黃岡城圖》《大城所城圖》《南灣圖》。正文二十四卷，平列三十六門：卷一星野、疆域、山川、建置沿革；卷二城池、公署、學校；卷三職制、祀典；卷四田賦、戶口；卷五鹽課、屯田、積貯、兵防、鋪遞；卷六職官、名宦；卷七選舉；卷八人物；卷九孝義、隱逸、流寓、列女；卷十潮汐、海颶、海汛、氣候；卷十一風俗、物產；卷十二古跡、寺院、陵墓；卷十三寇盜、災祥；卷十四至二十四藝文（文部、賦部、詩部）。

劉抃序："抃濫尹饒邑……越明年，詔徵天下省郡縣志，以昭一統。上檄至，抃竊自幸躬逢文軌攸同之盛。……爰蒐舊志，而許令璧所肇修，及羅令印凱續修於嘉靖二十年者，皆湮滅無傳。邱令金聲增修於崇正十三年者，亦殘簡蝕於蠹魚，訛字疑於豕亥。夫自邱令修志以迄於今，纔四十餘載，其志之散佚僅存已若此，遲之又久，淪亡殆盡，將併求所謂蠹蝕豕疑者不可復得。是則抃今日之責其容逭乎？於是葺殘訂訛，刪浮徵實，而又周咨紳士，博詢父老，確稽功令，補前志所未備……閱期月乃告成。"

"丘""禎""弘""曆"剜改作"邱""正""宏""歷"，當爲乾隆間剜修本。

明嘉靖二十年（1541）知縣羅印凱、崇禎十三年（1640）知縣邱金聲均曾修饒平縣志，今皆已亡佚。此志爲清代所修首部志書。此後至光緒間，知縣盧尉猷、惠登甲聘邑人黃德容、翁荃續纂志書，以此志爲基礎依類續增，於光緒九年（1883）增刻印行。

中國國家圖書館、中央民族大學圖書館、上海圖書館等七館與臺北故宮博物院及日本東洋文庫亦有入藏。

596. 清乾隆刻本揭陽縣志　　T3230/5272.83

〔乾隆〕《揭陽縣志》八卷首一卷，清劉業勤修，凌魚等纂。清乾隆四十四年（1779）刻本。八冊。半葉十行二十一字，小字雙行同，白口，四周雙邊，單魚尾。框高 19.6 釐米，寬 14.6 釐米。首有乾隆四十四年劉業勤序，圖，目錄，舊序（嘉靖乙巳〔二十四年，1545〕志薛侃序、盛端明序、王鳳序、鄭大崙序、崇禎辛未〔四年，1631〕志陳鼎新序、汪國士序、康熙丁卯〔二十六年，1687〕志林杭學序、鄭濂序、羅國珍序、佘元起序、雍正辛亥〔九年，1731〕志陳樹芝序、乾隆壬午〔二十七年〕續志黃大鶴序），重修揭陽縣志姓名，凡例。卷端題："揭陽知縣劉業勤重纂。"

揭陽縣地處潮汕平原中部。秦置揭陽縣，屬南海郡。東晉咸和元年（326）併入海陽縣。北宋宣和三年（1121）復置，屬潮州。元屬潮州路。明清屬潮州府。1983

年屬汕頭市。1991年設地級揭陽市，原揭陽縣改設榕城區、揭東縣。

劉業勤，號紫峰，廣西桂平人。拔貢。乾隆三十二年十月任揭陽知縣，後以丁憂去職，乾隆四十年九月再任揭陽知縣。

凌魚，字西波，號滄洲，廣東番禺人。乾隆十三年進士。歷任湖南桂陽、昭陵、醴陵等知縣。著有《書耘齋前後集》。

卷首圖有《縣總圖》《縣鎮圖》《縣署圖》《學宮圖》《書院圖》、書院八景圖、縣八景圖、八都圖，計二十九幅。正文八卷：卷一方興志（星野、沿革、潮汐、疆域、山川、古跡、津梁、都鄙、墟市）；卷二建置志（城池、公署、倉廒、鋪遞），學校志（學宮、書院、祠壇、典禮、廟宇〔寺觀附〕）；卷三賦役志（戶口、田賦、經費、屯田、鹽法、雜稅、兵防）；卷四職官志（文職、武職、宦跡〔寓賢附〕）；卷五選舉志（薦辟、進士、舉人、武科、貢生、武職、例仕、例職、例貢、封贈、恩蔭、優行）；卷六人物志（賢達、孝義、懿行、鄉善、耆壽、列女、坊表、塋墓〔雜記附〕）；卷七風俗志（風尚，歲時，氣候，方言，物産〔事紀附、兵燹附〕）；卷八藝文志（記、序、書、論、祭文、贊、頌、銘、詩、賦、考、跋）。

劉業勤序："……既而紳士請益堅，且言番禺進士凌君西波熟掌故，今在籍，因禮致之，並延邑紳陳君仰齋庀其局，予爲發凡起例，寧質勿虛，寧嚴勿濫，務期遠不遺嫩，近不摭浮，永作榕城實錄。二君深思旁訊，含豪矜慎，猶復謙讓未遑，每一編成，輒與予往來辨證，稿再三易而後定。"

凡例謂此志"較前志加詳，其間有增補者，有更刪者，皆參稽省府二志及蒐採名家文集，斟酌而損益之，不敢稍憑臆見"。

明嘉靖間知縣王鳳創修揭陽縣志，今已亡佚。明清志書現存四部。最早者爲崇禎四年馮元飈修、郭之奇纂《揭陽縣志》，分六紀三十九目，現僅中國國家圖書館藏有殘鈔本百餘葉，爲藝文部分。其次爲陳樹芝纂修《揭陽縣志》八卷，據康熙鄭濂志（今已佚）增訂而成，雍正九年刻，孤本存日本內閣文庫。其三即此乾隆志。其四爲王崧修、李星輝纂《揭陽縣續志》四卷，補輯乾隆志修成後百餘年史事，所續凡七門二十九目，刊刻於光緒十六年（1890）。

有零星鈔配多葉，如卷一第二葉、卷二第十葉等。缺佚十餘葉，如卷五第二十五葉、卷八第六十六葉等，茲不備錄。

中國國家圖書館、中國科學院文獻情報中心、故宮博物院圖書館、北京大學圖書館、北京師範大學圖書館等二十三館與中央圖書館臺灣分館及日本東洋文庫、美國國會圖書館亦有入藏。

597. 清雍正刻同治增刻本惠來縣志　T3230/5349.82

　　［雍正］《惠來縣志》十八卷首一卷，清張珆美、謝元選等纂修。清雍正十年（1732）刻，同治五年（1866）增刻本。八冊。半葉九行二十字，小字雙行同，白口，四周雙邊，單魚尾。框高 19.8 釐米，寬 13.6 釐米。首有同治五年方汝進徵縣志原板呈，雍正九年張珆美序，雍正壬子（十年）胡恂序，雍正九年謝元選序，雍正九年侯淑旂序，修志姓氏，圖，目録，舊敘（萬曆己酉〔三十七年，1609〕游之光敘、詹一惠敘、萬曆三十七年林世賞敘、萬曆己酉翁延壽敘、萬曆己酉陳尚志敘、康熙丁卯〔二十六年，1687〕張秉政敘、康熙丁卯張應禱敘、康熙丁卯張經敘、翁嵩年敘、查曾榮敘、蕭英漢敘、陳琳敘、林昂敘），本縣形勝考，凡例。卷端題：“西秦張珆美纂。”

　　惠來縣地處大南山南麓。明嘉靖三年（1524）析潮陽縣惠來都、海豐縣龍溪都置惠來縣，屬潮州府。清仍之。1983 年屬汕頭市，1991 年改屬廣東省揭陽市。

　　張珆美，字崑巖，甘肅金臺人。雍正五年任廣東惠來知縣，後歷任海防同知、廉州知府、肇慶知府，乾隆七年（1742）任廣東雷瓊道。另纂有《五凉考治六德集全誌》。

　　謝元選，字萬青，廣東惠來人。康熙四十四年舉人。曾任湖北石首知縣。

　　卷首有《本境山川圖》《縣郭圖》《縣治圖》《學宫圖》《文昌祠圖》《靖海守禦所圖》《敬字塔圖》等，共七幅，各附圖説。正文十八卷，分十九門：卷一建置沿革；卷二星野，疆域（城池、坊巷、都鄙、市鎮）；卷三山川（關隘、水利、廟宇寺觀）；卷四民賦、物産；卷五職官（名宦附）；卷六選舉；卷七公署；卷八學校；卷九秩祀（事典附）；卷十兵防（屯田附）；卷十一兵事；卷十二災祥；卷十三風俗（氣候附）；卷十四人物（鄉賢、宦跡、賢跡、孝義、碩隱）；卷十五節烈；卷十六寓賢、仙釋；卷十七至十八藝文（文部、詩部）。

　　張珆美序謂：“今聖天子聲教覃敷，風同道一，大修一統之典，採十五國風之志而編輯之，余躬逢其會，曷敢以弇鄙不文辭，爰偕邑之紳士續而成之。……閱三月志成。”

　　卷首方汝進呈文述書版流落經過甚詳：“咸豐四年五月，逆匪陷城，旋經官軍攻克，而縣署毁焚，志板遺失。……先是，板爲縣吏朱某所收掌，當城陷時，朱攜所有避於鄉，旋即物故，以是無知之者。職因母言，接踵遍訪，始悉此板現存於鳳鎮鄉農夫家。緣係官物，不敢毁；懼禍譴，亦不敢報。歷藏至今，十有三年，固依然無恙也。爰急向該鄉農夫剴切傳諭，共檢存三百四十六塊，運回呈繳。”

　　“禎”“弘”“曆”等字剜除不補。

　　明嘉靖三十四年林春秀創修《惠來縣志》，萬曆三十七年游之光再修，今均已不存。惠來現存最早的志書，爲張秉政修、張經纂《惠來縣志》十八卷，刊刻於康熙二十六年。康熙四十三年，知縣查曾榮續修，亦已亡佚。此雍正志爲現存第二部志書。至清末，吳蘭編有《惠來縣鄉土志》，紀事至光緒三年（1877），未刊刻，僅有鈔本傳世。

　　卷首"本縣形勝考"係圖説之一部分，誤裝於舊敘之後。有鈔補數葉，如卷十八第三十一葉、第三十二葉等。缺佚十餘葉，如卷三第二十四葉等，兹不備録。

　　廣東省立中山圖書館亦藏有此志同治補刻本。

598. 明嘉靖刻藍印本廣西通志　T3236/0.7

[嘉靖]《廣西通志》六十卷，明林富、黄佐纂修。明嘉靖刻藍印本。三十册。半葉十行二十字，小字雙行同，白口，四周單邊，無魚尾。框高 20.8 釐米，寬 15.0 釐米。首有弘治六年（1493）周孟中序，弘治六年程廷珙序，凡例，目錄。末有黄佐後序。

599. 清乾隆刻本南寧府志　T3237/4232.83

[乾隆]《南寧府志》五十六卷，清蘇士俊等纂修。清乾隆八年（1743）刻本。二函十六册。半葉十行二十字，小字雙行同，白口，四周雙邊，單魚尾。框高 20.7 釐米，寬 15.2 釐米。前有乾隆八年韓慶復序，楊錫紱序，沈慰祖序，唐綏祖序，乾隆七年李錫秦序，乾隆八年許日燧序，乾隆七年蘇士俊序，凡例，總目，卷次目錄。

南寧府地處鬱江流域中下游。秦漢爲桂林郡地。東晉大興元年（318）析置晉興郡。隋開皇九年（589）廢。唐武德四年（621）置南晉州，貞觀六年（632）改爲邕州。元至元十六年（1279）改爲邕州路，泰定元年（1324）更名南寧路。明洪武元年（1368）改爲南寧府，領宣化、隆安、永淳三縣，橫、新寧、上思三州，歸德、果化、忠三土州及遷隆峒。1913 年廢府，府治改爲南寧縣，今爲廣西僮族自治區南寧市。

蘇士俊，字叢先，江蘇山陽（今淮安市）人。乾隆四年任南寧府知府。

全志五十六卷，列十志八十目：卷一至十五輿地志（圖經、沿革、星野、疆域、形勝、氣候、山川、溝洫、城池、公署、關津、驛站、圖里〔村墟附〕、風俗、古跡、壇廟〔祀田附〕、寺觀〔祀田附〕、陵墓），圖經目有全府及各州縣疆域圖，計十一幅；卷十六至十九食貨志（田賦〔屯田附〕、户口、鹽法、額辦、廠税、積貯、蠲贈、物産）；

卷二十學校志（學宮〔學田附〕、書院、義學〔學田附〕、社學、試院）；卷二十一至二十二武備志（兵制）；卷二十三至三十一職官志（官制、文職、武職、名宦、封建、封贈）；卷三十二至卷三十五選舉志（薦辟、進士、武進士、舉人、武舉、貢生）；卷三十六至三十七人物志（鄉賢、忠節、孝義、儒林、文苑、遷客、流寓、隱逸、仙釋、列女）；卷三十八土屬志（承襲、貢馬）；卷三十九至四十二雜類志（禨祥、諸蠻、馭蠻〔附安南事略〕）；卷四十三至五十六藝文志（敕、制、表、疏、狀、議、牒、檄、序、文、記、傳、考、論、說、引、贊、銘、詩、詞）。

蘇士俊序："郡之原志，明季兵燹失其籍，迨我朝定鼎，撫有區夏，幾經年歲，而未有修輯完善之刊本。乾隆四年己未，余奉命來守是邦，採方問俗，恒以文獻無徵耿耿於懷。遷延兩載，漸喜俗諧人和，政有餘閒，乃睠言郡志，銳意興修，而橫州姚牧、上思蔣牧、宣化宋令適有同心。爰採各屬舊編，參之通志、諸史，補殘缺，序失次，芟其蕪穢，正其舛訛。訂爲十志，明有綱也；以類相從，示有目也。……是役也，昉於辛酉仲春，訖壬戌季夏。"壬戌即乾隆七年。

"曆"剜改作"歷"，"弘""禎""貞""鎮"等缺末筆，"弘"亦有剜改作"宏"者，"顒""琰"二字數見，均不避。有補版數葉：當爲乾隆中後期剜補本。

南寧府，明清志書現存五部。首部爲郭楠纂修《南寧府志》十卷，付梓於嘉靖十七年（1538）。其次爲方瑜纂修《南寧府志》十一卷，列十一志二十八目，刊刻於嘉靖四十三年。其三爲清康熙十三年（1674）金先聲纂修《南寧府全志》，全書不分卷，平列三十一門，有鈔本存世。其四即此乾隆志。其五爲何鯤增修《南寧府志》五十六卷，承襲乾隆志體例、志文而略加增補，爲此志續補之作，有道光二十七年（1847）增刻本、宣統元年（1909）羊城澄天閣石印本。

第五冊（卷十三至卷十五）、第十二冊（卷三十八至卷四十二）係鈔配。

《中國古籍善本書目》史部地理類著録。

大連圖書館、臺北故宮博物院亦有入藏。

600. 清乾隆刻本梧州府志　T3237/4632.83

〔乾隆〕《梧州府志》二十四卷首一卷，清吳九齡修，史鳴皋纂。清乾隆三十五年（1770）刻本。二函十六冊。半葉十行二十一字，小字雙行同，白口，四周雙邊，單魚尾。框高 20.5 釐米，寬 15.3 釐米。首有李侍堯序，乾隆三十五年德保序，乾隆三十五年陳輝祖序，乾隆三十五年童鳳三序，乾隆庚寅（三十五年）淑寶序，乾隆庚寅吳虎炳序，乾隆己丑（三十四年）吳九齡序，舊序（崇禎四年〔1631〕謝君惠序、康熙二十六年〔1687〕陳天植序），目録，凡例，修輯銜名，輿圖。

梧州府地處珠江流域中游。漢置蒼梧郡，治蒼梧縣。唐武德四年（621）置梧州。元至元十六年（1279）改爲梧州路。明洪武元年（1368）改爲梧州府。清雍正三年後，轄蒼梧、藤、容、岑溪、懷集等五縣。1913年廢府。

吳九齡（1718—1781），字景文，江蘇沭陽人。貢生。乾隆二十三年任長治知縣，二十八年升廣西梧州知府，後歷任廣東糧驛道、雷瓊兵備道、長蘆鹽運使。另修有《長治縣志》。

史鳴皋，字荀鶴，號笠亭，江蘇如皋人。乾隆十六年進士。曾任浙江昌化、象山知縣，乾隆三十年任梧州府同知，三十二年署柳州府知府。善畫。

卷首輿圖有《梧州府圖》《府城池圖》、五屬縣圖、《三江源流之圖》、府城與各屬縣八景圖、《新建文廟之圖》，共十五幅，圖各有說。正文二十四卷，列十志四十二目：卷一至四輿地志（星野，沿革〔表附〕，疆域〔廂里、墟市附〕，山川，風俗〔節候附〕，物産，關梁〔驛站附〕，古跡〔坊表、陵墓附〕）；卷五至七建置志（城池，公署，學校〔書院、社學附〕，壇廟）；卷八至九田賦志（户賦〔猺獞附〕、水利、積貯、鹽榷）；卷十至十一軍政志（兵制、戎署〔教場附〕、鎮將〔兵額附〕、兵餉〔屯田附〕）；卷十二至十三職官志（府官、縣官、學官、駐劄）；卷十四至十五名宦志（宦跡、寓賢）；卷十六至十七選舉志（進士、鄉舉、貢選、徵辟）；卷十八至十九人物志（列傳、孝行、忠義、隱逸、仙釋〔方技附〕、列女）；卷二十至二十三藝文志（疏表、記序、考說〔各體附〕、詩賦）；卷二十四記事志（雜記、祥祲）。

吳九齡序："乙酉春，奉命來守兹郡，取郡志閱之，則字漫漶過半，蠹簡之散亡者十之三，計自康熙陳守修輯之日，距今已八十年，岌岌乎梧雖有志而無志矣。……然而網羅散佚，文獻無徵，一旦取八十年荒略之行而整輯之，誠戞戞乎其難之矣。越明年，史丞佐郡，幸有同志，遂共商纂修，上其事於諸大憲，皆報可。又得岑邑周令，雅擅考核，任以載筆。選各邑人士之端謹者司分核，稿既具而史丞復加删潤以紙余。……開局於丁亥四月，閱兩載而後脱稿，遵例錄陳學憲查核，並請各憲臺鑒定而後付之梓。"

梧州府現存最早志書爲謝君惠修、黃尚賢纂《梧州府志》二十卷，係以萬曆間陳鑒所修稿本訂補而成，分十一志四十五目，紀事先本府後屬縣，刊刻於崇禎四年。清康熙二十六年，知府陳天植再修，今已不存。此乾隆志爲梧州現存唯一一部清代志書，乾隆刻本外，另有同治十二年（1873）鳳臺書院刻本。

有缺葉：卷一第十四葉。

故宮博物院圖書館、中央民族大學圖書館、湖南圖書館、華南師範大學圖書館與臺北故宮博物院及日本東洋文庫亦有入藏。

601. 清乾隆刻本鬱林州志　T3237/4249.83

　　[乾隆]《鬱林州志》十卷，清邱桂山修，劉玉麟、秦兆鯨纂。清乾隆五十七年（1792）刻本。四册。半葉十行二十二字，小字雙行同，白口，左右雙邊，單魚尾。框高 18.6 釐米，寬 15.0 釐米。前有扉頁，乾隆壬子（五十七年）費振勳序，乾隆五十七年孫玉庭序，乾隆五十七年邱桂山序，原序（乾隆十八年段汝舟序），重修姓氏，目録。

　　鬱林郡地處玉林盆地。漢置鬱林郡。隋開皇九年（589）置尹州，大業二年（606）改爲鬱州。唐乾封元年（666）改爲鬱林州。元屬梧州路。明洪武初併南流縣入州，屬梧州府。清雍正三年（1725）升爲直隸州，領博白、北流、陸川、興業四縣。1912 年升爲鬱林府，次年廢，府治改爲鬱林縣。1956 年改爲玉林縣。1983 年改爲玉林市（縣級）。1997 年設地級玉林市，原縣級玉林市改爲玉州區、興業縣。

　　邱桂山，字衣千，順天府宛平縣（今北京市）人。乾隆四十年進士。曾任内閣中書。乾隆五十六年以梧州同知署鬱林知州，乾隆五十九年任潮州同知。

　　劉玉麟（1738—1797），字又徐，號春浦、甓齋，江蘇寶應人。拔貢。歷官象州、龍門、北流知縣，署欝林州判。著有《湘南集》《邕管集》《深竹閑園集》等。

　　秦兆鯨，號碧澥，廣西臨桂人。乾隆三十三年舉人。曾任山陰知縣。乾隆五十五年任鬱林州學正。

　　全書十卷，平列十門：卷一沿革（附疆域），插有《州屬總圖》《州治疆域圖》二幅；卷二山川（附鄉堡），插有《山水總圖》及山圖、水圖等計十幅；卷三建置，插有《州城圖》《州署圖》共二幅；卷四學校（附學田），插有《學宫圖》一幅；卷五祀典（附寺廟）；卷六賦役（附倉穀、鹽課）；卷七兵制（附塘鋪）；卷八秩官；卷九選舉（附捐職、封典、鄉賓）；卷十人物（附耆壽、列女）。此志紀事僅限本州，不及屬縣。碑記等附於各條之下，未單立藝文門。

　　邱桂山序：“乾隆辛亥秋，余自梧州丞移署鬱林州篆。下車之始，索閲舊志，吏以乾隆癸酉年前州段君所作鈔本進，蟫蝍篆蝕，大半殘缺。讀原序，係本康熙間前州金君刊志重修。再索原本，已不可得矣。溯癸酉迄今又四十年，若弗亟爲編定，更閲數年，將並此零篇碎牘而烏有矣，文獻奚徵焉。爰與署州判劉君春浦、學博秦君碧澥商之，於壬子春設局學使者行署，延紳士中之敦行而能文者廣咨博採，佐以書手、畫師、胥史，通力合作，而二君暨余總其成。……三閲霜牒，哀然成書，遂出俸錢而付之梓。”

　　扉頁刊：“乾隆壬子年重鐫鬱林州志。本衙藏板。”

康熙間知州金某、乾隆十八年知州段汝舟均曾纂修《鬱林州志》，今均已不存。此乾隆五十七年志爲鬱林現存最早志書。光緒間，又有馮德材、全文炳修，文德馨、牟懋圻纂《鬱林州志》二十卷，分九門二十目，刊刻於光緒二十年（1894）。

書前重修姓氏載繪工姓名："繪圖本州書吏張廷亮、陳應芳、陳世徵、譚如璋。"目録後刊："見賢堂書坊關氏承鐫。"

中國國家圖書館、首都圖書館、中國科學院文獻情報中心、中國第一歷史檔案館、上海圖書館等十二館與臺北故宮博物院及日本東洋文庫、京都大學人文科學研究所、內閣文庫亦有入藏。

602. 清乾隆刻本重修北流縣志　T3238/1131.83

［乾隆］《重修北流縣志》十卷，清張允觀纂修。清乾隆十三年（1748）刻本。八册。半葉九行二十字，小字雙行同，白口，四周雙邊，單魚尾。框高 19.4 釐米，寬 15.0 釐米。前有扉頁，乾隆十三年張允觀序，曹煥序，□□□序，凡例，姓氏，舊志姓氏（康熙二年〔1663〕、雍正三年〔1725〕），總目，繪圖。書後有樂捐修志姓氏。卷端題："奉直大夫候補知州署北流縣事張允觀纂。"

北流縣地處北流江上游。漢爲合浦縣地。南朝齊永明六年（488）置北流郡，梁陳間改設北流縣。唐先後爲銅州、容州治。宋元屬容州。明清屬鬱林州。1994 年改爲北流市。今屬廣西玉林市。

張允觀，漢軍鑲黃旗人。監生。曾任霍州知州，乾隆十三年五月署北流知縣，當年離任，後歷任甘肅蘭州知州、江西南昌府同知、安徽寧國府同知。

書前繪圖有《縣治總圖》《縣治圖》《文廟圖》、八景圖等，共十一幅。全書十卷，平列八十三門：卷一地輿志（沿革、星野、氣候、疆域、山川、風俗、形勝、街郭、廂里〔附村莊〕、陂堰、墟市、郵鋪、井泉、物産〔附異産〕）；卷二建置志（城池、公署、屬署、學宮、學舍、書籍、祭器、學田〔附義學田〕、壇廟、橋渡、亭臺、牌坊、邮政、倉庫〔附社倉〕）；卷三官師志（職員、縣職、屬職、教職、名宦〔附宦績〕）；卷四賦役志（户口、田賦、屯糧、起運、存留、支項、附徵、鹽引）；卷五禮秩志（祭享〔附典制〕、慶賀、開讀、救護、鞭春、講讀、鄉飲、冠昏喪祭）；卷六兵防志（營汛、武備、關隘、團練、屯地）；卷七選舉志（薦舉、進士、舉人、副榜、武舉、選拔、恩貢、歲貢、援例〔附老農〕、冠帶、吏材、襲蔭、封典）；卷八人物志（鄉賢、忠義、隱逸、鄉評、貞節、耆壽、仙釋）；卷九紀事志（時序、事跡、古跡〔附石刻〕、餘録）；卷十藝文志（序、記、詩、歌、舊志總説）。

張允觀序："戊辰夏，允觀攝纂於兹，急取安君志乘周環覽之，將欲類族辨物，而中多率略，詎後無美善可賡與？抑司牧者多不暇於此故也？……爰詢於學博，謀於紳士，慎選總持、都講，而裒集卷宗，分疏義類，訂同異，掇散亡，由災梨而裝演，犁然成帙，蓋稍稍改觀焉。"

北流教諭曹煥序云："煥叨承簡命，秉鐸北庠，覽山水之形勝，仰前哲之休光，待罪寒氊六年於茲矣，亦嘗採其土之風，風其土之士，而修志之舉未敢稍置於懷。戊辰夏，北海張公以宏才偉略，早奏效於桂林麥嶺，各大憲推重賢良，委篆北流，隨車甘雨，德化一新，不匝月而政皆就理，不但盡心民瘼，抑且注意典章，進煥等諄諄於此邑之志。奈邑志自康熙二年署令安公九埏慨遺文之散失，遍爲採錄，因鬱林舊志纂成一帙，時值兵燹之餘，所紀者十僅四五，至今已八十餘載矣。雍正三年，劉公興第曾議修復，實未授梓。是北流之有志，亦如無志也。公亟下令，會集邑紳，以修明爲己任，慨然捐俸，開舘餼士，自膺纂輯，博採舊聞，命煥與同齋覃君附爲參訂。"

北流縣明志無考。康熙二年，知縣安九埏曾修志，據《鬱林志》所載北流史事增纂成書，今已亡佚。雍正三年，知縣劉興第再次纂修，未刊刻，志稿已無存。此乾隆志爲北流縣現存最早的縣志。其次爲嘉慶間金鼎壽修，蘇錫齡、高元纂《北流縣志》十八卷，列十八志，孤本存北流縣圖書館。清代最後一部志書，爲徐作梅等修、李士琨等纂《北流縣志》二十四卷，平列十九門，刊刻於光緒六年（1880）。

扉頁刊："乾隆戊辰秋鐫北流縣志。儒學明辨堂藏板。"

姓氏載繪工姓名："繪圖生員周上賚。"

金鑲玉裝。總目標明册數爲四册，版心刻册次。此本分裝爲八册，原每册分爲二册。

卷十（第七册、第八册）係鈔配，其他亦偶有零星鈔配。

《中國古籍善本書目》史部地理類著錄。

故宫博物院圖書館、北京大學圖書館與臺北故宫博物院亦有入藏。

603. 清乾隆刻本象州志　T3238/2332.83

［乾隆］《象州志》四卷，清李宏涓等修，蔣曰萊纂。清乾隆二十九年（1764）刻本。四册。半葉九行二十一字，小字雙行同，白口，四周雙邊，單魚尾。框高18.9 釐米，寬 14.0 釐米。前有扉頁，乾隆二十九年王錦序，乾隆甲申（二十九年）劉組曾序，乾隆二十九年陸藹吉後敘，修志姓名，凡例，乾隆二十七年朱佩蓮撰象臺書院序，目錄。

象州地處桂中盆地東緣。隋開皇十一年（591）置象州，十六年置陽壽縣。唐大曆十一年（776）象州移治陽壽縣。元至元十五年（1278）升爲象州路，大德後降爲象州。明洪武二年（1369）併陽壽縣入象州，屬柳州府。1912年降爲象縣。1953年改爲石龍縣，1960年改爲象州縣。今屬廣西來賓市。

李宏湑，字豫夫，江蘇甘泉（今揚州）人。乾隆二十二年任象州知州，後調任全州知州。

蔣曰萊，江蘇吳縣（今蘇州）人。貢生。乾隆十九年至二十二年任象州知州。

全書四卷，平列二十門：卷一天文（附星野、氣候、機祥），輿圖（《輿地圖》《學宮圖》《書院圖》《州署圖》），沿革（附表），疆域（附形勝、風俗、都里、墟埠、物產），山川（附古跡、驛站、道路、溝洫、猺峝、關梁）；卷二民賦（附戶口、人丁、地畝、積貯、額辦），鹽法，學校（附書院），建置（附城池、廨署、倉庫），壇祠（附寺觀、樓閣）；卷三秩官、選舉、軍政、名宦；卷四遷謫（附流寓、仙釋），人物（附孝行、儒林、貞節），諸蠻，記序（附説），詩鈔，雜録。

凡例謂："象故無志，自明州御史呂公草創一卷。知州李君修爲四卷，分類三十有八。奉天祖君又踵修之，百餘年來簡編殘缺，遺失過半，官斯土者欲考鏡得失，末由也。今廣爲採輯，細加搜羅，仍分卷爲四，纂類二十，期以示信，不敢傳疑，俾採風者得覽其全焉。"呂、李、祖三人生平均不詳。

王錦序："前明呂侍御曾草志稿一册，雖經李、祖兩公相繼重修，無如代遠編殘，所存亦僅。蔣牧乃從百年後文獻凋謝之餘，網羅補綴，釐爲四卷，各以類附，始丁丑而迄庚辰，獨擔其任，可不謂以因兼創者哉。惜遽調左州，未暇商梓耳。厥後牧兹土者李謀始，蘇圖終，均有勞焉，卒以遷去不果。繼而陸牧來謁，告之故，遂請稍加潤色，壽諸梨棗。"可知此志係蔣曰萊乾隆二十二年至二十五年間纂成，因調任未刻，其後李宏湑、蘇洪、陸藹吉三任知州相繼主持其事，終於乾隆二十九年刻成。

此書爲象州現存最早的縣志。其後，有李世椿修、鄭獻甫纂《象州志》，全書不分卷，列紀地、紀官、紀人、紀故四綱，文詞雅潔，條理井然，爲清末廣西名志，刊刻於同治九年（1870）。

書前修志姓名載："繪圖柳城縣古砦司巡檢金邦獻。"

《中國古籍善本書目》史部地理類著録。

故宮博物院圖書館、中國民族圖書館、湖南圖書館亦有入藏。

604. 清康熙刻本海表奇觀　T3229/1432.81（1-4）

　　［康熙］《海表奇觀》八卷，清牛天宿輯。清康熙十一年（1672）刻本。四册。半葉九行十八字，白口，四周雙邊，單魚尾。框高 20.5 釐米，寬 12.2 釐米。前有獎勵詞語，康熙壬子（十一年）吏隱主人序，目録。卷端題："古潭吏隱主人輯，紫琅異資氏校。"

　　海表，即海南島。西漢元封元年（前 110）置珠崖、儋耳二郡，始元五年（前 82）併儋耳郡入珠崖郡。唐設崖、振、儋、瓊、萬安五州。元天曆二年（1329）設乾寧軍民安撫司。明洪武元年（1368）設瓊州府，領儋、崖、萬三州十縣，屬廣東省。清仍之。宣統三年（1911）廢。今爲海南省。

　　牛天宿，字覲薇，號次月、吏隱主人，山東章丘人。順治六年（1649）進士。順治七年至十一年任江西安遠知縣，後歷任工部員外郎、山西延安知府，康熙七年至十七年任廣東瓊州知府。著有《四書正宗》《安政三略》《厚俗令書》《百僚金鑒》《毓秀館草》等，修有《瓊州府志》。生平見［康熙］《章丘縣志》。

　　全書八卷，平列二十三門：卷一溯源、疆境、形勢、分野、氣候、潮汐、節序、風俗、黎俗；卷二古曆、災祥、名山、水泉；卷三名宦、人物、列傳；卷四祠廟、古跡、墳墓；卷五物産；卷六奇人、奇事；卷七至八題詠。

　　此書以紀奇述異爲主旨，牛天宿序謂："嘗讀《山海》《爾雅》諸書，知宇宙間怪異之事靡所不有，其《齊諧》《搜神》諸記亦未可以荒唐擯也。……戊申歲探符而得粵之瓊州，將發之日，友人張子貽書一編，曰：海南景物具是矣。余受而觀之，乃吳郡顧公之《海槎録》也。讀竟，覺山川險易、土俗民風，舉非中原所恒覩者，掩卷歎曰：奇哉，海表之觀果如是乎！泊抵任，取全誌而閱之，見其奇致猶存，而簡編錯落，字畫魯魚，不可枚舉，期於同志共訂之。乃徵求經歲，而應者半，弗應者半，迄無成緒，已五見藨蕪花矣。然瓊南之奇終不可没也，居恒留心採訪，或得諸目覩，或得諸傳聞，參以稗乘路史，凡驚心駭目之事，非中原所數覯者，彙爲一帙，目之曰《海表奇觀》。”可知此係牛天宿重修《瓊州府志》未成，採其與中原迥異諸事，輯成一書，可謂康熙十五年府志之先聲。此書雖非全面記述瓊州府史事之作，但體例、內容均近似方志，可視爲方志之別體。

書前“獎勵詞語”録江西諸監察官員對牛天宿之考語，紀事至順治十一年牛天宿升任工部虞衡司員外郎，當爲《安政三略》之卷首部分，誤裝於此書之前。

瓊州府現存最早志書爲唐冑纂《瓊台志》四十四卷，列四十七門，付梓於正德十六年（1521）。其次爲歐陽璨等修、陳於宸等纂《瓊州府志》十二卷，分十二門八十二目，萬曆四十五年（1617）刊刻。其三即此書。其四爲牛天宿修、朱子虛纂《瓊郡志》十卷，分十門，康熙十五年刊行。其五爲焦映漢修、賈棠纂《瓊州府志》十卷，本於牛天宿志增輯，康熙四十五年刊行。其六爲蕭應植修、陳景塤纂《瓊州府志》十卷，列十志，以賈棠志爲基礎增補康乾間六十餘年史事，刊刻於乾隆三十九年（1774）。其七爲明誼修、張岳崧纂《瓊州府志》四十四卷，分十門九十三目，有道光二十一年（1841）刻本、同治五年（1866）補刻本、光緒十六年（1890）再補刻本。

卷一卷端“壽餘祕玩”白文長方印（2.2×1.6 釐米）。

金鑲玉裝。

《四庫全書總目》入史部地理類存目。《中國地方志聯合目録》《中國地方志總目提要》《中國古籍善本書目》《中國古籍總目》均未著録。

此書後附清牛天宿輯《安政三略》，索書號爲 T3229/1432.81（5）。該書不分卷，一冊。半葉九行二十字，白口，四周單邊，無魚尾。框高 19.6 釐米，寬 13.1 釐米。卷端題：“知安遠縣事牛天宿輯。”全書分綏輯、勦寇、城守三門，載牛天宿任職江西安遠知縣期間剿滅寇盜、保境安民之施政方略，紀事至順治十一年（1654），當即刊刻於該年。首葉亦鈐“壽餘祕玩”白文長方印。亦爲金鑲玉裝。

605. 民國鈔本康熙樂會縣志　T3230/2986.81

［康熙］《樂會縣志》四卷，清程秉慥等纂修。清康熙二十六年（1687）修，民國崇文齋鈔本。四冊。半葉九行十九至二十一字不等，小字雙行同，白口，四周單邊，單魚尾。框高 19.6 釐米，寬 14.5 釐米。前有扉頁，康熙丁卯（二十六年）程秉慥序，修志姓氏，目録。

樂會縣地處海南島東部。唐顯慶五年（660）置，屬瓊州。元屬乾寧安撫司。明、清屬瓊州府。1959 年與萬寧、瓊東二縣合併爲瓊海縣。1992 年改爲瓊海市。今屬海南省。

程秉愷，字履常，安徽休寧人。拔貢。康熙二十六年任樂會知縣。

全書四卷，列十一志四十五目：卷一輿圖志，沿革志，鼎革志，地理志（星野、疆域、形勝、氣候、海潮、山川、水利、坊鄉、風俗、土産）；卷二建置志（城池、公署、倉場、舖舍、秩祀、橋渡、墟市），賦役志（戶口、田賦、土貢、雜賦），學校志（儒學、學田、社學）；卷三兵防志（營哨、屯戍、民壯、黎情），秩官志（官師、武職、職役、名宦、僑寓），人物志（選舉、鄉賢、卓行、孝友、隱逸、耆舊、節烈）；卷四藝文志（制、文、議、詩、賦）。卷一坊鄉門有小字注多條，紀事至嘉慶二十二年（1817）。

扉頁書"樂會縣志"，版心下刊"崇文齋傳鈔本"。

樂會縣現存最早志書爲林子蘭修、陳宗琛纂《樂會縣志》，分十門四十八目，康熙八年刻。其次即此康熙二十六年志，刻本未見著録，僅有鈔本傳世。其後有林大華纂修《樂會縣志》八卷，分九門九十一目，宣統三年（1911）石印。

《中國古籍善本書目》史部地理類著録此志清鈔本，僅故宮博物院圖書館有藏。

據《中國地方志聯合目録》著録，中國國家圖書館、故宮博物院圖書館、北京大學圖書館、廣東省立中山圖書館亦藏有此志"清鈔本"。查中國國家圖書館藏本，版面特徵與此本相同，亦爲民國間鈔本，該館書目與《中國地方志聯合目録》著録有誤（中國國家圖書館另藏有崇文齋鈔本《宜川縣志》，版面特徵與此本相同，著録爲民國間鈔本，不誤）。頗疑北京大學圖書館、廣東省立中山圖書館藏本亦爲民國鈔本，待考。

606. 清乾隆刻本雍正四川通志　T3178/6122.82

　　［雍正］《四川通志》四十七卷首一卷，清黃廷桂等修，張晉生等纂。清雍正十三年（1735）修，乾隆元年（1736）刻本。七函四十九册。半葉九行二十一字，小字雙行同，白口，四周雙邊，單魚尾。框高 21.1 釐米，寬 15.2 釐米。首有雍正六年上諭、雍正十一年憲德序、楊秘序、乾隆元年寶啓瑛序，李如蘭序，舊志序（明楊慎藝文志序、王元正蜀志序、吳之皡序、杜應芳序、王廷瞻序、郭棐序），修志姓氏，凡例二十四則，目録。

　　四川省位於中國西部、長江上游。秦置巴郡、蜀郡。漢置益州。唐初屬劍南道、山南道。北宋初置西川路、峽路，咸平四年（1001）分西川路爲益州路、利州路，分峽路爲梓州路、夔州路，合稱川峽四路，簡稱四川路。蒙古至元八年（1271）置四川等處行中書省。明洪武九年（1376）改設四川布政使司。清爲四川省，乾隆十四年（1749）設四川總督，裁四川巡撫。

　　黃廷桂（1691—1759），字丹崖，漢軍鑲紅旗人。監生。雍正五年任四川提督，雍正九年至乾隆元年任四川總督。後歷任鑾儀使、甘肅巡撫、陝甘總督、兩江總督、四川總督、武英殿大學士兼吏部尚書等職。《清史稿》有傳。

　　張晉生，四川金堂人。康熙四十一年（1702）舉人。曾任河南鎮平知縣。

　　正文四十七卷，分四十九門：卷一圖考、星野，圖考收《全省輿圖》《江源圖》《都江堰圖》《都江灌溉圖》《成都金水河圖》《峨眉山圖》、各府州圖、《裡塘輿圖》《西藏輿圖》等，計近四十幅；卷二建置沿革；卷三疆域、形勢；卷四城池、關隘；卷五户口、田賦、學校、祀典；卷六至七名宦；卷八至九人物；卷十孝友；卷十一列女；卷十二忠義、武功；卷十三蠲政、水利；卷十四鹽法；卷十五茶法、錢法；卷十六木政、榷政；卷十七屯田、邊防上（松茂）；卷十八邊防下（敘瀘建昌）；卷十九至二十土司，記載頗詳；卷二十一西域，載打箭爐、裡塘、巴塘、乍丫、乂木多、類伍齊、洛隆宗、碩般多、達隆宗、拉里、工布江達、西藏等處史料，保留了西藏史地的不少資料；卷二十二兵制、津梁、驛傳（鋪遞附）；卷二十三至二十五山川；卷二十六至二十七古跡；卷二十八祠廟、公署、寺觀；卷二十九陵墓、宮室、帝王；卷三十至三十二職官；卷三十三至三十七選舉、成均；卷三十八隱逸、流寓、仙釋、祥異、風俗、物產；卷三十九至四十七藝文。

楊馝序述纂修刊刻經過："雍正六年欽奉上諭各省督撫大吏咸修省志以備一統志之採擇，而川志脫稿於雍正十一年之九月，經前督臣黃廷桂、前撫臣憲德恭繕進呈，命工雕開，及今將竣，恭逢我皇上嗣登大寶之初，適副繼志述事之至意，甚盛典也。"

《四庫全書總目》謂："是編乃雍正七年廷桂等奉勑重修，凡分四十九類。舊志之缺者補之，略者增之，較爲詳備。其中沿舊志之誤未及盡汰者，如唐韋昭度征陳敬瑄無功而還，宋岳雲爲忠州防禦使乃遥授之官，俱不應入名宦；虞允文爲四川宣撫，乃總制全蜀，應入統部，不當僅入保寧府；唐之鮮于仲通依附楊國忠，喪師南詔，新舊《唐書》所載甚明，乃反以爲忤國忠被貶，載入人物。此類尚不免地志附會緣飾之習。然其甄綜排比，較舊志則可據多矣。"

明天順年間，四川即修有省志，今已亡佚。現存省志七部。首部爲熊相纂修《四川總志》三十七卷，列三十五門，付梓於正德十三年（1516），今僅中山大學圖書館存有一部，爲嘉靖十六年（1537）補刻重印本。其次爲劉大謨等修、王元正等纂《四川總志》八十卷，分八門四十七目，其中後六十四卷爲《全蜀藝文志》，搜羅宏富，嘉靖二十四年刊刻。其三爲虞懷忠等修、郭棐等纂《四川總志》三十四卷，萬曆九年（1580）刻。其四爲吳之皞修、杜應芳等纂《四川總志》二十七卷，另輯有《續補全蜀藝文志》五十六卷，刊刻於萬曆四十七年。其五爲蔡毓榮等修、錢受祺等纂《四川總志》三十六卷，分三十六門，康熙十二年（1673）刻。其六即此雍正志。其七爲常明等修、楊芳燦等纂《四川通志》二百零四卷，分十二門六十三目，卷帙浩繁，體制完備，爲四川諸志中輯録最爲豐富的一種，刻於嘉慶二十一年（1816）。

修志姓氏載："繪圖江南蘇州府崑山縣布衣陸澐。"

書前"上諭"二葉係朱印。

《四庫全書》入史部地理類都會郡縣之屬。

中國國家圖書館、中國社會科學院考古研究所圖書館、故宮博物院圖書館、中共中央黨校圖書館、北京大學圖書館等三十三館與臺北故宮博物院、孫逸仙博士紀念圖書館、臺灣大學圖書館及日本東洋文庫、美國國會圖書館、英國倫敦大學亞非學院亦有入藏。

607. 清乾隆刻本蒲江縣志　T3180/4230.83

〔乾隆〕《蒲江縣志》四卷，清紀曾蔭修，黎攀桂、馬道亨纂。清乾隆四十九年（1784）刻本。八册。半葉九行二十一字，小字雙行同，粗黑口，四周雙邊，單魚尾。框高 21.6 釐米，寬 15.1 釐米。前有乾隆四十九年潘成棟序，乾隆四十八年紀曾蔭序，姓氏，目録，輿圖。卷端題："知縣事文安紀曾蔭纂。"

蒲江縣地處四川盆地西緣。漢爲臨邛縣地。西魏恭帝置廣定縣。隋仁壽元年（601）改爲蒲江縣，得名於境内蒲江。唐、宋屬邛州。元至元二十一年（1284）併入邛州。明洪武六年（1373）復置，屬嘉定府，後改屬邛州。清因之。今屬四川省成都市。

紀曾蔭，字松符，順天府文安縣（今屬河北省）人。乾隆二十六年進士。乾隆三十四年、乾隆四十年兩次任蒲江知縣。

黎攀桂，字小山，四川蒲江人。乾隆三十三年舉人。曾任渠縣訓導。

馬道亨，字泰來，四川蒲江人。乾隆三十九年舉人。

書前輿圖有縣城、縣境二圖。正文四卷，列十志：卷一地理志（分野、沿革、形勝、疆域、山川、廢鹽井、九溪、十八洞、村落、古跡〔八景附、紀勝風謡附、陵墓附〕），建置志（城池、公署、講約所、朝賀所、演武廳、街巷、壇壝、祠廟、樓閣、坊表、鋪遞、鄉甲、市鎮、水利、津梁、義塚、養濟院），賦役志（丁糧、積貯、義學田、耤田、城工田、鹽法〔歲支附、物産附〕）；卷二官師志（秩官、題名、名宦、宦績〔兵制附、雜流附〕），學校志（學宫、學署、學額、學地、書院、祀典〔賓興禮附〕），風俗志（士習、民情、婚嫁、喪祭、歲時），選舉志（進士、舉人、副榜、武進士、武舉、恩貢、拔貢、歲貢），士女志（人物、宦達、贈謚、懿行、列女〔流寓附〕），方外志（寺觀、仙釋〔祥異附〕）；卷三至四藝文志（詔、奏對、記、序、論、説、銘、傳、墓銘、詩、詞、賦、跋）。

紀曾蔭序："己丑冬，余承乏兹土，亟求所爲志者披讀之，邑人士僉以蒲固蕞尔，向未有志，自兵燹後，益復文獻無徵，即間有一二稗載，亦皆漸滅淨盡，心竊耿耿然。……乃徐廣諮博採，擬以爲修纂地。或言前邑令劉公莅蒲日久，有所輯志略一卷，因遍索之，迄無善本，有來獻者，不過數葉。……比年来悉心採訪，搜碑碣於斷殘，詢耆舊之覯記，參諸省志州志所載，詳加考訂，邑中孝廉黎君馬君邀與共商，相助爲理，要以稽古居今，不敢以疑似爲附會，不敢以愛憎爲品題，自夏四月操觚簡，事丹鉛，條分縷析，閱半載而書以成。"

蒲江縣明志無考，現存三部志書均爲清代所修。此乾隆志爲首部。其次爲孫清士修，解璜、徐元善纂《蒲江縣志》五卷，襲用乾隆志體例，分十門七十七目，增訂舊志並續纂近百年史事，刊刻於光緒四年（1878）。其三爲光緒三十四年成書的《蒲江縣鄉土志》，編者不詳，內容爲歷史、地理、物產三部分，列十二門，未刊刻，僅有鈔本傳世。

卷首姓氏載："繪圖本邑繪士王之佩……刊字成都學院街文星齋梓人蔡占元。"

此本卷一至卷三（第一至第六册）襯紙爲民國九年（1920）前後四川高等審判廳油印公文紙。卷四（第七、第八册）鈔配，襯紙爲乾隆四十五年德聚堂刻本馮浩《玉谿生詩詳注》零葉，計五十七葉。書前潘成棟序首葉亦係鈔配。

中國國家圖書館、故宫博物院圖書館、重慶圖書館、四川大學圖書館亦有入藏。

608. 清乾隆刻本灌縣志　T3180/3169.83

〔乾隆〕《灌縣志》十二卷首一卷，清孫天寧纂修。清乾隆五十一年（1786）刻本。四册。半葉九行二十一字，小字雙行同，粗黑口，四周雙邊，單魚尾。框高21.7釐米，寬14.5釐米。首有乾隆五十一年孫天寧序，圖繪，姓氏，纂修凡例，目録。書後有領袖、捐貲姓氏。卷端題："邑令瀋陽孫天寧纂。"

灌縣地處四川盆地西北緣。三國蜀漢置都安縣，屬汶山郡。北周天和三年（568）省入郫縣，並另置汶山縣。唐武德元年（618）改汶山縣爲盤龍縣，不久改名灌寧縣，開元間改名導江縣。五代前蜀置灌州。北宋乾德四年（966）改爲永安軍，太平興國三年（978）改爲永康軍。元初復置灌州。明洪武中降爲灌縣，屬成都府。1988年改爲都江堰市。

孫天寧，奉天承德（今遼寧瀋陽）人。乾隆二十五年舉人。乾隆四十一年至四十二年、四十三年至四十七年兩次任灌縣知縣。

卷首圖繪收天文圖、《都江堰圖》《都江灌溉圖》《灌縣總圖》《縣治圖》、四景圖等，共十幅。正文十二卷：卷一封域（星野、疆域、山川、關隘、形勢）；卷二建置（沿革、城池、公署、津梁、古跡）；卷三田户（户口、賦税、蠲政、茶法〔鹽引附〕、水利），水利目記載頗詳；卷四學校（文廟、武廟、學額、送學）；卷五典禮（慶賀、接詔、迎春、藉田、社稷、雩禜、護日月、迎霜降、文廟禮、武廟禮、文廟典禮詰略、武廟典禮詰略、李王廟典禮詰略、屬壇、新官到任、賓興、鄉飲酒禮），載録不厭其詳，篇幅佔全書四分之一；卷六儲備（倉廠、兵制、鋪遞）；卷七官政（名宦、職官）；卷八人物（孝友、忠義〔施與附〕、武功、節烈、隱逸、流寓、仙釋）；卷九選舉（文甲、文科、貢、武甲、武科、鄉飲、大賓、耆壽）；卷十風土（氣候、風俗、土產、寺觀、墳墓）；卷十一藝文（記、敘、碑、傳、雜體、詩賦）；卷十二雜記（後序）。

孫天寧序："省志既修，復飭令州縣各呈所志，以備採擇。余奉文而深愜於懷，因會集闔邑紳士，俾訪求前人之遺跡與其碑銘記傳，以及土俗民風之異，山川人物之奇，分門別類，彙成一書，共爲六册以獻。"

此志爲灌縣現存最早的縣志，其後百餘年未續，至光緒間纂修有志書三部。其一爲莊思恒修、鄭珶山纂《增修灌縣志》十四卷，分十四門一百一十六目，光緒十二年（1886）刊刻，又有光緒二十七年補刻本。其二爲彭洵纂《灌記初稿》四卷，據灌縣新舊志書删補而成，光緒二十年付梓。其三爲鍾文虎修、徐昱等纂《灌縣鄉土志》，列十五門，記述較簡，刊刻於光緒三十三年。

有缺葉：卷十第四十一葉，書後姓氏末葉。有鈔配：卷十第四十二、第四十三葉。

中國國家圖書館、中國科學院文獻情報中心、故宮博物院圖書館、北京大學圖書館、北京師範大學圖書館等二十二館與"中央研究院"歷史語言研究所傅斯年圖書館、孫逸仙博士紀念圖書館及日本東洋文庫、美國國會圖書館亦有入藏。

609. 清乾隆刻本潼川府志　　T3179/3122.83

[乾隆]《潼川府志》十二卷首一卷，清張松孫等纂修。清乾隆五十一年（1786）刻本。二函十二册。半葉九行二十二字，小字雙行同，白口，四周雙邊，無魚尾。框高 20.6 釐米，寬 14.8 釐米。首有扉頁，乾隆五十一年錢樾序，乾隆五十一年孟顏明安序，乾隆五十年張松孫序，乾隆丙午（五十一年）張松孫跋，修志姓氏，目録，凡例，修志銘，舊州志序（康熙二十六年劉國佐序），圖。

潼川府地處四川盆地中部。南朝梁末置新州，治新城郡。隋開皇十八年（598）改爲梓州。北宋重和元年（1118）升爲潼川府，治郪縣，屬潼川府路。元屬四川省。明洪武九年（1376）降爲潼川州。清雍正十二年（1734）再升爲府，轄三臺、射洪、鹽亭、中江、遂寧、蓬溪、安岳、樂至等八縣。1913 年廢。

張松孫（1730—1795），字雅赤，字鶴坪，江蘇長洲人。監生。乾隆四十八年任潼川知府，乾隆五十四年轉任河南府知府。

卷首有《天文分野圖》《府屬八縣總圖》《府城圖》等輿圖三幅。正文十二卷，分土地、人民、政事三部。土地部四卷：卷一疆域、建置沿革表、氣候、風俗；卷二山川、城池、水利；卷三府署圖、西園圖、梓署漢柏圖、公署、土産；卷四古跡。人民部四卷：卷五官師表、名宦；卷六選舉表、武科表；卷七先憲、忠孝；卷八列女、逸行、寓賢、大年、外教。政事部四卷：卷九耕織六圖，貢賦（正供、雜税），鹽茶（鹽法、茶法），倉儲（常平、社倉）；卷十文廟圖、漢柏圖、廟學、祭器、樂舞圖、先聖世系誕辰、先聖歷代崇祀考、先賢歷代崇祀考、學制、學額（考棚附）；卷十一壇廟、儀禮；卷十二草堂書院圖、書院、營制（民社附）、雜記。此志未單立藝文門，碑記詩賦等附於各條下。書中插圖頗豐，繪刻均佳。

張松孫序："予於癸卯秋來守梓州，詢及郡志，得前守劉柱九氏舊編六冊，爲康熙二十六年所纂輯者，是時兵燹之後，流亡甫集，即欲蒐羅，自多掛漏。……即索覽屬邑之志，近者三四十年，遠者更六七十年，皆久未修輯，尤多闕略，若及今不修，恐日月寖久，將並此湮没於蝸涎蟬腹之餘，予滋懼焉。爰偕賓從僚屬，共相考訂，始事於乙巳之春，至秋杪，郡志甫脱稿，以土地、人民、政事爲三綱，分卷十二，分目三十，體裁稍異，紀載頗詳，其八邑之志亦將次第編纂。"

張松孫跋又謂："新修郡志十二卷共三十餘萬言，皆予政事之暇所手自訂定者也，卷葉既繁，編纂不易，且未及匝歲，甫脱稿亟以鋟梓，遠近聞風争購，殺青後初印百部，以應求者。其中尚多校刊未周，循例呈於督學錢黼堂太史，詳加鑒閲，又爲訂訛斥僞，補其闕略，復分手校對，期於一字無訛。"可知此志乾隆五十年刻版，初印百部，附詳加校刊，於乾隆五十一年竣工。

扉頁刊："吳趙張鶴坪編輯郡志。乾隆乙巳冬孟鐫刻。本衙藏板。"乙巳即乾隆五十年。

修志姓氏載"繪圖中江縣監生夏仁"。［乾隆］《遂寧縣志》卷首之圖亦出自夏仁之手。

潼川明清志書今存四部。其一爲嘉靖二十九年（1550）陳講纂修《潼川志》十卷，分十二門，僅有鈔本存中國國家圖書館。其二爲陳時宜修、張世雍等纂《潼川州志》五十四卷，付梓於萬曆四十七年（1619），現僅有孤本存日本國會圖書館。其三即此乾隆志。其四爲阿麟修、王龍勳等纂《新修潼川府志》三十卷，分十門五十五目，光緒二十三年（1897）刊刻。

此本天頭間有批注。

中國國家圖書館、中國科學院文獻情報中心、故宮博物院圖書館、中國第一歷史博物館、中國國家博物館等二十七館與"中央研究院"歷史語言研究所傅斯年圖書館及日本東洋文庫、内閣文庫、美國國會圖書館、法國國家圖書館、意大利羅馬維托里奥·埃瑪努埃萊國立圖書館亦有入藏。

610. 清乾隆刻本鹽亭縣志　　T3180/7102.83

［乾隆］《鹽亭縣志》八卷首一卷，清張松孫、胡光琦纂修。清乾隆五十一年（1786）刻本。八冊。半葉九行二十二字，小字雙行同，白口，四周雙邊，無魚尾。框高20.7釐米，寬14.8釐米。前有扉頁，乾隆五十一年張松孫序，乾隆五十一年胡

光琦序，舊志序（乾隆二十八年劉益序、康熙丙辰〔十五年，1676〕張泰階序、康熙十五年顏堯揆序、康熙三十六年吳宏序、乾隆壬午〔二十七年〕董夢曾序），凡例，目錄，圖。書後有舊志跋（張泰階跋、乾隆壬午呂嘉元後序）。

鹽亭縣地處四川盆地北部。漢爲廣漢縣地。南朝梁大同元年（535）置北宕渠縣。西魏改爲鹽亭縣。唐屬梓州。宋屬潼川府。明屬潼川州。清屬潼川府。今屬四川省綿陽市。

張松孫，生平見《潼川府志》條。

胡光琦，字步韓，安徽婺源（今屬江西省）人。乾隆三十七年進士。乾隆四十九年任鹽亭知縣。著有《日知筆記》等。

卷首有《天文分野圖》《鹽亭輿圖》《城池圖》。正文八卷，列三部二十六門：卷一至四土地部（建置、疆域〔城池附〕、風俗〔時序附〕、公署〔有圖〕、古跡、四景圖説、山川、寺觀〔邱墓附〕，津梁〔場鎮附〕、土產）；卷五至六人民部（官師表、名宦、選舉表，人物、忠孝、列女、流寓、逸行、仙釋、大年）；卷七至八政事部（學校〔有圖〕，書院〔有圖〕，壇廟〔禮儀附〕，貢賦〔雜課附、倉儲附〕，營制〔民壯、鋪兵附〕，雜記上，雜記下）。此志未單列藝文門，碑記詩文等散見於各條之下。

張松孫序："予於癸卯秋初奉命擢守梓州……閱明年，政通人和，即有纂修郡志之舉，檄取各邑舊志。甲辰冬，值胡君任事，呈舊編四册，披而閲之，爲前令董夢曾乾隆二十八年所輯，不免顚錯繁蕪，亥豕疊見，且採輯未備，難云善本。歷乙巳、丙午，郡志修竣，續纂三射、安樂、蓬溪五縣之志既錢梓，次及鹽邑。……胡君亦以縣志應修爲請，爰進學博與尉而謀之，遴擇紳耆，分任採訪，陸續送局。予於政事之暇，篝燈自策，其間增删潤色，辨義訂訛，盡棄舊本筌蹄，雖單詞隻字，亦必旁參互證。……是編體例悉仿郡志，提綱列目，合十餘萬言。……脱稿後即以授梓，一切經費皆予清貧太守捐俸以給。"胡君即知縣胡光琦。

扉頁刊："梓州太守松孫張鶴坪編輯鹽亭縣志。乾隆丙午冬仲鎸刻，縣衙藏板。"

鹽亭縣明代志書無考，現存五志均爲清代所修。康熙十五年，縣人張泰階纂有《古鹽志略》。知縣吳宏以之爲基礎，編成縣志六卷，成書於康熙三十六年。至乾隆十七年，知縣胡華訓本於吳志舊稿重加删補編次，纂成《鹽亭縣志書》，爲鹽亭縣現存最早的志書，有鈔本藏於中國國家圖書館。其次爲董夢曾纂修《鹽亭縣志》四卷，基於康熙張志、胡志重修，刊刻於乾隆二十八年。其三即此乾隆五十一年志。其四爲邢錫晉修、趙宗藩等纂《鹽亭縣志續編》四卷，延續乾隆五十一年志體例，分土地、政事、人民三部，下列三十五門，光緒八年（1882）刊刻。其五爲光緒三十二年佚名編《鹽亭縣鄉土志》，分歷史、地理、物產三部二十三門，未刊刻，僅有鈔本傳世。

封面書名簽題："鹽亭縣志全部。"

此本各冊首葉鈐"雙流彭氏學古堂藏書印"朱文長方印（5.3×1.8 釐米）。

間有補版，如卷八第三十一葉。少量書葉係鈔配，如卷一第三、第四、第六葉等，茲不備錄。

中國國家圖書館、故宮博物院圖書館、中國第一歷史檔案館、北京大學圖書館、上海圖書館等十七館與孫逸仙博士紀念圖書館及日本內閣文庫亦有入藏。

611. 清乾隆刻本廣元縣志　　T3180/0811.83

［乾隆］《四川保寧府廣元縣志》十三卷首一卷，清張賡謨纂修。清乾隆二十二年（1757）刻本。四冊。半葉九行二十一字，小字雙行同，白口，四周雙邊，單魚尾。框高 20.0 釐米，寬 13.1 釐米。首有乾隆二十二年張賡謨序，圖，凡例，修志姓氏，目錄。書後有乾隆二十二年應德偉後跋。卷端題："知縣事東魯單父張賡謨纂修。"

廣元縣地處四川盆地北部。秦漢爲葭萌縣地。晉初爲晉壽縣地，太平中析置興安縣。隋開皇十八年（598）改興安縣爲綿谷縣，屬智州。唐屬利州。宋屬利州路。元屬廣元府路。明洪武七年（1374）改廣元府爲廣元州，綿谷縣省入州，十四年（1381）再降爲廣元縣，屬保寧府。清因之。1985 年改設廣元市，原廣元縣改置市中區，1989 年析置元壩、朝天二區，2007 年改市中區爲利州區。

張賡謨，字企豐，山東單縣人。貢生。乾隆十四年任廣元知縣。

卷首有《幅帪圖》《縣城圖》。正文十三卷，卷各一門：卷一星纏；卷二封域（沿革、山川、古跡、洞寨、幅帪、形勢、鄉堡）；卷三營建（城池、廨署、街巷、驛鋪、壇壝、祠廟、寺觀、關隘、津梁、坵墓）；卷四水利（勸農記、勸民歌）；卷五賦役（丁糧、戶口、倉庫、鹽茶〔附榷關〕）；卷六學校；卷七風土；卷八儀禮（附兵事、祥異）；卷九名宦；卷十官吏；卷十一師儒（附選舉）；卷十二人物（鄉賢、忠義、貞烈、隱逸、流寓、仙釋）；卷十三藝文（詩、銘、賦、序、記、疏、説、譜）。

張賡謨序述纂修經過："余令葭萌蓋九閱寒暑矣，自初抵境，索志乘，吏以手鈔一束進，披覽之下，甚病其略，憒然如無所睹，弗快也。……頃之聞邑明經魯君璿著有遺本，求之弗得，遂於簿書鞅掌之餘，留意延訪，博採群書，廣詢耆舊，仰觀俯察，考習俗，驗土宜，審賦役，稽典禮……一有見聞輒筆之，日居月諸，駸駸乎富於卷軸矣。終慮夫耳目有限，不免絓一漏萬之誚，未敢訂爲成書。茲於丁丑夏偶從邑庠生石子崇憲獲所由浙西攜歸其伯父邑明經法魯君增輯魯君本，所載亦多略而弗確，然良工苦心，採其精華，補我疏漏，鎔金歸冶，梗概遂大備。"

此志爲廣元縣創修志書，此後至民國十五年（1926），方纘再次纂修。

姓氏載刊工姓名："刊刻梓人唐廷玉、王則安、姚勝先、蔣喜生、李蘭、陳思賢。"
此本有缺葉，如卷二第七、第八葉等，兹不備録。

中國國家圖書館、中國科學院文獻情報中心、中國第一歷史博物館、北京大學圖書館、中央民族大學圖書館等十七館與"中央研究院"歷史語言研究所傅斯年圖書館、臺北故宫博物院、孫逸仙博士紀念圖書館及日本東洋文庫、京都大學人文科學研究所亦有入藏。

612. 清乾隆刻本遂寧縣志　T3180/3332.83

　　[乾隆]《遂寧縣志》十二卷首一卷，清張松孫、李培峘纂修。清乾隆五十二年（1787）刻本。十二册。半葉九行二十二字，小字雙行同，白口，四周雙邊，無魚尾。框高 20.6 釐米，寬 14.6 釐米。首有扉頁，乾隆五十二年李培峘序，乾隆五十二年寇賷言序，乾隆五十二年張松孫序，舊序四則（友文序、乾隆十一年田朝鼎序、乾隆十二年周彭年序、康熙二十九年〔1690〕張鵬翮序），目録，纂修姓氏，凡例，分野，輿圖。書後有乾隆五十二年張顧鑑後序。

　　遂寧縣地處四川盆地中部。東晉置遂寧郡。唐爲遂州。北宋政和五年（1115）升爲遂寧府。元至元二十年（1283）降府爲州。明洪武九年（1376）降爲遂寧縣，屬潼川州。清順治十年（1653）省入蓬溪縣，十七年復置，屬潼川府。1985 年置遂寧市，原遂寧縣改爲市中區，2003 年改設船山、安居二區。

　　張松孫，生平見《潼川府志》條。

　　李培峘，雲南阿迷州（今開遠）人。舉人。乾隆四十九年任遂寧知縣。

　　卷首輿圖收縣境、城池圖，共二幅。正文十二卷，列三部三十門：卷一至卷四土地部（建置表、疆域〔場鎮附〕、城池、氣候時序、風俗，公署〔有圖〕、縣景圖説、古跡，山川、津梁、堰壩、土産）；卷五至九人民部（藩封表、官師表、名宦，選舉表、封蔭表，人物上，人物下，忠孝、高行〔寓賢附〕、列女〔賢女附〕、大年、外教〔寺觀附〕、宅墓）；卷十至十二政事部（學校〔有圖、坊表附〕，書院〔有圖〕，壇廟〔禮儀附〕，貢賦〔倉儲附〕，營制〔民壯、鋪兵附〕，雜記上，雜記下）。此志未列藝文門，碑記詩文等散見於各條之下。

　　張松孫序："乾隆癸卯秋，奉命典郡梓州，於教養之事次第興舉，見一府八縣志乘闕略，遂以重修爲己任。因思古之國史皆出自一家，如魯漢之邱明、子長，晉齊之董狐、南史，咸能立言不朽，藏諸名山，未聞藉以衆功，方云絶筆。予謭陋未嘗學問，何敢方駕古人？亦欲取法乎上，成一家言。乃博集群書百餘種，先詳覽而會通之，分檄八屬，共相採訪，自始事迄今三更裘葛，樂此不疲，皆資一手。最後乃及遂寧，非敢緩也，緣邑志爲相國張文端公原本，其間改綴增芟，必須倍加慎重，雖經前令田朝鼎續增纂輯，歷年復久，無論體裁尚有未協，即應增訂者亦多。適滇南李君培峘來宰是邑，振興學校，講求吏治，雅有同志，爰屬廣文紳士分事諏訪，予得按部就班，詳稽確核，依郡志例，分綱列目，成書十二卷，計二十餘萬言，自信已無遺憾。"

遂寧縣清代凡四次修志。首部爲張鵬翮纂修《遂寧縣志》四卷，以［嘉靖］《潼川志》殘帙爲基礎續纂，分二十一門，付梓於康熙二十九年。其次爲田朝鼎修、周彭年纂《遂寧縣志》八卷，基於康熙志增纂，列三十五門，乾隆十二年刊刻。其三即此乾隆五十二年志。其四爲孫海等修、李星根等纂《遂寧縣志》六卷，分十八門，光緒五年（1879）刻。

此志《中國地方志聯合目錄》著錄爲"張松孫、李培峘修，寇賚言等纂"，《中國地方志總目提要》著錄爲"張松孫修，李培峘、寇賚言纂"，據張、李、寇三序，此志實爲張松孫手定，知縣李培峘助之，寇賚言並未實際參與，因此著錄爲"張松孫、李培峘纂修"。

扉頁刊："乾隆丁未仲夏月鐫遂寧縣志。縣衙藏板。"

卷首纂修姓氏載"繪圖中江縣監生夏仁"。［乾隆］《潼川府志》卷首之圖亦出自夏仁之手。

此本各冊首葉鈐"習吾"朱文方印（2.0×2.0 釐米）、"雙流彭氏學古堂藏書印"朱文長方印（5.3×1.8 釐米）。

有缺葉：卷四第五葉，卷六第二十五、第二十六葉。

中國國家圖書館、中國科學院文獻情報中心、中國民族圖書館、中共中央黨校圖書館、北京大學圖書館等十八館與臺北故宮博物院及日本東洋文庫、內閣文庫、美國國會圖書館亦有入藏。

613. 清乾隆刻本威遠縣志　T3180/7533.83

［乾隆］《威遠縣志》八卷首一卷，清李南暉修，張翼儒纂。清乾隆四十年（1775）刻本。八冊。半葉九行十九字，小字雙行同，白口，左右雙邊，單魚尾。框高 18.0 釐米，寬 13.6 釐米。首有扉頁，文綬序，湯大寧序，乾隆四十年李南暉序，目錄，舊志纂修姓氏，今志纂修姓氏，捐資新充監生姓氏，凡例二十三條，修威遠縣志定篇目次第說，圖繪全覽。書後有乾隆三十九年張翼儒跋。卷端題："總裁知四川嘉定府威遠縣事渭城李南暉仲晦甫，男宗沆滄池、思沆慎庵編次，纂修候銓知縣壬申恩科陝西解元平襄張翼儒渠若甫，甘谷劉祚隆健侯校正。"

威遠縣地處四川盆地西南部。隋開皇三年（583）設威遠成，十一年置威遠縣，屬資陽郡。唐武德元年（618）改隸榮州。南宋屬紹熙府。明屬嘉定州。清康熙六年（1667）併入榮縣，雍正七年（1729）復置，屬嘉定府。今屬四川省內江市。

李南暉（1709—1784），字仲晦，號青峰，甘肅通渭人。雍正十三年舉人。乾隆三十年任威遠知縣，任職十三年。著有《讀易觀象》《憩雲集》《天水問答》等，另纂有《桐柏縣志》。《清史稿》有傳。

張翼儒，字渠若，甘肅通渭人。乾隆十七年舉人。受李南暉之邀主講威遠縣青峰書院，後曾任陝西省富平縣訓導。

卷首圖繪全覽收《地域總圖》《城池全圖》《衙署全圖》《文廟全圖》、八景圖等，計十二幅。正文八卷，列八志：卷一乾部天文志（星圖、星野考證、氣候節序、占候、祥異）；卷二坎部地理志（沿革表、疆域、形勢、山川、古跡、邱墓、物產、舊志十景、今定八景）；卷三艮部建置志（城池，公署，學宮，弟子員，典籍〔縣署書籍附〕，學田，書院，倉廒，坊表，街市，防汛〔教場附〕，壇壝祠廟〔寺觀附〕，鄉鎮〔集場附〕，保甲，橋梁堰壩〔筒車、龍骨車附〕，舖舍，樹藝，惠卹〔養濟院、漏澤園、育嬰堂〕）；卷四震部官師志（宦跡，知縣〔署縣附〕，教職，典史，武職〔把總〕，雜術〔陰陽學、醫官、僧會司、道會司〕）；卷五巽部食貨志（戶口，田賦，支存，裁解，雜款，鹽榷〔煤炭、鐵廠附〕）；卷六離部典禮志（慶賀，詔書，宣講，迎春，祭先農耕耤〔耤田附〕，祭文廟〔祭器、樂章、樂器、舞譜、聖賢各贊、歷代封爵附〕，祭崇聖祠〔鄉賢各宦附、歷代封爵附〕，祭武廟，祭武廟後殿，祭社稷壇，祭風雲雷雨山川城隍，祭八蜡祠，祭屬壇，祭軍牙六纛，救護，祈雨〔祈晴附〕，雩祭，禜祭，祭賢良祠，祭忠義孝弟祠，祭節孝祠，群祀〔衙神、火神廟、馬王廟、廄神、土地神〕，新官上任，賓興，鄉飲酒禮，風俗）；卷七坤部人物志（理學，儒林，孝義，忠烈，文苑，隱逸，仕宦，科目〔進士、舉人、武進士、武舉附〕，貢士〔恩、拔、副、歲、例〕，雜途〔例監、例掾〕，封贈，列女〔賢母、節孝婦、節烈婦、節婦、節女〕）；卷八兌部藝文志（聖諭十六條、記、說、傳、序、祭文、引、論、詩、賦、示）。各門後往往有論。

李南暉序："自勝明中葉以還，迄今二百餘年，邑乘竟無修者。余承乏威邑，十年於茲矣。乙酉臘底初蒞任，歷詢邑人士與鄉耆之老而文者，皆曰：已矣，邑無乘久矣。最後晤邑學生沈君璋，獲前朝鈔本一卷，僅故紙數十葉，無始末而魚魯豕亥且訛謬不可較，余撫之太息曰：是烏可已也。……張君者，吾梓里老名輩，以壬申第一人領三秦鄉薦，其季女配余仲男，適來視女，余與邑人士及鄉耆之老而文者謀僉同，遂取邑乘事舉而浼諸張君。張君主鉛槧，余亦於公退之餘，兩人蕳燭西牕，不憚較訂。……是役也，財不擾民，力不勞士，新充太學之謁余，來者執贄相見，則取以資之，其有未足，則□清俸以佐之。"

張翼儒所撰凡例謂："是書佈置紀律，一本青峰李侯《桐柏志》爲模楷，或參以己意。"

扉頁刊："乾隆乙未刊威遠縣志。三費局藏板。"乙未即乾隆四十年。版心下刊"本衙藏板"。

明天啓間知縣汪諒創修威遠縣志，未刊刻。此乾隆志爲威遠縣現存最早的志書。其次有陳汝秋纂修《威遠縣志》六卷，分七門四十目，嘉慶十八年（1813）年刊刻，又有光緒三年（1877）重印本。再次爲吳增輝修、吳容纂《威遠縣志三編》四卷，三編分十二門九十五目，第四卷爲"典禮及田房諸契"，刊刻於光緒三年。

中國國家圖書館、中國科學院文獻情報中心、中國社會科學院考古研究所圖書館、故宮博物院圖書館、中國第一歷史檔案館等三十七館與"中央研究院"歷史語言研究所傅斯年圖書館、孫逸仙博士紀念圖書館亦有入藏。

614. 清乾隆刻本滎經縣志　　T3180/9321.83

〔乾隆〕《滎經縣志》九卷末一卷，清勞世涴纂修。清乾隆十年（1745）刻本。六冊。半葉九行二十一字，小字雙行同，白口，四周雙邊，單魚尾。框高18.9釐米，寬12.3釐米。前有扉頁。卷端題："知縣事皖江勞世涴纂修。"

滎經縣地處四川盆地西側、青藏高原東緣。秦爲嚴道縣地，屬蜀郡。唐武德三年（620）析置滎經縣，得名於境內有滎、經二水，屬雅州。宋明仍之。清屬雅州府。今屬四川省雅安市。

勞世涴，字湘南，號存齋，安徽懷寧人。舉人。乾隆九年至十三年任滎經知縣。

卷一地輿志，有星野、建置沿革、疆域、形勢、八景、關隘、山川、鄉壩、街市、古跡等目；卷二營建志，有城池、官署、學校、倉儲、兵制、祠壇、坊表、塘堰、津梁、驛傳、鋪遞、寺觀等目；卷三風土志，有風俗、節序、祥異、物產等目；卷四庶政志，有户口、賦役、鹽政、茶政、恤政等目；卷五禮儀志，有秩禮、日食月食、鞭春、鄉飲酒禮、祀典等目；卷六秩官志，有名宦、循吏、職官等目；卷七選舉志，有科甲、貢監二目；卷八人物志，有鄉賢、忠義、孝友、士行、節烈、隱逸、流寓、仙釋等目；卷九藝文志，有記、序、引、辯、贊、説、謡、賦、詩等目；卷末爲戒條，計十四則。

該志有勞世涴序，此本脱，序文存民國四年（1915）本《滎經縣志》。勞序謂："甲子春，涴蒞滎邑，索觀邑乘，不可得，僉曰：志之不作百有餘年矣。明崇禎間邑侯張君諱維斗偕邑紳宋子恭創有成書，甲申兵燹，蕩然無復存者。予……因博加諮訪，僅得浮屠氏鈔張君志二本，所紀皆勝國以前事，而篇章殘缺，無復倫次，字句亦多魚豕，蓋甚矣榮志之不絕如綫也。……正在校訂纂輯間，適大中丞三韓紀公膺天子命撫全蜀，越一載，吏治澄清，百廢具舉，尤以文教爲首務，飭州縣修輯志乘，沅益加意校讐，探碑碣，訪耆老，質紳士，存疑補闕，間參己見，謬加釐正，列爲九帙，分別類輯，事竣付諸梓。”

明崇禎間，知縣張維斗曾修縣志，今已不存。此乾隆志爲榮經縣現存最早的志書。其後至光緒三十二年（1906），朱啓宇編有《榮經縣鄉土志》，內容爲歷史、地理、物産，未刊刻，有鈔本傳世。

此本書前有手書扉頁，題：“榮經縣志。乾隆九年修。李昶書。”又將“九”改爲“十”。部分襯紙爲民國間石印本《公司律》零葉，版心下刊“商業專門學校，昌福公司代印”，天頭有批注。部分爲民國間石印本《殖民政策》零葉，版心下刊“商業專門學校，昌福公司代印”。部分爲民國間石印本《工場經營》零葉，版心下刊“商業專門學校，大昌公司代印”。按，商業專門學校、昌福公司均位於成都。

有補版多葉：卷一第七、第八葉，卷三第四葉等。

中國國家圖書館、中國科學院文獻情報中心、中國第一歷史檔案館等七館亦有入藏。

615. 清康熙刻本貴州通志　T3243/5832.81

[康熙]《貴州通志》三十七卷，清衛既齊修、薛載德等纂，閻興邦補修。清康熙三十六年（1697）刻本（卷首、卷一、二、十八、十九至二十五、三十配鈔本）。三十冊。半葉十行二十字，小字雙行同，白口，四周雙編，單魚尾。框高 24.4 釐米，寬 17.8 釐米。首有康熙三十一年范承勳序，康熙三十一年衛既齊序，康熙三十六年閻興邦序，康熙三十一年董安國序，康熙三十一年丹達理序，康熙三十一年陸祚蕃序，康熙三十一年華章志序，修志姓氏，凡例，目錄。

貴州，即貴州省。簡稱黔或貴。位於中國西南部。戰國時爲楚國黔中地和且蘭、夜郎等，秦屬黔中郡和象郡、夜郎等地。漢屬荊、益二州，唐屬黔中道，部分屬劍南道，宋屬夔州路，元分屬雲南、四川、湖廣三行中書省，明置貴州布政使司，清爲貴州省。

衛既齊，山西猗氏（今臨猗）人，康熙三年進士。康熙三十年任貴州巡撫。

薛載德，貴陽府定番州知州。

閻興邦，宣化（今張家口）人，舉人。康熙三十二年任貴州巡撫。

卷一輿圖；卷二星野；卷三建置沿革；卷四疆域（形勝附）；卷五大事紀；卷六山川（關梁附）；卷七風俗（氣候附）；卷八城池（郵傳附）；卷九兵防；卷十戶口；卷十一田賦；卷十二物産；卷十三職官；卷十四公署；卷十五學校（貢院、書院、樂儀附）；卷十六選舉；卷十七名宦；卷十八人物；卷十九孝義；卷二十勇烈；卷二十一列女；卷二十二流寓；卷二十三隱逸；卷二十四仙釋；卷二十五方伎；卷二十六祠祀（寺觀附）；卷二十七丘墓；卷二十八古跡（亭館附）；卷二十九災祥；卷三十土司（蠻獠、黔苗叛服始末）；卷三十一至三十六藝文；卷三十七雜記。

衛既齊序曰："貴州之志修於康熙十二年，中更叛亂，散佚無存。余下車再四搜求，僅得鈔本數冊，字漫漶不可讀，慨然嘆曰：若此不修，同於無志也。況勘定以來又逾一紀，皇仁益暢，改衛設縣，增學蠲租，善政美綸美不勝述，尤不可不紀。
乃多方訪購，得郭青螺先生《黔記》一書。青螺撫黔十載，政修績著，纂輯是書，
尤屬單心，信而可徵，惜亦殘缺八卷有奇。遂僉詢布政司董君、按察司丹君，交推
貴東道陸君董其事，延老成積學之士，各視所長，分任星野、輿圖、農田、戶口、
山川、形勝、貢賦、物產、風俗、學校、兵防、武備等志。余獨於名宦、鄉賢二者
親爲考校，見夫《通志》多略，《黔記》多詳，余則微長片善，必謹志之，有寧失
之詳者，蓋以貴州之名宦鄉賢，非他省可比也。……志修於康熙三十一年正月，告
成於是年十月，共書三十六卷。舉其梗概而爲之序。"

閻興邦序曰："黔志創始於明嘉靖督學謝公，後修於中丞劉公暨江公，今已失傳，
惟青螺郭公《黔記》僅有存者，然其所載每詳於近代而略於遠古，故黔事尚有缺軼。
我皇上御極之十一年，爰命儒臣纂修一統志，至次年而《貴州通志》亦次第編集，
奈書甫成，即遭叛逆，遂爾散失。是志也，前撫猗氏衛公之所修者也，始於三十一
年之正月，而告成於是年之十月，其用志固勤，而爲期則促。予閱之，非獨三十二
年以後事當補入，即此三十六卷，山川其有定也而遺者十之三，古跡其共傳也而逸
者十之五，職官不詳其歲月，選舉僅記其姓名，耳目之近尚多放失。予意欲重修而
每嘆文獻之無徵，又慮鳩工之不易，因取各條略加論定，可增者增之，不能增者始
仍其舊，非敢謂有功於前人，亦使後之觀者以備參考云爾。"

卷五第二十九葉、三十葉之間有簽條。

卷八、十、十五、三十六有補鈔。

選舉、職官紀事至康熙三十六年。

現存最早貴州通志爲明弘治間刻沈庠修、趙瓚纂《貴州圖經新志》十七卷，次
爲嘉靖三十四年（1555）刻謝東山修、張道等纂《貴州通志》十二卷，三爲萬曆
二十五年（1597）刻王耒賢、許一德纂修二十四卷本，四爲萬曆刻郭子章纂《黔記》
六十卷。清代凡五修，一爲康熙十二年刻曹申吉修、潘馴等纂《貴州通志》三十二卷，
二爲康熙三十一年刻衛既齊修三十六卷本，三爲此康熙三十六年刻衛既齊修、閻興
邦補修三十七卷本，四爲乾隆六年刻鄂爾泰等修、靖道謨等纂四十六卷首一卷本，
五爲乾隆年間刻謝聖綸纂《貴州志略》十四卷。

中國國家圖書館、中國科學院文獻情報中心、上海圖書館、南京圖書館等十二
館（其中三館爲殘帙）與日本國會圖書館、東洋文庫、英國劍橋大學圖書館等有藏。

616. 清乾隆刻嘉慶增補刊本貴州通志　T3243/0.83

［乾隆］《貴州通志》四十六卷首一卷（存首卷、卷一至七、十四至四十六），清

鄂爾泰等修，靖道謨等纂。清乾隆六年（1741）刻嘉慶間增補刊本。二十七冊。半葉十一行二十一字，小字雙行同，白口，四周雙邊，單魚尾。框高 20.1 釐米，寬 14.4 釐米。首一卷有凡例，修志姓名，乾隆六年九月進貴州通志表，目錄。

卷四十六有嘉慶十年（1805）福慶《黔中雷火記》等。

偶有補鈔。

617. 清康熙刻民國影印本天柱縣志　T3245/1341.81

［康熙］《天柱縣志》二卷，清王復宗纂修，清康熙二十二年（1683）刻增補刊民國影印本。四冊。半葉九行二十字，小字雙行同，白口，四周雙邊，單魚尾。框高 19.8 釐米，寬 13.1 釐米。首有康熙二十二年王復宗序，凡例，上卷目錄，輿圖。末有康熙二十四年王永年跋。卷端題：“天柱縣知縣王復宗彙輯。”

紀事至康熙四十六年。

618. 清乾隆刻本雲南通志　T3248/1342.83

　　[乾隆]《雲南通志》三十卷首一卷，清鄂爾泰、尹繼善等修，靖道謨等纂。清乾隆元年（1736）刻本（卷二十九藝文四至十、卷三十配補鈔本）。三十二册。半葉十行二十二字，小字雙行同，白口，四周雙邊，單魚尾。框高 22.1 釐米，寬 16.2 釐米。

　　雲南，簡稱滇、雲。位於中國西南邊陲。戰國楚將莊蹻入滇，建立滇王國。秦始設郡縣，西漢建益州郡、牂牁郡、犍爲郡和越嶲郡，東漢建永昌郡。三國時雲南隸屬蜀國。西晉屬寧州刺史統領。唐宋時期雲南地方政權“南詔”和“大理”興起，政治中心在洱海地區，建都太和城，即今大理市。元代設雲南行中書省，治所又遷至今昆明，此後“雲南”正式成爲省級區劃的名稱，明清以後均稱雲南省。

　　鄂爾泰，滿洲鑲藍旗人，舉人。雍正三年（1725）以雲南巡撫攝雲貴總督事，雍正六年兼制廣西，雍正七年特加少保。

　　尹繼善，滿洲鑲黃旗人，雍正元年進士。雍正十一年任雲貴廣西三省總督，雍正十三年仍改爲雲貴總督。

　　靖道謨，湖廣漢陽人，康熙六十年（1795）進士。曾署姚州知州，後爲翰林院庶吉士。

　　卷首乾隆元年尹繼善等“纂修雲南省志成稿進表”、修志職名、凡例、目録；卷一圖説；卷二星野（氣候附）；卷三山川；卷四建置；卷五疆域（形勢附）；卷六城池（關哨、郵傳、津梁附）；卷七學校（書院、義學、書籍附）；卷八風俗；卷九户口；卷十田賦；卷十一課程；卷十二經費（賞卹附）；卷十三水利；卷十四積貯；卷十五祠祀（寺觀附）；卷十六兵防（師旅考附）；卷十七封建；卷十八秩官（武秩、使命、公署附）；卷十九名宦（忠烈附）；卷二十選舉（武科、辟薦附）；卷二十一人物；卷二十二列女；卷二十三流寓；卷二十四土司（種人附）；卷二十五仙釋（方技附）；卷二十六古跡（塚墓附）；卷二十七物産；卷二十八祥異；卷二十九藝文（一至十）；卷三十雜紀。

凡例云："舊志成於康熙三十年，體裁義例雖已詳備，但歷今四十餘年，國家重熙累洽，制度日新。舊志中有宜增入者，亦有可兼括者，斟酌繁簡，共成三十卷。非敢求異前人，總欲期於允當也。"

職官紀事至乾隆元年。"禎""弘""曆"字避諱。

卷七、十八、十九、二十、二十一有補鈔。

《四庫全書總目》卷六八《史部地理類一》著録。

現存最早雲南通志爲明景泰六年（1455）刻鄭顒修、陳文纂《雲南圖經志書》十卷，次爲正德年間周季鳳纂修《雲南志》四十四卷（嘉靖三十二年〔1553〕翻刻正德五年〔1510〕刻本），三爲萬曆四年（1576）刻隆慶《雲南通志》十七卷，又有謝肇淛纂《滇略》十卷（明刻本），天啓五年（1625）劉文徵纂天啓《滇志》三十三卷（有清鈔本傳世）。清代最早雲南通志爲此乾隆元年刻鄂爾泰修三十卷首一卷本，次爲乾隆二十八年刻謝聖綸纂《滇黔志略》三十卷，三爲嘉慶十三年（1808）刻張若驤纂《滇雲紀略》二卷，四爲嘉慶十三年刻師範纂《滇繫》四十卷，五爲道光十一年（1831）刻王崧纂《雲南備徵志》二十一卷，六爲道光十五年刻阮元等修、王崧等纂《雲南通志稿》二百十六卷首三卷，七爲光緒二十年（1894）刻芩毓英修、陳燦纂《雲南通志》二百四十二卷首四卷附録四十一卷，八爲光緒二十七年刻王文韶等修、唐炯等纂《續雲南通志稿》一百九十四卷首六卷（四川岳池刻本），另有劉慰三纂［光緒］《雲南識略》不分卷，有鈔本流傳，以及雲南課吏館纂修［光緒］《全滇紀要》不分卷（光緒三十四年鉛印本）。

中國國家圖書館、中國科學院文獻情報中心、上海圖書館、北京大學圖書館等二十七館（其中部份殘帙或補鈔）與臺北故宫博物院及日本内閣文庫、東洋文庫、静嘉堂文庫、美國國會圖書館、英國倫敦大學亞非學院、德國巴伐利亞國家圖書館等有藏。

619. 清康熙刻本雲南府志　T3249/1342.81

［康熙］《雲南府志》二十六卷（存卷一至二十五），清張毓碧等修，謝儼等纂。清康熙刻本。二十册。半葉九行十九字，小字雙行同，白口，四周雙邊，單魚尾。框高 20 釐米，寬 14.9 釐米。首有康熙三十三年（1694）范承勳序，康熙三十三年王繼文序，康熙三十五年石文晟序，康熙三十三年于三贊序，康熙三十五年佟世雍序，康熙三十五年張仲信序，康熙三十五年張倬序，康熙三十三年張毓碧序，修志姓氏，凡例，目録。

職官紀事至康熙三十八年。

620. 清末民初鈔本康熙富民縣志　　T3250/3674.81

　　［康熙］《富民縣志》不分卷，清彭兆逵修，楊撝秀等纂。清末民初鈔本（據清康熙五十一年〔1712〕刻本鈔）。二冊。首有康熙五十一年彭兆逵序，目録，修志姓氏。

　　富民縣，位於今雲南省中部。唐屬昆州，南詔爲拓東節度地。宋大理時期稱黎㰀甸，屬善闡府。元至元十二年（1275）置富民縣，屬中慶路。明、清屬雲南府。

　　彭兆逵，江西贛州人，康熙三十六年進士。康熙五十年任富民知縣。

　　楊撝秀，富民縣人，歲貢。

　　圖考，分野，建置沿革，星野，疆域（形勝附），山川，風俗（氣候附），城池（坊表、市廛附），公署（倉庫、場院附），河防（堰壩附），關梁，戶口，田賦（稅課附），經費，物産，秩官，學校，選舉，典禮（鄉飲附），祠祀（壇廟附），陵墓，古跡，祥異，名宦，人物，孝義，列女，隱逸，流寓，仙釋，藝文。

　　彭兆逵序曰：“辛卯歲，余蒞兹土。有事待稽考者，求所謂縣志而不可得，詢其所以，從前潦草呈報，隻字無存，余慨惜久之。適撫憲檄下，有續修通志之舉，乃集紳士而謀之，設館修輯，逾月告成。申報最先，召遲之，又久始付梨棗者，艱於費也。自此編出，凡縣中城隍、林藪、戶口、賦役、學校、風俗、物産、名勝諸遺跡，舉向日茫然莫識者皆有端倪可尋矣。”

　　鈐印：“秀水嚴繪如名大經印信長壽”“名大經號繪如姓嚴行六”“先生有道出羲皇”。

　　此爲現存最早富民縣志，另一爲雍正九年（1731）刻楊體乾修、陳謨纂《重修富民縣志》二卷。

　　《中國古籍善本書目》著録其康熙刻本，藏中國國家圖書館。北京大學圖書館、上海圖書館、南京圖書館等八館與日本東洋文庫藏鈔本。

621. 清乾隆刻本東川府志　　T3249/5922.83

　　［乾隆］《東川府志》二十卷首一卷，清方桂修，胡蔚纂。清乾隆二十六年（1761）刻本。八冊。半葉九行二十二字，小字雙行同，白口，四周雙邊，單魚尾。框高20.7 釐米，寬 15.0 釐米。首有舊序（雍正十三年〔1735〕崔乃鏞序），乾隆二十六年廖瑛序，顧濟美序，乾隆二十六年方桂序，羅源浩序，乾隆二十六年劉□序，乾隆二十六年胡蔚跋，方桂跋。首一卷有修志姓氏，凡例，目録。

622. 清康熙刻雍正增補刊本澂江府志　　T3249/3431.81

[康熙]《澂江府志》十六卷，清柳正芳修，李應綬纂修。清康熙五十八年（1719）刻雍正增補刊本。十二册。半葉九行二十三字，小字雙行同，白口，四周雙邊，單魚尾。框高20.3釐米，寬13.3釐米。首有修志姓氏，康熙五十八年蔣陳錫序，康熙五十八年甘國璧序，金世揚序，金啓復序，沈元佐序，張學庠序，康熙五十八年柳正芳序，舊序（隆慶三年〔1569〕徐拭序、趙士麟序），凡例，目錄。

澂江府，位於今雲南省中部。唐南詔爲河陽郡，屬拓東節度。宋大理爲羅迦部。蒙古憲宗六年（1256）置羅迦萬戶，至元三年（1266）改稱中路，元至元十六年改稱澂江路，又置河陽縣爲附郭。明洪武十五年（1382）改設澂江府，清因之。

柳正芳，河南太康人，歲貢。康熙五十六年任澂江知府。

李應綬，雲南澂江府河陽人，康熙四十八年進士（榜姓張）。翰林院庶吉士。

卷一地圖；卷二星野（氣候附）；卷三沿革（建置郡縣附）；卷四疆域（形勢、郵舖附）；卷五山川（勝景、古跡、寺觀、坊表、亭榭附）；卷六城池（倉儲、關哨、橋梁、隄閘、堰塘、市肆、養濟、漏澤附）；卷七賦役（民賦、屯賦、戶口、土軍附、鹽法、稅課、經費附）；卷八秩官（武秩、公署、土司、種人附）；卷九學校（文廟、禮樂、祭器、經籍、書院、義學、鄉飲酒禮附）；卷十風俗（物產附）；卷十一選舉（徵辟、科目、鄉貢、武科、封贈、恩蔭附）；卷十二祠祀（壇廟、塚墓附）；卷十三名宦（流寓附）；卷十四人物（鄉賢、忠烈、孝義、貞節、鄉賓、文行附）；卷十五藝文；卷十六仙釋（災祥、雜異附）。

凡例云：“澂志纂於明隆慶戊辰，迄今二百餘載。兵燹之餘鋟本散佚，文獻之無徵久矣。本朝舉修一統志，郡守松濤張公於殘篇斷簡中粗成六卷以應。又經三十餘年，舛訛益甚，今即四屬之成書，字櫛句比，彙訂完帙，固陋之譏雖屬不免，然要以傳信爲主。”

柳正芳序曰：“澂在滇之東南隅……至明而聲教文物燦然大備，由是郡始有志。一修於弘治甲寅，再修於嘉靖辛卯，迨隆慶戊辰太守蔣公弘德偕郡人董西泉僉憲踵而拓之，距今百五十年，兵燹滄桑，鋟本灰滅，文獻之無徵久矣。我朝康熙初年間，前守令博採旁搜，將成帙，旋遭逆叛。恢復後太守松濤張公力任纂述，粗成六卷，亦未授梓。又歷三十餘載，散帙失次，及今不輯，則事以久而愈湮，傳以訛而成漏。嗚呼，誰之責哉？芳承乏茲土，下車後首訪郡志，見前之刊版無存，今之鈔本漸没，心竊恫之。適奉督撫各憲檄諭纂修，爰取四州縣已成志本，延庶常李君在公及學博諸生，纂訂而序次之。體遵通志，昭同文也；汰繁去浮，以存其雅也。其於明季之沿革鉅細，更不憚諮遺聞，折衷附論以示信也。志成一十六卷。脱稿後轉請督撫各憲鴻裁鑒定，而始付之剞劂氏。”

秩官紀事至雍正二年（1724）。“玄”字避諱，“禎”“弘”“曆”字不避諱。應該爲雍正年間增補刊本。《中國地方志聯合目録》和《中國地方志總目提要》未著録此雍正增補刊本。《中國地方志總目提要》云：“北京圖書館、雲南省圖書館均藏有康熙五十八年原刻本。”核對中國國家圖書館本，卷八第七葉上，柳正芳條“康熙五十六年任，戊戌年捐修義學，己亥年纂修郡志，庚子年製備祭器、樂器，辛丑年修理文廟、啓聖宫，壬寅年修理明倫堂，雍正甲辰修補城垣”，與該本同。甲辰，即雍正二年。故所謂“康熙五十八年原刻本”，尚不夠準確。

澂江府志現存僅二，此爲最早版本，另一爲道光二十七年（1847）刻李熙齡纂修十六卷首一卷本。

中國國家圖書館、上海圖書館、天津圖書館、雲南省圖書館與臺北故宫博物院及法國國立東方語言學校藏康熙五十八年刻本。其中雲南省圖書館藏者有鈔配。

623. 清鈔本南安州志　T3250/4234.81

［康熙］《南安州志》六卷，清張倫至纂修，清鈔本（據清康熙四十八年〔1709〕刻本傳鈔）。三册（合訂一册）。半葉十行二十二字，小字雙行同。框高21.3釐米，寬13.6釐米。（印刷蘭格）。首有康熙四十八年張倫至序，目録。卷端題：“南安州知州福清張倫至纂修。”

南安州，位於雲南省中部。西漢置雙柏縣，屬益州郡，西晉屬寧州，南北朝屬雲南爨氏烏蠻耕牧地。唐初屬昆州，南詔爲銀生節度地。宋大理時期名摩芻，屬威楚萬户府。蒙古立摩芻千户所和碌嘉千户所。元至元十二年（1275）改摩芻千户所爲南安州，又改碌嘉千户所爲碌嘉縣，仍隸威楚府。明洪武十五年（1382）明軍進入雲南，仍名南安州，與碌嘉縣并隸屬楚雄府。清因之。

張倫至，字瀛齋，福建福清人，歲貢。康熙四十五年任南安知州。

卷一地理志（圖考、星野、沿革、疆域、形勢、山川、古跡、勝景、物産、風俗、祥異）；卷二建設志（城池、衙署、學校、倉廒、壇廟、寺觀、哨舖、關梁、壩塘）；卷三賦役志（田賦、户口、課程、經費）；卷四秩官志（官制、題名、名宦、仕跡）；卷五人物志（科目、貢選、鄉賢、列女）；卷六藝文志（碑記、詩歌）。

張倫至序曰：“予以康熙丙戌承乏來兹……接見紳士，亟徵或有所謂志乘者，得知此地之屬害隱微，咸曰從前無是。久之得録本數葉，裝潢褫裂，漫無頭緒。及購通志、郡乘而觀之，則所載南安者又僅矣。……己丑夏，將舊本數葉，旁蒐散遺，離道法墮陋者應時汰落，參之通志、郡乘，彙集成帙之剞劂。山川、人物、吏治、民風，瞭若指掌，俾生於斯、菾於斯者毋安其鄙，毋鄙其人……"

紀事至康熙五十一年。

此爲現存唯一之南安州志。《中國古籍善本書目》著錄其康熙（四十八年）刻本，藏於中國國家圖書館、故宮博物院圖書館、上海圖書館與臺北故宮博物院。北京大學圖書館、天津圖書館、雲南省圖書館、中央民族大學圖書館、中國科學院南京地理研究所圖書館藏鈔本。

624. 清乾隆刻本琅鹽井志　T3250/1371.83

［乾隆］《琅鹽井志》四卷首一卷，清孫元相修，趙淳纂。清乾隆二十一年（1756）刻本（卷首、卷一至二配鈔本）。八冊。半葉十行二十二字，小字雙行同，白口，四周雙邊，單魚尾。框高 21.8 釐米，寬 16.2 釐米。首有乾隆二十一年孫元相序，舊序（來度序、沈鼐序），修志姓氏，凡例。

琅鹽井，古地名，位於今雲南省牟定縣東北部，明設鹽課提舉司於此。

孫元相，山東諸城人，貢生。乾隆十二年任琅鹽井課提舉司提舉。

趙淳，雲南趙州（今大理市鳳儀鎮）人，雍正五年（1727）進士。曾任雲南順寧府儒學教授。

卷首新序、舊序、修志姓氏、凡例、目錄（缺）；卷一地圖（缺圖），星野，氣候，建置沿革（疆域、形勝附），山川（亭舖、關哨附），古跡（名勝附），橋梁道路，風俗（物產附），建設（郭門市肆、公署、宮館、倉儲、養濟院、養生房、漏澤園附）；卷二鹽賦（滷額、鹽額、薪本、竈丁、課程附），文案（附錄），官師（土職附）；卷三學校（廟制、書籍、禮樂器、各圖附、義學、典禮、修學田），選舉（進士、舉人、武舉、貢選、捐貢、貤封），祠祀（群祀寺觀附），鄉賢（宦跡附），文行，孝義，節烈（壽婦附），流寓，仙釋，祥異（軼事附）；卷四藝文。

孫元相序曰："琅志之創於則庵來公，修於枚臣沈公，而遲之四十餘年以至於今日也，蓋有待也。……雍正九年曾奉憲檄催修，備採通志，而井司李公有志重輯，未得其人，是以因陋就簡，不克成書。乾隆丙寅余奉命菾茲，令已十載……適井里紳士以修志請曰：此其時矣。……僉舉曾修滇志之進士趙君，蓋天水宿儒也。爰遣使敦請而賓之，更延集廣文耆舊，採輯參考，予亦時與晨夕商訂，繁者刪之，略者詳之，越二月乃成。……爰就正而付諸梓。"

凡例云："琅井志始於本朝康熙五年提舉來公，續修於五十一年沈公，迨乾隆四年李公慨然重修，而或體裁不衷於通志，是以迄無成書。今俱更正。"

選舉紀事至乾隆二十二年，紀事至乾隆二十一年。

現存最早志爲清康熙五十一年沈鼐纂修《琅鹽井志》四卷，有鈔本傳世，次爲此乾隆二十一年孫元相修本。

中國國家圖書館、中國科學院文獻情報中心、天津圖書館等七館與臺北故宮博物院及美國國會圖書館等藏。

625. 清乾隆刻本石屏州志　T3249/1674.83

［乾隆］《石屏州志》八卷，清管學宣等纂修。清乾隆二十四年（1759）刻乾隆四十五年增補刊本。八冊。半葉十行二十四字，小字雙行同，白口，四周雙邊，單魚尾。框高 21.8 釐米，寬 16.5 釐米。首有扉頁，乾隆二十四年管學宣序，乾隆二十四年孫似茗跋，乾隆二十四年羅鳳彩序，修志姓氏，凡例，目錄。扉頁題："大清乾隆二十四年重修。石屏州志。本衙藏板。"

紀事至乾隆四十五年。

鈐印："石屏公米店圖記""浙江圖書館之鈐記""石屏公米店圖記""公米店附設閱報處""亞耕所藏"。

626. 清光緒刻本康熙蒙化府志　T3249/4321.81

［康熙］《蒙化府志》六卷首一卷，清蔣旭纂修。清光緒七年（1881）刻本。八冊。半葉九行二十字，小字雙行同，白口，四周雙邊，單魚尾。框高 20.4 釐米，寬 15.0 釐米。首有扉頁，康熙三十七年（1698）王繼文序，康熙三十七年石文成晟序，康熙三十七年劉樗序，康熙三十七年李興祖序，康熙三十七年蔣旭序，光緒□□年□□序，康熙三十七年憲行，修志姓氏，凡例，目錄，圖。卷端題："院司道各臺鑒定，譙郡蔣旭闇庵纂輯，吳門陳金珏子修，陽瓜張錦蘊允懷校訂。"

蒙化府，位於今雲南省西部，即今巍山彝族自治縣。西漢置邪龍縣，屬益州郡，東漢屬永昌郡，三國蜀屬雲南郡，南朝梁廢邪龍縣。唐北部爲蒙杜詔地，後置陽瓜州，中部和南部爲蒙金詔地，先後置巍州、沙壺州和蒙舍州。南詔爲蒙舍賧和夢秦賧。宋大理置南開縣，元至元十一年（1274）置蒙化府，十四年改爲蒙化路，二十年降爲州，屬大理路。明正統十三年（1448）復置蒙化府，清雍正七年（1729）定邊縣併入，乾隆三十五年改爲蒙化直隸廳。1913 年改爲蒙化縣。

蔣旭，江南譙國（今安徽懷遠）人，拔貢。康熙三十四年任蒙化府同知。

卷一地理志（沿革〔蒙氏始末附〕、疆域、形勢、山川、古跡、邱墓、勝景、物産、風俗、災祥）；卷二建設志（城池〔市肆附〕，衙署〔宮館、倉庫、獄附〕，學校〔各宮、書院、社學、義田附〕，壇廟，郵舖，溝洫，橋梁〔養濟、漏澤附〕）；卷三賦役志（田賦〔屯附〕、户口〔屯附〕、課程）；卷四秩官志（官制、文職、武職、名宦、土司）；卷五人物志（進士、舉人、武舉、貢生、監生、貤封、鄉賢、忠烈〔節烈附〕、孝義、文行、隱逸、流寓、仙釋）；卷六藝文志（文〔各體〕、詩〔諸體〕、詞〔中長體〕）。

凡例云：“蒙化舊志自嘉靖間通判趙維垣延郡人朱光霽纂輯，事頗覈而體未備，迄今百餘載，版籍兵燬，事實鮮傳。癸亥修通志，分行郡縣，其時主者倉猝撮略脱稿，竟亦無存。去今又十六年所，故余忘其固陋，輒於公餘詢古證今，漬墨污翰，會敝年家陳子修氏金珏淹留荒署，熟悉全滇故實，郡明經張允懷氏錦蕴，學優識卓，共襄厥編，其間損益潤色，二君之力爲多。然故老凋殘，文獻缺略，雖極遐搜恣討，亦必存信闕疑，掛一漏萬之譏知所不免。”“修志類有供給廩餼、筆墨之需，剞劂梨板、刷印紙張之費，緣無項經營，每成道旁築舍。余甲戌歲奉簡書，乙亥入境，即謬以此自任，延今三載餘，凡網羅討繹，寸管手自操握，已省廩餼供給矣。至刊刷貲費獨捐薄俸任之，既無諉卸，事反易成。或有以譙人而代滇費爲辭者，余應之曰：蒙守刻蒙志，分固然也。”

光緒□□年□□序曰：“蒙志自明嘉靖趙公維垣草創於前，康熙三十七年蔣公旭考訂於後，乾隆五十五年劉公壃又續修之，迄今將百年矣。兵燹頻仍，板皆焚燼，籍少成帙。余於丙子春來守是邦，以郡志所關甚鉅，擬諮訪簡篇，依舊翻刻，用廣其傳。旋以順寧不靖，政務殷繁，未遑謀及。然每於採風問俗之餘，未嘗不爲之慷慨大息也。數載以來，心焉如疚。幸邇年辦理善後，百廢俱興。爰與貢士趙鍾璨、貢生范奐、增生李恩覃諸紳措資開雕，并捐俸助之，不擾匠民，閱五月而書成。諸紳問序於余。”

包背裝。

“玄”“禎”“弘”“曆”字避諱。

鈐印：“雲南提標右營遊擊關防”（滿漢文），“曾經滄海”。

清康熙三十七年刻該志爲現存最早蒙化府志，次有乾隆五十五年刻劉壃等修、吳蒲等纂《續修蒙化直隸廳志》六卷首一卷，此本亦有光緒七年刻本。

上海圖書館、中國科學院文獻情報中心、北京大學圖書館、上海圖書館等九館（其中二館爲殘帙）與法國國立東方語言學校有藏。中國國家圖書館、上海圖書館等六館與法國國立東方語言學校等藏康熙三十七年刻本。

627. 清康熙刻本雲龍州志　T3250/1301.81

〔康熙〕《雲龍州志》十二卷首一卷，清王瀗等纂修。清康熙五十五年（1716）刻本（卷十二配鈔本）。四册。半葉九行二十字，小字雙行同，白口，左右雙邊，單魚尾。框高 18.5 釐米，寬 14.6 釐米。首有康熙五十五年王瀗序，原序（天啓四年〔1624〕周憲章序、天啓四年趙惟精序、康熙四十四年顧芳宗序、康熙五十一年畢仕魁序），修志姓氏，凡例，目録。末有康熙五十五年胡錫熊跋。卷端題："大理府雲龍州知州王瀗纂修。"

雲龍州，位於雲南省東北部。西漢元封二年（前 109）設比蘇縣，屬益州郡。東漢至西晉屬永昌郡。南朝梁末廢比蘇縣。大理稱雲龍賧，屬大理王畿。元初設雲龍甸軍民府，隸屬金齒宣慰司。後改稱雲龍州，屬大理府。明、清因之。

王瀗，字徵遠，山東福山縣貢生。康熙五十二年任雲龍州知州。

卷首圖考；卷一星野（附氣候）；卷二沿革；卷三疆域（附山川、形勢、里寨、場市、舖哨、津梁、勝景、古跡）；卷四建置（附祠祀、寺觀）；卷五風俗（附種人）；卷六賦役（附鹽政）；卷七物産；卷八學校（附選舉）；卷九官師（附名宦、兵防、土司）；卷十人物（附仙釋）；卷十一災祥（附雜異）；卷十二藝文。

王瀗序曰："雲龍雖山谷小郡……自前明萬曆以旋改土設流，削平逆段者，幾二百年，又經大聖人仁恩普被，遠及窮荒，文明之運日漸昌熾，駸駸乎非復六詔擯棄之舊習矣。……乃翻閱舊刻，創始於□孝廉趙惟精，訂正於顧牧可亭，增定於畢牧雲章，亦卷分十二，而實載州事者不盈數幅，微特掛一漏萬，抑且魚目莫別。……然而中丞之命不可違也，前代設州之意、數君子經理之方不可没也。爰取舊册而汰其繁冗，正其舛雜，益以三年於兹之目見耳聞，與都人士之記述參互而校讎之，事必核實，論歸有據。"

官師紀事至康熙五十四年。"玄""禎""弘""曆"未避諱。

此爲現存最早《雲龍州志》，次爲雍正六年（1728）刻陳希芳修、胡禹謨纂十二卷首一卷本，三爲光緒十二年（1886）胡程章纂修《雲龍州志》不分卷，有鈔本殘卷存世，四係光緒十八年張德霈修、楊文奎纂十三卷本，有民國鈔本流傳。

《中國古籍善本書目》《中國地方志聯合目録》《中國地方志總目提要》未著録此本。

628. 清乾隆刻本西藏志　T3290/0.8323

[乾隆]《西藏志》不分卷，清佚名撰。清乾隆五十七年（1792）和寧刻本。二冊。半葉八行二十字，小字雙行同，白口，四周單邊，單魚尾。框高 17.1 釐米，寬 11.7 釐米。前有乾隆五十七年和寧序。

西藏，唐宋時稱吐蕃。元設烏思藏宣慰司、朵甘宣慰司，屬宣政院。明設烏思藏指揮使司、朵甘指揮使司、俄力思軍民元帥府。清康熙二年（1663）始稱西藏，雍正五年（1727）設駐藏大臣，處理西藏事務。

和寧（？—1821），額勒德特氏，字太菴，後避清宣宗旻寧諱改名和瑛，蒙古鑲黃旗人。乾隆三十六年進士，曾任四川按察使，四川、安徽、陝西布政使，乾隆五十八年任駐藏大臣，嘉慶五年（1800）任理藩院侍郎，後歷任山東巡撫、葉爾羌幫辦大臣、喀什噶爾參贊大臣、兵部尚書、刑部尚書。著有《西藏賦》《續水經》《藩疆攬要》《回疆通志》等。

全書不分卷，有事跡、疆圉、山川、寺廟、天時、物產、歲節、紀年、風俗、衣冠、飲食、婚嫁、夫婦、生育、喪葬、醫藥、占卜、禮儀、宴會、市肆、房舍、刑法、頭目、封爵、兵制、邊防、徵調、賦役、朝貢、外番、碑文、唐碑、臺站、附錄等三十四門，對西藏風俗習尚記載尤詳，又有自四川成都抵藏程途、自打箭爐由霍耳迭草草地至察木多路程、自察木多由類烏齊草地進藏路程、自西藏白木魯烏蘇一帶至西寧路程、自藏出防騰格那爾路程塘口、自藏出防玉樹卡倫路程（藏之東北）、自藏出防那克產卡崙路程、自藏出防奔卡立馬爾路程、自藏出防生根物角路程、自藏由楊八景至噶爾藏骨岔路程、自藏由工孜一路至後藏札什隆布路程、自扎什隆布由咱党至前藏路程、自藏至布魯克巴路程、自松潘出黃勝關至藏路程、自兩河口分路至（西寧舊洮河洲）青海路程，詳細記載交通情況。後附焦應旂《藏程紀略》。

和寧序謂：“是書傳爲國朝果親王所撰，戊申得自成都鈔本，爰付剞劂，以公同志云爾。"果親王即允禮（1697—1738）。此書寺廟門紀事至十四世班禪於乾隆六年坐床，而允禮逝世於乾隆三年，不及知之。雍正十二年允禮奉命護送達賴喇嘛回西藏，至打箭爐西北之泰寧寺，實未入藏。故此書恐非出於允禮之手，序文所言當係誤傳。

西藏東臨四川，［雍正］《四川通志》等四川省志之《西域志》，即主要記述西藏事。以"志"爲名記載西藏史事的獨立著作，始於乾隆年間，此書爲首倡之作，乾隆五十九年《龍威秘書》本《西藏記》二卷，即此書之另一版本，內容結構略有更動。其後有嘉慶間和琳撰《衛藏通志》十六卷、宣統三年（1911）許世光、邱晉成纂《西藏新志》三卷等。

此本二册合訂，外加硬紙板封面，改爲精裝。第一册係鈔配。

中國國家圖書館、中國科學院文獻情報中心、北京大學圖書館等十六館與日本東洋文庫、東京大學東洋文化研究所、美國國會圖書館、英國國家圖書館、荷蘭萊頓大學漢學研究所、法國亞洲學會亦有入藏。

629. 明嘉靖刻本雍大記　T3153/7316.7

[嘉靖]《雍大記》三十六卷，明何景明撰、周宗化纂修。明嘉靖元年（1522）刻本。十六冊。半葉十行二十一字，小字雙行同，白口，四周單邊，單魚尾。框高 20.8 釐米，寬 14.9 釐米。首有嘉靖元年段炅序，序例，目錄。

630. 清雍正刻本陝西通志　T3153/7316.82

[雍正]《陝西通志》一百卷首一卷，清劉於義修，沈青崖纂。清雍正十三年（1735）刻本。十六函一百冊。半葉十二行二十六字，小字雙行同，白口，四周雙邊，單魚尾。框高 23.3 釐米，寬 16.6 釐米。首有敕修陝西通志官員職名，雍正十三年陝西總督劉於義等進書表，沈青崖擬凡例三十一條，目錄。書後有雍正十三年劉於義後序，雍正十三年史貽直後序，雍正十三年碩色序。

陝西省位於中國中部、黃河中游西側。西漢置京兆尹、左馮翊、右扶風、上郡、西河郡、漢中郡。唐代屬京畿道、關內道、山南西道、山南東道，乾元二年（759）置陝虢節度使，上元元年（760）改爲陝西節度使。北宋初置陝西路。元設陝西等處行中書省。明陝西承宣布政使司轄有今陝西、寧夏二省區及甘肅、青海二省黃河以南地區。清康熙二年（1663）分爲左右二布政使司，六年改左布政使司爲西安布政使司，八年改爲陝西布政使司。民國初至今爲陝西省。

劉於義（1675—1748），字喻旃，江蘇武進人。康熙五十一年進士。歷任順天府尹、吏部侍郎等職，雍正十年以吏部尚書署陝西總督，乾隆三年（1738）因牽連沈青崖等"私運侵帑"案革職，乾隆五年起復，署直隸布政使，官至協辦大學士、吏部尚書署直隸河道總督。乾隆十三年奏事時暴卒於養心殿。《清史稿》有傳。

沈青崖，字艮思，號愚舟，浙江嘉興人。曾入岳鍾琪、查郎阿幕府。雍正十一年以西安糧監道管軍需庫務駐肅州。修志時任陝西布政使司督理糧儲道僉事。乾隆元年任延綏道主事。著有《毛詩明辨録》等，另纂有《重修肅州新志》。

全書一百卷，分三十二門：第一卷星野；第二至六卷建置（圖、表、考）；第六至七卷疆域（圖、考、形勝附）；第八至十三卷山川（圖、考、西安、延安、鳳翔、漢中、榆林、興安、商、同、華、耀、乾、邠、鄜、綏、葭、邊外）；第十四卷城池；第十五卷公署；第十六至十七卷關梁；第十八至十九卷封爵（上古至北魏、北周至明）；第二十至二十三卷職官（漢至隋、唐、五代、宋、金、元、明、本朝文職、武職）；第二十四至二十六卷貢賦（本朝民地丁、更名地丁、課程、歷代田賦、戶役、課程、經費）；第二十七卷學校；第二十八至二十九卷祠祀（寺觀附）；第三十至三十三卷選舉（徵薦、諸科、進士、舉人、貢生、館學生、武科、將材、封蔭、掾吏）；第三十四至三十五卷兵防（清兵制、歷代兵制、軍儲、塞垣、邊防）；第三十六卷驛傳；第三十七至三十八卷屯運（本朝屯地屯丁、倉庾、轉運事例、歷代屯田、漕運）；第三十九至四十一卷水利（圖、考）；第四十一卷鹽法（錢法附）；第四十二卷茶馬；第四十三至四十四卷物產（穀屬、蔬屬、藥屬、貨屬、草屬、木屬、禽屬、獸屬、鱗屬、介屬、豸屬）；第四十五卷風俗（習尚、時令、禮儀、方言、化導）；第四十六至四十七卷祥異；第四十八至四十九卷帝系（皇帝、后妃、太子、諸王、公主、外戚、宦官）；第五十至五十四卷名宦（節鎮、勑使、監司、牧守、令長、僚佐、將弁）；第五十五至六十九人物（聖賢、名臣、廉能、勇略、直諫、忠節、孝義、儒林、文學、隱逸、流寓、方伎、雜傳、釋道、人瑞、列女）；第七十至七十一卷陵墓；第七十二至七十三卷古跡（宮闕、壇廟、府第、園池、藪澤、郊垌）；第七十四至七十五卷經籍；第七十六至八十二卷紀事；第八十三至八十四卷德音；第八十五至九十七卷藝文（御製、詔誥、奏疏、表、狀、議、策、檄、露布、賦、頌、贊、箴、銘、碑、記、序、傳、書啓、論說、辨考、題跋、祝祭、弔誄、雜文、樂府、古詩、律詩、排律、絕句、詩餘）；第九十八至一百卷拾遺（博古、風雅、閒適、語林、軼事、徵應、訂訛、瑣碎、權奇、滑稽、神異、鑒戒）。凡所徵引，均於條目後以小字注出來源。

碩色後序：“雍正六年奉上諭纂修《大清一統志》，兼命直省各處皆得纂修通志，用垂久遠，煌煌乎巨典也。於時雍正八年五月陝省實始招集文學之士，分綱列目，採輯蒐羅。至十三年正月，書成，吏部尚書署陝西總督臣劉於義等謹具表進呈。”是此志爲應修《一統志》之詔命而纂修。

明成化間，伍福纂修有《陝西通志》三十五卷，今已亡佚。現存明清所修陝西通志計七部。其一爲明何景明纂《雍大記》三十六卷，廣泛搜羅關中及長安相關史料，嘉靖元年（1522）刊刻。其二爲趙廷瑞修、馬理等纂《陝西通志》四十卷，平列三十九門，嘉靖二十一年付梓。其三爲李思孝修，馮從吾纂《陝西通志》三十五卷，分十八門二十三目，刊刻於萬曆三十九年（1611）。其四爲賈漢復修、李楷纂《陝西通志》三十二卷，付梓於康熙六年，與賈氏所修《河南通志》一起被清廷推爲省志範本。其五爲韓奕續修《陝西通志》三十二卷，續補賈漢復志，康熙五十年刊行。其六即此雍正志。其七爲王志沂纂《陝西志輯要》六卷，係由省、府、縣志中擇要輯錄，道光七年（1827）刻。至民國間，又有楊虎城、邵力子修，宋伯魯、吳廷錫纂《續修陝西通志稿》二百二十四卷，分二十八門，紀事起乾隆元年迄宣統三年（1911），1934 年鉛印。

各卷末葉末行下署分編人姓名。

"弘"字缺末筆，然細審諸字形，毫無修版痕跡，並非乾隆間避諱所剜修。

《四庫全書總目》入史部地理類都會郡縣之屬。提要謂："是編訂古證今，詳略悉當，視他志之搕撦附會者較爲勝之。書中間有案語，以參考同異，亦均典核可取云。"

中國國家圖書館、首都圖書館、中國科學院文獻情報中心、中國社會科學院考古研究所圖書館、故宮博物院圖書館等九十館與臺北"國家圖書館"、"中央研究院"歷史語言研究所傅斯年圖書館、臺北故宮博物院等六館及日本東洋文庫、東京大學東洋文化研究所、京都大學人文科學研究所、美國國會圖書館及英國國家圖書館、法國國家圖書館等十館均有入藏。

631. 清乾隆刻本熙寧長安志　T3154/7334.5

［熙寧］《長安志》二十卷圖三卷，宋宋敏求纂，元李好文繪圖，清畢沅校。清乾隆四十九年（1784）至五十二年畢沅靈巖山館刻本。八册。半葉十一行行二十二字，小字雙行同，黑口，四周單邊，雙魚尾。框高 19.7 釐米，寬 14.8 釐米。前有扉頁，熙寧九年（1076）趙彥若序，乾隆五十二年王鳴盛新校正長安志序。卷端題："龍圖閣直學士右諫議大夫修國史特贈尚書禮部侍郎常山侯宋敏求撰，兵部侍郎兼都察院右副都御史巡撫陝西西安等處地方贊理軍務兼理糧餉欽賜一品頂戴畢沅新校正。"《長安志圖》卷端題："河濱漁者編類圖説，前進士頻陽張敏同校正，兵部侍郎兼都察院右副都御史巡撫陝西西安等處地方贊理軍務兼理糧餉欽賜一品頂戴畢沅新校正。"

長安地處關中平原中部，漢魏隋唐等多個朝代均建都於此。唐開元元年（713）改雍州爲京兆府。五代、宋、金沿襲不改。元至元十五年（1278）改爲安西府，次年改爲安西路，皇慶元年（1312）改奉元路。明洪武二年（1369）改爲西安府，領華、商、同、耀、乾、邠六州三十一縣。清代領耀州、孝義廳、寧陝廳與長安、咸寧、咸陽、興平、臨潼、高陵、藍田、鄠、涇陽、三原、盩厔、渭南、富平、醴泉、同官等十五縣。明清至今爲陝西省會。

宋敏求（1019—1079），字次道，趙州平棘（今河北趙縣）人。宋仁宗寶元二年（1039）進士。官至史館修撰、龍圖閣學士。著有《春明退朝錄》，編有《唐大詔令集》，纂有《河南志》《長安志》。

李好文，字惟中，元大名路東明縣（今山東菏澤）人。元至治元年（1321）進士，歷任翰林國史院編修、國子祭酒、陝西行台治書侍御史、河東道廉訪使、太常禮儀院同知、湖廣行省平章政事、湖北道廉訪使、河南行省平章政事，官至翰林學士承旨一品。著有《端本堂經訓要義》《大寶錄》《太常集禮》《長安志圖》等。

畢沅（1730—1797），江蘇鎮洋（今太倉）人，字纕蘅、秋帆，號靈巖山人。乾隆二十五年狀元。官至兵部尚書、湖廣總督。學問淹博，著有《關中金石記》《中州金石記》《山左金石記》《靈巖山人詩集》《靈巖山人文集》等，編有《續資治通鑒》《史籍考》等。乾隆三十八年至五十年任陝西巡撫期間，推動各府州縣編修志書。

此書前二册爲《長安志圖》三卷，卷上收《漢三輔圖》《漢故長安城圖》《唐京城坊市圖》《唐大明宮圖》《唐驪山宮圖》等十四幅，卷中爲《咸陽古跡圖》《唐昭陵圖》等五幅，卷下收《涇渠總圖》等二幅，圖説對歷代城池宮室、陵墓古跡、水利渠堰等均有詳細解説。

《長安志》正文二十卷：卷一總敘、分野、土産、土貢、風俗、四至、管縣（户口）、雜制；卷二雍州、京都、京兆尹、府縣官；卷三至六宮室，以周、秦、漢、後漢、晉、前後秦、西魏、後周、唐等朝代爲序，記述其宮室遺跡；卷七至十唐皇城、唐京城，對唐代長安城池、宮室、坊巷制度與遺事記載頗詳；卷十一至二十縣，分別記述萬年、長安、咸陽、興平、武功、臨潼、鄠縣、藍田、醴泉、櫟陽、涇陽、高陵、乾祐、渭南、蒲城、盩厔、奉天、好時、華原、富平、三原、雲陽、同官、美原等二十四縣之建置、山川、鄉里、古跡、風俗等。全書偏重地理與古跡，内容豐富，體例完備，對唐代長安記述尤詳，爲現存最早的古都志書，頗富參考價值。卷中有畢沅考證，以“沅按”引出，雙行小字，眉目清晰。

此志歷來評價頗高。《四庫全書總目》稱：“其坊市曲折及唐盛時士大夫第宅所在，皆一一能舉其處，粲然如指諸掌。司馬光常以爲考之韋記，其詳不啻十倍。今韋氏之書久已亡佚，而此志精博宏贍，舊都遺事藉以獲傳，實非他地志所能及。”清周中孚《鄭堂讀書記補逸》稱：“凡府縣之政，官尹之職，河渠關塞、風俗物産、宮室街道之屬，無不綱舉目張，典而有體，贍而不蕪。”

趙彦若序：“求諸故志，唯韋氏所記爲一時全書，遺文古事，悉散入他説，班班梗概，不可復完，非好學深思、博物善作，孰能盡收其軼而追成之。《長安志》者，今史官諫議大夫龍圖閣學士常山公所定著也。公以文章世家爲朝廷名臣，兢業之餘紀述自命，蓋考論都邑、網羅舊聞，詞人所銳精而載筆之先務也。"可知宋敏求有感於韋述《兩京新記》過於簡略，遂博採群書，詳加考訂，纂成此書。

扉頁刊："乾隆甲辰校刊長安圖志。靈巖山館藏板。"甲辰即乾隆四十九年，當係此書開雕之年。書前有乾隆五十二年王鳴盛序，則此書刊成當不早於該年。

此志版本衆多，志圖合刻本有明成化四年（1468）郃陽書院刻本、明嘉靖十年（1531）李經刻本。畢沅校志圖合刻本以此乾隆四十九年靈巖山館本爲最早，其後有光緒十三年（1887）影印本、光緒十七年思賢講舍重刻本及1931年長安縣志局鉛印本。

此志爲現存最早的長安方志。元代元貞二年（1296），駱天驤纂《類編長安志》十卷，係在此志基礎上訂正增補，重加編排而成。清舒其紳修、嚴長明纂《西安府志》八十卷，爲西安設府之後所修唯一一部府志，古跡、金石、人物等門載錄頗豐，刊刻於乾隆四十四年。

《四庫全書》入史部地理類都會郡縣之屬。

中國國家圖書館、首都圖書館、中國科學院文獻情報中心、中國社會科學院考古研究所圖書館、北京大學圖書館等五十四館與"中央研究院"歷史語言研究所傅斯年圖書館及美國國會圖書館、英國倫敦大學亞非學院、德國慕尼黑大學東亞研究所等亦有入藏。

632. 清乾隆刻本西安府志　T3154/1634.83

[乾隆]《西安府志》八十卷首一卷，清舒其紳修，嚴長明纂。清乾隆四十四年（1779）刻本。四函三十七册。半葉十一行二十二字，小字雙行同，粗黑口，左右雙邊。框高19.2釐米，寬14.5釐米。首有西安府志略例十三條，乾隆己亥（四十四年）陝西巡撫畢沅序，乾隆己亥尚安序，乾隆己亥劉墫序，乾隆己亥浦霖序，乾隆己亥翁耀序，乾隆己亥圖薩布序，乾隆己亥舒其紳序，西安府疆域圖，西安府志銜名，引用書目，總目，天章（御製詩文）。

舒其紳，字佩斯，直隸任丘人。監生。乾隆三十七年任榆林知府，四十二年任西安府知府，四十六年任蘭州知府。

嚴長明（1731—1787），字東友、道甫，江蘇江寧（今南京）人。乾隆二十七年賜舉人，授內閣中書，入直軍機處。官至內閣侍讀。歷充《通鑑輯覽》《一統志》《熱河志》《平定準噶爾方略》等書纂修官。著有《嚴東友詩集》《西清備對》《毛詩地理疏證》《五經算術補正》《三史答問》《知白齋金石類箋》《金石文字跋尾》《石經考異》

等。《清史稿》有傳。

此志八十卷，列十四志：卷一地理志（星野附）；卷二至四名山志，分縣記述；卷五至八大川志，亦分縣記述，附水利；卷九至十一建置志（城池、公署、鎮堡、關津、驛傳、營伍）；卷十二至十八食貨志（蠲賑〔歷代附〕、戶口〔力役附〕、田賦、積貯、屯運、經費、課程、鹽錢、茶馬、物產）；卷十九至二十學校志（風俗附）；卷二十一至二十六職官志，以朝代爲序記載歷代官員名氏；卷二十七至四十人物志，亦以朝代爲序，後並有儒林、文苑、隱逸、流寓、方技、釋老、列女等目；卷四十一至四十五選舉志（徵薦、諸科、進士、舉人、武科、掾史、館學生）；卷四十六至五十三大事志，記夏至明長安史事；卷五十四至六十五古跡志（宮闕、第宅、林坰、祠宇、陵墓）；卷六十六至七十二藝文志（賦、詩、詩餘、文）；卷七十三至七十四金石志；卷七十五至八十拾遺志，爲前十三志之補遺。此志徵引宏富，據卷首引用書目，引書達四百五十九種。

舒其紳序述纂修經過頗詳："乾隆癸巳，大中丞畢公奉命巡撫斯土，七稔以來，年穀順成，百廢具舉。前於丙申入覲，特奏重修關中府志，上俞所請。旌節旋轅，諭首郡田太守錫莘甄錄其事，而江寧嚴侍讀長明、武進莊州佐炘共編輯焉。侍讀以西安無舊志可因，而藏書之家復尠，因載歸末下，盡發所儲，後先一載，輯成長編。復至青門，田守已捐館舍，未遑卒業。余適承乏此邦，深維茲事體大，恐終不潰於成也。因是斟酌民言，參稽案牘，凡一郡之農田、水利、食貨、建置、官師、學校、選舉，以及人物之忠孝節烈，官有條章，家相簿籍，恣情披閱，莫敢或遺，亦莫敢或濫。侍讀復爲甄綜史例，抑揚寸心，口沫手胝，又經兩載，汗青始竟。上之中丞畢公、督學童公暨方伯、廉鎮、觀察臺司長吏，咸以一得見許，爰編次卷帙，付鏤木家，於是西安一郡之文獻廼粲乎大備矣。"可知此志爲時任陝西巡撫畢沅倡修，始修於乾隆於四十一年，歷經四年成書。

卷中有鈔配多葉：首冊首葉，卷一第七至十葉，卷六第九、第十葉，卷八第十七、十八葉，卷九第十七、第十八葉，卷二十五第十一、第十二葉，卷四十二第十三、第十四葉，卷五十一第十一、第十二葉，卷六十一第七、第八葉，卷六十四第五、第六葉，卷七十四第五、第六葉，卷七十九、卷八十亦有多處修復並補鈔，茲不備錄。有缺葉：卷七十第五、第六葉。另，卷七十一第二十二至二十四葉葉碼空缺，但前後正文連續，實無缺佚，而此本贅補空白葉三張。

中國國家圖書館、中國科學院文獻情報中心、中國水利水電科學研究院圖書館、故宮博物院圖書館、中國文化遺產研究院等十五館與"中央研究院"歷史語言研究所傅斯年圖書館、臺北故宮博物院及日本東洋文庫、京都大學人文科學研究所、美國國會圖書館亦有入藏。

633. 清乾隆刻本臨潼縣志　T3155/7631.83

　　[乾隆]《臨潼縣志》九卷，清史傳遠纂修。清乾隆四十一年（1776）刻本。六册。半葉十行二十四字，小字雙行同，白口，四周雙邊，單魚尾。框高 20.1 釐米，寬 15.5 釐米。前有田錫莘序，目錄，圖。卷端題："邑令武鄉史傳遠伯猷氏重輯，崑山徐德諒桂門氏、平湖楊應棟蒼石氏同閱。"

　　臨潼縣地處關中平原東部，驪山在其境內。春秋時爲驪戎國。秦始皇十六年（前231）置驪邑。漢高帝七年（前200）置新豐縣，屬京兆尹。唐初屬雍州，垂拱二年（686）改名慶山縣，天寶三年（744）析置會昌縣，七年改會昌縣爲昭應縣。北宋大中祥符八年（1015），改昭應縣爲臨潼縣，以縣城東有臨水、西有潼水而得名。元歷屬安西路、奉元路。明清屬西安府。1997 年改爲西安市臨潼區。

　　史傳遠，字伯猷，山西武鄉人。乾隆二十六年進士。曾任高陵知縣。乾隆三十九年任臨潼知縣。官至山東泰安、濟南知府。

　　書前有圖六幅：《山川疆域十八鎮四十里總圖》《縣治圖》《縣署圖》《學宮圖》《驪山圖》《華清宮圖》。封面書名署"臨潼縣志 × 集"，自壹集至陸集，每册爲一集。正文八卷，列十二門：卷一地理、建置；卷二紀事、古跡；卷三祠祀、陵墓；卷四賦役；卷五職官；卷六選舉；卷七人物；卷八藝文；卷九志餘。

　　卷九之末有史傳遠撰《敘略》，述臨潼縣修志源流及此志纂修經過甚詳："余令臨潼之明年，奉撫憲畢大中丞纂《西安府志》，飭提府屬縣志到臨，並訪求士大夫記述及故老傳聞可據者。臨邑紳士來謁余曰：'吾邑舊有志，自香陂趙明府重輯後，考核較詳，第歷七十餘年未經載筆，且有著諸史策、傳諸父老，爲重輯時所偶遺者。今奉撫憲飭提，胡不並加考輯，酌取而增入之，以補其所未備，不惟與府志足供採擇，抑亦吾邑所厚望也。'……乃復延友人崑山徐桂門、平湖楊蒼石並邑內知名之士，相與遠稽博訪，上自正史，旁及諸記，下逮舊聞，有關志事者，無問鴻纖，俾各收錄。其規模悉遵趙舊，惟即其所未載及載而弗詳者，依類尋討，端委必盡。"據此可知，此志亦應陝西巡撫畢沅徵求而纂修，其基礎爲趙于京纂修康熙志。

　　臨潼縣志明清凡七修。其一爲明樊玶所修，今已不傳，此志書後史傳遠《敘略》節引其序。其二爲王聯芳修、武士望纂《臨潼縣志》四卷，有萬曆三十六年（1608）刻本，僅中國國家圖書館藏有殘本（存卷二至四）。其三爲馬良史修、高翔鷟纂《重修臨潼縣志》，此志不分卷，記述簡略，有順治十八年（1661）刻本，僅中國國家圖書館有藏本。其四爲趙于京纂修《臨潼縣志》八卷，資料較詳實，有康熙四十年（1701）刻本。其五即此乾隆志。其六爲安守和修、楊彥修纂《臨潼縣續志》二卷，記乾隆四十一年至光緒十四年（1888）之間事，係續補乾隆志之作。其七爲施劼修、譚麐纂《臨潼縣續志》四卷，有光緒二十一年刻本。

卷五第三十六葉重複，係裝訂時冗餘。卷九《敘略》有部分文字重複，當爲刻版之誤。

首冊首葉及卷一卷端鈐“武昌柯逢時收藏圖記”朱文方印（3.1×3.1釐米）。柯逢時（1845—1912），字懋修，號巽庵，湖北武昌（今鄂州市）人。光緒九年進士。歷任兩淮鹽運使、江西按察使、湖南布政使、江西布政使、廣西巡撫、貴州巡撫、户部右侍郎。喜藏書，刻有《武昌醫學館叢書》。

中國國家圖書館、中國科學院文獻情報中心、中國社會科學院考古研究所、中國水利水電科學研究院圖書館、故宮博物院等近四十館與“中央研究院”歷史語言研究所傅斯年圖書館、臺北故宮博物院等三館及日本東洋文庫、京都大學人文科學研究所、美國國會圖書館、法國國家圖書館、法蘭西學院漢學研究所亦有入藏。

634. 清康熙刻本長安縣志　T3155/7334.81

〔康熙〕《長安縣志》八卷，清梁禹甸纂修。清康熙七年（1668）刻本。四冊。半葉九行二十字，小字雙行同，白口，四周單邊，單魚尾。框高20.9釐米，寬14.5釐米。前有萬曆乙卯（四十三年，1615）馮從吾初修長安縣志序，郭傳芳序，康熙戊申（七年）吳景恂序，萬曆乙卯李華然初修長安縣志序，康熙七年梁禹甸序，梁禹甸《徵考引》，目錄。

長安縣地處關中平原腹地。西漢高帝五年（前202）置，爲京兆尹治。晉爲京兆郡治，北魏屬京兆郡，北周復爲京兆郡治。唐爲京兆府治。五代梁改名大安縣，後唐復改長安縣。元爲奉元路治。明、清兩朝與咸寧縣並爲陝西省治及西安府治。1914年咸寧縣併入。2002年改爲西安市長安區。

梁禹甸，字奕奕、小素，山西平遙人。拔貢。康熙元年任長安縣知縣，康熙七年升任河州知州。生平見本志官師門。

書前有圖五幅：《星野圖》《疆域圖》《會城圖》《縣治圖》《學署圖》。正文八卷：卷一地理（疆域〔形勝附〕、星野、山川、風俗）；卷二建置（城池〔里堡、鋪集、關梁附〕，公署，學校，祠祀）；卷三貢賦（土田、户口、賦役〔驛站附〕、物產）；卷四官師（題名〔宦跡附〕）；卷五選舉（科貢、武科、封蔭）；卷六封建（帝系、分封〔僭據附〕）；卷七人物（先賢、寓賢、列女、方技）；卷八雜記（古跡、陵墓〔漏澤園附〕、寺觀〔仙釋附〕、災祥）。卷八篇幅最大，獨佔一冊，古跡、陵墓、寺觀等記載尤詳，有關詩文附於相應條目之下。

梁禹甸序："會大中丞賈公振興曠典，雍書告竣，頌頌之實感且奮。念甸濫竽六載，一邑之掌故，聽其簡斷編殘、聲沉響絕，後有作者將安所取徵乎。爰集舊本，而付之剖劂，間有增定，則一以通志爲斷。……今量移將行，倉卒就緒，聊以愜六載未竟之志，期於中丞公之盛舉亦可以告無忝云。"據此，梁禹甸在賈漢復《陝西通志》修成之後，有感於長安縣舊志散佚，續修並重刊縣志，於康熙七年離任前告成。此志主體承襲明萬曆志，補充了明萬曆至清初史料，所增補多以賈漢復修《陝西通志》爲依據。

長安爲漢唐舊都所在，名勝古跡衆多，歷代多次修志，如宋宋敏求《長安志》二十卷、元駱天驤《類編長安志》十卷等，記載及於長安府（西安府）下轄諸縣，均爲府志性質。明萬曆間李華然修、馮從吾纂長安縣志，分類參照《大明一統志》，爲長安首部縣志。至康熙時，"灰於兵燹已廿餘年"，今已無傳本。清代長安縣兩次纂修志書。此康熙志爲首部。其次爲張聰賢、董曾臣纂修《長安縣志》三十六卷，刊刻於嘉慶二十年（1815）。

書前萬曆四十三年馮從吾、李華然二舊志序與此康熙志序混排，係裝訂錯誤。卷八第三十三葉版心葉碼誤刻爲"二十三"，致該葉與第二十三葉位置顛倒。

金鑲玉裝。

中國國家圖書館、中國國家博物館、中國文化遺產研究院、北京大學圖書館、中央民族大學圖書館等近十館與臺北故宮博物院及日本內閣文庫、美國國會圖書館亦有入藏。

635. 清康熙刻本咸寧縣志　T3155/503.81

[康熙]《咸寧縣志》八卷，清黃家鼎修，陳大經、楊生芝纂。清康熙七年（1668）刻本。四冊。半葉九行二十三字，小字雙行同，白口，四周雙邊，單魚尾。框高21.3釐米，寬14.5釐米。前有康熙戊申（七年）席式序，康熙七年周之桂序，康熙七年黃家鼎序，目錄，圖。卷端題："文林郎知咸寧縣事潁上黃家鼎鑒定，邑學生陳大經、庠生楊生芝纂修。"

咸寧縣地處關中平原腹地。漢爲杜陵、霸陵等縣地，屬京兆尹。北周明帝二年（558）置萬年縣，與長安縣並治京城，武帝建德二年（573）霸城、杜城二縣併入。隋開皇三年（583）改爲大興縣，與長安縣共治新都大興城。唐武德初復名萬年縣，天寶七載（748）取"萬國咸寧"之意，改名咸寧縣，乾元元年（758）復稱萬年縣。宋宣和七年（1125）改稱樊川縣，金大定二十一年（1181）再改咸寧縣。元爲奉元路治。明清爲西安府治。1914併入長安縣。2002年，長安縣改爲西安市長安區。

黃家鼎，字升耳，安徽潁上人。拔貢。康熙元年任咸寧知縣。

陳大經，字徽五。楊生芝，字馥遠。均爲陝西咸寧人。

書前有七圖：《星分東井輿魁圖》《疆域古跡圖》《會城圖》《縣署圖》《廟學圖》《隋都城圖》《唐都城三內圖》。正文八卷，卷各一門：卷一星輿（分野、疆域、形勝、山川、橋渡、渠堰〔井泉附〕、景致、水利、風俗、物產）；卷二建置（城池、沿革、縣署、學校、貢院、書院〔社學附〕、壇壝、廟祠、行署〔雜署附〕、驛遞、倉廒、舖舍、坊第、市鎮、兵防、建封）；卷三田賦（田畝、糧石、戶口、起運、存留、屯田〔鹽引附〕、學田）；卷四官禮（官師、名宦、公儀、祀典、樂器、樂考）；卷五選舉（薦辟、進士、舉人、貢士、例貢、恩貤、蔭敘、吏典、武科）；卷六人物（鄉賢、忠節〔武勛附〕、孝義、鄉耆、隱逸、寓賢、技術、節烈）；卷七古跡（城闕、宮殿、苑囿、池亭、名勝、陵墓、寺觀、石刻），載錄隋唐宮室陵墓遺址及碑刻甚多，可爲考察隋唐長安城之助，雜志附於本卷，記祥異、仙釋；卷八藝文（詔、璽書、策、制、勅、書、議、奏、封事、疏、詩、賦、策、表、頌、書、序、碑、記、論、說、銘、題、傳、墓誌、著述），載錄甚豐，單獨成册。

黃家鼎序謂："咸古無志，有之，自北海陳公始。然歷世久遠，版籍不存。余承乏茲邑，首詢及此，徧索究未能得，即憤然思欲興舉。適會都御史賈公有徵志之檄，遂敦禮士夫之賢者，方爲彙集，既而獲其二卷，補續成草，以備通志採摭。及竣，遺落又半。……於是再延邑士陳楊二子，更爲纂修，博採志記，旁搜輿論，無者有之，冗者裁之，殘者補之，譌者正之。余不辭弇疏，總而裁定之，質之薦紳先生校閱而評序之，凡六閱月而告竣。"

此志爲咸寧縣第二部志書。首部爲明萬曆間所修，修纂者爲陳王庭，即黃家鼎序所稱"北海陳公"。萬曆志今已不傳。其後，嘉慶二十二年（1817）知縣高廷法等在此志基礎上訂正增補，纂成《咸寧縣志》二十六卷，刊刻於嘉慶二十四年，是爲咸寧縣第三部志書。

卷中有缺葉：卷二第十二葉、十九葉，卷六第四十葉、第四十七葉，卷七雜志門第八葉、第十葉。

中國國家圖書館、中國科學院文獻情報中心、故宮博物院圖書館、中國文化遺產研究院、中共中央黨校圖書館等十餘館與"中央研究院"歷史語言研究所傅斯年圖書館、臺北故宮博物院及美國國會圖書館、法國國家圖書館均有入藏。

636. 清乾隆刻本盩厔縣志　T3155/4171.83

〔乾隆〕《盩厔縣志》十四卷，清楊儀修，王開沃纂，鄧秉綸續纂修。清乾隆五十年（1785）刻，乾隆五十八年補刻本。六册。半葉十一行二十二字，小字雙行同，粗黑口，左右雙邊。框高 18.6 釐米，寬 14.5 釐米。前有乾隆五十年楊儀序，舊志序四種（乾隆十四年知縣鄒儒序、康熙二十年〔1681〕知縣章泰序、康熙三年知縣駱鍾麟序、嘉靖四十二年〔1563〕邑人王三聘序），乾隆五十八年鄧秉綸補修邑志序，重修盩厔縣志姓氏，補修監工，王開沃撰凡例六則，縣境全圖，目録。卷端題："知縣楊儀重修。"

盩厔地處關中平原腹地、秦嶺北麓、渭水南岸，終南山在其境内。《元和郡縣志》謂"山曲曰盩，水曲曰厔"，縣治二曲鎮亦得名於此。西漢置盩厔縣，屬右扶風，治今縣東終南鎮。東漢廢。西晉復置，隸始平郡。北魏隸扶風郡。北周建德三年（574）徙治二曲鎮。唐歷屬雍州、稷州、乾州、鳳翔府。元屬奉元路。明清屬西安府。因"盩厔"二字生僻，1964 年改名"周至"。今屬陝西省西安市。

楊儀，號翊亭，直隸新城人。舉人。曾任湖北黄岡知縣，乾隆四十六年秋調任盩厔知縣，次年調署三原縣，又調富平縣，乾隆五十年正月回任盩厔知縣，乾隆五十四年去職。見本志卷六職官。

王開沃，字子良，一字文山，號半庵。江蘇鎮洋（今太倉）人。王遵巖之孫。博學多聞，工詩詞。嘗遊關中，主講醴泉書院、盩厔書院，與王昶（1725—1806）、洪亮吉（1746—1809）交好。著有《文山詩集》《文山詞稿》，另纂有《永壽縣新志》《藍田縣志》，又曾補注《水滸傳》，有道光間聽香閣刻本。

鄧秉綸，貴州貴陽人。舉人。乾隆五十五年任盩厔知縣。見本志卷六職官。

書前有《疆域圖》《縣治圖》《河渠圖》，共四幅。正文十四卷，卷各一門：卷一地理，述沿革、疆域、形勢、名山、大川、渠堰等；卷二建置，記縣城各官署、義學、鎮堡、關梁、驛鋪、馬場、里社、市集、坊表、義塚等；卷三古跡，記甘野、元池、上林苑、長楊宮等古跡與《宗聖觀記》《老子靈應頌》等石刻；卷四賦役，記民數、民田、解款、屯衛田、更名田、外賦等；卷五祠祀，記文廟、崇聖宮、社稷壇、先農壇、城隍廟、孝子祠等，附古寺觀六十餘處；卷六職官，載漢至清知縣、明清縣丞、宋明主簿、唐至清典史、明清教諭、明清訓導、宋元監使、唐至清鎮將之姓名、功名、籍貫、任年，縣令止於乾隆五十五年任鄧秉綸；卷七選舉，載唐至清進士、明清舉人、明清貢生、明清武科進士與舉人之姓名爵里，及宋至清封贈；卷八人物，列名臣、鄉賢、儒林、文苑、孝友、高義、武勇、隱逸、流寓、方技、耆壽、方外、列女等目；卷九風俗，述冠禮、喪禮、祭禮、農務、商賈、工匠、女工及四時節令習俗；卷十物産，列穀、木、花、草、果、藥、貨、禽、獸、鱗介、蟲等屬；卷十一藝文，分疏、記、序、賦、詞、詩六類，此卷自爲一册，爲全書中篇幅最大者，有關盩厔之詩文搜羅頗廣，至白居易《賣炭翁》詩因有"伐薪燒炭南山中"之句亦闌入其中，稍嫌其泛；

卷十二紀兵，雜引歷代史籍中有關盩厔兵事之記載，編年排列；卷十三祥異，據歷代史籍、類書等記載，編年羅列漢至明中葉水旱、雨雪、蝗災、地震、饑饉等災害，嘉靖以後則直書之；卷十四拾遺，羅列歷代史籍、小説、筆記、本邑舊志中有關盩厔之文字而不能歸入以上各類者。目錄列有卷十五《旌表殉難士民錄》，然有目無書，另據楊儀序稱"得書十四卷"，當係原缺。

楊儀序略述重修經過："余於乾隆辛丑秋承乏盩邑，越明年，會有差調去，繼任者爲莊君、李君。時邑人士以重輯志乘請，事上大府，報可，屬鎮洋王先生秉筆焉。王固領邑講席，有年於此地之疆理山川、土田民物、官師典故，宜其析焉精、辨焉詳也。乙巳夏開纂，余適還蒞，相與商榷訂正，至秋仲蔵事，得書十四卷。"據此可知，此志重修之議起於莊炘、李帶雙二知縣任內，至乾隆五十年夏開纂，當年仲秋成書。鎮洋王先生，即王開沃。

鄧秉綸《補修邑志序》於補修過程記敘頗詳："公（即楊儀）之修此志也，在乾隆乙巳，迄今歷十年所，而其損蝕破壞者不下四十版。余承乏茲邑，公餘之暇批而閱之，未嘗不歎修舉之難而嗟廢墜之易，命匠補刊，俾無殘缺。且聞之選舉科內，壬申則龔君兆蘭與晏君士仁並舉孝廉，斯編所載僅存龔而遺晏，豈士之有幸有不幸乎！抑採訪者之所當增入也。"是鄧秉綸長縣時，乾隆五十年刊版已有所損壞，乾隆五十八年印本版片斷裂之跡俯拾皆是，足證其説。鄧氏遂命工匠修補，内容亦有少許增補。所增補者除《序》中所述選舉一門之外，另職官門縣令補蔣基、鄧秉綸二人，縣丞補張約一人，典史補謝榮廣一人，教諭補李聯宮一人，訓導補崔喬楷一人。人物門列女增賈氏。凡所增補，以"修補"二字標出。

盩厔縣首部志書爲明嘉靖四十二年邑人王三聘所纂，其書已佚，序存後此諸志。清康熙三年，知縣駱鍾麟委茂陵徐開熙修志，成書十卷。康熙二十年，知縣章泰以前志"分合之有未盡協也，次序之有所不倫也，收錄之有所太濫也"，一手重修。乾隆十四年，知縣鄒儒有鑒於前志"記載者僅十之半而遺逸者亦不啻十之半"，委王璋增纂，成書十五卷。此志據清乾隆十四年鄒儒舊志重修，職官、選舉、人物等門均有所辨析訂正，續補舊志修成以來三十餘年的史事人物。襲用乾隆十四年志文，均以"鄒儒舊志""鄒志"標出。

中國國家圖書館、中國科學院文獻情報中心、上海圖書館、天津圖書館、陝西圖書館等五館與日本東洋文庫、美國國會圖書館、法國國家圖書館亦有入藏。

637. 清乾隆刻本鄠縣新志　T3155/1269.83

［乾隆］《鄠縣新志》六卷，清汪以誠修，孫景烈纂。清乾隆四十二年（1777）

刻本。四册。半葉十行二十二字，小字雙行同，白口，四周雙邊，單魚尾。框高16.6釐米，寬13.9釐米。前有扉頁，康熙四十二年（1703）汪以誠序，舊志序（嘉靖十二年〔1533〕康海序、萬曆戊午〔四十六年，1618〕趙崡序），目錄。目錄題：“武功孫景烈孟揚編，江寧汪以誠樸存閱。”

鄠縣地處關中平原中部、秦嶺北麓、渭河南岸。西漢置鄠縣，屬右扶風。晉屬始平郡。北魏太平真君七年（446）屬京兆郡。唐、宋、金屬京兆府。元屬奉元路。明、清屬西安府。1964年因“鄠”字生僻，改爲户縣。今屬陝西省西安市。

汪以誠，字樸存，江蘇江寧（今南京）人。乾隆十五年舉人。乾隆三十九年署鄠縣知縣，次年實授。乾隆四十二年調任渭南知縣。

孫景烈（1706—1782），字孟揚，號西峰，陝西武功人。曾任商州學正。乾隆四年進士。言事忤旨，罷職還鄉。後主講關中書院、蘭山書院、明道書院。著有《西麓山房存稿》《滋樹堂存稿》《邸封聞見錄》《菜根園慎言錄》《館課焚餘錄》《易經管窺》《詩經講義》《四書講義》《性理講義》等，另纂有《郃陽縣全志》等。《清史稿》入儒林傳。

全書六卷，列八門：卷一地理；卷二建置；卷三田賦、官師；卷四、卷五人物；卷六選舉、雜記。各門下不再列目，人物門搜羅較富。

汪以誠序述纂志經過甚詳：“余自乾隆甲午攝鄠篆，即訪渼陂鄠志原本，意欲重刻，以公同好，不可得。次年聘武功太史孫西峰先生主明道書院講席，先生至鄠，亦以渼陂鄠志爲問，余復懸重價購之，終不可得。……自渼陂創志後，續修者毀其原刻，屢續而屢失其法，則鄠志之宜作而不可再續審矣。西峰先生深於志法，所評對山《武功志》及所撰《郃陽志》皆爲潛心斯道者共賞。……余以是請於先生者再四，先生不得已，遂任其事。然先生年逾古稀，講學之餘，精力少減，不欲率爾也。自丙申春二月操觚，至冬十有一月下浣始脱志稿。而先生尚自謂不愜於心，辭講席仍挾志稿歸。今春家居，重經筆削，乃漸次寄來，且囑余請正於撫憲秋帆畢大中丞，而後授之梓人。”渼陂即明代鄠縣人王九思（1468—1551）。

鄠縣志書創修於王九思，成書於嘉靖十二年，爲明代陝西名志之一，今未見著錄。現存鄠縣明清志書計五部。其一爲明萬曆間劉璞修、趙崡纂《鄠縣志》十一卷。其二爲康如璉修、康弘祥纂《鄠縣志》十二卷，遵循萬曆志體例增補訂正而成，有圖一卷，繪製精細，康熙二十一年刊刻。其三爲魯一佐修、周夢熊纂《鄠縣重續志》五卷，遵照前志體例，增補近五十年史事，雍正十年（1732）與康熙志合刻。此乾隆志爲第四部，係知縣汪以誠有感於前志之弊，延請修志名家孫景烈重加纂輯而成。其五爲光緒末年佚名編《鄠縣鄉土志》三卷。

扉頁刊：“乾隆丁酉仲夏刊鄠縣新志。本衙藏板。”

此本目錄後半部分係鈔補。

中國國家圖書館、中國科學院文獻情報中心、中國社會科學院考古研究所圖書館、故宮博物院圖書館、中國民族圖書館等二十七館與"中央研究院"歷史語言研究所傅斯年圖書館、臺北故宮博物院及日本東洋文庫、美國國會圖書館、法國國家圖書館亦有入藏。

638. 清乾隆刻光緒印本嘉靖耀州志　T3155/913.7（1–2）

[嘉靖]《耀州志》十一卷，明李廷寶修，喬世寧纂。明嘉靖三十六年（1557）修。清乾隆二十七年（1762）刻，光緒十六年（1890）重印本。二冊。半葉十行二十字，小字雙行同，白口，四周雙邊，單魚尾。框高 20.1 釐米，寬 14.6 釐米。首有許宗魯序，嘉靖丁巳（三十六年）張蒙訓序，目錄，喬世寧識語，凡例十六條。卷端題名："喬三石耀州志。"

耀州地處關中平原與黃土高原交界地帶。西漢景帝二年（前 155）設耀縣，得名於縣北有山"光耀如鑒"。三國魏黃初元年（220）改爲泥陽縣。隋開皇六年（586）改爲華原縣。唐天祐元年（904）岐王李茂貞設耀州。元至元初廢華原縣入州。明領同官、富平二縣。清不領縣。1913 年改爲耀縣。2002 年改爲銅川市耀州區。

李廷寶，字國用，山西曲沃人。舉人。嘉靖三十一年任耀州知州。著有《先賢事跡錄》《曲沃辯》《毅軒詩文》《牧民懿矩》《兵機要略》等。生平見［乾隆］《新修曲沃縣志》。

喬世寧，字景叔，號三石山人，陝西耀州人。明嘉靖十七年進士。歷任南京戶部主事、湖廣督學、河南參政、四川按察使等。撰有《丘隅集》等。

書前有圖六幅：《州城圖》《州境圖》《同官縣城圖》《同官境圖》《富平縣城圖》《富平縣境圖》。正文十一卷，分十志：第一卷地理志，紀歷代沿革；第二卷地理志，紀山川、河渠、古跡、陵墓；第三卷建置志、祠祀志；第四卷田賦志；第五卷、第六卷官師志；第七卷、第八卷人物志；第九卷選舉志；第十卷紀事志，爲耀州大事記；第十一卷藝文志，載著述目錄及碑刻目錄。各項下分州、同官、富平分別記述。此志文簡事核，體例切當，歷來評價甚高，爲明代名志之一。

附喬世寧纂《五臺山志》，不分卷，列五臺山名、五臺山道場四至、古跡、真人行實、醫論、四言古詩、異跡、歷代褒封、護勑、碑刻、附載、外紀、道派四十字等項。編排略顯淆亂，且有多處文字重複，當爲刊版疏誤。

目錄後喬世寧識語略記修志經過："嘉靖初，張先生撰州志，敍載明備矣，頃太守李君廷寶欲續紀後事，又彙二屬縣統爲一志，以余屬草稿焉。"

　　汪灝《續耀州志序》記述重刻嘉靖志始末："灝奉簡命，忝牧斯土，公務之暇，繙閱舊志，編殘簡斷，字跡模糊，酙黙難施，亟思重整。隨向州人覓其善本，命胥鈔録，既付剖劂矣。"

　　此本刷印不甚佳，多處文字漫漶，當爲後印本無疑。又，此本與光緒十六年增補本［乾隆］《續耀州志》同裝一函，紙墨完全一致，亦當爲光緒十六年鄭思敬印本。

　　耀州明清志書現存四部。首部爲嘉靖六年張璉修《耀州志》二卷，僅記州事，"屬內二縣未暇紀録"（語出張蒙訓嘉靖志序），現存嘉靖二十年重印本。此嘉靖二十六年志爲第二部，增補同官、富平兩屬縣內容。第三部爲汪灝修、鍾麟書纂《續耀州志》十一卷，係在嘉靖志基礎上參考明左重光、清初宋金柱二人所纂續志稿，再經補充而成，體例仿嘉靖志，有清乾隆二十七年刻本。第四部爲陳仕林纂修《耀州志》十卷，彙編嘉靖志、乾隆志，並補充乾隆二十七年以後史事，同時删除同官、富平二縣內容，嘉慶七年（1802）刊刻。

　　中國國家圖書館、中國科學院文獻情報中心、故宫博物院圖書館、中國國家博物館、中國水利水電科學研究院圖書館等四十餘館與"中央研究院"歷史語言研究所傅斯年圖書館及日本東洋文庫、京都大學人文科學研究所、英國倫敦大學亞非學院、法國國家圖書館亦有入藏。

639. 清乾隆刻光緒補刻本續耀州志　　T3155/913.7（3-4）

　　［乾隆］《續耀州志》十一卷，清汪灝等修，鍾研齋纂。清乾隆二十七年（1762）刻，光緒十六年（1890）補刻本。二册。半葉十行二十字，小字雙行同，白口，四周雙邊，單魚尾。框高 20.1 釐米，寬 14.6 釐米。前有乾隆二十七年汪灝序，目録，凡例八條，續修耀州志採訪姓氏。

　　汪灝，字從沚，號湮齋，安徽旌德人。歲貢。乾隆二十四年任耀州知州。

　　鍾研齋，浙江海寧人。

　　此志九卷，列十一門：卷一地理志（沿革、疆域、城池、隄工、山川、河渠、村堡、道路、古跡、陵墓）；卷二建置志（署廨、學校、倉儲、驛傳）；卷三祠祀志（文廟、壇宇）；卷四田賦志（額徵、歲支、里甲、編户、軍需、廠租、鹽法、兵供、市集、風俗）；卷五官師志（唐至元〔補喬志闕〕，明〔嘉靖丁巳後〕，清〔文職、武職〕）；卷六人物志（剛介、廉能、忠節、直諫、孝義、勇略、儒林、方外、列女）；卷七選舉志（科目、貢生、館學、武科、武途、封秩、掾史）；卷八紀事志（晉至金〔詳喬志略〕、明季、清）；卷九藝文志（表、疏、議、考、碑記、論、書、賦、詩、諸集、石刻）；卷十拾遺；卷十一書院田租。卷十一録乾隆三十六年六月汪灝《書院田租記》

一篇，字體與其他卷迴然不同，當係全書刻成後所增補者。

此志門目結構沿襲嘉靖志，細目則略有調整。《凡例》謂："喬志分門凡九，今亦仍之。而九門中又各爲別類，以便醒目。後綴拾遺一卷。"此志增補嘉靖三十六年（1557）以後的史事，並對嘉靖志疏誤之處有所訂補，《凡例》謂："喬志作於明嘉靖丁巳，今自丁巳後起，其丁巳前有喬志未載者補之，載而可疑者質之，今昔不符者訂之。"

汪灝序述編纂過程甚詳："灝奉簡命，忝牧斯土，公務之暇，繙閱舊志，編殘簡斷，字跡模糊，黝點難施，亟思重整。隨向州人覓其善本，命胥鈔録，既付剞劂矣，又訪得明季孝廉左重光、國初明經宋金柱各有續纂未成之書，取而閱之，十得一二。再與廣文吳君、蕭君，吏目馮君及州中諸紳士共相採訪，詳稽史册，載閱省志，徧求碑碣，歷按卷宗，細問遺老，博收散軼，又得十之四五。特延海寧鍾研齋先生爲之綜覈，反復考辯，詮次成書。"

卷一後補柳氏祖墓一條，末署"光緒十六年知州鄭思敬查確添附"，卷四後補屠牛一條，卷六後補同治年間死節一條，卷十一後有增補，末均署"光緒十六年知州鄭思敬添附"。

《續修耀州志採訪姓氏》末載刻工姓名："梓人長安縣張斌刊。"

此本與［嘉靖］《耀州志》同裝一函。

中國國家圖書館、中國社會科學院考古研究所圖書館、故宮博物院圖書館、中國國家博物館、中國文化遺産研究院等近四十餘館與"中央研究院"歷史語言研究所傅斯年圖書館、臺北故宮博物院等三館及日本東洋文庫、京都大學人文科學研究所、美國國會圖書館、英國倫敦大學亞非學院、法國國家圖書館亦有入藏。

640. 清雍正刻本宜君縣志　　T3155/3116.82

［雍正］《宜君縣志》不分卷，清查邀、沈華纂修。清雍正十年（1732）刻本。一册。半葉十行二十二字，小字雙行同，白口，四周雙邊，單魚尾。框高 20.5 釐米，寬 14.8 釐米。前有雍正十年沈青崖序，圖。書後有孫海舉跋，雍正十年沈華後記。卷端題："浙右沈寓舟先生鑒定，邑宰查邀氏纂輯，沈華紀榮氏訂正，闔邑紳士仝校。"

宜君縣地處黃土高原。漢爲左馮翊地。魏晉爲泥陽縣地。前秦苻堅置宜君護軍，得名於境內宜君水。北魏太平真君七年（446）改爲宜君縣。隋開皇三年（583）石保縣併入。唐屬坊州。五代、宋、金沿襲不改。蒙古至元六年（1269）後屬鄜州。今屬陝西省銅川市。

查遴，浙江仁和（今杭州）人。雍正六年以三原縣丞署宜君知縣。

沈華，字紀榮，江蘇吳縣（今蘇州）人。監生。雍正八年任宜君知縣，雍正九年十月調任武功知縣。

書前有《城圖》《縣圖》各一幅。正文不分卷，平列沿革、疆域、風俗、形勝、城池、鎮堡、古跡、山川、公署、學校、坊表、倉場、藉田、驛鋪、關梁、戶口、地畝、站支、鹽法、兵制、祠祀、寺院、墳墓、職官、宦跡、進士、鄉舉、貢選、武科、武職、人物、物產、藝文等門，記載較爲簡略。

沈華後記謂："……越明年，奉署宜君邑篆。既之任，首詢縣志，知向未有成書，前率查君始以參憲命，從事搜輯，稿雖具而館□，指駁者猶累累也。……遂不揣固陋，於整飭諸務之餘，留心蒐輯。……而辛亥十月，華又奉移試乾州屬之武功。……蒞武三月，邑事稍稍就理，因從案牘餘暇，就向之所訪求既確者，間或參以己見，得所論定，分爲三十六類，繕寫成帙。"可知此志修纂，歷查遴、沈華兩任知縣，而沈華雍正九年調任武功知縣之後，繼續纂輯，次年方纔成書。

宜君縣，清代兩次修志。首部爲順治間佚名撰《宜君縣志》，全書分十七門，記載極簡略，僅二千餘字，未刊刻，有順治間鈔本存世。其次即此雍正志。

此本版印不佳，字跡模糊，爲後印本無疑。

中國國家圖書館、中國科學院文獻情報中心、故宮博物院圖書館、北京大學圖書館、中國人民大學圖書館等二十八館與"中央研究院"歷史語言研究所傅斯年圖書館及日本東洋文庫、京都大學人文科學研究所、美國國會圖書館、法國國家圖書館亦有入藏。

641. 清乾隆刻本鳳翔府志略　T3154/7282.832

［乾隆］《鳳翔府志略》三卷，清劉組曾纂修。清乾隆二十七年（1762）刻本。四冊。半葉九行二十一字，小字雙行同，白口，四周雙邊，單魚尾。框高 18.5 釐米，寬 13.6 釐米。前有扉頁，乾隆二十六年劉組曾序，乾隆壬午（二十七年）宋弼序。卷端題："知府臨汾劉組曾纂。"

鳳翔府地處關中平原西部。漢置右扶風。三國魏改爲鳳翔郡，治槐里縣，屬雍州。唐武德元年（618）改爲岐州，至德二載（757）升爲鳳翔府，稱西京，屬京畿道。北宋屬秦鳳路。元屬陝西行省。清代轄境擴大，相當於今陝西省秦嶺以北，麟遊、扶風、眉縣等縣以西地區，即今陝西省寶雞市大部。1913 年撤銷鳳翔府建置。

劉組曾，字承庵，山西臨汾人。乾隆二十五年任鳳翔知府。

此志三卷：卷一地輿考，首敘鳳翔府建置沿革，其次分述各縣山川、古跡、陵墓等項；卷二田賦志，先敘府概況，其次分述各縣；卷三藝文鈔，亦分縣載録，搜羅較富。

劉組曾序詳述其編纂經過及義例："庚辰秋，余承簡命來守鳳翔，其明年辛巳春二月，釐務稍暇，以餘力披閲舊志，意有未愜，思更葺之。然物力未裕，採訪維艱，因與同志諸子商榷大略，以宅土授人，邦國之所首重也，正其疆理而後民知所守，著其沿革而後士知所遵，作地輿考；有土此有財，有財此有用，經費次之，作田賦志；若夫述往徵來，典章具在，憑今弔古，風采時存，則藝文又次之，作藝文鈔。通爲三卷，而總名曰志略。"

鳳翔府，明清五次修志。其一爲王江、王正纂修《鳳翔府志》八卷，明正德十六年（1521）刊刻。其二爲周易纂修《重修鳳翔府志》五卷，分七篇二十七目，萬曆五年（1575）梓行。其三爲朱琦纂修《重修鳳翔府志》五卷，以萬曆志爲基礎，增修補刻明末清初史事，清康熙四十九年（1710）刊刻。其四即此乾隆二十七年刻《志略》。其五爲達靈阿修、周方炯等纂《鳳翔府志》十二卷，在前志基礎上纂修，乾隆三十一付梓。

《中國地方志聯合目録》著録此志爲乾隆二十六年刻，疑係據書前劉組曾序而定，不確。宋弼序署乾隆壬午，即二十七年，故當改訂爲乾隆二十七年刻本。

此本扉頁鈐"呂梁式千石"白文方印（3.2×3.2 釐米），各册首葉鈐"萬緑軒王藏書"白文方印（2.1×2.1 釐米）、"瑀庵"朱文方印（1.8×1.8 釐米）、"臣泰言印"白文方印（1.9×1.9 釐米）、"王氏藏書同光間修鄮慈兩志曾經借出"（2.9×2.9 釐米）。按，萬緑軒爲清乾嘉間寧波慈城鎮王肅雍所建藏書樓。

中國國家圖書館、中國民族圖書館、北京大學圖書館、南京圖書館、上海圖書館等五館與美國國會圖書館亦有入藏。

642. 清乾隆刻本重修鳳翔府志　T3154/7282.83

［乾隆］《重修鳳翔府志》十二卷首一卷，清達靈阿修，周方炯等纂。清乾隆三十一年（1766）刻本。二函十二册。半葉九行二十二字，小字雙行同，白口，四周雙邊，單魚尾。框高 20.5 釐米，寬 13.8 釐米。首有佚名序殘葉，乾隆三十一年達靈阿序，凡例十二條，目録，鳳翔府志纂修姓氏，舊敘（康熙四十九年〔1710〕朱琦序、正德辛巳〔十六年,1521〕王江序、萬曆五年〔1577〕周易序、萬曆丁丑〔五年〕李轍序），鳳郡圖考。卷十後有乾隆三十一年羅鰲後跋。

達靈阿，滿洲鑲黃旗人。蔭生。乾隆二十六年任鳳翔知府。

周方炯，字光宇，江西南城人。舉人。

卷首《鳳郡圖考》收《疆域圖》《府城圖》《府署圖》《文廟圖》《府學圖》與鳳翔、岐山、寶雞、扶風、郿縣、麟遊、汧陽、隴州等州縣圖及八景圖，計二十一幅。正文十二卷，列十三門：卷一輿地（星野、疆域、沿革、形勝、山川、古跡、陵墓、風俗）；卷二建置（城池、廨署、關梁、舖舍、市鎮、坊表、兵防、驛站）；卷三祠祀（壇祠、宮廟、寺觀）；卷四田賦（地畝、人丁、課程、起運、鹽課、磨課、雜稅、倉儲、物産）；卷五官師（封建、秩官、名宦）；卷六學校（學宮、學額、學田、祭器、典籍、書院、義學）；卷七人物（聖賢、名臣、忠烈、勇略、忠直、宦績、孝友、儒林、文苑、義行、隱逸、流寓、方外、雜技、雜傳）；卷八選舉（徵薦、科目、進士、舉人、貢生、武科、武宦、恩命）；卷九列女（后妃、名媛、節孝、貞烈）；卷十藝文（御製詔誥、奏疏、文、行狀、議、賦、頌、贊、銘、碑、記、傳、書啟、論説、辨考、弔誄、祀文、樂府、古風、律詩、排律、絕句）；卷十一紀事；卷十二祥異、雜記。

達靈阿序：“爰於簿書之暇，檢點史乘之文，無如故紙雖存，蟲魚莫辨，兼以近今未載，文獻無徵，不揣襪線之才，欲學製錦之手，遍詢紳彥，分委寅僚，權輿於乙酉之秋，告竣於丙戌之夏。前書失考，不妨存信以闕疑；往事可稽，要在訂訛而補缺。舉其綱，釐爲十有二卷；紀其目，分爲八十餘條。”

卷中屢有缺葉，如卷一第五葉，卷二第四十八葉，卷三第一、七葉，卷四第十一、十九葉，卷七第三十一、九十三葉等，另卷首佚名序僅存一葉，必有缺佚。有多處葉序錯亂，如目錄第三葉誤置於第一葉之前，卷五職官門第十三與十四葉、第十五與十六葉誤倒，羅鰲後跋誤置於卷十之後，且僅存末葉。茲不備舉。

中國國家圖書館、中國科學院文獻情報中心、中國文化遺產研究院、中國民族圖書館、北京大學圖書館等二十八館與“中央研究院”歷史語言研究所傅斯年圖書館、臺北故宮博物院及日本東洋文庫、東京大學東洋文化研究所、京都大學人文科學研究所、美國國會圖書館、法國國家圖書館、法國亞洲學會亦有入藏。

643. 清康熙刻本寶雞縣志　T3155/3821.81

［康熙］《寶雞縣志》三卷，清何錫爵修，吳之翰纂。清康熙二十一年（1682）刻，康熙末年補刻本。一冊。半葉八行二十字，小字雙行同，白口，四周單邊，單魚尾。框高 19.9 釐米，寬 14.2 釐米。前有萬曆戊申（三十六年，1608）朱炳然寶雞縣志引，崇禎十三年（1640）嚴夢鸞序，崇禎庚辰（十三年）党崇雅序，順治十四年（1657）周恒序，康熙辛酉（二十年）何錫爵序。書後有康熙壬戌（二十一年）跋，康熙壬戌吳之翰跋。

寶雞縣，周代爲虢叔封地，史稱西虢。秦武公十一年（前 687）滅西虢，設虢縣。秦孝公時設陳倉縣。漢屬右扶風。三國魏屬雍州扶風郡。隋隸扶風郡。唐至德二載（757）以"昔有陳倉雞鳴之瑞"，改名寶雞縣，屬關內道鳳翔府。歷代相沿不廢。1950遷治虢鎮。2003年改爲寶雞市陳倉區。

何錫爵，字晉侯。遼東三韓人。監生。康熙二十年任寶雞知縣。

吳之翰，陝西寶雞人。生平不詳。

全書三卷，分三紀：第一卷天紀（星野、沿革），插《縣境圖》一幅；第二卷地紀（疆域、城池、山川、風俗、古跡、景致、土産、編里、戶口、田畝、稅糧、站徭、公署、縣治、庠校、廟社、祠祀、陵墓、武備），古跡、景致等門附載詩文碑銘多則；第三卷人紀（秩官、宦績、人物、封蔭、科貢、外志），外志記寺院宮觀。

何錫爵略述纂修經過："……乃訪諸故老，購求遺書，既得之，即欲刊佈。奈朝廷方有事西南，轉輸紛紜，日無暇晷，此事未及謀焉。今年冬，長鯨授首，民以一寧，而邑之百務漸次即安，余始壽諸棗梨。"吳之翰跋："翰既承命，即依舊志内正其舛訛，增其缺略，務俾允有攸當，以垂久遠。"知此志乃在舊志基礎上增修而成。

熊碩跋載刊刻經過："凡鳩工庀材、贍饌省役之勞，余胥効焉。是舉也，始於去年之臘月，成於今年之四月，五閱月而工告竣。"可知此志刻成於康熙二十一年四月。但此志秩官門載清代知縣，第五十葉末二人爲何石雲、劉光然。何石雲任職於康熙二十八年，查乾隆五十年《寶雞縣志》，秩官門未載劉光然任職年，但不早於康熙五十八年，宦績門劉光然小傳稱其雍正元年（1723）去職。細審第五十葉字體，較全書更爲工整，當係康熙二十八年何石雲上任後補刻抽換，又劉光然條字體略顯稚拙，當爲康熙末再次補刻。此本印行，當在康熙末年。

寶雞縣，明清凡六次修志。明萬曆間朱炳然、崇禎間嚴夢鸞所修，今已不傳，序文載後此諸志。清初，周恒纂修《寶雞縣志》三卷，分天紀、地紀、人紀三綱二十七目，刊刻於順治十四年，爲寶雞第三部志書。此康熙志爲第四部，即在順治志基礎上增補而成，體例一仍其舊，内容僅略有增補。第五部刊刻於乾隆三十年（1765），許起鳳修、高登科纂，該志十卷，分十門八十四目，搜採較博，增補舊志缺漏甚多。第六部刊刻於乾隆五十年，係鄧夢琴修、董詔等纂，全書十六卷，分十五門，基於乾隆三十年志大幅修改而成，考證較爲翔實。

中國國家圖書館、上海圖書館、寶雞縣圖書館等三館與美國國會圖書館亦有入藏。

644. 清乾隆刻本寶雞縣志　T3155/3821.83

［乾隆］《寶雞縣志》十六卷，清鄧夢琴修，董詔等纂。清乾隆五十年（1785）

刻本。四册。半葉十二行二十四字，小字雙行同，黑口，四周單邊，雙魚尾。框高
20.0 釐米，寬 14.8 釐米。前有乾隆五十年胡高望序，凡例八條。

鄧夢琴（1723—1808），字虞揮，號簣山，江西浮梁人。乾隆十七年進士。歷任
四川綦江、陝西洵陽知縣，乾隆四十七年任寶雞知縣，官至漢中知府。著有《戀亭
文集》《戀亭詩集》等。

董詔，字馭臣、樸園，陝西安康人。乾隆三十九年舉人。纂有《漢陰廳志》等，
撰有《讀志脞説》《通志堂經解觀略》《正誼堂文稿》及詩文集多卷。

書前有《縣境全圖》，收《疆域圖》《縣治圖》《縣境渭水圖》《水利圖》共四幅。
正文十六卷：第一卷沿革，疆域附；第二卷山川；第三卷建置，學校、營制附；第四
卷渠堰，關梁附；第五卷賦役；第六卷祠祀，寺觀附；第七卷秩官；第八卷選舉；第
九卷宦績；第十至十一卷人物；第十二卷風俗，物產附；第十三卷録史，摘録史籍中
有關寶雞之記載，相當於寶雞大事記；第十四卷古跡，塚墓附，記載以建造年代爲
序，有關詩文列於每條之下；第十五卷金石，載石鼓文、瓦篆、銅磚文，均摹録古
文字形並附考證，及碑銘若干通；第十六卷祥異，志餘附。卷中間有按語，加以考證，
每門之末均有論。

凡例述修志緣起："至乾隆二十九年，許令起鳳開局纂修，自矜書倍事詳，則踳
駁甚矣。其勢不得不改修。"據此，鄧夢琴有感於乾隆三十年志之錯漏，遂立意重纂。
凡例對編纂依據亦有所記述："邑中舊宦，頗有藏書之家，俱已散軼，無可乞假，仍
就行笥所有者綴茸成帙，自愧疏略。其編纂草創，大半成於安康董孝廉詔之手。"

有缺葉：卷六第十一葉。

首都圖書館、中國科學院文獻情報中心、故宮博物院圖書館、中國國家博物館、
中國水利水電科學研究院圖書館等二十八館與"中央研究院"歷史語言研究所傅斯
年圖書館、臺北故宮博物院及日本京都大學人文科學研究所、內閣文庫、美國國會
圖書館、法國國家圖書館亦有入藏。

645. 清乾隆刻本鳳翔縣志　T3155/718.83

［乾隆］《鳳翔縣志》八卷首一卷，清羅鰲修，周方炯等纂。清乾隆三十二年
（1767）刻本。八册。半葉九行行二十二字，小字雙行同，白口，四周雙邊，單魚尾。
框高 20.4 釐米，寬 13.2 釐米。首有乾隆三十二年達靈阿序，乾隆三十二年羅鰲序，
乾隆三十二年吳綬詔敍，乾隆三十二年劉震跋，舊志序三種（雍正十一年〔1733〕
韓鏞序、康熙三十三年〔1694〕武之亨序、康熙三十三年王嘉孝序），凡例十四條，
目録，纂修姓氏。卷端題："知縣羅鰲重修。"

鳳翔縣地處關中盆地與黄土高原過渡區。春秋爲雍城。秦德公元年（前 677）至秦靈公（前 424—前 415）時期爲秦國都。後設雍縣。西漢屬右扶風。唐至德元載（756）改爲鳳翔縣，並析置天興縣。寶應元年（762）鳳翔縣併入天興縣。金大定十九年（1179）改天興縣爲鳳翔縣。自宋至清爲鳳翔府治。今屬陝西省寶雞市。

羅鰲，字立峰，江西建昌南城人。乾隆十年進士。歷任山陽、興平、洵陽知縣，乾隆二十八年任鳳翔知縣。生平見本志官師門。

周方炯，見［乾隆］《重修鳳翔府志》條。

書前有《鳳邑圖考》，收《縣境圖》《縣城圖》《縣署圖》《學宫圖》及八景圖，八景圖每幅附圖説、圖詩各一則。正文八卷：卷一輿地（星野、沿革、疆域、山川、形勝、古跡、陵墓、風俗）；卷二建置（城池、廨署、學校、橋梁、舖舍、市鎮、里甲、村堡、坊表、兵防、驛站、壇祠、宫廟、寺觀）；卷三田賦（地丁、徭役、課程、起運、存留、屯糧、更名、退灘、鹽課、雜税、倉儲、學田、鹽法、物產）；卷四官師（封建、秩官、名宦）；卷五選舉（徵薦、科目、進士、舉人、貢生、例監、吏員、鄉飲、武科、武宦、封贈、蔭襲）；卷六人物（宦跡、忠烈、孝友、儒行、文苑、義行、隱逸、流寓、方外、方技、雜傳、后妃、公主、節孝）；卷七藝文（制、詔、文、狀、議、賦、頌、贊、碑記、傳、書、啓、論、説、跋、辯、祝文、墓誌、詩），收羅較富；卷八外紀（紀事、祥異、雜記）。

羅鰲序述修志經過頗詳："至於郡邑志，尤關政典。歲乙酉，奉詔徵天下府州縣志送入史館，太守因郡舊志字跡模糊，爰糾八屬捐俸重刊，命予董役，是秋設局而越夏告成。予乘郡志既修之後，集邑中紳士而告之曰：邑志修於前令韓君，迄今又三十餘年矣，其間之因革不一，歲久事增，今不續修，恐後湮没，且乘府志採輯之後，事半而功倍焉。諸紳士皆曰然，各願捐貲爲助。而又得寮佐蘇郡直庵贊理之，乃請吾同鄉孝廉周君光宇持其總，寶雞孝廉高君捷南、本邑孝廉劉君驚百襄其事。參考舊典，博訪新聞，訛者正而缺者補，冗者汰而紊者釐。稿既成，鈔録齎呈院司道府各上憲而教正之，乃付剞劂，至丁亥四月而版成。總綱八，細目九十有五，分爲八卷。"可知此志乾隆三十一年開纂，乾隆三十二年纂成刊刻。

此本第三至六册，封面目録與册内不符，係裝訂之誤。

鳳翔縣明萬曆間創修志書，至清初已亡佚。清代三次修志。首部爲王嘉孝修、李根茂纂《鳳翔縣志》十卷，體例周詳，内容豐富，考證翔實，康熙三十三年刊刻。其二爲韓鏞纂修《鳳翔縣志》十卷，係在康熙志基礎上重修，雍正十一年刻。其三即爲此乾隆志，結構、内容均承襲雍正志，其損益、改編之處，凡例中有詳細説明。

中國國家圖書館、首都圖書館、中國科學院文獻情報中心、故宮博物院圖書館、民族文化宫圖書館等三十餘館與"中央研究院"歷史語言研究所傅斯年圖書館、臺北故宫博物院及日本東洋文庫、京都大學人文科學研究所、美國國會圖書館亦有入藏。

646. 清順治刻本重修岐山縣志　　T3155/2427.80

[順治]《重修岐山縣志》四卷，清王轂修，王業隆纂。清順治十四年（1657）刻本。二册。半葉九行二十二字，小字雙行同，白口，四周雙邊，單魚尾。框高21.0釐米，寬14.0釐米。前有舊志序二則（于邦棟序、姚九功序），順治十四年黨崇雅序，順治十四年王轂序，八景圖（圖後附説、詩，前有吳允謙識語），凡例六條，方輿圖。書後有順治丁酉（十四年）王業隆後序。卷端題："知縣事廣陵王轂重修，儒學教諭安定王業隆編輯，儒學訓導商於李玉品校正。"

岐山縣地處關中平原西部，南接秦嶺，北有岐山。北周天和四年（569）置三龍縣。隋開皇十六年（596）移治岐山南，改爲岐山縣，屬岐州。唐歷屬岐州、鳳翔府。此後至清歷代相沿。今屬陝西省寶雞市。

王轂，江蘇江都（今揚州）人。貢士。順治十二年任岐山知縣。

王業隆，甘肅平涼人。貢士。順治十年任岐山儒學教諭。

全書四卷，分八志：卷一興地志（沿革、分野、疆域、山川、形勝、鄉里、關隘），風土志（風俗、歲事、物產、市集、災祥），建置志（城池、公署、舖舍、坊表、橋梁、營備），賦役志（户口、田糧、課程、驛站），賦役志記載頗詳；卷二祠祀志（廟宇、壇壝、寺觀、陵墓），職官志（官制、名宦、官秩、學職、雜職）；卷三人物志（聖賢〔后妃附〕、鄉雋、孝義、貞節、封贈、流寓、仙釋），藝文志（碑記、詩賦、雜詠）。

岐山縣志創修於明嘉靖四十年（1561），今未見著録。明清所修岐山志書今存五部。首部爲于邦棟修、南宫纂《重修岐山縣志》六卷，萬曆十九年（1591）刻，僅中國國家圖書館有藏本。其二即此順治志，體例沿襲萬曆志，凡例謂"款目仍本縣舊志"。其三爲平世增、郭履恒修，蔣兆甲纂《岐山縣志》八卷，乾隆四十四年（1779）刻。其四爲胡昇猷修、張殿元纂《岐山縣志》八卷，在乾隆志基礎上增補百餘年史事，藝文部分載録尤詳，有光緒十年（1884）刻本。其五爲光緒間佚名編《岐山鄉土志》三卷，紀載較爲簡略。

有缺葉：卷三第十、第二十一、第二十二葉，卷四第十一、第十二葉。

中國國家圖書館、中共中央黨校圖書館、陝西省圖書館、陝西師範大學圖書館等四館與美國國會圖書館亦有入藏。

647. 清乾隆刻本岐山縣志　T3155/2427.83

　　[乾隆]《岐山縣志》八卷,清平世增、郭履恒修,蔣兆甲纂。清乾隆四十四年(1779)刻本。四册。半葉九行二十四字,小字雙行同,白口,四周雙邊,單魚尾。框高 21.0 釐米,寬 14.0 釐米。前有扉頁,乾隆己亥(四十四年)陝西巡撫畢沅序,乾隆己亥郭履恒敘,乾隆己亥蔣兆甲敘,縣境全圖,目次。

　　平世增,浙江山陰(今紹興)人。舉人。乾隆三十八年任岐山知縣。

　　郭履恒,山西興縣人。乾隆二十七年舉人。乾隆四十三年署岐山知縣。

　　蔣兆甲,陝西渭南人。舉人。乾隆四十三年任岐山教諭。

　　全書八卷,卷各一門:卷一地理,載疆域、沿革、山川、古跡、陵墓等;卷二建置,載城池、營備、坊表、橋梁、鄉里等;卷三祠祀;卷四田賦,載民田、軍田、民丁、軍丁、雜稅、民糧、軍糧、鹽課、贍學田等;卷五官師,載官制、知縣、署篆者、縣丞、主簿、驛丞、典史、教諭、訓導、把總、風俗;卷六選舉,載科舉、選貢、恩貢、優貢、歲貢、例貢、例監、吏職、武科、武職、封贈、耆老等;卷七人物,載唐至明本縣人物小傳;卷八雜記,載記事、詩、文等。

　　郭履恒序述纂修經過甚詳:"時復以中丞公丙申入覲,有重修府志之奏,平君曾以岐邑志乘自國朝順治初年以後久未興修,甄録厥事,延胡農部文銓爲之編訂。未幾,檄委辦理滇銅,其事中輟。余惜平君有舉事之志,而時有未及爲,爰復請於中丞,舉胡農部所屬原稿若干卷,爲之參稽案牘,斟酌民言。復以蔣君兆甲擅著述才,時爲邑學官,屬其重加編校,冗者汰之,紊者釐之,缺者補之,訛者訂之。余復於鞅掌之暇,詳加研究,不一載汗青始竟。"卷八後識語載纂輯刊印時間:"其編集之期,始乾隆己亥春二月朔日,終秋九月望日。……於十月吉日授武生梁必遇督刊之。"

　　扉頁刊:"乾隆己亥冬十月刊岐山縣志。本衙藏板。"

　　中國國家圖書館、中國科學院文獻情報中心、中國社會科學院考古研究所圖書館、故宮博物院圖書館、中國民族圖書館等三十三館與"中央研究院"歷史語言研究所傅斯年圖書館、臺北故宮博物院及日本東洋文庫、美國國會圖書館、法國國家圖書館亦有入藏。

648. 清雍正刻本扶風縣志　T3155/5371.82

　　[雍正]《扶風縣志》四卷,清張崶度修,于開泰纂。清雍正九年(1731)刻本。

四册。半葉九行二十二字，小字雙行同，白口，四周單邊，單魚尾。框高20.4釐米，寬13.7釐米。前有雍正九年黃任晟序，雍正九年張婁度續修扶風縣志敘，順治十七年（1660）項始震敘，順治辛丑（十八年）李月桂敘，順治辛丑李崇稷序，順治辛丑知縣劉瀚芳敘，舊志序跋五種（崇禎十二年〔1639〕劉宅民序、崇禎戊寅〔十一年〕王玑玉序、崇禎己卯〔十二年〕王秉鑑序、崇禎十二年知縣宋之傑跋），順治辛丑張志卓跋，修志姓氏，凡例六條，目錄，圖。後有雍正九年于開泰識語。卷端題："邑令桃林張婁度重修，邑弟子員于開泰輯次，寶鋪校正。"

扶風縣地處關中盆地西部。縣名源自右扶風。秦漢間爲邰縣、美陽縣地。北周爲三龍縣地。隋爲岐山縣地。唐武德三年（620），析岐山縣地建湋川縣，貞觀八年（634）定名扶風縣，屬岐州，至德年間改屬鳳翔府。金初改稱扶興縣，不久復舊名，此後至清相沿不改。今屬陝西省寶雞市。

張婁度，字魯南，號麟齋，河南靈寶人。雍正五年進士。雍正八年任扶風知縣。小傳見本志秩官志。

于開泰，陝西扶風人。廩生。

書前有圖十一幅，爲《星野圖》《縣境圖》《縣治圖》及八景圖八幅。正文四卷，分六志：卷一輿地志（星野、沿革、疆域、山川、古跡〔附八景〕、陵墓、風俗），建置志（城池、公署、學校、壇廟、寺院），賦役志（里户、稅糧、鹽課、驛遞、物產、市集、災祥）；卷二秩官志（名宦、官師）；卷三人物志（先哲，名達，選舉〔封贈、國學、武職、異途附〕，列女，貞節，僑寓，仙釋）；卷四藝文志（論疏、詩賦〔附迴文詩〕、碑記、題詠、雜志）。

張婁度《續修扶風縣志敘》："適會糧憲沈道臺奉命徵修邑乘事孔棘，於是延師儒，羅文獻，佈公道，集眾思，見見聞聞，是是非非，自春徂秋，歷三時而始竣。上自順治庚子，下逮雍正辛亥。其間山川、古跡、節孝、軼行，卷帙則仍其舊，論跋則從其新。"此志在前志基礎上增補順治十七年至雍正九年史料編纂而成，志文各條保存舊志跋語甚多，均以"舊跋""瀚按"等標出，張婁度新撰按語則以"婁按"引出。

扶風明代凡四修志書，分別爲正德三年（1508）知縣孫璽、嘉靖十年（1521）知縣孫科及其後王世康、崇禎十二年知縣宋之傑所修，惜均無傳本。清代凡五修志書。順治間，劉瀚芳修、陳允錫等纂《扶風縣志》四卷，有順治十八年刻本。此雍正志爲第二修。乾隆間，熊家振修、張塤纂《扶風縣志》十八卷。此後，又有嘉慶二十四年（1819）刻宋世犖修、吳鵬翮纂《扶風縣志》十八卷，及光緒三十二年（1906）譚紹裘編《扶風縣鄉土志》，僅有鈔本傳世。

《中國古籍善本書目》著錄中國國家圖書館、大連圖書館、合陽縣文化館所藏此志爲"清順治刻雍正增修本",《中國地方志聯合目録》著録以上三館及陝西歷史博物館所藏此志爲"清雍正九年刻本",二目對版刻時間看法不同。細審此本,卷首順治志序跋雖未列入"舊志序",但張婁度按語與其他志文連排,絶非補刻,書後于開泰識語詳細説明雕版數,並未提及增修順治本,故可認定此本爲雍正九年刻本。

此本卷三缺第十九葉、第三十二葉。

中國國家圖書館、大連圖書館、陝西歷史博物館、合陽縣文化館等機構亦有入藏。

649. 清乾隆刻本扶風縣志　　T3155/5371.83

［乾隆］《扶風縣志》十八卷首一卷,清熊家振修,張塤纂。清乾隆四十六年（1781）刻本。四册。半葉十二行二十四字,小字雙行三十六字,黑口,四周單邊,雙魚尾。框高 20.2 釐米,寬 15.0 釐米。首有陝西巡撫畢沅序,知縣熊家振序,目録。

熊家振,字力成、筠莊,江西奉新人。乾隆二十六年進士。乾隆三十七年任扶風知縣。

張塤,字商言,號瘦銅,江蘇吳縣（今蘇州）人。乾隆三十四年進士。官內閣中書。著有《竹葉庵集》《西征録》《瘦銅詩草》等。另纂有《興平縣志》《鄜縣志》。

全書十八卷,分十五記：卷一圖記,有《縣圖》《城圖》《隋太陵圖》《唐法門寺圖》；卷二地記,載縣之沿革、山水、土産；卷三户口城市鄉邨記；卷四倉貯田賦記；卷五至六古跡記,詩文附載各條之下；卷七壇廟記,卷八寺觀記,卷九陵冢記,各廟宇寺觀碑銘載録於各條之下；卷十至十一金石記,載録出土銅器銘文、碑碣多篇,其中兩篇銅器銘文摹録古文；卷十二官記上,載歷代扶風官吏有治績者之小傳；卷十三官記下,表列漢代以來縣令、縣丞、主簿、縣尉及教諭、訓導之名氏、籍貫與任職年；卷十四科名記,有進士表、舉人表、貢表、封贈表,列出各人登第年及仕履；卷十五舊志傳記,卷十六傳記,卷十七列女傳記,載扶風本地人物傳記；卷十八纂志人記,敍歷朝縣志纂修源流,並載崇禎、順治、雍正三志序跋。附録舊志八景。

熊家振序對修志始末略有記述："余知扶風縣事,承大中丞畢公之命重修邑志。會舍人張君來秦中,余與發凡起例,度一寒暑,削稿廼成。"可知此志亦爲應陝西巡撫畢沅之命纂修。

目録後署："乾隆四十六年歲次己亥春正月開雕。"《中國地方志聯合目録》著録爲"清乾隆四十四年刻本",有誤。

中國國家圖書館、中國科學院文獻情報中心、故宮博物院圖書館、北京大學圖書館、中國人民大學圖書館等十餘館與臺北故宮博物院及日本東洋文庫、內閣文庫、美國國會圖書館、法國國家圖書館亦有入藏。

650. 清雍正刻本郿縣志　T3155/7269.82

〔雍正〕《郿縣志》十卷首一卷，清張素修，張執中、仇以信纂。清雍正十一年（1733）刻本。五冊。半葉九行二十二字，小字雙行同，白口，四周雙邊，單魚尾。框高 20.8 釐米，寬 13.8 釐米。首有雍正十一年任晟序，雍正十一年王之宸序，雍正十一年知縣張素序，張序，舊志序八種（萬曆乙巳〔三十三年，1605〕史學遷序、萬曆壬寅〔三十年〕曹於汴序、李維楨序、萬曆乙巳强思跋、順治十四年〔1657〕知縣陳超祚敘例、順治丁酉〔十四年〕王聚奎序、康熙九年〔1670〕蕭大雅續補政略序、康熙九年王仙續政略跋），圖，凡例五條，纂修姓氏，目錄。卷端題：“知郿縣事張素重輯，闔學公閱。”

郿縣位於關中平原西部、秦嶺主峰太白山麓。戰國秦置郿縣。西漢屬右扶風。三國魏屬扶風郡。北魏太平真君六年（445）改爲平陽縣，西魏改爲郿城縣。北周天和三年（568）併入周城縣。隋開皇十八年（598）改爲渭濱縣，大業二年（606）復改爲郿縣。唐前期屬岐州，至德後屬鳳翔府。金貞祐四年（1216）屬恒州。元初升爲郿州，至元元年（1264）復爲縣，屬奉元路。明清仍屬鳳翔府。1964年，以“郿”字生僻，改名眉縣。今屬陝西省寶雞市。

張素，字居易，號澹園，貴州清平人。雍正二年進士。雍正六年任郿縣知縣。

張執中，字權可，陝西郿縣人。雍正舉人。

仇以信，字情田，安徽歙縣人。

書前有《星野圖》《水利總圖》《縣境全圖》《縣城圖》《學宮圖》及八景圖，八景圖有序及圖説。正文十卷，分十志：卷一輿地志（星野、沿革、疆域、山川、古跡、陵墓、風俗、物産）；卷二政略志（賦役、建設、祠祀、禮儀、寺觀、保甲）；卷三水利志（渠、泉、村堡）；卷四宦跡志（兼設、縣令、縣丞、主簿、典史、教諭、訓導、兵防）；卷五獻實志（人物、孝義、節烈、選舉、襲封、配享、農官）；卷六僑賢志（凶德附）；卷七事紀志（禨祥附），記上古至康熙年間郿縣大事；卷八異録志；卷九雜考志；卷十藝文志（記、序、議、書、狀、表、頌、説、疏、傳、箴、誡、贊、銘、文），獨自成冊。

張素序：“余於雍正戊申蒙聖恩簡選分陝，秋七月試用郿令。公餘之暇，取明萬曆劉侍御之志觀之，其文意良美，體裁未能脗合。……亟欲修輯，以成一邑之典，以備輶軒之獻。又自慚踈淺，未敢執筆，然每有所見所聞，輒書於紙，意將有待。

閱三歲，欽奉上諭直省纂修通志，蒙各憲檄行重修邑志，以資裁取，以仰答聖天子採風勤民之至意。……因出數年所記，合之劉侍御之舊志，提綱列目，縷析條分，延邑中名夙纘述，期年而後告成。"據此，張素擔任郿縣知縣之初，即有意纂修縣志，後適逢朝廷徵求各地志書，遂糾集士紳，纂成此志。

現存最早的郿縣志書爲明萬曆三十三年劉九經纂修《郿志》八卷，該志迭經增修，順治十四年知縣陳超祚續補，康熙九年蕭大雅再增補政略志，有萬曆刻順治、康熙遞修本。清代郿縣凡四修志書。其一即爲此雍正志。其二爲乾隆間李帶雙修、張塤纂《郿縣志》十八卷，乾隆四十四年（1779）刊刻。其三爲光緒間程塤修《郿縣鄉土志》三卷，紀事止於光緒三十一年（1905），未刊刻，僅有鈔本傳世。其四爲宣統二年（1910）沈錫榮增補《郿縣志》十八卷，本於乾隆志略加續補，有宣統二年鉛印本。

缺葉甚多：書前張序末葉缺。卷五第十一葉、十二葉、二十八葉、四十五葉、四十八葉均缺，補以空白葉，卷五末葉亦缺。卷十缺第一百二十四葉、末葉。

中國國家圖書館、北京大學圖書館、上海圖書館、陝西省圖書館等四館與美國國會圖書館亦有入藏。

651. 清乾隆刻本郿縣志　T3155/726.83

　　[乾隆]《郿縣志》十八卷首一卷，清李帶雙修，張塤纂。清乾隆四十四年（1779）刻本。四冊。半葉十二行二十四字，小字雙行行三十六字，黑口，四周單邊，雙魚尾。框高 20.0 釐米，寬 15.6 釐米。首有扉頁，陝西巡撫畢沅序，目錄。

　　李帶雙，字晉升，號玉符，山東海豐人。乾隆四十三年任郿縣知縣。

　　張塤，見[乾隆]《扶鳳縣志》條。

　　卷首爲圖五種：《縣圖》《城圖》《太白山圖》《水利圖》《張氏墳圖》。正文十八卷，分十四錄：卷一地錄上（縣之沿革、山）；卷二地錄下（水、物產）；卷三太白山靈感錄；卷四政錄上（戶口保甲、田賦、城池、官廨、倉儲、學校、兵）；卷五政錄中（官師），以表格列出歷代令、丞、簿、尉及訓導、教諭，部分人物有小傳；卷六政錄下（選舉、從祀、賜諡、封贈、蔭襲、賞卹），選舉爲表格形式；卷七古跡徵信錄，以朝代爲序，羅列歷代所建城池、塢堡、關隘、寺院、塚墓等古跡；卷八金石遺文錄上，卷九金石遺文錄下，載錄碑刻銘文甚多；卷十白起井丹三法魯芝傳錄；卷十一三魯二馬二邱三王傳錄；卷十二張氏傳錄，載《宋史·張載傳》、呂大臨《張子行狀》，附張氏宗子在郿世系；卷十三張氏道統錄上，卷十四張氏道統錄下，載錄二程、朱子以下歷代論贊、祭祀張載的文字，保存了張載及其家族的一些史料；卷十五郭伯玉以下諸人傳錄；卷十六列女傳錄；卷十七僑隱傳錄、諧異傳錄；卷十八舊志賸錄，載裁汰不用的舊志文字，及此前諸志序跋。

目録後張素識語略述纂修經過："右吳中張舍人兄重纂郿志十八卷，削稿於乾隆四十三年秋八月，輟簡於明年春三月。"可知此志刊刻於乾隆四十四年，《中國地方志聯合目録》著録爲"清乾隆四十三年刻本"，蓋因扉頁刊"乾隆四十三年重纂郿縣志"而誤。又，纂人《聯合目録》著録爲"張若"，亦誤。

此本首冊封面鈐"仲嘉過目"朱文方印（1.6×1.6 釐米）。

中國國家圖書館、首都圖書館、中國科學院文獻情報中心、中國科學院考古研究所圖書館、故宮博物院等四十餘館與"中央研究院"歷史語言研究所傅斯年圖書館、臺北故宮博物院及日本東洋文庫、京都大學人文科學研究所、美國國會圖書館、英國倫敦大學亞非學院、法國國家圖書館、法蘭西學院漢學研究所亦有入藏。

652. 清康熙刻本隴州志　T3155/7132.81

［康熙］《隴州志》八卷首一卷，清羅彰彝纂修。清康熙五十二年（1713）刻本。四冊。半葉九行二十一字，小字雙行同，白口，四周單邊，單魚尾。框高 20.9 釐米，寬 14.8 釐米。首有康熙五十二年郭述璞序，康熙五十二年馬和義序，康熙五十二年羅彰彝序，康熙五十二年白訥序，康熙五十二年黃士璟序，康熙五十二年邑人閆璇跋，羅彰彝修志引，纂志姓氏，羅彰彝撰凡例六則，目録，圖。卷端題："鳳翔府隴州知州羅彰彝纂修。"

隴州地處關中平原西部、隴山東阪。西魏廢帝三年（554）改東秦州置隴州，得名於隴山，治杜陽縣。隋大業三年（607）廢。唐武德元年（618）復置隴州。北宋屬秦鳳路。金移治汧陽縣，屬鳳翔路。元初移治汧源縣。明、清不領縣。1913年改爲隴縣。今屬陝西省寶雞市。

羅彰彝，字松山，浙江錢塘（今杭州）人。監生。康熙五十年任隴州知州。

卷首有《州境全圖》《西鎮吳山圖》《州城圖》《學宮圖》《公署圖》等五幅。正文八卷，分八志：卷一方輿志（沿革、星野、疆域、形勝、山川、古跡、陵墓、風俗）；卷二建置志（城池、衙署、學校、祀典、倉儲、關梁、舖舍、寺觀）；卷三田賦志（里甲、户口、田糧、鹽課、雜課、驛站、物產、市集）；卷四官師志（封建、名宦、秩官、武備、兵器）；卷五選舉志（進士、舉人、貢士、武宦）；卷六人物志（先賢、名達、封贈、孝義、節烈、賢妃、流寓、仙釋）；卷七藝文志（宸翰、文記、詩歌、紀略），收録較豐，約佔正文篇幅三分之一；卷八祥異志，僅兩葉。《中國地方志總目提要》著録此志卷末附有羅彰彝編《隴州歷代事跡紀略》，但此本未見。

羅彰彝對修志始末略有記述："我聖天子奄有九圍，式臨萬國，彙輯王會之輿圖，創垂一統之大業。壬辰冬特命禁臣軺軒涖止，丈量道里，繪畫山川，取質志書，憑為傳信，而隴志闕如，無所徵考。……於是蒐其殘篇，輯其遺簡，且詢之群儒，訪之耆舊，周爰諮度，歷期月而編成。”所謂“彙輯王會之輿圖”，即康熙四十七年至五十六間命傳教士白晉等進行全國測繪並編製《皇輿全覽圖》一事。據羅序，康熙五十一年測量至隴州，羅彰彝有感於無完整志書可供參考，遂編纂此志。

隴州清代順治年間曾修志書。閻璲跋稱：“隴之有志，由來舊矣。兵火後付之灰燼。順治辛丑，閩中黃公來蒞茲土，慨然起而創修之，而一州之典已得梗概。無何又遭甲寅之殘燼，片簡無存，方策莫考，闕事孰大焉。”順治辛丑即順治十八年（1661），閩中黃公即黃雲蒸。甲寅即康熙十三年，時吳三桂反清，總兵蔡元攻陷隴州，經歷戰火之後，康熙末年該志已不易得，然乾隆時仍存。今已無傳本。

此志為隴州清代所修第二部志書，亦為隴州現存最早的志書。此志結構、內容均承襲順治志。乾隆志凡例對此有所批評：“其實羅志即黃志也，事跡固無加增，論斷亦少竄易，弁首又未敘明述而不作緣由，未審其故。”此志紀事至康熙五十二年，並非無所增訂，但基本內容承自前志，於此可見。

乾隆三十一年（1766），知州吳炳纂修並刊刻《隴州續志》八卷，訂補康熙志錯漏，補充五十餘年史料，為清代隴州第三部志書。第四部為唐松森修、丁全斌纂《隴州鄉土志》十五章，未刊刻，有光緒三十二年（1906）鈔本。第五部為宣統二年（1910）知州康嗣緇纂修《隴州新續志》三十二卷，分三十二門八十一目，紀事自乾隆三十一年至光緒三十四年，未刊刻，隴縣圖書館藏有鈔本。

封面題簽以“元”“亨”“利”“貞”標記冊序。

此本第一冊閻璲跋之第二葉，誤裝於凡例之後。

中國國家圖書館、中國科學院文獻情報中心、中國水利水電科學研究院圖書館、中共中央黨校圖書館、北京大學圖書館等三十餘館與“中央研究院”歷史語言研究所傅斯年圖書館、臺北故宮博物院等三館及日本東洋文庫、京都大學人文科學研究所、美國國會圖書館、法國國家圖書館亦有入藏。

653. 清乾隆刻本隴州續志　　T3155/7132.83

[乾隆]《隴州續志》八卷首一卷末一卷，清吳炳纂修。清乾隆三十一年（1766）刻本。四冊。半葉九行二十一字，小字雙行同，白口，四周單邊，單魚尾。框高20.3釐米，寬14.7釐米。首有凡例十三則，黃志序跋四種（李月桂序、范發愚序、黃雲蒸自序、王汝珍跋），纂修姓氏，乾隆三十一年吳炳敘，目錄，乾隆三十一年吳綬詔序。卷端題：“隴州知州南豐吳炳纂輯。”

吳炳，生平見《應州續志》條。

卷首有圖七幅：《州境圖》《州治圖》《州署圖》《文廟圖》《西鎮吳嶽圖》《吳山廟圖》《蓮池圖》。正文八卷，列八志四十五目：卷一方輿志（沿革、疆域〔形勝附〕、山川、里甲、村堡、古跡、風俗、災祥）；卷二建置志（公署、城池、學宮、倉儲、關梁、驛鋪、河渠、市鎮、坊表）；卷三田賦志（地糧、戶役、屯更、雜課、物產）；卷四祠祀志（壇廟、寺觀、塚墓）；卷五官師志（封建、職官、名宦、兵防）；卷六選舉志（科貢、封贈、仕宦、武職）；卷七人物志（鄉賢、孝義、烈女、方伎、流寓）；卷八藝文志（御製、制勅、疏表、詳稟、文、賦、詩）。末卷爲雜記。門目結構與康熙志大體一致，所不同者爲祠祀獨立成志，並以祥異併入方輿志，仍爲八卷。各條之後，往往以"炳按"引出考訂文字。

吳炳序詳述修纂經過："乾隆乙酉歲，一統志館檄取州邑事跡，復值府局開設，重纂郡志。於是條列五十二年後建置、田賦、官師、選舉、人物應續入者，復蒐討全史並子集諸家，凡有關隴地典故，悉加櫽記，參互考證，舊志悞者釐正之，缺者增補之，別爲一書，名曰續志，仍存舊志八卷，不敢没黃羅二家創始之功也。"乙酉即乾隆三十年。此志因朝廷徵求天下志書以備纂修《一統志》而纂修，以順治、康熙二志爲藍本，增補史料、修訂舊文而成。

此本以凡例居首，本志序置於舊志序之後，且二序之間插入目錄，卷首部分編排不合常規，且與目錄所載順序不符，當係裝訂疏誤。

中國國家圖書館、中國科學院文獻情報中心、故宮博物院圖書館、中國國家博物館、中國文化遺產研究院等三十餘館與"中央研究院"歷史語言研究所傅斯年圖書館、臺北故宮博物院等三館及日本東洋文庫、京都大學人文科學研究所、美國國會圖書館、法國國家圖書館、法國亞洲學會亦有入藏。

654. 清順治刻康熙雍正增刻本汧陽縣志　T3155/3472.82

［順治］《汧陽縣志》不分卷，清王國瑋纂修，吳宸梧、管旂增修。清順治十年（1653）原刻，康熙五十五年（1716）增刻，雍正十年（1732）再增刻本。二冊。順治原刻半葉八行二十五字，中字半葉十二行二十五字，小字雙行同，白口，四周單邊，無魚尾。框高 20.0 釐米，寬 12.6 釐米。康熙、雍正增刻半葉八行二十一字，小字雙行同，白口，四周單邊，單魚尾。框高 19.9 釐米，寬 11.4 釐米。前有扉頁，順治十年黨崇雅汧陽志序，順治壬辰（九年）郭亮序言，雍正十年管旂汧陽縣志跋，順治壬辰費緯祉石門遺事跋，王國瑋編目題詞，刻石門遺事紀略，編次目錄，圖一幅，對聯。卷端題："廣陵王國瑋素庵輯著。"

汧陽縣地處關中地區西陲。秦爲汧縣地。西漢設隃糜縣。晉置汧縣。北魏爲長蛇縣地。北周天和五年（570）置汧陽縣，得名於地處汧山之陽，爲汧陽郡治。唐屬隴州。金爲隴州治。元仍屬隴州。明嘉靖二十七年（1548）改屬鳳翔府。1964 年因"汧"字生僻，改名千陽縣。今屬陝西省寶雞市。

王國瑋，字素庵，江蘇廣陵（今揚州）人。順治六年進士。順治七年任汧陽知縣。

吳宸梧，字葊亭，江蘇宜興人。貢生。曾任舒城教諭，康熙五十五年任汧陽知縣。

管旆，江蘇武進人。監生。雍正九年任汧陽知縣。

順治原修《石門遺事》卷前有圖一幅，正文不分卷，列七門：輿地第一（沿革、疆域、形勝、山川、古跡〔陵墓附〕、里制、風俗），建置第二（城池、公署、儒學、倉亭、驛館、社學、養濟院、教場、關梁、舖舍），祀典第三（文廟、壇壝、城隍廟、祠廟〔寺觀附〕），田賦第四（戶口、里甲、鹽課、雜賦、驛遞、守禦），官師第五（封建、秩官），人物第六（忠烈〔並鄉賢〕、孝義、貞節〔仙釋附〕），選舉第七（進士、舉人、貢、徵辟、封贈）。

康熙增補者亦不分卷，增補六門：建置補、官師補、流寓補、人物補、選舉補、藝文補。雍正增補者亦不分卷，增補三門：官師補、選舉補、田賦補，紀事至雍正十年。

王國瑋《刻石門遺事紀略》簡述修志經過："余涖汧甫閱月，見其凋殘已甚。因推究積敝，愀然知憂，惕然知懼哉。亟爲之淬勵整頓，復爲之訪遺跡，詢故老，採輯舊聞，用續縣志。□□書鞅掌，加以衝煩勞瘁，筆墨塵生，且自揣非著作手，恐點次舛謬，故不敢直書曰志。爲愛石門齊勝，托始以著篇端。"同時解釋了命名爲"石門遺事"的緣由。

康熙五十五年增補部分，收吳宸梧修志小啓，謂："余承乏茲土，有志增修，第才非著作，而又所遇多艱，敬謝不遑□。然國朝以來官師選舉七十餘年，並未載入，日久必遺，故欲爲增補，而恩拔歲副必列之選舉之內。"

管旆跋詳述再增修始末："茲者奉部檄修邑志，旆簿書之暇，三覆久之，自揣不文，何敢妄爲筆削。第壬戌以來，年雖未遠，間有賢吏足録、人文繼起、節烈堪嘉者，俱令工人刊入，以備考正。若云修志，以俟後之君子已耳。"

此志在吳宸梧、管旆兩次增修補刻之外，另有多處增補。其一，順治原刻第二十七葉之後，補"又二十七"四葉，字體與前後不同，内容爲《刊刻木榜》，時間爲順治十七年，當即於是年補刻。其二，康熙五十五年增補本藝文補之後，再補三葉，字體與此前不同，所補《重修明倫堂碑記》署康熙五十八年，當即此時所補。

此志修於順治，經康熙、雍正間多次增補，爲汧陽縣現存最早的志書。道光間，羅曰璧纂修《重修汧縣志》十二卷，增加紀事、祥異等門，大幅補充藝文等内容，刊刻於道光二十一年（1841）。光緒十二年（1886），焦思善修、張元璧纂《增續汧陽縣志》二卷，紀事起道光二十一年迄光緒十二年，係續補道光志之作，爲汧陽縣清代第三部志書。第四部爲光緒十五年李嘉績所纂《汧陽述古編》二卷，對前志多有訂補，考證較詳。

扉頁刊："雍正壬子重修汧陽縣志。"順治原刻書口、卷端題名均爲"石門遺事"。康熙增刻部分書口未刻書名，目録葉卷端原題"增補石門遺事目録"，其中"石門遺事"四字抹除，成形狀不規則之墨丁。

順治原刻行間有標點、圈點。

康熙增刻部分第二葉係鈔配。

中國國家圖書館、首都圖書館、中國科學院文獻情報中心、故宮博物院圖書館、中國民族圖書館等三十七館亦有入藏。

655. 清順治刻康熙增刻本麟遊縣志　　T3155/043.81

[康熙]《麟遊縣志》五卷，清吳汝爲、劉元泰纂輯，范光曦續修、羅魁續纂。清順治十四年（1657）刻，康熙四十七年（1708）增刻本。二册。半葉九行二十二字，小字雙行同，白口，四周雙邊，單魚尾。框高 20.5 釐米，寬 13.2 釐米。前有袁楷序，順治十四年吳汝爲序，劉峋序，順治丁酉（十四年）程雲翼序，康熙四十七年范光曦序，順治間佚名序，圖，修志姓氏，續志姓氏，舊志序（崔如岳序、劉承纓序、劉汝哲序、田養性序、劉承綏序）。卷端題："邑令渤海吳汝爲、邑舉人劉元泰纂輯，邑廩生劉崙校正。"

麟遊縣地處黃土高原。秦爲杜陽縣、漆縣地，屬内史。漢屬右扶風。西晉初廢杜陽縣。隋大業元年（605）於原杜楊縣境西北置普潤縣，義寧元年（617）置麟遊縣，得名相傳於廢仁壽宮附近捕獲白麟。貞觀元年（627）改屬岐州，至德年間屬鳳翔府。蒙古至元年間，普潤縣併入麟遊縣。明、清相沿不改。今屬陝西省寶雞市。

吳汝爲，字伯寅、康功，山東霑化人。順治六年進士。曾任麟遊知縣。

劉元泰，字陽初，陝西麟遊人。崇禎三年（1630）舉人。

范光曦，字晨馭，浙江鄞縣人。拔貢。康熙四十年任麟遊知縣。

羅魁，陝西咸寧人。拔貢。修志時任麟遊教諭。

書前有圖四幅：《方輿圖》《古城圖》《外城圖》《今城圖》。正文五卷：卷一輿地；卷二建置、祠祀；卷三田賦、秩官；卷四人物；卷五藝文。

吳汝爲序："孝廉陽初劉君，邑之博雅君子也。過從之暇，每與討論舊文，質之輿議，不作而述，續成□帖，編次既成，不敢出手。……會督學秦公、郡大夫王公加意文獻，屢促其成，爰爲勒而存之。”

范光曦序：“曦承乏兹土，閱有八載，每於簿書之暇，輒量力所能爲者，如捐修□廟諸大事，皆以次漸舉，而續編志乘，自揣章句鄙儒，三長滋愧。幸學博羅君魁固有是心，諮詢裁核，獨綜其成。間君允執分校其事，暨邑紳士劉涇諸君子相與斟酌補輯焉。”

明萬曆間麟遊縣修有志書，係崔如岳修、劉誦纂，今已亡佚。清代凡三次修志。首部爲吳汝爲修、劉元泰纂《麟遊縣志》四卷，係在萬曆志基礎上修訂增補而成，分七門，山川、古跡、陵墓等項記載頗詳，順治十四年付梓。此乾隆志爲續補順治志之作。光緒間，彭洵纂修《麟遊縣新志草》十卷，列九門十五目，光緒九年（1883）刊刻。

卷五係康熙四十七年增刻，卷三秩官門、卷四人物門均有增刻葉。

此本版印不佳。卷中多有缺葉、重複葉、顛倒，兹不備舉。

《中國古籍善本書目》史部地理類著錄此志順治初刻本。

中國國家圖書館、中國科學院文獻情報中心、故宮博物院圖書館、中國文化遺產研究院、中共中央黨校圖書館等二十館與“中央研究院”歷史語言研究所傅斯年圖書館、臺北故宮博物院及日本東洋文庫、美國國會圖書館、法國國家圖書館亦有入藏。

656. 清乾隆刻道光印本咸陽縣志　T3155/5072.83

〔乾隆〕《咸陽縣志》二十二卷首一卷末一卷，清臧應桐纂修。清乾隆十六年（1751）刻本，道光十六年（1836）重印本。四冊。半葉十行二十二字，白口，四周雙邊，單魚尾。框高 21.0 釐米，寬 14.9 釐米。首有乾隆十六年張若震序，舊志序四種（康熙四十四年〔1705〕張枚序、康熙二年黃中璜序、順治十四年〔1657〕蕭如蕙序、順治九年江山秀序），乾隆十六年臧應桐自序，修志姓氏，臧應桐撰凡例二十條，目録，圖。卷二十一之後有乾隆十六年俄旗錫跋。卷端題：“知縣臧應桐望青氏纂修，闔邑紳士參訂。”

咸陽縣地處關中平原中部。秦孝公十二年（前350）置咸陽縣，遷都於此。西漢高帝元年（前206）改名新城縣，元鼎三年（前114）改爲渭城縣，東漢省。唐武德元年（618）復置咸陽縣，屬雍州，開元元年（713）後屬京兆府。元屬奉元路。明清屬西安府。1952年析縣城置咸陽市，1958年咸陽縣併入咸陽市。今爲陝西省咸陽市秦都區。

臧應桐，字望青，漢軍正紅旗人。舉人。乾隆十一年由城固調任咸陽知縣。

書前有圖七幅：《星野圖》《疆域圖》《縣城圖》《公署圖》《學宮圖》《周陵圖》《渭

河圖》。正文二十二卷：卷一地理（疆域、星野、形勝、川原、鄉里、鎮堡、村户、風俗、物産）；卷二建置（沿革、城池、公署、街道、祠廟、壇壝、坊表、驛站、鋪遞、養濟、防汛、營廠）；卷三貢賦（民徭、屯更、解支、課税、倉儲）；卷四學校（學宮、祭器、典籍、書院、義學、賓興、鄉飲）；卷五古跡（都城、宮殿、苑囿、池臺、寺觀、橋渡、渠泉、碑碣、景勝）；卷六帝系（帝王、后妃、太子、公主、外戚）；卷七陵墓；卷八封爵；卷九名宦；卷十官師（知縣、縣丞、典史、教諭、訓導、駐防、雜職）；卷十一鄉賢；卷十二至十四人物（賢哲、忠良、孝子、義行，節烈、耆壽，隱逸、流寓、仙釋、方技）；卷十五選舉（徵辟、進士、舉人、貢生、監生、武科、將材、封蔭、掾吏）；卷十六至二十藝文（操、贊、銘、疏、議、論、説、辯、記、序、文、歌、曲、賦、詩、撰著）；卷二十一祥異；卷二十二雜記。書後附陳堯書纂修〔道光〕《續修咸陽縣志》，分節孝已故、節孝現存、孝義已故、孝義現存、孝子已故、孝子現存六門。

俄旗錫跋："丙寅歲，東海望青藏公由城固調任是邑。……公以簿書之暇，余得進謁焉，齒及咸邑不可不修志者種種，皆爲之中縈，且出舊志以示太簡，保無有掛漏之失乎。余不禁爲之鼓舞而亟稱焉。……即於簿書之暇，手自秉筆，典核精嚴，食古而化。復擇邑庠中採古訪今者若而人，炊經酌史者若而人，鐵畫銀鉤者若而人，繙閲繕寫，不數月而編輯成帙矣。"

咸陽縣志創修於弘治七年（1494）。萬曆十九年（1591），張應詔在弘治志基礎上加以增訂補充，重修成《咸陽縣新志》二卷。清初江山秀修《咸陽志》四卷，成書於順治九年，後經蕭如蕙、黄中滍相繼續纂，於順治十四年刊刻。康熙四十四年，張枚增補順治十四年以後史料，增修成新志，即於同年刊行。此乾隆志爲咸陽縣清代第三部志書。至道光間，陳堯書纂修《續修咸陽縣志》，僅載節烈孝義人物，刻成於道光十六年（1836）。

據《中國地方志聯合目録》，此志有乾隆十六年、道光十六年兩個刻本。此本與道光續修志合裝，兩志紙墨一致，當係同時所印。此志卷中常見斷版及漫漶不清之處，係以乾隆舊版重印。

首册首葉鈐"武昌柯逢時收藏圖記"朱文方印（3.1×3.1釐米）。

中國國家圖書館、中國科學院文獻情報中心、故宮博物院圖書館、中國文化遺産研究院、中國水利水電科學研究院圖書館等三十餘館與"中央研究院"歷史語言研究所傅斯年圖書館、臺北故宮博物院及日本東洋文庫、京都大學人文科學研究所、美國國會圖書館、法國國家圖書館、吉美博物館均有入藏。

657. 清乾隆刻本三原縣志　　T3155/1179.83

[乾隆]《三原縣志》十八卷首一卷，清劉紹攽纂修。清乾隆四十八年（1783）刻本。二函十二册。半葉十行二十二字，粗黑口，左右雙邊，單魚尾。框高19.2釐米，寬14.5釐米。前有扉頁，圖。

三原縣地處關中平原中部、涇河下游。漢爲池陽縣地。前秦苻堅始置三原護軍，得名於其地南有豐原、西有孟侯原、北有白鹿原。北魏太平真君七年（446）改置三原縣。唐屬雍州。北宋及金屬耀州。元屬奉元路。明、清屬西安府。今屬陝西省咸陽市。

劉紹攽，字繼貢，號九畹，陝西三原人。雍正十一年（1733）拔貢。曾任什邡、南充知縣，後主講蘭山書院。著有《周易詳説》《春秋通論》《春秋筆削微旨》《書考辨》《詩逆志》《四書凝道録》《浴花堂集》《二南遺音》《九畹詩集》《九畹文集》等十餘種。

卷首有《三原縣境全圖》，收《城池圖》《督學院署》《縣署圖》《學宫圖》《鄭白渠圖》《峪水渠圖》，計六幅。正文十八卷，列九門：卷一地理，有沿革、分野、疆域、形勢、山川、古跡、陵墓、物產、風俗等目；卷二建置，有城池、公署、學校、書院、驛傳、鋪司、損夫、坊巷、鄉里、市鎮、津梁等目；卷三至四田賦，有貢賦、榷税、課程、軍屯、倉儲、水利、鹽法等目；卷五官師，有職官、題名等目；卷六至七選舉，有徵辟、進士、舉人、貢生、椽吏、武甲、武科、將材、恩蔭、封錫等目；卷八至十人物，有名臣、忠烈、武略、賢能、理學、文學、隱逸、孝行、義行、方伎等目；卷十一列女，有節孝、貞烈、賢淑等目；卷十二至十七藝文，載録碑銘、詩賦、記序等甚富；卷十八著述，分經、史、子、集四類，載録三原人士著述三百餘種，每條著録書名、著者，間有按語，或録原書序跋，體例頗善。

此志係依據李瀛志、張象魏志，並參考《陝西通志》纂輯而成。凡引用前志處，均標明"李志""張志"，以示源流。搜羅史料頗爲豐富，尤以人物、藝文爲最，陵墓、物產、水利等目亦記載翔實。

三原縣，明清志書現存六部。其一爲明弘治十七年（1504）朱昱纂修《重修三原志》十六卷，係在成化十七年（1481）創修邑志基礎上重加纂輯而成。其二爲明嘉靖間張信纂修《重修三原志》十六卷，以朱昱舊志爲基礎增纂，藝文門收羅甚富。其三爲李瀛修，温德嘉、焦之序纂《三原縣志》七卷，以嘉靖志爲基礎增補百餘年史事，康熙四十四年（1705）刊刻。其四爲張象魏纂修《三原縣志》二十二卷，參閲前志、《陝西通志》及明史等，重加纂輯，史料豐富，人物志尤詳，乾隆三十一年刊刻。其五即此乾隆四十八年志。其六爲焦雲龍修、賀瑞麟纂《三原縣新志》八卷，對舊志詳加考證，並增補近百年史事而成，光緒六年（1880）刊刻。

此本扉頁刊："乾隆癸卯年修刊三原縣志。本署藏版。"

中國國家圖書館、中國科學院文獻情報中心、故宮博物院圖書館、北京大學圖書館、北京師範大學圖書館等二十館與"中央研究院"歷史語言研究所傅斯年圖書館、臺北故宮博物院及日本東洋文庫、美國國會圖書館、法國國家圖書館、意大利羅馬維托里奧・埃瑪努埃萊國立圖書館亦有入藏。

658. 清乾隆刻本涇陽縣志　T3155/3172.83

[乾隆]《涇陽縣志》十卷，清葛晨纂修。清乾隆四十三年（1778）刻本。六冊。半葉十二行二十四字，小字雙行同，黑口，四周單邊，雙魚尾。框高 19.7 釐米，寬 15.3 釐米。前有乾隆四十三年葛晨序，舊志序八則（嘉靖二十六年〔1547〕呂應祥序、康熙庚戌〔九年，1670〕魚飛漢序、康熙庚戌韓望序、康熙庚戌張重齡序、康熙庚戌王際有跋、康熙庚戌鞏我閱跋、乾隆十二年唐秉剛序、乾隆十二年譚一豫序），凡例十條，縣志圖，目次。卷端題："邑令葛晨纂修，縣丞沈述、教諭李蓋、訓導何祿、典史王祈年仝校。"

涇陽縣位於關中平原中部、涇河下游。西周有涇陽邑，見於《詩經・小雅・六月》"侵鎬及方，至於涇陽"。戰國曾爲秦國都，秦後期置涇陽縣。西漢惠帝四年（前 191）改爲池陽縣。前秦分池陽縣地設涇陽縣。北周建德年間池陽縣併入涇陽縣。隋屬雍州。唐屬京兆府。蒙古至元元年（1264）雲陽縣併入。今屬陝西省咸陽市。

葛晨，浙江餘杭人。乾隆九年舉人。乾隆三十五年署平利知縣，三十八年任沔縣知縣，四十一年任涇陽知縣。

書前有縣志圖，收圖五幅：《縣境圖》《縣城圖》《涇渠圖》《冶渠圖》《清渠圖》。正文十卷，分八志：卷一地理志（疆域、山川、星野、風俗、祥異）；卷二建置志（城池、縣署、倉局、屬廨、學校、院司、演武、養濟、祠廟、壇壝、寺觀、樓閣、陵墓、古跡、鋪遞、津梁、鄉里、市鎮、社學、堡寨）；卷三貢賦志（土田、戶口、賦役、驛站、物產）；卷四水利志（涇渠、冶清渠），詳細記述各渠制度、用水則例，並詳記涇渠故實，附《龍洞渠口圖》，頗有參考價值；卷五官師志（分封、鎮守、風憲、縣令、縣丞、主簿、典史、教諭、訓導、把總）；卷六選舉志（進士、舉人、貢士、薦辟、監生、吏員、封贈、恩蔭、武進士、武舉人、將材）；卷七至八人物志（宦業、隱逸、孝友，義行、節烈、方技、仙釋）；卷九至十藝文志（記、序、傳、書、條議、策、文、墓誌、銘、贊、引、箴、賦、詩、歌）。

葛晨序："余自丙申歲承乏茲土，技慚折綫，才陋挈瓶，於邑之風景人情，苦無餘閒爲增訂計。竊惟聖治光華，聲教所敷，靡不率俾，是邑俗美民醇，隆隆日上，不爲採擇而續輯之，亦適以增長吏羞也。爰不揣譾劣，取前後兩志，循其條目，詳者存，複者去，萃爲一册，而十年以後事實則續紀之。庶幾考證者得以沿源溯流，不致淆亂云爾。"所謂"前後兩志"，即屠楷纂修《涇陽縣志》及譚一豫纂《涇陽縣後志》，此志係在此前兩志基礎上增補成書。

涇陽縣，明清志書今存八部。首部爲明連英魁修、李錦纂《涇陽縣志》十二卷，嘉靖二十六年刻，該志體例不夠嚴整，但記載水利文獻甚豐。第二部爲王際有纂修《涇陽縣志》八卷，康熙九年刻，本於明代志書增補而成，水利方面記載頗詳。第三部爲屠楷纂修《涇陽縣志》八卷，體例承襲康熙志，增補六十餘年史事，雍正十年（1732）刻。第四部爲唐秉剛修、譚一豫纂《涇陽縣後志》四卷，係雍正志之續編，乾隆十二年刻。此乾隆四十三年志爲第五部。第六部爲胡元煐修、蔣湘南纂《涇陽縣志》三十卷，本於舊志重修，道光二十二年（1842）刻。第七部爲光緒二十三年（1897）佚名編《涇陽鄉土志》三卷，未刊刻，僅有稿本、鈔本傳世。第八部爲劉懋官修，宋伯魯、周斯億纂《重修涇陽縣志》十六卷，宣統三年（1910）天津華新印刷局鉛印行世，該志晚出，資料豐富，水利、實業獨立設門，記載了清末新興事業的不少內容。

封面題籤以"禮""樂""射""御""書""數"標記册次。

中國國家圖書館、中國科學院文獻情報中心、中國水利水電科學研究院圖書館、故宮博物院圖書館、北京大學圖書館等十五館與"中央研究院"歷史語言研究所傅斯年圖書館、臺北故宮博物院及日本東洋文庫、法國國家圖書館亦有入藏。

659. 明崇禎刻清康熙補版印本乾州志　T3155/4132.7

［崇禎］《乾州志》二卷，明楊殿元纂修。明崇禎六年（1633）刻清康熙補版印本。四册。半葉九行二十字，小字雙行同，白口，四周雙邊，單魚尾，書口上刻"乾州新志"。框高 21 釐米，寬 14.6 釐米。首有崇禎六年楊殿元序，圖，目錄。卷端題："知乾州事蜀安岳楊殿元瞻月父纂修，庠生王世芳、宋增郊仝參閱。"

660. 清雍正刻本重修陝西乾州志　T3155/4132.84

［雍正］《重修陝西乾州志》六卷，拜斯呼朗纂修。清雍正六年（1728）年刻本。五册。半葉十行二十一字，白口，四周雙邊，單魚尾。框高 21.4 釐米，寬 14.7 釐米。

前有楊殿元崇禎志序、參訂姓氏。卷端題：“乾州刺史三韓拜斯呼朗鑑懸氏編次，闔州紳士參訂。”

乾州地處關中盆地西北部、黄土高原南緣。秦置好畤縣。漢屬右扶風。唐屬雍州。文明元年（684）析好畤、醴泉等五縣地置奉天縣，乾寧二年（895）於奉天縣置乾州，得名於境内有合葬唐高宗與武則天的乾陵。清雍正三年升爲乾州直隸州，領永壽、武功二縣。1913 年降爲乾縣。今屬陝西省咸陽市。

拜斯呼朗，字鑑懸，滿洲正白旗人。蔭生。雍正三年任乾州知州。

全書六卷：卷一星野、疆域、山川、城池、學校、州署、僚廨、行臺、駐防、倉庫、壇壝、图圖，卷内插有《星野圖》《乾州疆域之圖》《城池之圖》《學校之圖》《州署之圖》等；卷二田賦、丁徭、軍屯、驛站、鹽法、茶政、雜稅、解款、鄉贈、俸廪、役食、雜捐；卷三節候、風俗、災祥、物產、鄉里、户口、約所、舖舍、墩臺、橋梁、街巷、鎮堡、宮殿、陵墓、寺廟、庵觀、院祠、第宅、牌坊、園囿、樓閣、亭臺；卷四君規、臣績、州言、師儒、人物；卷五勑、諭、奏疏、碑記、墓誌；卷六箴、贊、詞、序、賦、詩、歌、扁額、對聯。此志平列六十五門，前四卷無總題，但卷五有總題藝文上，卷六有總題藝文下。藝文搜羅較富，樓閣殿宇之匾額、對聯入藝文類，雖略嫌過泛，但不無資料價值。

此志載雍正丁未科進士李果成，任河南尉氏縣知縣，紀事至雍正五年。《中國地方志聯合目録》著録此志爲雍正四年刻本，有誤。茲從《中國地方志總目提要》，著録爲雍正六年刻本。

中國國家圖書館、中國科學院文獻情報中心、故宮博物院圖書館、北京大學圖書館、中央民族大學圖書館等十六館與“中央研究院”歷史語言研究所傅斯年圖書館、臺北故宮博物院等三館及日本東洋文庫、美國國會圖書館亦有入藏。

661. 清乾隆刻本醴泉縣志　T3155/1123.83

［乾隆］《醴泉縣志》十四卷，清蔣驥昌、孫星衍纂修。清乾隆四十九年（1784）刻本。四册。半葉十二行二十四字，小字雙行同，黑口，四周單邊，雙魚尾。框高 19.2 釐米，寬 15.1 釐米。前有醴泉縣境圖，乾隆癸卯（四十八年）陝西巡撫畢沅序，乾隆甲辰（四十九年）蔣驥昌序，目録。卷端題：“醴泉縣知縣蔣驥昌、陽湖孫星衍同撰。”

醴泉縣地處關中平原中部、涇河右岸。漢置穀口縣，屬左馮翊。晉爲池陽縣地。北魏置寧夷縣。隋開皇十八年（598）改爲醴泉縣，得名於北周醴泉宮，屬京兆郡。唐歷屬鼎州、雍州、京兆府、乾州。北宋政和八年（1118）改屬醴州。金、元屬乾州。

明、清屬西安府。1964 年因"醴"字生僻，改爲禮泉縣。今屬陝西省咸陽市。

蔣騏昌，字雲翔，江蘇陽湖（今常州市）人。乾隆四十四年任醴泉知縣。著有《五經文字偏旁考》等。

孫星衍（1753—1818），生平見《偃師縣志》條。

書前有《醴泉縣境圖》，收《醴泉境之内圖》《唐昭陵圖》（上下二幅）、《唐肅宗建陵圖》《洪堰總圖》，計六幅。正文十四卷，分十八門：卷一縣屬、鄉屬；卷二山屬、水屬、水利；卷三陵墓；卷四廟屬；卷五官屬表；卷六户口賦税；卷七學校、兵；卷八聞人；卷九列女；卷十科貢等表；卷十一金石，自爲一册，輯録碑刻、墓誌等頗豐，唐昭陵等處碑刻一一注明存佚，並載録現存碑文，頗有裨於考古；卷十二舊聞；卷十三藝文；卷十四序録，載舊志序四則，即明崇禎間楊汝成序、明崇禎間周鳳翔序、康熙三十八年裘陳佩序、乾隆十六年宫耀亮序。

蔣騏昌後序："醴泉縣新志，騏昌及同里孫明經星衍撰。騏昌官醴泉三年，值關中屢豐，民物咸若，縣之士大夫呈請修志，申上其事，得院司府嘉允。時孫明經寓在節署，博聞士也，騏昌因延請從事焉。按縣舊有苟志及范文光昭陵志，皆不傳。其存者裘陳佩所撰、宫耀亮所續，裘則略而不典，宫則博核而無體例。騏昌因與孫君考證史傳，及於方俗，作書十四卷，分部十八。"

醴泉縣明清五次修志。最早者爲夾璋纂修《醴泉縣志》四卷，以土地、人民、政事、文章四門統轄各目，體例較爲特別，嘉靖十四年（1535）劉佐刊刻。其次爲苟好善纂修《醴泉縣志》六卷，崇禎十一年（1638）刊刻，僅中國國家圖書館藏有殘本，存卷一至四。其三爲裘陳佩纂修《醴泉縣志》六卷，基於崇禎志補充明末清初五十餘年史事而成，康熙三十八年（1699）刊刻。其四爲宫耀亮修、陳我義纂《醴泉縣續志》三卷，結構沿襲康熙志，續補康熙三十八年至乾隆十六年間史事，乾隆十六年刊行。此乾隆四十九年志爲第五部。

以"元""亨""利""貞"標册次。目録及序文均置圖於正文之後，但此本圖及後序置於書前，當係後世改裝之誤。

中國國家圖書館、中國科學院文獻情報中心、中國社會科學院考古研究所圖書館、故宫博物院圖書館、中國國家博物館等四十八館與"中央研究院"歷史語言研究所傅斯年圖書館、臺北故宫博物院及日本東洋文庫、京都大學人文科學研究所、美國國會圖書館、法國國家圖書館、法國巴黎 M.R. 赫杜圖書館亦有入藏。

662. 清乾隆刻道光增刻本直隸邠州志　T3155/823.83

［乾隆］《直隸邠州志》二十五卷，清王朝爵等修，孫星衍纂。清乾隆四十九年

（1784）刻，道光間增刻本。四册。半葉十二行二十四字，小字雙行同，黑口，四周單邊，雙魚尾。框高 19.8 釐米，寬 15.0 釐米。前有扉頁，孫星衍自序，目録，圖。第一册卷一前有畢沅序，第二册前有顧長綏序，第三册前有張曾埈序，第四册前有葛德新跋。

邠州上古爲豳地，周先祖公劉所居。秦置漆縣。漢屬右扶風，興平元年（194）置新平郡。北魏改漆縣爲白土縣，仍爲新平郡治。西魏置豳州。隋開皇四年（584）改白土縣爲新平縣。唐開元十三年（725）改豳州爲邠州，治新平縣。宋屬永興軍路。金屬慶原路。元屬鞏昌路。明屬西安府，領淳化、三水、長武三縣，新平縣入州。清雍正三年（1725）升爲直隸州。1913 年降爲邠縣。1964 年改名彬縣。今屬陝西省咸陽市。

王朝爵，安徽歙縣人。監生。乾隆四十四年任邠州知州。

孫星衍（1753—1818），生平見《偃師縣志》條。

書前有圖五幅：《疆域圖》《州城圖》《州署圖》《廟學圖》《兵備道署圖》。正文二十五卷：卷一州縣；卷二州縣故治今治；卷三山屬；卷四水屬（水利附）；卷五鄉屬；卷六國，載上古至宋分封於當地之諸侯；卷七署屬；卷八儒學；卷九廟屬；卷十墓；卷十一古跡；卷十二恩澤、五行；卷十三大事；卷十四至十五官屬；卷十六地丁、錢糧；卷十七經費；卷十八兵、驛；卷十九至二十名人；卷二十一節婦；卷二十二科第；卷二十三風俗、土產；卷二十四石刻著述題詠，載碑銘、著作、詩文目録，其正文則多散見各卷；卷二十五序録，載元代以來邠州志書、修纂者及序跋。志中凡所引用，均標明出處。

此志卷一至四記載涵蓋邠州及長武、三水、淳化三屬縣，卷五至二十五專載邠州史料，不涉及三屬縣。孫星衍自序對此有詳細説明："志凡二十五卷，分部二十五。初故知州王君屬星衍撰此志，兼有三屬縣，已成四卷，既而三屬縣各請自爲一書，故此書卷一至四並及三縣，卷五以下專志州治。直隸州志之例，古無所仿，若專志州治者，實當稱爲《直隸邠州州志》，今不可一書異名也。"

署知州張曾埈序述修志經過："畢中丞開府秦中，先獎風流，百廢俱舉，各邑縣縉紳好事之徒上請修志。予攝州牧，留意掌故，知有故牧王君倡修州志，未成而王休神家衖。視其條例，仿唐宋人志地里之法，良有可觀，則孫明經有力焉。予又咨訪斯土之山川城郭、官師學校、賦税功作、賢人列女、舊聞軼事，依類撰次，閲數月而褒然成帙矣。"

邠州，明清凡五修志書。明嘉靖間，姚本修、閻奉恩纂《邠州志》四卷，有萬曆刻本，爲邠州首部志書，僅陝西省圖書館有藏。其二爲明代邑人池麟撰，今未見著録，康海序存此乾隆志卷二十五《序録》。其三爲明萬曆間知州萬化撰，孫星衍纂此志時已佚失。其四爲清順治間知州蘇東柱在明萬曆志基礎上續修者，職官志等門有所增補，於順治六年（1649）刊印，僅中國國家圖書館有入藏。其五即此乾隆志。

扉頁刊："乾隆甲辰陽月刊成直隸邠州志。"可知此志刻於四十九年十月。卷二十後增刻一葉，載清代孝子四人，紀事止於道光九年（1829）。卷二十一後增刻一葉，載節婦四人，紀事止於道光二十四年，當即道光間增刻本。

卷中有缺葉：卷七第四葉，卷十三第二、第四、第九葉，卷十四第一、第二、第九葉。

中國國家圖書館、中國科學院文獻情報中心、故宮博物院圖書館、中國國家博物館、中國文化遺産研究院等二十餘館與"中央研究院"歷史語言研究所傅斯年圖書館、臺北故宮博物院及日本東洋文庫、美國國會圖書館、法國國家圖書館均有入藏。

663. 清乾隆刻嘉慶增刻本長武縣志　　T3155/731.83

[乾隆]《長武縣志》十二卷附後一卷，清樊士鋒修，洪亮吉、李泰交纂，李大成續補。清乾隆四十八年（1783）刻，嘉慶二十四年（1819）增刻本。四册。半葉十行二十二字，小字雙行同，白口，四周單邊，單魚尾。框高20.3釐米，寬14.3釐米。前有舊志序跋三篇（康熙丙辰〔十五年，1676〕張純儒序、康熙十六年胡戴仁序、康熙十五年張緄跋），李泰交敘，乾隆四十八年樊士鋒敘，王維鼎跋，纂閱姓氏，總目。卷一至七、卷十卷端題："長武縣知縣樊士鋒修，陽湖洪亮吉撰。"卷八、卷九、卷十一、卷十二卷端題："長武縣知縣樊士鋒修，扶風李泰交撰。"

長武縣地處黃土高原南部、涇河中游。北魏熙平二年（517），析鶉觚縣東部置陰盤縣。西魏改名宜禄縣。北周併入鶉觚縣。唐貞觀二年（628）復置宜禄縣，屬邠州。蒙古至元七年（1270）併入新平縣。明萬曆十一年（1583）於宜禄鎮（今昭仁鎮）設長武縣，屬邠州，得名於縣西有隋開皇中所築長武城。清仍之。今屬陝西省咸陽市。

樊士鋒，山西臨汾人。貢生。乾隆四十七年任長武縣知縣。

洪亮吉（1746—1809），生平見《登封縣志》條。

李泰交，字簡齋，陝西扶風人。乾隆四十四年恩科舉人。

李大成，嘉慶二十年任長武知縣。

書前有《疆域圖》一幅。正文十二卷，列十二表：卷一縣境沿革表，以四欄分別記載朝代、縣名、統屬、建置；卷二縣境山川表，卷三縣境故城、今城表，卷四縣境、橋亭、鎮堡、寺廟表，各分兩欄，上欄爲文字出處，下欄爲各書中有關長武縣山川、城池、古跡的記載，卷三插《城池圖》一幅，卷四附載碑銘多篇；卷五縣境衙署、坊市、驛遞表，分三欄，文字聯排，上下欄並無對應關係；卷六縣境道里表，分三欄，上爲出處，中爲各書所記道里數，下爲縣治至州里程；卷七縣境地丁銀糧表，分地、丁、銀、糧四欄；卷八秩官表，不分欄；卷九科貢表，有進士表、舉人表、貢舉表，各分代、人、官三欄，又有鄉飲表，分正、介、耆三欄；卷十九品表，仿班固《古今人表》意，以九等詮次本縣歷代人物，表分十欄，上欄爲朝代，人物小傳按各品置於相應欄位，後附正史所載本縣人物傳記；卷十一彝行表，不分欄；卷十二列女表，有節婦表、閨旌表，均不分欄。此志體例獨特，各卷均名爲表，但有三卷不分欄；另如縣境山川、道里、城池、衙署坊市等内容，勉強分欄列表，有削足適履之弊。

李大成編刻"附後"，所收爲記、文、詩歌，補充藝文部分，但搜羅不廣，十分之八竟爲其本人作品，不過畢竟保存了碑銘多篇，不無史料價值。

樊士鋒敘詳述纂修經過："壬寅秋，余奉命調蒞茲土。州守王公續修合屬志，余因欲舉是志而重修之。適常州洪孝廉稚存客關中，相與發凡起例，寧繁勿簡，寧樸勿華，釐爲十二卷。乃功未竟而南旋。次年延扶風大來李孝廉主鹵席，課讀之暇，參考纂訂，至十乙月而竣。"據此，此志由洪亮吉擬定體例，但未編成，由李泰交續完。

附後卷首爲李大成撰《縣志摘訛辨》，指出乾隆志部分考證失實之處。附後並略述續補緣由："且今志藝文分見於諸表，流寓未見一人，是豈僻陋之邦聲名文物之寂寂，難以專門彙敘，故從略耶？抑亦秉筆者之疏於搜羅，遂因陋就簡也？余附梓記、文、詩歌，是關於長邑之風土山川、前賢古跡者，以備後之博雅君子修志者採錄焉。"可知李大成有感於乾隆志藝文未單列，遂續補爲附後。

長武縣，清代三次修志。第一次爲康熙十五年張純儒、莫琛纂修《長武縣志》二卷，次年刊刻，爲長武首部志書。第二部即此乾隆志。第三部爲沈錫榮修、王錫璋纂《長武縣志》十二卷，照録乾隆志及其嘉慶增刻，各門後增加續表，載録乾隆以後史料，宣統二年（1910）鉛印行世。

華東師範大學圖書館、天津圖書館、陝西省圖書館、甘肅省圖書館、山東省圖書館等六館與"中央研究院"歷史語言研究所傅斯年圖書館、臺北故宮博物院及日本東洋文庫、京都大學人文科學研究所、美國國會圖書館、法國國家圖書館亦有入藏。

664. 清乾隆刻本三水縣志　　T3155/1113.83

［乾隆］《三水縣志》十二卷，朱廷模、葛德新修，孫星衍等纂。清乾隆五十年（1785）刻本。四册。半葉十二行二十四字，小字雙行同，黑口，四周單邊，雙魚尾。

框高 19.8 釐米，寬 15.0 釐米。前有扉頁，蒙春生等識語，陝西巡撫畢沅序，乾隆五十年葛德新序。書後有三水縣志纂修姓氏。卷端題："知縣葛德新主修，陽湖孫星衍撰。"

三水縣地處渭北黄土高原溝壑區。周爲郇國。秦置栒邑縣。漢屬右扶風。北魏太延二年（436）置三水縣。唐屬邠州。宋、金沿襲不改。蒙古至元七年（1270）廢。明成化十四年（1478）復置，屬西安府邠州。1914 年因與廣東省三水縣重名，改爲栒邑縣。1964 年因"栒"字生僻，改爲旬邑縣。今屬陝西省咸陽市。

朱廷模，字遠峰，湖南湘潭人。乾隆二十五年舉人。乾隆四十四年任朝邑知縣，乾隆四十六年署三水知縣。

葛德新，字心銘，山西浮山人。監生。乾隆四十八年任三水知縣。

孫星衍（1753—1818），生平見《偃師縣志》條。

全書十二卷，分十五門：卷一縣譜、故城、鄉鎮亭堡砦；卷二山屬、水屬；卷三城署關橋坊古阯，相關碑銘附於各條之下；卷四壇廟寺觀墓，間附碑記；卷五職官，部分條目後附德政碑；卷六地丁錢糧；卷七兵防；卷八名人；卷九列女；卷十科貢；卷十一圖序，收《縣城圖》《縣境圖》二幅，及舊志序二則（康熙丁巳〔十六年，1677〕林逢泰序、康熙丁巳文倬天序）；卷十二補遺，録碑刻三通。

葛德新序："近奉大中丞畢公檄，重修此志，凡城池、衙署、書院、廟宇、橋梁之繕葺創建，地糧之減，户口之增，驛站、課程之裁，解鹽茶法更定，職官、科目、德行、藝文之宜續補者，進邑之紳士考訂而增益之，曩時之闕如者燦然大備，其於考古似較康吕兩公精核焉。"可知此志係奉畢沅令纂修。

三水縣，明萬曆間創修志書，今已亡佚。清代凡四修地志。其一爲林逢泰修、文倬天纂《三水縣志》四卷，分十七門，在萬曆志基礎上增補近百年史事而成，康熙十六年（1677）刊行。其二即此乾隆志。其三爲姜桐岡修、郭四維纂《三水縣志》十二卷，體例遵照文倬天康熙志，刊刻於同治十一年（1812）。其四爲光緒八年（1882）馮朝禎修、賀瑞麟纂《三水縣新志》七卷，未刊刻，稿本存陝西興平縣圖書館。

扉頁刊："乾隆乙巳歲鎸三水縣志。本衙藏板。"

首葉鈐"南陵徐乃昌審定善本"朱文方印（2.1×2.1 釐米），卷一卷端鈐"積學齋徐乃昌藏書"朱文長方印（6.5×1.2 釐米）。

正文十二卷，但目録僅列十一卷，第十二卷補遺係刊刻過程中續增。

中國國家圖書館、中國科學院文獻情報中心、故宫博物院圖書館、中央民族大學圖書館、上海圖書館等十館與"中央研究院"歷史語言研究所傅斯年圖書館及日本東洋文庫、美國國會圖書館、法國國家圖書館亦有入藏。

665. 清乾隆刻本淳化縣志　　T3155/342.83

　　[乾隆]《淳化縣志》三十卷，清萬廷樹修，洪亮吉纂。清乾隆四十九年（1784）刻本。四册。半葉十一行二十一字，小字雙行同，黑口，四周單邊，無魚尾。框高18.3釐米，寬14.0釐米。前有乾隆四十八年陝西巡撫畢沅序，乾隆四十八年萬廷樹序，舊序六篇（康熙四十一年〔1702〕鄂海序、康熙辛巳〔四十年〕王宏序、康熙四十年張如錦序、康熙辛巳李一鵬序、隆慶四年〔1570〕羅廷繡序、羅廷紳序），重纂凡例八條，圖六幅，新修淳化縣志纂閱姓氏。卷端題："知縣事南州萬廷樹重纂。"

　　淳化縣地處涇河流域。秦設雲陽縣。漢昭帝始元二年（前85）建雲陵葬其母鉤弋夫人，置雲陵縣，元始四年（4）併入雲陽縣。北魏初廢，太和十一年（487）復設。唐武德元年（618）析縣境北部置石門縣，貞觀八年（634）復併入。宋淳化四年（993）析縣境北部置淳化縣，以年號命名。金至清屬邠州。1949年赤水縣併入。今屬陝西省咸陽市。

　　萬廷樹，字澄野，江西南昌人。舉人。乾隆四十年任淳化知縣。

　　洪亮吉（1746—1809），生平見《登封縣志》條。

　　書前有圖六幅：《星分東井圖》《淳化疆域圖》《淳化縣城圖》《淳化縣治圖》及學宮圖二幅。此志分記、簿、志、略四體，列十八門：卷一至三土地記；卷四山川記；卷五大事記；卷六道里記；卷七户口記；卷八風土記；卷九祠廟記；卷十塚墓記；卷十一宮殿簿；卷十二會計簿；卷十三學校志；卷十四衙署志；卷十五至十八職官志；卷十九登科志；卷二十至二十二士女志；卷二十三至二十五金石略，輯錄碑銘甚豐；卷二十六至二十九詞賦略；卷三十序略，先列各門論贊，次爲後序及跋，有李一鵬《讀邑侯張公重纂淳化志題後》、葛松齡後序、劉大烈後序、宋釴跋。

　　畢沅序："然前以公事至縣，覽其山川，訪其基址，未嘗不致意久之。歲壬寅，邠州及所屬三縣有重修志乘之請，適常州洪孝廉稚存來客西安，余因以屬之。孝廉精於史學，所修州縣志皆一以史例編之，志成凡十八卷，余又以十年來所聞見而欲訂定者爲增益十數條。"

　　萬廷樹序："舊志成於康熙辛巳長洲張君之手，分門別類，條理井然，較勝於關中諸州縣志。惟病其徵引舊聞，不著所出，又或採自流傳，不合之於紀載，以相印證，是則斯志之微有未善也。歲在壬寅，上距康熙辛巳又閱八十餘載，中間之遞傳遞增，所應編輯者復若干軸。適常州洪孝廉稚存客關中，余商於州守，延修是邑新志，共襄其事，越五月而志成。凡十八卷，爲記八，爲簿二，爲志五，爲略三。"

　　淳化縣，明清間三次修志。首部志書爲羅廷繡纂修《淳化縣志》八卷，記載簡略，分類不盡合理，有隆慶四年（1570）刻本。第二部爲張如錦纂修《淳化縣志》八卷，係在隆慶志基礎上重纂而成，内容較翔實，康熙四十年刻。此乾隆志爲第三部，徵引必注明出處，考證詳明，史料價值較高。此志初刻於乾隆四十九年，1931年西安克興印書館又鉛印行世，並收有温偉增編民國二十年（1931）淳化縣輿圖、統計表等。

首册首葉鈐“武昌柯逢時收藏圖記”朱文方印（3.1×3.1釐米）。

卷十九第十三、第十四葉順序顛倒，卷二十一第三、第四葉順序顛倒，爲裝訂之誤。

中國國家圖書館、中國科學院文獻情報中心、故宫博物院圖書館、第一歷史檔案館、北京大學圖書館等三十三館與“中央研究院”歷史語言研究所傅斯年圖書館、臺北故宫博物院及日本東洋文庫、京都大學人文科學研究所、美國國會圖書館亦有入藏。

666. 明正德刻本武功縣志　TNC3155/141.7

［正德］《武功縣志》三卷，明康海纂修。明正德十四年（1519）馮瑋刻本。三册。半葉十行二十四字，小字雙行同，白口，左右雙邊，單魚尾。框高20.4釐米，寬14.3釐米。前有正德己卯（十四年）吕柟序，正德十四年何景明序，目録，縣圖。書後有滸西山人識語。目録題：“滸西山人康海撰次。”

武功縣地處關中盆地中部。秦孝公置，得名於武功山、武功水。東漢永平八年（65）移治故斄城。北魏太和十一年（487）改爲美陽縣。北周建德三年（574）於中亭川復置武功縣。金大定二十九年（1189）避金顯宗元恭諱，更名武亭縣，屬乾州。蒙古至元元年（1264）復名武功。明屬西安府。清改屬乾州。今屬陝西省咸陽市。

康海（1475—1540），字德涵，號對山、太白山人、沜東漁父、滸西山人等，陝西武功人。弘治十五年（1502）狀元。正德初李夢陽陷獄，謁劉瑾遊説營救。後劉瑾被誅，受牽連罷官，隱居鄉里，放浪自恣，著述終老。工詩文，好彈唱技藝。著有《康對山集》《中山狼》《王蘭卿貞烈傳》《沜東樂府》等。《明史》有傳。

此志三卷，分七門：卷一地理、建置、祠祀；卷二田賦、官師；卷三人物、選舉。詩文碑記附録各條目之下，未單列藝文門。

此書記載人物善惡並録，不落流俗窠臼，頗具史識。全書篇幅精煉，簡明扼要，行文流暢，與韓邦靖［正德］《朝邑志》並稱，爲明代陝西名志。但行文刻意求簡，資料不夠豐富全面。此志評價歷來分歧較大：王士禎贊其“文簡事覈，訓詞爾雅”，石邦教贊其“文簡而明，事賅而要”。章學誠則批評其蕪穢特甚，不知史家法度，傅振倫雖肯定其義例謹嚴，但從史料的角度，指出其力求簡約，欠缺實用價值。

目錄後康海識語云：“《武功志》余先君子長公蓋嘗述之，然縣官、掌故弗嚴，人匿之矣，余於是卒成先人之志。”可知此志係康海繼承其父之志而作。

呂柟序云：“是志也，撰之者吾友康子德涵，刻之者邑侯西蜀馮玉仲。”馮瑋，字玉仲，四川遂寧人，正德十三年任武功知縣。

卷三後康海識語：“志作於正德十四年秋七月朔日，成於是秋八月三日，冬十月十九日隴郡馮韶書成入梓。”

武功縣，明清六次修志。康海正德志爲首部，爲明代名志，版刻衆多，《中國地方志聯合目録》著録有刻本二十種。其二爲李紹韓修、張文熙纂《武功縣續志》，繼承正德志簡約風格，續補正德至順治年間的史事，有清康熙元年（1662）刻本，該志有康呂賜校補本，雍正十二年（1734）補刻。其三爲沈華修、崔昭等纂《武功縣後志》四卷，分十二卷七十三目，内容較前志略顯豐富，雍正十二年刻。其四爲張樹勳修、王森文纂《續武功縣志》五卷，體例沿襲正德、康熙志，正文分七門，人物門記載尤詳，嘉慶二十一年（1816）緑野書院刻。其五爲張世英修、巨國桂纂《武功縣續志》二卷，分八篇，沿襲嘉慶志體例，續補嘉慶至光緒初年史事，光緒十四年（1888）刻。其六爲光緒末年高錫華編《武功縣鄉土志》一卷，記述雖簡略，但種植鴉片、建立教堂等内容頗有資料價值，僅有鈔本存陝西省圖書館。

金鑲玉裝。版印模糊，當爲後印本。

《四庫全書總目》入史部地理類都會郡縣之屬。《中國古籍善本書目》史部地理類著録。

中國國家圖書館、中央民族大學圖書館、上海圖書館、復旦大學圖書館、上海師範大學圖書館等八館亦有入藏。

667. 清乾隆刻本新刊康對山先生武功縣志　T3155/1412.7B

〔乾隆〕《新刊康對山先生武功縣志》三卷首一卷，明康海撰，清孫景烈評注，瑪星阿參訂。清乾隆二十六年（1761）刻本。一册。半葉十二行二十五字，小字雙行同，白口，四周雙邊，單魚尾。框高 19.2 釐米，寬 14.8 釐米。天頭刻批注，小字單行四字。前有扉頁，乾隆二十六年瑪星阿序，乾隆二十六年孫景烈序，乾隆二十六年張洲序。卷首有原序（正德己卯〔十四年，1519〕呂柟序、正德十四年何景明序、趙岫重刻武功縣志序），諸家評語，目録。後有原跋（正德庚辰〔十五年〕楊武跋）。卷端題：“邑人孫景烈孟揚評注，長白瑪星阿景謙參訂，邑庠生耿性直伯正、王應槐兆三、孫景熙季揚、何瑞雲卿全校。”

孫景烈（1706—1782），生平見《鄠縣新志》條。

瑪星阿，字景謙，滿洲正黄旗人。舉人。乾隆二十三年至二十八年任武功知縣。

孫景烈序："原刻無藏者，翻本多豕亥相淆。而予尤病其失作者本色，嘗從事校讎，欲復先生之舊。近得張子萊峰所藏善本，與他刻相參，爰正其訛謬，闕其所疑，而又以素所管窺者，妄加評點而略注之。……時己卯歲夏五月也。今年秋七月，明府敬齋瑪公刻先生集方竣，即欲續刻斯志。予重明府留意於斯，而非若予之徒好其文也，遂樂與再爲訂之，而請正於世之同好者。"按，己卯爲乾隆二十四年。

瑪星阿序："予膚學無能，叨荷聖恩簡用，承乏名區，五載於茲，自慚碌碌，報稱何由。每讀斯志，法戒分明，知爲切要之編，可借以策其未逮。所憾魚魯混淆，更或點竄移動，失其本色耳。在籍太史孫西峰先生，覓舊刻細爲校讎，正其謬，闕其疑，加之評注有年矣，而志之善乃益章焉。予求觀之，遂付梓，以公諸同好者。"

扉頁刊："乾隆辛巳季秋。新刊康對山先生武功縣志。孫西峰評注，馮敬齋參訂。本縣藏板。"

此志哈佛燕京圖書館藏有二部，另一部索書號爲 T3155/1412.7B/c.2，刷印較此本清晰，印刷當早於此本。

鳳凰出版社 2007 年影印《中國地方志集成・陝西府縣志輯》，所收〔正德〕《武功縣志》底本著録爲乾隆二十六年瑪星阿刻本，有誤，實爲同治十二年（1873）湖北崇文書局重刻本。

中國國家圖書館、中國科學院文獻情報中心、中國社會科學院考古研究所圖書館、故宮博物院圖書館、中國國家博物館等七十六館與臺北"國家圖書館"及日本東洋文庫、東京大學東洋文化研究所、京都大學人文科學研究所、美國國會圖書館、法國國家圖書館、法國亞洲學會、瑞典遠東博物館亦有入藏。

668. 清雍正刻本武功縣重校續志　　T3155/1412.81

〔康熙〕《武功縣重校續志》三卷，清張文熙纂，康呂賜校補。清雍正十二年（1734）刻本。二册。半葉十行二十二字，小字雙行同，白口，四周雙邊，單魚尾。框高 21.3 釐米，寬 14.4 釐米。前有雍正甲寅（十二年）沈華重刊武功縣續志序，舊序（康熙元年〔1662〕李紹韓序）。書後有舊跋（康熙元年張文熙跋）。卷端題："邑人直隸高邑縣知縣張文熙存白甫纂修，邑人南阿山人康呂賜復齋甫校補。"

張文熙，字存白，陝西武功人。曾任直隸高邑知縣。

康呂賜（？—1731），字復齋，號南阿山人、一峰，陝西武功人。諸生。著有《南阿集》《讀大學中庸日録》等。

　　張文熙纂康熙志本不分卷，此校補本分爲三卷，列四門：卷一官師志，卷二人物志、選舉志，卷三藝文志。所載主要爲嘉靖元年（1522）至康熙元年史料，詳於人物、藝文。康吕賜意在校正、補輯康熙志原文，並未增添康熙元年以後新資料。條目後往往有張文熙、康吕賜按語，分別以"張文熙曰""南阿子曰"領出。

　　張文熙跋："我梅嶼李公，浙右儒宗也。……前因茶臺許公訪邑志之未續者，乃以纂修重任委諸余小子。維熙謭昧不文，譬之執越説，燕人且笑之矣。但命不敢諉。蒐遺典，竄僻聞，謬爲詮次。太史公舊志昭若日星，兹不復贅，祗就後所未及見而記者，緝而續之。"

　　沈華序："邑志自對山先生創，後而繼之者爲國初邑人張君文熙，其臧否人物、批根抉實，雖不逮對山簡古，然百年文獻藉以不朽者，則不可謂非文熙力也。第拾遺内如寶武不列其全傳、官師内如許國秀則濫擴其穢瑣，原本不無簡者太簡、冗者過冗之憾。南阿以八十老人，博聞强記，久爲邑人信服，其於斯志，凡諸未妥，類加考訂增删，期於簡質可信。"

　　《中國地方志聯合目録》著録此志有"清康熙元年刻，雍正十二年補刻本"。觀此本未見補刻痕跡，係雍正十二年刊刻。

　　卷端題名爲"武功縣重校續志"，版心及封面題名爲"武功縣續志"。

　　臺北故宫博物院亦有入藏。中國國家圖書館、北京大學圖書館、上海圖書館、安徽師範大學圖書館、浙江圖書館等六館藏有"清康熙元年刻，雍正十二年補刻本"。

669. 清雍正刻本武功縣後志　　T3155/1412.82

　　［雍正］《武功縣後志》四卷，清沈華修，崔昭等纂。清雍正十二年（1734）刻本。四册。半葉十行二十二字，小字雙行同，白口，四周雙邊，單魚尾。框高 21.2 釐米，寬 14.7 釐米。前有雍正十一年沈青崖序，雍正十一年王以觀序，雍正十一年沈華序，雍正十一年姚奮聖序，雍正十一年寇含鏡序，圖並説，修志姓氏，沈華撰凡例十五條，目録。書後有崔昭跋，雍正十二年牛逢慶跋。卷端題："浙右沈寓舟先生裁定，姑蘇沈華紀榮編次，闔邑紳士全校閲。"

　　沈華，字紀榮，江蘇吳縣人。監生。雍正八年任宜君知縣，雍正九年十月調任武功知縣。

　　崔昭，字孟宣，陝西武功人。

　　此志體例遵照《陝西通志》。前有圖四幅：《城圖》《縣治圖》《文廟圖》《學宫圖》。正文四卷，列十三志：卷一地理志（沿革表、疆域、里甲、山川、形勝、古跡、墳墓），建置志（城池〔民廬附〕、公署〔養濟院、漏澤園附〕、學校、倉庾、驛遞、津梁、坊表、鎮市），祠祀志（學宮、壇壝、祠廟、祀典、寺觀）；卷二田賦志（地糧、丁庸、起運、存留、雜稅、鹽法、屯賦、更名、物產），官師志（封爵表、秩官表、秩官列傳〔附建官考〕），選舉志（科貢表、雜職表）；卷三人物志（忠烈傳、仕宦傳、義門傳、篤行傳、文學傳、貤封傳、隱逸傳、列女傳），典禮志（賓興、鄉飲、四禮、節序〔附風俗〕），武備志（鎮將、防兵、塘汛、義兵、火器、保甲），紀事志（巡幸、德音、武事、祥異）；卷四撰述志（詩文、奏疏、語録），藝文志（詩、賦、記、序），拾遺志（風雅、閒適、權奇、博古、軼事、語林、瑣碎、神異）。撰述志分三類載歷代武功人士著述，各條著録書名、著者，並有提要，間有崔昭按語，體例頗善。職官、科舉門紀事均始於康熙元年（1662）。部分條目後有康吕賜按語，以“南阿子曰”領出。

沈華序：“邑固有有明康殿撰撰誌，但迄今二百餘年，雖典型在望，而其文漫漶，不可復識。即一修於張明府之手，然聖朝休養生息，濡兹土於百年之盛者，尚待有所表章。竊思起而修之，得邑人南阿山人續著縣志私稿，惜多未備。華與孝廉崔孟宣等爲之覆核增删，期於可信，且補入近年事跡。”

崔昭序：“……幸而復生南阿先生，爲其後裔，名山著作，克繩祖武，雅意續輯邑志，無如事機相左，竟成未了公案。迨修省志命下，南阿已迫桑榆晚景，旋赴玉樓召矣。……又越明年辛亥，沈明府以賢聲調繁武功，方欲修廢典，仔肩志事，而予適以所司苟完，自省來歸，此其機緣湊合，似非偶然。於是上承寓舟先生之命，憑明府之才之力，復與二三同人取南阿遺稿，參伍錯綜，編成帙，而寓舟先生又從而删定之，曰可矣。”南阿山人即康吕賜，沈明府即沈華。據沈、崔二序，此志係在康吕賜續輯志稿基礎上纂成。

中國國家圖書館、中國科學院文獻情報中心、上海圖書館、大連圖書館、浙江圖書館等五館與日本東洋文庫、美國國會圖書館亦有入藏。

670. 清乾隆刻本同州府志　　T3154/722.83a

［乾隆］《同州府志》二十卷首一卷，清張奎祥修，李之蘭等纂。清乾隆六年（1741）刻本。二函二十册。半葉十二行二十六字，小字雙行同，白口，四周雙邊，單魚尾。框高 22.4 釐米，寬 16.0 釐米。首有乾隆六年川陝總督尹繼善序，乾隆六年陝西巡撫張楷序，乾隆六年帥念祖序，乾隆五年張奎祥序，纂修陝西同州府志姓氏，凡例二十條，目録，圖。

同州府地處關中平原東部。漢爲左馮翊地。三國魏爲馮翊郡地。北魏置西華州，西魏廢帝三年（554）改爲同州，得名於漆、沮二水在境內同匯入渭水。唐乾寧二年

（895）升爲匡國軍。宋改定國軍。金屬京兆府。元仍爲同州，屬奉元路。明屬西安府。清雍正三年（1725）升爲直隸州，雍正十三年升爲同州府，治大荔縣，領華州與大荔、朝邑、郃陽、澄城、韓城、白水、華陰、蒲城、潼關九縣。1913年撤銷府建置。

張奎祥，字文垣，湖南華容人。拔貢。乾隆元年任同州知府，爲同州升府後第一任知府。

李之蘭，字雲莊，湖北江夏人。雍正八年進士。曾任寶雞知縣。

卷首有圖十七幅：《府境圖》《府城圖》、各屬州縣境圖、《華嶽山陰圖》《華嶽山陽圖》《華嶽廟圖》《龍門山圖》《三河總圖》。正文二十卷：卷一星野，建置（表、考）；卷二山川、疆域（形勝）、城池、公署、學校、祠祀；卷三帝系（帝妃、太子、公主、宗室、外戚、宦官），封爵；卷四職官；卷五名宦；卷六選舉（徵薦、進士、舉人、貢生、武科、封蔭、掾吏）；卷七至十一人物（先聖、名賢、孝友、廉能、勇略、直諫、忠節、儒林、文學、隱逸、流寓、方伎、雜傳、釋道、人瑞、列女賢、烈、節、義行）；卷十二賦税（屯運、倉庾、鹽法、茶馬），水利，關梁（兵防、驛傳、舖司）；卷十三古跡、陵墓、物産、風俗；卷十四經籍；卷十五藝文（御製詔誥、奏疏、表狀、賦、頌、贊、銘）；卷十六至十八藝文（碑、記、序、書啓、説、諭議、辨考、題跋、祝祭、弔誄、雜文、詩、詩餘）；卷十九德音、紀事、祥異；卷二十拾遺（博古、風雅、閒適、語林、軼事、徵應、訂訛、瑣碎、權奇、滑稽、神異、鑒戒）。

張奎祥序：“先是同華二州各隸不歸一，且經數十年、百餘年志不續編，漶漫殘缺不可識。前通省志告成，同尚以州列，於體不暇詳細目。華志不得爲通志，州志不得爲府志，通志之二州志不得爲一府志，均之無志也。謹依通志所式，合同華二志併入，取今所屬各志聯綴之，再補前省志所未收，續敘各志既缺以後有事遺人逸者，曉示呈報，行所屬各查採所聞送録焉。涉獵歲餘成帙，粗備府典故一稿，以志始事。”

同州明清五次修志。其一爲明張一英修、馬樸纂《同州志》十八卷，該志係馬樸歷時三十年纂成，分十門五十一目，内容詳實，天啓五年（1625）刊刻。其二即爲此乾隆五年志，亦即同州升府之後的首部府志。其三爲閔鑑修、吳泰來纂《同州府志》六十卷，乾隆四十六年付梓。其四爲李恩繼、文廉修，蔣湘南纂《同州府志》三十四卷，分圖、表、志傳四體，列六十二門，體例嚴整，圖表明晰，刊刻於咸豐二年（1852）。其五爲饒應祺修，馬先登、王守恭纂《同州府續志》十六卷，大體沿襲咸豐志體例，分四體，列二十三門，載咸豐至光緒初三十餘年史事，對太平軍、捻軍記述頗詳，付梓於光緒七年（1881）。

卷中有排序錯亂多處：帥念祖序末葉誤裝於張奎祥序之後。纂修姓氏第三、第四兩葉顛倒。凡例第二、第四兩葉順序顛倒。兹不備記。

中國國家圖書館、中國科學院文獻情報中心、故宮博物院圖書館、中國文化遺產研究院、北京大學圖書館等十五館與日本東洋文庫、美國國會圖書館亦有入藏。

671. 清乾隆刻本同州府志　T3154/722.83

［乾隆］《同州府志》六十卷首一卷，清閔鑑修，吳泰來纂。清乾隆四十六年（1781）刻本。四函二十二冊。半葉十一行二十二字，小字雙行同，粗黑口，左右雙邊。框高 18.9 釐米，寬 14.4 釐米。首有天章（收御製詩文、對聯、匾額），圖，乾隆四十六年陝西巡撫畢沅序，乾隆六年川陝總督尹繼善序，乾隆六年陝西巡撫張楷序，乾隆六年帥念祖序，乾隆辛酉（六年）陳其凝序，乾隆六年陳大受序，乾隆五年張奎祥序，目録。

閔鑑，字資治，江西南昌人。乾隆十九年進士。乾隆四十二年任同州知府。

吳泰來（1722—1788），字企晉，號竹嶼，江蘇長洲（今蘇州）人。乾隆二十五年進士。授内閣中書，因病辭歸。應畢沅之邀，先後主講關中書院、大梁書院。與錢大昕、曹仁虎、王昶、趙文哲、王鳴盛、黃文蓮等並稱"吳中七子"。家築遂初園，藏書數萬卷，多宋元善本。著有《硯山堂集》《淨名軒集》《曇花閣琴趣》等。《清史稿》有傳。

此志卷首有圖十七幅：《府境圖》《府城圖》、各屬州縣境圖、《華嶽山陰圖》《華嶽山陽圖》《華嶽廟圖》《龍門山圖》《三河總圖》，次序與乾隆六年志同。正文六十卷，分十五志：卷一圖考、序；卷二地理志；卷三至四名山志；卷五大川志；卷六至八建置志；卷九至十一食貨志；卷十二至十七古跡志；卷十八至二十五職官志；卷二十六至二十七名宦志；卷二十八至三十一選舉志；卷三十二至四十一人物志；卷四十二至五十一藝文志，搜羅甚廣；卷五十二至五十三大事志；卷五十四經籍志，分經史子集四類著録同州人士著述，間有提要，或節録原序；卷五十五至五十六金石志，載録碑刻甚豐；卷五十七至六十補遺志。

畢沅序略述修志經過："舊志修自乾隆五年知府張奎祥，依通志編纂，極有體例，越今四十餘年，政事、人物多不備。……乃者府之士大夫諳於文獻，呈請修志，府縣官申上其事，予深韙之。適同年友内閣中書舍人吳君竹嶼主講關中書院，實任斯役，信能搜集舊聞，校理訛舛，三年書成。"

卷首首葉係鈔配。

中國國家圖書館、中國科學院文獻情報中心、故宮博物院圖書館、北京大學圖書館、上海圖書館等十三館與美國國會圖書館亦有入藏。

672. 清乾隆刻本渭南志　T3155/3242.83

[乾隆]《渭南志》十四卷，清汪以誠纂修。清乾隆四十四年（1779）刻本。八冊。半葉十二行二十四字，小字雙行同，白口，左右雙邊，單魚尾。框高20.8釐米，寬15.5釐米。前有扉頁，乾隆四十三年陝西巡撫畢沅序，乾隆戊戌（四十三年）汪以誠序，重修渭南志彙纂採訪校訂姓氏。

渭南縣地處關中平原東部。漢爲新豐縣地。前秦甘露二年（360）置渭南縣，屬京兆郡。唐歷屬華州、雍州、京兆府。後周顯德三年（956）改屬華州。宋至明前期相沿不改。嘉靖三十八年（1559）改屬西安府。1983年改設渭南市（縣級），屬渭南地區。1995年渭南地區改爲渭南市，原渭南市改爲臨渭區。

汪以誠，字樸存，江蘇江寧（今南京）人。乾隆十五年舉人。乾隆三十九年署鄠縣知縣，次年實授。乾隆四十二年調任渭南知縣。

此志十四卷，分十四考：卷一地形考，載沿革、里社、村落、市鎮、風俗、物產、山屬、水屬；卷二舊跡考，載渭南縣故城、唐王公別業等古跡多處；卷三壇廟祠宇院觀考，部分條目下錄有碑銘；卷四冢墓考，載北魏孝武帝陵、漢日碑墓、唐太原白氏諸塋等，附碑銘、白居易撰祭文多篇；卷五建置考，載城池、公署、學宮、雜署、坊表、鋪遞、橋、渡、倉儲、軫卹、鄉約、武備；卷六賦役考，載戶口、兵徭、田賦、額外、屯兵、屯地布草銀、王田、經費、驛遞、鹽引、蠲贈、優老，經費項記該縣支出甚詳，可供歷史研究參考；卷七歷代著聞人考，分上中下，記漢至明名人傳記及相關資料，內載白居易家族世系表及陳振孫《白文公年譜》；卷八本朝著聞人考；卷九節烈婦人考；卷十選舉考，載薦舉、進士、舉人、明經、例貢、拔貢、優貢、恩貢、歲貢、武科、武職、吏材仕宦者、封蔭等；卷十一守令丞尉簿史考，載歷代渭南縣文武官員姓名，或有小傳；卷十二修志源流考，載南志諸序（嘉靖辛丑〔二十年〕李宗樞序、萬曆庚寅〔十八年，1590〕崔邦亮序、萬曆庚寅薛騰蛟序、萬曆庚寅南軒序、萬曆庚寅孫瑋序、徐吉序、南企仲序、史記事序）、令重訂尚諸序（順治十三年〔1656〕尚九遷序、順治十三年朱可衽序、陸贊奇序、王鳴粲序、方從聖序）、岳志諸序（雍正十年〔1732〕錢陳群序、王紹文序、雍正十年岳冠華序）；卷十三雜考，載漢蓮勺宮爐、見存諸金石目、藝文（著述目錄）及奏疏、碑記等多篇；卷十四繪圖考（卷端題圖繪錄），收《總圖》《渭河圖》《東西原圖》《城池圖》《縣治圖》《文廟圖》《黌舍圖》《下邽鎮圖》《泰寧宮圖》等十幅。

汪以誠序述纂修經過：“會大中丞畢公入覲，奏修各志，西旋後即諭增輯，時前署令知耀州事黃岡張公鳳鳴甄錄事實以上。四十二年夏，以誠奉調承乏，又累飭本

邑紳士廣爲採輯，延請淹雅之士相與商榷而爲編纂焉。"是此志係應陝西巡撫畢沅
徵求州縣志而編纂，歷兩任知縣編成全書。

　　渭南縣明清凡七修志書。首部爲章萬鈞修、南大吉纂《渭南縣志》十八卷，該
志有圖二卷近四十幅，對鄉里及移民記載亦較詳細，但無藝文，嘉靖二十年刻。第
二部爲南軒纂《渭南縣志》十六卷，萬曆十八年（1590）刻，其子南師仲天啓間增
訂該志，較前志體例明晰，增補藝文門，天啓元年（1621）增刻。第三部爲尚九遷
修、朱可衽纂《渭南縣志》十六卷，順治十三年刻。第四部爲岳冠華纂修《渭南縣
志》十五卷，雍正十年刻。此乾隆志爲第五部，考證前志疏漏，並增補四十餘年史
事。第六部爲何耿繩修、姚景衡纂《重輯渭南縣志》十八卷，道光九年（1829）刻。
第七部爲嚴書麐修、焦聯甲纂《新續渭南縣志》十二卷，本於舊志，有所改訂增補，
光緒十八年（1892）年刻，又有 1932 年鉛印本。

　　扉頁刊："乾隆己亥年開雕渭南志。本衙藏板。"

　　此本雕繪精良，版印整潔。

　　故宮博物院圖書館、上海圖書館、山西省圖書館、陝西省圖書館、湖北省圖書
館等五館與臺北故宮博物院及日本東洋文庫、內閣文庫、法國國家圖書館亦有入藏。

673. 清康熙刻嘉慶剜補本潼關衛志　　T3155/317.8

　　［康熙］《潼關衛志》三卷，清唐咨伯修，楊端本纂。清康熙二十四年（1685）
刻，嘉慶二十二年（1817）剜補本。半葉九行二十字，小字雙行同，白口，四周雙
邊，單魚尾。框高 20.1 釐米，寬 15.5 釐米。前有康熙二十四年高夢説序，康熙乙丑
（二十四年）唐咨伯序，康熙二十四年楊端本序，康熙二十四年楊國士序，圖十三幅，
凡例六條，目錄。書後有楊端本跋，康熙二十四年馮元鄉跋。

　　潼關地處關中平原東端，係關中與中原之間交通要衝，歷來爲兵家必争之地。
秦爲寧秦縣地。西漢設船司空縣，東漢建安十八年（213）併入華陰縣。隋唐爲華陰
縣地。明洪武七年（1374）設潼關守禦千户所，屬陝西都司，九年（1376）設潼關
衛，屬河南都司。清雍正五年（1727）設潼關縣，乾隆十三年（1748）改設潼關廳，
屬同州府。1913 改設潼關縣，屬陝西關中道。今屬陝西省渭南市。

　　唐咨伯，浙江紹興人。貢士。修志時任西安府潼關衛撫民同知。

　　楊端本（1628—1694），字樹滋，號函東，陝西潼關人。順治十二年（1655）進
士。曾任山東臨淄知縣。著有《潼水閣詩文》。

　　書前有圖十三幅：《衛境圖》《衛治圖》《編屯圖》《形勢圖》《古關圖》及八景圖。
正文三卷，分列九志：卷上地理志（沿革、疆域、形勢、山川、古跡、風俗），建置

志（城池、公署、學校、關隘、津梁、編屯、陵墓、楔綽、街市），禋祀志（祀典、祠廟、寺觀〔災祥附〕），田賦志（屯地、糧税、户口、土産）；卷中職官志（名宦、兵憲、撫廳、守臣、印官、標將、教官、雜職），人物志（鄉賢、忠烈、孝子、隱逸、高士、義士、書畫、節婦），選舉志（科目、貢監、武科、恩蔭、庠生、僑寓）；卷下兵略志（漢、晉、梁、隋、唐、宋、元、明），藝文志（詩、記、銘、疏、序、辯、傳、文、説、贊），兵略志記載漢代以來歷次戰事，係據潼關戰略要衝地位所創設之體，藝文志搜羅較廣。

凡例謂：“城郭、公署，自逆賊變亂，多有變易，今志建置惟書其舊。田賦、户口，改革以來，荒熟增減更變，尚未畫一，今志但書古制，存舊典也。”此志所收經濟史料，多爲三藩之亂以前資料，而未能具載當時情況，稍有不足。

高夢説序：“予不佞濫竽兹關鎖鑰，抵關之後，單騎按行郊野，求古人之遺跡，茫然無有識者，博訪文獻，亦苦無徵。間謀之於郡丞撫民唐君。唐君固夙有志於修舉廢墜者，乃以其所藏弄鄉大夫楊君衛志鈔本一册示予。受而卒讀之，而歎作者之用意誠遠矣。……予嘉其意，爰付剞劂。”唐君即唐咨伯。

楊端本序：“乙丑春，藩參高公祖簡命涖關，初下車，周覽城郭山川，眺關河形勝，慨然太息，謂撫民唐公祖曰：‘兹關也，全秦門户要害，胡民物凋敝乃爾？文獻其可徵乎？’唐公以公命問志於余。先是，丁酉兵憲荆峴湯公謀修關志，而兵燹圖籍焚毁，余於華郡得殘帙，多漫漶斷缺，稽考茫昧，乃依據殘卷，廣蒐博詢，草纂成帙，未果梓，隨復散佚。因從敝篋中復搜理殘稿呈公鑒裁。公研核諮衆，增漏飭樸，操議折中，於史淡採，舉絢爲宗，又以同社無斁楊公，老於典故，令補所未備，爲序於首端。書成，捐貲將付剞劂。”可知順治十四年潼關道湯斌（1627—1687）始倡修潼關志，此志係在楊端本據湯志殘帙所纂稿本基礎上增修而成。

此志爲潼關首部志書。其後至嘉慶年間，向淮修、王森文纂《續潼關廳志》三卷，體例因襲此志，續補百餘年間史事，並對此志疏漏略有訂補，嘉慶二十二年刊刻。光緒三十年（1904）前後，又有佚名纂《潼關鄉土志》，未付梓。

序言、目録、卷端及版心等處，刓去“衛”字，或補以墨丁，改書名爲“潼關志”。卷中第十葉第六行係刓除並補刻。卷下後增刻二葉，内容爲孔興釴《重修潼河石橋序》。此本與嘉慶二十二年刻本《續潼關廳志》裝於同一函，紙墨裝幀相同，當爲同時所印。

有缺葉：卷下第六十二葉。

中國國家圖書館、中國科學院文獻情報中心、故宫博物院圖書館、北京大學圖書館、中央民族大學圖書館等二十一館與“中央研究院”歷史語言研究所傅斯年圖書館、臺北故宫博物院及日本東洋文庫、京都大學人文科學研究所、美國國會圖書館、法國國家圖書館亦有入藏。

674. 清順治刻本重修郃陽縣志　　T3155/827.80

[順治]《重修郃陽縣志》七卷，清葉子循纂修。清順治十年（1653）刻，順治末年補刻本。二冊。半葉十行二十字，白口，四周單邊，單魚尾。框高 21.2 釐米，寬 14.1 釐米。第一冊前有萬曆十一年（1583）葉夢熊序，萬曆壬辰（二十年）姜士昌序，萬曆壬辰王學謨序，順治六年莊曾明重鋟郃陽縣志序，順治癸巳（十年）葉子循續修郃陽縣志序，圖，目錄。第二冊前有萬曆二十年范堤跋，順治十年仵魁跋。

郃陽縣地處關中地區東部、黃河中游西側。秦置合陽縣。西漢改爲郃陽縣，屬左馮翊。三國魏、西晉屬馮翊郡。北魏屬華山郡。唐屬同州。金貞祐三年（1215）改屬禎州。元初復屬同州。清屬同州府。1964 年改爲合陽縣。今屬陝西省渭南市。

葉子循，字玉倫，江蘇蘇州人。順治四年進士。順治十年任郃陽知縣。

書前有圖一幅。正文凡七卷：卷一地理志，載封域、山川；卷二建置志，載城池、公署、廟祠；卷三食貨志，載田賦、物産；卷四風俗志；卷五秩官志，載封爵、歷官、事跡；卷六人物志，載列傳、流寓、列女、選舉；卷七雜志，載古跡、八景詩、陵墓、寺觀、逸事、仙釋、紀異。每卷後有葉夢熊、莊曾明、葉子循按語。

葉子循序："余承乏郃陽，值兵燹之餘，竊懼郃之文獻典故晦亂，缺略不傳，無所藉以考鏡。因求往籍，得重鋟華雲葉公所修縣志，閱之知前君子爲作爲述，條指多端。雖言人人殊，大抵爲郃邑計者，蓋其詳哉，無患缺略，無虞晦亂，余復何贅。顧維是傳信書，弗厭詳明，昔人不無待於後人，余又敢默然已乎。爰加修葺，政諸鄉達，匪云删訂，聊以彰前諸君子之美云爾。"此志纂修在莊曾明增修重刻葉夢熊萬曆志之後僅四年，實據莊刻略加增補整理而成，可視爲葉夢熊萬曆志續補之作，紀事至順治九年。

此志有補刻二處。全書之後有補刻孝子王奉信事跡一葉，字體稚拙，與全書迥然不同。王奉信事跡在知縣戚崇進任內，戚於順治五年任郃陽知縣，爲葉子循前任。另卷六人物志選舉門貢士項後補刻雷玄一人，字體與王奉信事跡相同。補刻時間或即在順治年間。

郃陽明代兩次修志。其一爲魏廷撰修《郃陽縣志》，分上下二卷，列三十七類，嘉靖二十年（1542）刻。其二爲葉夢熊修《重修郃陽縣志》七卷，萬曆十一年成書，萬曆十八年後增補，萬曆二十年付梓；順治六年，知縣莊曾明再次增補五十年間史事，重刻行世。清代凡五修志書。此順治志爲首部。其二爲康熙年間錢萬選纂《宰莘退食録》八卷，係個人著述，以志書體記郃陽一縣事，未刊刻。其三爲席奉乾修、孫景烈纂《郃陽縣全志》四卷，乾隆三十四年（1769）刻。其四爲乾隆四十三年許秉簡纂《郃陽記略》六卷。其五爲光緒三十二年（1906）蕭鍾秀編《郃陽縣鄉土志》，有 1915 年鉛印本。

有缺葉：第二册書前後序部分缺第四、第五葉。

中國國家圖書館、中國科學院文獻情報中心、合陽縣文化館等三館亦有入藏。

675. 清乾隆刻本郃陽縣全志　　T3155/8272.83

[乾隆]《郃陽縣全志》四卷，清席奉乾修，孫景烈纂。清乾隆三十四年（1769）刻本。四册。半葉十行二十二字，小字雙行同，白口，四周單邊，單魚尾。框高 17.6 釐米，寬 14.2 釐米。前有乾隆三十四年屠用中序，乾隆己丑（三十四年）林文德序，乾隆三十四年席奉乾序，乾隆三十四年張松序，乾隆三十四年王錫年序，圖，目錄。

席奉乾，字惕若，號見山，河南汲縣人。貢生。乾隆三十年任郃陽知縣。

孫景烈（1706—1782），生平見《鄠縣新志》條。

書前有《郃陽縣境圖》一幅，占四個半葉。正文四卷，分七門：卷一地理、建置；卷二田賦、官師；卷三人物；卷四選舉、雜記。各門下不再分細目。人物門記載尤詳。

席奉乾序：“每退思時繙閱邑志，知爲前明萬曆間葉大司空孟熊丞縣時所撰述，至我朝順治十年經葉君子循重修。……迄今百有餘年矣，思急輯之，又不敢苟且從事，且奉有修志令紳士自行編纂之檄，是以有志未逮。戊子秋，適紳士語余……惟邑志久未修，是爲缺典耳。茲我同人願解囊橐，各任厥事，至秉筆者，非武功孫太史西峰先生不可也。……矧太史文品重關中，又余素心欽慕者，於是幣聘再三，幸從所請。今春正月命車以迎，仲春六日至郃纂修，閱三月而遂成。”

此志行間刻標點及小字批語，批語内容爲文法點評，如詩文、課藝選本，在方志中殊爲罕見。

中國國家圖書館、首都圖書館、中國科學院文獻情報中心、中國社會科學院考古研究所圖書館、故宮博物院圖書館等六十餘館與“中央研究院”歷史語言研究所傅斯年圖書館、臺北故宮博物院等四館及日本東洋文庫、京都大學人文科學研究所、法國國家圖書館、法蘭西學院漢學研究所、法國巴黎 M.R. 赫杜圖書館亦有入藏。

676. 清乾嘉間覆刻剜修本正德朝邑縣志　　T3155/4261.7

[正德]《朝邑縣志》二卷，明王道修，韓邦靖纂。明正德十四年（1519）修，

清乾嘉間覆刻剜修本。一册。半葉九行二十二字，白口，左右雙邊，單魚尾。框高19.8釐米，寬14.2釐米。前有正德己卯（十四年）韓邦靖序（楷書寫刻），正德己卯康海序（行書寫刻）。後有正德己卯吕柟後序（行書寫刻），正德己卯知縣王道跋（宋體字）。

朝邑地處關中平原東部。西魏廢帝三年（554）改南五泉縣置朝邑縣，因北靠朝坂得名。唐乾元三年（760）改名河西縣，大曆五年（770）復名朝邑縣，屬同州。元屬西安府。清屬同州府。1958年因修建三門峽水庫撤銷朝邑縣，併入大荔縣，縣治今爲朝邑鎮。

王道，字純甫，山西陵川人。舉人。正德十三年任朝邑知縣，後升任臨洮府、河南府通判。

韓邦靖（1488—1523），字汝慶，號五泉，陝西朝邑人。正德三年與其兄韓邦奇同舉進士，世稱"關中二韓"。歷任工部主事、員外郎。正德九年京師地震，乾清宫火毁，上疏批評朝政，觸怒武宗，下詔獄，削職爲民。嘉靖初任山西左參議，不久因上疏請糧賑濟饑民不果，辭職歸里。著有《韓五泉詩》。

此志二卷，凡七篇。卷一：總志第一、風俗第二、物産第三、田賦第四。卷二：名宦第五、人物第六、雜記第七。

此志篇幅短小，文字簡要，全書僅約八千字，可謂惜墨如金。據王道《跋》，較朝邑舊志"省三之二"。章學誠論曰："志乘之簡，無有過於此者。"（《書朝邑志後》）記述極爲簡潔，如《名宦》篇僅記載歷代卓有聲譽的縣令、教諭等，而無法考見歷任官員姓名爵里；《人物》篇記科舉，但不載某年某科；《田賦》篇僅三百餘字，略記田畝、租税數字而已，詳情及變遷無從得知；無藝文門，一縣文獻無從查考。資料價值頗感不足，可謂此志一大缺失。

此書爲明代名志，與康海纂［正德］《武功縣志》齊名，然評論分歧較大。贊賞者推爲佳作楷模。《四庫全書總目》稱之曰："宏綱細目，包括略備。蓋他志多誇飾風土而此志能提其要，故文省而事不漏也。然叙次點綴若有餘閒，寬然無局促束縛之迹，自明以来推爲奇作，固不虚矣。"批評者謂其不合志書編纂之法。章學誠評此書有三謬：其一爲述程濟從建文帝事，濫採野史；其二爲併選舉入《人物》篇，而舉人、進士不載登第年；其三爲避家諱，反令史事無考、姓名湮滅。又指其文字不足一册而强分二卷七篇，"不達古人之意"。章氏從志書體制角度出發，對此志評價甚低，謂其"直是一篇無韻之《朝邑賦》，又是一篇强分門類之《朝邑考》"（《書朝邑志後》）。

此志歷來刻本、鈔本甚多。《中國地方志聯合目録》著録刻本十三種，鈔本九種。乾隆年間，王元啓校訂此志，撰成《校正朝邑志》一卷，對此志誤字、衍文、脱文一一注明，並就所記史事、人名、地名、年代等加以考證。

《美國哈佛大學哈佛燕京圖書館藏中國舊方志目録》著録此本爲明正德刻本，有誤。湖南圖書館藏明正德初刻本，每半葉八行十六字，黑口，四周雙邊，雙魚尾，序跋均爲宋體字，此本行款、版式與之迥然不同，而與康熙五十一年王兆鰲刻本行款一致，當爲王兆鰲刻本系統之一種。據馮寶琳先生《正德朝邑縣志的版本問題》一文（《文獻》1989年第2期）研究，王兆鰲刻本傳本甚多，情況複雜，有多次剜改、覆刻。此本卷二首葉第九行"弘治"作"宏治"，避清高宗弘曆諱，當爲乾嘉之際覆刻康熙五十一年王兆鰲刻本。同葉第五行"輆"字剜改作"輱"，刀法拙劣，據馮寶琳先生研究，當爲剜改後植入活字字模，係時代更晚的印本。

據韓邦靖序，朝邑舊有志，然重要人物、事件多有缺載。舊志今已不傳。正德間，知縣王道有感於舊志"繁蕪污穢，不足以彰往而詔來"（王道《跋》），遂約請韓邦靖纂此新志，即爲朝邑現存最早志書。明隆慶至萬曆間，知縣郭實等修《續朝邑縣志》八卷，紀事止於萬曆十年（1582），萬曆十二年刊行，内容較此志更爲豐富，史料價值較高。康熙五十三年（1714），王兆鰲纂修《朝邑縣後志》刻成，該志體制完備，增補藝文門，資料豐富，並訂補前志不少訛誤。乾隆四十五年（1780），錢坫纂《朝邑志》十一卷刊成，紀事止於乾隆四十四年，綜合前志，續補六十餘年史事。咸豐元年（1851），李元春撰《咸豐初朝邑縣志》三卷附二卷，體例與前此諸志不同，偏於方志理論的討論。光緒三十二年（1906），又有楊敬齋修、朱續馨等纂《朝邑鄉土志》。

《四庫全書總目》入史部地理類都會郡縣之屬。《中國古籍善本書目》著録此志湖南圖書館藏正德刻本，有葉啓勛、葉啓發跋。

中國國家圖書館、中國科學院文獻情報中心、中共中央黨校圖書館、北京大學圖書館、中國人民大學圖書館等二十八館與臺北故宮博物院藏有此志康熙五十一年王兆鰲刻本。

677. 清康熙刻本朝邑縣後志　T3155/426.81

［康熙］《朝邑縣後志》八卷，清王兆鰲修，王鵬翼纂。清康熙五十一年（1712）刻，康熙五十三年補刻本。六册。半葉九行二十二字，小字雙行同，白口，四周單邊，單魚尾。框高20.6釐米，寬14.2釐米。前有康熙五十一年張廷樞序，康熙壬辰（五十一年）劉蔭樞序，康熙壬辰曹直序，康熙五十一年王兆鰲序，重修朝邑縣後志姓氏，王兆鰲撰凡例十三則，目録，縣圖考。書後有范光宗後序。卷端題："朝邑知縣寧川王兆鰲纂修。"

王兆鰲,字東柱,雲南寧州人。康熙二十九年舉人。康熙四十五年任朝邑知縣,五十三年升任河州知州。生平見本志職官表。

王鵬翼,字六翮,陝西朝邑人。

書前《縣圖考》有《疆域圖》《村鎮圖》《城郭圖》《縣治圖》《學宮圖》等五幅,末有王兆鰲題識。全書八卷,分九門:卷一星野(天文、疆域、山川、形勝〔十二景附〕、觀津);卷二建置(沿革表,城池〔城郭附〕,公署,學校〔學田、社學附〕,壇壝,祠廟〔寺觀附〕,里鎮,守備,古跡〔舊惠附〕,墓塚);卷三政事(田賦、鹽法、關稅、郵遞、祀典、風俗〔物產附〕);卷四官師(封爵〔軍帥附〕、職官表、名宦、循吏〔軼事附〕);卷五選舉(科貢表、武科表、雜用);卷六人物上(鄉獻〔神童附〕);卷七人物下(隱逸,孝行,義讓〔義施、踁節附〕,后妃,賢媛,節孝,節烈,貞節,烈女,流寓,仙釋);卷八藝文(詩、贊、箴、銘、賦、疏、議、序、跋、記、書、辯、墓誌銘、文、撰著目錄),災祥,雜記。每一門類之末,均有跋文一段,以"兆鰲曰"引出,闡明編纂宗旨與要點。職官、科貢、武科三表,條理頗為明晰。"藝文"一門為朝邑前志所無,此志增補。"撰著目錄"載明代以來二十八位朝邑人士所著書名卷數,可資考鏡。

王兆鰲序:"皇上龍飛之五十一年,大賜蠲復,風雨調順,民享盈寧無事,而余又減催科之勞,日食升飯,間有餘閒,因取河濱、星柱二公舊稿,摭其記載,並採輿論,往籍旁搜,閱月而告成焉。綱凡八,目五十五。"是此志為王兆鰲因康熙五十一年普免全國錢糧、政務稍簡之餘暇,參考明正德、萬曆兩部志書,數月間編纂而成。

此本卷四《職官表》王兆鰲條後,有文字七行:"五十二年卓異,五十三年奉旨特升臨洮府河州知州。"字體稚拙,與全書不同。按,此條詳載王兆鰲考績等次及升遷詳情,補刻印刷當在康熙五十三年王兆鰲赴河州任以前。

卷端鈐"燕京大學圖書館"朱文方印(1.7×1.7釐米)。

《縣圖考》後有繪工落款:"邑增生雷篤萬畫。"

中國國家圖書館、中國科學院文獻情報中心、中國社會科學研究院考古研究所、故宮博物院圖書館、中國國家博物館等四十餘館與臺北故宮博物院及日本東洋文庫、京都大學人文科學研究所、美國國會圖書館、法國國家圖書館均有入藏。

678. 清乾隆刻嘉慶剜修本朝邑縣志　T3155/426.83

〔乾隆〕《朝邑縣志》十一卷首一卷,清金嘉琰、朱廷模修,錢坫纂。清乾隆四十五年(1780)刻,嘉慶間剜修本。四冊。半葉十二行二十四字,小字雙行同,黑口，四周單邊，雙魚尾。框高 19.8 釐米，寬 15.2 釐米。首有乾隆四十三年陝西巡撫畢沅序，乾隆四十五年陝西同州府知府閔鑑序，知縣金嘉琰序，重修朝邑縣志姓氏，目錄並敘。後有朱廷模後序。

金嘉琰，字竹泉，浙江錢塘人。乾隆九年舉人。歷官直隸、粵東，乾隆四十二年任朝邑知縣。

朱廷模，字遠峰，湖南湘潭人。乾隆二十五年舉人。乾隆四十四年任朝邑知縣，乾隆四十六年署三水知縣。

錢坫（1744—1806），字獻之，號十蘭、篆秋，江蘇嘉定人。錢大昕之侄。乾隆三十九年舉人。歷任陝西乾州通判，署陝西興平、韓城、大荔知縣。嘉慶二年（1797）署華州知州，兼武功知縣。適逢白蓮教入陝，率衆抵擋，積勞成疾辭歸。著有《史記補注》《新斠注地理志》《漢書十表注》《詩音表》《爾雅釋義》《說文斠銓》等。

此志十一卷，分十一錄，卷端題名又往往改“錄”爲“考”：卷一地形錄，述沿革、四至八到、堡寨里鎮、山川、物産；卷二勝跡錄，載城池宮室關隘、冢墓、廟祠、寺觀，碑刻、詩賦多附見每條之後；卷三縣尹丞尉簿史錄，主體爲表，列出漢以來縣令、縣丞、縣尉、主簿、典史及雜官，但未注明任職年份，表後附傳；卷四歷代著聞人錄，收漢至明該縣名人列傳；卷五本朝著聞人錄，收清代該縣名人列傳；卷六孝行、忠義並節烈婦錄，分孝友、義門、忠節、義行、節烈、節孝、賢媛等目；卷七城池、公署、學校、壇廟修建錄，有城池、公署、學校、倉廠、武備等目，載錄碑記多通；卷八賦稅錄，列田賦、屯衛、鹽法、户口、郵遞、鋪司、蠲贈等目；卷九科舉錄；卷十綴錄，列金石、藝文、疏奏、條議、序記、遺事、仙釋、圖考（縣境圖、縣城圖、縣治圖、黃河圖、渭河圖、饒益寺圖），十景詩記等目，其中藝文所錄爲該縣人士著述目錄，圖附於此亦頗顯淆亂；卷十一修志源流錄，收韓志、續志、後志序跋。

畢沅序：“……王志猶稱該備，然歷時既久，事跡繁多，不得不重商增輯。適金令嘉琰來謁，語以故，即承之去。”可知此志編纂出於陝西巡撫畢沅提議。金嘉琰序：“下車之日，凡與紳士接見，必以重訂爲請，既又甄録事跡、徵行考實以上。會大中丞命修本郡志，嘉琰亦得與編纂之末。因延納博雅之士，相與商榷而彙輯焉。……書成，大中丞詳加審定，爰授剞氏。”大中丞即指畢沅，可知此志修成後曾經畢沅審閲。朱廷模後序：“己亥正月，余奉憲委協理朝邑縣事，先令金出新纂志本示余，時金方病，鐫刻未成，深相托副。未幾，金卒於官。……余涖事方始，間有一得，亦或附存之。”可知此志尚未刻成，金嘉琰病卒，繼任知縣朱廷模略加修訂，於任內刻成。

卷首金嘉琰序及《重修朝邑縣志姓氏》中，“琰”字凡五見，均剜除左半，然

畢沅序、卷三《縣尹丞尉簿史録》内均有"琰"字，剜改未盡。此顯係嘉慶年間避
仁宗顒琰諱所爲，則此本印行當在嘉慶年間。

　　卷三第四十一葉，内容實接續第四十四葉，爲該卷末葉，刊版時葉碼錯亂，導
致葉序排列錯誤。第十卷第七、第八兩葉爲白葉，當有缺葉。

　　中國國家圖書館、故宫博物院圖書館、中共中央黨校圖書館、中國國家博物館、
北京大學圖書館等四十餘館與"中央研究院"歷史語言研究所傅斯年圖書館、臺北
故宫博物院及日本東洋文庫、内閣文庫、美國國會圖書館均有入藏。

679. 清順治刻本澄城縣志　　T3155/3145.7

　　［順治］《澄城縣志》二卷首一卷，明石道立纂，清姚欽明增修，路世美增纂。
清順治六年（1649）刻本。四册。半葉十行二十字，小字雙行同，白口，四周單邊，
單魚尾。框高 21.6 釐米，寬 14.2 釐米。首有嘉靖辛亥（三十年，1551）韓邦奇序、
嘉靖辛亥馬理題辭，順治六年姚欽明重修縣志序，重修縣志告成賫授各上臺申文，
凡例十條，目録並石道立敍，路世美按語，圖考。書後有嘉靖辛亥後跋，謄校刊刻
人員名單。卷端題："玉泉石道立撰次，儒學教諭魏天瑞、訓導王畿王廷弼較正，邑
人路世美增修，男路一麟重訂。"

　　澄城縣地處關中盆地東北部。西漢爲徵縣地，屬左馮翊。東漢廢。晉爲郃陽縣
地。北魏太平真君七年（446）析置澄城縣。北周建德初三門縣併入。唐屬同州。宋、
金、元、明歷代相沿。清屬同州府。今屬陝西省渭南市。

　　石道立，字子修，陝西澄城人。貢生。未仕。

　　姚欽明，字四表，江蘇江寧（今南京）人。監生，順治四年年任澄城知縣。

　　路世美，字繩烈，陝西澄城人。崇禎六年（1633）舉人。曾任直隸東光知縣。

　　書前圖考收《澄城縣境圖》《縣城之圖》《縣治之圖》《學宫之圖》共四幅。正文
二卷，分八志：卷一地理志（沿革表、分野、邑名、疆域、山川、形勝、橋渡、井泉、
古跡、陵墓、景致、風俗、災祥），建置志（城池、縣署、儒學、社學、諸行署、雜署、
舖舍、鄉里、鎮堡、市集），祠祀志（祠廟、壇壝〔寺觀附〕），田賦志（田畝、户口、
田賦、丁賦、課程、物産），官師志（封錫、職官、知縣、縣丞、主簿、典史、教諭、
訓導）；卷二人物志（宦達、選舉、進士、舉人、貢士、例貢、武科、名賢、孝子、
烈女、節婦、義士、戚畹、封贈、坊表、隱逸、僑寓、仙釋、遺事），雜志（陶枕、
文鬼、夙慧、畫異、妖沴、闕疑、正訛），藝文志（詔諭、疏奏、申文、箴銘、碑記、
傳贊、詩詞）。

　　石道立敍："澄城久闕志，嘉靖丙午，邑大夫江津徐侯效賢始請諸涧源楊先生庭

纂修之，遽卒矣而未就也。己酉春，再命予小子於是作今志，俾將來有考焉。"韓邦奇序："澄城吾西安巨邑，舊無志書，誠爲闕典。嘉靖己酉，徐尹效賢屬國子生石子道立纂著焉，脫稿將梓而徐尹卒。庚戌敖尹來治是邦，取石子稿更加潤色。"嘉靖甲午即二十五年，己酉即二十八年，庚戌即二十九年。

姚欽明序："今上龍飛御宇之四年，余承乏捧檄至澄。及入境，見蕭條殘破之狀較他邑尤甚，心甚愴之。於稽邑乘，將瞀風物土俗之概，又缺如也。一日購求得二本，乃崇禎乙亥（八年）失城後縣署梁丞所重刊者。梁丞應故事，希省工費，妄加删削，篇帙紛舛，亥豕錯訛，不堪寓目。……余小子移牒文學，周諮徵事已，乃訪求史筆，咸推繩烈先生。先生門庭蕭索，澹泊寡營，諷詠人代而外宴如也。余造請不獲辭，踰歲月而卒業。"可知嘉靖志曾於崇禎間重刊，但訛誤較多，故姚欽明立意重修。

澄城，明清凡四修志書。首部爲徐效賢、敖佐修，石道立纂《澄城縣志》二卷，體例仿康海《武功志》、吕經野《高陵志》，纂成於嘉靖二十八年，三十年刊刻，又有咸豐元年（1851）刻本。此順治志爲第二部，係在嘉靖志基礎上補充百年間史事而成，體例沿襲嘉靖志，各門後石道立按語亦全部保留，藝文門係新增，有順治六年、咸豐元年兩個刻本。第三部爲戴治修，洪亮吉、孫星衍纂《澄城縣志》二十卷，考據頗詳，乾隆四十九年（1784）刊刻。第四部爲金玉麟修、韓亞熊纂《澄城縣志》三十卷，内容充實完備，咸豐元年刊刻。

《縣城之圖》左側補刻二行："乙亥流賊混天星破城後城郭房屋盡焚。"《縣治之圖》左下補刻二行："自乙亥秋流賊澒天星破城後盡行焚毀。"乙亥即崇禎八年（1635），混天星即高迎祥部將郭汝磐。可知此二圖並未據實繪製，所存爲崇禎八年以前資料。

此外，卷一第十二葉"花署"條剜改爲"以上衙舍自乙亥秋混天星破城後，又連年兵賊焚毀，盡成坵虛，後姚知縣略有創建"，另卷一第十一葉、二十五葉等亦有補刻，均字體稚拙，與全書不同。凡所補刻，均意在彰顯姚欽明之重建作爲，且稱"姚知縣"而不用"前"字，可知修補時間當在姚欽明任内。

卷二後所附謄校刊刻人員名單中，列有梓人王寶、王命，富平書吏師鳴鳳，長安梓人秦惟丕、楊啓、張九德、秦朝、蘇賓等。

此本天頭及行間有佚名批注多處。

中國國家圖書館、中國科學院文獻情報中心、中央民族大學圖書館、陝西省圖書館、山東大學圖書館等六館與"中央研究院"歷史語言研究所傅斯年圖書館及日本東洋文庫、美國國會圖書館有入藏。

680. 清乾隆刻本澄城縣志　T3155/3145.83

[乾隆]《澄城縣志》二十卷，清戴治修，洪亮吉、孫星衍纂。清乾隆四十九年（1784）刻本。四冊。半葉十二行二十四字，小字雙行同，黑口，四周單邊，雙魚尾。框高 19.9 釐米，寬 15.0 釐米。前有扉頁。卷端題："陽湖洪亮吉、孫星衍同撰。"

戴治，四川中江人。舉人。乾隆三十三年任澄城知縣。

洪亮吉（1746—1809），生平見《登封縣志》條。

孫星衍（1753—1818），生平見《偃師縣志》條。

此志二十卷，分十八門：卷一縣屬，載建置沿革，後有縣城圖；卷二城屬，載故城、今城，後有縣境圖；卷三鄉屬，載周至清里鎮建置；卷四山屬、水屬；卷五學校，後有縣治圖、學宮圖，以上各圖均依順治本翻刻；卷六至七廟屬；卷八陵墓；卷九道里風俗、戶口賦稅；卷十至十一職官；卷十二封建、科貢；卷十三至十四聞人；卷十五列女；卷十六金石，載唐碑三、宋碑八、金碑八、元碑三、明碑十六，大多僅列出目錄，部分錄有全文；卷十七至十九藝文；卷二十序錄，述嘉靖徐效賢、順治姚欽明、乾隆戴治修志始末，並載三志序跋全文，此志戴治序、洪亮吉序亦載於該卷。

此志取材以史籍爲準，洪亮吉序謂："……而建置省併繁簡、統轄城郭鎮堡寺廟廨宇，均採十七史地志，及諸地理書皆闕者，始以舊志參州志、通志輔之，而傳聞之未信、方冊之難憑者，咸無取焉。"考證翔實爲此志一大特色，涉及史跡部分多有洪、孫二人按語。

戴治序："癸卯春，始集紳士里老共議之，議既成，請於大中丞畢暨各憲，悉見可。迺取舊志，偕諸紳士，存其資於治、當於理而明且確者，裁定志稿二卷。書成，適余調任安康，紳士請有言以弁其端。"癸卯即乾隆四十八年，大中丞畢即陝西巡撫畢沅。

洪亮吉序："舊志創於明嘉靖中，至國朝順治六年續修，然均值縣境多事之時，未及精審。乾隆四十八年，知縣戴君有重修縣志之請，巡撫畢公因屬亮吉爲排纂之，凡四閱月成，共二十卷。"

扉頁刊："乾隆甲辰秋鐫澄城縣志。本衙藏板。"

中國國家圖書館、首都圖書館、中國科學院文獻情報中心、故宮博物院圖書館、中國文化遺產研究院等四十四館與"中央研究院"歷史語言研究所傅斯年圖書館、臺北故宮博物院等三館及日本東洋文庫、京都大學人文科學研究所、美國國會圖書館、法國國家圖書館亦有入藏。

681. 清康熙刻本蒲城縣志　T3155/4245.81

　　〔康熙〕《蒲城縣志》四卷，清鄧永芳修，李馥蒸纂。清康熙五年（1666）刻本。四冊，卷各一冊。半葉九行二十二字，白口，四周單邊，單魚尾。框高 21.2 釐米，寬 14.4 釐米。前有康熙丙午（五年）知縣鄧永芳《續刻蒲城縣志序》，舊志序四種（清順治庚寅〔七年，1650〕知縣張舜舉序、明嘉靖丁酉〔十六年，1537〕楊爵序、邑人韓坤序、明崇禎癸酉〔六年，1633〕邑人王道純序），順治庚寅李馥蒸輯志紀略，順治庚寅趙世英蒲城縣志跋，目録。卷端題："楚攸龍湖鄧永芳定。"

　　蒲城縣地處關中平原東部、北洛河下游。北魏太和十一年（487）析白水縣南部地置南白水縣。西魏廢帝三年（554）改爲蒲城縣，得名於縣東古蒲城（今蒲石村）。唐開元四年（716）十月以祀奉睿宗橋陵，改名奉先縣，屬京兆府。天祐四年（907）改屬同州。唐代關中十八座帝陵，其中五座在蒲城，故八景中有"五陵閒雲"。北宋開寶四年（971）復名蒲城，天禧四年（1020）改隸華州。清順治元年屬西安府，雍正十三年（1735）改隸同州府。今屬陝西省渭南市。

　　鄧永芳，號龍湖，湖南攸縣人，順治十五年進士。康熙三年任蒲城知縣。

　　李馥蒸，字雲伯，號遜齋、蟠龍山人，陝西蒲城人，崇禎十六年進士。官至兵部主事。著有《遜齋集》等。

　　此志四卷，分列十二門：第一卷圖考（縣境圖、縣治圖、學宮圖、八景圖、躔次圖），輿地（沿革、星野、封域、山川、渠堰、古跡、八景、陵墓、風俗），建置（城池、治廨、學宮、公署），防禦（射圃、教場、鎮市、郵傳、津渡、保甲），土產（穀、蔬、瓜、果、花、木、竹、草、藥、畜、野獸、野禽、蟲、貨、酒），祠祀（壇壝、廟祠、寺觀），賦役（戶口、田畝、賦稅、條鞭、學田），其中"條鞭"一目對賦役制度改革條鞭法有詳細記述，並附論其得失；第二卷祥異，秩官（知縣、縣丞、主簿、典史、教諭、訓導），人物上（徵薦、甲科）；第三卷人物下（鄉科、貢士、武勛、武科、雜途、承恩、孝友、行義、僑游、節烈），藝文上（冊、碑銘）；第四卷藝文下（碑記、贊、序、賦、詩歌、祭文），補遺（續志）。

　　據李馥蒸《輯志紀略》，蒲城修志始於明初："自明永樂間，廣文明君輔始有草志，後弘治辛酉李君鈔其稿，未刊，瀕行並前後志付之火。至嘉靖丁酉，徐君效賢集成之。"可知永樂、弘治所纂志書均未刊行，嘉靖十六年志始刊版行世。

　　順治七年，知縣張舜舉延請李馥蒸修志。張舜舉字哲之，四川綿竹人，順治六年進士，順治六年至十年任蒲城知縣。張舜舉順治志序云："時雲伯李年台從先朝制科棲遲林泉，日以翻閱爲事，乃敦托之，搜究遺編，三月稿脱。余受而讀之，見其簡而核，約而能賅。"李馥蒸《輯志紀略》謂："會我哲之張侯整理殘疆，百務維新，慮故跡之或湮也，命不佞搜輯之，所獲減前十分之五。若夫佚失之不可求者，且付之無可如何，亦以徵信不徵疑也。"可知順治志主要係搜集前志遺文而成，該志今未見著錄。

此志爲知縣鄧永芳再次延請李馥蒸纂成。鄧永芳序稱："縣志修於順治庚寅，至今十有七年矣。……會關門狄老大人有輯九屬郡邑志之舉，檄取志書爲藍本。……於是商之李雲伯先生，搜集補綴，梓成全書。蓋以前志出先生手，依例取義，不必更起爐作竈也。然則茲集之刻，所以應檄命也，不敢以徵文考獻自詡。"此志實爲順治志之續纂，補充了前志修成以來十七年之事，紀事即止於康熙五年。此志爲蒲城現存最早志書。

康熙五十三年，汪元仕修、何芬纂《蒲城縣續志》四卷，在康熙五年志基礎上續補五十年史事文獻而成，體例與前志同。至清乾隆四十七年（1782），張心鏡修、吳泰來纂《蒲城縣志》十五卷，紀事止於乾隆四十五年。光緒三十一年（1905），又有李體仁修、王學禮纂《蒲城縣新志》十三卷，紀事訖光緒二十九年。

中國國家圖書館、中國科學院南京地理與湖泊研究所圖書館、天津圖書館、湖北省圖書館等五館與"中央研究院"歷史語言研究所傅斯年圖書館及日本東洋文庫有入藏。

682. 清乾隆刻本蒲城縣志　T3155/4245.83

〔乾隆〕《蒲城縣志》十五卷，清張心鏡修，吳泰來纂。乾隆四十七年（1782）刻本。六册。半葉十行二十二字，粗黑口，左右雙邊，單魚尾。框高 19.0 釐米，寬 14.1 釐米。前有乾隆四十七年知縣張心鏡序，舊志序四篇（康熙丙午〔五年，1666〕知縣鄧永芳序、順治庚寅〔七年，1650〕知縣張舜舉序、明嘉靖丁酉〔十六年，1537〕楊爵序、邑人韓坤序），目錄。

張心鏡，山東萊陽人。舉人。乾隆四十四年任浦城縣令。

吳泰來（1722—1788），生平見《同州府志》條。

此志十五卷，分列八門：卷一圖考，有總圖、星次圖、縣境圖、縣治圖、學宮圖、八景圖；卷二至三地理（形勢、封域、沿革、山川、陵墓、寺觀、古跡〔附八景〕、風俗、物產），其中陵墓一目對唐睿宗橋陵、讓皇帝李憲惠陵、玄宗泰陵、憲宗景陵、穆宗光陵之方位、規制及修整記載較詳，可資考證；卷四建置（城池）；卷五經制（田賦），所載均爲清代史料；卷六職官（縣令、縣丞、主簿、巡檢、典史、教諭、訓導、把總、外委）；卷七至八選舉（諸科、進士、鄉科、貢士）；卷九至十二人物（孝義、忠節、賢臣、儒術、列女、列女〔附貞壽〕）；卷十三至十五藝文。所襲存康熙志舊文，以"舊志"標出。

張心鏡序述纂修經過："余用是以修志爲己任，因公事至會城，謁大中丞弇山畢公，以是爲請。公曰：此賢有司之責也。適同年友長洲吳舍人竹嶼來主關中書院，晨夕過從，相與商確古今，具稿是正，多所增益，凡若干卷。"

此本有缺葉：卷十四第十四葉。另，卷六第十葉載録縣令至顧樨，乾隆七年任職。第十一葉則載録縣丞，始於元李梅，第十葉與第十一葉之間必有脱文。

各册首葉鈐"小游"方印（1.6×1.6 釐米）。

中國國家圖書館、中國科學院文獻情報中心、故宮博物院圖書館、中國國家博物館、中國文化遺産研究院等四十餘館與"中央研究院"歷史語言研究所傅斯年圖書館、臺北故宮博物院等三館及日本東洋文庫、美國國會圖書館、法國國家圖書館、法國亞洲學會亦有入藏。

683. 清乾隆刻本白水縣志　　T3155/2613.83

[乾隆]《白水縣志》四卷首一卷，清梁善長纂修。乾隆十九年（1754）刻本。四册。半葉九行二十二字，小字雙行同，白口，上下雙邊，單魚尾。框高 21.0 釐米，寬 14.6 釐米。首有梁善長撰凡例二十條，目録，圖。卷端題："知縣梁善長修。"

白水縣地處關中平原與黄土高原過渡區。秦孝公十二年（前 350）置白水縣，得名於南臨白水。漢景帝時分設粟邑縣、衙縣，俱屬左馮翊。北魏太和二年（478）廢粟邑縣，並析澄城縣地復置白水縣。隋初，姚谷縣併入。唐至明屬同州。清屬同州府。今屬陝西省渭南市。

梁善長，字崇一，廣東順德人。乾隆四年進士。乾隆十五年任白水知縣。官至建寧府同知。著有《賜衣堂文集》《鹽塘詩鈔》等。

書前有圖二幅：《星野圖》《縣境全圖》。正文四卷，分八志：卷一地理志（星野〔占驗附〕、祥異〔兵寇附〕、山水、疆域〔形勝封採附〕、風俗、物産）；卷二建置志（縣治沿革，城池〔井泉、街盧、險隘附〕，衙署，學校〔入學補廩額數附〕，壇壝，廟祠，鄉里，市鎮〔會集日期附〕，遞鋪，營汛，橋渡，古跡〔寺觀附〕）；卷三食貨志（地畝、户口、賦税〔起解、留支附〕、雜税、鹽課、積儲），官師志（郡守、知縣、縣丞、主簿、巡檢、典史、教諭、訓導〔税課局大使、陰陽、醫學等官附〕、把總、職官品秩胥役印記），選舉志（進士科、鄉科、貢士、國學生、掾吏、武會科、武鄉科、行伍、鄉飲賓、壽官、農官、封贈、恩蔭、旌表），人物志（人物列傳、僑寓列傳、墳墓〔義塚附〕）；卷四藝文志（贊、誥、銘、記、序、解、文、墓表、墓誌銘、告示、詩）。

凡例後梁善長識語略述纂修經過："《白水縣志》順治四年知縣王永命纂，凡三十二篇，多寥寥十數行，與萬曆間知縣劉夢陽志皆覺瑣碎缺略，且距今已踰百年，所當續補者多矣，如不緝修，後將湮没。善長不敢以淺陋辭，因取兩舊本，細加參酌，分爲八綱，綱繫以目，計六十有四，積卷帙凡四。是役也……始於乾隆十六年春正月，成於十九年夏五月，將付剞劂，因書凡例之大概如此云。"

白水縣志創修於嘉靖四十一年（1562），但已佚失，今未見著録。現存明清志書五部。首部爲劉夢陽纂修《白水縣志》六卷，明萬曆三十七年（1609）刻。第二部爲王永命纂修《白水縣志》二卷，順治四年（1647）刊刻，對明末清初白水户口田賦及明末戰事有較詳細記載。此乾隆十九年志爲第三部。其四爲王希伊纂修《白水縣志續稿》二卷，續補乾隆十九年以來史料，刊刻於乾隆四十四年。至清末，又有佚名編《白水縣鄉土志》不分卷，爲白水縣第五部志書，有鈔本傳世。

此本前二册字跡清晰，當爲初印本。後二册版印較模糊，且紙墨明顯不同，當爲後印本。

中國國家圖書館、中國科學院文獻情報中心、故宫博物院圖書館、中國民族圖書館、北京大學圖書館等十一館與"中央研究院"歷史語言研究所傅斯年圖書館、臺北故宫博物院及日本東洋文庫、京都大學人文科學研究所、美國國會圖書館亦有入藏。

684. 清乾隆刻本富平縣志　T3155/3614.83

［乾隆］《富平縣志》八卷，清吳六鼇修，胡文銓纂。清乾隆四十三年（1778）刻本。六册。半葉十行二十字，小字雙行同，白口，左右雙邊，單魚尾。框高20.0釐米，寬15.2釐米。前有扉頁，乾隆戊戌（四十三年）陝西巡撫畢沅敘，乾隆四十三年吳六鼇序，姓氏，目録，繪圖。

富平縣地處關中盆地與陝北高原過渡區。秦屬共公二十一年（前456）置頻陽縣。漢屬左馮翊。東漢末置懷德縣，後廢。三國魏於懷德故城置富平縣。北魏太平真君七年（446）泥陽縣併入。唐屬京兆府。金皇統二年（1142）併入美原縣。蒙古時期析美原縣南部復置富平縣，至元元年（1264）併美原縣入富平縣。明、清屬西安府。今屬陝西省渭南市。

吳六鼇，江西宜黄人，乾隆十七年舉人。乾隆四十二年任富平知縣。

胡文銓，順天府大興縣（今北京市）人，乾隆四十年進士。

書前繪圖收《全境圖》《治城圖》《學宫圖》《縣署圖》《美原丞署圖》《南湖書院圖》等六幅。正文八卷，分八志：卷一地理志（星野、疆域、沿革、形勝、山川、風俗、祥異）；卷二建置志（城池、公署、倉局、學校、壇壝、祠廟、陵墓、古跡、橋梁、鄉甲）；卷三貢賦志（田賦、驛鋪、屯衛、稅課、倉儲、物產）；卷四水利志；卷五職官志，記歷代知縣、縣丞、典史、教諭、訓導、都司、兵防、農官、陰陽官、醫官、僧官、道官等；卷六選舉志（封蔭），詳細記載每科中式人名、仕履及重要事跡；卷七人物志（名宦、鄉彦、節烈、僑寓、仙釋）；卷八藝文志（詩、記、表、志、書、辯），搜羅較富。

吳六鰲序載修志經過甚詳：“六鰲於乾隆丙申歲入覲返秦，次年丁酉春二月奉命簡調頻陽，臨行謁大中丞畢公，訓曰：富平有修志之役，爾其矢公矢慎，毋漏毋支，以藏厥事。敬攝其命以行。既蒞任，考舊志明神宗時創自邑人恭介孫公。今上御極之五年，前令偃師喬君履信繼纂之，迄今幾四十年。丙申冬，邑紳耆以重修請，前令永濟崔君龍見報取入都，攝事者武進莊君炘具牘上申。崔歸，將經始，尋擢乾州牧。而鰲適承乏，因申邑中搢紳父老，凡有見聞及所願欲而不得者，勿隱勿狥，悉呈於上。公餘之暇，復以其事詳加咨訪，隨時纂錄，務令事增文省，足以信今而傳後。涓期肅館，偕邑中同志商榷，延博雅者參訂之，計若干卷若干門，閱數月告竣。”據此，此志始修於乾隆四十一年崔龍見任知縣時，畢沅曾加催督，吳六鰲任職後繼續編纂成書。

富平明清凡五修志書。萬曆年間，劉兌修、孫丕揚纂《富平縣志》十卷，刻於萬曆十二年（1584）。清乾隆初，喬履信再次纂修《富平縣志》八卷，依據萬曆志及清初韓斗山纂志稿，增補百餘年史事而成，乾隆五年刻。此乾隆四十三年《富平縣志》爲第三部，以乾隆五年志爲基礎增補修訂而成。第四部爲樊增祥、劉錕修，譚麐纂《富平縣志稿》十卷，光緒十七年（1891）刻。清末，又有佚名編《富平縣鄉土志》，未刊刻，僅有鈔本存世。

扉頁刊：“乾隆戊戌年鐫富平縣志。縣署藏板。”

此本有後人標點、夾批、眉批，對志書內容有所糾正補充。首冊空白葉有後人所鈔《楮先生傳》《討鼠檄》《烏有先生傳》。

中國國家圖書館、首都圖書館、中國科學院文獻情報中心、故宮博物院圖書館、中國民族圖書館等三十七館與“中央研究院”歷史語言研究所傅斯年圖書館、臺北故宮博物院及日本東洋文庫、京都大學人文科學研究所、美國國會圖書館、法國國家圖書館亦有入藏。

685. 明萬曆刻清康熙補刻本華陰縣志　T3155/4573.7

［萬曆］《華陰縣志》九卷，明王九疇修，張毓翰等纂。明萬曆四十二年（1614）刻本，清康熙間補刻本。二冊。半葉九行二十字，小字雙行同，白口，四周單邊，單魚尾。框高20.9釐米，寬14.9釐米。前有萬曆甲寅（四十二年）知縣王九疇序，

萬曆甲寅馮從吾序，張毓翰敘志卮言，目錄，聖高皇帝夢遊西嶽文，李攀龍太華山記，圖。後有舊志序二篇（雷霖序、趙儒序）。卷端題：“邑令古穰王九疇總訂，錢萊山人張毓翰刪次，邑庠諸生石承恩、陳纘虞、張桂芳、陳可績纂録。”

華陰縣地處關中平原東部，西嶽華山在其境內。秦置寧秦縣。西漢高帝八年（前199）改華陰縣，屬京兆尹。東漢改屬弘農郡。唐屬華州，垂拱元年（685）改爲仙掌縣，神龍元年（705）復名華陰縣，上元二年（761）改爲太陰縣，寶應元年（762）復改華陰縣。清屬同州府。1990年改設華陰市，屬陝西省渭南市。

王九疇，字子範，河南鄧州人，舉人。萬曆三十九年任華陰知縣。小傳見本志。

張毓翰，字廷魁，華陰人，萬曆三十一年舉人。

書前有《邑境圖》《縣治圖》《西嶽圖》三幅，後有張毓翰贊。正文八卷：卷一興地，記沿革、橋渡、風俗；卷二山川，附載古跡；卷三建置，記縣署、倉場、兵防等；卷四食貨，有地糧額、折價例、均地則、條鞭規、課程等項，附載物產；卷五官師，載歷代縣令、縣丞、教諭等官員名氏；卷六人物，記本地歷代名人、進士、舉人、歲貢、例貢、孝行、列女、隱逸、僑寓、胥吏等；卷七叢談，記祥異、丘墓、方伎、仙釋等；卷八至九藝文，收邑人詩文、碑記等。

張毓翰《敘志卮言》：“我先大夫閱歷方聞，間嘗欲葺之，緣病未果。適古我王令君來，引割寔暇，興振多勛，乃鋭意續銓，授不佞翰刊定焉。夫不佞寡昧，貫庭訓之無從，惡克任是，辭弗獲己，勉而就役。”據此可知，張毓翰之父即已著手重輯縣志，因病未能成書。至王九疇任知縣，延請張毓翰纂輯成書。

此志前八卷爲萬曆原修，卷九爲康熙增補，收韓奕《浚河紀略》、塔爾禪《開河記》，紀事至康熙己丑（四十八年，1709），當爲康熙末年補刻。

華陰明代凡三次纂修縣志。張毓翰《敘志卮言》：“邑故有志，初作於弘治邑雷太史氏，再作於嘉靖邑趙邦伯氏。兩先生故，聞人掌故弗嚴，今胥佚矣。”雷太史即雷霖，趙邦伯即趙儒，所修弘治、嘉靖二志已佚。此志爲華陰縣明代第三部志書。至清乾隆三十八年（1773），華陰知縣陸維垣奉陝西巡撫畢沅之命重修縣志，華陰人李汝榛獻其父李天秀所撰志稿，並與汪照重行編次，惜未竟全功。乾隆五十八年，許光基接任知縣，稍加訂補，捐資雕版，次年刻成，爲華陰清代最後一部志書。

此本書後舊志序第一葉，誤裝於目錄葉之後。

書中有墨釘多處。

哈佛燕京圖書館另藏有複本一部，索書號爲TNC3155/4573.7。四册。卷端鈐“燕京大學圖書館”朱文方印，封面鈐“華陰縣印”滿漢合璧朱文方印（6.7×6.7釐米），爲華陰縣衙舊藏本。

中國國家圖書館、中國科學院文獻情報中心、故宮博物院圖書館、中國文化遺産研究院、中國水利水電科學研究院圖書館等三十餘館藏有此志萬曆刻本及康熙增補本。

686. 清康熙刻乾隆補刻本延安府志　T3154/1434.81

〔康熙〕《延安府志》九卷首一卷，清陳天植修，趙廷颺、劉爾懌等纂。清康熙十九年（1680）刻，乾隆二年（1737）補刻本。八册。半葉十行二十二字，小字雙行同，白口，四周單邊，單魚尾。框高 22.6 釐米，寬 17.4 釐米。首有康熙十八年趙廷颺序，康熙十八年趙廷錫序，康熙己未（十八年）劉爾懌序，康熙十八年白乃貞序，康熙十八年張鳳㧊序，康熙十八年謝鴻儒序，康熙己未楊素蘊序，康熙十九年王廷弼序，康熙十九年尤三省序，康熙庚申（十九年）王際有序，康熙十九年陳天植序，康熙四十三年吳存禮序，牛天宿序，目録，凡例十二條，圖，沿革表。

延安府地處黃土高原。秦漢屬上郡。西魏置東夏州，西魏廢帝三年（554）改爲延州。隋大業三年（607）改爲延安郡。唐武德元年（618）復舊名延州，治膚施縣。北宋元祐四年（1089）升爲延安府，屬永興軍路。金屬鄜延路。元改爲延安路。明洪武二年（1369）復改爲延安府，屬陝西省。1913 年廢。

陳天植，浙江永嘉人。貢士。康熙十六年任延安知府。

趙廷颺，陝西膚施人。貢生。康熙十八年舉博學鴻儒。曾任鞏昌府文縣教諭、國子監學正。

劉爾懌，號雪石，陝西中部縣人。著有《雪石堂詩草》。

書前有星圖、疆域圖、城圖、所屬州縣圖、各州縣城圖、榆林鎮城圖、各營堡城圖，總計二十四幅。正文九卷，列九志：卷一輿地志（星野、沿革、疆域〔附河套〕、災祥、風俗、形勝、城池〔附鎮堡〕、古跡、山川〔附泉井池潭〕、景致）；卷二建置志（公署、學校〔附書院、社學〕、坊表、倉場、驛鋪、關梁）；卷三田賦志（户口〔附存留〕、地畝、站支、鹽法、物産）；卷四兵防志（兵制、屯田、馬政〔附茶〕、糧餉、軍器〔附烽火〕）；卷五秩祀志（祠祀、寺觀、陵墓）；卷六官秩志（封建、職官、宦跡）；卷七選舉志（薦辟、進士、鄉舉、貢選、武職、封蔭、武科）；卷八人物志（列傳、孝義、忠烈、列女、隱逸、流寓、仙釋）；卷九紀載志（紀事〔附僭竊、盜賊〕）。目録於卷九後列藝文，但有目無書。各門前有總叙。

陳天植序："念郡舊有集，版籍殘燼，久未修舉。前守牛公泊中翰玉譜趙鄉先生，嘗留心志乘，草纂成編，概略未梓。植議加訂續，謀登梨棗。……慮既定，乃敦請清澗太史蕹淵白鄉先生總裁之，聘中部處士劉敬又膚施國學正蔚生鄉先生纂輯之。"

此志迭經增補。卷首吳存禮序係康熙四十三年增刻。職官門延安府知府項下，補刻張偉至徐洹瀛共七人，觀其字體，係兩次所補：張偉、吳存禮二條，係康熙四十三年補刻。徐洹瀛條事跡記載尤詳，後五條當即補刻於其卸任之乾隆二年。又卷三物產門後補“稻”一條，係乾隆二年所補刻。《美國哈佛大學哈佛燕京圖書館藏中國舊方志目録》著録此本爲清乾隆二年刻本，不確。

吳存禮序稱：“余欲於公餘之暇，酌繁簡，剖疑難，補遺正訛。凡有關於名教者址燬則修以復之，事廢則舉而興之；至於名地、古跡，作詩歌以記之；田賦、兵防各志後，興地利，酌戎守，妄以鄙見附論之。次第就敘，然後授之梓人。”據此則吳存禮於康熙四十三年大量補刻，然此本未見其所作詩歌、議論，疑爲乾隆初徐洹瀛補刻重印時刊落。

延安府明清凡三修志書。其一爲明李宗仁修、楊懷纂《延安府志》八卷，列二十八門，内容簡略，分類及編排亦較混亂，弘治十七年（1504）刊刻。其二即此康熙志。其三爲洪蕙纂修《重修延安府志》八十卷，列二十三門四十三目，搜羅宏富，職官、人物、藝文等載録尤詳，嘉慶七年（1802）付梓。

卷中有缺葉：卷三户口第三十二葉以後缺，物產缺首葉。卷六職官缺第三十三、一百二、一百二十一、一百二十二葉。卷八人物志缺首葉。卷九盜賊僅存李自成、張獻忠，後缺。

中國國家圖書館、中國科學院文獻情報中心、故宫博物院圖書館、中央民族大學圖書館、南京圖書館等六館與日本東洋文庫亦有入藏。臺北故宫博物院藏有此志康熙十九年刻四十三年補刻本。

687. 清乾隆刻本宜川縣志　T3155/3020.83

〔乾隆〕《宜川縣志》八卷首一卷末一卷，清吳炳纂修。清乾隆十八年（1753）刻本。六册。半葉十行二十三字，小字雙行同，白口，四周雙邊，單魚尾。框高25.2釐米，寬17.0釐米。首有乾隆十八年張若震序，朱佐湯跋，沙敬阿序，圖考，凡例十二條，目録，纂修姓氏。末有乾隆十八年吳炳後序。卷端題：“知宜川縣南豐吳炳纂輯。”

宜川縣地處黄土高原，東臨黄河。西魏大統三年（537）析永寧縣地設義川縣。北周改爲丹陽縣。隋開皇元年（581）復名義川縣。唐屬丹州。北宋太平興國元年（976）避宋太宗趙匡義諱改爲宜川縣。元屬延安路。明、清屬延安府。今屬陝西省延安市。

吳炳，生平見《應州續志》條。

卷首有圖七幅：《縣境圖》《縣治圖》《文廟圖》《縣署圖》《壺口圖》《星宿圖》《北

斗圖》。正文八卷，分八志：卷一方輿志（星野〔氣候附〕、沿革、疆域〔地形附〕、城池〔鎮集附〕、山川、里甲、古跡、勝景、風俗、災祥）；卷二建置志（公署、學校〔書院附〕、倉儲、關梁、兵制、驛鋪、堡寨、坊表）；卷三田賦志（地糧、户役、屯衛、鹽課、雜課、物產）；卷四祠祀志（壇廟、寺觀、塚墓）；卷五官師志（封建、職官、名宦）；卷六選舉志（進士、鄉舉、貢選〔職監附〕、封蔭、武職）；卷七人物志（先賢、文學、孝義、列女、流寓）；卷八藝文志（制勅、奏疏、申詳、條議、文、詩），文內收碑記多篇；末卷爲雜紀、後序。各門後有論。

吳炳後序述修志經過甚詳："戊辰冬仲，捧檄令宜川。……受事後求邑乘，杳不可得，詢諸士庶，竟屬數千年缺典。……大中丞陳公撫陝時，面諭採輯邑志，因不揣荒陋，力肩其事。又經列憲指示規則，數年以來，簿書偶暇，輒蒐閲群書，凡繫丹宜典故，悉爲廮記，掇拾補綴，稍稍就緒。復取通志、郡志參互考證，增其缺漏，訂其舛訛。仍大集邑士，細加討論。凡三易稿而成。"

此志爲宜川縣首部志書。至清末，又有佚名纂《宜川鄉土志》一卷，分九門，簡要記述沿革、地理、古跡及風俗等，全文僅萬字上下。

中國國家圖書館、中國科學院文獻情報中心、故宫博物院圖書館、中央民族大學圖書館、上海圖書館等十一館與日本東洋文庫、法國國家圖書館亦有入藏。

688. 清乾隆刻本南鄭縣志　　T3155/4282.83

〔乾隆〕《南鄭縣志》十六卷，清王行儉纂輯。清乾隆五十九年（1794）刻本。四册。半葉九行二十一字，小字雙行同，白口，四周雙邊，單魚尾。框高21.6釐米，寬14.3釐米。前有知縣王行儉序，王行儉延修志書啓，纂修人員姓名。卷端題："知南鄭縣事溧陽王行儉纂輯。"

南鄭縣地處漢中盆地西南部。秦武公十一年（前687）置南鄭縣，此後歷代相沿不廢。秦至北朝均屬漢中郡。隋爲漢川郡治。唐宋爲興元府治。元屬興元路。明清爲漢中府治。今屬陝西省漢中市。

王行儉（？—1797），字似裴，號樸園，江蘇溧陽人。乾隆三十六年舉人。乾隆五十三年至六十年任南鄭知縣。嘉慶二年（1797）九月，爲白蓮教姚之富部殺死於鎮坪縣土關。

全書十六卷：卷一至二輿地（沿革、疆域、形勢、山川、水利、風俗）；卷三建置（城池、公署、學宫、壇宇、坊表、里編、鄉村、市集、關鎮、津梁、驛傳、營伍）；卷四職官（知縣、佐貳、教職）；卷五食貨（地丁、倉儲、稅課、俸工、物產）；卷六選舉（徵薦、科貢、武科、文武仕宦，附封贈、襲蔭）；卷七至九人物（賢達、孝義、流寓、列女）；卷十古跡（郊坰、宮室、祠廟寺觀、冢墓）；卷十一至十二紀事（周、秦、兩漢、三國、晉、南北朝、唐、五代、宋、元、明）；卷十三至十五藝文（詩、文）；卷十六雜識。卷中往往有按語，或敘述立類宗旨、取材原則，或考證史事。

王行儉序稱："余承乏茲邑，初下車接見諸紳士，首以志爲請，余諾之而未暇爲。非惟不暇，亦念創始綦難，不敢苟且從事也。……乃於公餘之暇，瀏覽群書，掇其有關於志者類聚族分，次第纂輯。並屬紳士互相諏訪，彙爲徵實、摭遺二録，以資採取，於是近事益備。凡九閱月三易稿而書成。"王行儉《延修志書啓》稱："儉一官承乏五載……是用不辭固陋，有志纂修。"據此，此志撰修於乾隆五十八年前後。

此書爲南鄭創修志書。其次爲民國二十一年（1932）刻《續修南鄭縣志》，郭鳳洲、柴守愚修，劉定鐸纂。

中國國家圖書館、中國科學院文獻情報中心、故宮博物院圖書館、北京大學圖書館、上海圖書館、天津圖書館等十四館與臺北故宮博物院及日本東洋文庫、法國國家圖書館均有入藏。

689. 清末民初鈔本萬曆重修寧羌州志　T3155/3281.7

［萬曆］《重修寧羌州志》八卷，明盧大謨修，郭慶年、謝賜緝纂。清末民初鈔本。二册。半葉九行二十字，小字雙行同，白口，四周單邊，無魚尾。框高 18.6 釐米，寬 13.1 釐米。前有萬曆丁酉（二十五年，1597）盧大謨重修寧羌州志序。

寧羌州位於今陝西省西南部。秦漢爲廣漢郡葭萌縣地。北周爲興安縣地。隋開皇十八年（598）改興安縣爲綿谷縣。唐初析綿谷縣置三泉縣。宋至道二年（996）於三泉縣置大安軍，元初改設大安州。明洪武三十年（1397）廢大安縣，置寧羌衛。成化二十一年（1485）改爲寧羌州，屬漢中府。清不轄縣。1913 年降爲寧羌縣。1941 年改名寧强縣。今屬陝西省漢中市。

盧大謨，直隸永平人。萬曆二十三年任寧羌知州。

郭慶年，四川富順人。萬曆二十年任寧羌學正。

謝賜緝，陝西郃陽人。萬曆二十二年任寧羌訓導。

此志八卷：卷一輿地，載沿革、山川、村鎮、武安八景；卷二古跡；卷三建置，載城池、驛站、舖舍等；卷四壇廟，載學宮、神祠、碑、學田、寺觀等；卷五田賦；卷六宦跡（附職官），載明代知州、州判、吏目、學正、指揮使、指揮同知、州守備等官員；卷七人物（附列女），載進士、舉人、歲貢、例貢、貞節等；卷八雜志。紀事至萬曆二十五年。此志分類不盡合理，記述亦較簡略。

盧大謨序述纂修經過："舊有志，前牧王齊東纂諸嘉靖間者，掇拾雖工而體裁駁雜，且時移勢改，諸多不備。志不修，固司土之責也，不佞曷敢讓焉。於是聘學正郭君、司訓謝君，相與裁故益新，搜羅校讎，越三月屬草相授，而不佞以管見所及，更爲删潤之。”

此志《中國地方志聯合目録》著録爲“楊堂、范啓東纂”，《中國地方志總目提要》著録爲“楊堂纂”，不確。按前引盧大謨序，明言“聘學正郭君、司訓謝君，相與裁故益新，搜羅校讎，越三月屬草相授”，是郭、謝二人爲此志纂者無疑。二人姓名仕履，可於本志宦跡門查得。盧大謨序之末，另謂：“於是預纂修者則楊君堂、范君啓東，佐編輯者蔡子思順、沈子喻、王子紹先、湯子自任、蔡子思齊也，例得備書。”蓋因此而誤以楊堂、范啓東爲纂者。

此本封面題簽注“傳鈔萬曆二十五年刊本”，以仿宋體字書寫。卷中“玄”“弘”“曆”避諱改作“元”“宏”“歷”，但“琰”字不避。

寧羌州明代嘉靖間王齊東曾修志書，今未見著録。現存明清志書凡四部。首部即此萬曆志。第二部爲張廷槐纂修《續修寧羌州志》四卷，分三十六門，道光十二年（1832）年刊行。該志因朝廷徵求志書而倉促纂修，内容係續補萬曆志，記述亦較爲簡略。第三部爲馬毓華修、鄭書香纂《重修寧羌州志》五卷，光緒十四年（1888）刊印。該志取道光志殘本，增補晚近史事編成。第四部爲光緒間黎彩彰採輯《寧羌州鄉土志》二卷，有清末活字本。

此本二册合訂，外加硬紙板封面，改爲精裝。

《中國古籍善本書目》史部地理類著録此志清初鈔本。

南京大學圖書館藏有此志萬曆二十五年刻本。故宮博物院圖書館、北京大學圖書館、上海圖書館、大連圖書館、南京大學圖書館等館與臺北故宮博物院及美國國會圖書館亦藏有鈔本。

690. 清康熙刻本延綏鎮志　　T3156/1424.81/c.2

［康熙］《延綏鎮志》六卷，清譚吉璁纂修。清康熙十二年（1673）刻本。十二册。半葉十一行二十字，小字雙行三十字，細黑口，四周雙邊，雙魚尾。框高 19.3 釐米，寬 13.8 釐米。前有康熙十二年白乃貞序，康熙十二年楊素蘊序，康熙十二年王令仲序，康熙十二年許占魁序，康熙癸丑（十二年）高光祉序，康熙十二年王廷弼序，康熙十二年譚吉璁序，重修延綏鎮志姓氏，舊志序二種（涂宗濬序、萬曆三十五年〔1607〕劉敏寬序），舊志姓氏，譚吉璁撰凡例，目録。卷尾書名下題：“嘉興譚吉璁重修。”

延綏鎮又稱榆林鎮，總兵府駐榆林城，爲明代九邊重鎮之一，駐紮重兵以防守河套地區。所轄邊牆東起清水營黃河岸，經神木、榆林、橫山、靖邊、定邊諸縣，西達花馬池界，長一千二百餘里，統制城堡三十餘座。清順治初年，罷延綏巡撫，延綏鎮仍沿襲舊名。雍正二年（1724）廢。

譚吉璁，字舟石，浙江嘉興人。修志時任延安府管理延綏各路城堡兼理屯田同知。

全書六卷，每卷分四号：卷一圖譜（星圖、城圖、邊圖），天文志（星野、歲時），地理志（沿革、河套、山川、水利、風俗、景致）；卷二建置志（公署、學校、倉庫、驛遞），祠祀志（文廟、武廟、壇壝、群祀），兵志（兵制、馬政、軍器、烽火），食志（屯田、本折、户口、賦餉、運法、草場、鹽法、茶法、煙稅、市集、物產）；卷三官師志（文職、武職、名宦）；卷四人物志（列傳、忠義、孝友、列女、隱逸、流寓、仙釋）；卷五選舉志（文科、貢、封錫、恩蔭、例監、吏員、武科、武宦），紀事志（歷代編年、僭國列傳）；卷六藝文志（詔、勅、制、御札、表、奏疏、劄子、序、檄、教、書、啓、簡、頌、議、對、問、辯、判、記、墓誌、墓表、碑、銘、文、詩、辭）。此志體例周詳，搜羅宏富，富有歷史文獻價值，是瞭解明清邊防制度、歷史的第一手資料。紀事門對李自成始末有詳細記載。

譚吉璁序略載成書經過："……又允閣臣請，勅修《大清一統志》，凡天下之邦國皆得以書上之。……吾觀舊志創之於巡撫王公汝梅，而涂公宗濬繼之，始爲完書。今七十餘年以來，久已殘缺放失。……乃屬余探纂，未期而卒業，得志六卷，分爲二十四号。"是此志亦爲應編纂一統志徵求天下志書而纂修。

明萬曆間，鄭汝璧修、劉餘澤纂《延綏鎮志》八卷，刊刻於萬曆三十五年，爲延綏鎮創修志書。該志内容豐富，引書一百三十餘種，後有續補，卷二建官增補至萬曆四十七年。此康熙志爲延綏鎮第二部志書，在萬曆志基礎上增補六十餘年史事，並補充前志缺漏甚多。

此本卷六缺第三十八葉（卷六末葉）、三十九葉（方言字義）、四十葉（康熙十二年胡鍾鼎跋）。

《四庫全書總目》入史部政書類存目。

中國國家圖書館、故宮博物院圖書館、中國文化遺產研究院、北京大學圖書館、中國人民大學圖書館等二十餘館與"中央研究院"歷史語言研究所傅斯年圖書館及日本東洋文庫、東京大學東洋文化研究所、美國國會圖書館、法國國家圖書館亦有入藏。

691. 清康熙刻乾隆增補本延綏鎮志　T3156/1424.81

［康熙］《延綏鎮志》六卷，清譚吉璁纂修。清康熙十二年（1673）刻，乾隆二十一年（1756）增補本。六册。半葉十一行二十字，小字雙行三十字，細黑口，

四周雙邊，雙魚尾。框高 19.3 釐米，寬 13.8 釐米。前有康熙十二年白乃貞序，康熙十二年楊素蘊序，康熙十二年許占魁序，康熙十二年王令仲序，康熙癸丑（十二年）高光祉序，康熙十二年王廷弼序，康熙十二年譚吉璁序，重修延綏鎮志姓氏，舊志序二種（涂宗濬序、萬曆三十五年〔1607〕劉敏寬序），舊志姓氏，譚吉璁撰凡例，目錄，圖。書後有康熙十二年胡鍾鼎跋。卷尾書名下題："嘉興譚吉璁重修。"

此本卷四之四有補刻三葉，紀事至乾隆二十一年。

卷中有補刻十一葉：卷首第十五、第十六葉涂宗濬序，卷一之四第十一、第十二葉，卷三之二第五、第六葉，卷五之三第五、第十五、第十六葉，卷六之一第四十一、第四十二葉。補刻部分刻工稚拙，但行款與原版一致，可見其時書版已有遺失。此本卷中書版開裂處，裂縫往往較早期印本爲寬。

與哈佛燕京圖書館藏另一部康熙刻本（索書號 T3156/1424.81/c.2）相比，此本紙墨較佳，刷印亦更清晰。開本較寬大，天頭地腳留空較多。分册不同，此本分六册，每卷一册。

首册前扉頁缺佚。

首册封面鈐"仲嘉過目"朱文方印（1.6×1.6 釐米）。

據《中國地方志聯合目錄》，天津圖書館、上海圖書館亦藏有此志乾隆二十一年增補本。

692. 清乾隆刻本府谷縣志　T3155/0486.83

[乾隆]《府谷縣志》四卷，清鄭居中、麟書纂修。清乾隆四十八年（1783）刻本。四册。半葉九行二十二字，小字雙行同，白口，四周雙邊，單魚尾。框高 19.9 釐米，寬 14.6 釐米。前有扉頁，乾隆癸卯（四十八年）畢沅序，天然四景，目錄。

府谷縣地處陝北黃土高原東北部。秦爲上郡地。漢爲西河郡地。魏晉北朝爲匈奴所據。隋爲榆林郡銀城縣地。唐設府谷鎮。五代後梁乾化元年（911）於府谷鎮設府谷縣。金初廢，金末於縣境西北建寧堡置建寧縣。蒙古至元六年（1269）改設府谷縣，屬葭州。清屬榆林府。今屬陝西省榆林市。

鄭居中，安徽涇縣人。舉人。乾隆三十七年任府谷知縣。

麟書，蒙古正黃旗人。乾隆四十五年任府谷知縣。

全書四卷，平列三十二門：卷一聖澤、職官、公署、學校、祠祀、寺觀、城池、建置、疆域、里甲、街衢、古跡、市集、戶口；卷二山川、井泉、道路、津梁、田賦、倉廒；卷三名宦、兵防、驛傳；卷四人物、忠節、孝子、義行、節孝、鄉飲、祥異、風俗、物産。

畢沅序："余奉天子恩命，簡任封圻，巡撫茲土，七稔於茲。前於丙申入覲，曾經奏請先將府志重加修輯，乘節西旋，次第甄綜厥事，而各縣屬亦相率以請。……可喜榆林府府谷縣以成書來上，令以名孝廉出宰百里，政教修明，余嘗爲書上考，列薦於朝，是書爲所手輯，意必可備一方文獻。"是此志亦應畢沅修志之命而纂。

府谷縣清代凡三修志書。康熙雍正間，有佚名纂《府谷縣志》，分八門五十九目，記述較爲簡略，未付梓，僅有鈔本存中國科學院文獻情報中心及北京大學圖書館。此乾隆志爲府谷縣第二部志書，也是清代府谷縣唯一刊刻的縣志。至光緒間，又有佚名纂《府谷縣鄉土志》，分七門二十七目，就歷史、地理、格致三方面編纂，未刊印，稿本存陝西省圖書館。

扉頁刊："宛涇鄭居中重創、長白麟書纂成府谷縣志。乾隆四十八年定。本衙藏板。"

此本版印不佳。卷中有缺葉：卷三名宦門第二十三葉。

南開大學圖書館、陝西歷史博物院、北碚圖書館等三館與"中央研究院"歷史語言研究所傅斯年圖書館、臺北故宮博物院及日本東洋文庫、美國國會圖書館、法國國家圖書館、法國亞洲學會亦有入藏。

693. 清康熙刻本米脂縣志　　T3155/9976.81

［康熙］《米脂縣志》八卷，清寧養氣纂修。清康熙二十年（1681）刻本。二冊。半葉九行二十字，小字雙行同，白口，四周雙邊，部分書葉版心有單魚尾。框高 20.7 釐米，寬 13.9 釐米。前有康熙二十年白乃貞序，康熙二十年寧養氣序，康熙二十年高京跋，米脂縣纂志姓氏，目錄，康熙二十年康鴻鵬評語。

米脂縣地處陝西北部。北宋元豐四年（1081）置米脂寨，得名於"地有米脂水，沃壤宜粟，其米汁淅之如脂"。金正大三年（1226）改爲米脂縣，屬綏德州。李自成大順政權時改稱天保縣。清初復名米脂縣。今屬陝西省榆林市。

寧養氣，字子直，號義生。遼東三韓人。康熙十九年任米脂知縣。

書前有《境圖》《城圖》《縣治圖》等，共三幅。正文八卷：卷一輿地，載分野、疆域、山、水、災祥；卷二建置，載城池、縣治、獄、馬房、陰陽醫學、鄉約所等；卷三祠祀，載文廟、名宦祠、社稷壇、華嚴寺等；卷四田賦，附錄物產；卷五郵傳；卷六官秩，按時代載録米脂官吏姓名小傳；卷七人物，有理學、清正、忠介、端介、忠烈、孝友、醇謹、勳業、隱逸、列女、貞節等目；卷八選舉，載甲科、鄉科、歲貢、武功，並附藝文（記、詩）。目録所列細目與卷内細目不能一一對應，差異較大。各門後往往有評。正文及評語中多載寧養氣任内作爲，不乏諛辭。分卷略有混亂，卷八選舉部分條目刻入卷七之末。資料搜羅不廣，李自成爲米脂人，此志竟毫無記載。

白乃貞序：“聖天子命儒臣徵搜天下郡縣遺書，纂修大清一統全志，斯邑將何以應詔。於是開館延賢，謀輯補成書，登諸梨棗，以垂永永。”寧養氣序：“米脂雖小邑，僻在邊檄，人民社稷，亦坿茅土之中，寧獨無志？但兵燹之後，闕遺弗存，即斷簡殘篇，亦與烽火燐光俱燼矣。予涖茲土，即購求山谷，諮詢野老，隨於敗楮剩字中覓舊帙數篇，因彙成集，以付剞劂，聊以備羊存禮維之意。雖荒略鄙僿，不遑計也。踵事增華，以俟後之君子。”此志係應朝廷徵求志書之命而纂修，僅據殘存舊志略加增補而成。

米脂康熙之前編有志書，但早已佚失。此志爲米脂縣現存最早的志書。其後有高照煦、潘崧纂修《米脂縣志》十二卷，體制完備，資料較豐富，光緒三十三年（1907）鉛印行世。

此志刻工較拙，版印亦不佳。

中國國家圖書館、故宮博物院圖書館、中央民族大學圖書館、上海辭書出版社圖書館、天津圖書館等十餘館與“中央研究院”歷史語言研究所傅斯年圖書館、臺北故宮博物院及日本東洋文庫、京都大學人文科學研究所、美國國會圖書館、法國國家圖書館亦有入藏。

694. 清乾隆刻本興安府志　T3154/7834.83

〔乾隆〕《興安府志》三十卷，清李國麒纂修。清乾隆五十三年（1788）刻本。六册。半葉十一行二十二字，小字雙行同，粗黑口，左右雙邊。框高18.6釐米，寬14.6釐米。前有乾隆五十三年李國麒序，凡例十一條，目録。卷端題：“知興安府事李國麒續編。”

興安府位於秦嶺、巴山山地。秦漢時爲漢中郡地。西魏廢帝三年（554）設金州。此後歷代州名、隸屬、轄區等迭經更改。明萬曆十一年（1583）改爲興安州。清乾隆四十七年升爲興安府，領漢陰廳及安康、平利、洵陽、白河、紫陽、石泉等六縣。1913年廢。

李國麒，字西昆，順天昌平（今北京昌平區）人。貢生。乾隆五十三年春任興安知府。

書前有《興安府屬疆域圖》《分野圖》二幅。正文三十卷，列十三志：卷一至三地理志（〔分野附〕、沿革表、沿革考、釋名、疆域、形勢）；卷四至五建置志（城池、公署、關鎮、橋渡、驛傳、營制）；卷六至八山川志（漢川考〔水利附〕）；卷九至十一食貨志（蠲賑、戶口、田賦〔屯地附〕、積貯、課程、鹽茶、物產）；卷十二至十三職官志；卷十四至十五名宦志；卷十六學校志（風俗附）；卷十七祠祀志（寺觀附）；卷十八至十九選舉志（封蔭附）；卷二十至二十二人物志（列傳、治行、文學、忠節、孝友、義行、耆碩、流寓、釋道、列女）；卷二十三至二十四史事志（祥異附）；卷二十五至二十八藝文志（文、詩）；卷二十九至三十古跡志（拾遺附）。此志所收資料多來自史籍、《陝西通志》、興安州舊志及各屬縣志，凡所引用均標出書名。

李國麒序："……惟本朝康熙年刺史王所修州志，又以疏訛頗多，難於依據。各縣志內，惟洵陽志輯於邑令鄧夢琴之手，網絡博洽，成一家言。餘漢陰、平利、紫陽諸志，僅可取資，未爲善本。白河、石泉並無刊本，但購得繕本，又復缺略。故府志前無可因，發凡起例，俱係創始。……戊申春，予奉命移守是郡，得前守吳所輯郡志草稿一部，蓋彼以終養告歸，未卒其業，予於案牘餘閒，逐加檢閱，知其所稟爲程式者，惟雍正十三年劉文沼、史文靖奉勅纂修《陝西通志》一書，而至於詳略異宜。予又旁徵圖籍，博考經史，以期徵信，不敢以臆見妄參，貽譏大雅，閱數月而其志以成。"前守吳即吳六鰲。可知此志係以吳六鰲稿本爲基礎纂修，故李國麒能在到任當年修成全書，卷端且署"李國麒續編"。

明代興安州志書久已亡佚。清康熙年間，高寄據明志鈔本加以補訂，纂成《重修興安州志》，康熙二十年（1681）刊刻，今亦未見著錄。康熙間，又有王希舜修、劉應秋纂《興安州志》四卷，付梓於康熙三十四年。此書爲乾隆四十七年升府之後所修首部府志。嘉慶間，葉世倬修、董詔纂《續興安府志》八卷，續補乾隆志。

有缺葉：卷二十六第三葉。

中國國家圖書館、中國科學院文獻情報中心、故宮博物院圖書館、中國民族圖書館、上海圖書館等十四館與臺北故宮博物院及日本東洋文庫、京都大學人文科學研究所、美國國會圖書館亦有入藏。

695. 清乾隆刻本平利縣志　　T3155/242.83

［乾隆］《平利縣志》四卷，清黃寬纂修。清乾隆二十一年（1756）刻本。二冊。半葉八行二十字，小字雙行同，白口，四周雙邊，單魚尾。框高 22.4 釐米，寬 14.1 釐米。前有乾隆二十一年塔永寧序，乾隆二十年魏嶟序，李世垣序，總目，黃寬序，黃寬撰凡例四條，總目。書後有乾隆乙亥（二十年）蘇天職跋。

平利縣地處大巴山區。唐武德元年（618）析金川縣地置，得名於境內有平利川，屬金州。北宋熙寧六年（1073）降爲鎮，併入西城縣。元祐二年（1087）復置，仍屬金州。元廢。明洪武三年（1370）復置，歷屬大寧州、金州、興安州。清乾隆四十七年屬興安府。今屬陝西省安康市。

黃寬，江蘇武進人。乾隆七年進士。乾隆十七年任平利知縣。後曾任臺灣府澹水撫民同知。

全書四卷，平列二十八門：卷一分野（附圖）、疆域（程途附）、建置、形勝（附《縣境總圖》《縣城之圖》）、城池、山川、古跡；卷二關梁（津渡附）、衙署、學校、祠廟、田賦、經費、倉儲、戶口、堤堰；卷三兵防、職官、選舉、將材、仕籍、名宦、人物、孝義、列女、風俗；卷四土產、災祥、藝文。

黃寬序："寬初蒞茲土，首詢縣志，闕如也。多方檢覓，得前兩邑令稿本，皆未有成書也。……編纂之役，詎敢憚勞？雖曰管窺，曰蠡測，恐置緩圖，將併此管蠡無之也。訂爲二十八則，亟授梓人。"凡例謂："平邑向無志書，茲訪取前邑令王名霍、古名澧草創稿本，重加校輯。"查此志職官門，王霍任職於雍正元年（1723），古澧任職於乾隆元年，可知此志纂修，前後歷時三十餘年。

此志卷端不標卷次，版心魚尾下刻卷次、門目。"曆"字避諱作"歷"。

平利縣清代所修方志現存四部。最早者爲乾隆間佚名纂《平利縣志》一卷，記事至乾隆十三年，僅有鈔本存陝西省圖書館。其次即此乾隆二十一年志。其三爲楊孝寬修、李聯芳等纂《續修平利縣志》十卷，內容較完備。其四爲清末佚名編《平利縣鄉土志》，記事至光緒二十九年（1903），未刊刻，僅有鈔本存中國國家圖書館。

各冊封面鈐"平利縣印"滿漢合璧朱文方印（6.6×6.6釐米），可知此本原爲該縣縣衙藏書。

中國國家圖書館、中國科學院文獻情報中心、北京大學圖書館、上海圖書館、天津圖書館等二十三館與"中央研究院"歷史語言研究所傅斯年圖書館、臺北故宮博物院及日本東洋文庫、美國國會圖書館、法國國家圖書館、法國亞洲學會亦有入藏。

696. 清乾隆刻本直隸商州志　T3154/0232.83（1-8）

［乾隆］《直隸商州志》十四卷首一卷，清王如玖纂修。清乾隆九年（1744）刻本。八冊。半葉十行二十字，小字雙行同，白口，四周雙邊，單魚尾。框高20.3釐米，寬14.7釐米。首有乾隆甲子（九年）王如玖序，乾隆九年赫慶序，舒輅序，凡例十四條，目錄，圖。

商州地處秦嶺東段南側。漢置上洛縣，屬弘農郡。東漢改屬京兆尹。晉泰始二年（266）設上洛郡。北魏太延五年（439）置荊州，太和十一年（487）改名洛州。北周改稱商州，得名於州境東部商山。唐屬山南西道。宋屬永興軍路。金初屬京兆府路，元光二年（1223）改屬河南路。元屬奉元路。明洪武七年（1374）降爲商縣，成化十三年（1477）復升爲商州，領商南、雒南、山陽、鎮安四縣，屬西安府。清雍正三年（1725）升爲直隸州。1913年廢。

王如玖，字堅吾，號竝峰，順天府宛平縣（今北京市）人。雍正四年至乾隆九年任商州知州。

書前有星野圖、疆域圖、城池圖，共十五幅。正文十四卷，分十門：卷一至三星野（分野説、分野考、分野辨、柳宿、星宿、張宿、占塡星、占斗星、占斗建、占台星、占垣星、占國星、占干支、占南河、占雲氣、河山雨、戒附考），疆域（歷代沿革表、沿革敍説、沿革考證、附錄、道里、形勢、八景、十觀、山川〔附岔峪溝渠井泉〕）；卷四至五建置（城池、公署、學校、祠廟〔寺觀附〕、關梁〔附鎮寨橋路村落〕、兵防、塘汛、武備〔舊制附〕、驛遞、所損、鋪司）；卷六田賦（里甲、户口、地糧、額外、民丁、起運、存留、更名、招懇、雜税、耗羨）；卷七至八食貨（積貯、轉運、鹽法、錢法、坑冶、物産、穀屬、菓屬、蔬屬、藥屬、貨屬、草屬、木屬、禽屬、獸屬、鱗屬、介屬、豸屬），坑冶目對商洛礦産開採史有概要記述；卷九職官（歷代職官、清文職、清武職）；卷十選舉（孝廉、人材、進士、舉人、貢生、館學生、武舉人、武進士、封蔭、武弁世襲、選舉補遺）；卷十一至十二人物（高士、節鎮、監司、牧守、縣令、僚佐、將弁、廉能、忠節、孝義、文苑、藝術、詩人、理學、仙釋、烈女、風俗、世家、人物補遺）；卷十三藝文（古文、歌、詩、後集），後集載商州明代舊志序四篇；卷十四雜錄（災祥、紀事、陵墓、拾遺）。

王如玖序："余自蒞兹州，繙閲舊志，見其頗多闕陋，即思有以釐正之。又以爲奉改直隸，則舊志不副其名，宜統修一志，以改前觀，以詔後人。……於是合四邑之册，更爲訪羅，別爲條例，編爲十四卷。搜之通志以酌其取捨，節之舊志以備其參考。略者詳之，不能詳者慎之；繁者删之，不必删者仍之。寧敢云殆盡與，第較之前乘差爲明備耳。"

商州明代多次修志，如正德間任慶雲纂修《商略》、嘉靖間蕭廷傑纂修《商州志》、萬曆間王邦俊纂修《商州志續輯》，今均已不見著錄，惟序文留存於後此諸志。清代商州凡四次修志。最早者爲王廷伊修、李本定纂《續修商州志》十卷，付梓於康熙四年（1665）。其次即此乾隆九年志。再次爲羅文思纂修《續商州志》十卷，係續補此志之作。最晚者爲光緒末年佚名編《陝西商州直隸州鄉土志》，未刊刻，僅有鈔本傳世。

此志與乾隆二十三年刻本《續商州志》裝於一函，紙墨相同，當係同時所印刷。

中國國家圖書館、首都圖書館、中國科學院文獻情報中心、故宮博物院圖書館、中國國家博物館等三十館與"中央研究院"歷史語言研究所傅斯年圖書館、臺北故宮博物院及日本東洋文庫、京都大學人文科學研究所、内閣文庫、美國國會圖書館、法國國家圖書館亦有入藏。

697. 清乾隆刻本續商州志　T3154/0232.83（9—10）

[乾隆]《續商州志》十卷，清羅文思纂修。清乾隆二十三年（1758）刻本。二册。半葉十行二十字，小字雙行同，白口，四周雙邊，單魚尾。框高 20.5 釐米，寬 14.7 釐米。前有乾隆二十三年羅文思序。

羅文思，四川合江人。乾隆三年舉人。乾隆十八年任商州知州。

全書十卷，分十門：卷一疆域（山、水、河渠、名勝）；卷二建置（城池、公署、學校、祠廟、寺觀、橋道、鎮寨、塘汛、驛遞）；卷三田賦（開荒、軍需）；卷四食貨（積貯、礦廠、物産）；卷五職官（文職、武職）；卷六選舉（進士、舉人、貢生、武進士、武舉人、武途、封贈）；卷七人物（高士、寓賢、節鎮、監司、忠節、孝義、理學、仙釋、貞節）；卷八典禮（朝賀、接詔、迎春畊藉、祭祀、祈禱、禁宰、忌辰、停刑日期、停刑月分、鄉飲酒禮、祭文〔附風俗〕）；卷九藝文（文、記、序、論、書、賦、歌、五言古、七言古、五言律、七言律、五言排律、七言絶）。此志門目設置與乾隆九年志略同，典禮一門則係增設。

羅文思序述續志纂修旨趣：“自甲子成書而後，歷今又十餘年，此十餘年中，國家政教日新，民俗風土遞變，其間天時地利人事物産多有可書，散而無紀，後將誰咎？文思不揣固陋，乃集乾隆九年以後事，悉依前志編次，彙成一書，未免昌黎掛一之嫌，竊倣《通鑑續編》之例，名曰《續商州志》，與前志並存。其參考所及，間於前志之訛缺者，宜補補之，宜正正之，非敢云完書也，後之作者將於是乎採擇云爾。”甲子即乾隆九年。

中國國家圖書館、首都圖書館、故宮博物院圖書館、中國文化遺産研究院、中國民族圖書館等三十一館與“中央研究院”歷史語言研究所傅斯年圖書館、臺北故宮博物院及日本東洋文庫、京都大學人文科學研究所、内閣文庫、美國國會圖書館、法國國家圖書館亦有入藏。

698. 清乾隆刻同治增刻本雒南縣志　T3155/2142.83

[乾隆]《雒南縣志》十二卷，清范啓源、薛榲纂修。清乾隆十一年（1746）刻，乾隆五十二年增刻，同治七年（1867）再增刻本。四册。半葉九行二十字，小字雙行同，白口，四周雙邊，單魚尾。框高 20.3 釐米，寬 14.9 釐米。前有乾隆十一年莊

有恭序，乾隆十年黃世成敘，乾隆十一年胡定序，舊序（康熙癸卯〔二年，1663〕暢體元序），乾隆十一年范啓源序，義例十條，總目。後有乾隆十一年薛醞跋。目錄題：“知雒南縣事范啓源重纂，邑人薛醞訂正。”

雒南縣位於華山之南，洛水上游。漢爲上洛縣地。晉太和三年（479），析置拒陽縣，屬上洛郡。隋開皇五年（585）改爲洛南縣。唐屬商州。明洪武七年（1374）改屬華州，成化十三年（1477）復屬商州，天啓元年（1621）避光宗朱常洛諱改爲雒南縣。1964年因“雒”字生僻，復改名洛南縣。今屬陝西省商洛市。

范啓源，四川西充人。舉人。修志時任雒南知縣。

薛醞，字叔芳，號尺庵，陝西雒南人。雍正八年（1730）進士。雍正十三年任四川道監察御史，乾隆二年任廣東廣南韶連道，乾隆十一年任廣東韶州府知府。撰有《澳門記》等。

全書十二卷：卷一星野志，有圖、說；卷二輿地志（全圖、沿革、疆域、山川、城池、官廨、廂鄉、驛鋪、關梁、渠堰、惠區、土俗）；卷三秩官表（封除、知縣、丞簿、典巡、教職、循卓列傳、忠勇列傳、武功列傳）；卷四食貨志（田土、戶口、里甲、賦役、貯備、鹽法、圜法、物產），賦役門詳記縣署各項開銷數額、官吏薪俸等，並附《皇清賦役全書》《前明賦役考》，有助於考察清代地方財稅制度；卷五典禮志（朝賀、秩祀、坊碑、迎春、賓興、鄉飲、鄉約、救護）；卷六學校志（廟制、祀典、守藏、學額、學舍、學田）；卷七選舉表（薦辟、科甲、武途、貢監、雜流、封蔭）；卷八人物志（本傳、忠義列傳、孝義列傳、懋仕列傳、篤學列傳、列女傳）；卷九兵防志（武制、汛哨、要隘、山砦、鄉兵）；卷十事類志（勝跡、要事、災祥、礦冶）；卷十一藝文志（古文、龜書、銘表、敕、碑記、序說、論帖、贊、賦、詩）；卷十二外志（寓賢、方術、雜記、諸冢、異聞）。

此志係在舊志基礎上纂輯而成。凡例第一條謂：“舊志目凡有八，地理、建置、祠祀、食貨、官師、人物、紀事、藝文，體簡義約，今就其中抽繹，衍爲十二目，故實仍取諸舊志，參以商志，續增近事，彙次排入，總期有條不紊，覽者一目瞭然。”

范啓源序：“甲子冬，余因汲取舊志而重纂之，以表章前跡，亦以廣後來八十年余之見聞也。薛侍御南韶觀察醞，質直而文，素重於鄉，脫稿後即寄刊正。越二歲成書，爰授諸梓。”

薛醞跋：“乾隆十年六月，明府范君啓源寓稿本以書來廣韶商訂，並謀梓焉。醞時方引疾，旋落職，僑然旅處，乃得反復紬繹，旁蒐考證，逾今年春粗定。夏五月權韶篆，隨奉恩旨實授，於是選工鋟板。凡自訂書訖梓竣，越十有五月。”是此志刊版於廣東韶州。

此志卷末有附志一卷，卷首題“署雒南縣事略陽縣知縣何樹滋著”，收錄何樹滋所作《修建義學引》《燕山學舍序》《義學規條》《文昌閣序》《薛生義捐地序》《重修唐裴晉公祠記》《築雒南堤壩序》《石塔寺記》《附志贅語》《撥給兵租説》《修南關新街並關樓説》等。其中後二篇在《附志贅語》後，可見其增刻亦非一次完成，所署撰著時間爲乾隆五十二年，增刻完工當即在該年。另有增圖一幅，繪雒南縣學，及乾隆五十一年何性仁附志跋。

同治七年，署雒南知縣陳爾弗再次補刻。所補刻爲八景詩、《詳定社倉更撰倉正副條規》《洛源書院新舊房租地稞並存商生息錢文項》，分別列於卷十一藝文及附志之後。

雒南縣明代修有志書，但均已亡佚。清代三次修志。首部爲暢體元纂修《雒南縣志》八卷，康熙二年刻本。其次即此乾隆志。光緒間，又有佚名編《雒南縣鄉土志》四卷，未刊刻，僅有鈔本傳世。

中國國家圖書館、天津圖書館、陝西省圖書館、湖南省社會科學院圖書館等四館與法國國家圖書館亦有此同治增刻本。"中央研究院"歷史語言研究所傅斯年圖書館、臺北故宮博物院及日本東洋文庫、京都大學人文科學研究所、美國國會圖書館、法國亞洲學會藏有乾隆五十二年增刻本。

699. 清乾隆刻本鎮安縣志　T3155/8834.83

[乾隆]《鎮安縣志》十卷首一卷終一卷，清聶燾纂修。清乾隆十八年（1753）刻，乾隆二十年補刻本。五册。半葉十行二十二字，小字雙行同，黑口，左右雙邊，單魚尾。框高 20.7 釐米，寬 14.6 釐米。首有乾隆二十年張拜賡序，乾隆二十年撫憲陳批採買倉糧拜請鑒定縣志稟帖，目録，凡例十七條，圖。後有乾隆二十年聶燾後序，闔邑捐修志書銀兩姓氏，劉希伋識語。卷端題："邑宰聶燾纂。"

鎮安縣地處秦嶺東段南麓。漢爲洵陽縣地。北朝爲豐陽縣地。唐置安業縣，乾元元年（758）改爲乾元縣。五代後漢乾祐二年（949）改爲乾祐縣。金降爲乾祐鎮，併入咸寧縣。明景泰三年（1452）析咸寧縣地置鎮安縣，屬西安府。天順七年（1463）遷治謝家灣（即今縣治永樂鎮），成化十三年（1477）改屬商州。清沿襲不改。今屬陝西省商洛市。

聶燾，字閑有，號環溪，湖南衡山人。乾隆二年進士。乾隆十三年任鎮安知縣，乾隆二十年調任鳳翔知縣。

卷首有《分野圖》。卷一沿革、疆域、山川，沿革列表，疆域前有《疆域圖》；卷二縣治、各寨、坪原、古跡、勝景，前有《縣治圖》；卷三里甲、戶口、田賦，田賦門記縣衙職役員額及俸銀，可備清代政治、財政史研究者採擇；卷四官師；卷五建置，記城池、常平倉、社倉、鹽店、兵防、關隘等；卷六風俗、選舉；卷七行誼、物產，行誼門載本縣人物小傳；卷八典禮，記朝賀、祭祀、祫祭、禁屠、春秋宣講、開徵收糧等儀節；卷九災祥、寺院、流寓；卷十藝文，收碑銘、社倉詳文等多篇；卷終補遺，所載爲各門的增補條目。

凡例謂，"今以州志爲底本，舛謬處正之，蓋不唯改舊志之悮，亦以訂州志之訛"，可知此志纂修基礎爲乾隆九年所修《商州總志》。此外也承襲了武維緒乾隆志的部分文字，"内有可存者録之，注明舊志二字於下，不敢没其纂述之功也"。

凡例謂："山中無梓工，刓剜爲艱，是志偶因荒年梓工入山就食，不能久留，隨纂隨鐫。"書後聶燾後序記刻版經過甚詳："是志之刻，興工於乾隆十七年十月，停工於十八年四月，續刻於十九年七月，至二十年五月載其板赴鳳翔，再刻於是年之九月，復載至西安省城，於十一月全刻竣。屢刻屢停，削成其板而更易之，其間有初訛而卒正者，有初略而卒詳者，有初遺漏而卒補入者，有初尚無其事而卒須續載者，有初載不合體裁而卒須芟除者。始就正於潼商觀察磁州張易庵公，再就正於陝大中丞桂林陳榕門公，俱蒙粘籤指示，命加改定。……故遵二公所命者，逐加改正，付之梓人。"

卷中頗有修補之處，如卷四官師門聶燾條下，補刻雙行小字："十八年保舉卓異，展限未行，二十年調任鳳翔府鳳翔縣。"卷五建置門義學條下，修補爲："向未設立，乾隆拾玖年知縣聶燾自捐俸廉並清出廢寺常住田價銀建。"字體稚拙，與全書不同，當係乾隆二十年所修補。卷終補遺卷端署"前邑宰聶燾纂"，首條載乾隆二十年七月任職知縣吳元麟，係乾隆二十年所增刻。

書後《闔邑捐修志書銀兩姓氏》載捐銀共三十九兩八錢八分，劉希伋識語謂刻印經費係聶燾"自捐貲，其紳士旁助者不及十分之一"。末葉記書版數量，"共計壹百貳拾板貳百貳拾葉，外書面壹板，書籤壹板"。此類記載，均有助於考察清乾隆年間西北地區雕版印刷業概況。

鎮安清代凡六次修志。首部爲康熙初知縣許沺纂修，其後知縣丁鵬重修。至雍正初，此二部康熙志已大部分亡佚。第三部爲武維緒修、任毓茂纂《鎮安縣志》三卷，雍正四年（1726）刊刻。該志凡例稱，"武於長安官舍得殘志數葉，又得典史任毓茂所藏數葉，又得貢生楊廉所藏數葉，皆丁公所纂者，遂據以成志"，可知武志係在丁鵬所修志書基礎上增補而成。第四部即此乾隆志。第五部爲李麟圖編《鎮安縣鄉土志》二卷，係在乾隆志基礎上編纂而成，有光緒三十四年（1908）鉛印本。第六部爲光緒間稿本《鎮安縣志》，僅存卷一，藏哈佛燕京圖書館。

此本卷四首葉補鈔。卷三末葉末行未見"鎮安縣志卷之三終"字樣，疑有缺葉。卷十之末亦有缺葉。

版心下刻"即學齋"。《中國地方志聯合目録》著録爲"郡學齋刻本",誤。

第一册首葉鈐"臣毓驊印"白文方印(2.0×2.0釐米)、"壽山"朱文方印(2.1×2.1釐米);目録葉鈐"謹慎"白文橢圓印(2.3×1.2釐米)。

中國科學院文獻情報中心、故宮博物院圖書館、清華大學圖書館、上海圖書館、天津圖書館等近十館與臺北故宮博物院及日本東洋文庫、法國國家圖書館亦有入藏。

700. 清光緒稿本鎮安縣志　TNC3155/8834.881

［光緒］《鎮安縣志》□卷,清譚光藜纂修。清光緒十一年(1885)稿本。存一卷(卷一)。一册。半葉十行二十五至二十七字不等,小字雙行約四十字,無邊欄行格。

譚光藜,號星閣,河南商城人,同治十三年(1874)進士。光緒五年至十一年任鎮安知縣。

此志存一册,卷端題"鎮安縣志卷一"。列三門:沿革、城池、疆域。考證較詳,對舊志所載據文獻及見聞多有考訂。

城池門紀事止於光緒初年護城堤外加建石堤。疆域門之末有言:"嗟乎!山川不殊,道里莫定,以余七載於兹,羸馬麻鞋,無遠不到,尚難記其實跡如此。司民社者欲使幽谷窮簷情僞欣戚瞭若指掌,操何術而能致耶!"［光緒］《鎮安縣鄉土志》政績門興利項下,載譚光藜自光緒五年起任知縣七年。滕仲黄［民國］《重修鎮安縣志》卷四歷任文職表知縣項下載光緒間諸知縣,僅譚光藜任職時間長達七年。可知此志即譚光藜於光緒十一年所纂,或因其調任而未竟全功。

行間有增改,天頭有批注。末葉粘有簽條一則,内容有關疆域變遷。

卷端鈐"宗室盛昱私印"白文方印(2.1×2.1釐米)。封底内側所襯紅紙書"年家眷侍生功盛昱頓首拜"一行。

《中國地方志聯合目録》未著録。

701. 清乾隆刻本甘肅通志　T3158/4752.83

〔乾隆〕《甘肅通志》五十卷首一卷，清許容等修，李迪等纂。清乾隆元年（1736）刻本。八函四十八冊。半葉九行二十一字，小字雙行同，白口，四周雙邊，單魚尾。框高 21.5 釐米，寬 17.3 釐米。前有甘肅通志進呈表，凡例十二則，目錄，修志銜名。書後有雍正十三年（1735）許容後序，乾隆元年查郎阿後序，乾隆元年劉於義後序。

甘肅地處我國西北部、黃河上游。戰國秦置隴西郡、北地郡。漢武帝時於河西地區置武威、張掖、酒泉、敦煌四郡。唐分屬隴右道、關內道、劍南道、山南西道。宋初屬陝西路，後分屬秦鳳路、永興軍路，河西與黃河沿岸則屬西夏。元初屬陝西行省，至元十八年（1281）析河西地區置甘肅行省，是爲甘肅設省之始，省名取甘州路、肅州路首字。明洪武二年（1369）併入陝西行省。清康熙三年（1664）分陝西爲左、右布政使司，陝西右布政使司後改爲甘肅布政使司，治蘭州。乾隆二十九年陝甘總督移駐蘭州。嘉慶間，甘肅布政使司領蘭州、鞏昌、平凉、慶陽、寧夏、甘州、凉州、西寧、鎮西等九府與涇州、秦州、階州、肅州、安西、迪化等六直隸州。光緒十二年（1886）析鎮西府、迪化州置新疆省，1928 年析寧夏等地置寧夏省，又分西寧等地置青海省，轄境逐漸縮小。

許容（1686—1751），字涵齋，河南虞城人，康熙五十年舉人。歷任陝西府谷知縣、工部員外郎、直隸口北道、陝西按察使、浙江布政使、甘肅巡撫、山西布政使、江蘇巡撫、湖南巡撫、禮部侍郎等職。

李迪，山西解州人，雍正八年進士。雍正十年任甘肅平番（今永登）知縣。

全書五十卷，列三十六門：卷一圖考，有《甘肅輿地總圖》《蘭州會城圖》，各府州屬縣圖、城圖，各廳、鎮圖，山川、河渠圖及《嘉峪關圖》，共四十六幅；卷二星野；卷三建置；卷四疆域（附形勝）；卷五至六山川；卷七城池；卷八公署；卷九學校；卷十至十一關梁；卷十二祠祀；卷十三貢賦；卷十四兵防；卷十五水利；卷十六驛遞；卷十七蠲卹；卷十八鹽法（附錢法）；卷十九茶馬；卷二十物産；卷二十一風俗；卷二十二至二十三古跡；卷二十四祥異；卷二十五陵墓；卷二十六封爵；卷二十七至二十九職官；卷三十至三十二名宦；卷三十三選舉；卷三十四至三十六人物；卷三十七忠節；卷三十八孝義；卷三十九隱逸；卷四十流寓；卷四十一仙釋方伎；卷四十二至四十三列女；卷四十四至四十九藝文（御製碑文、諭旨、奏疏、賦、論、議、頌、銘、記、贊、序、傳、書、説、辯、考、題跋、雜文、詩）；卷五十雜記。

凡例謂："甘肅舊無志書，向總於《陝西通志》。顧陝志詳於西安、延安、鳳翔、漢中、興安諸郡，而略於平、鞏、臨、慶，至河西諸衛所則尤在所略。今分爲二省，各修通志，自應詳爲編輯。但邊徼之地既少書籍，又從前兩遭兵燹，康熙十四年以前案牘焚失無存，其衛所新改設之州縣則向無邑志，諸事無從稽考，甘志之難實倍難於他省。今蒐羅考訂，分爲三十六類，列爲五十卷。"

《四庫全書總目》謂："雍正七年，各直省奉勅纂修通志，撫臣許容以甘肅與陝西昔合今分，宜創立新稿，而舊聞缺略，案牘無存，其衛所新改之州縣向無志乘，尤難稽考，因詳悉蒐採，擇其可據者依條綴集，分爲三十六類，乾隆元年刊刻竣工。……其書雖據舊時全陝志爲藍本，而考核訂正增加者什幾六七，與舊志頗有不同。其制度之繫於兩省者如總督、學政、題名及前代之藩臬糧驛各道俱駐西安，兼治全陝，不能強分，則亦多與陝志互見焉。"

此志爲甘肅省首部通志。光緒末年，升允、長庚修，安維峻纂《甘肅新通志》五卷，分十志六十目，刊刻於宣統元年（1909），爲甘肅清代第二部通志。此外有佚名纂《甘省便覽》，紀乾隆間事，當即乾隆間纂修，未刊刻，有鈔本傳世。

卷首、卷一、二、六、十五至十六、二十二、三十、三十六（第一、七、十六、十八冊後半至十九冊前半、二十八、三十五冊）係鈔配。

《四庫全書》入史部地理類都會郡縣之屬。

中國國家圖書館、首都圖書館、中國科學院文獻情報中心、故宮博物院圖書館、中國文化遺産研究院等三十六館與臺北故宮博物院、臺灣大學圖書館及日本東洋文庫、美國國會圖書館、德國柏林德意志國家圖書館、英國倫敦大學亞非學院、法國巴黎 M.R. 赫杜圖書館亦有入藏。

702. 清乾隆刻本皋蘭縣志　　T3160/2042.83

［乾隆］《皋蘭縣志》二十卷，清吳鼎新修，黃建中纂。清乾隆四十三年（1777）刻本。十二冊。半葉九行二十三字，小字雙行同，白口，四周雙邊，單魚尾。框高 17.9 釐米，寬 13.6 釐米。前有乾隆三十九年勒爾謹序，乾隆四十三年梁濟瀍序，

蘭州志原序（康熙二十五年〔1686〕郭景昌序、王聘賢序、萬曆庚戌〔三十八年，1610〕王道成序），凡例十二則，目錄。

皋蘭縣地處隴西黃土高原西部。漢爲媼圍、金城二縣地。北魏置子城縣。隋大業初改名五泉縣。北宋崇寧三年（1104）改爲蘭泉縣。元、明爲蘭州。清乾隆三年，移臨洮府於蘭州，改名蘭州府，改蘭州爲皋蘭縣（得名與境内皋蘭山），爲蘭州府治。1941年析城區與近郊置蘭州市。今屬甘肅省蘭州市。

吳鼎新，江蘇如皋人。拔貢。乾隆三十七年至三十八年任皋蘭知縣，官至甘肅涼州府知府。

黃建中，號西圃，甘肅皋蘭人。乾隆二十五年舉人。著有《西圃詩文集》等。

全書二十卷，列十五門：卷一圖（星野、疆域、城池、府文廟、縣文廟、慶祝宮、城隍廟、貢院、書院、督署、警匪局、藩屬、臬署、道署、府署、縣署、河橋、五泉、蓮池）；卷二表（沿革、職官、貢舉）；卷三星野（祥異附）；卷四建置（城池、關隘、里堡、橋津附）；卷五疆域（山川、水利、形勝附）；卷六官署；卷七學校（典籍、書院、書院存貯書籍、社學俱附）；卷八風俗（土產附）；卷九賦稅（倉廠、社倉、賑恤、郵政、茶課、窰廠俱附）；卷十祠祀；卷十一武衛（營制、糧餉、營場、塘汛〔驛遞附〕、邊績）；卷十二古跡（坊市墓寺觀附）；卷十三至十五人物（名宦、鄉賢、列女）；卷十六至十九藝文（天章、奏疏、碑記〔辯説附〕、詩賦）；卷二十雜錄（肅藩表傳、流寓、仙釋、分據、軼事）。

梁濟灤序謂："如皋吳明府撫字三年，教養備舉，甲午冬慨然以修縣志屬余。余以疾固辭，委其事於孝廉黃西圃。先是，武邑孫君仲山粗定規模，西圃因之，復本王道成舊志，詳加考訂，凡建置、賦役、文教、武衛，以及風俗、人物，綱舉目張，依類編次，彙爲二十卷，閲期年而始成。時明府升任涼州郡牧，猶眷眷舊治，不吝清俸，捐貲付梓。"王道成志，即萬曆間王道成所修《蘭州志》。勒爾謹序亦謂："皋蘭固無志，今之志烏乎成？因蘭州之志以志皋蘭也。"

此志爲皋蘭建縣之後的首部縣志。道光二十二年（1842），陸芝田、張廷選以秦維嶽所纂志稿爲基礎，續補成《皋蘭縣續志》十二卷，刊刻於道光二十七年。至光緒十八年（1892），張國常纂修《重修皋蘭縣志》三十卷，分圖、表、志、傳四體，體例整飭，記載詳備，稿本存甘肅省圖書館，有1917年隴右樂善書局鉛印本。

此本序文、學校等門部分文字被剜削。

中國國家圖書館、首都圖書館、中國科學院文獻情報中心、中國社會科學院考古研究所圖書館、故宮博物院圖書館等四十九館與"中央研究院"歷史語言研究所傅斯年圖書館、臺北故宮博物院及日本東洋文庫、東京大學東洋文化研究所、美國國會圖書館、法國國家圖書館、吉美博物館亦有入藏。

703. 清乾隆刻本直隸秦州新志　T3159/5932.83

〔乾隆〕《直隸秦州新志》十二卷首一卷末一卷，清費廷珍修，胡釴、陶奕曾等纂。清乾隆二十九年（1764）刻本。三函十六冊。半葉九行二十字，小字雙行同，白口，四周雙邊，單魚尾。框高 19.5 釐米，寬 14.1 釐米。首有舊志序（順治丁酉〔十四年，1657〕宋琬序、萬曆二十六年〔1598〕李國士序、嘉靖戊午〔三十七年，1558〕胡纘宗序），乾隆二十八年鍾蘭枝序，乾隆癸未（二十八年）武忱序，乾隆二十九年費廷珍序，目錄，修志姓氏，圖。

秦州地處隴西黃土高原南部、秦嶺北部。晉泰始五年（269）分雍、涼、梁三州置。唐屬隴右道。寶應元年（762）地入吐蕃，大中年間收復，置天雄軍節度使。宋屬秦鳳路。金屬鳳翔路。元屬鞏昌路。明屬鞏昌府。清雍正七年（1729）改爲直隸州，轄秦安、清水、兩當、徽、禮等五縣。1913 年廢，本州改爲天水縣。1950 年析置天水市。1985 年天水縣併入天水市，分設秦城、北道二區。2005 年，秦城區更名秦州區，北道區更名麥積區。

費廷珍，字芳五，江蘇震澤（今蘇州市吳江區）人。歷任南鄭知縣、秦州知州、青州知府。

胡釴（1708—1770），字鼎臣，號靜庵，甘肅秦安人。拔貢。乾隆六年主講秦安書院，二十七年主講秦州書院，三十一年任高臺縣教諭，三十五年任肅州學正。著有《靜庵文集》。

陶奕曾，湖南寧鄉人。乾隆六年舉人。曾任甘肅合水、兩當知縣，四川開州知州。另修有《合水縣志》。

卷首圖收《直隸秦州屬縣全圖》《州境全圖》《州城圖》、各廟署倉臺圖、八景圖、各屬縣縣境縣城圖及卦象圖、禮樂器圖等，計四十三幅。正文十二卷，列十二門，附十七門：卷一沿革（疆域、道里、城鎮、形勝附）；卷二山川（景物、古跡、陵墓附）；卷三建置（寺觀附）；卷四食貨（物產附）；卷五武備（歷代兵事附）；卷六風俗（災祥附）；卷七官師（封爵附前、武職附後），職官僅記姓名，不載具體任職年月；卷八選舉（學校附前、武選附後）；卷九名宦（流寓附）；卷十人物（列女附）；卷十一藝文；卷十二雜記（假號、偽官、不臣、酷吏、佞倖、宦豎、羌戎、仙釋、幻異、叢談）。卷末補遺。各門下分列各縣史料。張維《隴右方志錄》評其"編次殊具法度，地理不取星野舊說，選舉縱言制藝之弊，尤有卓識"。

費廷珍序："雍正中升州爲直隸，領縣五，前牧魯公復偕紳士增輯，未竟厥緒。戊寅冬，余奉簡命承乏茲土，詢及志乘，得國初刻本，閱之即有廓新之志。……秦安選貢胡生鈇，可泉公裔孫也，有文名，爰延之修葺，惟以簡明是屬。甫得八卷，胡生以恙辭歸，需其蔵事，而余又仰邀恩擢。適前署兩當陶令，湘中名孝廉也，因補官道經州地，援之續成，籤曰秦州新志。是書也，稿本得之州蒲氏，而更經二君考鏡前史，搜羅見聞……閱兩歲而告竣。"

"弘""曆"剜改作"宏""歷"，"琰"不避諱，當爲乾隆後期所剜補。

秦州明嘉靖間、萬曆間兩次修志，今均已佚，序文存於乾隆志。清代凡四次修志。首部爲順治間宋琬等纂修《秦州志》十三卷。其次爲康熙二十六年（1687）趙世德纂修《秦州志》，未刊刻，僅有鈔本傳世。其三即此乾隆志。其四爲余澤春修，王權、任其昌纂《重纂秦州直隸州新志》二十四卷，列十四門，光緒十五年（1889）刊刻。

中國國家圖書館、中國科學院文獻情報中心、故宮博物院圖書館、中國國家博物館、中國民族圖書館等三十七館與臺北故宮博物院、孫逸仙博士紀念圖書館及日本東洋文庫、美國國會圖書館亦有入藏。

704. 清乾隆刻本清水縣志　　T3160/3213.83

[乾隆]《清水縣志》十六卷，清朱超纂修。清乾隆六十年（1795）刻本。四冊。半葉九行二十字，小字雙行同，白口，四周雙邊，單魚尾。框高 20.1 釐米，寬 14.3 釐米。前有乾隆六十年朱超序，圖，目錄。

清水縣地處隴西黃土高原東緣。西漢元鼎二年（前 115）析上邽縣置，屬天水郡。西晉屬略陽郡。北魏爲清水郡治。隋屬天水郡。唐宋屬秦州。元屬鞏昌路。明屬鞏昌府。清屬秦州。今屬甘肅省天水市。

朱超，江蘇荊溪人。舉人。乾隆五十三年任清水知縣。

書前有《清水縣境圖》《清水縣城圖》。正文十六卷，卷各一門：卷一星野；卷二山川；卷三建置；卷四風俗；卷五貢賦；卷六禮制；卷七宦跡；卷八人物；卷九職官；卷十選舉；卷十一災祥；卷十二兵戎；卷十三武備；卷十四藝文；卷十五雜紀；卷十六補遺。

朱超序："清邑舊有志，前明萬曆間邑令辛公金創修之，國朝康熙間邑令劉公俊聲重修之，距今又越百有餘年，其間事多缺失，難以考訂。戊申歲，超涖茲邑，繙閱舊志，尚多遺略，輒有志纂修。因於簿書之暇，網羅散失，參考舊聞，以成是帙，乙卯春捐廉而付之梓，歷一載而工竣。"

清水縣明萬曆間知縣辛金曾修志，今已亡佚。現存清代志書二部。首部爲劉俊聲修、張桂芳纂《清水縣志》十二卷，列十二紀，記述簡略，康熙二十六年（1687）刊刻。其次即此乾隆志。

卷十四下至卷十六（第四冊）鈔配。

中國國家圖書館、中國科學院文獻情報中心、中國民族圖書館、中共中央黨校圖書館、北京大學圖書館等二十五館與"中央研究院"歷史語言研究所傅斯年圖書館、臺北"內政部"圖書館及日本東洋文庫、美國國會圖書館亦有入藏。

705. 明嘉靖刻後印本秦安志　T3160/5934.7

〔嘉靖〕《秦安志》九卷附補，明亢世英修，胡纘宗纂。明嘉靖十四年（1535）刻後印本。四册。半葉九行十八至二十三字，白口，四周單邊。框高 18.3 釐米，寬 14.0 釐米。首有嘉靖十四年康海序，嘉靖十四年亢世英序，目錄。末有嘉靖十三年陳瀛跋，耿尚義跋，關治教序。目錄題"邑人可泉胡纘宗撰"。

秦安，西周屬秦地，春秋戰國至秦屬隴西郡。西漢置成紀縣，屬天水郡。唐屬秦州。金正隆二年（1157）置秦安縣，屬秦州，治所在納甲城（今甘肅秦安），取"秦州安定之義也"。明屬鞏昌府，清雍正改屬秦州。民國初屬甘肅渭川道，1927 年直屬甘肅省。轄地包括甘肅省東南部的葫蘆河流域。

亢世英，明嘉靖間人，字允杰，任秦安知縣。

胡纘宗（1480—1560），字孝思，一字世甫，號可泉，一號鳥鼠山人，甘肅秦安縣人。明正德三年（1508）進士。歷任翰林院檢討，知州、知府、吏部郎中，布政使司左參政、右副都御史等職。一生著述甚豐，除《鳥鼠山人集》等十種外，纂志書《安慶府志》《蘇州府志》《鞏郡記》《秦州志》《漢中府志》等，還編有《秦漢文》《唐雅》《雍音》及《胡氏家譜》，擅長書法，名山名寺多見墨跡。

卷一建置志；卷二地理志上；卷三地理志下；卷四職官志；卷五禮制志；卷六學校志；卷七人物志；卷八田賦志；卷九藝文志。

康海序曰："可泉方伯既成秦安志，時汾西亢君知秦安縣，遂請壽諸梓人，梓人告成，乃走使以予序其首簡。……志凡八篇，首建置，次地里，次職官、禮制、學校、人物、田賦、藝文，末載權文公之文二十三篇。"

《中國古籍善本書目》著錄。中國國家圖書館、中國科學院文獻情報中心、大連圖書館、南京圖書館與日本東洋文庫等藏有此本。

706. 清康熙刻乾隆剜修道光印本寧遠縣志　T3160/3034.81（1-2）

〔康熙〕《寧遠縣志》六卷，清馮同憲纂修。清康熙四十九年（1710）刻，乾隆間剜修，道光十五年（1835）印本。二册。半葉十行二十一字，小字雙行同，白口，四周單邊，單魚尾。框高 19.5 釐米，寬 14.3 釐米。前有康熙庚寅（四十九年）李樟序，康熙庚寅許建勳序，康熙四十八年馮同憲序，例言，目録，圖。書後有孔瑜等跋。卷端題："文林郎知縣事馮同憲輯。"

寧遠縣地處秦嶺山地北坡、隴西黄土高原南緣。北宋天禧二年（1018）置寧遠寨，崇寧三年（1104）升爲縣，屬鞏州。元屬鞏昌路。明屬鞏昌府。1914年因與山西、奉天（今遼寧）、湖南、新疆四省寧遠縣重名，改名武山縣，得名於縣境有武城山。今屬甘肅省天水市。

馮同憲，浙江慈溪人。康熙二十三年舉人。康熙四十二年任寧遠知縣。

書前有《縣境之圖》《縣城之圖》。正文六卷，卷各一門：卷一輿地（星野、沿革、疆域、山川〔形勝附〕、風俗、物産、古跡〔寺觀附〕）；卷二建置（城郭〔街坊附〕、公署、學校、官秩、壇壝、廟祠、里鎮、橋梁、河渠、惠卹、郵遞、守備）；卷三政事（户口、賦役、税課、公式、祀典、鄉儀、災祥）；卷四官師（知縣、縣丞、典史、教諭、訓導、宦跡）；卷五選舉（薦辟、進士、舉人〔武舉附〕、貢士、例監〔吏員附〕、貤贈〔武階附〕）；卷六人物（鄉賢〔陵墓附〕、耆舊、孝義、節烈、仙釋、藝文）。

馮同憲序："寧遠舊志已佚……癸未之夏，余受命視篆，數與前令悔庵許君及邑文學孔包諸子語及斯事而歎，發意購求好事收藏之家，得舊志一帙，首尾殘缺，僅十之二三。而邑紳士李君上士稿本，薈蕞近事，稍稱詳備，嘗欲排纘考訂，付諸剞劂，而力有未逮，殆不異於前所云也。今年秋冬間，與吏民休息，頗無外事，而重以諸文學鄭重誦諉，遂得涉筆從事，發凡起例，浹月有成，卅次部居，釐然就帙矣。"

此本"禎""弘""曆"剜改作"正""宏""歷"，爲乾隆間所剜修。此本與道光十五年增刻本［乾隆］《寧遠縣志續略》裝於同一函，紙墨裝幀無異，當爲道光十五年印本。

寧遠縣志書首創於成化間邑人王璠之，今已佚。現存明清志書三部。首部爲鄒浩纂修《寧遠縣志》五卷，列五門二十二目，付梓於萬曆十五年（1587）。其次即此康熙志。其三爲胡奠域修、于纘周纂《寧遠縣志》八卷，乾隆二十七年（1762）刻，又有道光十五年增刻本。

有缺葉：卷六第五葉。

中國國家圖書館、中國科學院文獻情報中心、故宫博物院圖書館、北京大學圖書館、清華大學圖書館等十七館與臺北故宫博物院及日本東洋文庫、美國國會圖書館亦有入藏。

707. 清乾隆刻道光增刻本寧遠縣志續略　T3160/3034.81（3–4）

［乾隆］《寧遠縣志續略》八卷，清胡奠域修，于纘周纂。清乾隆二十七年（1762）

刻，道光十五年（1835）增刻本。二册。半葉十行二十一字，小字雙行同，白口，四周單邊，單魚尾。框高 19.5 釐米，寬 14.6 釐米。前有乾隆二十七年羅元琦序。書後有乾隆壬午（二十七年）胡奠域跋。卷端題："文林郎知縣事荆門胡奠域輯。"

胡奠域，字禹敷，號曉亭，湖北荆門人。乾隆三年舉人。乾隆十七年至二十七年任寧遠知縣。後任臨武知縣、永寧知州。

于纘周，甘肅寧遠人。拔貢。

此志體例大體沿襲康熙志，將舊志天文、藝文二目獨立成卷，分作八卷；内容因襲前志、無所增益的各目，如沿革、山川、風俗、物產、古跡、寺觀等，注明"詳原志"，不再照録具體内容。所續補者有如下各門：卷一天文（星野、氣候、井鬼圖考）；卷二地輿（新續八景）；卷三建置（新賜書）；卷四政事，無新增内容；卷五官師（知縣、典史、訓導）；卷六選舉（武舉、恩貢、選貢、歲貢、吏仕）；卷七人物（耆舊、孝義、節婦）；卷八藝文（記、賦、詩）。紀事至乾隆二十五年。

後附增刻一册，共七葉，收道光十五年陳至要《續刻書院碑原委以補學校之闕由》《詳案》及知縣蘇得坡撰《正興書院碑記》《九九橋説》《凌雲塔記》。

胡奠域跋："壬午予以績最入覲歸來，明經于子呈邑志續略一卷，將謀鋟梓。"明經于子，即于纘周。

有缺葉：卷六第十三葉，卷七第十八葉。

中國國家圖書館、中國科學院文獻情報中心、北京大學圖書館、上海圖書館、天津圖書館等十館亦藏有此志道光十五年增刻本。

708. 清乾隆刻道咸間增刻本五凉考治六德集全志　　T3160/1134.83

［乾隆］《五凉考治六德集全志》五卷，清張之浚修，張珚美、曾鈞等纂。清乾隆十五年（1750）刻，道光五年（1825）增刻，咸豐五年（1855）再增刻本。五册。半葉十二行三十字，小字雙行同，白口，四周單邊，單魚尾。框高 24.7 釐米，寬 18.2 釐米。卷一前有桂林陳榕門先生評，乾隆十四年張之浚序，疆域總圖，凉州疆域總圖説，姓氏；卷二前有乾隆十四年官獻瑤序，姓氏；卷三前有阿思哈序，姓氏；卷四前有顧濟美序，姓氏；卷五前有乾隆庚午（十五年）張若震序，乾隆己巳（十四年）張珚美序，姓氏。

凉州地處河西走廊東部。西漢元封五年（前106）置，轄武威、張掖、酒泉、敦煌、金城五郡。魏晉以後轄境縮小，至隋州境僅限於原武威郡。唐轄姑臧等五縣。廣德二年（764）爲吐蕃所據，咸通二年（861）張義潮收復，爲歸義軍轄地。宋天聖六年（1028）地入西夏，置西凉府。元爲西凉州。明改爲凉州衛。清改爲凉州府，轄武威、鎮番、永昌、古浪、平番五縣。1913年廢。

張之浚，字治齋，順天府大興縣人。雍正八年（1730）進士。乾隆十年任涼莊道，後歷任山西按察使、四川松茂道等職。

張珚美，字崑巖，甘肅金臺人。雍正五年任廣東惠來知縣，後歷任海防同知、廉州知府、肇慶知府，乾隆七年任廣東雷瓊道。另纂有《惠來縣志》。

曾鈞，字萬樓，湖南湘潭人。曾任涼州府經歷。

此志每卷爲一縣之縣志，自爲一冊：卷一智集武威縣志；卷二仁集鎮番縣志；卷三聖集永昌縣志；卷四義集古浪縣志；卷五忠集平番縣志。所謂“六德”，指智、仁、聖、義、忠、和（出自《周禮·地官》），張珚美序謂“五志之後以《學道編》繼之”，可知此書以張之浚《學道編》爲和集，但此本未見。

各縣志均分七門，體例大體一致，僅細目略有差異，茲錄平番縣志門目如下：地里志（星野、沿革、疆域圖並說、里至、山川、村社、户口、保甲、田畝、賦則、物產、水利圖並說〔井泉橋梁附〕、古跡、祥異）；建置志（城郭、公署、壇壝、學校、驛傳、寺觀）；風俗志（士農工商執業、婚姻祭祀喪葬賓師歲時伏臘禮儀〔番彝回類附、仙釋附〕），番彝回類目載周邊各民族頭目姓名、納糧草額、口數，頗有史料價值；官師志（秩官、名宦）；兵防志（營堡、關隘、烽墩、軍制〔馬匹戎器附〕、糧餉〔土司附〕）；人物志（鄉賢、忠孝、節義、選舉、耆壽、流寓）；文藝志（議疏、碑記、詩歌）。此志不載吐蕃、西夏統治時期史事，張珚美序贊爲“其識深且遠”，實則有違史志之體。行間刻圈點，天頭間刻批語，多係道學家言。

張之浚序謂：“五涼舊志闕略，謀所以輯之，未得其要，永昌司鐸上官鈍齋示以對山《武功志》，因以爲式，定爲七篇。……是志肇於丙寅之春，成於己巳之夏。”可知此志體例仿自康海〔正德〕《武功縣志》。

《中國地方志聯合目録》《中國地方志總目提要》《美國哈佛大學哈佛燕京圖書館藏中國舊方志目録》均著録此志爲乾隆十四年刻本，不確。按，卷一秩官紀事至乾隆十五年，卷五前有乾隆十五年張若震序，卷五末載乾隆十五年夏禱雨文並有張之浚跋，可知刻成當在該年。

卷二後附甘涼道富巽《蒙漢界址記》，紀事至乾隆五十五年；卷三地里志物產目後增永昌縣北境漢蒙交界圖一幅，附知縣張承澤圖說，署款爲乾隆五十六年，則此志乾隆末年有所增修。又，卷一人物志各目有道光五年補遺、續，節義目另有咸豐五年續，可知此本道咸間遞有增修。

涼州明代曾修志，此志張珚美序稱“涼自前明改爲衛所，舊有鎮志，經始於蒲坂楊公、陳留王公，草創之初，規制未備”，惜今已不存。清初蘇銑纂修《涼鎮志》四冊，分縣載録，各縣下有地理、建置、官師、兵防、歲計、人物等志，疏賦詩則自爲一册，刊刻於順治十四年（1657）。此乾隆志爲清代涼州第二部志書。道光間，武威人張澍纂《涼州府志備考》四十卷，分十門，搜羅宏富，頗重人物、藝文，内《西夏紀年》二卷爲系統梳理西夏時期史事之作，稿本存陝西省博物館。

卷一末葉載刊工姓名：“武威董用柏、王鋭、永承基、白傑、（子）白士寶、白彩、（子）白士倫、王士位、羅清，皋蘭張漢福、郭志學、段愷鐫字。”

哈佛燕京圖書館又藏有卷三《鎮番縣志》單行本一册，索書號爲T3160/8826.83。函套内粘有中英文便條一張，記琉璃廠邃雅齋書店地址，可知係購自該店。

中國國家圖書館、中國科學院文獻情報中心、中國社會科學院考古研究所圖書館、故宫博物院圖書館、中國國家博物館等三十餘館與“中央研究院”歷史語言研究所傅斯年圖書館、臺北故宫博物院、孫逸仙博士紀念圖書館及日本東洋文庫、京都大學人文科學研究所、美國國會圖書館、法國國家圖書館亦有入藏。

709. 清乾隆刻嘉慶增刻本甘州府志　T3159/4730.83

［乾隆］《甘州府志》十六卷首一卷，清鍾賡起纂修。清乾隆四十四年（1779）刻，乾隆五十五年增刻，嘉慶七年（1802）再增刻本。二函十六册。半葉九行二十二字，小字雙行同，白口，四周雙邊，單魚尾。框高 21.6 釐米，寬 16.9 釐米。首有乾隆四十四年勒爾謹序，乾隆四十四年王廷贊序，乾隆四十四年王曾翼序，乾隆四十四年鍾賡起序，總目，修甘州府志告示，凡例，甘州府輿地圖。書後有修志姓氏。

甘州府地處河西走廊中段。西漢置張掖郡。唐永泰二年（766）入吐蕃，大中後爲回鶻所據，北宋天聖六年（1028）入西夏，置宣化府。元設甘州路，爲甘肅省治。明洪武五年（1372）置甘肅衛，二十五年改爲甘州衛。清雍正二年（1724）改爲甘州府，轄張掖、山丹、高臺三縣，雍正七年高臺劃歸肅州。乾隆間增置撫彝廳。1913 年廢。

鍾賡起，字邁亭，浙江長興人。乾隆六年舉人。歷任山東城武、沂水、諸城、昌樂、萊陽知縣，乾隆三十七年任甘州知府。

卷首輿地圖收《甘州府全圖》《甘州府城圖》《文廟圖》《武廟圖》《甘泉書院圖》及各屬縣縣境、縣城、山、渠等圖，計二十二幅。正文十六卷，列十二門：卷一至二世紀（唐虞訖南宋、元明）；卷三清輯略（訖乾隆四十三年）；卷四天文（星野）、地理（疆域〔形勝附〕、沿革表、山川、古跡〔冢墓附〕、名勝、風俗）；卷五營建（城郭、街衢、公署、壇廟、關梁、村堡、驛塘）；卷六食貨（賦役表、户口表、度支表、水利、市易、物産）；卷七學校（祀享、鄉飲儀、學校源流表、藏書表、書院公業考）；

卷八戎兵（軍門、鎮汛、營員歲支表、口隘、墩舖、兵制沿革表、番貢）；卷九至十官師（兩漢至元明、清）；卷十一人物（鄉賢、忠烈、孝義、文學、材武、技藝、列女、流寓、仙釋）；卷十二選舉（兩漢至元明、清）；卷十三至十五藝文（文鈔〔漢晉訖明、清〕，詩鈔）；卷十六雜纂。

鍾賡起所撰凡例述纂修之旨："舊有志而增補之則宜略，舊無志而創修之則宜詳。甘州府縣始於雍正三年，從前俱係鎮衛，我朝一百四十年來未有府志，文獻莫徵，不得不將前史所載先行羅列，再於各處殘碑斷簡中博採登入，以防遺漏，未敢效顰簡潔，惜墨如金，若事增文省，自有鉅筆，俟諸後賢。"

甘涼兵備道王曾翼序謂："……鍾太守邁亭毅然以編緝爲己任，迺集庠士諸老成分詣城鄉，遍加採訪，近村遠堡，梵院羌巢，或石鐫，或木表，或箋題，苟有字跡一二行，輒授鈔胥，久且成帙。又將《禹貢》弱水流沙原委、《漢書》祁山延海廣袤，以及回鶻之牙、曩霄之帳，唐郭元劉之開屯、楊石陳廖之築汛，莫不究其址，尋其蹤，信者沿之，疑者闕之。"

此志迭經增補。卷首輿地圖後附漢蒙交界圖一幅，並附甘州知府劉斌圖說，載乾隆五十五年十月獨峰口勘界立石事，補刻當即在該年。卷四山川門後，附寧夏將軍兼甘肅提督蘇寧阿《八寶山來脈說》《八寶山松林積雪說》《引黑河水灌溉甘州五十二渠說》三篇，落款均署嘉慶七年。卷中另有補刻多葉。

甘州明代爲甘州衛，明萬曆間編纂有《甘鎮志》六卷，撰人不詳，紀事至萬曆三十六年（1608），明刊本今未見著錄，傳世者有順治十四年（1657）楊春茂重刻本。入清後所修府志，僅此乾隆志一部。

書後修志姓氏載刊工姓名："刻字江寧縣監生徐起元（鋌揚）、吳萬盛（汝藩）。"

中國國家圖書館、首都圖書館、中國社會科學院考古研究所圖書館、中國科學院文獻情報中心、故宮博物院圖書館等三十五館與"中央研究院"歷史語言研究所傅斯年圖書館、臺北故宮博物院、孫逸仙博士紀念圖書館及日本東洋文庫、美國國會圖書館、法國國家圖書館、荷蘭萊頓大學漢學研究所亦有入藏。

710. 清乾隆刻本涇州志　T3160/3130.83

〔乾隆〕《涇州志》二卷，清張延福修，李瑾纂。清乾隆十九年（1754）刻本。四冊。半葉九行二十三字，小字雙行同，白口，四周雙邊，單魚尾。框高21.0釐米，寬14.1釐米。前有乾隆十九年莊年序，乾隆十八年王機序，乾隆十八年張延福序，圖，目錄。

涇州地處隴東黃土高原。西漢析涇陽縣置安定縣，東漢併入臨涇縣。西晉復置安定縣。北魏神廳三年（430）置涇州，治臨涇縣，後移治安定縣。唐至德二年（757）改安定縣爲保定縣。北宋屬秦鳳路。金大定七年（1167）改保定縣爲涇川縣。明洪武三年（1370）省涇川縣入涇州，屬平涼府。清不領縣。1913年廢州，改爲涇縣，次年因與安徽涇縣重名，改稱涇川縣。今屬甘肅省平涼市。

張延福，字爾介，號芝庭，河南項城人。雍正五年（1727）進士。歷任江西貴溪、四川冕寧知縣，乾隆十七年任涇州知州。另纂有《項城縣志》。

李瑾，山東霑化人。拔貢。乾隆十六年任涇州州判。

書前有《域圖》《城圖》。正文分上下二卷，列十二志：卷上天文志（星野），地輿志（疆域、沿革、形勝、山川、鄉鎮、古跡、八景、物産、風俗），建置志（城池、公廨、學宮、壇宇、寺觀、儲卹〔附義塚〕、津梁、陵墓），官師志（官制、職官、官俸、名宦），人物志（鄉賢、忠義、節孝）；卷下選舉志（進士、舉人〔附薦舉〕、貢生），武備志（營制、塘汛〔附教場〕），吏役志（典史、衙役、驛站、鋪遞），寇氛志，祥異志（附仙釋），藝文志（記序、詩賦、歌詞）。

張延福序："歲壬申，余自蜀之冕邑量移茲土，甫下車，汲汲以志乘是詢，僉曰無之。……即思博採舊聞，纂輯成書，適值冠蓋絡繹，皇華之使掣電奔雷，志焉而未逮也。癸酉秋，應接稍暇，亟購郡志而遍閱之，又多殘缺莫考。州歲薦李子名煤者紀先後職官頗詳，累代詩文亦多彙記，因取而付之別駕李君，囑以專厥事。李君者，山左世族，品端學邃，有良史才，更加蒐羅，手爲編輯。余於簿書之餘，亦相與參酌考訂。復諮諸紳士及耆老之知逸事者，僉曰可，且各願助資勸事，乃脫稿而付梓焉。"

涇州，明萬曆間曾纂修志書，今已佚。現存清代志書三部，此乾隆志爲最早者。光緒三十三年（1907），知州張元瀯遵部頒體例編《涇州鄉土志》二卷，列十三門，未刊刻，稿本存甘肅省圖書館。宣統元年（1909），知州楊丙榮依照《甘肅新通志》體例另纂《涇州採訪新志》，列三十六門，内容與光緒志大體一致，未刊刻，有鈔本存甘肅省圖書館。

有缺葉：卷下第四十九葉。

中國國家圖書館、中國科學院文獻情報中心、故宮博物院圖書館、北京大學圖書館、中國人民大學圖書館等二十一館與臺北故宮博物院及日本東洋文庫、美國國會圖書館、法國國家圖書館亦有入藏。

711. 清乾隆刻本静寧州志　T3160/5532.83

〔乾隆〕《静寧州志》八卷首一卷，清王烜纂修。清乾隆十一年（1746）刻本。四册。半葉九行二十一字，小字雙行同，白口，四周雙邊，單魚尾。框高21.1釐米，寬 15.1 釐米。首有乾隆十一年歐陽永裕序，乾隆十一年張廷枚序，乾隆丙寅（十一年）王烜序，目錄，凡例，圖，歷代沿革表，姓氏。卷端題："錢塘王烜蘭坡修定。"

静寧州地處隴西黃土高原。北宋慶曆三年（1043）置德順軍，治籠竿城，元祐八年（1093）於籠竿置隴干縣。南宋建炎四年（1130）屬金，金皇統二年（1142）改德順軍爲德順州，治隴干縣。元改爲静寧州，併省隴干縣入州。明清屬平凉府。1913 年降爲静寧縣。今屬甘肅省平凉市。

王烜，字義賓，號蘭坡，浙江潞安人。乾隆九年任静寧知州。

卷首有州境、州城二圖。正文八卷，列八志五十一目：卷一疆域志（沿革、道里、形勝、山川〔渠泉溝岔坪峽洞附〕、里衛〔鎮堡附〕）；卷二建置志（城池、官署、儒學〔書院附〕、倉貯、驛遞、兵防、堡砦〔城梁附〕、雜置、壇廟〔寺觀附〕）；卷三賦役志（地丁、鹽課、雜稅〔水磨、市集附〕、更名、三衛、戶口、風俗〔月令附〕、物產、典禮）；卷四官師志（宦跡、名宦、循卓）；卷五選舉志（科甲〔武附〕、貢士、監生、吏員）；卷六人物志（鄉賢、遺獻、孝行〔附孝婦、孝女〕、節烈、命婦、貤封、儀賓、恩蔭、鄉飲）；卷七藝文志（文、詩、詞）；卷八雜集志（古跡、古墓、遺事、兵戎、祥異〔蠲賑附〕、瑣記、瑣談、安定監、仙釋）。

王烜序謂："因規本前志，重加修輯，文從其質，事取其該，義例考據悉以通志爲斷。"凡例則稱："明志散失無存，止有順治間李公舊志，藉以考核人物，質證事實。州士王之紛呈閱，可謂能守先籍者。而採輯三十年來前賢事跡，則州士馬子一熊、趙子爲卿二君與有勞焉。"凡例聲稱此志纂修基礎爲順治李志，疑有誤。後文謂"採輯三十年來前賢事跡"，按此志纂修時距順治志成書已近百年，距康熙黃志則恰好爲三十年，可知其纂修基礎實爲康熙志。

静寧州志創修於元代，明正德間郭鋮、萬曆間劉默、清順治間李民聖續加纂修，惜均已亡佚。今僅存清代所修二部。首部爲黃廷鈺、吳之珽纂修《静寧州志》十四卷，列十一志二表，康熙五十五年（1716）刊刻。其次即此乾隆志。

封面書名簽題："續修静寧州志。"

有鈔配十餘葉，如卷四第十五、第三十一、第三十二葉等，兹不備錄。

中國國家圖書館、中國科學院文獻情報中心、故宮博物院圖書館、中國民族圖書館、中共中央黨校圖書館等十九館與臺北故宮博物院、臺北"內政部"圖書館及日本東洋文庫、美國國會圖書館、法蘭西學院漢學研究所亦有入藏。

712. 清乾隆刻本重修肅州新志　T3159/5232.83

〔乾隆〕《重修肅州新志》三十冊，清黃文煒、沈青崖纂修。清乾隆二年（1737）

刻，乾隆二十七年增刻本。二函二十四冊。半葉十行二十四字，小字雙行同，白口，左右單邊，單魚尾。框高21.2釐米，寬17.0釐米。前有乾隆二年黃文煒序，凡例十則，目錄，圖。

蕭州地處河西走廊西段。漢置酒泉郡。北魏置酒泉軍。隋仁壽二年（602）分甘州置蕭州，大業初廢。唐武德二年（619）復置，大曆後被吐蕃攻佔。宋時屬西夏。蒙古至元七年（1270）置蕭州路。明爲蕭州衛。清雍正七年（1729）置蕭州直隸州，轄高臺縣、安西衛、沙州衛、柳溝衛、靖逆衛、赤金所。1913年撤銷，本州改爲酒泉縣。

黃文煒，字飛赤，安徽歙縣人。拔貢。曾任廣東韶州知府、高州知府、兩湖鹽法道。雍正十二年任蕭州分巡道，兼署安西兵備道。

沈青崖，生平見《陝西通志》條。

書前有河西疆域圖一幅，占八個半葉，前後連續，所繪東至蘭州，西至玉門關、陽關，並標出土魯番、準噶爾、哈什哈爾、葉爾契木等西域地名。正文分三十冊（按，此處“冊”相當於“卷”，並非指裝訂形式）：河西總敘一冊，蕭州十五冊，高臺縣六冊，安西衛二冊，沙州衛二冊，柳溝衛一冊，靖逆衛一冊，赤金所一冊，西陲紀略一冊。西陲紀略載哈密、巴里坤、準噶爾及西域各部史事，頗有史料價值。各州縣衛所下，分三十六門：星野、建置、疆域、形勝、城池、鄉堡、山川、古跡、景致、戶口、田賦、經費、雜稅、水利、屯田、驛傳、橋梁、公署、學校、祠廟、壇墠、風俗、物産、蠲卹、祥異、職官、名宦、軍政、邊防、人物、選舉、列女、流寓、仙釋、詩文、屬夷。各州縣衛所並非各門俱備，按需有所取捨。

黃文煒序：“予不敏，承乏蕭州分巡，兼攝安西兵備篆，蒙閣部大將軍天河查公、制府大冢宰陽湖劉公政事之暇，商榷古今，惓惓以志乘爲屬，因勉力恪承。先繙蕭鎮舊志，見其板刻漶漫，筆畫舛訛，至不可句。而百二十年之事，又絕無官紳士民家藏錄本可以徵信，文獻不足，戛乎難之。幸得軍需筦樞臬僉嘉禾沈公在蕭同事，博雅多聞，閎通廣見，吐珠玉於行間，走風雲於筆底，極力佽助，遂稽遠採，裨所不逮，鉛槧數月，粗爾成編。”

此志迭經增補。蕭州職官門有多處剜補，紀事至乾隆六年。河西總敘之後，補刻蕭州知州徐浩所撰《重修酒泉碑記》《酒泉書院碑記》等四篇，落款時間最晚者爲乾隆二十七年。

蕭州元代曾修志，早已亡佚。明代爲蕭州衛，李應魁纂有《蕭鎮志》四卷，列三十二門，刊刻於萬曆四十四年（1610），今僅有殘本存中國國家圖書館（存卷三）；又有順治十四年（1657）高彌高重刻本，書口題“蕭鎮華夷志”。此乾隆志爲入清後首部志書。其後至光緒二十三年（1897），吳人壽、何衍慶纂修《蕭州新志》，分十一門五十一目，未刊刻，僅有鈔本存甘肅省圖書館與甘肅省博物館。

高臺縣第一至第三册、沙州衛二册係鈔配。

上海圖書館、天津圖書館與日本東洋文庫、法國國家圖書館亦藏有此志乾隆二十七年增刻本。

713. 清乾隆刻本正寧縣志　T3160/1132.83

〔乾隆〕《正寧縣志》十八卷，清折遇蘭纂修。清乾隆二十九年（1764）刻本。六册。半葉九行二十一字，小字雙行同，白口，四周雙邊，單魚尾。框高21.4釐米，寬14.5釐米。前有乾隆二十八年吳一嵩序，乾隆二十八年折遇蘭序，凡例，目録。書後有楊登跋，鞏帝疆跋。卷端題："陽曲折遇蘭佩湘氏撰。"

正寧縣地處隴東黄土高原東部、子午嶺西麓。北魏置陽周縣。隋開皇十八年（598）改爲羅川縣。唐天寶元年（742）改爲真寧縣。清乾隆初改爲正寧縣。今屬甘肅省慶陽市。

折遇蘭，字佩湘，號霽山，山西陽曲人。乾隆二十五年進士。次年起歷任甘肅正寧、會寧、湖南瀏陽、廣東普寧、揭陽知縣。著有《霽山文集》《看雲山房詩草》。生平見〔道光〕《陽曲縣志》。

全書十八卷，列十志：卷一輿圖，收縣境圖、縣城圖、縣景圖等共十幅；卷二天文志（星野）；卷三至四地理志（沿革、形勢〔疆域〕、山川，古跡〔疆域〕、勝景、風俗、物産）；卷五至六建置志（城池、公署、郵傳、學校，兵防、里甲、倉庾、橋道）；卷七祠祀志（壇廟〔寺觀〕）；卷八田賦志（賦稅、經費、户口）；卷九官師志（職官、名宦）；卷十至十二獻徵志（人物，忠節，鄉賢，孝義，列女，文學，方技，流寓，仙釋，選舉〔科甲、貢、封、蔭、椽並載〕）；卷十三祥眚志、軼事志；卷十四至十八藝文志（箴、銘、頌、記、序、書、詩、詩餘）。張維《隴右方志録》贊其"簡賅得法，議論極有斷制"。

凡例首條謂："志爲實録，務博者誇多闘靡，好簡者掛一漏萬，其失也均。舊志寥寥二本，缺而不備，覽者深憾之。……今於公餘之暇，焚膏繼晷，遠紹旁搜，成新志十有八卷，綱目分明，以期詳而有體。"

此志《中國地方志聯合目録》《中國地方志總目提要》《美國哈佛大學哈佛燕京圖書館藏中國舊方志目録》均著録爲乾隆二十八年刻本，不確。按，建置志城池目載乾隆二十九年築城堤事，獻徵志選舉目貢生載録至乾隆二十九年，祥眚志紀事亦至乾隆二十九年，則此志刻成當在該年。

明代正寧縣多次修志，現知者有鞏國家纂《真寧縣志》五卷及崇禎年間鞏焴纂

《真寧縣志》，今均已亡佚。清代所修則唯此一部。

中國國家圖書館、故宮博物院圖書館、上海圖書館等九館與臺北故宮博物院及日本東洋文庫亦有入藏。

714. 清康熙刻乾隆剜補本寧州志　T3160/3230.81

［康熙］《寧州志》五卷，清晉顯卿修，王星麟等纂。清康熙二十六年（1687）刻，乾隆間剜補本。六册。半葉八行二十字，小字雙行同，白口，四周單邊，單魚尾。框高 19.5 釐米，寬 13.4 釐米。前有康熙二十六年晉顯卿序，姓氏，例義，目録。書後有舊志序四則（明萬曆馬彥卿創修寧州志序、明呂頎寧州志草引、清順治庚子〔十七年，1660〕王文鳳重修州志記言、順治十七年呂士龍重修寧州志序）。

寧州地處隴東黃土高原。北魏置定安縣，爲豳州治。西魏廢帝三年（554）改豳州置寧州。隋大業間改爲北地郡。唐初再改爲寧州。北宋屬永興軍路。金屬慶原路，大定七年（1167）改定安縣爲安定縣。蒙古至元七年（1270）省安定縣入寧州，屬鞏昌府。明屬慶陽府，萬曆二十九年（1601）後不轄縣。清因之。1913 年降爲寧縣。今屬甘肅省慶陽市。

晉顯卿，字次公，遼東人。曾任工部員外郎、施秉知縣，康熙二十六年任寧州知州。

王星麟，甘肅寧州人。廩生。

全書五卷：卷一地理（圖考、星野、沿革、疆域、山川、形勝、風俗、古跡、物産），圖考門收《州境之圖》《州城之圖》二幅；卷二建置（城池、公署、祠祀、學校、里甲、郵傳、兵防、邮政、橋梁、街市、楔綽、寺觀）；卷三貢賦（田賦、丁賦、課賦、倉庫、經費）；卷四職員（秦、漢、晉、梁、南北朝、隋、唐、宋、金、元、明、清）；卷五人物（上古、夏、漢、三國、晉、南北朝、宋、元、明、清、忠義、孝友、貞烈、女傑、流寓、仙釋、方伎、隱逸、紀異）。未單立藝文門，詩文碑記附於各條之下。張維《隴右方志録》謂“此亦官輯應徵之書，而綱目秩然，視同時諸志爲整齻”。

晉顯卿序：“顯卿以今歲承乏菡寧，捧檄之餘，深懼文獻不足，無以副聖天子崇文之至意。於是銳意修輯，多方購求遺帙，始得斷簡什之七，然又皆順治庚子以前之書，而後此三十年事跡亦缺焉而未備。因訪文學得名天下士王生星麟輩數人，亟敦禮之而相與謀爲修輯之舉。……因相與延至僧舍，摻觚而從事焉，夜以繼日，不惜卒瘵，蓋兩閱月而書始成。”

職員、人物二門有補刻多處。卷中“禛”“弘”“曆”剜除不補，“琰”字不避，當爲乾隆間剜修本。

寧州明萬曆、清順治間均曾修志，今已佚，序文存此志。現存清代志書唯此一部。其後直至清末未再修志。

此本有缺葉，如貢賦門第四葉等，兹不備録。

中國國家圖書館、故宫博物院圖書館、中央民族大學圖書館等七館與臺北故宫博物院及日本東洋文庫、法蘭西學院漢學研究所亦有入藏。

715. 清康熙刻乾隆剜補本鞏昌府志　T3159/1060.81

[康熙]《鞏昌府志》二十八卷，明楊恩原纂，清紀元續纂。清康熙二十七年（1688）刻，乾隆間剜補本。四函二十四册。半葉九行二十字，小字雙行同，白口，四周雙邊，單魚尾。框高 21.1 釐米，寬 15.1 釐米。前有康熙丁卯（二十六年）紀元序，天啓辛酉（元年，1621）楊恩鞏昌府志述，天啓辛酉劉文琦重修鞏郡志引，凡例，目録。書後有康熙戊辰（二十七年）楊其忠跋，姓氏。卷端題："賜進士第前分守隴右道按察使山陰朱燮元、賜進士第前分守隴右道左參議猗氏張士俊總裁，賜進士第中憲大夫知鞏昌府事充國劉文琦較訂，賜進士第户部主事隴西楊恩纂修，賜進士第中憲大夫知鞏昌府事文安紀元補輯。"

鞏昌府地處隴西黄土高原南側、秦嶺山地北緣。唐初置渭州，後被吐蕃攻佔。宋置鞏州。金正大年間升爲鞏昌府，治隴西縣。元初改爲鞏昌路。明初復爲鞏昌府，轄秦、徽、階三州十四縣五衛四所，屬陝西。清屬甘肅省。1913 年廢。

楊恩，字用卿，號鳳池，甘肅隴西人。萬曆三十三年（1595）進士。曾任户部主事。著有《渭濱稿》《草堂稿》《元亭稿》《農談樂府》等。

紀元，字季愷，號子湘，直隸文安人。順治十二年（1655）進士。康熙十九年任鞏昌知府。著有《臥游山房稿》。

全書二十八卷：卷一星野；卷二形圖、疆域、形勝，各縣下附縣境圖；卷三總紀；卷四沿革；卷五山川；卷六古跡；卷七風俗；卷八物産；卷九至十一建置（城池、公署、行署、學校、倉庫、驛遞、雜署、舖舍，祠祀〔附民間祈報〕）；卷十二至十四官政（户口、里社、田賦，徭役、稅課，典禮、家禮、祀禮）；卷十五警備考（城守、民堡、民砦、民墩）；卷十六至十八邊政考（武署、堡署、分疆、要害、關票，營兵、戰馬、廩餉、馬政、貢番，邊堡、邊砦、邊墩、將領）；卷十九官師表，知府項最末一人爲鄧文源，考［乾隆］《甘肅通志》，其任職時間爲康熙三十三年至三十五年；卷二十武胄表；卷二十一至二十二宦績；卷二十三選舉表；卷二十四至二十五人物；卷二十六至二十七藝文（文、詩）；卷二十八雜識。張維《隴右方志録》謂"紀元自序自詡更正錯訛，而詳繹此志，則錯訛仍復百出”。

紀元序：“郡志始於胡可泉先生，歷數十年而鳳池楊公續之，原本湮没，惜未之見也。又六十餘載，幾經兵燹，版籍焚燬，即續志亦不可問矣。……今天子重道崇儒，丕彰文教，命翰苑諸臣修一統志，詔下直省，廣搜舊本，彙集史館，大中丞問之於方伯，方伯問之於郡守，而郡守則茫然無以應，信乎郡之不可一日無志也。……遂徧搜遺稿，重價購求，於書賈笥中止得楊公續志十卷，尚少二卷，且版葉殘缺，字跡模糊，幸規模之僅存也。因而細心核閱，錯訛者更正，繁冗者刪芟，缺略者補入，於丁卯冬月始告成，鈔録成帙，仍輯爲十二卷，付之剞劂。”可知此志係以楊恩志殘帙爲基礎增輯而成。

“弘”“曆”剜改作“宏”“歷”，或剜除不補，“禎”剜除，當爲乾隆間所爲。

此本有多冊係鈔配：第一至第三冊、第五至第十二冊、第二十一冊、第二十二冊，計十三冊。其他各冊亦有零星鈔補書葉。鈔配者超過全書篇幅之半。鈔配部分，“胤”字缺末筆，“弘”作“宏”，“曆”作“歷”，“琰”不避諱。

明代鞏昌府多次修志，現有傳本者僅胡纘宗纂修《鞏郡記》三十卷一部，係嘉靖二十五年（1546）清渭草堂刻本，但已無全帙，合傳世三部殘本，共存卷一至四、卷十三、卷十四。清代所修府志則僅此一部。

有缺葉：卷十第三十四葉，卷二十一第十一、第十二葉，卷二十五第七葉，卷二十七第二十五、第二十六葉。

中國國家圖書館、中國科學院文獻情報中心、故宮博物院圖書館、北京師範大學圖書館、中央民族大學圖書館等十六館與“中央研究院”歷史語言研究所傅斯年圖書館、臺北故宮博物院及美國國會圖書館、法蘭西學院漢學研究所亦有入藏。

716. 清康熙刻乾隆剜修本安定縣志　T3160/3010.81

［康熙］《安定縣志》八卷，清張爾介纂修。清康熙十九年（1680）刻，乾隆間剜修本。三冊。半葉九行二十字，小字雙行同，白口，四周單邊，單魚尾。框高22.0 釐米，寬14.7 釐米。前有康熙十九年張爾介序，曹晟跋，圖，凡例，目録。

安定縣地處隴西黄土高原腹地。北宋大中祥符元年（1008）築汝遮堡，元豐四年（1081）改爲定西城。金皇統三年（1143）置定西縣，屬鞏州。貞祐四年（1216）析置定西州。元至正十二年（1352）改名安定州。明洪武十年（1377）降爲安定縣，屬鞏昌府。1914 年改名定西縣。2003 年改爲定西市安定區。

張爾介，直隸趙州（今河北趙縣）人。康熙九年進士。康熙十七年任安定知縣。

此志目録載圖八幅，分別爲縣境、山川、城郭、縣治、壇廟、儒學、公署、墩堡，但此本卷前僅縣境一幅。正文八卷，卷各一門：卷一地里（疆域、分野、沿革、山川、形勝、古跡）；卷二建置（官制、城郭、公署、街衢、官池、壇廟、寺觀、里分、驛所、社倉、鋪遞、橋梁、堡砦、烽墩）；卷三賦役（錢粮、驛站、官俸、工食、雜項、鹽課、市廛）；卷四學校（文廟、祀典、祭器式、官學、生徒、學田、飲射、鄉約）；卷五風土（風俗、土產、災變、雜記）；卷六人物（名宦、官師、鄉賢、科目、明經、監生、鄉行、殉難、孝義、隱逸、列女、恩貤、親貴、技術、流寓）；卷七武備（武功、武弁、武科、武略、險隘）；卷八藝文（詩、記、序）。張維《隴右方志錄》謂"此志纂輯稍先，頗具條理，惜其類目時有失當"。

張爾介序："戊午春，余承乏茲土，詢邑志於諸生，諸生愴然而進曰：定邑志廢缺久矣。相傳自元以來，繹騷蹂躪，散失殆盡，而間有殘遺，亦日就銷沉。至明萬曆間，邑紳張子嘉孚搜輯成刻，而踵以兵燹，尋復灰燼。要之，元以前茫不可考，今或存什一於千佰者，大約皆自元始云。……因乘簿書之暇，咨謀耆舊，與邑廣文曹晟、明經王則周、杜詩才、庠生劉有德、張思敬，彙集而刪次焉。核實釐定，列爲八則，歸之直簡，無事粉飾，用付剞劂，永資採覽。"

卷中"弘""曆"剜改作"宏""歷"，或剜除不補，當爲乾隆間剜修本。

安定縣明正德、嘉靖間均曾修志，今已不存。現存明清志書四部。其一爲惲應翼修、張嘉孚纂《新修安定縣志》七卷，列七志，萬曆二十五年（1597）付梓。其二即此康熙志。其三爲光緒三十一年（1905）王輔堂纂《安定縣鄉土志》，續補乾隆以來史事，僅有鈔本傳世。其四爲光緒三十四年周鳳勳修《定西縣採訪錄》，紀事簡略，書名爲民國間所題，未刊刻，稿本存定西縣文化館。

此本書前序第一至第五葉、卷八末葉均爲鈔配。

中國國家圖書館、中國科學院文獻情報中心、故宮博物院圖書館、北京大學圖書館、上海圖書館等九館與臺北故宮博物院及日本東洋文庫、美國國會圖書館亦有入藏。

717. 清乾隆刻本隴西縣志　T3160/7116.83

［乾隆］《隴西縣志》十二卷，清魯廷琰修，田呂葉纂。清乾隆三年（1738）刻，乾隆三十七年剜補本。六冊。半葉十行二十字，小字雙行同，白口，四周雙邊，單魚尾。框高 20.0 釐米，寬 14.0 釐米。前有雍正十二年（1734）劉於義序，雍正十三年汪元祐序，乾隆元年魯廷琰序，乾隆元年楊國瓚序，乾隆三年田呂葉序，乾隆三十七年葛峒起重修鞏昌府城序，凡例十二則，目錄，姓氏。書後有乾隆三年王綏極跋。

隴西縣地處隴西黃土高原腹地。西漢置襄武縣，屬隴西郡。隋改爲武陽縣，不久再改爲隴西縣，屬渭州。唐寶應二年（763）地入吐蕃。北宋皇祐四年（1052）置古渭寨，元祐五年（1090）升爲隴西縣，爲鞏州治。明清爲鞏昌府治。今屬甘肅省定西市。

魯廷琰，字雲湖，浙江會稽（今紹興）人。舉人。雍正六年任隴西知縣。

田呂叶，字元玉，陝西富平人。舉人。修志時任隴西縣教諭。

全書十二卷，列八志：卷一星野志（分野、星圖），地輿志（疆域、形勝、圖考、沿革），圖考收《幅幀圖》《府治圖》《北關圖》、八景圖；卷二地輿志（山川、河、渠、池、井、古跡、八景、風俗、物產）；卷三建置志（城郭、公署、倉庫、驛所、舖舍、橋梁、樓閣、坊表、雜置、學校、祠壇、民間祈報寺觀）；卷四官政志（縣賦、雜課、驛站、典禮、慶賀、迎春、護日、上任、鄉飲、賓興、祠祀、民間家禮、武備、營制、戎器、防汛、關隘、堡砦、墩鎮）；卷五至六官方志（職官、武職，宦績）；卷七至九人物志（選舉、武科、鄉彦、孝義、節烈、方技、隱逸、流寓、仙釋）；卷十至十一藝文志（清綸音、歷代綸音、文、詩賦）；卷十二雜識志（經籍、封爵、墳塋、祥異、紀事、拾遺）。張維《隴右方志錄》謂，此志"以增充篇幅，凡史籍著有隴西字事實多刺取入志，而實與今隴西無與，至於宦績廉范應歸人物，三國龐柔誤列東漢，藝文所收又多氾濫，人物諸李亦皆非今隴西人也"。

魯廷琰序："日者奉命纂修甘省通志而徵志於邑，隴獨無以應之。……辛亥春，乘備億之餘暑，延訪耆考，搜求遺文，參以郡志，增舊補新，暨癸丑秋，凡數易稿而始就一書，厥綱惟八，厥目三十有五，厥卷十有二，然猶未敢自信也。……今年春，猥以不材，謬膺部擢，行與隴辭，而此願未果，乃與隴人士謀所以梓之者，而隴人士莫不欣然尚義，量力捐貲，共襄厥成。余於是出此稿以付廣文田子，俾參訂而校讎之，然後授諸剞劂。"

此志《中國地方志聯合目錄》《中國地方志總目提要》《美國哈佛大學哈佛燕京圖書館藏中國舊方志目錄》均著錄爲乾隆元年刻本，係據魯廷琰、楊國瓚等序著錄，不確。按，此志前有乾隆三年田呂叶序，謂"今年秋余亦量移至洮岸，聞其刊之成而喜"，書後王綬極跋落款亦爲乾隆三年，姓氏刊"古燕李介春眉公甫竣工"，可知刊成於知縣李介春任內，此志雖不載其到任年，但載其任職在魯廷琰、楊國瓚、朱元裕三人之後，晚於魯廷琰離職、楊國瓚接任的乾隆元年，亦可證著錄爲乾隆元年之誤。人物志武科目紀事至乾隆戊午，即乾隆三年。綜合以上數證可知，此志當刊成於乾隆三年。

"禎"剜除不補，"弘"剜改作"宏"，"曆"剜改作"歷"或"厤"。藝文志剜除詩歌多首。又，書前增刻葛峋起重修鞏昌府城序，落款爲乾隆三十七年，但正文無增補。

隴西縣清代三次修志。首部爲康熙二十六年（1687）周繼述纂修《隴西縣志》，分二十七門，未刊刻，有鈔本及 1963 年甘肅省圖書館油印本傳世。其次即此乾隆志。其三爲馬如鑑、劉文炳纂修《續採隴西志草》，列四十六門，續補乾隆志，紀事以同治、光緒兩朝爲主，稿本存隴西縣文化館，有 1963 年甘肅省圖書館油印本，書名改爲《隴西縣志》。

封面題簽以"禮""樂""射""御""書""數"標記册序。

中國國家圖書館、首都圖書館、故宮博物院圖書館、北京大學圖書館、北京師範大學圖書館等十六館與日本東洋文庫、美國國會圖書館亦有入藏。

718. 清乾隆刻本成縣新志　T3160/7569.83

〔乾隆〕《成縣新志》四卷，清黃泳修，汪于雍纂。清乾隆七年（1742）刻本。四册。半葉九行二十二字，小字雙行同，白口，四周雙邊，單魚尾。框高 20.7 釐米，寬 15.2 釐米。前有乾隆六年黃泳敘，黃沛敘，黃瑞鶴序，郭苣序，舊志序（李景廉序、謝鏞序），修志姓氏，凡例六條，目録。書後有汪于雍後序，刊志輯略。卷端題："成縣知縣射江黃泳纂修。"

成縣地處秦嶺南麓、徽成盆地西部。魏正始中置白石縣，爲廣業郡治。西魏恭帝元年（554）改爲同谷縣，爲康州治。北宋成州移治同谷縣。蒙古至元七年（1270）省同谷縣入成州。明洪武十年（1377）降成州爲成縣，屬鞏昌府。清改屬階州。今屬甘肅省隴南市。

黃泳，字弘濟，四川射洪人。康熙五十年（1711）舉人。乾隆三年至七年任成縣知縣。

汪于雍，甘肅成縣人。雍正十三年（1735）拔貢。

全書四卷，列二十八門：卷一輿圖，建置（沿革、紀事、武都治考、歷代建置考），星野，疆域（里至、關津），山川（形勝），城池（街巷、栅欄、坊表、橋梁），祀典（文廟、壇壝、祠宇），學校（黌宫、義學），公廨（行臺、衙署、學齋、倉厫），輿圖門收《成縣疆界全圖》《縣城圖》《縣治圖》《學宫圖》、八景圖等十二幅；卷二户口（里屯），田畝，賦役（雜稅、鹽法、起運、存支、倉儲），村堡（市集、道路），風俗（變革計五則），官師（名宦、群雄、政教計十則），兵防（墩臺、營房），郵置（舖舍）；卷三人物（鄉賢），選舉（進、舉、貢、國學、雜用、武職、廩生、儒官、飲賓、謝志鈔稿修城巡城生員、吏員、四術、老民、老婦、農官），孝義，貞烈，寓賢，隱逸（仙釋），物産（附論），寺觀（古跡），陵墓（義塚）；卷四藝文（碑、銘、賦、詩、雜記、誥勑附），紀異（叢談計四則）。

凡例謂："舊志稿向無條例，兹編因模先祖宦晉江時攜有《長汀志》本，參酌編列，計綱二十有八，目四十有八，庶不支不漏，包舉靡遺焉。"可知此志體例仿自［康熙］《長汀縣志》。

黃泳敘："邑志明季燬於兵燹，爾時邑令謝公於殘缺中訂成新志，典故實賴以存。我朝定鼎百年而志無成書，向修省志時，聞當事者率倉卒應採訪，紀載不無簡略。戊午秋，余奉簡命來宰是邑，適調任霖蒼吳公手志稿一編授余曰：'此浩涵成數年中草創者，以山川古跡、建置沿革未經核證，而藝文一帙散失遺亡，罔或衷擇，維公其續成之。'……辛酉秋，成頗豐，因於簿書之暇，取吳公所貽者而加考訂，更得邑選貢汪君于雍出明季成宰謝公所輯舊本及家藏藝文，以備採擇，余乃屬同懷兄沛、弟瑞鶴偕邑紳士考據編輯，閱數月告成，嗣以授梓。"可知此志係據吳浩所輯稿本纂修。

書後《刊志輯略》謂："壬戌冬，命長男極往長安延工設局開雕。"壬戌即乾隆七年。此志紀事亦至乾隆七年。

成縣宋代創修志書，久佚亡佚。今存明清志書三種。首部爲謝鏞修、李在廷纂《成縣新志》十卷，列十九門，崇禎年間刊刻。其二爲楊注纂修《成縣志》，分二十六門，紀事以清初爲主，頗爲簡略，有康熙二十六年鈔本存中國國家圖書館。其三即此乾隆志。

封面題簽以"元""亨""利""貞"標記冊序。

有缺葉十餘葉，如卷三第十五葉等，兹不備録。

中國國家圖書館、中國科學院文獻情報中心、故宮博物院圖書館、中國國家博物館、中國文化遺產研究院等三十二館與臺北故宮博物院及日本東洋文庫、京都大學人文科學研究所、美國國會圖書館亦有入藏。

719. 清乾隆刻本西和縣志　T3160/1626.83

［乾隆］《西和縣志》四卷，清邱大英纂修。清乾隆三十九年（1774）刻本。八冊。半葉九行二十二字，小字雙行同，白口，四周雙邊，單魚尾。框高 21.1 釐米，寬 15.2 釐米。前有乾隆甲午（三十九年）邱大英序，董保赤序，姓氏，凡例，目録。書後有任尚蕙後序。

西和縣地處隴南山地北部。秦漢爲西縣地。唐爲漢源縣地。北宋爲長道縣白石鎮。南宋初置岷州，後改爲和州，紹興十二年（1142）因與淮南和州重名，改爲西和州。明洪武十年（1377）降爲西和縣，屬鞏昌府。今屬甘肅省隴南市。

邱大英，字叔度，江西盱江（今屬廣昌縣）人。乾隆三十二年任西和知縣。

全書四卷，分二十八門：卷一星野，輿圖（《縣境全圖》《舊城圖》《今城圖》《文廟圖》），建置沿革，疆域道里，山川，名勝，城池（事跡附），衙署（倉廠附），祀典（民間私祀祈報附），古跡寺廟，里圖邨莊（橋梁、市集附），汛防（城守、隘、堡、寨、鎮、墩俱附）；卷二丁徭，田賦（起存領支附），郵驛（徵領支解附），學校（義學租田附），物産，風俗（歲時紀、方言附）；卷三官師，名宦（宦跡附），選舉，鄉賢（孝義、文學、隱逸、耆民附），節孝，仙釋，寓賢；卷四藝文（記、傳、序、墓表、詩），坟墓（義塚地段附），紀異，拾遺。張維《隴右方志録》贊其“去取審慎”。

邱大英序：“余於丁亥歲來蒞是邑……閒嘗勸耕視穫，周覽山川，見崆峒高峙、漢水長流，爲問前賢遺跡，而田夫野老指點若信若疑，因以邑志原無成書可考，用是瞿然訪之，邑人士有出前令藍君志稿一編相質者。余閱之，見其寥寥数紙，體裁草創，紀載簡略，並後之添注續採，更多附會訛舛。爰爲之悉心纂訂，建置沿革、忠孝節義則稽之史傳，輿圖疆域、城守堡寨則證之近今，山川名勝、古跡寺廟採而傳之，風俗物産詢而誌之，至于祀典學校、丁徭田賦，一遵現在準則，無敢或異，近代節孝隐逸，定以鄉評允協，記録唯真，詩文咏嘆，以永其情。凡三閱月而稿成，按彙編次，付諸梨枣。”

凡例謂：“是志也，搦管發端於孟冬之望，脱稿於臘月之除。廣詢博採，僅可成編，而簡帙無多。一切鏤刻隃糜賤楮之費，皆捐俸辦理，不敢誇張侈靡，即縣署商確考證，祇友朋及邑庠二三人，不無固陋，覽者諒之。”

西和宋明均曾修志，惜今均已不存。現存者爲清代所修兩部志書。最早者爲清康熙二十六年（1687）王殿元纂修《西和縣志》，僅有鈔本存中國國家圖書館。其次即爲此乾隆志。

此本各冊封面書名簽刊“西和縣新志”。

書前姓氏載刊工姓名：“王佐、張文彬刊刻。”

中國國家圖書館、中國科學院文獻情報中心、故宮博物院圖書館、中國民族圖書館、北京大學圖書館等十七館與臺北故宮博物院及日本東洋文庫、法國國家圖書館亦有入藏。

720. 清末民初鈔本乾隆兩當縣志　T3160/1296.83

［乾隆］《兩當縣志》不分卷，清秦武域纂修。清乾隆三十二年（1767）修，乾隆三十三年增修，清末民初鈔本。二冊。半葉十行二十二字，小字雙行同，無邊欄行格。前有乾隆丁亥（三十二年）秦武域弁言，例言五條，目録。卷四後有乾隆丁亥高仲書後，乾隆丁亥屠文焯跋。卷端題：“曲沃秦武域于鎬編輯，鰲屋高仲季張校

閱，錢塘屠文焯赤文參訂。"

兩當縣地處秦嶺山地。北魏置，得名於兩當水，屬兩當郡。唐宋屬鳳州。元屬徽州。清改屬秦州。今屬甘肅省隴南市。

秦武域，字于鎬，號紫峰，山西曲沃人。乾隆二十五年舉人。乾隆三十一年任兩當知縣。有《笑竹集》。

正文分四門：志地第一（考名、疆域、城池、山川、形勝、名跡、八景、學校、衙署、壇廟、園墓）；志事第二（建置、官師、户口、田賦、風俗、物產、祥災）；志人第三（職名、選舉、列傳、寓賢、鄉宦、封贈、鄉耆、列女）；志言第四（記、序、詩）。後有拾遺，所補爲山川、名跡、職名、選舉、志言（紀、詩、賦、贊）等門目。張維《隴右方志録》謂其"編次頗見審慎"。

秦武域序："丙戌秋來攝是邦，詢載籍稱缺焉，余心志之，未遑也。今年長夏政頗清，因搜羅而綴輯之，寥寥數幅，略資考索，亦聊以塞風塵吏之責。"

屠文焯跋："焯自備員廣鄉，獲預修秦州志，於縣事嘗掇拾之而力未能成帙。丙戌秋，我侯山右秦紫峰先生来攝篆，詢及縣志，見鈔本数葉，荒略特甚，亟欲新之，謀於焯，焯因録所知以呈。侯復廣爲諮詢，詳爲訂正，缺者補之，舛者易之，於丁亥秋告成，付諸梓。"可知此志係據屠文焯所輯稿本增訂而成。

拾遺前秦武域小序謂："僕初蒞兩邑代篆耳，深懼有志未逮，輒條綜所知，訂而成志，既乏博物，用愧月旦，覆瓿奚恤。及實授斯地，獲延歲月，爰復考獻徵文，不憚其煩，時積日累，集而補之，終以不足無徵爲歉，後有作者亦諒予之留心也夫。"落款署"歲戊子月粦賓天中節"，可知此志增修於乾隆三十三年。

此志《中國地方志聯合目録》《中國地方志總目提要》《美國哈佛大學哈佛燕京圖書館藏中國舊方志目録》均著録爲四卷，不確。此志卷端、目録、版心等處均未標卷次，當著録爲不分卷。全書分四門，各門標題後附以序次"第一"至"第四"，因而致誤。

兩當縣明志無考，清代凡三修志書。首部爲康熙二十六年（1687）武國棟纂修《兩當縣志》一卷，内容簡略，有鈔本傳世。其次即此乾隆志。其三爲德俊修、韓塽纂《兩當縣新志》十二卷，列十一門，刊刻於道光二十二年（1842）。

此本係據乾隆三十二年刻本傳鈔，行款格式一遵刻本原式，字跡工整，但偶有誤字。末葉記原刻本刊工姓名："姑蘇李桂芳刻。"

二册合訂，外加硬紙板封面，改爲精裝。

中國科學院文獻情報中心、故宮博物院圖書館、北京師範大學圖書館等八館藏有此志乾隆三十二年刻本，中國國家圖書館、北京大學圖書館、北碚圖書館亦藏有此志鈔本。

721. 清乾隆刻本西寧府新志　　T3283/1632.83

　　［乾隆］《西寧府新志》四十卷，清楊應琚纂修。清乾隆十二年（1747）刻，乾隆二十七年增補本。二函十二册。半葉九行二十一字，小字雙行同，白口，四周雙邊，單魚尾。框高 21.3 釐米，寬 17.0 釐米。前有杭世駿序，乾隆十二年楊應琚序，乾隆二十七年劉洪緒大通衛改大通縣貴德所改西寧縣縣丞序，凡例，目録。書後有乾隆十二年陳銛跋。卷端題："遼海楊應琚佩之撰次。"

　　西寧府地處湟水谷地。東漢建安間置西都縣。唐儀鳳三年（678）置鄯城縣。吐蕃稱青唐城。宋元符二年（1099）置鄯州，崇寧三年（1104）改爲西寧州。明洪武六年（1373）置西寧衛。清雍正二年（1724）改設西寧府。1913 年廢。今爲青海省西寧市。

　　楊應琚（1696—1767），字佩之，號松門，漢軍正白旗人。蔭生。曾任户部員外郎、山西河東道，雍正十一年、乾隆元年兩次任甘肅西寧道，歷時十餘年，後歷任山東巡撫及河道、兩廣、閩浙、陝甘、雲貴總督，終因征緬戰敗且虛報戰功，被勒令自盡。

　　全書四十卷，分十志八十目：卷一輿圖，有《西寧府全圖》《西寧府城圖》《西寧縣圖》《文廟圖》《五峰山圖》《碾伯縣圖》《巴燕戎廳圖》《大通衛圖》《貴德所圖》《黄河圖》等十幅；卷二星野志；卷三至八地理志（沿革、疆域〔形勢附〕、山川、水利、古跡〔冢墓附〕、風俗、物產）；卷九至十三建置志（城池〔街市附〕、公署〔庫場所獄坊廠暨雜置附〕、驛傳〔鋪遞附〕、學校〔社學附〕、堡寨、倉廩〔社倉附〕、津梁、關隘、塞垣〔漏澤園附〕）；卷十四至十五祠祀志（壇壝、祠廟、寺觀、蕃寺、祥異）；卷十六至十七田賦志（貢賦〔番糧、番貢附〕、塞外番貢、户口、番民户口、歲榷、茶馬、鹽法、茶法）；卷十八至二十一武備志（兵制〔工兵附〕、戎器、駝馬、備兵、戎兵、貴德民兵、番族、塞外貢馬番族、明塞外四衛、青海、西藏〔附國、赴藏路程附〕); 卷二十二至二十六官師志（官制、職官、命使、武職〔土司附〕、名宦、封爵）; 卷二十七至二十九獻徵志（人物，忠節，孝義，隱逸，流寓，列女，仙釋，方伎，選舉〔薦辟、進士、舉人、武進士、武舉、貢生、蔭襲、戎行〕); 卷三十三十一綱領志（載記附），即大事紀年; 卷三十二至四十藝文志（詔諭、御製、奏議〔條議附〕、賦、記、序、錄、引、傳、書、文、論、議、辯、對、考、銘、頌、贊、學約、學示、題跋、雜記、詩〔詩餘附〕)。張維《隴右方志錄》謂"此志整嚴有法，而議論馳驟，高瞻遠矚，多經世之言"。

楊應琚序："余承乏茲土，十有餘年，常登土樓之巔，窮浩亹之源，俯仰今古，斯地誠戎馬之郊，關河之衝矣。矧自漢魏以來，屢興屢廢，往跡殊多。我朝聖聖相承，平青海，收蕃族，設郡邑，廣學校，可謂萬世一遇矣，若使闇而不章，鬱而不發，此有司之罪也。余滋懼焉，幸歲又連熟，郡以無事，遂忘其固陋，於乾隆丙寅秋七月握管，至丁卯夏五，歷十一月而脫稿。舉典期可徵諸事，載言期可施諸用，不敢以易心乘之，不敢以浮辭間之，至於措置得失，閭閻疾苦，亦備論其故，凡爲總志十分，目得百有五，計兩函四十卷。撰次校對，咸出余一人之手。"

卷三十一綱領志末條謂，乾隆"十二年夏，僉事楊應琚撰《西寧府新志》成，與知府劉洪緒、西寧縣知縣陳銛捐俸付梓"，可知此志刊刻於乾隆十二年。各門行文中，往往於小標題"大通衛"下補刻"乾隆二十六年裁衛改縣""貴德所"下補刻"乾隆二十六年改設西寧縣縣丞"之類語句，又書前劉洪緒序落款爲乾隆二十七年，可知係乾隆二十七年增刻。《美國哈佛大學哈佛燕京圖書館藏中國舊方志目錄》著錄此志爲乾隆二十七年刻本，不確。

此志徵獻門張萊傳載其兄張芝"草創寧衛舊志"，其書約成於明嘉靖間，今已不存。萬曆二十三年（1595），劉敏寬、龍膺修纂成《西寧衛志》，今亦已佚。現存清代所修西寧府志三種。最早者爲蘇銑纂《西鎮志》八卷，刊刻於順治十四年（1657）。其次即此乾隆志。最晚者爲鄧承偉修，張价卿、來維禮纂《西寧府續志》十卷，沿襲乾隆志體例，分爲十志，續載乾隆十二年至光緒初年史事，有光緒九年（1883）鈔本存世。

卷一《五峰山圖》下有繪工落款"王德昭畫"。

哈佛燕京圖書館另有此志複本一部，索書號爲 T3283/1632.83/c.2，亦爲乾隆二十七年增補本，前後序跋等均與此本同，墨色較此本爲濃，合訂爲三册，外加硬紙板封面，改爲精裝。

中國國家圖書館、首都圖書館、中國科學院文獻情報中心、中國國家博物館、中國文化遺産研究院等四十五館與臺北"國家圖書館"、臺北故宫博物院、臺北"內政部"圖書館及日本東洋文庫、京都大學人文科學研究所、德國柏林德意志國家圖書館、法國國家圖書館、法蘭西學院漢學研究所、法國亞洲學會亦有入藏。

722. 明萬曆刻清康熙增修本朔方新志　TNC3271/8202.74

　　〔萬曆〕《朔方新志》五卷，明崔景榮、楊應聘修，楊壽纂。明萬曆四十五年（1617）刻，清康熙五年（1666）增修本。存四卷（卷一至四）。四册。半葉九行二十一字，小字雙行同，白口，四周雙邊，單魚尾。框高23.1釐米，寬15.3釐米。前有萬曆己卯（七年）羅鳳翱序，萬曆丁巳（四十五年）楊應聘序，萬曆五年石茂華序，嘉靖庚子（十九年，1540）楊守禮序，目録，圖考，修志姓氏，募修朔方新志檄文，修志凡例十二條。

　　朔方爲寧夏别稱。元至元二十五年（1288）改西夏中興府置寧夏路。明洪武三年（1370）改爲寧夏府，屬甘肅省。洪武九年置寧夏衛，建文年間設寧夏總兵官，宣德初升爲寧夏鎮，爲明代北疆九邊重鎮之一，治寧夏衛城（今銀川市）。清雍正二年（1724）復改爲寧夏府，屬甘肅省。今爲寧夏回族自治區。

　　崔景榮（1565—1631），字自强，直隸長垣人。萬曆十一年進士。萬曆三十九年任寧夏巡撫，四十一年升兵部右侍郎，官至兵部尚書、吏部尚書。

　　楊應聘，直隸懷遠人。萬曆十一年進士。歷任浙江烏程知縣、兵部主事、兵部郎中、光禄少卿，萬曆四十一年任寧夏巡撫。

　　楊壽，寧夏人。萬曆四十一年進士。曾任户部山西清吏司主事。

　　書前圖考有《南塘》《金波湖》《麗景園》《小春園》《總鎮輿圖》《鎮城圖》《河西總圖》《河東總圖》《東路圖》《中路圖》《南路圖》《西路圖》《北路圖》等共十三幅，邊塞鎮堡關隘井泉等方位描繪頗詳。正文四卷，列十八門：卷一建置沿革，天文（星野），地理（疆域、城池、衛砦、坊市、風俗），山川（形勝附），食貨（户口、屯田、賦役、水利、鹽法、物産、土貢、税課）；卷二内治（帝幸、藩封、官制、宦跡、兵馬、錢穀、公署、學校、倉庫、驛遞），外威（邊防、關隘、烽燧、俘捷、款貢）；卷三文學（科貢、鄉獻、流寓），武階（武科附），忠孝節義，竊據叛亂，壇祠，寺觀（仙釋附），陵墓，古跡，祥異，方技；卷四詞翰，輯録碑記甚豐。此志對明代寧夏鎮建置、戰事，記載頗詳，有裨於明代邊防研究。張維《隴右方志録》謂"此志文詞簡雅，有翦裁，惜其綱目凌亂"。

楊應聘序述修志經過頗詳："前撫崔公安攘之暇，有慨乎中，念舊章不可以遂湮，近事不可以缺載。會癸丑楊君假歸，檄道禮延主筆，辠一二逢掖，開局纂修，甫就而公奉簡命入貳樞筦，楊君亦以謁選行。適余來代，訪舊問遺，乃獲君稿於儒官黄機。機固佐君共襄考訂者也。方下所司督鋟諸梓，而君復以司農使事過里門，又間加參續。"可知此志始修於崔景榮，成於楊應聘任内。

寧夏明清七次修志。首部爲明慶王朱㮶纂《寧夏志》二卷，記述較簡略，正統間曾刊刻，後亡佚，萬曆二十九年朱㮶八世孫朱永齋重刻。其二爲王珣修、胡汝礪纂《寧夏新志》八卷，弘治十四年（1501）刊刻。其三爲楊守禮修、管律纂《寧夏新志》八卷，在前志基礎上增纂而成，内容較爲充實，嘉靖十九年刻。此萬曆《朔方新志》爲第四部。其五爲石茂華修《寧夏新志》四卷，門目與此志雷同，而所記有清初事，當在此志基礎上略加增補而成，未刊刻，僅有鈔本流傳。其六爲乾隆十九年（1754）汪繹臣撰《銀川小志》，係其在寧夏知府趙竹堂幕府時奉命纂輯，記述亦較爲簡略。其七爲張金城修、楊浣雨纂《寧夏府志》二十二卷，内容充實，水利、賦稅等門尤有參考價值，乾隆四十五年刊刻。

此志有補刻多處。宦跡門督儲河東道項後補葛如麟一人，崇禎元年（1628）任職。户部督儲郎中項後，補王標一人，崇禎元年任職。監收同知項後，補趙守成一人，崇禎元年任職。不備舉。又宦跡門巡撫項後，補劉秉政一人，任職時間爲清順治十六年（1659）。卷四後增刻《兵部侍郎韓城高辛胤撰巡撫都御史三韓劉公秉政去思碑記》。按，據此碑記，劉秉政巡撫朔方八年，即離職於康熙五年，此本補刻重印時間當即在其離任之際。

《中國地方志聯合目録》著録此志爲"楊應聘、楊壽纂修"，不確，《美國哈佛大學哈佛燕京圖書館藏中國舊方志目録》著録此志爲順治間增補本，亦不確。另，《中國地方志聯合目録》著録此志有"清順治十六年增補明萬曆本"，疑與此本同版，誤據宦跡門巡撫項後所補劉秉政一條所記任職時間著録爲順治增補本。

此本有書估作僞痕跡。目録卷四後，割去兩行，補以素紙；《巡撫都御史三韓劉公秉政去思碑記》末"公諱秉政，號憲評，遼東廣寧人"以下"皆康熙五年九月之吉"九字撕去。凡此種種，均欲以此清增補重印殘本充明原刻全本也。

《中國古籍善本書目》史部地理類著録。

據《中國地方志聯合目録》，故宫博物院圖書館、上海圖書館、吉林大學圖書館亦藏有此志"清順治十六年增補明萬曆本"，日本東洋文庫亦藏有"順治補刊"本。

723. 明萬曆刻本固原州志　TNC3160/6679.7

[萬曆]《固原州志》二卷，明劉敏寬纂修。明萬曆四十四年（1616）李永芳、劉汝桂刻本。二册。半葉十行二十字，白口，四周雙邊，單魚尾。框高 20.9 釐米，寬 15.3 釐米。前有萬曆四十四年劉敏寬敘，姓氏，固原疆域圖，目録。書後有董國光後序。卷端題：“安邑劉敏寬纂次。”

固原地處黄土高原、六盤山北麓。明弘治十五年（1502）置固原州，屬平凉府，治所即今固原縣。清同治十二年（1873）升爲直隸州，轄平遠、海城二縣，屬甘肅省。1913 年廢，本州改爲固原縣。今爲寧夏回族自治區固原市。

劉敏寬，字伯功，山西安邑人。萬曆五年進士。歷任西寧兵備道、甘肅巡撫、延綏巡撫，萬曆四十二年任陝西三邊總督。另修有《西寧衛志》，已佚。

正文分上下二卷，列八志。上卷：地理志，載山川、古跡；建置志，載城堡、邊隘、公署；祠祀志，載壇廟等；田賦志，附載物産；兵制志，記軍官設置、兵丁人數、器械數量等；官師志，載元魏、後周、隋、唐、五代、宋及明代制府、兵備、總兵。下卷：人物志，載漢至宋固原名人小傳，及明代甲科、鄉科、貢、生員、武職科名、將材、忠義、孝子、貞烈等；文藝志，有記、頌、歌、行、詩等目，保存碑刻多通，有裨於明代邊防研究。各門後有按語。

劉敏寬序述修志經過：“固原舊志二種，一乃太微山人張氏治道所撰，一乃涇源中丞趙氏時春所撰者也，既各互有詳略，且時淹跡幻，考據乖舛，况守土之官屑越散逸，板籍無一存者。堂堂鉅鎮，豈宜廢缺若此，因檄固原道方伯董君國光，諮詢參考，訂舊增新，余覆裁酌，撰次八篇。”所述趙志、張志，今未見著録。

董國光後序：“歲乙卯，少司馬劉公來蒞兹鎮，披圖慨然，首以志事下記，謂徵往開來，不可以當吾世而闕此典。公之意甚盛，維時余懼前説，固謝久之。公曰：‘毋有二氏之籍在？第任述，吾當任其作者。’因引郡廣文、文學數輩，開局編次，而稍訂其沿革之故，既奏簡上，公手自筆削，芟譌擷菁，首起地里，迄藝文止，删定凡八篇。”

固原明清志書現存者凡三部。首部爲楊經纂修《固原州志》二卷，明嘉靖十一年（1532）刊刻。該志卷一記當代情况，卷二記前代史料，對邊塞防務甚詳，特色鮮明。其次即此萬曆志，係在前志基礎上重纂。其三爲王學伊修、錫麟纂《新修固原直隸州志》十一卷，載有郵政、巡警等清末新政内容，稿本存甘肅省圖書館，有宣統元年（1909）官報書局鉛印本。

此本兩册封底均以公文函套改製，一係光緒元年七月初三日申時自興安發出，一係光緒元年八月初九日午時自中衛廣武發出，均致"署甘肅固原直隷州正堂廖"，各鈐關防數枚。

有缺葉：卷上第十二葉、第四十四葉。

《中國古籍善本書目》史部地理類著録。

中國國家圖書館、中央民族大學圖書館、天津圖書館、南京圖書館、中國科學院南京地理與湖泊研究所圖書館等八館與臺北"國家圖書館"、臺北故宮博物院亦有入藏。

724. 明萬曆刻清乾隆剜修本固原州志　　T3160/6679.7

[萬曆]《固原州志》二卷，明劉敏寬纂修，董國光校。明萬曆四十四年（1616）李永芳、劉汝桂刻，清乾隆間剜修本。四冊。半葉十行二十字，白口，四周雙邊，單魚尾。框高 20.9 釐米，寬 15.3 釐米。前有萬曆四十四年劉敏寬敘，目録，姓氏，固原疆域圖，固原州城圖。書後有董國光後序。卷端題："安邑劉敏寬纂次。"

卷中"弘""曆"剜除不補，"玹"字不避。

有缺葉十餘，如上卷第九、第十葉等，兹不備録。

金鑲玉裝。

725. 清乾隆刻本中衛縣志　　T3271/5022.83

[乾隆]《中衛縣志》十卷，清黃恩錫纂修。清乾隆二十七年（1762）刻本。六冊。半葉九行二十二字，小字雙行同，白口，四周雙邊，單魚尾。框高 19.8 釐米，寬 15.3 釐米。前有乾隆壬午（二十七年）鍾蘭枝序，圖塔布序，乾隆二十六年國棟序，乾隆庚辰（二十五年）黃恩錫應理志草序，修志姓氏，總目，凡例，批文，輿圖。書後有乾隆辛巳（二十六年）羅元琦跋，楊士美跋。

中衛縣地處寧夏南部山地西側、騰格里沙漠南緣。漢置朐卷縣。元置應理州。明永樂元年（1403）置寧夏中衛，屬陝西都司。清雍正二年（1724）改爲中衛縣。2003 年置地級中衛市，原中衛縣改爲沙坡頭區。

黃恩錫，字素庵，雲南永勝人。乾隆十七年進士。曾任甘肅碾伯知縣，乾隆二十一年任中衛知縣，後升任禮部主事。著有《憶山詩草》《中衛竹枝詞》《素庵時文》等。

書前有《地輿圖》《水利圖》二幅。正文十卷，分九門：卷一地理考（星野、沿革、疆域〔附形勝〕、山川、水利、風俗、物産〔附鹽桑〕）；卷二建置考（城池，堡寨〔附各灘湖山莊〕，公署〔附養濟院、公館〕，倉廩，學校，祠祀〔附寺廟〕，祥異）；卷三貢賦考（額徵、戶口〔附蠲恤〕、稅課〔附市集〕、鹽法〔附茶法〕）；卷四邊防考（塞垣、營制、邊界、驛遞、關梁）；卷五官師考（官制，職官，名宦〔附俸薪、養廉〕）；卷六獻徵表（人物、忠節、孝義、列女、流寓）；卷七選舉表（科甲，鄉貢，武階〔誥贈、仕宦、鄉飲、耆年附〕）；卷八古跡考（古跡、各景考〔雜記附〕）；卷九至十藝文編（上諭、議、論、書、記、序、傳、賦、銘、詩），內收乾隆二十一年黃恩錫《上本府開採鉛洞情形書》，有關當地礦業開採史。

黃恩錫序：“若今之志，應理則尤難矣。舊鈔半冊，本之《朔方新志》，所載者僅城堡、貢表、官師、學校數條，其他山川、祭祀、建置沿革、渠道、土田，闕略無徵。又廣武前隸乎寧郡，香山爲慶藩牧場，今皆宜彙入之，是不得不創爲編輯矣。予承乏茲邑，忽踰四載，每登覽山川，遍歷各堡，慨在昔戎馬之郊，屢經兵火、地震之變，漢唐迄元，眴卷、應理、鳴沙，雖相傳已州縣其地，而官斯土者何人、治斯土者何事、產斯土而著名者何人，皆湮沒無可見之跡，杳茫無可證之書，夫亦以志之不作也。今庚辰仲夏，陽湖蔣大方伯巡視河防，往來中邑，索邑志不獲，乃責余曰：‘子以科第儒生，久宰邊邑，於其山川古跡、民生吏治，獨不爲加稽考著述乎？’雖遜謝不敏，而責無可貸，兼以邑之紳士聞此言而交相屬焉，此尚可以需之他日哉？因妄不自揣，於是秋七月操筆，至十月而脫稿，其間言期有用，事求可徵，雖成之似無多日月，而原之以四年來之心眼所歷、精神所到，殫志竭慮，搜考編排，亦幾經營之慘澹矣。第事事詳核，固不敢以易心處之。所憾自元宋以前地淪西夏之後，一切皆沒於兵火，遂多闕文焉。至有明以來，凡興廢之由、教化之原、閭閻疾苦之故，則採訪而備論之，訂爲總志十卷，分目三十有六，撰次搜討咸出余一人，參校訪錄則邑之耆彥分厥事焉。”

凡例謂：“應理舊有志草一冊，第鈔據《朔方志》所分載而增其粗略，殘缺殊多。夫志爲實錄，郡邑之志法宜該詳，凡沿革、風俗、山川、形勢、水利、農田、邊隘、關梁，今皆廣搜詳核。纂輯成篇。惟歷代事跡，遺亡無考，不能無所掛漏，姑以俟之踵事修飾者。”此處所謂“舊有志草”與黃恩錫序所稱“舊鈔半冊”，當即修志姓氏所載“康熙辛卯寧夏西路中衛儒學教授涇陽劉追儉起草”者，爲此志之纂修底稿。辛卯即康熙五十年（1711）。

此志爲清代中衛設縣後所修第一部志書。其後有鄭元吉修、余懋官纂《續修中衛縣志》十卷，在此志基礎上略有增補，刊刻於道光二十一年（1841）。

中國國家圖書館、中國科學院文獻情報中心、故宮博物院圖書館等十二館與臺北故宮博物院及日本東洋文庫、美國國會圖書館亦有入藏。

主要參考文獻

中國古籍善本書目編輯委員會編：《中國古籍善本書目》，上海：上海古籍出版社，1989—1998 年。

南京圖書館編纂：《中國古籍善本書目索引》，上海：上海古籍出版社，2009 年。

中國古籍總目編纂委員會編：《中國古籍總目》，上海：上海古籍出版社；北京：中華書局，2009—2013 年。

（清）永瑢、紀昀等撰：《四庫全書總目》，北京：中華書局，1965 年。

沈津著：《美國哈佛大學哈佛燕京圖書館中文善本書志》，上海：上海辭書出版社，1999 年。

沈津主編：《美國哈佛大學哈佛燕京圖書館藏中文善本書志》，桂林：廣西師範大學出版社，2011 年。

沈津著：《中國珍稀古籍善本書録》，桂林：廣西師範大學出版社，2006 年。

中國科學院北京天文臺主編：《中國地方志聯合目録》，北京：中華書局，1985 年。

東洋學文獻センター聯絡協議會編輯：《中國地方志聯合目録》，東京：東洋文庫刊行，1965 年。

朱士嘉編：《美國國會圖書館藏中國方志目録》，北京：中華書局，1989 年。

李丹編：《美國哈佛大學哈佛燕京圖書館藏中國舊方志目録》，桂林：廣西師范大學出版社，2013 年。

Yves Hervouet. *Catalogue des monographies locales chinoises dans les bibliothèques d'Europe.* Paris：Mouton & Co., 1957.

金恩輝、胡述兆主編：《中國地方志總目提要》，臺北：漢美圖書有限公司，1996 年。

翟宣穎著：《方志考稿甲集》，北平：天春書社，1930 年。

張維編著：《隴右方志録》，北平：大北印書局，1934 年。

陳光貽編著：《稀見地方志提要》，濟南：齊魯書社，1987 年。

張國淦編著：《中國古方志考》，北京：中華書局，1962 年。

劉緯毅主編:《山西文獻總目提要》，太原:山西人民出版社，1998 年。

傅振倫著:《中國方志學通論》，上海:商務印書館，1935 年。

來新夏主編:《方志學概論》，福州:福建人民出版社，1983 年。

倉修良著:《方志學通論》，上海:華東師範大學出版社，2014 年。

戴均良、劉保全、鄒逸麟等主編:《中國古今地名大詞典》，上海:上海辭書出版社，2010 年。

史爲樂主編:《中國歷史地名大辭典》，北京:中國社會科學出版社，2005 年。

劉緯毅著:《山西歷史地名詞典》，太原:山西古籍出版社，2004 年。

書名索引

説明：

1. 本索引以方志書名爲主要款目，書名中的"重修""新修""增補""直隸"等前綴均予省略，使之同時起到地名索引的作用。

2. 本索引以漢語拼音排序。

3. 書名後所標數字爲本書條目順序號。

4. 地名相同的不同政區，分立條目，不作歸併處理。

後　　記

　　纂修方志是我國古代歷史悠久的傳統，存世的近萬種方志可謂傳世漢文古籍中的一個特殊門類，它們在纂修程序、門目結構等方面有較大的相似性，甚至形成了相對固定的模式。由於方志涵蓋面廣、内容豐富且體系完備，歷來被視爲施政的重要參考，近代以來則備受中國社會歷史研究者重視，成爲各大圖書館究心搜羅的對象。

　　哈佛大學哈佛燕京圖書館以收藏中國新舊方志數量巨大著稱於世，其中刊刻於乾隆六十年以前者多達七百餘部，足以與國内大型圖書館相頡頏。本書以哈佛燕京圖書館所藏善本方志爲著録對象，力圖詳細而全面地介紹每一部志書的情況，並揭示其史料價值。這一工作，事實上是沈津先生主編《美國哈佛大學哈佛燕京圖書館藏中文善本書志》的延續。

　　理想的古籍提要，須在客觀著録的基礎上，歸納著作的内容與觀點，並就學術淵源、成就、影響與史料價值等方面加以恰當的評價，達到"辨章學術、考鏡源流"的目的。由於方志體例的高度模式化，本書讀來或許會略顯枯燥。我們在基本著録和建置、纂修者、門目結構等方面的介紹之外，試圖在以下三個方面爲讀者提供參考：其一，某些具有特殊價值的史料，特爲拈出，略加提示；其二，勾勒每部志書在當地方志纂修史中的地位，對於影響較大的知名志書，則對其在方志學上的意義加以歸納；志書編纂方面的明顯得失，或簡要加以評述，或引證學者的論述，藉供參考。其三，版本考訂也是本書的重要關注點，力圖釐清哈佛燕京本與其他版本的異同，版本精良者凸顯其重要價值。囿於學識，評述考訂難免有疏漏錯誤之處，敬請方家不吝賜教。

　　本書由李堅、劉波兩人分工完成。明刻諸志除少數幾部外，大多由李堅撰寫；清刻清鈔諸志二人大體上以地域分工，李堅負責北京、天津、遼寧、上海、江蘇、浙江、福建、山東、貴州、雲南等省份及河北大部、河南小部，劉波負責山西、安徽、江西、湖北、湖南、廣東、廣西、海南、四川、西藏、陝西、甘肅、青海、寧夏等省份及河南大部、河北小部。當然，這一分工並不嚴格，少量條目有所交叉。初稿完成後，我們又合作進行了幾輪統稿工作。雖然如此，兩人在體例把握、行文習慣上都不免有些差異，請讀者諒之。

沈津先生在哈佛燕京工作期間，曾撰寫多篇館藏方志的書志，陸續收入《美國哈佛大學哈佛燕京圖書館中文善本書志》《中國珍稀古籍善本書錄》等書中。爲避免重複，凡沈津先生已經詳細揭示的志書，我們採用略寫的辦法，僅保留基本著錄而不做過多展開。這是需要特別加以説明的。另外，對於特別常見且哈佛燕京藏本版印不佳的志書，也採用簡寫的方式。

承蒙哈佛燕京圖書館館長鄭炯文先生和中國國家圖書館副館長張志清先生、古籍館副館長陳紅彥女士、古籍館前副館長蘇品紅女士等領導的精心安排，李堅在2011—2012 年度、劉波在 2013—2014 年度分別前往哈佛燕京圖書館訪學一年，專心從事書志撰寫。訪學期間，我們得到哈佛燕京圖書館馬小鶴先生、楊麗暄女士、王繫女士、邱玉芬女士、陳祖瑤女士、鄒士寧女士、宋小惠先生、梁慧芬女士、鄒宗光先生、劉晶晶女士等多位同仁的熱情幫助與照顧，沈津先生每年返美時也都到館給我們以指導和鼓勵，波士頓大學白謙慎教授也在工作和生活上給了我們很多幫助。中國國家圖書館古籍館同仁程有慶先生、馬琳女士、孫俊女士，北京大學儒藏中心張麗娟女士、清華大學圖書館劉薔女士等也不厭其煩地爲我們核查資料、解答疑問。謹在此對他們致以衷心的感謝。我們的工作，也是在哈佛燕京圖書館原編卡片目錄、機讀目錄與李丹編《美國哈佛大學哈佛燕京圖書館藏中國舊方志目錄》等一系列工作成果的基礎上進行的，在此我們也向先行者們的辛勤工作致敬。

李堅　劉波

2014 年 6 月 27 日